Josef Neumann

Beschreibung der bekanntesten Kupfermünzen

Josef Neumann

Beschreibung der bekanntesten Kupfermünzen

ISBN/EAN: 9783743301788

Hergestellt in Europa, USA, Kanada, Australien, Japan

Cover: Foto ©ninafisch / pixelio.de

Manufactured and distributed by brebook publishing software
(www.brebook.com)

Josef Neumann

Beschreibung der bekanntesten Kupfermünzen

Beschreibung

der bekanntesten

KUPFER-MÜNZEN

von

Josef Neumann,

k. k. Landesgerichtsrath, b. Mitgliede der Gesellschaft des Museums in Prag.

Fünfter Band.

Enthält die Beschreibung der Jetone und Marken aus Oesterreich, Russland, Frankreich und Deutschland.

PRAG.

Eigenthum und Verlag des Verfassers.

1868.

Vorwort.

Auch bei der Zusammenstellung dieses Bandes wurde ich mehrfach mit Beiträgen unterstützt, und fühle mich sonach verpflichtet, allen jenen Herren, welche zur Vervollständigung dieses Werkes beigetragen, meinen verbindlichsten Dank zu sagen, diess insbesondere dem Herrn Dr. W. Freudenthal, der seit einem Dezennium, an der Vollendung dieses Werkes mitarbeitet, ferner den Herren Dr. Bratsch, L. Hamburger, Th. Reichenbach, J. Siebert, H. Walte und A. Würst.

Es liegt im Plane dieses Werkes mit dem nächsten Bande diese Beschreibung zu schliessen, derselben jedoch einen Nachtrag über in demselben übergangene oder seither bis zum J. 1869 geprägte Kupfermünzen anzuschliessen. Jene Herren, welche sich an dieser Vervollständigung betheiligen wollen, werden ersucht, ihre Notizen im Laufe des Jahres 1869 mir zukommen lassen zu wollen.

J. Neumann.

Inhalts-Verzeichniss

des

fünften Bandes.

Einleitung zum fünften Bande.

Dem Programme dieses Werkes entsprechend werden Jetone, Marken und sonstige Zeichen, welche von Privaten ausgegangen, die zweite Abtheilung desselben bilden, und dürften zur Informirung jener Leser, welche sich erst dem Studium der Numismatik zu widmen beginnen, einige Notizen über diese Produkte der Präge nicht unwillkommen sein.

Das französische Wort Jeton von jecter, jeter, herrührend und etwa Auswurfsmünze bedeutend, umfasst im weiteren Sinne die Bezeichnung jener meist runder oder auch eckiger Gepräge, welche nicht zu den Kursivmünzen einer- und den Medaillen anderseits gehören. Sie unterscheiden sich von den meist mehr erhaben geprägten, künstlich und sorgfältig gravirten Medaillen dadurch, dass sie im Metalle dünn und in der Gravirung mehr flach, münzähnlich gearbeitet sind, ferner dass ihre Grösse selten die Grösse 18 unseres Münzmessers übersteigt.

J. de Fontenay in seinem: „Manuel de l'amateur de Jetons. Paris 1854" theilt die Jetons in weiterer Bedeutung in 3 Hauptklassen: 1. In die Mereaux (Marken, Zeichen), 2. in Jetoirs (gectoirs, gettoirs) Rechen, Raitpfennige von Raiten, Rechnen, latein. calculi computorum, und 3. in Jetons im engeren Sinne, welche wieder in geschichtliche, religiöse, Familienjetons und Spielmünzen (auch Dantes genannt) u. s. w. zerfallen.

Die Mereaux, Marken aus älterer Zeit, in verschiedenen Metallen vorkommend, sind Zeichen für bestimmte Gebühren oder für geleistete Verpflichtungen (Anweisungen), welche an den für solche bestimmten Kassen gegen kursive Münzen ausgetauscht wurden. In Frankreich, besonders Paris, woher dieselben stammen, und schon im 15. Jahrhundert meist von Blei und Zinn fabricirt, im Gebrauche waren, versteht man unter diesen Mereaux eigentlich Münzen und Zeichen für bei der Kirche angestellte Personen, dann für Mitglieder mancher Bruderschaften, welche um das Neujahr oder in andern bestimmten Perioden gegen Baarschaft umgetauscht wurden.

Manche dieser Mereaux werden auch Manuel genannt. (Bezeichnung für das von Hand zu Hand gehen.) Neuerer Zeit werden die Marken als Werthzeichen für die geschehene Entrichtung verschiedener Gebühren, als Thor,- Brückengelder, als Einlösungszeichen für Holz und Kohle, als Abonnements und Anempfehlungszeichen in Hotels und Restaurationen und zu ähnlichen Zwecken benützt.

Die Rechenpfennige stammen gleichfalls aus Frankreich, woselbst sie schon im 12. und 13. Jahrhunderte und zwar Anfangs meist in Messing gebraucht worden zu sein scheinen, von wo sie sich nach den Niederlanden und sodann nach Deutschland verpflanzten. Sie hatten die Bestimmung, bei dem Rechnen anstatt der heutigen Ziffern verwendet zu werden. Man bediente sich nämlich in jener Zeit hiezu eigens verfertigter Tafel aus Holz, welche durch so viel Linien abgetheilt waren, als es die Ziffern erforderten. Dieser Linien waren mindestens sieben, da die Rechenpfennige, welche auf der ersten Linie lagen, Einheiten, die auf der zweiten Zehner, auf der dritten Hunderte, auf der vierten Tausende u. s. w. bedeuteten und waren mit I, X, C, M (Einheiten, Zehner, Hunderte, Tausende) bezeichnet. Diejenigen, welche in die Zwischenräume gelegt wurden, zeigten die Hälften von den obenstehenden Linien an. Dergleichen Rechentafeln und Rechenbretter hatte man für die Thaler, andere für die Schocke, für Groschen, Pfennige u. s. w. (Siehe auch I. Band, S. 31.)

Es wurden deshalb nicht bloss von Seite der Regierungen, sondern selbst von Seite reicher Privater für Rechnungskammern, Rechnungs- und sonstige Privatbeamte derlei Rechenpfennige geprägt, und von denselben zum Rechnen verwendet. Manche dieser Rechenpfennige führen auch eine ihre Bestimmung zum Rechnen bezeichnende Aufschrift. Da diess jedoch nicht bei Allen der Fall war, so lässt sich die Frage, welche der so mannigfachen aus jener Zeit erübrigten Jetone zum Rechnen verwendet worden seien, heute nicht mehr beantworten. Unter Philipp dem Guten von Burgund soll man zuerst das landesfürstliche Wappen und einen Spruch mit der Mahnung richtig zu rechnen, darauf gesetzt haben.

Betreffend die Jetone im eigentlichen Sinne dieses Wortes, so dürfte die Bestimmung der meisten derselben gewesen sein, einzelne Begebenheiten des öffentlichen oder Privatlebens der Nachwelt zu überliefern. Auch diese Jetone haben in Frankreich und zwar schon im 4. Jahrhunderte ihren Ursprung, und tauchten bald in den Niederlanden und in Deutschland auf. So sind in Frankreich die Jetone in Kupfer und Messing auf die Begebenheiten unter Ludwig XIII., XIV. und XV. und die Jetons der Bürgermeister und sonstigen Dignitäre am häufigsten aus der Periode zwischen 1600—1750, in den Niederlanden die Jetone auf die dortigen Ereignisse am häufigsten aus der Periode 1550—1700, beinahe blos in Kupfer, in Deutschland die Jetone der Münzbeamten, wohl zuerst in Tirol (1497) u. z. am zahlreichsten aus den Gegenden des Harzes, — endlich die Familien-Jetone zumeist aus Anlass von Vermählungen, welche am häufigsten in Böhmen, in der Periode 1560—1600 vorkommen — die hervorragendsten Partien in dieser Specialität.

Die Münzmeister- und Familien-Jetone führen, wenn nicht beiderseits, doch auf einer Seite das Wappen der betreffenden Familie. Vor dem 16. Jahrhunderte findet man auf den Jetons meist die gothische, sogenannte Mönchsschrift; bald nach dem Jahre 1500 beginnend jedoch bloss die lateinische.

Hieran schliessen sich die sogenannten Spielmünzen an, in deren Prägung Nürnberg im 16. und im Anfange des 17. Jahrhunderts Vieles geleistet hat.

Eine weitere Gattung sind die sogenannten Dantes, welche zumeist als Spielzeug für Kinder sich von den vorangeführten Sorten durch ihre Unbedeutenheit in der äussern Ausstattung erkennbar machen. Meist dünne kleine Messingplättchen mit unregelmässiger Zeichnung und schlechter Gravirung der Vorstellung sind dieselben für jeden angehenden Sammler gleich erkenntlich und werden solche hier wegen Abganges eines jeden Interesses für dieselben übergangen.

Zu den von de Fontenay angenommenen drei Hauptgattungen fügen wir noch eine vierte hiezu, nämlich die sogenannten Bet- oder Anhängpfennige, meist aus Messing, welche der Mehrzahl nach oval und meist gehenkelt (geöhrelt) in selteneren Fällen rund und stets etwas dicker und stärker im Metalle, — in den katholischen, meist südlichern Ländern Europas vorkommen. Ein grosser Theil derselben dient zur Erinnerung an Wallfahrts- und Gnadenorte, zur Ehre der Landespatrone oder der Heiligen überhaupt. Auch werden derlei Stücke, u. z. meist in Italien und Spanien als Amulette und Preservative gegen Krankheiten und Zaubereien am Halse getragen. Auch diese Gattung wurde bei der vorliegenden Beschreibung übergangen, da sich ein verhältnissmässig geringer Theil von Sammlern für dieselben interessirt.

In der nachstehenden Beschreibung sind die Jetone, soweit solche bestimmt sind, den einzelnen Ländern zugewiesen, aus welchen sie stammen, und wird in deren Reihenfolge die in der ersten Abtheilung dieses Werkes vorkommende Ordnung beibehalten werden.

1. Kaiserthum Oesterreich.

Königreich Ungarn

sammt den Nebenländern.

Jetone. **28457—59.**

Av. **LAD : PROCK : DER : IVNG — : R : K : M : GEN : BVECHL :** In der Mitte innerhalb eines gewundenen Kreises das mit dem Helme und Helmzier umgebene Wappen, darin in der obern Hälfte zwei, und unten ein zweifach eingeschnittener Pokal im damaszirten Felde. Ueber der Helmkrone sechs Federn in zwei Reihen zu drei ober einander. Rev. **BED : CAMERN : CREM—NIZ : V : SCHEMNIZ** In der Mitte innerhalb eines gewundenen Kreises ein behelmtes Wappen, darin anscheinend fünf gewundene Faschinen und hinter denselben in der von oben herab getheilten Hälfte je ein Felsen (?). Ober dem Helme zwischen zwei Büffelhörnern ein nach vorwärts gewandtes gekröntes Thier (Löwe?), ober welchem oben am Rande 1569 Der Rand gekerbt. Gr. an 13. Tafel 66. Ein zweiter Stempel hat im Av. **IVNGER** und **BVECHAL :** Im übrigen wie vorher. Sammlung des Herrn Franz Riess in Wien.

Av. WOLF · STRASER · R · — K · M · EINEM · Z · CRE zwischen gekerbten Kreisen. In der Mitte das Wappen mit Helm und Helmzier bedeckt, wegen schlechter Erhaltung undeutlich. Im Schilde ein Querbalken, worin Rosetten, oben und unterhalb desselben drei undeutliche Gegenstände. Aus der Helmkrone ragt die obere Hälfte eines Einhornes nach rechts gewandt hervor; zu dessen Seiten ·I · 5 — · 7. Z. Rev. ANNA. GERES · V · MADLENA · ITZIGE · S · ELICH · GEMA . . . In der Mitte zwei längliche deutsche Wappenschilder mit undeutlichen Wappen ohne Krone, darin in jenem rechts anscheinend ein durch eine Krone gesteckter Baum, in jenem links oberhalb eine Lilie, unterhalb ein Jagdhorn (?) An den vier Seiten der Schilde je ein Punkt; ober denselben zwischen zwei Strichen ·RK . PH in einander gestellt, EN. Gr. über 11.

28460—62.

Marken.

Av. Von rechts die Umschrift FORAZESTI URADALOM (Herrschaft Foracesti). In der Mitte ein mit einer fünfspitzigen Krone bedecktes Wappen, darin rechts ein Doppeladler im goldtingirten Felde, und oben rechts in der Ecke ein kleines blau gestreiftes Quadrat. Links ein Ritter, sich auf einen Anker stützend im blauen Felde; oben links in der Ecke ein gleiches kleines Quadrat, Silber. Am Rande ein Linienkreis. Rev. In einem kleinem Ovale die Werthzahl 1 Von diesem Ovale geht rechts und links eine zweigartige Verzierung gegen den untern Rand hinab. Am Rande ein gleicher Kreis. Gr. 13. In der Mitte wie bei den beiden anderen ein Loch.

Av. Das vorbeschriebene Wappen, ober welchem jedoch statt der Krone ein Helm, das Wappen, worin der Adler, nicht tingirt, und im Rev. die Werthzahl $\frac{3}{4}$ Gl. Gr.

Av. und Rev. ähnlich dem erstern, nur $\frac{1}{2}$ Gr. 11. Ohne Randkreise. Samml. des Hrn. Riess. Sämmtlich Messing und weiss plattirt.

Robothzeichen vor dem Jahre 1848. Forazesti ist ein Rumänisches Dorf im Kraschoer Komitate und gehörte der Familie Winkler. Mitgeth. von Hrn. L. Szug in Pest.

28463.

Av. URB & ECCLE · SOPRO PATRON. Der Erzengel Michael (?) mit emporgehobenem Schwerte ober einer überwundenen Gestalt. Rev. ✠289 FUS · RUPT & · REFUS · 183$\frac{6}{7}$. In der Mitte eine Glocke sammt Köpel mit der Jahreszahl 1498 auf derselben. Grober Guss aus weissem Metalle. Oedenburg.

28464—65.

Ofen und Pest. Einseitig. Ein Gebäcke (sogenanntes Herl), halbmondförmig, mit den Spitzen nach unten) darunter IK Blei. Gr. an 10.

Einseitig. Ein Gebäcke anderer Form (sogenanntes Bretzl) und zur Seite K – I.

Sollen im Jahre 1848, wo ein grosser Mangel an Kupfergeld war, von einem Bäcker in Pest ausgegeben worden sein.

28466.

Messingmarke. Einseitig. Von rechts: NEUPESTHER ÖHL FABRIK Unten nach aussen S. W. S. d. J. Schossberger Wilhelm & Sohn. zwischen erhabenen Linienkreisen. In der Mitte 1 | TAG Gr. 17. Diese Fabrik bestand vom Jahre 1851—54 und wurde nach Palota verlegt, worauf die Markenausgabe aufgegeben wurde. Samml. des Hrn. Szug in Pest.

28467.

Av. In der Mitte ALTER | ÉS | KISS | PESTEN (Bog.) Ueberschrift: NÖI DI VATCSARNOK Unten nach aussen VÁCZI ÉS RÉGI POSTÁ UTCZA SARKÁN Rev. Ein Eckgebäude, auf welchem an beiden Gassenseiten die Firma ALTER ÉS KISS ober dem Geschäftslokale. An dem Hause Herrn und Damen, zusammen acht Personen. Von dem Hause nur der erste Stock sichtbar. Das Ganze in einer oben und unten verzierten Cartouche, an welcher oben ein Band mit MAGASIN DE NOUVEAUTÉS. Die Ränder erhaben. Gr. 18. Weisses Metall. Mitgetheilt von Hrn. Szug.

28468—69.

Kettenbrückenmarken. Einseitig. Eine Kettenbrücke mit beiden Ufern und zwei Flusspfeilern. Auf dem Flusse rudert ein Mann in einem Kahne nach rechts. Nach vorn zu das Ufer. Am Rande zwischen zwei gekerbten Kreisen neun Sternrosetten und neun handhabenförmige Verzierungen je mit einander abwechselnd. Gr. über 14. Messing.

Ein Stempel mit acht Sternen am Rande hat dreitheilige Blätter statt der Verzierungen und Perlen statt gekerbten Kreisen. Rund. Messing. Gr. 14.

28470—71.

Einseitig. Innerhalb eines starkgekerbten Zirkels eine gleiche Vorstellung, jedoch ohne den Kahn. Am Rande gegen die Mitte jeder Seite je drei Punkte. In den Ecken je ein Punkt zwischen einer Klammern ähnlichen Verzierung. Viereckige Klippe von Messing mit abgestumpften Ecken. Höhe und Breite 12.

Ein Stempel mit dem Kahne am Wasser wie vorher, hat nicht die vorigen Verzierungen in jeder Ecke (Klammer), neben welcher letztern je eine palmenartige Verzierung. Kupfer. Gl. Höhe und Breite.

28472.

Einseitig. Die Kettenbrücke mit den vorigen vier Pfeilern, welche jedoch mit Strichen, die Quadersteine auf denselben bezeichnend versehen sind; auch ist hier durch gekreuzte Striche das Geländer der Brücke angedeutet. Ein Ufer ist hier wie vorher nicht ersichtlich. Am Wasser der Mann im Kahne nach rechts. Hier ist lediglich ein Perlenkreis am Rande und auswärts ein erhabener Kreis. Gr. 14. und darüber.

28473—75.

Tunnelmarke. Einseitig. Innerhalb eines, an den obern Enden abgestumpften Quadrates ein Tunnel, an dessen Eingangsthore an jeder Seite zwei Säulen und an der Thorwölbung oben rechts und links je eine Schlange. Ober dem Tunnel Gestrüppe. Viereckige Marken in Kupfer and Messing, welche am Rande mit einem pararell mit den Seiten und stumpfen Ecken laufenden breiten Striche eingefasst sind. Höhe an 13, Breite 13 und darunter.

Aehnliche runde Marke, nur in der Zeichnung das Gestrüppe von den erstern verschieden; auch fehlen die Mauern, welche bei erstern von den Säulen bis an den Münzrand reichen, und hier nur durch einen an der Säule auswärts angebrachten Strich bezeichnet sind. Am erhabenen Rande hier bloss ein gestrichelter Kreis.

Ein weiterer Stempel hat an den Enden des Tunnelgebäudes bloss die äussern Säulen und nichts weiter sichtbar. Am Rande ein erhabener Strichel- und dann ein Linienkreis. Gr. über 14. Kupfer.

Diese Marken wurden von der betreffenden Kettenbrücke- dann Tunnelgesellschaft für das Publikum zum Nachweise der entrichteten Gebühr und zwar zwei Kreuzer von einer Person in Gebrauch gesetzt. Man erhält die Marke beim Eingange und bei dem Ausgange wird dieselbe wieder abgenommen.

28476—78.

Av. Die Buchstaben A und B, rohgeschnitten, an einander gestellt, zwischen zwei unten über einander gelegten Zweigen mit runden Blüthen und Früchten; oben 1757 unten die Werthzahl 3 in einer Stricheleinfassung. Rev. Oben eine Verzierung, unter welcher ein einköpfiger, nach links sehender Adler mit ausgebreiteten Flügeln, unten zwei über einander gelegte Zweige. Am Rande je ein Linienkreis. Gr. an 12.

Aehnlich, jedoch nur mit der Werthzahl 2 in ähnlicher Linieneinfassung. Rev. ähnlich dem vorigen. Gr. über 10.

Aehnlich mit der Werthzahl 1 und Gr. an 9.

28479—81.

Av. Die vorigen Buchstaben in einander gestellt, und zur Seite zwei Zweige mit runden Blüthen und Früchten an den Spitzen, oben 1766 und unten in einer Cartouche, an welcher von aussen je ein Punkt, die Werthzahl 3 Im Rev. der vorige Adler mit je einem Punkte neben dem Kopfe und mit ausgebreiteten Flügeln. Unten ein grosser Punkt, von welchem nach rechts und links je ein Zweig anläuft. Am Rande je ein gekerbter Kreis. Gr. an 12.

Aehnlich auch mit den Werthzahlen 2 und 1 statt der vorigen Werthzahl, im Uebrigen ähnlich der vorigen, nur Gr. 10 und über 8. In mehreren Privatsammlungen.

Diese Marken, welche in Bezug auf Zeichnung und Gravur zu den schlechtesten Produkten in diesem Fache gezählt werden müssen, sollen von Ant. Roll, Besitzer der Eisenwerke zum Phönix genannt, in Rothenstein nächst Kaschau ausgegangen sein. (Notiz aus Wellenh. Cat. bei 14643.)

28482—85.

Av. Ein behelmtes, von oben herab getheiltes Wappenschild, darin rechts auf einem dreitheiligen grünlingirten Hügel ein Bienenstock mit denselben umschwärmenden Bienen im rothen Felde; links im blauen Felde ein aufrecht nach rechts schreitender Löwe mit einem Säbel in der emporgehobenen rechten Pranke. Ober der Helmkrone der Pelikan mit seinen Jungen im Neste. Umschrift von rechts RUMUNYESTI URADALOMÉ Der Rev. wie Nr. 28460. Im Ovale die Werthzal 1 Gr. 13.

Aehnlich nur mit $\frac{3}{4}$ im Ovale. Gleiche Gr.

Aehnlich mit $\frac{1}{2}$ Gr. 11. In weissem Metalle.

Aehnlich mit $\frac{1}{4}$ Gl. Gr. Messing. Robothzeichen vor dem Jahre 1848. Rumunyesti ist ein rumänisches Dorf in Kraschoer Komitate der Familie Fabry gehörig. Mitg. von Hr. Szug.

28486—89.

Eins. Der Doppeladler, rechts das Schwert und Scepter haltend, auf der Brust in einem ovalen Schilde Z. (Zug-Roboth.) Umschrift: Ros. K · K · FAM · HERRSCHAFT SASSINER ROBOTH ZEICHEN

Desgl. ohne Rose, und auf der Brust des Adlers F (Fussroboth.)

Desgleichen auf der Brust des Adlers $\frac{1}{2}$ (Ein halber Tag.) Alle drei von Zinn. Entnommen der numismatischen Zeit. 1847 S. 197.

Ein gekröntes fünffeldiges Wappen; oben zwei Lilien und im 1. und 4. Felde ein aufgerichtetes Thier, halb Hund, halb Drache, im 2. und 3. ein laufender Windhund. Rev. Die verzogenen Buchstaben K · S · C · F · (Königliche Sassiner Cattun Fabrik.) Von Messing. Ebendort.

28490—91.

Av. Zwischen einem Lorbeerkranze ein Strich, darüber ein aufgerichteter halber Löwe von der linken Seite. Rev. In einem Lorbeerkranze $\frac{1}{4}$ (Tag.) Robothzeichen. Numismatische Zeit. 1847 S. 197.

Av. In der Mitte ober einer Leiste ein nach rechts gewandter Löwe mit dem Obertheile des Körpers und doppelten Schweife. Am Rande zwei, unten mit einer Schleife gebundene Lorbeerzweige und nach aussen ein gekerbter Kreis. Im Rev. In der Mitte $\frac{1}{4}$ Am Rande ein Kranz von je zu zwei an einander gereihten Lorbeerblättern. Gr. 11. Nach Appel (bei Nr. 3729) von der Herrschaft Walpo, Stadt und Schloss am Walpo in Slavonien, im Jahre 1805 im Besitze des Baron von Prandau.

28492—93.

Av. ZSIDOVARER EISENGEWERKSCHAFT und eine fünfblättrige Ros. In der Mitte in einem Kreise der nach rechts gewandte Vulkan sitzend mit dem Hammer in der emporgehaltenen Rechten. Rev. NADRÁGER WERKS=CASSA Ros. In der Mitte innerhalb eines Linienkreises die Werthzahl 20 in einem damaszirten Felde. Gr. über 12. Messing. Beide Orte sind Dörfer im Kraschoer Komitate.

Auch mit der Werthzahl 10 Cat. Marelich Nr. 8730. Aus den Jahren 1848—49, wo wegen Mangel an Kleingeld derlei Marken verfertigt wurden.

28494—98.

Av. Schlägel und Eisen, und darunter K: (Kammer) Im Rev. eine knieende (Segen für das Bergwerk erbittende) nach rechts gewandte weibliche Gestalt, und unter derselben der Buchstabe D: Gr. 11.

Ebenso mit den Buchstaben M, O, dann R und nach Mittheilung des Hrn. Jacob Rupp auch mit S 61. Gr. Diese vier Buchstaben bedeuten nach Mittheilung des Hrn. Szug die Bergwerksorte Dognácska, Moldava, Oravicza, Resicza und Szászka, sämmtlich im Kraschoer Komitate, welche vor dem Jahre 1848 der königl. Kammer gehörten, aber seither von der Regierung verkauft wurden.

28499—500.

Av. Die Bergschlägel, darneben O—O, oben die Zahl 4 eingeprägt. Rev. Zwischen fünf Sternen ein Schild, worin sich ein Bierkrug befindet, darüber I—L (?) Num. Zeit. 1847. S. 190 unter Ungarn.

Av. Schlägel und Eisen gekreuzt, und unten dazwischen S Rev. S verkehrt, und ein Strich von oben herab durch dasselbe gestellt. An den Rändern beiderseits ein Kreis von etwas von einander entfernten Punkten. Gr. 8. Samml. des Hrn. Egger.

28501—3.

Einseitig. Oben 1½ zwischen fünfblättrigen Rosetten. | H H, dazwischen ein Zweig, rechts und links je ein Blumenkelch, unten am Rande eine bandartige Verzierung. Der Rand gestrichelt. Gr. 8.

Einseitig. Ein grosses M, darin C; an dem linken Schenkel desselben ein E und R angestellt. Gr. 8.

Einseitig. In der Mitte eine grosse V, oben 1622, unten neben der Spitze R —H Gr. 9.

Herr Bergrath Patera fand diese Marken in Herrngrund vor. Das Kupferwerk Herrngrund wird heute noch die Kupferhandlung Herrngrund genannt, und könnten die beiden H vielleicht Handlung Herrngrund bedeuten.

28504—6.

Av. Die Jahreszahl 1623, darunter anscheinend G. D. G. P | Darunter ein Strich mit kurzen schief stehenden Querstrichen an den Enden. Oben und unten am Rande je eine fünfblättrige Rosette. Am Rande ein gewundener Kreis. Im Rev. Schlägel und Eisen gekreuzt, und dazwischen oberhalb eine gleiche Rose und unterhalb T, rechts und links je ein undeutlicher Buchstabe. Gr. 11.

Av. Ein etwas undeutliches Monogramm I und L (gross) dazwischen E, neben dem Ganzen rechts und links je eine fünfblättrige durchstochene Rosette, zwischen zwei ober und unterhalb befindlichen Punkten. Oben am Rande drei undeutliche Buchstaben vielleicht G oder C, LT unten · 1628 · Im Rev. Schlägel und Eisen wie vorher, zur Seite etwas undeutlich L—B unten V Gr. 11.

Av. In der Mitte: S. R. P. T, oberhalb eine undeutliche Jahrzahl, anscheinend mit 48 endigend, unten eine fünfblättrige Rose, wie früher. Im Rev. Schlägel und

Eisen wie vorher, oberhalb eine gleiche Rosette, unterhalb I, zur Seite N—B (muthmasslich Nágy—Bánya) Gr. an 8. Auch die beiden erstern dürften als in N. Banya vorgekommen, von dort stammen.

28507—8.

Av. Ein Adlerkopf mit Flügeln, darunter OD. G. P. | 1628 Im Rev. Z. B | Zwei Bergschlägel, dazwischen V. umgeben von drei Röschen, zwei Kugeln und den Buchstaben I. V. Num. Zeit. 1847. R. 190.

Av. Ueber die Fläche die Ziffer V und zwischen den beiden Strichen eine grosse fünfblättrige Rosette zwischen drei Punkten. Oben II. L. An den Seiten ausserhalb je eine Kleeblättern ähnliche Rosette, darunter 16—20 und tiefer je ein sechsspitziger Stern. Im Rev. ein Schild mit an demselben angebrachten Verzierungen; zur Seite anscheinend K—B, ober dem Schilde eine fünfblättrige Rosette zwischen Punkten. Gr. 10. Mitgetheilt v. Hrn. Egger.

28509—10.

Av. Unter einer Krone B—€X, darunter 16·64 Rev. Die Bergschlägel zwischen drei Röschen. Unten zwischen den Stielen O. darunter ½. Num. Zeit. 1847. S. 190.

Av. Schlägel und Eisen gekreuzt; und in den hiedurch gebildeten Winkeln oben eine fünfblättrige Rosette, rechts G, links K, unten II; oben am Rande ·1669· Am Rande ein gewundener und nach innen ein zweiter fein gekerbter Kreis. Im Rev. VIIII Am Rande ein gewundener Kreis. Gr. 10. Sammlung des Hrn. Egger.

28511.

Av. In der Mitte VOTUM, zur Seite je drei Sterne ober einander. Oben ein Lorbeer- und Palmzweig gekreuzt, und unten zwei Füllhörner über einander gelegt. Im Rev. eine Wage und unter derselben 1823 Zur Seite zwei unten über einander gelegte Lorbeerzweige Gr. 11. Ebendort. Soll nach Mitth. des Hrn. Szug in Pest ein Wahlzeichen sein, womit die Komitatsbeamten bei der Restauration im Jahre 1823 im Salader Komitate durch Abstimmung gewählt wurden.

Königreich Böhmen.

28512—13.

Av. :GEOR. ALBIN. A. NIDERH: — RO:RE:MA:CONSILIA. 3 (ect.) Das behelmte Wappen, darin im 1. und 4. Felde ein nach rechts gewandter halber Löwe, das 2. und 3. Feld in zwei Reihen je zu drei Quadraten geschacht. Auf dem Helme zwischen Büffelhörnern ein Löwe sitzend nach vorn gewandt. Rev. BARBA:SAVRE: (sic statt SAVER) VXOR:DEVS. ET. TEMPVS. M. D. L. VI.: In der Mitte das behelmte Wappen, darin in der Mitte zwei an einen Querstrich gelegte, mit den Spitzen nach oben und unten reichende (silberne) Halbmonde. Das obere Feld Gold, das untere roth. Auf dem Helme ein Pelikan mit ausgebreiteten Flügeln. Die Umschriften zwischen gekerbten Kreisen. Gr. 12.

Av. GEOR. ALBIN. AB. — .NID: DE⁹ dann ein verkehrtes F oder ET in einander gestellt, .EMP⁹ (Deus et tempus.) Das behelmte Wappen wie vorher. Rev. BARBA SAVRER—IA·VXO. und in dem O ein R, dann CO⁹COS und in den O gleichfalls je ein R. Das Wappen wie vorher Nr. 28512. Gleiche Grösse. Gr. 13.

Georg Albin von Niederhaidt erscheint im Jahre 1535 als Berghauptmann in Schlakkenwald, im Jahre 1545 als Berghauptmann im Thal (Joachimsthal) und im Jahre 1545 als Amtmann in Schlackenwald. Seine Gemahlin war Barbara Saurer von Sauerburg.

28514—17.

Av. Von rechts: .ELIAS. BEHEM. V. — BAWENBERG. G. I. M. T (Muthmasslich Gott. ist. mein. Trost.) Das behelmte Wappen, darin in der rechten Hälfte ein (grüner) Baum im (goldenen) Felde; links zwei (rothe) Querstreife von links oben nach rechts herab im (silbernen) Felde. Auf dem Helme zwei (rothe) Federn und ein Linienkreis an der innern Seite der Umschrift. Rev. .ICH. W | EIS. NICHTS | ·BE SERS WEDE | H. IM. HIMEL. NO | CH. AVF. ERDEN. | DAN. DAS. WIR. | DVRCH. CHRIS | TVM. SE. WE Gekerbter Rand beiderseits. Gr. über 10.

Av. .ELIAS. BEHEM. V. – BAWENBERG. G. I. MT und ein Linienkreis an der innern Umschrift. Das vorige behelmte Wappen mit den zwei Federn ober der Krone, von welcher hier nach rechts und links ein Band flattert. Rev. Aehnlich nur DVRCH. CHRI | STVM SELI | CH. WER Der Rand beiderseits gekerbt. Gr. über 11.

Ein dritter Stempel (Zwittermünze) hat als Av. den letzten Rev. und als Rev. den Rev. des Raitpfennigs vom Jahre 1600 Nr. 345. Gr. 11.

Ein vierter Stempel hat im Rev. Zeile 6: ALS DAS. WIR | ALLE. CHRIS | TEN. SE. WE. Entnommen der Beschreibung der böhm. Privatmünzen und Medaillen. S. 8, Nr. 3.

Elias Behem von Bawenberg kommt 1580 als Juwelier und Bürger der Altstadt und 1590 als Senator vor. Im Jahre 1589 wird er im Titularbuche unter den Wladyken angeführt.

28518.

Av. GEORG. BRAVN. FREIHER. A. WARTENBERG. zwischen zwei feinen Linienkreisen. In der Mitte ein mehrfach ausgebogenes Schild, darin im ersten und vierten silbernen Felde ein dreitheiliges Kleeblatt (?) mit vier eckigen (rothen) Blättern, und im zweiten und dritten Felde ein aufrecht nach rechts schreitender Löwe im gegen links oben blauen und rechts unten silbernen Felde. Im Rev. der gekrönte Buchstabe R zwischen 15—80 mit Blattverzierungen auf diesem Buchstaben. Am Rande zwischen zwei Linienkreisen ein Blätterkranz, an den vier Seiten mit einem Bande geheftet. Gr. 11. Abgebildet ebendort Tafel LXXVIII, Nr. 664.

Derselbe war unter Kaiser Rudolf II. Rath in Prag. (Mitgetheilt von Hrn. Kilian.)

28519.

Av. ADAM. BVDOW — EC Z · ZBVDOWA. Das behelmte Wappen mit zwei Federn ober der Krone und fliegenden Bändern neben derselben. Im (rothen) Felde zwei querüberliegende (silberne) Streife. Im Rev. IOHA (an N gestellt) NN – A BV DOWC30 — WA · 3 CHLVMV an einander gestellt. " Die Umschriften beiderseits zwischen breiten Linienkreisen. In der Mitte ein mehrfach eingebogenes Schild ohne Helm, darin im Felde bloss ein Absatz, ähnlich einer an der rechten Schildseite befindlichen Stufe. Gr. an 11.

Adam Budowec von Budowa war im J. 1575 Vice-Landschreiber im Kön. Böhmen; später während seines Sitzes auf Janowicky auf kurze Zeit Münzmeister in Kuttenberg. Er starb am 24. Juli 1586 zu Neuschloss. Seine Gemahlin war Johanna von Chlum.

28520—21.

Av. ADAM · CZECHTIC—KY · Z. KRANYCHFEL zwischen Linienkreisen. In dem behelmten Wappen rechts der (silberne) nach rechts gewandte Kranich mit einer Kugel im emporgehobenen Fusse im (rothen) Felde. Im Felde links drei schräge (goldene) Streifen von oben rechts nach links herab. Auf dem Helme zwischen den Büffelhörnern der vorige Kranich. Rev. In einer nach aussen verzierten Cartouche: DEVS. PROVIDE | BIT. VIGI | LANDVM | TAMEN Neben der Cartouche 15—73 Am Rande ein Linienkreis. Gr. 11.

Ein zweiter Stempel mit 15—79 hat im Rev.: .DEVS. und .TAMĒ Gr. 11.

Adam Czechticky von Kranychfeld war Bürger der königl. Bergstadt Kuttenberg, begleitete das Amt eines Berg-Urburschreibers daselbst und starb im Jahre 1581.

28522.

Av. Innerhalb eines Kranzes von in einander gesteckten Lilien, zwischen welchen zwei fünfblättrige Rosetten und Ringe, ein viereckiges längliches Schild mit den Spitzen nach oben und unten gestellt, darin ein Sparren mit der Spitze nach aufwärts, unter welchem ein fünfspitziger Stern und ein Punkt. Neben dem Sparren zwei Greifsfüsse. Ausserhalb des Schildes rechts MD an einander gestellt, links F Im Rev. ein ähnlicher Kranz mit vier derlei Rosetten und in der Mitte ein Schild ohne Helm, worin ein Hirsch, auf dem Boden liegend, nach rechts gewandt. Neben dem Schilde N – B, oberhalb 16—71 Am Rande beiderseits ein Linienkreis. Gr. an 12. Abgebildet böhm. Familien. Tafel 78, Nr. 665.

Dieser Jeton ist im Killian'schen Auktions-Cataloge (Nr. 4798) unter Maximilian Graf Desfours († 1683) aufgenommen; wofür obige Buchstaben und theilweise das Wappen des Averses sprechen. Andererseits ist zu bemerken, dass Maximil. Graf Desfours, Gründer des Fidei-Kommisses sich Albrecht Maximilian genannt hat, und dass der Revers nicht zu enträthseln. Die Buchstaben N—B beziehen sich nicht auf seine Gemahlinen, deren erste Anna Serafia geb. Gräfin von Wolkenstein und die zweite Maria Polixena geb. Gräfin Schönfeld war. (Památky 1857. S. 251.) Das obige Wappen (die Wappenvermehrung fand erst im Jahre 1674 statt) besteht aus einem (rothen) Sparren im blauen Felde, worin die Greifsfüsse (in welchen je ein Sporn nicht sichtbar) und unten ein (goldener) Stern.

28523.

Av. SSEBESTIAN DINNES LAVNSKY. In einem oben verzierten Schilde ohne Helm und Helmschmuck eine von links aus den Wolken ragende Hand, welche aus einem Gefässe drei Blumen begiesst. Rev. SERPENS SERPENTIS DAMNO LVCROSIOR In der Mitte ein nach rechts gewandter geflügelter Drache, welcher mit dem Gebisse und den Klauen eine Schlange festhält. Am Rande beiderseits gewundene Kreise. Gr. an 11.

Seb. Din. L. war Münzschaffer am wälschen Hofe zu Kuttenberg. Ich fand seinen Namen zuerst in der Münzamtsrechnung für das Jahr 1609 unterm 30. Oktober 1610, er erscheint ferner in der Rechnung für das Jahr 1617 zuletzt am 12. August als Münzschaffer, und unterm 23. September 1617 als gewesener Münschaffer.

28524—25.

Av. BALTASAR · DIRLE — BER · V · KORNEVBVRG und eine durchstochene fünfblättrige Rosette. In der Mitte in einem gewundenen Kreise innerhalb eines vielfach eingeschnittenen Schildes ohne Helm in der Mitte zwei Leisten, auf welchen ein nach rechts schreitender Löwe, und unterhalb eine rundliche Rosette. Rev. WARHEIT · BESTET, und eine gleiche Rosette, LVGEN · VERGET, und eine gleiche Rosette. In der Mitte innerhalb eines gewundenen Kreises ein Helm mit Helmzier und oberhalb zwei ausgebreitete Flügeln. Gr. über 10.

Av. BALTASAR . DIRLE — BER . GEGENHANLE — B Das behelmte vorige Wappen mit Helm und Helmschmuck, oberhalb zwei Adlerflügel, zwischen welchen oben B Rev. ähnlich dem vorigen nur VERGET. Gr. über 10.

Balth. Dirl. wurde am 31. Jänner 1573 dem Joachimsthaler Münzmeister Georg Geitzkhoffler als Gegenhändler beigegeben, in welcher Eigenschaft er sich noch im Jahre 1584 befand. Im Jahre 1588 werden in einer Urkunde die Einnehmer und Münzamtleute Paul Hoffmann und Balth. Dirleber als Kommissäre bezeichnet. Er starb am 12. Juli 1602 zu Joachimsthal.

28526—27.

Av. TOBIAS . ENND — ERLE · V · BVRGKS (ladt) zwischen gekerbten Kreisen. Das behelmte Wappen, darin im ersten und vierten Felde je ein halber Adler mit ausgebreiteten Flügeln und im zweiten und dritten zwei Doppellilien über einander. Ober dem Helme zwei (schwarze) Adlerflügeln und auf jedem in einem rothen Querstreifen eine weisse Doppellilie. Rev. LABORE Runde Rosette PARTA Rosette DURANT zwei derlei Rosetten zwischen gekerbten Kreisen. In der Mitte ein Quadrat, ober welchem eine zweigähnliche Verzierung. Im Quadrat: WAS MIT | MVHE · V · | ARBEIT | ER WORB | (en) Unter dem Quadrate · I . D · W (Ist. Das. Waehrt.) Gr. über 10.

Av. Derselbe. Rev. ANNA MARIA SCH—AF (fer) G. (eborne) TVCH. (er) V. (on) SCHO—W (erau). Das behelmte Wappen mit Helm und Helmschmuck, und oberhalb zwei Büffelhörner. In der oberen Hälfte ein halber schwarzer Adler mit rother Zunge, rechts gewandt. Das untere Feld (blau und Gold) geschacht. An der inneren Umschrift ein Perlenkreis. Gl. Gr.

Wer Tobias Enderle war, ist bisher nicht bekannt; doch gab es in Joachimsthal und Kuttenberg, dann an anderen Orten viele Bergbeamte aus der Familie dieses Namens. Anna Maria Schaffer, geb. Tucher von Schowerau, war die Gemahlin des Kuttenberger Berghofmeisters Tobias Schaffer von Schaffendorf und wahrscheinlich hat eine Heirat zu der gemeinschaftlichen Prägung dieses Jetons Anlass gegeben. Entnommen aus der Beschreibung böhmischer Privatmünzen. S. 48 und Tafel IX, Nr. 63.

28528.

Av. Von rechts: LAZAR · ERCKER — · V. SCHRECKENFEL und ein Linienkreis an der inneren Umschrift. Das behelmte Wappen, darin im dreigetheilten Felde in der obern rechten Seite eine (weisse) Doppellilie im rothen Felde, in der linken eine fünfblättrige rothe Rose mit gelbem Mittelpunkte und in der Mitte nach unten ein Halbmond, ober welchem drei nach oben sich verkleinernde Kugeln. Im Rev. in einer aus Linien gebildeten Cartouche ERST | PROBS DAN | LOBS Am Rande beiderseits gekerbte Kreise. Gr. an 11.

Laz. Ercker von Schreckenfels erscheint schon im J. 1574 als oberster Bergmeister und Buchhalter im Königreiche Böhmen. Er wurde im Jahre 1583 zum Münzmeister in Prag ernannt und im Jahre 1596 in Anerkennung seiner Verdienste um den Bergbau in den Adelstand erhoben.

28529.

Av. WA (an einander gestellt) CZLAW, durchlöcherte Ringel, FAFAVT — ZHO RZKOWCZE Im gewundenen Kreise das behelmte Wappen, darin so wie über dem Helme ein gepanzerter Arm von links mit einem Schwerte im rothen Felde. Rev. Ausserhalb eines inneren gekerbten Kreises: WACZLAW × NEMES × CHRVDIMSKY, eine Verzierung und eine Blume. In der Mitte unter einem Kreuzchen in einer mit Verzierungen umgebenen Cartouche VIDE | N · E zwischen gestielten Blättern | CADAS Gr. über 11.

W. Faf. von Horzkowec war im Jahre 1594 Rathsherr und später Primator der Neustadt Prag. Er wurde in den Jahren 1596, 98 und 1600 zum obersten Steuereinnehmer des Königreichs Böhmen aus dem Bürgerstande gewählt.

Wenzl Nemes, nach seinem Geburtsorte Chrudim, Chrudimsky genannt, erlangte am 13. September 1595 den ersten akademischen gradus an der philosophischen Fakultät der Prager Universität, wurde am 1. Dezember 1599 rector scholae bei Skt. Martin in Prag, kam dann nach Kuttenberg, wurde im Stadtrath angestellt und starb daselbst im J. 1610.

28530—31.

Av. In dem Wappenschilde ohne Helm in der obern Hälfte ein nach rechts gewandter halber Löwe, in der untern Hälfte drei gestielte Blumen. Zur Seite 15—48, oberhalb H—F zwischen gestielten Blättern und zwischen diesen Buchstaben ein Blatt zwischen kleinen Füllhörnern. Im Rev. DER × GOT | TRAVT × DER | WOL × BAVT | GODT × HADT | MICH × NIE | VERLASE Ober und unter dieser Aufschrift zwei kleine Palmzweige. Am Rande beiderseits ist ein Kranz von Lilien (?) oder Blättern. Gr. über 11.

Av. Aehnlich dem vorigen, nur ober dem Schilde · H · F · Am Rande beiderseits fehlt der Kranz. Rev. Unter gleichen Zweigen wie bei dem vorbeschriebenem Stücke DER GOT | TRAVT DER | WOL × BAVT | GODT HADT | MICH NIE | VERLASE Gr. über 7.

Dieser Jeton ist nicht bestimmt. Ein Hans Fischer war Bergwerksbesitzer zu Katharinaberg (Böhmen), und erscheint im Jahre 1558 auf einer Münzamtsrechnung. Es war jedoch um jene Zeit auch ein kurfürstl. Sächs. M. M. in Schneeberg Namens Hans Fuchs, von welchem jener Jeton herrühren könnte.

28532.

Av. * MATTHIAS — * FVCH * 86 und eine gestielte Blume. In dem behelmten Wappen ein dreitheiliges Feld, darin in dem mittleren Felde im untern Theile des Schildes ein nach rechts gewandter Vogel auf einem dreitheiligen Hügel. Das Feld in der Ecke gegen rechts und jenes gegen links leer. Ober der Helmkrone der nach rechts gewandte Vogel. Rev. ANNA—FVCHIN zwischen je zwei fünfspitzigen Sternen. In einem mehrfach eingebogenen Schilde in der obern Hälfte ein dreithürmiges weisses Kastell mit einem rothgedeckten Thurme in der Mitte. In der untern drei (rothe) Streifen von oben rechts nach links herab, im silbernen Felde. Auf dem Schilde ein einköpfiger Adler mit ausgebreiteten Flügeln. Gr. über 10.

Math. Fuch (im Titularbuche vom Jahre 1589 unter den Wladyken mit dem Prädikate von Fuchyfowa) war im Jahre 1583 Rosenberg'scher Kammermeister zu Krumau. Verwittwet vermählte er sich wiederholt im J. 1586 mit Anna Austalo de Sala, Baumeisterstochter, und ist dieser Jeton höchst wahrscheinlich auf ihre Vermählung geprägt.

28533.

Av. Ros. TOWIAS — GEWHARDT Ros. In der Mitte im behelmten Wappenschilde rechts ein (silberner) Querbalken im (blauen) Felde; im linken Felde ein aufrechter (goldener) Löwe nach rechts im (schwarzen) Felde. Ober dem Helme der halbe gleiche Löwe nach rechts. Unten am Schilde je eine gestielte Blume. Rev. DORADEA Ros. GE—WHARDIN Ros. 70 Im behelmten Wappen ein aufrechter nach rechts gewandter Hund; oben am Helme derselbe Hund. Die Ros. fünfblättrig mit einem Punkte in der Mitte, an den Umschriften nach innen breite Linienkreise; der Rand gestrichelt. Beschreibung der böhmischen Privatmünzen, Tafel X, Nr. 72.

28534—36.

Av. Ros. DO ℞. WI ℞. A^S Ros. — ℞os. GEB ℞. HART ∘ 7Z Das behelmte vor. Wappen mit dem halben Löwen oberhalb. Rev. DO ∘ RA ∘ DE ∘ A Ros. — Ros. GEBHARTIN ℞. An den innern Umschriften ein gestrichelter, von aussen ein gekerbter Kreis. Rundliche Rosetten. Gr. über 11.

Av. TOBIAS Ros. — Ros. GEBHART Die Ros. fünfblättrig. Das behelmte Wappen wie vorher. Rev. DORATA—GEBHARTIN: Das behelmte Wappen wie vorher, und auf dem Adlerflug oben dasselbe Thier des Wappens wiederholt, zur Seite 7—Z. An den Umschriften beiderseits gestrichelte Kreise; die Verzierungen der Helmdecken nehmen hier die Form von Eichenblättern an. Beschreibung der böhm. Familien M. Tafel 79, Nr. 665.

Av. THOBIAS. GE—BHART und ein gestieltes dreitheiliges Blatt. Das behelmte vorige Wappen. Rev. DOROTHEA—GEBHARTIN. Im behelmten Wappen ein nach rechts auf einem Querstriche von rechts oben nach unten links laufender Hirsch. Oberhalb des Helmes zwischen Büffelhörnern der halbe Hirsch. An den innern Umschriften ein Perlenkreis, nach aussen ein gekerbter Kreis. Gr. über 10.

Tobias Gebhart war nach Ausweis der Münzamtsrechnungen in den Jahren 1562—68 unter dem M. M. Hans Harder Münzwardein und Gegenhändler an der Prager Münzstätte; er wurde dann Münzmeister an der am 4. August 1569 errichteten Münzstätte zu Budweis, und im Jahre 1578 M. M. in Prag, welche Münzstätte er im Jahre 1583 an den neuen M. M. Lazar Erker übergab. Ueber die Abstammung seiner Gemahlin sind keine Notizen vorhanden.

28537—40.

Av. GOTGIBT· GOTT·—.NIMBT. MDL In dem behelmten Wappen eine nach rechts über Felsen springende Geitz (im goldenen Felde). (Das weibliche Thier der Gemse, in Naturfarbe.) Ober dem Helme gleichfalls eine Geitz mit dem Obertheile des Körpers; zur Seite G — G (Georg Geitzkhofler). Rev. ·KEIN ·TZEIT— ·BESTIMB· Im behelmten Wappen das Feld rechts schräg von rechts und links herab quergestricheit (braun). Im Felde links ein aufrecht stehendes Thier mit einem Halsbande (Hund?), welches Thier ober dem Helme zwischen ausgebreiteten Flügeln mit dem Oberleibe wiederholt ist. Zur Seite N—S (Nicolaus Stumpfelt.) Statt der Punkte beiderseits Ringeln; und die Umschriften zwischen gekerbten Kreisen. Gr. über 11.

Av. Aehnlich dem vorigen, nur fehlen die Buchstaben G—G, an deren Stelle sich die Helmdecke ausbreitet. Rev. KEIN. TZEI—T. BESTIMB Das vorige Wappen, doch sind hier die Felder verwechselt. (Der Löwe auf der rechten Schildhälfte) und fehlen die Buchstaben N—S Hier auch Punkte statt den Ringeln in den Umschriften. Gr. 11. Sammlung des Hrn. Miksch.

Av. Ebenso ohne die Buchstaben G—G, jedoch Ringeln in der Umschrift, und im Rev. gleichfalls Ringeln und °TZEI—T°

Av. Wie zuletzt. Rev. HER VERGIB VN—S: VNSE SCHVL: Das behelmte Lerchenfeld'sche Wappen, darin im rothen Felde ein (weisser) mit schwarzen Strichen eingefasster Sparren, in welchem ein (schwarzer) Vogel nach rechts gewandt. Neben dem Wappen A P Derselbe Rev. auf Nr. 28647. Die beiden letztern mitgetheilt von Hrn. Bergrath Patera.

28541.

Av. WOL · DEZ · D — ER · G · KHVG · H (genug Klugheit hat) Das behelmte Wappen, dann im Felde rechts eine aufrechte Gemse nach rechts (das vorbeschriebene Geitzkofler'sche Wappen) in jenem links ein aufrechter, nach rechts gewandter (goldener) Löwe, in der Pranke eine (silberne) Kugel haltend im (schwarzen) Felde. Neben dem Helmkopf die Buchstaben I (Iörg) — G, ober demselben eine halbe nach links gewandte Gemse zwischen ausgebreiteten (gelben) Flügeln, auf welchen je eine (silberne) Kugel auf einem schwarzen Querstrich. Die Helmdecken gelb und schwarz. Rev. VZD, ein undeutlicher Gegenstand, F?, (Frei) VOR AZFECHTVH : PLEIBZ : KAN und eine fünfblättrige Rosette. Zwei vielfach eingebogene und ausgeschweifte Schilde, darin rechts das Wappen der Puellacher, ein Kameel nach rechts, und im Schilde links das Wappen der Lerchenfelder, auf einem silbernen, gegen die Mitte zu erhabenem Sparren ein nach rechts gewandter (schwarzer) Vogel; der Sparren im rothen Felde. Zwischen den Schildern oben VG (Vrsula Geitzkofler) und unten 1564 An den innern Umschriften gekerbte Kreise, gleiche Kreise auch am Rande. Gr. 11. (In Wellenh. N. 13731 unrichtig beschrieben.)

28542—43.

Av. ZWISPALT . G . (ross) — GVET . VERZ (ehrt.) Das behelmte vorige Wappen mit I—G neben dem Helmkopfe. Rev. . EINIKEIT . D . (as) — WENIG. (e) MER. (t) In der Mitte das behelmte Wappen der Rülick (Röling); im ersten Felde ein nach rechts gewandtes Reh. Im zweiten und dritten zwei Querbalken von oben rechts nach unten links und im vierten ein Windspiel mit einem Ringe am Halsbande. Ober dem Helme der Vordertheil der Gemse nach rechts zwischen ausgebreiteten Flügeln, auf welchen je zwei Querstreifen, zur Seite des Helmes 6—9 (15) Die beiderseitigen Umschriften zwischen gekerbten Kreisen. Gr. an 11.

Ein zweiter Stempel nur durch WENIG . M . im Rev. verschieden. Gl. Gr.

28544.

Av. ZWISPALT . GROS . — GVET . VERZERT Das Wappen wie vorher Nr 28540 und an den untern Aussenseiten des Schildes die Namensbuchstaben I — G Rev. EINIKEIT DAS — WENIG . MERT Das behelmte Wappen wie vorher Nr. 28541. An den Rändern ein gekerbter Kreis. Gr. an 12.

28545.

Av. * BEDENCK — DAS ENDT * Das Geitzk. Wappen wie vorher, (Nr. 28540) und oberhalb neben dem Helmkopfe I—G, unten wie im Rev. zwischen den Umschriften am Rande ein rundes Wurzelgefäss, Knobloch (?) mit sich schlängelnder Wurzel. Rev. * ES ◦ KOMPT ◦ BE — HENDT . 74 . * Im behelmten Schilde das viertheilige Wappen. Im ersten und vierten (silbernen) Felde die aufrechte nach rechts gewandte Geitz, im zweiten und dritten blauen Felde ein (goldener) Querbalken. Ober der Krone, neben welcher V—D (Ulrich Drelling) die Geitz nach rechts mit dem Vordertheile des Körpers. Gr. 11.

28546.

Av. HVET . DICH . NAR . VN — NIN . KEIN . WEIB In der Mitte im deutschen behelmten Schilde die Geitz auf einen Felsen nach rechts springend, welche sich auch auf dem Helme befindet, zur Seite oberhalb G—G Rev. GVTER . MVTH . IST (S verkehrt) — . . . . LEIB. Statt der Punkte in den Umschriften sind dreitheilige Blätter. In dem behelmten Wappen zwei mit der Rückseite an einander gelehnte Halbmonde, ober welchen in Form eines Andreaskreuzes zwei Schwerter (?) gekreuzt. Dieselbe Vorstellung wiederholt sich auf dem Helme und sind zur Seite derselben zwei Buchstaben, von welchen nur jener links, G leserlich. Die Umschriften beiderseits zwischen Linienkreisen, Gr. 12. Samml. des Hrn Miksch.

Im Cataloge des k. k. Münzamtes in Wien, erscheint dieser Jeton mit HVET * DICH * NAR * VND — NIM * KEIN * WEIB dann GVTER * MVTH * IST — * HALBER * LEIB und mit dem Buchstaben H—G im Reverse; unter Georg Gaembsen Steyerm. Familie.

Georg Geitzkhofler war vom 9. Nov. 1563 bis zu seinem Tode d. i. den 14. Juli 1577 Münzmeister in Skt. Joachimsthal. Er erscheint vom Jahre 1559 bis 1563 Gwardein und ist seine frühere Stellung bisher unbekannt. Die Wappenvereinigung der Geitzkhofler mit jener der Kugler (Barbara) fand im J. 1558 statt. Es sind daher die Jetone mit dem einfachen Wappen (Nr. 28537—40 und 28546) vor 1558, die übrigen nach dieser Wappenvereinigung verfertigt.

Nikolaus Stumpfelt war ein Zeitgenosse des Georg Geitzkhofler. Er wurde im Jahre 1559 Silberkäufer in Skt. Joachimsthal, am 15. Oktober 1567 Wardein, und starb um 1600. Er erscheint 1588 noch als Wardein. Er war mit Marie, Tochter des Bürgermeisters Hacker, vermählt.

Walter Rülick war um 1557 Oberbergmeister in Joachimsthal. Von diesen Rölling, Rülick stammen die jetzigen Freiherren von Rülling. (Mitgetheilt vom Hrn. Bergrath Patera.)

Ulrich Drelling wurde an des Valentin Rölling Stelle (1572) zum Berghauptmann in Schlackenwald ernannt, in welcher Stellung wir ihn, nachdem er eine Zeit den gleichen Posten in Skt. Joachimsthal versehen, noch im Jahre 1595 finden.

Die Jetons mit G—G sind Joachimsthaler Ursprungs, wie diess die Reverse Joachimsthaler Bergbeamten angehörig, bezeugen, allein auch die Jetons mit I—G sind desselben Ursprunges, und nicht dem im Jahre 1581 verstorbenen Salzburger M. M. Joh. H. Geitzkhofler zuzuschreiben, da nicht bloss die Reverse gleichfalls Joachimsthaler

Bergbeamten angehören, sondern auch auf den Joachimsthaler Raitpf. vom Jahre 1565 und 1568 das Münzzeichen IG vorkommt. Die Differenz zwischen G—G und I (örg) G dürfte, wie dies auch der Stempelschnitt beurkundet, nur von einem Wechsel in der Person des Stempelschneiders herrühren, wie solcher Wechsel auch bei den Nr. 28542—43 bemerkbar ist.

Auch der Jeton Nr. 28546 dürfte nach Joachimsthal gehören, da die Zeichnung der Helmdecken mit jenen der übrigen hier beschriebenen Jetone übereinstimmt.

Dieser Annahme dürfte der Umstand nicht entgegenstehen, dass nach dem Jetone Nr. 28540, welcher am Rev. das Wappen der Gemahlin des Ruprecht Puellacher und jenem Nr. 28541, — welcher am Rev. das Puellachersche und Lerchenfeldsche Wappen enthält, — G. Geitzkhofler mit einer Tochter des Rup. Puellacher vermählt war, während auf dem Rev. des Jetons Nr. 28546 ein anderes Wappen der muthmasslichen Gemahlin des Georg Geitzkhofler erscheint, da dies letztere Wappen jenes seiner ersten Gemahlin sein könnte. Georg Geitzkhofler war nach Mittheilung des Herrn Bergrathes Paters, mit Ursula, einer Tochter Ruprecht Puellachers, und einer Schwester des Georg Puellachers vermählt.

28546—49.

Av. Ein vierfeldiges Wappen ohne Helm, darin im ersten und vierten Felde ein nach rechts springendes weisses Thier (Schaf, Hund) im rothen Felde, im zweiten und dritten je zwei mit der Rückseite an einander gestellte (goldene) Vögel- (Adler?) Köpfe und Hälse im blauem Felde. Oben, dann rechts und links von dem Schilde ein Blumenzweig. Rev. .XXIIII. | CHRISTO | PHORO. AB | GENDORF (N und D an einander gestellt) I · 5 · 4 · I · Oben eine runde Rosette zwischen zwei Punkten, unten jedoch zwischen zwei Kreuzchen. Gr. über 11.

Ein zweiter Stempel mit einem gestielten Knoten ober dem Schilde, von welchem eine Verzierung, Palmenzweigen und Schnörkeln ähnlich nach rechts und links ausläuft, hat an den Seiten je ein Kreuzchen, ober und unter welchem je eine Kreuzrosette mit spitzigem Ende, deren eine auch oben, ober dem Knoten. Im Rev. Rosette XXIIII Rosette | CHRISTOP | AORO Rosette AB ◦ | GENDORF | 1541 zwischen dreitheiligen ungestielten Kleeblättern. Die Rosetten Sternrosetten. Ober der Aufschrift zwei gestielte Blumen, ähnlich diesen Rosetten; unten ein Kreuzchen zwischen gleichen Rosetten. An den Rändern ein Kreis von perlenähnlichen Strichen. Gr. an 12.

Ein dritter hat oben ein gestieltes dreitheiliges (Wein-?) Blatt, zwischen zwei Ranken, an welchen je zwei gleiche derlei Blätter diese drei Stiele unten durch einen Querstrich verbunden. Zur Seite rechts und links je eine fünfblättrige Rosette, ober und unter welcher je ein dreitheiliges ungestieltes Blatt. Im Rev. oben zwei kleine Kreuzchen und zwischen denselben zwei kleine dreitheilige Blätchen. XXIIII und ein derlei dreigetheiltes Blatt | CHRISTOP | AORO Bl. AB Bl. | GENDORF. | 1541 zwischen fünf kleinen Kreuzchen, unten ein gleiches Kreuzchen zwischen gleichen zwei Blättchen. Am Rande beiderseits ein Strichelkreis. Entnommen aus der Beschreibung der böhmischen Privat-Münzen. Tafel 79, Nr. 666.

Ein vierter hat oben zwei aus einem Ringe hervorragende eingerollte Ranken zwischen welchen eine fünfblättrige gestielte Blume. Zur Seite je eine vierblättrige Rosette mit einem Punkte in der Mitte. An den Seiten rechts und links je ein Kreuzchen zwischen gleichen Rosetten. Im Rev. oben zwei runde fünfblättrige Rosetten zwischen gekreuzten Stielen; | XXIII | CHRISTOF | AORO . AB · | GENDORF · | 1541 zwischen kleinen dreitheiligen Kleeblättern | ein Kreuzchen zwischen fünfblättrigen Rosetten. Gr. über 10. Ebendort Taf. XI, Nr. 83.

28550—51.

Av. Das vorige vierfeldige Wappen wie zuvor, ober dem Schilde eine Frucht, ähnlich einem Kieferzapfen zwischen zwei gestielten Blumen, ähnlich fünfspitzigen

Sternen; an den Seiten des Schildes je ein gleicher Stern zwischen durchstochenen Punkten. Im Rev. (.XXIIII.) : CHRISTOP | AORO . AB . | GENDORF | . 1 . 5 . 4 . 1 . | VI zwischen drei dreitheiligen Klee- (?) Blättern und oben drei gleiche Blätter. Am Rande beiderseits ein perlenähnlicher Strichelkreis. Gr. 9.

Av. Das vorige Wappen, ober welchem eine fünfblättrige Rosette zwischen je einem Kreuzchen und einem Punkte, rechts und links je eine gleiche Rosette und ober derselben je ein, unter derselben zwei Punkte. Rev. VI zwischen fünfblättrigen Rosetten, | CHRISTO | PHORO · AB | GENDORF | 1541 An den Rändern ein gleicher Kreis wie zuvor. Ebendort. Tafel XII. Nr. 85. Gr. über 9.

Christoph von Gendorf, um das Jahr 1497 geboren, Herr auf Hohenelbe und anderen Herrschaften, königlicher Kammerrath, später oberster Berghauptmann, war einer der thätigsten Bergbeamten unter der Regierung Ferdinands I. und ein eifriger Bergbauunternehmer. Er wurde von den Ständen in den böhmischen Ritterstand aufgenommen und starb am 5. Aug. 1563. Die vorstehenden Münzen dürften nach den Werthzahlen Abfindungsmarken bei einem Bergwerke sein.

28552—54.

Av. FLORIAN GRIESPECK . RO : REMA : A . CONSIL. Innerhalb eines oben unterbrochenen Perlenkreises das beheimte Wappen, von oben herab getheilt, darin rechts zwei (blaue) Sparren im (goldenen) Felde, und links zwei (goldene) im blauen Felde, die Streifen von der Seite des Schildes nach der Mitte zu aufsteigend. Ober dem Helme die Adlerflügeln mit gleichen Streifen auf denselben. Rev. In einem mit der Spitze nach oben zu gestellten Quadrate: · Q · | : VOD | .HONE. | : STATI . DE | : THAHITVR. | .TVRPITVD : | : INI . SER : | : VAT : | : VR : Ausserhalb dieses Quadrates von unten rechts: · CAMER · — ·BOHEM — ·; HS . ET . — · SECRET. An dieser Umschrift ein von dem Quadrate unterbrochener Perlenkreis. Gr. über 12.

Ein zweiter Stempel mit gleichem Rev. hat im Av. dasselbe Wappen, doch reicht die Helmzier nicht wie bei dem ersten über die obere Kante des Schildes herab und in der Umschrift mit RO . RE . MA . A . CONSIL und eine vierblättrige Rosette zwischen zwei Punkten. Der Perlenkreis an der nicht unterbrochenen Umschrift ist hier vollständig, da der Adlerpflug des Wappens denselben nicht überragt. Gr. über 12.

Av. Wie der erstere; dagegen im Rev. .Q : | : VOD | . HONE | STATY . DE | : THAHITVR. | : TVRPY. | SER. | .V. Beschreibung böhm. Familienmünzen S. 83 Nr. 4.

28555—56.

Av. Stern (fünfspitzig) FLORIAN Stern — GRISPEK Stern. Das beheimte vierfeldige Wappen, darin im ersten und vierten Felde die vorbeschriebenen Streife; im zweiten und dritten Felde rechts ein einfacher (rother) Adler mit ausgebreiteten Flügeln im (silbernen) Felde, links zwei Streife, jener rechts roth, der andere links weiss. Oben auf dem Helme zwischen den Flügeln der (rothe) Adler.

Rev. ROSINA Ein gestieltes Blatt 15—47 Ein gestieltes Blatt. HOLTZLI Die Umschriften beiderseits zwischen Linienkreisen. In der Mitte das mit zwei Helmen bedeckte vierfeldige Wappen, darin im ersten Felde und zwar in der oberen Hälfte der Obertheil eines (braunen) Bären im goldenen Felde nach rechts gewandt; in der untern Hälfte drei mit den Stielen nach oben gestellte grüne Blätter im rothen Felde. Im zweiten Felde die Hälfte rechts schwarz und gold geschacht, links ein aufrechter nach links gewandter (goldener) Löwe im blauen Felde. Das dritte Feld ähnlich dem zweiten, nur der Löwe in der linken Hälfte und hier rechts gewandt, das Schach im linken Felde. Das vierte Feld wie das erste, nur das Thier nach links gewandt. Die Umschriften beiderseits zwischen Linienkreisen und am äusseren Rande ein Perlenkreis. Gr. an 12.

Ein zweiter Stempel hat im Av. keinen Stern nach N und statt der anderen zweispitzigen Sterne fünfblättrige Rosetten. Am Rande ein starkgekerbter Kreis. Beschreibung der böhm. Privatmünzen Taf. XIII, Nr. 96. Gr. über 12.

28557—58.

Av. FLORIAN . GRIESPECKH . AVF . KACZERAW . ROM. Innerhalb eines stark gekerbten Kreises zwei schmale lange mehrfach eingeschnittene Schilde, darin in jenem rechts in den vier Feldern das vorstehende Wappen von Nr. 28555, jedoch hier mit einem (blauen) Schilde, in welchem ein (weisser) Thurm. In dem Schilde links das Nr. 28555 im Reverse beschriebene vierfeldige Wappen. Oberhalb zwischen beiden Schilden 1564 Rev. Von rechts: KHAY. MT : Z : CAMER . RATT . IN . BEHAIM und zwei sechsblättrige Rosetten. In einem oben und unten verzierten Vierecke, an welchem rechts und links je ein Ringel: VINCE | IN . BON | O : MALV Der Rand beiderseits gekerbt. Gr. 11.

Ein Stempel mit gleichem Averse hat im Rev. : RATT : IN : BEHAIM · : und keine Rosetten. Ebendort. Taf. XIV, Nr. 100. Gr. über 10.

Florian Griespeck von Griespach zu Inspruck den 18. Dezember 1509 geboren, war der Stifter der böhmischen Linie des ritterlichen Geschlechtes der Griespeck von Griespach. Er kam mit Ferdinand I., in dessen Dienste er getreten, nach Böhmen, wurde schon in seinem 23. Jahre zum königlichen Sekretär, dann im Jahre 1538 zum königlichen Rath und zugleich Kammerrath ernannt. Er war mit Rosina, Tochter des Blasius Holz von Sillan, königlichen ungarischen und böhmischen Rathes und Pflegers zu Wellenberg in Tirol, vermählt und starb am 29. März 1588 auf seinem Schlosse Mühlhausen. Die Jetons Nr. 28555—56 werden sich auf seine, wahrscheinlich im Jahre 1542 erfolgte Vermählung, ferner jene Nr. 28557—58 auf die fünfundzwanzigjährige Feier seiner Verlobung, welche im Jahre 1539 zu Inspruck erfolgte, beziehen.

28559—60.

Av. · HANS : GVN — TER · VON · MAR. In der Mitte innerhalb eines gewundenen Kreises das behelmte Wappen, darin ein nach rechts gewandter (dunkelbrauner) Mohr im goldenen Felde, mit einem Pfeile mit silberner Spitze in den Händen; dessen Gestalt sich ober dem Helme wiederholt. Rev. · RO · KV · — · MT · P · —. VCHH. — ALTER In der Mitte ein Doppelquadrat mit der Spitze nach oben, darin W | AN . G | OT . WIR | DT . MITV | NS . WER . W | IRDT . W | IDER | W(uns) Am Rande im Av. ein Kranz von spitzen Blättern, im Rev. ein gekerbter Kreis. Gr. an 12.

Ein Stempel hat im Rev. W . | AN : G | OT . WIRD | . T . MIṪ . VNS. | WER . WIRD | T . WIDER . VN | S Sammlung des Herrn Miksch.

Hans Günter von Moren war königlicher Buchhalter und erscheint als provisorischer königlicher Zehentamtsverwalter in Joachimsthal, wo für ihn unterm 6. April 1545 eine Instruktion ausgefertigt wurde.

28561—62.

Av. IAN . HANVSS. — Z. SSARATICZ Innerhalb eines breiten Linienkreises das behelmte, oben und unten den Kreis unterbrechende Wappen mit Büffelhörnern, (rechts roth, links blau) ober dem Helme, zwischen welchen oben am Rande eine runde Rosette. Im Schilde in der oberen Hälfte ein nach rechts galopirendes (weisses, silbernes) Pferd im blauen Felde, in der unteren Hälfte ein gegen die Mitte zu sich mit der Spitze erhebender (silberner) Sparren im rothen Felde. Rev. RADSLAW, (A und W an einander gestellt) HLAW--SA . Z . LIBOSLAWE (A und W an einander gestellt). Innerhalb eines oben und unten unterbrochenen Kreises der Oberleib eines nach rechts gewandten Einhorns aus schuppenartig über einander gestellten Bäumen (?) hervorragend. Ober dem Helme abermals dasselbe Einhorn nach rechts. Am Rande beiderseits ein gekerbter Kreis. Gr. 11.

Av. Aehnlich dem vorigen, nur statt der Punkte und vor Z kleine, und oben zwischen den Hörnern ein grosses Kleekreuz. Dieser Avers kommt mit zwei Reversen vor, beide Varianten des letzten, deren einer in der Umschrift: .RADSLAW. HLAW

— SA. ŽLIBOSLAWIE. und der zweite RADSLAW Rosette HLAW — SA Rosette Z LIBOSLAVIE Rosette (Sämmtlich kleine Kreuzrosetten). Beide Gr. an 11.

Der Stammort der Hanuss von Scharatitz ist das Dorf Scharatitz in Mähren. Joh. Hanusch von Scharatitz war der Sohn des Martin Hanusch von Scharatitz und der Anna Hlawsa von Liboslaw. Er vermählte sich im Jahre 1598 mit Johanna von Stropiu und erkaufte in den Jahren 1603 und 1604 das Schloss Chlum mit dem Städtchen Chlum und einigen Dörfern. Er starb ohne männlichen Nachkommen zu Prag im Jahre 1610.

Radslaw Hlawsa von Liboslaw, Münzamtsschreiber in Kuttenberg, wurde im Jahre 1604 Bergbuchhalter, welche Stelle er bis zum Jahre 1608 bekleidete. Er wurde im Jahre 1616 bei der Rathserneuerung in den Stadtrath gewählt, und im Jahre 1618 wurde ihm und noch drei anderen Personen die Verwaltung der Kuttenberger Bergwerke übertragen. Nach Herstellung der gesetzlichen Ordnung wurde er im Jahre 1620 zum Kaiserrichter und im Jahre 1624 zum Primator ernannt.

28563—65.

Av. • HANS, eine fünfblättrige Rosette und ein Punkt, — Rosette HARDER. In einem oben und unten unterbrochenen Strichelkreise das behelmte Wappen, darin ein aufrecht nach rechts schreitender Greif mit offenen Flügeln, in der oberen Hälfte von Gold mit rother Zunge (im schwarzen Felde), in der unteren schwarz (im goldenen Felde). Auf dem Helme der halbe (goldene) Greif nach rechts. Rev. • KATHARINA Rosette — Rosette HARDERIN Rosette. (Sämmtlich fünfblättrig.) In der Mitte ein behelmtes unbekanntes Wappen, dreitheilig, gebildet durch einen aus den obern zwei Ecken gegen die Mitte zu, nach unten herabgehenden Streif. In den Feldern rechts und links nach unten zu je eine Doppellilie, welche auch ober dem Helme zwischen den Büffelhörnern. Die Umschriften beiderseits zwischen stark gestrichelten Kreisen. Gr. über 10.

Ein zweiter Stempel hat · HANS ⁘ — · HARDER · und : KATHARINA : — HAR DERIN und ein Knoten (wie auf den sardinischen Kupfermünzen.) Im Av. die Umschrift zwischen Strichel-, im Rev. zwischen Linienkreisen. Böhmische Familienmünzen Tafel XV, Nr. 117.

Ein dritter Stempel hat vor HANNS — HARDER je eine fünfblättrige Rosette und nach S und R je eine gestielte fünfblättrige Blume. Im Rev. · KATARINA : — : HARDERIN. (Statt der Punkte kleine sternförmige Rosetten. Die Umschriften beiderseits zwischen gestrichelten Kreisen. Gr. 12.

Die Prager Münzamtsrechnung vom Jahre 1558 ist nach dem Münzmeister Ludwig Neufarer von Hans Harder, Münzwardein und Gegenhändler mitgefertigt. Nach der am 18. Mai 1562 erfolgten Versetzung dieses Münzmeisters in Ruhestand wurde Hans Harder zum Münzmeister der alten Stadt Prag befördert. Nach Ausweis der Münzamtsrechnungen versah Hans Harder den Münzmeister-Dienst bis zum Jahre 1578, in welchem er die Münze am 4. Oktober an den zum Münzmeister ernannten Wardein Tobias Gebhard übergab und sodann das Amt eines Raitraths bei der königlichen Raitkammer und zugleich des Münzprobirmeisters übernahm. In einer Quittung vom Jahre 1586 quittirt Hans Harder für seinen Sohn Simon gewesenen Wardein, und am 2. Juni 1589 quittirt Katharina Harder als Wittib. Der Familienname seiner Gattin ist unbekannt. Nach Siebmachers Wappenbuch I. 40. führt die österreichische Familie Puchler von Ringers ein gleiches Wappen. Die Lilien (weiss) in schwarzen Feldern, und das obere mittlere Feld Silber. Oben zwischen zwei blauen Büffelhörnern die weisse Lilie.

28566—68.

Av. BOHVSLA. FELIX — H. (err) .V. HASSENSTEIN (E und T zusammengestellt). In der Mitte das vierfeldige mit dem Helm und Helmdecken bedeckte Wappen, darin das erste und vierte Feld getheilt, die obere Hälfte roth, die untere Silber, im zweiten und dritten Felde ein schwarzer Adler mit rother Zunge und goldenen Kleestengeln. Auf dem Helme eine weisse Feder aus einem (rothen) runden Hute. Die

Umschrift zwischen Linienkreisen. Rev. In einem länglichen, oben mit palmzweig-, zur Seite mit henkelförmigen Verzierungen umgebenen Schilde: OBRISTER. | LANTRICH | (ter des) KVNIKRE · | ICHS . BEH. Linienrand. Gr. über 10.

Ein zweiter Stempel hat im Av. bloss HASSENSTEI Beide Beschreibung böhmischer Privatmünzen. Gl. Gr. Taf. XVI, Nr. 123, 4.

Av. BOHVSL * FELIX — VON * HASSENST In der Mitte das behelmte Wappen wie vorher. Rev. M. ARGARETA. — PV. - - (r) CH (Gräfin) V(on) MEYC (h) — S (en) In der Mitte drei (1. 2) behelmte Wappen, in deren mittlerem obern ein (schwarzes) Andreaskreuz im (goldenen) Felde: das untere rechts, von oben herabgetheilt ohne Gegenstände darin. In dem Schilde links ein aufrechter gekrönter nach rechts schreitender (goldener) Löwe im schwarzen Felde. Auf den Helmen erscheint auf jenem in der Mitte das unter dem Helme befindliche erstbeschriebene Wappen, auf jenem rechts zwischen Büffelhörnern eine Frauensgestalt, auf jenem links der nach rechts gekehrte Löwenkopf. An den Rändern beiderseits ein gekerbter Kreis. Gr. an 12.

Der ursprüngliche Stammsitz des uralten ritterlichen, später freiherrlichen, gräflichen und fürstlichen Hauses der Hassenstein von Lobkowitz war die Feste Ujezd in Böhmen. Bohuslav Felix wurde am 13. Janaur 1517 geboren und vermählte sich mit Margaretha, Tochter Heinrichs IV. Burggrafen von Meissen. Der letzte Jeton ist wahrscheinlich zum Andenken an diese Vermählung geprägt. Er bekleidete die Stelle eines königlichen Kammergerichtsbeisitzers, dann Oberberghauptmanns in Joachimsthal, königlichen Rathes, eines Landvogtes in der Nieder-Lausitz und des Obristlandrichters. Auf die Erlangung dieser Würde dürften die Jetons Nr. 28566 — 67 geprägt sein. Er wurde im Jahre 1570 zum Oberstlandkämmerer erhoben und starb als solcher im 68. Jahre.

28569.

Av. WOLF. TOMA · BR — AT : HEROLTO : Z · AVPY Im behelmten Wappen ein dreitheiliges Feld, darin im unteren (schwarzen) Theile ein goldener Greif nach rechts mit rother Zunge; in den Theilen nach rechts und links (von Gold) je eine (blaue) Doppellilie. Oben am Helme der halbe nach rechts gewandte (goldene) Greif. Rev. MIKVLASSWOD — NANSKY . Z . CZAZARO In dem behelmten Wappenschilde im obern (schwarzen) Felde ein nach rechts gewandter (goldener) Löwe mit dem Vorderleibe, in den Vorderpranken ein Hirtenhorn haltend; im untern Felde drei Streifen, der erste von rechts schwarz, der zweite Gold und der dritte blau. Ueber dem Helme drei Federn. Die Umschriften beiderseits zwischen Linienkreisen. Gr. 10.

Wolf Herolt von Aupa hat sich schon in seiner Jugend in Kuttenberg aufgehalten, und sich ununterbrochen in königlichen Bergdiensten verwendet. Er wurde im Jahre 1592 Münzamtmann oder Münzmeister in Kuttenberg, welche Stelle er bis zu seinem am Donnerstag nach den heil. drei Könige 1598 erfolgten Tode bekleidete. Thomas Herolt erscheint 1584 als Bergamtsschreiber in Kuttenberg und starb als Urbarschreiber daselbst im Jahre 1599.

Nikolaus Wodniansky von Cazarow, um 1531 geboren, wurde am 17. April 1552 Baccalaureus an der Universität zu Prag, dann Rektor der Schule, Bürger, Senator, endlich königlicher Richter in Kuttenberg, welches Amt er bis zu seinem im Jahre 1597 erfolgten Tode bekleidete.

28570—71.

Av. PETR Rosette HLAWSA Eine durchstochene fünfblättrige Ros. — Ros. 3 LI BOSLAWIE und ein gestieltes Blatt. In dem behelmten Wappen der aufrechte Vordertheil eines (blauen) Einhorns ober (grünen) Bäumen (?) im (rothen) Felde. Die Helmdecken roth und blau. Ober dem Helme dasselbe Einhorn. Rev. HANVSS . SSPIGL Rosette — Rosette 3 MILC3IC3 : KRA Statt der Punkte sind kleine Kreuzrosetten. In der Mitte das behelmte Wappen, darin zwei gegen die Mitte hinauf zu, eine Spitze bildende (rothe) Querstreifen über einander (im weissen Felde). Ober dem Helme eine Frauengestalt (?) nach der Seite rechts. Die Umschriften zwischen doppelten Linienkreisen. Gr. an 11.

Av. . PETR . HLAW — SA : 3 LIBOSLAW. Die ersten vier Punkte sind kleine Kreuzrosetten. Das behelmte Wappen wie im vorigen Averse. Rev. SAMVEL : LE. - : 3 KWIETN Das behelmte Wappen, darin drei (goldene) Aehren im (schwarzen) Felde. An den Umschriften beiderseits gewundene Kreise. Oben drei Federn und zwischen denselben die Aehren. Gr. 11.

Peter Hlawsa von Liboslaw wurde auf dem Landtage 1547 in den ständischen Ausschuss zur Regulirung des Münzwesens in Böhmen gewählt, und wird seiner schon 1550 unter den Kuttenberger Münzbeamten erwähnt. Er wurde im Jahre 1553 zum Verweser des Oberstmünzmeisteramtes im Königreiche Böhmen befördert, dessen Sitz sich in Kuttenberg befand.

Hanusch Spiegel von Miltschitz war um die Jahre 1557—58 königlicher Rath und Rentmeister im Königreiche Böhmen.

Samuel Lekesch von Kwietna war im Jahre 1545 Sekretär und 1551 bis zu seinem Tode Buchhalter der böhmischen Kammer.

28572—73.

Av. RADSLAW. HLAWS — A . Z . LIBOSLAWIE (Die drei A und W an einander gestellt.) Das behelmte Wappen wie bei Nr. 28570. Rev. VPRZIMNOST . (Aufrichtigkeit) WBOHV. (in Gott) PRAWA · OZTNOST (wahre Tugend) Stern. Die Punkte beiderseits hier viereckig. In der Mitte innerhalb eines Perlenkreises ein von innen mit Perlen besetztes Quadrat, darin DISCE | ein Querstrich | VIVERE Ober- und unterhalb dieses Quadrates je zwei henkelförmige Verzierungen und ein Stern, an den Seiten je ein gleicher Stern zwischen zwei Punkten. Im Av. ein Linien-, im Rev. ein gekerbter Kreis. Gr. 10.

Ein zweiter Stempel hat im Av.— AZLIBOSLAWIE

Radslaw Hlawsa von Libosl. war Münzamtsschreiber in Kuttenberg und wurde ihm im Jahre 1604 die Bergbuchhalterstelle übertragen, die er bis zum Jahre 1608 bekleidete. Er wurde 1616 in den Stadtrath gewählt, 1620 zum Kaiserrichter und 1624 zum Primator ernannt.

28574—75.

Av. Ringel, CREDO : REMISSIO—NEM : PECCATOR Ringel. In der Mitte das behelmte vierfeldige Wappen, darin im ersten und vierten Felde der Vordertheil eines gezäumten, nach rechts springenden Pferdes; im zweiten und dritten Felde drei von oben links nach rechts herabgehende Streife. Auf dem Helme zwischen zwei Büffelhörnern das halbe Pferd wie vorher, und zur Seite G—H (Georg Hochreutter) Rev. WER : AN DERN. STELT. OFT : SELBS : DREIN : FELD Die Umschrift beiderseits zwischen stark gestrichelten Kreisen. In der Mitte in einem Quadrate: GOTT. IS | T. D : RAC | BEVIL · IM | ALLE : SAG Hinter dem Schilde eine an den vier Seiten hervorragende Verzierung ähnlich einem dreifachen Kreuze, an welchen oben eine Bandschleife. Gr. an 13. (Abgebildet Tafel LXXIX, Nr. 667. böhmische Fam.)

Av. Ebenso. Rev. Oben. MORTE | ÆQVAMVR. Darunter rechts eine Regentenkrone, in der Mitte die päpstliche Tiara mit einem links angelehnten Patriarchalkreuz, und links eine offene Krone mit einem durchgesteckten Scepter, unter diesen Kronen ein nach rechts zu gewandter Pflug. Am Rande ein gekerbter Kreis. Gr. über 12.

Georg Hochreutter war Berggegenschreiber vom Jahre 1549—62 und wieder 1573—78 in Skt. Joachimsthal. Georg Hochreutter der Jüngere war Berggegenschreiber vom Jahre 1578 bis zu seinem Tode 1614.

Reinhardt Nr. 6194 schreibt diesen Jeton dem Nürnberger Medailleur Georg

Hautsch zu (1683–1711), welcher Bestimmung jedoch der Typus der ganzen viel älteren Münze mit ihren, den Joachimsthaler Jetonen eigenen Formen widerspricht.

28576–77.

Av. PAVL. HOFMAN.—.MVNTZMAISTER Das behelmte Wappen, darin ein Mann mit einem Halbmonde in der Rechten, in der untern Hälfte eine fünfblättr. Rose. Ober dem Helme auf den zwei Flügeln je eine derlei Ros. und zwischen denselben dasselbe Männchen. Rev. SALOME · HOFMANIN –GEB · HARTLEBIN Das behelmte Wappen der Familie Hartleb von Angelshausen, darin rechts ein aufrechter, nach rechts gewandter (goldener) Löwe, im silbernen Felde, links in der Mitte ein breiter Querbalken (gelb und blau) geschacht, im rothen Felde; oben über dem Helme ein halber (goldener) Löwe nach rechts. Am Rande beiderseits ein gekerbter Kreis. Gr. an 11.

Av. Ebenso. Rev. BALTASAR. DIRLE–BIR. GEGENHANLE—R Das behelmte Wappen wie Nr. 28524. Am Rande ein Linienrand. Gl. Gr.

Paul Hofman, Zehentgegenschreiber in der Bergstadt Joachimsthal, wurde am 18. Mai 1573 zum Austheiler und am 4. Juni 1584 zum Münzm. befördert. Er war mit Salome Hartlebin von Angelshausen, wahrscheinlich einer Tochter des am 12. Juni 1568 zu Joachimsthal verstorbenen Zehenters Volkmar Hartleb, vermählt. Der erstere Jeton wird sich auf seine Vermählung, und der letztere auf seine Beförderung zum Münzm. beziehen. Derselbe wurde im Presbyterium der Spitalkirche zu Joachimsthal begraben, und ist auf dem wohlerhaltenen Grabsteine nachstehende Aufschrift:

Hier ligt begraben der edle und ernvesthe Herr
Paul Hofmann Rö. Kay. Mat. gewester Einnember
Und Müntzmeister in St. Joachimsthal & &.

(folgen Bibelsprüche) den XVII Feb. 1599

Die Notizen Balth. Dirleber betreffend sind bei Nr. 28524.

28578—79.

Av. IAKVB. HOLEI · SSOT – NOWS · Z · ZAWORZIC In der Mitte das behelmte Wappen, darin in der obern Hälfte, von oben herab dreigetheilt, in der Mitte eine (weisse) Lilie im (rothen) Felde, zur Seite die Felder je weiss; in der untern Hälfte von rechts Gold, schwarz, weiss und roth, auf dem Helme zwischen Büffelhörnern die Doppellilie. Rev. ZIKMVND KOZEL.—ZREIZENTOLV. Das behelmte Wappen, darin in der obern Hälfte der Vordertheil eines weissen Bockes (Kozel), aufrecht nach rechts (im rothen Felde), das untere Feld damaszirt. Ober dem Helme der Bock wie im Wappen. Die Umschriften beiderseits zwischen Linienkreisen. Gr. über 10.

Av. IAKVB · HOLEI · SS—OTNOW · Z · ZAWO und am Rande ober der Doppellilie ein Kreuzchen. Das Wappen wie vorher. Rev. ZYGMVND. KOZEL—ZREIZENTOLV. 81 Das behelmte Wappen wie vorher. Die Umschriften zwischen Linienkreisen beiderseits. Gl. Gr.

Jakob Holej Sch. von Zaw. geboren in Arnau, verehelichte sich im Jahre 1585 als Bürger in Kuttenberg und Hausbesitzer mit Anna, Tochter nach Joh. Pech, nachdem er die Ansässigkeit in Kuttenberg und die Mitgewerkschaft an dem dortigen Bergbau schon früher erworben hatte. Er starb im Jahre 1592 als Stadtrath und Primator in Kuttenberg ohne Nachkommen.

Die Notizen über Sigmund Kozel kommen bei Nr. 28605 vor.

28580.

Av. HANNS HOLT–ZL· V. STERNST Das behelmte vierfeldige Wappen, darin im ersten und vierten Felde ein Bergmann, im schwarzen Kleide und im goldenen Felde, welcher in den emporgehobenen Händen rechts einen goldenen Stern und links einen silb. Halbmond hält. Im zweiten und vierten Felde drei Pappelbäume (grün) und auf grünem Boden im (rothen) Felde. Ober dem Helme das Männchen wie im ersten Felde zwischen zwei Flügeln, deren jener rechts oben Gold, unten schwarz, der Linke oben roth, unten weiss. Rev. SOPHIA · HOLTZ—LIN · G. PABING Das behelmte Wappen, darin auf einem dreitheil. Hügel in der Mitte ein gerader Staab hinauf, und an den Seiten dessen zwei gebogene Stengel mit je drei Kleeblättern. Ober dem Helme sind abermal die Stengel mit drei Ringeln (?) wiederholt. Am Rande beiderseits Linienkreise Gr. über 11.

Die Familie der H. von St. stammt aus Salzburg. Sans Hölzl von St. war ein thätiger und unterrichteter Bergmann, Gewerke in Krumau u. a. O. Im Jahre 1596 erscheint er als Bergmeister in Rudolfstadt. Nach dem in der Budweiser Münzstätte geprägten vorliegenden Jeton war er mit Sophia Pabing vermählt.

28581—83.

Av. SEBAST : HOLTZL—V : STERNSTAIN Das behelmte Wappen wie vorher mit demselben Helmaufsatz. Rev. BARBA · HOLTZIN—GEBOR · SCHOPFIN. Im behelmten Schilde aus der untern Hälfte rechts nach links herab zwei Streife. Auf dem Rande des obern Streifes ein nach rechts aufrecht schreitender Greif. Auf dem Helme der halbe Greif nach rechts gewandt. Gr. 11.

Av. WOLF · HÖLTZL — VSTERNSTEIN Das behelmte Wappen Rev. EVA · HÖLTZLI · G — PRVNHAIMERIN In dem behelmten Wappen drei (schwarze) Ringe (im silbernen Felde). Ober dem Helme von sechs Federn überragt ein silbernes Viereck, ober welchem der schwarze Ring. Die Schilde beiderseits haben einen breiten Rand. Am Rande selbst ist beiderseits ein gekerbter Kreis. Gr. an 13.

Av. Fünfblättrige Ros. WOLF · HOLTZL. V: — Sternchen. STERNSTEIN In einem von aussen verzierten Schilde ohne Helm und Helmschmuck das vorige Wappen, ober welchem 16—00 Rev. EVA · HOLTZLIN. G : PRVNHAIMERI und eine fünfblättrige Rosette. In der Mitte ein unten ein-, oben dreispitziges Schild ohne Helm, dessen mittlere Spitze in Lilienform endet Im Schilde die vorigen Ringe. Am Rande beiderseits je ein gewundener Kreis. Gr. über 11.

Sebast. H. v. St. war im Jahre 1603 Verweser der Berghofmeisterstelle, dann 1605 wirklicher Berghofmeister in Kuttenberg. Er wurde im Jahre 1612 dieser Stelle enthoben, im Jahre 1622 jedoch wieder zum Münzamtmann bestellt, welches Amt er bis zum Jahre 1632 versah. Er war mit Barbara Schopf vermählt.

Wolf H. von St. war im Jahre 1594 Bergmeister in Budweis, und wurde im Jahre 1606 zum königlichen Rath und zum Hauptmann in Joachimsthal befördert. Er war mit Eva von Prunhaimer aus Oesterreich vermählt, und starb zu Joachimsthal.

28584.

Av. Von rechts: ADAM Z. HRAD. NEY WIŻ. PVRKRA. PRAZS In der Mitte das behelmte vierfeldige Wappen, darin im ersten Felde ein grüner Kranz mit drei goldenen Blumen im blauen Felde. Das zweite Feld oben Gold, unten roth, im dritten Felde eine gekrönte Lilie von Gold im blauen Felde, im vierten Felde ein goldener Anker im blauen Felde. Im Mittelschilde eine fünfblättrige goldene Rose im blauen Felde. Rev. KATE (TE in einander gestellt.) RZINA · HRADEC · ROZE · HRABI · Z · MVNDFV In der Mitte das behelmte Wappen, darin die (rothe) Kirchenfahne (im silbernen Felde). Ober dem Helme eine aus Perlen gebildete Pyramide zwischen 15—95 An der Umschrift beiderseits je ein Perlen- und ein innerer Linienkreis nach innen und aussen. Gr. an 12.

Ad. von Neuhaus, geboren 1549, vermählte sich am 12. Sept. 1574 zu Gratz mit Katharina Gräfin von Montfort. Kaiser Rudolf II. ernannte ihn zu seinem Rathe, dann 1585 zum Oberstkanzler, und im Jahre 1593 zum Oberstburggrafen des Königreichs Böhmen, welche Würde er bis zu seinem in der Nacht des 23—24. Nov. 1596 erfolgten Absterbens bekleidete. Er stiftete gemeinschaftlich mit seiner Gemahlin ein Jesuitenkollegium in der Stadt Neuhaus, zu welchem am 4. Juli 1595 der Grundstein gelegt wurde. Wahrscheinlich wurde zu dieser Feier der vorliegende Jeton geprägt und unter die anwesenden Gäste vertheilt.

28585—86.

Av. IAN*HVMPOLE — CZ. Z. NELECHOW Im behelmten Wappen ein (weisser) auf den Hinterfüssen stehender, nach rechts springender Windhund im (rothen) Felde mit einem goldenen Halsbande. Von der Schilddecke links oben nach rechts zu herab ein Querstrich.

Auf dem Helme oben sitzt der vorige Windhund nach rechts gewandt. An der innern Schriftseite ein, nach aussen zwei Linienkreise. Im Rev. *DOMIN* | VS* DEVS *S | OLLICITVS* | EST*MEI* Oben und unterhalb eine Verzierung und auswärts ein Linienkreis. Gr. an 11.

Av. IAN. HVMPOLECZ — · Z · NELECHOWA. Das vorige Wappen. Rev. MAGDALENA. — Z · KAMBERKA. Im behelmten Wappen ein einfacher nach rechts sehender (goldener) Adler (im schwarzen Felde) und ober dem Helme zwei (ein gelber und ein schwarzer) Flügel. An den Umschriften beiderseits ein doppelter Linienkreis. Gr. an 12.

Mit dem Landtagsschlusse Montag nach dem Sonntag Invocavit im Jahre 1553 haben die Stände den Joh. Hump. in den Ritterstand des Königreichs Böhmen aufgenommen. Er wird noch im Titularbuche 1572 aufgeführt und war nach dem Jetone mit Magdalena von Kamberg vermählt. Weitere Notizen sind unbekannt. Die Ritterfeste Nelechov liegt bei Unter-Kralowitz Czaslauer Kr. in Böhmen.

28587—89.

Av. GEORG · KADNE — R. V. ERNFRIED · · In dem behelmten Wappen ein aufrechter nach rechts gewandter (weisser) Greif mit (rother) Zunge im (blauen) Felde, und aus der Helmkrone bis an den Rand hinaufragend der halbe (weisse) Greif nach rechts. Im Rev. .LVCIA. GEBORNE .HARTLEBIN. V. E. In dem behelmten Wappen ein Baum zwischen zwei sechsspitzigen Sternen. Ober dem Helme der Baum. Statt der Punkte beiderseits Ringelchen. Die Umschriften zwischen Strichelkreisen. Gr. 11.

Ein zweiter Stempel hat im Rev. die Umschrift: LVCIA · GEBORNE — HART LEBI. V. E Punkte statt der Ringelchen und Linien statt des Strichelkreises.

Av. GEORGKADNE — R. VO. ERNFRIDESDORF Das behelmte Wappen wie vorher und oberhalb der halbe Greif wie zuvor. Rev. LVCIA · HARTLEBI — N. VON · ERNDORF Das Wappen wie vorher. Die Umschriften zwischen Linienkreisen, nach innen doppelt. Gr. über 12.

28590.

Av. GEORG · KADNE: — · V · GREIFENECK Das vorige Wappen zwischen gekerbten Kreisen. Rev. LVCIA · GEBORNE. — .HARTLEB. V. ERN In dem behelmten Wappen rechts in der Mitte ein Querbalken im (rothen) Felde, (blau und gelb) geschacht, links ein aufrechter nach rechts gewandter (goldener) Löwe, im (silbernen) Felde, dessen Vordertheil aus der Helmkrone hervorragt. Im Av. die Umschriften zwischen gekerbten Kreisen, im Rev. nach innen ein Linien-, nach aussen ein Perlenkreis. Gr. über 11.

Nach einer für ihn erlassenen Instruktion dto 20. Dez. 1554 war G. Kadner Zehendgegenschreiber in Joachimsthal, dann deutscher Buchhalter bei der böhm. Kammer und wurde nach dem Tode Georg Geitzkoflers königlicher Einnehmer und Münzmeister in Joachimsthal, welches Amt er am 11. Nov. 1577 antrat. Er starb am 29. Juli 1582 in Skt. Joachimsthal, und wurde in der Spitalskirche dort begraben. Georg Kadner mit dem Prädikate von Ernfriedesdorf ist mit G. K. von Greifeneck offenbar eine und dieselbe Person. Seine Gemahlin war Lucia Hartlebin, muthmasslich eine Schwester und Tochter des Zehendners Volkmar Hartleb. Der Nahme Ernfriedesdorf dürfte hier nicht ein Prädikat, sondern einen Gutssitz bedeuten, da das bei dem letzten Jetone vorkommende Wappen der Familie Harlieb von Angelshausen angehörig und der Nahme Ernfriedesdorf auch bei dem Nahmen Kadner gleich bei jenem seiner Gattin vorkommt.

28591—92.

Av. PETER KECKH. — V. SCHWA (WA an einander gestellt) RCZPACH Im behelmten Schilde ein aufrechter doppelgeschwänzter Löwe (gold mit rother Zunge) nach rechts schreitend im schwarzen Felde, und ober dem Helme zwischen (schwarzen) Flügeln der Vorderleib des (goldenen) Löwen nach rechts. Rev. ANNA. KECKHIN — GEBOR · REICHLIN In dem behelmten Wappen ein Löwe ähnlich dem vorigen, nur mit den Vorderpranken eine Sichel haltend, welche mit dem halben Löwen auch ober dem Helme erscheint. In der oberen (schwarzen) Hälfte des Schildes ist der Löwe von Gold, in der untern (Gold) jedoch schwarz. Die Sichel Naturfarbe. Die Umschriften beiderseits zwischen stark gewundenen Kreisen. Gr. über 10.

Av. wie der vorstehende Revers. Rev. Die Rückseite eines Raitgroschen mit der Umschrift: GROSS POCZETNI KOMORY CZESKE Ros. mit dem Löwen wie Nr. 291. Böhm. Fam. Taf. 80, Nr. 674. Gl. Gr.

Peter Keck von Schwarzbach war in den Jahren 1586—91 Wardein und Gegenhändler der königlichen Münze, im Jahre 1594 Raitdiener bei der Kammerbuchhaltung, im Jahre 1604 Buchhalter und Münzgegenhändler in Kuttenberg, von wo er als Münzwardein nach Prag übersetzt wurde, endlich im Jahre 1610 bis zu seinem Absterben kaiserlicher Rath und deutscher Buchhalter bei der böhmischen Kammer. Seine Gemahlin war Anna Reichel von Winik.

28593—94.

Av. ALB . GEOR . KLV — SAK. V KOSTELETZ Im behelmten Wappen zwei (goldene) Stäbe mit je zwei (silbernen) Hacken nach innen im blauen Felde. Auf dem Helme ein Adlerflug. Rev. MEIN | WILLWAR | NITDARBEI | GOTTES | WILL MVES | SEIN Am Rande beiderseits ein Perlenkreis. Gr. über 9.

ALBR . GIRZI KLV — SAK . Z KOSTELTZE. Das vorige behelmte Wappen. Am Rande ein Perlenkreis. Rev. In einem von aussen mit Verzierungen umgebenen doppelten Vierecke: PROTIBO | HVNENY | ZIADNY | RADDY | 1619 Am Rande ein Linien- und ein Strichelkreis. Gr. 9.

Der letztere Avers kommt mit dem erstern Reverse vor. Gl. Gr. Beschreibung böhm. Privatmünzen. Taf. XXIII, Nr. 186—8.

Albr. Georg Klusak von Kostelec wurde im Jahre 1618 von den böhmischen Ständen zum Verweser des Oberstmünzmeisteramtes in Kuttenberg ernannt, im Jahre 1621 jedoch von diesem Amte wieder enthoben.

28595.

Av. DAVID . KNOB — LOCH . V . W: Das behelmte Wappen, darin rechts ein rundes Zwiebelgewächs mit Wurzeln (Knoblauch), links ein aufrechter nach rechts schreitender Löwe, dessen Vordertheil sich oben am Helme wiederholt. Rev. CENTV RIO . L — ENGEFELDER Das behelmte Wappen darin zwischen zwei von oben rechts nach links herabgehenden Streifen ein nach rechts schreitender Löwe. Oben am Helme drei Federn. Am Rande beiderseits ein gewundener Kreis. Gr. 11.

David Knobloch und Centurio Lengefelder waren im Jahre 1619 Münzamtleute in Joachimsthal. (Ob. Amts-Archiv dort.) Ein David Knobloch wurde im September 1611 als Wardein in Joachimsthal installirt, und versah nebenbei bis 1623, dann 1626—32 die Münzgegenhändlerstelle.

28596—97.

Av. SIGMVND. KOB — RH . V . KOBERSPER — G In dem behelmten Wappen ein aufrechter nach rechts gewandter (blauer) Greif, einen Fausthammer haltend. Auf dem Schilde ein Stechhelm, zur Rechten mit gelben und links mit blauen Helmdecken, oben zwei Adlerflügeln, die rechts oben und jene links unten gold, jene links oben und rechts unten lasurfarben. Rev. DOROTEA. KOBER — IN . GEBO . PORTNE Das behelmte Wappen, darin im Felde ein aufrechter nach rechts gewandter Hirsch im Felde. Im Av. an der Umschrift ein Strichel-, im Rev. ein Linienkreis. Gr. über 10. Böhm. Privatmünzen. Tafel XXIV, Nr. 192.

Av. ZYGMVND — Rosette KOBER Das Wappen wie vorher. Rev. ZYGMVND KOZEL — ZREIZENTOLV. 81 und ein Zweigchen. In dem behelmten Wappen der Vordertheil eines Ziegenbockes (Kozel) aufrecht nach rechts, (weiss im rothen Felde) in der obern Hälfte, die untere damaszirt. Die Umschriften zwischen Linienkreisen. Gr. über 10.

28598.

Av. KRYSTOF . KOBER — Z KOBERSSPERKV Das Wappen wie vorher. Rev. ANIZKA . KOBEROV — VA . Z . ROTENFELDV Das behelmte Wappenschild, in dessen oberer (blauer) Hälfte ein nach rechts schreitender (goldener) Greif, vor welchem ein silberner Stern. Das untere Feld roth. Ober dem Helme ein einfacher gekrönter nach rechts gewandter Adler mit ausgebreiteten Flügeln. An den Umschriften beiderseits Perlenkreise. Gr. 11.

Sigmund Kober von Kobersberg war längere Zeit Münzamtsschreiber in Kuttenberg und wurde um 1584 zum Kammerbuchhalter in Prag berufen, wo er 1589 starb. Seine Vermählung mit Dorothea Portner von Kugelhof, so wie seine gemeinschaftliche Dienstleistung bei dem Kuttenberger Münzamte mit Sigm. Kozel von Riesenthal mag die Veranlassung zur Prägung der beiden erstern Jetons gegeben haben.

Christof Kober von Kobersberg war im Jahre 1588 Ingrossator der kleineren Landtafel, wurde im Jahre 1604 königlicher Rechnungsrath bei der böhmischen Kammerbuchhaltung und im Jahre 1605 Kammerbuchhalter. Er wurde im Jahre 1618 zum Landesdirektor gewählt und 1621 wegen seiner thätigen Theilnahme an dem Aufstande enthauptet. Er war mit Agnes Flavin von Rottenfeld vermählt und muthmasslich gab seine Vermählung die Veranlassung zu dem letztern Jeton.

28599.

Av. TOMASS . KOCH — AN . Z . PRACHOWE Das behelmte Wappen, darin rechts, im blauen Felde eine (goldene) Lilie, im linken eine (blaue) Lilie im goldenen Felde. Ober dem Helme zwei Adlerflügel hinter einander mit den Lilien auf denselben. Die Umschriften zwischen doppelten Linienkreisen. Im Rev. ein Oval in einer mit Verzierungen umgebenen Cartouche, darin: QVI | CVRRIT | NE . FES | TINET | 159Z Am Rande ein Linienkreis. Gr. über 10.

Thomas Kochan von Prachow war Lehrer, dann später Bürger und Rathsherr in Leitmeritz, starb im 60. Jahre am 2. Dezember 1614 in Leitmeritz und wurde in der dortigen Dekanatkirche beigesetzt.

28600—602.

Av. Zwei Knaben mit Flügeln halten je ein Schild, welches vom untern Münzrande bis zum Oberleibe hinaufreicht; zwischen den Schildern je ein Fuss sichtbar. In dem Schilde rechts drei Säulen (2. 1.), je eine in einen Ring gesteckt (Silber) im blauen Felde. Im Schilde links ein Adlerflug. Am Rande ein Linien- und nach innen noch ein stark gezähnter Kreis. Rev. Unter dem Helme ein schief nach links zu gestelltes Schild, darin das erstere Wappen. Ober dem Helme sechs Federn. Am Rande rechts zwei, links drei lange Hörner. Gr. über 12.

Nach einer anderen Mittheilung sind im Wappen drei rothe Krüge im weissen Felde, und ober dem Helme sechs Straussfedern, die drei rechts weiss, die drei andern roth; weiss und rothe Helmdecken.

Ein zweiter Stempel mit gleichem Averse hat im Rev. statt der Hörner einen stark gezähnten Kreis wie im Averse. Gl. Gr. Böhm. Familien Tafel XXIV, Nr. 200.

Ein dritter mit dem vorigen Averse und blau gestrichelten Felde hat im Rev. den Avers von Nr. 28635. (Georg Petz) Gr. 13. Im k. k. Münzkabinete zu Wien.

Nach den, bei dem Wappen, wie jenes auf dem erstern Reverse auf einer Urkunde vorkommenden Buchstaben H V—K dürfte dasselbe Heinrich von Könritz gehören, welcher 1519 Hauptmann in Thal, im Jahre 1530 vom Grafen Stefan Schlick zum Münzmeister ernannt wurde, im Jahre 1545 resignirte und im Jahre 1551 starb. Mitgetheilt vom Hrn. Bergrath Patera.

Diese Zuweisung wird auch durch den Umstand unterstützt, dass der Av. mit dem des Georg Petz vorkommt. Siehe Nr. 28635.

28603—4.

Av. Eine geflügelte Gestalt, von welcher jedoch nur der Kopf zwischen den Flügeln sichtbar, hält mit den Händen zwei Schilde mit dem vorigen Wappen. Auf den Achseln ein weites, nach links von einem Knopfe zusammengehaltenes Gewand. Ober dem Kopfe IVP unten ITH Ober und neben den Schildern sind im Felde Flämmchen vertheilt. Am Rande ein gekerbter Kreis. Im Rev. ein behelmtes Wappen mit einem Einhorne nach rechts, dessen obere Hälfte sich auf dem Helme oben zwischen zwei Büffelhörnern wiederholt. Am Rande ein Halbkreis von je zwei Hörnern, deren schmale Enden nach Innen gestellt in Lilienform enden. Am Rande ein gewundener und ein gekerbter Kreis. Gr. an 13.

Av. Wie vorher. Rev. Ein Schild ohne Helm, in dessen, schwach blau gestricheltem Felde ein gerade gestellter Scepter (?), auf welchem zwei übereinander gelegte Hellebarden. Am Rande zehn übereinander gelegte gebogene Hörner, deren schmäleres Ende in ein dreitheiliges Weinblatt (?) endet. Am Rande gekerbte Kreise. Beschnitten Gr. über 12. Mitgetheilt von Herrn Patera.

Diese beiden Jetone stimmen wohl in den Wappen der Averse überein, doch ist der Typus derselben von den erstern verschieden, und die Abstammung derselben mir unbekannt.

28605—6.

Av. ZYGMVND . KOZEL — Z . REIZĖNTOLV und ein Palmenzweig. Im behelmten Schilde das Wappen, und zwar in der obern (rothen) Hälfte der Vordertheil eines (silbernen) Bockes aufrecht nach rechts; in der untern (blauen) Hälfte ein Querbalken (von Gold) in der Mitte des Feldes, etwas oben nach rechts zu geneigt. An den Umschriften beiderseits Linienkreise. Im Rev. ein von vier Punkten, Verzierungen und gestielten Eichenblättern umgebenes Viereck darin: NADIEGE | ZDRŻVGE | CHV DEHO (Die Hoffnung erhält den Armen). Am Rande ein Linienkreis. Gr. 10.

Ein zweiter Stempel hat im Averse nach REIZENTOLV noch die Jahreszahl 83 Die zweite Ziffer undeutlich. Gr. über 10.

Zigmund Kozel von Riesenthal war 1584—86 Urburschreiber in Kuttenberg, dann Berghofmeister (1586—91), dann Primator von Kuttenberg und starb dort im Jahre 1598.

28607.

Av. • Z • DEINKO . FREY . HER . Z KREIG . LANDSTAINERB . TRV zwischen gekerbten Kreisen. In der Mitte das behelmte, oben mit den Flügeln die Umschriften unterbrechende Wappen. Innere Umschrift links C . RSAS : VИ . ERB. — CAMER • I KERИ Das Schild von oben rechts nach unten links getheilt, rechts roth, links Silber. Rev. • IN • GOTMEIN . — . VERTRA . 1563 Das gräflich Schlick'sche Wappen, darin im ersten und vierten (blauen) Felde ein (goldener) aufrecht nach rechts schreitender Löwe, mit der rechten Pranke eine silberne roth gedeckte Kirche emporhaltend; im zweiten und dritten (rothen) Felde, durch einen gegen die Mitte zu hinaufragenden (silbernen)

Giebel getheilt, rechts und links von der Spitze je ein silberner, und unten innerhalb des Giebels der dritte rothe Ring; ersteres das Wappen der Herrschaft Weisskirchen, letzteres der Herrschaft Bassano. In dem silbernen Herzschilde die blaue, goldgekrönte von zwei rothen Löwen gehaltene Säule, auf goldenem Sockel, das ursprüngliche Familienwappen. Ober dem Schilde drei Helme, darin auf jenem rechs ein Adlerflügel mit Herzen bestreut; auf dem mittleren ober der Krone ein (rother) Löwe mit ausgebreiteten Vordertatzen, auf jenem links das Wappen von Bassano auf dem Adlerfluge. Gr. über 11.

Zdenko Freiherr Krajiř von Krajk war Besitzer des Schlosses Landstein, vermählte sich mit Sibilla Gräfin von Schlick und später mit Anna von Bieberstein. Dieser Jeton dürfte auf seine erste Vermählung geprägt sein. Er starb um das Jahr 1575.

28608.

Av. IAKVB . KRCZIN . Z . GEIZCIAN . A . NOW . LEPTA Rosette. (Jakob Krčin von Jelčan und Neu-Leptač) Innerhalb eines Strichelkreises das behelmte Wappen, darin im (blauen) Felde eine weisse Gans nach rechts. Aus der Helmkrone ragen drei Federn hervor. Rev. Rosette DEVS . PROVIDEBIT . NICUL . SINE . GAVSA Rosette. In der Mitte innerhalb eines Strichelkreises: Rosette QVIC Rosette | QVID Rosette AG | IS Rosette PRVDEN | TER Rosette AGE | Rosette ET Rosette RESPI | CE . FINE | 1573 Gr. über 11.

Jakob Krčin (spr. Kertschin) geboren 1535 † 1604, trat am 28. Februar 1561 in die Dienste des Wilhelm von Rosenberg und wurde 1569 Regent aller Rosenberg'schen Herrschaften. Er hatte mehrere landtäfliche Besitzungen in Böhmen.

28609—10.

Av. JAKVB KRZÉENECSKY . 1623. Innerhalb eines mit einem breiten Kreise eingefassten Ovals, welches ausserhalb von Verzierungen umgeben, ein breiter Querstreif von rechts nach links, darin neben einander drei Rosetten, fünfblättrig mit einem Kerne in der Mitte. Im Rev. ein bis an den Münzrand reichendes Viereck, darin IN SPE | VIVO; an den vier Seiten je eine Klammer und ein Linienkreis. An den Rändern beiderseits ein gewundener Kreis. Gr. 10.

Ein zweiter im Averse verschiedener Stempel hat JAKVB KRZENECSKY. 1624. Gr. über 10.

Jakob Křenecky war Bürger (1610) und in den Jahren 1620—24 Münzschaffer in Kuttenberg.

28611.

Av. MATAVSS. KRZI — ZAN (sky) . Z . ZIWANICZ. Das behelmte Wappen, darin in der obern Hälfte ein nach rechts gewandter stehender Hirsch; das untere Feld geschacht. Ober dem Helme zwei Hirschgeweihe. Rev. GIRZIK . — Z . RZASNE Ein behelmtes Schild, darin in dem rechten und linken Felde ein halber Adler. Jener rechts im (schwarzen) Felde, Silber, jener links im silbernen Felde schwarz. Ober dem Helme drei Federn. Die Umschriften beiderseits zwischen Linienkreisen. Gr. 11. (Samml. des Hrn. Bergraths Patera).

Bohuslav und Mathias Krzizansky und Přiseka von Žiwanic wurden ebenso wie Ludwig Carl von Rzasný im Jahre 1573 in den Adelstand mit dem Prädikate von Rzasné erhoben. Die letzten Rzasne wurden zufällig in der Bergstadt Gang bei Kuttenberg vergiftet.

28612—13.

Av. SAMVEL : L — K. SKWIETN. Im behelmten Wappen drei (goldene) Aehren im (schwarzen) Felde. Auf dem Helme dieselben Aehren zwischen drei von aussen rothen, die mittlere (weissen) Federn. Die Umschrift zwischen gewundenen Kreisen.

Rev. Am Rande: •: MIL •: — •: NOST :• — . I . GIN :• — :• IM • O :• In einem Quadrate: N | EVM | IELOST . | A . TWA . NE | PILNOS . | T. C3I . | NI | . Beiderseits ein gekerbter Kreis. Gr. 11.

Av. SAMVEL . LEK . — . ESS : 3KWIETNE Das beheimte Wappen wie vorher mit gleichem Helmschmuck. An der Umschrift beiderseits ein Linienkreis nach innen und aussen. Rev. HANVSS × SSPIGL × — × 3MILC3IC3 ∶ KRA Im Felde das beheimte Wappen wie Nr. 28570. Gr. 11.

Die Notizen über Samuel Lekesch kommen bei Nr. 28571 vor.

28614—15.

Av. CENTVRIO . L — ENGEFELDER Im beheimten Wappen, dessen Schildrand im innern (silbernen) Felde mit einem Striche wiederholt, ein breiter (blauer) Querstrich, welcher von oben rechts gegen die untere linke Ecke herabgeht; in demselben ein gekrönter nach rechts schreitender (goldener) Löwe mit ausgeschlagener (rother) Zunge und einfachem über sich gewundenem Schweife. Ober dem Schilde ein Turnierhelm; beiderseits blaue und weisse Helmdecken, und ober der Krone drei Federn, die äussern blau, die mittlere weiss. Rev. BLEIBFROMVND SCHLECHT . VND HALT DICH RECHT. In der Mitte: DANSOL„ | CHE WIRDS | ZVLETST | WOLGEHN. | PSAL. 37. Am Rande beiderseits ein gewundener Kreis. Gr. über 11. Böhmische Privatmünzen Taf. 27, Nr. 224.

Derselbe Avers existirt auch mit dem Rev. eines Viertelthalers. Umschrift INF . HIS : ARC . DVX . B. 1562 Ringel statt der Punkte. Der gekrönte Doppeladler mit dem vierfeldigen ungarisch-böhmischen Schilde und dem österreichischen Mittelschilde. An der inneren Umschrift ein Strichel- auswärts ein Linienkreis. Gr. an 11.

Derselbe erscheint vom 11. August 1606 an als Münzmeister in Joachimsthal. Im Jahre 1619 erscheinen David Knobloch und Centurio Lengefelder als Münzamtleute in Joachimsthal.

28616.

Av. MARCVS. — .VON . LIDLAV Vor M eine gestielte Blume. Das beheimte Wappen, darin im (blauen) Felde drei mit den Griffen an einander gestellte Schlüssel, von welchen zwei in die obern Ecken, der dritte nach unten zu gelegt sind. Auf dem Helme ein Fuchs sitzend nach rechts gewandt mit aufgeregtem Wedel, drei Hahnenfedern am Kopfe, von welchen die mittlere weiss, die andern blau. Die Helmdecken weiss und blau. Im Rev. ROMISCHER . KAYSERLICH . MAIES . RHAT. In der Mitte zwei Pfeile neben einander, deren jener rechts mit der Spitze nach oben, jener links mit der Spitze nach unten zu gekehrt ist, beide diese Pfeile sind durch zwei in einander geschlungene mit den Köpfen nach links gewandte Schlangen verbunden. An den Umschriften beiderseits Linienkreise. Gr. über 10.

Markus Liedl von Lidlau war im Jahre 1575 königlicher Rath und Sekretär des böhmischen Appellationsgerichts. Er vermählte sich 1574 mit Apollonia Gallin und † 1592.

28617—18.

Av. IAN ∶ MLA ∶ PA — N ∶ 3LOBKOWIC Das beheimte Wappen, darin das erste und vierte Feld die obere Hälfte roth, die untere Silber; im zweiten und dritten Felde ein einfacher (schwarzer) Adler mit einer goldenen Leiste auf den Flügeln und der Brust, deren Enden in ein Kleeblatt ausgehen. Ueber dem Helme ein gestürzter (rother) Hut mit einer (weissen) Straussfeder oberhalb. Rev. × ANNA ∶ 3 BIB — RSSTEINA × Das beheimte Wappen, darin im ersten und vierten Felde ein Hirsch nach rechts (Naturfarbe im goldenen Felde), im zweiten ein braunes Geweih im goldenen Felde und im dritten drei silberne Sensen im rothen Felde. Ober dem Helme das Hirschgeweih wie vorher. An den Umschriften nach innen zu beiderseits ein gewundener Kreis, nach aussen ein Kreis von Stricheln. Gr. 11.

Av. IAN . MLAD . Z . LOBK — O . NEY . PVRKRABIE Das Wappen des vorigen Averses. Rev. BOHVNKA . Z . ROZM — A . NA . HOR . TEYNIE : Das behelmte Wappen, darin im (silbernen) Felde eine (rothe) fünfblättrige Rose mit (gelbem) Kern, welche sich ober der Helmkrone wiederholt. An den Umschriften beiderseits doppelte Linienkreise. Gr. 11.

28619—20.

Av. IAN MLADSSI . Z . — LOBKOWICZ ET (in einander gestellt) C Das vorige behelmte Wappen, neben welchem oberhalb 15—68 Rev. ALZBIETA . Z R — OGNDORFU . EC Das behelmte Wappenschild, darin im ersten und vierten Felde ein sechsspitziger Stern ober einer Zinnenmauer. Im zweiten und dritten ein aufrechter nach rechts schreitender gekrönter Löwe. Auf dem Schilde zwei Helme, auf welchen rechts zwei Büffelhörner und links der halbe gekrönte Löwe nach rechts. An den Umschriften breite Linienkreise. Gr. 11.

Av. Wie Nr. 28618. Rev. LE . GEHO . MILOSTI : RADA : ARENTMISTR. dann ein Blatt und eine kreuzförmige Blattrosette. Innere Umschrift: KRALOWSTWI : C3I ESKE : (die Doppelpunkte sind viereckig). In der Mitte das Wappen des Peter Hlawsa von Liboslaw in einem kleinen Schilde, ohne Helm und Helmschmuck. Beide Umschriften zwischen Linienkreisen. Gr. an 11. Böhm. Privatm. Tafel 82, Nr. 689.

Johann von Lobkowitz war im Jahre 1510 geboren, wurde im Jahre 1542 Beisitzer des grösseren Landrechts, 1544 Oberstlandkämmerer, 1549 Kammerpräsident und wurde 1554 Oberstburggraf in Prag. Er war zuerst mit Anna von Bieberstein († 1554), dann Bohunka (Beatrix) von Rosenberg († 1557), endlich mit Elisabeth von Roggendorf vermählt. Er starb 1570 zu Prag. Die erstern drei Jetons sind wohl aus Anlass seiner Vermählung geprägt.

28621.

Av. IAN Ros. STARSSI Ros. Z LOBKOWIC Ros. In der Mitte das Wappenschild ohne Helm, von dem frühern Averswappen dadurch verschieden, dass das erste und vierte Feld in den obern Hälften von rechts nach links gestreift ist. Rev. IOHANN KA Ros. Z . KOLOWRAT Ros. 1578 Ros. Die Rosetten beiderseits fünfblättrig. In der Mitte das Schild wie im Av. ohne Helm, darin im (blauen) Felde ein einfacher nach rechts gewandter Adler mit einer Krone auf der Brust und den (goldenen) Kleestengeln. Die rechte Adlerhälfte Silber, die linke roth. An den Umschriften nach innen Kreise aus perlenähnlichen Strichein. Gr. über 10.

Johann von Lobkowitz, Sohn des 1609 verstorbenen Christof von Lobkowitz, kais. Kämmerer, war mit Benigna Kath. Liebsteinsky von Kolowrat vermählt und starb am 4. Dezember 1613.

28622.

Av. * CHRISTOF . MA : (an einander gestellt) — TTIGKHOFFER * In der Mitte das behelmte Wappen, in welchem ein rechts und links aus der Mitte hervorkommendes und gegen oben die Mitte zu hinaufreichendes, in eine Spitze auslaufendes Band, welches das Schild in drei Felder theilt. In den beiden obern gegen die äussern Ecken zu gelegenen Feldern je ein Halbmond ober einem Sterne. Im untern Felde ein gekrönter aufrecht nach rechts schreitender Löwe, welcher in der Vorderpranke einen undeutlichen Gegenstand hält. Ober dem Helme auf einem Wulste der halbe Löwe nach rechts zwischen zwei Büffelhörnern. Rev. ⁚. PACIENTIA Ros. VINCIT Ros. OMNIA 78 (Die Geduld überwindet Alles.) Eine weibliche Figur nach vorn zu gewandt, mit einem Kreuze und einem Palmzweige in den über die Brust gekreuzten Händen, unten neben sich rechts ein Schaf, links im Hintergrunde eine Kirche auf einem Hügel. An den Umschriften nach innen Linienkreise, nach aussen starke Strichein. Gr. über 11.

Christof Mattigkhoffer von Sternfels war der zweite und letzte Münzmeister in Budweis, deren Leitung er im Jahre 1578 nach Tobias Gehhard übernahm. Nach einem Erlasse der böhm. Kammer vom 16. Nov. 1612 war er zu jener Zeit noch in dieser Stellung. Die unterm 26. September 1606 ihm verliehene Nobilitirung und Wappenbesserung erfolgte für die Verdienste seines Vaters Sebald, welcher als Silberbrenner und Probirer beim Bergwerk in Böhm.-Budweis an 25 Jahre gedient, und für seine eigene, beim Bergwerk Kais. Rudolfstadt, dann als Gwardein, Münz- und Gegenhändler und später in Verrichtung des Münzmeister- und Silberzehentamtes bis in das 28. Jahr erworbenen Verdienste.

28623—4.

Av. Ein von aussen mit Verzierungen umgebenes Wappenschild, mit breitem Einfassungsrande, darin in der Mitte von oben herab ein Querbalken. Ausserhalb des Schildes sechs kreuzförmige Rosetten. Rev. VI. zwischen durchstochenen Punkten | WILHEL | MVS : A : ST | ROPZICZ | ⋅ 1588 ⋅ und darunter eine Verzierung. Am Rande im Av. ein gewundener Kreis, im Rev. ein Strichelkreis. Gr. an 12.

Ein ähnlicher Stempel hat im Av. bloss ober dem Schilde zwei Kreuzrosetten; im Rev. die Werthzahl III neben der Jahrzahl, unten Kreuzrosetten und zwei Punkte neben der Verzierung unter der Jahrzahl. Am Rande beiderseits ein Rand von starken Stricheln. Gr. 9. Böhm. Priv. M. Tafel 81, Nr. 687.

Wilhelm Mifkowsky von Stropčic wurde durch seine Vermählung mit Rosina von Hermsdorf Herr auf Hohenelbe. Die beiden Jetone dürften für die zahlreichen Arbeiter in seinen Berg- und Industrialwerken bestimmt gewesen sein, und er hierin dem Beispiele des Grossvaters seiner Gemahlin Christoph von Gendorf gefolgt sein, welcher ähnliche Jetone prägen lies. (Nr. 28550.)

28625—27.

Av. Von rechts: Ros. WACZLAW. NEMES · CHRVDIMSKI Ros. In der Mitte zwischen klammerförmigen Verzierungen und drei Rosetten ein Wappenschild ohne Helm, worin oben 4, den Strich nach links zu verlängert und in ein Kreuz endend, an dem untern Schenkel rechts C links N, an den Strich gegen rechts gelehnt, darunter W und tiefer ein kleiner Halbmond. An den Umschriften beiderseits ein gewundener Rand. Rev. Ein herzförmiges, von einem Linien- und aussen Perlenkreise umgebenes Schild in einer Cartouche; im Schilde VIDE | NECA | DAS Ohne Umschrift Gr. 11. Böhm. Privatmünzen Tafel XXXIV, Nr. 288.

Ein zweiter Stempel mit gleichem Av. hat nachstehenden Revers: MARTIN TEXTO—RIVS KLATOWSKI zwischen Perlenkreisen. In der Mitte eine Weltkugel, und auf derselben zwischen Adlerflügeln ein bekränzter Todtenkof, und auf demselben eine Sanduhr, dann höher ein aufgeschlagenes Buch, darin rechts: ℑn mo | rte | 16 links ol | ta | 06 Unter der Weltkugel ein Jagdhorn. Gr. 11.

Av. WACZSLAW (die letzten zwei Buchstaben an einander gestellt.) NEMES CHRVDIMSKY In einem mehrfach eingeschnittenem und verziertem Schilde ein zweites ähnliches Schild, an dessen oberem Ende ein Anker herabhängt, vor welchem das Monogramm W | NC und unten klein 1609 Im Rev. ein geharnischter Mann, in der Rechten ein Schwert, in der Linken ein Schild, auf welchem ein Kreuz, auf einem vom Meere umflossenen Felsen stehend; auf welchem: VI | DE NE | CADAS Am Rande oben der Name Gottes in hebräischen Lettern, von welchem Strahlen kreisförmig ausgehen. Rechts und links am Rande Wolken, aus welchen Strahlenbüscheln gegen die Mitte herausgehen (Sturm vorstellend). Am Rande beiderseits ein gewundener Kreis. Gr. über 10.

W. N. Chrudimsky studirte an der Carolinischen Universität zu Prag, wurde Baccalaureus, dann Rektor, kam später nach Kuttenberg, woselbst er im Stadtrathe angestellt wurde und im Jahre 1610 starb.

Mart. Textorius Klatowsky studirte in Prag, wurde von dem Stadtrathe in Czaslau als erster Rathsschreiber angestellt, und wurde 1606 Primator der Stadt Czaslau.

28628–29.

Av. BORZEK · NEPOL — YSKY · Z · ZAHRASST Das behelmte Wappenschild, dessen rechte Hälfte schwarz, die linke schwarz und gelb geschacht ist. Ober dem Helme ein Männchen im schwarzen Gewande mit gelben Knöpfen und gelbem Kragen, am schwarzen Hute rothe Bänder. Die Helmdecken gelb und schwarz. Die Umschriften zwischen doppelten Linienkreisen. Rev. BVOH zwischen Blättern. | LASKA. GEST | KDO. PRZEBYW | A. WLASCZE. W | BOHV PRZEBY | WAA · BVH. W | NIEM zwischen gleichen Blättern. (Gott ist die Liebe, wer in der Liebe lebt, lebt in Gott und Gott in ihm.) Am Rande ein Linienkreis. Gr. 11.

Av. wie der vorstehende Rev. Die Rückseite der Rev. des Raitgroschens Nr. 273 vom Jahre 1572 mit GROSS · POCZETNI · KOMORY · CZESKE Ros. Der gekr. Löwe nach rechts innerhalb eines Linienkreises. Gl. Gr. Zwittermünze.

B. Nepolisky von Zahrašian war im Jahre 1567 in Ujezd ansässig, war auch Bürger in Kuttenberg und wurde endlich Herr des Gutes Kouty.

28630.

Av. WACLAW : ЗP — AR3I3KV :. Das behelmte Wappen mit einem (roth und weiss) geschachten Felde. Rev. KATER3INA : 3SSAROWA und ein Strichelrand an beiden Umschriften. In der Mitte ein Schild ohne Helm, statt dessen eine zweigähnliche Verzierung. Im Schilde ein Dachsparren. (Ein Dreieck, in welchem T) Die Ränder gekerbt. Gr. 11.

Wenzel Pařizek von Pařizek kommt im Titularbuche vom Jahre 1534 im Ritterstande vor. Er besass die Veste Lorec bei Kuttenberg, und erscheint im Jahre 1556 als Besitzer von Swoyschitz. Er muss im Jahre 1558 nach einer Klage seiner Witwe Katharina geb. Scharow schon gestorben sein.

28631.

Av. RZEHORZ. (Gregor) PATE—CZS (soll heissen PATECKY) . Z . FREYTOK In der Mitte das behelmte Wappen, darin ein Fisch (Häring, in Naturfarbe) zwischen zwei goldenen von oben rechts nach links herabgehenden (goldenen) Streifen im blauen Felde, welche Streife sich auf den Adlerflügeln ober dem Helme wiederholen. Rev. In einem von einem Perlen- und Linienkreise gebildeten Ovale: SORS | OMNIA | VER SA | T zwischen Blättchen. Das Ganze in einer goldtingirten mehrfach eingeschnittenen Cartouche, in welcher rechts und links je ein Blümchen mit zwei Blättern eingesteckt; oben zwei kleine Kreuzchen. Gr. über 10.

Gregor Patek von Freitag war (schon 1582) bis zu seinem im Jahre 1603 erfolgten Tode Kanzler und Sekretär bei dem königlichen Appellations-Gerichte auf dem Prager Schlosse.

28632.

Av. HANS . PAVER — AV (auf?) PREMLEV In dem behelmten Wappen ein Mann mit nach aussen gebogenen Knien; in jeder Hand einen Dreschflegel haltend. Ober dem Helme wiederholt sich diese Vorstellung. Rev. RO . K . M . ZEHE (ntner) — IN . S (ancl) IACHIM (sthal) Im behelmten Wappen ein Querbalken, darin zwei Weberleistchen (?). Dieselben sind auch auf den beiden Adlerflügeln ober dem Helme angebracht. Zur Seite B—P, muthmasslich der Name der Gemahlin, deren Wappen unbekannt. Die Umschriften zwischen Strichelkreisen. Gr. über 11.

Johann Pauer war Berg-Zehenteinnehmer in Skt. Joachimsthal.

Av. WRATISLAVS . BAR — O . A . PERNSTAIN und eine sechsblättrige Rosette. In der Mitte ein Schild ohne Helm, darin im (goldenen) Felde ein (schwarzer) Stierkopf mit weissen Augen und einem goldenen Ringe; um das Schild die Kette des goldenen Vliesses. Im Rev. in einer vielfach verzierten Cartouche, an welcher oben und unten je zwei Federn. In der Mitte QVI . DV | RAT . VEN | CIT zwischen zwei Kleeblättchen. Gr. über 10.

Av. Derselbe. Rev. AVREI . VELLERIS . EQVES . ET. (in einander gestellt) S . R . B . C (Supremus regni Boh. cancellarius.) und eine fünfblättrige Ros. In der Mitte in einem länglichen Vierecke: QVI . DVRA | T . VINCIT An den Seiten insbesondere oben und unten eine blattähnliche Verzierung. Die Umschriften zwischen Linienkreisen. Gr. über 10.

Wratislaw Herr von Pernstein, am 9. August 1530 geboren, war Obersthofstallmeister, dann Kämmerer, geheimer Rath und Oberstkanzler in Böhmen, 1566—82 und Ritter des goldenen Vliesses, mit welchem er im Jahre 1556 ausgezeichnet wurde. Er starb am 27. Oktober 1582. Der erstere Jeton ist wohl zur Erinnerung an die Ordensverleihung und der letzte an die Ernennung zum böhm. Kanzler ausgetheilt worden.

28635.

Av. + SOLA — FIDES — SVFFICIT, an welchen drei Worten je eine Verzierung mit einer gestielten Frucht an derselben, diese Umschrift zwischen gekerbten zwei Kreisen. In der Mitte innerhalb eines Kranzes von Feuereisen ein nicht behelmtes Wappen, darin ein rechtsgewandter aufrechter Widder. Rev. Ein Helm mit Helmdecken und zwei Büffelhörnern oberhalb, zu deren Seiten G—B. Unten 1523, am Rande ein Linienkreis. Gr. an 13. Taf. 67.

Dieser Jeton dürfte hieher gehören. Die ursprüngliche aus Nürnberg stammende Familie der Petz oder Beiz war in Joachimsthal ansässig. Georg Petz war Zehenter vom Jahre 1523—26, Michael Petz 1526 Bürgermeister, Jeronimus Petz Bergschreiber 1523. Die Buchstaben G—B dürften Georg Beiz bedeuten. Dieser Leseweise wäre auch das Wappenanalog, da ein Widder in der Joachimsthaler Gegend insgemein Petz genannt wird. Siehe auch die Notizen bei 28600.

28636.

Av. GEORG, eine sechsblättrige Ros. P — IRHINGER innerhalb eines Kreises von starken Stricheln das behelmte Wappen, darin rechts im quergetheilten Felde ein aufrecht stehendes nach rechts gewandtes Thier (Pferd?) und links ein Baum auf einem dreitheiligen Hügel. Am Helme zwischen zwei Büffelhörnern, aus welchen Flammen (?) strömen, dasselbe Thier mit dem Vorderleibe. Im Reverse AGATHA . PI — RHIN GERIN Zwischen grossen Perlen das behelmte Wappen. In dem ersten und vierten Felde in der obern Hälfte Strahlen, und in der untern eine strahlende Sonne. Im zweiten und dritten Felde zwischen drei Sternen (2. 1.) ein Dachsparren. Auf dem Schilde zwei Helme. Auf jenem rechts eine Kugel und die zwei Adlerflügel; auf jenem links ein Männchen mit einem Stabe in der Rechten. Gr. 11.

Georg Pirhinger war zur Zeit Maximilian II. Salzamtmann in Budweis. Das Wappen seiner Gattin und folglich auch ihr Familienname ist unbekannt.

28637—38.

Av. IAN . WE . (weerin) PISEC . (ky) — Z . KRANYCHFEL. Das behelmte Wappen wie Nr. 28520. (Jenes der Czechticky.) Mit zwei Reversen vom Jahre 15-73 und 15-79 wie Nr. 28520 und 28521 mit DEVS | PROVIDE | BIT u. s. w. Gr. an 11. und letzteres über 11.

Johann Wewerin und Wenzel Pisecky wurden vom Kaiser Maximilian II. am 12. Januar 1570 zugleich mit Andreas Čechticky in den Wladykenstand mit dem gemeinschaftlichen Prädikate von Kranichfeld und einem gleichen Wappen erhoben. Er war viele Jahre Rathsschreiber in Kuttenberg, wurde dann zum Urburschreiber daselbst ernannt und starb am 8. April 1590.

28639.

Av. PAVLVS (AV an einander gestellt) PRIM9 (us) — A. Z. WIRZETI Das behelmte von oben herab dreigetheilte Wappen, darin im ersten (goldenen) Felde rechts ein bewaffneter Arm mit einem türkischen Säbel, welcher sich ober dem Helme zwischen zwei Adlerflügeln wiederholt. Im mittleren (blauen) Felde ein (goldener) sechsspitziger Stern, und im (rothen) Felde links ein Dammhirsch aufrecht stehend nach rechts. Die Umschriften zwischen zwei Linienkreisen. Der Rev. der Av. von Nr. 28520 (Adam Czechticky von Kranichfeld.) Gr. an 11.

Paul Primus von Zwiřetin vermählte sich im Jahre 1601 mit Dorothea, der einzigen Tochter des Adam Czechticky von Kranichfeld, und dürfte vorliegender gemeinschaftlicher Jeton zum Andenken an diese Vermählung geprägt sein.

28640.

Av. DENARIUS — RATIONUM * (Rechenpfennig.) In der Mitte unter einer fünfspitzigen Krone PI — NR (an einander gestellt). Dazwischen unter der Krone stehend T und darunter Z Unten zwischen der Umschrift ein Adlerflügel. Rev. ÆQVABILIR . MER CES . TALIONIS und eine kreuzförmige Rosette. In der Mitte aus Wolken oben links eine Hand, eine gleichwiegende Wage haltend, neben welcher 17—61 Gekerbter Rand beiderseits. Gr. über 8.

Dieser Jeton dürfte dem Johann Ignatz Printz angehören, welcher Raitrath bei der böhm. Kammer, am 10. Juni 1755 die neukreirte Stelle eines Buchhalters bei dem k. k. obersten Münzmeisteramte erhielt. Die bei diesem Jetone in Appel III. 2552, dann Breit. Cat. Nr. 45209 in zwei Grössen als der Prager Münzmeister Pitzner und in Welleuh. Nr. 14523 ebenso vorkommende Bestimmung ist unrichtig, da nach meiner Durchsicht des Prager Münzamtsarchivs ein Münzmeister dieses Namens nicht existirt hat.

28641—44.

Av. OFT . RAITENMACHT . GVETE : FREVNTSCHA + Im behelmten Wappen ein auf einem Hügel stehendes nach rechts gewandtes Kameel, welches sich oben am Helme wiederholt. Neben diesem obern Kameele R — P | · I · 5 · — 4 3 (kleine Ringeln statt der Punkte im Averse). Rev. HERR . VERGIB . VNNS . VNNSER . SCHVLD + In der Mitte eine mit zwei Querstrichen von rechts nach links durchzogene Tafel, auf welcher QVI · BEN | EFECIT | HABET An dem obern Striche ein in ein spitziges Dreieck auslaufender mit einem Loche versehener Henkel, an welchem 15—44 Unter dem Quadrate R A zwischen Kleeblättchen. Die Umschriften beiderseits zwischen Kreisen, theils Perlen, theils Strichen ähnlich. Gr. 12. Die Bedeutung von R A ist unbekannt. (Böhm. Privatmünzen. Taf. XXXVII, Nr. 321.)

Av. Aehnlich dem letztern. Rev. RECHEN + PFENNIG + 1544 + Im Quadrate EXODIS | ACTO · | PROBA Darunter WA zwischen Kreuzchen. (Der Rev. des Grünthaler Nr. 28881.) Gr. 12. Samml. Hrn. Em. Miksch in Prag.

Av. wie Nr. 28641. Der Rev. ähnlich dem ersten, nur statt 15—44 zwei kleine Zweige, statt R A, 1545 und oben statt des Kreuzchens ein Blatt. Gr. über 12.

Av. Aehnlich Nr. 28641 ohne die Punkte in der Umschrift und ohne die Jahrzahl. Rev. wie der letztbeschriebene. Gr. über 12.

28645—47.

Av. OFT . RAITTEN . M . — GVT . FREVN· Das behelmte Wappen, oberhalb R—P Rev. HER . VERGIB. — VNS . VNSE SCH In dem behelmten Wappen im (rothen) Felde ein schwarz eingefasster weisser Sparren, darin ein (schwarzer) Vogel mit ausgebreiteten Flügeln; welcher sich ober dem Helme auf einem Adlerflügel wiederholt.

Zur Seite desselben A—P, der unbekannte Name dessen Gemahlin. Die Umschriften zwischen zwei gekerbten Kreisen. Gr. 12.

Ein Stempel hat OFT : RAITTEN : M · — · GVT : FREVND im Averse. Gr. 12.

Ein dritter: · OFT . RAITTEN . M . — GVT : FREVND : und im Rev. HER . VER GIB . VN — S : VNSESCHVL : Gr. über 11.

28648—49.

Av. OFT . RAITTEN · MA . — GVTTE . FREVNTS Das beheimte Wappen wie zuvor. Rev. HERR . VERGIB . VNS . VNSSER . SCHVL . 1557 · (Z verkehrt) In der Mitte in einem Schilde ohne Helm das Wappen des letzteren Reverses. Strichelkreise beiderseits an den Umschriften. Gr. über 11.

Ein zweiter Stempel mit gleichem Averse hat SCH . 1556 und Ringeln statt der Punkte. An dem Wappenschilde zur Seite rechts und links je ein Ringel. Gr. über 11.

Schon in den Jahren 1541 und 1543 erscheint ein Puellacher mit Grünthal als Münzbeamte in Skt. Joachimsthal; ohne Zweifel Ruprecht Puellacher. Er war im Jahre 1552 Münzmeister, Einnehmer und königlicher Rath und blieb es bis zu seinem am 11. Juni 1563 erfolgten Tode. Auf mehreren in der Dekanatkirche zu Skt. Joachimsthal erscheinenden Wappen und auf einer Gedenktafel in der Spitalkirche ist das Kameel Gold im rothen Felde. Auf dieser Tafel erscheinen noch drei andere in Farben, und darunter jenes des Rev. Nr. 28645, mit der Umschrift: Lerchenfelder. Der Taufname seiner Gemahlin A. ist unbekannt.

28650.

Av. IAN . STAR . ší, (der ältere) ROBM . haupt Z — SVCHE . RENT . mistr K . ralovstvi . CZeského (Rentmeister des Königreiches Böhmen). Das beheimte Wappen von oben herab quergetheilt, darin rechts das Feld von oben schwarz, weiss, roth. Links im blauen Felde ein (goldener) Querbalken von oben links nach rechts, darin drei schwarze Rabenköpfe nach rechts mit rothen Zungen. Rev. KATERZINA . — . Z . DVBEE und eine Zweigverzierung. Beide Umschriften zwischen Linienkreisen. Im beheimten Wappen ein mir unbekannter Gegenstand (Silber im rothen Felde), dessen Untertheil einem Hufeisen, der obere einer Pfeilspitze nach oben ähnlich ist. Dasselbe Zeichen befindet sich ober dem Helme. Gr. 11.

Johann der Aeltere Rabenhaupt (auch Robmhaupt und Rombhan) von Suche war Rath der böhm. Kammer und des Kammergerichts und im Jahre 1562 Rentmeister des Königreichs Böhmen. Er war mit Katharina geb. Mracsky von Duba vermählt und dürfte dieser Jeton auf seine Vermählung Bezug haben.

28651—52.

Av. WILEM . ZROZMBERKA. — POLIXENAZPERNSTE. Ros. In der Mitte innerhalb der Kette des goldenen Vliesses zwei Wappenschilde ohne Helme; in jenem rechts das Wappen der Rosenberge. Im obern (silbernen) Felde eine rothe fünfblättrige Rose mit gelbem Kern, im mittleren schmalen (goldenen) Felde ein Fluss (weiss und blau), und im untern (silbernen) Felde drei rothe Querstreifen. Links das Pernstein'sche Wappen; ein (schwarzer) Stierkopf mit weissen Augen und einem (goldenen) Ringe. Rev. WLADARZ . DOMV . ROZMBERS . NEIWI . PVRKRA . PRA Ros. In der Mitte ein von aussen mit zweigähnlichen Verzierungen umgebenes Quadrat, in welchem DEVS . FOR | TITVDO · | MEA · ET · | LAVS · MEA · An den Umschriften nach innen beiderseits Perlenkreise, am Rande im Av. ein Perlen-, im Rev. ein Linienkreis. Gr. über 11. (Böhm. Privatmünzen Taf. 42, Nr. 354.)

Ein zweiter Stempel mit gleichem Averse hat die Umschrift: WLADARZDOMV ROZMBERS . NEIWISSI . PVRKRAPR Roselle (Herrscher des Hauses Rosenberg, oberster Burggraf in Prag.) Im Quadrate DEVSFOR | TITVDOME (ME in einander gestellt) A . ETLAVS | MEA . DO Die Randschrift beiderseits zwischen Perlenkreisen. Gr. an 12.

28653—55.

Av. WYLEM . WLADARZ — DOMV . ROZM . N . P . P Ros. Die Umschrift zwischen zwei Linienkreisen. In der Mitte das Rosenberg'sche Wappen wie zuvor, umgeben von derselben Ordenskette. Rev. POLIXENA . Z . PERNSSTEINA und eine Kreuzrosette. In der Mitte in einer ovalen Cartouche das Perstein'sche Wappen; von aussen Verzierungen, und oberhalb an dem Schilde ein Halbmond nach unten gekehrt. An der Umschrift nach innen ein Linienkreis. Gr. 10.

Ein Stempel im Rev. verschieden hat oben statt der Kreuz- eine fünfblättrige Rosette, dann ober dem Schilde eine Leiste statt des Halbmondes, und unter dem Schilde eine dreieckförmige Spitze, darin ein Punkt. Gr. 9. (Böhmische Privatmünzen Taf. 32, Nr. 357.)

Ein dritter Revers hat ein Viereck, in welchem DEVS . FORTI | TVDO . MEA | ET (in einander gestellt) LAVS . ME (an einander) A | DOMINVS Oberhalb und unterhalb eine Verzierung. An den zwei Seiten je zwei handhabenförmige Verzierungen, zwischen welchen je zwei Punkte. Linienkreis am Rande. Gr. über 10.

28656—57.

Av. WYLEM . WLADARZ — DOMV . ROZM · N · PP und eine fünfblättrige Ros. In der Mitte ein nach oben lilienförmig auslaufendes Schild mit dem Rosenberg'schen Wappen, an welchem von den Seiten herab die frühere Ordenskette herabhängt. Rev. 1590 | darunter zwei Verzierungen | GROSS ⁝ PO | CZETNI Ros. und eine Verzierung wie ein liegendes ∞ | KANCZELAR | ZE Ros. KRVMLO | WA Ros. CZIE | SKEHO ⁝ · Die Rosetten fünfblättrig. An den Rändern beiderseits ein Kreis von Punkten und länglichen Perlen abwechselnd. Gr. 11. So wie der nachfolgende ein Raitgroschen der Kanzlei zu Böhmisch-Krumau, wie sie damals in allen Rechnungskanzleien üblich waren.

Ein zweiter Stempel hat im Rev. 1591 und fehlt darunter die Verzierung ober GROSS : PO | und unten SKEHO : Am Rande ein Linienkreis. Gr. an 11. (Böhmische Familien Taf. 42, Nr. 361.)

Wilhelm von Rosenberg wurde im Jahre 1556 k. Rath und 1570 Oberstburggraf in Böhmen, er wurde im Jahre 1585 mit dem goldenen Vliesse ausgezeichnet und starb am 31. August 1592.

28658—61.

Av. Von rechts: PETRVS . WOK . Z . ROZVM . WLA . DOM . RO (Die W wie V Y) Das Rosenberg'sche Wappen in einer von aussen verzierten Cartouche. Rev. Von rechts: KATERZINA . ROZVMBERSK . Z . LOVDANICZ. In einer verzierten Cartouche ein Oval mit Ausläufern an den Enden, in welchem das Wappen, ein nach rechts gewandter Vogel (eine Gans?) An den Umschriften bloss nach aussen ein Perlen- und ein Linienkreis. Gr. über 10.

Derselbe Avers. Rev. MONE . NO . AVREA . REICHSIENENSIS . 1595 zwischen Perlenkreisen. In der Mitte am Boden nach rechts ein alter Mann, in der Hand sich auf einen starken Baumstock mit einem Aste stützend, und auf der Achsel das Jesuskind mit dem Heiligenscheine und einen Reichsapfel in der Hand haltend. Gr. 11. Zwitterjeton, der Rev. die Rückseite eines Reichensteiner Dukatens vom Jahre 1595.

Av. Aehnlich dem ersteren, nur die Zeichnung der Cartouche verschieden, und ein Punkt vor P Der Rev. ähnlich dem ersten, nur in der Zeichnung der Cartouche etwas verschieden.

Av. Wie der letzte. Der Rev. Die Rückseite eines Weissgroschens von Math. II. ARCHI . AVST . DVX . BVR . M . M . 1619 Der gekrönte Doppeladler mit dem österr. Burgunder Schilde. Von innen ein Linien-, von aussen ein Strichelkreis. Gr. über 9. (Die beiden letztern Beschreibung Böhm. Privatmünzen Taf. 42, Nr. 364, 5.)

Av. Zwischen zwei unten gebundenen Lorbeerzweigen MDCI. Ober D und C und unterhalb ein Strich | PETR | WOK. (mit grossen Buchstaben.) Im Rev. zwischen gleichen Lorbeerzweigen, das von aussen mit Verzierungen umgebene, unbehelmte Schild, darin die Rose; in einem hier damaszirten Felde. Gr. an 13.

Av. PETRWOK . Z . ROZMBERKA . WLADARZ. zwischen Strichelkreisen. In der Mitte innerhalb eines Linienkreises das dreitheilige Rosenberg'sche Wappen in einem von Verzierungen umgebenen Ovale. Rev. DOMV ROZMBERSKEHO × 1604 × zwischen zwei punktirten Kreisen. In der Mitte der Namenszug PW, der Obertheil P an den erstern Strich von W angehängt.) An dem inneren punktirten Kreise gegen die Mitte zu noch ein feiner Linienkreis. Gr. über 11.

Av. PETR WOKZROZMBERKA WLADARZ und eine fünfblättrige Rosette. Nach innen ein Linien- und nach aussen ein gewundener Kreis. Ein geharnischter Reiter mit dem Schwerte in der Rechten nach links zu galopirend. Auf der Brust das Rosenberg'sche Wappen. Im Rev. zwischen gleichen zwei Kreisen die Umschrift: DOMV ROZMBERSKEHO. 1608 + In der Mitte in einem ovalen Schilde, an welchem von aussen Verzierungen das vorbeschriebene dreitheilige Rosenberg'sche Wappen. Gr. an 12.

Peter Wok war um das Jahr 1560 Kämmerer des Kaisers Maximilian, vermählte sich im Jahre 1580 mit Katharina von Ludanic und starb am 6. November 1611.

28665.

Av. IAN . RZEHACZEK — . Z . KWIETNICZE Im behelmten Wappen ein Anker, welcher sich auch auf dem Helme befindet. Rev. IZAIASS : WELIK — : Z : SSONOWA : In dem behelmten Wappen auf einem Aststücke eine nach rechts gewandte Nachteule. Die Umschriften beiderseits zwischen Linienkreisen. Gr. 11.

Johann Rzehaczek von Kwietnitz wurde im Jahre 1551 in den Ritterstand des Königreiches Böhmen aufgenommen. Er war 1544 Ober-Steuereinnehmer aus dem Bürgerstande und starb im Jahre 1566.

Isaias Welik von Schonow war 1553 Ingrossator der grösseren Landtafel, 1560 Hofrichter der Leibgedingstädte; im Jahre 1570 jedoch schon verstorben.

28666.

Av. MIKVLASS RYDL — Z NAYENPERGKV × In der Mitte das behelmte Wappen; durch einen von der obern Schildseite in der Mitte auslaufenden, gegen die Enden rechts und links sich theilenden Strich in drei Felder getheilt, in deren mittlerem (blauem) auf einem grünen dreitheiligen Hügel ein weisser Thurm mit rothem Dache. Im Felde rechts und links (Silber) je zwei schwarze Querstreife. Auf dem Helme zwischen zwei Adlerflügeln ein Stern. Im Rev. IN — DEO SP — ERANDVM Eine weibliche nach rechts gewendete Gestalt mit verbundenen Augen, in der rechten Hand ein Schwert, in der Linken eine ungleiche Wage haltend. (Die Gerechtigkeit vorstellend.) Am Rande beiderseits ein gekerbter Kreis. Gr. an 11.

Nikolaus Rydl von Neuenberg wurde im Jahre 1588 am Tage Lucie in den Bürgerstand der Neustadt Prag aufgenommen, und besass daselbst mehrere Realitäten.

28667.

Av. Eine fünfblättrige Ros. SAMVEL — SALWART, eine gleiche Ros. In der Mitte im behelmten Wappen im rothen Felde ein silberner Querstrich von oben rechts nach links herab mit drei fünfblättrigen (rothen) Rosetten, mit gelben Pöplein (nach dem Original-Texte der Wappenverbesserung), oberhalb links und unterhalb rechts eine (silberne) Doppellilie. Auf den Adlerflügeln oben zwei (silberne) Bänder mit je drei rothen Rosen. Ober dem Schilde ein Stechhelm mit weissen und rothen Helmdecken beiderseits. Rev. Eine Hand von links aus den Wolken, welche eine Kugel mit einem

Gewichte darunter und zwei an der Kugel angebrachten zweigähnlichen Verzierungen hält, darunter 8—9 und tiefer ein Sechseck. Am Rande: IN . PON – DERE . ET . MENSVRA, daran im Innern bei ET beginnend * SALVS * Gekerbte Ränder. Gr. über 11. (Sammlung des Hrn. Miksch.)

Samuel Salwart von Falkenberg wurde (nach Mathesius Bergpostil) im Jahre 1596 als Zehentner in Joachimsthal bestätigt, verwaltete 1597 das Bergregiment und im Jahre 1604 das Einnehmer- und Zehentamt dort. Im Jahre 1607 den 17. Juli erhielt er die Wappenverbesserung und den Adelstand mit obigem Prädikate. Im Jahre 1609 erscheint er als Münzmeister in Prag.

28668–70.

Av. . TOBIAS . SCHAF – FER . V . SCHAFFE: Das behelmte Wappen, darin im Felde rechts zwei (blaue) Querstreife in Silber, links ein (goldenes) Einhorn mit rother Zunge im (schwarzen) Felde. Oben zwischen zwei schwarzen Büffelhörnern das vorige Einhorn. Rev. ANNA . MARIA . SCH — AF . G . TVCH . V . SCHO – W Im behelmten Wappen im obern Felde (Silber) der Obertheil eines (schwarzen) einköpfiger Adlers mit rother Zunge; das untere Feld (blau und gold) geschacht. Ober dem Helme zwei (schwarze und gelbe) Büffelhörner. An den Umschriften beiderseits Kreise von perlenähnlichen Stricheln. Gr. über 10.

Ein zweiter Rev. mit gleichem Averse ist durch MARIE mit E und in der Zeichnung der Helmdecken verschieden. Gr. an 11.

Ein dritter mit der Reversumschrift: ANNA . MARIE . SC—HFFERIN . G . TVCH —VS klein. Gr. an 11.

a. Ein vierter hat: . ANNA . MARIE SC — HAF GE . TVCHVSC und zwischen den Büffelhörnern noch HO an einander gestellt. (Samml. des Hrn. M. Dr. Matejka.)

Tobias Schaffer von Schaffendorf war Bergbuchhalter in Kuttenberg, 1592 Berghofmeister daselbst und starb im Jahre 1599 daselbst an der Pest.

28671.

Av. SEVERINUS . SCHATO . V . SCHATTENTHAL. Wappen Rev. MARIA SA LOME SCHATTIN . G . BERBISDORF. Kupf. Jeton, welcher im Killian's Auktions-Katalog (Wien 1858) dem Prager Neustädter Stadtrath Schato von Schattenthal zugewiesen ist (5180). Mir ist dieser Jeton unbekannt, dagegen besitzt Hr. M. Dr. Matejka nachstehenden Jeton: SEVERINVS . SCHATO . V . SCHATTENTHAL dann die drei Buchstaben R. B. M. Das behelmte Wappen, darin im Felde rechts ein Querbalken von oben rechts nach links herab, auf welchem eine Doppellilie. Im Felde links ein aufrechter eingeschwänzter Löwe nach rechts, welcher in der emporgehobenen rechten Pranke ein dreitheiliges Kleeblatt hält. Dieser Löwe mit dem vordern Leibe ist auf dem Helme zwischen zwei Adlerflügeln angebracht. Im Rev. ist BERBISD ORFI • Im Wappen zwei Hände, welche eine Krone halten, an welcher oberhalb ein Stern; welche Vorstellung sich ober der Krone zwischen zwei Adlerflügeln wiederholt. Gr. über 12. Die Buchstaben R. B. M. dürften Regni Boh. monetar. (Kön. Böhm. Münzmeister) nicht bedeuten, da mir ein Münzmeister dieses Namens nicht bekannt geworden. Die Berbisdorf waren in Böhmen und Sachsen ansässig. Ueber die Familie der Schato ist mir nichts bekannt geworden.

28672.

Av. ELIAS · SCHMIDTGRABMER · VO · LVSTENEGKH und eine fünfblättrige Rosette. Das behelmte Wappen, darin das obere Feld rechts Gold und links schwarz, darin ein Männchen, in der emporgehaltenen Rechten einen Hammer, das Kleid rechts schwarz, links Gold; in der untern Hälfte drei schräge Querstreifen. Rev. BENIGNA . SCHMIDTGRABMERIN . G : KADNERI und eine fünfblättrige Rosette. In der Mitte im behelmten Wappen der aufrechte (weisse) Greif nach rechts mit rother Zunge im (blauen) Felde. Ober dem Helme der halbe (weisse) Greif zwischen 16—00. Am Rande ein erhabener Linienkreis. Gr. 12.

Elias Schmidigrabner von Lusl. war im Jahre 1593 Rentmeister im Königreiche Böhmen. Der Jeton ist auf seine im Jahre 1600 erfolgte Vermählung mit Ben. Kadner von Greifeneck geprägt.

28673.

Av. VALENTI . SCHON -- BEG . A : SEDLI . Im behelmten Wappen ein von oben rechts nach links herabgehender breiter Streif, darin drei fünfblättrige Rosetten. In den oben gegen links und unten nach rechts zu gelegenen Feldern je ein nach rechts laufender Hirsch. Die Umschriften zwischen Strichelkreisen. Der Rev. wie Nr. 28521. DEVS. | PROVIDE u. s. w. und 15—79 (Böhm. Familien Taf. 80, Nr. 676.)

Ein Valentin von Schönbeg wurde im Jahre 1598 Abt des Cistercienser Stiftes Sedletz und starb im Jahre 1609. (Popsání bývalé řehole Cyst. von Joh. Franz Dewoty.)

28674.

Av. Von rechts: fünfblättrige Ros. WOLF . HERR . VON — SCHONBVRGK . D . ELT Im behelmten Wappen zwei (rothe) Querbalken von oben links nach rechts herab (im silbernen Felde), welche Streife sich auf den ober dem Helme befindlichen Adlerflügeln wiederholen. Am Rande ein Perlenkreis. Der unbekannte Rev. ist auf dem beschriebenen Exemplare abgefeilt, und ein Wappen, worin eine dreispitzige Krone, dann IF—VS eingravirt. Gr. 12.

Wolf von Schönburg geb. 1532 war mit Anna von Landsberg und in zweiter Ehe mit Johanna von Schwarzenau vermählt. Die Gravur ist aus späterer Zeit. (Böhm. Privatmünzen Taf. LX, Nr. 515.)

28675.

Av. HANS : ERASMVS : HERR — · V : SCHWANBERG Im behelmten Wappen ein nach links schreitender weisser Schwan mit schwarzem Schnabel und Fusse im rothen Felde. Ober dem Helme abermals der Schwan ohne Füsse sichtbar, zur Seite 15—60 Rev. KVNEGVNT · FRAW . V . SC — HWANBG · V · D : WEIT (von der Weitmühl). In dem behelmten, beiderseits nach unten zugespitzten Wappen ein (weisser) Mühlstein im (rothen) Felde. An den Umschriften beiderseits Kreise von länglichen Perlen. Gr. 12.

Johann Erasmus von Schwanberg war in den Jahren 1557—58 Hauptmann der Bergstadt Schlaggenwald und Schönfeld und vom Jahre 1561—66 Ober-Münzmeister im Königreiche Böhmen, und legte im letzteren Jahre diese Würde nieder. Er starb 1580.

28676.

Av. OSWALD . Z . — SSENFELDV und ein Linienkreis hieran nach Innen, ferner ein Zweigchen vor und nach der Umschrift. In dem behelmten Wappen das von oben herabgetheilte Schild, jede Hälfte fünfmal, die rechte von weiss und roth, die linke mit roth und weiss getheilt. Ober dem Helme ein zu jeder Seite vierfach getheilter Palmzweig mit weissen und rothen Helmdecken. Auf dem Rev. in einer mehrfach ausgeschnittenen Cartouche ein längliches Quadrat, darin FIAT VOLV | TAS . TVA Gr. 10. Zwei in der Zeichnung des Averses verschiedene Stempel. (Nach Renz rechts drei schwarze und drei gelbe Querstreifen, links ebenso in entgegengesetzter Ordnung.

Oswald Schenfeld von Schenfeld, geb. 1524, war königlicher Rath und Sekretär, endlich Vice-Kanzler des Königreichs Böhmen und Besitzer des Gutes Encovan.

28677—78.

Av. · IAN · SSVLTYS -- Z · FELSDORFV. Das behelmte Wappen von oben herabgetheilt. Rechts drei (goldene) Prägstöcke? im (blauen) Felde, links eine Gemse aufrecht nach rechts auf einem Gletscher im (blauen) Felde. Die Umschrift zwischen Linienkreisen. Auf dem Helme der Vorderleib der Gemse nach rechts. Rev. In einer vielfach ausgeschnittenen Cartouche ein Oval, darin IN zwischen zwei gestielten Lilien | SPEAC | FIDE | 1613 Unten drei Punkte. Am Rande ein Linienkreis. Gr. über 11.

Av. HANS SCHVLTIS — VON FELZDORF. Das vorige Wappen. Rev. Ein Viereck umgeben von Verzierungen, welche oben und unten in eine lilienähnliche Form auslaufen. Im Quadrate IN zwischen fünfblättrigen Rosetten. | SPE AC | FIDE Im Av. Linienkreise. Im Rev. ein Linien- und ein gewundener Kreis. Gl. Gr.

Johann Schultis von Felsdorf war Inhalts des Kuttenberger Archivs im Jahre 1612 gemeinschaftlich mit Johann Pisczys Verwalter des Hofmeister- und Münzamtes, später Münzamtmann, wurde jedoch am 2. Dezember 1613 wegen Alters, Leibesunvermögenheit und Mangels der deutschen Sprache entlassen, und an seiner Statt der Bürger Augustin Schmilauer von Schmilau am 31. Januar 1614 beeidet.

28679—80.

Av. IAROSLAW . H . V . SMIRZICZ und eine runde Rosette. In der Mitte das unbehelmte und unverzierte Wappenschild, von der obern rechten Ecke nach links zu, die obere Seite gegen die linke Ecke zu Silber, die untere gegen das rechte untere Eck zu schwarz. Rev. KATERI NAVON . HASNBVRK. In dem gleichen vierfeldigen Wappen im ersten und vierten (blauen) Felde je ein Hase (in Naturfarbe) nach rechts, im zweiten und dritten (goldenen) je ein (schwarzer) Eberkopf mit einem weissen Hauer; die Umschriften beiderseits zwischen Strichelkreisen. Gr. 10.

Ein zweiter Stempel hat im Averse HERR und im Rev. KATHARINA VON HASMBVRK. (Entnommen Böhm. Privatm. S. 576.)

Jaroslav Smiřicky von Smiřic, geb. 1513, wurde im Jahre 1558 Beisitzer des königlichen Landrechts, 1571 königlicher Hofmarschall und 1587—97 königlicher Hofmeister und war mit Katharina, Tochter des Johann von Zajic von Hasenburg, vermählt.

28681—82.

Av. KVNDRAT . PAWEL . DANIEL BRAT . SKRETOWE. (Brüder Sskreta.) Das behelmte Wappenschild, in dessen oberer Hälfte, welche drei Felder, in der Mitte eine weisse Lilie im rothen Felde; die Felder zur Seite Silber; die untern drei Felder von rechts Gold, schwarz, weiss und roth. Ober dem Helme die Lilie zwischen zwei Büffelhörnern. Im Rev. die Umschrift links in der Mitte beginnend: SSOTNOWSSTI Z ZAWORZIC GEHO MI · CISARSKE · (Sr. kais. Majestät.) In der Mitte in einem an den Seiten verzierten Vierecke: PVCHALTR | AVRZEDN | IK MINCE | A SK KRET | AR . 1610 Am Rande beiderseits ein gewundener Kreis. Gr. über 11.

Av. PAVLVSSKRETA — SSOTNOWSKY Das Wappen wie vorher. Rev. KATER SSKRETO — ZHOLTENDORFV In dem behelmten Wappen im blauen Felde zwei gegen einander gekehrte (weisse) Schwäne, Köpfe und Hälse mit goldenem Schnabel, welche auch oben aus dem Helme sammt einer (schwarzen) Palme dazwischen hervorragen. Gr. über 10.

Konrad, Paul und Daniel Škreta waren Söhne des am 5. Juli 1587 verstorbenen Johann Šreta, Prager Bürgers und Realitäten-Besitzers. Konrad Š. war 1594 Raitdiener der k. böhmischen Kammerbuchhaltung, 1603 Vice-Buchhalter und 1605 Buchhalter der k. böhm. Kammer. Paul Š. wurde im Jahre 1604 Münzamtsschreiber, 1608 Münzamtsverweser und 1610 Münzamtmann, auf welche letztere Ernennung der erstere Jeton geprägt worden sein dürfte. Er war in erster Ehe mit der Susanne Lange und in zweiter Ehe mit Katharina geb. Sypschitz von Holtendorf vermählt. Daniel Škreta war schon 1603-19 Sekretär der böhmischen Kammer und wurde dann zum Landesrath aus dem Bürgerstande gewählt.

28683.

Av. HANVSS . SSPIGL . . — . ƐMILCƐICƐ: KRA woran nach Innen ein Linienkreis. In dem beheimten Wappenschilde im (silbernen) Felde zwei (rothe) Querstreife, welche gegen die Mitte zu in eine Spitze nach oben auslaufen. Ober dem Helme eine Gestalt mit Federnschmucke am Kopfe. Im Rev. die Fortsetzung der Umschrift des Averses: LE GEHO MILOSTI ⁝ RADA × A RENTMISTR × Ein Weinblatt und ein Kreuzchen. Die innere Umschrift zwischen zwei breiten Linienkreisen: KRALOW STWI : CƐIESKE (Sr. Maj. Rath und Rentmeister des Königreichs Böhmen). In der Mitte ein kleines unbeheimtes Schild mit dem vorstehenden Wappen. Statt der Punkte kleine Kreuzrosetten. Am Rande beiderseits Linienkreise. Gr. 11.

Johann von Hanusch Sspigl von Milčic wird schon im Titularbuche vom Jahre 1543, dann noch in jenem vom Jahre 1556 Rentmeister des Königreichs Böhmen genannt und erscheint ohne Titel in den Titularbüchern vom Jahre 1567 und 1572 im Ritterstande.

28684.

Av. HANS . SSPIS . Z . HARTENFELSV ⁑ In der Mitte ein unbeheimtes Wappenschild, neben und ober welchem je ein Sternchen. Darin im (schwarzen) Felde rechts drei Sparren, links auf einem schroffen Berge eine aufrechte Gemse, (Naturfarbe) nach rechts gewandt. Rev. In einem von Verzierungen umgebenen Perlenovale drei Punkte, | SIC . S | PECTA | NDA FI | DES Gr. 10.

Nach Daten im Kuttenberger Münzamtsarchive fand ich den Johann Sspis von Hartenfels in den Jahren 1594—96 als Münzschreiber, und wurde derselbe am 18. November 1596 zum Buchhalter in Kuttenberg ernannt; im Jahre 1603 wieder abgesetzt. Er wurde im Jahre 1601 in den Wladykenstand mit dem Prädikate „von Hartenfels" erhoben.

28685.

Av. BEDENCKHS, eine Kreuzros. WAGS, Kreuzros. ERWARTTES und eine fünfblättrige Ros. In der Mitte ein vierfeldiges Wappen ohne Helm, darin im ersten und vierten Felde eine aufrechte Gemse nach rechts. Im zweiten und dritten rechts zwei Querstäbe, links zwei Lilien ober einander. Ober dem Schilde . W . V . S . zur Seite 1 — 5 Rev. BEDENCK + DAS + ENT + ES + KOMBT + BEHEN und eine fünfblättrige Rosette. In der Mitte das Geitzkhofler'sche Wappen ohne Helm (wie Nr. 28541) oberhalb . G . G . und zur Seite 7 — 5 An den Umschriften beiderseits Strichelkreise. Gr. 11. Zwei in der Zeichnung und Buchstabenstellung sich unterscheidende Stempel.

Wolf Steinberger von Steinberg wurde im Jahre 1554 in den Ritterstand aufgenommen. Er war schon im Jahre 1558 Rath der k. böhm. Kammer und † 1579. Die vielfachen Amtsgeschäfte in Joachimsthal mögen ihm Gelegenheit geboten haben mit den dortigen Berg- und Münzbeamten in nähere freundschaftliche Verhältnisse zu treten, auf welche sich der vorliegende Jeton beziehen dürfte. Bezüglich der Familie Geitzkofler s. Nr. 28546.

28686.

Av. HANS . STAINPE — . PERKMAI . ZV . KVT Im viereckigen Wappenschilde im ersten und vierten Felde ein gekreuztes Schwert und eine Lanze; im zweiten und dritten ein nach rechts gewandter Vogel mit ausgebreiteten Flügeln. Oben am Helme ein Vogel nach rechts. Rev. LINART . PERK . — . TECHE . ZV . LN In dem beheimten Wappen ein Bergmann mit einem Hammer in der aufgehobenen Rechten, vor ihm rechts am Schilde ein Gestein. Ober dem Helme ragt zwischen zwei Adlerflügeln der Bergmann mit halbem Leibe hervor. An den Umschriften beiderseits Linienkreise. Gr. an 11.

Hans Stainberger war nach der Jetonaufschrift Bergmeister zu Kuttenberg. In dem Münzamtsarchiv daselbst fand ich Hans Stainberger 1587—88 als „perkmister ssalursky“, 1588 Bergmeister „Am Gang“ (Ein Berg und ein Städchen nächst Kuttenberg). Im Jahre 1595 erscheinen Berichte von fünf Bergmeistern, worunter Hans Stainberger als „Perkhmeister Fraczky, sswabsky, Hopsky und plymsky.“ Ebenso 1596 und 1597. Später wird seiner nicht erwähnt. Der Rev. ist nicht erklärlich, und eine Bergzeche bei Kuttenberg, auf welche die Buchstaben LN Bezug hätten, nicht bekannt. Im Werke: Beschreibung böhm. Privatmünzen wird die offenbar von einem der deutschen Sprache unkundigen Stempelschneider gewählte Umschrift LINHART (deutsch Lenhardt) PERK TECHE (offenbar ZECHE) ZV LN zu deuten versucht Leonhard-Berg-Zeche zu Nalžow, und erwähnt, dass im Jahre 1572 der Nürnberger Handelsmann Lenhardt Gewerke in Nalžov (Elischau) war, dem vielleicht Stainberger mit Rath und That beistand, und ihn zur Prägung dieses Jetons veranlasste.

28687.

Av. GREGOR . STEINMVLLER . V . REICHENB . ergk. In dem behelmten Wappenschilde ein doppelt geschwänzter aufrecht nach rechts schreitender (rother) Löwe auf zwei grauen Steinfelsen, mit roth ausgeschlagener Zunge. In den Vorderpranken einen Mühlstein haltend, und zwischen den Felsen und den Hinterfüssen zwei Erzstuffen, deren vordere gelb, die hintere weiss. Ober dem Helme zwischen zwei (abwechselnd zur Hälfte roth und weissen) Adlerflügeln der halbe Löwe wie im Wappen bis an den Rand reichend. Im Rev. RO . KA . M, Strich, MVNTZMAISTER . 1623 und eine Kreuzrosette. In der Mitte in einem verzierten Vierecke: OHERR . | GOT . GIB | VNS . DEI | NEN · FRID (Böhm. Familien Taf. 65, Nr. 557.)

Gregor Steinmüller erscheint im Jahre 1603 als Erzkaufs-Hüttenschreiber; er wurde im Jahre 1609 Amtsschreiber in Joachimsthal, am 18. Februar 1615 Münzwardein in Prag und am 21. April 1621 Münzmeister in Joachimsthal. Er wurde am 5. Juli 1621 als solcher feierlich installirt und versah diese Stelle bis Lucie 1631. Er starb im Jahre 1638.

28688—89.

Av. SSTEFFAN : GIRZY : Z : SSTERNBERKA : G . M . C . RAD : (Ihrer kais. Maj. Rath) und eine fünfblättrige Rosette. Im behelmten Wappen ein (goldener) Stern im (blauen) Felde. Ober dem Helme ein Adlerflug, aus welchem gegen rechts der Stern zur Hälfte emporragt. Rev. WERONYKA . SSTERNBERKOWA . Z . WEYTMILE · und eine fünfblättrige Rosette. Im behelmten Wappenschilde und rothen Felde ein weisser Mühlstein, welcher auch ober der Helmkrone, von Pfauenfedern überragt, und zur Seite 16—00 Ein Perlenkreis beiderseits am Rande. Gr. über 12.

Ein zweiter Stempel hat im Av. . . . GIRZY : SSTERNBERKA : G : M : C : RADDA und eine sechsblättrige Rosette und im Rev. : Z : WEYTMILE : Am Rande beiderseits ein Strichelrand. Gr. an 13.

Stefan Georg von Sternberg, Sohn des Zdenko von Sternberg, war königlicher Rath, Herr auf Postelberg u. s. w.

28690.

Av. ADAM . STRNA — D · Z · FREYTOK Das behelmte Wappen mit dem Fische, wie Nr. 28631. Die Umschrift zwischen Perlenkreisen. Rev. Eine Cartouche, in welcher innerhalb eines Perlen- und Linienkreises die Aufschrift: SORS | OMNIA | VERSA | T zwischen Blättchen. Oben zwei Kreuzrosetten und an der Seite rechts und links je ein Blümchen. Gr. über 10.

Adam Strnadt von Freytok wurde am 31. Jänner 1592 zum Münzschaffer ernannt. Unterm 22. Juli 1603 bat Adam Strnadt von Freytok, Bürger in Kuttenberg, nachdem er sich 12 Jahre als Münzschaffer brauchen liess, und den Dienst verliess, und er das vierte Jahr feierte, auch 5000 Thaler verhaut hat, um eine Stelle als Berggeschworner im Jahre 1609 und 1610 erscheint er als Münzschaffer; sein Name (ohne Bezeichnung seiner Stellung) erscheint noch 1613, 14 und 16. (Kuttenberger Münzarchiv.) Er starb im Jahre 1624.

28691.

Av. IN · DER · HOCH — STEN · NOTT Ein beheimtes Wappen, darin ein aufrecht nach rechts schreitender Hund (?) mit einem Halsbande und Ringel daran; welcher sich oben zwischen zwei Adlerflügeln wiederholt. Neben der Helmkrone N—S (Nikolaus Stumpfelt.) Statt der Punkte in der Umschrift sind Ringel. Rev. · HILFT · DER · GE — TREVE · GOT · 80 (15) In dem beheimten Wappen ein (goldener) Adlerkopf nach rechts im (silbernen) Felde, welcher auch aus der Krone bis an den Rand hinaufragt. Neben der Krone A—A (Aurel. Ainpeck.) An den Umschriften gewundene Kreise. Gr. über 11.

Auf einem Siegel des Nikolaus Stumpfelt mit N—S erscheint das erstere Wappen. Nikol. Stumpfelt wurde im Jahre 1559 Silberkäufer in Joachimsthal, am 15. Oktober 1567 sodann Wardein, in welcher Eigenschaft er noch im Jahre 1558 genannt ist, und starb im Jahre 1590. Er war mit Maria, einer Tochter des Bürgermeisters Hacker, vermählt.

Die Ainpeck waren in Skt. Joachimsthal Gewerken. In der Münzamtsrechnung des Prager Münzamtes vom Jahre 1562 und 1563 erscheint Aurelius Ainpeck als Münzgeselle mit gleichem vorstehenden Wappen, und dürfte derselbe später (1580) sich in Joachimsthal befunden haben. Dieser Jeton ist dem Typus nach von den sächsischen Jetonen des Andreas Ainpeck ganz verschieden.

28692.

Av. PAWEL . SSTVRM — Z . FIRSSTENFEL In dem beheimten Wappen ein Hirschkopf (Naturfarbe) in einem rechts goldenen, links blauen Felde. Aus dem Helme ragen ein Hirschgeweih und dazwischen eine menschliche Gestalt, sich mit den Händen an demselben haltend hervor. Rev. CZY . GE . RADA . A . PVCHHAL . PRZI : KOMO . CZE und eine fünfblättrige Rosette. Von innen WOLPRA . SSTVR . Z . SLAWKO ⁘ In der Mitte im unbeheimten Schilde ein aufrecht nach rechts schreitendes Thier, (ein Wolf?). An den Umschriften beiderseits Linienkreise. Gr. 11.

Paul Sturm von Fyrstenfeld wurde im Jahre 1571 in den Ritterstand aufgenommen. Er war kais. Rath und seit dem 24. März 1581 Buchhalter bei der böhm. Kammer.

28693.

Av. IAK · WA (in einander gestellt) C . GIN — SYX . Z . ZWIRZ Das beheimte Wappen wie bei Paul Primus (N. 28639). Rev. RADSLAW (AW in einander gestellt) HLAW — SA — ZLIBOSLAW (in einander gestellt) E Das beheimte Wappen wie Nr. 28561. Die Umschriften zwischen Linienkreisen. Gr. über 10.

Jakob, Wenzel und Heinrich Syxt von Zwirzetin waren Brüder.

28694.

Av. C . TAV (in einander gestellt) BENR (in einander gestellt) EVDTER — VON . TAV (in einander gestellt) BENREVT Das beheimte Wappen, darin im (blauen) Felde ein Querbalken von oben rechts nach links unten (Silber), darin drei (blaue) Doppellilien. Ueber dem Helme wiederholen sich auf einem Adlerflügel die drei Lilien. Rev. VRSVLA . T . GEBORNE — VON . ZETTELBERG Die Umschriften beiderseits im Linienkreise. In dem beheimten Wappen ein Vogel (eine Gans ?) nach rechts. Aus der Krone ragt ein Büschel Pfaufedern hervor. Die Umschriften beiderseits zwischen Linienkreisen. Gr. 10.

28695—97.

Av. CRISTOF . TAVBENREVTTER . V . TAVENREVT Das vorige Wappen. Rev. THVRECHT . VND . SCHEV . NIEMAND . 1597. An den Umschriften beiderseits Linienkreise. In der Mitte eine Nachteule auf einem Baumstruck, gegen welchen mehrere (9) grössere und kleinere Vögel kreisförmig zufliegen. Am Rande noch ein gekerbter Kreis. Gr. an 11. In der Numismat. Zeitsch. J. 1836, S. 61 muthmasslich irrig TAV BENREVT und NIMAND.

Av. C . TAVBENREVDTER . V . TAVBENREVT In der Mitte das vorige bis an den Rand reichende Wappen. Rev. In einer mit Ringeln besetzten nach aussen verzierten Cartouche: THV | RECHT. | SCHEVE | NIMAND (in einander gestellt) | 1599 Gl. Gr.

Av. TVE RECH | T Ros. SCHEVCH | NIEMAND In einem Quadrate, an welchem Verzierungen. Rev. Die Reversseite eines Raitpfennigs: GROSS POCZETNI, die Doppellilie, KOMORV CZESKE: Ros. In der Mitte der Löwe nach rechts. Am Rande ein gekerbter Kreis. Gr. an 11. (Sammlung H. Miksch.)

Christof Taubenreutter von Taubenreut war vom 15. Jänner 1600 bis 30. August 1604 Münzmeister in Joachimsthal. Sein Zeichen auf Münzen eine Doppellilie. (Er starb im Jahre 1607).

28698—99.

Av. MARTIN TEXTO — RIVS KLATOWSKI zwischen zwei oben durch ein Buch unterbrochenen Strichelkreisen. In der Mitte eine Kugel, auf welcher ein bekränzter Todtenkopf zwischen zwei Adlerflügeln. Auf dem Todtenkopfe eine Sanduhr und höher ein offenes Buch, auf welchem rechts 𝔐o | rie | 16 links vi | ta | 06 Unter der Kugel ein Jagdhorn mit Bändern daran. Rev. In einer verzierten Cartouche ein herzförmiges, von innen mit einem Striche, von aussen aus Perlen formirtes Schild mit der Aufschrift: VIDE | NECA | DAS Gr. 11.

Av. Ebenso. Rev. Der Krieger auf einem Felsen im Meere u. s. w. wie Nr. 28627. Ein gewundener Kreis am Rande. Gr. an 11. (Die Notizen siehe Nr. 28625.)

28700.

Av. DER . IST . ICZT . A — M . BESTEN . DRAN : Im behelmten Wappen der Vordertheil eines gezaumten Pferdes mit den Vorderfüssen, aufrecht nach rechts, welches sich oben wiederholt, neben dem obern Kopfe 15—39 Rev. •: WER . VIL . LIG — EN . VND . TRIGN . KA Die Punkte beiderseits durchlöchert. In dem behelmten Wappen im obern Felde der Kopf eines Hahnes nach rechts, gekrönt, in der untern Hälfte ein Querstrich von oben links herab nach rechts. Ober dem Helme der Hahnenkopf zwischen zwei Adlerflügeln. Die Umschriften zwischen gewundenen Kreisen. Gr. über 13.

Das halbe Ross ist das Wappen der Familie Thiele. Hans und Michel Thiele werden in Mathesius in den Jahren 1517, 74, 80 und 86 als Bergleute angeführt. Dieser Jeton dürfte Wolf Thiele angehören, da auf einem Hause in Joachimsthal dasselbe Wappen mit W — T und der Jahrzahl 1534 vorkommt.

28701.

Av. LEONHARD . T — OTTENHOFER Im Schilde ein in der Mitte von oben nach unten herabgehender Streif, welchen in der Mitte zwei, aus den Schildenden kommende, ein Andreaskreuz bildende Streifen kreuzen. In den hiedurch gebildeten Winkeln an der Seite rechts und links je ein aufrecht nach der Schildmitte zu springendes Thier (ein Hirsch ?). Ober dem Helme ein halber Löwe mit einem Doppelschweife, in der Vorderpranke einen Scepter haltend. Rev. RÖM : KAY : MAT : EHRN HOLT . 1596 und eine runde Rosette. An den Umschriften nach innen ein fein punk-

Urter Kreis. In der Mitte in einem, oben und unten mit Arabesken verzierten Quadrate: ALLES . I | N . GOTTE | S . WILLE Gr. an 11.

Im Jahre 1594 erscheint unter den angeführten vier Herolden ein Leonhart Dottenhofer als böhmischer Herold.

28702.

Av. HANNYBAL Z WALDSSTEYNANA BOSTIN: Das Wappenschild ohne Helm, an den Seiten und oberhalb mit handhabenförmigen Verzierungen und Punkten umgeben, darin im ersten und vierten (goldenen) Felde ein blauer Löwe mit rother Zunge und im zweiten und dritten ein (goldener) Löwe im blauen Felde. Rev. KATERZINA WALDSSTE YN · ZDVBVAZLIPEHO. In einem ähnlichen Schilde wie jener des Av. nur auch unterhalb eine gleiche Verzierung, das Wappen wie Nr. 28719. Gr. über 11.

28703 – 6.

Av. Unter dem Herzogshute ein unverziertes, unten abgerundetes Schild, darin ein einfacher nach rechts gewandter Adler mit ausgebreiteten Flügeln, auf der Brust das vorbeschriebene vierfeldige Wappen; neben dem Schilde je eine fünfblättrige Rosette. Im Rev. ein Quadrat, darin HAIT PFEN | DER · FVRS | TLICH : CAM | MER . DES . H | ERTZOGTH | VMS . FRID | LAND und eine Verzierung. Ober- und unterhalb je eine fünfblättrige Rosette; zur Seite 16–28. Gr. 11.

Av. Aehnlich, nur an den obern Ecken und zur Seite je eine Verzierung. Rev. Das Schild, auf welchem ober- und unterhalb henkelförmige Verzierungen und im Schilde: PAITPFE | DER . FVR | STL . CAM | DES . HER | TZOGTH | FRIDIAN Zur Seite 1–6 | 2–9 Am Rande je ein Linienkreis. Gl. Gr. (Böhm. Priv. M. Taf. 71, Nr. 614.)

Av. und Rev. wie der erste, nur mit 16 – 30 ohne die Rosetten neben dem Quadrate. Ebendort Nr. 620.

Av. Das unverzierte Schild wie vorher, neben welchem rechts und links je eine fünfblättrige Rosette. Im Rev. das vorige Quadrat, jedoch oben und unterhalb je eine fünfblättrige Rosette und zur Seite 16—31. Im Rev. die gleiche Aufschrift nur FVRST | LICH: und LAND. Neben dem Quadrate 16—31. Gr. 11.

28707 – 10.

Av. Aehnlich Nr. 28703 nur an der Seite des Schildes je eine zweigähnliche Verzierung mit einem Blümchen. Der Rev. ähnlich dem letzten, nur ist im Rev. an der Rosette ober- und unterhalb des Quadrates je eine Zweigverzierung und LAND ohne Punkt. Zwei Stempel, deren einer mit 16—31 (Gr. 11), der andere mit 16–31, und auch in der Zeichnung der Verzierungen verschieden. (Böhm. Privatmünzen Taf. 77, Nr. 623.)

Av. und Rev. wie der erste, nur FVRS: und 16—32 Der Rand ausgezähnt. Gr. an 11. (Böhm. Privatmünzen Taf. 73, Nr. 631.)

Av. ähnlich Nr. 28707, nur in der Verzierung zwei Blümchen. Rev. ähnlich dem letzten mit FVRST | LICH : CAM | MER . DES . H u. s. w. wie bei dem erstern. Linienkreise am Rande. Gr. über 10.

28711—12.

Av. Das Brustbild nach vorn, mit einem grossen Halskragen und um die Achsel geworfenen Mantel. Am Rande ein Perlenkreis. Rev. Unter einer kleinen Rosette, aus welcher Schnörkelverzierungen auslaufen: ALBERTVS. | D . G . DVX . MEG | . FRIDL . ET . SAG | FVND . CARÆ : | CASTRI . B . M . V . | IN . WALDITZ | AMPLIS. | 1632. und ein Linienkreis am Rande. Gr. 12. Bei einem zweiten Stempel mit D : G . fehlt im Rev. die Jahreszahl. Gl. Gr.

28713.

Av. NIKOLAVS. — WALTER . A . W (altersberg.) Das Brustbild nach links in einem Panzerhemde (?) und mit einem grossen Halskragen. Unten 1561 sehr klein. Rev. D — E — O — — D — V — C — E, dazwischen schnörkelförmige Verzierungen. In der Mitte das behelmte Wappen, darin ein Sparren mit zwei gegeneinander gekehrten Löwen. In den obern Enden, dann unter dem Sparren und oben zwischen zwei ober der Krone befindlichen Adlerfedern je eine fünfblättrige Rosette. Am Rande je die Umschriften zwischen Linienkreisen. Gr. 11.

28714.

Av. HANS . WEICƷLM — AN . MVNCƷMASTER und eine Kreuzrosette. In der Mitte im behelmten Wappen zwei Stäbe in Form eines Andreaskreuzes gekreuzt und das Feld parallel mit denselben tingirt. In der Mitte eine fünfblättrige Rosette. Ober dem Helme ein Adlerflug zwischen · I · 5 · — 41. Rev. RECHTS * RECHT * IST * WAG * RECHT .... Eine geflügelte weibliche Gestalt (die Justitia) mit Wage und Schwert. Unter derselben im Halbkreise · 1 . 5 · 3 · 7 · Œ Am Rande je ein gekerbter Kreis. (Sammlung des Hrrn. Bergrath Patera.)

Hans Weizelmann war in Joachimsthal Münzmeister von Lucie 1535 und starb am 2. Juli 1542.

Da dieser Jeton der letztbeschriebene aus der Series der Joachimsthaler Münzmeister ist, deren Reihenfolge im Jahre 1855, wo die Notizen über die böhm. Münzmeister mitgetheilt wurden (I. Band S. 34), noch nicht sichergestellt war; seither jedoch vervollständigt wurden, so werden die betreffenden Notizen hier mitgetheilt. Wir haben solche der unermüdlichen Thätigkeit des k. k. Herrn Bergrathes Patera zu danken, welcher mehrere Jahre in Skt. Joachimsthal stationirt, die dortigen Archiv-Materialien so viel möglich benützt hat.

Nach den mir von ihm mitgetheilten Daten war Ulrich Gebhardt von crucis 1519 bis bis 1522 Münzmeister. Im folgten Caspar von Mergentaal bis crucis 1530, Klaus Kraus von crucis 1530—34, Friedrich von Aichelburg von crucis 1534 bis Lucie 1535, Hans Weiczelmann von Lucie 1535 bis zu seinem Tode den 5. Juli 1542, Martin Kempf Münzverwalter von Trin. 1542 bis 2. Juli 1543, Wolf Voll, Münzverwalter von 1543 bis crucis 1544, und Rupprecht Puellacher von Lucie 1544 bis zu seinem Tode (6. Juni 1563). Das Zeichen des letztern auf Münzen dürfte (nach seinem Wappen) der gezäumte Kameelkopf sein. Nach ihm Münzmeister Georg Geitzkhoffler vom 9. November 1563 bis 14. Juli 1577, wo er starb. Von ihm rührt das auf Raitpfennigen befindliche Zeichen IG (in einander gestellt) her.

Später erscheint Georg Kadner vom 11. Nov. 1577 als Münzmeister bis zu seinem Tode (29. Juli 1582). Als sein Zeichen dürfte der um jene Zeit auf Münzen erscheinende Greifsrachen angesehen werden. Nach Kadner war Paul Hoffmann vom 10. Juli 1583 bis zu seinem, am 17. Februar 1599 erfolgten Tode, Münzmeister. Sein Zeichen ist ein Halbmond und darüber eine fünfblättrige Rosette. Nach ihm trat Benedikt Hübner als Münzamtsverwalter und Christof Taubenreutter Münzmeister als Nachfolger ein. (Vom 15. Januar 1600 bis 13. Aug. 1604.) Sein Zeichen auf Münzen wie früher erwähnt, ist die Doppellilie, und jenes seines Nachfolgers, Hanns Gipfel (Münzmeister vom 13. August 1604 bis 11. August 1606) ein Halbmond, neben welchem rechts drei Sterne. Nach ihm war Centurio Lengefelder vom 11. August 1606 bis 1621 (sein Münzzeichen ein Löwenkopf), dann Gregor Steinmüller, Münzmeister vom 21. April 1621 bis Lucie 1631, ferner David Knobloch, Münzamtsverwalter von crucis 1632 bis Rem. 1649, Johann Freistein, Münzamtsverwalter vom 9. August 1649, emigrirt 1650, Johann Jakob Küttner von Parchheimb, Oberamts- und Münzamtsverwalter von 1651—68, Paul Wenzel Seeling, kais. Waldbereiter, zugleich Münzamtsverwalter 1668 — 70, schliesslich Johann Jakob Maccasius, Tranksteuereinnehmer zugleich Münzamtsverwalter vom 4. Oktober 1670 bis —? Unterm 11. Jänner 1651 wurden mit Erlass der böhmischen Kammer das Joachimsthaler Münzamt, da es in letzterer Zeit bloss Schaden gegeben, suspendirt; doch scheint, wie aus Erlässen aus den Jahren 1658, 1665, 1668 und zuletzt 1670 (mit Ausmünzung der Scheidemünze moderate zu verfahren, hervorgeht, noch seit 1651 mit Unterbrechungen gemünzt worden zu sein, und zwar wie es scheint mit zum Theil in Prag verfertigten Stempeln.

Als Münzwardeine erscheinen Ulrich Vogelheimer, gest. 1559, Georg Geitzkofler, in das Wardeinsamt eingeweisst am 14. April 1559, Georg Hochreutter 1563, Jakob Wolgemût, erscheint 1564, starb am 30. November 1566, Niklas Stumpfelt, 1559 Silberkaufer, wird den 15. Oktober 1567 Wardein. Er starb um das Jahr 1600. Benedikt Hübner um 1590 bis 21. Mai 1610. Seine Stelle wird nicht gleich besetzt, nur supplirt. David Knobloch wird den 30. September 1611 installirt; versieht neben bei auch die Münzgegenhändlerstelle bis 1623. In diesem Jahre wird Matthes Taxe Münzgegenhändler, im Jahre 1626 jedoch wieder entlassen, und David Knobloch versieht wieder beide Stellen bis zum Jahre 1632. Johann Freistein wird zum Wardein beeidet am 24. März 1642. Sigmund Schweitzer, Wardein, wird im Jahre 1666 des Dienstes entlassen und Johann Wohnstedl 1666 installirt.

28715.

Av. WOLF × ƷWRƷESOWIC ⁑ ANADAVBRAW ⁑ HORƷE und eine Doppellilie zwischen zwei Doppelkreuzchen. In der Mitte ein nach rechts gewandtes Brustbild mit glattgekämmtem Haare und Vollbart. Rev. NEIWISSI ⁑ PISARƷ ⁑ KRAIO ⁑ CƷIE ⁑ A ⁑ PRESIDE und die Doppellilie. Innere Umschrift ⁑ NT ⁑ KRA ⁑ GE ⁑ KOMORI ⁑ CƷI ESK · ⁑ Die Umschriften beiderseits zwischen Linienkreisen. In einem Schilde ohne Helmschmuck ein Halbmond (von Gold) mit den Spitzen nach aufwärts (im blauen Felde) und in der Mitte des Feldes ein Punkt. Gr. über 12.

Derselbe war oberster Landesschreiber in Böhmen und Herr auf Teplitz.

28716.

Av. GIRZIK · ZAGICZ — · Z · HAZMBVRKV zwischen Linienkreisen. Das behelmte Wappen, darin im ersten und vierten Felde ein nach rechts springender Hase (in Naturfarbe) im blauen Felde. Im zweiten und dritten Felde je ein schwarzer Eberkopf mit einem weissen Hauer im (goldenen) Felde. Ober dem gekrönten Helme derselbe Eberkopf gross. Im Rev. ein Viereck, darin BVD. WEW | SSEM. WV | LE. BOŽI (Es walte überall Gottes Wille.) An den Vierecken Verzierungen und oberhalb derselben eine Zweigverzierung, unterhalb eine Draperie. Am Rande ein Linienkreis. Gr. über 11.

Georg Zagicz von Hasenburg war Landesunterkämmerer und Herr auf Macheno, Hostinic und Budin und starb im Jahre 1580.

28717—18.

Av. CHRISTOPHOR⁹ (Zelinsky) LIB : BARO · A · SEBVSINA + In einem von aussen mit Verzierungen umgebenen ovalen Schilde ein einköpfiger Adler, dessen rechte (blaue) Hälfte im (goldenen) Felde, die linke (goldene) Hälfte dagegen im (blauen) Felde. Der Adler hat ein Brustschild, in dessen rechts blauer, links goldener Hälfte drei (2, 1,) Hufeisen in Naturfarbe. Im Rev. DIVI · | NA (zusammengestellt) FE CIT | CLEMEN | TIA ∗ Am Rande ein Linienkreis und am äussersten Rande beiderseits ein Strichelkreis. Gr. 12.

Av. In einem Perlenkreise, zwischen welchem und dem sonst zu Umschriften am Rande benützten Raume mehrfache Verzierungen angebracht sind, der einköpfige Adler, auf dessen Brust in einem herzförmigen Schilde das vorige Wappen. Rev. In einem Quadrate: DIVINA | FEITCLE | MENTIA Dasselbe ist von aussen mit einer mit Punkten besetzten und von aussen mit Kreuzchen umstellten Cartouche umgeben. Gr. 11. (Beschreibung böhm. Familien Taf. 78, Nr. 660.)

Christof Freiherr von Sebuzina war von 1586 Vicelandschreiber, dann Vicekanzler bis zum Jahre 1599. Kaiser Rudolf erhob ihn in den Freiherrnstand. Im Jahre 1600 übernahm er das Obermünzmeisteramt in Kuttenberg und erneuerte daselbst im Jahre 1604 den Stadtrath.

Familien-Jetone aus neuerer Zeit.

Bereits Ende der 1840ger Jahre tauchten in Prag Falsifikate der selteneren böhm. Familien-Jetone auf, welche aus gelbem Metalle gegossen sind. Hiezu gesellte sich in einigen Jahren eine Suite von neu geschaffenen, geprägten oder geschlagenen Jetonen. meist die Familien jener Personen betreffend, welche sich an dem Aufstande im Jahre 1618—20 betheiligt hatten. In einzelnen Exemplaren in allen Metallen auftauchend und wegen der erzielten hohen Preise Gewinn bringend, vermehrte sich deren Zahl, bis die Entdeckung, dass ein derlei Jeton einem Kreuzer Kaiser Franz II. aufgeprägt sei, der weitern Fabrikation ein Ziel setzte. In dem Werke über böhm. Familien-Münzen sind diese Jetone mit der Bezeichnung „Neu" beschrieben und ich glaube, solche der Kenntniss des numismatischen Publikums nicht entziehen zu sollen, da sie, wenn gleich in wenigen Exemplaren vorkommend, bereits in mehrere Sammlungen übergingen. Sie sind an einem scharfen Gepräge erkenntlich.

28719—21.

Av. BOHVCHWA (in einander) L · BERKA · Z · DVBV · A · LIPP · NA · BIELI Das behelmte Wappen, darin im (goldenen) Felde zwei über einander gelegte knorrige (schwarze) Aeste, welche sich ober dem Helme auf dem (schwarzen und gelben) Adlerfluge wiederholen. Rev. MANDALENA KATERZ . Z . CHLVMV . A . KOSSVMBERKA Im behelmten Wappen drei Querstreife von rechts nach links, und ober dem Helme fünf Straussfedern mit den drei Querstreifen. Am Rande beiderseits Linienkreise, an der Schrift von innen im Av. ein Linienkreis, im Rev. ein Perlenkreis zwischen Linienkreisen. Gr. 11.

Av. BOHVCHW. BERKA — . Z . DVB . A . Z . LIPPE. Das Wappen ähnlich dem vorigen, nur hier neben dem Adlerflug 16—19 Rev. In einer Cartouche ein Oval, darin IN zwischen runden Rosetten | DEO · FOR | TITUDO | · 1620. Am Rande ein Linienkreis. Gr. über 11.

Ein Stempel mit gleichem Averse hat im Rev. ein Quadrat, von aussen mit Verzierungen umgeben, worin die Aufschrift: NEYWISSI | PVRKRABI | KR · CZIES (Oberster Burggraf des Königreiches Böhmen.) An den Rändern der beiden Reverse je ein Linienkreis. Als Klippe Höhe und Breite an 12.

Bohuchwal Berka von Duba und Lippa war im Jahre 1615 königlicher Rath, im Jahre 1618 Direktor und Landesrath; er wurde im Jahre 1619 vom Pfalzgrafen Friedrich dem Winterkönig zum Oberstburggrafen ernannt und begleitete denselben nach Haag. Seine Gemahlin war Magd. Kath. Slawata von Chlum und Koschumberg.

28722.

Av. WACLAW . STAR . BERKA . Z . DVBV . A . Z . LIPPEHO. zwischen Linienkreisen. In der Mitte das behelmte Wappen wie Nr. 28719. Rev. BARBORA . BER KOWA . Z . LOBKOWICZ Nach aussen ein Linien-, nach innen ein Linien- und Perlenkreis. In der Mitte das Lobkowitz'sche Wappen ähnlich Nr. 28566. (Gr. über 10.) (Böhm. Familien Taf. 1, Nr. 9.)

Wenzel Berka von Dub und Lippa, vermählt mit Barbara von Lobkowic, Herrschaftsbesitzer in Böhmen, wurde 1619 zum Direktor ernannt, entfloh mit dem Winterkönige Friedrich und starb zu Zittau am 28. Oktober 1641.

28723—25.

Av. FRID . Z . BILE. — NA . BEHLOW. In der Mitte das behelmte Wappen, darin im (blauen) Felde in der Mitte ein (goldener) knorriger Ast, neben welchem je ein (silbernes) Werkzeug, ähnlich einem Schlüssel mit viereckigem Griffe, und nach unten gestellten, auswärts gerichteten drei Spitzen. An der Umschrift nach aussen ein punktirter, nach innen ein Perlenkreis. Rev. ANN (in einander gestellt) A. BILOWA . Z . SALHAVZV. Im behelmten Wappen ein Thierkopf (Greif?) mit langem Halse rechts gewandt, aus dessen Rachen ein Flämmchen, welches auch an der Rückseite des Kopfes. Ober dem Helme ohne Adlerflügeln derselbe Kopf von einem Pfeile durchstochen. Am Rande ein Linienkreis. Gr. über 11.

Av. wie vorher. Rev. KRALE. G . eho M . ilosti RAD . a A . HEYTM. an NEM . eckých LEEN . KR . alovstvi CZESkeho und eine Rosette aus Punkten. Am Rande ein Perlen- und nach aussen ein Linienkreis. In der Mitte zwischen zwei feinen Linienkreisen ein Quadrat, darin • VNA • | MENTE | ESORTE (Sr. königl. Majestät Rath und deutscher Lehenshauptmann im Königreiche Böhmen, und im Quadrate: Bei gleicher Gesinnung gleiches Geschick.) Ober und unterhalb des Quadrates ragen zwei Palmenzweige und ein gestieltes Dreiblatt hervor. Gr. an 12.

Av. Ebenso. Rev. Ein Oval in einer verzierten, theilweise punktirten Cartouche, ober und unterhalb derselben ein Punkt. In der Mitte IN zwischen gestielten Lilien | DEO FOR | TITVDO | 1620 Die Ziffer 1 wie eine Pfeilspitze. Am Rande ein Linienkreis. Gl. Gr.

Friedrich von Bile, Herrschaftsbesitzer in Böhmen, 1618 zum Direktor und Landesrath ernannt, wurde im Jahre 1619 vom Winterkönig Friedrich zum deutschen Lehenshauptmann und Burggrafen des Königgrätzer Kreises ernannt und im Jahre 1621 enthauptet.

28726—28.

Av. WENC. BVDOW — ECZ . A . BVDOWA zwischen Linienkreisen. In der Mitte das behelmte Wappen, darin zwei (silberne) Querstreife von rechts nach links im (rothen) Felde. Aus der Krone ragen zwei (jene rechts weisse, jene links rothe) Straussfedern hervor und an der Krone zur Seite 16—20 Rev. ANNA . BVDOWCZO WA . Z . WARTEMBERKA und eine sechsblättrige Rosette zwischen zwei Linienkreisen. In der Mitte das unbehelmte Wappen. In der Mitte von oben herab getheilt. Um das Schild ein eidechsenähnliches Thier, welches das Schweifende im Munde hält. Gr. an 12. (Böhm. Privatmünzen Tab. III, Nr. 21.)

Av. Ebenso. Rev. FRID. BOHE. REG . CONSIL. ET R.egni B.ohemiæ APPellationum PRÆSes und eine Rosette aus Punkten, zwischen Linienkreisen. In der Mitte ein Viereck, darin IN DEO | FORTI | TUDO (In Gott die Stärke.) An dem Vierecke auswärts je zwei henkelförmige Verzierungen. Gr. über 11.

Av. Ebenso. Rev. IN HRADISST . SVP . ISER . CONS . R . E . R . B . APPEL . PRÆS und eine Rosette aus sechs Punkten (diese Umschrift zwischen zwei Linienkreisen). Innere Umschrift KORONÆ . BOHEMICÆ . CVSTOS + In der Mitte innerhalb eines Linienkreises eine Krone und unter derselben 1620 Gr. 11. Ebendort Nr. 23.

Wenzel Budowec Freiherr von Budowa, 1547 zu Prag geb., wurde im Jahre 1584 Appellationsrath. 1618 Direktor und Landesrath; er wurde im Jahre 1619 vom Winterkönige Friedrich zum Präsidenten des Appellations-Gerichtes und zum Kronhüter ernannt und im Jahre 1621 enthauptet.

28729—31.

Av. PROK . op DWOREC. ky – Z . WOLBRAMOWIC . zwischen Linienkreisen. Das behelmte Wappen, darin im (blauen) Felde ein nach rechts sehender einfacher Adler (dessen rechte Hälfte Silber, die linke roth) mit einem goldenen Kleestengel auf der Brust. Ober dem Helme zwei Adlerflügel mit dem Kleestengel auf denselben. Rev. ANN (in einander gestellt) A . WOSTROW – Z . KRALOWICZ Nach aussen ein Linien-, nach innen ein Perlenkreis. In der Mitte das behelmte Wappen, darin im (blauen) Felde zwei (goldene) Räder. Ober der Helmkrone, neben welcher 15–92 das gleiche Rad ohne Adlerflügel mit je drei Federn (?) an den Seiten rechts und links. Gr. an 12. (Böhm. Privatmünzen Taf. VI, Nr. 41.)

Av. Ebenso. Rev. K . rále . G . eho M . llosti RADDA . A . PODKOMORZY . KRA LO . (wstwi) CZESKeho und eine fünfspitzige Rosette. (Der königl. Maj. Rath und Landesunterkämmerer im Königreiche Böhmen.) Hieran nach aussen ein Linien-, nach innen ein Perlenkreis, innerhalb welch letztern ein Quadrat, worin VERBVM | DEI MAN | Œ IN ÆTER (Gottes Wille bleibt ewig.) Ober und unter dem Quadrate eine Verzierung von Strichen. Gr. an 12.

Av. Ebenso. Rev. wie Nr. 28720, IN DEO u. s. w. in der Cartouche. Gl. Gr.

Prokop Dwořecky von Olbramovic, Herrschaftsbesitzer in Böhmen, wurde im Jahre 1618 zum Direktor und Landesvertheidiger, dann 1619 vom Winterkönig Friedrich zum königl. Rathe und Landesunterkämmerer ernannt und im Jahre 1621 enthauptet.

28732.

Av. MARTIN . FRVW — EYN . Z . PODOLY Im behelmten Wappen ein gepanzerter Arm (Naturfarbe) von der linken Seite, in der Hand einen goldenen Ring mit drei kleinen Federn (schwarz, weiss und roth) im blauen Felde; ober der Helmkrone der Ring zwischen zwei Adlerflügeln, und oben am Rande die Jahreszahl 1620 An den Rändern beiderseits ein Linienkreis. Der Rev. wie Nr. 28725. (In Deo u. s. w.) Gr. an 12.

Martin Fruwein von Podoly, Bürger der Altstadt Prag, im Jahre 1618 zum Direktor und Landesrath aus dem Bürgerstande erwählt, starb am 9. Juni 1621 durch Selbstentleibung.

28733.

Av. KRISSTOP . HAR — RANT . Z . POLCZIC In dem behelmten Wappen ein (weisser) nach rechts schreitender Hahn mit einem rothen Kamme und schwarzen Schweiffedern im (rothen Felde). Dieser Hahn steht auch über der Krone, ohne Adlerflug. Rev. NA . PECCE . KR . G . M . RAD . A . PRES . KOMORY . CZESKE Rosette. Innere Umschrift: ANN (in einander) A . SALOM . HRAD (in einander gestellt) Z . HOŘOWIC ⁘ Die Umschriften beiderseits zwischen Linienkreisen. In der Mitte ein unbehelmtes Wappen, darin ein nach rechts gewandter (schwarzer) Vogel mit ausgebreiteten Flügeln und einem (goldenen) Ringe im Schnabel, im goldenen Felde. Gr. über 11.

Die Stammveste Poltschitz liegt im Pilsner Kreise Böhmens. Christof Harrant von Poltschitz geb. 1564, wurde von dem Winterkönige Friedrich zum Präsidenten der böhm. Kammer ernannt und im Jahre 1621 enthauptet.

28734—35.

Av. MAXIM . HOSSTIALEK . Z . IAWORZICZ zwischen Linienkreisen. Das behelmte Wappen, hinter einem an der linken Schildseite angebrachten (grünen) Hügel ein hervorspringender Hirsch (in Naturfarbe), welcher mit dem Vordertheile sichtbar von einem Pfeile mit (schwarzer) Spitze und (rothem) Ende durchbohrt ist. Der durchbohrte Hirsch befindet sich auch ober der Krone aufrecht, ohne die Adlerfedern. Der

Rev. ähnlich Nr. 28725. nur DEO. und die Jahreszahl zwischen Punkten. Linienkreis am Rande. Gr. 11.

Av. MAX. HOSSTAL — DE. IAWORZIC Das vorige behelmte Wappen. Rev. . IAN. SSVLTYS — Z. FELSDORFV. Das behelmte Wappen ähnlich Nr. 28677. Am Rande ein gewundener und an der innern Umschrift ein Linienkreis. Gr. 11. (Böhm. Privatmünzen Taf. 18, Nr. 142.)

Max Hoschlalek von Javořic, eingeborner Bürger der Stadt Saaz, erscheint 1610 als Primator genannt, und im Jahre 1618 zum Landesrath und Direktor aus dem Bürgerstande gewählt und befand sich auch unter den im Jahre 1621 zum Tode Verurtheilten. Die Notizen über Johann Schultis sind bereits bei Nr. 28677 vorgekommen.

28736—37.

Av. KASSP: KAPLIRZ · — · Z · SVLEW . lc NA . MILCZíně In dem behelmten Wappen im ersten (goldenen) Felde ein halber (schwarzer) Adler mit ausgebreiteten Flügeln, in der linken Hälfte des Feldes ein Querbalken (Silber) im rothen Felde. Das vierte Feld ähnlich, nur ist die früher rechte Schildhälfte hier links und die linke rechts. Im zweiten und dritten (blauen) Felde ein (roth und weiss) geschachter Adlerflügel, welcher sich über der Krone befindet. Neben dem Flügel . 16—15. Rev. G . M . CZY . RAD . A . PVRK . rabě KRAGE . HRADECKEHO und eine Kreuzrosette. Innere Umschrift: EVA . KAPLIRZOWA . Z . SLAW (in einander gestellt) KO wa und eine gleiche Rosette. In der Mitte ein vierfüssiges, aufrecht nach rechts schreitendes Thier (ein Fuchs?). Die Umschriften zwischen Linienkreisen. Gr. über 11.

Av. KASSPAR . KAPLIRZ . Z . SVLEWICZ . NA . In der Mitte das vorige Wappen ohne Helm, mit handhabenartigen Verzierungen und Punkten an den Seiten und oberhalb des Schildes. Bloss am Rande ein Linienkreis. Rev. NEVSTVPově: NEYWIS : sí PISARZ . KRAL . CZ . zwischen Linienkreisen. In der Mitte ein Quadrat, an welchem rechts und links je ein Punkt zwischen handhabenförmigen Verzierungen; ober- und unterhalb eine zweigähnliche Verzierung. Im Quadrate: IN SPE | AC FIDE Gr. an 12.

Die Familie der Kaplirz von Sulewic war eine der ältesten und ausgebreitetsten in Böhmen. Kaspar Kaplirz von Sulewic im Jahre 1535 geboren, bekleidete mehrere Dienstposten und wurde schliesslich vom Winterkönige Friedrich zum obersten Landschreiber im Königreiche Böhmen ernannt. Er wurde im Jahre 1621 enthauptet.

28738.

Av. RADSL . MLAD . — KINSKY . Z . WCH. Im behelmten Wappen drei (silberne) Elefantenzähne aus der linken Schildseite hervorragend im (rothen) Felde. Ober dem Helme zwei Adlerflügel. An der Umschrift nach aussen ein Strichel-, nach innen doppelte Linienkreise. Rev. ähnlich Nr. 28720 (IN DEO) u. s. w. Gr. an 12. (Böhm. Privatmünzen Taf. 23, Nr. 183.)

Radslaw Vchinsky von Vchynic und Telow, auf diesem Jeton unrichtig Kinsky genannt, war in dem böhmischen Aufstande 1618 einer der Direktoren, dann ständischer Oberst und flüchtete nach der Schlacht am weissen Berge aus Böhmen.

28739—42.

Av. KRYSTOF . KOBER . — Z . KOBERSSPERKV zwischen zwei Linienkreisen. Das behelmte Wappen ähnlich Nr. 28596. Rev. In einem Quadrate ∘ IN ∘ | DEO FOR | TITVDO Das Quadrat innerhalb einer gestrichelten Cartouche, in welcher rechts und links je ein kleines Loch. Am Rande ein Perlenkreis zwischen Linienkreisen. Gr. über 11.

Av. Ebenso. Rev. WACZLAW . PISEC — KY . Z . KRANICHFE u. s. w. wie Nr. 28637. Gr. an 12.

Av. Ebenso. Rev. DANIEL . SSKRETA u. s. w. wie Nr. 28783. Gr. 11.

Av. Ebenso. Rev. TOBIAS . SSTEF. — Z . KOLODIEG u. s. w. wie Nr. 28786. Gr. über 11.

Die Notizen siehe S. 25.

28743.

Av. VALENTIN . KOCH — AN . Z . PRACHOWE zwischen breiten Linienkreisen. Das behelmte Wappen ähnlich Nr. 28599. Rev. wie Nr. 28725. Gr. an 12.

Valentin Kochan von Prachowa war Bürger und 1610 Notarius, er wurde im Jahre 1618 zum Landesdirektor ernannt und im Jahre 1621 als Hochverräther enthauptet.

28744—45.

Av. PER · (tolt) Z . LIP . pého NA . KRV . mlové — HEYT . man MAR . krabstvi MO . ravského NEY vyšší (P. von Lipa auf (mährisch) Krumau, Oberster Landeshauptmann des Markgrafthums Mähren. Das behelmte Wappen wie Nr. 28719 mit den gekreuzten Aesten. Ober dem Helme ein Fisch nach rechts auf einem Polster und oberhalb fünf Straussfedern. Rev. MANDALINA Ros. ZWARTVMBERKA. Ros. Die Umschriften zwischen Linienkreisen. In der Mitte ein von oben herab getheiltes Wappenschild ohne Helm; um das Schild ein eidechsenartiges Thier mit dem Schweifende im Munde; das Ganze einen Kreis bildend. Gr. über 11.

Av. PERTOLT . BOHVBVD — Z . LIPPEHO . 1619 Das letztbeschriebene Wappen Rev. NEYWISSY . MARSSALEK . A . LOWCZY . KR . CZESK (Oberster Landes-Marschall und Jägermeister des Königreiches Böhmen) und eine Rosette aus Punkten. Die Umschriften beiderseits zwischen Linienkreisen. In der Mitte ein Quadrat mit einem spitzigen durchlöcherten Henkel oberhalb zwischen zwei kleinen Zweigen. In der Mitte des Quadrates VIRTVTI | FORTVNA | COMES Unter dem Quadrate eine Verzierung aus Strichen und ein Punkt. Gr. 12.

Berchtold Bohubud von Lipa wurde 1590 geb., war schon 1611 böhm. Oberstlandmarschall, huldigte 1619 dem Winterkönige Friedrich, welcher ihn zu seinem Oberstjägermeister ernannte und nach seiner Enthebung von dieser Würde im Jahre 1643 in Ungar.-Skalic starb.

28746—48.

Av. WILEM · Z · LOBKOW — ICZ . NA . TEYN . HORZOW In der Mitte das Lobkowitz'sche Wappen wie Nr. 28566. Rev. SIBILLA . LOBKO . — Z . WA (in einander gestellt) LDSSTE (in einander gestellt) YNA Das behelmte Waldstein'sche Wappen ähnlich Nr. 28702. Im Av. die Umschrift zwischen zwei Linienkreisen. Im Rev. nur am Rande ein Linienkreis. Gr. an 12.

Av. WILEM . Z . LOBKO . — NA . TEYN . ė HORZOem (auf Bischof-Teinitz.) Das vorige Wappen, nur ober der Helmkrone 16—19 Rev. In einer aus Strichen gebildeten Cartouche: NEYWIS | HOFMISTER | KRAL . CZE Ober- und unterhalb dieser Aufschrift je ein Ringel. Am Rande ein Perlenkreis. Gr. an 12.

Av. Wie zuletzt. Rev. Eine mehrfach eingeschnittene verzierte Cartouche, ober welcher ein, unten drei Punkte. In der Mitte ein Oval, darin IN zwischen runden Rosetten | DEOFOR | TITVDO | · 1620 · Gr. 11.

Wilhelm von Lobkowitz war 1617 königlicher Rath, 1617 Kämmerer des Erzherzogs Maximilian und wurde vom Winterkönige Friedrich zum Oberstlandhofmeister des Königreiches Böhmen ernannt. Er starb 1637 im Gefängnisse zu Zbirow.

28749.

Av. IAROSL . BORZITA Z MARTINICZ . NA . SMECZ Das behelmte Wappen, darin eine (silberne) Wasserlilie mit herzförmigen zwei Blättern und Wurzeln im (rothen) Felde. Rev. MARIA . EVSEBIA MARTINIC . Z . SSTERNBERKA Rosette.

Das behelmte Sternberg'sche Wappen ähnlich Nr. 28688. Am Rande beiderseits je ein Linienkreis. Gr. über 10. (Böhm. Privatmünzen Taf. 31, Nr. 258.)

Jaroslaw Borzita von Martinitz, geb. 1582, war schon im Jahre 1603 königlicher Rath, später Statthalter von Böhmen, in welcher Eigenschaft er am 23. Mai 1618 den bekannten Fenstersturz erlitt. Er wurde von dem ständischen Direktorium geächtet, bekleidete jedoch nach Herstellung der rechtmässigen Regierung wieder mehrere hohe Stellen, zuletzt die eines Oberstburggrafen. Er starb am 21. Nov. 1649.

28750.

Av. BERNARD . IGNAT . S . R . I . — COMES . A . MARTINITZ und eine vierblättrige Rosette. In der Mitte das oben bloss mit einer Krone bedeckte, mit der Toisonordenskette umgebene vorbeschriebene Wappen, in dessen Mitte ausser der Wasserlilie noch ein achtspitziger (goldener) Stern. Rev. POLIX . COM . A . MARTINITZ . NATA . BAR . STERNBERG + In einem ovalen, an der Seite henkelförmig verzierten und oben mit der Krone bedeckten Schilde der achtspitzige Stern. Die Umschrift beiderseits zwischen Linienkreisen. Gr. über 11.

Bernard Ignaz Graf von Martinitz war königlicher Rath und Kämmerer, Appellations-Rath, Appellations-Präsident und zuletzt Oberstburggraf, Statthalter und Ritter des goldenen Vliesses. Er starb am 7. Jänner 1685 in Prag.

28751—52.

Av. BOHVSLAW . Z . MICHALOWIC . NA . RWENICY Das behelmte Wappen, darin im oben rothen, in der Mitte schwarzen und unten goldenen Felde ein aus einem dreitheiligen (grünen) Hügel von links hervorspringender (silberner) Widder, nur mit dem Oberleibe sichtbar, nach rechts gewandt, welcher Widder sich oben zwischen zwei Büffelhörnern wiederholt. Diese Hörner sowie die Helmdecken sind rechts schwarzgolden, links weissroth. WORSSILA . BENIGNA . MICHALOWSKA . Z . WRTBY In der Mitte das behelmte Wappen mit den drei Hirschgeweihen (2. 1.) Ober dem Helme gleichfalls ein Geweih. Am Rande beiderseits ein Linienkreis, an der innern Umschrift jedoch doppelte derlei Kreise. Gr. über 11.

Ein im Rev. varianter Stempel ist in der Zeichnung verschieden, und daran erkenntlich, dass er nach innen nur einen einfachen Linienkreis hat. Gl. Gr. (Böhm. Privatmünzen Taf. 33, Nr. 275.)

28753—55.

Av. BOHVSLAW · Z · — MICHALOWIC Das vorige Wappen. Nach aussen ein Linien- und Strichel-, nach innen ein gekerbter Kreis. Rev. NA . RWENICYCH . PVRKR . KRAGE . HRADECKE · ✱ In der Mitte innerhalb eines Strichel- und Linienkreises IN zwischen gestielten Lilien | DEO . FOR | TITVDO | ·1620· Am Rande ein Linienkreis. Gr. an 12.

Av. Ebenso. Rev. Wie Nr. 28756. (IN | DEO u. s. w. ohne Jahrz.) Gl. Gr. (Böhm. Privatmünzen Taf. 33, Nr. 278.)

Av. Ebenso. Rev. Aehnlich dem vorstehenden, nur sind neben IN statt einfacher Ringel grössere Ringel, in welchen ein Punkt; auch sind in der Cartouche an den Buchstaben D und R statt der Ringel bloss Punkte. Gr. über 11.

Bohuslaw von Michalowic war 1590 schon Vicelandschreiber und wurde, nachdem er noch andere hohe Dienstposten bekleidet hatte, im J. 1620 zum Burggrafen des Königgrätzer Kreises ernannt. Er theilte das Schicksal der Häupter des böhm. Aufstandes.

28756—58.

Av. PETR . MILNER · Z · MILHAVSV . MISTO . KANC . léř KR . alovstvi CZ . eského (Vicekanzler des Königreiches Böhmen). In der Mitte das von aussen verzierte Wappenschild ohne Helm, darin in der rechten Seite ein halbes (goldenes) Rad im blauen

Felde, in der linken Hälfte (roth) ein Querbalken von oben rechts nach links herab (Silber) mit drei (rothen) Herzen darin. Ober dem Schilde die Jahreszahl 16—20 Am Rande ein gewundener Kreis. Rev. In einem Vierecke IN zwischen Ringeln | DEO FOR | TITVDO Das Viereck in einer mehrfach verzierten Cartouche, in welcher rechts und links je ein Ringel. Am Rande ein feiner Linien- und ein Perlenkreis. Gr. an 12.

Av. Ebenso. Rev. Wie Nr. 28725. (Gleiche Aufschrift und 1620.) Gr. 12.

Av. Ebenso. Rev. IAN . THEODOR — Z . OTTRSDORF Wappen u. s. w. wie Nr. 28764. Gr. an 12.

Peter Milner von Mühlhausen wurde im böhmischen Aufstande zum Landesdirektor erwählt. Der Winterkönig ernannte ihn zum königlichen Rathe und Vicekanzler. Er wurde nach der Schlacht am weissen Berge landesflüchtig.

28759—60.

Av. IAN . ORSSINOWSKY . Z . FYRSSTNFELDV In einem behelmten Wappen ein Hirschkopf (Naturfarbe) in dem rechts (goldenen) und links (blauen) Felde. Ober dem Helme eine Frauengestalt, welche mit den Händen das Hirschgeweih hält. Rev. ANN (in einander gestellt) A . MARIA . ORSSINOWSKA · Z · NAYENPERKV In einem behelmten dreitheiligen Schilde in dem mittleren, die untere Seite einnehmenden Felde auf einem grünen dreitheiligen Hügel ein weisser Thurm mit rothem Dache im blauen Felde, in den beiden Feldern oben rechts und links zwei schwarze Querstreifen im (silbernen) Felde. Ober der Krone zwei Adlerflügel mit den zwei Querstreifen und zwischen denselben ein Stern, die Umschriften zwischen Linienkreisen. Gr. an 11.

Av. IAN Ringel ORSSINO ∘ — ∘ Z ∘ FYRSSTENF Nach aussen und innen ein doppelter Linienkreis. Rev. Der Rev. wie Nr. 28748. Gr. an 12.

Johann Orssinowsky von Fürstenfeld wurde in dem Aufstande vom Jahre 1618 zum Direktor aus dem Bürgerstande gewählt und flüchtete sich nach der Schlacht am weissen Berge ins Ausland.

28761—63.

Av. GINDRZICH . — . OTTA Z . LOSV zwischen Linienkreisen. Im behelmten Wappen ein auf den Hinterfüssen aufrecht nach rechts schreitender Leopard (?) in Naturfarbe mit rother Zunge im (blauen) Felde. Auf dem Helme drei Straussfedern. Der Rev. wie Nr. 28748. Gr. an 12.

Av. Ebenso. Rev. NA . KOMAR . ové PODKOM . oři KRAL . ové A . PVRK . rabě KARLSTEinsky und eine Rosette aus Punkten. (Auf Komarow, Unterkämmerer der Königin und Burggraf zu Karlstein.) Innere Umschrift: STRAZ . ce KORVNY . KRAL. CZESKE ✣ (Kronhüter des Königreiches Böhmen.) Die beiden Umschriften zwischen drei Linienkreisen. In der Mitte eine Krone, ober 1620. Gr. an 12.

Av. GINDRICH . OTTA . Z . — LOSV . NA . KOMAROW Das vorige Wappen. Rev. ELISSKA . OTTA : — ZE . WCHYNICZ Das behelmte Kinsky'sche Wappen wie Nr. 28738. An den Umschriften nach aussen ein einfacher, nach innen ein doppelter Linienkreis. Gr. über 11.

Heinrich Otta von Los, Besitzer des Gutes Komarow, wurde im Jahre 1618 zum Landesdirektor aus dem Ritterstande gewählt, vom Winterkönige Friedrich zu seinem Kammerrath und Unterkämmerer ernannt, und befindet sich unter den am 21. Juni 1621 in Prag Enthaupteten. Nach Inhalt der Beschreibung der böhmischen Familienmünzen führen die böhm. Ritter von Los als Wappen eine goldene Katze im rothen Schilde.

28764—65.

Av. IAN . THEODOR — Z . OTTRSDORF zwischen Linienkreisen. Im Schilde eine Kugel mit einer auf derselben angebrachten und von einer Schlange umwundenen Stange, neben welcher zwei Adlerflügel. Ober dem Helme ein einfacher Adler zwischen 16—19 Nach der Beschreibung böhmischer Privatmünzen S. 389 führte Johann Theodor von Ottersdorf als Wappen bloss zwei gegen einander gestellte Alderflügel. Auch ich fand als Wappen dieser Familie nur zwei ausgebreitete (goldene) Adlerflügel im (blauen) Felde. Es enthält also das Wappen auf diesem Jetone eine idealische Zugabe. Der Rev. wie Nr. 28756. Gr. an 12.

Av. Ebenso. Rev. TOBIAS . SSTEF . — Z . KOLODIEG u. s. w. wie der Av. von Nr. 28786. Gr. über 11.

Johann Theoder Sixt von Ottersdorf wurde im Jahre 1618 bei dem Aufstande zum Landesdirektor aus dem Bürgerstande erwählt. Begnadigt wanderte er im Jahre 1627 aus und starb zu Dresden im Jahre 1653.

28766.

Av. ALBR . PFEFFERKORN . Z . OTTOPACHV. 16}9 + Von aussen ein Perlenähnlicher Kreis, von innen ein Linienkreis. In der Mitte in einem von aussen mit Verzierungen umgebenen Ovale das Wappen, darin im obern (silbernen) Felde ein halber (schwarzer) Adler mit rother Zunge; in der untern (blauen) Hälfte schwarze Punkte, dann der Halbmond und drei Sterne (von Gold). Der Rev. wie Nr. 28756. Gr. an 12.

Albrecht Pfefferkorn von Ottobach war 1615 Rath der böhmischen Kammer, wurde 1618 zum Landesdirektor aus dem Ritterstande gewählt. Er starb vor 1620.

28767—68.

Av. WA (in einander gestellt) C . iav SSTASTNY . PIETIPESKY . Z . CHYSS . A . EGRB (erku) Im beheimten Wappen ein breites von oben rechts nach links hinabgehendes etwas geschlängeltes (blaues) Band im (goldenen) Felde. Ober der Helmkrone drei Straussfedern. Rev. IOHANKA . PIETI — PESKA . Z . ZLVNICZ Unter dem Schilde zwei gestielte Blumen. Im Wappen auf einem (blauen) Querbalken im silbernen Felde eine (goldene) Schale, welche auch ober der Krone angebracht ist. Die Umschriften beiderseits zwischen Linienkreisen. Gr. über 11.

Av. FELIX . WE . PIETI — PESKY . DE . CHISCH. Das beheimte Wappen und 16—19 wie vorher. Rev. In einer Cartouche, ober welcher ein, und unten drei Punkte, ein Oval, darin IN zwischen Sternrosetten | DEOFOR | TITVDO | ·1620· Am Rande ein Linienkreis. Gr. an 12.

Wenzel Stastny (böhmisch = Felix), Gutsbesitzer, wurde im Jahre 1618 zum Direktor und später vom Winterkönig zum Hofmarschall seines Hofes ernannt. Er wurde vom Kaiser Ferdinand II. amnestirt und im Jahre 1626 zum königlichen Rath und 1629 zum Vice-Landeskämmerer ernannt.

28769—71.

Av. WACZLAW . PISEC — KY . Z . KRANICHFEldu zwischen Linienkreisen. Das beheimte Wappen wie Nr. 28637 und ober der Helmkrone 16—19 Rev. In einer Cartouche ein Oval, darin IN zwischen gestielten Lilien, | DEO FOR | TITVDO | 1620 Ober und unter der Cartouche ein Punkt. Am Rande ein Linienkreis. Gr. 11. Auch als Klippe.

Av. Ebenso. Rev. DANIEL . SSKRETA u. s. w. wie Nr. 28783. Gr. 11.

Av. Ebenso. Rev. TOBIAS . SSTEF. — Z . KOLODIEG u. s. w. wie Nr. 28786. Gr. über 11.

Wenzel Pisecky von Kranichfeld war im Jahre 1615 geschworner Landesprokurator, wurde im Jahre 1618 zum Landesdirektor gewählt, und flüchtete nach der Schlacht am weissen Berge ausser Land.

28772.

Av. WACL . av WIL . em . Z . RAV . — . POWA . NA . ZITENicich. In der Mitte das beheimte Wappen, darin ein einköpfiger (goldener) Adler mit rother Zunge im silbernen Felde, mit einem schwarzen Querstreifen in der Mitte. Ober dem Helme zwischen Büffelhörnern derselbe Adler. Rev. ALENA.SSWIHOW.—.SKY.Z.RY ZMBERKA In dem behelmten vierfeldigen Schilde das Wappen, darin im ersten und vierten (silbernen) Felde ein schwarzer Adler mit goldenen Kleestengeln; im zweiten und dritten (silbernen) Felde drei (rothe) Querbalken. Ober der Krone zwei Adlerflügel hinter einander gestellt, auf deren vorderem die drei Querstreifen. Die Umschriften beiderseits zwischen Linienkreisen. Gr. 11.

28773—75.

Av. WACZLAW.WILYM.Z.RAVPOWA.1620 und eine Rosette aus sechs Punkten. In der Mitte in einem mehrfach eingeschnittenen Schilde ohne Helm das vorbeschriebene Wappen. Rev. NA.ŽITEN.lcich NEYWI.ssí KANCLERZ.KRAL. CZE und eine gleiche Rosette. (Auf Žitenic. Oberster Kanzler des Königreiches Böhmen.) Die Umschriften beiderseits zwischen Linienkreisen. In der Mitte ein Quadrat, an welchem oben und unten Verzierungen und rechts und links je ein Ringel. Darin .DEO. | FORTV | NANTE Gr. über 11. (Beschreibung böhmischer Privatmünzen Taf. 40, Nr. 341.)

Ein Stempel des letztern hat im Rev. bloss NEY. dagegen CZESKE. dann neben DEO Ringel statt Punkte. Im Av. anscheinend durch Verprägung bloss WIYM Gr. an 12.

Der Av. wie der vorletzte. Im Rev. die Cartouche wie Nr. 28768. Gl. Gr.

Av. Ebenso. Rev. WENC.BVDOW—ECZ.A.BVDOWA

Wenzel Wilhelm Herr von Raupowa, königlicher Rath und Kämmerer nahm an dem Aufstande 1618 sehr thätigen Antheil und wurde vom Winterkönige Friedrich zum obersten Kanzler in Böhmen ernannt. Er entfloh dann ins Ausland.

28776—78.

Av. PAW (in einander gestellt) EL.Z.RZIC—ZAN.NA.DVBV Im behelmten Wappen drei Blätter der Wasserlilie (nymphea alba), oben zwei unten ein (Silber) mit Stielen, welche von der Mitte aus einem Punkte ausgehen, im (rothen) Felde. Ober dem Helme erscheinen zwischen zwei Adlerflügeln die gleichen Blätter. Rev. ANIZKA:RZICZAN.—Z:HODIEGOWA Im behelmten Wappen ein (goldener) Fisch im (blauen) Felde mit dem Kopfe gegen das obere rechte mit dem Schweifende gegen das untere linke Ende zu gestellt. Ober der Krone derselbe Fisch ohne Adlerflügel; unter dem Schilde eine kleine Verzierung. An den Umschriften beiderseits Linienkreise. Im Av. nach innen ein doppelter Linienkreis. Gr. an 11.

Av. PAVL.DE.RZIC—ZAN.E.IN.DVB Das behelmte Wappen, und ober der Krone und den Blättern ein Punkt. Im Reverse eine Cartouche wie Nr. 28768. Gr. über 11. (Böhm. Privatmünzen Taf. 43, Nr. 373.)

Av. Ebenso. Rev. WACLAW.STAR.BERKA.Z.DVBV.A.Z.LIPEHO und eine siebenblättrige Rosette. In dem unbehelmten an der Seite rechts und links verzierten Schilde das Berka'sche Wappen, ober dem Schilde 1619 Am Rande zwei feine Linienkreise. Gr. an 12.

Die Notiz über W. Berka bei Nr. 28722.

Paul von Rziczan, königlicher Rath, wurde im Jahre 1618 zum Landesdirektor gewählt und wegen seiner Theilnahme am Aufstande zum lebenslänglichen Gefängnisse begnadigt.

28779—80.

Av. IOH.ALB.SLIK.V.HOLEYCZ.GRAF.ZV.PASSAVN und eine vierblättrige Rosette. In der Mitte innerhalb eines gewundenen Kreises in einem unbehelmten Schilde, ober welchem .1619. das Wappen, darin im ersten und vierten (blauen) Felde ein aufrecht nach rechts schreitender Löwe (von Gold), mit der rechten

Pranke eine rothgedeckte Kirche (Silber) als das Wappen der Herrschaft Weisskirchen emporhaltend; im zweiten und dritten, durch die Spitze oben getheilten Schilde ein Sparren (Silber). In dem Theile oben rechts und links je ein (silberner) Ring im rothen Felde, in dem mittleren untern Felde (Silber) ein derlei (rother) Ring. In dem Mittelschilde (Silber) zwei (rothe) Löwen, welche eine (blaue, goldene) gekrönte auf einem (goldenen) Sockel aufgerichtete Säule, das ursprüngliche Familienwappen, halten. Rev. WEISK. HERR. AVF. ELNBOGEN. FALKENAV • Innere Umschrift zwischen Linienkreisen DAVPOW. V. HEINRICHSSGRVN + In der Mitte das Wappen von Bassano, d. i. jenes aus dem zweiten und dritten Felde des Averses. Am Rande im Av. ein Linien-, im Rev. ein Perlenkreis. Gr. an 12.

Av. Ebenso. Rev. IOHANA. GRÆFINSLIKGEBFREYWILDENFELS und eine fünfblättrige Rosette. In der Mitte ein unbehelmtes Wappen, darin im ersten und vierten Felde ein aufrechter, gegen die Mitte zu schreitender Löwe (?) und im zweiten und dritten eine fünfblättrige Blume. Ober dem Schilde 1619 An der Umschrift auswärts ein Perlen-, nach innen ein Linienkreis. Gl. Gr. (Böhmische Privatmünzen Taf. 52, Nr. 437.)

Johann Albin Schlick, Graf zu Passaun und Wildenfels, geb. 1579, wurde im Jahre 1615 zum Kommissär zur Landesdefension und im Jahre 1619 zum Direktor aus dem Herrenstande ernannt.

28781—82.

Av. IOACHIM. ONDŘEG. SSLYK. Z. HOLEYCZE. HRABIE und eine kreuzförmige Rosette. In der Mitte das vorige Wappen des Av., aber hier mit drei Helmen, auf deren erstem rechts hinter dem Adlerflügel der Löwe mit der Kirche nach links; auf dem mittleren ein (rother) Löwe sitzend, die obern Tatzen von sich weg streckend, und auf jenem links ein Adlerflügel mit dem Wappen von Bassano. Rev. Z. PASAV NV. A. Z. LOKTE. SWIGANECH. A. ROWNY und eine Kreuzrosette. Innere Umschrift zwischen Linienkreisen ANNA. KATER. SSLYK. Z. SMIRZICZ und eine vierblättrige Rosette. In der Mitte in einem einfachen unbehelmten Schilde das schräg von rechts herab getheilte Wappen (schwarz und links Silber). Am Rande beiderseits Linienkreise. Gr. 11.

Av. IOACH. AND (in einander gestellt) SSL—IK. DE. HOLEYCZ zwischen Linienkreisen. In der Mitte das vorige Wappen des Av. das Schild mit drei Helmen bedeckt, und mit der Spitze bis an den Rand reichend. Rev. COMES. DE. PASSAVN. ET. CVBITO. IN. SWIG. ET. ROW dann eine sechspunktirte Rosette. In der Mitte innerhalb eines cartouchförmigen Viereckes: 1620 | SVPREMVS | · REGNI · | BOHE MIÆ | IVDEX Die Randschrift zwischen Linienkreisen. Gr. an 12. (Böhm. Privatmünzen Nr. 440.)

Joachim Andreas Schlick, geb. 1569, Oberstlandrichter in Böhmen, wurde im Jahre 1618 zum Direktor und Landesrath aus dem Herrenstande gewählt, und als einer der eifrigsten Agitatoren gegen den König Ferdinand II. und für die Wahl Fridrichs von der Pfalz am 21. Juni 1621 enthauptet.

28783—85.

Av. DANIEL. SSKRETA. SSOTNOWSKY. Z. ZAWO und eine gestielte Blume. Das behelmte Wappen wie Nr. 28681. Rev. SEKRETARZ. PRZI. KOMORY. CZESKE. 1619 und eine punktirte Rosette. In der Mitte in einem nach aussen verzierten Quadrate: · VERVM. | DECVS. IN | VIRTVTE | POSITVM Im Averse ein gekerbter, im Rev. ein Perlenkreis. Gr. über 11.

Av. Ebenso. Rev. Wie Nr. 28756, die Cartouche, darin ∘ IN ∘ | DEO u. s. w. Gr. an 12.

Av. Ebenso. Rev. TOBIAS SSTEF. — Z. KOLODIEG u. s. w. wie nachstehend. Gr. an 11.

Daniel Sakreta 1603—19 Sekretär der böhm. Kammer, wurde im Jahre 1618 zum Direktor und Landesrath aus dem Bürgerstande gewählt. Er flüchtete nach der Schlacht am weissen Berge, wurde dann in die Acht erklärt und lebte dann zu Danzig.

28786—88.

Av. TOBIAS . SSTEF. — Z . KOLODIEG Im beheimten deutschen Schilde ein (blauer) Querbalken von oben rechts nach links herab, darin ein Hirsch (in Naturfarbe) im (goldenen) Felde. Auf dem gekrönten Helme drei Straussfedern (die mittlere Gold, die äusseren blau), und die Helmdecken gleichfalls blau und Gold. Am Rande ein gewundener Kreis. Rev. DOROTA . SSTEFFKOWA . Z . KRANICHFELDV Das Wappen der Kranichfeld wie Nr. 28520. Die Umschrift zwischen Perlenkreisen. Gr. über 11.

Av. wie zuletzt. Der Rev. wie Nr. 28769. Gr. an 12.

Av. wie zuletzt. Rev. IAN THEODOR — Z . OTTRSDORF wie Nr. 28764. Kilians Catalog Nr. 5448.

28789—90.

Av. · IAN . SSVLTVS — Z . FELSDORFV. Das beheimte Wappen wie Nr. 28671. Rev. PRVMAS . NA . HORACH · KVTTNVCH (die Y wie V) und eine gestielte Blume aus sieben Punkten. An den Umschriften beiderseits am Rande ein gewundener, nach innen ein Linienkreis. In der Mitte ein Viereck mit handhabenförmigen Verzierungen an den drei Seiten, und unter der vierten untern . 1619. In dem Vierecke IN zwischen runden Rosetten | SPE AC | .FIDE. Gr. 12.

Av. Ebenso. Rev. Die Cartouche, darin in einem Linienovale IN zwischen gestielten Lilien | DEO FOR | TITVDO | 1620 Ober und unter der Cartouche ein Punkt, und am Rande ein Linienkreis. Gl. Gr.

28791—93.

Av. PETR · Z · SSWAMBE—RKA . NA . TRZEBONY (auf Wittingau.) In dem beheimten Wappen ein (silberner) Schwan mit (schwarzem) Schnabel und Fusse im (rothen) Felde nach rechts. Ober der Helmkrone derselbe Schwan. Rev. ANNA . MAXIMILIA — NA . Z . OPPRSDORFV In dem beheimten Wappen ein (silberner) Vogelkopf nach rechts mit (rother) Zunge und (goldener) Krone im (rothen) Felde. Ober der Krone derselbe Vogelkopf. An den Umschriften beiderseits ein feiner und ein stärkerer Linienkreis. Gr. 11.

Ein zweiter Stempel im Av. verschieden durch . PETR . Z . SSWAM — BERKA. u. s. w. und durch die Zeichnung. (Böhm. Privatmünzen Taf. 61, Nr. 520.)

Av. PETR . Z . SSWAMBER — KA . NA . TRZEB . WORL. ✠ zwischen gestrichelten Kreisen. Das beheimte Wappen wie vorher. Rev. A . RONSSP . SVDY . DWORSKY . KRALO . CZESK + zwischen Perlenkreisen. In der Mitte ein Quadrat, darin ∘ SPES ∘ | ALTERA | ∘ VITA ∘ An den obern Seiten zwei kleine Palmzweige und in der Mitte ein henkelförmig angebrachtes Viereck auf die Spitzen gestellt, mit einem Loche in der Mitte, unterhalb eine Verzierung. Gr. an 12.

Peter von Schwanberg hat sich an dem Aufstande in hervorragender Weise betheiligt. Die Stände haben ihn zum Direktor und der Winterkönig Friedrich im Jahre 1619 zum Obersthoflehenrichter ernannt. Er starb noch während des Aufstandes im Jahre 1620 plötzlich zu Prag.

28794—95.

Av. IAN . WOSTROW — Z . KRALOWICZ In dem beheimten Wappen zwei Räder, (golden) im (blauen) Felde, eines in der oberen rechten, das andere in der linken untern Ecke, ober der Krone ein gleiches Rad, mit sechs kleinen Straussfedern daran an beiden Seiten desselben. Am Rande ein Kreis von Lilien und Punkten. Rev.

NA . WLASSIMY . KRAL . KOMORY . MISTER und eine durchstochene sechsspitzige Sternroselle. Nach innen ein einfacher, nach aussen ein doppelter Linienkreis. In der Mitte ein oben und unten verziertes Viereck, darin DOMINE | DIRRIGE | ∘ NOS ∘ Gr. über 11.

Av. Ebenso. Rev. Wie 28769 IN | DEO u. s. w. Gr. an 12.

Johann Wostrowetz von Kralowic, Besitzer von Wlaschim und anderen Herrschaften wurde im Jahre 1619 zum Direktor aus dem Ritterstande gewählt. Nach der Schlacht am weissen Berge wurde er zwar zum Tode verurtheilt, jedoch begnadigt und als Gefangener auf das Schloss Zbirow abgeführt.

28796—98.

Neue Jetons. Av. IOHNNES NEPO — MVC : PARIS Sternroselle zwischen doppelten Linienkreisen. Im behelmten Wappen von der Linken ein geharnischter Arm mit einem Schwerte. Ober dem Helme zwei Adlerfedern. Rev. In einem Doppelquadrate IN | NVMMO | MEMORIA | VIVIT. Neben dem Quadrate 18—59, ober- und unterhalb eine Verzierung, in der Mitte in eine Spitze endend, die Enden an derselben nach innen eingerollt. Unten am Rande nach aussen klein W . S . (Wilhelm Seidan.) Gr. 12.

Ein zweiter Stempel hat im Rev. in einer viereckigen Tafel FAC | RECTE | NE MINEM | TIME unten klein SEIDANF : Gl. Gr.

Diese Stempel von dem Wiener Medailleur Wilhelm Seidan geschnitten, kommen in Silber und Kupfer und mehreren Stempelverschiedenheiten vor. Nach der Stärke des Metalls und der Feinheit des Schnittes zählen sie eher zu den Medaillen.

Johann Nep. Páris, zu Prag am 19. November 1828 geb., als Archäologe und Numismatiker bekannt, war Collaborator an der k. k. Hofbibliothek zu Wien und starb in Prag, wohin er bereits schwer erkrankt gebracht wurde, am 20. Mai 1861.

Av. Von rechts: ANT . LIB . BAR. — A . PAÜMANN Das mit zwei Helmen bedeckte vierfeldige Schild, darin im ersten und vierten (roth gestricheltem) Felde drei Pappelbäume; im zweiten und dritten (goldenen) Felde je ein Doppeladler. Auf dem Helme rechts drei hohe Straussfedern, auf jenem links sieben Fähnchen mit Halbmonden an den Spitzen. Rev. Eine von Verzierungen umgebene Cartouche, neben welcher 18—59 Am Rande beiderseits ein Linienkreis. Gr. über 11.

Dieser Jeton soll von Hrrn. Anton Freiherrn von Päumann, Sohne des k. k. Polizeidirektors Bar. von Päumann in Prag emittirt worden sein.

28799—800.

Av. WEIBER . LIST . VBER . TRIFT . LEBN . STERCK Eine menschliche Gestalt (Samson), mit einem am Boden liegenden Löwen kämpfend, welchem er den Rachen aufreisst; der Schweif des Löwen verlängert bis an die Umschrift, endet in ein Dreiblatt. Ein weiterer Streif (?) ragt in der Mitte von dem Löwenkopfe nach hinauf. Am Boden Œ Rev. Aeussere Umschrift zwischen gekerbten Kreisen: FERDI NANDVS ∘ PRIMVS . DEI . GRACI . und ein Kreuzchen auf einem Halbmonde ⚓ Innere Umschrift: REX ∘ BOEMIE ∘ M . D . XXVII. In der Mitte die böhmische Krone. (Der Avers von einem Silbergroschen.) In mehreren Sammlungen.

Av. Ebenso. Rev. RECHTS . RECHT . IST . WAG . RECHT . . . In der Mitte die geflügelte Justitia mit dem Schwerte in der Rechten und der Waage in der Linken anscheinend auf einem Postamente stehend. Sammlung des Hrrn. Dr. Matějka in Prag. Beide Jetone stammen nach dem Typus aus Joachimsthal.

Nachfolgende Jetone:

1. BRIGITA . WO — LFF . TOPPLER Behelmtes Wappen und zur Seite I — N Im Rev. ACH ⁝ GOT : BEGN—ADE HOFFNVN und in der Mitte gleichfalls ein Wappen.

2. Der Avers wie der letzte Rev. Rev. hier: NACH VIEL . — . SO GOTT WILL Das behelmte Wappen, jedoch mit drei Getreideähren.

3. Av. MATHES . EBNER — . ANNA . VOLCKA . . . . Das behelmte Wappen

und im Rev. ein Doppelquadrat, darin VERGIS . DAS | ZEITLICH RE | DTE DAS EW, und darunter IG klein in der Ecke des Viereckes.

Diese Jetone scheinen zwar aus der Joachimsthaler Münzstätte, etwa über auswärtige Bestellung hervorgegangen zu sein, da bei den ersten die Buchstaben der Umschriften im Schnitte mit den unzweifelhaft aus Joachimsthal herrührenden Geprägen, bei dem letzteren dagegen die Buchstaben IG mit der gleichen Chiffre auf Joachimsthaler Raitpfennigen übereinstimmen; nachdem jedoch die genannten Familien aus Baiern stammen und mir nicht bekannt geworden, dass ein Mitglied derselben in Joachimsthal ansässig gewesen wäre, werden solche bei Baiern näher beschrieben werden.

28801.

Unbestimmt. Av. .SPES . MEA . CHRISTVS . ERIT . W . WD · E (Muthmasslich ein Spruch, etwa Wahrheit währt doch ewig.) In dem behelmten Wappen ein dreigetheiltes Feld, darin im obern rechten und linken Theile je eine Doppellilie, im untern Theile ein nach rechts schreitender Löwe oder Greif. Ober dem Helme zwei Büffelhörner, dazwischen zwei Doppellilien und in deren Mitte das vorige Thier nach vorn gewandt. Rev. VERMIBVS : ESC — A . SVMVS : 1556 zwischen gekerbten Kreisen. Eine Menschengestalt, in der Rechten eine Schlange, in der linken eine Sanduhr haltend. Unten am Rande drei gegen diese Gestalt zu gewandte kleine Frösche. Gr. an 11. Sammlung des Hrrn. Miksch. Dieser Jeton mit unbekanntem Wappen rührt nach den Typen aus der Joachimsthaler Münzstätte.

28802—3.

Marken. Av. und Rev. gleich. ᏀZWꝚ Ros. WASSᏀRRAD ✠ zwischen gekerbten Kreisen. In der Mitte W Gr. an 11.

ᏀZVꝚ Ros. PVRGᏀRLDꝚN ✝ zwischen gekerbten Kreisen. In der Mitte eine Krone mit drei Lilien ähnlich jener wie sie auf den Prager Groschen vorkommen. Die Rosette aus vier Blättern in Kreuzform, in der Mitte durchstochen. Gr. 11. Beide Tafel 66.

Die beiden Marken gehören offenbar hieher. Erstere, noweit Kuttenberg ausgegraben, dürfte eine Marke zum Gebrauche in den dortigen Bergwerken gewesen sein, speziell zum Wasserrade; denn es gab daselbst an mehreren Orten Maschinerien, woselbst die Wässer mittelst grösser Räder in ledernen grossen Gefässen durch Pferdekraft von 5—6 Bezügen herausgeschafft wurden. Die Bestimmung der zweiten, offenbar aus gleicher Quelle stammenden Marke, ist mir bis nun unbekannt.

28804.

Av. WER . VOR . GOTES . GERIHT : BESTET . 1567 und zwei Blümchen. In der Mitte innerhalb eines gekerbten Kreises ein Bogen, oberhalb welchem in der Mitte der Heiland von Strahlen umgeben, an beiden Seiten knieende gegen ihn gewandte Gestalten; unterhalb des Bogens menschliche Gestalten, mit gegen oben emporgehobenen Händen. Rev. ALL · ANDER · RAITVNG : VERGETH · M . I8 Ros. Diess zwischen Linienkreisen. In der Mitte ein Geldwechsler unter einem von vier Säulen getragenen Dache, vor ihm ein Mann nach links gewandt. Unterhalb in eine Spitze auslaufende Striche und drei durchstochene Punkte. Gr. an 11. (Nach der auf Joachimsthaler Raitpfennigen vorkommenden gleichen Zeichnung der Buchstaben und Ziffern in Joachimsthal geprägt.)

Neuere Marken nach Städten geordnet.

28805—8.

Aussig. Eine Kupferplatte, in welcher oben 1 eingeschlagen, darunter 1 H und rückwärts ein Doppelkreuz eingeschlagen. Gr. über 11.

Bilin. Av. BERGAMT ZU (kleiner) BILIN Ros. In der Mitte 1848 Rev. 1 | LOTH | 4 Gr. an 15. Dick. Weisses Metall.

Böhm. Aicha. Einseitige Marke: HERRSCHAFFT BOEHMISCHE AYCHA • In der Mitte gross HR | 1735 Der Rand gekerbt. Gr. 10. (Sammlung des Hrrn. Miksch.) Gelbes Metall.

Böhm. Kamnitz. Av. AUSHULFGELD DER ARMENKASSE IN B: KAMNITZ Ros. In der Mitte ein von oben herab getheiltes von aussen verziertes Schild, mit einem undeutlichen Aufsatze ober demselben. Zur Seite N—67 und unten 8 vertieft eingeschlagen. Rev. 10 × WW | GVLTIG BIS ZUM | 6. OCTOBER | 1848 An den Rändern beiderseits Perlenkreise. Gr. an 11. Zinn.

28809—12.

Gablonz. Von rechts: GABLONZER TURNVEREIN * In der Mitte vier F, gerade und verkehrt je zwei an einander gestellt, so dass die Enden der Buchstaben je zwei an die untere, und zwei an die obere Umschrift reichen. Das Turnerwappen der Wahlspruch Frei, Frisch, Fröhlich und Fromm. Im Rev. zwischen zwei unten übereinander gelegten Eichenzweigen mit Eicheln BIER | PREIS Am Rande ein Perlen- und nach aussen ein Linienkreis. Gr. über 9. Messing.

Karlsbad. Av. MARKE GÜLTIG FÜR 2 KREUTZER C. M. In der Mitte 2 | KREUTZER | C. M. Rev. WERDEN EINGELÖST FÜR B. NOTEN • In der Mitte VON | M. PÖHL darunter eine Verzierung. Der Rand erhaben. Gr. an 9. Zinn.

Ein Stempel hat im Av. statt der Ziffer 2 die Werthzahl 1, dann CM: Gl. Gr.

Av. CARL STADLER Stern. In der Mitte 2 und darunter drei Sterne. Gr. über 10. Zinn.

Luditz. Av. IOHANN (Bog.) | HOLEY. | IN | LUDITZ (Bog.) MARKE (Bog.) | 1 | KREUZER | W: W: Perlenrand beiderseits. Gr. 10. Zinn.

28813—16.

Niemes. Einseitig. Längliches Viereck * 1 * | KREUZER | C: M. Das Ganze in einem länglichen Oval, an welchem nach aussen Strahlen. Höhe an 8, Breite über 9.

Av. In einem länglichen Ovale ANWEİSUNG | AUF | ZWEİ | 2 | KREUZER | C. M. Rev. In einem ähnlichen Ovale: SELBE | LOESET EİN | FRANZ GÜNTHER | İN (klein) NİEMES Höhe an 9, Breite an 11.

Av. Wie vorher, nur sind an der innern Seite des Ovals ein und zu den Seiten bis drei Perlenreihen. Der Rev. wie vorher, nur mit NIEMES | 1850 und gleicher Perlenverzierung, wie im Av. Höhe an 10, Breite an 12.

Av. Aehnlich nur AUF | SİEBEN | 7 Der Rev. wie der vorletzte. An dem Ovale beiderseits Perlenreihen wie bei dem letzten Stempel nach innen: jedoch hier noch an der Aussenseite des Ovales gegen die Ecken zu je ein dreigetheiltes Blatt. Höhe über 9, Breite an 12. Sämmtlich gegen die Seiten nach rechts und links zu verlängerte viereckige Münzen von Messing mit Linienstrichen an den Rändern. (Sammlung des Hrn. Miksch.)

28817.

Skt. Nikolaus, Badeort bei Hohenmauth. Av. In der Mitte: LÁZNĖ | SVT. | MIKULÁŠE (Bad Skt. Nikolaus.) Unten klein C. H. & S. AP. (Carl Höfer & Sohn aus Prag.) Das Ganze in einem gekerbten Kreise, welcher von Aussen mit einem Kranze aus Spitzen, ähnlich jener einer Säge umgeben ist. Im Reverse in der Mitte ZNAMKA | KOUPELI | J. J. und unterhalb eine Verzierung. Am Rande wie vorher. Sechseckige Kupfermarke. Höhe an 11. Kommt auch rund vor.

28818—20.

Prag J. H. | Brandeis | PRAG und unten am Rande klein bogig GRABEN 853—2 Rev. GALANTERIE | UND | SPIELWAARENHALLE | EN GROS | UND | EN DETAIL Der Rand beiderseits gezähnt. Gr. über 10.

Av. DELICATESSEN (Bog.) UND WEIN Bog. und klein | HANDLUNG | J. B: | CHLUMETZKY | PRAG Rev. ALLE GATTUNGEN (Bog.) | IN | UND | AUS LÄNDER | —. — | WEINE An den Rändern beiderseits Perlenkreise. Gr. an 11.

Av. FRIEDRICH FONOVITS (Bog.) | MODEWAAREN |.HANDLUNG | PRAG zwischen runden Rosetten. | GRABEN 395—I Rev. FR. FONOVITS (Bog.) | ZÁVOD | S MODNÍM ZBOŽÍM | V PRAZE | NA PŘÍKOPECH ČIS 395—I (Bog.) Gr. 13.

28821—22.

Av. Innerhalb eines Linienkreises, an welchem von innen vier an einander gereihte Halbbogen, in der Mitte Nr. 544—1 Ober dem Kreise ZUR FRANZÖSIN (bog.) unten nach aussen gestellt EISENGASSE zwischen kleinen Sternchen. Rev. Aehnlich nur in der Mitte PRAG Ueberschrift: MODEN ETABLISSEMENT (Bog.) Unten nach aussen FÜR DAMEN zwischen kleinen Sternchen. Am Rande je ein Perlenkreis. Gr. an 11.

Av. HRUBÝ & NEFF (Bog.) | GALANTERIEWAAREN (Bog.) | HÄNDLER PRAG | * GRABEN 969 * Rev. HRUBY & NEFF (Bog.) | SKLAD | GALANTERNÍCH VÝROBKŮ | V PRAZE | NA PŘÍKOPECH 969 (Bog.) Gr. 13. (Vorstehende fünf Messingmarken Sammlung des Hrrn. Miksch.)

28823—25.

Av. Innerhalb eines Perlenkreises der österreichische Doppeladler, in der rechten Pranke ein Schwert und vor sich das dreifeldige habsburg-lothring'sche Wappen mit zur Seite hervorragenden Lorbeerzweigen. Ober dem Kreise ist die doppelte bogige Ueberschrift von rechts: A . V . LEBEDA HOFRÜSTMEISTER SR. K. K. | A. M (Apost. Maj.) DES KAISERS VON OESTERREICH. Unten nach aussen IN | PRAG Rev. Innerhalb eines Perlenkreises der gekrönte Doppeladler mit dem Schwerte, derselbe hält ein blau gestricheltes Schild, in welchem die Buchstaben AVL kursiv an einander gestellt. Neben dem Schilde zwei Jagdgewehre oder Scheibenstutzen gekreuzt und dazwischen Lorberzweige. Umschrift A . V . LEBEDA ARMURIER DE S. M. L' EMPER . Á PRAGUE (AUTRICHE) 284 Ros. Achteckige Marke mit Linienkreisen an den Rändern in Kupfer und Messing. Höhe der Spitzen 12.

Av. Ebenso. Rev. Innerhalb eines Perlenkreises das böhm. Wappen, der gekrönte aufrecht nach rechts schreitende Löwe in roth gestricheltem Felde; ober dem Schilde ein Jagdhut mit zwei Federn, rückwärts drei Jagdgewehre zwischen Zweigen, unten ein Jagd- oder Pulverhorn. Umschrift: A . V . LEBEDA CIS. KRÁL. DVORNI TOVÁRNIK ZBROJE v PRAZE · č. 284 Ros. (A. V. L., k. k. Hofwaffenfabrikant in Prag.) Gl. Gr. und Gestalt.

Av. Wie der vorstehende Rev. Der Rev. wie der erste Nr. 28823. Ebenso. In Messing und Kupfer, dann die von Messing auch in der Mitte mit Kupfer eingesetzt.

28826—28.

Av. Kupferklippe, darin E.(manuel) MICKSCH | FIRMA. | CHRISTOPH GRUSS | darunter zwischen Zweigen IN | PRAG. | Unten klein 513—I | * Am Rande eine Einfassung von in einander gesteckten Blumenkelchen. Rev. Am Rande oben rechts: STAATSPAPIRE &, links GELDWECHSEL In der Mitte Merkur nach rechts gewandt, in der ausgebreiteten Rechten einen Geldbeutel und in der Linken den Merkurstab haltend. Am Boden rechts zwei Geldsäcke, links ein urnenartiges Gefäss. In der untern Spitze ALTE MÜNZEN. (Bog.) | * An den vier Seiten Doppelstriche. Höhe der Spitzen 14.

Av. 12 | *Kreutzer* | C. MÜNZE Unten am Rande nach aussen DIE NADLER GESELLEN ZU PRAG | C : G : C . HÖFER Im Rev. *Gott segne* | *deinen Ein und* |

Ausgang | 18 – 29 An den Rändern ein Perlen- und nach aussen ein Strichelkreis. Gr. über 15. Herbergszeichen. Sammlung des Hrrn. Miksch.

Desgleichen zu 8 Kreuzer Münze. DIE NADLER GESELLEN ZU PRAG 1829. Kill. Cat. Nr. 4236.

28829 – 32.

Av. JOSEPH ANNA (Eheleute) PODHORSKY* (Fischhändler in Prag.) In der Mitte 1846 Im Rev. Ein Karpfen mit dem Kopfe nach links. Der Rand beiderseits gekerbt. Gr. 10.

Av. Ebenso. Rev. Derselbe Fisch, jedoch oberhalb HETZINSEL und unten nach aussen PACHTUNG Gl. Rand und Gl. Gr. Zinnmarken.

Av. J. P. (Josef Podhorsky), unten klein H (öfer) Rev. Prager | Aufschwemm | Pachtung Messingklippe mit abgestumpften Ecken, an den Rändern mit Perlen und auswärts mit Strichen eingefasst. Höhe an 12.

Av. In der obern Hälfte bogig: K. K. HOF . PARFUMEUR, in der Mitte FRANZ PROCHASKA Unten am Rande PRAG Im Rev. zwei Drachen auf einer Verzierung das mit der Kaiserkrone bedeckte goldtingirte Schild mit dem österreichischen Doppeladler haltend; an dem Schilde die Ordenskette des goldenen Vliesses. Unten klein F. D. Am Rande beiderseits ein Perlen- und ein Linienkreis. Gr. 13. Von Messing.

28833 – 35.

Av. Ueberschrift der obern Hälfte am Rande: K. K. HOF PHOTOGRAF In der Mitte WILH · | RUPP unten nach aussen grösser * PRAG * Der Rev. wie vorstehend. Gr. 13. Dick, von Messing.

Av. Von rechts: SPECEREY & COLONIALWAAREN · HANDLUNG * In der Mitte DES | A. J. SCHÜCK | IN | PRAG | Nr. $\frac{513}{I.}$ Im Rev. ein Chinese in ganzer Gestalt nach rechts gewandt. Vor ihm rechts eine Kiste mit chinesischer Schriftzügen, links ein Gartenhaus im chinesischen Stiele und vor demselben Gesträuch. Ueberschrift ZUM CHINESEN, unten im Abschnitt 1853 zwischen runden Rosetten. Gr. über 12.

Bei einem varianten Stempel fehlen im Rev. die Rosetten neben der Jahreszahl und auf der Kiste die chinesische Charaktere. Gl. Gr.

28836 – 38.

Reichenberg. Av. J. CHR. GRUNEWALD. und in der Mitte R (eichenberg.) Im Rev. 1 gross und links $\frac{C}{M}$, am Rande ein Linien- und nach aussen ein breiter Strichelkreis. Gr. 13.

Av. J. C. | GRUNE | WALD | R Rev. 1 und links $\frac{W.}{W.}$ Am Rande ein Perlenkreis. Gr. 9.

Av. J. C. | Grune· | wald Rev. ½ und links $\frac{W.}{W.}$ Am Rande ein Perlenkreis. Gr. über 9. Sämmtliche Zinn.

J. Christian Grunewald Zinngiesser in Reichenberg.

28839—46.

Kleine Messingmarken. Im Rev. mit Kreisen bedeckt, welche vom Mittelpunkte ausgehend, sich gegen den Rand zu vergrössern. Im Av. in der Mitte eingeschlagen WEIKELT darunter W – W (Wien. Währ.) und dazwischen eine bis an den Rand gehende Säule aus Kugeln. In der obern Hälfte die Werthzahl und links zur Seite ein Kreuzchen eingeschlagen. Mit den Werthzahlen 2 Gr. über 7. dann mit den Werthzahlen 3, 4, 6, 7, 8 und 9. Gr. über 8. (Sammlung des Hrrn. Miksch.)

Friedrich W., Kaufmann. Scheint nach Marel. Cat. Nr. 7365 auch mit 5 zu existiren. (Dort irrig unter Salzburg.)

Rumburg. Ein Schützenhut mit Feder, und hinter demselben gekreuzt ein Schützenstutzen, Säbel und wagrecht eine Trompete. Oben am Rande R (umburg) Im Rev. RS (R und S gothisch) Rumburger Schützengesellschaft, zwischen Strichen, welche unten türkischen Schriftzügen ähnlich. Am Rande je ein Perlenkreis. Gr. über 10. Messing.

28847—53.

Saaz. Av. HOPFEN-PFLÜCKER-ZEICHEN und eine Verzierung. In der Mitte DES | *W. N* | STALLICH | IN | SAAZ. Rev. Zwischen zweigähnlichen Verzierungen 1 | — . — | TAGLOHN. darunter zwei über einander gelegte, Palmzweige. An den Rändern ein Perlenkreis zwischen zwei feinen Linienkreisen. Gr. über 14. Blei.

Runde einseitige Kupferplatte, darin vertieft K & S | 2 kr. C. M. Gr. an 14. (Kreibig & Sohn.)

Dünne einseitige Kupferplatten, darin eingeschlagen FW, und darunter der Werth als 1, Gr. an 12, 2, dann 2½, Gr. 14, dann 3 Gr. über 15. Nach Killians Cat. 4714 auch mit 5.

Vom Kaufmanne Franz Wenka.

28854—55.

Sangenberg (bei Marienbad). Av. Oben am Rande LEONARD SIEBER, am untern IN SANGENBERG In der Mitte ein Anker, dessen oberer Theil die Ziffer 4 bildet. Im Reverse oben AUSHÜLFSMARK (Bog.) | 1 | KREUZER MÜNZ Die Ränder beiderseits gezähnt. Gr. 10. Zinn.

Schlaggenwald. Av. Umschrift von oben rechts beginnend: JOSEPH RATHGE BER IN SCHLAGGENWALD (D verkehrt.) In der Mitte ein Anker, der Obertheil die Ziffer 4, verkehrt bildend. Im Rev. MARKE | 1 | KREUZER | MUNZ Der Rand beiderseits gezähnt. Gr. an 11. Zinn.

28856—58.

Senftenberg. Av. Diese | MARKE | LÖST | Krz. 5 W. W. | Friedr. Preholb | in | Senftenberg Oben und unten, dann an den Seiten Palmbaumzweigchen. Rev. Umschrift: FÜR FÜNF KREUZER WIENER WÄHRUNG In der Mitte 1849 Ober und unterhalb dieser Jahrzahl eine aus Palmenzweigen gebildete Verzierung. Gr. an 10. Messing.

Turnau. Einseitig. GILT | FÜR | 5 | Kreuzer W. W. | BeiM | W. WerFL. Von der Werthzahl zu beiden Seiten ausgehend bis an den obern Münzrand eine Verzierung aus Palmzweigen. Der Rand erhaben. Gr. 12. Messing.

Weipert. Av. JOH: | KREUZIG und darunter eine Verzierung. Rev. WEI PERT, ober- und unterhalb eine lilienähnliche Verzierung. Am erhabenen Rande ein feiner Linienkreis. Gr. 9. Zinn.

Die meisten der vorstehenden Marken stammen aus den Jahren 1848 und 1849, wo sämmtliche Cursiv- und selbst die Kupfermünze gänzlich aus dem Verkehr verschwand. Diesem, allen Verkehr störenden Uebelstande abzuhelfen, wurden nicht bloss von Seite der Regierung Münzscheine bis zum Betrage von zehn Kreuzern ausgegeben, sondern auch von Privaten Papiergeld auf kleine Beträge in Kreuzern lautend emittirt und Münzzeichen in verschiedenen Metallen, ja selbst in Porzellain und Holz in Umlauf gesetzt, welche mit dem Wiedererscheinen des Kupfergeldes später eingelöst wurden.

Markgrafthum Mähren und Herzogthum Schlesien.

28859.

Jelone. Av. IAN LEINAR Z — MAYGETINY ∘ Das behelmte Wappen, dreigetheilt von oben herab, darin im mittleren Felde drei Lilien über einander, in den beiden äussern Fächern je zwei Querbalken gegen die Mitte zu aufsteigend. Ober dem Helme zwei Büffelhörner, zwischen welchen eine gleiche Lilie. In einer Cartouche AVREDnik | KLA : stera HB (in einander) A dissi | ·BL : ize MESta ' OLOMouce (Beamte des Klosters Hradisl bei Olmütz.) Zur Seite der Cartouche 16—IZ Ober R und dem ersten M je ein Strich.

28860.

Av. OB ICH MVST — LEIDEN NOT Das behelmte Wappen, darin ein halber Mond und über demselben zwei Sterne. Auf dem Helme zwei Adlerflügel mit den Wappenbildern belegt. Rev. DOCH . HALF . MIR . DER . LIEBE . GOT und daneben ein halber Mond. In der Mitte 1547, darunter POST | NUBILA | PHE (HE zusammen gehängt) BVS | Kupferrechenpfennig, in Appel Nr. 2111 der mährischen Familie Martinkowsky auf Rosece zugewiesen. (?)

28861.

Av. LADIS . PROCK : — · RO . K . M . RAT VND Das behelmte Wappen, darin drei Becher (?) 2, 1, gestellt. Aus dem Helme ragen drei Straussfedern empor. Rev. SLESISCHER Ros. CA — MERBVECHALTER. Das behelmte Wappen wie Nr. 28457 und oberhalb . I . 5 . 7 . 3 (Sammlung des Hrrn. Riess in Wien.)

28862.

Av. REITPFENIG · HE (in einander gestellt.) RN — ALBREICHT . DES Im Felde ein behelmtes ovales Schild, ober welchem Helm und Helmzier und ober dem Helme eine (blaue) Säule und hinter derselben ein Pfeil mit der Spitze nach rechts. Im Felde ein (goldener) Querbalken, ober und unter welchem je drei (goldene) Lilien im blauen Felde. Im Rev. IVNGERN . HE (an einander) RN . V . — WIRDEN . A . HE (an einander) RLIZ Das behelmte Wappen in einem ovalen Schilde, darin ein (silberner) Pfeil nach oben (im rothen Felde.) Aus der Helmkrone ragen Pfauenfedern und hinter denselben der nach rechts gestellte (silberne) Pfeil. Das Wappen der Ossowsky von Dobrawic. Die Ränder beiderseits gezähnt. Gr. 11. (Beschreibung böhm. Familien Taf. 76, Nr. 649.)

28863.

Einseitig. Umschrift auf einem Bande: IANN . HRVBCZICZ (HR zusammengehängt) — KI . Z CZIECHTINA Ein mit Helm und Decken geziertes, damaszirtes Schild mit einer rechten Schrägbinde. Auf dem Helme ein Hirschgeweih, darüber getheilt, 15 — 70 Zierlicher Rand. Achteck. Jeton von Messing. (Sammlung des Hrn. Dr. Freudenthal.)

28864.

Av. Das Wappen in einer Cartouche, in demselben ein springendes Pferd nach rechts, oben G—H, zur Seite 16—09 Am Rande ein Strichelkreis zwischen zwei Linienkreisen. Im Rev. der gekrönte Buchstabe R, umhängt mit der Ordenskette des goldenen Vliesses. In dem oberen Theile des R ein kleiner Reichsapfel; zur Seite des R die Jahrzahl 16—07 und oben neben der Krone . M . — . K . Gr. über 12. Gehört nach der Zeichnung des R, wie sie auf den schlesischen Raitpfennigen vorkommt, nach Schlesien. (Sammlung des Hrn. Riess.)

28865.

Av. MARGG∘ | „REVISCHER · | IEGENDORF | FISCHER. MVN | ZE . REIT PFE„ | „NNIGK ∞ | Oben und unten ein Kreuz zwischen Verzierungen und Punkten. Rev. Ein behelmtes Wappen, darin ein geharnischter Arm mit einem Kolben und auf dem Helme dieselbe Darstellung zwischen zwei Adlerflügeln. (Reichl's Cat. 3. Theil, S. 208, Nr. 1419.)

28866 – 69.

Jetone. Av. RAITPHE (HE in einander gestellt) NIG . HANNS . ANGRER . KZ M Z ZV . VNGE + In der Mitte ein Wappenschild ohne Helm, darin ein Pfau mit ausgebreitetem Schweife (in Naturfarbe im rothen Felde.) Ober dem Schilde · 1530. und zur Seite je eine gestielte Blume. Im Rev. der Helm mit Helmzier und ober dem Helme eine nach rechts gewandte Syrene. Umschrift VND . PEHAM . E (verkehrt) C . HOF . ZALL · SCHREIBER E (verkehrt) C + Die Umschriften beiderseits zwischen gekerbten Kreisen. Gr. 12. Bei Appel vielleicht irrig K : M :

Av. wie der erste. Rev. Aehnlich Nr. 977. Das Stundenglas und ES . WIRT | ALS . GLEICH | M . DXXXIII Gl. Gr. (Sammlung des Hrn. Riess in Wien.)

Av. Aehnlich dem ersten, nur mit HANNS . ANGRER . RO . VNG . BEHAM + und die Jahrzahl 1537 Rev. wie der erste nur mit anderer Umschrift und zwar KVNG LICHER . MAIEST . HOF . ZALL . MAISTER ÷ Gr. 12. In der numismatischen Zeitung 1836 S. 37 vielleicht irrig MAIST.

Av. wie der letzte. Rev. RATPHENNIG . D . OSTH . RA . C Das gekrönte vierfeldige ungarisch-böhmische Wappen mit dem Mittelschilde wie Nr. 972. Gr. 12.

Hans Angrer erscheint unter dem Hofstaate Kaisers Ferdinand's I. am Reichstage zu Augsburg 1530 als Sekretär angeführt.

28870.

Av. Ein verziertes quadrirtes Wappen, worin im ersten und vierten Felde der Feuerstahl sammt einem funkensprühenden Feuersteine, im zweiten und dritten Felde ein aufsteigender doppelgeschwänzter Löwe, auf jeder Seite desselben ein geschlossener Ritterhelm; darunter in einer Einfassung: HIERONYMVS und ein gestieltes Blatt, | BECK . VON . LEO | POLDSTORF Rev. RO . KV . MT . CT . CAMER RAT . DER . N. O . LANDE : In der Mitte innerhalb eines Kreises III zwischen gestielten Blättern | IANVAR. | NACH. IESV | CHRISTI, ein gestieltes Blatt | GEBURT, dasselbe Blatt | : M · D . L . V. Gr. 12. Im k. k. Münzkabinette.

Hieronymus Beck von Leopoldsdorf war kais. Hofkammerrath und starb am 28. November 1596.

28871—72.

Av. Ein viergetheiltes Wappen, ober welchem zwei Helme mit Helmzier; darin im ersten Felde von oben rechts nach links herab das Feld (nach unten rechts schwarz, nach oben links roth) theilend, drei silberne Kugeln. Im zweiten und dritten (blauen) Felde ein (silberner) Fisch ober einem (rothen) Kardinalshute mit Quasten, welche Vorstellung sich oben auf dem Helme wiederholt. Im vierten Felde ein (silberner) Querstreifen von oben rechts nach links unten herab, das Feld rechts nach unten (schwarz) und links oben (roth) theilend. Auf dem Helme links sind zwei Büffelhörner jedes mit drei Kugeln nach aussen und dazwischen S Rev. · VLRICH | . FREYHERR . V | OÑ . EYCZING . EG | SPÃ . VÑD . HAVBT | MÃ . ZV . HVNGER | ISCHEM . ALLT | ENN BVRG An den Rändern ein feiner und ein starker Linienrand. Gr. über 12. Bei Appel wohl irrig HVNGAR und Z statt V | ON

Av. Ebenso. Rev. * HERR * | VLRICH ÷ FREY | HERR * VON | EYTZING : AN | NO DOMINI | * 1 * 5 * 6 * 1 Oben ein Blatt, unten ein Kreuzchen zwischen zwei Sternen. Gr. über 11. Im k. k. Münzkabinette.

Ulrich Freiherr von Eyczing, im Jahre 1499 geb., war Kaisers Ferdinand I. niederösterreichischer Hofkammerrath und 1548 einer der königlichen Kommissäre zur Uebernahme der königlichen niederungarischen Bergstädte und der dazu gehörigen Herrschaften.

28873—74.

Av. IOHANN (die N in einander gestellt) FERNBERG—ER . AB . EGENBERG + zwischen gekerbten Kreisen. In der Mitte das Schild ohne Helm, darin im ersten und vierten Felde drei und zwar, in der obern (blauen) Hälfte zwei goldene, in der untern Hälfte (Gold) ein blauer Löwenkopf, sämmtlich nach vorn gestellt. Im zweiten und dritten Felde zwei weisse und zwei rothe senkrechte Pfähle und in der untern Schildspitze eine schräg gestellte (goldene) Egge im (blauen) Felde. Ober dem Schilde MDXXX Rechts und links an dem Schilde eine Verzierung. Im Rev. • MORTE | Æ QVAMVR, die Kronen und der Pflug wie Nr. 28575. Gr. 13. Nach Mittheilung des Hrn. Dr. Freudenthal auch mit FERENBERG

Av. ähnlich, nur ohne die Jahrzahl und die Verzierung an dem Schilde, dann der Name nicht unterbrochen, da die bei ersterm Stempel die Umschrift theilende Schildspitze hier fehlt, weil das Schild unten abgerundet. Die Egge erscheint hier in einem Mittelschilde. Gr. über 12.

28875—76.

Av. IOHANN . FERENBERGER . AB . EGENBERG ∴ + In der Mitte der gekrönte Helm mit dem Pfauenschweife zwischen den auswärts gekehrten Büffelhörnern, neben welchen oberhalb 15—34 Rev. Das Wappen wie zuletzt mit einem Mittelschilde ober dem Hauptschilde eine Verzierung. Umschrift: HEREDI : CAMERARI—VS . AVS . SVP : ONASVM Ros. Gr. 12.

Av. Wie zuletzt. Rev. In einem von blumigen Zierathen umgebenen Rhombus in sieben Zeilen die Worte aus Horaz: ein Blatt | PALLI | DA . MORS . ÆQVO . PVLSET . PE | DE . PAVPERVM . TA | BERNAS . RE | GVMQ . (UE) TVR | REIS, und ein Kleeblatt, dann zweigähnliche Verzierungen, d. i. der blasse Tod pocht mit gleichem Fusse an die Hütten der Armen und die Thürme der Könige. Gr. 12. Im k. k. Kabinet und Sammlung des Hrn. Riess.

Das im Traunviertel gelegene Schloss Egenberg ist das Stammhaus der Egenberger, deren Wappen eine goldene Egge im blauen Felde. Dieses Schloss kam an die Ferenberge, die sich nicht allein davon geschrieben, sondern auch der ausgestorbenen Egenberge Wappen nebst dem ihrigen zu führen sich erbeten.

28877.

Av. Von rechts: LVCAS . GEITZKOFLER . I . C . (Iuris consultus) FATO : CON NVBIA . FIVNT Das Wappen, darin rechts die Gemse nach rechts gewandt, und im linken Felde ein Löwe, welcher in den aufrechten Pranken eine Kugel hält. Die Umschriften zwischen gekerbten Kreisen. Aus dem Helmkopfe ragt die Gemse nach rechts. Rev. CATHARINA . HERMANIN . A . GVETENBERG. Das Wappen, darin rechts ein Stern in einem Querbalken, links ein Halbmond mit den Spitzen nach rechts gewandt. Auf dem Helme eine Säule und auf dem Flügel oben rechts der Querbalken, links der Halbmond. Die Umschrift zwischen Linienkreisen. Gr. über 11.

Lukas Geitzkofler, geb. 18. März 1550, Bruder des Georg Geitzkofler, war Doktor beider Rechte.

28878.

Av. ERASM . VON . GERA . ROMISCHER . HVNGR und ein gestieltes Blatt. In der Mitte im vierfeldigen unbehelmten Schilde im (silbernen) Felde ein (schwarzer) dreitheiliger Hügel, auf welchem aufrecht eine (rothe) Gabel (das Gera'sche Stammwappen). Im zweiten und dritten (silbernen) Felde ist ein je schwarz und gelb getheiltes Hirschgeweih. Ober dem Schilde eine Verzierung und neben demselben je ein gestieltes Blatt. Rev. VND . BE . KHV . MT . CZ . HOF . CAMER . RAT . CZ und eine fünfblättrige Rosette. In der Mitte ein deutsches Schild, darin in der obern Hälfte der

Obertheil eines gekrönten nach rechts gewandten doppelgeschwänzten Löwen, in der untern drei runde Rosen (2, 1.) Ober dem Schilde eine Verzierung. Die Umschriften beiderseits zwischen gekerbten Kreisen. Gr. über 11.

Die Familie war im Erzherzogthume Oesterreich unter und ob der Enns (Freistadt), dann in Steiermark ansässig. Erasmus Gera zu Arnfels, Ritter geb. 1520, war zuletzt Hofkammerpräsident unter Ferdinand I. und starb am 29. September 1567. Seine erste Gemahlin war Magdalena Turzin von Rauchenegg, die zweite Sara von Scherffenberg.

28879–83.

Av. GLIK . HA—T . NEIT. Vor der Umschrift ein, nach derselben zwei gestielte Kleeblätter. In der Mitte im behelmten Wappen ein nach rechts gewandtes (rothes) Männchen ober einem dreifachen (grünen) Hügel, einen grossen (schwarzen) Adlerfuss, die Klauen nach unten gekehrt, über die Achseln tragend im (silbernen) Felde. Aus der Helmkrone ragt ein Arm, einen gleichen Fuss in der Hand haltend; zur Seite 15—40 Im Rev. RECHEN, Gestieltes Blatt, PFENNIG und 1540 zwischen gleichen gestielten Blättern. In der Mitte eine viereckige Tafel, auf welcher EXODIS | ACTO. | PROBA Unten ausserhalb des Quadrates . W . A . An demselben an der obern Seite ein ringförmiges Oehrlein, so wie an der Seite des Quadrates rechts und links je ein gestieltes Blatt. An den Umschriften beiderseits nach innen ein gekerbter Kreis und nach aussen ein Kranz von Blumenkelchen. Gr. über 12.

Ein Stempel: RECHEN • PFENNIG • 1540 und im Rev. EXVDIS dann Punkte statt der Blätter. (Beschrieben Wiener Jahrb. 114. von Hrn. R. J. Bergmann.)

Av. Aehnlich dem vorigen. GLICKH . H — AT + NEIT + 44 Das behelmte Wappen wie vorher. Rev. RECHEN + PFENNIG ÷ 1544 ÷ In der Mitte eine viereckige Tafel, auf welcher EXODIS | ACTO | PROBA Ausserhalb unten WA zwischen gestengelten Kleeblättern. Kreuzchen ähnlich. An der Tafel oben ein ringförmiger Henkel und zwei gestengelte Blumen, zur Seite je ein Kreuzchen. An der inneren Umschrift beiderseits ein gekerbter und im Avers nach aussen noch ein Linienkreis. Gr. 12.

Ein variauter Stempel im Rev. hat ACTO · dann .W + A + und ein viereckiges Oehrlein statt des ringelförmigen, mit der Spitze nach oben gestellt. Tafel 66. Gr. 12.

Av. Aehnlich, nur GLICKH · H — · AT + NEIT + 44 An dieser Umschrift nach innen ein gekerbter, nach aussen ein Linienkreis. Im Rev. RECHENPHENNIG × 15 « 74 › zwischen gewundenen Kreisen. Im Rev. die Tafel von aussen verziert, und fehlen hier die Blätter. Aufschrift: EXITVS : | · ACTA : | PROBAT Ausserhalb wieder . . W . A ∴ Gr. über 12.

Wolfgang von Grienthal, geb. 1500, Sohn Colman's, war über 34 Jahre Ferdinand I. und Maximilian II. Rath und Landrath im Erzherzogthume Oesterreich ob der Enns. Er besass das Schloss Crembseck. Er wurde zu Missionen nach Burgund, Brabant, England, dann im böhm. Berg- und Münzwesen gebraucht.

28884.

Av. HANS . HOF . (mann) — FREY . (herr) Z . GR (ünbüchel) Das mit drei Helmen bedeckte vierfeldige Wappen, darin im ersten und vierten Felde (Gold) ein nach rechts schreitender schwarzer Steinbock mit goldener Krone, über welcher die Hörner emporstehen. Im zweiten und dritten Felde (roth) eine aufrecht gestellte Korngarbe (in Naturfarbe). Im Mittelschilde ein aufrecht nach rechts schreitender Löwe (Gold im blauen Felde). Aus den Helmkronen ragen rechts der halbe nach links gewandte Steinbock, in der Mitte der Oberleib des Löwen nach vorn gestellt, und hinter demselben strahlenförmig Pfauenfedern, dann rechts die Korngarbe hervor. Im Rev. VND . OB . ERB . INS!. HO . K . M . Z . R . M . Z . D . V . B . zwischen gekerbten Kreisen. In der Mitte rechts in einem von oben herab zu länglichem Schilde vier Querbalken, in dem Schilde links ein vierfeldiges Wappen, darin im ersten und vierten Felde ein

Stern ober einer Zinnenmauer, im zweiten und dritten Felde ein aufrechter Löwe nach rechts, zwischen den beiden Schilden nach oben eine gestielte Blume zwischen gestielten Blättern. Gr. 12.

Johann Hofmann, Freiherr zu Grünbüchel und zu Strechau, war Kaisers Ferdinand I. Schatzmeister, und wurde am 16. Juli 1540 mit dem Erblandhofmeisteramte in Steiermark und am 14. März 1558 mit dem Erbmarschallamte in Oesterreich unter und ob der Enns belehnt. Er hatte in Oesterreich ob der Enns, im Cillier Kreise und in Mähren Besitzungen und starb am 18. Juli 1564 im 73. Jahre.

28885.

Av. HELMHART . IÖRGER . Z . TOLET . KÖPPACH . VND, Ros., dann innere Umschrift zwischen gekerbten Kreisen: ZÄGGING . FREYH : A : KHEVSPACH Ros. In der Mitte ein von aussen verziertes Schild ohne Helm, darin von oben herabgetheilt zwei mit den Rücken an einander gelehnte Pflugscharren. Ober dem Schilde eine gleiche Rosette. Rev. · OBRIS : | ERBLANDH | OFMAISTER . IN | OSTEREICH . OB | DER . ENNS . RO. | KA : MA : RAT . VND | PRESIDENT . D . | . N . O : CAMER . | AÑO MD . L | XXVIII. Am Rande ein Strichelkreis. Gr. über 12. Der Av. Taf. 66.

Derselbe war kais. Rath und Präsident der niederösterreichischen Kammer 1578 und starb am 18. Dezember 1594.

28886.

Av. CHRISTOFF . LVSTRIER . Z . LIEBENSTAIN . O : OCAMER . RAT innere Umschrift VND . O : ZAL . MA — ISTER . ALDA : 1616 Ein gekröntes Wappen, darin im ersten und vierten Felde ein Löwe (Gold) nach rechts im (blauen) Felde. Das zweite und dritte Feld geschacht (grün und Gold). Am Helme der nach rechts gewandte Löwe bis an den Münzrand reichend. Rev. REGINA . LVSTRIERIN — AIN . GEBORNE LEFF und im Innern innerhalb eines doppelten Linienkreises: LERIN dann das behelmte Wappen, darin eine gekrönte Löffelgans nach rechts, welche auch oben am Helme angebracht. Gr. 11.

28887.

Av. + HANS + — + NVTZ + Das behelmte Wappen, darin ein nach rechts springendes (weisses) Einhorn und hinter demselben ein von oben links nach unten rechts herabgehender Querbalken aus drei Strichen. Das Feld rechts oben roth und nach unten links Gold. Ober der Krone ein Männchen (?) unter einer Krone und vier Straussfedern. Rev. REGI : NVTZIN : G — · ALKHOFERIN. Im behelmten Wappen ein nach rechts springender Hund, dessen Obertheil sich oben am Helme zwischen zwei Büffelhörnern wiederholt. Die Umschriften zwischen gekerbten Kreisen. Gr. 11.

Johann Nutz soll Waldmeister im k. k. Salzkammergut gewesen sein, und scheint dieser Jeton auf seine Vermählung geprägt.

28888—89.

Av. HERMES SCHALLAVCZER . S . R . R . M . CONS . ET . AEDIF . (icils) PRÆ (fectus.) Das nach links gewandte Brustbild mit langem Barte und einer Ordenskette um den Hals. Rev. NATVS, ein Blatt, ANNOS, Blatt, LV Blatt. In der Mitte ein behelmtes Wappen mit einem schräg gestellten, mit der obern Ecke nach rechts geneigten Schildchen, darin ein gekrönter (schwarzer) Hahn mit ausgebreiteten Flügeln, welcher sich oben am Helme wiederholt. Neben dem Helme ein ausgebreiteter Mantel und ober demselben 15—58 Die Umschriften beiderseits zwischen Linienkreisen. Gr. über 12. Messing.

Ein zweiter Stempel mit Doppelpunkten in der Umschrift des Averses. Beschrieben Wiener Jahrbücher Band 114, I. 296 vom Hrn. Regierungsrath Jos. Bergmann. Bei

Appel Nr. 3597 wohl irrig: HERMES SKHALLAVGER . S . R . R . u. s. w. da die sehr kleinen geprägten Buchstaben meist undeutlich.

Hermes Schallauczer geb. 1503, gest. 1563, war Ferdinand I. Rath, Bürgermeister und Baudirektor zu Wien.

28890—91.

Av. PAVLVS . SIXT . TRAVTHSON . FREYHERR . ANO . 1589 Runde Rosette. Das Wappen ohne Helm, darin im ersten (goldenen) Felde die nach links gewandte vordere Hälfte eines (rothen) Flammen gleichsam entspringenden (schwarzen) Steinbockes. Im zweiten (silbernen) Felde ein (schwarzer) Haushahn auf einem dreitheiligen Hügel nach rechts gewandt. Im dritten gleichen Felde der Hahn, nur hier nach links gewandt. Im (blauen) Mittelschilde das (silberne) Hufeisen als Stammwappen. Das vierte Feld ähnlich dem erstern, der Steinbock jedoch nach rechts gewandt. Rev. AN NA . TRAVTHSONIN . E : GEBORNE . FREYIN . V . EYTZING Rosette. Die Umschrift beiderseits zwischen Kreisen. In der Mitte das unbehelmte Wappen, wie Nr. 28871. Gr. über 13.

Av. Zwischen zwei unten über einander gelegten Palmenzweigen das neuere Wappen, darin im ersten Felde der gekrönte doppelte (schwarze) Adler mit einem (goldenen) R auf der Brust im (goldenen) Felde. Im zweiten (rothen) Felde ein silberner Querbalken und auf einem (silbernen) dreitheiligen Hügel ein nach rechts gewandter Falke in Naturfarbe. Das dritte und vierte Feld und das Mittelschild wie bei dem vorbeschriebenen Jetone. Am Schilde oben drei Helme, auf welchen rechts der Hahn, links der Falke, und in der Mitte der Doppeladler, neben dem Schilde zwei Helme, auf denen rechts ein gestürzter Hut (?) und links der Steinbock. Im Rev. das behelmte vierfeldige Lobkowitz'sche Wappen, mit dem gestürzten Hute auf dem Helme, neben welchem 16—00 Am Rande ein Kranz von vierblättrigen Rosetten und Ringeln. Gr. 12.

Paul Sixt, Freiherr von Trautson, um das Jahr 1550 geb., wurde vom Kaiser Rudolf II. am 1. Februar 1598 in den Grafenstand erhoben. Er war wirklicher geheimer Rath, Kämmerer und Statthalter der nieder-österreichischen Lande, und wurde am 23. Oktober 1620 zum Erblandhofmeister in Oesterreich unter der Enns ernannt. Er starb am 30. Juli 1621. Seine erste Gemahlin war Anna von Eitzing († 1590), die zweite Anna Poppel Freiin von Lobkowitz.

28892.

Av. Eine vierblättrige Rosette. NON ESTIMALIO QVOQVAM SALVS Christus nach vorn gekehrt, die Weltkugel haltend. Rev. TEMPLVM | SALVTORIS | IN CA STRO SVO | NEVHAVS — FVNDAV | IOH : CHRISTOPH : | WOLZOGEN L. B. | AN : 1612 Gr. 11. Wolzogen, kais. Hofkammerrath († am 26. Jänner 1618.) (Neuhaus im Viertel Unt. W. Wald.)

28893.

Av. Von rechts: MATHIAS · ZELLER : (Z verkehrt) A : PVECHBERG . Œ . 1549 : In der Mitte ein unbehelmtes Wappen, darin im ersten und vierten Felde je drei fünfblättrige Rosetten, — im zweiten und dritten in der oberen Hälfte ein halber Adler, in der untern zwei Querstreife. Rev. ROM HVNG . BOREG MTIS CON ET SECR Die Umschrift beiderseits zwischen gekerbten Kreisen. In der Mitte ein grosser Helm mit Helmzier, ober der Krone am rechten Adlerflug die drei Rosetten, am linken der Querstreif. Gr. über 12.

Mathias Zeller von Puechberg war Kaiser Ferdinand I. Kammersekretär und Rath.

28894—95.

Hieher dürften folgende Jetone gehören:

Av. Von rechts: HANNVS . HOLLZER . Z . OSTERRICH . Z . RA * Das Wappen ohne Helm, darin im ersten und vierten Felde ein Hirsch nach rechts. Im zweiten und dritten ein Querbalken von rechts oben nach links unten. Rev. Von oben beginnend: FERDI . ROM . HVN . VN . BEH . K . M . ERZHERZ. Ein Helm mit Adlerflügeln als Helmzier und dazwischen A — M — V Die Umschriften zwischen zwei gekerbten Kreisen. Gr. über 11. (Sammlung des Hrn. Riess.)

Av. ⁘ IORG ∘ WEINSBRVNER ∘ RITTER ∘ G ∘ V ∘ SALCZB Das Wappen ohne Helm, darin zwei Fische mit den Köpfen nach oben, und dazwischen zwei mit einem Striche verbundene Sterne; ober dem Wappen ∘ I ∘ WH ∘ und zur Seite 15—65 Rev. Schrift ∘ PROVER ∘ 19 | FOENERATVR | DOMINO ⁘ QVI | MISERETVR PAV„ | PERIS ∘ ET RE„ | TRIBVETVR | EI ∘ | ∘ 15.65 ∘ Am Rande ein punktirter Kreis. Gr. 17 Ebendort und bei Wellenheim.

28896 — 97.

Av. Ein viergetheiltes Wappen, darin im ersten (rothen) Felde ein aufrecht stehender nach rechts gewandter (weisser) Wolf. Im zweiten und dritten eine goldene Mauer mit drei Zinnen im (blauen) Felde. Im vierten zwei weisse, mit dem Rücken zusammen gekehrte und mittelst goldener Halsbände an einander gekuppelte aufsteigende Hunde im (rothen) Felde. Ober dem Schilde C ∘ V ∘ F und zur Seite je eine fünfblättrige Roselle. Im Rev. ein Schild, worin X und zur Seite 8—7 (1587) an der obern Seite eine Verzierung wie THT an einander gestellt. Am Rande beiderseits ein feiner und ein breiter Linienkreis. Gr. 12.

Av. Das vorige Wappen unverziert; und oben CVF und eine Verzierung. An den Seiten rechts und links des Schildes gleichfalls eine Verzierung. Im Rev. sitzt Bacchus (?) auf einem Fasse, mit der Rechten einen grossen Pokal zum Munde führend, die Linke nach der Seite ausgestreckt; zur Seite I . 5 — 86 Die Ränder beiderseits gekerbt. Gr. 9.

Die Familien der Freiherren, später Grafen von Weissenwolf, waren in mehreren Provinzen Oesterreichs ansässig. Von wem diese vorstehenden (Bier- oder Wein-?) Marken ausgegangen, ist mir unbekannt. In Wellenheim's Kataloge Nr. 15036 ist ersteres Zeichen Christoph VI. Ungnad, Freiherrn von Weissenwolf, Obersten und Commandanten zu Erlau in Ungarn, † 1587 zu Kaschau zugewiesen.

Neuere Jetons. 28898 — 901.

Av. Oben bogig IOS : APPEL In der Mitte eine sechsblättrige Roselle, unten zwei über einander gelegte Palmzweige. Rev. Ein oben drei- unten einspitziges Schild, darin im goldtingirten Felde ein von oben rechts nach unten links herabgehender blaugestrichelter Querbalken, darin drei sechsspitzige Sterne. Glatter Rand. Gr. 8.

Av. Ebenso. Rev. In einer punktirten, rautenförmigen Einfassung der heilige Leopold mit halbem Leibe über einer Mauer hervorragend, neben sich die Kirche, und zur Seite S — L Messing, bronzirt. Im k. k. Münzkabinette.

Av. Ebenso, jedoch die Roselle in einem Kreise. Rev. Auf einem Bande: SIC FATA VOLUNT Das schlecht gravirte Brustbild und unten C. H. dann die Jahreszahl 1817 (Sammlung des Hrn. Riess.)

Av. Das Wappen des ersten Reverses. Der Rev. wie zuletzt.

Josef Appel, geb. in Wien am 6. April 1767, war k. k. Buchhalter bei dem Münz- und Bergwesen und später auch Direktions-Adjunkt des k. k. Münz- und Antiken-Kabinets. Er beschäftigte sich mit Numismatik, besonders jener des Mittelalters und schrieb auch ein grösseres Werk über Münzen.

28902 — 3.

Av. In einem Kranze von Eichenzweigen WELZL | DE | WELLENHEIM Rev. Das Wappen, eine wellenförmige Querbinde auf schwarzem Grunde, darüber drei Bienen ober einander, darunter eine zwischen zwei sechseckigen Sternen stehende Nachteule Gr. 11. Im k. k. Münzkabinette.

Leopold Welzl von Wellenheim, geb. am 15. November 1774, war k. k. Hofrath der allgemeinen Hofkammer; er wurde am 3. November 1835 pensionirt und starb am 19. Februar 1848. Anlässlich der Veräusserung seiner grossen Sammlungen im Jahre 1845 ist der bekannte Auktionskatalog erschienen. Von gleichem beinahe medaillförmigem Gepräge und gleicher Arbeit ist nachstehender Jeton:

Av. Zwischen zwei Eichenzweigen: MAINONI | D'INTIGNANO. Im Rev. das behelmte Wappen, darin in der obern Hälfte rechts im rothgestrichelten Felde eine Hand, links im grünen Felde zwei Lilien und darunter ein fünfspitziger Ordens- (?) Stern. In der untern blauen Hälfte ein nach rechts schreitender Löwe. Die Helmdecken auf der rechten Seite roth, und auf der linken blau gestrichelt. Ober der Helmkrone ein einfacher Adler. Gr. 11.

28904—7.

Alte Marken der k. k. Schmelzhütte Lend.

Av. Der Vordertheil eines ruhenden Ochsen nach rechts. Im Abschnitte D zwischen fünfblättrigen Rosetten. Rev. H und daran L gestellt, zwischen gleichen Rosetten, dann eine grössere fünftheilige Rosette zwischen zwei Verzierungen, ähnlich einem Vogel im Flüge ohne den Hals und unten die Ziffer 10 Am Rande je ein gewundener Kreis. Gr. an 11. Stark.

Av. Eine gestielte Weintraube mit Blatt und Ranken, und unter derselben 1603 Im Rev. ein grosses L und am obern Striche zwei Querstriche, ein H bildend. Unten die Werthzahl 20 Am Rande zwei gekerbte Kreise. Gr. über 11.

Ein zweiter kleinerer Stempel hat im Reverse 4 Gr. 9.

Av. Ein am Boden ruhender, nach links zu gewandter Widder, und unter dem Boden im Abschnitte 1616 Im Rev. H und L an einander gestellt, darunter eine runde Rosette und tiefer die Zahl 5 zwischen den flügelförmigen Verzierungen wie vorher. Gr. über 8.

Av. Eine grosse Weintraube an einer Rebe, woran drei Blätter und zwei Ranken; unten 1616 Der Rev. ähnlich dem vorigen, nur ein Punkt statt der Rosette und die Werthzahl I statt 5. Taf. 66.

28908—12.

Av. Oben H und L daran gestellt, auf dem Querstriche des H steht ein F, darunter XVI zwischen Kreuzrosetten, unten ein liegender Ochs nach links gewandt. Neben H L die Jahreszahl 16—41 Der Rev. ebenso ohne die Jahrzahl. Gr. über 10

Av. Aehnlich nur Werthzahl XII, und im Rev. gleiche Rosetten auch an H L. Gl. Gr. (Sammlung des Hrn. Riess.)

Av. Aehnlich dem ersten Stempel, nur ist an H statt L ein P angestellt, dann die Werthzahl II . II statt XVI Gr. über 9.

Av. Das Monogramm wie zuletzt zwischen Kreuzrosetten, darunter 161 . 141, und unten der Ochs. Im Rev. Dasselbe Monogramm und darunter I . I zwischen gleichen Rosetten; am Rande unten der Ochse. Beiderseits Linienkreise am Rande. Gl. Gr. (Sammlung des Hrn. Riess.)

Nach der numismatischen Zeitung 1850, S. 173 auch mit der Werthzahl VIII zwischen zwei Rosetten.

28913—20.

Av. Der Buchstabe H und auf demselben F, an H links ein A angestellt. Zur Seite 16—56, darunter die Werthzahl XII zwischen Kreuzrosetten und unten der Ochse. Der Rev. wie der Avers. An den Rändern beiderseits ein Linienkreis. Gr. an 11.

Av. Das vorige Monogramm HAF zwischen Rosetten | 16 X 56 | und der Ochse. Der Rev. ähnlich dem Av. nur Rosetten neben X Gewundene Kreise am Rande. Gr. über 10. (Sammlung des Hrn. Riess.)

Av. Aehnlich dem letzten, nur 16 I 72 Im Rev. das Monogramm ohne Rosette | dann die Werthzahl I zwischen Kreuzrosetten | und unten der Ochse. Beiderseits gewundene Randkreise. Gr. 9.

Av. Das Monogramm FHL zwischen Kreuzrosetten, | 16 X 41 und eine gestielte Traube mit zwei Blättern. Im Rev. dasselbe Monogramm | dann X zwischen gleichen Rosetten | und unten dieselbe Traube. Am Rande beiderseits Linienkreise. Gr. über 10.

Aehnlich dem vorigen Monogramm, nur runde fünfblättrige statt der Kreuzrosetten, welche im Rev. nicht neben X sondern neben dem Monogramm stehen. Gl. Gr.

Aehnlich mit 16—83, die Rosetten im Rev. in der Höhe von X Gl. Gr.

Ebenso mit 16—88 wie zuletzt. Gr. 11. Nach der numismatischen Zeitung 1850, S. 173 auch 16 X 65.

28921—25.

Av. Das vorige Monogramm zwischen Kreuzrosetten, darunter 16 IIII70 | und die Weintraube wie vorher. Der Rev. ebenso, nur ohne die Jahrzahl. Am Rande beiderseits ein Linienkreis. Gr. über 10.

Aehnlich mit 16—83 dann mit II · II und fünfblättrige statt Kreuzrosetten, welche im Rev. nicht bei HL sondern neben II · II sind; dagegen ist neben HL im Rev. je ein Punkt. Gl. Gr.

Aehnlich. Das Monogramm zwischen fünfblättrigen Rosetten | 16 II · II 88 | die Traube. Im Rev. dasselbe Monogramm, zu dessen Seite je eine fünfblättrige Rosette unter einem Punkte; | dann die Traube.

Zwei Stempeln, deren einer beiderseits IIII ohne Punkt und im Rev. bloss H ohne L Gr. an 10. und letzterer St. an 11. Aehnlich von 16—99 mit fünfblättrigen Rosetten. (Sammlung des Hrn. Riess.)

28926.

Av. Zwischen zwei unten gebundenen Palmzweigen ein grosses H und auf dem Querstreife ein F Im Rev. ein geflochtenes viereckiges Behältniss, worin Kohlen oder Erze. Oben eine Sternrosette | * ANNO * und unten 1682 zwischen zwei rundlichen Rosetten. Am Rande beiderseits ein Lilien- oder ein Blumenkranz zwischen feinen Linienkreisen. Gr. über 13. Taf. 66.

28927—29.

Av. Die vorige Darstellung, das Monogramm HLF zwischen sechsblättrigen Rosetten, darunter 17 X 26 mit einem Punkte in dem obern Schenkel, und unten eine grosse Traube und zwei Blätter an einer Rebe. Der Rev. ebenso, ohne 17—26 und statt der sechsblättrigen Rosetten Kreuzrosetten in der Mitte der Münze an dem Rande zwischen H und X Gr. an 11.

Av. Aehnlich dem letzten mit 17—29, X ohne den Punkt, und kleine Kreuzrosetten statt den sechsblättrigen Rosetten beiderseits, im Rev. in gleicher Höhe mit X Gr. 11.

Av. Das Monogramm, HLF | 17 X 31 und darüber die Traube. Im Rev. das Monogramm, | darunter X und in gleicher Höhe zwei Kreuzrosetten, darunter die Traube. Gr. über 10.

28930—31.

Av. Das Monogramm HLF wie vorher | 17IIII 26 | und die Traube. Im Rev. das vorige Monogramm | II · II | und die Traube. Zwei Stempel, deren einer sechsblättrige Rosetten bei HL im Av. und Rev. — ein zweiter siebenblättrige Rosetten im Av. und Kreuzrosetten im Reverse hat der erste den Rand beiderseits Strichelkreise, im Rev. nach innen ein Linienkreis. Gr. 10. Der zweite den Rand bloss gestrichelt, ohne den Linienkreis. Gr. an 10.

28932—38.

Av. Das Monogramm HFL zwischen Rosetten | 16170 | die Traube. Rev. Dasselbe Monogramm | I zwischen Rosetten und unten die Traube. (Mitgetheilt vom Hrn. Riess.)

Av. Das Monogramm HFL wie vorher zwischen fünfblättrigen Rosetten, | 16196 | die Traube. Im Rev. dasselbe Monogramm ohne Rosetten, welche hier tiefer neben der Werthzahl I angebracht sind. Unten die Traube mit einem Blatte. Im Rev. HFL ebenso | I zwischen fünfblättrigen Rosetten | und die Traube. Am Rande Linienkreise. Gr. 8.

Aehnlich mit 16 I 99 Gr. an 8. (Sammlung des Hrn. Riess.)

Aehnlich mit sechsblättrigen Rosetten neben HFL | 17 I 04 | und die Traube. Gl. Gr. (Sammlung des Hrn. Riess.)

Aehnlich nur fünfblättrige Rosetten | 17 I 08 und im Rev. FHL ohne, dagegen I zwischen fünfblättrigen Rosetten. Gr. 8.

Ebenso mit 17 I 09 Gl. Gr.

Nach der numismatischen Zeitung 1835 S. 77 auch 17—06

28939—43.

Av. Oben das Monogramm H, darauf F und in dasselbe (H) zwei G, gerade und verkehrt gestellt, | 17 I 12 | und darunter die Traube. Rev. F | darunter ein Monogramm aus H M und A bestehend. Am Rande beiderseits ein Linienkreis. Gr. 8.

Ebenso mit 17—15, 17 und 20. Gl. Gr.

Aehnlich mit 17—28 und im Rev. unter dem Monogramm noch I und die Traube. Gr. an 8.

Auch mit 17—31 und gestrichelten Rändern beiderseits, wie zuletzt. Gr. an 9.

28944—47.

Av. Der Buchstabe L verkehrt. Rev. 4 Gr. über 6.

Ein zweiter hat im Rev. N Gl. Gr.

Ein dritter hat im Av. L und im Rev. Z dann der vierte L und im Rev. 4 Alle vier Blei. (Die erstern Sammlung des Hrn. Riess, die letzteren Katalog Marelich.)

Die vorstehenden Marken stammen von der k. k. Schmelzhütte Lend in Pinzgau (im Salzkammergute Oberösterreichs) und führte zu deren endlichen Bestimmung ein altes Markeisen mit dem vorigen Monogramm HLF, welches dazu verwendet wurde, Werkzeuge als Montanärer Eigenthum zu bezeichnen, welches Markeisen der damalige k. k. Obrist Ed. Freiherr von Marelich, Numismatiker und Archäologe, an Ort und Stelle entdeckte. Diese Marken stammen noch aus der Zeit der alten Erzbischöflichen Salzburgischen Regierungsperiode und waren zur Bequemlichkeit der in den vielen Bergwerken beschäftigten Arbeiter bestimmt, welchen für diese Marken die nothwendigsten Lebensbedürfnisse, als Wein und Fleisch u. s. w. von den Amtsverwaltungen der Berg- und Hüttenwerke ausgefolgt wurden. Die Buchstaben HF bedeuten fürstlichen Handel (Handel bezeichnet in der bergmannischen Sprache den Complex eines Berg- und Hüttenwerks-Besitzers, so sagt man z. B. von einem Aerarial-Berg- und Hüttenwerke „der kais. Handel") HLF bedeutet dasselbe (hochfürstlicher Handel Lend.) HFA hochfürstliches Hüttenamt, FHG hochfürstliche Gewerkschaft, HMAF, hochfürstliches Meusel-Amt und HFP hochfürstliches Proviantamt.

Die Marken mit L welche in Lend aufgefunden wurden, dürften nur für diesen Ort bestimmt sein. Siehe m. Not. num. Zeit. 1858 S. 79. Im Kataloge Marelich's S. 231 sind diese Marken offenbar unrichtig beschrieben, da dort nur von Fleischzeichen mit dem Ochsen erwähnt ist.

28948—49.

Neuere Marken. Bernsdorf bei Wiener-Neustadt. Av. Von rechts: BERNDORFER METAL·WAAREN·FABRIK • In der Mitte Schlägel und Eisen gekreuzt. Im Rev.

BMF in der Mitte; unten nach aussen MARKE. und von den beiden Buchstaben M und E nach oben zu sechs Ringeln und fünf durchstochene Sterne mit einander abwechselnd gestellt.

Av. Das vorige Monogramm BMF, jedoch unten nach aussen TRAITERIE. und oben am Rande drei Sternchen. Im Rev. Schlägel und Eisen gekreuzt, ohne Umschrift und am Rande ein Perlenkreis.

28950—53.

Einseitig. Mit vertiefter Schrift eingeschlagen 1 | HINTNER Gr. 8.

Im Kataloge Mareitch S. 229, Nr. 7055 kommen noch weitere Marken mit 1 HEM, 1 MOLDAN, dann Nothmünzen zu zwei Kreuzern mit 2 GAERTNER vor, welche unter Hallein, Bergstadt im Salzburgischen als Messingmarken angeführt sind.

28954—57.

Av. Unter einer Krone im deutschen Schilde ein aufrecht nach rechts schreitender Fuchs im goldtingirten Felde. Unterhalb am Rande nach aussen ADAM FUCHS Rev. In der Mitte die Werthzahl mit der Ueberschrift am Rande: LEOBERSDORF Mit den Werthzahlen 12, Gr. 13. Mit 6 Gr. 11. Mit 3 Gr. 10 und mit 1 Gr. über 8. Messingmarken, welche einem Gasthaus in Leobersdorf an der Südbahn angehören sollen. (Sammlung des Hrn. Riess.)

Reindorf, vor Wien. 28958—59.

Nothkreuzer von Zinn. FRIED: WIEDEMAN und eine Rosette; in der Mitte in | Reindorf (Bogig). Rev. 1 | KREUZER | W. W. | darunter zwei Zweige | Gr. 10.

Av. FRIED: WIEDEMAN und eine Kreuzrosette. In der Mitte IN | REINDD | ORF (bei Wien) Rev. 1 | KREUZER | W. W. Unten zwei über einander gelegte Zweige | 1848 (Beide Sammlung des Hrn. Riess.)

Skt. Veit bei Wien. 28960—63.

Av. Von rechts: JOSEF ROHRBACHER In der Mitte der doppelte kaiserliche Adler wie auf den Münzen und unten am Rande eine Verzierung, etwa wie §, links gerade und rechts verkehrt gestellt. Im Rev. die Werthzahl ober zwei unten gekreuzten Zweigen. Mit $\frac{1}{2}$, dann 1, 3 und 5 Messing. Gr. aller über 9. (Sammlung des Hrn. Riess.)

Josef Rohrbacher soll Stellfuhreninhaber in Skt. Veit bei Wien gewesen sein.

Vöslau bei Wien. 28964—66.

Ueberschrift oben am Rande: VÖSLAUER FABRIK In der Mitte die Werthzahl 6 Im Rev. ein sechsspitziger Stern. Gr. über 11.

Ebenso mit 3 Gr. 10 und 1 Gr. 8. Messingmarken der Vöslauer Kammgarnfabrik in der Sammlung des Hrn. Riess.

28967—69.

Wien. Av. THEATER-FRISEUR (Bog.) | BENED. | ANGERER | BÜRGL | PERÜCKENMACHER (Bog.) Rev. WIEN | (Verzierung) | SPITTELBERG | BURG GASSE | Verzierung | № 29 Am Rande beiderseits ein Perlenkreis. Gr. über 10.

Achteckige Marke. Av. Oben FRIED. CHRIST Unterhalb BURGL. DAMEN KLEIDERMACHER In einem gleichen Kreise HOHEN MARKT | 513 | IN | WIEN Rev. Oben: FREDERIC CHRIST Unten nach aussen: TAILLEUR DES DAMES In der Mitte in einem Kreise von kleinen Dreiecken: HOHEN MARKT Bog. | 513 | A | | VIENNE

Achteckig. Oben bogig: HEINRICH FORTMÜLLER | In der Mitte FRISEUR | STADT BURGERSPI | TAL № 1100 | IN WIEN Rev. Oben bogig: SILBERNE MEDAILLE In der Mitte VON 1839 ∗ Unten eine Rose zwischen je zwei Sternen.

Zehneckig. Av. J. GOLDSCHMIDT & SOHN (Bog.) | JUVELIERS Bog. | GRA

BEN | № 1122 | ZUM | ERZHERZOG | RAINER Rev. J. GOLDSCHMIDT & FILS. Am obern Rande JOAILLIERS (Bog.) | AU | GRABEN | № 1122 | AL' ARCHIDUC | RAINER

28970—71.

Av. Oben: GOLD SILBER UND JUWELEN In der Mitte HANDLUNG | VON H. A. | GRANICHSTÄDTER | WIEN. Unten nach aussen: BISCHOFGASSE № 636 Rev. EINKAUF | VON | JUWELEN | ALTEM GOLD | & SILBER Am Rande Perlenkreise. Gr. über 10.

Einseitig. MICHAEL HAMMER Ueberschrift bogig BISHOF | GASSE N 637, darunter ein Strich und tiefer eine Verzierung. Gr. 12. Ein Wien. Währ. Kreuzer.

28972—75.

Av. Hengemüller & Compagnie Ros. In der Mitte in einem gewundenen Vierecke mit einer Ecke nach oben gestellt 1 | TAG | * An dem Vierecke nach aussen an den Ecken je ein Punkt. Im Rev. ein Rechen, eine Sichel und Sense mit Bändern verbunden. Strichelrand. Gr. an 17. Weisses Metall.

Av. Aehnlich. In der Mitte ein Viereck aus Stricheln, darin $\frac{3}{4}$ | TAG Rev. Aehnlich. Strichelrand. Gr. 14.

Av. Hengel | müller | & | Comp: Oben und unten je ein Ringel. Rev. In einem Perlenkreise und einem innern Quadrate $\frac{1}{4}$ | TAG Um das Quadrat von aussen vier sechsblättrige Rosetten. Gr. über 12.

Av. H & C Rev. $\frac{1}{4}$ | TAG Gr. über 9. Strichelkreise am Rande. Messingmarken in der Sammlung des Hrn. Riess Robothzeichen.

28976—79.

Av. LAGER VON | (Bog.) JUWELEN | GOLD & SILBER | DES | FRIED. HRIBAR | in | WIEN | HAARMARKT N. 641 (Bog.) Rev. EINKAUF | VON | JU WELEN | ALTEN | GOLD & SILBER Perlenkreis am Rande. Gr. über 10. Vorstehende zehn Marken in der Sammlung des Hrn. Riess.

Einseitig. Nothkreuzer von Blei. C. MAYER . 5HAUS. (Fünfhaus nächst Wien) 116. In der Mitte I . K . W . W . (Im Jahre 1848 wegen Mangel an Metallmünzen erschienen.) Gr. 9. Katalog Marelich's Nr. 7018.

Av. V MAYER'S SÖHNE (Bog.) | JUWELIERE | GOLD UND | SILBERAR BEITER | STEFANSPLATZ | № 156 | WIEN Zur Seite der letzten zwei Zeilen je eine Verzierung. Rev. EINKAUF | VON | JUWELEN | Verzierung | GOLD & SIL BER Perlenrand am Kreise. Gr. über 10.

Einseitig. Messingmarke. A M | 1 . F . K. (Fuhre Kohlen) Linien- und gekerbter Kreis. (Alois Missbach.) Gr. 15.

28980—83.

Av. MILLY KERZEN U SEIFEN FABRIK WIEDEN WOHLLEBENG (asse) 83 In der Mitte ein Luster mit sechs brennenden Kerzen. Rev. Von oben: NIEDER LAGE STEPHANSPLATZ ZWETELHOF № 870. In der Mitte MILLY | KERZEN | MILLY | SEIFE Die Schrift beiderseits zwischen Linienkreisen. Gr. über 10.

Einseitig. I . N . | REITHOFER | IN WIEN | STADT | HERNGASSE | № 253. Gewundener Rand. Gr. an 9.

Av. Oben bogig: GOLD U. SILBERWAAREN- | FABRIK | VON | GEBR. | VAUGOIN | LAIMGRUBE | PFARRGASSE | № 58 | IN | WIEN In der untern Hälfte am Rande eine fünfblättrige Rosette zwischen zwei Verzierungen. Rev. ERZEUGER | DER | METALL zwischen zwei Verzierungen, | ADRESSEN | UND | VISITKARTEN Perlenrand am Rande. Gr. über 10.

Achteckig. JOSEPH WEIGER (Bog.) | № 1049 | KARNTHNERSTASSE | A VIENNE Unten bogig: CHIRURGIEN DENTISTE Rev. Oben bogig: BREVETÉ DE L. L. M. M. | L' EMPEREUR | D' AUTRICHE | DU ROI DES FRANCAIS | ET DE | LA REINE VICTORIA (Bog.) Vorstehende sechs Marken in der Sammlung des Herrn Riess.

28984—90.

Av. Am Boden ein aufrechter nach rechts schreitender eingeschwänzter Löwe mit den Vorderpranken eine Kugel haltend. Im Rev. die Werthzahl 30. Unten eine Verzierung, ähnlich zwei entgegengelegten horizontalen Lilien zwischen vierblättrigen zwei Rosetten und Punkten. Gestrichelter Rand im Rev. Gr. an 17.

Av. Aehnlich, jedoch der Löwe ein mit der Spitze nach oben gestelltes Viereck haltend. Im Rev. die Werthzahl 6, und unten eine Rose, neben welcher je rechts und links ein Punkt. Gr. 14. Beide Sammlung des Herrn Riess.

Av. Der Löwe wie zuerst mit der Kugel. Im Rev. 3. und unten eine Rosette zwischen zwei Blumenkelchen und vier Punkten. Im Rev. ein starker Strichelkreis. Gr. über 12.

Diese Marken sind von dem Gasthause Seitzerhof in Wien ausgegangen und werden hier, da sie ohne Aufschrift und manchem Sammler unbekannt, der Informirung halber beschrieben. Hieher gehören noch folgende Marken:

Die Werthzahl 30 | KR: | SEITZER- | HOF. Am Rande ein breiter erhabener Kreis. Gr. über 17.

Auch mit 15 | KR: | SEITZER- | HOF. Der Rand erhaben. Gr. über 16.

Oben 12 | KR: | SEITZERHOF Gr. über 10. Messing.

Oben 6 | KR: | SEITZER- | HOF. Der Rand erhaben. Gr. über 13. Die letzten drei Sammlung des Herrn Riess.

Das Herzogthum Steiermark.

28991—94.

Av. SIGMV- | ND. FRIDR | ICH FREYH | ER . ZV . HER- | BERSTAI- | 98 Am Rande ein Linienkreis. Rev. Von links: LANDSHAVPTMAN . IN . STEYR. Im Linienkreise das unten abgerundete Wappen ohne Helm, darin im ersten und vierten (rothen) Felde ein (silberner) Sparren; im zweiten und dritten rechts ein (goldener) Thurm im (rothen) Felde, links ein (goldener) Querbalken im (rothen) Felde. Gr. 13.

Ein Stempel: SIGMV · | ND. und BERSTAI. | 98.

Av. HANS . FRIDERICH . FREYHER ZV HERBERSTAI. Das vorige Wappen dabei 9—8 Rev. VERORDENTER IN STEYR. Das Steiermärkische Wappen mit dem Herzogshute. Entnommen Wellenh. Nr. 13898.

Av. Das vorige Wappen, ober welchem F . F . Z . H und zur Seite i—4 Rev. Am Rande zwei Zweige mit nach innen stehenden Blättern und dazwischen Schlägel und Eisen gekreuzt. Von oben herab und unten nach innen eine Verzierung aus Bändern. Am Rande beiderseits ein gekerbter Kreis. Gr. über 10. (Sammlung des Herrn Riess.)

28995.

Av. FRIDERICHEN . V . HOLLNECK . ZV . HOLLNECK . VND Rosette. In der Mitte ein verziertes Schild, darin im ersten und vierten Felde je ein gegen die Mitte zu gewandter Storch, im zweiten und dritten je vier Rauten. Im Mittelschilde das Holleneck'sche Münzbrett. Rev. In einem gekerbten Kreise: KAYNACH . Ros. RAYTT PFENNING... Undeutliche Ziffern, 629 (?) Ros. Das Holleneck'sche Münzbrett von

Strahlen umgeben. Oben drei Helme mit Decken, auf welchen rechts ein Storch nach links, in der Mitte die Strahlen mit dem Münzbrette und links ein unkennbarer Gegenstand. Gr. 13. Im Johanneum zu Grätz.

28996—97.

Marken. Kaltenberg. Einseitig. Von rechts: Ros. KALTENBERG. 1781. Unten 17 zwischen zwei Linienkreisen. Ein knieender Bergknappe nach rechts gewandt, in der vorgehaltenen Hand einen Hammer haltend. Am Rande ein gekerbter Kreis Messing. Gr. über 13. Ebendort.

Grätz. Av. CASINO | VEREIN Rev. Die Zahl III blau gestrichelt, mit zwei unten über einander gelegten Lorbeerzweigen mit zwei Linienkreisen am Rande. Gr. über 11. (Sammlung des Herrn Riess.)

Das Herzogthum Kärnthen.

28998—99.

Av. Eine kreuzförmige Blattrosette, BLASIVS . HÖLZEL . VICEDOMINVS . KA RINTHIE Ein getheiltes Schild mit einem wachsenden gekrönten Löwen und drei Löwenköpfen. Rev. Ein Kleeblatt REDDE . RATIONEM . VILLICATIONIS TVE MVII Die Schilde von Oesterreich, Kärnthen und Tirol, zwischen ihnen die Feuereisen. (Reichl's Münzsammlung, III, Nr. 1524.)

In den Jahrbüchern der Literatur 1846, Anzeigeblatt CXIV, S. 4 beschreibt Herr Kab. Dir. Josef Bergmann diesen Jeton nachstehend: + BLASIVS . HOLZEL : VICEDO MINVS . KARINTHIE . ZC. Im obern Felde des quergetheilten Wappenschildes ein gekrönter nach der Rechten aufsteigender Bär; im untern drei Blätter. Rev. REDDE. RATIONEM . VILLICATIONIS . TVE . (Gib Rechenschaft von deiner Verwaltung.) M. D. II. Die drei Wappenschilde wie vorher und dazwischen ebenso viele Feuereisen vom goldenen Vliesse.

29000.

Av. CRISTOF . KEVENHVLER . VON . AICHLBERG . RO + Das vierfeldige Wappen ohne Helm, darin im ersten und vierten Felde quergetheilt, in der obern (schwarzen) Hälfte eine (goldene) Eichel mit zwei (goldenen) Blättern, in der untern Hälfte (Gold) ein schwarzes Band. Im zweiten und dritten Felde, jedes von oben herab getheilt, rechts zwei silberne mit den Rücken einwärts gekehrte Flügel im (rothen) Felde; links zwei gleiche Flügel, jedoch roth im silbernen Felde. Ober dem unverzierten Schilde die Jahrzahl 1541 Im Rev. K : M : ZC . ERTZ . HERTZOG . FERDI . HOF . CAM . RA + In der Mitte zwei gekrönte Helme, auf deren rechts ein halber Steinbock nach links, auf jenem rechts die zwei Adlerflügel.

Christof Kevenhüller von Aichelberg, wurde im Jahre 1540 Landeshauptmann in Kärnthen und starb zu Villach am 5. August 1557.

29001.

Av. ◦ BERNHA . KEVENHVLER ◦ VON . AIHLBE Das vor. vierfeld. Wappen, hier jedoch mit einem undeutlichen Mittelschilde. Rev. Ros. ROMI Ros. HV Ros. VND Ros. BE Ros. KV Ros. MT Ros. RAT Ros. 1547 Ros. Die Rosetten durchstochene Blattrosetten. Die Umschriften beiderseits zwischen gekerbten Kreisen. In der Mitte das unbehelmte Wappenschild, ober welchem eine Verzierung und an jeder Seite ein Blatt. In der obern Hälfte des Wappens zwischen feinen Linien drei Querstreife, auf welchen je drei durchstochene Rosetten (?) In der untern Hälfte eine Verzierung (?) ähnlich XX Gr. über 11.

Die gefürstete Grafschaft Tirol.

29002.

Av. Von rechts :• HANNS • — • BEHEM:• Das beheimte Wappen, darin rechts ein bogig von oben herab gehender Strich, ähnlich einer verkehrten Zahl 5, links ein aufrechter Greif nach rechts, welcher ober dem Helme mit dem halben Oberleibe nach rechts gewandt, und ein Fähnchen haltend. Im Rev. FERDI . PRINC . HISP . ARCH . AVST † Die Umschriften beiderseits zwischen punktirten Kreisen. In der Mitte das unbeheimte, vierfeldige Wappen, darin im ersten und vierten Felde (abermals vierfeldig) das Wappen von Kastilien, im Mittelschilde je der Tiroler Adler, und im zweiten und dritten abermals vierfeldigen Schilde das Wappen von Leon je zwei Thürme und zwei Löwen, im ersten und vierten und zweiten und dritten Felde. Kupfer. Der Rev. offenbar von einer Kuraivmünze herrührend. (Sammlung des Herrn Riess.) Gr. 11.

Hanns Behem der jüngere war Münzmeister zu Hall 1553.

29003—4.

Av. CRISTOF . FVCHS . VON . FVCHSBERG und eine fünfblättrige durchstochene Rosette. In der Mitte das unten abgerundete, unverzierte Wappenschild ohne Helm. Im Rev. ZV . IAVFFENBVRG . VND . ALTENBVRG Die gleiche durchstochene Rosette, wie sie auf den Raitpfennigen Nr. 1317 und 1318 vorkommt. Die Umschriften beiderseits innerhalb zweier Kreise aus länglichen Punkten. In der Mitte ein Helm mit Helmzier und auf dem Helme der nach rechts gewandte Fuchs sitzend. Gr. 11.

Av. CH : FVCHS . V . FVCHSP . ZV . IAVFENB : RITTR und ein Blatt. In der Mitte ein auf den Seiten verziertes Schild, an dessen oberer Seite statt eines Helmes eine Lilie. Im Wappen u. z. im ersten und vierten Felde ein nach rechts springender Fuchs; im zweiten und dritten Felde eine sich von der untern Basis des Feldes bis an den obern Strich erhebende Spitze. Rev. CONFIDE . D : ET : AMA : EVM : 15 . 90 ein gestieltes Blatt und ein Punkt. Die Umschrift beiderseits zwischen gewundenen Kreisen. In der Mitte zwei Helme gegen einander gestellt, wovon jener links gekrönt. Auf dem Helme rechts sitzt der Fuchs nach links gewandt, aus jenem links ragen zwei Adlerflügel hervor, auf deren vorderem eine Spitze. Gr. über 10.

Die Fuchs von Fuchsberg sind eine bekannte, später gräfliche Familie in Tirol.

29005—6.

Av. Von rechts: WOLF . HALR . K^{Z} . M^{T} . HAVSCAMBER. In der Mitte in einem unverzierten, unten abgerundeten Schilde ein spitziger (silberner) Sparren, von der obern rechten Ecke gegen unten links hinabreichend, in einem schwach goldtingirten Schilde, ober welchem 1510 Rev. Von oben links: DEVS . PRAESTA . . (?) ARMA . CELESTIA Ros. Die Umschriften beiderseits zwischen Linienkreisen. In der Mitte ein Helm mit Helmzier, aus dessen Krone ein nach rechts gewandter weiblicher Mohrenrumpf mit einer weissen fliegenden Binde um den Kopf hervorragt. Gr. an 11.

Ein Stempel hat als Reversseite den Avers eines Tiroler Raitpfennigs mit DER . VERLORN . SCHVLD . RAIT TVET und eine sechsblättrige Rosette.

29007.

Av. . H : LINGGA : F : D : E . TIRO : CAMERMAIS : Das beheimte Wappen, darin ein aufrecht nach links springendes Einhorn, dessen Vorderleib sich oben über dem Helme wiederholt. Rev. CATHARI : V : TAXIS . SEIN · HAVSFRAV : (AV in einander gestellt.) In der Mitte im beheimten Wappen im obern (goldenen) Felde anscheinend die obere Hälfte eines Doppeladlers; in der untern ein Dachs nach rechts im blauen Felde. Oben am Helme drei Pfauenfedern und ein Jagdhorn. Gr. 11.

Av. + FERDINAND · D · G · ARCHID · AVST Die Wappenschilde von Oesterreich und Tirol unter dem Erzherzogshute; unten 1574 Rev. + GREG MASWAND' TIROL' CAM' MAIS' In einem unbehelmten Schilde das Wappen, ein Schwanenhaupt. Ober, dann rechts und links von dem Schilde je drei Blätter. Gr. über 10. Reichl's Münzsammlung III. Th. Nr. 703.

In Wellenh. Nr. 14251 erscheint dieser Jeton mit GREG . MASWAND . TIROL. CAM' . MAIS.

29010.

Av. ZIPRIAN . MEVRL . TIRO : CAMERMAIST + Im unbehelmten Wappen eine Mauer mit drei Zinnen; oberhalb, dann rechts und links von dem Schilde je ein Blatt. Rev. RESTO : SPNGLIS : CŌPVTAT . ET . LEVAT In einem gekerbten Kreise die Zahlentafel wie auf den Raitpfennigen; oberhalb, dann rechts und links Verzierungen. Gr. über 11. Im k. k. Kabinette. Siehe auch den Rev. von Nr. 1331.

29011—12.

Av. WAPP Ros. IACOB Ros. OECHSELL Ros. N · P und ein dreitheiliges Weinblatt. In der Mitte in einem unbehelmten, unten abgerundeten Schilde. In der obern Hälfte ein von links nach rechts schreitender Ochs; im untern Felde drei schräge Streifen, von oben links nach unten rechts, ober dem Schilde 15 A 55 muthmasslich Anno. Rev. VON Ros. SCHLET STATT Ros. FIE Ros. FE + Die Ros. beiderseits durchstochen fünfblättrig. In der Mitte der Helm, darüber der Vordertheil des Ochsen nach rechts. Die Helmdecken entfalten hier an den Enden eingeschnittene Eichenblätter. Die Umschriften beiderseits zwischen gekerbten Kreisen. Gr. 11.

Av. Aehnlich, nur 15—64 Rev. ROM . KAYS . MAI . RATH . VND . Z . C : ✱ Der Helm wie vorher, mit dem Ochsen. Gr. 10. Im k. k. Kabinette.

Ersterer Jeton erscheint in App. Nr. 2948 unter den Städtemünzen Frankreichs, bei Schletstadt. Ich habe, wie wohl ich über die persönliche Stellung des Jak. Oechsell nichts zu eruiren vermochte, diese Jetone hier eingereiht, da dieselben die charakteristischen Kennzeichen der Tyroler Jetone besitzen, als das unbehelmte, unten abgerundete Wappen, und im Rev. der Helmkopf, in den Umschriften ferner die fünfblättrige durchstochene Rosette, wie auf den Raitpfennigen.

29013.

Av. ERHART . REVTTER . F : D: RAT . V . HOFPH Stern In einem verzierten, runden Schilde das quadrirte Wappen, darin im ersten und vierten Felde ein springendes Pferd (Einhorn?) im zweiten und dritten eine schräge Binde. Rev. ✠ OTTILIA . NEV MAIRIN . SEIN . HAV (AV in einander gestellt) S (frau) In einem ähnlichen Schilde ein sechsspitziger Stern auf einem felsigen Berge; zwischen den Spitzen des Sternes dünne Strahlen. Im k. k. Münzkabinette. Wellenheim Nr. 14618 wohl irrig U . POFPH dann im Rev. U statt V

29014.

Av. ANTHONI . RVMEL . V . LIECHTNAW und eine fünfblättrige durchstochene Rosette. In der Mitte der Helm mit Zier und oberhalb ein halber Adler, mit ausgebreiteten Flügeln, wie er auf den Tiroler Raitpfennigen erscheint. Im Rev. IVSTVS . NON . DERELINQTVR . 1569 Ros. In der Mitte ein Bergmann, nach rechts gewandt mit dem Oberleibe, mit der Mütze am Kopfe; vor ihm der Buchstabe T Die Schriften zwischen gekerbten Kreisen. Gr. 10. (Sammlung des Herrn Riess.)

29015.

Av. Rechts: .GREGORI. — links · SALLER In dem behelmten Wappen drei Lindenblätter (?) in dem unten abgerundeten Schilde, mit den Stengeln gegen die Mitte zu, in einen Mittelpunkt gestellt; dasselbe wiederhohlt sich oben am Adlerfluge. Rev. DER . VERLORN . SCHVLD . HAIT . TVET und eine durchstochene fünfblättrige Rosette. In der Mitte der Tiroler Adler. (Die Aversseite eines Raitpfennigs.) Die Umschriften beiderseits zwischen gekerbten Kreisen. Gr. 11. (Mitgetheilt vom Herrn Dr. Missong.)

29016—18.

Av. CHRISTOF Ros. (fünfblättrig und durchstochen) SATL PERGER : 158Z Ros. Nach aussen ein Kreis von starken Punkten, nach innen ein Linienkreis, worin das unbehelmte Wappenschild von oben links nach unten quergetheilt, darin rechts der Vordertheil eines Steinbockes, nach rechts zu springend, und im linken Felde ein (goldener) Querstreifen. Ober dem Schilde V. V. V. (Veni, Vidi, Vici?) Rev. F : D : E : (fürstl. durchl. Erzh.) FERDINA : Z : O : (zu Oesterreich) PHENIGMAISTE : Ros. Nach aussen ein breiter Linienkreis. In der Mitte innerhalb eines feinen Linienkreises der gekrönte Helm und ober der Krone der halbe Steinbock rechts gewandt. Gr. 11.

Av. CHRIST . SATLBERGER . E . F . Z . O . PHENNIGMAISTER und eine runde Rosette. Das behelmte Wappen, darin im ersten Felde nach links, und im vierten Felde ein nach links gewandter Steinbock, jedoch bloss der Kopf und Hals; im ersten und dritten Felde ein von oben links, nach unten rechts gezogener (goldener) Querstreifen; ober der Helmkrone ein Hut und darüber sechs kleine Straussfedern. Im Rev. MARIA Blattros. HÖRMANIN Blattros. SEIN gl. Ros. HAVSFRAW Ros. In der Mitte das behelmte Wappen, darin ein geharnischter Ritter nach rechts gewandt, mit über dem Kopfe geschwungenen Streitkolben, welcher Ritter jedoch bloss mit dem Oberleibe auch ober dem Helme erscheint. An den Umschriften nach aussen ein gewundener, nach innen ein Perlenkreis. Gr. 12.

Ein zweiter Stempel hat im Av. CHRISTOF × SATLBERGER × E : F : Z : O : ROM : KAI : MAI : RATH × Gr. 12.

Dieser Jeton ist hier wegen der ähnlichen Umschrift aufgenommen, wie wohl der Typus von den übrigen Tiroler Jetonen verschieden ist.

29019.

Av. NARCISSVS . STOPPL . 15Z1 + Das Wappenschild ohne Helm, darin ein Vogel nach rechts, stehend, mit anliegenden Flügeln. Am Schilde oben, rechts und links eine Verzierung. Als Rev. ist der Avers eines Raitpfenniges mit dem Adler und der Umschrift DER VERLORN. u. s. w. dann eine fünfblättrige Rosette wie Nr. 1318. Die Umschriften beiderseits zwischen gekerbten Kreisen. Gr. 11. (Sammlung des Herrn Riess.)

29020.

Av. JACHIM · STRAVS · RO · K · M · ZC BVECHHALT. zwischen gekerbten Kreisen. In der Mitte in einem unten abgerundeten Schilde ohne Helm auf einem dreitheiligen Hügel ein Strauss nach rechts gewandt, den rechten Fuss in die Höhe gehoben. An der obern Schildseite und an den beiden Seiten je eine Verzierung. Der Rev. ist der Avers des Raitpfeniges Nr. 1331 vom Jahre 1524 mit den gekrönten zwei Wappen. Gr. 11. Tafel 66.

29021—25.

Av. TVE · RECHT · FVRCH TIR · DANOT und eine kleine sechsblättrige Rosette. In einem unverzierten unbehelmten Schilde, welches von oben links nach unten rechts quergetheilt, ein Hirsch aufrecht nach rechts schreitend, das Feld rechts oben blau, unten links Gold, und ein Hirsch im ersteren Felde, im zweiten blau. Rev. VNTREW . DARF . AVFSECHENS und eine sechsblättrige Roselle. Die Umschriften beiderseits zwischen gekerbten Kreisen. In der Mitte ein Helm mit Zier und dem aus der Krone hervorragenden. Vorderleibe des Hirschen nach rechts gewandt. Gr. 11.

Av. ebenso, nur oben statt der Roselle ist + Rev. Aehnlich, nur YИTREV Ros. DARF Ros. AVF Ros. SEHEИ... Der Hirsch ober dem Helme hat bei diesem Stempel die Vorderfüsse in die Höhe gehoben, bei ersterem nach vorn rechts vorgestreckt. Gr. über 10.

Ein Stempel wie der erstere mit FVRCHTIR . DAN NOCH. und eine sechsblättrige Roselle. (Sammlung des Herrn Dr. Freudenthal.)

Ein vierter hat TVE Ros. RECHT Ros. FVRCHTDIR Ros. DAИZOT Kreuz und im Rev. VИTREV Ros. DARF Ros. AVF Ros. SEHEИ + und das Schild im Av. unten abgerundet, statt wie bei den erstern zugespitzt. Gr. an 11. Ebendort. (In der numismatischen Zeitung 1851 S. 78, Nr. 5 unvollständig.)

Av. Der Hirsch in dem quergetheilten Schilde. Am Rande keine Umschrift. Rev. SICH . VMDICH... THOI IST MISSLICH Ein laufender, sich umschauender Hund mit einem Knochen im Munde.' Gr. 9. Dieser Jeton dürfte auch hieher gehören. (Im k. k. Kabinette.)

Die Familie der Thenn war in Tirol Gewerke- und Schmelzhüttenbesitzer.

29026—27.

Av. MAXL — RO. — RG. In der Mitte unter dem Herzogshute zwei unten abgerundete Schilde, darin in jenem rechts das Wappen von Oesterreich, der Querbalken, in jenem links der Tiroler Adler. Oben neben dem Reichsapfel des Hutes 1R—9Λ (1497). Rev. FLORI — WAL . D — WALD — 3 (verkehrt) R. R. In der Mitte das unten abgerundete Wappen im unverzierten unbehelmten Schilde, darin im ersten und vierten Schilde zwei fantastische schlangenähnliche Thiere bogig gegen einander gestellt, wie Ꝏ, im zweiten und dritten ein Streifen mit nach oben gerichteten Spitzen; hinter dem Schilde ein burgundisches Andreaskreuz. Am Rande beiderseits ein Linienkreis. Gr. an 11. Taf. 66.

Av. FLORIAN . VON . WALDENSTAIN Das vierfeldige Wappen wie vorher ohne das burgundische Kreuz, darüber 1509. Rev. Eine fünfblättrige Roselle, ZV . RET TENBERG . RITTER. Ein gestieltes Dreiblatt. Zwei Helme neben einander als Ergänzung des Wappens auf der Vorderseite.

Florian Waldauf von Waldenstein, Ritter zu Rettenberg, um 1440 geboren, wurde erst in Folge seiner Verdienste im Militär zum Ritter, dann vom Kaiser Maximilian zum Hofrath ernannt und starb am 1. Januar 1510.

29028.

Marke. In einem mit einer fünfspitzigen Krone bedeckten, unverziertem Schilde MP, an einander gestellt, H, und darunter ein Stern; neben dem Schilde unten über einander gelegt rechts ein Lorbeer-, links je ein Palmzweig. Rev. 3 | TRUHEN | KOH LEN und eine Arabeskenverzierung. Am äussersten Rande ein Kranz von Laub. Gr. 10. Marke des Hammerwerks Mühlpach.

Das Lombardisch-Venetianische Königreich.

Nicht unbedeutend ist die Zahl der im Venetianischen schon im 13. und 14. Jahrhunderte aufgetauchten Jetone und Marken, welche insgesammt mit dem Namen „*Tessere*" bezeichnet werden. Doch sind über dieselben bisher weniger Notizen, als man erwarten sollte, bekannt. Die Ursache dessen liegt zumeist hierin, dass bisher eine umfassende Beschreibung derselben nicht erschienen und diese *Tessere* überdiess entweder keine oder nicht genug aufklärende Umschriften enthalten.

Um nun diese schwierige Partie wo möglich vollständig zu geben, wandte ich mich wegen Erlangung von Notizen, von der Annahme ausgehend, dass man verlässliche Daten nur an Ort und Stelle erlangen kann, an Herrn Carl Kunz, Numismatiker in Venedig, welcher auch die Zusammenstellung der ihm bekannten Tessere übernommen und mir dieselbe mit den entsprechenden Notizen bereitwilligst eingesandt hat. Ich lasse die mir mitgetheilte Beschreibung, wie sie mir zugekommen ist, hier folgen:

A. Aeltere dem Tiberio di Marco Sesto zugeschriebene Jetone.

(14. Jahrhundert.)

29029—31.

Av. ✱. Von rechts SOFRI . BEN . E . MA + L. Ein nach links gewandtes Brustbild mit langem Barte und im Gewande; vor sich auf einem Gestelle ein offenes Buch, in welchem links F | I und rechts L | O *(Filosofia)* Rev. Eine nackte Figur nach rechts, in der vorgehaltenen Rechten eine Wage, in der Linken ein Füllhorn und ein Tuch. Am Rande G — VST — I — CI — A ✱ Gekerbter Rand beiderseits. Gr. über 10.

Av. Von rechts: PAX . Ō . REQIES — . ANIMI *(Pax omnibus requies animi?)*. Ein Mann, vor sich ein Buch auf einem Gestelle aufgeschlagen, sitzt nach rechts gewandt in einem Sessel mit hoher Lehne, auf welcher eine Lilie. Der Rev. ähnlich dem letzten mit VG ∘ S — T — I — ∘ C — I — A ∘ Gl. Rand. Gl. Gr.

Av. · IVSTE . IV — DICATE. Ein nach rechts gewandtes Brustbild mit langem Haare und blossem Halse. Rev. Auf einem Thronsessel, dessen Rückseite in ein Dreieck ausläuft, ein Regent (Salomon?), in der Rechten einen in drei Punkte endenden Scepter haltend. Gestrichelte Ränder. Gr. über 10.

29032—35.

Av. SANTVS Ros. — GORGII Ros. Der heilige Georg mit einem Schein aus Perlen formirt, sitzend, nach vorn gewandt, wie er mit der Rechten ein Schwert aus der Scheide zieht. Rev. Zwei tanzende, sich gegen links umsehende Personen, deren jene rechts beide, jene links nur die linke Hand in die Höhe gehoben hat. Gekerbter Rand. Gr. 10.

Av. Aehnlich mit Rosetten oder Blättern nach S und L. Rev. Ein Mann nach links gewandt, welcher in der emporgehobenen Rechten einen langen Stab hält und die Linke auf den Kopf eines vor ihm sitzenden nach rechts gewandten Löwen. Am Rande LIO zwischen Kleeblättchen, und rechts ONO zwischen gleichen Blättern. Gekerbter Rand Gr. 10.

Av. SAKTV und S liegend und verkehrt — GOR . . . II ∴ Der Heilige wie zuvor. Rev. ∴ LIO ∶ · — OMO Dieselbe Vorstellung; gekerbter Rand. Gr. 10. I. m. Samml.

Av. S . GEORGIVS . — DHAVALEL (?) Der Heilige wie zuvor. Der Rev. ähnlich dem folgenden, nur die Umschrift . LEONIS . dann links . VMILITAS. und bei dem Manne ein bis zu den Füssen rückwärts herabhängendes Kleidungsstück. Messing. Gr. über 9. (Sammlung des Herrn Schlumperger in Prag.)

29036—38.

Av. ESSO . — D (C verkehrt) I . LA — F — K . PER . AMOR . E. Der Heilige ähnlich dem letzten, nur nicht sitzend, sondern aufrecht, im Panzerhemde, wie er das Schwert zieht. Der Rev. ähnlich dem letzten, mit . VMILITAS . — LEONIS. Gl. Rand. Gl. Gr.

Av. + ✱ DONADO ✱ ENGO ✱ zwischen gekerbten Kreisen. In der Mitte folgendes Zeichen [Zeichen] Der Rev. wie zuletzt. Gl. Gr.

Av. Ein Mann nach vorn gewandt, mit unter dem Hute hervorwallendem Haare sitzt auf zwei Löwen, deren Köpfe gegen die Seiten zu hervorsehen; er stützt die Rechte auf den Schenkel und hat die Linke gegen die Seite zu ausgebreitet; an der rechten Seite ein Blumenzweig, an der Linken ein Blatt. Im Rev. auf einem gestrichelten viereckigen Sopha eine Frau (?) mit der ausgestreckten Linken einen Vogel haltend. Rechts von ihr zwei und links ein Blumenzweig; neben dem Kopfe links eine sonnenähnliche Rosette. Gekerbter Rand. Gr. 10.

B. Jetone mit dem Venetianischen Löwen.

29039—43.

Dieser Jetone gibt es in grosser Zahl und in manigfachen Stempelverschiedenheiten und werden hier nur einige derselben aufgenommen. Sie scheinen als Rechnungs- und Spielmünzen verwendet worden zu sein, und wurde die Aversseite mit dem Löwen auch vielfach von den Nürnberger Pfennigmeistern nachgebildet.

Av. Der geflügelte Löwe nach rechts mit einem Schein um den zur Seite gewendeten Kopf, vor sich das Evangelienbuch haltend. Am Rande zwischen Perlenkreisen achtzehn Sterne. Im Rev. ein Mann nach rechts, mit der rechten Hand ein vor ihm befindliches Thier haltend, und in der emporgehobenen Linken einen Stab. Vor ihm rechts am Rande fünf gestielte Blätter. Gr. 11.

Av. Der geflügelte Löwe sitzend, mit dem Kopfe, um welchen ein Perlenschein, nach vorn gewandt, und das Buch vor sich haltend. Vor ihm sechs durchstochene fünfblättrige Rosetten, deren zwei auch auf der Seite links. Im Rev. ein bärtiger Mann (Herkules?) nach rechts schreitend; unten eine, rechts sieben und links sechs derlei Rosetten und oben neben dem Kopfe zwei Punkte. Gl. Gr.

Av. Der geflügelte nach rechts schreitende Löwe mit Schein um den Kopf, mit den Vorderpranken das Evangelienbuch mit Perlen verziert, haltend. Oben eine, unten zwei derlei durchstochene Rosetten. Rev. Die Figur mit dem Löwen wie Nr. 29033. Links vier und rechts drei Rosetten, dann unten eine Kugel. Gekerbter Rand. Gr. 11.

Av. Aehnlich ohne die Perlen im Buche; oberhalb nach links vier und unten drei Kugeln. Rev. Aehnlich, nur rechts statt drei vier Kugeln. Gl. Rand. Gr. an 11.

Ein dritter, wie zuletzt hat ober dem Löwen fünf, rechts eine und unten drei Kugeln; im Rev. rechts sieben, links sechs und unter dem Löwen eine Kugel. Gl. Gr. (Siehe Nr. 903—5 dieses Werkes.)

29044—47.

Av. Der geflügelte Löwe mit Schein um den Kopf nach rechts schreitend, die vordern Füsse auf dem Buche, vor dem Kopfe eine, oben zwei und unten drei Kugeln. Rev. Der Mann, vor welchem links der Löwe, wie vorher. Vom Kopfe dieses Mannes wehen hier nach rückwärts zwei bis an den Boden reichende breite Streife, deren unterer durch einen Mittelstreif in zwei Theile getheilt ist. Ober dem Löwen links drei, zwischen ihm und dem Manne eine, und hinter demselben vier Kugeln. Gekerbte Ränder beiderseits. Gr. über 11.

Av. Ein ähnlicher Löwe, jedoch bloss vor und unter ihm je eine sechsblättrige durchstochene Rosette. Rev. Ein ähnlicher Mann, jedoch ist der Löwe hier nicht vor, sondern hinter ihm; er hält die rechte Hand auf ihm, und hält den Stab, auf welchem oben eine Kugel, mit der Linken. Rechts am Rande fünf und links drei gleiche durchstochene Rosetten und neben den Kugeln am Stabe nach rechts eine zweite grössere freistehende. Gl. Ränder. Gr. 11.

Av. Der Löwe wie vorher, nur hier mit den vier Füssen ruhend, und in dem Buche, welches er hält, vier Perlen, oberhalb drei und unterhalb vier durchstochene Perlen, jedoch fünfblättrige Rosetten. Rev. Der Mann wie vorher, jedoch hier deutlicher die Kopfbildung eines Negers; vor ihm links der Löwe und an dem Stabe, welcher vom obern bis zum untern Rande reicht, an der untern Hälfte fünf Querstreife gleich Sprossen an einer Leiter. Rechts am Rande fünf, links vier gleiche Rosetten. Gl. Ränder. Gr. 11.

Av. Der Löwe wie vorher, aber hier nach links, statt wie bei den frühern nach rechts schreitend, mit dem Evangelienbuche, oberhalb vier, unterhalb drei grosse Kugeln. Rev. Der Mann wie bisher mit einer unförmlichen Gesichtsbildung, die Rechte auf dem vor ihm befindlichen Löwen haltend, in der Rechten den Stab. Hinter seinem Rücken sind Spuren eines herabwallenden Kleidungsstückes. Am Rande unten am Fusse eine, rechts, rückwärts, drei und links, oberhalb, anscheinend fünf Kugeln. Gl. Ränder. Gr. über 10. Dünn. (Alle vier Sammlung des Herrn Schlumperger.)

In Wellenheim werden diese Tessere sogenannte Lagermünzen aus dem 16. Jahrhundert bezeichnet (Nr. 3304). Sellari (in Zanetti, II. 499—504), schreibt diese *tessere mercantili* der Stadt Cortona zu.

C. Jetone der Bruderschaften und kirchlichen Vereine.

29048—52.

Dieselben dürften zur Vertheilung an Arme, zur Erhaltung von Geld- oder Viktualien-Almosen bestimmt gewesen sein.

1. Scuola della Carità. (Schule oder Bruderschaft der Mildthätigkeit.)

Av. SIGNV — MSCOLE — SANCTE — ℞MARIE. Diese Umschriften in einem innern Linien- und äussern gekerbten Kreise. Ueber die ganze Fläche ein Kreuz, um dessen Mittelpunkt ein Linienkreis, in welchem in den durch das Kreuz gebildeten Winkeln CA — RI | TA — C (verkehrt). € Rev. SIGINVS — MSCOLE — SANCTE — MARIE. Die Mitte wie im Av. Gr. 11.

Av. SIGNU — M SCOLE — SANCTE — MARIE. Ueber die ganze Fläche ein Kreuz, um dessen Mitte ein Linienkreis mit je einem fünfspitzigen Sterne in den Winkeln. Im Reverse die heil. Jungfrau mit ausgebreiteten Händen, zwei neben ihr knieende Brüder beschützend. Gr. 12.

Av. Zwei Brüder gegen einander gewandt und knieend, halten das Schulzeichen (zwei Kreise auf einem Kreuze) mit vorgehaltenen Händen. Im Abschnitte .M.S. *(Maria Santiss.?)* Rev. Von rechts: CONFRA Ros. CHARIT· Die Madonna stehend mit dem Kinde am linken Arme. Gekerbter Rand. Gr. 9.

Av. Von rechts. CON — FRATERNI — CHARITA — TIS• Ober einer Leiste zwei gegen einander gekehrte vor einer Mutter Gottes knieende Brüder; unter der Leiste anscheinend ein Wappenschild. Im Rev. • ✠ • ZVAN ⁑ • DI ⁑ • SANTI In der Mitte ein Sparren, in welchem unten ein und oberhalb zwei alte Köpfe. An der Seite des Schildes je sechs und oben zwei Sterne. Die Umschriften im Rev. in einem gekerbten Rande. Gr. 12.

Av. Das Zeichen der Schule, ein Kreuz mit gespaltenen Enden, auf welchem ein engerer und ein weiterer Linienkreis. Im Rev. die Barmherzigkeit mit einem Kinde am linken Arme und zur Seite rechts ein grösseres Kind gehend. Am Rande ein gekerbter Kreis. Gr. 11.

2. Scuola della Misericordia. (Der Barmherzigkeit.)

29053—56.

Av. MARE . DMIXERICORDIA *(Madre di Misericordia*, Mutter der Barmherzigkeit.) zwischen gekerbten Kreisen. In der Mitte unter einer Krone: M gross, und zu den Seiten kleiner S — V und je ein Abkürzungszeichen oberhalb. Im Rev. die Mutter Gottes mit Schein um den Kopf, die Hände gegen die Seiten zu etwas erhoben. .SM.DL — Undeutlich ...D (Vielleicht *Sancta Maria della misericordia* bedeutend); an der Schrift innen ein gleicher Kreis, welcher auch am Rande. Gr. über 10.

Av. Unter einer Krone SMV der mittlere Strich des M reicht tiefer und endet in blumige drei Theile, neben welchen zwei fünfblättrige Rosetten. Rev. Die Mutter Gottes stehend, wie sie zwei vor ihr knlende Brüder mit dem Mantel beschützt. Gekerbter Rand. Gr. über 11.

Av. • 1651 • | • SIGNVM • | AD • HONOREM. | Die gekrönte Chiffre wie zuletzt; neben der Krone je eine fünfblättrige grössere und sechseckige kleinere Ros. Im Rev. eine ähnliche Vorstellung. Von rechts • MATER — MISERIC • Im Abschnitte • V · MA • (in einander gestellt.) Gekerbter Rand. Gr. 13.

Av. Von rechts: PROTEGIE — VIRGO TVOS Die von vielen blumigen Zweigen umgebene Mutter Gottes, mit dem Mantel viele um sie herum knlende Brüder beschützend. Rev. M. MISERI — C — ORDIS Zwischen zwei unten gekrönten Lorbeerzweigen die gekrönte vorige Chiffre SMV. Am Rande ein Perlenkreis. Gr. an 13.

3. Scuola di San Giovanni Evangelista. (Des heil. Johann Evangelist.)

29057—61.

Av. :. S (liegend) IOHAN — ES. EVGL.. Der Heilige mit einem geperltem Scheine um den Kopf, die Rechte wie zum Segen erhoben, in der Linken ein Buch, mit halbem Leibe. Im Rev. ✠ S — IOHE — S • — EVG — L. Zwei über einander gelegte Bischofsstäbe. Die Ränder beiderseits gestrichelt. Gr. 11.

Av. Von rechts: . SAN . IOANIS . — . CHARITAS . Der Heilige stehend mit Schein um den Kopf in ganzer Gestalt, zur Seite E — V (Evangelista.) Im Rev. S schief, FRATERN — BATVTOR'. In der Mitte zwei gegen einander gewandte knlende Brüder mit Kapuzen am Kopfe, welche mit den Händen einen Bischofsstab halten. Am Rande ein Linien- und äusserer Strichelkreis. Gr. an 12. Kommt auch mit einem Zeichen ähnlich t kontramarkirt vor.

Av. Von rechts: • S • ZVANE • *(S. Giovanni)* — • EVANGEL — ISTA . •. Im Perlenkreise die knlenden zwei Brüder, wie im vorigen Rev. Rev. IER Ros. QVAR TO Ros. VAR Ros. GRANDO Ros. 1597. Ros. *(Jeronimo Quarto Guadrian Grande.)* Ein oben lilienförmig verziertes Schild, darin auf einem Kreuze der Markus-Löwe nach rechts. An den Rändern beiderseits ein Perlenkreis. Gr. 14.

Av. Aehnlich dem vorigen, nur I — STA • Rev. • Z. BATTISTA. CICOGNA. GUAR. GRAN. Ros. In einem an den Seiten und oben verziertem Schilde ein Storch mit einer Schlange im Schnabel. Gekerbter Rand. Gr. 13.

Av. Von rechts: S. IOANNES — EVANGEL. zwischen gekerbten Kreisen. In der Mitte zwei gegen einander gewandte knlende Brüder, welche ein bis an den Rand reichendes Kreuz halten. Im Abschnitte ✱ ✠ ✱. Im Rev. ein Schild mit einer Querbinde, oben eine lilienförmige Verzierung; unterhalb gleichfalls von Verzierungen umgebene Linienränder Gr. 11. Kommt auch mit einem undeutlichen Stempel kontramarkirt vor.

4. Scuola di San Marco.

29062—63.

Av. Von rechts: SCOLA · SANC — TI · MARCI. Zwei Brüder knlend halten ein grosses breitschenkliges Kreuz mit einer Kugel im Mittelpunkte und mit Einschnitten an den Schenkeln. An den Enden und in den Winkeln Perlen. Im Rev. links der heil. Markus, sitzend nach rechts gewandt, wie er den vor ihm knlenden Brüdern eine Fahne übergibt. Im Abschnitte . S . M . Die Fahne, auf welcher ein Kleeblatt, die Fahne in Franzen endend. An den Rändern doppelte Linienkreise. Gr. 12.

Av. Von rechts TIBI zwischen fünfblättrigen Rosetten — . MARCE und im Abschnitte nach aussen . PAX . Zwei Brüder mit langen Kapuzen gegen einander gewandt, knlend, halten auf einer Stange den geflügelten Markus-Löwen. Rev. SCHO | LÆ | S. MARCI | PI | ETAS An den Rändern ein gekerbter und im Rev. noch ein Linienkreis. ▲ Gr. 11.

5. Scuola di San Rocco.

29664—68.

Av. Ein scepterartiger Gegenstand zwischen S — R (der Pilgerstab des heil. Rochus, als Simbol für den Heiligen selbst, welcher als Pilger vorgestellt wird. Im Rev. der heil. Rochus in ganzer Gestalt, mit der Linken den Pilgerstab haltend. Gr. an 13.

Weitere Reverse mit den Zahlen II zwischen drei rundlichen Rosetten, dann IIII zwischen fünf, — V und VI zwischen je zwei gleichen Rosetten. An den Rändern ein Linien- und ein gekerbter Kreis. Gl. Gr.

6. Scuola dei Battuti. (Der Gegeisselten.)

29069.

Innerhalb zweier gekerbter Kreise die Mutter Gottes mit dem Scheine im halben Leibe. Zur Seite . S . — . M . Rev. An einer Handhabe drei an einem Ringe angebrachte gegen den obern Rand hinaufgehende Ketten (eine Geissel), zur Seite je ein Stern. Am Rande gleiche Kreise. Gr. 9. J. m. S.

7. Scuola di San Giovanni Battista di Murano. (Von der benachbarten zu Venedig gehörigen Insel.)

29070—71.

Av. SCOLA . DE . S . Z . BATISTA . DE . MVRAN In einem Linienkreise der Heilige am Boden sitzend, mit Schein um den Kopf, in den Händen einen Stab und einen undeutlichen Gegenstand haltend; neben sich rechts ein ruhendes Schaf. Rev. SANCTVS . MARCVS . VENETVS . Ros. In einem gleichen Kreise ein von Aussen mit sechs lilienartigen Verzierungen umgebenes Schild, darin der geflügelte Markus-Löwe mit dem Buche. An den Rändern gekerbte Kreise. Gr. 13.

Av. SCVOLA . DE . S . Z . BATISTA . DE . MVRAN Ros. In einem gekerbten Kreise der geflügelte Löwe in einer Cartouche, ober welcher so wie unterhalb eine lilienförmige Verzierung. Rev. ALVISE . SERENA . GVARDIAN Ros. G . Ros. Am Rande beiderseits Perlenkreise. In einem gleichen Kreise der Heiland sitzend. Gr. an 14.

D. Literärische und musikal. Akademien.

(Eintritts- und sonstige Zeichen aus dem XVII. Jahrhunderte.)

29072—74.

Av. und Rev. Unter einer kleinen Sonne QVIETI | * XXX * Am Rande ein Kranz aus Verzierungen, ähnlich den Gliedern einer Ordenskette des goldenen Vliesses. Strichelrand beiderseits. Gr. an 15. *(Accademia dei Quieti.)*

Av. In der Mitte auf einem Bande: VNISONI Am Rande zwischen zwei Perlenkreisen ein Kranz aus je einer fünfblättrigen Rosette und einer Verzierung, ähnlich einem O aus gerade und verkehrt daran gestellten C bestehend. Ober und unter VNI SONI sind auf den Exemplaren Namen eingravirt, so z. B. *Filippo Molin — Angelo Corera, Francesco Tasca* — Im Rev. zwischen zwei Perlenkreisen, worin ein gleicher Kranz, rechts eine Violine mit überlegtem Bogen und links eine Guitare. Gr. 15. *(Accademia degli Unisioni.)*

Av. In der Mitte eine Krone und am Rande 22 sechsspitzige Sterne. (Die Krone muthmasslich das Wappen der Familie Corner.) Im Rev. eine Mandoline. Am Rande beiderseits starke Strichelkreise und im Rev. noch ein gekerbter Kreis. Gr. an 15. Unbestimmt.

E. Gegossene Zeichen für Fabriken, Salz-, Getreidezeichen, meist Messing-Bronze.

29075—79.

Av. Von rechts: SIMÒN . ZERBI, unten nach aussen (1615) Ein unbehelmtes Wappen, darin im obern Felde ein Hirsch nach rechts; im untern drei wellenförmige Linien. Rev. Von rechts: GIO . ANTONIO . SASSO Unten nach aussen (MINAL). Die Umschriften zwischen starken Linienkreisen. In der Mitte ein nach oben verziertes Schild, darin zwei Löwen eine Säule haltend; die untere Hälfte leer. Gr. 23.

Av. Aehnlich, nur statt der Jahrzahl, QVARTA (A liegend) und im Rev. statt MINAL ist (1615) Gr. 17.

Av. Ein Schild mit in der Mitte oben eingerollten, unten nach den Seiten zu auslaufenden Enden, in dessen Felde in der Mitte ein Querstreifen; die hiedurch gebildeten Felder leer. Zur Seite F — A Im Rev. in der Mitte QVARTA. Am Rande Linienkreise. Gr. 14.

Ein zweiter im Rev. QVARTA | ROILO *(Quartarolo.)* Gr. an 13.

Av. In einem mehrfach eingebogenen Schilde im obern Felde ein Vogel mit ausgebreiteten Flügeln, in der untern Hälfte drei undeutliche Gegenstände, die beiden äusseren scheinbar Kelche. Im Rev. 9VA | R *(Quartarolo.)* Erhabener Linienrand. Gr. über 12.

29080—82.

Av. DIE . 12 . MAZO . 1555. zwischen erhabenen Linienrändern. In der Mitte ein Schild in unregelmässiger Form ohne Helm, darin auf Stangen zwei, unten abgerundete und oben in eine Spitze auslaufende Lanzende, mit den Spitzen nach oben; zwischen beiden auf einem Querstriche in der Mitte des Schildes befestigt ein an einem Faden herabhängender kugelähnlicher Gegenstand; ausserhalb des Schildes B—C Rev. Zwischen Linienkreisen: DIE · 12 · MAZO . 1555; nach I und nach den beiden letztern 5 scheinen Rosetten. In der Mitte ober einem breiten Punkte oder einer Rosette 1555 | 1560. Gr. 17.

Ein zweiter Stempel, bei welchem in der Jahrzahl 1555 keine Rosetten und im Reverse in der Mitte 1559 und kein Punkt oberhalb, 1560 Von gelbem Metalle, und hat bloss Grösse 12. J. m. S.

Av. Wie bisher. Rev. DIE . 12 . MAZO . 1555. zwischen Linienkreisen. In der Mitte ein unregelmässiges Wappenschild, darin im ersten und vierten Felde ein aufrechter, nach rechts schreitender Löwe; im zweiten und dritten sechs Kugeln in drei Reihen auf einander gestellt, und ober denselben ein Stern und Halbmond; neben dem Wappen L—M Gr. 13.

29083—85.

Av. 1581 . ADI . 6 . MAGGIO Ros. (?) zwischen Linienkreisen. In der Mitte ein unbehelmtes längliches Schild, worin drei Querstreife von oben rechts nach links herab, auf deren mittlerem drei Sterne; zur Seite G—M Im Rev. dieselbe Vorstellung, nur die Umschrift IN TE DOMINE SPERAVI ✱ Gr. 17.

Ein kleinerer Stempel (Gr. über 12) scheint im Rev. statt des Sternes nur eine längliche Rosette zu haben.

Av. MDLIX Ros. FINA Ros. MDLX7 Ros. zwischen Linienkreisen. In einem unbehelmten unregelmässigen Wappenschilde ein undeutlicher, unten breiter, oben in eine Spitze endender, hohler, von aussen nicht glatter Gegenstand; neben dem Schilde M—C Rev. Aehnlich, nur in dem Wappen hier ein Storch mit einer Schlange im Schnabel, und neben dem Schilde Z—C. Die Rosetten fünfblättrig mit einem Kerne in der Mitte. Gr. über 13.

Vorstehende sechs Stücke sind den Nr. 29080—85 in der Form, der Arbeit, dem Gusse und Metalle nach so ähnlich, dass man sie nur als Tessere und nicht als Medaillen ansehen kann; und wurden wahrscheinlich zu gleichen Zwecken wie die vorbeschriebenen verwendet. Sie wurden desshalb von Lazari u. a. Numismat. für Tessere gehalten und eingelegt.

29086—89.

Av. Eine Lilie zwischen Rosetten | QVARTA | SAL zwischen Rosetten. | Rosette. Im Rev. Die Darstellung Marien-Verkündigung, Maria links und vor ihr der geflügelte Engel von links. Oberhalb der heil. Geist in Gestalt einer Taube zwischen Strahlen und am Rande breiter Linienkreis. Gr. 15.

Av. QVA | RTIE | RO Rev. CEL | LINI | Ros. (Richtiger *Celini*, Familienname.) Gl. Ränder. Gr. an 13.

Av. GVAR | TIE | RO Im Rev. SAL | Ω Dreieckig mit erhabenen Linien eingefasst. Höhe 13.

Av. STA | RO Rev. PADO | AN | O Dreieckig mit Perlen und aussen Linien eingefasst. Höhe an 12.

29090—93.

Av. HIERONIMO . GOTTARDO . MVRRARI. In der Mitte ein mehrfach verziertes Schild, in dessen Obertheil scheinbar ein Vogel mit ausgebreiteten Flügeln; darunter ein Schildchen, das Weitere unkennbar. Rev. QV | ARTA | MVLXX | VIIII (1579) An den Rändern ein gekerbter Kreis zwischen Linienkreisen. Gr. 13.

Av. Ros. SALE | MARS | OLET | I *(Marco Soleti.)* Im Rev. 1585, ober- und unterhalb je eine vierblättrige Rosette. Am Rande ein erhabener Linienkreis. Gr. 13.

Av. IN . DOMINO . CONFIDO SEMPER In einem mehrfach verzierten Schilde ein nicht ganz deutliches Wappen, darin im obern Felde zwei Löwen gegen einander vor einem undeutlichen Gegenstande; im untern Felde drei schräge Striche. Rev. Ros. 1601 . SALE . DI VICENZA, ein Blatt. In der Mitte im gewundenen Kreise QV—ARTA. Von aussen an den Rändern Perlenkreise. Gr. 12.

Av. Unter einer Lilie mit zwei Palmzweigen: SALE | 1619 Im Rev. ein sechsspitziger Stern. Am Rande erhabene Linienkreise. Gr. 13.

29094—98.

Av. 1640 darunter ein Querstrich | QVARTE | P mit einem Striche durch (= *per*. für die Verkäufer) VENDI | TORI Im Rev. 1641, | Ein Querstrich | ein grosses N ♠ A | G. An den Rändern zwei Linienkreise, in welchen kleine Vierecke an einander. Gr. 15.

Av. 1640, | ein Querstrich | · N · A · | G · Ros. Rev. 1641, der Querstrich ℚVAR | TE Die Einfassung wie bei dem letzten. Gr. über 10.

Av. Unter einer sechsblättrigen Rosette | SALE | 1643. Rev. Auf einem nach rechts schwimmenden Delphine eine weibliche Gestalt (Fortuna?) stehend, in der erhobenen Linken ein langes Tuch über sich haltend. Zur Seite A — N. Am Rande beiderseits erhabene Linienkreise. Gr. an 13.

Av. Unter einer grossen runden Rosette | MEZZO | STARO | ein Querstrich | 1704. Rev. Unter drei Kugeln VICE | NZA | Kugel. Am Rande gleicher Kreis. Gr. 12.

Av. ℚVAR | TE | 1704 Rev. VICE | NZA Desgleichen. Gr. über 9.

29099—101.

Av. SOL ∘ | 24. Rev. T . 6 *(Tornesi 6)* Ein Sechseck mit erhabenen Linien eingefasst. Höhe an 13.

Ein Tornese war gleich vier Soldi, sonach 24 Soldi = 6 Tornesi. Nachdem jedoch die Tornesi-Währung blos auf Candia galt, so dürfte diese Marke auch nur dort Geltung gehabt haben.

Av. Der geflügelte Markus-Löwe mit Schein, das Buch haltend. Im Rev. eine weibliche Gestalt, ähnlich jener Nr. 29096, nach links gewandt, und auf einer Kugel stehend, in der vorgestreckten Rechten einen Kranz, in der Linken zwei Zweige. Von der Achsel rechts ein weites Gewand hinter dem Rücken herabwallend. Erhabener Linienrand. Gr. 16.

Av. Aehnlich. Rev. Die Frauensgestalt wie zuletzt, doch fehlt das faltige Gewand hinter ihr, wogegen von den Zweigen zwei Bänder herabwehen, mit welchen diese Zweige gebunden sind. Gr. 12.

Die Bestimmung der vorstehenden Marken *(Tessere)* lässt sich nur theilweise und diess nach den auf denselben befindlichen Bezeichnungen entziffern; dagegen fehlen die Daten hierüber, von wem solche ausgegangen. Von den auf jenen *Tessere* befindlichen Benennungen bedeutet MINAL eine grössere Getreidemass, *Staro* einen Metzen, *Staro Padoano* und *Mezzo Staro Vicenza*, Paduanischer Metzen und halber Metzen von Vicenza, welche, wie noch heute, von den Venetianischen verschieden sind. *Sale* bedeutet Salz; *Quarta*, *Quartiero*, *Quartorolo*, ein Viertel Metzen oder Pfund. Die vorgekommenen Wappen und Familiennamen gehören adeligen Familien Venedigs nicht an; selbst das Wappen mit dem Storche und der Schlange dürfte einem bürgerlichen *Cicogna* gehören, da das adelige Geschlecht dieses Namens den Storch ohne Schlange führt.

F. Tessere der Ternaria vecchia und Provveditori sopra gli olii.

29102—6.

Ternaria vecchia war eine im 13. Jahrhunderte gegründete Magistratur, deren Aufgabe es war, die Steuer für Oel, Holz und Getreide festzustellen und über die Masse und Gewichte, endlich über den Handel mit Seife und Eisen die Oberaufsicht zu führen. Die *Provveditori sopra gli olii* war eine im Jahre 1531 gegründete, mit der *Ternaria* im engen Bezuge stehende Magistratur. Sie bestand aus drei Edelleuten, welche wachen mussten, dass die Oele immer in genügender Menge vorhanden waren, ihre Preise feststellten und die Taxe für die Ein- und Ausfuhr derselben einkassirten. Der Gegenstand war von grosser Wichtigkeit für eine Stadt, welche so viel Oel verbrauchte.

Es sind bereits im I. Bande dieses Werkes einige dieser Marken angeführt, Nr. 907—14 und folgt die Beschreibung weiter mir nun zugekommenen derlei *Tessere*.

Av. Von rechts + TERNARIA Ros. VECCHIA. In der Mitte, in einem Linienkreise ein halbes Oval, unter welchem M zwischen fünfblättrigen Rosetten. *(Mezza lira*, ½ Pfund.) Rev. ✱ | PHORIA | LOGLIO | ✱ Gekerbter Rand. Gr. 8.

Av. TERNAR — IA . VE — CCHI — A Das halbe Oval wie zuvor, und unterhalb ✱ M ✱ Im Rev. ober einer Leiste der Löwe nach rechts und unterhalb S!! M!A ohne Rosetten. Der Rand mit gekerbten und Linienstrichen eingefasst. Viereckig. Höhe an 9.

Av. Der Löwe nach rechts zwischen zwei sechsspitzigen Rosetten auf einer Leiste, unter welcher P . T . V . | ✱ *(Pro tern. vecch.?)* Im Rev. in einem punktirten Kreise 1 (1 Pfund) zur Seite je ein Weinblatt, oben und unten eine sechsspitzige Rosette. Dreieckig und in den Winkeln im Rev. je ein Weinblatt. An den Rändern perlenartige Striche und Linien. Höhe 12.

Ein zweiter Stempel statt der Weinblätter dreispitzige Rosetten und in den Winkeln fünfblättrige Rosetten. Der innere Kreis berührt hier die Einfassung des Dreieckes. Die Ecken abgestumpft. Höhe 10.

Av. Aehnlich, nur kleiner und P . T | ✱ Im Rev. M zwischen vier Punkten in einem Kranze, und in den Winkeln fünfblättrige Rosetten. Höhe über 8.

29107—10.

Av. Von rechts PRI . SOPRA . LI . OLGI Der geflügelte Markus-Löwe ober einer Leiste, unter welcher 1590 zwischen fünfblättrigen Rosetten. Im Rev. in der obern Hälfte ein Kreuz mit gleichen Rosetten an den obern drei Spitzen, unten LI zwischen drei gleichen Rosetten. *(Lira una*, ein Pfund.) Am Rande gekerbte Kreise. Gr. 11.

Av. Ros. PROVISORIS : OLII : Ros. In der Mitte ✱ L ✱ I ✱. ober- und unterhalb des Ganzen ein Weinblatt. Im Rev. auf einer Leiste der nach rechts schreitende Löwe, unter welchem ∗ S ∗ M ∗ Am Rande punktirte Kreise. Gr. über 11.

Av. PROVISORIS . OLII . Ros. In der Mitte in einer vierbogigen Einfassung L . I, ober- und unterhalb je ein Weinblatt. Rev. Der geflügelte Löwe hier aufrecht nach rechts; in der vorgehaltenen rechten Pranke ein Schwert, unten neben dem Fusse S — M und tiefer eine Querleiste. Am Rande im Rev. ein Perlenkreis. Gr. 11.

Av. Aehnlich dem letzten. Im Av. jedoch OLII. und zwei Rosetten und in der Mitte statt LI ist M (*Mezza lira*, ein ½ Pfund.) Im Rev. ein Perlenkreis. Gr. 9.

29111—14.

Av. Länglich viereckig. Oben PROVISO, zur Seite links RIS, unten nach innen OLII und ein Weinblatt. In der Mitte L . I, diese Buchstaben zwischen fünfblättrigen Rosetten. Im Rev. ein Thurm mit zwei Etagen, der Länge der Marke nach gestellt; unten C ∗ LO. Die Einfassung am Rande punktirt und ausserhalb ein Linienkreis. Breite 12.

Av. Ein kürzeres Viereck. Oben PROVI, links SOR, unten nach innen IS ∗ O, rechts LII. In der Mitte L ∗ I. Im Rev. eine Brücke mit Obelisken, ähnlich jener in Venedig, welche *Ponte della guglie* genannt wird, und zugleich das Wappen der Familie Da Ponte. Ausserhalb derselben C—O. Br. 10.

Av. Ebenso. Von oben: PROVISORIS ∗ OLII zwei Rosetten. In der Mitte ∗ L ∗ I ∗ Im Rev. in der Mitte eines Kreises, ober und unter welchem je ein Querstrich, ein S, Gr. 11.

Av. + PROVISORIS + OLII . In der Mitte ∗ L ∗ I ∗ Rev. Ein zierliches Kreuz, daneben S — C. Sechseckig. Kupfer. Appel Nr. 3562.

29115—18.

Av. Oben OGLIO, darunter I, gross, zwischen fünfblättrigen Rosetten, unten, klein . A . Im Rev. der heil. Markus in ganzer Gestalt, nach vorn gewandt, zur Seite . P . — . O . (*Provveditori Olii.*) Beiderseits ein Linienrand, im Av. nach innen noch ein Perlenkreis. Gr. 10.

Ein zweiter Stempel hat M. statt A.

Ein dritter bloss im Av. I, zwischen Weinblättern. Im Rev. der Heilige, jedoch nur im halben Leibe ober einer Leiste, unter welcher, Ros. P . O, Ros. Perlen- und Linienränder. Gl. Gr.

Av. OGLIO | M, zwischen fünfblättrigen Rosetten. (*Mezza lira.*) Rev. Der heil. Markus in ganzer Gestalt auf einer Leiste und zur Seite P — O Perlen- und Linienrand. Gr. 9.

G. Unbestimmte.

29119—22.

Hieher dürften nachstehende Tessere unbekannter Bestimmung gehören.

Av. Zwischen zwei fünfblättrigen Rosetten das, mit mehreren Verzierungen umgebene, mit dem Dogenhute bedeckte Wappenschild, darin drei senkrechte Pfähle. (Wappen *Grimani.*) Im Rev. zwischen gekerbten Kreisen. ✠ S . MARCVS . VENETVS In der Mitte der geflügelte Löwe mit dem Buche. Gr. 10.

Av. In einem länglichen von aussen verzierten Schilde anscheinend ein schräger Querbalken von oben rechts herab (Wappen *Sanuto?*); zur Seite F — S zwischen Ringeln ober- und unterhalb. In den Ecken je eine fünfblättrige Rosette. Im Rev. der geflügelte Löwe nach rechts mit dem Buche. Viereckig. Höhe 9.

Av. PIETRO . LANDO . P . ∗ In der Mitte F . B und eine fünfblättrige Rosette ober- und unterhalb. Im Rev. P . B, oberhalb ein Weinblatt, unten eine gleiche Rosette. Das Ganze in einem Kranze. Gr. 9.

Av. = Rev. In einem stumpfen Achtecke: VIII · | SEGNO DE | SOLDI . 8 Der Rand punktirt und mit Linien eingefasst. Höhe 11.

29123—25.

Av. ∗ A · B ∗ Ober und unterhalb je eine fünfblättrige Roselle. Am Rande 33 kleine sechsblättrige Rosetten. Im Rev. ein an den Enden mehrfach gespaltenes, ähnlich den auf den *Scudi* vorkommendes Kreuz, an dessen Enden vier fünfblättrige Rosetten. In den vier Kreuzwinkeln je eine Lilie. Perlenrand. Gr. 13.

Viereckig. In der Mitte C zwischen vier fünfblättrigen Rosetten. Im Rev. ein Kreuz mit dreispitzigen Schenkeln, an deren Enden je drei Punkte. Am Rande eine punktirte Einfassung zwischen Strichen. Br. 9.

Av. und Rev. gleich. Aehnlich dem letzten, nur statt C ist V mit oben gespaltenen Enden und oberhalb ein Kreuzchen. Höhe 9.

29126—27.

Av. Der geflügelte Löwe mit der Dogenkrone auf dem Kopfe. Rev. Ein halber Mond und darüber ein Stern. Von Messing. Dick. Reichel IX. Nr. 3107.

Av. ✠ PAX : TIBI : MARCE : EVVANGELISTA. Der geflügelte Löwe schreitend, vor sich das Buch. Rev. ✠ IETT : DV : MAIST : DE : LA : MONN . Ein Kopf von der linken Seite. Gr. 13. Dick. Messing. Dieser bei Wellenheim Nr. 3302 unter den Venetianischen Münzen erscheinende Jeton gehört nach der französischen Umschrift unter Frankreich.

29128—32.

Av. wie der Rev. Ein sechstheiliger Palmzweig zwischen zwei fünfblättrigen Rosetten und unten A. Viereckig. Der Rand mit Linien und nach aussen mit Punkten eingefasst. Höhe 9.

Gleiche Klippe, jedoch kleiner, der Zweig viertheilig. Höhe an 7. Breite an 8.

Rund. Av. Der viertheilige Palmzweig und unterhalb A; an den Seiten rechts und links je eine fünfblättrige durchstochene Rosette. Rev. In der Mitte die Ziffer I und an vier Seiten je eine gleiche Rosette wie im Averse. Am äussern Rande beiderseits ein Perlen- und an demselben im Rev. ein feiner Linienkreis und im Av. ein Kreis von runden und länglichen Perlen. Gr. über 9.

Rund. Av. Aehnlich dem letzten nur B statt A und im Rev. 4, zwischen vier fünfblättrigen Rosetten. An den Rändern ein Linien- und äusserer Perlenkreis. Gr. 8

Av. Wie zuletzt, mit D und im Rev. 12 statt 4 Gr. an 9. (In m. Samml.)

Neue Marken. 29133—36.

Av. Der gekrönte österreichische Doppeladler, Scepter, Schwert und Reichsapfel haltend, mit dem Wappen des Lombardisch-Venetianischen Königreiches auf der Brust. Dasselbe, mit der eisernen Krone bedeckt, hat im ersten und vierten Felde die Mail. Schlange, im zweiten und dritten den Venetianischen geflügelten Löwen mit dem Buche. Im Mittelschilde das dreifeldige Wappen, der (rothe) gekrönte aufrechte Löwe von Habsburg (im goldenen Felde), in der Mitte der (silberne) Querbalken von Oesterreich im (rothen) Felde, und links auf einem schrägen (rothen) Balken die drei (silbernen) Adler von Lothringen. Im Rev. unter einer Sternrosette OPERA | INTIERA | und eine Leiste. Am erhabenen Rande ein Linienkreis. Gr. an 18.

Ein zweiter gleicher Stempel Gr. 14. Ziemlich stark.

Av. Wie zuletzt. Rev. Unter der Sternrosette: MEZZA | OPERA und darunter die Leiste. Gl. Rand. Gr. über 12.

Av. Unter der kaiserlichen österreichischen Krone, von welcher zwei Bänder herabhängen, das mit der eisernen Krone bedeckte vierfeldige vorbeschriebene Wappen mit vorbeschriebenem dreifeldigem Mittelschilde. Rev. Wie der letztbeschriebene. Gr. an 11.

Diese Marken sind in kaiserlichen Werkstätten, als in der kaiserlichen Tabakfabrik, im Arsenal, wo Tagarbeit verrichtet wird, als Zeichen der Anwesenheit im Gebrauche, und wird mit denselben in gewissen Zeiträumen nach den zwei Grössen gewechselt.

Verona. 29137—43.

Av. In einem doppelleistigen, von aussen verziertem Schilde ein breites Kreuz, ober welchem V zwischen fünfblättrigen Rosetten. Rev. Ros. PROT | EC . TO | RI Ros. | Oben und unten eine gleiche Rosette. An den Rändern Linienkreise. Gr. an 11.

Av. Aehnlich, nur neben dem Schilde je eine fünfblättrige Rosette. Im Rev. zwei über einander stehende Buchstaben E zwischen vier Weinblättern und zwischen vier fünfblättrigen Rosetten. Die Ränder punktirt; im Rev. noch ein innerer gekerbter Kreis. Gl. Gr. (In m. Samml.)

Gleiche Stempeln nur mit den Buchstaben A, B und D doppelt, über einander statt den E. Gl. Gr.

Av. Aehnlich. Das Wappenschild ohne V und ohne Rosetten. Im Rev. oberhalb T unter einer kleinen fünfblättrigen Rosette, unterhalb C, ober welchem ein Punkt in der Mitte der Marke und unten eine gleiche kleine Rosette. Nach rechts und links je eine grössere fünfblättrige Rosette mit Kern. Gekerbter Rand. Gr. 9. (Ist bei Sardinien Nr. 18338 im 2. Bande als unbestimmt angeführt.)

Av. Wie zuletzt. Rev. In der Mitte · Z · C . oben und unterhalb hievon eine gleiche Rosette. Gr. an 9.

Mantua. 29144—45.

Bereits im ersten Bande dieses Werkes wurden unter den Nr. 683 und 684 zwei Münzen als „unbestimmt" angeführt, welche nach Ansicht der italienischen Numismatiker keine Münzen, sondern *Tessere* sind. Die eine mit einer Monstranz und der Umschrift TABER . SA — NG . CHRIS im Rev. mit II · II in einem Kranze, die zweite mit einem Kreuze, auf welchem ein Schild mit dem österreichischen Querbalken, und im Rev. ein Halbmond, an welchem SIC. Hieher gehören noch folgende:

Av. Die Monstranz wie früher ohne Umschrift. Rev. Ein Heiliger nach vorn mit Schein, beide Hände emporgehoben, in der Rechten ein Blatt (?), in der Linken anscheinend das Lamm Gottes mit dem Scheine (der heil. Johannes?), zur Seite IO — LI An den Rändern beiderseits ein Linienkreis und auswärts zwei gekerbte Kreise. Gr. an 11. (In m. Samml.)

Av. Von rechts: TABER . SA — NG. CHRIS Die Monstranz in einem Linienkreise wie vorher auf einer Querleiste, unter welcher drei Punkte. Im Rev. zwei über einander gelegte Zweige und in der Mitte in einem feinen Linienkreise · II · Gr. 9. Mitgetheilt vom Herrn Kunz. Ist die Hälfte der Nro. 684 (I. Band) beschriebenen Tessera.

Padua. 29146.

Av. In einem Linienkreise der Buchstabe P zwischen zwei fünfblättrigen durchstochenen Rosetten. Am Rande befinden sich eilf gleiche Rosetten. Rev. In einem gleichen Kreise ein nach unten zu zugespitztes unverziertes Schild, darin ein bis an den Schildrand reichendes Kreuz. Am Rande die Rosette wie im Avers. Gr. 11. (Diese Tessera wird von mehreren Schriftstellern hieher gelegt, könnte aber auch, da hiefür nichts Positives vorliegt, nach Parma, Perugia, Pisa u. s. w. gelegt werden.)

Die im ersten Bande S. 48 bei Padua nicht erscheinenden, in Zanetti vorkommenden Tessere, werden im Nachtrage seiner Zeit erscheinen.

29147.

Av. Von Rechts: DOMENICO BENCKERTH (Oben bogig) | IN | PADOVA | AL | SANTO | Kreuzrosette. Rev. Oben bogig: VENDITORE | DI | CHINCAGLIE | OR DINARIE Unten nach aussen bogig: ALL' INGROSSO Gr. über 10. (Sammlung des Herrn Riess.)

II. Kaiserthum Russland.

29148.

Catharina I. (1725—27.)

Av. Von R. ОТБ БОIА — ИМПЕРАТОРА (Gott erhalte die Kaiserin). Auf einem viereckigen Postamente mit der Inschrift НАПАМЯТБ (Zur Gedächtnissfeier) liegt ein Kissen, darauf die Kaiserkrone. Im Abschnitte ОБЩАЯ | РАДОСТБ (Allgemeine Freude.) Rev. Unter der Kaiserkrone ЕКАТЕРИНА. ІМПЕРА | ТРИЦА · КО. РОНО | ВАНА · ВМОСКВѢ | 1724. ГОДУ (Kais. Kathar. gekrönt zu Moskau im Jahre 1724.) Gr. 10. Bronzirter Krönungsjeton.

29149.

Elisabeth. (1741—62.)

Av. Von R. БЛАГОДАТЬ — ОТВЫШНЕГО ✱ (Eine Wohlthat des Allerhöchsten). Die Kaiserkrone auf von einer Wolke herabfallenden Strahlen. Rev. ЕЛИСАВЕТЪ | ІМПЕРАТРИЦА | ІСАМОДЕРЖИЦА | ВСЕРОССИСКАЯ | КОРОНОВАНА | ВМОСК ВЕ | 1742 ГОДУ | Dreibl. (Die Kaiserin Allein- und Selbstherrscherin Elisabeth gekrönt zu Moskau im Jahre 1742.) Gl. Gr. Desgleichen.

29150—51.

Catharina II. (1762—96.)

Av. Zwischen zusammengebundenen Lorbeerzweigen die gekrönte Blumenchiffre Ɛ II Rev. In gleichen Zweigen: ІМПЕРАТОРСКАЯ | АКАДЕМІЯ · ТREXъ | ЗНА ТНѢИШ. ХУДОЖЕС | СВОСНИТАТ · УЧИЛИЩ· | КъПОЛъЗѢ. РОССІИ | ОСНОВА НА · ИТОRЖЕС | ТВЕННО · ПОСВЯ | ЩЕНА · ІЮНЯ · 28 · Д | 1765 Г. Gl. Gr.

Av. Von R. Б. М. ЕКАТЕРИНА. II. ІМП. ІСАМОД. ВСЕРОС Das Brustbild linkshin mit einer kleinen Krone auf dem Kopfe und langem Lockenhaare im Gewande; am Schulterabschnitte TI, unten СПБ Rev. Von R. СЪ АЛФЕЕВБIХѢ · НАНЕВ СКІЕ—БРЕГА (Die Gestade des Alpheus an den Ufern der Newa). Ein schwebender Adler hält im Schnabel einen Kranz und in der rechten Klaue den Donnerkeil. Im Abschnitte ІЮЛЯ · II · ДНЯ | 1766. ГОДУ Bronzirt. Gr. über 10. (Auf das Abhalten eines Karoussels.)

29152—54.

Av. Von R. ПРИОБРѢТЕНЪ — ПОБѢДАМИ (Durch Sieg erworben). Eine rechtshin sitzende Frau hält in der vorgestreckten Rechten einen Lorbeerzweig, im linken Arme ein Füllhorn; an den Sitz gelehnt sind drei ovale, zusammengestellte Schilde, an denen К—Е—КИ Rev. Ein Merkursstab, über welchen Lorbeer und Palmenzweige kreuzweis gelegt. Obere Umschrift МИРЪ СЪ — ТУРКАМИ. (Frieden mit den Türken). Im Abschnitte ІЮЛЯ 10. Д. | 1774. Г. Strichelrand. Gr. 10. (Frieden von Kutschuk-Kainardschi.)

Av. Das Brustbild der Kaiserin rechtshin mit Lorbeerkranz ohne Gewand. Rev. Auf einem Felsen die Reiterstatue Peter I.; an dem Felsen ПЕТРУ. I. | ЕКАТЕРИНА. II. Im Abschnitte am Rande klein Л. 1782. АВ. 6. Д Gekerbter Rand und bronzirt. Gr. 11. (Errichtung der Statue.)

Av. Wie Nr. 29150 ohne Zweige. Rev. ЗА | ОТМѢННУЮ | ХРАБРОСТЬ | ПРИ | ВЗЯЬЕ | ИЗМАИЛА | ДЕКАБРЯ 11. | 1790. Linienrand. Oval. Gr. über 16. (Stürmung der Festung Ismail.)

29155.

Alexander I. (1801—25.)

Av. Von R. ALEXANDER I. D: G. IMP. AUTOCR. RUSSOR. Brustbild linksbin mit im Nacken gebundenem Haare im Brustharnisch und Mantel. Rev. Der kais. Doppeladler, auf der Brust das mit dem Sct. Andreasorden umhängte Georgenschild. Gekerbter Rand und im Ringe geprägt. Gr. an 13.

29156—57.

Nikolaus I. (1825—55.)

Av. Der kaiserliche Doppeladler, auf der Brust ein gekr. Wappenmantel, auf welchem der gekrönte polnische Adler. Obere Umschrift ПОЛЬЗА ЧЕСТЬ И СЛАВА. Rev. In unten zusammengebundenen Lorbeerzweigen ЗА ВЗАТІЕ | ПРИСТУПОМЪ | ВАРШАВЫ | 25 И 26 АВГ | 1831. (Erstürmung und Einnahme von Warschau). Oben die Zweige schliessend ein Patriarchenkreuz auf Strahlengrunde. Im Ringe und bronzirt. Gr. 12.

Av. Unter der Kaiserkrone die zierliche Chiffre *H* | I Rev. In unten zusammengebundenen Lorbeerzweigen 1833, darüber und darunter eine zierliche Leiste. Desgleichen. Gl. Gr.

Alexander II. 29158.

Av. Die verschlungenen zierlichen Chiffren *H* | I und *A* | II, über denen je eine Kaiserkrone und darüber das strahlende Auge Gottes. Unten im Halbbogen am Rande 1853—1854—1855—1856. Rev. НА ТЯ | ГОСПОДИ | УПОВАХОМЪ, ДА | НЕ ПОСТ ЫДИМСЯ | ВО ВѢКИ. Linienrand und im Ringe geprägt. Gr. 13.

Unbestimmt. 29159.

Kupferklippe mit vierblättrigen Kreuzrosetten in den Winkeln; und an den Enden einen Linienkreis, innerhalb dessen in der Fläche ein liegendes (Andreas-) Kreuz, in dessen Winkeln oben З, unten Р, rechts К links Ш Höhe an 11. (Sammlung des Hrn. Riess in Wien.)

29160—62.

Kupferklippen. Innerhalb einer viereckigen Einfassung НЕТ· ЗАВ | 1· КОР·| УГЛЯ. | 1772 ГОДА. Höhe an 16. Br. an 15.

Ein zweiter Stempel hat КОП statt НЕТ Gl. Höhe.

Runde Marke, auf welcher in der Mitte Б. | М : Д. Auf der Rückseite der kais. Adler, hinter welchem die Spitzen eines Maltheserkreuzes hervorragen. Beiders. eine undeutl. Kontremarke. Gr. 15.

Marken in der Samml. des Hrn. Ad. Preiss unbekannter Bestimmung.

29163—67.

Av. ОБЩЕСТВО | ПАРАХОДОВЬ | И | СУДОВЪ. (Gesellschaft der Dampfer und Schiffe.) Rev. Unter einer Sternros. БИЛЕТЪ (Billet), darunter eine Leiste. Linienrand und im Ringe geprägt. Messing. Gr. über 11. (Mitgetheilt von Dr. Freudenthal.)

Av. Wie vorher, nur bei И ist noch eingeschlagen links Ƶ Rev. БИЛЕТЪ | 1 РУБ. 60 КОП. Am erhabenen Kreise nach innen ein Linienkreis. Gr. über 15.

Av. ОБЩЕСТВА | In der Mitte E ober 84 | РАРОХОДОВЪ Im glatten Rev. ist die Zahl 84. eingeschlagen. Erhabener breiter Rand.

Av. ОБЩЕСТВА | ДВОЙНЫХЪ | ПАРОМНЫХЪ | ПАРОХОДОВЪ. Rev. 1836 ГОДА. Oberhalb eine vierblättrige Kreuzrosette, unterhalb ein Punkt zwischen zwei verzierten Leisten, und noch tiefer zwei Palmzweige gekreuzt. Der Rand wie zuvor. Gr. über 18.

Av. Auf einer Leiste ein Mann in Schwimmhosen nach vorn. Links von ihm ein aufrecht sitzender Löwe nach rechts. Der Mann öffnet dem Löwen den Mund, aus welchem ein Wasserstrahl bis an den Münzrand hinaufsteigt, und dem Mann auf den Kopf fällt. Rev. ПЯШЬ | РУБАЕЙ (5 Rubel.) An den Rändern Spitzen. Gr. über 19. (Diese letzten vier, aus weissem Metalle (Zinn?). In der Sammlung des Hrn. Riess.)

Marke für die Dampfschifffahrt von St. Petersburg nach Peterhof. Der Samson dient zur Verzierung der grossen Fontaine in Peterhof.

Helsingfors. 29168.

Ein Dampfboot im Meere, rechts im Vordergrunde ein Kai. Obere Umschrift ÅNGBÅTS—POLLETT. Dampfbootszeichen. Rev. 10 | KOPEK Linienrand und im Ringe. Neusilber. Gr. 13.

29169.

Probestempel, vielleicht von Kolpina.

Av. Ein Pelikan mit ausgebreiteten Flügeln; im Neste seine Jungen fütternd. Rev. Ein Körbchen mit Blumen | ПРОБА | А · А · З | —·— Am Rande beiderseits ein Perlenkreis. Gr. an 14. Mitgetheilt von Hrn. Baron von Köhne in Sct. Petersburg.

Nowa-Sieniawa. 29170—71.

Av. NOWA | SIENIAWA. Oben und unten ein fünfspitziger Stern. Rev. Eine grosse 4 Beiderseits ein Rand von kleinen Halbbögen mit Kleeblättern an den Spitzen. Messing. Gr. über 12. Desgleichen mit der grossen Zahl 1 zwischen gleichen Sternen. Gr. 9. (Sammlung des Hrn. Dr. Freudenthal.)

Reval. 29172.

Messingmarke. DIT ∘ YS ∘ DER ∘ HVSARMEN ∘ TEK—EN ∘ TO ∘ S ∘ OLEF ∘ Ein Bettler mit hölzernem Beine auf einer Krücke, hält in der linken Hand die Kelle und mit der Rechten stützt er sich auf einem geschnörkelten Schild, auf welchem ein Monogramm, was wahrscheinlich OLOF bedeuten soll. Zu seinen Füssen die Jahrzahl 1556. (Ist eine messingene Marke, die von der Olai-Kirche in Reval den Armen als Zeichen gegeben worden ist. Reichl II. Nr. 911.)

Sct. Petersburg. 29173—74.

Av. Ueberschr. am Rande: VALLIER & ANTONY | COIFFEURS | (bogig) 3 | SALONS | POURLACOUPE | DES | CHEVEUX (bogig) | ST PETERSBOURG Am Rande bogig nach aussen. Rev. (GRANDE MORSKOIYE) am Rande bogig, | FABRIQUE bogig DE | PERRUQUES | POUR HOMMES | & BANDEAUX | POUR | DAMES Bogig. Am Rande nach aussen MAISON TCHAPLINE 71 Zwölfeckige Marke.

Av. T | Hoock | Elisium. Rev. Von R: Berliner-Bierlokal. In der Mitte 8 | COP. | * (Beide mitgetheilt von Hrn. Baron von Köhne.)

Königreich Pohlen.

Jetons der königl. Pohlnischen Kron- und Grossherzoglich Litthauischen Oberschatzmeister.

29175—76.

Jeton 1551 von Kupfer, auf den Kronschatzmeister Johann Lutomirski († 1567).

Av. In einer gewöhnlichen Einfassung das Wappen Jastrzębiec. Ein Hufeisen, mit den Enden nach oben, und ein Kreuzchen in der Mitte des leeren Raumes. Statt der Umschrift Rosetten. Rev. 15 SUMM 51 | DOMI · IOAN | LV. TOMIRSKI | SACRA · M · RE | · POLONIE · | · TESAV · Ebenso mit der Jahreszahl 1554 Gr. 11. (Beide in der Sammlung des k. k. Notars Herrn Leon Mikocki in Wien.)

29177.

Av. Innerhalb eines Lorbeerkranzes die Umschrift: ✠ BENEDICTIO ∘ DOMINI ∘ DIVITES ∘ FACIT, das Wappen Koscieszа, ein (weisser) Pfeil mit hackiger Spitze nach aufwärts, der untere Theil gespalten und in der Mitte ein Querstrich im (rothen) Felde. (Der Segen des Herrn macht reich.) Rev. ✱ 1555 ✱ | SVMPTVS | CENSVM ° NE | SV PERET ∘ | STANIS ∘ MI | LOSCHEW | ✱ SKI ✱ | (Die Ausgabe möge die Einnahme nicht überschreiten.) Gr. 10. (Mikocki's Sammlung.)

29178.

Av. Innerhalb eines Lorbeerkranzes ALLES | ZV SEIN | ER ZEIT | ∙ 1564 ∙ Ausserhalb dieses Kranzes die Umschrift ✠ GAB ∘ TARLO ∘ CAS ∘ RAD ∘ S ∘ R ∘ M ∘ CV ∘ MGR CC (Gabriel Tarlo Castellanus Radomensis Sacrae Regiae Majestatis Culinae magister Covellensis Capitaneus.) Rev. Innerhalb eines Lorbeerkranzes das Wappen Topor, eine Zimmermannshandhacke (beilförmig) mit der Schärfe nach links. Gr. 11. Ebendort.

29179.

Av. Innerhalb eines Lorbeerkranzes Schrift ∘ MAG | .NVM. VEC | TIGAL · PAR | · SIMONIA · | + ANNO + | + 1565 | + Ausserhalb desselben die Umschrift ✠ PET ∘ MIS KOWSKI · DE · MIROW · REG ∘ POLO ∘ VICECANC Rev. Innerhalb einer von einem Lorbeerkranze umgebenen Kreislinie das vorbeschriebene Wappen Jastrzębiec. Gr. 11. Ebendort.

29180.

Av. Schrift in acht Zeilen: =MAG | DOMI ∘ LNR | WOINA ∘ S ∘ R | M · MAGNI ∘ DVC | LIT · TESAV | TERREST | · ANNO · | ∘ 1577 | (Magnificus Dominus Laurentius Woina Sacrae Regiae Majestatis Magni Ducatus Lithuaniae Tesaurarius terrestris.) Rev. Ein vierfeldiges Schild, darin das Wappen Korczak, drei Stufen (?); im zweiten ein fünfspitziger Stern, im dritten das Wappen Trąby (drei mit den Enden an einander gestellte Jagdhörner), endlich ein Gegenstand, ähnlich Bogen und Pfeil. Gr. 11. Ebendort.

29181.

Av. In einem Perlenkreise das Wappen Glaubiez, ein Fisch mit dem Kopfe nach links gestellt. Umschrift in einem Lorbeerkranze · I · ROKOSOWSKI. R. — POLO. S. TESAVRA9. Rev. Innerhalb eines Lorbeerkranzes eine Kreurosette aus vier Blättern zwischen zwei Strichen | SAPIENS | POTENTIA | PERITVS | VIRIBVS zwischen gleichen Rosetten | ✠ POLLET | ∘ I ∙ 5 ∙ 7 ∙ 9 ✱ | Gr. 12. (Der Weise ist stark durch seine Macht, der Erfahrene durch seine Kräfte.)

29182.

Av. Das Wappen Ślepowron, ein Hufeisen, auf welchem ein Kreuzchen, und auf diesem wieder ein Vogel nach rechts innerhalb einer Kreislinie, welche von einem Blumengewinde umgeben ist. Rev. Innerhalb eines Blumengewindes Schrift in fünf Zeilen 1580 | VIRTVS | HONORIS | VESTIBV | LVM; ausserhalb dieses Blumengewindes die Umschrift ✱ HIACIN · MLODZIEIÓWSKI · THES. (aurarius) CVRIÆ · R (egiae). Gr. 11. Inedirt. (Sammlung des Hrn. Mikocki in Wien.)

29183.

Av. Das Zamoyski'sche Familienwappen, eine Lanze mit einem Hute auf derselben, und weitere zwei Lanzen in Form eines Andreaskreuzes hinter derselben in dem mit einem gekrönten Helme und Helmdecken bedeckten Schilde. Ober dem Helme zwei Büffelhörner. Umschrift innerhalb eines Perlenkreises + PERGE. VT. CÆPISTI NEC—ENIM. MORTALIA. QRIS Rev. Schrift in acht Zeilen: ∙ P ∙ R ∙ O ∙ M ∙ P ∙ | ILL

RI + VIRO • | IOANI • ZAMOSCI | OR • POLO : CANCE | LAS • COPIAR • IN | + LI VONIA • PR | ÆFECTO + | + 1581 + Gr. 13. (Sammlung des k. k. Hrn. Notars Mikocki.)

Johann Zamoyski war nach dieser Aufschrift oberster Feldherr der königl. polnischen Truppen in Liefland.

Av. Aehnlich dem letzten, vor PERGE und ENIM kleine, in der Mitte durchstochene Kreuzrosetten, und in der Mitte dasselbe Wappen in einem unten durch das Schild bedeckten Linienkreise. Im Rev. • A • | I : R : O : M : P. | I LL (und ein Strich durch diese L,) RI • VIRO | IOĀI • ZAMOSCIO | • R • POLO. CANCEL | • S • COPIAR. IN | MOSCO. PRÆ • | FECTO : | 1581. Am Rande im Av. ein gekerbter, im Rev. ein Perlenkreis. Gr. über 13. Tafel 67.

29184—85.

Av. Innerhalb eines Lorbeerkranzes Schrift in sieben Zeilen: + IAN + | HLEBOWIC | NA • DABROWNI | CASTEL(lan) ⊥ MINSK(I) | PODSKAR ⊥ ZIEM | I PISARŻ W • X • L (Wielkiego Xięstwa Litewskiego) | ANNO 1581 | D unter ANNO zwischen Stricheln. (Johann Hl. auf Dabrownia, Castellan von Minsk, Kronschatzmeister und Notar des Grossherzogthums Lithauen.) Rev. Ein Schild mit vier Feldern, darin die Wappen von Leliwa (ein Stern und Halbmond), Dąbrowa (ein Hufeisen mit je einem Kreuze oben und an den zwei Enden unten), Lew und Pogoń. Gr. 12. (Abgebildet bei Racz. Nr. 88.)

Av. In einem Lorbeerkranze Schrift in sechs Zeilen: NOS | DEXTERA | TVA DEVS | SALVABIT , IS Fisch 8Z | D : S | (Gott deine rechte Hand wird uns helfen.) Umschrift IOA • NICO : GEOR • HLEBOWICZ • CAS • MINTMDL (Joanni Nicolao Georgio Hlebowicz Castellano Minscensi Thesaurario Magni Ducatus Lithuaniae.) Rev. Ein vierfeldiges Schild, darin die Wappen Leliwa, Pogoń, Bróg und Grzymala. (Ein Ritter in einem Kastellthore, ober welchem drei Zinnen.)

29186—87.

Jeton auf den Kronschatzmeister Johann Dulski.

Av. IOANES • DULSKI • — • CASTEL • COLMEN. Das Wappen Przegonia (ein Thierkopf nach rechts, aus dessen geöffnetem Munde zwischen Streifen ein Dolch und zwei Halbmonde.) Rev. In einem verzierten Schilde: REGNI • POLONI | TER RARVMQ | PRUSSIÆ • THES | AVRARIVS • BRAN | ROGENH • SVRA | SI SVE CIÆ. EC | CAPITANEI | • 1 • 5 • 8 • 5 • (d. i. Bransaensis, Regenhausensis, Jurasiensis.) Ebendort.

Ein zweiter Stempel wie der vorstehende, nur ohne Jahrzahl. Gr. über 11. Messing. Inedirt. Ebendort.

29188—89.

Av. Innerhalb eines Lorbeerkranzes das vierfeldige Schild, darin das Wappen Leliwa, —N— das Wappen Korczak (drei längliche, an den Ecken schief zugeschnittene Quadrate ober einander) und Ӿ• Neben dem Schilde T—S, T—M, D—L (Theodor Skumin Tyszkiewicz Thesaurarius magni ducatus Lithuaniae. Rev. Innerhalb eines Lorbeerkranzes Schrift: DOMINE ¦ QVID. EST. HO | MO. QOD̄ MEM. | OR ES• EIVS • | A : DO. 1586 | . (Gott was ist der Mensch, dass du seiner gedenkst.) Gr. 12. (Mikocki's Sammlung. Inedirt.)

Jeton vom Jahre 1591. Des Lith. Kronschatzmeisters Demetrius Chalde Chalecki.

Av. Dessen behelmtes vierfeldiges Wappen. Rev. Eine Schrift, dann das Zeichen und die Namens-Anfangsbuchstaben des Münzschatzmeisters I—B. Nähere Angaben fehlen. (Aus dem Kataloge des Fürsten Wilh. Radziwill in Berlin 1848, mitgetheilt von Hrn. Notar Mikocki.)

29190—92.

Av. Umschrift im Perlenkreise: IOANNES. FIRL. D. DAM—REGN : POLONI TESAV. Das behelmte Wappen der Familie Firley; ein auf den Hinterfüssen sitzender gekrönter Leopard mit vorstehenden Vorderfüssen und aufrechtem Schweife (weiss und schwarz gefleckt, im rothen Felde). Rev. In einem Perlenkreise ein kleiner Palmbaum, an welchem zwischen den Aesten eine Balancier-Wage hängt. Umschrift • NITITVR • SVB • ONERE • zwischen vierkreuzförmigen Blattrosetten, dahinter 1592. Gr. 11. (Abgebildet bei Raczynski Nr. 95. Desgl.)

Av. In einem dreifachen von einem Perlenkreise eingefassten Lorbeerkranze ein sich aufrichtender gekrönter Löwe. Umschr. ✠IOAN · FIRLEY · DE : DAMBR : TESAVR. REGNI. POL Rev. In einem Perlenkreise ein Palmbaum, an dessen linkem unteren Aste ein Gewicht hängt. Umschrift. ·NITITVR : SVB : ONERE : ·VIRTVS. (Die Tugend wird unter der Last grösser.) 1593. O+A Gr. 12. (Mikocki's Sammlung.)

Ein Stempel IOAN : FIRLEY : DE : DAMBR : TESAVR : REGNI · POL (Kleekreuz) und im Rev. 1593 Perlenrand. Gr. an 13. (Das Dreieck oder Giebel soll das Zeichen des Münzmeisters Caspar Giebel zu Marienburg sein.) (Mitgetheilt von Hrn. Dr. Freudenthal.)

29193.

Jeton auf Nicolaus Firley, Palatin von Krakau.

Av. ✠NICOLAVS : FIRLEY : PALATINVS : CRACOVIENS in einem Lorbeerkranze ein gekrönter Löwe von der linken Seite. Rev. NITITVR : SVB : ONERE : VIR TVS. 1593. Das Kleekreuz zwischen dem Ringe und dem Dreiecke wie vorher. Im Felde ein grosser Palmbaum, an dessen einem Aste ein Gewicht hängt. (Samml. Mikocki's.)

29194.

Jeton des Demetrius Chal Cholecki vom Jahre 1595 mit dem Buchstaben N—D Messing. Siehe Anmerkung bei Nro. 29189.

29195—96.

Av. CHRISTOPH, (durchstochene fünfblättrige Ros.) RIEDMVLLN (Gl. Ros.) In einem Perlenkreise ein einfacher nach rechts sehender Adler mit ausgebreiteten Flügeln; ein Ring auf der Brust. Rev. · 1601 · | · DENA zwischen fünfblättrigen Ros. | RIVS. CV : | . PREVS . | und ein Ring zwischen gleichen Rosetten. Am Rande beiderseits Perlenkreise. Gr. über 7. Tafel 67. Vide Mikocki Cathalog, Abbildung 2878.

Ein Variant mit RIEDMVLLN: (Ros.) und im Rev. CV | .PEEVS. | (Mitgetheilt vom Hrn. Dr. Freudenthal.)

291197.

Av. In einem Blätterkranze ein Engel mit ausgebreiteten Händen, und unter denselben je ein unbekanntes Zeichen [illegible] — [illegible] Rev. In einem Blumenkranze: IW—D.W | DOMINVS | PROVIDE | BIT Gr. 11. (Sammlung des Hrn. Mikocki.) Ein bis jetzt unbekannter, wahrscheinlich während der Erledigung der Kronschatzmeisterwürde geprägter Jeton.

Riga. 29198.

Av. • GEVET ∘ RICHTE ∘ AXCISE ∘ VND ∘ SCHOT. Innerhalb eines Kranzes aus Blättern oder in einander gesteckten Blumenkelchen die gekreuzten zwei Schlüssel und zur Seite 7—5 (15) Rev. ✠DAT • GEBVT • IV • VNSER • HERE • GOT in einem gleichen Kranze das grosse Stadtwappen ohne die Schlüssel. (Ein Gebäude mit einem Thore, oberhalb eine Kuppel und zur Seite je ein Thurm.)

Nach Reichl II. 609. wahrscheinlich ein Zollamtszeichen und dort in Silber.

29199—202.

Messingene Klippe. Zwei gekreuzte Schlüssel, in deren Winkeln: Z—G—T—M. (Zu sechs Tonnen Mehl.) Desgleichen etwas kleiner mit 5—T Reichl II. Nr. 907. 8.

Klippe. Zwei über einander gelegte Schlüssel, zwischen welchen oben Z, zur Seite 2—T und unten C (Zu zwei Tonnen Corn.) Samml. Hr. Ad. Preiss. Nothmarke unter Carl XII. zur Zeit der Belagerung der Stadt durch Peter I. 1709—10.

Av. Ein Bauer, welcher mit der Rechten den Stamm einer Fichte berührt, darunter ICF Rev. 50 | Cop:(ek) K(upfer) M(ünze) | NO: 40 | 1815.

Desgleichen mit der Werthzahl 10 und NO: 52 (Die Nummer mit einem besonderen Stempel eingeschlagen.) Seltene zinnerne Aushilfsmünzen des Kaufmanns Joh. Casp. Fichtbauer, welche auf Befehl der Regierung kurz nach der Ausgabe wieder eingelöst wurden. Köhne Zeitschrift für Münzkunde 1842 S. 381. (Mitgetheilt von Hrn. Dr. Freudenthal.)

III. Kaiserthum Frankreich.

1. Alte Jetone.

a. Mit Personen. 29203—4.

Av. AVE : MARIA : GRAIA · PENA · DOI (Krückenkreuz) In einem gekerbten Kreise innerhalb einer doppelten, mehrfach gebogenen Einfassung ein König von vorn im Ornate mit einem Liliensceptar in der Rechten, auf einer verzierten Bank sitzend, von welcher auf beiden Seiten ein gekrümmter Zweig mit einem Kleeblatte an der Spitze hinaufragt. Im Abschnitte neun Punkte neben einander. Rev. Von rechts: MINVS. ESTG · TVCMV · BENEDI (Kr.) Im gekerbten Kreise innerhalb einer doppelten viermal gebogenen und viermal ausgespitzten Einfassung ein breites Lilienkreuz mit einer vierblättrigen Rosette in der Mitte. Aussen an den Spitzen je drei Punkte. Gekerbter Rand. Dick. Gr. an 14. Seltener Piedfort.

Av. AVE MARIA ⁝ GRACIA ⁝ PLENA ⁝ DO (Krückenkreuz) Wie vorher, aber im Abschnitte hier fünf Andreaskreuzchen. Im Rev. die Vorstellung wie im ersteren Rev. Die Umschrift wie im Av. nur GRACA Gekerbte Ränder. Gr. 14.

29205—6.

Av. AVE MARIA ∘ GRACIA ∘ PLENA ∘ D (Krückenkreuz) Wie der erste, die Zweige mit je drei Blättern und im Abschnitte zwei Kreuzchen. Rev. Von rechts: AVE MARIA ⁝ GRACIA ⁝ PLENA (Kr.) Im gekerbten Kreise in einer doppelten vierbogigen Einfassung das Kreuz wie bei dem ersten Stempel; an den Spitzen der Bögen Lilien und in den Einbiegungen von aussen Kleeblätter. Gr. an 14.

Av. AVE MARIA ‡ GRACIA ‡ PLEN (Krückenkreuz) Im Uebrigen ähnlich dem letzteren Av. ohne die gebogene Einfassung, und im Abschnitte zwei Kleeblätter. Rev. AVEMARIARIA ‡ (sic!) GRACIA ‡ PL (Krückenkreuz) Sonst wie zuletzt. Gr. über 13. (Alle vier mitgetheilt von Hrn. Dr. Freudenthal.)

29207—10.

Av. und Rev. ähnlich Nr. 29203, nur der sitzende König ohne die vorige Einfassung, bloss innerhalb eines gekerbten Kreises. Im Rev. das Lilienkreuz mit einer Ros. aus vier Ringeln in der Mitte, mit kleinen Lilien an den innern Spitzen der Halbbögen, und mit dreitheiligen Blättern an den äussern Einbögen der letzteren. Drei Stempeln:

Ein Stempel hat im Av. AVE MARIA ‡ GRACIA ‡ PLE ✠ und im Rev. dasselbe, nur PLI ✠ Gr. 13.

Ein zweiter mit ähnlicher Umschrift, nur PLENA im Av. und Rev. Gl. Gr.

Ein dritter mit ⁝ GRACIA ⁝ PLEN ✠ im Av. und Reverse. Gl. Gr.

29211—13.

Av. In einem oben und unten unterbrochenen Kreise ein auf einem gothischen Throne von vorn sitzender König im Ornate hält in der rechten Hand ein Schwert geschultert und streckt die Linke gegen einen an ihn hinaufspringenden Löwen aus. Zu beiden Seiten des Thrones zwei gestielte Kleeblätter und drei Ringel abwechselnd über einander und statt der Umschrift Kleeblätter mit abgewechselten Ringeln. Rev. GLOR (durchstochenes Vierblatt) IA ∷ TI (desgleichen) BI ∷ DO (desgleichen) MI ∷ NE (desgleichen). In einem gekerbten Kreise ein Kreuz mit einem gleichen Vierblatte zwischen zwei gestielten Kleeblättern an jedem Ende und je einer Rose unter einem nach aussen gestellten Kreuzchen in den Winkeln. Gr. 10.

Av. wie zuletzt. Rev. N ∷ B ∷ C (Ros.) D ∷ E ∷ F (Ros.) G ∷ h ∷ I (Ros.) L ∷ M ∷ N (Ros.) Im gekerbten Kreise das Kreuz wie im vorigen Rev. ohne die Kleeblätter und in den Winkeln je ein rechtsschreitender Löwe über einem Kleeblatt. Gl. Gr.

Av. wie der erste und statt der Umschr. rechts sechs, links drei aufgerichtete Löwen rechtshin zwischen Doppelringen. Rev. NELP ✠ AICAL.G ✠ AIRAM ✠ EVA ✠ (Ave Maria gracia plen. verkehrt.) Im gekerbten Kreise das vorige Kreuz, die Vierblätter zwischen gestielten Punkten und in den Winkeln je eine Lilie unter einer Krone, über welcher nach aussen zwei Punkte. Gr. an 11. (Alle drei in der Samml. des Hrn. Dr. Freudenthal.)

29214—15.

Av. Zwischen je zwei Säulen steht von vorn ein wilder mit zottigen Haaren bedeckter Mann mit einem Schwerte in der Rechten und stützt die Linke auf ein dreieckiges Schild mit den französischen Lilien. Rev. AVE : SALVS : MONDI ⁝ VERBVM. ✝ Im gekerbten Kreise ein an den Enden mit Lilien verziertes rautenförmiges Doppelquadrat mit einer Lilie in der Mitte. Gr. über 11.

Ein zweiter mit der Umschrift von links POVR ⁝ BIAVTE ⁝ SVI ⁝ VE ⁝ NVS ✝ *(Pour beautè suis venu.)* Beide ebendort.

29216—17.

Av. • SVR MATES—TE CHAPEA • *(Sur ma tête chapeau)* In einem gekerbten Kreise, welcher oben in ein zierliches Portal ausgebogen und nach innen mit kleinen Spitzen verziert ist, steht ein gekrönter Mann von vorn, welcher in der gehobenen Linken einen Ring und die Rechte über einer Pflanze hält. Rev. In einer doppelten vierbog. Einfassung das Kreuz wie Nr. 29203, an den innern Spitzen der Bögen lilienförmige Figuren und von aussen in den Einbiegungen • A • — • V • — • E • — • G •
Gr. über 11.

Ein zweiter mit SVRMATEST—ECHAPEAVD hat unter dem Ringe eine Sonnenblume und im Rev. ein liegendes ⋈ statt A Gr. an 12. Beide ebendort.

29218—21.

Av. Von links • GE SVI • — • DETA • T • — ON — B *(Je suis de tailon bon.)* Im oben und unten unterbrochenen gothischen Säulenportale ein stehender gekrönter Mann von vorn mit Lockenhaaren im Mantelkleide, er hält in der Rechten ein Schwert und stützt die Linke auf ein dreieckiges Schild, worin die französischen Lilien. Ueber der linken Schulter ein Stern und unten rechts eine gestielte Blume; unter der Abschnittsleiste am Rande drei Andreaskreuzchen und nach aussen je ein Punkt. Der Rev. wie zuletzt mit + N + — + V + — + E + — + M + Gr. über 12.

Ein zweiter im Rev. mit + AV + — + EM + — + AR + — + IA + hat Lilien in den Winkeln des Kreuzes statt an den Spitzen der Bögen. Gr. an 13.

Av. • AVEM • — • ARIA ⁝ G • Der Av. wie zuletzt ohne Sterne und Blume und im Abschnitte über einer Leiste fünf Kreuzchen. Rev. Wie Nr. 29216 mit • A • — V • — • E • — • ✠ • Gr. 12.

Ein zweiter mit • AVEI • — ARIA • und drei Kleeblätter im Abschnitte, hat im Rev. in den Einbiegungen je ein Kleeblatt. Gr. über 11.

29222—28.

Av. + AVEM + — + ARIA + Unter einem gothischen Säulenportale der König stehend, nach vorn gewandt im Mantelkleide, hält neben sich mit der Rechten einen langen Lilienstab. Unter der Abschnittsleiste am Rande vier Kleeblätter. Der Rev. ähnlich Nr. 29216 mit + A + — + V + — + E + — + E + Gr. über 11.

Ein zweiter mit fünf gestielten Kleeblättern im Abschnitte, hat im Rev. + M + statt + E + Gr. an 12.

Ein dritter hat im Av. Ringel mit Punkten in der Mitte statt der Kreuzchen und im Abschnitte drei derlei Ringel; im Rev: · A · — · V · — · E · — · M · Gr. 12.

Ein vierter wie der erste mit + AVEMA + — + RIA ⁝ ER und drei Kleeblätter n Gl. Gr.

Ein Variant hat in Av. E + statt ER und im Rev. ein Krückenkreuz statt E (Vorstehende Marken in der Samml. des Hrn. Dr. Freudenthal.)

Ein sechster im Av. + AVEI + — + MAR +, im Abschnitte drei Kreuzchen, und im Av. + A + — + V + — + E — + ✠ + Gr. an 12.

Ein siebenter, welcher ober dem Bogen acht statt wie der letzte sechs gestielte Kugeln hat, mit + AVE + MRIA, ohne die Kreuzchen im Av. und im Rev. mit je einem Kleeblatte zwischen zwei feinen Kreuzchen statt der Buchstaben. Gr. über 11.

29229—31.

Av. ∘ GRA ∘ — ∘ REX ∘ . Der König wie vorher, jedoch im Abschnitte leer. Rev. ähnlich dem ersten Nr. 29203 ohne den Kreis und die Punkte, dann zu beiden Seiten der Spitzen ein R. Gr. 11.

Ein zweiter hat im Rev. FOR + VI + dreimal wiederholt. Im gekerbten Kreise ein Kreuz mit Vierblättern an den Enden, und in den Winkeln je ein rechtsschreitender Löwe über einem Kreuzchen. Gr. 10. (Alle drei in der Samml. des Hrn. Dr. Freudenthal.)

Ein dritter hat im Rev. zwischen zwei gekerbten Kreisen eine Randverzierung von sieben Kronen, abwechselnd mit sieben durchlochenen Rosetten. In der Mitte eine Rosette aus vier kleinen Halbbögen, um welche nach aussen je drei gestielte Kleeblätter in's Kreuz gestellt sind. Gr. 11.

29232—35.

Av. DE LAT—SVI MO *(De laiton sui monnaie.)* Der König wie vorher. Rev. PAR AMOVRS ⁝ SVI ⁝ DONES ∘ 13 (Krückenkreuz) *(Je suis donnè par amour.)* Im gekerbten Kreise die Vorstellung wie Nr. 29205 Gekerbter Rand. Gr. über 11.

Ein weiterer Stempel mit DE LA — TON SVI Rev. · AVE · — · IVA — · AVE · — · IVE · In einem gekerbten Kreise ein rautenförmiges Viereck mit eingebogenen Seiten, an dessen Enden grosse, bis an den Rand gestellte Lilien; in der Mitte des Viereckes und in den vier Winkeln je eine Lilie. Gr. 10.

Ebenso mit · DE · LA · — · TOVS · Rev. V · T — S · O — S · V — A · O Sonst ähnlich dem ersten Rev. ohne den Kreis und die Punkte, und in den Winkeln des Kreuzes je eine Lilie. Gr. 10. (Vorstehende Marken in der Sammlung des Hrn. Dr. Freudenthal.)

Av. Der König wie früher, nur fehlt der Umkreis am Rande und die gestrichelte Wölbung oberhalb unverziert; im Abschnitte an sechs Punkte. DELA—rechts MAIIS Im Rev. zwischen vier an einander gestellten doppelten Halbbögen, von welchen in den Vereinigungspunkten vier Spitzen hinausreichen, das Kreuz mit fünfblättrigen Lilien an den Spitzen. Aus den vier Kreuzwinkeln ragen je eine gestielte Lilie hervor. Am Rande EVI—EVI—EVI—IVE Gr. an 10.

29236—39.

Av. Der König unter dem vor. Portale, jedoch den Lilienstab hier in der linken Hand haltend und die Rechte vor der Brust; unterhalb sechs Punkte. Am Rande rechts ·DELT·— ·SVLT· An den Umschriften im Av. und Rev. nur nach aussen ein gekerbter Kreis. Im

Rev. das Kreuz in gleicher Einfassung wie zuvor, nur sind hier die vier Lilien in den Winkeln nicht gestielt. Am Rande: RIT—ŒLR—TP oder TR—RS Gekerbte Kreise am Rande. Gr. an 11.

Av. Der König mit einem Scepter, an dessen Spitze drei Punkte, in der Linken unter einer doppelbogigen Wölbung, zwischen welcher 13 Punkte in der obern Hälfte, zur Seite zwei Säulen, ähnlich Doppelkreuzen. Die Umschrift undeutlich. Oben anscheinend I • — dann N : ŒTI: rechts durch Verprägung undeutlich • • ŒI • • Im Rev. Das Lilienkreuz wie vorher, in derselben Einfassung, nur fehlen die vier Lilien in den Ecken des Kreuzes. Von aussen in den Einbügen LVI — LVI — LVI — LVI Gr. 10.

Av. LPV—OŒ (verkehrt) M Der König wie vorher mit dem Lilienstabe in der Linken, und im Abschnitte sechs Punkte. Rev. OM — BOI — IOT — TOV Der Rev. wie Nr. 29203 ohne den Kreis und die Punkte und in den Winkeln des Kreuzes je eine Lilie.

Av. DŒ LAT — SVI HO, der König mit dem Stabe in der Linken, hält hier die Rechte in die Höhe. Der Rev. wie zuletzt mit MO — IS — DŒ — RVS Gl. Gr. (Die beiden letztern in der Samml. des Hrn. Dr. Freudenthal.)

29240—41.

Av. DE LAITON ⁘ SVI ⁘ DON ME Blatt ⁘ ✠ In einem Kreise in einer doppelten dreibogigen und dreimal ausgespitzten Einfassung ein gekrönter Kopf von vorn mit lockigem Haar. Neben den Spitzen nach aussen zu je drei in's Dreieck gestellte Punkte. Rev. PAR ŒAHORS ∴ SVI DONŒ (Lilie) ✠ *(Par amours sui donné).* In einem gekerbten Kreise in einer doppelten vierbogigen Einfassung das Lilienkreuz mit der Rosette in der Mitte; an den Spitzen der Bögen nach innen Kleeblätter, ausserhalb in den Einbiegungen Punkte wie im Averse. Gekerbter Rand. Gr. 12. (Die letztern drei in der Sammlung des Hrn. Dr. Freudenthal.)

Av. Aehnlich, nur je eine Lilie statt der Punktros. und ŒS ✠ An den Einbiegungen auswärts je ein dreitheiliges Blatt. Rev. DŒ ‡ LATON ‡ SVIDOVŒLS ✠ Das Lilienkreuz in einer breiten vierbogigen Einfassung, an deren Aussenseiten je ein dreitheiliges Kleeblatt. In den Ecken des Kreuzes je ein Kreuzchen. Gr. an 12.

b. Mit Wappen. 29242—47.

Av. AVŒ MARIA, eine durchstochene Ros. GRAŒIA RI ✠ Im Kreise ein unten zugespitztes Schild mit den französ. Lilien. Rev. In einer vierbogigen Einfassung ein breites Lilienkreuz mit einer vierblättrigen Ros. in der Mitte und an den innern Spitzen der Bögen M und V abgewechselt, ausserhalb in den Einbiegungen je eine durchstochene Rosette zwischen Punkten. Gekerbter Rand. Gr. über 14.

Ein zweiter Stempel mit AVŒ MARIA (Ringel) GRAŒIA P (R.) dann ein Kreuzchen zwischen vier Punkten, hat ein Ringel über den Lilien und rechts neben dem Schilde ein gleiches, darüber und darunter ein Punkt. Die Schrift ist von sehr roher Form. Gr. 14.

Ein dritter wie der erste hat über dem Schilde ein Ringel zwischen Punkten und auf den Seiten je drei Punkte über einander. Gr. 13.

Ein vierter wie der erste mit AVŒ MARIA (Ringel) GRACIA (Andreaskreuz) dann im Rev. M und A statt V und Ringel statt Ros. Gr. an 13.

Ein Variant des letztern hat im Rev. vier V und die Rosetten.

Ein sechster wie der erste mit AVŒ (Œ verkehrt) MARIA • GRAŒIA ⁚, dann im Rev. M statt M und Ringel statt Rosetten. Gr. über 13.

29248—50.

Av. AVE MARIA (Lilie) GRAŒIA • (Lilie). Sonst wie Nr. 29242 über dem Schilde ein Ringel und auf beiden Seiten drei gleiche über einander. Der Rev. wie zuletzt. Gr. über 13.

Av. AVE MARIA (Ros.) GRACIA ∘ (Blatt.) ✠ In einem gekerbten Kreise das Schild wie zuerst mit gekerbten Leisten, oben und auf beiden Seiten sieben Ringeln. Rev. In einer doppelten vierbogigen Einfassung ein breites Lilienkreuz mit einer vierblättrigen Rosette in der Mitte, und an den, in die Winkeln des Kreuzes tretenden Bogenspitzen eine, einem Säulenkapitale ähnliche Figur. Aussen in den Einbiegungen je ein Ringel. Gr. 12. (Vorstehende acht Jetone in der Sammlung des Hrn. Dr. Freudenthal.)

Av. AVE MARIA, fünfblättrige Ros. GRACIA gleiche Ros. und ✠ In einem gekerbten Kreise das oben zwei-, unten einspitzige Wappenschild mit den drei Lilien, ober dem Schilde ein Ringel. Im Rev. das Lilienkreuz mit einer Rosette von vier Punkten und in den vier Winkeln unbestimmte Figuren, wie vorher. Ausserhalb der doppelbogigen Einfassung je eine fünfblättrige Rosette zwischen je zwei Ringeln. Am Rande beiderseits je ein gekerbter Kreis. Gr. 12.

29251—53.

Av. AVE MARIA∘ GRACIA ✠ Das letztbeschriebene Wappen in einem Linienkreise; an dem obern Schildrande innerhalb ein Ringel, deren eines auch ober, dann neben dem Schilde. Rev. Aehnlich dem letztern; an dem innern Bogen, der zumeist aus Punkten zusammengestellt, sind ähnliche unbestimmte Gegenstände, vielleicht dreitheilige Blätter, von aussen in den Einbiegungen je ein Ringel. Gr. 12.

Av. AVE MARIA und eine durchstochene sechsblättrige Rosette. GRACIA R ✠ zwischen gekerbten Kreisen. Das Wappen wie vorher, und je zwei Punkte neben, auch Punkte ober dem Schilde. Rev. Ein aus je drei Strichen gebildetes Kreuz mit Lilien an den Enden. Der mittlere Strich des Kreuzes ragt durch die Lilien bis an die (hier einfachen) Halbbögen, welche an einander gestellt das Ganze umschliessen. In den Kreuzwinkeln zwei V und M mit einander je abwechseld; in der Mitte des Kreuzes eine sechsblättrige durchstochene Rosette. Ausserhalb der Kreise je eine gleiche Rosette zwischen zwei Punkten, dann · M · mit einander zweimal abwechselnd. Am Rande ein gekerbter Kreis. Gr. über 14.

Av. AVE MRI . . . V und eine vierblättrige durchstochene Rosette. GRACIA V D: und eine gleiche Rosette zwischen Perlenzirkeln. Das vorige Wappen. Rev. Das Lilienkreuz, an dessen Enden je zwei Doppelbögen, welche hier nicht an einander gestellt sind. Zwischen diesen Bögen, dieselben verbindend, je eine grosse durchstochene Kreuzrosette, an deren jeder von aussen je zwei Punkte. Eine gleiche Rosette ist auch in der Mitte des Kreuzes. Gr. über 13.

29254—59.

Av. AVE MARIA (durchstoch. Kreuzros.) GRACIA (desgleichen) PLEN+ Im Perlenkreise das Wappen wie Nr. 29242 mit Perlenleisten und über den Lilien eine gleiche Rosette. Oben und zu beiden Seiten · C · Der Rev. wie Nr. 29242 mit Lilien statt der Buchstaben und Rosetten. Gr. 14.

Av. AVE ∘ MARIA ⁚ GRACIA ∘ Sonst wie Nr. 29242, oben und zu beiden Seiten ein Ringel. Rev. wie Nr. 29249, mit dreitheiligen Blättern an den Spitzen und aussen je eine Rosette zwischen Ringeln. Gr. über 12.

Av. AVE MARIA (Ros.) GRACIA (gestieltes Kleeblatt) + Sonst ähnlich Nr. 29249, aber nur oben zwei Ringel. Der Rev. wie Nr. 29249, aber aussen Rosetten zwischen gestielten Blättchen. Gl. Gr.

Av. AVE MARIA (durchsloch. Ros.) GRAC (C verkehrt) IAVE (desgl.) Wie Nr. 29242; oben und auf den Seiten ein Punkt. Rev. Ein breites Lilienkreuz, in dessen Winkeln ein durchlöchertes Kreuz und eine Lilie, abwechselnd. Starker Perlenrand. Gr. über 13.

Av. AVE WARIA (Ros.) GRACIA ∘ PLI (Lil.) Sonst wie Nr. 29242 mit gekerbtem Schilde, über welchem eine kleine Krone und über den Lilien ein Kreuzchen. Der Rev. wie Nr. 29216 mit Kreuzchen statt Sternen. Gr. 11.

Ein Variant hat PLE (Krückenkreuz.) Gr. über 11. (Vorstehende sechs Jetone bei Herrn Dr. Freudenthal.)

29260—63.

Av. AVE MARIA (gestielte Blume) GRACIA (desgl.) + Im gekerbten und inneren feinen Linienkreise das Wappen, die Lilien in einem Schilde von gekerbten Leisten mit einem Punkte in der Mitte und einem Sterne über dem Schilde. Rev. (Kleeblatt) AVE (Kleebl.) — (Kleebl.) MAR (Kleebl.) — (Kleebl.) IAG (Kleebl.) — Kl. RACI In einem gekerbten Kreise ein breites, die Umschrift abtheilendes Lilienkreuz mit der vierblättrigen Rosette in der Mitte und einer fünfblättrigen Ros. in den vier Winkeln. Gr. 12. (Die Kleeblätter sind aus drei Ringeln gebildet.)

Av. AVE. MARIA: (Ros.) GRACIA. PL + Im Kreise wie Nr. 29242, oben und zu den Seiten ein Kleeblatt. Rev. AVE∘M⁎ — ARIA⁎ | GRAC ⁎ — IAPL Der Rev. wie vorstehend mit Lilien in den Winkeln. Gr. über 12.

Av. AVE Ros. MARIA (Ros.) GRACIA PL (zwei Ros.) Der Av. wie Nr. 29242, oben und zu den Seiten eine Rosette zwischen Blättern. Rev. MO.. (durchstoch. Stern) GARDER (desgl.) AV DROIT (desgl.) Im Linien- und gekerbten Kreise in einer vierbogigen Einfassung ein Anckerkreuz mit gleichen Sternen in den Winkeln; von der innern Seite der Bögen springen vier strahlende Halbkreise. Aussen in den Einbiegungen Ringel. Gr. 12.

Av. AVE MARIA ⁎ GRACIA P (Lilie) Das Wappen wie Nr. 29242 mit einem Ringel über den Lilien; oben und zu den Seiten des Schildes je ein Ringel zwischen Punkten. Rev. In einer doppelten, vierbogigen Einfassung ein rautenförmiges Doppelquadrat mit Lilien an den Enden, in dessen Mitte vier ins Kreuz gestellte Ringel. An den innern Spitzen der Bögen je ein V und aussen in den Einbiegungen je ein Ringel zwischen Punkten. Gekerbter Rand. Gr. an 14. Die R sind hier unförmlich geschnitten. (Alle vier bei Herrn Dr. Freudenthal.)

29264—67.

Av. AVE (Kleebl.) DOMINA (Kleebl.) ANGELORV + Das Wappen wie Nr. 29242. Oben und zu beiden Seiten des Schildes je ein Kleeblatt zwischen Ringeln. Der Rev. wie oben, dort mit Kleeblättern statt Rosetten. Gekerbter Rand. Gr. an 15.

Av. MERE ⁎ BOVEF ⁎ MOVRM (Lilie.) Das Wappen wie vorher Nr. 29242. Das Schild von gekerbten Leisten. Der Rev. wie ebendort mit Lilien in den Bogenspitzen und mit Kronen statt Rosetten. Gekerbter Rand. Gr. über 12.

Av. ARM ⁎ RAM ⁎ RR ⁎ MRA ⁎ + Das Wappen wie Nr. 29242, über den Lilien ein dreitheiliges Blatt; oben und zu den Seiten je zwei gestielte Blätter. Rev. In einer doppelten vierbogigen Einfassung ein breites Kreuz mit einer fünfblättrigen Rosette in der Mitte und je drei Blättern an den Enden, in den Winkeln und aussen in den Einbiegungen je ein Blatt, die letztern zwischen zwei kleinern Halbbögen. Gekerbter Rand. Gr. an 13.

Av. TARAS (durchstoch. Stern.) zweimal wiederholt, TS (desgl.) Wie Nr. 29242, mit gekerbtem Schilde, neben welchem S—S und oben ein liegendes S Rev. TAS—TAS—TAS—TA Wie Nr. 29260 mit einem durchstoch. Sterne in der Mitte, und in den Winkeln ein gleicher Stern mit einer Lilie abwechselnd. Gekerbter Rand. Gr. 13. (Alle vier ebendort.)

29268.

Av. VEEVO ⁎ EVO ... ⁎ NE ⁎ und eine Lilie beschnitten, daher die Schrift nicht ganz leserlich. Die Umschrift zwischen Perlenkreisen. Das Wappenschild aus Perlen formirt, darin die drei Lilien. Rev. Das Lilienkreuz zwischen vier an einander gestellten Halbbögen. In der Mitte des Kreuzes eine vierblättrigen Rosette. In den Kreuzwinkeln je ein V mit der Spitze nach aussen gestellt. In den Einbiegungen ausserhalb je · V · Gr. 12.

29269—70.

Av. VIVE (Ros.) AMANT (Ros.) VIVE (Ros.) AMOVRS (Ros.) VIVE + In einem gekerbten Kreise das gekerbte, unten zugespitzte Lilienschild, oben eine kleine Krone, auf den Seiten eine Lilie. Rev. Umschrift wie im Av. Im gekerbten Kreise ein Lilienkreuz mit gekrönten Lilien in den Winkeln. Gekerbter Rand. Gr. 12. (Die Rosetten fünfblättrig und durchstochen.) (Samml. des Herrn Dr. Freudenthal.)

Av. VIVE LE ROI ET LE DOFIN Im gekerbten Kreise unter einer grossen, bis an den Rand gestellten Krone das zugespitzte Lilienschild. Rev. AVE KK (an einander gest.) TRISTELLA DEI KK (ebenso) ATER + In einem gekerbten und inneren feinen Linienkreise ein Lilienkreuz; an dessen vier Enden je zwei Punkte; von der inneren Seite des Kreises treten gestielte Vierblätter in die Winkel des Kreuzes. Desgleichen Gr. über 12.

29271—73.

Av. CE (durchstoch. Kreuzros.) SONT (desgl.) LES (desgl.) GETOVERS ⁞ (desgl.) ⁞ DE (desgl.) + Im Linien- und gekerbten Kreise zwischen überlegten Lorbeerzweigen das gekerbte Lilienschild. Rev. GETTES ⁝ BIEH ⁝ PAIES ⁝ BIEH (Blätterzweig.) + In gleichen Kreisen ein rautenförmiges Doppelquadrat mit eingebogenen Seiten, an dessen Enden Blattverzierungen; in den Winkeln eine Lilie und ein Mühleisen abgewechselt. Dick. Gr. 12.

Av. VIVE ✱ AMAHT ✱ VIVE ✱ AMOVRS ✱✱✱✱ + Im gekerbten Kreise im Dreipass die Lilien. Rev. Die gl. Av. Umschrift. Im gekerbten Kreise ein Lilienkreuz, in dessen Winkeln je drei Punkte unter einer Krone. Gr. 12.

Ein zweiter Stempel mit durchstochenen Rosetten statt der Sterne. Rev. ABIEH ∗ VIEHEHE ∗ TOVT ∗ (Ros.) ∗ ∗ ∗ + sonst wie zuletzt. Gekerbter Rand. Gr. über 12. (Alle drei in der Samml. des Herrn Dr. Freudenthal.)

29274—75.

Av. AVE MATRISTELLA DEI MATER ✠ In der Mitte ein starker Punkt, und um denselben innerhalb eines feinen Linienrandes drei Lilien (ohne Schild) zwischen dieselben ragen drei aus dem Linienkreise abzweigende, gestielte, vierblättrige Blumen hinein. Rev. Eine ähnliche Umschrift, nur die E verkehrt und zum Schlusse MATDX ✠ In der Mitte ein Lilienkreuz innerhalb eines Linienkreises, von welchem zwei drei- und zwei vierblättrigen Blumen mit Kelchen zwischen die Lilien abzweigen. Die Umschriften beiderseits zwischen Kreisen aus länglichen Perlen. Gr. über 12.

Av. AVD MATRISSTDLLA DDI MAT' + Im Perlenkreise in einer dreibogigen Einfassung drei um eine Kugel in den Winkel gestellte Lilien. Innen an den Spitzen der Bögen Kreuzrosetten. Rev. Die Umschrift wie im Av. mit MAIR (R verkehrt) und MATD + Im Perlenkreise ein Lilienkreuz, in dessen Winkeln gestielte Lilien zwischen Punkten. Desgl. Gl. Gr. (Samml. des Hrn. Dr. Freudenthal.)

29276—77.

Av. DIEV NOVS DOINT PAIS AMOVR (Vierblatt.) + In einem gekerbten und innerem feinen Linienkreise innerhalb einer zehnbogigen Einfassung drei Lilien (2. 1.), oben und zu beiden Seiten der untern ein Vierblatt. Rev. AVE MARIA GRACIA PLENA DNS + Sonst wie Nr. 29270. Desgl. Gr. 12. (Ebendort.)

Av. IEY: COMPTES: ET: GECTES: DIEN: G und eine vierblättrige Rosette. Innerhalb eines Perlen- und feinen Linienkreises eine doppelte vierbogige Einfassung, in deren vier Ausbügen je eine Lilie und in der Mitte ein sechstheiliger Stern. In den äussern Einbiegungen je eine dreiblättrige Rosette. Rev. ET: VOVS: GAHDES: DE:

MASAOWT und eine gleiche Rosette. Innerhalb gleicher zweier Kreise ein Kreuz mit je einer Lilie an den Enden und einer Lilie in der Mitte. An den vier Winkeln je ein sechstheiliger Stern mit flammenden Spitzen. Die Ränder gekerbt. Gr. über 13.

29278—79.

Av. GATTAS : ANTANDAS : TV : AOMPTA (Krone). Im Kreise wie zuletzt innerhalb einer doppelten vierbogigen Einfassung vier Lilien (1. 2. 1.) und in der Mitte ein Stern; aussen in den Einbiegungen Kleeblätter. Rev. GTRDAS: VOVS: DA: MASAOMPTA + Wie Nr. 29271 mit Lilien in den Winkeln. Gr. an 13.

Av. AVR MTRIT (Ros.) GRT RIT * Im Kreise vier Lilien (1. 2. 1.) In der Mitte und zu den Seiten der untern ein Stern. Rev. In einer vierbogigen Einfassung ein rautenförmiges Quadrat mit eingebogenen Seiten und Lilien an den Enden; in dessen Mitte eine durchstochene Rosette. An den inneren Spitzen der Bögen V und T abgewechselt und aussen in den Einbiegungen je eine durchstochene Rosette zwischen starken Punkten. Gekerbter Rand. Gl. Gr. (Beide ebendort.)

29280—82.

Av. PTTER HOSTER QVI ES III AELI ✠ In einem gekerbten Kreise in einer doppelten sechsbogigen Einfassung ein unten zugespitztes, gekerbtes Schild mit sechs Lilien (2. 1. 2. 1.) Rev. PTTER HOATER OIVI ES III A + In einem gekerbten Kreise wie Nr. 29271 mit einer Lilie in der Mitte und den Winkeln. Gr. 11.

Av. TVA MTRIT ‡ GRTAIT ‡ PLANT ‡ DOI (Krückenkreuz.) Wie zuletzt, mit einer kleinen Krone oben im Schilde; zu beiden Seiten des Wappens ein Kreuzchen und aussen in den Einbiegungen Punkte. Rev. In einer doppelten vierbogigen Einfassung ein Krückenkreuz mit einer vierblättrigen Rosette in der Mitte und an den Ecken je eine Lilie zwischen zwei Blättern. An den inneren Bogenspitzen Kleeblätter, aussen in den Einbiegungen Kreuzchen, über denen + TV — + MT + — + RIT + — GRT Kupfer. Gr. an 12.

Av. GATAS * BIAN * TV * AOMPTAS + Wie Nr. 29280, das Schild mit Lilien bedeckt. Rev. GATAS * SAVRAMANT * LA + Wie Nr. 29271 mit starken Punkten in der Mitte und ohne die Lilien und Mühleisen. Gr. an 13. Kupfer. (Sämmtlich in der Samml. des Hrn. Dr. Freudenthal.)

29283—86.

Av. IE ‡ SVI ‡ DA ‡ LTTOH ‡ BEL ‡ STI (✠ Krückenkreuz.) Im gekerbten Kreise unter einer kleinen Krone ein unten zugespitzes, gekerbtes Schild mit sechs Lilien (3. 2. 1.) Der Rev. wie Nr. 29216, aber aussen ∘T∘ — ∘V∘ — ∘I∘ — ∘✠∘ Gekerbter Rand. Gr. 11.

Av. AHTAHDAS (zwei durchstoch. Sterne.) TV (desgl.) AOMPTA (desgl.) + Im gekerbten Kreise eine mit Lilien bestreute Fläche. Rev. Wie vorher, aber aussen nur je zwei Punkte. Desgl. Gr. an 13.

Av. TVA ⁝ MTRIT ⁝ GRTSIT ⁝ PLAN'∘ ✠ Im gekerbten Kreise ein gekerbtes Rautenschild mit vier Lilien (1. 2. 1.) und in der Mitte ein kleiner Stern. Der Rev. wie Nr. 29216 mit gestielten Kleeblättern an den Bogenspitzen, und aussen in den Einbiegungen je eine Krone. Gekerbter Rand. Gr. über 12.

Av. TVA MTRIT (durchstoch. Ros.) GRTAIT (desgl.) ✠ Im Perlenkreise ein Rautenschild aus Perlen mit den vier Lilien wie vorher und einem Punkte in der Mitte, auf den vier Seiten des Schildes je ein Punkt. Rev. Die Umschrift wie im Av., nur GRAIT Im Perlenkreise das vorige Kreuz mit durchstochenen Kreuzchen an den Enden und den vier Winkeln. Perlenrand. Gr. 14. (Alle ebendort.)

29287—88.

Av. Zwischen gekerbten Kreisen TVA · MTRIT, eine Blattrosette zwischen Doppelpunkten, GRTA · .. LA ✠ In der Mitte in einem gekerbten Kreise eine Lilie, und herum ein Kranz von sieben kleinen Kreisen, in welchen je eine fünfblättrige Rosette, zwischen welchen Kreisen X abwechselnd gestellt ist. Im Rev. das Lilien-Kreuz mit der vierblättrigen Rosette in der Mitte zwischen doppelten Halbbögen, aus deren Vereinigungspunkten verzierte Säulenende nach innen zu hineinragen, ausserhalb derselben je eine fünfblättrige Rosette zwischen Punkten. Gr. über 12.

Av. ꝚꝚꝚF (viermal wiederholt.) Im Perlenkreise ein mit Perlen eingefasstes Rautenschild mit vier Lilien (1. 2. 1.) Rev. Sinnlose Umschrift aus den Buchstaben ꝚVTR Im Perlenkreise ein Krückenkreuz mit Lilien an den Enden und gekrönten Lilien in den Winkeln. Desgleichen. Gr. über 13. (In der Sammlung des Herrn Dr. Freudenthal.)

29280—92.

Av. VIVE (Ros.) LE ROI (Ros.), zweimal, VIVE (gestielte Blume und Rosette.) ✠ Im gekerbten Kreise in einer doppelten vierbogigen Einfassung ein mit einer gekerbten Leiste eingefasstes Schild mit vier Lilien (1. 2. 1.). Aussen in den Einbiegungen Kleeblätter. Rev. ЄETTES (gestielte Blume) BIEN (desgl.) PRIES (desgl.) BIEN (desgl.) † Im Linien- und gekerbten Kreise ein Ankerkreuz mit Blattverzierungen an den Enden, in dessen Winkeln gestengelte Dreiblätter von der innern Seite des Linienkreises treten. Gekerbter Rand. Kupfer. Gr. über 12.

Ein zweiter, doppelt so starker Stempel ohne die vierbogige Einfassung und die gestielte Blume im Av. hat ein Kleeblatt auf den vier Seiten des Schildes.

Av. VIVE (Ros.) LE ROI (Ros.) VIVE (Ros.) ROI (Ros.) VIVE (gestielte Blume) ✠ Der Av. wie vorher der erstere und die Kleeblätter zwischen je zwei Punkten. Der Rev. wie vorher mit der Umschrift LOENGE (Ros.) A DIEV (R.) AVANT (R.) TOVT (R.) EVR (Oeuvre) ✠ Gekerbter Rand. Gr. 12.

Av. VIVE (durchstoch. fünfblättr. Ros.) LE (R.) ROI (desgl.) VIVE (desgl.) LE (desgl.) ROI, zwei gleiche Rosetten, ✠, sonst ähnlich Nr. 29289, aber von aussen je drei Punkte. Rev. VIVE (gl. Ros.) AMANT (desgl.) VIVE (desgl.) AMOVRS (zwei gl. Ros.) ✠ In einer gekerbten vierbogigen Einfassung ein Krückenkreuz mit Lilien an den Enden und in den Winkeln. Gekerbter Rand. Gr. 13. (Alle vier in der Sammlung des Herrn Dr. Freudenthal.)

29293—94.

Av. VIVE ⁝ LE ⁝ BON ⁝ ROY ⁝ DE ⁝ FRANCE ⁘ I (Krone.) Im gekerbten Kreise ein doppelleistiges Rautenschild mit einer gekerbten innern Leiste, worin die vier Lilien; auf den vier Seiten ein Kleeblatt zwischen Ringeln. Rev. ЄEOVS ⁝ VEON ⁝ DE ЄONEVVO ⁝ DE ⁝ VEE ⁝ (Kr.) In einem gekerbten Kreise in einer doppelten vierbogigen Einfassung ein oben, unten und an den Seiten mit einer Lilie verziertes spanisches Schild, darin drei Lilien (2. 1.), die beiden obern schräg gegen einander gestellt. Aussen in den Einbiegungen lilienförmige Verzierungen. Gekerbter Rand. Gr. an 14. Ebendort.

Ein zweiter Stempel in m. S. minder erhalten, hat im Av. vor der Krone kein I im Rev. oben eine Krone und eine andere nicht ganz lesbare Umschrift: BONEVO ⁝ NERVN ⁝ R... VO..EVR ⁝ Gl. Gr.

29295—97.

Av. Von links: SIT NOMEN DOMINI (2 Lilien) (Sit nomen domini.) Im Kreise in einer vierbogigen Einfassung ein Rautenschild mit den vier Lilien; aussen in den Einbiegungen je ein Kleeblatt. Rev. SIT NOMEN DOMINI (gesteng. Kleeblatt.) Im Kreise ein Krückenkreuz, in dessen Winkel gestengelte Vierblätter von der innern Seite des Kreises treten. Gr. 13. (Die M und N ohne Bindestriche.)

Ein Variant hat im Rev. die Umschrift wie im Av. und am Ende derselben ein Vierblatt, dann gestengelte Dreiblätter statt der Vierblätter. (Beide in der Samml. des Hrn. Dr. Freudenthal.)

Av. Aehnlich dem ersten nur SIT∘ (das T hier unten gespalten), und nach III statt der zwei Lilien eine Blattrosette. In der Mitte innerhalb eines breiten Linienkreises ein glattes nach unten zugespitztes Schild, worin zwei Kastellthürme neben einander und unter denselben die drei Lilien. Rev. SIT NOMЄ... DOMI I II I und eine vierblättrige Rosette. Innerhalb eines Linienkreises ein Krückenkreuz, in dessen Winkeln zwei Lilien und zwei gleiche Thürme abwechseln. An den Rändern beiderseits je ein Linienkreis. Gr. 13.

29298—300.

Av. LOЄNЄЄ: Ꞩ DIЄV: ꞨVꞨꞨT:: TOVT ЄV (oeuvre) ✠ Wie Nr. 29289, der erste mit einem gekerbten Rautenschilde. Rev. ЄЄTTЄS (gestielte Blume) SЄVRMЄNT (desgl.) ЄЄTTЄS (desgl.) ✠ Im Linien- und gekerbten Kreise ein Krückenkreuz mit blattartigen Verzierungen in den Winkeln. Gr. 12.

Av. LOЄHЄꞨ * ꞨDIЄV * ꞨVꞨT * TOVT * ЄVVR' ✠ Im gekerbten und innern feinen Linienkreise das Rautenschild mit den vier Lilien, von einer gekerbten Leiste eingefasst; an den vier Seiten Zweigverzierungen. Rev. ЄЄTTЄS * BIЄN * PAIЄS * BIЄN (Blattverzierung.) ✠ In gleichen Kreisen ein Krückenkreuz, in dessen Winkel vierblättrige Zweige von der innern Seite des Kreises treten. Gek. Rand. Gl. Gr.

Av. VIVЄNSVVЄSVIVSI (Vierblatt.) Im Linienkreise ein Rautenschild mit den vier Lilien und einem Kleeblatte in der Mitte. Rev. ЄSVIЄV (Vierblatt) INSNЄSNV (Vierblatt.) Im Kreise ein Krückenkreuz, in dessen Winkeln V und ein Vierblatt abwechseln. Linienrand. Gr. an 13. (Alle drei ebendort.)

29301—8.

Av. wie Nr. 29293 mit FRꞨNЄЄ⁝ (Krone.) Perlenkreise und innen eine Perlenleiste. Rev. VOLЄVЄ⁝ LꞨ⁝ ЄꞨLLЄЄ⁝ DЄ⁝ FRꞨNЄЄ⁝ Im Perlenkreise ein einmastiges Schiff von alter Form, rechtshin im Wasser; am Vordertheile ein Kreuzstab mit langer herabhängender Wimpel; am Hintertheile ein Fähnchen mit einem Kreuze und an der Spitze des Mastbaumes ein Є. Messing. Gr. an 14.

Ein Variant hat im Av. FRꞨNЄЄ.⁝. (Kr.) Gr. über 13.

Ein zweiter im Av. FRꞨN (Kr.) im Rev. nur FR Gr. an 12.

Ein dritter im Av. FRꞨNH (Kr.) im Rev. VIVЄ⁝ ЄVЄ⁝ ЄVЄ⁝ ЄVЄVЄROVЄN Gl. Gr. (Alle in der Samml. des Hrn. Dr. Freudenthal.)

Ein vierter hat deutliche aber sinnlose Umschrift mit zum Theil entstellten Buchstaben, als: VNLЄOLLTVЄTЄDVLL? VTRLL(?) Die drei ersten L verkehrt nach aussen gestellt. Im Rev. VOL (L verkehrt) GVЄ⁝ LꞨ⁝ GꞨLIDЄ⁝ OD⁝ ЄL (L verkehrt) ꞨW Gr. 12. (In m. Samml.)

Andere Stempel mit sinnlosen Umschriften und ohne G am Maste:

Ein fünfter ꞨNЄV⁝ (dreimal wiederholt) Krone und je drei Ringel auf den Seiten des Schildes. Rev. ЄVOBB⁝ (zweimal wiederh.) ЄVOBI (Krone.) Gr. an 13.

Ein sechster ЄNONOI⁝ ЄNONO⁝ (einmal wiederholt), und Rosette statt Kleeblätter. Rev. ONЄNON⁝ (dreimal wiederholt). Krone. Gr. 13.

Ein siebenter IONЄBW⁝ (zweimal wiederh.) BN⁝, die Kleeblätter zwischen Rosetten. Rev. ЄODLWNN⁝ (zweimal wiederh.) B∘ Gl. Gr. (Letztere drei in der Samml. des Hrn. Dr. Freudenthal.)

29309—13.

Ein achter mit dem doppelten Quadrate, an welchem je drei Ringeln mit Krone LЄV ⁝ LЄVBI⁝ LЄVBЄ⁝ LЄVB und im Rev. Krone LЄVB⁝ LЄVB⁝ LЄVBI⁝ LEVB. Die L zum Theil wie N Gr. 12.

Ein neunter ebenso, im Av. nicht ganz deutlich, anscheinend Krone LBVOЄ LBOVЄ⁝ LOVЄ.. LBOVI Im Rev. Krone VЄBOB: Viermal am Rande. Gr. 12.

Ein zehnter hat im Av. Krone, LЄOBI⁝ LЄOBI⁝ LЄOBV⁝ LЄOBI Ein Doppelquadrat, an dessen Seiten je drei, zusammen 12 Ringeln von aussen. Im Rev. LCOVC ⁝ LCOVC ⁝ LCOVCO ⁝ LCOVI Krone. Grösse 13. (Die letzten drei in m. S.)

Ein eilfter hat das Quadrat mit je drei Ringeln an der Seite und ENVBE ENVBI ENVBE ENVBO ENVB: und im Rev. das Schiff mit NOEBONEB (Ros.) NOEBNE (Ros.) NONEBONE. (Reinhardt Nr. 6023.)

Ein zwölfter hat das Quadrat mit vier Lilien im Perlenkreise, und Kleeblätter ausser dem Vierecke mit IOSVT CEI. XG IOSVT dann das Schiff mit L RSV. NEBG..A: IO: LV: G Krone. (Reinhardt Nr. 6022.)

Die Umschrift des letzteren dürfte unvollständig sein; auch sind bei Reinhardt die Umschriften blos in neueren nicht in den Original-Buchstaben gegeben, da solche der Druckerei nicht zu Gebote gestanden sein mochten.

29314—15.

Av. IC (Kleeblatt) MC (Kleebl.) RCCOVMTPDC (Kleebl.) T DICVT (Lilie.) Im Perlen- und inneren feinen Linienkreise drei runde Schildchen (1. 2.) mit je einer Lilie, zu beiden Seiten des obern und ganz unten eine Kreuzrosette. Rev. GCTTCS (gestieltes Kleeblatt) SCVRMCHT (desgl.) SOVBT (desgl.) In gleichen Kreisen ein zierliches, an den vier Seiten gehenkeltes Quadrat, darin ein Ankerkreuz. Gekerbter Rand. Gr. 12.

Av. VIVC (durchstoch. Ros.) LC (desgl.) ROI (desgl.) VIVC (desgl.) TMTHT (drei gleiche Ros.) ✠ Im gekerbten Kreise die Schildchen wie vorher von gekerbten Doppelleisten und die beiden untern Lilien liegend; statt der Kreuzrosetten sind Kronen. Rev. Umschrift wie im Av., nur TMOVRS (drei Ros.) ✠ Im gekerbten Kreise in der Mitte ein gekerbtes rundes Schildchen mit einer Lilie, an welchem aussen vier gekerbte Halbbögen mit je einem dreitheiligen Blatte; aussen in den Winkeln je drei Punkte. Gr. 13. (Beide in der Sammlung des Herrn Dr. Freudenthal.)

29316—17.

Av. ITVBICT ∴ BCRTMVODD ∴ BMDI (Lilie.) Die Schildchen wie vorher, aber hier 2. 1., in der Mitte ein starker Punkt, dann oben und neben dem untern Schildchen je eine Kreuzrosette. Rev. MSTRMTSRTSMTS MTRSMTR Im Perlenkreise gross PPH, darüber ~, unten rechts Sterne, links eine Rosette. Gr. an 13. (Ebendort.)

Av. Ein Viereck mit der Spitze nach oben, von innen aus Linien, von aussen aus Perlen, darin vier Lilien (1. 2. 1.) Von aussen an den vier Seiten je · ✱ · Umschrift von oben .V. RT RV RTR. VRTR (dreimal) .VRTR Rev. In der Mitte wie zuvor, nur neben P je drei Punkte. Am Rande zwischen perlenähnlichen Kreisen: TRTPTP TRTPTP TP (zweimal) TRTP Gr. an 15.

29318—19.

Av. Sinnlose zum Theil unleserliche Zuschrift: TVGTSV.. VTSVTGSTVSGTSO zwischen gekerbten Kreisen. An den inneren Kreisen noch ein Linienkreis. In der Mitte ein Kreuzchen, dann zwei, und unterhalb ein rundes Schildchen mit je einer Lilie, neben dem untern Schildchen zwei gleiche Kreuzchen. Rev. Aehnliche Umschrift, nur TTR . . . VTTRVT TRTTRTTTRV zwischen gekerbten Kreisen. In der Mitte ein Lilienkreuz, in dessen Winkeln je eine gekerbte Lilie. Gr. an 14.

Av. BVOLC ⁝ GDROP ⁝ TVBOVVCOLC Das mit einer Lilienkrone bedeckte Wappen, darin drei Lilien und in deren Mitte ein Punkt; zur Seite je ein durchstochenes Kleeblatt zwischen zwei Ringeln. Rev. COTBCOPPC : BOPCS(?) T: ROPCOBDL ⁝ Die Umschriften zwischen gekerbten Kreisen. In der Mitte ein Reichsapfel zwischen einer oben an den Seiten zweimal und unten einmal spitzig ausgeschlagenen Einfassung. Gr. an 13.

29320—22.

Av. ⁊VG WTRIT ⁑ Ros. ⁑ GRTGIT Ros. ⁎, Innere Umschrift von rechts zwischen Perlenkreisen DOWIPVS PLGPT ✱ Ros. In der Mitte eine grosse Lilie. Der Rev. wie Nr. 29249, aber aussen ⁎T⁎ — ⁎O⁎ — ⁎G⁎ — ⁎O⁎ Gr. 12.

Av. GETOERS ‡ DE LTTOP ‡ B (ou) Krückenkreuz. Im gekerbten Kreise ein gekerbtes unten zugespitztes Schild mit einem aufgerichteten Löwen rechtshin; oben und zu den Seiten ein Ringel zwischen gestielten Blättern. Rev. In einer doppelten vierbogigen Einfassung ein breites Kreuz mit einer vierblättrigen Ros. In der Mitte und gestielten Lilien zwischen Blättern an den Enden, dann lilienförmige Figuren an den Bogenspitzen und +T+ — +V+ — +G+ — +G+ Gek. Rand. Gr. an 12.

Av. TVE WTRIT‡ GRTGIT‡ PLE (Krückenkr.) Wie zuletzt, aber nur über dem Schilde ein durchstochener Stern zwischen Kreuzchen. Rev. Wie zuletzt mit +W+ statt G Gr. über 11. (Alle drei in der Samml. des Hrn. Dr. Freudenthal.)

29323—30.

Av. GETTGS: GPTGPDGS: TV: GOWPTG (Krone.) Im gekerbten und innern feinen Linienkreise eine quadrirte Fläche, darin im ersten und vierten Felde die französischen Lilien, im zweiten und dritten ein gekrümmter Delphin rechtshin (Wappen der Dauphinée.) Rev. :GT: VOVS: GTRDGS: DG: WGSGOWTG: (Kr.) In gleichen Kreisen eine mit Lilien bestreute Fläche. Gr. über 13.

Ein zweiter hat im Av. GOWPTG: (Kr.), im Rev. nur GTRDGS: VOVS: DG: WGSGOWPTGR (Kr.) Gr. 13.

Ein dritter dünner Stempel ohne die Linienkreise hat im Av. GOWPTG: R. (Kreuz), im Rev. GTRDG: VOV: DG: WGOWDRG: OVGT: (Krone) Gr. an 14.

Andere Stempel mit sinnlosen Umschriften:

Av. VBTVD (Ros.) GDTDV (R.) TDGVD (R.) GBTBVG (R.) Rev. OBVT (R.) DTDVB (R.) DDTVB (R.) DTVBD (Krone). Gr. über 14.

Av. BTOPVTO BPVOTVO BVIPOT BVOPIV Rev. TBVPO BTVOPVT BOBGTV (Krone.) Gr. 15.

Av. GVGPVOPS ⁝ LGPOVWGLS ⁝ VPGWG ⁝ ✠ Rev. GTVGPG . . OV ⁝ GWGVOP⁝ PSWOPGTV Krone. Dünn. Gr. 15.

Die letzten sechs M. in der Samml. des Hr. Dr. Freudenthal.

Av. GVOBGI (sechsbl. Ros.) GVOBGP (Ros.) dreimal, sonst wie vorher. An den Enden der das Feld abtheilenden Striche je zwei kleine Ringel. Rev. BPGOL ⁝ viermal, BPG ∘ ✠ Die vor. Lilien. Gr. 15.

Av. Von rechts: GWSVLBSLDSLGLOPVGLLDOBV ⁝ Es fehlen hier die vorigen Ringel. Im Rev. Krone. W..... GB⁝ WVPDGB⁝ WVPGB⁝ Gl. Gr. (Beide in m. S.)

29331—32.

Av. VIVG (R.) LG (R.) ROI (R.) VIVG (R.) LG (R.) ✠ (R.) Durchstoch. fünfblättr. Ros. In der Mitte im gekerbten Kreise die vorige Darstellung. Im vierten Felde ausser den drei Lilien noch ein Kreuzchen. Rev. GHITTGS SGVIV ⁎ WGNTGGTTGS ✠ Zwischen gekerbten Kreisen. In der Mitte ein in Blattverzierungen ausgehendes Kreuz. Gr. über 12.

Av. BGPOVGB: (dreimal) Im Kreise ein Kreuz mit grossen Lilien an den Enden und in den Winkeln abwechselnd die Lilien und der Delphin. Rev. OPGVPI: (dreimal) Krone. Im gekerbten Kreise eine mit Lilien bestreute Fläche. Gr. 15.

29333—35.

c. Mit verschiedenen Vorstellungen.

Av. LVRTG: BIGH: WOVTOII (Krückenkreuz.) Im Perlenkreise das Siegeslamm, rechtshin mit einem Scheine um den zurückblickenden Kopf und hinter ihm der Kreuzstab mit Fahne. Rev. IЄTЄS⁝ BIЄN⁝ SЄVRЄMЄNT (Ros. u. Kr.) Im Perlenkreise in einer doppelten vierbogigen Einfassung ein Lilienkreuz mit Lilien an den in die Winkel desselben tretenden Spitzen der Bögen, aussen in den Einbiegungen Kleeblätter. Gr. über 11.

Av. MOVTON ⁝ SVI ⁝ DЄ BЄRRI Sonst wie vorher. Rev. IЄTЄS • RAC... CONTЄSC ✠ Wie zuvor mit breiterem Kreuze, in dessen Mitte eine vierblättrige Ros. Gr. an 11.

Av. AV MOTЄN∴ DЄ∴ BAR∴RI∴ SI • VOSN (Au monton de berri sui monnaie.) Das Lamm wie vorher. Rev. .CRO.-.IS (S verkehrt) D. — .CPA. — DCIX. (Croix de par dieu.) In einer doppelten viermal gebogenen und viermal gespitzten Einfassung ein breites Kreuz mit einer vierblättrigen Ros. in der Mitte und Blattverzierungen an den Enden, in den vier Winkeln ein durchstochener Stern. Gr. 11. Von feinem Schnitte. (Samml. des Hrn. Dr. Freudenthal.)

29336—40.

Av. + MOVTON ⁝ SVI ⁝ DЄBЄ + Im gekerbten Kreise das Lamm wie vorher. Rev. wie Nro. 29249 mit dreitheiligen Blättern an den Bogenspitzen und Kleeblättern statt der Ringel. Gr. an 12.

Ein Variant mit + MOVTON SVI ⁝ DЄ BЄL + hat im Rev. in den Einbiegungen +A+ — +C+ — +V+ — +T+ Gl. Gr.

Ein dritter ∘MOVTON ⁝ SVI ⁝ DЄ BЄR∘ und ∘A∘ — ∘V∘ — ∘I∘ — ∘✠∘ Gr. 12. (Sammlung des Herrn Dr. Freudenthal.)

Av. ∘MOVTON ⁝ SVI ⁝ DC BA Das Lamm in einem gekerbten Kreise, mit dem Lilienkreuze bis an den Rand reichend. Rev. Innerhalb eines Linien- und innern gekerbten Kreises das Lilienkreuz und im Av. wie zuletzt mit C statt I Gr. 12.

Ein fünfter mit MOVTON ‡ SVI ‡ DC B ‡ B und eine fünfblättrige Ros. zwischen gleichen Kreuzchen. Im Rev. Das Kreuz zwischen gleichen Bögen und aussen AVC ✠ zwischen je zwei + Gr. 12.

29341—42.

Av. PARAMOVS ‡ SVI ‡ DOVH (Krückenkr.) *(Par amour sui donné.)* Das Lamm wie vorher, jedoch ohne Schein und auf einem Boden stehend. Rev. IЄ SVI • DЄ LЄTTON • POVR GЄT (Kr.) Im feinen Linienkreise in einer doppelten vierbogigen Einfassung ein Ankerkreuz mit grossen Lilien an den Enden und einwärts gekehrten Sichelmonden in den Winkeln; aussen in den Einbiegungen auswärts gekehrte Sichelmonde. Gr. 11. Zierliches Gepräge.

Av. Ebenso nur AMOVRS Rev. ЄNCCS — TЄCRO — ISIЄS — ЄIGN' *(en cette croix je seigne.)* Im Perlenkreise ein auf die Spitze gestelltes Doppelquadrat mit eingebogenen Seiten und grossen, die Umschrift abtheilenden Lilien an den Enden; in der Mitte desselben ein links gewandter Schlüssel. Gr. an 11. Von feinem Schnitte. (Beide in der Sammlung des Hrn. Dr. Freudenthal.)

29343—45.

Av. DC LATON : SVI : NOVMЄ ✠ *(Je suis monnaie de laiton.)* Das Lamm wie Nro. 29333. Rev. DЄ : LATON : SVI : NON : MЄS ✠ Wie Nro. 29333. Gr. über 11.

Ein zweiter dünner Stempel hat im Av. DЄ ‡ LATON ‡ SVI NOVMЄS ✠, im Rev. ebenso, nur NOVMIS ✠ dann Kreuzchen an den Spitzen und in den Einbiegungen der Bögen. Gr. über 10. (Samml. des Hrn. Dr. Freudenthal.)

Ein dritter DC LATON ∘ SVI NOVMЄS + und im Rev. wie der erste mit DC LATON∴ SVI: DOV MC + Gr. an 12.

29346—48.

Av. GCTGS • SANS • FALIR + Das Lamm wie zuerst. Rev. GCTGS • BIGN SAGCM (Krone?) Im Perlenkreise ein Ankerkreuz mit Lilien in den Winkeln. Gr. über 11.

Av. ME — RITV ∘ DE Das Lamm ohne Kreis mit dem Scheine und oben am Rande zwei kleine Zweige. Rev. DE — LE — IT — OU Im gekerbten Kreise ein breites, die Umschrift abtheilendes Kreuz mit einer Rose in der Mitte, je drei gestielte Kleeblätter an den Enden und Lilien in den Winkeln. Gl. Gr.

Av. BIEH. OVI. DE. POIT. WOHTWI ✠ Das Lamm wie Nro. 29333. Rev. PTR TWOVRS: SVI: DODES+ Wie Nro. 29333, aber das Kreuz breiter und mit einer vierblättrigen Rosette in der Mitte. Gr. an 13. (Alle drei ebendort.)

29349—51.

Av. CEST. LT WTLLE. BEST (Krückenkr.). Im gekerbten und innern feinen Linienkreise ein rechtsschreitender Bär, vor und hinter ihm, dann hinter dem Rücken eine Blume mit langem Stengel. Rev. In einer doppelten vierbogigen Einfassung ein breites Kreuz mit einer vierblättrigen Rosette in der Mitte und je drei gestielten Blättern an den Enden; an den innern Bogenspitzen Kleeblätter und aussen in den Einbiegungen +V+ — +C+ — +B+ — +G+ Gr. über 11.

Ein zweiter Stempel mit gestielten Lilien zwischen Blättern an den Kreuzenden und lilienförmigen Figuren an den Bogenspitzen hat +T+ — +V+ — +C+ — +G+ Gl. Gr.

Ein dritter mit Doppelringeln statt der Punkte im Av. hat im Rev. das Kreuz wie der zweite und aussen ∗T∗ — ∗V∗ — ∗C∗ — ∗W∗ Gr. an 12. (Alle drei ebendort.)

29352—55.

Av. LE⁝ DOBLE⁝ ET⁝ FIER⁝ PO (isson) ✠ Im gekerbten Kreise ein gekrümmter Delphin rechtshin. Der Rev. wie Nro. 29349 mit je einer gestielten Lilie zwischen zwei Blättern an den Kreuzenden und lilienförmigen Figuren an den Bogenspitzen, dann aussen T V C M zwischen + Gr. an 12.

Ein zweiter im Av. mit FIERI ✠ und fünfblättrige Ros. statt der Ringel, im Rev. derlei Ros. statt + und G statt W Von den Bögen nach innen hinein die Säulenende. Gr. über 11. (Beide ebendort.)

Av. LE⁜ DOBLE⁜ ET⁜ FIER⁜ POI ✠ Der Delphin wie vorher. Rev. Aehnlich dem vorigen mit +T+ — +V+ — +C+ — +L+ Gr. 12. (In m. Samml.)

Av. IE SVIS⁝ DE LT TOVHT∘ + Sonst sowie im Rev. wie Nro. 29352. Gr. 12. (Ebendort.)

29356—59.

Av. TVE WTRIT⁝ GRTCIT⁝ P ✠ Sonst wie Nro. 29346 und im Rev. ✠ statt ♔ Gr. 12.

Ein Variant hat im Rev. ein etwas verschiedenes Kreuz und aussen in den Einbiegungen Kronen. Gr. über 11. (Ebendort.)

Av. TVC MTRIT Ros. aus fünf Punkten, RTCIT Gl. Ros. PLCDT ✠ Der Delphin im gekerbten Kreise. Im Rev. das Lilienkreuz in doppelbogiger Einfassung, an welcher von aussen je eine sechsblättrige durchstochene Ros. zwischen zwei Ringeln. Am Rande gekerbte Kreise. Gr. 13.

Av. TVC MTRIT⁝ GRTCIT Ros. ✠ Der Rev. ähnlich dem letztern, von den Bögenenden reichen Säulenenden (?) nach innen; ausserhalb fünfblättrige Ros. zwischen Punkten. Gr. 12. (Beide in m. Samml.)

29360—62.

Av. TVC (durchstochene Ros.) MTRIT (desgl.) GRTCT (Lilie.) Der Delphin, aber hier aufwärts gelegt. Rev. TVCTSLOT (L.) COSTTTVO (L.) Im gekerbten Kreise vier mit den Griffen in's Kreuz gestellte links gewandte Schlüssel; in den Winkeln Lilien. Gekerbter Rand. Gr. über 12. (Samml. des Hrn. Dr. Freudenthal.)

Av. Oben am Rande beginnend: OSAGVIO Ros. S, ein Andreaskreuz, CIGVSIGV Ros. In der Mitte ein oben zwei-, unten einspitziges Schild, in welchem wegen Abwetzung nur mehr in der untern Schildhälfte drei (2. 1.) Lilien auszunehmen sind. Rev. DOIG SIGI Andreaskreuz, ADISVIGAVI Ros. Beiderseits zwischen Linienkreisen. Der Rev. ähnlich dem letzten, vier in einander gestellte Schlüssel, zwischen welchen vier Lilien. Gr. über 12. Messing. (In m. Samml.)

Av. AAG MR(?)IA∘ GR?AGIA (Gestieltes Blatt.)∘ Im Kreise der Delphin linkshin und im Felde umher acht Punkte. Rev. In einer vierbogigen Einfassung ein rautenförmiges Doppelquadrat mit eingebogenen Seiten, in dessen Mitte vier in's Kreuz gesteckte Ringel und an den Enden Lilien. An den Bogenspitzen, sowie aussen in den Einbiegungen ein Halbmond und A abgewechselt. Roher Schnitt. Gr. an 14. (Samml. des Hrn. Dr. Freudenthal.)

29363—66.

Av. AVE MARIA‡ GRAGIA‡ PI✠ Im gekerbten Kreise das Stadtwappen von Tours: drei Kastelle und drei Lilien. Rev. Wie Nro. 29349 und aussen +A+ — +G+ — +V+ — +✠+ Gr. an 12.

Ein zweiter mit PLI (Kr.) hat das Wappen zwischen Lilien und im Rev. +V+— +G+ — +A+ — +✠+

Ein dritter wie der zweite mit PL (Kr.) und +A+ — +V+ — +G+ — +G+ Gl. Gr.

Ein vierter mit AVG MARIA ⁝ GRAGIA ⁝ PLG (Ros.) hat durchstochene Ros. neben dem Wappen und im Rev. ∗A∗ — ∗V∗ — ∗G∗ — ∗Ros.∗ Gr. 12. (Alle vier ebendort.)

29367—70.

Av. IE∗ SVI⁝ DE∗ LATOH∗ BGL∗✠ Wie Nro. 29364 Rev. ·PAI· — ·AH·— ·IAI. — ·GIV. Wie Nro. 29342 mit einer Lilie in der Mitte und in den Winkeln. Gr. 11.

Ein zweiter mit Doppelringeln zwischen der Umschrift des Av. und BG (Kr.) hat den Rev. von Nro. 29363, aber aussen in den Einbiegungen Kleeblätter zwischen Kreuzchen. Gr. über 11.

Av. Von rechts: GGISVSVGIDXISSG (Vierbl.) Im Kreise wie Nro. 29363. Rev. GSGVVGSVGGGVSG (V.) VS (V.) Im Kreise ein Ankerkreuz mit Kreuzrosetten in den Winkeln. Gr. an 13.

Ein zweiter mit ähnlicher sinnloser Umschrift hat das Wappen zwischen Lilien, und in den Winkeln des Kreuzes ein Vierblatt und eine Lilie abwechselnd. Gl. Gr. (Alle vier ebendort.)

29371—79.

Av. AVE MARIA‡ GRAGIA‡ PLE✠ Im gekerbten Kreise eine grosse Königskrone mit einer Lilie auf der mittleren Spitze. Rev. wie Nr. 29350. Gekerbter Rand. Gr. über 11.

Ein zweiter Stempel mit durchstochener Ros. zwischen der Umschrift und PI✠ hat im Rev. statt der Buchstaben eine Lilie und eine durchstochene Rosette abwechselnd. Gr. 12.

Ein dritter ähnlich dem letzten hat GRAGIA PLI (durchstochene Ros.) und im Rev. .A. — Kleebl. — .G. — Kleebl. Gl. Gr.

Ein vierter mit AVG MARIA (durchstochene Ros.) GRAGIA PLGNA (desgl.) dann mit gleichen Ros. zu beiden Seiten der Krone hat im Rev. ∘A∘ — ∘V∘ — ∘G∘ — ∘M∘ Gr. an 12.

Ein fünfter wie der letzte mit GRAGIA (Ros.) N✠ und ohne Ros. neben der Krone hat Kreuzchen statt Ringel im Rev. Gl. Gr. (Alle in der Sammlung des Herrn Dr. Freudenthal.)

Av. AVE MARIA: GRAGIA: PL✠ In der Krone drei fünfspitzige Sterne und im Rev. A — V — G — G zwischen fünfblättrigen Rosetten, welche auch im Av. statt der Punkte. Aus den innern Bogenenden ragen hier Säulenenden gegen die Kreuzwinkel zu, hinein. Gr. 12.

Av. wie zuletzt, nur nach den Ꝛ‡ statt Ros. In der Krone statt der drei Sterne je drei an einander gestellte Ringel. Rev. ebenso, nur D statt Ɠ und + statt der Ros. Gr. über 11.

Ein achter mit +ƓRꝚCIꝚ+P ✠ und im Rev. wie zuletzt, nur Ɠ statt D. In der Krone des Av. drei Ringel. Gl. Gr.

Ein neunter: Ros. ƓRꝚCIꝚ Ros. PLI ✠ In der Krone drei sechsspitzige Sterne Rev. wie bisher mit ꝚVCƓ zwischen +—+ Gl. Gr. (Diese vier in m. Samml.)

29380—84.

Av. ꝚVC ⁝ MꝚRIꝚ ⁝ ƓRꝚCIꝚ ⁝ PLCNꝚ ✠ Die vorige Krone. Rev. Aehnlich Nr. 29371 mit gestielten Kleeblättern statt der Lilien und gleichen Kleeblättern an den Bogenspitzen; von aussen Ꝛ V C Ɠ zwischen *—* Gr. 12.

Ein Variant mit ƓRꝚSIꝚ hat im Rev. M — ✠ — M — ✠ Gr. über 12. (Beide in der Sammlung des Herrn Dr. Freudenthal.)

Av. ꝚVE MꝚRIꝚ ‡ ƓRꝚCIꝚ ‡ PLENꝚI ✠ Die Krone hier nicht blos im gekerbten Kreise, sondern noch in einer Einfassung von sechs doppelten Halbbögen, an deren Einbiegungen von aussen je ein Ringel. Der Rev. wie bisher mit ꝚVC ✠ zwischen +—+ Gr. 12. (In m. Samml.)

Av. Aehnlich mit • ƓRꝚCIꝚ ◦ PLEI ✠ und im Rev. E — V — Ꝛ — ✠ zwischen Ringeln. Gr. über 11.

Ein Variant des letztern hat im Rev. Kleeblätter in den Einbiegungen. Gl. Gr. (Die beiden letztern in der Sammlung des Herrn Dr. Freudenthal.)

29385—87.

Av. Von rechts: ꝚVC WꝚRIꝚ ƓRꝚSIꝚ PLC ✠ Die Krone. Rev. wie Nr. 29371, aber statt der Buchstaben Lilien zwischen Punkten. Gekerbter Rand. Gr. 13.

Av. ꝚVC WꝚRIꝚ + ƓRꝚCIꝚ ⁘ ✠ Die Krone zwischen zwei punktirten Ros. Rev. wie Nr. 29371 mit grossen Lilien an den Kreuzenden und Bogenspitzen, dann in den Einbiegungen Ringe zwischen Sternchen. Gekerbter Rand. Gr. über 12. (Beide in der Sammlung des Herrn Dr. Freudenthal.)

Av. ꝚVC ✱ MꝚRIꝚ ✱ ƓRꝚCIꝚ ⁘ und eine fünfblättrige Ros. Im Linienkreise die Krone, in welcher eine gleiche durchstochene Rosette zwischen zwei Ringeln. Rev. In einer einfachen vierbogigen glatten Einfassung ein Lilienkreuz, in dessen geöffneter Mitte ein Punkt. In den Kreuzwinkeln Ɠ — C — O — C Ausserhalb der Einfassung je eine fünfblättrige durchstochene Rosette zwischen zwei Ringeln. Am Rande beiderseits je ein gekerbter Kreis. Gr. an 13. (In m. Samml.)

29388—92.

Av. ꝚVC (durchstochener Stern.) MꝚRIꝚ ƓRꝚCꝚ : (desgl.) Wie Nr. 29371. Der Rev. wie Nr. 29386, aber an den Bogenspitzen Ɠ und C abwechselnd, dann aussen Ringel zwischen Punkten. Gekerbter Rand. Gl. Gr.

Ein zweiter mit ꝚVD MꝚRIꝚ ◦ ƓRꝚCꝚIM ◦ hat je ein V an den Bogenspitzen. Gr. an 13.

Av. ꝚVC 8 WꝚRIꝚ (Rosette.) RꝚCIꝚ (drei Rosetten und drei Kreuzchen abwechselnd.) Im Perlenkreise die Krone. Rev. RIꝚ — ꝚW — DVꝚ — drei Kreuzchen. Im gekerbten Kreise ein grosses, bis an den Rand gestelltes Lilienkreuz, in dessen Winkeln M und Kreuzchen abwechseln. Kupfer. Dick. Gr. 13.

Av. wie Nr. 29380 mit Rosetten zwischen der Umschrift. Rev. (Ros.) +ꝚV (Ros.) — (Ros.) CWꝚ (Ros.) — (Ros.) RIꝚ (Ros.) — (Ros.) ƓRꝚ (Ros.) Im gekerbten Kreise das Doppelquadrat wie Nr. 29342 mit einer Lilie statt des Schlüssels, und in den vier Winkeln je eine Krone. Gr. 12. (Alle vier in der Sammlung des Hrn Dr. Freudenthal.)

Av. ꝚVC M (nach aussen gestellt.) ꝚRIꝚ, durchstochene fünfblättrige Rosette, ƓRꝚ ✠ Die Krone ohne den früheren Kreis mit einer gleichen Rosette in derselben zwischen zwei Ringeln. Rev. Ein Lilienkreuz mit einer Rosette von vier Ringeln in der Mitte. In den Kreuzwinkeln zwei Lilien und zwei Blattrosetten abwechselnd. Neben den Lilien an den Kreuzenden je zwei, aus denselben hervorragende gestielte Eicheln. Am Rande dazwischen A — V — E — M Es fehlt hier der sonst das Kreuz einschliessende Bogen. Gr. 10.

2. Königliche.

29393.

Isabella von Baiern, Gemahlin Carl VI. (1385 † 1435).

Av. YSABEL . DE : BAVIERE : PAR . LA ✠ Im Perlenkreise in einer doppelten vierbogigen Einfassung ein gespaltener Rautenschild, rechts mit Lilien bestreut, links die baierischen Wecken. Rev. GRACE : DE . DIEV : ROYNE : FRANCE ✠ Im Perlenkreise zwischen zwei Lorbeerzweigen ein unten zugespiztes gekerbtes Schild mit dem quadrirten Pfalz-Baierischen Wappen, darüber drei gestielte Blätter. Perlenrand. Gelbes Kupfer. Gr. über 12.

29394.

Carl VIII. (1483—98) und Anna von Bretagne (vermält 1491 † 1513).

Av. In einem mit Lilien bestreuten Felde das gekrönte Brustbild Carl's linkshin im Hermelinmantel. Rev. In einem rechts mit Lilien, links mit Hermelin bestreuten Felde das gekrönte Brustbild Anna's, linkshin mit Perlenhalsbande im mit Hermelin bestreuten Mantel. Metall. Gr. an 13.

29395—96.

Franz I. (1515—47).

Av. CAMERE : COMPVTORVM : REGIORVM (Rosette aus fünf Punkten.) In einem gekerbten und inneren feinen Linienkreise ein gekröntes französisches Schild mit den Lilien; auf beiden Seiten ein F, über und unter welchem eine runde Rosette. Rev. VOS : CAVETA : EST : MENSVRA : SVI : Gleiche Rosette : In gleichen Kreisen ein breites Lilienkreuz mit der punktirten Rosette in der Mitte und flammenden Sternen in den Winkeln. Gelbes Kupfer. Gr. 13.

Ein zweiter hat im Av. REGIORV : (Vierblatt), im Rev. VOSCAVETA : und keine Doppelpunkte neben der Rosette nach der Umschrift.

29397.

Eleonora von Spanien, dessen Gemahlin (1530 † 58.)

Av. . LEONOR . ROYNE . DE . FRANCE . Unter einer grossen, bis an den Rand gestellten Krone ein gespaltenes französisches Schild mit dem verschränkten französischen und vollständigen spanischen Wappen (oben quadrirt von Castilien und Leon, im 2.—3. gespalten Arragonien und Sicilien; unten quadrirt von Oesterreich, Neu- und Alt-Burgund und Brabant mit dem flandrischen Löwen im Mittelschilde. Rev. MICHI . ABSIT . GLIARI . (Gloriari) NISI . IN . CRVCE † Im gekerbten Kreise ein französisches Schild mit einem Ankerkreuze. Die Umschriften zwischen feinen Linienkreisen. Gelbes Kupfer. Gr. über 13. (Diese fünf in der Samml. des Hrn. Dr. Freudenthal.)

29398—99.

Heinrich II. (1547—59).

Av. CAMERA . THESAVRI . DNI . NRI . REGIS . 1555 ✠ Ein mehrfach eingebogenes quadrirtes Schild, oben die Lilien neben einander, unten die Medicäischen Kugeln. Rev. Von rechts: THESAVRIZATE . TH—ESAVROS . IN . CELO . Am Boden das Medusenschild zwischen zwei mit Lorbeerzweigen besteckten Brustharnischen, hinter denen Lanzen hervorragen. Oben ein gekröntes H zwischen zwei über einen Sichelmond gestellten Füllhörnern. Im Abschnitte am Rande 1558. Gekerbter Rand. Messing. Gr. über 13. (Sammlung des Herrn Dr. Freudenthal.)

Av. Von rechts: INITIVM (Ros.) SAPIENTIE (Ros.) TIMOR . DNI, unten im Abschnitte · 1555 · In der Mitte eine Krone | H und darunter zwei gekrümmte, mit dem Rücken an einander und den Körperenden auswärts gekehrte Delphine. Neben H je die gekrümmte Schlange von Mailand mit der menschlichen Gestalt im Rachen. Rev. SO LVM . DEVM . AD—ORABIS . ET . ILLI Unter einer Krone ein undeutlicher Gegenstand (ein Medusenkopf?), darunter die drei Lilien in einem ovalen Schilde, das Ganze in einer Cartauche. Gr. 13.

29400—2.

Av. NOSCENDA . EST . MENSVRA . SVI . 1556 Unter einer Krone die Aufschrift CAMERA | COMPVTOR | REGION . welche zur Seite von zwei Halbmonden wie von Klammern eingefasst ist, unten H Rev. Zwischen zwei unten überlegten Lorbeerzweigen das Wappen, die drei Lilien in einer gekrönten, von der Ordenskette des heil. Michael umgebenen Cartauche. Gr. über 13. (Beide in meiner Sammlung.)

Av. Von rechts: CAMERÆ COMPVTOR . REGIORVM . Zwischen überlegten Lorbeerzweigen das franz. Wappen; unten am Rande zwischen den Stielen 1559 Rev. Vierblättrige Ros. BENE SVBDVCENDIS RATIONIBVS. Zwischen zwei aufgerichteten Füllhörnern ein von Bienen umschwärmter Bienenkorb, auf dessen Spitze ein durch einen Kranz gesteckter Merkursstab. Gekerbter Rand. Messing. Gr. 13.

Av. CAMERA. COMPVTORVM. REGIORVM + Im Linienkreise das gekrönte franz. Wappen; auf beiden Seiten ein gekröntes H Rev. NOSCENDA. EST. MEN SVRA. SVI. Ein breites Lilienkreuz mit einer vierblättrigen Rosette auf der Mitte und auswärts gestellten Sichelmonden in den Winkeln. Messing. Gr. an 13. (Heinrich nahm den Sichelmond zu Ehren der Diana von Poitiers an.) (Beide mitgetheilt von Hrn. Dr. Freudenthal.)

29403—4.

Catharina von Medici, dessen Gemahlin (1533 † 89).

Av. NIL. NISI—CONSILIO Oben die Königskrone, an welcher je zur Seite ein und unten (zwischen I—C) das dritte Monogramm aus drei in einander verflochtenen C bestehend. In der Mitte drei Lilien innerhalb einer aus drei Halbmonden gebildeten Verzierung. Rev. DONEC. TOTVM. — IMPLEAT. ORBEM. Unten zwischen M—I ein Postament, worauf 1552, aus welchem bis hinauf zwei Lorbeerzweige hinaufreichen, zwischen welchen eine gekrönte Säule (?) oder ein Köcher bis an den Rand hinaufreicht. Auf das Postament gelehnt ein Halbmond mit den Spitzen nach aufwärts; gegen die Mitte von den Seiten aus sind zwei Jagdhörner mit einer nach oben zu endenden Schnur angebracht. Am Rande beiderseits gekerbte Kreise. Gr. an 14.

Av. CATERINA. DEI. GRĀ. REGINA. FRACIE Unter einer grossen, bis an den Rand gestellten Krone im französischen Schilde die verschränkten Wappen von Frankreich und Medici. (1—4 die mediceischen Kugeln, 2—3 quadrirt, von La Tour und Auvergne und im Mittelschilde die drei Kugeln von Boulogne.) Rev. AMHX. ANIAΣ. ΕΥΕΛΠΙΣΤΙΑ. ΠΕΡΙ. 1554 ✠ Im Doppelkreise ein Regenbogen über dem Meere, links Gebirge. Gekerbter Rand. Messing. Gr. 13.

29405.

Franz II. (1559—60).

Av. Von rechts: FRANCISCVS. II. — D. G. FRAN. REX. Unter einer Krone innerhalb von Strahlen eine schräg links gelegte Säule, von welcher Flämmchen schlagen, und über dieselbe gelegt ein geschlängeltes Band mit der Inschrift: LVMEN.—RECTIS. Unter einer kleinen Leiste am Rande (Kreuzros.) 1561 Rev. Von rechts: NIL. NI SI. — CONSILIO. Das gekrönte französische Wappen umhängt mit der Ordenskette des heil. Michael. Strichelrand beiderseits. Messing. Gr. 13. (Mitgetheilt von Hrn. Dr. Freudenthal.)

Carl IX. (1560—74). 29406—8.

Av. .PIETATE • ET. — • IVSTITIA + zwischen Linienkreisen. Ein Postament, auf welchem zwei gewundene, oben mit einer bis an den Rand reichenden Krone bedeckte Säulen, neben welchen zwei hinauf zu reichende Lorbeerzweige, unten in einer Einfassung 1565 Rev. + PRO GENTIBVS. — .COMPVTORVM + Unter einer grossen Krone die drei Lilien im ovalen Schilde, um welches hinter der Krone hervortretend die vorige Ordenskette. An der innern Umschrift kein Rand. Gr. über 13.

Av. Eine vierblättrige Ros. NIL. NISI — CONSILIO. 1569 Unter einer grossen Krone das Wappen mit drei Lilien und die vorige Ordenskette. Rev. Am oberen Rande: SALVS GALLIÆ Rechts an der Seite ein doppelter Springbrunnen, auf welchem FONS CL | EMEN | TIÆ sehr klein. Eine weibliche behelmte Gestalt, zu deren Füssen ein Schildchen mit drei Lilien, giesst aus einem Gefässe Feuer, welches auf der Erde aufflammend eine weibliche knieende Person mit auf der Brust überlegten Armen umgiebt. Im Abschnitte 1569 Im Av. ein Strichelrand, im Rev. ein Rand von Dreiecken. Gr. über 13.

Av. ⁘ CAMERÆ. COMP—VTOR. REGIORVM ⁘ Das gekrönte französische Wappen umhängt mit der vorigen Ordenskette. Rev. Von rechts: SVBDVCENDIS. RATIONIBVS. Eine links gewandte Frau hält auf der ausgestreckten Linken einen Hahn, und in der Rechten hinter sich den Merkursstab; vor ihr am Boden ein Maasstab innerhalb eines geöffneten Zirkels. Im Abschnitte 1573 zwischen durchstochenen Kreuzrosetten. Gek. Rand. Mess. Gr. 13.

29409—10.

Av. Von rechts: Kreuzros. DVÆ. LEGES—IN VNA (Kr.) Eine doppelköpfige Terme hält rechts ein Schwert, links eine Palme; am Boden rechts ein Widderkopf und zwei Tafeln, links ein mit einem Lorbeerzweige besteckles Buch und ein brennendes Herz. Auf beiden Seiten die gekrönte Chiffre ꓘ, im Abschnitte zwei übereinander gelegte Lorbeerzweige. Rev. Von rechts: PIETATE. ET—IVSTITIA. Am Boden des Medusenschildes zwischen mit Lorbeerreisern besteckten röm. Kriegswaffen; oben die gekrönte Chiffre ꓘ zwischen gekrümmten Füllhörnern. Gekerbter Rand. Messing. Gr. über 13.

Ein weiterer Stempel hat im Av. keine Kreuzrosetten, VNA. und zwei gekreuzte Palmzweige. Rev. .PIETATE. ET—IVSTITIA. Zwischen zwei Termen, von denen die rechte eine gehobene Fackel und ein gesenktes Schwert, die linke einen gehobenen Lorbeerzweig und einen gesenkten Stab hält; zwei verschlungene Säulen unter einer Krone und unten ein Altar, auf welchem rechts ein brennender Widderkopf, links ein brennendes Herz. Strichelrand. Messing. Gl. Gr. (Beide in der Sammlung des Herrn Dr. Freudenthal.)

29411.

Isabella v. Oesterreich, dessen Gemahlin (1570—1592).

Av. YSABEL · P. L. G. D. *(Par la Grace de)* DIEV. ROYNE. DOVAIRIERE. DE. FRANCE Zwischen zusammengelegten Lorbeerzweigen im gekerbten französischen Schilde die verschränkten Wappen von Frankreich und Oesterreich (quadrirt von Ungarn und Böhmen, im Mittelschilde Oesterreich und Alt-Burgund). Rev. Von rechts: REGNAT DEVOTA DEO MENS Auf einem Boden links ein Baumstamm mit einem gesenkten Zweige, auf welchem ein Vogel mit gehobenen Schwingen; oben über strahlenden Wolken eine Krone im Sternenkreise. Im Abschnitte 1584 Strichelr. Mess. Gl. Gr. (Sammlung des Herrn Dr. Freudenthal.)

29412—14.

Heinrich III. (1574—89).

Av. Kreuzros. CVRIA. MONE—TAR. FRANCIÆ Kreuzros. Das gekrönte französische Wappen umhängt mit der Ordenskette des heil. Michael. Rev. Von rechts:

(Kr.) HOC. OPVS. H—IC. LABOR In einem Kahne im Meere steht ein römischer Krieger, linkshin mit beiden Händen das Ruder haltend, der Hintertheil des Kahnes ist nach innen mit Lilien bestreut. Im Abschnitte am Rande 1577 Gekerbter Rand. Messing. Gr. 13.

Av. CAMERÆ. COMPV—TOR. REGIORVM Dasselbe Wappen. Rev. Von rechts: Kreuzros. SVBDVCENDIS—RATIONIBVS Eine rechtshin stehende Frau im leichten Gewande mit Flügeln, an den Füssen hält sie in der gehobenen Linken eine kleine Armillarspähre und stützt die Rechte auf eine Tafel, auf welcher 1 2 3 | 4 5 6 | 7 8 9 | 0 Im Abschnitte 1577 Desgleichen. Gl. Gr.

Av. Von rechts: (Kreuzros.) | PROVIDENCE. DIVINE. Auf einem Abschnitte zwischen einem überlegten Palm- und Lorbeerzweige ein kleiner Altar, an welchem H, und auf demselben steht Phöbus nach links mit einem Becher mit Deckel in der Rechten und einem Lilienscepter in der Linken. Rev. (Kr.) CONCORDIA. MI—LITVM Zwei römische Krieger mit blossen Kopfe halten zwischen sich über einem Lilienschafte eine kleine Kugel, auf welcher die geflügelte Victoria steht und Kränze über ihren Köpfen hält. Im Abschnitte 1578 Kupfer mit einem breiten Messingrande, auf welchem die Umschriften. Gekerbter Rand. Gr. 13. (Sammlung des Hrn. Dr. Freudenthal.)

29415—17.

Av. CAMERÆ. COMPV—TOR. REGIORVM. Das gekrönte Wappen mit der Ordenskette wie vorher. Rev. Von rechts: SVBDVCENDIS RATIONIBVS Links Merkur, mit dem Stabe in der Rechten, sitzend vor einer Himmelskugel, auf einer Säule rechts angebracht, an welche Kugel seine Rechte gelehnt ist. Im Abschnitte 1578 Strichelrand beiderseits. Gr. 13. (In m. Samml.)

Av. Aehnlich. Rev. Gleiche Umschrift. Auf einem Grasboden rechts die mit der Sonne und sieben Sternen besetzte Erdkugel und neben derselben eine Frau von der Linken, welche mit einem geöffneten Zirkel die Entfernung der Sterne misst. Im Abschnitte 1580 Gekerbter Rand. Messing. Gr. über 13. (Sammlung des Herrn Dr. Freudenthal.)

Av. Aehnlich, nur CVRIA. MONE—TAR. FRANCLÆ zwischen vierblättrigen Ros. Rev. Eine gleiche Ros. PATET. FALLATIA. TANDEM, dann innere kleinere Umschrift rechts: .ΑΡΧΙΜΗΔΗΣ. (Archimedes) Ein alter Mann linkshin mit phrygischer Mütze auf dem Kopfe (Archimedes rechtsgewandt giesst mit der linken Hand eine Flüssigkeit aus einer Kanne in eine auf einem Vierecke stehende Schaale, über welche er mit der Rechten eine an zwei Schnuren hängende fünfzackige Krone hält. Auf dem Grasboden und dem Vierecke je eine gestielte runde Frucht. Im Abschnitte 1580 Strichelrand beiderseits. Gr. 13. (In m. Samml.)

29418—20.

Av. HENRICVS. III. D. G—FRAN. ET. POL. REX. Das gekrönte Wappen mit der Ordenskette. Rev. Von rechts: Kreuros. PAX. NITITVR. ARMIS Eine Frau rechtshin im leichten Gewande hält in der ausgestreckten Rechten einen Oehlzweig und stützt den linken Arm auf eine Kriegstrophäe. Im Abschnitte am Rande 1580 Strichelrand. Messing. · Gr. über 13.

Av. Ebenso. Rev. Von rechts: SENTIT. EQVVS. DOMINVM Ein Mann linkshin in römischer Kriegertracht mit einer Lanze in der Linken auf einem ruhenden Pferde. Im Abschnitte ·1583· Desgleichen. (Beide in der Sammlung des Hrn. Dr. Freudenthal.)

Av. + NIL. NISI—CONSILIO + Das gekrönte Wappen und die Ordenskette wie zuvor. Rev. Von rechts: SVBDET VTRVMQ. POLVM Im Abschnitte 1582 In der Mitte ein Himmelsglobus, auf welchem Sterne und die Himmelszeichen. Ueber die Mitte der Kugel schlängelt sich ein Lorbeerzweig. Beiderseits ein starker Strichelkreis. Kupfer, am Rande Messing. Gr. über 13.

29421—23.

Av. Von rechts: CALCVLI. CAMERÆ. COMPVTORVM. NORMANIÆ Kreuzrosette. Zwei Löwen rechtshin über einander. Unter der Abschnittsleiste: .1583. Rev. VICTRIX. INVIDIÆ: VIRTVS (Kr.) Unten zwei Kronen, oben ein Lorbeerkranz, über welchem ein geschlängeltes, an den Seiten herabhängendes Band mit der Inschrift: VLTIMA — COELO — MANET Gek. Rand. Gl. Gr.

Av. wie Nro. 29413. Rev. Von rechts: .SVBDVCENDIS. RATIONIBVS. Auf der mit Strahlen und Sternen bedeckten Fläche ein geschlängeltes Band mit den Enden nach oben, darauf die Inschrift: QVI... RAT STELLAS; oben in Strahlen eine Hand mit einem Griffel. Unter der Abschnittsleiste 1584 Beide gek. Rand. Messing. Gr. 13.

Av. .CVRIA. MONETAR. FRA * Wie Nro. 29412. Rev. Von rechts: PATET FALLATIA TANDEM (Ros.) Archimedes wie Nro. 29417, jedoch linkshin, die Kanne sonach in der Rechten und die Krone in der Linken. Im Abschnitte 1587 Perlenrand. Gr. 13. (Diese drei in der Sammlung des Herrn Dr. Freudenthal.)

29424—27.

Av. Von rechts: HOC OPVS — HIC LABOR und eine fünfblättrige Rosette. Am Wasser ein Kahn, dessen abgerundete Enden sehr hoch, die Mitte jedoch sehr flach; und auf demselben ein nach rechts zu schreitender Mann mit einem Ruder in den Händen. Im Abschnitte 1587 Rev. PIETATE ET — IVSTITIA und eine fünfblättrige Ros. Auf einer Leiste zwei Säulen, zwischen welchen gekrönt ⅭC, welche Säulen drei in der Fläche befindliche Lilien trennen. Zwischen der ganzen Vorstellung mehrere Zweige. Unten CARo. IX Zwitterjeton. Am Rande beiderseits ein Kreis von länglichen Perlen. Gr. über 13.

Av. Ebenso. Rev. CAMERAE COMPVTORREGIORVM und eine fünfblättrige Ros. Auf einer Leiste zwei gekrönte Säulen, zwischen welchen das mit einer Ordenskette umgebene, oben mit einer Krone bedeckte Wappen; die drei Lilien, zwischen welchen ein Punkt. Um das Ganze zwei sich an die Schrift anlehnende Lorbeerzweige. Gleiche Grösse.

Der Av. wie der letzte Rev. Der Rev. Von rechts: PATET FALLATIA TANDEM und eine fünfblättrige Ros. wie Nr. 29423. Gr. an 13.

Av. Von rechts: PIETATE ET — IVSTITIA fünfblättrige Ros. Das Wappen zwischen Säulen wie zuvor. Rev. wie zuletzt. Am Rande Kreise von länglichen Perlen. Gl. Gr. (Diese vier in m. Samml.)

29428—29.

Av. CAMERÆ COMPV — TOR REGIORVM Das gekr. französische Wappen, umgeben von den Ordensketten vom heil. Michael und vom heiligen Geiste. Rev. Von rechts: RATIO · RES. TEM — PERAT. OMNES Von oben herab eine Hand mit von derselben ausgehenden Strahlen eine Wage mit zwei ungleichen Kugeln haltend. Ober der Wage im Halbkreise Wolken. Im Abschnitte unter einer Querleiste klein: SVB DVCENDIS · | RATIONIBVS · | 1588. Strichelrand. Gr. 13.

Av. CAMERAE. COMPVTOR. REGIO. Das gekr. Wappen mit der Ordenskette umhängt. Rev. Von rechts: SVBDVCENDIS. RATIONIBVS, fünfblättrige Ros. Auf einer Leiste eine weibliche Gestalt, in der vorgestreckten Rechten eine fünfzackige Krone, in der gesenkten Linken einen langen Stab. Unten im Abschnitte 1588 zwischen fünfblättrigen Ros. Am Rande ein Kreis von länglichen Perlen. Gr. über 13. (Beide in m. Samml.)

29430—31.

Louise von Lothringen, dessen Gemahlin (1575 † 1601).

Av. LOISE. P. L. G. D. D. R. DE. FRAN. ET. POL Unter einer grossen, bis an den Rand gestellten Krone im französischen Schilde die drei Lilien, verschränkt mit dem vollständigen Lothringischen Wappen. Rev. ARDOREM. EXTINCTA. TESTAN TVR. VIVERE. FLAMMA. Ein gepflasteter Boden, aus welchem Flammen aufsteigen, im Felde Flämmchen und oben Wolken.

Av. Ebenso. Rev. Von rechts (Kreuzros.) AMOR · ÆQVAT · AMANTES · Auf einem Abschnitte zwei aufgerichtete Straussfedern, deren Kiele durch einen verschlungenen Lorbeerkranz verbunden sind. Im Abschnitte 1576 Beide gek. Rand. Messing. Gr. 13. (Samml. des Hrn. Dr. Freudenthal.)

29432—34.

Heinrich IV. (1589—1610).

Av. Ros. NIL. NISI (Ros.) — (Ros.) CONSILIO Das gekr. Wappen mit zwei Ordensketten wie vorher. Rev. Von rechts: TANTI · EST · PRÆSENTIA REGIS Von rechts kommend ober einer Landschaft ein gekr. Vogel, zwischen vier kleineren, vor welchen zwei vierfüssige geflügelte Thiere und Nachtvögel fliehen. Im Abschnitte 1596. Strichelrand beiderseits. Kupfer mit einem messingenen Rande. Gr. 13.

Av. Von rechts: P. L. C. QVÆSTOR. EXERCITVV. REG. HEN. IIII. Unter einer grossen Krone die neben einander gestellten Wappen von Frankreich und Navarra, umgeben von den Ordensketten vom heil. Michael und heil. Geiste; unten zwischen den Wappen ein gekröntes, an den beiden Seiten mit einem Lorbeerzweige bestecktes H Rev. Von rechts: .SIC. ITVR. AD. ALTA. Auf einem Grasboden ein römischer Krieger, linkshin mit gehobenem Schwerte in der Rechten, hält mit der Linken eine vor ihm stehende nackte Frau bei den Haaren. Im Abschnitte am Rande ·1603· Gekerbter Rand. Messing. Gr. an 13. (Auf die Unterdrückung des Aufstandes im Bisthume Metz.)

Av. CAMERÆ · COMP — VTOR · REGIORVM Wie vorstehend. Rev. Von rechts: STAT. PROLE. HAC. ALTERA. DELOS In der Mitte des Meeres auf einer mit Lilien bewachsenen Insel ein nackter Mann und eine nackte Frau, welche sich bei den Händen halten. Umher mehrere Schiffe. Im Abschnitte klein ·SVBDVCENDIS· | ·RATIONI BVS · | 1603· Desgl. Gl. Gr. (Beide in der Samml. des Hrn. Dr. Freudenthal.)

29435—36.

Av. wie zuletzt. Die gekr. Wappen. Rev. Von rechts: . REGNVM. PRÆSENTI. PIGNORE. FIRMANT Zwei aus den Seiten aus Wolken herausreichende Hände halten einen gekrönten Delphin, an dessen Schweife ein von links fliegender Vogel. Im Abschnitte wie zuvor, nur ·1605· Strichelrand. Messing. Gr. 13. (In m. Samml.)

Av. Ros. NIL + NISI (Ros.) — (Ros.) CONSILIO (Ros.) fünfblättrige Ros. Das gekr. Wappen mit drei Lilien, umgeben von den vorigen zwei Ordensketten. Rev. Von rechts: HOC · MIHI · PLEBIS · AMOR · Unter der strahlenden Sonne an einem alten Baumstamme, auf welchem nach links zu ein Ast, ein Schild angelehnt, mit einer aus der Mitte desselben hervorragenden Spitze. An der Seite nach rechts zu in der Ferne eine Stadt sichtbar. Im Abschnitte ·1605· An den Rändern Strichelkreise. Gr. 13. (In meiner Samml.)

29437—39.

Av. HENRICVS · IIII · FRANC — ORVM · ET NAVARÆ · REX (Ros.) Wie Nro. 29433. Rev. Von rechts: (Ros.) ·SEC — VRITAS· (Ros.) Auf einem Grasboden ein Geharnischter mit einer Lanze im rechten Arme auf einem linksschreitenden Pferde. Im Abschnitte am Rande ·1606· Desgl. Gr. 13.

Av. wie zuletzt mit NAVAR · REX · und unter dem Wappen zwei zusammengestellte H statt des einfachen H Rev. YDEM · MIHI · PRINCIPIVM · ET · FINIS Auf einem viereckigen Steine eine brennende Lampe von antiker Form, welche an einem Bande aus Wolken befestigt ist; über den Wolken fünf Sterne (3. 2.) und am Boden rechts und links ein Blumenschaft. Oben am Rande klein ·1608· Perlenrand. Gl. Gr. (Beide in der Samml. des Hrn. Dr. Freudenthal.)

Av. Wie Nr. 29437. Die gekrönten zwei Wappen, nur in der Umschrift ET. Rev. Von rechts: TANDEM. ARBITER. ORBIS Der König mit der Krone am Kopfe in Rittertracht hält mit der gesenkten Rechten einen Lilienstab auf die rechts neben ihm am Boden liegende Erdkugel; zur Seite links von ihm Trophäen. Im Abschnitte .1608. Strichelrand. Messing. Gr. 13. (In m. Samml.)

29440—42.

Av. Wie der letzte. Rev. Von rechts: OS. HVMEROSQVE. DEO .SIMILIS. Das bärtige Brustbild rechtshin im Lorbeerkranze mit Löwenhaut um die Schultern. Unter der Abschnittsleiste am Rande .1610. Desgleichen. Gl. Gr.

Av. HENRI. IIII. ROY. D. F—RANCE. ET. D. NAVARE Wie Nr. 25433. Rev. Von rechts: ERVNT .DVO. IN CARNE. VNA. Ein Mann reicht einer Frau die Hand über einem Lilienschafte. Gekerbter Rand. Sämmtl. Messing. Gr. an 10. (Auf seine Vermählung mit Maria von Medici 1600.)

Av. CAMERÆ. COMP—VTOR. REGIORVM Die Wappen wie zuletzt. Rev. Von rechts: HOC. FOEDERE. LILIA. FLORENT In einer Landschaft zwei kleine Amore, jeder in einer Hand eine Lilie haltend, die anderen Hände mit einer Schnur verbunden. Im Abschnitte klein: .SVBDVCENDIS. | .RATIONIBVS und darunter zwei kleine Zweigchen. Gezähnte Ränder. Messing. Gr. 13. (In m. Samml.)

29443—45.

Margaretha von Valois (geb. 1552, vermält mit Heinrich IV. 1572, geschieden 1599 † 1615).

Av. MARGVERITE—SEVR VNIQVE DV ROY Unter der Königskrone ein Rautenschild mit den Lilien; um dasselbe hängt von der Krone eine in Liebesknoten gewundene Schnur, deren Enden die Umschrift abtheilen. Rev. RERVM (Kreuzros.) SAPIENTIA, (Kr.) CVSTOS (Kr.) Ein grosses mehrfach eingebogenes Schild mit dem Medusenkopfe. Gr. über 13.

Av. MARGARETA. DEI. GRA. REGI. NAVAR. Unter einer grossen, bis an den Rand gestellten Krone zwischen Palmzweigen ein franz. Schild mit dem vollständigen navares. Wappen, verschränkt mit den französ. Lilien. Rev. PIOS. ALTISSIMA. SVR GIT. IN. VSVS (Krückenkr.) Links ein Palmbaum, rechts ein brennender Altar, unter welchem 1577.

Av. MARGR. DE. NA^RE FILLE. ET. SEVR. DE. ROY Das Wappen wie zuletzt, aber die Lilien vollständig. Rev. Die Umschrift wie im letzten Rev. mit einer Ros. statt Kreuzchen. Auf einem Boden rechts ein hoher Baum, links ein brennender Altar im Abschnitte .1586. Alle drei gekerbten Rand. Messing. (Sammlung des Herrn. Dr. Freudenthal.)

29446—48.

Maria von Medici, vermält mit Heinrich IV. (1600 † 43).

Av. MARIA. DEI. GRA. FRANC. ET. NAVA. REG Zwischen überlegten Palmzweigen ein gekröntes französisches Schild mit den verschränkten Wappen von Frankreich und Toskana. (1. 4. Die mediceischen Kugeln, in 2. 3. der Querbalken.) Rev. Von rechts: .IVNONIS. AB. VBERE. CRESCVNT. Im quergetheilten Kreise oben der gestirnte Himmel, unten auf einem Boden sieben Blumenschäfte mit Lilien. Unter der Abschnittsleiste am Rande .1610. Gekerbter Rand. Gr. an 13.

Av. MA: DE. MEDICIS. MERE. DV. R. REGENTE. EN. FRANC (Ros.) Das Wappen wie zuletzt, oben und an den Seiten verziert zwischen einem Palm- und Lorbeerzweige. Rev. Von rechts: (Ros.) PARTA—TVERI (Ros.) Eine grosse Krone, durch welche ein Schaft mit drei Lilien gesteckt ist. Unter der Abschnittsleiste am Rande: .1611. Perlenrand. Gr. 13.

Av. .MARIA. AVGVSTA. MED. D. G. FRAN. REG. R. M. (Regni Moderatrix.) Das gekrönte französische Wappen wie bei dem ersten Stempel, um welches von der Krone eine in Liebesknoten gewundene Schnur hängt. Rev. Von rechts: SOLO · COE LOQVE · LABORES. Im Kreise die strahlende Sonne mit Gesicht. Unter der Abschnittsleiste am Rande .1628. Gl. Gr. Alle drei Messing. (Sammlung des Herrn Dr. Freudenthal.)

29449—51.

Ludwig XIII. (1610—40).

a) Jetons ohne Jahr.

Av. Von rechts: · VVLTV · QVO · COELVM · Das kindliche Brustbild linkshin in spanischer Tracht mit Lorbeerkranz und Halskrause; unter der Abschnittsleiste zwei gekreuzte Lorbeerzweige. Rev. SERVAT · QVAM · CONDIDIT · ORBEN (sic!) Ros. Im Kreise die Gerechtigkeit, über Wolken thronend hält rechts die Waage, links das Schwert. Perlenrand. Messing. Gr. 10.

Ein zweiter Stempel hat das Brustbild mit Ober- und Unterbarte im unten offenem Kreise und unter demselben eine Roselle zwischen Schnörkeln.

Av. Von rechts: .LVDO · XIII. D. G. FRAN. ET. NAVA. REX. Das belorbeerte Brustbild rechtshin mit Ober- und Unterbarte, im Brustharnisch und Mantel. Rev. Von rechts: · NIL NISI (Ros.) · — · (Ros.) CONSILIO Das gekr. Lilienschild mit den beiden Ordensketten. Gek. Rand. Messing. Gr. 13. (Alle drei in der Sammlung des Hrn. Dr. Freudenthal.)

29452—57.

Av. Von rechts: HOC · SYDERE · LILIA · FLORENT · Das Brustbild wie vorher. Rev. NE · DECIPIARIS · CALCVLA (Maltheserkreuzchen). Vier gekrönte in ein Kreuz zusammengestellte Lilien, in jedem Winkel ein L über einem Punkte. Gek. Rand. Gr. über 13. (Samml. des Hrn. Dr. Freudenthal.)

Av. Aehnlich. Das Brustbild mit glattem Halse nach links und unterhalb anscheinend ein Buchstabe. Rev. LVDOVICVS D: G. FRAN — ET · NAVAR. REX. Die gekrönten zwei Wappen wie Nr. 29433, nur hier statt H ist .L · Mess. Stark. Gr. über 13.

Av. wie zuletzt. Rev. NIL · NISI · — CONSILIO · Das gekr. Wappen wie vorher Nro. 29435. Gek. Rand. Kupfer. Gl. Gr.

Av. Aehnlich den beiden letzten, nur der Hals mit Gewand, welches auf der Achsel zusammengeheftet. Rev. Wie der letzte, nur statt zwei hier, nur eine Ordenskette um das Wappen (vom heil. Geiste.) Desgl Kupfer. Gr. 12.

Av. Von rechts: HOC VINCI VICTORE IVVAT Das Brustbild mit Lorbeerkranz nach rechts und mit faltigem Gewande. Rev. ✱ L ✱ XIII. ✱ R ✱ — ✱ D ✱ F ✱ ET NA ✱ Das mit einer grossen Krone bedeckte Wappen mit den drei Lilien, behängt mit den vorigen Ordenskreuzen. Neben dem untern Kreuze zwei Punkte. Gekerbter Rand. Gr. an 10. Kupfer.

Av. Von rechts: LVDO. XIII. D. G. F. ET. NAVA. REX Das Brustbild wie zuletzt. Rev. Rechts ein Hahn auf einem Hügel und prallt ein Löwe, ein kleines vierfüssiges Thier in den Klauen, vor ihm zurück. Ueberschrift: FORMIDO. RAPACIS Perlenrand. Kupfer. Gr. 10. (Probestempel eines Double tournois.)

29458—59.

Av. LVDOVIC. XIII. D. G — FRANC. ET. NA. REX Die beiden Wappen mit den Ordensketten, unter denen das gekr. L zwischen liegenden Kronen. Rev. Von rechts: HOC · VINCI · VICTORE · IVVAT · Im unten offenen Kreise das Brustbild wie Nro. 29451, aber linkshin und mit Spitzenkragen. Gek. Rand. Messing. Gr. über 12.

Av. LVDOVICVS. XIII. FRA — NCORVM. ET. NAV. REX. Wie zuletzt. Rev. MOENIA. RVPTA — QVAE. CITO. (Ros.) Im oben und unten offenen Kreise eine Festung, auf welche aus Wolken Blitze und Flammen fallen; unten BAPPAVME Desgl. Messing. Gr. 13. (Beide in der Samml. des Hrn. Dr. Freudenthal.)

29460—62.

Av. Aehnlich, nur XIII. D. G. FR—ANCORVM und nach X eine runde Ros. Unter den Wappen statt des L unter der Krone IIII mit einem Querstriche durch und mit drei Blättern je zur Seite. Rev. AMOR VIVERE CREDIT und dazwischen eine runde Ros. wie im Av. In der Mitte ein dürrer Baum, an welchem sich ein Weinstock mit mehreren Weintrauben behangen, hinaufschlängelt. Perlenrand. Messing. Gr. 13.

Av. Aehnlich mit XIII. D. G. F—RANC. ET. NAVAR · REX und ein Kleeblatt. Die vorigen zwei Wappen umhängt von den zwei Ordensketten und unter den Schilden das gekr. L, klein, zwischen zwei liegenden Kronen. Rev. POSITO. IAM. FVLMINA. VINCAM. Ober einer Wolkenschichte ein Adler mit ausgebreiteten Flügeln, in der rechten Klaue vier Aehren, in der linken drei gestielte Blumen. Unter den Wolken eine Stadt mit Thürmen. Im Abschnitte S C, und daran je ein Zweigchen an die Seite gesteckt. Gek. Rand. Messing. Gr. 13.

Av. LVDOVICVS. XIII. D: G. FRANCORVM. ET. NAVA. REX Das gekr. Wappen mit den drei Lilien und zur Seite zwei unten über einander gelegte Lorbeerzweige, in deren Mitte unten L und ein Lilienscepter mit mains de just. gekreuzt. Rev. ·VTRAMQVE· LILIA · SERVANT· In einem oben offenen Linien-Kreise aus dem Boden ein Lilienstamm mit drei Blüthenstengeln und drei Lilien; an der Stelle, wo sich die Aeste theilen, sind zwei Hände an einander gestellt, mit den Fingerspitzen nach aussen, aus denen an jeder Seite je fünf Geldstücke herausfallen. Gek. Rand. Gr. 12.

b. Mit Jahrzahlen. 29463—65.

Av. Von rechts: ✱LVDO· XIII· DG· FR· ET· NA· REX· CHRISTIAN· Das jugendliche mit einer grossen Krone bedeckte Brustbild, auf der Brust eine Ordenskette, um den Hals eine Halskrause. Rev. Von rechts: FRANC· DATA· MVNERA COELI XVII OCT In der Mitte eine vielthürmige Stadt, im Abschnitte RHEMIS· 1610. Ober der Stadt ragt aus den Wolken eine Hand herab, welche einen Beutel hält. Gekerbter Rand. Gr. 13.

Av. Aehnlich, nur LVDO· ohne Ros. XIII· D· G· FRANC· ET NAVA. REX· CHRISTIANISSIMVS· und im Rev. ·FRANCIS· DATA· MVNERA· COELI· XVII· OCT · 1610· ✱· Am Rande perlenförmige Kreise. Kupfer. Gr. 14.

Av. LVD· XIII· D: GR· FRANCORVM· ET· NAVA· REX Das nach links gewandte Brustbild mit Lorbeerkranz in der Halskrause und in Gewand; unten drei gestielte Blumen. Rev. Rechts ·DEVS (Ros.) DAT — links LILIACA· LII... Oben zwischen Strahlen ober einem Wolkenkreise drei hebraeische Buchstaben. In der Mitte innerhalb eines feinen Linienkreises die Fläche von (28) Lilien ganz bedeckt. Im Abschnitte ·1613· Gek. Rand. Messing. Gr. 13. (In m. Samml.)

29466—67.

Av. LVDOVICVS· XIII. DEI. GRA· FRAN· ET· NAVAR· REX (Ros.) Die vorigen gekr. zwei Wappen und darunter eine Kuh rechtshin (Münzzeichen von Béarn.) Rev. Von rechts: ·VIS · ET · MENS · VNA · DVOBVS · Im Kreise ein Palmzweig und ein Lilienstengel kreuzweis über einander gelegt, und in der Mitte durch einen Donnerkeil verbunden; an den Spitzen beider je ein Lorbeerkranz. Oben unter strahlenden Wolken ein offenes Auge. Unter der Abschnittsleiste am Rande ·1614· Gek. Rand. Gr. an 13.

Av. LVDOVICVS. XIII. D: G. FR—ANCORVM. ET. NAV. REX (Ros.) Wie Nro. 29458, aber unter den Wappen die Chiffre HVA in einander gestellt und an den Seiten mit Lorbeerreisern besteckt. Rev. Von rechts: ·DIRIGIT (Ros.) ATQVE

(Ros.) TVETVR (Ros.) Im Kreise im Meere links ein Leuchtthurm mit brennender Pechpfanne, rechts ein Schiff, im Hintergrunde zwei kleinere. Unter der Abschnittsleiste am Rande ·1614· Perlenrand. Messing. Gr. 13. (Beide in der Sammlung des Herrn Dr. Freudenthal.)

29468—72.

Av. ·CHAMBRE· AVX· — ·DENIERS· DV· ROY· (Ros.) Die vorigen zwei Wappen mit der grossen Krone und zwei Ordensketten, dann dem gekr. L zwischen zwei kleinen schiefgestellten Kronen. Rev. Von rechts: ·NON· FVLMINA· TERRENT. Auf dem Erdboden ein Krieger in römischer Tracht mit einem Schwerte in der Rechten und ihm gegenüber auf einer Kugel eine nackte weibliche Person, mit dem Donnerkeil in der erhobenen Rechten. Im Abschnitte ·1617· Gek. Rand.

Av. OB. CVRAM. PON — TIS. TOLOSANI Dieselbe Vorstellung wie im letzten Av., nur statt L ein H zwischen zwei kleinen Zweigen. Rev. CÆPTIS· INSISTIT· AVITIS Eine Brücke, über welche der König mit der Krone am Haupte und einen Lilienscepter in der Rechten nach rechts zu reitet. Im Abschnitte ·1617· Desgl. Beide Mess. Gr. 13. (In m. Samml.)

Av. wie Nr. 29459 mit FRAN — C und NAVARÆ· Rev. Von rechts: ·MIHI· NVLLVS· OMNIBVS. EGO· Im Kreise unter der Königskrone eine strahlende Sonne mit Gesicht. Unter der Abschnittsleiste am Rande ·1617· Gl. Gr.

Av. wie zuletzt mit REX (Ros.) Rev. Von rechts: ALTER. OPE. ALTERIVS (Ros.) Im Kreise eine Hand von oben rechts hält einen Brennspiegel, durch welchen die Sonne den Boden in Flammen setzt, links im Hintergrunde Zinnenthürme. Unter der Abschnittsleiste am Rande ·1619·

Av. wie zuletzt. Rev. Von rechts (Ros.) BEAT· IVSTITIA· REGEM (Ros.) Im Kreise König Salomon auf dem Throne, hält rechts ein Schwert, links ein Kind, zur Rechten eine stehende, zur Linken eine knieende Frau. Die Jahreszahl ·1619. wie vorher. Diese drei gekerbte Ränder. Messing. Gr. 13. (Samml. des Hrn. Dr. Freudenthal.)

29473—75.

Av. wie Nro. 29468. Rev. Von rechts: ·ARMIS· ET· CLEMENTIA· VICTOR· Ein Stadtthor, in welchem vier knieende Personen, deren vorderste einem gegen das Thor zu von rechts kommenden Reiter mit gezogenem Schwerte in der Rechten, die Stadtschlüssel entgegenhält. Oberhalb eine Hand aus den Wolken, welche über den Reiter eine Friedenspalme hält; unter demselben Todte und zerstreute Waffen. Im Abschnitte: ·1623· Gek. Rand. Messing. Gr. 13.

Av. Wie zuletzt. Rev. Von rechts: ·PRÆBET· VTRAMQVE· TIBI. Im Kreise eine behelmte Frau rechtshin, hält in der vorgestreckten Rechten ein mit einem Lorbeerzweige umwundenes Schwert, auf dessen Spitze eine Krone; in der Linken hinter sich eine gleiche Waage, an deren Spitze ebenfalls eine Krone zwischen überlegten Lorbeerzweigen. Unter der Abschnittsleiste am Rande ·1625· Gek. Rand. Mess. Gr. 13.

Av. Von rechts: LVDOVIC. XIII. FRANC. ET. NAVARÆ. REX (Ros.) Im unten offenen Perlen- und innern feinen Linienkreise das Brustbild wie Nro. 29451 linkshin; unter der Schulter am Rande 1629 zwischen Rosetten. Rev. Umschrift wie Nro. 29458 mit FRANC — O und NAVARÆ. Im oben offenen Perlenkreise das gekr. französische Wappen mit den beiden Ordensketten. Perlenrand und im Av. nach innen ein feiner Linienkreis. Gr. über 13. (Beide in der Samml. des Herrn Dr. Freudenthal.)

29476—78.

Av. ABSENTIBVS LVCE REFVLGENT· (Ros.) In einem Perlenkreise oben Wolken und Sterne und am Boden kleine Blumen. Rev. Von rechts: (Ros.) TOT SEDES VNICA FIRMAT (Ros.) Unter einer Krone ein Granatapfel mit zwei Blätterzweigen. Unter der Abschnittsleiste 1635 zwischen Ros. Perlenrand. Gr. 13. (Mitgetheilt vom Hrn. Dr. Freudenthal.)

Av. Aehnlich, nur ABSENTIS Rev. Ebenso, der Apfel in der Mitte geöffnet und kleine fünfblättrige Ros. Gl. Gr.

Av. PONTZ. ET CHAVS — SEES. DE FRANCE Die gekr. Wappen von Frankreich und Navarra wie Nro. 29468. Ober der Krone zur Seite je ein fünfspitziger Stern zwischen zwei Punkten. Rev. Von rechts: VIRGET SE REDDERE FORMÆ Herkules nach rechts gewandt, mit der Löwenhaut auf der rechten Schulter, wie er den am Boden liegenden Stier niederdrückt. Zur Seite rechts hievon ein Füllhorn, links ein Fluss und im Hintergrunde ein Haus sichtbar. Im Abschnitte 1636 Gek. Rand. Gr. 13.

29479—81.

Av. Von rechts: VBI — FIDES — IBI — AMOR Zwei sich haltende, aus Wolken von der rechten und linken Seite her hervorragende Hände, auf denen je eine Taube, gegen einander gekehrt stehen; hinter den Händen zwei Palmzweige. Das Ganze ober einem kleinen Hügel, auf welchem ein auf seinen Stab gestützter Schäfer sitzt, an den sein Hund hinanspringt. Unter ihm seine Heerde; im Abschnitte ·1637· Der Rev. wie Nr. 29476 mit .1635. nur Punkte statt der vier Ros. Gr. 13.

Av. FAS VVLTV — CONSTAT Das nach rechts gewandte Brustbild mit Lorbeerkranz am Kopfe und falt. Gewande. Unten am Rande 1636 Rev. CANCELLARIA· FRANCIÆ und eine runde Blattros. In der Mitte von einem fein punktirten Kreise umschlossen 21 (theils ganze, theils theilweise sichtbare) Lilien. Perlenrand. Mess. Gr. 13.

Av. Von rechts: . LVDO. XIII. D. G. FRANC. ET. NAVA. REX. Das Brustbild mit Lorbeerkranz nach rechts im falt. auf der Schulter von einem Knopfe zusammengehaltenem Gewande. Rev. Von rechts: · DIVITIAS · DII. DANT — ET IVRA FRV ENDI. Aus dem Füllhorne zwischen Wolken fallen verschiedene Gegenstände zur Erde, auf welcher vier Personen mit deren Einsammlung beschäftigt; an der innern Schriftseite ein feiner Kreis. Im Abschnitte ·1639· Gek. Rand. Gr. 13.

29482—87.

Av. LES. CINQ. GROSSES. FERMES. DE. FRANCE. Sonst wie Nro. 29458. Rev. Von rechts: · SVPERFLVA · DEMO Im Perlenkreise ein Mann von links beschneidet einen Weinstock; rechts die aufgehende Sonne, oben Wolken. Unter der Abschnittsleiste am Rande ·1639· Perlenrand. Gr. an 13. (Samml. des Hrn. Dr. Freudenthal.)

Av. .PARTIES. — .CASVELLES. Die gekrönten zwei Wappen mit den zwei Orden, und einem gekrönten L unter den Schilden. Rev. Von rechts: .NEFAS. TE TIGISSE. CORONAM. Am Erdboden eine grossblüth. Distel mit vier Blättern. Im Abschnitte .1640. Gekerbter Rand. Kupfer. Gr. an 13. (In m. Samml.)

Av. CHAMBRE. AVX — DENIERS · DV. ROY Wie Nr. 29458, aber unter dem Wappen ein kleines mit zwei Lorbeerzweigen besteckles L Rev. Von rechts: FERTILITATI. FRANCIÆ Unter strahlenden Wolken ein gekröntes L zwischen unten überlegten Füllhörnern, unter der Abschnittsleiste am Rande 1641 Perlenrand. Gr. 13. (Sammlung des Hrn. Dr. Freudenthal.)

Av. Von rechts: LVD. XIII. D. G.—FR. ET. NAV. REX Das nach rechts gewandte Brustbild mit Lorbeerkranz und faltigem Gewande. Rev. Von rechts: AD. SPEM. SPES. ADDITA. GALLIS Ein Anker, um welchen ein Delphin mit dem Kopfe nach abwärts links gewunden. Unter der Leiste am Rande .1641. Gekerbter Rand. Gr. über 9 bis 10.

Av. Aehnlich, nur LVDO. XIII. D. G. F. ET. NAVA. REX. Das Brustbild und im Rev. fehlt die Leiste, dann am Rande ∗ 1643 ∗ Gr. 10.

Av. · ✾ · NILNISI. — CONSILIO · ✾ Das gekr. Wappen umhängt von den bekannten zwei Ordensketten. Rev. TEMPLO. NV—NC. HABITAS Ein Tempel, Rundbau mit einem Stundenglase oben am Dache. Unter drei Treppen zu demselben bildenden Strichen: .1642. Gekerbter Rand. Kupfer. Gr. 13.

29488—91.

Anna von Oesterreich, dessen Gemahlin (1615 † 66).

Av. ANNA. DEI. GRA. FRAN. ET. NAVARÆ. REG Zwischen Palmzweigen ein gekröntes französisches Schild mit den verschränkten Wappen von Frankreich und Spanien. Rev. Von rechts: .EA. SOLA. VOLVPTAS. Im Kreise in der Mitte der mit Lilienkelchen bestreuten Fläche die gekrönte Chiffre Æ. Perlenrand. Messing. Gr. an 13.

Av. Ebenso ohne Punkte mit · ANNA · DEI. GRA. FRANC. ET. NAVAR. REG. Rev. Von rechts: ∘VT MARTIS SPONSA POTITVR∘ Zwischen oben und unten überlegten Palmzweigen eine Kriegstrophäe. Zwischen den Stielen am Rande 1636 Perlenrand. Gl. Gr.

Av. Wie der letzte ohne Punkte vor und nach der Umschrift. Rev. Von rechts: ET. SPES. ET. GAVDIA. PORTAT Auf einem Boden ein Baum mit Früchten, im Abschnitte am Rande .1641. Perlenrand. Gl. Gr. (Sämmtl. in der Sammlung des Hrn. Dr. Freudenthal.)

Av. ANNA. D. G. FR. ET. NA. REG. REGNI. MODERATRIX. Wie Nr. 29488, aber die Lilien vollständig und statt der Zweige um das Schild eine in Liebesknoten gewundene Schnur. Rev. Von rechts: MORIAMVR. DVMMODO. VIVANT Ein Pelikan linkshin im Neste füttert seine Jungen. Unter der Abschnittsleiste am Rande .1648. Perlenrand. Gr. über 12.

29492—94.

Av. .ANNA. D.—.GRATIA. FR. Das nach links gewandte Brustbild mit Gewand. Rev. Von rechts: .NVLLOS. PASSVRA. LABORES. In einem fein gekerbten Kreise das Vollmondsgesicht zwischen kleinen Wölkchen Im Abschnitte .1654. Gr. 13.

Av. Ebenso. Rev. Von rechts: .VRBEM. FACIT. IPSE. SERENAM. In einem fein gekerbten Zirkel eine Stadt mit Thürmen, ober welcher nach rechts die aufgehende Sonne, und oberhalb der Stadt einige Wolken. Im Abschnitte .1656. Strichelrand. Gr. an 13.

Av. Derselbe. Rev. Von rechts: .INGENS. TVTELA. DECVSQVE. Unter einigen kleinen Wolken ein grosser fünfzinniger Thurm, in welchem unten ein Thor, in der Mitte einer Landschaft. Von der im Abschnitte befindlichen Jahreszahl ist nur die letzte Ziffer 5. lesbar. Strichelrand. Gr. 13. Alle gestrichelte Ränder.

29495—96.

Av. Von rechts: ANNA. D: G. FR.—.ET. NAVAR. REGINA Das Brustbild linkshin in Witwentracht. Rev. Von rechts: LVDOVICVS. XIIII. D: G. FRAN. ET. NAV. REX. Das jugendliche Brustbild linkshin im Lorbeerkranze, Harnisch und Mantel mit dem Ordenskreuze vom heil. Geiste vor der Brust. Unten ein kleines liegendes B zwischen Punkten. Gekerbter Rand. Gr. über 13.

Ein zweiter Stempel von Messing hat im Av. ANNA. REGINA. LVD. XIIII. FR. NA. R. MATER Gl. Gr. (Beide in der Sammlung des Hrn. Dr. Freudenthal.)

29497—500.

Ludwig XIV. (1643—1714).

Die zahlreichen Jetone aus dieser Periode sind nach den Brustbildern geordnet.

a. Jetone mit der Umschrift Ludovicus Magnus rex.

Av. .LVDOVICVS.—.MAGNVS. REX. Das nach links gewandte Brustbild mit langem herabwallenden Lockenhaare, und blossem in eine Spitze auslaufenden Halse. Rev. Am Meere ein Schiff alter Form, auf welchem aufgesteckt ein Zweig mit drei Lilien. Ueberschrift: RHODA. CATALON. CAPTA Von den Endbuchstaben H und A an welchen Wolken, bläst der Sturm von beiden Seiten gegen das Schiff. Im Abschnitte eine Verzierung wie ~ Gekerbter Rand. Gr. 12. (Auf die Eroberung von Roses 1645.)

Av. Ebenso, nur ohne Punkt vor L Rev. Von rechts: PACE. IN. LEGES. SVAS. CONFECTA. In der Mitte der Merkurstab oder wagrecht liegenden Blitzen und dem Donnerkeile. Im Abschnitte dieselbe Verzierung. Strichelrand. Gr. über 12.

Ein zweiter. Rev. Von rechts: SINE. CRIMINE. GESSI. Ein ausgebreiteter nach rechts sehender Adler hält in der linken Kralle ein Donnerkeil. Im Abschnitte eine Schnörkelverzierung. Gekerbter Rand. Gr. 12. (Sammlung des Hrn. Dr. Freudenthal.)

Ein dritter: Auf einer Säule oben eine Krone, darunter sechs Pfeile; und unterhalb am Boden eine knieende trauernde Gestalt, hinter welcher ein Anker; vor ihr nach rechts eine am Boden ruhende Kuh. Oben am Rande: VLTOR—REGVM . Gekerbter Rand. Gr. 12. (In meiner Samml.)

29501.

Av. · LVDOVICVS · — MAGNVS. REX · Rev. Von rechts: OMEN—IMPERII · MARITIMI · In der Mitte eine grosse Krone, durch welche der Dreizack Neptuns, dann rechts ein Lorbeer- und links ein Palmzweig gesteckt ist; im Hintergrunde das Meer, mit an der linken Seite sich zeigendem Ufer; rechts mehrere Kähne im Meere. Im Abschnitte eine Schnörkelverzierung. Perlenkreis am Rande. Gr. über 12. (In m. Sammlung).

29502—6.

Av. LVDOVICVS—MAGNVS. REX.

Reverse:

a) Von rechts: ET · VICTOR · FVLMINA · PONIT · Jupiter in den Wolken, auf welchen er links von sich den Donnerkeil liegen hat; zu seinen Füssen der Adler. Im Abschnitte unter einer Leiste zwei kleine Zweige. Am Rande längliche Perlen. Gr. an 13.

b) INCENSA . BATAVORVM CLASSE. Die Vorstellung wie Nro. 29556. Gr. 12. (V. Loon III. S. 208.)

c) Auf einer Säule das Fell des goldenen Vliesses, auf welchem oben ein Hahn steht, am Boden links ein Löwe, rechts ein Tieger, von der Säule wegeilend. Im Abschnitte eine Rosette zwischen zwei Schnörkelverzierungen. Oben am Rande: LABOR · ALITIS · AUFERT · Gezähnte Ränder. Gr. 13.

d) LATE · CVNCTA · PROFVNDIT · Ober dem Boden in Wolken von rechts in einem zweirädrigen Wagen von zwei Pferden gezogen die Siegesgöttin in der emporgehobenen Rechten die Fackel und die Pferdezügel. Im Abschnitte zwei kleine Palmzweige. Zwei Varianten, auf deren einem die Fackel zwischen CT und dem zweiten zwischen TA der Umschrift. Gr. 13.

29507—11.

Av. LVDOVICVS.—MAGNVS. REX. Das Brustbild hier mit einem Lorbeerkranze, und der blosse Hals mehr gerundet als spitzig.

Reverse:

a) Von rechts: CVNCTIS · DAT · VIVERE. In einem feinen Linienkreise eine von links hervorragende Hand, welche ein Gesträuch und den Erdboden begiesst. Der Abschnitt leer. Gekerbter Rand. Gr. 13.

b) Von rechts: INTEMERATA · MANVS Innerhalb eines feinen Linienkreises eine bei einem Tische sitzende nach links gewandte Frau, welche von dem am Tische befindlichen Gelde Geld in einen Sack einfüllt. Der Abschnitt wie Nr. 29497. Gekerbter Rand. Gr. an 13.

c) Rev. wie Nr. 29530. PVGNA—AD · SENEFFAM Der Rand gezähnt. Gr. 12. (V. Loon III. S. 144.)

d) Eine felsige Insel im Meere, gegen welche aus einer Wolke drei Blitze herabfahren. In der Ferne Schiffe am Meere. Ueberschrift, an welcher von innen ein Linienkreis: MANVS · VNICA · TORQVET. Im Abschnitte unter zwei Leisten: · EX TRAORDRE DES · | GVERRES. | .1691. Strichelkreis am Rande. Gr. an 13.

e) Am Boden auf einem Rollbrett ein Pferd, an welches zur Seite eine Leiter angelehnt ist. (Das Trojanische Pferd.) Ueberschrift: FATALIS MACHINA MURIS. Im Abschnitte ARTILLERIE · | 1699. Strichelrand. Gr. an 13.

29512—13.

Av. LVDOVICVS—MAGNVS REX. Das Brustbild mit Lockenhaar und Kranz, hier jedoch an den Achseln und auf der Brust schmale Streifen von Gewand. Rev. Auf einer Gartenterasse steht links die Minerva im Helm und Gewand, in der Linken eine Lanze und deutet mit der Rechten auf einen Mann, welcher eine grosse Vase auf ein Postament stellt. Ueberschrift: HOC . PACES . HABUERE · BONAE. Im Abschnitte die Verzierung wie im ersten Rev. Strichelrand. Gr. an 13.

Av. Wie zuletzt, nur MAGNVS. Rev. Wie Nr. 29502 ET. VICTOR dann wie Nr. 29506 LATE Strichelränder. Beide Gr. an 13.

29514—25.

Mit dem Namen der Graveure.

Av. LVDOVICVS. — MAGNVS. REX. Brustbild mit dem Lockenhaar und glattem spitzigen Halse wie zuerst, jedoch am Rande unten ein kleines und feines B (Bernard).

Reverse:

a) Von rechts: OCVLIS . DORMITAT . APERTIS. Ein am Boden ruhender nach rechts gewandter Löwe. Ober ihm kleine Wolken. Im Abschnitte AERARIVM . | MI LIT . EXTR . | . 1688.

b) Von rechts: .ACRIVS. HINC . AD . BELLA. Statt der Punkte kleine Blumenkelche. In einem feinen Linienkreise in der Mitte eine Lilie mit mehreren Blüthen, rechts ein Rosenstock, und links eine volle Tulpe. Auf den meisten Blumen sitzen Bienen. Im Abschnitte: .CHAMBRE. AVX. | . DENIERS. | .1689.

c) Von rechts: PROPRIIS INVICTVS . IN . ARMIS. Der nach rechts am Boden schreitende Löwe. Im Abschnitte: ORDINAIRE . DES. | .GVERRE. | .1690. Alle drei gestrichelte Ränder. Gr. 13.

Av. Ebenso, nur MAGNVS ohne Punkte. Rev. Von rechts: NOVA TELA. MI NISTRAT. Vulkan, welcher auf dem Ambos einen Donnerkeil mit emporgehobenem Hammer fabricirt; nach rechts eine fertige Rüstung und am Boden Blitze, links ein Feuerheerd. Im Abschnitte: ÆRARIVM . REGIVM . | 1691. An den Rändern ovale Perlen. Gr. 13. (V. Loon IV. S. 44.)

Av. Ebenso. Rev. Neptun in dem von zwei Pferden gezogenen Siegeswagen im Meere nach links fahrend, den Dreizack in der Rechten haltend. Ueberschrift: BELLO PACIQUE auf einem Bande. Im Abschnitte: MARINE. | 1712. Am Rande je ein gekerbter Kreis. Gr. über 13. (V. Loon IV. S. 175.)

Av. Ebenso. Rev. An einem überhängenden Felsen nach links gewandt ein Cyklope auf einem Ambos, wie er ein Schild verfertigt. Ueberschrift: ARTE ATQUE METALLO. Im Abschnitte: TRESOR ROYAL. | 1712. An den Rändern gestrichelte Kreise. Gr. an 14. (V. Loon V. S. 176.)

Av. Ebenso. Rev. ETIAM TRANQUILLA TIMETUR. Eine Meduse mit Schlangenhaar in einer Höhle am Meeresufer ruhend, nach links gewandt. Vor ihr ein dürrer Baum. Im Abschnitte: GALERES. | 1712. Die Ränder gestrichelt. Gr. über 13. Ebendort. S. 187.

Av. Ebenso. Rev. Von rechts: ET ADHVC EXORITVR PELAGO NUMEN·

Das Meer, worin im Hintergrunde rechts ein Felsen, dann im Wasser ein Meeresgott, Neptun (?), und im Vordergrunde vier Nymphen, sämmtlich mit halbem Leibe. Im Abschnitte. GALERES. | 1713. Gek. Rand. Gr. 13. (V. Loon V. 215.)

Av. Ebenso. Rev. Aehnlich Nro. 29666, der Centaure, mit der Dejanira, nur hier die Ueberschrift LONGUM HAUD LÆTABITUR HOSTIS. und im Abschnitte EXTRA ORDRE DES | GUERRES | 1713. Gek. Rand. Gr. 13. (V. Loon V. 216.)

Av. ähnlich mit REX ohne Punkt. Rev. Von rechts: RATIO ULTIMA PACIS· Im Hintergrunde in einer Ebene eine Festung markirt durch spitzig vorstehende Mauern, und das Wort DENAIN innerhalb derselben, an der Seite rechts und links läuft durch die Ebene ein Fluss; im Vordergrunde stehen zwei mit den Läufen nach rechts gerichtete Geschütze. Im Abschnitte: ARTILLERIE | 1713 Die Ränder gestrichelt. Gr. über 12. (V. Loon V. 117.)

Av. mit REX. Rev. Im Meere mit hochgehenden Wogen, drei Tritonen, welche mit an den Mund gesetzten Seemuscheln dasselbe zu beruhigen suchen. Ueberschrift am Rande: RECREAT SPES LÆTA SERENI· Im Abschnitte MARINE· | 1713· Gestrichelte Ränder. Gr. über 13. (Ebendort. S. 225.)

Av. mit MAGNUS REX. Rev. VICTIS. HOSTIBVS VICIT. NATVRAM. Eine Landschaft, in welcher im Thale ein Fluss, von welchem eine hydraulische Maschine zu einem, links auf der Höhe befindlichen Thurme hinaufführt. (Die Maschine v. Marly.) Im Abschnitte: ·BASTIMENTS· | ·DV ROY· | ·1684· (Abgebildet die Rev. bei Menestrier und Ren. 10953.)

29527—28.

Av. Aehnlich dem letzten, nur MAGNVS. und unter dem Brustbilde C Rev. Von rechts: DAT SPERNERE FVLMINA· In der Mitte einer Landschaft ein Lorbeerbaum (?) und links im Hintergrunde ein Haus zwischen Bäumen; im Abschnitte: ·GA LERES· | ·1696·

Av. gleich, nur ·C· Im Rev. UTILE — links DAMNUM Am Boden ein Baum, dessen untere Aeste abgeschnitten am Boden liegen, und dem nur die Krone gelassen ist. Im Abschnitte: PARTIES CASVELLES. | 1696 Beide Strichelränder. Gr. an 13. (Diese sechs in m. Samml.)

29529—32.

Av. LVDOVICVS. — MAGNVS. REX. Der Kopf mit Lorbeerkranz, blosser Hals und unten L Reverse:

a) Von rechts: NON (Ros.) SPEM (Ros.) DELVSIT (Ros.) Im gewundenen Halbkreise ein Baum mit Früchten auf einem Boden;. im Abschnitte: TRESOR. | ROYAL. Gek. Rand. Gr. über 11. (Samml. des Hrn. Dr. Freudenthal.)

b) Ein zweiter Rev. Von rechts: VETERES REVOCABIT ARTES. Rechts ein Baum, an welchem eine Lanze und ein türk. Säbel angelehnt sind. Vor demselben nach rechts gewandt Minerva mit beiden Händen das Schild mit dem Medusenhaupte haltend. Im Abschnitte ÆDIFICIA | REGIA

c) Von rechts: PVGNA—AD · SENEFFAM · Ein Siegesengel von rechts, in der Rechten einen Kranz, in der Linken eine Fahne, unter ihm eine Kanone, Fahnen u. s. w. Beide gestrichelte Ränder und Gr. an 12. (In meiner Sammlung.) (Auf die Schlacht bei Senef 1674.)

Ein var. Stempel des letztern hat im Av. den Kopf ohne Lorbeerkranz. Gl. Gr. (Samml. des Hrn. Dr. Freudenthal.)

29533.

Av. Wie zuletzt, nur unten L· Rev. Ein Garten im französischen Stiele, darin in der Mitte aus einem Bassin ein hoher Wasserstrahl. Um das Bassin sind Beete, das Ganze ein Viereck bildend, an dessen Wegen Bäume in Kübeln. Ueberschrift: AD · NVTVM · ASSVRGVNT· Im Abschnitte BASTIMENTS · | DV · ROY · Gr. an 12.

29534—39.

Av. LVDOVICVS · — MAGNVS · REX · Das Brustbild mit Kranz und unten abgerundetem Halse, dann mit LGL (Lazar Gottlieb Laufer?)

Reverse:

a) In der Mitte ein römischer Krieger, nach links schauend, in der Rechten eine Lanze, auf der Linken den Schild, rechts am Boden Messinstrumente. Ueberschrift: ARMIS NUNC TOTA · Im Abschnitte eine Schnörkelverzierung.

b) Neptun in dem von zwei Seepferden im Meere nach rechts zu gezogenen Muschelwagen, in der emporgehobenen Rechten den Dreizack schwingend. Ueberschrift: AEQUORA · LUSTRANOD · (sic!) PACAT · Im Abschnitte dieselbe Verzierung.

c) Herkules mit beiden Händen den Erdball auf dem Nacken, zu seiner Linken am Boden die Keule. Ueberschrift: FERT · VNVS · ONVS · Im Abschnitte ebenso.

d) PVGNA u. s. w. wie Nr. 29531. Der Abschnitt leer. Alle vier gestrichelte Ränder. Gr. an 12 und 12. (In m. Sammlung.)

e) HOC PACES u. s. w. wie Nr. 29512, nur ist hier in der Ferne ein Garten angedeutet, an der Umschrift innen ein feiner Strich und im Abschnitte: AEDIFICIA | REGIA. Gr. 12.

f) VETERES u. s. w. wie Nr. 29530. Im Abschnitte wie zuletzt. Gl. Gr.

29540—45.

g) Von rechts: TOT ÆRARIA QUOT CIVES · Am Boden innerhalb eines gewundenen Kreises ein Bienenstock auf einem Gestelle, umschwärmt von Bienen. Im Abschnitte ÆRARIUM | REGIUM · Gl. Gr.

h) PROPRIIS u. s. w. wie Nr. 29517, nur im Abschnitte GVERRES · Ohne Jahreszahl. Gr. 12.

i) Am Boden ein Elephant nach links mit vor sich gehaltenem Rüssel. Ueberschrift: VIRTUSQUE FIDESQUE · Im Abschnitte ORDINAIRE DES | GUERRES. Gl. Gr.

k) Von rechts: · QVOT · APTA · CORONIS · Innerhalb eines Linienkreises in einer hügeligen Landschaft ein Lorbeerbaum. Im Abschnitte: EXTRAORDINAIRE | DES · GVERRES · Gl. Gr.

l) Von rechts: SVA. INNIXVS · — VIRTVTE · QVIESCIT · Herkules an einen Baumstamm gelehnt, neben sich links die Keule haltend. Im Abschnitte ebenso. Gl. Gr.

m) Eine Brücke über einen Fluss, links ein Gebäude und weiter entfernt in der Landschaft ein Thor, vor welchem am Flusse eine Allee. Ueberschrift: NOVVM DECVS ADDIDIT VRBI. Im Abschnitte: PONTS ET CHAVS | SEES. Gr. über 12. (Auf die Erbauung des Pont royal 1685.)

29546—50.

n) NON (Ros.) SPEM u. s. w. wie Nr. 29529. Gr. 12.

o) Nach links ein Baum, geschützt durch eine hölzerne viereckige Verschallung. In der Ferne ackert in der Ebene ein Landmann; am Horizonte ein Gebäude mit einem Thurme. Rechts am Rande PRIVO, dann die Sonne mit den Strahlen durch Wolken durchbrechend — DITE · MORIRO Gr. an 13. (Diese vierzehn sämmtlich gestrichelte Ränder. (In m. Samml.)

p) Av. Ebenso. Rev. Von rechts: NVLLA · EST · MORA In einem Linienkreise rechts ein gegen einen Thurm im Hintergrunde links gerichtetes Geschütz. Im Abschnitte VESVNT · CAPTA | 1674 Gr. 13. (V. Loon. III. 134.)

q) LVDOVICO · XIV · OBSERVATAM · VICTIS · SEQVANIS PROVINCIAM. Innerhalb eines Linienkreises ein Krieger in römischer Tracht (der Kronprinz), in der Rechten einen Lorbeerzweig und in der Linken eine kleine Statue der Viktoria haltend.

Zur Seite je eine weibliche kniende Figur, rechts mit einem Palmzweig und einem Füllhorn, jene links mit einem Lorbeerzweig. Am Rev. Lilienkreis am Rande. Gr. über 12. (V. Loon III. 137. 1674.)

r) Von rechts: HISPANIS · ET · BATAVIS · ADPANORMVM · DEVICTIS Im Vordergrunde im Meere einige zum Theil untersunkene brennende Schiffe. Im Hintergrunde ein Schiff mit vollen Segeln und oben am Rande einige Lilien; das Wasser reicht unten die Schrift unterbrechend bis an den Münzrand. Am Rande Lilienkreise. Gr. über 12. (V. Loon III. S. 178. 1676.)

29551—57.

Av. Wie zuletzt, nur ohne Kranz und unten LGL ·

Reverse:

a) Von rechts: CVNCTAE · FRONDI · PRAEPONIT · OLIVAM · Eine weibliche behelmte Gestalt mit einer Lanze in der Rechten und einem kleinen Zweige in der emporgehobenen Linken; zu ihren Füssen rechts ein Lorbeer- und Palmzweig, links Lorbeerzweige. Im Abschnitte klein: ORDINAIRE · DES · | GVERRES. Gr. 12.

b) Rechts an einer Mauer aus Quadern hängt eine Löwenhaut, an welcher am Boden ruhend eine Keule und ein Bogen angelehnt sind. Ueberschrift: ET SVNT OTIA DIVIS · Links vom Rande bis gegen die Mitte zu Bäume. Im Abschnitte EDI FICIA REGIA · | und eine Schnörkelverzierung. Gl. Gr.

c) von rechts: EX IACTVRA · LVCRVM · In einem gewundenen Kreise rechts ein unbelaubter Baum und ein offener Getreidesack. In der Mitte von rechts kommend ein Landmann auf einem Felde, der Getreide säet. Im Abschnitte REVENVS CA— | SVELS · Gr. an 12.

d) HOC PACES u. s. w. wie Nr. 29512. Gr. an 12.

e) Von rechts: PARVO · PRO · MVNERE ·QVANTA · In einem gewundenen Kreise ein viereckiger Altar, auf welchem reife Aehren liegen; zur Seite rechts und links je eine Getreidegarbe, und im Hintergrunde am Felde noch stehendes Getreide. Im Abschnitte PARTIES. | CASVELLES. Gr. 12. Diese fünf haben gestrichelte Ränder. (Sämmtl. in m. Samml.)

f) Von rechts: INCENSA. BATAVORVM. CLASSA. (sic!) Auf dem Hintertheile eines Schiffes alter Form steht die nach links zurückblickende Viktoria rechtshin mit dem Donnerkeile in der emporgehobenen Rechten und mit einem Palmzweige in der Linken. Gek. Rand. Messing. Gr. 12. (Samml. des Hrn. Dr. Freudenthal.) (Auf den Sieg über die holländische Flotte bei Tobago 1677.)

Ein Stempel mit dem letzten Rev. hat bei mir im Av. einen Kranz im Kopfe, doch ist nicht deutlich, ob LGL mit oder ohne Punkt, da nur LGI sichtbar ist. Strichelrand. Gr. über 12.

29558—60.

Av. LVDOVICVS — MAGNVS. REX. Brustbild mit Kranz und abgerundetem glattem Halse, darunter CL und unter diesen Buchstaben ein länglicher Punkt.

Reverse:

a) Wie Nro. 29534, ARMIS u. s. w.

b) Von rechts: · DAT · FRVCTVS · Die strahlende Sonne, DAT · QVE · CO RONAS · Am Boden ein Baum mit Granatäpfeln und Blättern. Im Abschnitte: ORD · DES. GVERRES. | PAPAREL. TRES. und unterhalb eine Schnörkelverzierung.

c) Av. Von rechts: LE. REPOS. SVIT — LA. VICTOIRE. Eine weibliche Gestalt nach rechts gewandt, sitzt auf einem, auf einem Vierecke stehenden Sessel, hält in der Rechten eine Krone am Knie und stützt die Linke auf den Kopf. Ober ihr ein Punkt. Alle drei Strichelkreise. Gr. an 12. (In m. Samml.)

29561—65.

Av. LUDOVICUS — MAGNUS REX. Das Brustbild mit Lockenhaar und blossem Halse, unten I· M· F· (Jean Mauger Fecit.)

Reverse:

a) Von rechts: DITAT. RESCISSA. QUOT. ANNIS. Innerhalb eines Linienkreises in einer Landschaft an einem Pfahle ein grosser Weinstock. Rev. PARTIES. | CASVELLES. | .1702.

b) Von rechts: CRESCIT PER VARIOS CASUS. Ein Gebirge mit mehreren Felsen, Bäumen und mit mehreren einen Strom bildenden Wasserfällen. Im Abschnitte: PARTIES. | CASVELLES. | 1708

c) Von rechts: NON IMPUNE MOVETUR. Der Donnerkeil, aus zwei in der Mitte durch eine Kugel verbundenen geflügelten Theilen bestehend, aus den Flügeln gehen nach hinauf und hinab je vier Blitze. Im Abschnitte: ORDINAIRE. DES | GVERRES. | 1708.

d) dito. PARS NON TEMNENDA LABORUM. Herkules hält mit beiden Händen einen Stier an den Hörnern auf der Erde fest. Im Abschnitte: TRESOR ROYAL. | 1708. Sämmtl. gestrich. Rand. Gr. über 13.

e) In einem Linien-Kreise unter der strahlenden Sonne ein Vogel mit ausgebreiteten Flügeln auf brennendem Holze. Ueberschrift: VITA PERENNIS. Im Abschnitte: PARTIES | CASUELLES | 1710. Gestr. Ränder.

29566.

Av. Von rechts: .LVDOVICVS. — .MAGNVS. REX. Das Brustbild mit blossem Halse, unter welchem M und R an einander gestellt. Rev. Von rechts: VINCIT. CONCORDIA. FRATRVM. Herkules am Meeresufer sitzend nach vorn gewandt, zu seinen Füssen die Keule, wie er drei Stäbe mit seinem Knie zu brechen versucht. (Eine Anspielung auf die Tripelallianz.) Im Meere in der Ferne zwei Säulen und Schiffe. Im Abschnitte ·1672· An den Rändern ovale Perlen. Gr. 14. (V. Loon III. 48.)

29567—75.

Av. LVDOVICVS. — MAGNVS. REX. Brustbild mit herabwallendem Lockenhaare, blossem abgerundetem Halse, und unten N (Nyris.) Mit Reversen; auf welchen die Schrift von rechts:

a) (Ros.) ARMORVM, (drei Ros.) PRIMITIAE (Ros.) Auf einer Säule ein mit einer Mauerkrone bedecktes Stadtwappen, neben welchem unterhalb Fahnen und sonstige Trophäen. Im Abschnitte MONS. MEDIVS. | CAPT. (Auf die Eroberung von Montmèdy 1657.)

b) AVGET. VICTORIA. VIRES. Herkules sich auf die Keule rechts stützend, die Löwenhaut am Arme, unter der Keule und unter seinem Fusse Schlangen (die Hydra). Im Abschnitte eine Schnörkelverzierung.

c) DAT (Ros.) CVRA (Ros.) QVIETEM (Ros.) Am Boden vier Vögel (Störche?), von denen drei Futter am Boden suchend, der vierte nach rechts schreitend, einen runden Gegenstand im emporgehobenen Fusse. Der Abschnitt leer.

d) FERT. VNVS u. s. w. wie Nr. 29536.

e) HOSPITIVM. — .REGIBVS. Unter einer Krone zwei sich haltende Hände, und darunter ein Monument (?), auf dessen Vorderseite in einem doppelten Quadrate ein einfacher Adler. Im Abschnitte: .CASIM. POL. REX. ABDIC. | REG. IN. GAL. EXCIP. | (Ros.)

f) ✻ INCENSA ✻ BATAVORVM ✻ CLASSE ✻ Sonst wie Nro. 29556.

g) INVICTISSIMI TRIVMPHATORIS OPVS. Eine mit Mauern umgebene Stadt und ein Schloss auf einem Hügel im Hintergrunde. Vorn ein Zeltlager. Im Abschnitte: NAMVRCVM CAPT | D. 30 IVN. 1692. Am Rande gek. Kreise. Gr. 12. (V. Loon IV. S. 88.)

h) NON. EXHAVSERE. TRIVMPHI. In der Landschaft ein Palmbaum, auf welchem ein Köcher und Bogen aufgehängt. Im Abschnitte: ÆRARIVM. | . REGIVM.

i) OMEN u. s. w. wie Nro. 29501.

29576—83.

k) * PVGNA * AD * SENEFFAM * Sonst wie Nr. 29531.

l) QVA · PELAGI · PATET · IMPERIVM (Ros.) Ein Hafen, in welchem links ein Leuchtthurm, rechts Schiffe mit Masten und Rudern; im Abschnitte · GALERES · | · 1691 ·

m) QVO · NON · SI · SAPERENT · VENTI · Ein Dreimaster mit vollen Segeln nach links am Meere. Im Abschnitte eine Verzierung wie Nr. 29497.

n) SECVRVS. — AB · ALTO. Von einer hügeligen Landschaft fliegen Pfeile gegen die oben am Rande befindliche strahlende Sonne.

o) * VICTORIA * PACIFERA * Eine weibliche beflügelte Gestalt von der Rechten. In der vorgestreckten rechten Hand den Merkursstab, in der Linken eine Lanze.

p) · VICTORIS · — · CLEMENTIA · In der Mitte der Merkursstab, von welchem ein Lorbeerzweig nach rechts, und ein Palmzweig nach links gelegt, darunter drei mit der Oeffnung nach vorn gelegte Gefässe, aus denen Wasser herausströmt. Im Abschnitte eine Verzierung. Sämmtlich mit Strichelrändern. Gr. an 12. (Auf die verhüthete Plünderung der eroberten Festung Condé, 1676.)

Bei V. Loon III. S. 183 ein Variant mit · LVDOVICVS. — MAGNVS REX · und ohne N im Av. und im Rev. TIA ohne Punkt dahinter. Gl. Gr.

q) · CONCORDIAE · VINCVLVM · Unter der Königskrone eine gespaltene schildförmige Cartuche mit dem Wappen von Pohlen und Litthauen, und um das Ganze die Ordensketten vom heil. Michael und heil. Geiste. Gekerbter Rand. Gr. über 12. (Auf die Ertheilung dieser beiden Orden an Johann Sobiesky von Pohlen 1675.) (Sammlung des Herrn. Dr. Freudenthal.)

29584—92.

Av. Wie zuletzt mit N, nur hier ein Lorbeerkranz in dem Lockenhaare. Reverse mit von rechts beginnenden Umschriften:

a) AEQVAT. PIET—ATE. TRIVMPHUS. Ein Gebäude mit einem in der Mitte sich über dasselbe erhebenden Rundbau, über welchem eine Kuppel und ein Thürmchen ober derselben. Im Abschnitte AEDIFICIA. | REGIA.

b) PACE · IN · LEGES · SVAS · CONFECTA · In der Mitte auf dem Erdboden der unten geflügelte Merkursstab.

c) QVA u. s. w. wie Nr. 29577, nur fehlt im Abschnitte unter GALERES die Jahrzahl.

d) SECVRVS · — AB · ALTO Wie Nr. 29579.

e) INSTAT NVNC TOTA TRIVMPHIS Rechts ein Säulengebäude; in der Mitte Pallas, in der Rechten das Medusenschild und in der Linken die Lanze; rechts eine Rüstung und Trophäen. Im Abschnitte sehr klein AEDIFICIA REGIA | MDC XCII · Gr. über 13.

f) FERACIOR · OMNIBVS · ARVIS · Ein Dreimaster im Meere nach links. Im Abschnitte LA · VILLE · DE · PARIS · | 1694.

g) HOSTES QVE ARCET DVM LVDIT IN HORTIS Ein Garten, durch welchen ein gerader breiter Weg zu einem im Hintergrunde befindlichen Schlosse führt. Links im Vordergrunde ein runder Bienenstock, gegen welchen von links aus der Höhe Bienen kommen. Im Abschnitte AEDIFICIA REGIA | .M.DC.XCV.

h) HINC. DECVS. VNDE. EFFVNDIT In einer bogigen Nische ein Wasserstrahl in die Höhe steigend, und dann drei, über sich befindliche Bassins überlaufend. Im Abschnitte CHAMBRE. AVX. DENIERS | DV. ROY. | .1695.

i) LVDOVICVS • — MAGNVS • REX • Das Brustbild wie zuletzt, mit N Rev. SECVRVS. u. s. w. wie Nr. 25979. Im Abschnitte jedoch .1691. Diese sämmtlich gestrichelte Ränder und Gr. über 12.

29593.

Av. LVDOVICVS — MAGNVS REX. Das Brustbild ohne Kranz, mit abgerundetem Halse, unter welchem R (Ronssel oder Roëttiers.) Die Reverse mit von rechts beginnender Umschrift. Rev. ATTOLLIT. FLVMINA. MONTES. DEPRIMIT Arbeiter, welche einen auf Bogenwölbungen geführten Aquaedukt herstellen; im Hintergrunde ein Berg, der abgetragen wird. Im Abschnitte AEDIFICIA • REGIA • | M • D • C • LXXXV • Gr. über 12.

29594—602.

Av. Ebenso, nur LVDOVICVS •

Reverse:

a) Aehnlich Nr. 29577. QVA u. s. w. Im Abschnitte GALERES. Gr. 12.

b) Ein Fluss mit einer über denselben führenden Brücke; an den Ufern rechts und links Gebäude; am Flusse einige Kähne. Ueberschrift: LA VILLE • DE PARIS Im Abschnitte zwischen drei Kugeln, von welchen Festons herabhängen, zwei derlei Festons mit einander verbunden. Gr. über 13.

c) Von rechts: . IVNCTAQVE. GRATIA. DONIS. Auf einer Leiste, auf welcher 16—86 ein Baum mit Früchten und Blumen, welcher durch eine viereckige Holzeinfassung geschützt ist. Im Abschnitte .CHAMBRE • AVX. | .DENIERS. Am Rande starke längliche Perlen.

d) .REDDIT. OPES. SVPERIS. Am Boden ein viereckiger Altar, auf welchem eine Vase. Im Abschnitte ÆRARIVM. | REGIVM. | 1686

e) Am obern Rande: NEC. TIMET. NEC. PROVOCAT. Am Boden ein nach rechts schreitender Löwe, vor welchem im Vordergrunde zwei und zu seiner Seite je ein Hund, denselben anbellend. Im Abschnitte: . AERARIVM. | .MILIT. EXTR. | .1687. Gestrichelte Ränder. Gr. über 12. (V. Loon III. 327.)

f) REGE. INCOLVMI. NON. DEERIT. COPIA. In einem gewundenen Kreise auf einem Vierecke ein Bienenstock mit denselben umfliegenden Bienen. Im Abschnitte: ÆRARIVM. REGIVM | .1687.

g) IAM. FACILES. FRANGI. In einer hügeligen Landschaft liegt ein Bündel Stäbe mit lockerm Bande um dasselbe auf einen Hügel angelehnt; am Boden ein einzelner Stab. Im Abschnitte: EXTRAORDINAIRE | DES. | GVERRES. | 1697

h) . OMNIBVS • IDEM . ANIMVS. In einer Landschaft, in welcher links oben Bäume, drei nach rechts schreitende Löwen in einem gewundenen Kreise. Im Abschnitte: ORDINAIRE. DES. | GVERRES. | .1697

i) Wie Nro. 29540, nur im Abschnitte: ÆRARIUM. REGIUM. | .1701. Gr. über 13.

29603—8.

k) AMOR DABIT ESSE PERENNES An einem Felsen ein Wassergott und eine Wassernymphe am Boden ruhend und sich die Hände reichend. Zwischen ihnen zwei runde Gefässe, aus welchen Wasser fliesst. Auf dem Gefässe rechts ALPH, links ARETH. Im Abschnitte: ÆRARIUM REGIUM | M.DCCIII. Gl. Gr.

l) INTER NUBILA TUTA. Im Linienkreise ein Baum. An der Seite rechts und links Wolken, von denen ein Guss und Blitze herabgehen, den Baum jedoch nicht berühren. Im Abschnitte: EXTRAORD[RE] DES. | GVERRES. | 1703 Gl. Gr.

m) Eine Kapelle, deren Hintergrund ein Kuppelgewölbe, in welchem ein Altar mit auf demselben befindlichen zwei Statuen. Ueberschrift auf einem Bande PIETATIS INCREMENTUM Im Abschnitte: SACELL. MEUD. | M.DCCIII. Gr. über 13.

n) QUIS. IMPUNE. LACESSET In einem Linienkreise am Boden ein nach rechts schreitendes Stachelschwein. Im Abschnitte wie Nr. 29601 mit 1703 | R Gl. Gr.

o) REX. NOBIS. HÆC. OTIA. FECIT. Eine am Boden sitzende weibliche Gestalt, umgehen von mehreren Kindern, mit verschiedenen Instrumenten musizirend. Im Abschnitte: MENVS PLAISIRS | ET. AFFAIRES. DE. | LA. CHAMBRE. | .1703.

p) TVLIT. ET. FERET. OMNIBVS. ANNIS. In einem Linienkreise ein Baum mit vielen Früchten. Im Abschnitte: CHAMBRE. AVX. | DENIERS | .1703.

Die letzten drei Gr. über 13 und gestrichelte Ränder.

Die Jetons *d*, *f* und *g* haben im Av. unten an der Halsspitze einen Querstrich, welcher Gewand anzudeuten scheint und bei den übrigen Stempeln fehlt.

29609—13.

Av. Aehnlich, nur .MAGNVS. Rev. QVAS. NON. PRAEBET. OPES. Am Boden ein Baum mit grossen Früchten. Im Abschnitte wie zuletzt, nur .1688. Gr. 13.

Av. dito. Rev. VT DITET ABVNDAT. In einem Linienkreise links ein Palmbaum, rechts in der Ferne Zelte zwischen zwei Säulen. Im Abschnitte: ÆRARIVM. REGIVM | .1688. Gr. 13.

Av. LVDOVICVS. MAGNVS. REX Kopf mit blossem Halse, jedoch auf der Achsel mit Gewand, welches von einem Knopfe zusammengehalten wird; unten R Rev. ✱ SVFFICIT ✱ NEC ✱ DEFICIT ✱ Unter einer felsigen Gegend ein grosses, rundes Wasserbassin, aus dessen Mitte ein Wasserstrahl emporsteigt und dessen Wasser an mehreren Orten des Bassin's überlauft. Im Abschnitte: TRESOR. ROYAL | M.D.C. LXXXV. Gr. 13.

Av. Wie zuletzt. Rev. Eine mit Stadtmauern und Thürmen umgebene Stadt, aus welcher viele Thürmchen emporragen. Ueberschrift: DVLCIVs VIVIMVs Im Abschnitte: LES. ESTATS DE | CAMBRAY. Die Ränder gezähnt. Gr. 13. (V. Loon III. S. 238.)

Av. Ohne Kranz, mit Andeutung von Gewand, unten R. Rev. SEMPER. CON SPECTVS. IN. ARMIS Im Halbkreise auf einem Grasboden ein Stachelschwein, rechtshin, oben Wolken. Im Abschnitte: ORD. DES GVERRES | .PAPAREL. | TRES(orier) 1684 zwischen punktirten Ros. Gekerbter Rand. Gr. über 12. (Sammlung des Hrn. Dr. Freudenthal.)

29614—21.

Av. LUDOVICUS. — MAGNUS. REX. Das lock. Brustbild hier mit Lorbeerkranz und glattem Halse. Unten R

Reverse:

a) DONEC. NOVUS. EXCITET. HOSTIS. Herkules auf einer mit der Löwenhaut bedeckten Bank sitzend, in der Rechten die Keule haltend, die Linke in die Seite gestemmt. Im Abschnitte zwei kleine Palmzweige. Gr. 13.

b) ET VICTOR u. s. w. wie Nr. 29502. Gr. an 13.

c) .UT. DITET. ABVNDAT. &c. .1688. Im Kreise eine vom Nilflusse durchschnittene Landschaft, am rechten Ufer Pyramiden und Säulen, am linken ein Palmbaum und ein Krokodil. Gl. Gr.

d) SAECLIS DECORA ALTA FVTVRIS. Ein Gebäude im ital. Styl ohne ein sichtbares Dach mit vier zur ersten Etage hinanfragenden Doppelsäulen. Im Abschnitte: .AEDIFICIA. REGIA. | .M. DC. XCIV. Gr. 13.

e) IN. OMNE. VOLVBILIS. ÆVVM. Im Halbkreise ein im Schilfe ruhender Flussgott von der Linken, stützt den linken Arm auf eine Urne, aus welcher Wasser fliesst und an deren Rande klein PACTOLVS Im Abschnitte: ÆRARIVM. REGIVM. | M. DC. XCVI. | R Gek. Rand. Gl. Gr. (Samml. des Hrn. Dr. Freudenthal.)

f) ✱ FIDELIS ✱ SEMPERQV—E ✱ PARATA ✱ Ein nach rechts schreitender Krieger, welcher am rechten Arm das Schild mit drei Lilien und auf der rechten

Achsel eine grosse Fahne mit dem Kreuze, dem Wappen von Languedoc. Im Abschnitte OCCITANIA. | 1698. Gr. 13.

g) QVOT u. s. w. wie Nr. 29543, nur im Abschnitte noch .1701. Gr. über 13.

h) VIRIBUS CONFIDENS SUIS. Ein Löwe nach rechts schreitend mit erhobener rechter Tatze. Im Abschnitte ORDINAIRE DES | GUERRES • | 1701. Gl. Gr. Sämmtlich die Ränder gestrichelt.

29622—26.

Av. LUDOVICUS — MAGNUS REX • Der Kopf mit wallendem Lockenhaar, blossem Halse und unten: H. R. F. (Henry Roussel Fecit.)

Reverse:

a) Aehnlich Nr. 29535 mit AEQUORA. jedoch LUSTRANDO. und im Abschnitte zwei überlegte Palmzweige.

b) LAVILLE u. s. w. wie Nr. 29595.

c) Auf einem Baumstrunke ein Hahn nach links gewandt, auf dem Felle des goldenen Vliesses stehend. Gegen den Hahn fliegt in der Luft ein Vogel, und rennen ein Löwe und Tieger heran. Ueberschrift: ME CUSTODE TUTUM Im Abschnitte eine gestrichelte Verzierung.

d) Am Ufer ruhend ein Flussgott mit einer Schilfkrone, er lehnt sich an ein grosses Gefäss links, aus welchem Wasser fliesst. Hinter ihm Schilf. Ueberschrift: NON DEFLUET. Im Abschnitte eine Schnörkelverzierung.

e) QVID—NON VINCERET ILLE. Herkules am rechten Rande, wie er wider die links neben ihm am Boden befindliche Hydra die Keule schwingt. Im Abschnitte scheint ein fein geschnittener Buchstabe in Kursivschrift zu sein. Alle fünf gestrichelte Ränder und Gr. über 13.

29627—32.

f) ARMA PRIUS • NUNC DONA Am Boden eine in denselben gesteckte Keule, aus welcher Lorbeerzweige herauswachsen. Im Abschnitte TRESOR ROYAL | 1700

g) CURA LEVIS DABIT ESSE PERENNEM Auf einem Boden eine Lampe mit an der linken Ecke befindlicher Flamme. Im Abschnitte PARTIES CASUELLES | 1700.

h) SVA. INNIXVS u. s. w. wie Nro. 29544, nur im Abschnitte: DES GVER RES | 1700 R

i) VT PROSINT EFFVNDIT • In einem Linienkreise links eine Hand aus Wolken, welche mit einer Giesskanne viele auf der Erde liegende, zum Theil stiellose Blumen begiesst. Im Hintergrunde rechts zwei Bäume. Im Abschnitte CHAMBRE • AVX • | DENIERS • | 1700.

k) PACIS. AMOR. BELLIQUE. DECUS. Innerhalb eines gewundenen Randes die Darstellung des heil. Geistes, eine von oben herab fliegende Taube zwischen Strahlen, im untern Felde einzelne (zusammen 12) Flammen. Im Abschnitte • 1701 •

l) ITQUE—DOCETQUE VIAM. Ein Pilger in ganzer Gestalt, den Hut nach links am Rücken; in der ausgestreckten Rechten den Stab, in der linken ein offenes Buch. Im Abschnitte 1703. Diese sechs gestrichelte Ränder und Gr. über 13.

29633—8.

m) ET COELUM ET, die strahlende Sonne, TERRAS SPECTAT Auf einer bogigen Fläche zwei Globus, einer etwas rückwärts links gestellt. Unter denselben zwischen zwei Linienstrichen: GLOBES POSES A MARLI Im Abschnitte BATIMENS DU ROI | 1705.

n) NEC FREGERE LABORES. In der Mitte am Boden Herkules mit einer grossen Keule an seiner rechten Seite, auf welche er sich stützt. Im Abschnitte EXTRA ORDINAIRE | DES GVERRES | 1705.

o) NEC SISTVNT NVBILA CVRSVM · In einem Linienkreise die Sonne Wolken durchstrahlend, welche sich rechts bis gegen ein Gebirge, an welchem rechts ein See ist, herabsenken. Im Abschnitte TRESOR ROYAL · | 1705 ·

p) QUAM FORTI—PECTORE ET ARMIS · Minerva nach links gewandt, in der emporgehaltenen Rechten die Lanze, in der Linken das Medusenschild, sie steht auf einem in der Mitte hinab ausgebogenen Boden. Im Abschnitte bogig: ORDINAIRE | DES GUERRES. 1705.

q) REDDIT · VT · ACCIPIT · Auf einem mit dem Teppiche bedeckten Tische ein Spiegel. Im Abschnitte CHAMBRE · AVX | DENIERS · | · 1705 ·

r) REX.NOBIS u. s. w., nur · 1705 · statt 1703 Alle sechs gestrichelte Ränder und Gr. über 13.

29639—45.

Av. LVDOVICVS. — MAGNVS REX Das Brustbild ohne Kranz und mit blossem Halse, unten T, einem I ähnlich, dem die untern Striche fehlen. Rev. PROPRIIS u. s. w. wie Nro. 29517 ohne Jahreszahl. Gr. an 12.

Av. LVDOVICVS. — MAGNVS. REX. Derselbe Kopf und unten T. B *(Thomas Bernard.)* Reverse von rechts:

a) DAT TERRIS. NEPTUNUS. OPEM Am Boden gegen rechts Neptun mit der erhobenen Rechten den Dreizack schwingend. Vom Rande der linken Seite ragt gegen den Boden zu die Vorderhälfte eines Pferdes hervor. Im Abschnitte zwei kleine gekreuzte Zweige. Gr. an 13.

b) ET. VICTOR u. s. w. wie Nro. 29502. Gl. Gr.

c) HOC PACES. u. s. w. wie Nro. 29512. Gl. Gr.

d) LABOR. ALITIS. AUFERT. In der Mitte auf einem Baumstrunke, auf welchem das Fell des goldenen Vliesses, ein herab nach rechts gewandter Hahn. Vor seinem Krähen scheinen zurückblickend ein Tieger nach rechts und ein Löwe mit einem Pfeilbüschel nach links fliehen zu wollen. Im Abschnitte die Schnörkelverzierung. Gl. Gr.

e) LATE. u. s. w. wie Nro. 29506. Gl. Gr.

f) Minerva (?) sitzend, nach rechts gewandt, in der emporgehobenen Rechten die Lanze, neben ihr links auf einer Mauer eine Agave in eine Urne gesetzt, tiefer eine Retorte auf einem Ofen, am Boden ein Thiergerippe, rechts von ihr eine kleine Nachteule, eine Papierrolle, ein Globus, und in der Ferne ein Gebäude mit einem grossen Fernrohre oben. Ueberschrift: INVENIT ET PERFICIT Im Abschnitte REG SCIENT · ACAD | MDC · IC · Alle sieben gestrichelte Ränder. Gr. über 13.

29646—48.

Av. LUDOVICUS · — MAGNUS REX · Das Brustbild mit lockigem Haare ohne Kranz, mit glattem Halse, unterhalb T und B in einander gestellt.

Reverse von rechts:

a) AVSPICE · — NON · ALIO · Am Boden ein König etwas links gewandt in ganzer Gestalt, die Krone am Kopfe, um welchen Heiligenschein, im Königsornat, in jeder Hand einen Scepter, auf denen rechts eine Hand, links eine Lilie. Im Abschnitte zwei überlegte kleine Palmzweige. Gr. 14.

b) LA VILLE. DE. PARIS Die Vorstellung wie Nr. 29595, jedoch ist statt des frühern Abschnittes hier die sonst den Abschnitt bildende Doppellinie nach unten gegen den Rand zu ausgebogen und der hiedurch gewonnene Raum mit Wellen bedeckt. Gr. über 13.

c) Av. Aehnlich, nur ohne Punkt nach S. Rev. In der Mitte vier Köpfe, deren grösster oben, und der kleinste unter ihm, beide nach rechts gewandt, die beiden mittleren Köpfe gegen einander, jener am Rande rechts nach links, und jener am Rande links nach rechts gewandt. Unter dem grossen Kopfe oben klein SEREN · DELPH, unter jenem rechts am Rande: LUD. D. BURG, links PHIL. D. AND, und unter jenem unten CAR. D. BITUR | 1693. Ueberschrift oben am Rande: FELICITAS DOMUS AUGUSTAE Alle drei Strichelrand. Gr. 14.

29649—52.

Averse:

LUDOVICUS — MAGNUS REX.

d) CADUNT REDIVIVA. QUOTANNIS. Im Linienkreise am Boden rechts zwei, links ein Baum, von welchen Blätter fallen. Im Abschnitte PARTIES. | CASVEL LES · | · 1704 ·

e) NON DEFLUET · u. s. w. wie Nr. 29625, nur im Abschnitte statt der Verzierung AERARIUM · REGIUM | 1704.

f) ALIT VIRESQUE MINISTRAT. Im Linienkreise von links eine Hand, welche mit einer Giesskanne mehrere in einem Vasen auf der Seite rechts befindlichen Pflanzen begiesst. Im Abschnitte TRESOR ROYAL · | 1706.

g) CADUCA · RESURGUNT. In einem Linienkreise eine Landschaft, in welcher vorn ein grosser Eichenbaum, von welchem Eichen fallen. Im Abschnitte PARTIES · | CASVELLES. | · 1706 ·

29653—56.

h) INARATA QUOT ANNIS REDDIT. Im gleichen Kreise in einer Landschaft ein nach links schreitender Landmann, welcher mit der Sense Getreide mäht. Im Hintergrunde links ein Mann, welcher eine Getreidegarbe bindet, rechts einer, welcher zwei Garben wegträgt. Im Abschnitte CHAMBRE AUX DENIERS | M. D. CCVI. | T und B in einander gestellt.

i) Drei Pavillons mit auf Säulen ruhenden Dächern, in denselben Menschen. Ueberschrift: SERVAT ET ORNAT Im Abschnitte ÆDIF. REG. | 1706.

k) Oben am Rande: FIDISSE. JUVAT Getreide am Halme, welches die ganze dargestellte Landschaft einnimmt. Gegen links zu ist ein kleiner Theil abgeschnitten und liegen an dieser Stelle zwei Getreidegarben. Im Abschnitte TRESOR ROYAL · | 1707. Diese acht gestrichelte Ränder und Gr. über 13.

l) TERRITAT ET LÆSUS. Im Linienkreise zwischen zwei starken Bäumen ein am Boden von rechts nach links fliehender Eber, dem ein Pfeil im Leibe steckt. Im Abschnitte EXTRAORDINAIRE | DES GUERRES. | 1707.

29657—63.

Av. Mit LUDOVICUS. — MAGNUS REX.

Reverse:

a) Von rechts: ET . IN . MEDIUM . QUÆSITA . REPONUNT. In einem Linienkreise, von welchem von oben Strahlen einfallen, links auf einem Gestelle ein Bienenstock, vor ihm Bienen, welche theils heimfliegen, theils auf vor dem Bienenstocke gepflanzten Blumen sitzen. Im Abschnitte: BOVRSE . COM . DES PRS | DES . COMPTES. | 1706

b) DAT SOMNOS — ADIMITQUE Der geflügelte Merkursstab. Im Abschnitte: PARTIES. | CASVELLES. | 1709

c) HUC MEAT INDE ORITUR Am Meeresufer sitzt auf einem Felsen ein Wassergott. Er stützt sich auf ein Gefäss, aus welchem Wasser über Felsen herausfliesst. Im Abschnitte: TRESOR ROYAL | 1709.

d) SERVAT TERRETQUE VICISSIM Im Linienkreise am Boden ein Baum, unter welchem ein am Boden ruhender Drache, welcher den Schweif um den Baum geschlungen hat. Im Abschnitte: GALERES. | 1709

e) SUO STAT ROBORE. Im Halbkreise auf dem Boden eine Eiche, gegen welche rechts Köpfe aus den Wolken blasen. Im Abschnitte: ORDINAIRE. DES | GVERRES. | 1709 (Samml. des Hrn. Dr. Freudenthal.)

f) TALI AUSPICE GAUDENT Minerva sitzend, nach links gewandt, in der emporgehobenen Rechten eine Lanze, die Linke auf den Medusenschild gestützt, zu ihren Füssen Mahlerrequisiten und rechts eine Papierrolle und ein Zirkel. Im Abschnitte: BASTIMENS DU ROY | 1709.

g) Vulkan vor einem Ambosse sitzend, auf welchem er einen Pfeil schmiedet; hinter ihm eine Rüstung, am Boden ein Schild und mehrere Pfeile. Das Ganze in einer Felsengrotte, ober welcher am Rande auf einem Bande: ULTRICIA TELA Im Abschnitte bogig: EXTRAORDINAIRE | DES GUERRES 1709. Diese sieben gestrichelte Ränder.

29664—70.

Av. LUDOVICUS — MAGNUS REX. Wie vorher mit demselben Monogramm. Rev. Von rechts: DECUS EST ALUISSE JOVEM Auf einem viereckigen Gestelle ein Bienenstock von Bienen umflogen und im Abschnitte: CHAMBRE AUX | DENIERS. | 1710.

Av. mit Punkt nach S. sonst wie vorher.

Reverse:

a) ALIT VIRESQUE MINISTRAT. Im Linienkreise oben die Sonne und zur Rechten eine Wolke; am Boden Blumen. Im Abschnitte: CHAMBRE AUX | DENIERS |. 1711.

b) ET ROBUR ET ARMA SUPERSUNT Links der mit der Dejanira fliehende Centaure, rechts Herkules mit dem Bogen in der Linken, zieht mit der Rechten einen Pfeil aus dem Köcher. Im Abschnitte: EXTRAORDINAIRE | DES GVERRES. | 1711. (Samml. des Hrn. Dr. Freudenthal.)

c) NON OPIBUS PARCIT PIETAS In einem gewund. Kreise in der Landschaft ein viereckiger Opferaltar, auf welchem ein Opfergefäss, aus dessen Oeffnungen an der Seite Rauch hervorquillt. Im Abschnitte: BASTIMENS DU ROY. | M·DCC. XI.

d) MORTALEM — ERIPUIT — FORMAM. Die in einen Lorbeerbaum verwandelte Daphne mit emporgehobenen Händen, aus welchen gleichfalls belaubte Aeste wachsen. Unten am Rande auf einem Bande klein: PARTIES CASUELLES. 1712 (Samml. des Hrn. Dr. Freudenthal.)

e) ORBEM PACARE LABORAT. In einer Landschaft, worin ein See und rechts ein Felsen, Herkules nach vorn eilend, die Keule auf der rechten Achsel, mit der linken Hand gegen die Erde zeigend. Im Abschnitte wie Nro. 29666, nur 1712. (Auf den Anfang der Friedensunterhandlungen zu Utrecht. Bei V. Loon V. 205, 207 erscheinen die beiden letzten Stempel abgebildet ohne den Buchstaben TB unter dem Kopfe.)

f) SEGES SUPERADDITA VOTIS. Zwei Männer nach links schreitend, tragen auf den Schultern eine Stange, auf welcher eine sehr grosse Weintraube hängt. Im Abschnitte: CHAMBRE AUX | DENIERS. 1712. Alle gestrichelte Ränder. Gr. über 13.

29671—79.

Av. LUDOVICUS. — MAGNUS REX. Wie vorher. Rev. Von rechts:

a) AD NVTUM EDUCIT IN AURAS. Eine menschliche Gestalt mit fliegendem Gewande und einem Köcher am Rücken, spielt auf einer rechts an sich haltenden Lyra. Rechts ein unvollendeter Bau, links eine Reihe von Bäumen und im Vordergrunde eine Vase. Im Abschnitte: BASTIMENTS DU ROY | 1713. (Amphion, wie er, indem er die Leier spielt, die Mauern von Theben errichtet.)

b) DANT STRAGEM QUACUMQUE RUUNT. In einem fein gekerbten Kreise zwei Elefanten mit Kisten am Rücken, nach vorn zu einherschreitend. Im Abschnitte: ORDINAIRE DES. | GUERRES. | 1713.

c) NON SIBI SERUAT OPES. Ein Dreimaster am Meere mit vollen Segeln nach links. Im Abschnitte: CHAMBRE AUX. | DENIERS. | 1713.

d) SUA CUIQUE MINIS — TRAT Zwei Cyklopen hämmern einen am Amboss liegenden Merkursstab, welchen ein dritter hält; um den Amboss am Boden verschiedene Eisenwerkzeuge, Waffen. Im Abschnitte TRESOR ROYAL | 1713. (Auf die geheimen Unterhandlungen mit den Allirten. Bei V. Loon V. 224 mit MINISTRAT. nicht wie bei mir durch den Hammer getrennt.)

e) AMBROSIAM DIVIS HÆC SOLA MINISTRAT Auf einem Hügel steht ein nach rechts gewandter Vogel. Im Abschnitte: CHAMBRE AVX | DENIERS. | 1714.

f) UTRAQUE — TRIUMPHAT Auf einer Leiste die Pallas (?) mit der erhobenen Rechten eine Lanze, auf welcher zwei Mauerkronen hängen und mit der ausgestreckten Linken einen Lorbeerzweig haltend. Im Abschnitte wie Nr. 29666, nur 1714. Sämmtlich gestrichelten Rand und Gr. über 13.

g) EA CURA QUIETUM SOLLICITAT · An der linken Seite sitzt Herkules auf einem Felsen mit auf der Erde ruhender Keule; vor ihm zwei weibliche Gestalten, deren jene, rechts kniend, ein grosses Füllhorn mit Früchten hat, welche Früchte beide durchsehen. Im Abschnitte TRESOR ROYAL · | 1715.

h) MUTAVIT INCERTOS HONORES. Am Meeresufer auf einem Felsen nach links gewandt eine weibliche Gestalt, vor ihr Bachus, mit der Rechten auf einen Kranz von sieben Sternen deutend, in der Linken den Stab, (Thyrsus) haltend. Im Meere ein Schiff. Im Abschnitte PARTIES CASUELLES | 1715

i) UT PROSIT—ET ORNET Ein schönes Gebäude mit einer Uhr und Statuen in der Mitte, mit einer Gallerie oben auf und einem Pavillon auf der Spitze. Im Abschnitte: BASTIMENS DU ROY | 1715

29680—86.

2. Jetone mit der Umschrift: LVD · XIIII · D · G · F · (oder FR, FRA oder FRANC) ET · NAV · (oder NAVA) · REX ·

Av. Von rechts: LVD · XIIII · D · G · — F · ET · NAV · REX Das jugendliche Brustbild nach links gewandt, mit einem Lorbeerkranze am Kopfe und mit dem Löwenfelle des Herkules (?) auf den Achseln. Rev. Von rechts: ARMIS—TVTÆ—LEGES Die Justitia, in der Rechten das Schwert, in der Linken die emporgehaltene Waage. Im Abschnitte 1645 Gr. über 11.

Av. Aehnlich, nur der Kopf ohne Kranz, auf den Achseln faltenreiches Gewand, und am Arme die Rüstung sichtbar. Rev. LES · CŒVRS · FIDELLES. Unter einer grossen Krone drei Herzen.

Ein zweiter Rev. mit NIL NISI.—CONSILIO Das gekrönte französische Wappen mit den zwei Ordensketten wie Nr. 29435. Gl. Gr.

Av. Aehnlich den früheren, mit einem Kranze am Kopfe und faltenreichen Gewande auf den Achseln und der Brust, der Arm hier nicht sichtbar. Die Reverse wie die beiden letztern und auch Gl. Gr.

Ein dritter Rev. Von rechts: IVST · SPES · PACIS — IN ARMIS Eine behelmte nach rechts gewandte weibliche Gestalt, auf Trophäen sitzend, hält in der vorgestreckten Rechten einen Lorbeerzweig, und in der Linken ein Füllhorn. Gr. an 12. Sämmtlich gestrichelte Ränder.

Ein vierter von rechts: VINCEN—TIBVS Ein röm. behelmter Krieger, auf einer Rüstung und Waffen sitzend, hält in der vorgestreckten Rechten den Zweig und in der Linken eine Lanze. Gekerbter Rand. Gr. 13.

29687—92.

Av. LVD · XIIII · D. G. FR. ET. NAV. REX (Ununterbrochen.) Das jugendliche Brustbild mit langem Haar nach links gewandt, mit einer schönen breiten gestickten Halskrause und faltigem Gewande über die Rüstung. Der Rev. wie zuletzt. Gleicher Rand. Gr. 13.

Av. Aehnlich dem vorigen, nur ein Raum zwischen D. G. — FR. dann die

Halskrause kleiner als vorher und einfacher. Rev. Wie Nr. 29685 mit IVSTIS • SPES • PACIS • IN • ARMIS Zwei Stempel in der Zeichnung verschieden, bei deren einem der Helm unter A und die Spitze der Fahne gegen I, bei dem zweiten der Helm unter C, und die Fahnenspitze zwischen N . A Bei beiden Stempeln ist hier ein leerer Abschnitt. Gr. 13.

Av. Wie zuletzt. Rev. HOC . SYDERE — LILIA . FLORENT Das Wappen mit den zwei Ordensketten. Gekerbter Rand. Gr. 13.

Av. Ebenso. Rev. NIL NISI. — CONSILIO. dito. Gr. an 13.

Av. Wie zuletzt, aber unter dem Brustbilde am Rande • 1651 • Rev. Von rechts .·. DE CASV . — . CERTVS . In einem oben und unten offenen Perlenkreise unter einer grossen Krone eine Säule, neben welcher am Boden auf beiden Seiten ein Lorbeerzweig; über dem rechten ein aufgerichtetes Schwert, über dem linken eine Waage. Im Abschnitte am Rande • 1652 • Gekerbter Rand. Zwitterjeton. Gr. 13. (Diese drei in der Samml. des Hrn. Dr. Freudenthal.)

29693—96.

Av. LVD. XIIII. D. G. — FR. ET. NAV. REX Das jugendliche Brustbild mit herabwallendem Haare im Gewande und Harnisch. Rev. Von rechts: HVISSIERS • ORDRES DV. ROY. EN. SON. GRAND. CONSEIL In einem Linienkreise zwei gekreuzte Scepter, gebunden mit einem Bande, auf welchem VNICO. VNIVERSVS An den vier Seiten je eine gekr. Lilie. Im Abschnitte in einem liegenden Oval ein undeutliches Monogramm zwischen 16—51 Gr. über 13.

Av. Wie der letzte. Rev. wie der vorletzte: • DE • CASV • u. s. w. mit • 1652 • Gr. an 13. Weitere Reverse:

c) . VRBS . ANTIQVA . RESVRGIT . Im Linienkreise ein am Schilfe ruhender Wassergott, der aus zwei Gefässen, die er mit den Händen hält, Wasser ausgiesst. Im Hintergunde eine Stadt; oben am Kreise eine Sonne. Im Abschnitte: . 1653 . Gl. Gr.

d) . FATORVM . LEGE . RECVRRIT . In einem Linienkreise nach vorn Wasser. Im Hintergrunde ein knieender, von Schilf umgebener Wassergott, welcher aus einem Gefässe Wasser ausschüttet. Im Abschnitte: . 1654. Gl. Gr. Sämmtlich gekerbte Ränder.

29697—98.

Av. . LVD . XIIII . D . G . — . FR . ET . NAV . REX . Das älter geformte Brustbild von rechts mit herabwallendem langem Haare und faltenreichen, auf der Achsel mit einem Knopfe zusammengehaltenen Gewande. Rev. Von rechts: SÆCLIS . DOCTRI NA . FVTVRIS In einer Landschaft eine sitzende, nach links gewandte Frau, welche in der erhobenen Rechten eine Gesetzrolle (?) hält. Im Abschnitte: . SVPREMA . RE PET • | VNDARVM . CVRIA Gek. Rand. Gr. an 12.

Av. Aehnlich, das Brustbild mit Perücke im Brustharnisch und Mantel. Rev. Von rechts: ONVSTOS . — SVBLEVAT . Ein nackter Mann mit flatterndem Schamtuche rechtshin, trägt auf dem Rücken einen Waarenballen, welchen ein Engel von oben aus Wolken hält. Desgl. Gr. an 13. (Samml. des Hrn. Dr. Freudenthal.)

29699—704.

Av. wie Nro. 29697 mit FR . Rev. a) Der Einzug des Kardinals Chisius. Der Kardinal unter einem von Fussgängern getragenen Baldachin; vor und nach ihm Reiter, nach links. Im Abschnitte: . LENTREE . DV . | LEGAT . A . PARIS Gr. an 12. Weitere Reverse von rechts:

b) NEC . MORSVS . HORRESCE . FVTVROS Herkules, wie er mit der Keule gegen die rechts von ihm am Boden liegende Hydra ausholt. Gr. 13.

c) . NIL . MORTALE . CANAM . In einem fein gekerbten Kreise ein zum Theil von Säulen getragenes Gebäude mit einem auf demselben angebrachten grossen Siegesengel mit zwei Posaunen. Im Abschnitte: . EDIFICIORVM . | . REGIS . Gr. an 13.

Av. Ebenso, nur unter dem Kopfe klein: 1663 Rev. . SIC . VINCIT . AMICOS. In einem Linienkreise oberhalb eine Wolke, aus welcher Geldstücke auf eine unterhalb befindliche mit Mauern umgebene, vom Wasser umspülte Stadt herabfallen. Im Abschnitte: ORDINAIRE. DES. | GVERRES. Gr. 13. (Auf den Erkauf von Dünkirchen von den Engländern.) In V. Loon II. S. 489 erscheint ein kleinerer Jeton mit . LVD. XIIII D. G — FR. ET. NAV. REX und dem Brustbilde mit Kranz nach links und im Rev. eine ähnliche Vorstellung, doch fehlt an der Umschrift der Halbkreis innerhalb und im Abschnitte sehr klein: DVNKERQVE Am Rande beiderseits ein Perlenkreis. Gr. 11.

Av. Wie zuletzt, aber in der Jahrzahl ist die Ziffer 3 verkehrt. Rev. Von rechts . FVLMINIBVS . DVM . PARCIT . IVPITER. In einem feinen Perlenzirkel dichter Hagel, welcher aus den Wolken fällt. Im Abschnitte: . EXTRAORDINAIRE. | DES . GVERRES Gr. 13. Alle die Ränder gestrichelt.

29705—10.

Av. . LVD . XIIII . D . G . — FR . ET . NAV . REX. Das Brustbild wie zuletzt.

Reverse von rechts:

a) Ein Gebäude, in dessen Mitte sechs Säulen; woran drei links zu, die noch nicht ausgebaut sind und an deren Vollendung gearbeitet wird. Ueberschrift: SILEANT. MIRACVLA Im Abschnitte: . 1663 . Gr. 13.

b) (Ros.) ÆTERNVM . MEDITANS DECVS (Ros.) In einem Linienkreise ein Grundriss eines Schlosses (?). Im Abschnitte: . ÆDIF . REG . | . 1664 . Gr. an 13.

c) IVBET . REVIRESCERE . LAVROS Unter Wolken die strahlende Sonne, welche eine Landschaft mit auf derselben befindlichen Lorbeersträuchern bescheint. Im Abschnitte: . ORDINAIRE . DES. | GVERRES . | 1664. Gr. 13.

d) . SEQVE . SVOSQVE . TEGIT . Am Boden ein Lorbeerbaum. Im Abschnitte: . EXTRAORDINAIRE | DES . GVERRES . | 1666 . Gl. Gr.

e) . NOBIS . DECOR . OMNIS . AB . ILLO . Im gewundenen Kreise die Sonne auf dem bogigen Wendekreise; unter ihr Wolken in zwei Schichten. Im Abschnitte: . AEDIF . REG . | . 1666 . Gl. Gr.

f) · AVDAX . IREVIAS . Eine ähnliche Vorstellung, jedoch die Sonne statt in der Mitte am Kreise, hier rechts am innern Einfassungskreise bei AX, den Anfang des Wendekreises bedeckend. Im Abschnitte bloss: 1666 Gr. an 13. Alle sechs die Ränder gestrichelt.

29711—14.

Av. Ebenso. Reverse. Von rechts:

a) . HINC . DONIS . MAXIMA . PARVIS . Im gewundenen Kreise ein Opferaltar, auf welchem ein Thier in Flammen und aufsteigender Rauch. Im Abschnitte: REVE NVS . CASVELS | . 1666 . Gr. an 13.

Av. Wie vorher, nur . FR . Reverse:

b) Ein Gebäude, wovon ein Theil anscheinend abgetragen wird. Ueberschrift: . PARIT . ORDO . DECOR . . Im Abschnitte: . AEDIF . REG | . 1667 . Gr. 13.

c) Av. Wie zuletzt. Rev. VT . SIT . POST — . FATA . SVPERSTES Dazwischen am Rande die strahlende Sonne. In der Mitte auf einem Felsen der Phönix über Flammen, mit an den Seiten aufsteigendem Rauche. Im Abschnitte: . REVENVS . | . CA SVELS . | . 1667 . Gr. an 13.

Ein varianter Stempel bei Dr. Freudenthal hat LVD . und REX im Av. Gekerbter Rand. Gl. Gr.

29715—18.

Av. • LVD • XIIII • DG • — • FR ET NAV • REX • Das Brustbild mit langen Haaren ohne Kranz, geharnischt; ohne das frühere Gewand auf den Achseln; von dem Halstuche hängen hier mehrere Schleifen auf den Panzer herab. Rev. Von rechts:

•FELICITAS. — .PVBLICA. Eine weibliche Gestalt sitzend, nach rechts gewandt, in der Rechten ein Füllhorn, die Linke auf ein Schild gestützt. Im Abschnitte eine Schnörkelverzierung. Gr. 12.

Av. Ebenso mit D.G. — .FR•ET. Rev. VNA • SAL.....PELAGO. Das Meer mit hochgehenden Wogen, im Hintergrunde ein Segelschiff, im Vordergrunde eine Person im Wasser, welche sich an ein Brett anklammert. Im Abschnitte • CHAMBRE • DES. | ASSVRANCES Gr. an 13.

Av. Aehnlich, nur D•G—FR• Rev. • FACIT • HÆC • MIRACVA • LVDENS • Ein Mann linksgewandt mit einem Fusse am Boden, mit dem Linken auf einer Mauer von Quadern, welcher sich nach rechts umsehend Violine spielt. Gr. an 12.

Av. wie zuletzt. Rev. LE • COLLEGE • DES • TRESORIERS ✱ Zwei in Kranzform gelegte, unten gebundene Lorbeerzweige. Gl. Gr.

29719—21.

Av. Wie vorher D • G • — • FR • und REX Sonst wie zuletzt Nr. 29715. Rev. Von rechts: • IVS • DEA • MAIVS • HABET. In einem Linienkreise auf einem getäfelten Boden eine weibliche nach rechts gewandte Gestalt, welche in der vorgestreckten Rechten eine Urkunde mit herabhängendem Siegel und die Linke über eine offene Schatulle hält. Die Schatulle steht auf einem Kasten (?), welcher mit einem mit Lilien benähten Stoffe gedeckt ist. Im Abschnitte bogig • THEMIS • | CONSISTORIANA Gr. an 13.

Av. Aehnlich dem letzten mit FR. und REX Rev. Von rechts: .CRESCENDI. POSVERE. MODVM. Ein Doppeladler mit einem schief liegenden Schilde auf der Brust, in welchem die drei Lilien. Unten am Rande ein Halbmond. Gl. Gr.

Av. Wie zulezt. Rev. • VENI • VIDI • VICI • In einem Linienkreise rechts ein Lorbeerbaum, an welchem ein Hahn (das Symbol Frankreichs), vor welchem in der Landschaft ein nach ihm sich umsehender Löwe (Spanien vorstellend) flieht. Der Abschnitt leer. Gr. an 13. (Auf die Eroberung des Franche-Comté 1668.)

29722—26.

Av. Von rechts • LVD. XIIII. D. G — FR • ET. NAV. REX. Das Brustbild nach links mit langem Haare, jedoch hier mit einem Kranze; der Hals hier ohne Halstuch und von den Schultern ein faltiges mit einem Knopfe zusammengehaltenes Gewand. Rev. AVGVSTÆ PACIFERÆ • LVTETIAM FELIX INGRESSVS ✱ In einem fein gekerbten Kreise die Königin rechtshin auf einem mit vier Pferden bespannten Gallawagen; das Ganze auf einer Leiste, unter welcher umschlossen von einer zweiten Leiste • 26 • AVG. 1660. Die Ränder gekerbt. Gr. an 13.

Av. • LVD • XIIII. D. G. — .FR. ET. NAV. REX Das Brustbild in Perücke, Brustharnisch und Mantel. Rev. Die vorige Darstellung. Im Abschnitte • LENTREE. DE. LA. | .REINE. A. PARIS | .1660. Gekerbter Rand. Messing. Gr. an 12.

Av. Wie zuletzt, nur REX. Rev. Von rechts: • NEC • PLVRIBVS. IMPAR. Ein Globus, über welchem die strahlende Sonne mit Gesicht. Im Abschnitte am Rande .1664. Gekerbter Rand. Gr. an 12.

Av. Wie zuletzt, jedoch hier mit einem Kranze. Rev. Von rechts: FOEDERE. HELVETICO. INSTAVRATO Im Halbkreise rechts der König den kleinen Dauphin an der Hand haltend, vor ihm die schweizer Gesandtschaft. Im Abschnitte am Rande 1664 Desgleichen. Gr. über 12. (Auf die Erneuerung des Bündnisses mit der Schweiz 1663.)

Av. Wie Nr. 29722 mit DG Rev. CARD. CHISII. LEG • A • LATERE LVTETIAM • FŒLIX • INGRESSVS ✱ In einem gewundenen Zirkel die Vorstellung wie Nr. 29699 und darunter zwischen zwei Streifen ∵ 9. AVG. 1664. Gekerbter Rand. Gr. an 13.

29727—33.

Av. . LVD . XIIII . D . G . — . FR . ET . NAV . REX . Das Brustbild linkshin mit gesticktem Halstuche im Harnisch und Mantel. Rev. Von rechts: . NON . SIBI . SED. ORBI . Aus dem Boden aufsteigende Dampfwolken; oben zwischen der Umschrift die strahlende Sonne mit Gesicht. Gek. Rand. Gr. über 11. (Samml. des Hrn. Dr. Freudenthal.) Weitere Reverse von rechts:

a) . ARTE. MEA . BIS . IVSTVS . Eine weibliche Gestalt nach rechts, sitzend, in der vorgestreckten Rechten eine Waage, in der Linken ein Füllhorn. Im Abschnitte: .M. DC. L. XVIII.

b) An ein Mauerende, welches links, die Löwenhaut und die Keule des Herkules angelehnt. Im Hintergrunde rechts zwei Bäume. Ueberschrift. Die Worte aus Horaz: HERCVLEVS LABOR Im Abschnitte • 1668 • Strichelrand beiderseits. Abgebildet Van Loon Histoire metallique III. S. 16. (Eine Anspielung anlässlich der in jenem Jahre erfochtenen Siege auf den Kampf des Herkules mit dem Neme'schen Löwen.

c) . SVFFICIT . ÆTERNVM . NEC . DEFICIT . In einem Linienkreise das hochgehende Meer, an dessen Horizonte zwei kleine Segelboote. Im Abschnitte: . 1673.

d) . IE. RECOMPENSE . LA . VERTV . Auf einem Boden ein Lorbeerbaum. Im Abschnitte: . TRESOR ROYAL . | . 1674. Desgl. Gr. über 12.

e) . QVID . NON . IVNCTA . DOMANT . In einem Linienkreise am Boden Trophäen und Rüstungen, auf welche von oben aus Wolken aus einem Füllhorne runde Gegenstände (Geld) fallen. Im Abschnitte: . 1674.

f) AMPVTAT . VT PROSIT Im Linienkreise ein Gärtner, welcher von einem Baume die untern Aeste abschneidet. Im Abschnitte: . 1674.

g) . VNVS . TERGEMINVM . Im gleichen Kreise rechts Herkules, welcher mit der Keule gegen eine sich am Boden stützende dreiköpfige Gestalt mit einem Türkensäbel in der Hand ausholt. Im Abschnitte: . 1675. Gr. an 12. Sämmtlich gekerbte Ränder.

29734—38.

h) . NILLA . EST MORA . In einem Linienkreise rechts vorn eine Kanone und gegen links in der Ferne ein Kastellthurm, gegen welchen das Geschütz gerichtet ist Im Abschnitte: VESVNT CAPTA | . 1674 .

i) TELA . SVETA . IOVIS . Von oben herab der in der Mitte geflügelte Donnerkeil, von welchem vier Blitze in die vier Seiten (in Form eines Andreas-Kreuzes) auslaufen. Im Abschnitte: ORDINAIRE . DES . | GVERRES . | . 1676 .

k) . IVNCTA . MINVS . PROSVNT . In einem Linienkreise eine Getreidegarbe mit den Aehren nach vorn. Im Abschnitte . ALIENATION . DES . | . DOMAINES . | . 1677.

l) . QVANTVM . SATIS . In einem Linienkreise eine schräge, von rechts nach links gehende Mauer, ausserhalb welcher das Meer zu sein scheint. Im Abschnitte TRESOR. ROYAL . | . 1677. Sämmtlich gekerbte Ränder und Gr. über 12.

m) Av. Aehnlich, nur FR. und das Brustbild ohne Kranz, mit Harnisch und ohne Mantel. Rev. VNVS: TERGEMINVM Herkules, wie er, umhängt mit der Löwenhaut, mit der Keule gegen eine menschliche Gestalt mit drei Köpfen (auf das Bündniss der Deutschen, Spanier und Holländer anspielend) ausholt. Im Abschnitte: . 1675. Die Ränder gezähnt. Gr. an 13. (V. Loon III. 171.)

29739—45.

Av. wie Nro. 29722. Reverse, von rechts beginnend:

a) PVGNAT . ET . — EXCITAT . ARTES . In einem gewundenen Kreise Minerva (?) mit einem Brennspiegel in der Rechten und der Lanze in der Linken, rechts von ihr das Medusenschild, links die Nachteule. Im Abschnitte: AEDIF REG | 1669 Gr. an 13.

b) . ET . PLACIDO . METVENDA . IOVE . In einem Linienkreise der Donnerkeil zwischen Wolken, unten eine kahle Landschaft. Im Abschnitte . 1669 . Gr. an 12.

c) . SIC . IMPENDIT . OPES . Oben die strahlende Sonne, unten rechts und links je vier Bäume und in der Mitte dazwischen Blumen. Im Abschnitte . 1671 . Zwei Grössen, an 12 und 13.

d) . DABIT . HINC . COELESTIA . DONA . Drei Blumen, in der Mitte die höchste (eine Päonia), auf welcher eine Biene, rechts eine Hyacinthe und links eine Tulpe am Boden. Im Abschnitte TRESOR . ROYAL | . 1672.

e) . TRVNCVM . CAPVT . ABDIDIT . VNDIS . Im Linienkreise rechts ein Stier mit gesenktem Kopfe im Getreide oder Schilfe. Nach links Herkules mit einem Messer in der erhobenen Rechten und der Keule in der gesenkten Linken. Im Abschnitte . 1673.

f) AMPVTAT u. s. w. wie Nro. 29732, jedoch im Abschnitte: . DOMAINE DV ROY . | . 1675.

g) . STRASBOVRG · REMIS . A . LOBEISSANCE. Eine sitzende nach links gewandte Frau mit einem Scepter in der Linken, die Rechte auf ein Schild mit einem Querbalken gestützt. Das Kleid ist mit Lilien bedeckt; im Abschnitte 1681 Sämmmtlich gestrichelte Ränder und die letzten vier Gr. über 13.

29746—49.

Av. Aehnlich Nro. 29719, nur hier: . FR . ET . NAV . REX

Reverse von rechts:

a) NASCVNTVR . VBIQVE In einem Linienkreise ein kahler Felsen mit einem Kastelle und drei Lilien, welche auf dem Felsen wurzeln. Im Abschnitte 1668 Gr. an 13.

b) . VENI . VIDI . u. s. w. wie Nro. 29721, jedoch hier im Abschnitte: . LORDI NAIRE . | . DES . GVERRES . | . 1668 . Gr. 13.

c) . ET . DVM . TENET OTIA . TERRET . Ein am Boden ruhender, nach links gewandter Löwe, ober ihm eine kleine Wolke und im Abschnitte: EXTRAORDINAIRE | . DES . GVERRES | . 1669 . Alle gestrichelte Ränder. Gr. über 12.

d) . MAR . THER . D . G . — . FR . ET . NAV . REG . Das nach links gewandte Brustbild mit herabwallenden Locken und faltigem, auf der Achsel und auf der Brust von einem Knopfe zusammengehaltenem Gewande, wie Nro. 29922. Gr. an 13.

29750—58.

Av. Aehnlich Nro. 29719 mit FR . und REX Reverse von rechts:

a) . NON . SIBI — SED . ORBI . Das volle Sonnengesicht mit Strahlen; zwischen der Sonne und dem Erdboden Wolken. Im Abschnitte . 1669 . Gr. an 13.

b) ✠ VTROQVE · IVPITER ✠ Im gewundenen Kreise zwei Wolken, aus welchen rechts Hagel, links Blitze herabfallen. Desgl. . 1670 . Gr. an 12.

Ein Variant hievon hat im Av. REX . und im Rev. statt der Kreuzchen sechsblättrige Rosetten. An den Rändern ovale Perlen. Gr. 13. (V. Loon III. S. 38)

c) . FACIT . HAEC . u. s. w. wie Nro. 29717, jedoch hier ein kleiner Abschnitt, in welchem . 1670 . Gl. Gr.

d) Ebenso, nur FACIT . HÆC . MIRACVLA . LVDENS und die Jahrzahl 1670 an der Mauer statt im Abschnitte. Gr. an 13.

e) · ANIMIS · AVDACIBVS . IMPLET . Im Linienkreise ein Löwe nach links, und im Hintergrunde ein kleines vierfüssiges Thier nach rechts. Im Abschnitte . 1671 . Gl. Gr.

f) DABIT · HINC u. s. w. wie Nr. 29742 mit DONA ohne Punkt. Gl. Gr.

g) NVLLA · ASTRIS · PROPRIOR · SEDES Ein Baum, auf welchem oben ein nach links gewandter Vogel sitzt. Im Abschnitte · 1672 · Gl. Gr.

h) · AMPVTAT · VT · PROSIT . u. s. w. wie Nr. 29732 Im Abschnitte · DO MAINE IV ROY . | . 1674. Alle gestrichelte Ränder. Gr. 12.

29760—61.

Av. LVD. XIIII. D. G. — FR. ET. NAV. REX Das Brustbild wie zuletzt Nr. 29719, nur unter dem Halse sehr klein DVFOVR Rev. Von rechts: .ET. FO VET. ET. RECREAT. Im gewundenen Kreise ein Blumenbeet, welches von einem kleinem Bache umflossen. Im Abschnitte .CHAMBRE. AVX. | .DENIERS. | .1674. Gr. 13. Alle drei gestrichelte Ränder.

Av. LVD. u. s. w. (L ohne Punkt) dann das Brustbild wie Nr. 29716, nur hier auf der Achsel auch etwas Gewand angedeutet. Rev. VEHIT NON SERVAT zwischen fünf kleinen runden fünfblättrige Rosetten. Innerhalb eines fein gekerbten Kreises unter Wolken ein Aquaedukt auf Bögen, an dessen Ende das Wasser herabstürzt. Im Abschnitte AERARIVM. REGIVM. | .M. DC. LXXXI. Gr. 13.

Av. Dieselbe Umschrift. Das Brustbild hier mit einem Kranze, langem wallendem Haare und spitzigem glattem Halse, unter welchem R Rev. Wie zuletzt, nur die Ros. grösser, so dass die fünf Blätter für sich abstehen. Gr. über 13.

29762—64.

Av. Aehnlich dem letzten mit LVD. XIIII D. G. — FR. u. s. w. Rev. Von rechts: .INSTANT OPERI BELLISQVE Innerhalb eines gewundenen Kreises in der Mitte eine Bienenkönigin innerhalb eines Strahlenkreises nach links fliegend; ihr folgen mehrere Bienen nach; oberhalb Wolken, unterhalb eine Landschaft. Im Abschnitte .1670. An den Rändern Kreise von ovalen Perlen. Gr. an 12. (V. Loon III. S. 36.)

Av. Wie zuletzt. Rev. Von rechts: ANIMIS. AVDACIBVS. IMPLET. Innerhalb eines Linienkreises ein aufrecht stehender, nach links gewandter alter Löwe, welcher nach dem vorstehenden Spruche Virgils einem zu ihm gekehrten jungen Löwen Muth einflössen zu wollen scheint; ober ihnen Wolken. Im Abschnitte EXTRAORDINAIRE | DES. GVERRES | 1671 Die Ränder gezähnt. Gr. über 13. (Ebendort. S. 40.)

Av. Ebenso; das Brustbild, wie vorher ohne Mantel bloss im Harnisch. Rev. Von rechts: COGIMVR. IN. FVLMEN. Eine Ebene, aus welcher vier Rauchsäulen, von Schwefel und sonstigen Dämpfen aus der Erde emporsteigen. (Eine Anspielung auf die vier Armeen, welche das Kriegsfeuer auf vier verschiedenen Seiten verbreiten sollten.) Im Abschnitte TRESOR ROYAL | .1676. Gezähnter Rand. Gr. 13. (V. Loon S. 182.)

29765—66.

Av. .LVD. XIIII. D. G. — .FR. ET. NAV. REX. Das Brustbild mit langen Haaren ohne Rüstung. Rev. Von rechts: .IEN. AY. — .LA. CLEF. In der Mitte ein viereckiger, auf Säulen ruhender Tempel, auf welchem eine Gallerie, ober welcher die Ueberschrift IANVS Im Abschnitte EXTRAORDINAIRE | .DES. GVERRES. | 1680. Gezähnter Rand. Gr. 13. (V. Loon III. Nr. 274.)

Av. Die vorige Umschrift, das vorige Brustbild mit langen Haaren, ohne Kranz mit blossem Haupte und Rüstung auf der Brust und Achsel. Auf der Brust eine strahlende Sonne. Unten R Rev. Von rechts: HOC . LVMINE, das Sonnengesicht, von welchem Strahlen ausgehen, FLORENT. Eine Lilie mit sieben Blüthen und vielen Blättern. Im Abschnitte .ORDINAIRE. DES. | .GVERRES. | .PAPAPEL. | .1681. Gl. Gr. Alle vier gestrichelte Ränder.

29767—71.

Av. LVD. XIIII. D.G. — FR ET NAV. REX. Die Punkte hier sehr klein und kaum sichtbar. Das nach links gewandte Brustbild mit herabwallendem, den Hals nach vorn nicht bedeckendem Haare. Rev. LA. FLANDRE. SVBIVGVEE Nach rechts auf einer Stange eine Ritterrüstung, hinter welcher an der Umschrift ein Helm und Fahnen. Links von der Stange sitzt nach links gewandt am Boden eine weibliche Gestalt, den Kopf in die linke Hand gestützt. Im Abschnitte • 1677 • Gr. an 13.

Av. .LVD: XIIII. D. G. — .FR. ET. NAV. REX. Das Brustbild wie zuletzt, doch fällt hier ein Theil der Locken von beiden Seiten auf den Vordertheil des blossen Halses, welcher hier in eine Spitze endet. Rev. Aehnlich Nr. 29774. LÆTITIA (Ros.) TEMPORVM. nur im Abschnitte bloss .1679. Gekerbter Rand. Gr. an 13. (V. Loon III. 260.)

Av. Ebenso. Rev. Von rechts. .EXIT. VT. INTRAT. In einem Linienkreise aus einer Felsengruppe ein Wasserstrahl, der in ein Bassin fällt, und aus diesem wieder abfliesst. Im Abschnitte .CHAMBRE. AVX. | .DENIERS. | .1680. Gr. an 13.

Av. Ebenso. Rev. Von rechts: .FECIT. VICTORIA. NODVM. In der Mitte eine Gruppe von Waffen, fächerartig aufgestellt, in der Mitte mit der Spitze unter O eine Hellebarde; im Abschnitte 1680 Gl. Gr.

Ein zweiter Stempel hat in der Mitte eine Fahne und zur Seite zwei Hellebarden; im Abschnitte .1680. Gl. Gr. Sämmtlich die Ränder gestrichelt.

29772—77.

Av. LVD. XIIII. D. G. — FR. ET. NAV. REX. Das Brustbild mit herabwallendem Haare; der abgerundete Hals ohne Gewand, unten L Rev. .TELORVM. ÆTERNA. SEGES. In einem Linienkreise ein Stachelschwein nach rechts. Im Abschnitte undeutlich, anscheinend TRESOR ROYAL | 1678 | Gr. 13.

Av. Ebenso. Rev. Von rechts: .SVPERAS · EDVCIT. AD. AVRAS. In der Mitte der geflügelte Merkursstab. Im Abschnitte: .REVENVS. | CASVELS | .1678. Die Ränder gezähnt. Gr. an 13. (V. Loon III. S. 231.)

Av. Derselbe. Rev. Von rechts: .HÆC. META. LABORVM. Im Linienkreise eine weibliche Gestalt nach rechts gewandt, in der Rechten zwei von der Sonne beschienene Zweige, in der Linken ein Füllhorn, vor ihr ein Altar. Im Abschnitte .CHAMBRE. AVX. | .DENIERS. | .1679. Gr. an 13.

Av. Aehnlich, nur D.G ohne Punkt. Rev. Von rechts: .OBSEQVIO. POTENS. Im Meere ein Schiff mit eingezogenem Segel und an den Seiten herausgehenden Rudern. Im Abschnitte 1680 Gr. 13.

Av. Ebenso. Rev. wie Nr. 29827. TERRAS. IVBET etc. Gekerbter Rand. Gr. an 13. (V. Loon. III. S. 260.)

Av. Aehnlich dem letzten, nur .LVD. dann D.G. Rev. von rechts: PARTOVT. LA. VICTOIRE. ME. SVIS und eine fünfblättrige Ros. In der Mitte in einem ununterbrochenen Linienkreise oben die Sonne, unterhalb am Boden in der Mitte eine Rüstung, neben welcher Fahnen und Waffen. Gr. an 13. Sämmtlich gestrichelte Ränder.

29778—80.

Av. LVD. XIIII. D. G. — FR. ET. NAV. REX Das Brustbild nach links, jedoch hier mit Lorbeerkranz und faltigem Gewande, welches auf der Brust von einem Knopfe zusammengehalten wird; auf der Brust ein Gesicht. Rev. Von rechts: IVSTIS. SPES. u. s. w. wie Nro. 29688; jedoch ein dritter Stempel in der Zeichnung. Gr. über 13.

Ein zweiter Rev. hat HOC. SYDERE — LILIA. FLORENT Das gekr. mit zwei Orden umhängte Wappen wie Nro. 29428. Gl. Gr.

Av. .LVD. u. s. w. NAV REX. Das Brustbild wie zuletzt, jedoch hier nach rechts gewandt. Rev. Von rechts: .VERITAS. ET. VITA — .IN. VIA. VITIS. Unten nach aussen: 1660. In einem Linienkreise Christus zwischen zwei Männern, wie er im Begriffe ist, durch einen Weinberg bergauf zu einem Gebäude zu gehen, ober welchem in einer ovalen Einfassung das Wort EMMAVS Alle gestrichelte Ränder. Gr. 13.

29781—84.

Av. Von rechts: · LVD · XIIII. D. G. — FR. ET. NAV. REX. Das nach links gewandte Brustbild mit einem Kranze am Kopfe und faltigem Gewande. Hier jedoch unter dem Kopfe eine Querleiste, unter welcher eine Verzierung wie zwei an einander gestellte liegende S und zur Seite Stricheln.

Reverse von rechts:

a) ✱ FATORVM ✱ LEGE ✱ RECVRRIT ✱ In einem Linienkreise am Meeresufer nach rechts rückwärts ein Meeresgott im Schilfe knieend, welcher aus einem Gefässe Wasser in das Meer giesst. Im Abschnitte eine gleiche Verzierung wie im Av. Gr. an 12.

b) NIL NISI — CONSILIO u. s. w. wie Nro. 29682. Gl. Gr.

c) ✱ NOVO ✱ RECREABIT ✱ ODORE ✱ Im gewundenen Kreise oben Wolken, aus welchen Regen auf eine am Boden einzeln stehende Lilie herabfällt. Im Abschnitte eine gleiche Verzierung wie im Av. Gr. an 12.

d) ✱ PVLCHRIOR ✱ EVENIT ✱ Im Linienkreise nach rechts zu eine Sonne zwischen Wolken. Im Abschnitte dieselbe Verzierung, die im Averse. Gl. Gr. Alle gestrichelte Ränder.

29785—87.

Av. Von rechts: LVD. XIIII. D. G. — FRA. ET. NAV. REX Das Brustbild wie Nro. 29719, unter dem Arme DV. FOVR Im Rev. Von rechts: QVOD. SVPER EST. FATALE. FRVENTI In einem fein punktirten Kreise die vom Himmel herabfallende Manna (?). Zur Seite rechts sechs urnenförmige Gefässe in zwei Reihen. Im Abschnitte: CHAMBRE. AVX. | . DENIERS. | . 1673. Gestrichelter Rand. Gr. über 12.

Av. LVD XIIII D G — FR ET NAV REX Das Brustbild linkshin mit Perücke und blossem Halse, darunter am Rande AVRY F Rev. Von rechts: QVOS. ALIT. ILLVSTRAT Im Kreise am Boden verschiedene mit Münzen gefüllte Gefässe, über denen aus Wolken ein Geldregen. Im Abschnitte: CHAM. AVX. DEN | 1677 Gekerbter Rand. Gr. an 13. (Samml. des Hrn. Dr. Freudenthal.)

Av. Von rechts: LVD. XIIII. D. G. — FR. ET. NAVA. REX Das kindliche Brustbild linkshin mit dem Kranze im Brustharnische und Mantel, dann dem Ordenskreuze auf der Brust. Rev. Von rechts: ÆTERNVM. CŒLAT. AMOREM. Der unter einem Baume linkshin sitzende Amor hält mit beiden Händen ein Gemälde vor sich; hinter ihm liegt der Köcher. Gek. Rand. Gr. an 12. (Ebendort.)

29788—91.

Av. Von rechts: LVD. XIIII. D. G. FRANC. ET. NAV. REX Das jugendliche, nach rechts gewandte Brustbild mit dem Kranze am Kopfe, und der Löwenhaut um die Schultern. Rev. Von rechts: VINCENDI. SVT. HÆC. PRELVDIA. MVNDI Der jugendliche Herkules mit einem Lorbeerkranze am Kopfe und je einer Schlange in den ausgestreckten Händen, derselbe tritt mit dem rechten Fusse auf einen Adlerkopf und hält mit dem Linken einen Löwen beim Kopfe auf der Erde. Unten am Rande eine Reihe Wolken. Gr. über 13.

Ein zweiter Stempel hat im Rev. unten am Rande 1646 Gekerbter Rand. Messing. (Samml. des Hrn. Dr. Freudenthal.)

Av. Dieselbe Umschrift. Das Brustbild, jedoch (ohne Kranz) hier nach links mit gesticktem Kragen, im Harnisch und faltigem Gewande, unter welchem ein Ordenskreuz hervorsieht. Der Rev. wie der erste ohne Jahr. Gestrichelte Ränder. Gr. über 13.

Av. Wie der letzte. Rev. PRÆPARATI — O — SEDIS. EIVS Eine weibliche sitzende, nach rechts gewandte Gestalt, welche in der vorgestreckten Rechten ein Schwert, in der emporgehobenen Linken die Waage hält. Im Abschnitte: IVSTITIA Gek. Rand. Gl. Gr.

29792—93.

Av. LUD. XIIII — FR. u. s. w. Das belorbeerte Brustbild. (In Ren. 10843 unvollständig beschrieben; der Rev. abgebildet in Menestrier.) Rev. VRBEM FACIT IPSE SERENAM (Ros.) In einem Linienkreise die Stadt Paris mit der rechts aufgehenden Sonne, nach links Wolken, Im Abschnitte 1656 (Auf die Rückkunft des Königs nach Paris.)

Av. LUD . XIII . D . G . F . u. s. w., belorbeertes Brustbild (Ren. 11047. Der Rev. in Menestrier abgebildet.) Rev. ARMIS TUTÆ LEGES Die Justitia mit verbundenen Augen, nach vorn rechts das Schwert und links die Waage haltend. Der Abschnitt leer. (Auf die Umgestaltung der Justiz.)

29794—97.

Mit verschiedenen Titeln in lateinischer Sprache.

Av. Von rechts: LVD . XIII . D . G . FR . ET . NAV . REX . CHRISTIANISSIMVS Das mit der französischen Krone bedeckte, nach links gewandte Brustbild im Königsornate mit mehreren Orden. Rev. Von rechts: SACRAT . AC . SALVT . REMIS. MAII . XXXI . 1654 Eine mit Mauern umschlossene Stadt mit vielen Thürmen, unter welcher im Abschnitte klein: RHEMIS Oben aus Wolken kommt eine Taube herab und vor ihr ein Strahlenkreis. Gek. Rand. Gr. über 13.

Av. Von rechts: •LVD• XIIII• D•G• FR• ET• NAV• REX• CHRISTIA• Gekröntes jugendliches Brustbild linkshin in langem Haare und Hermelinmantel mit zwei Ordensketten. Rev. Von rechts: COMME VN SOLEIL IE FAITS NAISTRE DES PALMES 1654 Im Kreise aus dem Boden springende Palmzweige; oben unter Wolken ein Oelfläschchen in Strahlen. Gek. Rand. Gr. an 12. (Samml. des Hrn. Dr. Freudenthal.)

Av. Von rechts: LVDOVICVS• MAGNVS• — REX• CHRISTIANISS• Das nach links gewandte Brustbild mit älteren Gesichtszügen, einem Kranze in den Haaren, und glattem Halse; unten R Am Rande zwischen zwei Linienkreisen ein Kranz von Eichenlaub mit Eicheln daran. In der Mitte ADSERTORI | SECVRITATIS | PVBLICAE Gr. an 13.

Ein zweiter Rev. hat von rechts: •VICTORIÆ• CELERITAS• INCREDIBILIS• Ober einem Boden die Viktoria, geflügelt, mit einem Kranze und einer Palme in der vorgestreckten Rechten auf einem Siegeswagen stehend, welcher von zwei geflügelten Pferden durch die Wolken gezogen wird. Der Abschnitt leer. Gr. 13.

29798—99.

Av. Von rechts: LVDOVICVS MAG. — REX CHRISTIANISS Das Brustbild, wie zuletzt und unten am Rande klein: A. MEYBVSCH . F . Rev. Von rechts: IN CENSA. BATAVORVM CLASSE• Die Vorstellung wie Nro. 29556, jedoch im Abschnitte: TABAGO | 1677 Linienkreis am Rande. (*Tabago*, ein Fort, wo die holländische Flotte in Brand gerieth.) (V. Loon III. S. 208.)

Av. Aehnlich nur •MAGNVS REX• Rev. Ein Vogel (Alcyon, Taucherkönig, als Sinnbild der Windstille) in seinem Neste auf dem ruhigen Meere, ober welchem Wolken, nach rechts schwimmend. Ueberschrift: SPES• LONGA• QVIETIS Im Abschnitte: PAR TIES CASVELES | 1693 | R Die Ränder mit spitzigen Strichein eingefasst. Gr. über 12. (V. Loon IV. S. 151.)

29800—2.

Av. Von rechts: •LVD• XIIII• D• G• FR• NA• REX• COMES• ARTESIÆ• Das nach links gewandte Brustbild mit dem Kranze in den herabwallenden Haaren, faltigem Gewande und einem Orden auf der Brust. Unter dem Brustbilde eine Querleiste und unter derselben PART CASVELLES und darunter eine Verzierung wie Nro. 29781.

Reverse:

a) Im Vordergrunde ein Hahn nach links gewandt, vor welchem ein sich umsehender Löwe nach links davonflieht. Im Hintergrunde eine vielthürmige Stadt, ober welcher eine Wolke. Ueberschrift: CANTANS• FVGAT Im Abschnitte •1653• Die letzte Ziffer etwas undeutlich. Gr. an 13.

b) Von rechts: .MERITIS• TRIBVENDA• REFVNDO• In einem gewundenen Kreise, auf die Leiste unten gestützt, ein Schwert mit der Spitze nach oben. Hinter demselben gekreuzt zwei Feldherrenstäbe oder Fernröhre und tiefer zwei Standarten. Im Abschnitte ·1655· Gl. Gr.

c) Von rechts: ·NOS · CREAS · ET. RECREAS. In einem gewundenen Kreise rechts am Meeresufer ein Baum; im Wasser zwei Fische nach rechtshin; oben nach rechts die strahlende Sonne und links zwei Wolken. Im Abschnitte eine Verzierung. Alle drei gekerbte Ränder. Gl. Gr.

Diese drei Jetone wurden hier eingereiht, da sie bei der Grafschaft Artois nicht aufgenommen sind.

29803—7.

Av. ·LVDOVIC· XIIII· FR· ET· NA· REX· Das Brustbild nach links wie Nro. 29800 ober der Leiste. Rev. Von rechts: ·HIS · PLVRES · FŒDERE · IVNGAM. In der Mitte zwei mit Bändern verbundene Kronen. Im Abschnitte ·1658· Strichelrand. Gr. 13.

Av. .LVDOVICVS. XIIII. D. G. FR. ET. NAV. REX. Das vorige Brustbild mit Kranz über einer Querleiste. Rev. AVGVSTÆ. PACIFERÆ u. s. w. Der Einzug 26 · AVG · 1660 Gek. Rand. Gr. über 12. (Samml. des Hrn. Dr. Freudenthal.)

Av. Ebenso, nur ohne D · G· Im Abschnitte dieselbe Verzierung. Rev. · NIL NISI. — . CONSILIO. Das gekr. Wappen wie Nro. 29682, Gr. an 13.

Av. wie zuletzt. Rev. In einem Linienkreise von rechts: .NON. IMPVNE. FERT. Ein Adler gegen die oben am Rande befindliche strahlende Sonne fliegend, mit einem kleinern Vogel in der Klaue. Im Abschnitte eine Schnörkelverzierung. Messing. Gl. Gr.

Av. Von rechts: LVDOVICVS. XIIII. D: G. FRAN. ET. NAV. REX. Das jugendliche Brustbild nach links mit dem Lorbeerkranze, faltigem Gewande und Ordenskreuze auf der Brust. Unten .m. Im Rev. von rechts: ANNA. REGINA. LVD. XIIII. FR. NA. R. MATER Das nach links gewandte Brustbild. Alle drei gestrichelte Ränder. Gr. 13.

29808—10.

Av. Von rechts: .LVDOVICO. — MAGNO. XIIII Das nach links gewandte Brustbild mit sehr langem, vorn bis an die Brust herabwallendem Haare und mit blossem Halse, unter welchem sehr klein .1650. Rev. Von rechts, sehr klein: FRANCORVM. EXECITVS. AD. RHENVM. TRE. VICTOR. Unter Wolken rechts der König in ganzer Gestalt in Rüstung, wie er von dem von links auf ihn zuschreitenden Siegesengel eine Botschaft erhält; zwischen beiden am Boden Trophäen. Der Abschnitt leer. Gr. über 13.

Av. Aehnlich, ohne Jahrzahl, und nach MAGNO ein Blumenkelch als Rosette. Der Rev. wie zuletzt, jedoch ohne Stempelfehler mit EXERCITVS. Gestrichelte Ränder. Gl. Gr.

Av. .LVDOVICO. — MAGNO. XIIII Ohne Kranz mit blossem Halse. Rev. Auf einem Grasboden sieben Pflanzen, oben zwischen Wolken die strahlende Sonne mit Gesicht. Ueberschrift .IVBET. REVIRESCERE. Gekerbter Rand. Gl. Gr. (Sammlung des Hrn. Dr. Freudenthal.)

29811—12.

Av. .LVDOVICVS. — .MAGNVS. XIIII. Das Brustbild wie bisher und unterhalb .1676. Rev. Von rechts: .LEX. EST. QVODCVNQ· NOTAMVS. Die Mitte undeutlich. Ein Globus (?). Im Abschnitte .ON^ERS NO^RES GARD^TES | .DV ROY. Gekerbter Rand. Gr. 13.

Av. Von rechts: .LVDOVICVS. MAG. — .FR. ET. NAV. REX. Das Brustbild ohne Lorbeerkranz mit herabwallendem Haare und mit Harnisch, dann mit Halstuchschleifen. Rev. Ein Baum mit mehreren Zweigen, auf welchen in der untern Hälfte grössere, auf der obern Hälfte kleinere Blätter. Ueberschrift: .SIC. INSITA. FLO

RENT. Im Abschnitte: EXTRAORDINAIRE | DES GVERRES. | 1679 Gekerbter Rand. Gr. an 13. (V. Loon III. S. 260.)

29813—15.

Av. Von rechts: LVD. 14. D. G. F. — ET. NAV. REX Der König nach rechts gewandt mit dem Oberleibe, dargestellt in voller Rüstung mit einer Feldbinde über den Panzer, mit unbedecktem Haupte und langem herabwallendem Haare; die rechte Hand auf den vor ihm am Rande angebrachten, nur theilweise sichtbaren Helm gelehnt, die Linke in die Seite gestemmt, und in derselben eine Rolle haltend.

Reverse von rechts:

a) HOC. SYDERE u. s. w. wie Nr. 29779. Gr. 13.

b) Von rechts: IVSTITIA — ET. PAX — OSCVLATÆ. ST Eine sitzende weibliche nach rechts gewandte Gestalt, in der vorgestreckten Rechten einen Zweig mit Früchten, in der erhobenen Linken eine Waage. Der Abschnitt leer. Gl. Gr.

c) Von links NON. IMPVNE. FERT. Aehnlich Nr. 29806. Der Linienkreis hier ununterbrochen, ohne Abschnitt, und die Sonne nicht innerhalb des Kreises, sondern schon oben am Rande, mit den Kreis bedeckenden Strahlen. Gr. über 13. Sämmtlich gestrichelte Ränder.

29816—21.

Av. .LVD. MAGNVS. — .FR. ET. NAV. REX Das Brustbild ohne Kranz im Harnisch wie Nr. 29719. Rev. .IVNCTA. u. s. w. wie Nr. 29736. Gr. 12.

Av. LUD. MAGNUS. — FRAN. ET. NAV. REX Das Brustbild mit Kranz in den herabwallenden Haaren, glattem spitzigem Halse, unter welchem LGL Rev. Aehnlich Nr. 29559, nur .DAT. FRVCTVS und im Abschnitte mit . PAPAREL. TRES Gr. über 12.

Av. Derselbe. Rev. .FECIT. u. s. w. wie Nr. 29771. Gl. Gr.

Av. Ebenso. Rev. Von rechts: .SEMPERQVE (Ros.) RECENTES. In einem fein gekerbten Kreise ein am Boden ruhender nach rechts gewandter Flussgott, die Linke, in welcher er ein Ruder hält, auf ein Gefäss gestützt, aus welchem Wasser fliesst. Im Abschnitte .AERARIVM. | .REGIVM. Gr. an 13.

Av. LUD. MAGNUS. — FRAN. ET.*NAV. REX Das Brustbild mit langem Haare, ohne Kranz im Harnisch, über welchen auf die Brust ein gesticktes Halstuch herabhängt. Unten LGL Der Rev. wie der letzte. Gr. über 12.

Av. Wie zuletzt. Rev. .EX, eine strahlende Sonne, LILIO LILIA. In der Mitte ein Lilienstock mit drei Blüthenschäften. Der Abschnitt leer. Gr. über 12. Sämmtlich gestrichelte Ränder.

29822.

Av. LVD. XIIII. VERE MAGNO FR. REGI. VOTAVOVVNT (Ros.) In einem feinen Linienkreise das nach links gewandte Brustbild mit Kranz und blossem spitzigem Halse, unter welchem XXVMERIREGII | GANIMEDES | 1650 Rev. Aehnlich Nr. 29780, nur VITIS. VERITAS. ohne die dort zwischen diesen beiden Worten befindliche Jahreszahl. Gezähnte Ränder. Gr. an 13.

29823—24.

Mit französischen Umschriften.

Av. Von rechts: LOVIS. XIIII. ROY. D. FR. ET. DE. NAVARE Das jugendliche Brustbild nach links mit Kranz in den Haaren, faltigem Gewande und dem Ordenskreuze auf der Brust. Im Rev. LES. COEVRS. FIDELLES. Unter einer Krone die drei Herzen. Strichelrand. Gr. an 12.

Av. LOVIS. XIV. ROY. — DE. FR. ET. DE NAV Das Brustbild ohne Kranz in Rüstung wie Nr. 29719 mit herabhängender Halstuchschleife. Rev. Von rechts: IGNI

BVS. ICTVS. CONGEMINAT. Innerhalb eines Linienkreises im Vordergrunde ein aus dem Boden hervorragendes Dach, ober welchem aus einer breiten Röhre Rauch aufsteigt; um das Ganze mehrere Kugeln am Boden. Rechts in der Ferne ein Kastellthurm ober Gebäuden, links ein Fort. Im Abschnitte 1677 Gekerbter Rand. Gr. 12. (V. Loon III. 210.) Im beschreibenden Texte steht: un mortier, qui jette une Bombe dans le Fort de Tabaco.

29825—32.

Av. LOVIS. XIV. ROY. — DE. FR. ET. DE. NAV Das Brustbild wie zuletzt ohne Kranz in Rüstung wie Nr. 29719. Reverse von rechts:

a) . NEC. OBSCVRANT. NEC. MORANTVR. In einem Linienkreise die Sonne umgeben von einem Wolkenkranze, über welchen die Sonnenstrahlen hinausreichen; unterhalb eine Ebene. Im Abschnitte .1678. Gr. über 12.

b) . HEIC. OMNIBVS ÆQVVS. In einem Linienkreise die strahlende Sonne, unterhalb zur Seite je eine Wolke, und tiefer der Wendekreis. Im Abschnitte .EXTRAORDINAIRE. | .DES GVERRES. | 1679 (Die Ziffer 9 wie aus 2 geändert.) Gl. Gr.

c) · TERRAS · IVBET · ESSE · QVIETAS · Im Linienkreise oben die strahlende Sonne, unter ihr ein Regenbogen ober der Erde. Im Abschnitte TRESOR · ROYAL | · 1679. Gr. an 13.

d) POST — BELLA — TRIVMPHVS Unten nach aussen · 1680 · Rechts am Rande nach dem Worte POST eine Rüstung, in der Mitte und gegen links ein alter römischer Wagen mit dem Siegesengel nach rechts auf demselben. Gr. über 12.

e) NEC OBSCVRANT. u. s. w. wie vorstehend, nur die Umschrift fortlaufend mit einer sechsblättrigen Ros. nach TVR und statt des Linienkreises ein ununterbrochener Perlenkreis. Gl. Gr.

f) LE. REPOS. u. s. w. ähnlich Nr. 29560, nur ist ober dem Kopfe statt des Punktes eine kleine Blattrosette. Gr. 13.

g) . VOTAQVE SERVATI. SOLVENT. In einem Linienkreise in einem Tempel ein Opferaltar, auf welchem Getreideähren. Unten im Abschnitte zwei über einander gelegte Palmzweige. Die Ränder gestrichelt. Gr. an 13.

h) DOMOS. NON. AD. OTIA. Auf einem Felsen ein Adler sein Nest bauend. Im Abschnitte AEDIFICATIO | REGIA Gekerbter Rand. Messing. Gl. Gr. (Sammlung des Herrn Dr. Freudenthal.)

29833—35.

Av. LOVIS. XIV. ROY. — DE. FR. ET. DE. NAV (A und V) an einander gestellt.) Das Brustbild wie zuletzt.

Reverse:

a) Fussvolk und reitende Trompeter nach links in der Tracht jener Zeit. Ueberschrift. PAX OMNIBVS. Im Abschnitte: .1679. Gr. an 12.

b) Ein Saal, in welchem rechts in zwei Reihen Sängerinnen und links mehrere Personen mit musikalischen Instrumenten sitzen. Im Abschnitte: . PAIX. A. TOVTES. | . NATIONS. | . 1679. Gl. Gr.

c) Ein dritter, ähnlich dem letzten, nur PAIX. A. TOVTES | 16. NATION. 79 Gl. Gr.

29836—41.

Av. Von rechts: LOVIS. LE GRAND. — ROY. DE FRANCE Das Brustbild mit langem Haare, ohne Kranz, in Rüstung, wie Nro. 29719.

Reverse von rechts:

a) . DAT. FRVCTVS u. s. w. wie Nro. 29559. Gr. an 12.

b) . DECVS · ADDIT. HOSPES. In der Mitte die Sonne Strahlen versendend, um sie herum in Kranzform der Thierkreis. Im Abschnitte · ÆDIF. REGIA. Gl. Gr.

c) .FECIT. u. s. w. wie Nr. 29771, doch fehlt im Abschnitte 1680, und ist dieser hier leer. Gl. Gr.

d) •LA. FLANDRE. SVBIVGVEE. Sonst ähnlich Nr. 29767, und im Abschnitte statt der Jahrzahl eine zweigähnliche Verzierung. Gl. Gr. (Auf die Eroberung von Gent 1678.)

e) .LE•REPOS u. s. w. wie Nr. 29560, nur ist hier die Blattrosette oben am Rande zwischen SVIT—LA und reicht hier das gekrönte Haupt der weiblichen Gestalt bis an den Rand zu LA. Gr. über 12.

f) .VEHIT u. s. w. ähnlich Nr. 29760, die Wasserleitung in einem fein gekerbten Kreise und im Abschnitte .AERARIVM • | REGIVM. Gr. an 12. Alle gestrichelte Ränder.

29842—46.

Av. Wie zuletzt, nur mit einem Punkte nach FRANCE. Rev. .FECIT. VIC TORIA u. s. w. wie Nr. 29771. Im Abschnitte leer. Gr. an 13.

Av. Ebenso, nur .ROY. DE. FRANCE. Rev. .DITAT — INEXHAVSTVS. Das strahlende Sonnengesicht, von welchem einzelne Strahlen bis auf den obern sichtbaren Theil der Erdkugel fallen. Im Abschnitte TRESOR •ROYAL. | .1680. Gr. 13.

Av. Ebenso, nur ROY. DE. F. .E. D. NA. und unter dem Brustbilde sehr klein DV FOVR Rev. Von rechts: IE. NE. ME. LASSE. — POINT. DE. VEINCRE. Rechts am Boden eine dreiköpfige Hydra, gegen welche Herkules, welcher mit dem rechten Knie auf ihr knieend, mit der Keule einen Streich führen will. Im Abschnitte •1674. Gr. über 12.

Av. LOVIS. LE. GRAND. — .ROY. DE. FRANCE. Dasselbe Brustbild. Rev. Von rechts: .IEN. AY. — .LA. CLEF. Der geschlossene Janus-Tempel, darüber IANVS Im Abschnitte .1681. Gekerbter Rand. Gr. an 13. (Gefahr eines Wiederausbruches des Krieges.)

Av. Ebenso. Rev. Aehnlich Nr. 29771 mit .FECIT. Im Abschnitte jedoch 1680 Desgleichen. Gl. Gr. (Beide in der Sammlung des Hrn. Dr. Freudenthal.)

29847—52.

Av. Von rechts: .LOVIS. LE. GRAND. — .ROY. DE. FRANC. Das Brustbild wie zuletzt. Rev. LA. FLANDRE. u. s. w. wie Nr. 29767. Im Abschnitte eine Schnörkelverzierung. Gr. an 12.

Av. Wie zuletzt, nur FRANCE. Rev. DOMOS. NON. u. s. w. wie Nr. 29832. Gr. an 13.

Av. Aehnlich mit LOVIS. LE. GRAND — ROY. DE. FRANCE, das vorige Brustbild. Rev. .FECIT. u. s. w. wie Nr. 29771. Gr. an 12.

Av. Wie der letzte. Rev. ähnlich Nr. 29560, nur LE. REPOS. dann die Rosette ober dem Kopfe der weiblichen Gestalt, welche hier die Krone mit der Rechten am Knie hält, während sie bei dem letzten Nr. sie am Kopfe aufgesetzt hat. Gr. an 12. (Auf den Friedensabschluss von Haag 1684.)

Av. Ebenso. Rev. .SEMPERQVE u. s. w. wie Nr. 29819. Gl. Gr.

Av. Ebenso. Rev. Von rechts: .SOLIS. OPVS. Im Perlenkreise ein Regenbogen zwischen den Wolken. Im Abschnitte ÆDIF. REGIS. Gekerbter Rand. Gl. Gr. (Samml. des Hrn. Dr. Freudenthal.)

29853—63.

Av. Von rechts: LOVIS. LE GRAND — ROY. DEFRANCE. Das Brustbild nach links mit langem herabwallendem Haare, in welchem ein Lorbeerkranz, der Hals bloss in eine Spitze endend; unterhalb: LGL.

Reverse von rechts:

a) AD. NVTVM. u. s. w. wie Nro. 29533. Gr. 12.

b) EX. IACTVRA. u. s. w. wie Nro. 29553. Gr. 12.

c) OCVLIS. u. s. w. wie Nro. 29514, ohne Jahrzahl. Gl. Gr.

Av. Ebenso, nur der Hals nicht spitzig, sondern abgerundet. Reverse:

a) EX. IACTVRA. u. s. w. wie Nro. 29553. Gr. 12.

b) LE. REPOS. SVIT * u. s. w. wie Nro. 29560. Gl. Gr.

c) QVAS. NON. u. s. w. wie Nro. 29609. Gl. Gr.

Av. Aehnlich, hier jedoch auf den Schultern die Achselbänder des Panzers und auf der Brust eine kleine Sonne. Rev. · DAT · FRVCTVS u. s. w. wie Nro. 29559. Gr. an 12.

Ein zweiter Rev. mit · VEHIT · NON · SERVAT · wie Nro. 29760 ohne Jahrzahl. Gl. Gr.

Av. Aehnlich, nur auf den Schultern und der Brust faltiges, auf der Achsel von einem Knopfe zusammengehaltenes Gewand. Reverse:

a) AD · NVTVM u. s. w. wie Nro. 29533. Gr. an 12.

b) ET SVNT u. s. w. wie Nr. 29552. Gl. Gr.

c) OCVLIS · u. s. w. wie Nro. 29514. Im Abschnitte: AERARIVM · | MILIT · EXTR · Gl. Gr.

29864—68.

Av. Von rechts. LOV · LE GRAND — ROY · DE FRANCE · Das Brustbild ohne Kranz, jedoch in Rüstung und mit herabhängenden gestickten Halstuchschleifen, unterhalb C L Rev. LE · REPOS · u. s. w. wie Nro. 29560. Gr. über 11.

Av. Ebenso, nur LOV: Rev. · DAT · FRVCTVS · u. s. w. wie Nro. 29559. Gr. an 12.

Av. Aehnlich mit LOV: dann FRANCE und unten LGL Rev. EX — LILIO u. s. w. wie Nro. 29821. Gl. Gr.

Av. Wie zuletzt. Rev. LE · REPOS · SVIT, eine fünfblättrige Ros. u. s. w. wie Nro. 29560. Gl. Gr.

Av. Derselbe. Rev. ·SEMPERQVE u. s. w. wie Nro. 29819. Gl. Gr.

29869—72.

Av. Von rechts: LOVIS LE GRAND — ROY DE FRANCE Das älter geformte Brustbild mit einem Lorbeerkranze in den herabwallenden Haaren, dann mit blossem Halse, unterhalb ein unklares Monogramm, vielleicht J und B kursiv in einander gestellt. Rev. DOMAINE ET BOIS DE FLANDRE dann eine Ros. aus sechs Punkten. In einem Linienkreise gegen links zu ein Laubholzwald, rechts eine ebene Hutweide. Gr. 13.

Ein zweiter Rev. von rechts: PROTECTEVR · DE · LACADEMIE · FRANCOI SE · In der Mitte innerhalb zweier unten gebundener und überlegter Lorbeerzweige A | LIMMOR | TALITÉ Im Abschnitte · 1705 · Gr. 13. Beide gestrichelte Ränder.

Av. ·LOVIS· LE· GRAND· — · ROY· DE · FRANCE Ein Kopf, ähnlich dem letzten, nur mit spitzigem Halse und unterhalb M (?) B, das M wie H Rev. Von rechts: ·NEC· CESSAT· LVSTRARE. ORBEM. In einem gewundenen Kreise links Apollo (?) nach rechts gewandt, die Linke auf eine, auf einem Piedestale stehende Lyra gelegt, mit der Rechten auf zwei Arbeiter, welche auf der Erde einen Stein behauen, zeigend. Um den Kopf ein Strahlenkreis, rechts im Hintergrunde wird ein Gebäude mit Säulen aufgeführt. Im Abschnitte ÆDIF. REGIA | . 1683. Gr. an 13.

Av. Ebenso. Rev. Von rechts: VTRAMQVE . TVE — TVR . IN . VNA . und eine fünfblättrige Ros. Rev. In einem Linienkreise auf zwei sich haltenden Händen stehend, rechts eine weibliche Gestalt, mit beiden Händen ein grosses Füllhorn vor sich haltend und links ihr nacheilend ein sich nach links umsehender Siegesengel mit der Trompete am Munde. Gr. über 13. Beide gestrichelte Ränder.

29873–76.

Av. Von rechts: . LOVIS . LE . GRAND . — . ROY . DE . FRANCE . Das Brustbild mit Kranz mit glattem, nach unten zugespitztem Halse, unter demselben ohne den frühern Buchstaben. Rev. • DECVS . ADIICIT. u. s. w. wie Nro. 29837. Im Abschnitte ÆDIF . REGIA . | . 1682 . Gestrichelter Rand. Gr. 13.

Av. Derselbe. Rev. Von rechts: POVR . LA . COMM·D . MARCH . FRIQ . IAR . D . LOYRE Rechts ein im Schilfe sitzender Flussgott nach links gewandt, die Hand auf ein Gefäss gestützt, aus welchem Wasser läuft, vor ihm Merkur, in der Linken seinen Stab, von ihm gegen links wegschreitend und sich nach ihm links umsehend. Im Abschnitte LIGERIS (Fluss Loyre). Gek. Rand. Gr. 13.

Av. Aehnlich, nur LOVIS . dann ROY . Der Kopf wie zuletzt. Rev. . FECIT . u. s. w. Nro. 29771. Gestrichelter Rand. Gr. an 13.

Av. Wie zuletzt, nur der Kopf ohne Kranz. Rev. Aehnlich Nro. 29560, mit LE• REPOS . SVIT : — LA . VICTOIRE Gek. Rand. Gr. über 11. (V. Loon. III. 294.)

29877–82.

In Wellenheim's Katalog (II. Band, I. Abtheilung, S. 36) erscheinen folgende Jetone, welche, da der Av. dort ungenügend beschrieben und dieselben sonach hier in die verschiedenen Gruppen nicht eingetheilt werden konnten, separat eingereiht werden:

Nr. 608 (Wellenh.) Kupfer-Jeton von 1643. Av. Brustbild. Rev. TRINO ET STURAEPONTE CAPT. Ein Flussgott. Gr. 13.

Nr. 609. Desgleichen. Rev. FRANCORUM SPES MAGNA . Schilderhebung unten INEUNTE REGNO . 1643. Gl. Gr.

Nr. 610. Desgleichen. Rev. TERGEMINA VICTORIA . Drei Trophäen; unten AD FRIB . BRISG . 1644 Gr. 13.

Nr. 611. Desgleichen. Rev. REX PACIS ARBITER . Sitzende weibliche Figur; unten ITALIA PACATA ect. 1644. Gr. 14.

Nr. 622. Desgleichen von 1656. Brustbild. Rev. AD . UTRUMQUE . PARATUS Reiter. Gr. 12.

Nr. 628. Desgleichen von 1660. Brustbild. Rev. QUAE . NOBIS . NOTRA (sic) DEDERUNT . Trophäen. Gr. 13.

29883–84.

Av. LVDOVICVS . XIIII — D . G . FR . ET . NA . REX In der Mitte das gekrönte mit zwei Ordensketten umhängte Wappen (wie Nr. 29428). Rev. Von rechts: . CONFIRMAT . VT . SERVET . In einem gewundenen Kreise zwischen kleinen Wolken ein Winzer nach rechts gekehrt, wie er Weinreben an Weinstangen anbindet. Im Abschnitte . 1657 . Gekerbter Rand. Gr. 13.

Av. Von rechts: ORDINAIRE . — DES . GVERRES . Das Brustbild mit Lorbeerkranz und mit faltigem Gewande nach links. Rev. Von rechts: MERCES . ET . CAVSA . LABORVM Ein Kranz aus zwei Lorbeerzweigen. Im Abschnitte . 1660 . Strichelrand. Gr. 13.

29885–88.

Jetone mit der Umschrift: NIL . NISI . — CONSILIO .

Av. NIL . NISI . — •CONSILIO Vor N und nach O eine fünfblättrige Rosette und ein Punkt. Das gekrönte Schild mit den drei Lilien, umhängt von den zwei Ordensketten wie Nr. 29428. Rev. Von rechts: LVDOVICVS . XIIII • — D . G . FR . ET . NAV . REX Der König mit der Krone am Kopfe und einem Scepter in der Rechten so wie in der Linken, in einem langen, mit Lilien besetzten Mantel, nach links schreitend. Im Abschnitte • 1645 . Gr. an 13.

Av. Ebenso. Rev. IVSTIS . SPES . u. s. w. ähnlich Nro. 29685, nur reicht hier der Zweig, die Umschrift abtheilend, bis nach SPES . und im Abschnitte . 1647 . Gl. Gr.

Av. Ros. NIL Ros. NISI — CONSILIO Ros. (fünfblättrige Ros.) Sonst wie vorher. Rev. Von rechts: FERTILITATI • FRANCIÆ In der Mitte oben einige Strahlen und Wolken, darunter ein gekröntes L und zur Seite zwei unten über einander gelegte Füllhörner. Im Abschnitte • 1649. Gr. an 13.

Av. ✱ NIL ✱ NISI ✱ — ✱ CONSILIO ✱ Sonst wie vorher. Rev. ✱ NOVO ✱ RECREABIT ✱ ODORE ✱ Die Lilie wie Nr. 29783 und im Abschnitte statt der Verzierung 1654 Gl. Gr. Alle vier gekerbte Ränder.

29889—92.

Av. .NILNISI. — .CONSILIO. Das vorige gekrönte Wappen. Rev. Von rechts: ERIT HERCVLE MAIOR Der König nach rechts gewandt, mit einer vierspitzigen Krone, fliegendem Gewande und in der Rechten eine grosse Keule, wie er mit dem rechten Fusse eine fünfköpfige Hydra niedertritt. Im Abschnitte 1649 Gr. 13.

Av. Ebenso. Rev. Von rechts: .HÆC. REQVIES. ME. HIC. HABITO. In einem Linienkreise eine Brücke mit unter zwei Bögen durchströmendem Wasser. Im Hintergrunde eine Stadt, in deren Mitte zwei unbedachte Thürme, ober welchen eine grosse Krone. Im Abschnitte 1650 Gr. 13.

Av. Wie zuletzt mit .NIL. u. s. w. Rev. Von rechts: .PERDAMNA. RESVR GIT. Ein Baum, dessen belaubte Aeste abgeschnitten auf der Erde liegen, wie er an den Spitzen neu ausschlägt. Im Abschnitte .1656. Gr. an 13.

Av. Ebenso. Rev. .VIRTVTI. SVBDIT. VTRVMQVE. In einem gewundenen Kreise unter einer grossen Krone ein Fernrohr, mit einer daran gebundenen Bandschleife. Im Abschnitte • 1657 • Gr. 13.

29893—97.

Av. Ebenso. Rev. .NASCVNTVR. VBIQVE. wie Nr. 29746, nur hier im Abschnitte • 1658.

Av. Ebenso. Rev. Von rechts: PACI. ÆTERNÆ. PACTISQVE. HYMENEIS Ein dreibogiger Triumphbogen, auf welchem oben in der Mitte eine Rüstung zwischen Fahnen und Trophäen. Im Abschnitte • 1661. Gr. an 13.

Av. NIL NISI — CONSILIO Das gekrönte Wappen mit den zwei Ordensketten wie vorher. Im Rev. von rechts: LES. COEVRS FIDELLES Die gekrönten drei Herzen. Gr. über 11. Sämmtlich gestrichelte Ränder.

Av. Das gekrönte Lilienschild mit NIL. NISI — CONSILIO. Rev. NON HÆC SINE NUMINE DIVVM Im Abschnitte M.DC. XLVII. In einem Linienkreise das Meer, begränzt im Hintergrunde von dem Ufer und in der Mitte eine Insel mit einem Fort; zwischen der Insel und dem Ufer mehrere Schiffe. Renesse 10824 und der Rev. in Menestrier abgebildet.

Kupfer-Jeton v. 1659. ULTIMUS IMMINET ICTUS. Ueber einem Löwen eine aus den Wolken ragende Hand mit den Faszes. Rev. NIL NISI etc. Gr. 12. (Wellenh. 625.)

29898—900.

Av. GABELLES .—DE. FRANCE Unter einer grossen Krone die Wappen von Frankreich und Navarra; um dieselben die zwei Ordensketten wie vorher und unter den Schilden in der Mitte ein gekr. L zwischen kleinen Palmzweigen. Rev. CVM. OMNI. OBLATIONE. TVA. OFFERTO. SALEM ❀ Innerhalb eines feinen Linienkreises auf einer Leiste in der Mitte ein Opferaltar, mit einer Flamme auf demselben. Zur Seite rechts und links je zwei Männer in alter Tracht, von welchen jener an der linken Seite rechts ein Opferlamm emporheben will. Hinter den zwei Männern links ist eine knieende Frauensperson sichtbar. Unter der Leiste 1664 Gek. Rand. Gr. $13^1/_2$.

Av. EXTRE D. GVERRES. ET. — . CAVALERIE. LEGERE Die Wappen wie vorher, nur sind hier neben L statt der Palmzweige je eine Krone zur Seite gestellt. Rev. Von rechts: TOVIOVRS . ARMEE . TOVIOVRS . FIDELE Über einer ebenen Landschaft der aufliegende Adler Jupiter's mit Blitz und Donnerkeil im Schnabel. Zur Seite rechts sehr klein DF im Abschnitte . ORDINAIRE . | DE LA . GVERRE . | . 1675 . Gekerbter Rand. Gr. an 13.

Av. CONSEVRS GNAVX. DE LEXRE — ET CAVALERIE LEGERE Sonst die Vorstellung wie am letzten Av. Rev. Von rechts: . IVSTITIA . ET . PAX . OSCVLATA . SVNT . PSAL. 84. In der Mitte eines fein punktirten Kreises die personificirte Justitia und der Friede; erstere in der gesenkten Rechten eine Waage, letztere einen Palmzweig haltend, die andere Hand hält jede dieser weiblichen Figuren auf die Achsel der andern; von jeder derselben flattert ein Gewand gegen die Seite. Unten ein Querstrich und tiefer eine Rosette zwischen zwei Blumenkelchen. An den Rändern Kreise aus unförmlichen Strichen. Gr. 13.

29901—4.

Maria Theresia, dessen Gemahlin (1660 † 1683).

Av. LVD . XIIII . ET . MAR . THER . D . G . FRA . ET NAV . REX . ET . REG Zwei gegen einander gewandte Brustbilder, rechts jenes des Königs nach links gewandt, mit einem Lorbeerkranze in den Haaren; sie eine in feine Spitzen endende Krone am Kopfe nach rückwärts; beide mit faltigem Gewande.

Reverse:

a) Von rechts: • FELICITAS . PVBLICA . In einem gewundenen Kreise über einem Grasboden zwei sich fassende Hände; oben Wolken. Im Abschnitte • 1660 • Gekerbter Rand. Gr. an 13. (Sammlung des Hrn. Dr. Freudenthal. Auf ihre Vermählung.)

b) NASCVNTVR . u. s. w. wie Nr. 29746, im Abschnitte jedoch • 1660 • Gr. an 13.

c) NON • LÆTIOR • ALTER Zwei Schichten Wolken, aus welchen Regen auf unterhalb befindliches ebenes Land herabfällt. Im Abschnitte • I • 6 • 6 • 0 • Gr. 12.

Av. Aehnlich, nur nach REG eine Rosette aus sieben Punkten zwischen zwei Punkten. Rev. Von rechts: ÆTERNO • FŒDERE . IVNGAM . und unten eine Schnörkelverzierung. In der Mitte innerhalb eines Linienkreises eine Wasserfläche, in deren Mitte eine Insel mit auf derselben gezeichneten Grundrissen; von derselben reicht nach ober- und nach unterhalb eine Schiffbrücke über je drei Pontons. Gr. 13. (Auf den Friedensabschluss auf der Fasaneninsel.)

29905—10.

Av. wie Nro. 29901, nur REG ✠ Im Rev. CARD • CHISII • u. s. w. wie Nro. 29726. Der Einzug. Gr. 13. Ein abweichender Stempel bei Herrn Dr. Freudenthal mit REG ✠

Av. Aehnlich mit REG ✠ Rev. Von rechts: SEQVE • SVOQVE • TEGIT Am Boden ein Lorbeer- oder Oehlbaum und im Abschnitte 1666 Gr. 13.

Av. Ebenso. Rev. Von rechts: VINCIT . DVM . RESPICIT . Im Linienkreise oben die strahlende Sonne, rechts und links am Kreise je eine von oben nach unten sich herabziehende Wolke. Im Abschnitte • 1667 • Gr. über 12. Ebenso von . 1668 . (Samml. des Hrn. Dr. Freudenthal.)

Av. Ebenso. Rev. Von rechts: • CRESCENDI • POSVERE • MODVM • Der österreich. Doppeladler, dessen Köpfe ein mittelst Schnüren auf der Brust quergelegtes ovales Schild mit den drei Lilien halten; ganz unten ein Sichelmond. Gr. an 13.

29911—16.

Av. Ebenso. Rev. Der Einzug des Kardinals Chisius, wie er öfter, als auf Nro. 29905 vorkommt, jedoch hier ohne Umschrift und bloss im Abschnitte: . LENTREE . DV . | LEGAT . A . PARIS

Av. Ebenso. Rev. . VINCIT . DVM u. s. w. wie Nro. 29908, jedoch im Abschnitte leer ohne Jahrzahl. Gr. an 12. Beide gestrichelte Ränder.

Av. Ebenso. Rev. Von rechts: MAIESTATI . AC . AETERNIT . GALL . IMPE RII . SACRVM (Maltheserkreuz.) Im Kreise die Facade eines Gebäudes mit einem Kuppelthurme in der Mitte. Gek. Rand. Gl. Gr.

Av. Aehnlich mit D . G . FR . ET . NAV . REX . ET Die Brustbilder; unter der Abschnittsleiste am Rande die Fortsetzung der Umschrift: · REG · Rev. LVD · XIIII . FILIVS . — DELPH . FRAN . Brustbild eines Kindes linkshin mit einer Mütze, auf welcher eine Straussfeder, in einem mit Lilien bestreuten Mantel; vor der Brust hängt das Ordenskreuz vom hl. Geiste. Gek. Rand. Gr. über 11. (Auf die Geburt des Dauphins, den 1. Nov. 1661. (Beide in der Samml. des Hrn. Dr. Freudenthal.)

Ein Variant bei mir hat im Av. ET ., im Rev. . DELPH . FRAN und an N ein strichelförmiges Ende der Mütze, eigentlich Haube und FILIVS . Gestrichelter Rand. Gl. Gr.

Av. Wie zuletzt, mit THER D. und REX ET., dann ohne Abschnittsleiste. Rev. Von rechts: . PVGNAT . ET . — EXCITAT . ARTES . Im unten offenen Kreise auf einem Boden die behelmte Pallas rechtshin im Mantel, hält in der Linken den Speer, in der vorgestreckten Rechten einen Pinsel und die Pallette; vor ihr am Boden rechts das Medusenschild, links die Eule. Im Hintergrunde rechts und links zwei Bäume. Gek. Rand. Gr. 12.

29917—21.

Av. NVMERAT . CVM . DOTE . TRIVMPHOS . Die Brustbilder des Königs und der Königin neben einander nach links gewandt, ersteres mit dem Lorbeerkranze, im blossem Halse, sie mit Gewand und einer Perlenschnur am Halse. Rev. Die strahlende Sonne und unter ihr rechts und links je vier Bäume, zwischen welchen ein freier Raum mit Wiesenland. Ueberschrift: SIC . IMPENDIT . OPES . Im Abschnitte . 1671 . Gr. 12.

Ein zweiter Stempel hat statt der Jahrzahl eine Schnörkelverzierung. Gr. an 12.

Av. Ebenso. Rev. . DABIT . HINC u. s. w. wie Nro. 29742. Im Abschnitte 1672 Gr. über 11.

Av. Ebenso. Rev. Von rechts: . SOLIS . OPVS . In einem Linienkreise ober einer Ebene ein Regenbogen, ober und unter welchem dichte Wolkenstreifen. Im Abschnitte 1673 Gr. 12.

Av. Ebenso. Rev. CRESCENDI . POSVERE . MODVM u. s. w. wie Nro. 29720. Gleiche Grösse.

29922—24.

Av. Von rechts: Eine fünfblättrige Ros. MAR . THER . D . G . — . FR . ET . NAV . REG Das Brustbild nach links mit Gewand. Rev. AVGVSTÆ . PACIFERÆ u. s. w. wie Nro. 29722. Gr. 13.

Av. Aehnlich, nur . MAR . THER . — D . G . FR . ET . NA . REG . Rev. Von rechts: · IN · FŒDERA . VENI . In einem Linienkreise ober einer Ebene ein Regenbogen, ober und unter welchem Wolken. Im Abschnitte . 1661 . Gl. Gr.

Av. Ebenso. Rev. Von rechts: CVNISQVE . RELICTIS . CREVIT . HONOR In einem Linienkreise von links eine Hand, die weitere Vorstellung undeutlich. Im Abschnitte . 1663 . Gr. 13.

29925—29.

Av. Aehnlich mit . MAR . THER . D . — . G . FR . ET . NAV . REG . Rev. Von rechts: SPLENDOREM ET . GAVDIA REDDET Auf der Erde ruhend rechts zwei weibliche Gestalten, nach links zu Kinder, sämmtlich mit Musikinstrumenten; oberhalb der Mond zwischen Wolken. Im Abschnitte . 1665 . Gr. 13.

Av. Aehnlich dem ersten, nur — FR . ET . NAV . REG . Rev. Von rechts: . SPLENDESCIT . IN . VMBRIS . In einem fein gekerbten Kreise ober Wolken ein grosser, fünfspitziger, strahlender Stern, unten eine ebene Landschaft. Im Abschnitte .1666. Gr. an 13.

Av. Wie der vorletzte mit D. —. G. FR. Rev. Von rechts: FOECVNDA. CORONIS Am Boden ein Baum mit drei Granatäpfeln. Im Abschnitte 1667 Gr. 13.

Av. Aehnlich. Rev. MAR · THER D. G. — .FR. u. s. w. Rev. Von rechts: .MEVS. ET. MIHI. VICIT. IASON Im fein gekerkten Kreise eine Barke am Meere mit einem Segel nach links. (Das Schiff Argo.) Rechts auf einer Stange das Fell des goldenen Vliesses. Im Abschnitte · 1668. Gr. 13. (Eine Vergleichung der auf die Successions-Rechte der Königin gegründete Eroberungen mit dem Argonautenzuge.)

Av. Aehnlich mit MAR. THER. D. G. — · FR. ET. NAV REG Von rechts: · FAMA · SVPER · ÆTERA · NOTA · In einem Linienkreise ein Gebäude, aus drei sich überragenden Absätzen bestehend. Im Abschnitte · 1673. Gr. über 12.

29930—33.

Av. · MAR. THER. D. G. — FR. ET. NAV. REG. Der vorige Kopf. Rev. Von rechts: COELESTES. SEQVITVR. MOTVS. Eine Hänguhr nach alter Art mit zwei Hänggewichten. Im Abschnitte · 1677. Gr. an 13.

Av. Wie zuletzt. Rev. Von rechts: . HÆRET · COELO. In einer Landschaft ein viereckiges Brett auf ganz kurzen Füssen. Im Abschnitte · 1678 · Gr. 13.

Av. Aehnlich mit MAR. Rev. Von rechts: . EXOPTATA. OMNIBVS. ADEST. Nach rechts die Arche Noah's in den Wellen, gegen welche eine Taube mit dem Zweige zufliegt. Im Abschnitte · 1679 · Gekerbter Rand. Gr. 13. (V. Loon III. S. 260.)

Av. Aehnlich dem letzten mit —. FR · ET NAV. REG und unter dem Brustbilde L. Von rechts: . SOLIS · OPVS. In einem gewundenen Kreise ein Regenbogen, ober und unter welchem kleine Wolken, unten eine ebene Landschaft sichtbar. Im Abschnitte ÆDIF. REGIS. | · 1680. Gr. 13.

29934—35.

Av. · MARIA · THER · D · G. — · FR. ET. NAV. REG. Das vorige Brustbild mit herabhängenden Locken. Rev. Von rechts: · HÆC. ILLIVS. ARMA. Auf einem getäfelten Boden ein Opferaltar, auf welchem ein Lamm in Flammen. Im Abschnitte · 1682 · Gr. 13. Alle gestrichelte Ränder.

In Wellenheim Nr. 742 ein nicht näher beschriebener Jeton vom Jahre 1670. Brustbild. Rev. SOLI · SOLA · MICO. Ein leuchtender Stern. Gr. 12.

29936—39.

Anna Maria von Baiern, vermählt mit dem Dauphin Ludwig († 1711) 1680 † 1690.

Av. Von rechts: · ANNA · MARIA · — CHRIST · DELPHINA · Das nach links gewandte Brustbild mit faltigem, vorn mit einem Knopfe zusammengehaltenem Gewande. Rev. Von rechts: NOVVM. DECVS. ADDITA. COELO An der Umschrift von innen zusammen acht Sterne; dann nach rechts oben in der Luft eine Zackenkrone, gegen links eine Wolke. Unterhalb eine ebene Landschaft. Im Abschnitte . M · D · C · L · XXXI Gekerbte Ränder. Gr. 13.

Av. Von rechts: (Ros.) ANNA. MARIA. — CHRIST. DELPHINA. Der Kopf linkshin mit einem hinten vom Haare herabhängendem Schleier; unten rechts ein kleines R(oussel) Rev. Von rechts · DITAT. ET. ORNAT. Im Halbkreise auf einem mit einer Decke behängten Altare eine Kindermütze. Unter dem Boden am Rande 1684 Perlenrand. Gr. über 12.

Av. Aehnlich, nur . CHRIST. Rev. Von rechts: . HÆC. PER. TE. AVCTA. COLAM Aus einer Wolke fällt dichter Regen auf einen unterhalb befindlichen ästigen Lilienstock mit sieben Blüthen. Im Abschnitte eine Arabeskenverzierung. Gr. 13.

In Wellenh. Kat. erscheint nachstehender Jeton Nro. 745, vom Jahre 1690. Brustbild rechts. Rev. LUX UNA TRIBUS. Ein Stern, seine Strahlen einem Gebäude zuwerfend. Gr. 12.

39940—42.

Maria Adelheid von Savoyen, vermählt mit Ludwig Herzog von Burgund (Dauphin 1711 † 12) 1697 † 1712.

Av. Von rechts: MARIA ADELAIS — DUCISSA BURGUND. Das nach links gewandte Brustbild mit frisirtem Haare, durch welches eine Perlenschnur geflochten, am Halse Gewand; unterhalb ganz klein H. R. F. Rev. Von rechts: CRESCENT. CRESCETIS. AMORES Zwei gegen die Mitte zu sich zu einander neigende Palmbäume in einer ebenen Landschaft. Im Abschnitte . 1698. | R Gr. über 12.

In Wellenh. Kat. erscheint nachstehender Jeton Nro. 746, vom Jahre 1699. Brustbild rechts und die vorige Umschrift. Rev. FIRMAT ET ORNAT. Eine von der Sonne bestrahlte Blume. Gr. 12.

Av. Von rechts: MARIA ADELAIS. — DUCISSA BURGUND. Das nach links gewandte Brustbild mit frisirtem Kopfe, einem Diadem ober der Stirne, zwei Reihen Perlen am Halse und mit auf der Achsel von einem Knopfe zusammengehaltenem Gewande. Unterhalb H · R · F · sehr klein. Rev. Von rechts: FAVSTO. FŒDERE. IVNCTI Gott Hymen in der Rechten eine Fackel, und neben ihm ein kleiner Amor, beide beflügelt am Wasen, unter welchem im Abschnitte 1700 | R Gr. an 14.

29943—44.

Av. Dieselbe Umschrift. Der Kopf nach rechts, oben das Haar in Locken aufgelöst, rückwärts hängen zwei an den Enden aufgelöste Haarflechten herab; der Hals blos; unten klein H. R. F. Rev. Oberhalb am Rande: PROGENIES ET CURA SOLIS. An der innern Schriftseite ein an den Enden bandartig eingerollter Doppelstrich. In der Mitte am Meeresufer eine grosse Muschel, deren eine Hälfte bereits geöffnet emporsteht; auf dieselbe fallen von oben breite Sonnenstrahlen; am Ufer nach vorn noch weitere vier kleine Muscheln. Im Abschnitte M. DCC. II. Gr. über 13.

Av. Aehnlich dem letztern, nur fehlen die herabhängenden zwei Haarflechten, und ist hier am Halse Gewand. Rev. Von rechts: . PRÆPARAT. ARMA. IOVI. Innerhalb eines Linienkreises rechts die aufgehende strahlende Sonne mit Gesichtsbildung; am Himmel bildet sich eine dichte Gewitterwolke, unterhalb eine Ebene, in welcher nach gegen die Mitte derselben ein Felsen; im Hintergrunde gegen links drei hohe spitzige Berge. Im Abschnitte unter einer doppelten Leiste . 1703. Gl. Gr.

29945—47.

Av. Dieselbe Umschrift. Das Brustbild linkshin mit zierlichem Kopfputze ohne Gewand. Rev. Eine bergige, von einem Flusse durchschnittene Landschaft, oben über Wolken der Mond im ersten Viertel. Ueberschrift: LUCIDIOR DUM CRESCAT · Im Abschnitte am Rande M. DCC. V. Strichelrand. Gr. über 13.

Av. wie zuletzt mit ADELAIS. und grösserem Brustbild, darunter TB in einander gestellt (Thomas Bernard). Rev. Auf einem Boden vier Blumenschäfte neben einander, der rechte mit drei, der nächste mit zwei, und die beiden andern mit einer Lilie. Ueberschrift: NON DEERUNT. im Abschnitte 1709. Perlenrand. Gl. Gr.

Av. Ebenso mit BURG. und das Brustbild rechtshin mit Diadem und Andeutung von Gewand, darunter am Rande klein J. M. F. (Jean Mauger Fecit.) Rev. Von rechts: NOVUS EX NEXU DECOR. Ein Bouquet von Rosen und Lilien. Unter der Abschnittsleiste am Rande klein M. DCC. XI. Gekerbter Rand. Gl. Gr. (Alle drei in der Sammlung des Hrn. Dr. Freudenthal.)

29948—49.

Av. Von rechts: MARIA ADELAIS — DELPHINA. Das Brustbild nach links, das Haar mit einer Perlenschnur durchflochten, und mit Gewand. Rev. Von rechts: SPLENDOR MAGNVS MAXIMA VIRTVS In der Mitte eine grosse Krone, deren Obertheil aus zwei mit den Köpfen gegen die Seiten zu gewandten Delphinen gebildet ist. Im Abschnitte 1712. Der Rand gestrichelt. Gr. an 14.

In Wellenh. Kat. erscheint nachstehender Jeton Nro. 747, vom Jahre 1708. Brustbild links. Rev. QUID NON PRO MUNERE TANTO. Ein auf einem Postamente stehender Adler. Gr. 13.

29950—51.

Ludvig XV. (1715—74).

Av. Von rechts: LVD . XV . D. G . FR. — ET NAV . REX. Das kindliche Brustbild nach links mit einem Kranze am Kopfe und glattem unten abgerundetem Halse. Rev. Von rechts: AVVNCVLVS EXCITAT HECTOR. In der Mitte rechts der jugendliche König mit der Krone am Kopfe und dem Scepter in der Rechten, neben ihm ein Mann in römischer Tracht, welcher mit der Rechten einen Kranz über sein Haupt hält; an seiner Seite schief gestellt TVTOR REG. Im Abschnitte PHILIPPVS D. | AVREL· Gestrichelter Rand. Gr. 12.

Av. Ebenso, nur FR · ET. ununterbrochen. Rev. Ebenso. Gr. 13.

29952—54.

Av. Aehnlich mit FR—ET. u. s. w. Das vorige Brustbild, unter welchem ein undeutliches Monogramm BD oder RD in einander gestellt. Rev. Von rechts: POSITIS NON SEGNIOR ARMIS. Pallas behelmt sitzt rechts gewandt am Meeresufer auf einem Felsen, in der ausgestreckten Rechten eine Papierrolle haltend; neben sich am Boden die Lanze und das Medusenschild; rechts D . V Im Abschnitte MARINE. | 1716. Strichelrand. Gr. über 13.

Im Auktionskatal. nach Freih. v. Breifeld sind nachstehende Jetone ohne Beschreibung der Av. enthalten (17320 I.):

a) HAVD EXARMATA QVIESCIT Pallas unter einem Baume sitzend. 1715.

b) IUVAT SUPERORVM CONSOCIARE DECVS Die Herkuleskeule mit einem Helm zwischen verschiedenem Kriegs- und Friedensgeräthe. 1718 Messing.

29955—58.

Av. Von rechts: LUD. XV REX — CHRISTIANISS. Das nach links gewandte Brustbild mit lockigem Haare, Gewande und einem breiten Ordensbande über die Achsel und die Brust. Rev. Von rechts: BELLI PACISQUE SEQUESTER· Eine behelmte weibliche Gestalt mit der Lanze in der Rechten, und dem am Boden ruhenden Schilde in der Linken (Pallas?). Links klein DV Im Abschnitte EXTR . DES GU ERRES. | 1720. Am Rande ein Kreis, von groben Stricheln. Gr. an 14.

Av. Von rechts: LUD . XV . D. G . FR . ET . NAV . REX . Das kindliche Brustbild linkshin mit Lockenhaare im Lorbeerkranze, Brustharnisch und Mantel. Rev. Von rechts: FELIX SECLORUM (sic!) NASCITUR ORDO. Eine auf Wolken sitzende leicht bekleidete Frau hält in der gehobenen Rechten Wage und Merkursstab; in der Linken ein Füllhorn; rechts neben ihr die personifizirte Zeit mit Sense und Stundenglas. Links über der Abschnittsleiste klein D . V (Du Vivier). Im Abschnitte CHAMBRE AUX | DENIERS. | 1720. Strichelrand. Gl. Gr.

Av. Ebenso. Rev. Ein Hafen mit Festungswerken und einem Leuchtthurme, auf welchem eine Pechpfanne. Ueberschrift: CURÆ CASUSQUE LEVAMEN Im Abschnitte PARTIES CASUELLES | 1721 Strichelrand. Gr. an 14.

Av. Ebenso mit LUDOVICUS. Rev. Von rechts: SIC PACEM IMPENDISSE JUVAT. Die behelmte Pallas von vorn, nach links sehend, stützt die Linke auf das

Medusenschild und hält in der gehobenen Rechten ein Winkelmass; am Boden rechts Zirkel und Masstab, links eine Setzwaage. Im Abschnitte BATIMENS DU ROY | 1722. Strichelrand. Gr. über 13. (Alle drei in der Samml. des Hrn. Dr. Freudenthal.)

29959—61.

Av. Von rechts: LUD. XV. REX. CHRISTIANISSIMUS. Das jugendliche Brustbild linkshin mit Lockenhaare und breitem Ordensbande im Brustharnisch, darunter klein I. B. (ernard.) Rev. Unter einem Baume mit Früchten ein ruhender Drache von der Rechten. Obere Umschrift: AURUMQUE DAPESQUE. Im Abschnitte: CHAMBRE AUX DENIERS. | 1723. Strichelrand. Gl. Gr. (Sammlung des Hrn. Dr. Freudenthal.)

Av. Wie Nro. 29955 und noch unter dem Brustbilde verzogen kursiv CJR. Rev. Im Meere drei Wassernympfen, neben welchen links ein Schiffswrack, in welchem ein Wassergott sichtbar, rechts im Hintergrunde am Ufer brennende Gebäude. Ueberschrift: DEUS DEDIT IRE SOLUTAS. Im Abschnitte GALERES. | 1723. Die Ränder gezähnt. Gr. über 13.

Av. Von rechts: LUD. XV. REX CHRISTIANISSIMUS. Das jugendliche Brustbild ohne Kranz, mit Panzer und Ordensband; im Halsabschnitte steht klein: BLANC. Rev. Ein schlossartiges Gebäude, drei Seiten eines Viereckes füllend, im Vordergrunde frei und mit einer Mauer, in welcher ein Thor in der Mitte eingefasst. Ueberschrift: NUNC QUOQUE REGIA SOLIS. Im Abschnitte: BATIMENS DU ROY. | 1723. Desgl. Gl. Gr.

29962—64.

Av. Das jugendliche Brustbild wie Nro. 29951. Rev. Von rechts: REX COELESTI OLEO UNCTUS, welche Umschrift nach innen von einem Linienkreise umschlossen. In der Mitte die Vorstellung dieser heil. Handlung, der König kniend vor dem Altare linksgewandt, von der Geistlichkeit umgeben. Im Abschnitte: REMIS 23. OCT. | 1723 Starker Strichelrand. Gr. 13.

Av. Von rechts: LUDOVICVS XV. D. — G. FR. ET NAV REX Das nach links gewandte mit der Lilienkrone bedeckte jugendliche Brustbild mit herabwallendem Haare, blossem unten abgerundetem Halse. Der Rev. ähnlich dem letzten, nur 25. OCT. | 1722 Gek. Rand. Gr. an 12.

Av. Von rechts: LUD. XV. DG. FR — ET. NAV. REX. Ein nach rechts gewandtes roh geschnittenes Brustbild mit herabhängendem, im Nacken gebundenem Haare, spitzigem und glattem Halse. Rev. Aehnlich dem früheren, nur ist der König hier nach rechts gewandt; und die Geistlichkeit mehr nach vorn als zur Seite. Im Abschnitte mit 23. OCT. | .1723. Glatter Rand. Gr. an 12. Alle drei Messing.

29965—68.

Av. Von rechts: LUD. XV. REX — CHRISTIANISSIMUS. Das Brustbild wie Nro. 29556 ohne Kranz. Rev. Von rechts: ETIAMQUE PER OTIA TERRET Die gegen einen viereckigen Stein gelehnte Keule des Herkules, an welcher die Löwenhaut hängt. Im Abschnitte: EXTRAORDINAIRE | DES GUERRES. | 1724. Starker Strichelrand. Gr. an 14.

Av. Von rechts: LUD. XV. REX — CHRISTIANISS. Das Brustbild wie vorher ohne Kranz und mit dem Ordensbande, darunter CJR kursiv (Carl Joseph Roëttiers) verschlungen. Rev. Ein an einen Schlagbaum gebundenes Pferd von der Rechten. Ueberschrift: COHIBERE LABOR. Im Abschnitte wie zuletzt, nur 1725. Messing. Desgl. Gl. Gr. (Beide in der Samml. des Hrn. Dr. Freudenthal.)

Av. Aehnlich dem letzten, im Civilkleide mit drei Knöpfen an der Brust und mit dem Ordensbande; unten klein DU VIVIER. F. Rev. Von rechts: NOTA DOMI BELLOQUE FIDES. In einer obern Landschaft nach links auf einem viereckigen Gestelle ein Bienenstock, aus welchem die Bienen, die Königinn voran, ausfliegen. Im Abschnitte ORDINAIRE | DES GUERRES. | 1728. Am Rande sehr starke, an den Enden beiderseits zugespitzte Striche. Gr. an 14.

Av. Ebenso. Rev. Von rechts: REGALIS NUNCIA PARTUS In der Mitte der Siegesengel auf Wolken nach rechts mit der Trompete am Munde. Unter ihm drei eben abgefeuerte Kanonen. Im Abschnitte ARTILLERIE. | 1730. Gl. Rand. Gr. über 13.

29969—73.

In Bretfeld's Aukt.-Kataloge kommen nachstehende Rev. ohne Beschreibung der Averse vor:

Nro. 17332. Jeton vom Jahre 1725, auf die Vermählung mit der Prinzessin Maria. FRANCORVM FELICITAS Zwei Hände, darüber die Krone, darunter ein Altar mit drei Lilien. Rev. Schrift in vier Zeilen in einem Kranze.

Nro. 17333. Vom Jahre 1726. EXEMPLAR REGNI. Pallas übergiebt dem Könige die mit drei Lilien geschmückte Erdkugel; ober ihnen die Fama.

Nro. 17334. Vom Jahre 1728. BELLO PACIQVE LABORAT. Eine Felsengrotte mit der Werkstätte des schmiedenden Vulkans.

Nro. 17335. Dito. ORBEM PACARE TRIVMPHVS. Herkules stehend mit der Keule und einem Oelzweig.

Nro. 17348. Vom Jahre 1730. REGALIS NVNCIA PARTVS. Die über einige abgebrannte Feldstücke fliegende Fama.

29974—77.

Av. Von rechts: LUD. XV. REX — CHRISTIANISS. Der nach links gewandte Kopf mit einem Lorbeerkranze in dem kurzen gelockten Haare und zwei, von dem Kranze herabhängenden Bändern; der Hals frei und auf den Achseln faltiges auf der Schulter von einem Knopfe zusammengehaltenes Gewand. Im Abschnitte klein DV VI VIER Rev. Von rechts: NATURÆ ARS ÆMULA In der Mitte ein Bienenstock, zu dessen Seite einige Pflanzen, herumfliegende und herumkriechende Bienen. Im Abschnitte BATIMENS DU ROY | 1731 Gek. Rand. Gr. an 15.

Av. Wie zuletzt. Rev. Von rechts: PROPERAT SUCCURRERE TERRIS Eine ebene Landschaft, auf welche sich auf Wolken eine weibliche Gestalt, in der Rechten einen Oehlzweig und in der Linken ein Füllhorn haltend, herunterlässt. Im Abschnitte TRESOR ROYAL | 1731. Strichelrand. Gr. 14.

Av. Ebenso. Rev. Von rechts: INEXHAUSTIS GENEROSA METALLIS Innerhalb eines Linienkreises ein felsiger Berg, welcher von Bergleuten ausgehöhlt wird. Einer derselben arbeitet mit dem Hammer, ein zweiter trägt, ein dritter führt Gestein. Im Abschnitte: TRESOR ROYAL | 1732. Starker Strichelrand. Gr. an 14.

Av. Ebenso. Rev. Von rechts: NON INDECORA QUIES An einem Säulengestelle links eine wenig bekleidete menschliche Gestalt mit einer Flamme am Kopfe, welche mit der Rechten auf mehrere auf einem Baum rechts aufgehängte Gegenstände als einen Zirkel, ein Winkelmass, ein Richtbrett u. s. w. zeigt. Am Säulengestell D. VIV Im Abschnitte BASTIMENTS DU ROY | 1732. An den Rändern Kreise von zugespitzten Stricheln; und im Rev. noch ein feiner Linienkreis von innen. Gr. über 14.

29978—80.

Av. LUD. XV. REX — CHRISTIANSS. (Ohne I) Das links gewandte Brustbild mit lockigem, im Nacken mit einer Schleife gebundenem Haare, am Halse hier ein Tuch, mit Rüstung und das Ordensband, unten fein geschnitten die Kursiv-Buchstaben CJR. Rev. In einer Landschaft am Boden ruhend ein Wassergott, ein Ruder in der Rechten und die Linke auf ein Gefäss gelehnt, aus welchem Wasser fliesst, welches sich in fünf Arme theilt. Ueberschrift: EX UNO OMNES Im Abschnitte: TRESOR ROYAL | 1733. An den Rändern lange Strichel. Gr. an 14.

Av. Ebenso. Rev. Von rechts: SI VIS PACEM PARA BELLUM In einem Linienkreise die behelmte Pallas mit Lanze und dem Medusenschilde nach rechts gewandt, und auf zwei Geschütze vor sich zeigend; im Hintergrunde heben zwei Personen ein Rohr auf eine Laffette; nach links ein Bombenkessel und Faschienen; am Boden Kugeln. Im Abschnitte ARTILLERIE | 1734. Am Rande zugespitzte Stricheln. Gr. über 13.

Av. Ebenso. Rev. Von rechts: PARVO THURE LITATUR In einem feinen Linienkreise links ein Tempel, in welchem zwischen je zwei Säulen die Statur eines römischen Kriegers. Vor dem Gebäude nach rechts ein Opferaltar, auf welchem Flammen. Im Abschnitte PARTIES | CASUELLES | 1735. Der Rand ebenso. Gl. Gr.

29981—82.

Av. LUD. XV. REX—CHRISTIANISS. Das Brustbild mit Zopf und Ordensband in Rüstung, am Schulterabschnitte DU VIVIER. Rev. Von rechts: DAPES DEIS ET POCULA PRÆSTAT Auf dem Boden ein Weinstock; im Abschnitte CHAMBRE AUX | DENIERS | 1735. Gleicher Rand. Gr. an 14. (Sammlung des Herrn Dr. Freudenthal.)

Av. Aehnlich, der Zopf ist hier in eine Haarflechte gebracht, die auf den Rücken herabfällt. Rev. Von rechts: NON SPOLIANT HYEMES Ein Orangenbaum mit Früchten in einem viereckigem Kübel. Im Abschnitte TRESOR ROYAL | 1735. Der Rand mit gespitzten Stricheln eingefasst. Gr. an 14.

29983—86.

Weitere Reverse aus Bretfeld's Katalog:

Nr. 17349. PROLEM ALIT ILLA DEORVM Die Wölfin Zwillinge säugend. 1731.

Nr. 17350. DVCEM REGEMQVE SEQVVNTVR, die strahlende Sonne, unter ihr ein Bienenschwarm. 1731.

Nr. 17351. TVTIVS VT VIVANT. Ein Säulengang, darin Orangenbäume. 1732.

Nr. 17353. RESTAVRATIO OFFICIORVM. Mehrere Gebäude, darunter ein Triumphbogen an einer Ufergegend. 1733.

29987—90.

Av. Die letzte Umschrift. Das Brustbild nach links mit herabwallendem langem Lockenhaare und dem Ordensbande über dem Kleide, an welchem drei Knöpfe sichtbar; an der Achsel ein Durchschnitt, unter welchem hier eine Haarlocke hervorragt, klein DU VIVIER Rev. Von rechts: AD UTRUMQUE PARATUS. Zwischen einem Palm- und einem Laubholzbaume ein behelmter Krieger in römischer Tracht, die Rechte auf ein am Boden ruhendes Schild, auf welchem drei Lilien gestützt, auf einer Lafette sitzend, neben welcher beiderseits Fahnen, eine Standarte, Waffen und Kugeln. Im Abschnitte ORDINAIRE | DES GUERRES. | 1736. Am Rande starke an den Ecken zugespitzte Stricheln. Gr. an 14.

Av. Derselbe. Rev. Ein runder säulenförmiger Altar, auf welchem Flammen, in welche eine links hievon stehende weibliche Gestalt etwas hineingibt. Ueberschrift: CUSTODE PERENNIS Im Abschnitte: PARTIES CASUELLES | 1736. Gleicher Rand. Gl. Gr.

Av. Ebenso. Rev. Von rechts: DIVIS MINISTRAT MUNERA DIVUM Vor einem Opferaltare, auf welchem Rauch und Flammen, ein Opferpriester auf einem Polster knieend, nach links gewandt. Im Abschnitte: CHAMB. AUX DEN. | 1737 Gleicher Rand. Gr. an 14.

Ein Stempel mit demselben Rev. hat im Av. den Achseldurchschnitt leer, ohne den Namen, und fehlt auch die Locke unterhalb. Gl. Gr.

29991—94.

Av. Aehnlich dem letzten, nur das Haar im Rücken mit einer Schleife gebunden, mit Rüstung und dem Bande, jedoch ohne den Armdurchschnitt und Namen. Rev. Von rechts: IDEM RERUM—MODERATUR HABENAS Auf einem Rondell Apollo sitzend nach links gewandt, in der emporgehobenen Rechten ein Rechteck, in der Linken die Leier haltend; neben ihm auf der Erde Malerrequisiten und ein Modellirkopf. Auf dem Sitze D. V. Im Abschnitte: BATIMENS DU ROY | 1738. Der Rand wie bisher. Gr. an 14.

Av. wie Nro. 29987. Rev. Von rechts: CRESCENT HOC SYDERE FRUCTUS. In einem Linienkreise die strahlende Sonne, wie sie rechts eine Gruppe von Laubholzbäumen und links von Palmbäumen bestrahlt; im Abschnitte TRESOR ROYAL | 1739 Gl. Rand. Gr. über 13.

Av. Ebenso. Rev. Zwischen zwei unten gebundenen Lorbeerzweigen: JETTON | DE | CHOISY | 1739 Gl. Rand. Gr. 14.

Av. Aehnlich, nur in dem Achselabschnitte, unter welchem keine Locke, D. V. Rev. Von rechts: AURI CERTA SEGES. Ein römischer Krieger, nach links abgehend, welchem eine weibliche Gestalt im langen faltigen Gewande, ihm einen Zweig reichend, nacheilt. Im Abschnitte TRESOR ROYAL. | 1740. Strichelrand wie vorher. Gr. über 13.

29995—99.

In Breifeld's Kataloge kommen nachstehende Reverse vor:

Nr. 17357. CRESCENT HOC SYDERE FRVCTVS 1739.

Nr. 17359. ORDRE DV SAINT ESPRIT. 1740.

Nr. 17360. AB OMNI PARTE TVETVR. Ein Igel 1741.

Nr. 17363. OPTIMO PRINCIPI. 1743 Die Statue des Königs zu Pferde.

Nr. 17374. VITAM PRO REGE PACISCI. 1745 Ein alter Baum, auf welchen Bienen zufliegen.

30000—3.

Av. LUD. XV. REX — CHRISTIANISS. Das nach links gewandte Brustbild mit langem, in den Nacken herabhängendem Haare, welches mit einem Bande zusammengehalten. Der blosse Hals nach vorn zu spitzig, unterhalb klein, kursiv *T.M.*

Rev. Von rechts: PRO DOMO REGIS In einem Linienkreise ein von Ochsen nach links zu gezogener Wagen mit Getreidegarben. Im Hintergrunde ein Schloss, und im Wasen klein I·B Im Abschnitte CHAMBRE AUX | DENIERS | 1741 Am Rande beiderseits zugespitzte Stricheln. Gr. über 13.

Av. Ebenso. Rev. Von rechts: QUO NON FUNDIT OPES In den Wolken von zwei Schlangen gezogen nach links zu, in einem Wagen fahrend der personificirte Neid, wie er mit der Rechten Samen hinter sich ausstreut. Im Abschnitte TRESOR ROYAL | 1741 Gl. Rand. Gl. Gr.

Av. Aehnlich, nur J·M Rev. Von rechts: FATALIS SOPOR. In einem Linienkreise am Boden an einen Baumstamm gelehnt ein schlafender Hirt, neben sich einen langen Stab liegend. Zu seiner Rechten Merkur, wie er auf einer Pfeife blässt, und hinter diesem ein Rind nach rechts gewandt. Im Abschnitte PARTIES | CASUELLES | 1742 Am Rande starke Stricheln. Gl. Gr.

Av. Wie zuletzt. Rev. Von rechts: IMMERSABILIS UNDIS. In einem Linienkreise die Arche Noah's in den Fluthen und auf der Dachspitze die Taube mit dem Oehlzweige, oberhalb Wolken. Im Abschnitte TRESOR ROYAL | 1742 Gl. Rand. Gl. Gr.

30004—6.

Av. Wie der erstere mit J·M. Rev. Von rechts: DIVITIIS — ET SAPIENTIA Zwei weibliche Gestalten, rechts die behelmte Pallas, in der gehobenen Rechten einen

Kranz, in der Linken die Lanze haltend, hinter ihr rechts die Nachteule. Vor ihr die Göttin des Ueberflusses, mit der Rechten denselben Kranz und mit der Linken ein Füllhorn haltend, aus welchem eine Menge Münzen herausfallen. Im Abschnitte CH. AUX DENIERS | 1744 Gl Rand. Gr. über 13.

Av. LUD XV REX — CHRISTIANISS· Das vorige Brustbild, unter welchem ein undeutliches Monogramm, CR (?) Rev. Von rechts: VALENT IN — PONDERA VIRES In der Mitte ein Palmbaum, auf welchem verschiedene undeutliche Gegenstände aufgehängt sind. Im Abschnitte TRESOR ROYAL | 1744 Gl. Rand. Gl. Gr.

Av. wie Nro. 30000 mit FM. Rev. Von rechts: UT ITERUM FLUANT. In einem feinen Linienkreise ein auf einem Felsen sitzender Wassergott, welcher aus einem Gefässe Wasser in das Meer giesst, hinter ihm ragt Schilf empor. Im Abschnitte TRESOR ROYAL. | 1745. Gl. Rand. Gr. über 13.

30007—11.

Av. Wie bisher mit §M. Rev. Jupiter nach links in den Wolken, in der gesenkten Rechten den Donnerkeil, hinter sich den Adler, vor ihm Hebe ihm den Trank einschenkend. Unterhalb am Boden zwei todte Krieger. Ueberschrift: FIDES ASSEQVA IOVIS Im Abschnitte CHAMBRE AUX DEN. | 1746 Gl. Rand. Gl. Gr.

Av. Wie bisher, nur unter dem Kopfe CR (kursiv) Rev. Von rechts: EXEGI MONUMENTUM ÆRE PERENNIUS Eine sitzende weibliche nach rechts gewandte Person mit grossen Flügeln, hinter ihr mehrere Bücher, auf welchen das bekannte Kreuz von Lanquedoc. Im Abschnitte: COMI. OCCITAN. | 1746. Am Rande starke Stricheln. Gr. 14.

Av. Wie bisher mit §M. Rev. Von rechts: IUVAT ANNUA CURA. Ein Gärtner, welcher bei einem unbelaubten Baume die Spitzen abschneidet. Im Abschnitte: PARTIES CASUELLES. | 1747. Strichelrand wie bisher. Gr. über 13.

Av. Ebenso. Rev. Von rechts: PARATUS PONERE Jupiter in den Wolken, zu seinen Füssen rechts der Adler, er hält in der ausgestreckten Rechten den Donnerkeil, in der Linken einen Stab, im Abschnitte EXT. DES GUERRES | 1747 Gl. Rand. Gl. Gr.

Av. Aehnlich mit §M Rev. Von rechts: CUSTODIT NON CARPIT In einem Linienkreise ein Garten im französischen Stiele, in welchem im Vordergrunde vier Bäume mit zugeschnittenen Hecken, vor welchen auf einer Säule ein bärtiger Kopf nach rechts. Im Hintergrunde ein Springbrunnen zwischen Beeten und Bäume laubenmässig zugeschnitten. Im Abschnitte: CHAMBRE AUX | DENIERS | 1748 Gleicher Rand. Gr. über 13.

30012—15.

Av. Wie der letzte. Rev. Von rechts: AVIDAE CONIUNGERE DEXTRAS Zwei weibliche Figuren, welche sich die Hände reichen, jene rechts nach vorn gewandt hält einen Oehlzweig in der Rechten; jene links beheimt und am rechten Arme ein Schild (Pallas?) Im Abschnitte BATIMENS DU ROY. | 1749. Gestrichelte Ränder. Grösse 14.

Av. Ebenso. Rev. CLAUSIT — ET SERVAT Im Linienkreise von dem links befindlichen geschlossenen Janustempel weggehend ein nach rechts schreitender und sich umsehender römischer Krieger, in der Rechten die Lanze, in der Linken einen Palmzweig. Im Abschnitte EXTRAORDINAIRE | DES GUERRES | 1749 Gl. Rand. Gr. über 13.

Av. Ebenso. Rev. Von rechts: HAURIT UT SPARGAT· In einem Linienkreise ein Pumpenwerk mit einem Rade, Wasser hebend, welches rechts in ein neben der Pumpe angebrachtes Reservoir abfliesst. Im Abschnitte TRESOR ROYAL | 1750. Gleicher Rand. Gl. Gr.

Ein Stempel hievon ist im Averse nur durch FM statt §M verschieden. Gl. Gr.

30016—18.

Av. Von rechts: LUD. XV. REX—CHRISTIANISS. Das Brustbild nach links mit einem Lorberkranze in den Haaren, und Locken an der Seite. Auf der Brust den Harnisch und das Ordensband unterhalb D. V. Rev. Am Boden ein Würfel, auf welchem ein offener Zirkel stehend. Ueberschrift: DECUS ADDITUR ARTE Im Abschnitte: BATIMENS DU ROY | 1751 Der Rand beiderseits gestrichelt; im Av. noch ein innerer Linienkreis. Gr. 14.

Av. Ebenso. Rev. Von rechts: SUB OMNI SIDERE CRESCUNT. In der Mitte ein Indianer mit Bogen und Köcher, rechts von ihm in der Ferne ein Palmbaum, links eine Gruppe hoher bis zu den Schultern gehender Lilien. Im Abschnitte COL. FRANC. DE | LAM. 1751. Gl. Rand, nur fehlt im Av. der Linienrand. Gr. über 13.

Av. Ebenso. Rev. Von rechts: PERENNITER Ein am Boden sitzender nach links gewandter Wassergott, welcher aus einem Gefässe Wasser ausschüttet, rechts neben ihm am Boden ein Ruder. Im Abschnitte: TRESOR ROYAL | 1753 Gl. Rand. Gl. Gr.

30019—21.

Av. Dieselbe Umschrift. Der lockige linksgewandte Kopf, das Haar im Nacken mit einer Schleife gebunden, am Halse faltiges Gewand; unterhalb § m. Rev. Von rechts: FLUIT ÆTERNUM QUE MINISTRAT Aus einer viereckigen gemauerten Wasserleitung fliesst nach vorn ein Wasserstrahl, in ein rundes am Boden befindliches Wasserbassin. Im Abschnitte TRESOR ROYAL | 1753. Am Rande Stricheln. Grösse 13.

Av. Aehnlich dem letzten, nur an dem hier blossem, nach vorn in eine Spitze auslaufendem Halse kein Gewand. Rev. Von rechts: IN CERTAMEN UTR—UMQUE In einer Landschaft ein römischer Krieger zu Pferd, nach rechts gewandt mit der Lanze in der Rechten, sich auf einen hinter ihm stehenden Krieger zu Fuss, welcher in der Linken auch eine Lanze hält, umsehend. Ober den Köpfen beider je ein fünfspitziger Stern in einem Strahlenkreise. Im Abschnitte ORDI. DES GUERRES | 1753. Glatter Rand. Gl. Gr.

Av. Aehnlich, nur hier ein Kranz in den Haaren und auf den Schultern die Metallspangen der Rüstung ohne irgend ein Gewand. Rev. Von rechts: DAT CUNCTA MOVERI In einem feinen Linienkreise die strahlende Sonne. Innerhalb dieser Strahlen befinden sich wieder mehrere Nebensonnen, um welche sich auf Kreisen kleinere Weltkörper drehen. Im Abschnitte TRESOR ROYAL | 1754. Gl. Rand. Gr. über 13.

30022—26.

Av. Aehnlich, mit Rüstung und mit Gewand, ferner der Kopf mit Kranz; unten R. FIL. sehr klein. Rev. Von rechts: CARPENT TUA POMA NEPOTES In einem Linienkreise ein Landmann, welcher einen Baum veredelt (pfropft). Im Abschnitte PARTIES CASUELLES | 1755. An den Rändern Kreise von gespitzten Stricheln. Gr. über 13.

Av. Wie Nr. 30019. Rev. Ein Ruderschiff alter Form am Meere, auf dessen nicht hohem Mastbaume das Fell des goldenen Vliesses. Im Abschnite COL. FRANC. DE | LAM. 1755. Gl. Gr.

Av. Wie Nr. 30021. Rev. Eine in einen Kreis gelegte Schlange, in der Mitte derselben ein Füllhorn. Oben am Rande ÆTERNITAS Im Abschnitte TRESOR ROYAL | 1756. Gl. Rand. Gl. Gr.

Av. Aehnlich, jedoch der Hals bloss, unten in eine Spitze auslaufend; und unterhalb m. Rev. Von rechts: HINC FORTIS IN HOSTEM In einem Linienkreise an der linken Seite sitzt ein Adler auf einem dürren Baumaste und sieht gegen die rechts oben befindliche Sonne. Im Abschnitte ORDINAIRE DES GUERRES | 1756 Gl. Rand. Gl. Gr.

Av. Wie zuletzt. Rev. von rechts: MEDITAMUR CERTIUS ICTUM. Ein Degen, dann ein Donnerkeil mit sechs Blitzen kreuzweise gelegt und dazwischen ein Lorbeerzweig geflochten. Im Abschnitte ARTILLERIE | 1756. Gl. Rand. Gl. Gr.

30027—31.

Weitere Reverse aus Breifeld's Kataloge:

Nr. 17376. Auf die Vermählung des Königs mit der Prinzessinn Maria Josefa. AMOR MUTUUS. Zwei an einem flammenden Altare angelehnte Schilde. Rev. Acht Zeilen Schrift; vom Jahre 1747.

Nro. 17377. FIDE QVA SVMPTA REPENDO. Sitzende weibliche Figur, zu deren Rechten ein Tisch mit Geldrollen, mit der Linken ein Füllhorn entleerend, darunter Geldsäcke, von 1748.

Nr. 17380. FOECVNDA QVIES. Ein Vogel fliegt seinem im Meere gebauten Neste zu. Von 1751.

Nr. 17385. RAPTORIBVS INGRVIT VLTRIX. Der die Thiere würgende Löwe. Vom Jahre 1757.

Nr. 17382. Ohne Jahr. Eine weibliche Figur, in der Rechten einen Kranz emporhaltend. VETAT MORI• Im Abschnitte REGIA • INSCRIPT • ET NVMISM • ACA DEMIA•

30032—34.

Av. Umschrift wie Nro. 30034. Das Brustbild mit Lorbeerkranz linkshin, mit Andeutung vom Brustharnisch und Mantel. Rev. Von rechts: STUDIUM GLORIAQUE RIGANTIS Ein Mann von der Linken begiesst einen Lilienschaft; im Abschnitte CHAM BRE AUX DEN. | 1757. Gekerbter Rand. Gr. 13. (Samml. des Hrn. Dr. Freudenthal.)

Ohne Jahr. Av. LUD. XV. D. G. FR — ET. NAV. REX. Das jugendliche nach links gewandte Brustbild mit Kranz im Haare und Gewande auf der Achsel. Unten I• B• Rev. LATE CVNCTA u. s. w. wie Nro. 29506. Strichelrand. Gr. an 13.

Av. Von rechts: LUD. XV. REX — CHRISTIANISS. Der belorbeerte Kopf linkshin mit im Nacken herabhängenden Lockenhaare, darunter am Rande klein R(oettiers) Filius. Rev. In einer muschelförmigen, oben mit Lorbeerzweigen besteckten, an den Seiten mit Guirlanden verzierten Cartouche ein ovales Schild, welches durch eine Binde mit der Inschrift SECURITAS PUBLICA quergetheilt ist. Im oberen mit Lilien bestreuten (blauen) Felde ein Kissen, auf welchem die Königskrone über gekreuztem Scepter und main de Justice liegt; im untern rothen ein mit einer Schleife gebundenes Schlüsselkreuz. Gekerbter Rand. Gr. 13.

30035—36.

Messingjetone.

Av. LVD. XV. D. G. FR. ET. NAV. REX. Das jugendliche Brustbild nach links mit einem Lorbeerkranze im Kopfe und blossem unten abgerundetem Halse. Rev. Von rechts: PACIS FIRMANDÆ EREPTUM PIGNUS• Zwei Krieger in römischer Tracht mit Helmen am Kopfe, in der linken Hand jeder ein Schild haltend, auf welchem bei dem Krieger rechts die drei Lilien, jenes links vielfeldig, jedoch undeutlich; der Krieger rechts gegen jenen zur linken Seite schreitend und in der vorgestreckten Rechten einen Zweig haltend; er tritt mit dem Fusse auf ein undeutliches Schild. Der Abschnitt leer. Am Rande zugespitzte Stricheln. Gr. an 13.

Av. Von rechts: LUDOVICVS XV• D• — G• FR• ET NAV• REX• Das jugendliche Brustbild nach links mit herabwallendem Haare und mit blossem, unten abgerundetem Halse. Am Kopfe eine grosse Krone. Der Rev. Wie zuletzt; der Buchstabe S wie 8• Gl. Rand. Gr. an 12.

30037—41.

Av. LVD· XV D· G FR· — ET N· REX Das nach rechts gewandte Brustbild mit einer Lockenperücke und Lorbeerkranz, mit Gewand und Rüstung. Rev. wie der erstere ohne Punkt nach S Strichelrand. Gr. an 12.

Weitere Stempel mit LUD· XV· D· G· — FR· ET· N· REX und ein zweiter LUD· XV D· G· FR· — ET N· REX Gl. Gr. (Samml. des Hrn. Dr. Freudenthal.)

Av. LUD XV· D· G· FR· — ET NAV REX Dasselbe Brustbild nach rechts, jedoch hier mit einer grossen Lilienkrone bedeckt. Rev. wie zuletzt. Gl. Rand. Gr. 11.

Av. Wie der letzte, nur LUD XV DG FR — Gl. Rand. Gr. über 11.

30042—49.

Av. Von rechts: LVD XV D.G FR—ET. NAV. REX. Das jugendliche Brustbild mit Lorbeerkranz und glattem und abgerundetem Halse nach links gewandt. Rev. Von rechts: VIS ANIMICUM CORPORE CRESCIT. Eine männliche Gestalt mit einem Schein um den Kopf nach vorn gewandt und sich nach links umsehend, bloss mit einem Mantelumwurf bedeckt, und in der Linken einen am Boden aufgestellten Bogen haltend, tritt mit dem rechten Fusse einem am Boden liegenden grossen geflügelten Drachen auf den Kopf. Gekerbter Rand. Gr. an 12.

Ein Variant mit LUD XV. D. G. FR. u. s. w., dann LUD. XV. D. G.—FR. ET. N. REX und ein weiterer LUD. XV D. G. FR. — ET N. REX. (Alle drei in der Sammlung des Hrn. Dr. Freudenthal.)

Av. Aehnlich Nr. 30037, mit LVD. XV. D G. — FR. ET. N REX. Rev. Aehnlich dem letzten mit CORPORE CRESCIT Gl. Rand. Gr. 11.

Ein sechster Stempel mit diesem letzten Reverse hat LVD XV D G.—FR. ETN REX Gr. über 11.

Ein siebenter Stempel mit demselben Rev. hat den Av. von Nr. 30040.

Ein achter mit dem gekrönten Brustbild nach links wie Nr. 30036 hat im Rev. CORPORE CRESCIT. Gl. Rand. Gr. an 12.

30050—52.

Av. Von rechts: LVDXV· D· G FR· u. s. w. wie Nro. 30042. Rev. Von rechts: AMAT AUREA CONDERE—SÆCLA. Auf einem gestrichelten Boden stehend, unten von Wolken umhüllt eine weibliche Gestalt nach vorn mit nach links gewandtem Gesichte; in der erhobenen Rechten eine Waage, in der Linken ein Füllhorn. Im Av. ein Strichel-, im Rev. ein Perlenkreis. Gr. an 12.

Av. Von rechts: LVD. XV D. G. FR—ET N REX Das Brustbild nach rechts mit Lockenperücke, Lorbeerkranz, Rüstung und Gewand. Rev. Von rechts: AMATUR—ET AMAT Der König von den Thronstufen herabsteigend, zur Rechten drei knieende und links weitere zwei Personen, welchen der König Geld austheilt. An den Rändern Stricheln. Gr. über 11.

Av. Von rechts: LUD XV. D. G. FR. — ET. NAV. REX. Der Kopf rechtshin mit im Nacken gebundenem Haare. Rev. Von rechts: OPTIMO — PRINCIPI Die Reiter-Statue; im Abschnitte am Rande MDCCXLIII Gek. Rand. Gr. an 12. (Sammlung des Hrn. Dr. Freudenthal.)

30053—55.

Maria Leszynska, vermählt mit Ludwig XV. (1725 † 68).

Av. Von rechts: MARIA D. G. FR. — ET NAV. REGINA. Das Brustbild nach rechts. Die Haare gelockt und zum Theile bis an den Hals, an welchem ein Collier, herabhängend; das Kleid ausgeschnitten, mit blossem Halse. Im Abschnitte klein DU VIVIER. F. Rev. Ein an einem Pfahle hinauf wachsender Weinstock mit mehreren Trauben. Ueberschrift: NEC VOTA — FEFELLIT Im Abschnitte MAISON | DE LA REINE. | 1730. Am Rande zugespitzte Stricheln. Gr. über 13.

Av. Ebenso. Rev. Von rechts: HINC SUMIT OPES ANIMUMQUE In einem Linienkreise die Sonne ober einer Landschaft, in welcher vorn ein Getreidefeld, im Hintergrunde eine Stadt mit Thürmen. Im Abschnitte mit MAISON DE | LA REINE | 1738 Gl. Rand. Gl. Gr.

Av. Ebenso. Rev. Von rechts: POPULIS GRATISSIMA SURGIT Im Halbkreise über der theilweise sichtbaren Weltkugel eine bestirnte Fläche, in welcher oben ein Delphin linkshin. Im Abschnitte wie zuletzt mit 1742 Perlenrand. Gr. über 13.

30056.

Maria Theresia von Spanien, vermählt mit dem Dauphin Ludwig (geb. 1729 † 65), 1745 † 1766.

Av. Von rechts: MARIA THERESIA — DELPHINA. Brustbild rechtshin mit Kopfputz und Perlenhalsbande im leichten Gewande, darunter am Rande klein *M.* Rev. Von rechts: PATRIO SUB SYDERE CRESCUNT. Im Halbkreise auf einem Boden zwei Lilienschäfte mit Blumen neben einander, darüber ein Kopf in Strahlen. Im Abschnitte MAISON DE MADAME LA DAUPHINE. | 1746. Gekerbter Rand. Gl. Gr.

30057.

Maria Josephina von Sachsen, vermählt mit dem Dauphin (1747 † 67).

Av. Von rechts: MARIA JOSEPHA—DELPHINA Das Brustbild rechtshin mit Kopfputz ohne Gewand. Rev. Von rechts: MAGNI SPES UNICA RURIS Auf einem Boden ein Baum mit Blüthen; im Abschnitte MAISON DE MADAME | LA DAUPHINE | 1749 Gekerbter Rand. Gl. Gr. (Beide in der Samml. des Hrn. Dr. Freudenthal.)

30058—59.

Ludwig XVI. (1774—92).

Av. LVDOVICVS. XIII. FR ANCMRVM. ET. NAVARÆ REX. In der Mitte zwei Wappenschilder neben einander gekrönt. Rechts die französischen drei Lilien; links das Wappen von Navarra, rechts und links hievon, dann unterhalb je ein gekröntes L, neben jenen unterhalb zwei Lorbeerzweige. Am Rande ein Linienkreis. Rev. LU DOV. XVI. D. GRATIA. Der nach rechts gewandte Kopf mit langem im Nacken gebundenem Haare, unten ein Dreieck als Münzzeichen. Gr. über 14.

Av. Von rechts: LUDOV. XVI. REX. CHRISTIANISS. Das nach rechts gewandte Brustbild mit langem herabwallendem gelocktem Haare und Gewand am Halse. Unten ganz klein DV VIV. Rev. Von rechts: CHANCELLERIE — DE FLANDRES Unter einer grossen Krone zwei ovale Wappenschilde neben einander, darin rechts im blautingirten Schilde die drei Lilien, in jenem links im rothgestrichenen Felde das Wappen von Navarra. Um die Schilde herum zwei Ordensketten. An den Rändern beiderseits starke nach innen gespitzte Stricheln. Gr. 14.

30060.

Av. Von rechts: LVDOVICUS XVI. FR. ET NAV. REX Das nach links gewandte Brustbild mit im Nacken gebundenem Haare, im Staatskleide mit einem Ordensbande über die Schultern. Unter dem Brustbilde klein: DV VIV. Rev. Rechts am Rande VETAT links MORI In der Mitte eine weibliche Gestalt (der Ruhm?); in der ausgebreiteten Rechten, mit welcher sie sich auf eine neben ihr stehende bis zur Brust reichende Säule stützt, einen Kranz, in der Linken eine Papierrolle haltend. Zu ihren Füssen links ein vasenförmiges Gefäss, aus welchem Denkmünzen rollen, und weiter im Hintergrunde ein hoher Obelisk; an der Säule rechts das Fragment eines Denksteines, auf welchem sehr klein L. VERO CONI | Q VIX. ANA. Im Abschnitte sehr klein: REGIA INSCRIP. ET HUM. | LITTER. ACADEMIA Starker Strichelrand und randirt. Gr. an 15.

30061.

Av. Von rechts: LUDOV· XVI· REX· CHRISTIANISS: Das nach rechts gewandte Brustbild mit herabwallendem Haare und faltigem Gewande. Unten klein J· P· DROZ· F· Rev. Von rechts: PRIX PROVINCIAL DELA — FERTE SOUS JOUARRE· — 1766 Eine gekrönte Kartouche, in welcher ein ovales, an den Seiten mit Blumenkelchen verziertes Schild, darin fünf blaugestrichelte Querstreife, auf welchen drei rothgestrichelte Sparren. Hinter der Kartouche ragen oben zwei Degengriffe und unten zwei gekreuzte Gewehrkolben hervor. Am Rande Kreise von zugespitzten Stricheln. Gr. 14.

30062.

Maria Antoinette von Oesterreich, vermählt mit Ludwig XVI. (1770 † 93).

Av. Von rechts: MARIA ANT· JOS· J· REINE DE FR· ET DE NAV· Das Brustbild linkshin mit einem Perlenhalsbande und hohem Kopfputze im gestickten Kleide, darunter am Rande klein DU VIV. Rev. Unter der Königskrone die neben einander gestellten, kartouchirten ovalen Wappen von Frankreich und Oesterreich mit Tinkturen und um dieselben eine an den Seiten herabhängende Blumenguirlande. Unten klein MAISON DE LA | REINE Gekerbter Rand und nach innen ein feiner Linienkreis. Gl. Gr. (Samml. des Herrn Dr. Freudenthal.)

Französische Revolution 1789—1804.

In diese Abtheilung wurden alle jene Gepräge aufgenommen, welche in der „*Histoire numismatique de la revolution franç. (v. Hennin) Paris 1826*“ als Jetone bezeichnet erscheinen.

30063—64.

Av. 27 AVRIL | 1789· | OUVERTURE DES | ETATS GÉNÉRAUX | À VERSAILLES· | Ein Querstrich, | RÉGENÉRATION DE | LA FRANCE Rev. VIVE | LOUIS XVI· | POUR | LE BONHEUR | DE | SON PEUPLE | 1789· Strichelrand beiderseits.

Av. 4 MAI | 1789· | OUVERTURE DES | u. s. w. wie vorher. Rev. Wie zuletzt. Gl. Rand. Beide Gr. an 16. Zinn. (Hennin Tafel I. Nro. 1. 4.)

30065—66.

Av. Von rechts: L.·. (Loge) DES AMIS — DE LA PAIX· Die nach rechts gewandte behelmte Minerva sitzend, in der vorgestreckten Rechten einen Lorbeerzweig haltend; mit der Linken stützt sie sich auf ein ovales Schild, in dessen Mitte ein Stern, von welchem Strahlen ausgehen. Am Boden rechts vor ihr ein Richtbrett mit dem Blei. Im Abschnitte: NAR.·. F. (Narbonne?) Rev. Von rechts: O (Orient) .·. DEPARIS 22E J.·. (Jour) DU 4E MOIS 5789. In der Mitte ein mit einer Zackenkrone bedeckter Hermelinmantel, welcher ein blaulingirtes Schild umgiebt. In diesem finden sich ein Zirkel und ein Richtbrett. Am Rande beiderseits ein Linienkreis.

Ein Variant hievon mit kleinerer Schrift im Abschnitte hat am Boden vor der Minerva noch einen kleinen Hammer. Beide Gr. an 14. (Ebendort. II. Nr. 10. 11.)

30067.

Av. Die Ansicht eines Theils von Paris, links in der Ecke die Notredamkirche, im Vordergrunde eine Brücke und ein Fluss (Die Notredame-Insel.) Ueberschrift: HIS OCULIS LUSTRATA REFULGET Im Abschnitte: COMMISSAIRES DU | CHATELET | 1749. Rev. Umschrift von rechts: DU DOYENNE DE—M. CHENOT 1789 Unter einer Perlenkrone von Verzierungen umgeben ein Schild, darin ein blaulingirter Sparren, ober welchem zwei, und unten ein Baum mit Wurzeln. An dem Schilde sind ein Lorbeer- und Palmzweig, welche unten durch die Verzierung gesteckt sind. Gekerbte Ränder. Gr. an 14. (Ebendort. Taf. 11. Nr. 82.)

Diesen Jeton liess Chenot anlässlich seiner Ernennung zum „doyen" (Chef) der „commissaires du Châtelet" zum Gebrauche für dieses Corps anfertigen.

30068.

Av. Von rechts: LOUIS XVI ROI DE FR. — ET DE NAVARR. Der nach rechts gewandte Kopf mit langem herabwallendem Haare und blossem Halse, unter welchem klein DUVIV. Rev. Ein Kranz aus Aehrenbüscheln abwechseld mit Weinreben und Trauben, in dessen Mitte SOCIÉTÉ | ROYALE | D'AGRICULTURE | 1789 Der Rand beiderseits gekerbt, und im Rev. noch ein feiner Linienkreis nach innen. Gr. 15.

Dieser Jeton, dessen Rev. von Augustin Dupré gravirt, diente als Präsenzzeichen für die Mitglieder der königl. Gesellschaft. (Tafel 11. Nr. 87.)

30069–71.

Einseitig. Unter einem gekr. runden Schilde, in welchem die drei Lilien, ein Querstab, von welchem ein Band mit den Worten EX UNITATE LIBERTAS. herabhängt. An diesen Querstab sind ein Degen und ein Bischofsstab gekreuzt gebunden, und ragt um das Schwert rechts ein Lorbeerzweig hervor.

Einseitig. In der Mitte die Ansicht der Bastille mit mehreren Thürmen; auf den Mauern befinden sich Arbeiter, welche an der Demolirung arbeiten; am Boden grosse herabgeworfene Quadern. Rechts: DESTRUCTION, links DU DESPOTISME

Einseitig. In der Mitte auf einer Stange die Freiheitskappe, und über die Stange gekreuzt rechts eine Schaufel, links ein Spaten. Um das Ganze rechts ein Lorbeer-, links ein Eichenzweig. Ueberschrift; VIVRE OU MOURIR Bei allen drei Marken sind die Ränder mit Linien eingefasst. Höhe und Breite 15.

Diese einseitigen achteckigen Marken sollen den bei der Demolirung der Bastille verwendeten Arbeitern als Legitimationszeichen ausgetheilt worden sein. (Hennin S. 72. Tafel 12. Nr. 89–91.)

30072—73.

Einseitig. Ein Dreimaster am Meere nach links mit vollen Segeln. Ueberschrift: SECURA QUIESCIT Im Abschnitte unter einer Leiste 1789 Linienkreis am Rande. Gr. an 15. (Hennin Tafel 12, Nr. 92, als französischen Ursprungs bezeichnet, vielleicht Zeichen einer Assekuranzgesellschaft.)

Av. Von rechts: ein kleines Doppelquadrat (als Zeichen für Loge), DES AMIS — DE LA PAIX Minerva auf einem viereckigen Boden, nach rechts gewandt, in der Rechten einen Lorbeerzweig, in der Linken die am Boden ruhende Lanze haltend. Rev. O.·. (Orient) DE PARIS | 5789 Herum rechts ein Palm-, links ein Lorbeerzweig. Gekerbter Rand. Gr. $13\frac{1}{2}$. (Tafel 12. Nr. 94.)

30074.

Av. Von rechts: L.·. DE ST (Loge de saint) AUGUSTE DE LA PARFAITE INTELLIGENCE und drei Sternchen. In der Mitte innerhalb eines Perlenkreises oben ein Stern mit Strahlen hinter demselben und dem Buchstaben G in der Mitte desselben, darunter FONDÉ | PAR LE V.·. F.·. (venerable frere), klein, | ESPRIT (gross) | L'AN 5789.·. darunter ein Zirkel und ein Rechteck in einander gestellt. Rev. Oben ein Vogel zwischen Strahlen (den heil. Geist vorstellend? — nach Hennin ein Pelikan) mit der Ueberschrift: FIAT LUX Zur Seite links der Mond, rechts die Sonne. Unterhalb nach rechts ein Tempel mit mehreren zu demselben führenden Stufen und rechts ein denselben überschattender Baum, links ein Bienenstock und Bienen, in der Mitte am Boden der Hammer als das Zeichen der Freimaurer. Gek. Ränder. Gl. Gr. (Tafel 12. Nro. 95.)

30075—76.

Av. Von rechts: R.·. L.·. (Respect. loge) DE LA FRANCHISE Unten nach aussen 5789 In der Mitte aus Wolken rechts und links zwei sich haltende Hände. Rev. In der Mitte die strahlende Sonne, zwischen einem geöffneten Zirkel und einem Rechteck. Ueberschrift: O.·. DE CHARTRES· Unten nach aussen S.·. F.·. B.·. An den Rändern ein dreifacher Linienkreis. Gr. über 11. (Nr. 96.)

Av. VIVE LA CONSTITUTION DE LA FRANCE In der Mitte unter einer strahlenden Sonne ein unten zugespitztes Schild, worin drei Lilien, mit zwei unten gekreuzten Lorbeerzweigen, welche an den Schildseiten hinaufragen. Rev. In einem Kranze von Eichenblättern mit Eicheln VIVE | LA NATION | LA LOI | ET LE ROI | 1790 Am Rande ein Linienkreis Gr. 12. (Tafel 20. Nr. 183.)

30077—78.

Av. COMISSAIRES | CIVILS Rev. LA NATION | LA LOI | ET | LE ROI An den Rändern beiderseits Linienkreise. Gr. 19. (Tafel 21. Nro. 188.)

Wurde zu Ende des Jahres 1790 als Legitimations-Zeichen für die Munizipal-Beamten geprägt.

Av. Von rechts: DISTRICT DES CORDELIERS· Auf einer Querleiste ein oben drei-, unten einspitziges Schild, in welchem LA LOI | ET | LE ROI Um das Schild eine in mehrere Knoten gewundene Schnur. Im Abschnitte UNION FRATERNEL, klein. Unterhalb soll die Nummer, unter welcher die Mitglieder im Verzeichniss eingetragen gewesen, eingravirt gewesen sein. Rev. Von rechts: SOUS LA PRESIDENCE DE GEORGE JACQUES DANTON In der Mitte hängt von einer Fahnenstange, auf welcher oben die Freiheitskappe, eine Fahne, auf welcher das Wort LIBERTAS Im Abschnitte 1790 Die Ränder mit grossen zugespitzten Stricheln eingefasst. Gr. 14. (Nro. 189.)

Dieser Jeton diente dem politischen Klub der Cordeliers zum Legitimations-Zeichen für ihre Mitglieder bei dem Eintreten in Sitzungen.

30079—80.

Av. SOCIETÉ | DES | INVENTIONS | ET | DÉCOUVERTES | klein LE 7 JANVIER 1791 Rev. Von rechts: MENTE MANU QUE· und eine Sternrosette. In der Mitte das nach rechts gewandte Brustbild der Minerva mit einem grossen Helme am Kopfe und Gewande auf der Achsel; unterhalb *Dupré* $\frac{m}{p}$ kursiv.

Ein zweiter Av. bei gleichem Reverse hat zwischen zwei unten überlegten Eichenzweigen die Aufschrift: SOCIETÉ | DES INVENTS | ET | DÉ COUVTES | 7 JANVIER 1791 und darunter einen Querstrich. Beide an den Rändern Kreise von starken nach innen zugespitzten Stricheln. Gr. 13. (Taf. 23. Nro. 204. 5.)

Diese Gesellschaft wurde um die angeführte Zeit gegründet.

30081—83.

Av. Von rechts: LOUIS XVI ROI DES FRANCOIS Das nach rechts gewandte Brustbild mit herabwallendem langem Lockenhaare und glattem Halse. Rev. In einem Kranze von Eichenblättern und Eicheln: LA | NATION | LA LOI | ET LE | ROI Zwei Grössen 13 und 11. (Tafel 25. Nr. 228. 9.) (Zu Ende des Jahres 1791.)

Av. Von rechts: LA NATION LA LOI ET LE ROI In einem Kranze von Eichenblättern das nach links gewandte Brustbild des Königs mit herabwallendem langem Haare und blossem Halse. Der Rev. ähnlich dem Av. Gr. 9. (Nr. 230.)

Av. Auf dem Boden ein aufgerichteter Bär rechtshin hält zwischen den Vorderfüssen ein ovales Schild. Rev. In zusammengebundenen Eichenzweigen: LA NATION | LA LOI | ET | LE ROI | 1791 Stark gestrichelter Rand. Gr. über 13. Sehr selten. (Sammlung des Hrn. Dr. Freudenthal.)

30084—85.

Av. Der Merkur mit dem Stabe und die personificirte Freiheit mit der Lanze und der Mütze hierauf in der Linken, reichen sich die rechten Hände. Im Hintergrunde rechts eine alte Galeere sichtbar, links ein Füllhorn. Rev. CAISSE | PATRIOTIQUE | ÉTABLIE | À PARIS EN | 1791. Achteckig und an den Rändern eine schuppenähnliche Verzierung. Höhe 15. (Tafel 27. Nr. 291.)

Av. LIBERTÉ | ET | ÉGALITÉ | Querstrich | 1792 Rev. Das Faszesbeil mit der Freiheitskappe, zur Seite zwei unten überlegte Lorbeerzweige. Oben am Rande RE PUB—LIQUE Gekerbter Rand. Gr. an 11. (Nr. 390.)

30086—89.

Av. ÉCOLE | NATIONALE | DE DESSIN mit nachstehenden Reversen:

a) ASSIDUITÉ | FIGURE Gr. 15. *b*) ASSIDUITÉ | ORNEMENT Gl. Gr. *c*) ASSIDUITÉ | ARCHITECTURE Gl. Gr. (Tafel 38. Nr. 394 — 96.) (Figure u. s. w. sind die Namen der drei Klassen dieser Schule. Diese Zeichen wurden Ende 1792 in der im Jahre 1766 gegründeten Zeichenschule eingeführt, nachdem die Marken, welche bis dahin im Gebrauche gewesen, und deren es mit dem Namen eines jeden Wochentages und mit Lilien gegeben, beseitigt worden.

Von diesen letzten besitze nur ein Exemplar. Av. ECOLES | GRATUITES | DE | DESSEIN Rev. Oberhalb ASSIDUITÉ, nach unten MARDI Am Rande oben und unten beiderseits je eine Lilie mit zwei Blumenkelchen; aussen je ein feiner Linien- und ein gekerbter Kreis. Gr. über 15.

30090—92.

Av. Von rechts: LYCEE DES — ARTS ★ Auf einem Sockel Apollo, die Rechte an den Kopf haltend, mit der Linken, in welcher er den Bogen hält, sich auf einen Lorbeer-Baumstrunk, um welchen sich eine Schlange schlängelt, stützend. Im Abschnitte 1792. Rev. Innerhalb eines unten gebundenen Lorbeer- und Eichenzweiges: AUX | ARTS Stark gekerbter Rand. Gr. 14. (Nr. 397.)

Av. In einem Linien- und innern Perlenkreise: REPUBLIE | FRANÇOISE | Leiste | 1793. Rev. In gleichen Kreisen L'UNION | FAIT SA | FORCE. Leiste. Im Ringe geprägt und randirt. Gr. an 11. (Sammlung des Hrn. Dr. Freudenthal.)

Av. In der Mitte zwei Köpfe mit Gewand an den Achseln einander gegenübergestellt. Ueberschrift MARTIRS DE LA LIBERTE Unter dem Kopfe rechts J P (Jean Paul) | MARAT | 13 IUI Unter jenem links: LE | PELLETIE | 20 JAN. Zwischen diesen Aufschriften ein dieselben theilender Strich und unten 1793 Rev. Ober einer Leiste die Fasces mit der Freiheitskappe, zwischen zwei Eichenzweigen. Ueberschrift: JETON REPUBLICAIN Im Abschnitte S.(ocieté) DE L'HOMME | ARMÉ Am Rande beiderseits ovale Stricheln. Gr. 12. (Tafel 58. Nr. 584.) Seltener Präsenz-Jeton. Diese Gesellschaft, früher Section des Marais genannt.

30093—94.

Av. Rechts CONSOCIARE, links AMAT Minerva nach rechts gewandt, in der vorgestreckten Rechten eine Setzwage, in der Linken die Lanze haltend; sie steht vor zwei gegen rechts zu angebrachten Stufen. Am Boden vor ihr eine gleiche Wage, ein Maassstab und ein Hammer. Rev. LYCÉE | REPUBLICAIN | DE PARIS Stark gekerbter Rand. Gr. $13^1/_2$. (Tafel 70. Nr. 696.)

Av. Von rechts: ARS LONGA—VITA BREVIS. Der nach links gewandte bärtige Kopf des Hypokrates und am Halse Gewand. Rev. Zwischen zwei unten gebundenen Lorbeerkränzen SOCIETAS | MED. PARIS. | INSTIT 28 MART | 1796. und eine Leiste Ein Achteck, dessen Ränder mit einer breiten Leiste eingefasst, auf welcher kleine Dreiecke angebracht sind. Höhe und Breite 15. (Tafel 72. Nr. 721.)

30095—96.

Av. SOCIÉTÉ | DE | MÉDECINE | DE | PARIS dann unter einem Querstriche 4. GERMINAL | AN 4 Rev. Von rechts: CONSULTATIONS GRATUITES In der Mitte der Stab Aeskulap's, neben welchem rechts und links je ein Zweig offizineller Pflanzen. Im Abschnitte 22 MARS | 1796. An den Rändern beiderseits ovale Perlen zwischen zwei feinen Linienkreisen. Gr. $13^1/_2$.

Av. Aehnlich, nur vor GER ist 2. Im Rev. oben der Aeskulapsstab liegend, darunter CONSULTA- | TIONS | GRATUITES | eine Querleiste | 22. MARS | 1796 Der Rand gezähnt und nach innen ein feiner Linienkreis. Gl. Gr. (Nr. 722—23.)

30097.

Achteckig. Av. Die behelmte Minerva nach links gewandt, stützt die Rechte auf ein am Boden ruhendes Schild und hält die mit einem faltenreichen Gewande bedeckte Linke einer vor ihr stehenden Frauensperson (Fortuna) auf die Achsel. Zwischen beiden eine feste hohe Kassa, auf welche Fortuna ein grosses Füllhorn, aus welchem Münzen rollen, anlegt. Hinter ihr das Rad zur Hälfte, dann ein Ruder sichtbar. Am Rande links: D, nach innen, UM nach aussen gestellt (Dumarest). Ueberschrift oben an drei Seiten: LA SAGESSE FIXE LA FORTUNE Rev. Zwei sich haltende Hände und darunter ein Füllhorn und der Merkursstab kreuzweise gelegt. An den drei obern Seiten CAISSE DE COMPTES COURANTS Der Rand beiderseits mit dreifachen Strichen eingefasst. Höhe und Breite an 17.

Ein zweiter Stempel hat im Abschnitte statt des frühern leeren Abschnittes PA RIS LE II MESSIDOR | AN 4 Gl. Gr. (Tafel 74. Nr. 738—39.)

30098—100.

Av. Am obern Rande: HEROS BUONAPARTE· Das nach links gewandte Brustbild mit im Nacken gebundenem Haare und im mit Eichenblättern gesticktem Kleide. Rev. Rechts ein Lorbeer-, links ein Eichenzweig unten über einander gelegt. LES | FRUITS | DE SES | ACTIONS | — | 1796 Gekerbter Rand.

Av. Ebenso. Rev. Aehnlich, nur fehlt der kurze Querstrich ober 1796, die Aufschrift grösser als vorher nnd die Ende der Zweige oben einen kleinen Raum freilassend.

Av. Aehnlich ohne Punkt nach E und das Brustbild statt nach links hier nach rechts gewandt und im Rev. die Jahrzahl 1796 unter einem kleinen Querstrich. Die zwei Zweige sind mit einem Bande gebunden. Gl. Ränder. Alle Gr. 11. (Tafel 76. Nr. 763—5.)

30101—2.

Av. Von rechts: BUONOPARTE GENERAL EN CHEF DE LA BRAVE AR MEE DITALLIE Das Brustbild nach links mit Zopf im gestickten Staatskleide. Rev. Von rechts: VOILA SOLDATS VALEUREUX LE FRUIT DE VOS TRAVAUX· Die behelmte sitzende nach rechts gewandte Minerva; in der ausgestreckten Rechten einen Lorbeer- und Eichenzweig, die Linke auf ein am Boden ruhendes Schild gestützt, in welchem das Faszeshell; rückwärts ragen zwei Fahnen und unten ein Geschützrohr, eine Trommel und drei Kugeln hervor. Unter dem Boden 1796 Der Rand im Averse gezähnt und im Rev. gestrichelt.

Ein Var. im Av. in der Stellung der Schrift verschieden. Bei ersterem Stempel endet die Umschrift am Rande vor dem Brustbilde, bei dem zweiten Stempel reicht das Brustbild bis zum Buchstaben A des Wortes DITALLIE, ferner ist bei ersterm Stempel das Staatskleid geschlossen und hat eine Stickerei von je drei an einander gestellten Eichenblättern, bei dem zweiten sind die sogenannten Achselklappen aufgeschlagen und die Stickerei besteht aus an einander gereihten Eichenblättern. Gr. 15. (Nr. 767—8.)

30103.

Achteckig. Av. Von rechts: CAISSE DESCOMPTE DU COMMERCE In einem Perlenkreise ein Stern, dann rechts ein Tisch mit Schriften, auf welchem oben nach links gewandt ein Hahn, auf der Seitenplatte des Tisches der Merkursstab und unten am Gestelle klein ANDRIEU F· Vor dem Tische eine weibliche nach rechts gewandte Figur, welche in der vorgestreckten Rechten eine brennende Lampe hält; sie stützt die Hand auf einen Sessel antiker Form, auf welchem an der Seite eine (Capitolin.) Gans abgebildet. Im Abschnitte VIGILANCE, unten zwei Aehren. Im Perlenkreise ASSO CIATION | DU IV FRIMAIRE AN VI | POUR LA PROSPERITÉ | DU | COMMERCE An den Ecken nach innen beiderseits ein Linienkreis und in den Winkeln je ein Sternchen. Höhe und Breite 16. (Tafel 82. Nro. 822.)

30104—5.

Av. Der grosse nach rechts gewandte Kopf Apollo's mit lockigem Haare und blossem Halse. Vor ihm ein Lorbeerzweig, rückwärts die Leier. Unten nach aussen klein ANDRIEU· F· Rev. Von rechts: SOCIETÉ PHILOTECHNIQUE In der Mitte FONDÉE | EN | L'AN 3· 1795, darunter eine Biene. An den Rändern beiderseits ein doppelter Linienkreis. Gr. 14. (Tafel 83. Nr. 827.)

Av. Von rechts: CONSOCIARE — AMAT Die Minerva behelmt, nach rechts gewandt steht vor an der rechten Seite angebrachten Stufen, und hält in der vorgestreckten Rechten ein Richtblei, in der Linken die Lanze. Am Boden vor ihr ein Winkelmass, rückwärts ein Hammer und ein Massstab. Im Rev. SOCIÉTÉ | PHILOTECHNIQUE darunter eine Blattverzierung und eine Perlenschnur. Gr. $13^1/_2$. (Tafel 83. Nr. 826.)

30106—8.

Av. Ebenso. Rev. Zwischen zwei unten gebundenen Eichenzweigen, unter welchen ein kleines B (Bernier) in der Mitte LIBERTÉ | EGALITÉ Beiderseits Perlenrand. Gleiche Grösse.

Ein Variant im Av. hat den Massstab nicht wie bei den beiden ersten Stempeln gestrichelt, der Abschnitt unterhalb ist nicht durch einen, sondern zwei Striche abgetheilt und der Helm der Minerva ist glatt und nicht wie bei den früheren mit einer Feder geziert. Gl. Gr. (Nro. 829.)

Av. Von rechts: IUSTUM· RECTUMQUE· TUETUR· Eine stehende nach rechts gewandte weibliche Figur, die Justitia. In der emporgehobenen Rechten das Schwert, in der Linken die Wage haltend. Im Abschnitte zwei kleine über einander gelegte Palmzweige. Der Rev. wie der letztbeschriebene. An den Rändern Kreise von ovalen Perlen. Gl. Gr. (Nro. 830.)

30109—10.

Jeton ähnlich Nro. 30097, nur ist statt 1796 im Abschnitte IETTON | 1797 Gr. 15. (Tafel 83. Nr. 833.)

Av. Wie Nr. 30096. Rev. Ein auf die linke Seite zu galopirender Reiter in röm. Tracht, den Feldherrenstab in der Rechten. Ueberschrift: GENERAL EN CHEF Im Abschnitte IETTON Gek. Rand. Gr. an 12. (Nro. 837.)

30111—12.

Achteckig. Av. Von rechts bogig: COCHES DE LA HAUTE SEINE. In der Mitte ein aufrecht gestelltes Füllhorn mit einem sehr grossen Buschen von Blumen und Früchten; darunter zwei kreuzweis gelegte unten mit einem Bande gebundene Anker. Rev. Am Ufer ein Schiff, auf welches ein Mann auf einem Brette ein Fass hinaufwälzt, am Ufer im Vordergrunde sind kaufmännische Ballen, Fässer, Kisten; am jenseitigen hügeligen Ufer sind an der rechten Seite Gebäude. Im Abschnitte AN SIX. Die Ränder sind mit vierfachen Linien begränzt.

Ein Stempel im Av. dadurch verschieden, dass nur COCHE und dass die Schrift gleiche Richtung mit den Aussenseiten des Achteckes hält. Beide Höhe und Breite $14\frac{1}{2}$. (Tafel 87. Nr. 860—61.)

30113—14.

Av. Von rechts: L .·. FRANC .·. ET ECC .·. (Loge Française et Ecossaise.) DES SINCERES AMIS OR (ient) .·. DEPARIS. In der Mitte ein gegen unten geöffneter Zirkel und ein Winkelmass, nach oben offen; in der Mitte ein Dreieck, worin G Unten nach auswärts 5798 (1798.) Rev. In einem, aus einer Schlange gebildeten Kreise das strahlende Sonnengesicht. Die Strahlen bilden in dem ganzen Strahlenkreise auch einen Stern. Ueberschrift: POST TENEBRAS LUX Am Rande unten ragen aus einer Verzierung je drei Lorbeer- und drei Eichenblätter, hinter einander gestellt, mit gestielten Blumen an den Enden hervor. An den Rändern je ein Linienkreis. Gr. 13. (Tafel 89. Nr. 877.)

Av. Von rechts: LOGE DU PARFAIT ACCORD In einem Linienkreise zwei sich haltende Hände und unten ✡ Rev. Von rechts: ORIENT DE VILLE FRANCHE Unten nach aussen RHONE In der Mitte innerhalb eines Linienkreises ein Richt-Senkblei und an der Spitze ein Halbmond. Gr. 13. (Nr. 878.)

30115.

Av. Von rechts: LE GENIE LES REUNIT POUR L'UTILITÉ DU COMMCE Darunter rechts am Ufer ruhend ein Flussgott nach links gewandt, er stützt sich mit der Rechten, in welcher er ein Füllhorn hat, auf eine Urne, auf welcher das Wort LOIRE. Links eine Nymphe auf einem Felsstück mit einer Urne, aus welcher gleichfalls Wasser fliesst, auf welcher das Wort SAONE In der Mitte im Hintergrunde ein beflügelter Genius, in der ausgestreckten Rechten einen Plan, worauf die Worte DIGOIN | CHAL und in der Linken Messinstrumente. Im Abschnitte auf einer Leiste links TIOLIER · F. Unter der Leiste REGIE 1 PRAIRIAL | AN 7. Im Rev. zwischen zwei unten gebundenen Zweigen aus Schilfrohr: CANAL | DU CENTRE | OUVERT | EN SEPTEMBRE | 1792. Achteckig. An den Rändern paralelle Linienstriche. Höhe und Breite 16. (Tafel 90. Nr. 887.)

30116.

Achteckig. Av. Von rechts: ADMINISTEURS DES—COMP. (agnies) RÉUN. (ies) DE LA GUERRE Eine weibliche Gestalt (die Freiheit vorstellend), in der Rechten die Lanze mit der Freiheitskappe, die Linke mit dem Richtblei an ein Piedestal gelehnt. Im Abschnitte FONDS DE L'AN 7 Rev. Von rechts: NOTRE RÉUNION FAIT NOTRE FORCE In der Mitte die Faszes mit der Freiheitskappe und zur Seite nach oben Fahnen rechts zwischen Eichen, links zwischen Lorbeerblättern; tiefer rechts ein Füllhorn mit Blumen und Früchten, links eine Kanone, Kugeln und ein Fass. Im Abschnitte AN 7 DELA REP | FRANCAISE Die innern Seiten sind sämmtlich mit einer Verzierung bandmässig eingefasst. Höhe und Breite 16. (Tafel 93. Nr. 911.)

30117—18.

Av. Von rechts: THÉATRE DE LA—RÉPUBLIQUE ET DES ARTS Die weibliche Gestalt wie vorher, nur im Abschnitte PARIS AN VII. Im Rev. Amphion an der rechten Seite sitzend, spielt auf der Leier. Sein Spiel setzt viereckige Steine in Bewegung, welche in die Höhe steigend, eine die linke Seite einnehmende Stadtmauer bilden. Auf einem solchem Steine, auf welchem Amphion's Fuss ruht, sind die Buchstaben N. GA. (Nicolaus Gatteaux) Umschrift oben von rechts: TEL EST SON POUVOIR Im Abschnitte JURY DES ARTS Die Ränder beiderseits mit Spitzen eingefasst. Gr. 14. (Tafel 93. Nr. 913.)

Av. Von rechts: CONCERT DES AMATEURS DE PARIS In der Mitte ASSI

DUITÉ und unten ein grosser fünfspitziger Stern. Rev. Von rechts: LE MEME FEU LES ANIME In der Mitte zwei Leiern neben einander gestellt, und eine Fackel dazwischen. Durch die Leiern sind Myrthenzweige durchzogen. Neben der Leier rechts klein GATT Im Abschnitte PROFESSEURS | ET | AMATEURS Ovale Perlen als Randkreise. Gr. 14. (Tafel 94. Nro. 919.)

30119—20.

Av. Die linkshin fliegende Fama hält am Munde die Trompete, von welcher ein Tuch hängt, mit der Inschrift AUX | BRAVES | DU RHONe Rechts am Boden eine kleine Säule und links über demselben klein merci Im Abschnitte: PREFET VERNINAC | 25 MESS. (idor) AN 8 (1800) Rev. IL SERA ELEVE | DANS CHAQUE DEPAR. | UNE COLOÑE A LA MEM. | DES BRAVES DU DEP MORTS POUR | LA DEF. (ence) DE LA PATRIE & DE LA LIB. | Leiste | ARR. (et) DU 29 VSE (Ventose) AN 8 DE LA REPUBE | Leiste | CONSULS | BONAPARTE CAMBACERES | LEBRUN | Leiste | MINISTRE DE LINTER | LU. (cien) BONAPARTE Im Av. ein Linien- und ein innerer Perlenrand, im Rev. ein Rand von kleinen dreitheiligen Blättern. Gr. an 16. (Mitgetheilt von Hrn. Dr. Freudenthal. — Nicht in Hennin.)

Av. Von rechts: RÉPUBLIQUE — FRANÇAISE. Eine strahlende Fläche, auf welcher zwischen überlegten Lorbeerzweigen der auf einem kleinen Stundenglase rechtshin stehende Gallische Hahn. Unten am Rande klein FLOREAL· | AN· 9· Rev. PAIX | ET AMITIÉ | ENTRE LA | FRANCE | ET LA | RUSSIE· | (Leiste) | MAY· 1801· Darunter am Rande klein TIOLIER· F· Umschrift von rechts auf einem Bande: ALEXANDRE I· EMPEREUR ED RUSSIE· Gekerbter Rand und nach innen ein feiner Linienkreis. Auf dem äussern Rande eine Verzierung von gestielten Blumen. Gr. 13. (Samml. des Hrn. Dr. Freudenthal.)

c. Königliche Prinzen.

30121.

a. Alençon. François de Valois, Duc d' A. geb. 1554 † 84.

Av. Von links: FRAN· D· ALEN — FI·(lius) FR·(anciae) R·(egis) 1578 (Kreuzros.) Unter der Krone ein doppelleistiges französisches Schild mit den Lilien, umhängt mit der Ordenskette vom heil. Michael. Rev. Von links: FOVET· ET· DISCVTIT (Vierblatt.) Das Meer mit Schiffen, darüber die strahlende Sonne mit Gesicht zwischen Wolken. Strichelrand. Messing. Gr. 13. (Mitgetheilt vom Hrn. Dr. Freudenthal.)

30122—23.

b. Aumale. Louis Charles de Bourbon, Duc d'A. geb. 1701 † 55. (Sohn des Herzogs von Mayne.)

Av. Von rechts: LOUIS CH· DE BOURBON C.(onte) D'EU DUC D'AUM· G· M·(grand maitre) DE L' ART·(illerie) Brustbild linkshin mit Lockenperücke im Brustharnisch und Mantel. Rev. Oben aus den Wolken von links drei Blitze, von welchen einer einen grossen Felsen an der rechten Seite, welcher von Meereswellen bespült wird, in der Mitte derart spaltet, dass der Theil links in das Meer hineinstürzt. Ueberschrift: IRATO JOVE NIL TUTUM Im Abschnitte ARTILLERIE | 1745 An den Rändern Kreise von an den Enden zugespitzten Stricheln. Gr. über 13.

Av. Ebenso. Rev. Von rechts: VÆ QUIBUS HAS RUPISSE CATENAS CONTIGERIT Im Kreise links zwei, rechts vier Kanonen, welche durch eine Kette mit einander verbunden sind; im Hintergrunde links auf einem Berge eine Festung. Unter einer doppelten Abschnittsleiste ARTILLERIE | 1755. Strichelrand. Gl. Gr.

30124.

c. Condé Henri II de Bourbon, Prince de C. geb. 1588 † 1646.

Av. HENRY · DE · BOVRBON · P(remier) PRINCE · DE · FRANCE (Ros.) Zwischen einem überlegten Palm- und Lorbeerzweige ein gekreuztes französisches Schild mit den Lilien, zwischen denen ein schwebender rechter Schrägbalken. Rev. Von rechts: ·ERRANTES · HOC · LVMINE · TVTI · Im Kreise das Meer mit Schiffen, links ein Leuchtthurm. Unter der Abschnittsleiste am Rande ·1600· Gekerbter Rand. Messing. Gr. an 13.

30125.

d. Dombes, Henri de Bourbon, Prince de D. 1592—1608.

Av. HENRY . P . SOVERAIN . D . DOMBES . D .(uc) D . MONTPENSIER (vierblättrige Ros.) Das gekrönte mit den Ordensketten vom heil. Michael und heil. Geist umgebene französische Schild mit den Lilien, zwischen denen der rechte Schrägbalken. Rev. Von rechts: ÆQVVS. VTERQVE. LABOR. Im Kreise auf einem Grasboden zwei antike, gegen einander gestellte Schilde, das rechte mit dem Medusenhaupte, das linke mit einer Eule. Oben strahlende Wolken, im Abschnitte am Rande 1594 Gekerbter Rand. Messing. Gr. 13.

30126—29.

e. Mayne, Louis Auguste de Bourbon, Duc du M. geb. 1670 † 1736.

Av. LOUIS AUG · DE BOURBON DUC DU MAYNE G^{D} M^{E} DE L'ARTR^{IE} Das Brustbild nach links mit langem Haare und blossem Halse, unter welchem klein H. R. F. (Henricus Roussel Fecit.) Reverse:

a) Von rechts: DONEC NOVUS EXCITET HOSTIS · Herkules auf einer Rasenbank sitzend, die Keule am Boden gesenkt in der Rechten, nach links sehend. Im Abschnitte ARTILLERIE · | 1700 · Gek. Rand. Gr. über 13. (Taf. 67.)

b) Von rechts: TERROR HOSTI GAUDIUM AMICO · Ober einer Ebene eine Bombe in der Luft. Im Abschnitte ebenso, nur 1701 · Gl. Rand und gl. Gr.

c) Rechts CUSTODIT, links ET ARCET · In der Mitte ein Baum, auf welchem das goldene Vliess, bewacht von einem am Boden liegenden geflügelten, nach links gewandten Drachen, der Abschnitt ebenso mit 1702 · Gl. Rand und gl. Gr. (Taf. 67.)

d) Im Hintergrunde eine mit Mauern umschlossene Stadt, welche aus einer im Vordergrunde befindlichen Batterie von vier Geschützen beschossen wird. Ueberschrift auf einem Bande: COMPRESCENT IGNIBUS IGNES Gl. Abschnitt, nur 1704 Gl. Rand und gl. Gr.

30130—36.

Av. Aehnlich, nur GR^{D} Das Brustbild hier im Brustharnisch und Gewand, auf der Achsel einen Löwenkopf vorstellend. Rev. Von rechts: GEMINANT OBSTACULA VIRES Ein spitziger Vorsprung einer Festungsmauer, gegen welche die Laufgräben, eingefasst mit Pallissaden eröffnet sind. Im Abschnitte ARTILLERIE · | 1706 · Gl. Rand. und gl. Gr.

Av. Aehnlich, nur G^{D} und das Brustbild im Brustharnisch und Mantel. Rev. Von rechts: JOVIS DENUNCIAT IRAS · Ueber einem hügeligen Boden ein Donnerkeil. Im Abschnitte ebenso mit 1707 · Gl. Rand. Gr. 13. (Samml. des Hrn. Dr. Freudenthal.)

Av. Aehnlich mit G · M · DE LART · Das Brustbild mit langem Haare, mit Panzer und mit Gewand, welches auf der Achsel von einem Knopfe festgehalten wird; unterhalb bloss ·D· Rev. Von rechts: ILLA USQUE MINANTUR · In einem Linienkreise zwei nach rechts gewandte eben abgefeuerte Geschütze neben einander. Im Abschnitte ARTILLERIE | 1712 Gek. Rand. Gr. über 13.

Av. Aehnlich dem letzten mit LART und unten ·I D· Rev. RATIO ULTIMA u. s. w. wie Nr. 29523. Im Abschnitte ARTILLERIE | 1713 · Gek. Rand. Gl. Gr.

Av. Wie zuletzt. Rev. Von rechts: PRISTINUS EST OLLIS VIGOR Innerhalb eines Linienkreises im Hintergrunde links eine Festung auf einem Felsen, gegen welche je zwei im Vordergrunde am Boden aufgestellte Mörser und Geschütze ihre Geschosse abfeuern. Deren Richtung ist durch Linien im Luftraume angedeutet. Im Abschnitte ARTILLERIE | 1714 Gek. Ränder. Gr. über 13.

Av. wie zuletzt. Rev. Unter einem Linienkreise am Boden fünf Geschützröhre zerstreut, dann ein Mörser, Kanonenkugeln, zwei Geschützräder u. s. w. herumliegend. Ueberschrift: PARTA LABORE QVIES· Abschnitt ebenso mit 1715 Gl. Rand. Gl. Gr.

Av. ähnlich dem letzten, nur unten I D· Im Rev. jenseits eines Flusses im Hintergrunde Festungswerke im Grundriss. Am diesseitigen Ufer nach links zu vier Geschütze, nach links ein Kugelhaufen und einzelne Bomben und Geräthe am Boden. Im Abschnitte ECOLE D'ARTILLERIE· | 1727 Am Rande ein Kreis von zugespitzten Strichein. Gl. Gr.

30137—38.

Ohne Jahr. Av. ähnlich Nro. 30126, jedoch das Brustbild mit Harnisch und im Mantel und ohne Buchstaben unterhalb. Rev. Von rechts: L· ALEXA · DE BOUR BONC· — DE TOULOUZE ADMIRAL DE F^{CE} Das Brustbild mit herabhängendem langem lockigem Haare, im Brustharnisch und Mantel. Gek. Rand. Gr. 13.

Av. Von rechts: L· A· DE· BOURBON· D· DU· MAYNE· GR^{D} M^{R} DE· L'ART.^{RIE} Das Brustbild mit langen Haaren, Panzer und Mantel. Rev. Von rechts: RE GIT IMPERIIS ET FULMINE Zwischen Trophäen, unter welchen am Boden rechts ein Mörser, links eine Kanone, auf einer Lanze ein ovales Schild, worin die drei Lilien. Im Abschnitte ARTILLERIE· Gek. Rand. Gr. an 13.

30139—41.

f. Orleans. Gaston de Bourbon, Duc d'O. geb. 1608 † 60.

Av. GASTON· DE· FRANCE — FRERE· VNICQ· D· ROY (Ros.) Gekröntes doppelleistiges französisches Schild mit den Lilien, umhängt mit den zwei Ordensketten. Rev. Von rechts: ·SERVAT· VT· SERVIAT· VNI· Im Kreise innerhalb eines breiten, aussen mit Lilien besetzten Ringes zwei durch einander gelegte Dreiecke; oben strahlende Wolken. Unter der Abschnittsleiste am Rande ·1629· Perlenrand. Messing. Gr. an 13.

Av. Wie der erste mit VNIQVE· DV· ROY· und einfachem Schilde, in welchem über den Lilien ein (silberner) Turnierkragen mit zwei Lätzen. Rev. Von rechts: ·QVO· TRIA· QVARTVM· Im Perlenkreise ein Schaft mit drei Lilien. Im Abschnitte ·1642· Desgl. Desgl. Gl. Gr.

Av. wie der zweite mit ONCLE statt FRERE und Ros. nach ROY Rev. Von rechts: TEQVE TVOSQVE SEQVEMVR Ein rechtshin fliegender gekrönter Adler, begleitet von drei kleineren, unter der Abschnittsleiste am Rande ·1644· Gek. Rand. Gleiche Grösse.

30142—45.

g. Penthievre. Louis Jean de Bourbon, Duc de P. geb. 1725 † 1793.

Av. Von rechts: L· J· M· DE BOURBON D· DE PENTHIEVRE AMIRAL· D· F^{CE} Dessen jugendliches Brustbild nach links, mit im Nacken gebundenem Haare, im Brustharnisch, vor der Brust an einem Bande hängend die Orden des goldenen Vliesses und vom heil. Geiste. Rev. Im Meere der Muschelwagen des Neptun, worin dessen Dreizack, von zwei Seepferden nach links gezogen. Ueberschrift: NI STARET PACIS AMOR Im Abschnitte MARINE | 1740 Der Rand gekerbt. Gr. über 13.

Av. Aehnlich, nur mit FR· endend und unten am Rande klein und verschlungen CJR kursiv (Josef Carl Roettiers.) Rev. Arion mit der Leier auf einem rechtshin schwimmenden Delphine. Ueberschrift: INIMICA PER ÆQUORA SERVAT; im Abschnitte MARINE | 1742 Starker Strichelrand. Gr. über 13. (Sammlung des Herrn Dr. Freudenthal.)

Av. Ebenso. Rev. Der Stab Neptun's mit dem Merkursstabe mittelst zweier an den Enden flatternden Bänder zusammengebunden. Oberhalb FELIX CONCORDIA Im Abschnitte MARINE | 1753 An den Rändern gespitzte Stricheln. Gl. Gr.

Av. Ebenso. Rev. Zwei geflügelte nackte Männer rechtshin im Helme mit Schwert und Schild treiben drei geflügelte Dämone vor sich her. Ueberschrift: FERRO ET PENNICIBUS ALIS; im Abschnitte MARINE | 1758 Desgl. Gl. Gr. (Samml. des Hrn. Dr. Freudenthal.)

30146—47.

h. Toulouse. Louis Alexander de Bourbon, Comte de T. geb. 1678 † 1737.

Av. Von rechts: L· ALEX· DE· BOVRBON· C· DE· TOVLOVSE· ADMRAL. DE FCE· Das Brustbild nach links mit langem herabwallendem Haare und mit Gewand auf der Schulter. Rev. Die Umschriften sämmtlich von rechts: FRANGIT· TVMIDOS· STERNITQVE· REBELLES· Im Meere Neptun (den Admiral vorstellend), wie er auf einem von zwei Pferden gegen links gezogenen Triumpfwagen in der Rechten den Dreizack schwingt. Im Abschnitte ·1691· Linienkreise am Rande. Gr. 12. (V. Loon III. Seite 450.)

Av. Aehnlich, nur am Schlusse FCE Rev. Von rechts: HIS ÆQVORA VINDICAT ARMIS In der Mitte der Donnerkeil in Form eines Andreaskreuzes mit zwischen denselben hervorbrechenden acht Blitzstrahlen. In der Mitte aufrecht ein Neptunsstab. Im Abschnitte 1692 Am Rande Stricheln. Gr über 13. (V. Loon IV. S. 92.)

30148—51.

Av. Aehnlich dem letzten, nur C· Rev. Das Brustbild linkshin mit einer Lockenperücke im Brustharnisch, darunter am Rande ein kleines ·H· Rev. Wie die folgenden von rechts: PATET VLTIMA TERRA TRIVMPHIS Im Kreise das Argonauten-Schiff rechtshin im Meere mit dem auf der Segelstange hängendem Vliesse. Im Abschnitte ·MARINE· | ·1698· Starker Strichelrand. Messing. Gr. an 13.

Av. Aehnlich, nur ALEXA· dann TOULOUZE und unterhalb klein H· R· F· Rev. PLACIDO PAM — LUMINE FULGET· Ober einer ebenen Landschaft das dem vorigen ähnliche Schiff, jedoch ohne das Vliess, jedoch zwischen Sternen und die Ecke nach links in Wolken gehüllt. Im Abschnitte MARINE· | 1700· Gek. Rand. Gr. über 12.

Av. Ebenso. Rev. SUO VIM SUMET AB IGNE· Im Kreise ein Phönix auf einem brennenden Scheiterhaufen. Im Abschnitte MARINE· | 1703· Gl. Rand. Gl. Gr.

Av. Ebenso. Rev. TERRET HIANTES· Herkules, wie er die emporgehaltene Keule gegen ein rechts von ihm am Boden befindliches dreiköpfiges Ungethüm schwinget. Im Abschnitte MARINE· | 1704· Gl. Rand. Gl. Gr.

30152—57.

Av. Von rechts: LOUIS ALEXA · DE BOURBON COMTE DE TOULOUZE ADMIRAL DE FCE Das Brustbild wie vorher, und unten H. R. F. Reverse von rechts: PELAGO—SENSERE—TONANTEM. In einem Linienkreise der Adler mit Blitzen in den Klauen, ober dem hochgehenden Meere, in welchem mehrere Schiffe, zwei mit gebrochenen Masten, ein drittes zur Hälfte bereits im Wasser. Im Abschnitte: MARINE. | 1705. Gestrichelter Rand. Gr. über 13.

Av. Wie Nr. 30149, nur ohne H. R. F. Rev. HINC FERIT INDE ARCET. Der rechtshin schwebende Perseus hält rechts das Schwert, links das Medusenhaupt. Im Abschnitte: MARINE. | 1708. Strichelrand. Gl. Gr. (Samml. des Hrn. Dr. Freudenthal.)

Av. Aehnlich mit BOURBONC.—DE TOULOUZE u. s. w. Das Brustbild ähnlich dem frühern, nur trennen die Locken die Umschrift; unten fehlen die Buchstaben.

Rev. IMMOTA PROCELLIS. In einem Linienkreise ein mit einem Teppiche gedeckter Tisch, auf welchem ein Kompass (?) Im Abschnitte: MARINE. | · 1710. Gestrichelte Ränder. Gl. Gr.

Av. Wie zuletzt. Rev. RECREAT SPES u. s. w. wie Nr. 29524 MARINE. | 1713. Gl. Rand. Gl. Gr. (V. Loon V. S. 225.)

Av. Ebenso. Rev. PRÆSTAT — COMPONERE FLUCTUS. Neptun in dem von zwei Pferden im Meere nach links gezogenen Wagen, den Dreizack in der Linken, die Rechte vorgestreckt. Im Abschnitte: MARINE | 1714 Gekerbter Rand. Gl. Gr.

Av. Ebenso. Rev. VIS AUGENDA QUIETE Unter einem Halbbogen nach Vorn am Boden ein Bogen ohne Pfeile; im Hintergrunde eine Landschaft mit Bäumen. Im Abschnitte: MARINE. | . 1715. Gekerbter Rand. Gl. Gr.

30158—61.

Av. Aehnlich dem letzten, nur hier die Kleidung ober dem Panzer auf der Achsel mit einem Knopfe zusammengehalten; unterhalb H. R. F. Rev. INTERMISSA RE DIT VIRTUS. In einer Ebene ein runder Bienenstock auf einem Gestelle mit von der rechten Seite hineinfliegenden Bienen. Im Abschnitte: MARINE. | 1721. In der Landschaft klein IB. Strichelränder. Gr. über 13.

Av. Wie zuletzt. Rev. PRISCI NON OBLITA DECORIS. Das Argonauten-Schiff mit dem goldenen Vliesse am Maste, neben welchem oben je ein Stern. Im Abschnitte: MARINE. | 1728. Am Rande unförmliche Stricheln. Gl. Gr.

Av. Wie zuletzt. Rev. NEC DESUNT FULMINA PONTO Neptun von rechts auf einem Muschelwagen im Meere, wie er mit seinem Dreizacke einige fantastische Ungethüme angreift. Im Abschnitte MARINE | 1732. Gl. Rand. Gl. Gr.

Av. Ebenso. Rev. In einem Linienkreise ein Medusenkopf mit Schlangen statt der Haare. Oben am Rande EXPLICVISSE SATIS Im Abschnitte MARINE | 1735 Gleicher Rand. Gr. an 14.

30162—64.

Ohne Jahreszahl. Av. L. ALEX. DE BOVRBON C. DE. TOVLOVSE · AD MRAL. DE. FCE. Das Brustbild nach links mit langem herabwallendem Haare und mit Gewande auf der Schulter. Rev. Von rechts: MIHI. IMPERIVM. PELAGI. Im Meere ein von zwei Pferden nach links gezogener Triumphwagen, auf welchem ein Flussgott, den Admiral vorstellend. Der Rand gestrichelt. Gr. 13.

Av. L. ALEXA. DE BOURBONC. — DE TOULOUZE ADMIRAL DE FCE. Das Brustbild nach links im Harnisch und Gewand. Rev. BELLO PACIQUE. wie Nr. 29518. Gr. über 13. (V. Loon V. S. 175.)

Av. Wie Nr. 30149, ohne H. R. F. Rev. Auf einem Felsen sitzend, nach rechts gewandt eine behelmte Frauensperson (Pallas), in der Rechten einen Plan aufgerollt, in der Linken einen Zirkel haltend. Ohne Aufschriften; doch scheint eine im Abschnitte befindliche Schrift ausgravirt worden zu sein. Gr. über 14.

30165—66.

1. Vendôme. Charles de V. Cardinal de Bourbon geb. 1523 + 90.

Av. CHARLES. CARDINAL. DE. BOVRBON (zwei durchstochene Kreuzrosetten.) Ein auf einem Kreuzstabe liegendes französisches Schild mit den Lilien, zwischen denen der rechte Schrägbalken. Ueber dem Schilde ein Kardinalshut mit herabhängenden Quasten. Rev. FOLIVM. EIVS. NON. DEFLVET. ✠. Ein Baum. Gekerbter Rand. Messing. Gr. über 13.

Av. Aehnlich, nur VENDOSME (Ros.) statt BOVRBON Rev. Von rechts: SV PERAT. CANDORE. ET. ODORE. Auf einem Grasboden zwischen Dorngebüsch ein Blumenschaft mit einer Lilie. Im Abschnitte: 1587. Desgleichen. Gr. 13.

30167—68.

César de V. duc de Beaufort, geb. 1594 † 1665.

Av. CESAR. D. DE. VENDOSME. BEAVFORT. ET. DESTAMP (Ros.) Zwischen zusammen gebundenen Lorbeerzweigen ein gekröntes französisches Schild mit den Lilien, zwischen denen ein linker Schrägbalken. Rev. Von rechts: .NON. FLOS. ERIT. ILLE. CADVCVS. Auf einem Grasboden ein Schaft mit einer Sonnenblume, oben Wolken. Im Abschnitte: ·1604. Gekerbter Rand. Messing. Gr. an 13.

Av. Von rechts: ·CESAR. DVC — DE. VANDOSME. Brustbild linkshin mit Lockenhaare und Spitzenkragen, im Harnisch und Mantel, auf der Brust hängt ein Ordenskreuz. Rev. Von rechts: .CEDIT. ET. IMPERAT. Im gewundenen Kreise ein nach dem Hintergrunde segelndes Schiff mit einem grossen, mit Lilien bestreuten Segel, gegen welches rechts zwei Köpfe aus den Wolken blasen. Im Abschnitte: .MARINE. | .1656. (klein.) Gl. Rand. Gr. über 12.

30169—70.

François de V. duc de Beaufort, geb. 1616 † 69.

Av. Von rechts: FR. DE. VANDOSME. DVC. DE. BEAVFORT Das Brustbild linkshin mit langem Haare im Brustharnisch und Mantel. Rev. Von rechts: .SOLI. PARET. ET. IMPERAT. VNDIS. Ueber einer Landschaft Wolken und ganz oben der Vollmond mit Gesicht. Im Abschnitte am Rande .1666. Strichelrand. Gr. an 13.

Av. Wie der erste mit einer Lockenperücke. Rev. Von rechts: · EX · DVCE · SIDVS · HABET. Im Kreise auf einem Grasboden rechts ein Sonnenzeiger unter einem Baume; oben rechts Wolken, links ein strahlender Stern begleitet von kleinen Sternen. Im Abschnitte am Rande 1669 Desgleichen. Gr. über 12.

30171—73.

Louis Joseph duc de Vendôme, geb. 1654 † 1712.

Av. Von rechts: LOUIS. DUC. DE VENDOSME. GENERAL. DES GALERES Unter der Krone auf einem Wappenmantel in einer von den Ordensketten vom heil. Michael und heil. Geiste gebildeten blau gestrichelten Rundung die französischen Lilien, zwischen denen ein (rother) schwebender Schrägbalken von rechts nach links herab, welcher mit drei (silbernen) rechtsschreitenden Löwen hinter einander besetzt ist. Unter dem Mantel ragen die vier Spitzen eines Ankers hervor. Rev. Links auf einem Felsen ein Adler mit gehobenen Schwingen verscheucht mehrere Vögel. Obere Umschrift: ALARVM. FREMITV. FVGAT. Im Abschnitte GALERES | 1701 Gekerbter Rand. Gr. 13. Auch in Messing.

Av. Aehnlich, ohne die vier Punkte in der Umschrift und ohne Farbentinktur Rev. VOTIS. ASSUESCO. VOCARI. Eine im Hintergrunde hügelige Landschaft am Meere mit einem Leuchtthurme im Vordergrunde, an welchem sich die Meereswellen brechen. Im Abschnitte: . GALERES. | . 1702. Gleicher Rand. Gl. Gr. Messing.

Av. Wie zuletzt. Rev. HINC PAVOR ET FUGA. Ober einer Landschaft, in welcher sich rechts ein Felsen erhebt, das Medusenhaupt mit Schlangen umgeben. Im Abschnitte GALERES. | 1703. Gleicher Rand. Gr. 13.

30174—78.

Av. Von rechts: LOUIS. DUC. DE. VENDOSME. GENERAL. DES. GALE RES. Wie vorher, jedoch das Feld blau gestrichelt. Rev. TEMNIT. TRANQVILLA. TREMENTES. Innerhalb eines feinen Linienkreises oben ein punktirter Kreis umgeben von Strahlen. In der Mitte ein gerade aufsteigender Felsen, gegen welchen aus Knabenköpfen Sturm bläst und aus Wolken Blitze züngeln. Im Abschnitte GALERES | 1704 Gl. Rand. Gr. über 13.

Av. Wie zuletzt, nur DE DES und GALERES ohne Punkte. Rev. NON FLUC TUS IGNESQUE MORANTUR Im Meere in einem von zwei Pferden nach rechts gezogenem Muschelwagen eine weibliche Gestalt, mit in der Rechten haltendem flatterndem Gewande aufrecht stehend. Im Abschnitte GALERES. | 1705. Gekerbter Rand. Gl. Gr.

Av. wie Nr. 30174, ohne Punkte, mit ovalem Schilde. Rev. Von rechts: SERVAT TERRETQUE VICISSIM Im Halbkreise ein Baum mit Früchten, unter welchem ein ruhender Drache. Im Abschnitte: GALERES. | 1709. Gekerbter Rand. Gl. Gr. (Sammlung des Hrn. Dr. Freudenthal.)

Av. wie Nr. 30174, ohne Punkte. Rev. EXITIUM SI QUISQUAM ADEAT In einem Linien-Halbkreise im Meere drei Meerjungfern, zwischen rechts und links aufsteigenden Felsen. Im Abschnitte GALERES. | 1706. Strichelränder. Gr. über 13.

Av. wie Nr. 30175. Rev. wie Nr. 29520 mit ETIAM TRANQUILLA TIMETUR und 1712. Gekerbter Rand. Gl. Gr.

30179—80.

Vermandois. Louis comte de V. geb. 1669 † 1683.

Av. Von rechts: LOVIS. COMTE. DE. VERMANDOIS. ADMIRAL. DE. FR. Kindlicher Kopf linkshin. Rev. Von rechts: · ET. NASCENS. TEMPERAT. ÆQVOR. Im Kreise das Meer, oben Wolken. Unter der Abschnittsleiste am Rande · 1670. Gekerbter Rand. Gr. 12.

Av. Ebenso und unten am Rande klein DV FOVR Rev. Von rechts: CEST. A. MOY—DE. REGIR. Die Vorstellung verwischt; im Abschnitte .MARINE. | 1674. Im Av. und Rev. eine Kuh eingeschlagen. Strichelrand. Gr. über 11. (Beide in der Samml. des Hrn. Dr. Freudenthal.)

30181.

Heinrich Herzog von Bordeaux.

Av. Von rechts: HENRI V. ROI DE FRANCE Dessen nach rechts gewandtes Brustbild mit glattem Halse. Rev. Oben bogig: DIEU L'A DONNE. In der Mitte 29 | SEPTEMBRE Unten am Rande nach aussen 1833. zwischen je einer Lilie. Im Ringe geprägt. Gr. über 8.

30182—84.

Napoleon I. (1804—14).

Av. Von rechts: NAPOLEON — EMPEREUR Der nach links gewandte Kopf mit Lorbeerkranz und mit blossem Halse. Rev. Von rechts: HONNEUR ET PATRIE Am Boden ein viereckiges Postament oder ein Altar, mit einem Tuche oder Mantel bedeckt, auf welchem eine Krone und gekreuzt Scepter und main de just. Unten im Abschnitte: COUR II. FRIM | AN XIII. Gekerbte Ränder. Messing. Gr. an 12.

Av. Ebenso, nur unter dem Kopfe IETTON Rev. Unter der Krone Scepter und main de just. gekreuzt, darunter COURONNÉ | L. II. FRIM | AN XIII An der Randseite zwei unten gebundene und überlegte Eichenzweige, welche bis zur Krone hinaufreichen. Gekerbter Rand. Gr. über 12.

Av. Von rechts: ENTREE DE L'IMPERATRICE EN FRANCE Der Strassburger Münster; die Thurmseite nach rechts gekehrt. Im Abschnitte STRASBOURG 22 MARS | 1810 Rev. Zwischen zwei unten überlegten Lorbeerzweigen NAPOLÉON | MARIE — LOUISE Im Ringe geprägt. Gr. 15.

Jetone der Republik 1848—1852.

Sämmtlich im Ringe geprägt, die Umschriften, wenn sonst nichts bemerkt, beginnen rechts.

I. Auf Ereignisse.

30185—89.

a. Mit Angabe des Monates.

Av. EN MÉMOIRE DU BANQUET Im Felde DU 12ME | ARRONDISSEMT | DE | PARIS Rev. 1848 | dann kleiner 22 | FÉVRIER Obere Umschrift REFORME ELECTORALE Zehneckig. Gr. über 10.

Av. RÉPUBLIQUE — FRANÇAISE Auf einem Abschnitte die Freiheit von vorn mit Mütze hält in der Rechten neben sich eine Fahne mit der abwärts gestellten Inschrift VIVE | LA | REPUBLIQUE und legt mit der Linken Kränze auf einen Altar, an welchem AUX | CITOYENS | MORTS POUR LA | LIBERTÉ Unten 1848 Rev. LIBERTE, EGALITE, FRATERNITE. Im Felde AU PEUPLE | LA PATRIE | RE CONNAISSANTE | -·- | 22, 23, 24 FÉVRIER | 1848 | Rosette zwischen Blumen. Geöhrt. Gr. an 12.

Av. TON FLAMBEAU DOIT ECLAIRIR LE MONDE Die Freiheit rechtshin mit Mütze hält in der vorgestreckten Rechten eine brennende Fackel und stützt die Linke auf die Fasces, neben welchen Zweige; rechts im Hintergrunde ein Kirchthurm und Häuser. Im Abschnitte 22 23 24 FEVR | 1848. Rev. ILS SONT MORTS VICTI MES POUR LA LIBERTÉ Zwischen Lorbeerreisern eine Säule, auf deren Spitze eine Urne, daneben rechts und links neun Sterne. Unten ·· ✱ ·· Gehenkelt. Gr. 11.

Av. Wie zuletzt. Rev. LA MORALITÉ DOIT REGENERER LA FRANCE· (durchstochene Ros.) Im Felde LIBERTÉ | EGALITÉ | FRATERNITÉ Oben und unten Rosette zwischen Blättern. Desgl. Gl. Gr.

Av. Ebenso. Rev. AUX CITOYENS MORTS POUR LA LIBERTE Im Felde LA | RÉPUBLIQUE | RECONNAISSANTE | 23 ET 24 | FÉVRIER | 1848 Desgleichen. Gleiche Grösse.

30190—94.

Av. Umschrift wie Nro. 30186. Brustbild der Freiheit rechtshin mit Mütze; unten am Rande klein NAUDIN Rev. HONNEUR AU COURAGE DES BRAVES CITOYENS Im Felde DE LA | VILLE DE PARIS | TRIOMPHE COMPLET | CONTRE | LA TY RANNIE | 22 23 24 | FÉVRIER (klein) | 1848 Gelbes Kupfer. Geöhrt. Gr. 12.

Av. LIBERTE EGALITE FRATERNITE (Kreuzros.) Brustbild wie zuletzt mit starkem Lockenhaare und an der Mütze vertieft LIBERTE Rev. VIVE LA REPUBLI QUE dahinter entgegengestellt ·22· 23· 24· FEVRIER· 1848· Im Felde die dreifarbige Fahne mit Schaft. Perlenrand und randirt. Gelbes Kupfer. Gr. über 11.

Av. Obere Umschrift: EXAMPLE AUX TYRANS; unten 1848 Rev. HOMMAGE AUX BRAVES dahinter entgegengestellt 22, 33, 24, FR 1848 In der Mitte der Münze ist innerhalb eines Linienkreises ein rundes Stück von weissem Metalle, darauf im Av. der Freiheitskopf mit der Umschrift REPUBLIQUE — FRANCAISE und im Rev. die Inschrift LIBERTÉ | EGALITÉ | FRATERNITÉ Gr. über 9.

Av. RÉPUBLIQUE — FRANÇAISE Der Freiheitskopf rechtshin mit Mütze. Rev. Die Inschrift wie Nro. 30189, und 22, 23, 24, und 1848 Geöhrt. Gr. über 7.

Av. Seitlich rechts: ELLE FERA LA TOUR DU MONDE Zur Rechten ein Globus, an welchem eine Setzwage, und über demselben eine kleine Freiheitsmütze, von welcher Strahlen über die Fläche der Münze ausgehen, zwischen denen LIBERTÉ | 1848 | 1830 | 1789 Unten am Rande ein Füllhorn und rechts unter dem Globus einwärts und klein HOUZELOT Rev. RÉPUBLIQUE FRANÇAISE· Im überlegten Eichen- und Lorbeerzweige 22 | 23 24 | FÉVRIER Unten am Rande 1848 Geöhrt. Gr. über 10.

30195—201.

Av. REPUBLIQUE FRANCAISE dahinter entgegengestellt 22 23 24 FEVRIER 1848 Die Fasces mit Mütze, hinter welchen zwei gekreuzte Fahnen. Rev. TRIOMPHE | CONTRE LA | TYRANNIE | 22 23 24 | FEVRIER | 1848 Obere Umschrift HONNEUR AUX BRAVES CITOYENS Zehneckig. Gr. an 11.

Av. RÉPUBLIQUE FRANÇAISE· Dahinter entgegengesetzt und kleiner LIBER TÉ, ÉGALITÉ, FRATERNITÉ· Kanonenlauf und Fasces gekreuzt, darauf liegt ein antikes Schild, hinter welchem eine Stange mit aufgestellter Freiheitsmütze; zu beiden Seiten des Schildes ein Lorbeerzweig. Rev. Eine Barrikade, in deren Mitte die dreifarbige Fahne auf einem Rade steckt. Obere Umschrift 22, 23, 24, FÉVRIER; unten am Rande 1848 Sechseckig und geöhrt. Gelbes Kupfer. Gr. über 10.

Av. RÉPUBLIQUE — FRANCAISE, dahinter entgegengesetzt und kleiner LI BERTÉ — ÉGALITÉ Zwischen überlegten Lorbeerzweigen die Fasces mit Mütze. Rev. JOURNÉES DES 22. 23. 24. FÉVRIER ✱ Im Kreise 1848 Gr. an 12.

Av. AU NOM DU PEUPLE FRANÇAIS (bogig.) | GOUVERNEMENT (bogig.) | PROVISOIRE, darunter durch eine senkrechte Leiste abgetheilt rechts ARAGO DU PONT DE L'EURE | LAMARTINE | MARIE; links LEDRU — ROLLIN | FERDINAND F• | LOUIS BLANC | MARRAST dann unten am Rande ALBERT OUVRIER Rev. wie Nro. 30190. Geöhrt. Gr. 12.

Av. DEUS SOLUS MAGNUS Im Felde 22 | 23 24 | FEVRIER | 1848 Rev. Im überlegten Eichen- und Lorbeerzweige LIBERTÉ | EGALITÉ | FRATERNITÉ | Stern. Geöhrt. Gelbes Kupfer. Gr. 9.

Av. RÉPUBLIQUE FRANCAISE Auf einem Abschnitte eine Frau rechtshin im Gewande, stützt die Rechte auf die Fasces und hält in der Linken neben sich eine Stange mit der Mütze. Links unter dem Abschnitte klein DANIEL F• ; unten ein fünfstrahliger Stern. Rev. RÉPUBLIQUE — FRANCAISE Unter der die Umschrift theilenden Freiheitsmütze LIBERTÉ | ÉGALITÉ | FRATERNITÉ | eine Setzwage | 23 ET 24 FEVRIER | 1848 Gr. an 10.

Ein zweiter Stempel mit FRANÇAISE im Av. und Rev., ohne DANIEL F• dann mit FEVR.R Gr. an 11.

30202—5.

Av. EXEMPLE — AUX — PEUPLES Die geflügelte Freiheit linkshin mit einem Donnerkeile in der gehobenen Rechten und Stange mit Mütze in der Linken, setzt den linken Fuss auf Krone, Scepter und main de just. Rev. wie Nro. 20189. Geöhrt. Gelbes Kupfer. Gr. 11.

Av. Umschrift wie Nro. 30196, ohne Kommas. Im Kreise auf einem Abschnitte eine Frau linkshin im Helme und leichten Gewande, hält in der Rechten eine Stange mit Freiheitsmütze und mit der Linken einen Kranz über den vor ihr stehenden Fasces; auf beiden Seiten am Boden ein Lorbeerzweig. Rev. Im Kreise eine Barrikade mit aufgesteckter, dreifarbiger Fahne. Obere Umschrift AUX CITOYENS DE PARIS | MORTS POUR LA LIBERTÉ; untere nach aussen 23, 24 FÉVRIER 1848; | LA RÉPUBLI QUE RECONNAISSANTE• Geöhrt. Gelbes Kupfer. Gr. 11.

Av. RÉPUBLIQUE — FRANÇAISE Wie zuletzt ohne Kreis. Rev. Die Barrikade wie vorstehend ohne Kreis. Obere Umschrift 23, 24 FÉVRIER 1848•; unten am Rande eine Rosette zwischen Punkten. Desgl. Gr. 7.

Av. Umschrift wie zuletzt. Die Freiheit mit Mütze von vorn auf der zum Theil sichtbaren Erdkugel stehend, hält in der Rechten einen Speer, in der Linken Handfesseln; am Boden rechts Scepter und Krone, links eine Gesetztafel. Rev. JOURNÉES DES 23, 24, FÉVRIER dahinter entgegengesetzt • 1848 • Im Kreise LIBERTÉ | ÉGALI TÉ | FRATERNITÉ | Rosette zwischen Verzierung. Desgl. Desgl. Gl. Gr.

30206—11.

Av. Zwei gekreuzte Fahnen, auf deren Mitte die Freiheitsmütze. Oben bogig LIBERTÉ, unten desgl. EGALITÉ• und auf den Seiten je ein Stern (✱) Rev. REPU BLIQUE FRANÇAISE dahinter entgegengesetzt und kleiner 23 24 F.ER 1848 Eine Barrikade, in deren Mitte eine Tonne mit aufgesteckter Fahne. Geöhrt. Gr. 12.

Av. LIBERTÉ, ÉGALITÉ FRATERNITÉ ✱ Wie zuletzt. Rev. wie zuletzt, nur ✱ 23, 24, F.ER 1848 ✱ und nicht kleiner. Desgl. Gelbes Kupfer. Gr. 10.

Ein zweiter von Kupfer hat keine Kommas und im Rev. fehlen die Sterne. Gr. 7.

Av. RÉPUBLIQUE FRANÇAISE dahinter entgegengesetzt ✱ 23 ET 24 FÉV RIER ✱ Auf einem Wulste ein krähender Hahn rechtshin mit einer Kugel in der rechlen Kralle: unten 1848 Rev. Im unten mit einer Schleife gebundenen Eichen- und Lorbeerzweige wie Nr. 30199 ohne Stern. Unten am Rande klein PILLABT Geöhrt. Gr. an 15.

Av. Auf einem Boden Herkules rechtshin hält rechts ein Beil gesenkt, links Ketten; zu seinen Füssen liegen Krone, Ordensband und Lilie. Seitlich rechts in kleinen Zweigen TRAVAIL | LIBERTÉ; links die Fasces mit der Mütze. Rev. RÉPUBLI QUE FRANÇAISE, dahinter entgegengesetzt ✱ 24 FÉVRIER 1848 ✱ Im Felde die Inschrift wie vorher. Desgl. Gr. 12.

Av. LA RÉPUBLIQUE FRANÇAISE EST DÉMOCRATIQUE ET INDIVISI BLE (Rosette.) Im Lorbeerkranze eine Frau linkshin, hält in der Rechten eine Setzwage und mit der Linken eine Gesetztafel auf einem Altare, an welchem 1848; im Abschnitte klein FAUCIL F· Rev. FORMATION DU GOUVERNEMENT PROVISOIR· dahinter entgegengesetzt ·:·ET DU MAIRE DE PARIS·:· Im Felde 24· FEVR· | MIDI | LA RÉFORME EST LE | SEUL CRI SUR LES | BARRICADES· | 5· HEURES DU SOIR, | LA RÉPUBLIQUE A PRIS | PLACE A L'HOTEL | DE VILLE | Rosette zwischen je zwei Punkten. Gehenkelt. Gr. über 13.

30212—16.

Av. RÉPUBLIQUE FRANÇAISE Ueber einem Abschnitte zwischen einem Lorbeer- und Eichenzweige das Brustbild der Freiheit linkshin mit Mütze, um welche ein Aehrenkranz; am Boden ein ruhender Löwe zwischen Fasces und Wage. Im Abschnitte eine Blumenverzierung. Rev. ILS SONT MORTS POUR LA PATRIE Auf einem Altare, an welchem 24 | FEV, eine Urne zwischen einem Eichen- und Lorbeerzweige; hinter demselben ragen Fahnen und Kriegsgeräth hervor und am Boden rechts ein Mörser, links eine Trommel. Im Abschnitte 1848 Desgl. Gr. 11.

Av. LE PEUPLE CHASSE SON DERNIER ROI LE 24 FEVRIER 1848 Der Kopf Ludwig Philipp's linkshin im Lorbeerkranze; unten ein Stern. Rev. Zwei gekreuzte Aexte, daneben getheilt LIBERTÉ — FRATERÉ und etwas tiefer R — F Oben am Rande EGALITÉ, darunter eine Kreuzrosette; unten zwischen den Stielen eine Setzwage, über derselben und zu den Seiten je ein Stern. Unten am Rande 1848 Gl. Gr.

Av. Die Ruinen eines Gebäudes. Rev. INCENDIÉ | LE 24 | FÉVRIER | 1848 darunter kleiner PLACE | DU | PALAIS ROYAL (bogig.) Obere Umschrift: ASPECT DU CHATEAU D'EAU Gr. 13.

Av. wie Nr. 30212 Rev. LA REPUBLIQUE PROCLAMÉE A PARIS LE 25 FEV RIER 1848 (klein.) Im Kreise LIBERTE | FRATERNITE | ÉGALITÉ; oben und unten ein Stern. Dick. Gr. 11.

Av. RÉPUBLIQUE — FRANÇAISE Die Frau wie Nro. 30200 ohne DANIEL F· und statt der Fasces eine kleine Säule. Rev. PROCLAMÉE | LE 25 FÉVRIER | 1848 Gelbes Kupfer. Gr. über 12.

30217—21.

Av. RÉPUBLIQUE ROUGE· Dahinter entgegengesetzt und kleiner (Rosette) VIVE BLANQUI OU LA MORT! (Ros.) Eine rothe Fahne mit kurzem Schafte, auf dessen Spitze über Todtengebeinen ein Schädel bedeckt mit der Freiheitsmütze, an welcher vorn eine Lilie. Zu den Seiten rechts eine brennende Fackel, links ein Beil. Rev. 1848 | L'ÉCHAFAUD POLITIQUE | RENVERSÉ | LE 25 FÉVRIER· | LE DRAPEAU ROUGE | REPOUSSÉ | LE 27 FÉVRIER· | In einem kleinen Perlenkreise der Name CONBROUSE in ein kreuzförmiges Monogramm, wie auf den Carlowinger Denaren, gestellt. Obere Umschrift RÉPUBLIQUE FRATERNELLE·, untere nach aussen HONNEUR A LAMARTINE· und auf den Seiten zwischen den Umschriften je eine Rosette. Geöhrt. Gr. über 17. Selten.

Av. LIBERTÉ EGALITÉ FRATERNITÉ Innerhalb einer kleinen Umzäumung der Freiheitsbaum, auf der Mitte des Stammes gekreuzt zwei mit einer Schleife gebundene dreifarbige Fahnen. Rev. Im oben offenen Blumenkranze PLANTÉ | A | L'HO TEL DE VILLE | LE 10 MARS | 1848 Gr. 13.

Av. wie Nro. 30200. Rev. CLUB DE LA MONTAGNE DE MONTMARTRE CHATEAU ROUGE (Rosette.) Im Felde oben zwei sich fassende Hände über einem kleinen Berge, darunter DONNANT LA MAIN | AUX PEUPLES DU GLOBE | LIBER TÉ ÉGALITÉ | FRATERNITÉ | dann kleiner und bogig 14 MARS 1848 Gr. an 16. (Stiftung des Klubs.)

Av. In zwei unten mit einer Schleife gebundenen Lorbeerzweigen der Freiheitskopf mit Mütze rechtshin. Rev. CLUB | DES FRANCS | RÉPUBLICAINS Obere Umschrift: FONDÉ LE 22 MARS 1848; untere nach aussen L'UNION FAIT LA FORCE Geöhrt. Gr. 13.

Av. wie Nr. 30217. Rev. DIMANCHE | 16 AVRIL 1848 | kleine Leiste | MANI FESTATION SPONTANÉE | DE | 200.000 GARDES NATIONAUX | DE PARIS CON TRE LE | COMMUNISME· darunter das Monogramm wie Nro. 30217. Obere Umschrift: FAMILLE, PATRIE, LIBERTÉ· Geöhrt. Gr. über 17. Selten.

30222—27.

Av. VENDREDI | 17-MARS 1848· | kleine Leiste | MANIFESTATION PACI FIQUE | DE | 200000 PROLETAIRES | CONTRE | LES ARISTOCRATES | DE PA RIS· | kleine Leiste. Obere Umschrift PUISSANCE DE LA DEMOCRATIE· Rev. wie zuletzt. Desgl. Gl. Gr. Selten.

Av. Auf einem kleinen Steinhaufen ein Barrikadenkämpfer rechtshin hält in der Linken das Gewehr neben sich und zeigt mit der Rechten auf eine am Boden liegende zerbrochene Krone; über dem Kopfe ein Stern in Strahlen. Seitlich getheilt REPU BLIQUE — RECONNAISSANTE und unter dem Boden 16 AVRIL Obere Umschrift AU PEUPLE DE PARIS· untere auswärts LE PEUPLE DE LYON· Rev. Auf einer viereckigen Tafel IL A SCELLÉ | DE SON SANG | L'INVIOLABILITÉ | HUMAINE EN | 1789 ✱ 1830 | ✱ 1848 ✱ und im linken Unterwinkel ein kleines, kursives *a* (avapon). Oben zwei in einen Kranz gelegte Lorbeerzweige, unten zwei sich fassende Hände, zu den Seiten rechts die Freiheitsmütze, links eine Setzwage. Gr. über 17.

Av. wie Nro. 30201, aber die Fasces ohne Beil; im Abschnitte klein LIBERTÉ ÉGALITÉ | FRATERNITÉ Rev. L'ASSEMBLÉE | NATIONALE | TIENT SA PRE MIÈRE | SÉANCE | LE 4 MAI | 1848· | VIVE LA RÉPUBLIQUE | DÉMOCRATI QUE Geöhrt. Gr. 13.

Av. Ein mit zwei Ochsen bespannter, mit Reisern, Fahnen, Garben und Gartengeräthe gefüllter Wagen, an welchem LIBERTE EGALITE | FRATERNITE Im Abschnitte FETE DE LA | FRATERNITE | 14 MAI (klein) | 1848 Rev. LE PEUPLE | FRATERNISANT | MONTRE | L'EXEMPLE | AUX NATIONS Obere Umschrift RE PUBLIQUE FRANCAISE Gehenkelt. Gr. 12.

Av. REPUBLIQUE — FRANÇAISE Brustbild der Freiheit mit Mütze rechtshin. Rev. LIBERTÉ EGALITÉ FRATERNITÉ· Im Blätterkranze FÊTE | DU CHAMP | DE MARS | 14 MAI | 1848 | (Ros.) Unten am Rande eine Rosette zwischen je zwei Punkten. Dick. Gl. Gr.

Ein zweiter Stempel ohne den Blätterkranz und die untere Rosette im Rev. hat die Inschrift grösser.

30228—31.

Av. Zwischen Fahnen und Kriegswaffen, welche oben und unten mit einem Eichenzweige besteckt, der Freiheitskopf mit Mütze rechtshin über einem ausgebreiteten Adler. Obere Umschrift RÉPUBLIQUE — FRANÇAISE; im Abschnitte 1848 Rev. 15 MAI - 1848 (bog.) | Verzierung | DÉMONSTRATION POUR LA | POLOGNE INVA SION DANS LE | SEIN DE L'ASSEMBLÉE NAT^{LE} | ELLE EST DISSOUTE PAR

BARBÈS | LE CITOYEN LAMARTINE AVEC | LA GARDE NATIONALE ET L'AR MÉE | MARCHE SUR L'HOTEL DE VILLE | ARRESTATION DE | BARBÈS. Gr. über 15.

Av. LIBERTÉ EGALITÉ FRATERNITÉ dann sieben die Umschrift ausfüllende Sterne. Eine Setzwage, an welcher der Kopf mit Mütze rechtshin; zur Seite bogig rechts REPUBLIQUE links FRANÇAISE Unten zwei sich fassende Hände. Rev. AUX BRAVES CITOYENS DES LEGIONS DE PARIS ✱ Im Felde POUR AVOIR | SPON TANÉMENT | RETABLI LA | RÉPRESENTATION | NATIONALE | VIOLÉE PAR DES | FACTIEUX | LE 15 MAI | 1848 Gr. 13.

Av. LIBERTÉ ÉGALITÉ FRATERNITÉ PROBITÉ Eine mit der Freiheitsmütze besteckte Setzwage, hinter welcher beiderseits zwei dreifarbige Fahnen. Oben bogig 15 MAI 1848; unten DÉMONSTRATION | EN FAVEUR | DE LA | POLOGNE (bog.) Rev. RÉPUBLIQUE DÉMOCRATIQUE SOCIALE UNIVERSELLE Eine Armillarsphäre mit Gestelle, hinter welchem Spaten und Hacke gekreuzt. Oben bogig UNION DES PEUPLES; unten ORGANISATION | DU | TRAVAIL Gl. Gr.

Av. Ansicht der Festung von Vincennes. Oben bogig ATTENTAT 15 MAI.; Im Abschnitte DONJON DE VINCENNE | 1848. Rev. LIBERTÉ ÉGALITÉ. (bog.) | zwei sich fassende Hände | LA | RÉPUBLIQUE | TRIOMPHE | HONNEUR | À | LAMARTI NE (gross) | Setzwage. Zu beiden Seiten der Inschrift ein Eichenzweig. Gehenkelt. Gr. an 16.

30232—36.

Av. Ein Theil einer Strasse, im Vordergrunde vier Soldaten mit angelegten Gewehren, ein fünfter liegt am Boden. Rev. 15 MAI 1848 (bogig) | CLUB | DES DROITS DE L'HOMME | VILLAIN, PRÉSIDENT | REGRETTABLE CONFLIT | ENTRE LES CI TOYENS | DU CLUB | ET LES GARDES | NATIONAUX | DE LA | BANLIEUE (bog.) Gr. 13.

Av. wie Nr. 30227. Rev. LIBERTÉ EGALITÉ FRATERNITÉ ✱ Im Felde FÊTE | DU CHAMP | DE MARS | 21 MARS | 1848 Gr. 12.

Av. FÊTE DE LA CONCORDE, dahinter entgegengesetzt zwischen Kreuzro-setten 21 MAI 1848 Auf je zwei gekreuzten Fasces und Fahnen liegt eine Setzwage, an deren Spitze die Freiheitsmütze auf einer Stange; unten zwei sich fassende Hände. Rev. wie Nr. 30227. Geöhrt. Gr. über 11.

Av. BANNIERE — DU TRAVAIL Ein von fünf anderen umgebener Mann trägt ein von Blau, Silber und Roth quergetheiltes Banner, dessen Stränge von sechs Frauen gehalten werden; das silberne Feld enthält einen Kranz und vier Weizenkörner in den Winkeln, das untere ist mit Weizenkörnern bestreut. Im Abschnitte 1 Rev. Im unten gebundenen Lorbeer- und Eichenzweige FÊTE | DE LA | CONCORDE | 21 | MAI | 1848 Gr. 13.

Av. STATUE DE LA REPUBLIQUE Auf einer viereckigen Steinplatte eine Frau von vorn, hält in der Rechten eine Lanzenspitze und stützt die Linke auf eine kleine Säule; unter der Platte 2 Rev. wie zuletzt. Gl. Gr.

30237—41.

Av. STATUE DE L'EGALITÉ Eine Frau von vorn in sitzender Stellung hält in der gehobenen Rechten eine Setzwage und stützt die Linke auf eine Tafel. Unten am Rande 3 Rev. wie Nr. 30235. Gl. Gr.

Av. STATUE DU COMMERCE Auf einem viereckigen Steine der leicht bekleidete Merkur, von vorn mit Caduceus im rechten Arme und einem Geldbeutel in der vorgestreckten Linken; zu den Füssen ein krähender Hahn. Unten am Rande 5 Rev. Wie zuletzt. Gl. Gr.

Av. STATUE DE LA LIBERTÉ Auf einem viereckigen Steine die von vorn sitzende Freiheit mit Mütze rechtshin schauend, hält in der Linken eine Keule neben sich. Unten am Rande 6 Rev. Ebenso. Gl. Gr.

Av. STATUE DE LA MARINE Auf gleichem Steine eine leicht bekleidete Frau von vorn mit Mütze im Mantel, hält in der Rechten neben sich ein Beil und stützt die Linke auf ein kurzes Schwert. Unten am Rande 7 Rev. Ebenso. Gl. Gr.

Av. ENVELOPPES DES 500 LIVRETS DISTRIBUES AUX JEUNES FILLES Oben drei schwebende Figuren linkshin, unten ein längliches Viereck mit der Inschrift FETE REPUBLI | 21 MAI und unter demselben ein kleines Oval mit einem Schiffe, dann über dem Vierecke eine halb sichtbare Münze mit FRATERNITE; die ganze Vorstellung in Strahlen. Oben auf einem Bande LIQUE FRANC; unten zwischen der Umschrift am Rande klein 4. Rev. Ebenso. Gl. Gr.

30242 – 46.

Av. Unter einem Baldachine, dessen Stränge von acht Frauen gehalten werden, ein von sechs Männern getragenes, zierliches Gerüst, auf dessen Spitze ein Blumenkorb steht. Obere Umschrift: TROPHÉE DES TAPISSEURS ET DOREURS; im Abschnitte 8 Rev. wie vorher. Gl. Gr.

Av. C'EST NOUS QUI FAISONS L'HOMME POURQUOI N'AURIONS NOUS PAS VOIX DÉLIBERATIVE DANS SES CONSEILS Eine Frau steht auf einem Katheder, um welchen fünf andere, von denen zwei die Hände emporhalten. Im Abschnitte DISCOURS DU 27 MAI | 1848 Rev. JETON | D'ENTREE | BUREAU | RUE NEUVE DE TREVISE 8 | MELLE EUGNIE NIBOYET | PRÉSIDENTE Obere, zweizeilige Umschrift: LIBERTÉ ÉGALITÉ FRATERNITÉ | CLUB DES DAMES Gl. Gr.

Av. Wie zuletzt. Rev. DEPUTATION D'OURS REMERCIANT REMERCNT LE GNT — PROVISOIRE Ein Zug von aufgerichteten Bären linkshin, von denen der vorderste eine dreifarbige Fahne trägt mit der Inschrift: VIVE LA REPUBLIQUE | A BAS LES BONNETS A POIL; einige der hintern Bären drehen sich um und strecken die Pfoten gegen zwei zur Rechten stehende Bürgergarden aus, deren Bärenmützen am Boden liegen. Im Abschnitte: POUR L'ABOLITION | DES BONNETS | A POIL. Gleiche Gr.

Av. RÉPUBLIQUE FRANÇAISE. Dahinter entgegengesetzt LIBERTÉ ÉGALITÉ FRATERNITÉ. Im Kreise die von vorn stehende Freiheit mit Mütze, hält in der Rechten einen Speer und mit der Linken zwei Kränze über die neben ihr stehenden Fasces. Rev. Im Kreise eine Barrikade mit aufgepflanzter dreifarbiger Fahne. Obere zweizeilige Umschrift: GARDES NATLES DE BAR-SUR-ORNAIN | ET DE LIGNY (MEUSE.); untere desgleichen nach aussen 23. 24. 25. 26. JUIN 1848 | LA FRANCE RECONNAISSANTE. Gr. über 11.

Av. Wie zuletzt und rechts und links am Boden ein Lorbeerzweig. Im Kreise wie zuletzt. Obere zweizeilige Umschrift: AUX CITOYENS DE PARIS | MORTS POUR LA LIBERTÉ.; untere wie zuletzt, aber RÉPUBLIQUE statt FRANCE und Kommas statt Punkte. Weisses Metall mit einer Linse von Kupfer, auf welcher die Vorstellungen. Geöhrt. Gl. Gr.

30247—51.

Av. Umschrift wie Nr. 30196 ohne Punkte. Im Perlenkreise eine Barrikade mit einer Tonne in der Mitte, auf welche ein Soldat eine Fahne stellt. Rev. Im Perlenkreise eine behelmte Frau von vorn, hält in der Linken eine Stange mit Freiheitsmütze, in der Rechten, welche sie auf die Fasces stützt, zwei Kränze; am Boden rechts ein Altar, an welchem eine Setzwage, links ein Lorbeerstrauch. Obere Umschrift: AUX MANES DES CITOYENS MORTS | POUR L'ORDRE ET LA LIBERTÉ; untere nach aussen HONNEUR ET RESPECT | 23. 24. 25. 26 JUIN 1848. Geöhrt. Gelb. Kupfer. Gr. 11.

Av. AUX CITOYENS MORTS POUR LA PATRIE Im Sternenkreise die Fasces mit aufgesteckter Mütze, und vor denselben eine mit zwei sich fassenden Händen besetzte Setzwage. Rev. ARMÉE, GARDE NATIONALE & GARDE MOBILE * Im starken mit einem Bande umwundenen Eichenkranze 23, | 24, 25, 26, | JUIN | 1848 Perlenrand und gehenkelt. Gr. über 13.

Av. Wie zuletzt. Rev. LES DEPARTEMENTS VIENNENT AU SECOURS DE PARIS * Im überlegten Lorbeer- und Eichenzweige 23, 24, 25, 26 | JUIN | 1848 Grösse 12.

Av. CHAR FUNÈBRE DES VICTIMES DE 1848 Ein mit Fahnen und Lorbeerzweigen besteckter Katafalk, auf dessen Spitze die von zwei Klauen gehaltenen, mit einer Hand besteckten Fasces. Links drei Männer mit Reisern, rechts ein vierter, welcher ein an den Katafalk gespanntes Pferd hält. Im Abschnitte 23. 24. 25. 26. | JUIN Rev. In einem starken Rosenkranze LA | FRANCE | VERSE DES LARMES | SUR CES | NOBLES | VICTIMES Gr. 13.

Av. Ein mit vier dreifarbigen Fahnen besteckter Obelisk, hinter welchem eine Trauerweide; am Boden links und rechts zwei kleine, mit einer Kette verbundene Pfeiler. Im Abschnitte am Rande VICTIMES Rev. MORTS POUR LA DEFENSE DE L'ORDRE ET DE LA REPUBLIQUE. Im Kreise JUIN, darüber halbbogig 23. 24. 25. 26 und unten · 1848. Gr. an 12.

30252—56.

Av. UNION FORCE - ET LIBERTÉ Ueber einem am Boden ruhenden Löwen von der Linken die mit Lorbeerreisern besteckten Fasces, hinter denen unten eine Setzwage. Rev. AUX CITOYENS VICTIMES 23. 24. 25. 26 * Im gekerbten Kreise JUIN | 1848 | · * · Gehenkelt. Gr. an 8.

Av. ILS SONT MORTS POUR LE MAINTIEN DE L'ORDRE ET DES LOIS. * Im Kreise eine mit einer Draperie theilweise bedeckte Urne; im Abschnitte drei Flämmchen. Rev. REPUBLIQUE (fünfspitziger Stern) FRANÇAISE Im überlegten Palm- und Lorbeerzweige AUX | GLORIEUSES | VICTIMES | DES | 23 24 25 26 | JUIN Unten am Rande 1848 Beiderseits ein nach innen ausgekerbter Rand. Geöhrt. Gr. 13.

Av. 1848 | LE GEST PROVISOIR | EST NOMMÉ | LE 23 A L'HOTEL DE VIL LE | LA RÉPUBLIQUE AU NOM | DU PEUPLE FRANÇAIS | EST PROCLAMÉE | Eine mit zwei sich fassenden Händen belegte Setzwage, darunter im Halbbogen am Rande 22. 23. 24 FÉVR 1848. Obere Umschrift: RÉVOLUTION FRANÇAISE Rev. 1848 | 23. 24. 25. 26 JUIN | LE 24 PARIS MIS | EN ÉTAT DE SIÈGE | * LE POU VOIR ÉXÉCUTIF | EST REMIS AU GÉNÉRAL | CAVAIGNAC· | Rosette zwischen je drei Punkten, darunter im Halbbogen am Rande ET LE COMBAT CESSE LE 26. Obere Umschrift: INSURRECTION DE JUIN. Gehenkelt. Gr. an 14.

Av. Am Meeresufer ein Mann, welchen eine Frau am Arme hält, während eine zweite weinend am Boden sitzt; rechts zwei Soldaten, welche auf die links im Hintergrunde sichtbaren Masten eines Schiffes hinzeigen. Im Abschnitte ADIEUX | D'UN | TRANSPORTÉ. (bog.) Rev. PREMIER DÉPART DES INSURGÉS Im Felde 531 (gross) EMBARQUENT | AU HAVRE A BORD | LA FRÉGATE | L'ULLOA (gross) | LE 8 AOUT 1848 Gr. 13.

Av. Umschrift wie Nr. 30196 ohne Punkte. Im Kreise wie Nr. 30246. Rev. Im Eichenkranze BANQUET | DE | VENDÔME | .10 7BRE | 1848 Geöhrt. Gr. 11.

30257—60.

Av. GLORIEUSES | ELECTIONS DU 18. 7BRE | 1848. | — · — | HONNEUR A LA VILLE | DE | PARIS! Darunter im kleinen Perlenkreise das Monogramm wie Nr. 30217. - Obere Umschrift: IGNORANCE—MISÈRE—CRÉDULITÉ. Rev. DIT | NAPO LÉON III, | SERGENT-DE-VILLE ANGLAIS; | ACH FOULD, | ÉLEVEUR DE JU

MENTS ET DE LORETTES, | F. V. RASPAIL, | DÉBITANT DE CAMPHRE | ET | DORVIÉTAN. Obere Umschrift: CH · LOUIS NAPOLÉON BUONAPARTE. Gehenkelt. Gr. 17. Selten.

Av. (Ros.) CONCORDE ET FRATERNITÉ (Ros.) Im gewundenen Kreise ein Lorbeerbaum, von welchem vorn eine dreifarbige Flagge über ein am Boden liegendes Füllhorn herabhängt; in dem mittleren silbernen Felde die Flagge 20 | 7BRE Rechts die Spitze eines Mastes, links die aufgehende Sonne, in deren Mitte UNION Von dem Abschnitte hängt eine Guirlande, innerhalb welcher 1848. Rev. In unten durch eine Muschel geschlossenen Blumenzweigen: VISITE A LA | CITÉ DE LONDRES | PAR LES GARDES | NATIONAUX FRANÇAIS | SEPTEMBRE | 1848. Unten am Rande klein FAUGIL 1848 Gehenkelt. Gr. 15.

Av. 21 7BRE 1848 110.752 SUFFRAGES Die Fasces mit der Freiheitsmütze, seitlich getheilt R – F Rev. LOUIS | NAPOLÉON | REPRÉSENTANT | ÉLU LE 8 JUIN 1848 | 84,120 | SUFFRAGES Geöhrt. Gr. 7.

Av. RÉPUBLIQUE FRANÇAISE dahinter entgegengesetzt * LIBERTÉ ÉGA LITÉ FRATERNITÉ * Auf zwei gekreuzten Fahnen die Fasces, vor denen eine Setzwage, und über denselben die Freiheitsmütze in Strahlen; am Saume der rechten Fahne 1792, an dem der linken 1848 Rev. 55EME ANNIVERSAIRE DU MEMORABLE SIÈGE DE LILLE Im Perlenkreise HONNEUR | AU COURAGE AU | PATRIO TISME | DES | LILLOIS; oben und unten Verzierung. Um die obere Hälfte des Kreises SOUVENIR DU BANQUET FRATERNEL 8. 8BRE 1848; an der untern Hälfte zwei überlegte Lorbeerzweige, zwischen deren Stielen ein Stern. Rand von kleinen Halbringeln. Geöhrt. Gr. 15.

30261—65.

Av. Im Meere ein Dampfboot mit einer Barke im Tau, umher kleine Kähne mit Personen. Obere Umschrift: 1ER DEPART DES COLONS; im Abschnitte 8, darunter am Rande OCTOBRE 1848 Rev. DÉCRET | DU | 19 7BRE | 1848 Obere zweizeilige Umschrift * UN CREDIT DE 50 MILLIONS EST ACCORDÉ | POUR LA COLONISATION DE LALGERIE Gr. 13.

Av. REPUBLIQUE – FRANÇAISE Auf einem Strahlengrunde ein weibliches Brustbild linkshin. Oben eine Setzwage, unten zwei sich fassende Hände, darunter am Rande klein F. NAUDIN Rev. DRAPEAU OFFERT PAR LA GARDE NATIONALE DE PARIS Im Felde A | LA VILLE | DE | LILLE | Stern, darunter klein 8 OCTOBRE | 1848 Gr. 11.

Av. Wie zuletzt, aber nur NAUDIN Rev. BANQUET | DE LA | SARTHE | 15 | OCTOBRE | 1848 Obere Umschrift: LIBERTÉ EGALITÉ FRATERNITÉ Geöhrt. Gleiche Gr.

Av. Umschrift wie Nr. 30260 mit Rosetten statt Sternen. In zusammengebundenen Lorbeerzweigen auf Strahlengrunde zwei sich fassende Hände, oben ein Stern, unten eine Setzwage. Rev. Im Kreise von Eicheln SOUVENIR | DU | BANQUET | FRA TERNEL Oben bogig ROUBAIX, unten desgleichen 22 OCTOBRE 1848 und auf den Seiten je ein Stern. Neusilber. Geöhrt. Gl. Gr.

Av. Im Meere ein Dampfboot und ein Kahn; im Hintergrunde die afrikanische Küste mit Bäumen und zwei Kameelen. Obere Umschrift: VUE DE LA PLAGE; unten am Rande AFRICAINE Rev. 830 (gross) | DÉBARQUENT | DE LA FRÉ GATE | L'ALBATROS | A | ARSEVV Obere Umschrift: 1ERE ARRIVEE DES CO LONS; unten am Rande LE 27 8BRE 1848 Gr. 13.

30266—71.

Av. REPUBLIQUE – FRANÇAISE Weiblicher Kopf rechtshin mit aufgebundenem Haare im Eichenkranze; unten am Rande klein DECOURCELLE F. Rev. SUFFRAGE UNIVERSEL | LIBERTÉ DE LA PRESSE | ABOLITION DE L'ES

CLAVAGE Obere Umschrift: CONSTITUTION DE 1848; unten nach aussen VOTÉE LE 4 9BRE Geöhrt. Gr. 12.

Av. Umschrift wie zuletzt. Die mit einer Mütze besteckten Fasces; unten ein Stern. Rev. wie zuletzt. Gr. über 12.

Av. CONSTITUTION (bog.) | FRANÇAISE | SANCTIONNÉ (sic!) | LE 4 NO VEMBRE | 1848. Rev. PARLA SEMBLÉE (sic!) dahinter entgegengesetzt DE LA REPUBLIQUE FRANÇAISE Im Felde NATIONALE | SOUS LA | PROTECTION | DES LOIS | Leiste. Gr. an 12.

Av. wie Nr. 30266, aber unter dem Halse klein DECOURCELLE Rev. PROMUL GATION DE LA CONSTITUTION dahinter entgegengesetzt * 12 9BRE 1848 * Im Felde EN | PRÉSENCE | DU PEUPLE | FRANÇAIS Geöhrt. Gr. 12.

Av. Rechts ein mit sechs Fahnen besteckter Altar, an welchem LOI | DE | 1848 und auf demselben eine Tafel mit der Inschrift: CONSTITT | 1848; zur Linken ein Mann von vorn in moderner Tracht zeigt mit der Rechten nach der Tafel und hält in der Linken neben sich eine dreifarbige Fahne mit der Inschrift: LIBERTE | EGA LITE | FRATERNITE. Oben bogig PROMULGUEE | LE 12 9BRE im Abschnitte CON STITUTION | DE | 1848 Rev. LA | SOUVERAINETE | RESIDE DANS | L'UNI VERSALITE | DÉS | CITOYENS | FRANÇAIS Obere Umschrift: REPUBLIQUE FRAN CAISE Gr. 13.

Av. RÉPUBLIQUE — FRANÇAISE. Auf einem kleinen Abschnitte eine Frau rechtshin, hält in der Linken eine Stange mit der Mütze und stützt die Rechte auf eine Tafel mit der Inschrift CON | TIO, dann Andeutung von Schrift. Unten eine Kreuzrosette zwischen je zwei Punkten. Rev. PROMULGATION * DE LA CONSTI TUTION REPUBLICAINE (Rosette wie im Av.) Im Felde LE | 12—9BRE | 1848 | Verzierung. Geöhrt. Gr. 11.

30272—75.

Av. BANQUET DE LA PRESSE DEMOCRATIQUE SOCIALE Von der Linken der Kopf mit Freiheitsmütze und die Umschrift REPUBLIQUE — FRANCAISE; oben bogig ET DE LA MONTAGNE unten LE 19 9BRE | 1848 Rev. HONNEUR AUX VAINQUEURS DE FÉVRIER Eine Setzwage, innerhalb welcher rechts aufwärts LIBERTE, links abwärts EGALIT und unten FRATERNITE Desgl. Gr. über 9.

Av. RÉPUBLIQUE FRANÇAISE. Der Kopf rechtshin mit Lockenhaare und Freiheitsmütze, darunter klein und bogig LIBERTÉ | EGALITÉ FRATERNITÉ Rev. FÊTE DE LA CONSTITUTION À PARIS LE 19. 9BRE 1848. Zwischen einem Lorbeer- und Eichenzweige eine mit der Freiheitsmütze besteckte Gesetztafel, darauf unter zwei Rosetten CONSTITUTION | DE | -1848- dann vier mit Stricheln angedeutete Artikel. Von der Tafel hängt eine Guirlande; unten am Rande eine Kreuzrosette zwischen je zwei Punkten. Desgleichen. Gr. 12.

Av. Wie Nr. 30256. Rev. Unter einem auf Stufen erhöhten Tempel ein Mann vor einem Altare, neben welchem auf beiden Seiten zwei andere sitzen. Auf dem Tempel steckt eine Flagge mit REPUBLIQUE (vertieft); am Fusse der Treppe links und rechts eine andere mit R F | Ringel (vertieft). Zu beiden Seiten hinter einer Balustrade sitzen die Zuschauer. Obere Umschrift. FÊTE DE LA CONSTITUTION; im Abschnitte STRASSBOURG | LE 19 9BRE 1848 (bog.) Desgleichen Gr. 11.

Av. Wie zuletzt. Rev. ET À LA | GARDE DU PEUPLE | FRANÇAIS | PRO MULGATION | DE LA | CONSTITUTION | 1848 Obere Umschrift: SOUS LA PRO TECTION DE DIEU Desgleichen. Gl. Gr.

30276—80.

Av. LE DICTATEUR RESTA AUSSI FIDÈLE À LA LIBERTÉ, oben ein aufgerichtetes Schwert zwischen EUGÈNE — CAVAIGNAC, darunter 20 XBRE. 1848 |

Das Monogramm wie Nr. 30217. Rev. QUE LE PUBLICISTE AVAIT ÉTÉ DÉVOUÉ À LA DÉMOCRATIE. (Rosette zwischen Punkten). Eine Schreibfeder zwischen GO DEFROI—CAVAIGNAC; unten 5 MAI 1845 Desgleichen. Gr. 16. Selten.

Av. Auf einem Postamente eine Urne, daneben rechts die Freiheit mit der Mütze hält in der Rechten einen Palmzweig und in der Linken die Urne; hinter dem Postamente zur Linken eine Trauerweide. Am Boden rechts ein Hahn, links eine Trommel und zwei Fahnen. Obere Umschrift: MORTS POUR LA LIBERTÉ. Im Abschnitte klein 24. FEV. 1848 Rev. Im Sternenkreise unter einer Rosette zwischen je vier Punkten FÊTE EN | COMMÉMORATION | DE LA | RÉVOLUTION | DE FÉVRIER | 1848 Obere Umschrift: RÉPUBLIQUE FRANÇAISE. Unten nach aussen 1R ANNI VERSAIRE 1849 und auf den Seiten je eine Rosette. Gehenkelt. Gr. an 14.

Av. Wie Nr. 30211. Rev. wie vorstehend. Desgleichen. Gl. Gr.

Av. Im zusammengebundenen Lorbeer- und Eichenzweige die Freiheitsmütze in Strahlen. Obere Umschrift: RÉPUBLIQUE DÉMOCRATIQUE- und unten am Rande ET SOCIALE. Rev. In der Mitte eine Setzwage, darüber bogig 1ER ANNIVERSAIRE DE | LA REVOLUTION. | DE 1848. Dann unter derselben BANQUETS | SOCIALISTES. | 24 FEVER 1849. (bog.) Auf beiden Seiten ein Stern. Im Rev. Rand von kleinen Spitzen. Geöhrt. Gr. 11.

Av. REPUBLIQUE — FRANÇAISE· In überlegten Eichenzweigen die Fasces. Rev. wie zuletzt. Beiderseits der Rand wie vorher. Geöhrt. Gl. Gr.

30281—85.

Av. LOIN · D'ABAISSER IL — ELEVE Ein viereckiges Gerüst von sechs durch Querbalken verbundenen Pfählen, an deren jedem oben eine Tafel mit ARRET; umher mehrere Personen, links ein Baum. Im Abschnitte ECHAFAUD | GLORIEUX Rev. LE PILORI ELEVE POUR SIX CONTUMAX POLITIQUES 25 AVRIL 1849· Im Felde LOUIS BLANC | CAUSSIDIERE | LAVIRON | NAPOLEON CHANCEL HOUNEAU | SEIGNEURET; oben im Halbbogen LE PEUPLE Y JETA DES PLEURS Gr. 13.

Av. LES FRANÇAIS A LONDRES SEPTEMBRE dann klein 1848. Ein Oelzweig mit Früchten, unten ein Stern. Rev. ·LES ANGLAIS A PARIS AVRIL dann klein 1849; dahinter entgegengesetzt -DE DEUX GRANDS PEUPLES. Zwei sich fassende Hände, darunter UNION - Geöhrt. Gr. 11.

Auch in weissem Metalle ohne Jahr.

Av. ✱LIBERTÉ, EGALITÉ, FRATERNITÉ✱ Die Freiheitsmütze in Strahlen: unten am Rande klein BLACHÈRE. F. Rev. 1ER | ANNIVERSAIRE | DE LA PRO CLAMATION | DE LA | RÉPUBLIQUE FRANÇAISE | PAR L'ASSEMBLÉE | NATIO NALE· | Leiste. Oben am Rande auf einem Bande 4 MAI 1849 Gr. an 9.

Av. wie Nro. 30212. Rev. ASSEMBLÉE LÉGISLATIVE Im Felde unter einer Rosette OUVERTURE | LE 28 MAI | 1849 | Verzierung | Rosette zwischen Blättern. Gehenkelt. Gr. 11.

Av. RÉPUBLIQUE DÉMOCRATIQUE ET SOCIALE (Ros.) Der Freiheitskopf linkshin mit Mütze, um welche ein Lorbeerkranz; seitlich rechts eine kleine Freiheitsmütze, links die Hände und unten die Setzwage. Rev. Im überlegten Eichen- und Lorbeerzweige 15 & 16 JUIN 1849 | INSURRECTION DE LYON | AUX CRIS DE | VI VE LA RÉPUBLIQUE | DÉMOCRATIQUE & SOCIALE | VIVE LA CONSTITUTION | L'INSURRECTION EST | VAINCUE | Setzwage. Gr. an 16.

30286—89.

b. Ohne Angabe des Monats.

Av. Im kleinen Linienkreise der Freiheitskopf rechtshin mit Mütze und der Umschrift REPUBLIQUE — FRANCAISE Obere Umschrift EXAMPLE AUX TYRANS;

unten 1848 Rev. 3 | LEGION | 2 | BATAILLON | 4 | COMPAGNIE Geöhrt. Gr. über 9.

Av. BANQUET FRATERNEL DEMOCRATIQUE Im kleinen Kreise wie vorstehend. Oben halbbogig DES TRAVAILLEURS; unten 1848. | A 25 CENS (bog.) Rev. HONNEUR AUX VAINQUEURS DES BARRICADES Im Kreise LIBERTE | EGALITE | FRATERNITE und unter demselben ein Blumenstengel. Desgl. Gl. Gr.

Av. RÉPUBLIQUE — FRANÇAISE Brustbild der Freiheit rechtshin mit Mütze; unten am Rande 1848 Rev. In überlegten Lorbeerzweigen LIBERTÉ | ÉGALITÉ | FRATERNITÉ Perlenrand. Gelbes Kupfer. Gr. an 11.

Av. wie Nro. 30202. Rev. A L'UNION | ET A LA | RÉGÉNERATION | DES PEUPLES | LA FRANCE EST LIBRE | ET SA DEVISE | FRATERNITÉ Geöhrt. Grösse 12.

30290—95.

Av. RÉPUBLIQUE — FRANÇAISE· Eine Frau von der Linken stützt die Rechte auf ein Schild mit der strahlenden Sonne und hält in der Linken die Stange mit Mütze; links am Boden ein Lorbeerzweig. Unten am Rande gross * 1848.* Rev. HONNEUR AUX BRAVES COLONS FRANÇAIS DE L'ALGERIE· (Ros.) In unten gebundenen Lorbeerzweigen unter der Mütze LIBERTÉ | ÉGALITÉ | FRATERNITÉ· | Stern. Gehenkelt. Gr. 11.

Av. wie zuletzt. Rev. wie Nr. 30187. Gelbes Kupfer. Desgl. Gl. Gr.

Av. ·HONNEUR A LA GARDE NATIONALE ET A L'ARMÉE 1848· * In unten durch eine Rosette geschlossenen Lorbeerzweigen COURAGE | ET | DISCIPLINE Gehenkelt. Gl. Gr.

Av. wie Nr. 30194. Rev. REPUBLIQUE FRANCAISE Im unten offenen Perlenkreise A | GENOUDE | PERE DE LA | REFORME | LA FRANCE | RECONNAIS— | SANTE (den Perlenkreis schliessend.) Unten am Rande 1848 Geöhrt. Gr. über 10.

Av. wie Nr. 30194, aber im Rev. zwischen den Zweigen LIBERTÉ | EGALITÉ | FRATERNITÉ Desgl. Gl. Gr.

Av. wie Nr. 30194, ohne HOUZELOY Rev. REPUBLIQUE — FRANÇAISE· Im überlegten Eichen- und Lorbeerzweige die Fasces mit Mütze. Unten 1848 Desgl. Gr. 8.

30296—300.

Av. Zwei sich fassende Hände. Oben bogig FRATERNITÉ; unten 1848 Rev. SOCIETÉ DES OUVRIERS CORROYEURS Im Felde ein kleines Perlenrund, darin unten eine Querleiste. Unten zwischen der Umschrift ein Schmetterling. Gr. 13.

Av. LA LIBERTE OU LA MORT * Auf einem grossen, strahlenden Sterne im Lorbeerkranze 92 (1792) Rev. LA LIBERTE ET LA MORT (Flämmchen.) Im Perlenkreise eine aus drei Gebeinen gebildete Setzwage, in deren Mitte 48 (1848); die Fläche ist mit Flämmchen bestreut und um das Ganze die Umschrift von links MARSEILLE · LYON · PARIS· ROUEN· LIMOGES· LILLE (die Namen der Städte, in denen Aufstände mit Gewalt unterdrückt wurden. Gelbes Kupfer. Gr. 13.

Av. LES GÉNÉRAUX (bogig) | LA GARDE | NATIONALE | ET L'ARMÉE | ONT BIEN | MERITÉS | DE LA PATRIE· Zu beiden Seiten der Inschrift eine Blumenverzierung. Rev. Im breiten, oben und unten durch eine Rosette geschlossenen Kranze A | L'ASSEMBLÉE | NATIONALE Gr. an 12.

Av. FRAPPEZ JE NE CRAINS PAS VOS BAÏONETTES Vor einem rechts am Boden liegenden Soldaten steht eine barmherzige Schwester und hohlt die Linke abwehrend gegen drei mit Gewehren bewaffnete Männer aus. Im Abschnitte JE NE CRAINS | QUE | DIEU Rev. LA GARDE | MOBILE | RECONNAISSANTE | 1848 Obere Umschrift DEDIÉE AUX COMMUNAUTÉS RELIGIEUSES Gr. 13.

Av. HONNEUR A LA GARDE NATIONALE DE COUCY-LE-CHATEAU & A L'ARMÉE Im Felde COURAGE | ET | DISCIPLINE, darunter zwei seitlich gelegte

Lorbeerzweige. Rev. Im starken Rosenkranze ILS | SONT MORTS | POUR LA | LI BERTÉ Geöhrt. Gr. 12.

30301—4.

Av. COLONISATION DE L'ALGÉRIE Im Meere ein Dampfschiff mit zwei Barken im Tau; links ein hoher Felsen, hinter welchem die aufgehende Sonne; im Hintergrunde Gebirge. Im Abschnitte eine Rosette zwischen je zwei Punkten. Rev. 1848· | -Rosette-| OU | SERATON DRAPEAU | LA | SERA LA FRANCE | Hacke und Spaten gekreuzt | dann Rosette wie im Av., darunter am Rande zwei seitlich gelegte Zweige. Auf beiden Seiten ein Stern. Desgl. Gr. 11.

Av. A LA VILLE DE ROUEN LA VILLE DE PARIS RECONNAISSANTE (Ros.) Eine römische Standarte, hinter welcher ein Eichen- und Lorbeerzweig gekreuzt. Rev. RÉPUBLIQUE FRANÇAISE· Eine Setzwage, daneben rechts aufwärts LIBERTÉ. links abwärts EGALITÉ und unter derselben FRATERNITÉ Unten 1848· Desgleichen. Gleiche Grösse.

Av. AYEZ PITIE D'UN PAUVRE AVEUGLE· S· V· P· (S'il Vous Plait.) Zur Rechten auf einem Haufen von Geldbeuteln sitzt Louis Philipp mit Eselsohren und hält den Hut vor sich; neben ihm steht ein Mann mit Reisetasche und spielt die Violine. Im Abschnitte am Rande 1848 Rev. IL | NE VOULUT | JAMAIS | QUE LE BIEN | DE | TOUS Gr. 13.

Av. wie Nro. 30244. Rev. LA | DÉPUTATION | SATISFAITE | DU DECRET | SE RETIRE EN ORDRE | OURS ET CHASSEURS | CRIENT | AVEC ENTHOUSIASME | VIVE LE SCHAKO Gl. Gr.

30305—9.

Av. Zwischen zwei Bäumen ein Schiebkarren mit aufgesteckter dreifarbiger Fahne und an denselben gelehnt Spaten und Hacke, daneben rechts ein Mann, welcher gähnend die Arme streckt. Seitlich rechts unter einem Baume ein an einen Hügel gelehnter Mann mit Pfeife im Munde; seitlich links ein anderer die Zeitung lesend; oben die strahlende Sonne. Obere Umschrift RÉPUBLIQUE — FRANÇAISE· ; im Abschnitte HEURES DES | TRAVAUX Rev. ATELIERS NATIONAUX· Im Felde SOUS | LA DIRECTION | DU CITOYEN | ·L· EMILE· B· | THOMAS (gross), darunter am Rande eine Setzwage zwischen 18-48 und zu beiden Seiten der Jahrzahl eine Rosette zwischen je zwei Punkten. Gehenkelt. Gr. an 14.

Av. Ein zur Rechten stehender Pantalon zeigt mit Hand und Stock auf eine nur zum Theil sichtbare Schaubude, an welcher die Inschrift VOYAGE | EN ICARIE | LA PROPRIÉTÉ | CEST LE VOL | EMANCIPATION | DE LA FAMME (sic!) | ORGANISATION | DU TRAVAIL | ET AUTRES | BLAGUES· Rev. ENTREZ | MMRS C'EST LE MOMENT | CELA NE DURERA PAS | LONGTEMPS | 1848· Geöhrt. Gr. an 11.

Av. Auf einem Abschnitte rechts ein krummer Degen, darüber CA (vaignac), in der Mitte zwei mit einem dreieckigen Hute bedeckte Stiefel, darüber NA (poleon). und links eine mit CANFRE bezeichnete Büchse, darüber RD * Obere Umschrift: L'EMBARRAS DU CHOIX; im Abschnitte * ÉTENU (als Fortsetzung der Schrift über der Büchse: Raspail Détenu). Rev. ENFANTEMENT LABORIEUX D'UN PRESIDENT im Felde CHOISISSEZ | LE SABRE OU | LES BOTTES | ET CANFRONS NOUS! | Blumenkelche zwischen Punkten. Gehenkelt. Gr. über 10.

Av. Eine grosse Null. Rev. VALEUR | DES HOMMES | POLITIQUES DE | 1848 ET 1849 (klein) | Leiste. Geöhrt. Desgleichen.

Av. LIBERTÉ, ÉGALITÉ, FRATERNITÉ Unter der Freiheitsmütze zwei Fasces gekreuzt, darunter N° D'ORDRE dann unten eine längliche Tafel. Rev. SOCIÉTÉ | DES DROITS | DE L'HOMME | ET | DU CITOYEN Geöhrt. Gr. 13.

30310—13.

Av. AUGUSTE DENIS AFFRE ARCHEVÊQUE DE PARIS. Brustbild rechtshin in geistlicher Tracht mit Käppchen und Ordenskreuz; am Schulterabschnitte klein DELARUE. S und unter der Schulter desgl. HOUZELOT. F Unten am Rande ein kleines Kreuz. Rev. LE BON PASTEUR DONNE SA VIE POUR SES BREBIS Im überlegten Oel- und Palmzweige MORT | LE 27 JUIN | 1848 Unten am Rande ein Stern. Gehenkelt. Gr. an 15.

Av. MR AFFRE ARCHEVÊQUE DE PARIS. Das Brustbild wie vorher linkshin und ohne die Namen. Unten statt des Kreuzes eine Rosette zwischen Punkten. Rev. MORT MARTYR DE SON HÉROIQUE DÉVOUEMENT 1848 (Ros.) Auf einem Altare, mit der Inschrift * M AFFRE * steht über Wolken der Erzbischof von vorn in geistlicher Tracht mit einem kleinen Kreuze in der Rechten. Zu beiden Seiten des Altars ein Lorbeerzweig. Geöhrt. Gr. 11.

Av. Wie zuletzt, aber im Av. MGR und die Rosette ohne Punkte; im Rev. fehlen die Zweige und Sternchen, die Jahreszahl * 1848 * in entgegengesetzter Stellung zur Umschrift, und unter dem Altare bogig 27 JUIN Gelbes Kupfer. Desgleichen. Gr. an 12.

Av. Wie der vorletzte. Rev. Im überlegten Palm- und Lorbeerzweige ein mit einem Kreuze bestecktes Herz, darüber sieben Sterne im Halbbogen. Oben bogig RELIGIEUX SOUVENIR | DU MARTYR Desgl. desgl. Gr. über 7.

30314—19.

Av. BARBÈS COLONEL DE LA XIIEME LÉGION Brustbild von vorn in Uniform. Rev. CONSPIRATEUR (bog.) | NÉ | CONDAMNÉ A MORT | SOUS LA MONARCHIE | EMPRISONNÉ | SOUS LA RÉPUBLIQUE | 1848 Obere Umschrift: ELU REPRESENTANT DU PEUPLE Gr. 13.

Av. ARMAND BARBÈS NÉ LE 18 7BRE 1809. Brustbild rechtshin in moderner Tracht. Rev. ELU COLONEL DE LA 12ÈME LÉGION DE PARIS LE 5 AVRIL 1848. Im Felde ÉLU | REPRÉSENTANT | DU PEUPLE | PAR LE DEPT | DE L'AUDE | LE 19 AVRIL | 1848 Geöhrt. Gl. Gr.

Av. Zwei gegen einander gestellte Köpfe mit blossem Halse; hinter dem rechten bärtigen BARBÈS. seitaufwärts, hinter dem linken RASPAIL. seitabwärts. Oben eine Setzwage, unten zwei sich fassende Hände. Rev. wie Av. Nr. 30280. Desgleichen Desgl. Gl. Gr.

Ein zweiter hat den Rev. von Nr. 30279.

Av. LOUIS BLANC UN DES ORGANISATEURS DU TRAVAIL Brustbild rechtshin ($^3/_4$ Profil) im Ueberrocke. Rev. wie Av. von Nr. 30230. Gr. 13.

Av. Wie zuletzt. Rev. D'UN | GRAND (gross) | CITOYEN (sehr klein) | LA | MISERE Obere Umschrift: AU SUBLIME GÉNIE; unten nach aussen RECONNAISSANTE Gl. Gr.

30320—25.

Av. JN BAPTE — BOICHOT. Brustbild linkshin in Uniform. Rev. ELU REPRÉSENTANT DU PEUPLE. Im Eichenkranze LE | 18 MAI | 1849 | Kreuzrosette. Gehenkelt. Gr. 11.

Av. Wie vorher. Rev. DÉMOCRATIQUE ET SOCIALE * dahinter nach aussen 1849 zwischen Rosetten. Im Perlenkreise eine Setzwage und auf der Mitte des Senkbleies ein Auge. Desgleichen. Gl. Gr.

Av. LE GAL — BRÉA. Brustbild linkshin in Uniform, darunter Rosette zwischen je zwei Punkten. Rev. HONNEUR AUX GÉNÉRAUX MORTS POUR LA LIBERTE Das Standbild des Generals, zu beiden Seiten des Postamentes eine durch einen Kranz gesteckte Lanze zwischen zwei Fahnen. Im Abschnitte am Rande 1848 Geöhrt. Gl. Gr.

Av. Wie vorher. Rev. Im Lorbeerkranze NÉ | EN 1790 | MORT A PARIS | LE 25 JUIN | 1848 Desgleichen. Gl. Gr.

Av. AU BRAVE GÉNÉRAL BRÉA. dahinter entgegengesetzt und kleiner NÉ EN 1790 MORT LE 25 JUIN 1848. Das Brustbild von vorn in Uniform mit zwei Ordenskreuzen auf der Brust. Rev. RÉPUBLIQUE FRANÇAISE dahinter entgegengesetzt und kleiner LIBERTÉ, ÉGALITÉ, FRATERNITÉ Im Perlenkreise eine Barrikade, in deren Mitte eine Tonne mit aufgesteckter rother Fahne, und neben derselben rechts ein Soldat mit Gewehr in der Rechten, hält mit der Linken die Fahne. Desgl. Gleiche Gr.

Av. wie vorher. Rev. Im Felde die Barrikade wie vorher, ohne den Soldaten. Obere Umschrift: ASSASSINÉ PAR LES INSURGÉS; unten bogig BARRICADE | FONTAINEBLEAU Desgleichen. Gl. Gr.

30326—29.

Av. AU GRAND CABET, SES MOUTONS RECONNAISSANTS 1848 Brustbild in $^3/_4$ Profil nach rechts in moderner Tracht. Rev. SI VOUS VOUS PLAISEZ DANS LA MISÈRE Im Felde LE | PACHA | D'ICARIE | VOUS OFFRE | UN SORT | HEUREUX | 1848 Gr. 13.

Av. MARC CAUSSIDIERE, dahinter entgegengesetzt NÉ A GENÈVE 1808 Brustbild von vorn im Ueberrocke. Rev. PREFET | DE POLICE | LE 24 FÉVRIER | REPRÉSENTANT DU PEUPLE | LE 28 AVRIL | ÉLU PAR 133779 VOIX | MIS EN ACCUSATION | LE 25 AOUT | FUIT A L'ÉTRANGER | LE LENDEMAIN | 1848 Gleiche Gr.

Av. LE GENAL CAVAIGNAC NE A PARIS LE 15 DECBRE 1802 Brustbild rechtshin in Uniform mit Ordenskreuze auf der Brust. Rev. Im überlegten Lorbeer- und Eichenzweige CHEF | DU POUVOIR | EXÉCUTIF | LE 23 JUIN | 1848 Geöhrt. Gr. 11.

Av. AU GAL CAVAIGNAC, LA PATRIE RECONNAISSANTE (Roselle) Brustbild linkshin in Uniform mit Schärpe. Rev. Wie zuletzt mit 24 statt 23 Neusilber. Gehenkelt. Gl. Gr.

30330—35.

Av. LE GÉNÉRAL—CAVAIGNAC dahinter entgegengesetzt * NE A PARIS 15 XE 1802 * Brustbild von vorn in Uniform mit Quastenmütze und zwei Ordenskreuzen. Rev. Im Eichenkranze ÉLU | CHEF DU | POUVOIR | ÉXÉCUTIF | Blatt, darunter bogig 24 JUIN 1848 Geöhrt. Gr. über 8.

Av. wie Nr. 30328, mit GÉNÉRAL dann NÉ und DECRE Rev. INSURREC TION VAINCUE PAR LE GAL CAVAIGNAC Eine Barrikade, auf welcher zur Linken eine dreifarbige Fahne mit der Inschrift: INCENDIE Im Abschnitte LE 26 JUIN | 1848 Gr. 14.

Av. Wie zuletzt. Rev. Im Kranze von Blumenkelchen oben im Halbbogen NOMME LE 23 JUIN darunter CHEF | DU | POUVOIR | EXÉCUTIF. | 1848 Gl. Gr.

Av. wie vorher. Rev. wie der Av. von Nro. 30229. Gl. Gr.

Av. E. CAVAIGNAC CHEF DU POUVOIR ÉXÉCUTIF Das Brustbild wie Nro. 30328, aber mit zwei Ordenskreuzen. Rev. CANDIDAT A LA PRÉSIDENCE DE LA REPUBLIQUE FRANÇAISE; innere Umschrift: 1, 448, 302 SUFFRAGES LUI ONT VALU In der Mitte eine erhabene Rose von weissem Metalle, darunter 1848 Gl. Gr.

Av. wie vorstehend. Rev. DÉCRÉT DE L'ASSEMBLÉE NATIONALE DU 25 9BRE 1848 Im Felde A LA | MAJORITÉ | DE | 501 VOIX CONTRE 34 | LE GÉNÉ RAL | CAVAIGNAC (gross) | A BIEN MÉRITÉ | DE LA | PATRIE Gl. Gr.

30336—41.

Av. F. RENÉ DE CHATEAUBRIAND. Das Brustbild im ¾ Profil rechtshin in moderner Tracht; unter der Schulter klein HOUZELOT E. Rev. A L'IMMORTEL AUTEUR DU GÉNIE DU CHRISTIANISME Im zusammengebundenen Lorbeer- und Eichenzweige NÉ A | ST MALO | LE 4 7BRE | 1768 Unten zwischen der Umschrift am Rande 1848 Gehenkelt. Gr. über 14.

Av. AU CITOYEN — DUPONT (DE L'EURE) Der Kopf linkshin. Rev. MEMBRE | DU | GOUVERNEMENT | PROVISOIRE | 1848 Geöhrt. Gr. 11.

Av. LE GENERAL — DUVIVIER Brustbild rechtshin in Uniform mit Ordensband und Stern. Rev. A LA MEMOIRE DES — GENERAUX MARTYRS Ein Obelisk, an welchem oben ein Kranz, in der Mitte ein Lorbeerzweig und unten am Piedestale R F im Perlenrunde. Hinter demselben rechts ein Palmbaum, links die Zweige einer Trauerweide; auf beiden Seiten steht ein Soldat. Im Abschnitte ein Stern zwischen je zwei Punkten. Desgl. Gl. Gr.

Av. wie vorher. Rev. Im Blätterkranze NÉ | A ROUEN | LE 7 JUILLET | 1794 | MORT A PARIS | LE 8 JUILLET | 1848 Desgl. Gl. Gr.

Av. HONNEUR AU BRAVE GRAL DUVIVIER dahinter entgegengesetzt und kleiner MORT LE 8 JUILLET 1848 Brustbild von vorn in Uniform und Mantel mit zwei Ordenskreuzen. Rev. AU PEUPLE FRANÇAIS DÉFENSEUR DE LA LIBERTÉ Die von vorn stehende Freiheit mit Mütze hält in der Rechten neben sich eine mit der Mütze besteckte dreifarbige Fahne, in der Linken einen Lorbeerzweig über einem Altare, an welchem die Fasces; am Boden liegt eine Krone, auf welche sie den Fuss setzt. Desgl. Gl. Gr.

Av. HONNEUR AU GAL F · E· DUVIVIER Das Brustbild wie vorstehend ohne Mantel. Rev. Im Eichenkranze MORT | EN DÉFENDANT | L'ORDRE | ET | LA LIBERTÉ | Leiste | 1848 Desgl. Gl. Gr.

30342—46.

Av. AU CITOYEN — LAMARTINE Der Kopf linkshin. Rev. DIGNE | REPRESENTANT | D'UN | PEUPLE LIBRE | 1848 Gr. über 9.

Av. ALPHONSE DE LAMARTINE Der Kopf rechtshin. Rev. A | LAMARTINE | LA FRANCE | RECONNAISSANTE | 1848 | Kreuzchen. Gelbes Kupfer. Geöhrt. Gr. 9.

Av. AU CITOYEN — LEDRU ROLLIN Der Kopf linkshin, darunter ein kleines R Rev. LE 24 FÉVRIER | 1848 | IL PROTESTA | CONTRE LA RÉGENCE | ET PROVOQUA | UN GOUVERNEMENT | PROVISOIRE Geöhrt. Gr. 11.

Av. PIERRE—LEROUX Brustbild von vorn im Ueberrocke. Rev. CAPACITÉ IMMENSE | IMMENSE CAPACITÉ | TROP POUR UN SEUL | PAS ASSEZ POUR TOUS | 1848 Gr. 13.

Av. PIERRE — LEROUX. Der Kopf mit langem Haare linkshin; am Halsabschnitte: D. FTP:· Unten rechts am Rande klein HOUZELOT. E. Rev. REPRÉSENTANT — DE LA SEINE. Im Felde unter einer Setzwage NÉ À PARIS | EN 1797. | Zwei sich fassende Hände; unten am Rande klein 1849 Gehenkelt. Gr. zu 15.

30347—51.

Av. NAPOLÉON LOUIS BONAPARTE Der Kopf rechtshin, am Halsabschnitte . F. Unten klein und bogig NÉ A PARIS | LE 20 AVRIL 1808. Rev. Im unten gebundenen Lorbeer- und Eichenzweige unter einem kleinen Kranze NL | ELU | REPRÉSENTANT | DU PEUPLE; oben die Zweige schliessend ein Stern. Obere Umschrift ASSEMBLÉ NATIONALE. unten nach aussen LE 21 SEPTEMBRE 1848 und auf den Seiten je eine kleine Raute aus Punkten. Desgleichen. Gr. über 15.

Av. LOUIS — CHARLES — NAPOLÉON — BONAPARTE Der Kopf rechtshin, unten Rosette zwischen Punkten. Rev. ELU | REPRÉSENTANT | DU PEUPLE | À

L'ASSEMBLÉE | NATIONALE | 1848 | Ros. wie Av. Obere Umschrift: NÉ A PARIS LE 20 AVRIL 1808 Geöhrt. Gr. 11.

Av. NAPOLÉON L^S — BONAPARTE. Wie vorher, ohne Punkte. Rev. Umschrift wie vorher mit 25 statt 20 Im Felde ELU | REPRESANTANT (sic!) | DU PEUPLE | 1848 | Stern. Gelbes Kupfer. Desgleichen. Gl. Gr.

Av. wie Nr. 30348, ohne die Bindestriche und Rosette. Rev. ÉLU | REPRÉ SENTANT | DU PEUPLE | Leiste | 21 SEPTEMBRE | 1848 Obere Umschrift wie Nr. 30348 Desgleichen. Desgleichen. Gl. Gr.

Av. wie Nr. 30348 ohne Rosette und um den Kopf NÉ A PARIS — EN 1808 Rev. Im zusammengebundenen Lorbeer- und Eichenzweige ÉLU REPRÉSENTANT (im Halbbogen) | DU | PEUPLE | LE 21 7BRE | 1848 Gl. Gr.

30352—55.

Av. LOUIS NAPOLEON — BONAPARTE Der Kopf rechtshin. Rev. REPRE SENTANT (bog.) | DU | PEUPLE | 1848 Geöhrt. Gr. über 9.

Av. NAPOLÉON — L^S BONAPARTE Brustbild linkshin im Ueberrocke, darunter Stern. Unten am Rande sehr klein NÉ LE 20 AVRIL 1808. Rev. RÉÉLU | REPRÉSENT | ∗ DU ∗ | PEUPLE | LE 21 7BRE | Leiste | 1848· Gelbes Kupfer und im Rev. ein Perlenrand. Desgl. Gr. an 12.

Av. wie Nro 30352 mit TE· und unten eine punktirte Rosette. Rev. QU'IL SOIT | COMME SON ONCLE, LA GLOIRE | DE LA REPUBLIQUE | ET LE GENIE | TUTELAIRE DE LA | FRANCE Unten am Rande klein LYON 10 DEC· 1848 Gr. 11.

Av. wie Nr. 30317 mit LOUIS-NAPOLEON BONAPARTE und ohne Punkt nach Jahreszahl. Rev. PROCLAMÉ PRÉSIDENT DE LA RÉPUBLIQUE FRANÇAISE.. ∴ .. Im zusammengebundenen Eichen- und Lorbeerkranze unter zwei sich fassenden Händen LE 20 | DÉCEMBRE | 1848· | Setzwage. Oben die Zweige schliessend ein Stern. Gelbes Kupfer. Gehenkelt. Gr. über. 15.

30356—61.

Av. LOUIS-NAPOLÉON—BONAPARTE Der oben und unten bis an den Rand gestellte Kopf rechtshin, darunter am Rande klein D'APRÈS NATURE | LE 21 NO VEMBRE 1848 Rev. In gleichen Zweigen, aber ohne Stern, ÉLU | PRÉSIDENT | DE LA RÉPUBLIQUE | FRANÇAISE | PAR 5,534520 | SUFFRAGES | LE 20 XBRE | 1848 Desgl. Geöhrt. Gl. Gr.

Av. wie vorher, aber statt der Unterschrift eine Rosette zwischen Punkten. Rev. Im Eichenkranze ÉLU | PRÉSIDENT | DE LA | RÉPUBLIQUE | PAR LE SUFFRAGE | UNIVERSEL | Leiste | 1848 Unten am Rande die Rosette wie Av. Desgleichen. Desgl. Gleiche Grösse.

Av. wie Nr. 30356 mit kleinerem Kopfe, darunter am Rande klein CAQUÉ · F | D'APR . NATURE 1848 Rev. ÉLU | PRÉSIDENT | DE LA RÉPUBLIQUE | FRAN ÇAISE, | PAR LE SUFFRAGE | UNIVERSEL · darunter kleiner DÉCEMBRE | 1848 Desgl. Desgl. Gr. 11.

Av. Im kleinen Kreise der Kopf rechtshin; über dem Kreise -1848- Obere Umschrift LOUIS-NAPOLEON BONAPARTE; untere nach aussen PRÉSIDENT | DE LA RÉPUBLIQUE Rev. wie Av. Nr. 30203. Desgl. Desgl. Gl. Gr.

Av. Umschrift wie Nro. 30355. Der Kopf rechtshin, darunter Rosette zwischen Punkten. Rev. ÉLU | PRÉSIDENT | DE LA RÉPUBLIQUE | Leiste | 1848 Desgl. Desgl. Gleiche Grösse.

Av. wie Nr. 30349. Rev. Umschrift wie Nr. 30355 mit einem Stern nach derselben. Im oben durch einen Stern geschlossenen Lorbeerkranze unter einer Setzwage LE 20 XBRE | 1848 (gross) | Rosette. Desgl. Desgl. Gl. Gr.

30362—67.

Av. LOUIS NAPOLÉON BONAPARTE Der Kopf rechtshin, darunter am Rande klein A GARNIER Rev. wie Nr. 30360 ohne Leiste. Geöhrt. Gr. an 9.

Av. wie Nr. 30352. Rev. PRESIDENT DE LA REPUBLIQUE Im Felde ELU | LE 10 | DÉCEMBRE | 1848 Desgleichen. Gr. an 7.

Av. LOUIS — NAPOLEON• Der Kopf linkshin. Rev. PRÉSIDENT DE LA RE PUBLIQUE FRANÇAISE, dahinter entgegengesetzt 1848• Im zierlichen Kreise L.N gross und schraffirt. Desgl. Gr. an 11.

Av. wie Nro. 30362, aber statt des Kopfes das Brustbild rechtshin im Ueberrocke mit Ordenskreuze auf der Brust. Rev. Im Eichenkranze wie Nr. 30360, aber statt der Leiste 20 DÉCEMBRE Desgl. Gl. Gr.

Ein zweiter hat den Rev. wie Nr. 30360 ohne die Leiste. Desgl. Gl. Gr.

Av. Umschrift wie Nro. 30362. Das Brustbild rechtshin im Ueberrocke. Rev. ÉLU | PRESIDENT | DE LA | RÉPUBLIQUE FRANÇAI^{E} | PAR LE | SUFFRAGE | UNI VERSELLE (sic!) | DÉCEMBRE | 1848 Desgl. Gr. an 12.

30368—72.

Av. A L^{S} N^{N} BONAPARTE dahinter entgegengesetzt + ELU 1ER PRÉSIDENT + Brustbild von vorn in moderner Tracht mit Ordensband. Rev. PAR SA PRUDENCE IL MAINTIENDRA dahinter entgegengesetzt • LA RÉPUBLIQUE 1848 • In zusammengebundenen Lorbeerzweigen ein strahlendes Auge, darüber ein Stern, darunter eine Setzwage. Gelbes Kupfer. Desgl. Gr. 11.

Av. LOUIS NAPOLEON PRESIDENT DE LA REPUBLIQUE FRANC^{E}; innere Umschrift ELU PAR LE VOTE-UNIVERSEL Das Brustbild rechtshin im Ueberrocke. Rev. JE SERAI FIDELE A LA REPUBLIQUE Zur Rechten auf Stufen erhöht ein Altar, auf welchem der Freiheitskopf mit Mütze und hinter demselben drei Fahnen; auf den Stufen steht ein Mann in moderner Tracht und streckt die Rechte schwörend aus, hinter ihm drei zusammengestellte Fahnen. Im Abschnitte 1848• Geöhrt. Gl. Gr.

Ein zweiter hat LOUIS NAPOLÉON BONAPARTE PRESIDENT DE LA R• F• und ELU PAR LE SUFFR^{GE} — UNIVERSEL

Av. Das bis an den Rand gestellte Brustbild von vorn in Uniform. Obere Umschrift: LE GENERAL — NEGRIER Rev. AUX DEFENSEURS DE LORDRE SOCIAL. Im überlegten Lorbeer- und Eichenzweige JOURNEES | DES | 23. 24. 25. 26 | JUIN | 1848 Unten eine Rosette. Gr. 11.

Av. LE G^{RAL} NEGRIER NÉ AU MANS LE 27 AV^{IL} 1788 Brustbild linkshin mit Schale und Ordenskreuze in Uniform. Rev. Im doppelten Rosenkranze MORT | A PARIS | LE 25 JUIN | 1848 | INHUMÉ | A | LILLE Gelbes Kupfer. Geöhrt. Gl. Gr.

30373—76.

Av. P. J. PROUDHON REPRÉSENTANT DU PEUPLE Brustbild von vorn mit Brille in moderner Tracht. Darunter am Rande klein: NÉ EN 1809 Rev. SC | LA PROPRIÉTÉ | EST UN VOL | L'HÉRITAGE | EST UN RECEL | 1848 Gl. Gr.

Av. FRANÇOIS RASPAIL NÉ EN 1794 Brustbild rechtshin (3/4 Profil) mit Barte in moderner Tracht. Rev. ÉLU | REPRÉSENTANT | DU PEUPLE | LE 21 7BRE | 1848 | DÉTENU AU FORT | DE | VINCENNES (bogig.) Obere Umschrift: PRÉSI DENT DU CLUB MONTESQIEU Gl. Gr.

Av. wie vorher. Rev. Oben halbbogig am Rande ELU REPRÉSENTANT | DU | PEUPLE | LE 21 7BRE | 1848 Geöhrt. Gr. 11.

Av. Wie vorher, aber das Brustbild linkshin, darunter eine Rosette zwischen Punkten. Rev. ASSEMBLÉE NATIONALE. dahinter entgegengesetzt 1848 zwischen durchstochenen Rosetten. Im Felde • REPRÉSENTANT • (bogig.) | DU | PEUPLE LE | 20 | Stern | SEPTEMBRE. (bogig.) Desgleichen. Gl. Gr.

30377—78.

Napoleon III., Kaiser seit 1852.

Av. Von rechts: NAPOLEON III EMPEREUR — DES FRANCAIS Das nach rechts gewandte Brustbild mit Ober- und Unterbart und einem Lorbeerkranze am Kopfe, dann glattem Halse. Rev. ✱ | ELU PAR | 7824189 | SUFFRAGES | 2 DECEMBRE | 1852 Am Rande ein Perlenkreis. Gr. über 11.

Av. Von rechts: SA MAJESTE NAPOLEON III ELU PAR 7976926 OUI (Stern) Im Perlenkreise der Kopf rechtshin mit Ober- und Unterbarte im Eichenlaubkranze. Rechts Umschrift: EMPIRE links FRANÇAIS Rev. Im Perlenkreise auf einem mit Hermelin bestreuten Wappenmantel unter einem mit der Kaiserkrone geschmückten Helme ein blautingirtes französisches Schild, darin ein auf dem Donnerkeile stehender, ausgebreiteter, links sehender Adler. Um das Schild die Ordenskette der Ehrenlegion, hinter demselben Main de Justice und Scepter gekreuzt. Unter dem Mantel klein und bogig: NAUDIN RUE CHAPON Obere Umschrift: LE PEUPLE LUI OFFRE, unten nach aussen 2 DECEMBRE 1852 Linienrand. Im Ringel geprägt. Gehenkelt. Gr. über 15. (Sammlung des Hrn. Dr. Freudenthal.)

30379—84.

Av. Von rechts: NAPOLEON III — EMPEREUR Der Kopf rechtshin im Lorbeerkranze. Rev. Von rechts: EUGÉNIE — IMPÉRATRICE Das Brustbild rechtshin mit Diadem und Perlenhalsbande im leichten Gewande; über dem Kopfe ein Stern. Linienrand. Desgleichen. Geöhrt. Gr. an 16.

Av. Wie vorher, und unter dem Kopfe klein C. T. Rev. Von rechts: NAPO LÉON EUG. L. J. JOS. PRINCE IMPAL Kindlicher Kopf nach rechtshin mit dem, von der Schulter an einem Bande herabhängenden Orden der Ehrenlegion. Gelbes Kupfer. dto. Ebenso. Gr. 11.

Av. Das Ausstellungsgebäude. Ueberschrift: PALAIS DE L'EXPOSITION; im Abschnitte 1855 Rev. NAPOLEON III | Leiste | TOUS LES PAYS | ENVOIENT LEURS PRODUITS | AU CONCOURS DES | RECONPENSES DUES | AU ME RITE | Leiste. Obere Umschrift: SOUS LE RÉGNE DE L'EMPEREUR Desgleichen. Desgleichen. Gr. an 11.

Av. Der Kopf der Kaiserin linkshin mit einem Perlenhalsbande, darunter klein CT in einander gestellt. Rev. In zusammengebundenen Rosenzweigen EUGÉNIE | IM PÉRATRICE | DES | FRANÇAIS Desgl. Desgl. Gr. 11.

Av. NAPOLEON III — EMPEREUR Der bis an den Rand gestellte Kopf rechtshin. Rev. Von rechts: HONNEUR AUX PACIFICATEURS DE L'ORIENT Die nach rechts fliegende Siegesgöttin hält in der vorgestreckten Rechten einen Lorbeerzweig; im linken Arme eine Palme. Unten klein PAIX SIGNEE A PARIS | LE 30 MARS 1856 | Drei Sterne. Gelbes Kupfer. Gehenkelt. Gr. 11.

Av. Von rechts: LA PAIX SIGNEE ENTRE LEMPR DES FRANCAIS ET LEM PR D'AUTRICHE 11 JUL 1859 Die schwebende Siegesgöttin hält in der Rechten einen Oel- und in der Linken einen Lorbeer- und Palmzweig. Rev. VICTOIRES | DE | MON TEBELLO, PALESTRO, | MAGENTA, | MARIGNAN, | dann SOLFERINO. in überlegten Lorbeerzweigen. Desgl. Desgl. Messing. Gl. Gr.

d. Jetons von Personen.

Abot. 30385.

Av. Doppelte Umschrift; von aussen MRE I. L. ABOT. DV. BOVCHET. CHR DE. LDRE (L'ordre) DV. ROY. SGR DE. SVRMONT ∙; innen ET. MILAN. GRAND. BLI (Baillí) ET. CHEF. DE. LA. NSSE (Noblesse) DV. PERCHE. Unter der Freiherrnkrone LC (kursiv links und rechts gestellt und verschlungen.) Rev. NVNQVAM.

ARMIS. NEC. ELOQVENTIA. VICTI. Unter einer gleichen Krone ein quadrirtes mit der Ordenskette vom heil. Michael umgebenes französisches Schild; im ersten und vierten (blauen) Felde eine (silberne) Muschel, im zweiten und dritten (silb.) ein (grünes) Farnkraut-Blatt. Unten neben dem Orden getheilt 16—92 Gekerbter Rand. Grösse 13.

30386.

Affry, Lud. Augustin, Graf von A. geb. 1743 † 1810 als erster Landamann der Schweiz.

Av. Unter einem gekrönten Helme mit Decken ein französisches Schild; im silb. Felde zwei schwarze Sparren und unten eine schwarze abgekürzte Spitze. Ueber dem Helme ein Pfauenwedel, an welchem das Wappen wiederholt und hinter demselben ein flatterndes Band mit der Inschrift: INVIA VIRTUTI — NULLA EST VIA Rev. LOUIS—AUG. | COMTE D' AFFRY | ADMINISTR^R DE LA | CHARGE DE CO LON^L | GENER^L DES SUISSES | ET GRIS^NS POUR MGR | LE C^TE D'ARTOIS | 1772 Gewundener Rand. Achteckig. Gr. an 16.

Arco. 30387.

Av. LE. MARESCHAL. COMTE. D'ARCO. ET. DV. S^T EMPIRE. Unter der Herzogskrone JL, darüber JB links und rechts gestellt und verschlungen. Rev. Unter der Herzogskrone ein Doppeladler; auf dessen Brust liegt ein, mit einer fünfspitzigen Krone bedecktes und mit der Vliessordenskette umgebenes spanisches Schild, darin drei über einander gestellte Bogen; hinter dem Schilde zwei gekreuzte Marschallsstäbe. Unten am Rande klein und getheilt 17—08 Stark gekerbter Rand. Gr. an 15. (Diese drei in der Samml. des Hrn. Dr. Freudenthal.)

Argouges, Hieron. D'A. 30388.

Av. Von rechts: HIERONYMUS D'ARGOUGES PRÆTOR URBANUS Innerhalb eines Linienkreises auf einer mit Festons geschmückten Verzierung zwei Löwen, welche ein mit Verzierungen umgebenes, ovales, vierfeldiges Schild halten, worin das erste und vierte Feld goldtingirt, das zweite und dritte blau, im ersten und zweiten Felde je eine, und unterhalb auf der Zwischenlinie des dritten und vierten Feldes eine Rose (?) Oberhalb eine Krone, aus welcher eine menschliche Gestalt zur Hälfte hervorragt. Rev. Von rechts: UMBRAS PRIMA RESOLVIT. Innerhalb eines Linien-Halbkreises in Wolken eine weibliche Gestalt aus einem von zwei Pferden nach links gezogenen Siegeswagen, vor welchem nach links der Himmel gestirnt, und rechts die über eine Landschaft aufgehende Sonne. Im Abschnitte: LA COM^TE DES PROCVLEVRS | AU CHASILLET. | 1718 Am Rande starke Stricheln. Gr. über 14. Messing.

30389.

Aubusson, Louis d' A., duc de la Feuillade, geb. 1673 † 1725.

Av. Von rechts: MONSIEVR. LE. DVC. DE. LA. FEVILLADE. Unter der Herzogskrone auf einem mit Hermelin bestreuten Wappenmantel ein kartouchirtes rundes Schild mit einem rothen Andreaskreuze im goldenen Felde; auf den Umschlägen des Mantels ist das Kreuz wiederholt. Rev. Wie der Av. aber in dem Schilde die kursive Chiffre LDB links und rechts gestellt und verschlungen, dann unter dem Mantel am Rande getheilt 17—02 Gekerbter Rand. Messing. Gr. 14. (Samml. des Hrn. Dr. Freudenthal.)

Auvellier. 30390.

Av. Von rechts: AUVELLIER CONSEILLER SECRETAIRE DU ROY MAI SON COURONE DE FR^CE Auf einem zierlichen Abschnitte unter der Freiherrenkrone ein quergetheiltes ovales Schild; im obern goldenen Felde ein (schwarzer) ausgebreiteter nach rechts sehender Adler, im untern blauen ein (silberner) Dreimaster rechtshin (mit rothen Segeln), Schildhalter sind zwei Seejungfern. Rev. Von rechts: DEUS SALVAM CONDUCAT NAVEM. Im Kreise eine gerautete Fläche; die Rauten abwechselnd mit einer Jakobsmuschel und einer Pflanze in Reihen belegt. Unter der Abschnittsleiste am Rande 1712 Gekerbter Rand. Gr. über 13.

I. Bachelie. 30391.

Av. I. BACHELIE. RECEVR GNAL DES PAVVRES ✱ In einem gewundenen Kreise, an welchem unten nach aussen klein PROPRIOS. OSTENTAT. HONORES ein Pfau mit ausgebreitetem Schweife und Flügeln. Rev. Von rechts: SALVTIS • SPEM. CONFIRMABIT Der König gekrönt mit Schein um den Kopf nach rechts gewandt in einem mit Lilien bestickten Mantel, in der Rechten main de justice und in der Linken einen Scepter haltend. Im Abschnitte 1655 Gekerbter Rand. Gr. 13.

30392.

Baillet Johann, Dechant der heil. Kapelle zu Dijon.

Av. • NEC. DENTES. NEC. LABRA. TIMENT. Unter Helm und Decken ein französisches Schild mit drei (grünen) zweiblättrigen Disteln, 2. 1. (Im silb. Felde.) Auf dem Helme ein Blumenschaft. Rev. Von rechts (Schnörkel zwischen Ringeln) OB RVIMVR NVMERO (Desgleichen.) Im gewundenen Kreise eine mit Pfeilen bestreute Fläche. Im Abschnitte ∘ 1634 ∘ Gr. an 13. (Samml. des Hrn. Dr. Freudenthal.)

Baillet Philipp. 30393.

Im Fontenay S. 308 erscheint ein Jeton mit der Umschrift: NEC. DENTES. NEC. LABRA. TIMENT Ein Wappenschild mit Helm und Helmdecken, worin im silbernen Felde drei (rothe) Disteln (2. 1.) (Philipp Baillet, gewählter Dechant der Kirche Notre Dame de Beaune, resignirte im Jahre 1615.)

30394.

Barberini Anton, geb. 1608 † 1671 als Erzbischof von Rheims.

Av. Von rechts: CAR. (dinalis) AN. BAR. MAG. — FRANC. ELEEM Das Brustbild linkshin mit Ober- und Unterbart und langem Lockenhaare im Käppchen und Chorrocke, vor der Brust hängt ein Ordenskreuz. Rev. (Ros.) GRATIOR. VMBRA (Ros.) Im unten offenen, gewundenen Kreise auf einem Grasboden ein Blumenschaft mit drei Lilien, um welche vier Bienen schwärmen. Im Abschnitte • 1656. Gekerbter Rand. Gr. an 14.

30395.

La Baume, Charles François de la B., duc de la Vallière, geb. 1670, Herzog 1723.

Av. Unter der Herzogskrone in einer unten mit einem Kopfe verzierten Cartouche zwei ovale Schilde neben einander; im rechten von Schwarz und Silber quergetheilten ein aufgerichteter Löwe rechtshin von abwechselnden Farben, im linken silbernen ein rothes mit fünf Jakobsmuscheln besetztes Kreuz, in jedem Winkel ein gekrönter aufgerichteter Löwe rechtshin. Rev. Von rechts: JUNGIT ET INFLAMMAT. Amor von der Linken mit dem Köcher an der rechten Hüfte, hält in jeder Hand ein brennendes Herz vor sich in die Höhe. Am Boden rechts der Bogen, links eine kleine Pflanze. Gekerbter Rand. Gr. über 13.

30396.

Beaumont Hardouin de, Bischof von Rodès 1648—62.

Av. Von rechts: ∗ SIC ∗ MEA ∗ FACTA ∗ DECORANT ∗ Unter einer mit der Inful und dem Krummstabe besteckten Freiherrnkrone ein französisches Schild mit drei Lilien (2. 1.) nebst einem goldenen Schildeshaupte. Ueber der Krone ein Kardinalshut mit herabhängenden Quasten; unter der Abschnittsleiste am Rande 1653 Rev. Von rechts: · S · FRANCISCVS. DESTAING. EPS. RVTHENENSIS Der Heilige stehend von vorn mit Schein im Bischofsornate hält die Rechte segnend in die Höhe und in der Linken ein Buch und einen Krummstab; ganz oben Wolken. Gekerbter Rand. Gr. 13. (Diese drei in der Samml. des Hrn. Dr. Freudenthal.)

Besson Esc. Anton. 30397.

Av. Von rechts: BESSON. ESC^R^ A^NT^ CAP^NE^ (Ros.) EN^GNE^ DOYEN. D. O^RS^ D. R. EN. Das Wappen mit Helm und Helmdecken, darin im silbernen Felde ein (blaues) Band von oben rechts nach links herab mit einer goldenen Lilie darauf und in den durch sie gebildeten zwei Ecken je ein rother Löwe von links. Unter dem Schilde zwei gekreuzte Schwerter. Rev. LA C^GNIE^ D. CENT G^DES^ SVISES O^ES^ D. C^S^ — D. S. M^E^ VETERAN 1665 (Ros.) In der Mitte die Fahne der Kompagnie der Hundert Schw. Garden, mit einem weissen Kreuze über dieselbe, solche in vier Felder theilend, darin im ersten und vierten Felde der gekr. Buchstabe L mit einem Scepter und main de just. dahinter gekreuzt; im zweiten und dritten Felde im (silbernen) Meere ein (goldener) Felsen, gegen welchen aus den vier Ecken Köpfe Wind blasen. Ausserhalb der Fahne von aussen rechts: EA. EST, oben FIDVCIA, links GENTIS Unterhalb: TELLE. EST. LA. FIDELI | TE. DE. LA NATION | und ganz klein DV. FOVR Grösse 13.

Bèze. 30398—99.

Av. Von rechts: M^RES^ IA. DE BEZE C^ER^ D. L. C^R^ (Conseiller de la Cour) DAYDES. 1707 (kl.) ET. CL. DE. BEZE. C^R^ AV. PARLEM^T^ 1714. Zwei auf einem verzierten Abschnitte stehende Löwen halten unter der Marquis-Krone ein kartouchirtes ovales Schild; im blauen Felde ein goldener, mit drei Rosen besetzter Querbalken, darunter ein aufrecht gestellter Schlüssel. Rev. Von rechts: IUSTUM. RECTUMQUE. TUETUR. Die Gerechtigkeit rechtshin mit dem Schwerte in der gehobenen Rechten und einer Wage in der Linken; im Abschnitte gekreuzte Palmzweige. Gekerbter Rand. Gr. an 14. (Samml. des Hrn. Dr. Freudenthal.)

Av. Ebenso. Rev. ähnlich Nro. 29647. LAVILLE. DE. PARIS (Abgebildet Fontenay S. 409.)

30400.

Bochard, François B. de. Sarron, Bischof v. Clermont-Ferront 1687—1715.

Av. Von rechts: FRANC. BOCHART DE. SARON. EPIS. ARVERNORVM (Ros.) Unter einer mit Inful und dem Krummstabe besteckten Herzogskrone ein französisches Schild mit einem (goldenen) Sterne über einem (goldenen) Sichelmonde (im blauen Felde). Ueber der Krone ein Kardinalshut mit herabhängenden Quasten. Rev. Von rechts: LVCE. REGVNT. MONSTRANTQVE. VIAM Ein rechts segelnder Dreimaster; oben rechts ein Stern. Im Abschnitte .1693. Gek. Rand. Gr. an 13.

Bohier. 30401.

Av. ANTHOINE. BOHIER. CHLR. S^R^ DE. CHESNAYE + Im Perlenkreise ein oben und an den Seiten palmartig verziertes spanisches Schild mit einem (blauen) aufgerichteten Löwen rechtshin (im goldenen Felde) und im Schildeshaupte ein Turnierkragen mit drei Lätzen. Rev. CONSEILLER. DV. ROY. ET. GNAL. DE FRANCE + Im Perlen- und Linienkreise ein Salamander von rechts mit Kette und Flammen; oben eine Krone. Messing. Gr. über 12. (Aus der Zeit Franz I.) (Samml. des Hrn. Dr. Freudenthal.)

Bordilon. 30402—3.

Av. Von rechts: LE S^R^ D. BORDILO G(ouverneur) ET LI(eutenant) G^L^ (general) POV^R^ LE. ROY. E. P. (en Piemont) In einem merfach ausgebogenen und verzierten Schilde, um welches der Orden des hl. Michael im ersten und vierten (silbernen) Felde ein (rother) Dachsparren, ober welchem zwei und unterhalb ein Blumenkelch (?); im zweiten und dritten (rothen) Felde drei (goldene) Spornräder (2. 1.) Im Rev. am Rande ein mehrmal eingeschlagenes Band, auf welchem die Umschrift VT . SORS . VOLET . TAMEN . STABO In der Mitte ein Würfel, mit vier Punkten oben und einen zur Seite rechts, zwei links. Gek. Rand. Gr. 13. (Abgebildet Fonteuay S. 410.)

Av. CAROLVS . 9 . D . G . — FRANCOR . REX Das gekr. mit der Ordenskette vom hl. Michael umgebene Wappen mit den drei Lilien in einer verzierten Kartouche. Rev. Von rechts: VT · SO — RS . VOLET — TAMEN . ST — ABO In einem mit der gleichen Ordenskette umhängten Schilde das vorbeschriebene Wappen in einer von zwei Adlern gehaltenen Cartouche, auf welcher ein Helm und Helmzier, dann oberhalb ein Pferdekopf. Linien- und aussen ein gekerbter Kreis. Gr. 14. (Ebendort S. 411.)

30404.

Bouchet, Louis François de B., Marquis de Sourches † 1716.

Av. Von rechts: LOVIS . F . DE . BOVCHET . MARQ . DE SOVRCHES G.(rand) PREV . (ôt) DE . FRA . Zwei auf einem Boden stehende Einhörner halten unter der Marquis-Krone ein französisches Schild mit zwei (schwarzen) Querbalken im silbernen Felde. Rev. Von rechts: ATTRAHE (Ros.) SEQVAR . Im gewundenen Kreise oben die strahlende Sonne mit Gesicht, unten aus der Erde aufsteigende Dünste. Im Abschnitte 1700 Gek. Rand. Gr. 13.

30405.

Boulin, François geb. 1646 † 1722, vermählt mit Louise de Faverolles † 1717.

Av. Von rechts: MRE FR . BOULIN CER EN LA CR DES AYDES . (Ros.) ET DAME. LOUISE DE FAVEROLLES. 1676. (Ros.) Unter der Freiherrenkrone in einer zierlichen Kartouche die beiden ovalen Familienwappen neben einander. Im rechten blauen ein goldener Sparren, darüber drei silberne Rosen, darunter ein Lilienschaft; im linken bauen ein (goldener) auf einem (goldenen) aufgerichteten Sichelmonde stehender Schaft mit drei Bohnenhülsen und vier Blättern, oben auf beiden Seiten ein (goldener) fünfspitziger Stern. Rev. In der Mitte ein goldenes Schildchen mit drei abgerissenen Drachenköpfen rechtshin (2. 1.) und um dasselbe die Umschrift ALLIANCES DE LOUVENCOURT· Um das Schildchen sind acht Wappen in den Kreis gestellt mit den Ueberschriften BIENCOURT ·, FLECELLES·, PETIT· , CHABENAT·, ME LIAND·, GILBERT·, BOULIN· und DURAND· Stark gek. Rand. Gr. über 13.

30406.

Brancas, Louis Antoine de B. Duc de Villars geb. 1682.

Av. Unter der Herzogskrone auf einem mit Hermelin bestreuten Wappenmantel ein mit den Ordensketten vom hl. Michael und hl. Geiste umgebenes ovales Schild; im blauen Felde ein silberner mit drei (rothen) Zinnenthürmen besetzter Pfahl, welcher auf beiden Seiten von zwei (goldenen) aus den Seitenrändern des Schildes hervorgehenden Löwenklauen gehalten wird. In einer achteckigen Einfassung von Blumenkelchen JETTON | DE M· LE DUC | DE | VILLARS BRANCAS | 1733· Gek. Rand und im Av. nach innen ein Linienrand. Achteckig. Gr. 15.

Brageloigne T. de. 30407.

Av. T. DE. BRAGELOIGNE . SR DE . LA . CELLE ✠ In der Mitte ein mehrfach eingeschnittenes Schild ohne Helm mit einem Querbalken in der Mitte, in welchem ein rosettenförmiger Gegenstand; in dem hiedurch gebildeten obern Felde zwei und unten ein sechsspitziger durchstochener Stern. Rev. PLVS . TOST . MOVRIR . M . D .

LXII. ✠ Innerhalb einer Zauneinfassung ein am Boden ruhendes nach rechts gewandtes Einhorn, neben welchem an der Seite rechts und links je ein Strauch mit Blumen. Gek. Rand. Messing. Gr. 13.

30408.

Caumont, Henri Jacques Nompar de C. duc de la Force geb. 1675 † 1726.

Av. Von rechts: HEN · JAC · NOMPAR · DE · CAUMONT · D·(ux) DE LA FORCE · PAR · FRAN · PROT·(ector) Unter der Herzogskrone auf einem mit Hermelin bestreuten Wappenmantel ein kartouchirtes ovales Schild mit drei (goldenen) gekrönten Leoparden (mit rother Zunge und Waffen) rechtshin über einander im blauen Felde. Oben und unten in der Kartouche ein Kopf; auf den Umschlägen des Mantels ist das Wappen wiederholt. Rev. Von rechts: CRESCAM · ET · LVCEBO · Ein aufwärts gerichteter Sichelmond; unter der Abschnittsleiste BURD(igalensis) ACAD · NUMISMA. Stark gek. Rand. Gr. über 13.

30409.

De Cerdevac d'Havrincourt.

Av. Zwei auf einer Verzierung stehende Einhörner halten unter der Marquiskrone ein kartouchirtes ovales, von Schwarz und Hermelin quergetheiltes Schild. Rev. Unter einer gleichen Krone die kursive Chiffre *DO* links und rechts gestellt und verschlungen. Von der Krone flattern zwei Bänder. Gek. Rand. Gl. Gr. (Die letzten fünf in der Sammlung des Hrn. Dr. Freudenthal.)

Chabot. 30410.

Av. LEONNOR — CHABOT Unter einer Krone mit neun Perlen ein französisches mit der Ordenskette vom heil. Michael umgebenes Schild, darin im ersten und vierten Felde drei Fische (?), im zweiten ein gekrönter Löwe nach rechts, im dritten ein achtspitziger Stern mit einem Strahlenbüschel nach unten. (Ein Komet?) Rev. GRAND. ESCVY — ER DE. FRANCE In der Mitte ein Degen in der Scheide, und herum ein mehrfach geschlängeltes, mit Lilien bestreutes Band, (Wehrgehäng?) Strichelrand. Messing. Gr. 13.

Challudet, Pierre. 30411—12.

Av. M^RE PDCHALLVDET. CH^R VICONTE. D. LIFERMEAV. SG^R DOYSON. CON^ER DEST Ein behelmtes gekr. Wappenschild, darin im ersten Felde (geschacht) das Wappen von Chaslus, im zweiten (viergetheilt, im ersten und vierten je ein Querbalken und im zweiten, dritten je zwei Löwen (?) nach rechts) das Wappen Tenon, im dritten mehrere Lilien, das Wappen Alegre und im vierten eine Kirchenfahne, das Wappen von Auvergne. Im Mittelschilde ein (rother) Löwe nach rechts und in der Ecke oben rechts in einem kleinen Vierecke im blauen Felde eine goldene Lilie. Um das Schild die Ordenskette vom hl. Michael; als Schildhalter Löwen, deren jener rechts eine geschachtete Standarte, jener links eine Standarte, worauf eine Kirchenfahne hält; ober dem Helme ein halber Löwe mit einer Fahne. Rev. ALLIANCES. DE. LA. MAISON. DES. S^RS DE. CHALLVDET. 1647. In der Mitte ein gekröntes Schild, um welches acht andere Schilde im Kreise herumgestellt. In dem ersteren vierfeldig, im Mittelschilde drei (2. 1.) Thürme (?), im ersten Felde ein Baum (?), im zweiten sechs Punkte (?), im dritten ein aufrecht sitzendes vierfüssiges Thier, im vierten ein Turnierkragen; rechts hievon DH links ON Ober den acht Schilden je stets der Name: in dem Schilde oben mehrere Lilien und Ueberschrift DALEGRE. Im zweiten ein Sparren, ober welchem oben zwei, unten eine Rose. Ueberschrift: DE MARCENAT, im dritten ein Krückenkreuz, DE BOVLIER, im vierten drei Sparren, DE CEBAZAT, im fünften ein Sparren und drei Cypressenbäume, GRENE, im sechsten ein einköpfiger gekrönter

Adler mit einem Sterne, GENTILS, im siebenten ein Löwe nach rechts mit Querstreifen rückwärts, DEBRYE, dann im achten das Wappen TENON vierfeldig wie im Averse. Hinter den Namen je ein Punkt. Der Rand gekerbt. Gr. 15. (Fontenay S. 411.)

Av. PRE DECHALVDET. ME DE. LHOSTEL. DV. ROY. ET MARIE. TENON (Ros.) Unter einem Helm, auf welchem der halbe Löwe wie zuvor mit der Fahne und unter Helmdecken zwei Schilde, in deren rechts viergetheilt; im ersten Felde ein Löwe nach rechts, das zweite geschacht, im dritten mehrere Lilien, im vierten drei von Ringen herabhängende Festons (?). Im Schilde links vierfeldig das vorbeschriebene Wappen Tenon. Rev. PD CHALVDET. CHR M. ROZ. DIJON. ET. SVZAN. DEROCHECHOVARD. Nach oben unter einer siebenperligen Krone das vorbeschriebene Wappen des Mittelschildes des Averses, umgeben mit einer Ordenskette, von welcher an den Seiten Bänder flattern. Tiefer zwei auf die Spitze (rautenförmig) gestellte Schilde, jedes unter einer fünfperligen Krone, beide mit Bändern verbunden. In dem Schilde rechts drei (2. 1.) Thürme und aussen · 1637 · in jenem links Turnierkragen (?) und ausserhalb · 1650 · Gekerbter Rand. Gr. 13.

Peter Challudet, Schatzmeister von Frankreich, vermählte sich im Jahre 1637 mit Rosa Dijon und 1650 mit Susanna Rochechouart. (Ebendort S. 412.)

30413.

Chamillart, Michel de Ch. Marquis de Cany, geb. 1652 † 1751 und Isabelle Therese le Rebours, verm. 1680 † 1731.

Av. Unter der Marquis-Krone in einer zierlichen Kartouche die beiden ovalen Familien-Wappen neben einander. Im rechten blauen ein silberner Windhund rechtshin mit (rothem) Halsbande und im goldenen Schildeshaupte drei (schwarze) Sterne; im linken rothen sieben silberne Rauten (3. 3. 1.) Rev. Unter einer gleichen Krone ein kartouchirtes ovales Schild mit der verschlungenen kursiven Chiffre *RGC*, das *C* links und rechts gestellt. Gekerbter Rand. Messing. Gr. 14. (Samml. des Herrn Dr. Freudenthal.)

Charlot Jacques. 30414.

Av. Von rechts: IAC · CHARLOT · ESER SGR DES LOGES · MAIRE · Unter Helm und Decken ein französisches Schild mit einem Sparren, neben dessen Spitze oben gegen die Ecke sich je ein, und unterhalb ein dritter Sichelmond befindet; ober dem letztern noch ein dreiblättriges Kleeblatt. Im Abschnitte 1685 Rev. ·CVLTV· SIC. HOSPITE. CLARA. Ein Schloss mit zwei an den Seiten vorspringenden Winkeln. Im Vordergrunde eine Gallerie und unten ein Blumengarten; am Rande in einem Blätterfeston der Buchstabe B Gek. Rand. Gr. über 12.

30415.

Chartraire de Montigny, François.

Av. Auf einer Leiste, unter welcher zwei arabeskenartige Verzierungen zwei Löwen als Schildhalter ein rundes rothtingirtes Schild haltend, worin ein Thurm mit drei Zinnen; ober dem Schilde auf einer Verzierung eine grosse Krone mit neun Perlen. Rev. Von rechts: CERTA DUCUNT SIDERA. Ein links segelnder Dreimaster, oben zwei Sterne in Wolken. Unter der Abschnittsleiste am Rande 1707 Gekerbter Rand. Gr. 14. (Fontenay Nr. 316—17.)

Choiseuil. 30416.

Av. Unter der Herzogskrone in einer zierlichen Kartouche ein ovales blaues Schild mit einem goldenen Kreuze in den oberen Winkeln je fünf (2. 1. 2.), in den unteren je vier (2. 2.) goldene Zettelchen. Rev. JETTON | DE SORCY | 1736 · | Rosette. Stark gekerbter Rand. Gr. über 14. (Samml. des Hrn. Dr. Freudenthal.)

Canqsoin Pierre. 30417.

Av. ✠ PIERRE. CANQVOIN. PREVOST. DE. LA. Innerhalb eines Linienkreises, in welchem oben eine fünfblättrige Rosette und zwischen vier Lorbeerzweigen, welche aus vier, an den vier Seiten angebrachten Verzierungen hervorragen, ein Linienoval, in welchem MONNOIE | · | DE DIION | 1593; oberhalb dieser Aufschrift eine fünfblättrige Rosette, von welcher zweigartige Verzierungen auslaufen. Unter dem Kranze eine gleiche Rosette. Rev. ✠ · LABORARE ❀ ET ❀ LETARI dann zwei fünfblättrige Blüthen, an welchen zweigähnliche Verzierungen. Innerhalb eines Linienkreises ein französisches Schild, ober welchem eine Verzierung, und zur Seite zwei gestielte Blumen mit Blättern. Im Schilde oberhalb sechs Münzen zwischen zwei fünfspitzigen Sternen. In der Mitte eine Distelpflanze (?) mit neun Blüthen; zur Seite rechts zwei Prägstempel über einander gestellt, und links ein Hammer. Gr. 14. (Fontenay S. 254.)

30418—19.

Coëffier, Antoine Ruze C. Marquis d'Effiat († 1632).

Av. ANTONIVS. DEFFIAT. — . FRANCIÆ . MARECHALVS (Ringel.) Unter der Marquis-Krone ein mit den Ordensketten vom hl. Michael und hl. Geiste umgebenes französisches Schild, darin ein von Silber und Blau siebenmal wellenförmig gestreifter Sparren, begleitet von drei (goldenen) aufgerichteten Löwen rechtshin (im rothen Felde). Hinter dem Schilde zwei gekrenzte Feldherrenstäbe. Rev. Von rechts: . HIS TOTVS FIAT GALLICVS ORBIS Im Perlenkreise über der theilweise sichtbaren Weltkugel hält eine Hand von der Linken aus den Wolken einen Donnerkeil, aus welchem Münzen fallen. Im Abschnitte am Rande · 1632 · Perlenrand. Messing. Gr. an 13.

Av. M. RVZE. M. DEFFIA. ET. D. LONGIVMEAV. G. M. (grand maître) D. MINES. ET. M.(arechal) D. F.(rance) Unter der Marquis-Krone ein in Palmzweige gestelltes französisches Schild mit dem Wappen wie vorher. Rev. Von rechts: TALI NON EST INDIGA TERRA MINISTRO Im Kreise ein Bergwerksschacht mit einer Winde, am Boden Münzen, kleine Stangen, Zange und Schmelztiegel. Unter der Abschnittsleiste am Rande 1633 Strichelrand. Gl. Gr. (Nach seinem Tode.)

30420.

Colbert, Jean Baptiste, Marquis de Seignelai, Finanzminister (1619 † 1683).

Av. M^RE^ I. B. COLBERT. C^R^ DV. ROY. E^S^. CONSE^LS^ ROYAL. E. DESTAT. INT.(endant) D. FI.(nances) (Ros.) Im gewundenen Kreise unter Helm und Decken ein mit einer Reifenkrone bedecktes französisches Schild, darin eine (blaue) aufgerichtete Schlange rechtshin (im goldenen Felde). Rev. (Ros.) CVRIA. MONETA — RVM. FRANCIÆ (Ros.) 1662 Im gewundenen Kreise unter einer grossen Krone, die neben einander gestellten Wappen von Frankreich und Navarra, umgeben von den Ordensketten vom heil. Michael und heil. Geiste; unten zwischen den Schildern ein kleines gekröntes L zwischen zwei liegenden Kronen. Gekerbter Rand. Gr. über 14.

30421—22.

Coligny, Gaspard II., Seigneur de Chastillon (1516 † 1572).

Av. G. DE. COVLLIGNY. S^R^ DE. CHA—LON. AMIRAL. DE. FRANCE. Im Kreise ein auf einem Anker liegendes, mehrfach eingebogenes Schild, darin ein (silb.) ausgebreiteter rechtssehender Adler mit (blauer) Krone (und Waffen im rothen Felde). Von den oberen Enden des Schildes hängt um dasselbe die Ordenskette vom heil. Michael. Rev. SAT VOLVISSE (gestieltes Kleeblatt.) ✠ Ueber zwei gekreuzten, durch eine Schleife verbundenen Ankern der aufwärts gelegte Dreizack. Messing. Gr. 13.

Coligni, Odet de, Cardinal de Chatillon, Bischof von Beauvais (1535—68).

Av. ODDO. CARDINALIS. DE. CASTELLIONE. ARCHIEPS. THOLO ✠ Im Kreise ein auf einem Kreuzstabe liegendes französisches Schild mit dem Familienwappen wie vorher. Oben ein Kardinalshut mit herabhängenden Quasten. Rev. EPISCOPVS. ET. COMES. BELLOVACORVM. PAR. FRANCIE ✠ Wie im Av. Messing. Gr. an 13.

30423.

Concini, Concino C., Marquis d' Aucre († 1617.)

Av. C. CONCINI. MARQ. DANCRE. MAR^AL DE. FRANC^E (Ros.) Ein gekröntes quadrirtes französisches Schild; im ersten und vierten (blauen Felde) ein (goldener) Dreihügel, auf dessen Spitze drei (silberne) Straussfedern stecken; im zweiten und dritten (von Gold und Silber) quergetheilten, oben ein (schwarzer) Doppeladler, unten zwei (schwarze) in's Andreaskreuz gelegte Ketten. Rev. Von rechts: (Ros.) TV TA. SORTE. FIDELITAS (Ros.) Im Kreise ein von Epheu umrankter Anker, über welchem eine geflügelte Kugel. Unter der Abschnittsleiste am Rande · 1614. Gekerbter Rand. Messing. Gr. 13. (Vorstehende sechs in der Samml. des Hrn. Dr. Freudenthal.)

Corberon Nicol. de. 30424.

Av. Von rechts: · NIC. DE CORBERON P^R PRESIDENT DALSACE. FRAN COISE SVZANNE DE LAVDREAV Unter der Präsidentenmütze und einer Krone zwei ovale Wappenschilde in einer Kartouche; das Ganze mit einem Hermelinmantel bedeckt. In dem Schilde rechts, so wie links, beide blau tingirt, ein ziselirter Sparren, ober welchem im erstern Schilde zwei Kastellthürme, im zweiten zwei Getreidegarben, unterhalb im ersten ein dritter Thurm, und im zweiten eine strahlende Sonne. Im Rev. auf einer Doppelleiste zwei gekreuzte brennende mit einer Schleife gebundene Fackeln. Ueberschrift: ARDEMVS EODEM. Ober der Leiste links am Rande S. V, unterhalb 1730. und nach rechts am Rande ein kleiner Vogel mit ausgebreiteten Flügeln. Beiderseits starker Strichelrand. Gr. über 13.

30425.

Cossé, Charles II., Comte de C., duc de Brissac (1611 † 1621).

Av. SPERO EQVIDEM VIRTVTE DVCE Unter der Grafenkrone ein ovales Schild mit drei (goldenen) unten ausgezähnten Binden (im schwarzen Felde). Ueber der Krone ein geschlossener Helm mit Decken, auf welchem ein Adlerkopf rechtshin. Als Schildhalter sind zwei auf einem Rasen stehende Windhunde, welche einen Stab vor sich halten; unter dem Schilde über dem Boden 1574 Rev. Von rechts: (durchstochene Ros.) IN TE DOMINE SPERAVI Unter der Grafenkrone ein gespaltenes Rautenschild, rechts die Binden wie im Av., links drei Binden. Um das Schild zwei von der Krone hängende, in Liebesknoten gewundene Schnüre mit Quasten an den Enden. Strichelrand. Messing. Gr. 13. (Samml. des Hrn. Dr. Freudenthal.)

30426.

Costentin, Anne-Hilarion de C., Comte de Tourville (1642 † 1701).

Av. Unter der Herzogskrone ein kartouchirtes, doppelleistiges, rundes Schild; im rothen Felde ein silberner, aus dem linken Schildesrande hervorgehender geharnischter Arm mit silbernem Schwerte, darüber ein silberner, geschlossener Helm mit Helmbusch von der Linken. Rev. IETTON | DE MONSIEUR | LE MARECHAL | DE | TOUR VILLE | 1700 Gek. Rand. Messing. Gr. an 14.

Cousin. 30427.

In Fontenay S. 317 erscheint bloss eine Seite eines Jetons: „Annet Cousin de Manesdau, abbé commendataire de Fontenay" abgebildet, auf welchem ohne Umschrift das von zwei Löwen gehaltene, gekrönte, vierfeldige Wappen, darin im ersten und vierten Felde je ein Baum, im zweiten, dritten blau gestrichenem ein Stern ober einem Sichelmonde, auf der Krone die Infel und der Bischofsstab; unten am Rande 1710 Gr.

30428—29.

Cremeaux, Louis Cesar de, Marquis d'Entragues († 1747).

Av. Unter der Herzogskrone ein gespaltenes und dreimal längsgetheiltes, ovales Schild. Im ersten silbernen Felde eine grüne (fälschlich statt blaue) wellenförmige Binde, im zweiten goldenen drei (blaue) Andreaskreuzchen neben einander, im dritten rothen drei (goldene) unten zugespitzte Wiederkreuzchen (2. 1.), im vierten grünen (statt blauen) drei silberne Andreaskreuzchen (2. 1.), im fünften rothen ein (goldener) wachsender Löwe rechtshin über einem grünen Boden, im sechsten goldenen zwei (schwarze) gekreuzte, unten durch ein (rothes) Band verbundene Kolben. Schildhalter sind zwei auf einer Verzierung stehende Greife, von welcher unten zwei Blumenguirlanden hängen. Rev. JETTON | DE MR LE | MARQUIS | DENTRAGUES; oben und unten eine Blattverzierung. Gekerbter und innerer Linienrand. Achteckig. Gr. 15.

Ein zweiter runder Stempel hat im Av. das vierte Feld blau tingirt und eine anders gezeichnete Verzierung ohne Guirlanden. Im Rev. oben und unten eine Kreuzrosette zwischen Verzierungen. Gr. über 14. (Beide in der Samml. des Hrn. Dr. Freudenthal.)

30430.

Cronemburg Philippe de C., seigreur de Jambles.

In Fontenay S. 319 ist bloss der Av. eines Kupferjetons abgezeichnet, auf welchem auf einer Verzierung zwei Vögel als Schildhalter ein ovales Schild halten, in welchem von rechts nach links zwei Querbalken schwarz tingirt, welche nach oben und unten zinnenförmig ausgezähnt sind. Ober der Krone ragt ein Adlerflug hervor. Am Rande Perlen. Gr. 14.

30431.

Daillon, Henri de, Comte und 1675 Duc du Lude († 1685).

Av. Von rechts: HENRI . COMTE . DV . LVDE . GRD MAISTRE . D . LARTRIE D . F .(rance) Unter der Herzogskrone ein von den Ordensketten vom hl. Michael und hl. Geiste umgebenes Schild mit einem (silbernen) gekerbten Kreuze (im blauen Felde). Unten am Rande zwei kreuzweis gestellte, abfeuernde Kanonen. Rev. Von rechts: ET . SIGNVM . ET . CAVSA . TRIVMPHI Ueber einem Grasboden zwei kreuzweis gelegte Kanonenläufe, welche unten mit Lilien bestreut, oben mit dem gekerbten Kreuze geschmückt sind. Im Abschnitte am Rande . 1673 . Messing. Gr. 12. (Samml. des Hrn. Dr. Freudenthal.)

30432.

Damas, Jean de D., lieutenant au gouvern. de Nivernais.

Aeussere Umschrift I • DAMAS ❀ E DE ❀ CRVX ❀ 1580 : ❀ Innere Umschrift : SIC ❀ NOS ❀ IVNXIT ❀ AMOR (Ros. zwischen Linienkreisen.) In der Mitte ein Monogramm aus DC und E in einander gestellt. Rev. HIS • VICIVS DAMAS — : SVPERAVIT : ❀ Ein mit der Ordenskette des hl. Michael umgebenes Schild ohne Helm, worin ein (rothes) Ankerkreuz im (goldenen) Felde.

Johann von Damas heiratete am 19. Febr. 1560 Edmée de Crux und starb am 13. Aug. 1586. (Fontenay S. 413.)

30433.

Donadieu François de., Bischof von Auxerre (1600—1623).

Von dessen Jeton ist in Fontenay S. 354 nur eine Seite abgebildet; sie hat die Umschrift ✠ F . DE . DONADIEV . EVESQVE . D'AVXERRE in einem französischen Schilde, ober welchem am Rande oben rechts die Infel, links der Bischofsstab, eine Hand links am Rande aus den Wolken, ein Herz haltend; gegen die obern Ecken zu je ein Stern. Gek. Rand. Gr. 13.

30443.

Flachat (Jean B.)

Kupferjeton von 17—35 Av. DE LA PREVOTE DE M. JEAN B. FLACHAT ECU. SEIG. DE. ST. BONNET. Wappen. Ohne Umschrift. Gr. 14. (Entnommen Wellenh. 13658.)

30444.

Fleury, Andre Hercule de F., Kardinal (1653 † 1743).

Av. Von rechts: AND. HERCULES CARDINALIS DE FLEURY. Brustbild linkshin mit Käppchen in geistlicher Tracht, unter der Schulter am Rande klein I. D. 1738 Rev. Zwei über Wolken schwebende Engel halten unter dem Kardinalshute eine muschelförmige Kartouche, darin ein quadrirtes ovales Schild; im ersten und vierten blauen Felde drei (goldene) Rosen, 2. 1. (Fleury), im zweiten und dritten von Roth und Blau quergetheiltem, oben ein (goldener) wachsender Löwe rechtshin (de la Treille.) Die Kartouche ist oben links mit einem Lorbeerzweige besteckt und unten rechts ist ein Palmzweig durchgesteckt. Gek. Rand und im Ringe geprägt. Gr. über 13.

30445.

Foudras Louis de F. Comte.

Fontenay S. 315 hat einen Jeton des Grafen von Foudras, Marquis von Demigny, ohne Rev.-Seite abgebildet. Am Av. auf einer Leiste zwei Engel, welche ein ovales mit einer Krone mit neun Perlen bedecktes von aussen verziertes Schild halten. In demselben sind im (blau gestrichelten) Felde drei silberne Querbalken von rechts nach links. Im Texte wird das Feld als D'or (Gold) bezeichnet. Im Abschnitte 1704 Gekerbter Rand. Gr. 14.

30446.

Foulé, Hyacinth-Antoine, Marquis von Martangy.

Av. Auf einer Verzierung zwei Windhunde als Schildhalter, welche zwei ovale Schilde, ober welchen die Marquiskrone angebracht, halten. In dem Schilde rechts das Wappen Foulé; drei Streifen von oben herab und über dieselben in der Mitte ein Querstreifen, dazwischen acht Hermelinschwänzchen (4. 4.), in jenem links das Wappen Rebours, sieben Rauten (3. 3. 1.) im rothgestrichenen Felde. Im Rev. unter der Marquiskrone ein Monogramm aus den Buchstaben *M* dann *E L R* formirt. Gezähnter Rand. Gr. über 14. (H. A. Foulé vermählte sich im Jahre 1700 an Marie Elisabeth le Rebours und starb 1736.) (Fontenay. S. 413.)

30447.

Fouquet, François, Bischof von Agde, 1643—59, † 1673 als Erzbischof von Narbonne.

Av. Von rechts: .MRE F. FOVCQVET. EVESQVE. ET. COMTE. DAGDE. Unter einem Kardinalshute mit herabhängenden Quasten ein mit der Freiherrenkrone bedecktes französisches Schild mit den Familienwappen von Fouquet. Unter der Abschnittsleiste am Rande · 1654. Rev. Von rechts: CONER ORDINAIRE. DV. ROY. EN. TOVS. SES. CONSEILS. Im Kreise ein aufgerichtetes Eichhörnchen rechtshin, darüber auf einem halbrunden Bande: QVO. NON. ASCENDIT. Unten die Jahrzahl wie im Averse. Gekerbter Rand. Gr. an 13. (Samml. des Hrn. Dr. Freudenthal.)

30448.

Fouquet, Nicolas F., Vicomte de Mélun († 1680).

Av. MRE N. FOVCQVET. CHLR. VICOMTE. DE. MELVN. ET. DE. VAVX ✠ Unter der Grafenkrone ein in überlegte Palmzweige gestelltes französisches Schild mit einem (rothen) aufgerichteten Eichhörnchen rechtshin (im silb. Felde). Rev. CON

SEILLER. DESTAT. ET. MAISTRE. DES. REQVESTES. 1641. In der Mitte ein Schildchen mit dem Eichhörnchen und mit der Umschrift FOV—CQ—VET Um dasselbe sind sieben andere in den Kreis gestellt, mit den Ueberschriften FOVRCHE (Sparren, darüber zwei gegen einander gestellte Löwen, darüber ein Spornrad.) MAV PEOV (Stachelschwein rechtshin, im Haupte drei Sterne.) BENIGNE (leeres Feld und drei gestümmelte Vögel im Haupte.) CVRIF (drei Kleeblätter 2. 1.), CVISSART (leeres Feld und drei Jakobsmuscheln im Haupte), CHARNACE (drei Kreuzchen 2. 1.) und MELLET (fünf gestümmelte Vögel rechtshin (2. 2. 1.) Gekerbter Rand. Messing. Gr. über 14.

30449.

Fremiot Claude, Chevalier.

In Fontenay S. 332 erscheint die Avers-Seite nachstehenden Jetons abgebildet: MRE. CLAVDE. FREMIOT. CHER. COER DETA PRENT AV. PARLNT DE. DION. In dem behelmten Wappen mit Helmzier im (blauen) Felde drei Vögel (Silber) nach rechts (2. 1.) und ober denselben drei (goldene) Sterne (2. 1.) Die Spitzen der zwei obern sind von einem am obern Schildrande angebrachten (rothen) Querbalken bedeckt. Ober dem Helm die Mütze eines Präsidenten, aus welcher ein Vogel nach rechts herrorragt. Gekerbter Rand. Gr. an 13.

30450.

Froulay, Réné de, Comte de Tessé (1650 † 1725).

Av. Von rechts: · RENÉ. SIRE. DE. FROVLLAY. COMTE. DE. TESSÉ. Unter der Herzogskrone auf einem mit Hermelin bestreuten Wappenmantel ein auf gekreuzten Marschallsstäben liegendes, mit den Ordensketten vom heil. Michael und heil. Geiste umgebenes rundes Schild; im silb. Felde ein rothes Andreaskreuz mit (schwarzer) gezähnter Einfassung. Hinter dem Mantel ragen auf beiden Seiten fünf mit Lilien bestreute Fahnen hervor; über der Krone ein Pelikan von links mit seinen Jungen im Neste. Rev. Von rechts: · DVRAT. CVM. SANQVINE. VIRTVS. AVORVM. Auf einem Boden ein Pelikan von links mit seinen Jungen im Neste, unter welchen klein · C. MAVELOT. F. | 1708 Strichelrand. Gr. über 14. (Sammlung des Herrn Dr. Freudenthal.)

Fyot Claude. 30451.

Fontenay S. 312 hat den Av. eines Jetons des Cl. Fyot, des letzten Abtes von Sct. Stephan in Dijon, gewählt 1700, abgebildet. Auf demselben sind auf einer Leiste zwei Löwen als Schildhalter und halten ein ovales, verziertes Schild, worauf eine Krone mit neun Perlen mit einer Mitra und dem Krummstabe obenauf, darin im blaugestrichenen Felde ein goldener Sparren, ober welchem zwei und unten eine Raute. Im Abschnitte 1701, keine Umschrift. Gr. 14.

Gadagne G. de. 30452.

Av. Von rechts: G · DE · GADAGNE · D'HOSTVN · COM · VIRD · BVRG· GEN· ELCT· SEG· PROREX ∗ Auf einer Leiste und felsigem Untergrunde als Schildhalter zwei Löwen, deren Köpfe in Helmen; in dem mit einer Marquiskrone bedeckten französischen Schilde im rothgestrichenen Felde ein von aussen gezähntes, goldtingirtes Kreuz. Rev. Innerhalb eines gekerbten Halbkreises am Boden ein länglicher, viereckiger Altar, auf welchem eine Flamme. Ueberschrift am Rande oben VIVA ∗ ET ∗ PEREN NIS zwischen Blumenzweigchen. Im Abschnitte 1695 Gek. Rand. Gr. 14. (Font. S. 310.)

Galland. 30453.

Av. CL. GALLAND · SR. DE. BEAVSABLON. & · DAME. C. GVYON S. (on) ESP. (ouse) ∗ Zwei auf einem Boden stehende Windhunde mit Halsbändern halten unter dem Helme und Decken ein gespaltenes französ. Schild, im rechten (blauen) Felde ein (goldener) von drei (goldenen) Rosen begleiteter Sparren, über dessen Spitze ein (silb.) aufgerichteter Sichelmond, im linken eine mit zwei Ringen besetzte Binde, darüber zwei Kronen, darüber ein abwärts gelegter Zweig. Auf dem Helme ein wachsender Windhund rechtshin mit Halsband. Rev. Von rechts: · OMNIVM · RERVM · NEXVS, NOBILIOR. Ueber einer Leiste die beiden gegen einander gestellten Brustbilder, darüber zwei sich fassende Hände. Im Abschnitte FIDES innerhalb einer kleinen Kartouche, neben welcher getheilt 16—54 Gekerbter Rand. Gr. an 13. (Samml. des Hrn. Dr. Freudenthal.)

Ganay, Jean de G. 30454—55.

Av. Eine Krone MESSIRE—IEHAN—DE—GANAY: dazwischen je eine fünfblättrige Roselle zwischen Doppelpunkten. In der Mitte innerhalb eines Linien-Doppelkreises ein französisches glattes Schild (Silber), darin ein rother Querbalken, auf welchem zwischen je zwei (gold.) Muscheln drei fünfblättrige (goldene) Ros. Rev. Eine Krone CHANCELIER—DE—FRANCE Dazwischen je eine, und dahinter zwei fünfblättrige Rosetten zwischen Doppelpunkten. Innerhalb eines Doppelkreises acht ganz und neun nur theilweis sichtbare Lilien. Am Rande ein Linienkreis. Gr. 13. (Johann von Ganay, 1478 Advokat im Parlament, wurde unter Ludwig XII. Kanzler, und starb am 31. Januar 1507.) (Fontenay S. 414.)

Ganay Jacques II., seigneur des Champs et Marcau.

Av. MESSIRE. IAQ. DE GANAY. CHER. DIION. (Im Texte: DONII) DE. LA. CH. DES. COMPT. Zwei Löwen auf einer Leiste halten ein verziertes mit der Marquiskrone bedecktes Schild, worin im golddingirten Felde ein (rother) nach rechts gewandter einfacher Adler. Unter dem Abschnitte 1701 Am Rande ein Perlenkreis. Gr. 14. (Ebendort S. 313.)

Gencian. 30456.

Av. · NICOLAS. GENCIAN. Im französischen Schilde viereckig gezogene Binden und über das Ganze ein mit Lilien bestreuter rechter Schrägbalken. Ueber dem Schilde zwei gekreuzte, bis an den Rand gestellte Lorbeerzweige. Rev. Von rechts: ✠ CVNCTA FAVSTISSIMA. FAVSTIS Eine Säule, auf deren Spitze ein Vogel rechtshin; vor derselben sind zwei Füllhörner mit Blumen in's Kreuz gelegt. Unter der Abschnittsleiste am Rande 1583 Gekerbter Rand. Messing. Gr. 13. (Sammlung des Herrn Dr. Freudenthal).

Le Gendre, Pierre. 30457.

Av. PIERRE : LE : GENDRE : TRESORIER : DE : FRANCE : ✠ In der Mitte innerhalb eines Linienkreises ein französisches Schild, darin ein (silberner) Querstreifen im (gold.) Felde, ober demselben zwei, unten ein Mädchenkopf mit herabwallenden Haaren. Rev. GV ❀ ROI ❀ LOIS ❀ DOVSEIESME ❀ DE ❀ CE ❀ NOM ❀ ✠ Innerhalb eines gleichen Kreises in der Mitte ein Eber nach rechts, um welchen kranzförmig acht Lilien, von denen die höchstgestellte gekrönt ist. Die Umschriften beiderseits zwischen Perlenkreisen. Gr. 15. (Fontenay S. 132.)

Dionis. A. S. Germano. 30458.

Av. DIONISI. A. S. GERMANO. REG. CONS. AVDIT. COMPV und eine vierblättrige Ros. Ein französisches Schild ohne Helm, an der obern Seite mit einer Schleife versehen, von welcher an jeder Seite zwei Bänder hinabflattern, an den Schildeinfassungsstreifen nach innen Spitzen. Im Felde oberhalb ein Turnierkragen (?) darunter ein Herz innerhalb eines Kranzes von Wolken. Rev. Von rechts: · PACIFICA · ET · FIDELI · CONCORDIA · Zwei Hände aus den Wolken halten einen Lorbeerzweig, über welchen zwei Füllhörner gekreuzt sind. Unter einer Leiste 1584 Strichelrand. Gr. 13. Messing.

Gissey F. de G. 30459.

In Fontenay S. 309 erscheint nachstehender Av. abgebildet: F. DE GISSEY ESLEV. D. TIERS. ESTAT. D. BOVRGONGNE Ros. In der Mitte ein französisches Schild ohne Helm, darin drei Leuchter mit je einem Stern statt des Lichtes; an der untern Schildhälfte von aussen zwei unten über einander gelegte Lorbeerzweige, oberhalb ein Band mit der Ueberschrift A. COELO. LVX. MEA Gr. über 12.

Godet. 30460.

Av. FRANCOYS. GODET. CONS. ET. GENERAL. (Kreuzroselle.) Zwischen zwei oben und unten zusammengebundenen Lorbeerzweigen im französischen Schilde ein oben mit einem Ankerkreuzchen besetzter Sparren, begleitet von drei abwärts gelegten Zirbelnüssen. Rev. MARGVERITE. MOLE. 1561. (Kr.) Ein quadrirtes französisches Schild; im ersten und vierten (rothen) Felde oben zwei (goldene) Sterne, unten ein (silberner) aufgerichteter Sichelmond, im zweiten und dritten (silbernen) ein (schwarzer) aufgerichteter Löwe rechtshin mit (goldener) Krone und Zunge. Ueber dem Schilde eine Schleife, deren Bänder an den Seiten herabhängen. Strichelrand. Messing. Gr. an 15. (Samml. des Hrn. Dr. Freudenthal.)

30461—62.

Gouffier, Claude, Comte de Carvas, Duc de Rouannois (1566 † 1570).

Av. C. GOVFFIER · CONTE · DE. — CARVAS. ET. DE. MAVLEVR ✠ In einem feinen Doppelkreise unter der Grafenkrone ein mit der Ordenskette vom heil. Michael umgebenes französisches Schild, darin drei (schwarze) Zwillingsbinden (im goldenen Felde). Rev. SEIGNER DE. BOYSI — · GRAND · ESCVIER. DE. FRACE ✠ In einem gleichen Doppelkreise ein schräg rechts nach unten gelegtes Schwert, dessen Scheide und schlangenförmig gelegtes Band mit Lilien bestreut sind. Perlenrand und nach innen ein feiner Linienkreis. Gelbes Kupfer. Gr. an 14.

Av. LE. DVC. DE. — . ROVANNOIS. (Kreuzros.) Wie vorher mit der Herzogskrone und ohne Doppelkreis. Rev. (Kr.) GRAND. ESCV—YER. DE. FRANCE Wie vorher ohne Kreis. Gekerbter Rand. Messing. Gr. 13. (Beide mitgetheilt von Hrn. Dr. Freudenthal.)

30463.

Av. Eine vierblättrige Rosette. CLAVDE. GOVFFIER — MARQVIS. DE BOYSY Das mit der Marquiskrone bedeckte französische, mit der Ordenskette vom heil. Michael umhängte Wappenschild, worin sechs Querbinden. Der Rev. wie zuvor. Gestrichelter Rand. Gr. 13. Gelbes Metall.

Le Gouz Guillaume. 30464—65.

Av. ✠ : G. LE. GOVZ · RE · CON. ET. ACTOR. FISCI. CATOLICI. 1592 In einem Linienkreise ein französisches Schild mit Helm und Helmdecken, darin im (rothen) Felde ein beiderseits ausgezähntes (goldenes) Kreuz und in den hiedurch gebildeten vier Feldern je eine (silberne) Lanzenspitze. Rev. ✠ SPIRITVS. ET. RECTE · ✠ · CVRRIT. AC. HORTATVR Innerhalb eines Linienkreises eine Lanze mit der Spitze nach oben, zwischen LAVS RECTI, dann quergelegt ein Sprachrohr und darunter zur Seite der Lanze: VAL—LE | PEL—LE Gekerbter Rand. Gr. über 13. (Fontenay Seite 253.)

M. Le Gouz, abbé et doyen de Saint Georges de Chalon.

Fontenay S. 314 hat nur die eine Seite eines Jetons abgebildet, welcher ohne Umschrift das von zwei Greifen, auf einer Leiste stehend, gehaltene runde, von Verzierungen umgebene Wappenschild enthält, in welchem jedoch die Farben heraldisch angedeutet erscheinen; unter der Leiste 1704 Gr. 14.

Grandcerf Mathieu. 30466.

Av. Von rechts: MATHIEV. GRANDCERF Innerhalb eines unten von einer Querleiste durchschnittenen Linienrandes ein nach links springender Hirsch, links hinter ihm Bäume und nach oben in der Mitte zwei Halbmonde mit den Spitzen aufwärts. Unten im Abschnitte zwei kleine überlegte Lorbeerzweige. Rev. LES OVVRIERS ET MONNOYERS DE LA MONNOYE D. PARIS ❀ Zwischen zwei kranzförmig gelegten Lorbeerzweigen ein französisches Schild, darin ein breites, das Schild in vier Felder theilendes Kreuz, darin im ersten und vierten Felde ein Bergwerksschlägel, im zweiten und dritten je drei Geldstücke, 2. 1. Im Schildeshaupte oben drei Lilien. Gr. 12. (Fontenay S. 52.)

Granvellani Anton. 30467.

Av. ANT : CARDINALIS : GRANVELLANI ✠ In einem Linienkreise ein unten abgerundetes Schild mit dem dasselbe überragenden Kreuze; oberhalb der Kardinalshut, von welchem die Quasten an den Schildseiten herabhängen; neben dem Schilde unterhalb 15—84. Rev. Eine Barke nach links, deren Enden beiderseits hoch aufgebaut, mit je einem Maste und Segel an diesem Aufbaue; auf der Barke sind drei Personen sichtbar. Ueberschrift: DVRATE Gr. über 13. (Fontenay S. 153.)

Grassin. 30468.

Av. Von rechts: P. GRASSIN. EC^{ER} — S DE. MORMANT. Ein Brustbild mit herabhängender Lockenperücke nach links gewandt mit blossem Halse ohne Gewand. Rev. Von rechts: CHARLOTTE. — DVPUY. DE. DIGNY. Das nach rechts gewandte Brustbild mit hoch aufgerichtetem Lockenhaare. Am Halse ein faltiges Gewand mit einem Knopfe auf der Schulter. Unter den Köpfen beiderseits klein · N · R · Starker Strichelrand. Gr. über 14.

Graves, Jules Marq. d. G. 30469.

Av. IVLES. MARQVIS. DE. GRAVES. MAISTRE. DE. LAGARDEROBE. DE. M^{R} In einem mit der Marquiskrone bedeckten, von aussen verzierten Schilde ein vierfeldiges Wappen, darin im ersten und vierten Felde je zwei Bandstreifen von rechts nach links; im zweiten und dritten je fünf kleine Vögel nach rechts gewandt. Hinter dem Schilde ragt eine Lanze oben und unten hervor, mit einem Kopfe am obern Theile. Als Schildhalter erscheinen Vögel mit Menschenköpfen. Rev. Von rechts: LAGRAVE. ES. TANT. ANTIQVE. QVE. LAS. ONDES. In einem Linienkreise die innere Seite punktirt; und in der Mitte Wellen, welche nach vorn hochgehen, und im Hintergrunde mehr geebnet sind. Im Abschnitte 1696 Gekerbter Rand. Gr. 14. Messing.

Gueneau d'Aumont. 30470.

In Fontenay S. 330 wird eines im Av. nicht abgebildeten Jetons mit der Aufschrift P. H. | GUENEAU D'AUMONT. | ECUYER, MAIRE | DE SEMUR EN AU XOIS, | ELU GÉNÉRAL. | DU TIERS—ETAT. | TRIENNALITÉ DE 1787. | A 1790. erwähnt. Als Rev. das gekrönte mit dem Wappenmantel umhängte Wappenschild mit dem vierfeldigen Wappen von Burgund, je acht Lilien im ersten und vierten Felde, dann zwei Querstreifen im zweiten und dritten, und die Ueberschrift COMITIA BUR GUNDLÆ 1789. Gekerbter Rand. Gr. an 15.

30471—72.

Guenegaud, Gabriel de, und Maria de la Croix (vermählt 1604 † 1655).

Av. G. S^{R} DE GVENEGAVD. C. D. ROY. EN. S. C. (Sa cour) DEST. (at) ET. TR^{R} (Tresorier) D. LESPARGE (Ros.) Unter Helm und Decken ein französisches Schild mit einem (goldenen) aufgerichteten Löwen rechtshin, über dessen Kopfe ein schwebendes Patriarchenkreuz (im rothen Felde). Rev. ET. DAME. MARIE. DE. LA. CROIX. SA. FEMME Ros. Im oben und unten zusammengebundenen Palmzweigen ein französisches Schild, darin ein (goldenes) mit einem (rothen) Sichelmonde besetztes Kreuz (im blauen Felde). Messing. Gr. an 13. (Samml. des Hrn. Dr. Freudenthal.)

Cl. de. G. und Alphonsine Martel.

Av. CL. DE. GVENEGAVD. C^{ER} D^{T} TRES^{R} DE. LESPARGNE Das Wappen mit Helm und Decken, das Schild doppelteisig, darin im ersten und vierten Felde das Kreuz von La Croix wie im letzten Rev. Das zweite ist quadrirt und hat im ersten und vierten (blauen) Felde mit (rother) gekerbter Einfassung drei (goldene) Lilien (2. 1.); im zweiten und dritten (goldenen) drei (rothe) Scheiben (2. 1.) (Courtenay); im dritten (silbernen) Quartiere zwei (schwarze) Pfähle; (Harlay); im Mittelschilde das Wappen von Guenegaud wie im vorstehenden Av. ohne das Patriarchenkreuz. Auf dem Helme ein wachsender Löwe rechtshin. Rev. In unten gebundenen, oben überlegten Palmzweigen ein quadrirtes französisches Schild mit dem Wappen von Martel. Im quergetheilten Felde sechs Andreaskreuzchen (3. 2. 1.). Das zweite ist gegittert, im dritten eine aufgerichtete Schlange rechtshin mit einem Kinde im Rachen; im vierten drei Schnallen (2. 1.) und im Mittelschilde drei Schlägel (2. 1.). Gek. Rand. Gr. 13. (Ebendort.)

30473.

Guérin, Pierre, de Tencin, Erzbischof von Lyon (1740—1758).

Av. Von rechts: P. CARD. — DE TENCIN Brustbild linkshin mit Perrücke und Käppchen im Chorrocke; vor der Brust das Ordenskreuz vom heil. Geiste; unter der Schulter am Rande klein DU VIV. Rev. ARCHIEP. LUGD. UNUS E REGNI AD MINISTRIS Auf einem Malteserkreuze liegt ein mit der Erzbischofsmütze bedecktes quergetheiltes ovales Schild; im obern rothen Felde drei silberne Kugeln, im unteren goldenen ein entwurzelter Baum. Um das Schild ein Band, von welchem unten das Ordenskreuz vom heil. Geiste hängt. Ueber der Erzbischofsmitra ragt ein Kreuzstab hervor, und darüber am Rande ein Kardinalshut, dessen Quasten bis unter das Schild herabhängen. Starker Strichelrand und im Av. noch ein Linienkreis. Gr. 14. (Ebendort.)

30474—75.

Guise, Henri de, Comte de Harcourt (1601 † 1666).

Av. Von rechts: H. DE. LORRAINE. C. DE. HARCOVRT. P.(air) ET. GR.(and.) Brustbild linkshin mit Lockenhaare und Ohrgehänge im Harnisch und Mantel; vor der Brust hängt ein Ordenskreuz. Rev. Von rechts: ESCVYER. DE. FRAN. ET. VICEROY DE. CATAL. Vor einem Baume steht ein Windhund rechtshin, welcher mittelst einer durch das Halsband gezogenen Schleife an dasselbe gebunden ist. Zwischen den Füssen neben dem Baume klein 16—45 Im Abschnitte klein • FIDELIS • ET • | • AVDAX Gekerbter Rand. Gr. 13. (Ebendort.)

Guise, Ludwig von Lothringen († 1621).

Av. Von rechts: LVD • CARD • A • GVYSIA. ARCH. DVX. REMENSIS Unter dem Kardinalshute, von welchem an den Seiten des Schildes die Quasten herabhängen, ein vierfeldiges Wappen mit einem Mittelschilde, in welchem das Wappen von Lothringen, die drei Adler; ober dem Schilde das erzbischöfliche Kreuz. Rev. Von rechts: ein vierblättriges Kreuz. HÆC. ARA. TVEBITVR. OMNES. In der obern Hälfte die von oben aus einem Halbkreise von Wolken gegen ein Gefäss auf einem Altare herabfliegende Taube. Unter dem Altare 1588. Gekerbter Rand. Gr. 13.

30476—77.

Louis H. de Montmor, Bischof von Perpignan († 1659). Louis Henry H. Comte du Mesnil † 1686.

Av. Von rechts: L. HABERT. DE. MONTMOR. EV. DE. PERPIGNAN. GRAND. INQVISIT ⁘ Im Linienkreise unter einer mit Mitra und Krummstab besteckten Freiherrenkrone ein kartouchirtes ovales Schild mit dem vorbeschriebenen Wappen. Ueber der Krone ein Kardinalshut mit herabhängenden Quasten; im Abschnitte · 1680. Rev. L. HABERT. DE. MONTMOR. CH^{ER} COMTE. DVMESNIL. INTEND. DE. IVST. (ice) AV. HAVRE. Im Linienkreise unter der Freiherrenkrone ein quadrirtes kartouchirtes, ovales Schild, darin im ersten und vierten Felde der Sparren wie im Av.; im zweiten und dritten drei Vogelklauen (2. 1.). Gr. über 13. (Sammlung des Hrn. Dr. Freudenthal.)

Av. Wie zuletzt. Rev. Aehnlich, nur anscheinend vor L noch ein T. dann DV. MESNIL. INTENDANT. G^{AL} DES GALL... (nicht ganz deutlich.) In der Mitte innerhalb eines Linienkreises unter einer Krone mit neun Perlen in einer Kartouche, an deren Seite Palmzweige hervorragen. Das ovale einfeldige Wappen des Averses wie vorher. Gekerbter Rand. Gr. über 12.

30478.

Habert, Philippe, Seigneur du Mesnil.

Av. Von rechts: M^{RE} PH^{PS} HABERT. CH^{R} ET. S^{RE} (Secrétaire) DV. ROY. S^{R} DV. MESNIL. Unter Helm und Decken ein mit der Ordenskette vom heil. Michael umgebenes quadrirtes Schild, darin im ersten und vierten Felde vier Querbalken, im zweiten und dritten roth tingirt und im (blauen) Mittelschilde ein (goldener) von drei (silbernen) Mühleisen begleiteter Sparren. Auf dem Helme ein wachsender Löwe rechtshin; unter der Abschnittsleiste am Rande · 15—00. Rev. Von rechts: PRIVO—DI TE MORIRO Eine Landschaft, rechts ein Mann pflügend, links ein Baum in einer viereckigen Schutzeinfassung, neben welcher ein Hund; rechts im Hintergrunde Gebäude. Oben rechts die strahlende Sonne aus Wolken. Gekerbter Rand. Gr. 13. (Aus späterer Zeit.)

30479.

Pierre II. de Montmor, Bischof von Cahors (1621 † 1632) und Jean II., Marq. de Marigny († 1639).

Av. Von rechts: M^{RE} P. HABERT. DE. MONTMOR. EV. (eque) ET. COMTE. DE. CAORS. I^{R} AVM^{ER} (Premier Aumonier) DE. M^{R} (Monseigneur.) Im Linienkreise unter einer mit Mitra, Helm und Krummstab besteckten Freiherrenkrone ein französisches Schild mit dem Wappen des vorstehenden Mittelschildes. (Sparren und drei Mühleisen.) Ueber dem Helme ein Kardinalshut mit an den Seiten des Schildes herabhängenden Quasten; im Abschnitte · 1632. Rev. Von links: M^{RE} IEAN. HABERT. CH^{R} S^{GR} DE. MONTMOR · MARQ. DE. MARIGNI. C^{R} D. R. EN. SES. C^{LS} (Conseils.) Im Linienkreise unter der Marquiskrone ein mit der Ordenskette vom heil. Michael umgebenes französisches Schild mit dem Wappen des Averses. Gr. 13. (Sammlung des Hrn. Dr. Freudenthal.)

30480.

Harlay, François de, Erzbischof von Paris (1661—95).

Av. Von rechts: FRANC. DE. HARLAY. DVX. ET. PAR. FRANCIÆ. Brustbild linkshin im Käppchen und Chorrocke, auf der Brust ein Ordenskreuz; unter der Schulter am Rande klein 1683 Rev. ARCHEPISCOPVS. (sic) PARISIENSIS · ET. SORBONÆ. PROVISOR ·⁝· Im Kreise auf einem Wappenmantel unter der Herzogskrone ein quergetheiltes und dreimal längsgetheiltes Schild mit zwei (schwarzen) Pfählen im (silbernen) Mittelschilde (Harlay). In einem (goldenen) Felde ein (von Silber und Roth) in drei Reihen geschachter Querbalken (La Marche); im zweiten (blauen) mit acht (goldenen) Kreuzchen bestreuten Felde ein (goldenes) Schildchen mit einer (silb.) ausgebrochenen Einfassung (Brezé); im dritten (silb.) drei rothe Querbalken (Croij);

im vierten (blauen) innerhalb einer Einfassung drei (goldene) Lilien (2./1.), zwischen denen ein rother schwebender rechter Schrägbalken (Bourbon); im fünften (blauen) mit (goldenen) zugespitzten Wiederkreuzchen bestreuten Felde ein (silb.) Löwe mit (goldener) Krone (Sarrebruche); das sechste ist von (Roth und Gold) sechsmal längsgestreift (Amboise); im siebenten das pfalz-bairische Wappen; im achten (blauen) sieben (silberne) Pfennige (3. 3. 1.), nebst einem (goldenen) Haupte (Poitiers). Um das Schild ein Band, von welchem unten ein Ordenskreuz hängt. Hinter der Krone ragt ein Kreuzstab hervor, über welchem ein Kardinalshut mit herabhängenden Quasten. Gekerbter Rand. Gr. 13.

Herardin. 30481.

Av. G. HERARDIN. ES. (cuyer) CON. SEC. (retaire) DV. ROY.G. (énéral) EN CHEF. DE. LA. C. (our) DES M. (onnaies) Ros. Unter Helm und Decken im französischen Schilde ein Blumenschaft mit drei Lilien, vor und hinter welchem ein rechtsspringendes Thier, das Schildeshaupt mit drei Sternen besetzt. Auf dem Helme drei Straussfedern. Rev. TOVT. DEFERE. A. LAMOVR. TOVT. DEFERE. AV. COVRAGE (Ros.) Auf einem fliegenden Adler mit dem Donnerkeile in den Krallen sitzt Amor linkshin mit Bogen in der Linken und dem Zaume in der Rechten. Gekerbter Rand. Gr. über 13.

Hesselin. 30482.

Av. M. L. HESSELIN. C. DV. ROY. ET. M. D. L. (Maître de la) CHAM AVX. DENIERS Unter Helm und Decken ein quadrirtes französisches Schild, darin im ersten und vierten ein aufgerichteter Greif rechtshin, im zweiten und dritten zwei Querbalken, der obere mit vier, der untere mit zwei Vierblättern besetzt, über den Querbalken vier, zwischen denselben drei, unten ein Vierblatt. Auf dem Helme ein wachsender Greif rechtshin. Rev. Von rechts: PIETAS. VT. CEDAT. AVITIS Von der Linken sitzt auf einem Sessel eine gekrönte Frau und hält die Rechte über einem Kinde, welches ein Mann in röm. Kriegerstracht ihr vorstellt. Unter der Abschnittsleiste am Rande 1630 zwischen L—H Gekerbter Rand. Gr. an 13.

Hodon. 30483.

Av. Von rechts: • RADEGONDE (Ros.) DE. HODON Unter Helm und Decken ein quadrirtes, an den Seiten eingebogenes Schild, darin im ersten und vierten Felde drei Rauten (2. 1.) und im zweiten und dritten ein aufgerichteter Löwe rechtshin. Auf dem Helme ein wachsender Löwe rechtshin; unter der Abschnittsleiste am Rande 1500 Rev. Wie Nr. 30478. Gekerbter Rand. Gr. über 13. (Neuerer Fabrik.)

30484.

Hostun, Gilbert d' Hostun de Gardagne, Comte de Verdun (1654 † 1732).

Av. Von rechts: G. DE. GARDAGNE. DHOSTVN. CŌM VIRD. BVRG. GĒN. ELCT. SĒG. PROREX (Ros.) Unter der Herzogskrone ein rothes französisches Schild mit einem goldenen ausgezähnten Kreuze. Schildhalter sind zwei auf einem Grasboden stehende Löwen mit geschlossenen Helmen um die Köpfe. Rev. In einem geperelten Halbkreise auf einem Boden ein mit Guirlanden verzierter Altar mit einer Flamme auf demselben. Obere Umschrift: (gestielte Blume) VIVA (Ros.) ET (Ros.) PERENNIS (gestielte Blume.) Im Abschnitte 1695 zwischen Ros. Gekerbter Rand. Gr. über 14.

30485—86.

Jeannin, Nikolas, de Castille Marquis de Montycu.

Av. MRE NICOLAS. IEANNIN • DE • CASTILLE Zwei Meerjungfern halten unter Helm und Decken ein über Wolken gestelltes, quadrirtes französisches Schild, darin im ersten und vierten (blauen) Felde ein (gold.) Zinnenthurm mit drei Thürmchen, im zweiten und dritten (blauen) ein silberner aufgerichteter Sichelmond, über welchem eine (goldene) Flamme. Auf dem Helme eine wachsende Meerjungfer von vorn mit Handspiegel und Kamm. Rev. Von rechts: · DAT. GAVDIA. REDDITVS. ORBI. Im Kreise eine Landschaft mit Bäumen zur Rechten; im Hintergrunde ein kleines Schiff im Meere, hinter welchem die aufgehende Sonne und oben Gewölke. Unter der Abschnittsleiste am Rande · 1648 · Gekerbter Rand. Gr. über 12.

Av. Unter der Marquiskrone ein mit den Ordensketten vom heil. Michael und heil. Geiste umgebenes quadrirtes französisches Schild mit dem vorigen Wappen. Rev. Von rechts: NASCVNTVR VBIQVE · Im gewundenem Kreise eine Festung auf einem Felsen, aus welchem drei Lilienschäfte hervorwachsen. Im Abschnitte · 1658 · Gekerbter Rand. Gr. an 13. (Die letzten sieben in der Samml. des Hrn. Dr. Freudenthal.)

Hurault Philipp. 30487.

Av. PHILIP. HVRAVLT. CHANCEL^ER^ DE. FR. ET. ANNE. DE. THOV. 1595 ✠ In einem gewundenen Kreise die Brustbilder beider neben einander, beide nach vorn gewandt, in damaliger Tracht, mit grossen Halskrausen; er mit einem Ordenskreuze auf der Brust. Ober beiden ein mit zwei Ordensketten umhängtes mit einer Krone mit sieben Perlen bedecktes, von oben herab getheiltes Wappenschild, darin im Felde rechts ein Kreuz, in dessen vier Winkeln je ein Stern, links ein Sparren, ober welchem oben zwei, und unten eine Biene (?) Rev. TRISTAN. DE. ROSTAING. ET. FRANCOISE. ROBERTET. 1582 ✠ In einem gleichen Kreise deren Brustbild nach vorn gewandt, in damaliger Tracht mit grossen Halskrausen; er rechts mit zwei Ordensketten um die Brust; ober beiden ein gekröntes mit zwei Ordenskreuzen umhängtes Wappen, darin in dem Felde rechts ein Querbalken, und unter demselben ein Rad, links ein Balken schräg von oben rechts herab, mit einem Sterne rechts und zwei Sternen links. Die Ränder gekerbt. Gr. über 14.

Jachiet, Gerard. 30488.

In Fontenay S. 311 erscheint die eine Seite nachstehenden Jetons abgebildet: GERARD · IACHIET. PRES. A. LA. CHAMB. DES. COMPTES und eine undeutliche Stelle. In einem Linienkreise auf einer Verzierung zwei Löwen als Schildhalter mit einem ovalen, blau gestrichelten Schilde, worin zwei kurze schwebende, nach links herabgeneigte Stäbe. Gr. 13.

30489.

Av. LA NATION | LA LOI | LE ROI Das Ganze in einem Kranze von Eichenlaubzweigen und Früchten. Rev. Unter einer Freiheitsmütze, von welcher Strahlen auslaufen: J. JERBEAULT. | INVENTEUR D'UNE | MACHINE. QUI | ACCELERE EXTRA- | ORDINAIRE- | MENT | LE MONNOYAGE | DES ESPECES. und darunter drei Rauten. Gr. 13. (Hennin Taf. 32, Nr. 348.)

30490—91.

Joyeuse, Anne duc de († 1587).

Av. Von rechts: ANNE. D. (uc) D. IOIEVSE. PAIR. AMIRAL. D. FRANCE. G. D. N Unter der Herzogskrone ein mit den Ordensketten vom heil. Michael und heil. Geiste umgebenes, quadrirtes französisches Schild; das erste und vierte Feld sechsmal (von Gold und Blau) längsgetheilt, und im (rothen) Haupte drei (gold.) Hydra's rechtshin (Joyeuse); im zweiten und dritten (blauen) mit einer (rothen), mit acht (gold.) Lilien besetzten Einfassung ein silberner gekrönter, aufgerichteter Löwe rechtshin (St. Didier). Rev. Von rechts: (Ros.) STATVR. IN. INSTABILI (Ros.) Auf der Spitze eines Ankers, hinter welchem zwei Eichenzweige gekreuzt, steht ein Adler rechtshin mit gehobenen Flügeln. Unter der Abschnittsleiste am Rande 1585 Strichelrand. Messing. Gr. 13.

Av. wie vorher vom Jahre • 1587 • mit der Reversumschrift von rechts: • MELIVS. MELI—ORA. SECVTIS•, der Adler linkshin und zurückblickend mit einem Kranze im Schnabel. Gl. Gr.

Jubert. 30492.

Av. ANNE. IVBERT. SIEVR. DE. BRECOVR (Ros.) Zwei auf einem Boden stehende Löwen halten unter der Grafenkrone ein gespaltenes französisches Schild, worin in der rechten quergetheilten Hälfte im oberen (blauen) Felde ein (goldenes) schwebendes Kreuz; im unteren (blauen) fünf (silberne) abwärts gelegte Lanzenspitzen (3. 2.); in der linken Hälfte fünf Kugeln (2. 1. 2.). Rev. Von rechts: (Ros.) VIS (Ros.) SV BIECTA (Ros.) VIRO (Ros.) Auf der am Boden liegenden Lernäischen Hydra steht rechtshin der gekrönte Hercules im fliegenden Mantel mit der Keule in der Rechten. Im Abschnitte ein Schnörkel. Gekerbter Rand. Gr. über 12. (Vorstehender Jeton in der Samml. des Hrn. Dr. Freudenthal.)

Ivlien Jacques. 30493.

Av. Von rechts: I (verwischt) IVLIEN. ESCVIER • SECRETAIRE. DES. ES TATS. DE. BOVRGOGNE :• • :• In einem punktirten Kreise auf einer Leiste zwei Löwen als Schildhalter mit einem französischen gekrönten Schilde, worin im blau gestrichelten Felde ein aufrechter (goldener) Löwe nach rechts. Ober der Krone, welche neun Perlen, ragt der Vordertheil eines Löwen hervor. Gekerbter Rand. Gr. über 14. (Um 1685). (Abgebildet Fontenay S. 311, blos diese Seite.)

De Labriffe. 30494.

In Fontenay S. 320 ist ein Jeton mit der Umschrift von rechts: MR. DE LA BRIFFE INTEND EN BOURG. ET BRES. jedoch ohne die Reversseite und näherer Beschreibung abgebildet, auf welchen von Löwen auf einem verzierten Gestelle gehalten, ein vierfeldiges gekröntes Wappenschild, mit einem undeutlichen Mittelschilde. Grösse 14.

De Lagoutte Ant. de. 30495.

Ebendort S. 328 ist die Aversseite eines achteckigen Jetons abgebildet: Av. Von rechts: ANT. DE LAGOUTTE ABBE DE BELLEVILLE. DOYEN. D'AUTUN. ELU DU CLERCE. Auf einer Verzierung ein von Windhunden gehaltenes Schild, ober welchem in der Mitte eine Krone, rechts eine Mitra, links ein Bischofsstab. In dem blau gestrichelten Felde ein goldtingirter Sparren, ober welchem eine Eichel und ein Stern, und unterhalb ein Löwe aufrecht nach rechts, wie er mit einem Hinterfusse einen Sichelmond berührt. Am Rande eine gewundene Einfassung. Höhe an 16.

30496.

Langheac, Marie Roger de, Marquis de Coligny.

Av. Unter der Herzogskrone im ovalen goldenen Schilde drei blaue mit silbernen gestürzten Eisenhütchen besetzte Pfähle. Schildhalter sind zwei, auf einer Verzierung sitzende wilde Männer mit gesenkten Keulen. Unter der Abschnittsleiste am Rande klein 1725. Rev. Unter der Grafenkrone auf einem mit Hermelin bestreuten Wappenmantel ein quadrirtes ovales Schild mit dem Neu- und Alt-Burgunder Wappen in Farben; auf den Umschlägen des Mantels ist das Wappen wiederholt. Umschrift rechts: COMITIA links BURGUNDIÆ. Gekerbter Rand. Gr. über 14.

Langloys. 30497.

Av. MRE. PARMAND. LANGLOYS. MAISTRE. DHOSTEL. DV. ROY. Auf einem Abschnitte stehen zwei wilde Männer auf die Keulen gestützt, und halten unter der Freiherrenkrone ein quergetheiltes französisches Schild; im obern (gold.) Felde ein (schwarzer) wachsender, rechtssehender Adler; im untern silbernen vier rothe aufsteigende Spitzen. Rev. Ueber einer Landschaft oben rechts die strahlende Sonne mit Gesicht, gegen welche drei Vögel fliegen; im Abschnitte · 1681 · Umschrift rechts: · SIC · links · PROBAT · Gekerbter Rand. Metall. Gr. 13. (Beide in der Sammlung des Hrn. Dr. Freudenthal.)

30498.

Larcher, Pierre IV., Marquis d'Arcy († 1724).

Av. Von rechts: CL. LARCHER SEN. (ator) PAR. (isiensis) FIDEI ERGA REGEM VICTIMA. 1591 Bärtiges Brustbild linkshin mit Halskrause in alter Tracht, darunter am Rande klein J. C. Roëttiers. F.(ecit) Rev. Von rechts: PETRVS LARCHER R. AB OM. CONS. SVP. RATIONVM CVRIÆ PRÆSES Unter der Herzogskrone ein kartouchirtes ovales Schild; im blauen Felde ein goldener Sparren, darüber zwei silberne Rosen, darunter ein silbernes Patriarchenkreuz. Schildhalter sind zwei auf einer Verzierung sitzende Adler. Unten am Rande 1715 Gekerbter Rand. Gr. an 15. (Samml. des Hrn. Dr. Freudenthal.)

30499.

Av. CAROLLVS. DE LAVBESPINE — REGII · SIGILLI. PRINCEPS Unter Helm und Helmdecken das mit der Marquiskrone bedeckte französische, mit den zwei Ordensketten vom heil. Michael und heil. Geiste umhängte Wappenschild, hinter welchem zwei gekreuzte scepterartige Stäbe hervorragen. Im Schilde im ersten und vierten Felde ein Andreaskreuz mit vier Stricheln in den vier Winkeln, dann ein Ankerkreuz im zweiten und dritten. Rev. Von rechts: FLORET REDIVIVA. VIGETQVE Am Boden ein Rosen(?)strauch mit vielen Blüthen. Gekerbter Rand. Gr. 13.

30500.

Lautrec, Daniel François, Comte de († 1762).

Av. Von rechts: D. F. COMTE — DE LAUTREC. Brustbild linkshin mit Lockenperrücke im Brustharnisch und Mantel. Rev. Von links: LIEUTENANT GENERAL DES ARMEES DU ROI (Blattverzierung.) Im oben durch die Herzogskrone unterbrochenen Kreise ein kartouchirtes quadrirtes Schild; darin im ersten blauen vier Pfähle, im zweiten rothen ein (goldenes) ausgebrochenes Kreuz mit je drei Kugeln an den Enden (Lautrec); im dritten rothen drei Spindeln neben einander, im vierten rothen ein gekrönter aufgerichteter Löwe rechtshin und im Mittelschilde ein gleicher im blauen Felde. Ueber dem Schilde ein Löwenkopf; unten in der Kartouche ein Palm- und Lorbeerzweig kreuzweise durchgesteckt. Ueber der Krone am Rande klein 1738 Gekerbter Rand. Gelbes Kupfer. Gr. 13. (Ebendort.)

Le Clerc. 30501.

Av. Von rechts: CHARLES LE CLERC In einem Linienkreise gross C · L · Unter der Abschnittsleiste · 1742 · Rev. Von rechts: · IUVAT. ANNVA · CVRA. In einem Linienhalbkreise ein Gärtner von links, welcher eine lebendige Hecke beschneidet; zur Seite links ein Springbrunnen und im Abschnitte zwei kleine Palmzweige. Gekerbter Rand. Gr. an 13.

30502.

Lemulier, Claude, Maire von Semur, Deputirter im Parlamente von Burgund.

Av. Unter Helm und Decken ein kartouchirtes ovales Schild; im blauen Felde zwei gegen einander gestellte Störche mit gehobenem Fusse. Auf dem Helme drei Straussfedern und unten am Rande 1710. Rev. wie Nr. 30470, das Wappen ohne Jahrzahl (Comit. Burgund.) Gekerbter Rand und im Av. nach innen ein Linienkreis. Gr. an 15. (Fontenay S. 317.)

Leschassier. 30503.

Av. LOIS (Ros.) LESCHASSIER (Ros.) CONSER (Ros.) NOTAIRE (Ros.) ET (Ros.) Zwischen oben und unten überlegten Lorbeerzweigen ein kartouchirtes ovales Schild; ein (silberner) mit fünf Hermelinschwänzchen besetzter Sparren begleitet von drei (silbernen) Adlerflügeln im (blauen) Felde. Rev. SECRETAIRE. DV. ROY. ET. COVRONNE. DE. FRAN. (Ros.) In der Mitte .1588. und um die Jahrzahl ein schlangenförmig gelegtes Band mit der Inschrift: ID. VELIS. QVOD. POSSIS Gekerbter Rand. Gelbes Kupfer. Gr. 13.

30504.

Levis, Anne de L. de Ventadour, Erzbischof von Bourges (1649—1662).

Av. Von rechts: • ANN. DE. LEVI. DE. VANT. P. P. ARCH. BITV. Brustbild linkshin mit Ober- und Unterbart im Käppchen und Chorrocke; vor der Brust ein Ordenskreuz. Rev. Von rechts: . LEVI. DE. SANQVINE. PRÆSVL. Unter der Herzogskrone ein quadrirtes französisches Schild mit einem von (Gold und Roth) geschachten Mittelschilde [Ventadour]: im ersten (goldenen) Felde drei (schwarze) Sparren [Levis]; das zweite ist sechsmal (von Gold und Roth) schräg links getheilt [Thoire-Villars]; im dritten (rothen) Felde drei (goldene) fünfstrahlige Sterne, 2. 1. [Anduze]; im vierten (silb.) ein (rother) aufgerichteter Löwe rechtshin. Ueber der Krone ragt ein Kreuzstab hervor; darüber ein Kardinalshut mit herabhängenden Quasten; unter dem Schilde zwei kleine seitwärts gelegte Palmzweige. Unter der Abschnittsleiste am Rande .1655. Strichelrand. Gekerbter Rand. Gr. über 13. Messing.

30505—6.

Lomenie, Antoine de, Staatsrath († 1638).

Av. . A. DELOMENIE. C. (onseiller) D. ROY. EN. S. (on) C. (onseil.) DES TAT. SECRET. D. S. COMMT (Ros.) Im Kreise unter Helm und Decken ein französisches Schild mit einem (grünen) entwurzelten Baume über einer (schwarzen) Kugel (im goldenen Felde) nebst einem (blauen) mit drei (silbernen) Rauten besetzten Haupte. Rev. Von rechts: • SIC. TE. REX. MAGNE. SEQVEBAR. Im Kreise über Wolken ein Theil des Thierkreises, auf dessen Mitte die strahlende Sonne und um diese ein Doppelkreis, an welchem unten links ein Stern. Ganz unten kleine Gebäude. Unter der Abschnittsleiste am Rande • 1623 • Gekerbter Rand. Messing. Gr. an 13.

Ein zweiter Stempel hat im Av. keinen Kreis und die Umschrift • A. DE LOMENIE. C. ET. SECRET. DESTAT (Ros.) Gr. 13. (Die letzten vier in der Samml. des Hrn. Dr. Freudenthal.)

Longuet L. 30507.

Av. . L. . LONGVET. TR GL D • LEXRE . D. GVERRES • ET • CAVARIE Unter einer grossen Krone das französische mit zwei Ordensketten umhängte Wappen mit drei Lilien. Rev. Von rechts: • IOVEM. IAM. LIBERA. POSCIT Ober flachem Boden in der Luft ein fliegender Adler rechtssehend. Im Abschnitte • 1658 • Strichelränder. Gr. an 13.

Lude, Henri, comte de L. 30508.

Av. HENRI • COTE DV. LVDE. GRD — MAISTRE. DE. LARRIS DE. FR • In dem gekrönten, mit zwei Ordensketten umhängten Schilde ein Kreuz mit an demselben nach aussen stehenden Spitzen. Rev. Von rechts: • QVADEXTRA • VENIVNT. FVLMINA In einem gewundenen Halbkreise von rechts eine Hand, den Donnerkeil haltend, unterhalb eine flache Gegend. Unter einer Abschnittsleiste • 1670 • Gekerbter Rand. Gr. 12.

30509.

Madaillan, Leon, J. de M. de l'Esparre, Comte de Lassay (1683 † 1750).

Av. Von rechts: L. J. DE MADAILLAN ENS. (eigne) DES GENS-D'ARM. DU ROY. Unter der Herzogskrone ein quadrirtes Schild; das erste und vierte Feld von Gold und Roth schräg getheilt; im zweiten und dritten blauen ein goldener aufgerichteter Löwe rechtshin. Schildhalter sind zwei auf einer, einem Ruder ähnlichen Verzierung sitzende wilde Männer mit gesenkten Keulen; in der Mitte der Verzierung ein kleiner Kopf, und seitwärts links D. V. (Du Vivier). Im Abschnitte 1717. Rev. Von rechts: QUO JUBET IRATUS JUPITER · Oben Wolken, aus denen Blitze herabfahren, unter der Abschnittsleiste Degen und Ruder gekreuzt. Gekerbter Rand. Gr. über 14.

30510—11.

Maillé, Armand de, Duc de Breze (1619 † 1646).

Av. ARM. DE. MAILLE. DV. DE. BREZE. ADM^AL ET. G. M^E (Grand maitre) · DV. COMMERCE. (sic!) DE FRANCE * Auf einem mit Hermelin bestreuten Wappenmantel ein auf einem Anker liegendes, mit der Herzogskrone bedecktes französisches Schild mit drei (rothen) wolkenförmig gezogenen Binden (im goldenen Felde). Auf den Umschlägen des Mantels ist das Wappen wiederholt. Rev. Von rechts: * RE GINA * QVOD * OPTAS * Im gekerbten Kreise eine Flotte im Meere; im Abschnitte 1646 Gekerbter Rand. Gr. an 13.

Ein zweiter Stempel wie vorher, aber im Av. mit der obern Umschrift von rechts: · HIS. SPLENDET. IN. AVLA. (Die letzten drei Stempel in der Sammlung des Hrn. Dr. Freudenthal.)

Maissat Pierre. 30512.

Av. .M^RE PIERRE. MAISSAT. CON^ER DESTAT. SECRETAIRE. DV. CON^EL Innerhalb eines Linienkreises zwei auf dem Grasboden stehende Windhunde halten ein mit Helm und Decken bedecktes französisches Schild mit einem Eichbaume und oberhalb desselben ein Querstrich unter drei Sternen. Auf dem Helme ein wachsender Windhund. Rev. Von rechts: (Ros.) NON. FRVCTVS. SED. HONOS (Ros.) Auf einem Grasboden ein Eichbaum mit Eicheln; unter der Abschnittsleiste · 1665 · Gekerbter Rand. Gr. über 13.

Le Marschant. 30513.

Av. PIERRE. LE MARCHANT. ÉCVIER. S^R DE. SAINT. MANVIEV und eine fünfblättrige Rosette. Unter Helm und Decken ein französisches Schild mit einem (rothen) Sparren, ober welchem zwei, unterhalb eine Samenrose im (silbernen) Felde Rev. Von rechts: ÆTERNITATI mit einer vierblättrigen Rosette und Staubfäden zwischen zwei Punkten vor und nach Æ und I Innerhalb eines Linienkreises auf einem Felsen zwei brennende Herzen neben einander; zu beiden Seiten Wolken. Unter der Abschnittsleiste am Rande · 1627. Gekerbter Rand. Gr. 13.

Marier Rene. 30514.

Av. MR RENE. MARIER. GREFFIER. D. L· PR^TE M^ER D · LISLE. D · F Ein französisches Schild mit Helm, worauf drei Federn und Helmdecken, worin ein Sparren, ober dessen Spitze ein Sichelmond, zur Seite je eine gestielte Rose, im Felde unterhalb zwei sich haltende Hände. Im Rev. ober einer flachen Landschaft aus den Wolken zur Seite zwei grosse sich haltende Hände, aus deren Mitte eine gleiche gestielte Rose hervorragt; auf jeder Hand je eine der andern gegenüber stehende Taube. Ueberschrift: ILLÆSVS CANDOR. VIRIQVE. und darunter eine kleine Sonne. Im Abschnitte 1659 Gekerbter Rand. Gr. 13.

30515.

Marillaç, Michael de, Seigneur de Fayet (1563 † 1632).

Av. M^{RE} M. DE. MARILLAC. CON^{ER} DESTAT. SVRINTEND^{T} DES. FINAN (Ros.) Unter Helm und Decken ein silbernes mit schwarzen Mauerstrichen in sieben Felder (2. 3. 2.) getheiltes französisches Schild; im mittelsten Felde ein (rother) aufgerichteter Sichelmond, in den übrigen ein schwarzer gestümmelter Vogel rechtshin. Unter dem Schilde klein und getheilt 16—24 Rev. LVDOVICVS. XIII. D: G. FRA—NCORVM • ET. NAVAR. REX (Ros.) Unter einer grossen Krone die neben einander gestellten, mit den Ordensketten vom heil. Michael und heil. Geiste umgebenen Wappen von Frankreich und Navarra. Unten zwischen den Schilden unter einer Krone ein Eisen aus der Ordenskette vom heil. Geiste, besteckt mit einem kleinen Lorbeer- und Palmzweige. Perlenrand. Messing. Gr. über 13.

Martinon. 30516.

Av. In der obern durch einen Strich abgetheilten Hälfte zwei in einander gestellte, unten in Verzierungen auslaufende *M* In der untern Hälfte: IETONS. DE | MARTINON. VALENT | XXXX. SOL Zwischen der zweiten und dritten Zeile ein Raum, aus welchem eine weitere Zeile ausgravirt zu sein scheint. Rev. Von rechts: A. L'ENSEIGNE. DE. L'ESPERANCE Am Meeresufer eine nach links gewandte gegen den Himmel sehende weibliche Gestalt, welche sich mit dem rechten Arme auf einen Anker stützt. Oben links aus den Wolken der (Hoffnungs)Strahl. An den Rändern ein Linien- und aussen ein Strichelrand. Achteckig. Höhe an 15.

30517.

Massillon, Jean Baptiste, Bischof von Clermont-Ferrant (1717—1742).

Av. JOANN. BAPTISTA MASSILLON EPISCOPUS CLAROMONT (Ros.) Unter der Herzogskrone ein mit Inful und Krummstab bestecktes, kartouchirtes ovales Schild; im blauen Felde ein auf dem Meere in seinem Neste schwimmender Vogel rechtshin. Ueber der Krone ein Kardinalshut mit herabhängenden Quasten. Rev. Von rechts: ODI PROCELLAS ET PROCUL ARCEO Ein rechtssegelnder Dreimaster im Meere; im Abschnitte 1719. Gekerbter Rand. Gr. über 14. (Samml. des Hrn. Dr. Freudenthal.)

Massol de Montmoyen. 30518.

Fontenay S. 323 hat eine Seite eines Jetons abgebildet, auf welchem ohne Umschrift innerhalb einer Kartouche das gekrönte ovale Schild mit einem Doppeladler im goldtingirten Felde in der obern, und einem geharnischten Arme mit einem Hammer aus Wolken im untern (rothen) Felde. Ober der Krone ein Doppeladler. Am Rande ein Linien- und Perlenkreis. Gr. 15.

Maupeou. Car. Aug. de M. 30519.

Av. REN. NIC. | CAR. AUG. | DE MAUPEOU | JN. SUP. GAL. SEN. | PRÆSES JNFULAT. | ET | AN. MARG. THER. | DE RONCHEROLLES | UXOR | 1744. Rev. Unter einer Krone zwei mit dem Wappenmantel umhängte, von Verzierungen, auf welchen unten ein kleiner Lorbeer- und Palmzweig angebracht, umgebene ovale Schilde, in deren rechts ein Stachelschwein nach rechts und in jenem links zwei Querbalken, roth tingirt. Ober der Krone eine in der obern Hälfte gold, in der untern schwarz tingirte Kappe. An den Rändern ein Linien- und nach aussen ein Strichelkreis. Achteckig. Höhe an 15.

Mean, Joan. Ferd. de M. 30520.

Av. Von rechts: IOAN: FERD: DE. MEAN. DEC: LEO Ein ovales behelmtes Wappen mit Helmdecke, worin ein einköpfiger nach rechts gewandter Adler mit ausgebreiteten Flügeln auf einem Stabe sitzend, welcher auch ober dem Helme angebracht. Hinter demselben ein Baum auf dem Grasboden; unten neben dem Schilde 16—93 Rev. Von rechts: LVCENTQVE—REGVNTQVE, dazwischen oben sechzehn Sterne, von welchen einer mit Strahlen umgeben, und unter denselben Wolken. In der Fläche am Meere ein Dreimaster nach rechts. Stark gekerbter Rand. Gr. an 14.

30521—22.

Montigny, François Chartraire de, Schatzmeister der Burgund. Stände (1706 † 1713).

Av. Zwei auf einem verzierten Abschnitte stehende Löwen halten unter der Freiherrenkrone ein kartouchirtes ovales Schild mit einem (gold.) Zinnenthurme im rothen Felde. Rev. Wie bei Langheac Nr. 30496 mit französischen Schilde und Punkte vor CO MITIA Gekerbter Rand. Gr. an 15.

Av. wie vorher mit einer Marquiskrone. Rev. Von rechts: IAM QUANTUS IN ORTU. Im Kreise die über einer hügeligen Landschaft aufgehende Sonne. Im Abschnitte • 1713 • Gekerbter Rand. Gl. Gr.

30523.

Montmorency-Luxemburg, Charles, François, duc de, (1662 † 1726).

Av. Unter der Herzogskrone auf einem mit Hermelin bestreuten Wappenmantel ein ovales Schild; im goldenen Felde ein rothes Kreuz mit je vier (blauen) gestümmelten Adlern (2. 2.) in den Winkeln (Montmorency) und auf der Mitte des Kreuzes ein silbernes Schildchen mit einem (rothen) aufgerichteten doppelschwänzigen Löwen rechtshin mit goldener Krone und Waffen (Luxemburg). Auf den Umschlägen des Mantels ist das Wappen wiederholt. Rev. JETON | DE L'HOTEL | DU | LUXEMBOURG | 1720. | Ros Im Rev. ein gekerbter und innerer Linienrand. Achteckig. Gr. an 15. (Die letzten drei in der Samml. des Hrn. Dr. Freudenthal.)

Moreau Gaspard. 30524.

In Fontenay S. 324 erscheint eine Seite eines Jetons ohne Umschrift abgebildet, auf welcher zwei Löwen als Schildhalter auf einer Verzierung, neben welcher 17—31 getheilt. In dem ovalen, oben verzierten, gekrönten Schilde ein roth gestrichener Sparren im goldenen Felde, ober welchem zwei, und unterhalb ein nach rechts gewandter Mohrenkopf. Am Rande ein Linien- und Strichelkreis. Gr. 14.

Morelet de Couchey. 30525.

Von einem Jeton dieser Familie ist in Fontenay S. 323 eine Seite ohne Umschrift abgebildet, auf welcher eine vielfach ausgeschnittene Kartouche, in welcher ein gekr. ovales Schild mit einem Mohrenkopfe nach rechts im (blauen) Felde. Gr. 15.

Moulnorri Claude de. 30526.

Av. M^RE CL . DE . MOVLNORRI . ABBE . D . GALLIAC . CON^R DE^T ET M^E D . REQ^ES (maitre des requet.) Zwischen zwei unten überlegten Palmzweigen im französischen glatten Schilde das Wappen, drei Wolfsköpfe (2. 1.) nach rechts gewandt, mit herausgesteckter (rother) Zunge im silbernen Felde; am obern Schildrande rechts die Mitra, links der Krummstab. Rev. ❁ VTRIQVE ❁ In der Mitte ober einer Querleiste ein Scepter und ein Schlüssel in Form eines Andreaskreuzes gelegt. Unter der Leiste 1640 Gek. Rand. Gr. 15. (Fontenay S. 415.)

30527.

Neufoille, Nicolas de, Duc de Villeroy (1663), geb. 1598, † 1685.

Av. Von rechts: • N • DE • NEVFVILLE • — • D • DE • VILLROY • (sic!) Das Brustbild linkshin mit Lockenhaare, Ober- und Unterbarte und Spitzenkragen, im Brustharnisch und Mantel. Rev. N • DE • NEVF • D • DE VIL • P • (air) ET • M • (arêchal)

DE· FR· CH·(ef) DV· CON·(seil) R·(oyal) DES· FIN·(ances) Auf einem Wappenmantel unter der Herzogskrone ein mit den Ordensketten vom hl. Michael und hl. Geiste umgebenes französisches Schild mit einem (goldenen) von drei (goldenen) Ankerkreuzen begleiteten Sparren (im blauen Felde). Hinter dem Schilde zwei gekreuzte Marschallstäbe. Gekerbter Rand. Gr. 13. (Sammlung des Hrn. Dr. Freudenthal.)

Nolnville B. Durey de N. 30528.

In Fontenay ist S. 107 nachstehender Rev. abgebildet: Von rechts: MARIE FRANCOISE PAULINE DE SIMIANE SON EPOUSE Unter einer Krone zwei ovale mit Verzierungen umgebene Schilde, darin rechts das Wappen von Nolnville, darin im ersten und vierten schwarzgestrichelten Felde ein Felsen (?), ober welchem ein Kreuz, im zweiten und dritten, blauen Felde je drei Garben (2. 1.). Links das Wappen Simiane, darin im goldenen Thurme sechs Felder, je 1. 2. ober einander zwischen Lilien; am Rande unter einer Abschnittsleiste 1735 Gek. Rand. Gr. 14.

Noyel Jean. 30529.

JEAN BAPT· | NOYEL EC.ER CON.ER | SEC.ER DU ROY MAISON | COURNE DE FRANCE ET | DE SES FINANCES· 1700· | ET | MRE JEAN BAPT· NOYEL FILS | CON.ER DU ROY ENSACOUR | DES AYDES DE PARIS ·1707· | ET | SECRETRE DU ROY· | 1723· Rev. Zwei auf einer Verzierung stehende Löwen halten ein ovales Schild, dessen oberer Drittheil goldtingirt; im untern blau gestrichelten Theile ein Querbalken, schräg von rechts herab mit drei Sternen auf demselben. Das oben verzierte Schild ist mit einer Krone von neun Perlen bedeckt. Stark gekerbter Rand. Grösse 14.

30530.

D'Orleans. Le Chevalier d'O.

Av. LE CHEVALIER D'ORLEANS GENERAL DES GALERES. Innerhalb einer Kartouche ein ovales Schild, worin im obern Theile im rothen Felde ein Kreuz, im untern grössern blauen ein Turnierkragen (?) und darunter drei Lilien, zwischen welchen ein schräger Querstrich nach rechts herab. Um das Schild als Ordensband eine Perlenschnur, an welcher ein Ordenskreuz herabhängt, ober dem Schilde eine Krone und ober derselben zwei Glieder einer Kette. Hinter dem Schilde ragt ein grosses Maltheserkreuz hervor und unterhalb die Spitze eines Ankers. Rev. Von rechts: NEC VI LES CUM FULMINA CESSANT Auf Felsen zwei Adler, der grössere links nach rechts gewandt, der kleinere rechts nach links; vor sich am Boden den Donnerkeil. Im Abschnitte GALERES | 1733· Starker Strichelrand. Gr. über 13.

30531.

Pardaillan, Louis Antoine, de Gondrin Duc d'Autin (1665 † 1730).

Av. Unter der Herzogskrone ein quergetheiltes, kartouchirtes ovales Schild von eilf Feldern mit einem Mittelschilde. In der obern Hälfte im silbernen Felde, welches von sieben (grünen) Schildchen mit einer (goldenen) Binde eingefasst ist, ein (rother) aufgerichteter Löwe rechtshin (Espagne-Montespan); im zweiten blauen ein (goldener) aufgerichteter gekrönter Löwe rechtshin (mit rother Zunge und Waffen), St. Lary; im dritten blauen eine silberne Glocke mit (schwarzem) Schlägel, [Lagorsan]; das vierte von Blau und Silber mit drei aufsteigenden Flammen quergetheilt [Fumel]; im fünften goldenen drei (blaue) wellenförmige Binden [Pardaillan]; das sechste quergestreift. In der untern Hälfte im ersten blauen Felde eine (goldene) Vase [Orbessan]; im zweiten (goldenen) drei (rothe) Pfähle [la Barthe]; im dritten goldenen (hier rothen) ein (schwarzer) Schlüssel, darüber zwei, darunter eine (rothe) Scheibe [Autin]; im vierten von Blau und Gold quergetheilten, oben eine Lilie, unten ein aufgerichteter Löwe rechtshin; das fünfte von Silber und Roth wolkenförmig quergetheilt [Rochechouart]. Im goldenen Mittelschilde ein (rother) Zinnenthurm, darüber drei (schwarze) Mohrenköpfe rechtshin mit (silbernen) Kopfbinden [Castillon]. Rev. Unter der Herzogskrone die kursive Chiffre *A*, darüber LG links und rechts gestellt und verschlungen. Gek. und innerer Linienrand. Gr. an 15.

Le Pelletier. 30532.

Av. Unter der Herzogskrone auf einem Wappenmantel zwei kartouchirte ovale Schilde an einander gestellt; das rechte quadrirte hat im ersten und vierten blauen Felde ein silbernes Kreuz, welches in der Mitte mit einem rothen Sparren zwischen zwei Sternen, unten mit einer Samenrose belegt ist; im zweiten und dritten quadrirten Felde im ersten und vierten goldenen Quartiere ein rechts schreitender Bär, das zweite und dritte ist von Gold und Schwarz quadrirt. Das linke quergetheilte Schild hat im oberen rothen Felde einen Löwen rechtshin mit ausgeschlagener Zunge, im untern vier Reihen blauer, stehender und goldener gestürzter Eisenhütlein. Auf der Krone eine von Gold und Hermelin quergetheilte kühelähnliche Figur. Rev. Unter einer Krone wie jene im Av. die kursive Chiffre *LP* links und rechts gestellt und verschlungen. Linien- und gekerbter Rand. Achteckig. Gr. 15.

30533.

Perron, Jacques Davy du, Erzbischof von Sens (1606—18).

Av. IAC· CARD· PERRON· AR—SEN· MAG· FR· ELEEM (Krückenkreuz.) Im französischen Schilde ein (silberner) von drei (goldenen) Harfen begleiteter Sparren (im blauen Felde). Hinter dem Schilde ragt ein Kreuzstab hervor, über welchem ein Kardinalshut mit herabhängenden Quasten; um das Schild ein Band, von welchem unten das Ordenskreuz vom hl. Geiste hängt. Rev. Von rechts: CAMERA. GEN· REFORM· HOSP Eine von vorn auf einem Sessel sitzende Frau mit einem Säuglinge auf der Brust sieht liebevoll auf ein links am Boden knieendes nacktes Kind, zur rechten steht ein zweites, welches die Arme nach ihr ausstreckt. Im Abschnitte am Rande ·1611· Gekerbter Rand. Messing. Gr. an 13.

Petit. 30534.

Av. Unter der Marquiskrone in einer zierlichen Kartouche zwei neben einander gestellte ovale Schilde mit gleichen Wappen. In dem von Silber und Blau sechsmal längsgetheilten Felde ein goldener Sparren, auf dessen Mitte ein blaues Schildchen mit einer goldenen Lilie. Oben am Rande klein: FIRMIUS HÆRENT.; unter der Abschnittsleiste am Rande klein 1717. Rev. FRANCISCUS | PETIT. DE LEUDEVILLE | IN SUPR. SUBSIDIORUM | PARIS. CURIA PRÆSES | ET | ANGELICA PETIT | D'ES TIGNY. Gekerbter Rand. Gr. an 14.

30535.

Phelypeaux, George Louis, Erzbischof von Bourges.

Av. Von rechts: GEOR · LUD. PHE·—LYPEAUX. P. P. ARCH. BITUR. Das Brustbild linkshin im Käppchen und Chorrocke mit einem Kreuze vor der Brust; am Schulterabschnitte klein I. D. V. (Jean du Vivier). Rev. Unter der Herzogskrone ein kartouchirtes ovales Schild mit dem Familienwappen der von Phelypeaux, darin das erste und vierte blaue Feld mit (goldenen) fünfblättrigen Blumen bestreut, nebst einer mit Hermelin bestreuten ledigen Vierung (Phelypeaux); im zweiten und dritten (silbernen) drei (grüne) aufwärts gelegte Eidechsen, 2. 1. (Collereau). Hinter der Krone ragt ein Kreuzstab hervor, über welchem ein Kardinalshut mit herabhängenden Quasten. Unten neben dem Schilde getheilt 17—57. Starker Strichelrand und im Rev. nach innen ein feiner Linienkreis. Gr. an 14. (Ebendort.)

30536.

Jean P. de Villesavin, Comte de Buzençois († 1660).

Av. I. PHELYPEAVX. SIEVR. DE. VILLESAVIN (Lilie). Unter Helm und Decken ein französisches Schild mit dem quadrirten Wappen wie vorher innerhalb einer gestielten Einfassung. Rev. Von rechts: TRANQVILLITATE. FIT · SPECVLVM. Im Kreise ein Springbrunnen, auf dessen Spitze eine Lilie zwischen den strahlenden Wolken. Im Abschnitte am Rande · 1632. Gekerbter Rand. Messing. Gr. an 13. (Ebendort.)

30537.

Av. Von rechts: MIC. PHELYPEAVX. P. P. ARCH. BITV (Ros.) Das Brustbild ähnlich dem vorigen und unterhalb klein: · I · CLERION. Rev. Von rechts: .IN TAMINATIS. FVLGET. HONORIBVS. Das gekrönte Wappenschild mit dem vorbeschriebenen Wappen, ober welchem das erzbischöfliche Kreuz und der Kardinalshut mit Quasten. Im Abschnitte unter einer Leiste .1680. Strichelrand. Gr. über 13.

30538.

Phelypeaux, Paul, Seigneur de Pontchartrin (1569 † 1621).

Av. Von rechts: PAVL ❀ PHELYPEAVX ❀ SEIGNEVR ❀ DE Das bärtige Brustbild linkshin mit Halskrause im Mantelkleide. Rev. Von rechts: PONTCHAR TRIN ❀ SECRETAIRE ❀ DESTAT ❀ Unter Helm und Decken ein mehrfach eingebogenes Schild mit dem vorbeschriebenen Wappen. Unter der Abschnittsleiste ·1610· Gekerbter Rand. Gr. über 14. (Sammlung des Hrn. Dr. Freudenthal).

30539 – 40.

Du Plessis, Alphonse Louis du P. de Richelieu, Erzbischof von Lyon († 1653).

Av. ALPH. CAR. AR. LVG. MAG—FR. ELEEMOSINARIVS ❀ Unter der Freiherrenkrone ein französisches Schild mit drei (rothen) Sparren (im silbernen Felde) und um dasselbe ein Band, von welchem unten zwischen der Umschrift ein Ordenskreuz hängt. Hinter der Krone ragt ein Kreuzstab hervor, über welchem ein Kardinalshut mit herabhängenden Quasten. Rev. Von rechts: .INTELLIGIT — SVPER EGENVM Vor einem mit einer zierlichen Decke bedeckten Tische steht der Kardinal linkshin in Ordenstracht mit viereckiger Mütze und einem Ordenskreuze vor der Brust; er stützt die Linke auf den Tisch und hält in der Rechten ein Taschentuch. Im Abschnitte am Rande klein: · CAM. HOSP. | · 1635. Gekerbter Rand und im Av. nach innen ein Linienrand. Gr. an 14.

Ein zweiter ähnlicher Stempel hat jedoch im Rev. unten 1649 und Gr. über 14; auch fehlt der Linienrand im Averse.

30541 – 46.

Du Plessis, Armand Jean, Duc de Richelieu (1585 † 1642).

Av. Von rechts: · ARMAND : IO : CAR. (dinalis) DVX. DE. RICHELIEV. Das Brustbild linkshin mit Ober- und Unterbart im Käppchen und Chorrocke, auf der Brust ein Ordenskreuz. Rev. Von rechts: HOC DVCE—TVTA Ein links segelnder Dreimaster, neben welchem unten getheilt 16—35 Gekerbter Rand. Gr. 13.

Av. Ebenso. Rev. Von rechts: · MENS—SIDERA VOLVIT. Innerhalb eines breiten, oben mit sechs Sternen besetzten Ringes die Weltkugel; oben rechts ein kleiner schwebender Engel, welcher den Ring mit beiden Händen hält. Im Abschnitte am Rande · 1635. Desgleichen. Gr. an 13. (Samml. des Hrn. Dr. Freudenthal.)

Av. Aehnlich, nur ARMAND. IO. CAR. DVX. DE RICHELIEV Das vor. Brustbild. Rev. ∘ · MENS. IMMOTA · REGIT. 1636 ∘ Ein Dreimaster nach rechts im Meere mit vollen Segeln und einem grossen Kompasse am Hintertheile. Gekerbter Rand. Gr. an 13.

Av. Wie der erste. Rev. Von rechts: ·FVRENTIBVS EMINET AVSTRIS· Im gewundenen Kreise ein rechts segelnder Dreimaster im Meere, gegen welchen von beiden Seiten je ein Kopf aus Wolken bläst. Im Abschnitte am Rande ·1637· Desgl. Messing. Gl. Gr. (Sammlung des Hrn. Dr. Freudenthal.)

Av. Ebenso, nur ..D. IOAN. CAR. und ohne Punkt nach EV Rev. Von rechts: QVOCONQVE. (sic!) VOLES Im unten durch einen Grasboden unterbrochenen Kreise eine Hand von links aus den Wolken hält einen Kompass gegenüber einem Magnetsteine. Im Abschnitte am Rande ·1639· Gek. Rand. Gr. 13. (Ebendort.)

Av. Aehnlich mit ARMAND. IO. CAR. DVX. DE. RICHELIEV. und im Rev. von rechts IVPITER - AVTHOR Im Meere ein Schiff nach links mit vollen Segeln, auf der obersten Mastspitze eine Fahne mit drei Lilien. Gek. Rand. (Abgebildet Fontenay S. 59.)

30547—8.

Av. In der obern Fläche das mit dem Kardinalshute bedeckte, mit zwei Ordensketten und dem Wappenmantel umhängte Schild, darin das Nr. 30539 beschriebene Wappen; neben dem Schilde ragen zur Seite nach unten je ein Anker hervor. Rechts hievon am Rande: FELICITER, links VNDIS In der untern Münzfläche zwei in der Mitte an einander stossende Galeeren mit Ruderern; auf dem Maste der Galeere rechts eine Flagge mit drei Lilien, links mit dem spanischen Wappen, je zwei Löwen und zwei Thürme. Rev. Am Meere ein Schiff mit vollen Segeln, aus dessen innern Raume Flammen, Funken und Rauch hervorströmen. Ueberschrift: TERRET DVM TORRET· Im Abschnitte unter einer Leiste ·1639· Gek. Rand. Gr. 13.

Av. MEDIIS. SIC. TVTA. PROCELLIS.✠. Innerhalb eines Linienkreises nach oben links das Wappen, nur mit einem Anker unterhalb der Schildspitze statt der beiden frühern. Von dem Kardinalshute geht über den Wappenmantel nach rechts zu ein Schlepptau, welches ein Schiff mit eingezogenen Segeln gegen die von der linken Seite anstürmenden Meereswogen festhält; von oben aus Wolken bläst Wind gegen das Schiff herab. Rev. Von rechts: VINCET. DVM. — PROTEGET. ABAS Innerhalb eines Halbkreises, an welchem Vorhänge herabhängen, auf mehreren Stufen ein Altar, an welchem an der Vorderseite ein kleines Maltheserkreuz angebracht; auf dem Altare ein aufrecht gestelltes, mit der Spitze bis an den Münzrand reichendes Schwert. Im Abschnitte .1641. Gek. Rand. Gr. 13.

Poitevin. 30549—50.

Av. MRE IAC. POITEVIN. CONER DEST.(at) ET. PR.(emier) PRES. D. L. C. (de la Cour) D. MONNOIES. Unter Helm und Decken im französischen Schilde sechs Kugeln (3. 2. 1.), auf dem Helme drei Straussfedern. Rev. Von rechts: CVRIA. MONETA—RVM. FRANCIÆ Das Wappen von Frankreich und Navarra wie Nr. 30420; über der Krone am Rande zwei geflügelte Köpfe zwischen Punkten. Gekerbter Rand. Messing. Gr. an 13. (Samml. des Hrn. Dr. Freudenthal.)

Av. IAC. POITEVIN. SA. CONS. COMES · &. SENAT. MON. FR. PR PRÆSES· Die Vorstellung wie im letzten Av. Rev. Von rechts: HOC ÆQVA MINI STRO Im Kreise eine Hand von oben aus Wolken, welche eine gleiche Wage über einem Grasboden hält. Unter der Abschnittsleiste am Rande .1638. Gr. über 12.

Pontcalec. 30551.

Av. .MR LE. MARQVIS. — .DV. PONTCALEC. Unter der Herzogskrone zwei neben einander gestellte, mit der Ordenskette vom hl. Michael umgebene französische Schilde; im rechten sieben ausgebrochene Rauten (3. 3. 1.) nebst einer gegitterten ledigen Vierung, im linken drei rechts gewandte Aexte (2. 1.) Rev. wie Nro. 30478. Gekerbter Rand. Gr. über 13.

30552.

De la Porte, Charles II. (1602 † 64).

Av. MRE C. DE. LA. PORTE. MARECH —.. ARRIE (Artillerie) ET. SVRIN. D. FIN.(ances) D. FR. (Ros.) Unter der Grafenkrone auf gekreuzten Marschallstäben ein mit den Ordensketten vom hl. Michael und hl. Geiste umgebenes französisches Schild, darin ein silberner mit fünf Hermelinschwänzchen besetzter, aufwärts gekehrter Sichelmond (im rothen Felde). Rev. ...ANT. LE. CAMVS. CR D. R.(oi) EN. SES. CO NELS CONEVR (Controlleur) GNAL. D. FIN... Zwei auf einem Boden stehende Greise halten unter Helm und Decken ein französisches Schild, darin ein (silberner) Pelikan, rechtshin mit seinen Jungen im Neste (im rothen Felde). Auf dem Helme ein wachsender Pelikan. Gr. 14. (Anton le Camus geb. 1603 † 1687.)

30553—54.

Armand-Charles d. l. P., Marquis de la Meilleraie, Duc de Mazarin (1661), geb. 1631 † 1713.

Av. MRE A. DE. LA. PORTE. M. DE. LA. MELLERAIE. G. (rand) MRE (maitre) DE. LARIE (L'artillerie) DE. FR. Zwei auf einem Boden stehende Wölfe halten unter der Marquiskrone ein französisches Schild mit dem vorigen Wappen. Ueber der Krone ein gekrönter Helm mit Decken, auf welchem ein wachsender Wolf rechtshin; unter dem Schilde auf jeder Seite eine auswärts gestellte Kanone. Im Abschnitte .1652. Rev. TELO. METVENDO. PATERNO (Ros.) Im Kreise ein nackter Arm von der Linken aus den Wolken einen Donnerkeil haltend. Gek. Rand. Messing. Gr. an 13.

Av. LE. DVCDE MAZARINI. GRAND. ME DE. LARTRIE DE. FRANCE (Ros.) Unter der Herzogskrone auf einem Wappenmantel ein französisches Schild; (im blauen Felde) ein (goldenes) Liktorenbündel mit (silbernem) Beile, über welches ein (rother) mit drei (goldenen) Sternen besetzter Querbalken gezogen [Mazarini]. Hinter dem Schilde sind sechs Fahnen gekreuzt und unter demselben zwei Kanonen kreuzweise nach aussen gestellt. Auf den Umschlägen des Mantels ist das Wappen wiederholt. Rev. Von rechts: .LODOVICI. VOX. METVENDA. Im Kreise auf einem Grasboden eine abfeuernde Kanone. Unter der Abschnittsleiste am Rande .1668. Gekerbter Rand. Gr. über 12.

30555.

Potier Léon P. de Gésures, Erzbischof von Bourges (1694—1729).

Av. Von rechts: LEO. DE. GESVRES. P. P. ARCH. BITVR. Dessen Brustbild linkshin im Käppchen und Chorrocke mit einem Kreuze vor der Brust; unter der Schulter ein kleines R Rev. Von rechts: ECCE MANVS DOMINI SVPER NOS Im Halbkreise unter der Herzogskrone ein französisches Schild mit dem Wappen wie Leon Potier Nr. 30556. Ueber der Krone ragt ein Kreuzstab hervor, darüber ein Kardinalshut mit herabhängenden Quasten. Unter der Abschnittsleiste am Rande 1694 Strichelrand und nach innen ein feiner Linienkreis. Gr. über 13. (Diese fünf in der Samml. des Hrn. Dr. Freudenthal.)

30556.

Potier Leon, Duc de Gésvres († 1704).

Av. Unter der Herzogskrone auf einem mit Hermelin bestreuten Wappenmantel ein quadrirtes ovales Schild. Im ersten silbernen Felde ein (rother) aufgerichteter doppelschwänziger Löwe rechtshin mit goldener Krone und Waffen [Luxemburg]; im zweiten blauen drei (goldene) Lilien (2. 1.), zwischen denen ein (rother) schwebender rechter Schrägbalken (Bourbon); im dritten das vollständige Lothringische Wappen; im vierten rothen ein silbernes Kreuz [Savoyen]; im blauen Mittelschilde zwei (goldene) rechte Hände unter einander nebst einer von Silber und Blau geschachten ledigen Vierung [Poller]. Auf den Umschlägen des Mantels ist das Wappen wiederholt. Rev. Unter der Herzogskrone auf einem gleichen Mantel die kursive Chiffre *L D G* links und rechts gestellt und verschlungen. Auf den Umschlägen des Mantels ist das Wappen. Gekerbter und innerer Linienrand. Messing. Achteck. Gr. 15. (In der Samml. des Hrn. Dr. Freudenthal; ausser diesen auch ein Reversabschlag in Kupfer.)

Puget. 30557.

Av. E. PVGET. S^R D. POMEVSE. C. D. ROY. EN. S. C. (Sa cour) DEST. (at) E. TRES^R D. LESP (argne) Ros. Unter Helm und Decken ein quadrirtes französisches Schild; im ersten und vierten blauen Felde ein Baum nebst einem mit drei Sternen besetzten Haupte; im zweiten und dritten drei Querbalken, der obere gegittert, die beiden untern mit je drei Muscheln belegt. Rev. Von rechts: • (Ros.) • IDCIRCO• PERENNIS • (Ros.)• Im Kreise auf einem Grasboden ein entwurzelter Eichenbaum mit Früchten. Unter der Abschnittsleiste • 1607 • Gekerbter Rand. Gr. 13. Kupfer mit einem breiten Rande von Messing. (Ebendort.)

Quarmont Henri de la Q. 30558.

Av. HENRI DE QVARMONT LA 15Z1 Nach den vier Worten je ein Ringel, darin ein Kreuzchen und nach 15Z1 eine Lilie. Innerhalb eines Perlenkreises zwischen sieben Halbbögen, an deren Einbügen von aussen Punkte, und den Innern Spitzen Lilien ein glattes Schild ohne Helm, worin drei Hunde (2. 1.) am Boden nach rechts schreitend. Rev. SALVVM ✱ FAC ✱ DOMINE ✱ CIVITATEM ✱ HANC Lilie. Innerhalb eines Strichelkreises in der Mitte zwischen fünf Lilien ein Stadtthor mit Zinnen und einem spitzigen Thurme. An den Rändern beiderseits ein gestrichelter und ein Linienkreis. Gr. 15. (Fontenay S. 142). (Die Stadt mir unbekannt.)

30559—61.

Rabustin, Roger de, Comte de Bussy (1618 † 1693).

Av. Von rechts: ROGER • DE • RABVSTIN. COMTE. DE. BVSSY Zwei Engel am Grasboden stehend, halten ein französisches mit der Grafenkrone bedecktes Schild, worin im ersten und vierten Felde ein Schach, in drei Reihen (Gold und roth tingirt) [Rabustin]; im zweiten und dritten blauen Felde ein goldenes ausgezähntes Kreuz [Ballore]. Rev. Von rechts: VENI. SANCTE. SPIRITVS Innerhalb eines Linien- und Strahlenkreises die Taube von oben herab; an dem untern Strahlenkreise von aussen acht Flämmchen. Unter einer Abschnittsleiste 1648 Gekerbter Rand. Gr. an 13. (Fontenay S. 370.)

Av. Von rechts: ROGER DE RABVSTIN C. D. BVSSY MRE. (Maître) DE CAMP GNAL. DE LA CAVALERIE: Im Kreise unter der Grafenkrone ein quadrirtes französisches Schild mit dem vorbeschriebenen Wappen, nur im ersten und vierten das Schach Silber und Blau von neun Plätzen. Hinter dem Schilde sind zwölf Standarten mit den französischen Lilien gekreuzt. Rev. Von rechts: IN CÆDES. EXPLICAT. ALAS Im Kreise in einer hügeligen Landschaft liegt ein Vogel. am Boden, gegen welchen ein Adler herabfliegt. Unter der Abschnittsleiste am Rande • 1656 • Gekerbter Rand. Gr. 13. (Sammlung des Hrn. Dr. Freudenthal.)

Marie de R., Marquise de Sévigné (vermählt 1644 † 1696).

Av. Von rechts: M. DE RAB. CHA. (ntal)—MARQUISE DE SEVIGNE. Brustbild linkshin mit Schleier und Perlenhalsband im Gewande. Rev. Ein Grabstein, über welchen von oben ein Leichentuch herabhängt, auf dessen Mitte eine gestielte Rose mit vier Blättern und einer Schleife um den Stengel. Ueberschrift auf einem Bande: SER VABIT ODOREM. Im Abschnitte M. (orte) 1696. Gekerbter Rand und im Ringe geprägt. Gl. Gr. (Ebendort.)

Raisse. 30562—64.

Av. MESR FRANCOYS. D. RAISSE. SR D. LA. HARGERIE Ros. Im Perlenkreise ein französisches Schild mit drei (schwarzen) Sparren (im goldenen Felde). Rev. BEAT. QVI. INTELLIGIT. SVPEGENV. ET. PAVPERE Maltheserkreuz. Im gewundenen Kreise der stehende heil. Johannes von vorn mit Schein um den Kopf, hält auf dem linken Arme ein Lamm und zeigt mit der Rechten auf dasselbe hin; neben den Beinen getheilt L—D Strichelrand. Messing. Gr. au 13. (Sammlung des Hrn. Dr. Freudenthal.)

Ein zweiter Stempel vor Kupfer hat nach der Umschrift des Averses ein Krückenkreuzchen. Gr. über 12.

Ein Variant hat im Av. oben eine Rosette, und in der Mitte F eingestempelt. Gr. 13.

La Ramisse. 30565.

Av. IACQ. DE LA RAMISSE. ELV. DES. ETATS. GNAVX. DE. BOVRGNE Unter Helm und Decken im kartouchirten runden Schilde eine Ringeltaube (Ramier) rechtshin mit einem Zweige im Schnabel. Unter dem Schilde klein 1704 Der Rev. wie Nr. 30490 mit einem französischen Schilde und V statt U Gekerbter Rand. Gr. über 14. (Ebendort.)

Raviiet G. D. 30566.

Av. G. D. RAVLLET. CO. D. ROY. ET. TRE. GNA. D LARTI. D. FRA und eine vierblättrige Rosette. In der Mitte ein glattes französisches Schild mit einer Schleife am obern Rande, deren Bänder an den Seiten hervorflattern. In der obern Schildhälfte zwei wagrecht gelegte mit den Sehnen an einander gestellte Bögen ohne Pfeile. In der untern Hälfte ein Eberkopf nach rechts. Rev. Von rechts eine vierblättrige Rosette ✠ VERTV.—LA. GVIDE Eine Hand links aus den Wolken hält eine am Grasboden ruhende aufrecht gestellte Fahne, um welche sich ein Palmzweig schlängelt. Im Abschnitte zwei kleine gekreuzte mit einer Schleife gebundene Lorbeerzweige. Strichelrand. Gr. 13.

Raymbauld. 30567—68.

Av. FR. RAYMBAVLD. DE. LA. FOVCHERIE. EQS MAIOR. PERP. AN. IIII Unter Helm und Decken ein französisches Schild, darin im blautingirten Felde drei silberne Rauten neben einander und ober denselben zwei, unterhalb ein gestieltes silb. Kleeblatt. Auf dem Helme drei kleine Straussfedern. Rev. Von rechts: .ANNONA—RESTITUTA. Im unten offenen Kreise eine weibliche Gestalt am Grasboden nach vorn gewandt; in der Rechten mehrere bis an den Rand reichende Kornähren in die Höhe haltend und die Linke auf ein am Boden ruhendes Ruder gestützt. Im Abschnitte 1696 Gekerbter Rand. Gr. an 13.

Av. Von rechts: FR. RAYMBAVLD. EQVES. MAIOR. PERP. AN. IX. Das vorige Wappen, im Abschnitte jedoch 1701 Rev. Die vordere Ansicht eines zweistöckigen Gebäudes. Ueberschrift: COLLEG. ANDINO. ÆDIFIC. Gek. Rand. Gr. über 13.

30569.

Renandot, Théophraste, Sieur de Boisseme.

Av. Von rechts: THEOPHRASTE RENAVDOT SR D BOISSEME CR D R ES COVR D·M· (des monnaies.) Dessen nach links gewandtes Brustbild mit langem bis auf das Gewand herabwallendem Lockenhaare. Unten am Rande sehr klein DV. FOVR Rev. SVPERAT VIGILANTIA. ROBVR Unter Helm und Decken ein französisches Schild, darin ein aufrechter Löwe nach rechts; im Schildeshaupte drei Hähne hinter einander schreitend nach links; auf dem Helme drei Straussfedern zwischen 16—65 Gekerbter Rand. Gr. 13.

Renee. **30570.**

Av. RENEE. D. FRAN. DOVAIRE D. FERE DVCH DE CHRES ✝ Im gekrönten glatten französischen Schilde in der Hälfte rechts vierfeldig, ein gekrönter Doppeladler, ein unbekannter Gegenstand ╬, das dritte Feld am Rande mit Perlen eingefasst, sonst leer, das vierte oben in der Ecke links ein Ausschnitt, darin ein halber Adler, in dem andern Theile ein herzförmiges Blatt. In der Schildhälfte links in der Mitte eine und unterhalb nach rechts am Querstriche eine halbe Lilie. Rev. CONTESSE. D. GISORS. ET. DAME. D. MONTARGIS ✠ In der Mitte ein gekröntes verziertes R, in dessen oberer Rundung eine und rechts sieben Lilien; in dem Untertheile ein und zur Seite links von R sieben Blumenkelche. Am Rande ein Perlenkreis. Gek. Rand. Gr. au 14.

30571.

Rochefoucault, François de la, Kardinal (geb. 1558 ✝ 1645).

Av. Von rechts: F. CARD. DE. LA. ROCHEFOVCAVLT. GR.(and) AVM.(onier) DE. FR Unter einem Kardinalshute mit herabhängenden Quasten ein (von Silber und Blau) zehnmal quergetheiltes französisches Schild mit drei (rothen) Sparren. Um das Schild ein oben in eine Schleife gebundenes Band, von welchem unten ein Ordenskreuz herabhängt. Rev. Von rechts: CAMERA. REFORM. HOSP. ET. LEPR. Eine auf einem Sessel von vorn sitzende Frau mit einem Säuglinge an der Brust, blickt liebevoll nach einem links am Boden knienden nackten Kinde, welches eine gestielte Blume in der Linken hält; zur Rechten steht ein zweites, welches die Hände nach ihr ausstreckt. Im Abschnitte am Rande •1629• Gekerbter Rand. Gr. au 14.

30572.

St. Lary, Roger de, Duc de Bellegarde (1619), geb, 1563 ✝ 1646.

Av. Unter der Herzogskrone auf einem mit Hermelin gefütterten Wappenmantel ein quadrirtes französisches Schild. Im ersten blauen Felde ein (goldener) gekrönter aufgerichteter Löwe rechtshin mit (rother) ausgeschlagener Zunge und Waffen [St. Lary]; im zweiten goldenen vier rothe Pfähle [la Barthe]; im dritten rothen eine (goldene) Giesskanne [Orbessan]; im vierten silbernen drei blaue absteigende Flammen [Termes]; im blauen Mittelschilde eine silberne Glocke mit (schwarzem) Schlägel [Bellegarde.] Unter dem Schilde drei Liebesknoten; auf den Umschlägen des Mantels ist das Wappen wiederholt. Rev. Von rechts: .MEA. ME. SVSTINET. RECTITVDO. ❀ Im Kreise eine Säule auf einem Postamente. Gekerbter Rand. Gr. au 13. (Ebendort.)

30573.

Rohan-Chabot, Louis Duc de (1652 ✝ 1727).

Av. Von rechts: •CONCVSSVS• — •SVRGO• Unter der Herzogskrone auf einem Wappenmantel ein quadrirtes, kartouchirtes, ovales Schild; im ersten und vierten rothen Felde neun (goldene) durchbrochene Rauten (3. 3. 3.) [Rohan]; im zweiten und dritten goldenen drei aufwärts gelegte Quappen (2. 1.) [Chabot]. Ueber der Krone am Rande eine Armillarsphäre, auf den Umschlägen des Mantels ist das Wappen wiederholt. Rev. Von rechts: ET. ADHVC. SPES. DVRAT. AVORVM Auf einem Boden drei laublose Baumstämme, zwischen denen ein vierter mit einem belaubten Zweige. Oben Wolken und rechts drei Vögel. Im Abschnitte am Rande 1697 Gr. 12. (Ebendort.)

30574.

R. Frédéric Jérome de Roye de la, Erzbischof von Bourges (1729—57).

Av. Von rechts: FRED. HYER. DE ROYE DE LA ROCHEFOUCAULT P. P. ARCH. BIT. AQ. PR. Das Brustbild linkshin im Käppchen und Chorrocke mit einem Ordenskreuze auf der Brust. Unter der Schulter am Rande ein kleines R Rev.

Unter der Herzogskrone ein quadrirtes, kartouchirtes, ovales Schild mit einem (blauen) aufgerichteten Löwen rechtshin im goldenen Mittelschilde; im ersten und vierten rothen Felde ein silberner rechter Schrägbalken [Roye]; im zweiten und dritten von Silber und Blau zehnmal quergetheilten drei (rothe) Sparren [Rochefoucoult]. Hinter der Krone ragt ein Kreuzstab hervor, über welchem ein Kardinalshut mit herabhängenden Quasten. Im Abschnitte klein CLERUS BITURICENSIS. | 1729. Starker Strichelrand. Gr. über 14. (Samml. des Hrn. Dr. Freudenthal.)

Rozevignan. 30575.

Av. P. DE. ROZEVIGNAN. M. DE. CHAMBOY.. G.(ouverneur) DE. CAEN. Im Doppelkreise unter der Freiherrenkrone ein französisches Schild mit einem Eberkopfe rechtshin. Rev. Von rechts: • NON • FERIT • NISI • LÆSVS • Im Kreise ein auf einem Grasboden rechtshin laufender Eber; rechts Gebüsch, links eine Eiche. Unter der Abschnittsleiste am Rande 1636. Gek. Rand. Gr. 12. (Ebendort.)

Sainctot. 30576.

Av. I. BAB. (Baptiste) ET. (ienne) N. SAINCTOT. MAISTRE. ET. AYDE. DES. CEREMONIES ❀ Unter Helm und Decken ein französisches Schild, darin (im goldenen Felde) eine (silberne) mit einer (goldenen) Lilie besetzte Binde, darüber zwei (rothe) Rosen, darunter ein Mohrenkopf rechtshin mit silberner Kopfbinde. Rev. D^E (Dame) MARIE. MAGD. DE. CASTILLE. D^E DE. BELLASSISE ❀ Zwischen unten zusammengebundenen Palmzweigen unter der Freiherrenkrone ein französisches Schild mit einem (goldenen) dreithürmigen Kastelle (im blauen Felde). Ueber der Krone auf einem geschlängelten Bande SVRGIT. RADICIBVS. ALTIS Gekerbter Rand. Messing. Gr. an 13. (Ebendort.)

Sassenay Bernard. Vic. de. S. 30577.

Av. Von rechts: FR. M. BERNARD. VIC. DE. SASSENAY. ET. DE. CHALON. S. S. BAR. DU TARTRE. Ein gekröntes, ausgeschnittenes Schild in einer Kartouche, an deren Seite Festons herabhängen. Im blau gestrichelten Felde ein goldener Querbalken, darin ein sechsspitziges (blaues) Spornrad; in dem hiedurch gebildeten Obertheile zwei gekreuzte türkische Säbel, und unterhalb eine von einer Lanze herabwehende lange Fahne. Von der Krone gehen Bänder zur Seite, worauf rechts: ET BELLO— links ET PACE Rev. Das gekrönte burgundische Wappen ähnlich Nro. 30470, mit Farbentinktur, gekrönt und mit dem Wappenmantel umhängt, mit der Ueberschrift: CO MITIA BURGUNDLÆ 1782 Gekerbter Rand. Gr. an 14. (Fontenay S. 329.)

30578.

Scorailles, Etienne Marie Marquis de († 1758).

Av. Zwei auf Wolken sitzende Engel halten unter der Marquiskrone eine muschelförmige Kartouche mit drei goldenen rechten Schrägbalken im blauen Felde. Rev. COMITIA BURGUNDIÆ 1755. Das Wappen wie bei Nr. 30470. Gekerbter und innerer Linienrand. Gr. an 14. (Sammlung des Hrn. Dr. Freudenthal.)

30579—80.

Seguier, Pierre, Duc de Villemor (1588 † 1672).

Av. Von rechts: PETR. SEGVIER. EQ. FRANC. NOMOPHYL. Dessen Brustbild linkshin mit Ober- und Unterbart und Käppchen in Amtskleidung. Rev. (Ros.) PE TRVS. SEGVIER. FRANC. ET. NAVAR. CANCEL (Ringel). Unter Helm und Decken ein französisches Schild mit einem goldenen Sparren, darüber zwei (goldene) Sterne, darunter ein (silbernes) Lamm rechtshin (im blauen Felde). Im Av. ein gekerbter Rand. Gr. 13.

Av. Von rechts: CREDANT. A. FONTE. RELATVM Im gewundenen Kreise oben ein schräg links gelegtes französisches Schild mit dem vorigen Wappen, aus welchem sich nach unten ein Strom ergiesst. Unter der Abschnittsleiste am Rande • 1641. Rev. Von rechts: ILLIBATIS. PASCIMVR. •Im gleichen Kreise eine Fläche bestreut mit heraldischen Lilien, an denen Bienen saugen. Gekerbter Rand. Gr. über 12. (Beide ebendort.)

30581.

Sercey, Antoine Roland de, Comte d' Arconcey.

Av. ABSIT GLORIARI NISI IN CRVCE DOMINI. Im Kreise zwei auf kleinen Leisten stehende Einhörner halten unter der Marquiskrone ein kartouchirtes rundes Schild; darin im silbernen Felde ein roth gestricheltes Kreuz [Bar], auf dessen Mitte ein (silbernes) Schildchen mit drei (blauen) wellenförmigen Binden [Sercey] liegt. Rev. Von rechts: CERTA DUCUNT SIDERA. Ein Dreimaster nach links mit vollen Segeln im Meere. Oben zwischen Wolkenstreifen zwei Sterne. Im Abschnitte 1707 Gekerbter Rand. Gr. über 14.

30582.

Simiane, François de, Marquis de Gordes († 1680).

Av. Zwei auf einem Boden stehende Greife halten unter der Marquiskrone ein (goldenes) mit blauen Lilien und Kastellen bestreutes französisches Schild. Rev. In einem Kranze von gestielten Lilien mit Blättern: (Ros.) SIC (Ros.) | SIMIANEI | PRO GESTIS | (Ros.) LILLIA (sic!) (Ros.) | GESTANT | (Ros.) Gekerbter Rand. Gr. 13.

30583.

Souvré, Anne de, vermählt 1662 mit Franç. Michel le Tellier Marquis de Louvois († 1715).

Av. Unter der Marquiskrone zwei kartouchirte ovale Schilde neben einander; unten drei (silberne) aufwärts gelegte Eidechsen [le Tellier]; im linken blauen Schilde fünf goldene rechte Schrägbalken [Souvré]. Um die Schilde zwei von der Krone hängende, in Liebesknoten verschlungene Schnüre. Rev. ANNE | DE SOUVRÉ | MAR QUISE | DE | LOUVOIS | 1712. (klein) Gekerbter Rand. Messing Gr. über 14.

Tambonneau. 30584.

Av. MRE MEL TAMBONNEAV. CRER CONER D. R. (du Roi) EN. S. (es) CONLS ET. PRT (Président) EN. S. (a) CH (ambre) D: COMP. Unter Helm und Decken im französischen Schilde ein Querbalken, darüber drei Sterne, darunter ein Doppeladler. Rev. Von rechts: IMPLEBO FORTIOR ORBEM Ueber einer Landschaft ein ausgebreiteter rechtssehender Adler, welcher vor sich die Weltkugel in den Krallen hält. Im Abschnitte • 1634 • Gekerbter Rand. Messing. Gr. 13.

30585.

Le Tellier, François Michel, Marquis de Louvois (1641 † 1691).

Av. Von rechts: MICHA • LE. TELLIER. — FR. CANCELLARIVS Brustbild linkshin mit Käppchen in Amtstracht mit einem Ordenskreuze auf der Brust; hinter dem Rücken am Rande nach aussen ein kleines R (oettiers?) Rev. Seitlich links IL LIVS. SPLENDORE. MICANT Auf einem mit Hermelin bestreuten Wappenmantel ein mit der Marquiskrone bedecktes, mit den Ordensketten vom heil. Michael und heil. Geiste umgebenes französisches Schild, darin das Wappen von le Tellier wie Nr. 30583 vorstehend ohne Tinkturen. Hinter dem Schilde zwei gekreuzte Kanzlerstäbe und über der Krone ein mit einer runden Mütze bedeckter geschlossener Helm mit Zierathen. Oben neben den Enden des Mantels klein und getheilt 16—84. ganz oben am Rande eine strahlende Sonne mit Gesicht. Gekerbter Rand. Gr. über 12. (Diese letzten vier in der Samml. des Hrn. Dr. Freudenthal.)

De Tesse. 30586–87.

Av. LE MAL DE TESSE GD DESPAGNE GAL DES GALLERES DE FRANCE Unter der Krone und dem Wappenmantel ein rundes mit zwei Ordensketten umhängtes Schild, hinter welchem die vier Enden der zwei in Andreasform gelegten Marschalstäbe hervorragen. Im Schilde im silbernen Felde ein roth gestricheltes, gezähntes Andreaskreuz. Neben der Krone ragen je drei Fahnen, auf welchen Lilien und unter dem Schilde die vier Spitzen eines Ankers hervor; ober der Krone zwei Glieder einer Kette. Rev. Von rechts: AGILES SI POSTULET USUS. Am Grasboden ein Einfassungsgeländer, auf welchem vier Vögel, von welchen zwei die Flügel ausgebreitet haben. Im Abschnitte GALERES | 1715 Gekerbter Rand. Gr. über 13.

Av. Ebenso. Rev. ET ADHUC u. s. w. wie Nr. 29521, im Abschnitte GALE RES | 1713· Gl. Gr. (V. Loon V. S. 215.)

Teste M. S. 30588.

Av. ✠ M. S. TESTE. CSEILLIER ET CORRECTR DES· QPTES: (Comptes) In einem Linien- und Perlenkreise das unbehelmte Wappen, an dessen Seiten Bandschleifen hervorragen, in dessen Mitte ein Sparren mit einer innerhalb gegen die Spitze zu angebrachten Lilie, dann zwei gegen einander gestellte Eberköpfe und oberhalb ein Querstrich mit drei an der untern Seite angebrachten Strichen. Rev. DE ∗ FACON ∗ SVIS ∗ ROYAL (Salamandre de François I.) Innerhalb zweier oben mit einer Krone bedeckter gleicher Kreise ein am Boden ruhendes nach links sich umsehendes vierfüssiges Thier. Gr. 13. (Fontenay S. 44.)

Testu Jean. 30589.

Av. ✠ IENAN. TESTV: COSEILLIER (im Texte IEHAN und CONSEILLIER) ET. ARGETIER Innerhalb eines Linien- und Perlenrandes in einem unbehelmten mehrmal ausgespitzten Schilde drei vierfüssige Thiere ober einander (Löwen?) nach rechts; zur Seite des Schildes je 'H und T in einander gestellt. Rev. DV: ROY: FRANCOIS: PREMIER: DE: CE. N: ❀ Innerhalb gleicher zwei Kreise das gekrönte französische Wappen mit den drei Lilien; neben dem Schilde F—F Gekerbter Rand. Gr. 13. (Fontenay S. 133.)

Testu Simon. 30590.

Av. ✠: SIMON: TESTV: RECEVEVR: DV: MAYNE Innerhalb eines feinen Linien- und Perlenkreises ein unbehelmtes, mehrspitziges Schild, worin drei Löwen oder Leoparden ober einander, der mittlere nach links, die beiden andern nach rechts gekehrt, zur Seite des Schildes S und T in einander gestellt. Rev. ✠ CLERC: DES: OFFICES: DE: LOSTEL: DV: ROY: Innerhalb gleicher Kreise ein neunspitziges gekröntes Schild, darin die französischen drei Lilien. Gekerbter Rand. Gr. 13. (Ebendort S. 205.)

30591.

Thésut Abraham de, doyen de Saint Georges de Chalon.

Fontenay S. 309 hat die Av.-Seite eines Jetons ohne Umschrift abgebildet, nämlich ein französisches glattes Schild ohne Helm, in welchem im goldenen Felde ein rother Schrägbalken von rechts herab, worin drei goldene Andreaskreuze. Auf der obern Schildkante rechts eine Infel, links ein Bischofsstab; als Schildhalter zwei Löwen auf einem Grasboden. Gekerbter Rand. Gr. über 13.

Thonier. G. 30592.

Av. G. THONIER. C. D. R. COMRE D. G. VERRE ET. M. REGNIER. S. FEM (Ros.) Unter Helm und Decken ein von oben herabgetheiltes Schild, darin in der Hälfte rechts ein Querbalken, ober welchem im Felde oberhalb drei Eicheln, unterhalb eine Biene. Links oben gleichfalls drei Eicheln und darunter unter einem Striche ein Baum mit Wurzeln, um welchen zwei Schlangen. Rev. Von rechts: * SPES. UNA. PERVRIT * In einem Linienkreise auf einem Altare zwei brennende Herzen auf einem Altare, neben welchem am Boden rechts und links je ein Vergissmeinnicht. Im Abschnitte unter einer Leiste ·1631· Gekerbter Rand. Gr. an 13.

30593.

Thyard Jacques de T. Marquis de Bissy.

In Fontenay S. 324 ist eine Seite eines Jetons ohne Umschrift abgebildet, welcher in einer Kartouche ein ovales, goldtingirtes Schild mit drei rothen Krebsen enthält, oher welchem eine Krone. Am Rande ein Linien- und Perlenkreis. Gr. 15. (J. Th. war Gouverneur der Stadt und des Schlosses von Auxonne.)

30594.

Thyard André-Claude, Generallieutenant der königl. Armeen.

Ebendort S. 326 ist gleichfalls nur eine Seite nachstehenden Jetons abgebildet: Umschrift von rechts: RETROCEDERE NESCIT Unter einer Krone eine mit Festons behängte Kartouche, darin ein vierfeldiges Wappen mit dem einen Mittelschilde, worin das vorbeschriebene Wappen. In einem rothen Felde drei Lilien, im zweiten ein rothes Kreuz im goldenen Felde und ein Löwe nach rechts; im dritten oberhalb Gold, unterhalb im blauen Felde fünf silberne Kugeln; im vierten drei rothe Sparren. Am Rande ein Linien- und gek. Kreis. Gr. 14.

30595—8.

Le Tonneller, Louis Auguste, Baron de Breteuil (1733 † 1807).

Av. Unter einer Reifenkrone in einer Kartouche ein mit Blumenguirlanden behängtes, ovales Schild mit einem (goldenen) ausgebreiteten, rechtssehenden Sperber im blauen Felde. Am Boden vor der Kartouche liegt von der Linken ein Löwe mit vollem Gesichte, ein zweiter erscheint hinter der Kartouche nach links schreitend. Rev. LOUIS—AUG. | BARON | DE BRETEUIL | MINISTRE PLENIPOTRE | DE FRANCE | PRÈS L'EMPEREUR | DE RUSSIE | PIERRE III. | 1762 Linienrand. Achteckig. Gr. über 15.

Av. Aehnlich dem vorigen, aber im Rev. in den letzten vier Zeilen: PRÈS L'IMPÉRATRICE | DE RUSSIE | CATHERINE II. | 1762 Desgl. Desgl. Gl. Gr.

Av. Unter einer gleichen Krone in einer unten mit Palmzweigen besteckten Kartouche das vorstehende Wappen; aber statt der Guirlanden mit den Ordensketten vom hl. Michael und hl. Geiste umhängt. Von der Krone flattern zwei Bänder mit der Umschrift: NEC SPE — NEC METU Rev. LOUIS AUG. | BARON | DE BRETEUIL | AMBASSR EXTRAORDR | DE FRANCE | A VIENNE | CHEVR DES ORDRES | DU ROY | 1776 Gewund. Rand. Achteckig. Gr. an 16.

Av. Wie zuletzt. Rev. LOUIS AUG. | BARON | DE BRETEUIL | CHEVR DES ORDRES | DU ROY | PLENIPOTR ET MEDIATR | DE FRANCE | AU CONGRÈS | DE TESCHEN | 1779 Desgl. Desgl. Gr. 16.

30599.

La Tour d'Auvergne, Henri Oswald de, Abt von Cluny.

Av. HENR. OSWALD.—CARD. ABARVERNIA Das Brustbild linkshin im Käppchen und Chorrocke mit dem Ordenskreuze auf der Brust; unten am Rande klein und kursiv *I. C. ROETTIERS F* Rev. Von rechts: CONSILII PRUDENTIA — ORDO VIGEBIT ✱ CLUNIAC—1745 ✱ Unter der Herzogskrone auf einem Wappenmantel ein quadrirtes ovales Schild; das erste und vierte quadrirte Quartier hat im ersten und vierten blauen mit (goldenen) Lilien bestreuten Felde einen (silbernen) Zinnenthurm [la Tour]; im zweiten goldenen drei rothe Scheiben, (2. 1.) [Boulogne]; das dritte ist von Roth und Gold viermal schräg rechts gestreift [Turenne]; im von Gold und Roth gespaltenen Mittelschilde rechts eine (rothe) Kirchenfahne mit (grünen) Franzen [Auvergne], links ein silberner Querbalken [Bouillon]; im zweiten und dritten rothen Quartiere ein aufgerichtetes Schwert, über welches zwei auswärts gekehrte Schlüssel in's Kreuz gelegt, [Wappen der Abtei]. Um das Wappen ein Band, von welchem unten ein die Umschrift theilendes Ordenskreuz herabhängt. Ueber der Krone ragt ein Doppelkreuz hinauf, ober welchem ein Kardinalshut mit herabhängenden Quasten. Starker Strichelrand. Messing. Gr. 14. (Sammlung des Hrn. Dr. Freudenthal.)

30600.

Tournelle, François de la. T. Seigneur de Cussy.

In Fontenay S. 325 erscheint abgebildet ein Jeton ohne Umschrift, worauf unter einer Krone in einer mehrfach ausgeschnittenen Kartouche drei (2. 1.) Thürme mit Zinnen im roth gestrichelten Felde. An der Kartouche links hängen Festons; unten getheilt 17—37 Linien- und gekerbter Rand. Gr. 14.

30601.

La Tremouille, Henri de, Duc de Thouars (1599 † 1674) und Marie de la Tour d'Auvergne (vermählt 1619 † 1665).

Av. HENRY DE • LA. TREMOILLE. P^R^ (Prince) DE. TARENTE. DVC· DE. TOVARS. P. (air) D. F. (rance) Ros. Im gewundenen Kreise unter der Herzogskrone auf einem Hermelinmantel ein quadrirtes französisches Schild. Im ersten Quartier das sicilianische Wappen, im zweiten das französische, im dritten das von Bourbon, im vierten das Kreuz von Montmorency, und im Schildesfusse ein Kreuzchen; im (goldenen) Mittelschilde ein (rother) Sparren begleitet von drei (blauen) Adlern mit (rothen) Waffen [la Tremouille]. Auf den Umschlägen des Mantels ist das Wappen wiederholt. Rev. MARIE. DE. LA. TOVR. DAVVERGNE. DVCHESSE DE LA. TREMOILLE ✠ Im gewundenen Kreise auf einem von Wellen umspielten Felsen ein Zinnenthurm, gegen welchen von beiden Seiten ein Kopf aus den Wolken bläst. Ueber dem Thurme ein Band mit der kleinen Inschrift: NVMINE FRETA Gekerbter Rand. Messing. Gr. an 13.

30602.

Louis de la T., duc de Noirmoustier (1650), geb. 1612 † 66.

Av ·LOVIS. DE. LA. -· TRE.... DV—. DE. NOIRMON. Unter der Herzogskrone auf einem mit Hermelin gefütterten Wappenmantel ein von zwei Adlern gehaltenes französisches Schild mit dem Wappen von la Trem., welches auf den Umschlägen wiederholt ist. Rev. POVR. LVI. LOLIMPE. EST. VN. FARDEAV. LEGER. Im oben offenen Kreise Herkules rechtshin trägt auf dem Rücken die theilweise sichtbare Weltkugel; am Boden liegt die Keule. Gelbes Kupfer. Gr. über 13.

30603.

Valbelle, François de, Bischof von St. Omer (1710—27).

Av. Unter der Herzogskrone ein kartouchirtes, quadrirtes, ovales Schild mit einem aufgerichteten Hunde rechtshin im blauen Mittelschilde; im ersten und vierten rothen Felde ein ausgebrochenes geknöpftes Kreuz, im zweiten und dritten rothen ein aufgerichteter gekrönter Löwe rechtshin. Unter dem Schilde am Rande getheilt 17—14 Rev. Von rechts: VERTU ET — FORTUNE. Die Fortuna rechtshin auf einem Rade stehend, hält in der vorgestreckten Rechten einen Palm- und Lorbeerzweig und mit der Linken das vom Winde geschwellte Schamtuch. Unten rechts klein D. V. (Du Vivier); unter der Abschnittsleiste am Rande 1723. Gek. Rand. Messing. Gr. über 14.

30604.

Josephe Alphonse de V., Bischof von St. Omer.

Av. JOSEPH. ALPHONS. DE VALBELLE EPISCOP· ODOMARENSIS· 1730· (Ros.) Das Wappen wie vorher an den Seiten mit Inful und Kreuzstab besteckt. Ueber der Krone ein Kardinalshut mit herabhängenden Quasten. Rev. Wie vorher. Desgl. Desgl. Gl. Gr. (Beide in der Samml. des Hrn. Dr. Freudenthal.)

Vando Fr. de. 30605.

Av. Von rechts: FR. DE. VANDO ME. DVC. DE. BEAVFORT Das Brustbild nach links mit herabhängender, langer Lockenperücke, Panzer und Halsbinde (ähnlich jenem Ludwig XIV.) Rev. EX. DVCE. SIDVS. HADET. Innerhalb eines Linienkreises unter Wolken eine Landschaft mit Bäumen an den Seiten und nach rechts am Boden ein runder (mir unbekannter, abgewetzter) ziemlich breiter Gegenstand. Im Abschnitte: 1669 Gek. Rand. Gr. über 12.

Veilhau Anton de. 30606.

Av. ANTHOINE — DE. VEILHAN und eine vierblättrige Ros. In der Mitte innerhalb der in Kreisform gelegten Ordenskette vom heil. Michael das unbehelmte Wappen, darin im ersten und vierten (blauen) Felde von einem Ringe ausgehend ein Doppelkreuz, an dessen acht Enden je eine (goldene) Lilie. Im zweiten und dritten ein (silberner) Schrägbalken von rechts herab im (schwarzen) Felde. Rev. Innerhalb eines von einer Schlange gebildeten Kreises: PRVDENTIS | HOC. | GYRI. Am Rande zwei oben und unten mittelst einer Schleife gebundene Lorbeerzweige. Gek. Rand. Gr. 13. (Fontenay S. 416.)

Verthamon. 30607.

Av. FR. DE. VERTHAMON. C. D. ROY. EN. SA. COVR. DE. PARL (Ros.) Unter Helm und Decken ein quadrirtes Schild; im ersten (rothen) Felde ein (goldener) rechtsschreitender Löwe; im zweiten und dritten in neun Feldern (von Gold und Blau) geschacht, das vierte leer (roth). Rev. Von rechts: (Ros.) IMPA — VIDE (Ros.) und an der Umschrift nach innen Linienkreise. Auf einem Felsen im Meere ein Lorbeerstrauch; auf beiden Seiten blasen Winde und von oben fallen Regen und Hagel aus den Wolken. Unter der Abschnittsleiste am Rande ·1597· Gek. Rand. Messing. Gr. 13.

Villemontée. 30608–9.

Av. MRE F. DE VILLEMONTEE CHER · SEIGR DE MONTAIQVILLON ET DE VILLENAVXE. Zweite innere Zeile CR. DAT. ME. D. RQTES ET INT. DE LA IVSTICE POL. FIN. & MAR. A LA. Dritte Zeile ROCHELLE PROV. ET ISL. DENTRE LOIRE ET CAROMNE. In der Mitte unter Helm und Decken ein französisches Schild, worin die untern zwei Drittheile des Feldes ciselirt, dasselbe endet nach oben in sechs Spitzen, auf welchen ein Löwe nach rechts einher schreitet. Rev. Von rechts: zwischen fünfblättrigen Rosetten NVNC . VICTA QVIESCO Innerhalb eines Linienkreises, an welchem oberhalb Wolken ein grosser Dreimaster im Meere mit eingezogenen Segeln. Links am Ufer zwei Thürme mit Zinnen. Im Abschnitte unter einer Leiste · 1633. Gekerbter Rand. Gr. 13.

Av. Erste Zeile ebenso, zweite: CR. DESTAT ORDRE. & INT. DE LA IVSTICE POLICE FIN. & MARINE. Dritte Zeile: EN POICTOV AVLNIS XAINTONGE ET ENGOVLMOIS Das behelmte Wappen wie vorher. Rev. Von rechts: NON ENSIS SED MENTIS OPVS Innerhalb eines Linienkreises die Justitia behelmt, in der Rechten das Schwert; in der vorgehaltenen Linken die Waage; vor ihr von der Seite linksher knien viele Menschen, vor deren Vordersten zwei über einander gelegte Sensen am Boden liegen. Im Hintergrunde zur Seite der Justitia aus einander laufende Menschen. Im Abschnitte unter einer Leiste · 1637. Gekerbter Rand. Gr. über 13.

Vienne, Louis Marquis de V. 30610.

Av. Zwei auf einem zierlichen Abschnitte stehende Greife halten unter der Marquiskrone ein ovales Schild mit einem (goldenen) ausgebreiteten rechtssehenden Adler im rothen Felde; das Schild ist oben mit einem Kopfe, unten mit einer Muschel verziert Obere Umschrift: TOVT BIEN A VIENNE Rev. Von rechts: NOBIS DVX IDEM. SOLIQVE Rechts die aufgehende Sonne, links drei rechtshin fliegende Vögel, oben ein Stern. Unter dem Boden am Rande 1722 Gr. 14.

30611.

Villequier, Réné de, Baron de Clerveaux († 1604).

Av. Von rechts: Unter Helm und Decken ein mit der Ordenskette vom heil. Geiste umgebenes, quadrirtes französisches Schild; darin im ersten und vierten (rothen) mit (goldenen) Zettelchen bestreuten Felde ein (goldenes) Lilienkreuz, das zweite und dritte sechsmal (von Silber und Roth) wellenförmig quergetheilt [Rochechuart]. Das Mittelschild sechsmal (von Gold und Roth) längsgetheilt [Amboise]. Auf dem Helme ein Greifenkopf rechtshin. Rev. Von rechts: Kreuzrosette HIIS. (sic!) ORNARI (Ros.) Auf einem Tische mit zierlichen Füssen liegen drei Lorbeerkränze über einander. Im Abschnitte am Rande 1581 Gekerbter Rand. Messing. Gr. 13. (Die beiden letzten in der Sammlung des Hrn. Dr. Freudenthal.)

30612.

Ville Claude, königl. Rath und Vorstand in der Rechnungskammer (1685—1712).

Fontenay S. 318 beschreibt eine Seite eines Jetons ohne Umschrift mit einem runden gekrönten Wappenschilde in einer Kartouche, welche zwei auf einer Verzierung stehende Greife halten; im blaugestrichelten Schilde ein goldlingirtes Andreaskreuz und dazwischen oberhalb ein wachsender (silberner) Mond. Im Abschnitte nach aussen 1710 Gr. über 14.

30613—14.

Voyer, Marc-Réné de V. de Paulmy, Marquis d'Argenson (1652 † 1721).

Av. MC RENE DE VOYER. DARGENSON. CER DAT (d'etat) ORDRE LANT (Lieutenant) GL DE. POLICE. Im Kreise zwei Engel halten unter der Marquiskrone ein quadrirtes kartouchirtes ovales Schild mit dem venetianischen Löwen im gekrönten Mittelschilde; im ersten und vierten (blauen) Felde zwei (goldene) gekrönte Löwen mit vollem Gesichte (und rothen Waffen) rechtshin über einander [Voyer]; im zweiten und dritten silbernen ein schwarzer Querbalken [Gueffaut]. Auf dem Helme ist der venetianische Löwe wiederholt. Rev. Von rechts: VIGILAT UT QUIESCANT Ein Kranich rechtshin mit einem Steine in der gehobenen rechten Kralle; hinter ihm liegen mehrere andere schlafend am Boden; seitlich rechts ein kleiner Baumstamm. Im Abschnitte 1713. Gekerbter Rand. Messing. Gr. an 15. (Sammlung des Hrn. Dr. Freudenthal.)

Derselbe und Marguerite le Fevre de Caumartin (vermählt 1693 † 1719).

Av. Unter der Marquiskrone auf einem mit Hermelin bestreuten Wappenmantel zwei neben einander gestellte, kartouchirte ovale Schilde. Im rechten das Wappen wie vorher, und das erste und vierte Feld blau tingirt; im linken blauen fünf silberne Binden [Caumartin]. Hinter den Schilden zwei gekreuzte Kanzlerstäbe, unten zwischen denselben ein kleiner Kopf. Auf der Krone der Löwe wie vorher. Rev. Im starken Blumenkranze AVITOS | SERVAT | HONORES. Rand von starken Strichein. Gr. über 14. (Ebendort.)

Waroquier. 30615.

Av. WAST. WAROQVIER. C. LIEVTENANT. D. 50. HOM.(mes) DARM.(es) D. ORD. D. ROY. F(rançois) I dann ein gekrönter Salamander. Im Kreise innerhalb einer doppelten achtbogigen Einfassung ein quadrirtes spanisches Schild; darin im ersten und vierten eine rechte Hand; im zweiten und dritten drei halbe Lilien (2. 1.) An den Spitzen der Bögen Kleeblätter, und innerhalb der Bögen halbe Lilien. Rev. LOVIS. WAROQVIER. ESR. (Ros.) MARIE. DE. WIGNACOVRT. SON. EPOVSE (Ros.) Rechts unter einem gekrönten Helme und Decken ein schräg links gelegtes französisches Schild mit der Hand; auf dem Helme zwischen einem Adlerfluge ein Schildchen mit drei Sichelmonden (2. 1.), über welchem ein gekrönter Löwenkopf rechtshin. Rechts ein Rautenschild mit drei Lilien, über demselben ein geschlängeltes Band mit der Inschrift A · IAMAIS — WAROQVIER Gekerbter Rand. Messing. Gr. 13. (Ebendort.)

Jetone mit von mir nicht entzifferten Wappen und Monogrammen.

30616.

Av. ATERNVM. HIS. STABIT. NANNETA. COLVMNIS ✠ Zwei Füchse (?) als Schildhalter eines französischen mit einer fünftheiligen Krone bedeckten Schildes, darin drei Querbalken von oben herab; unterhalb · 1671 · Rev. FRANCO. DECVS. ADDO. DECORI ✠ Ein französisches mit gleicher Krone bedecktes Schild, an dessen Seite zwei unten gebundene Palmzweige. Im Schilde ein Baum mit Früchten und dreizweigiger Wurzel; neben dem Stamme je eine Lilie. Gek. Rand. Gr. an 13.

30617.

Av. Helm und Decken auf einer mehrfach verzierten Kartouche, in welcher im ovalen Schilde ein goldtingirter Sparren im blaugestrichenen Felde mit einem Halbmonde unter-, dann zwei Halbmonden oberhalb zur Seite dieses Sparrens. Im Schildeshaupte drei fünfspitzige Sterne. Unten 16—99 Auf dem Helme drei Straussfedern. Rev. LVDO VICVS. MAGNVS REX. Die Reiterstatue Ludwig XIV. (nach links). Umschrift von rechts: LVDOVICVS· MAGNVS REX· Gl. Rand. Gr. an 14.

30618.

Av. Unter einer Krone, von Verzierungen umgeben, zwei ovale Schilde, darin in jenem rechts im blau gestrichelten Felde, oben drei Sterne neben einander, dann ein Querbalken und tiefer zwei quergelegte Bänder ober einander; unten ober einer Leiste 1701 Rev. JUNGIT ET INFLAMMAT· Auf einem Grasboden über einer Leiste ein geflügelter Knabe mit einem Köcher zur rechten Seite (Amor), welcher mit beiden Händen je ein Herz in die Höhe hebt. Am Boden rechts von ihm der Bogen. Gekerbter Rand. Gl. Gr. (Der Av. Tafel 68.)

30619.

Av. TVRRIS ❀ MEA ❀ DEVS ❀ (fünfblättr. Ros.) Zwei Löwen halten ein auf Grasboden stehendes, gekröntes, französisches Schild, darin im ersten und vierten Felde ein Kastellthurm, im zweiten und dritten je ein Querstreifen, ober welchem zwei und unterhalb je ein Blatt. Rev. Dieselbe Umschrift und Vorstellung, nur ist das Schild einfeldig und hat bloss den im Av. im ersten und vierten Felde vorkommenden Thurm. Am Rande starke Stricheln. Gr. 13. (Der Av. Tafel 68.)

30620.

Av. Auf einer Verzierung zwei Löwen als Schildhalter und zwei ovale Schilde, ober welchen eine Verzierung und eine grosse Krone mit neun Perlen. In dem Schilde rechts ein nach aussen zugespitztes Ordenskreuz, in dessen vier Winkeln je eine Kugel. Im Schildeshaupte ein nach rechts gewandter kleiner Löwenkopf. In dem Schilde links drei Flämmchen (?) 2. 1. Zwischen den Schilden ein Kopf. Rev. Aehnlich dem Av., die Löwen halten aber nur ein Schild, worin das im Av. rechts vorkommende Wappen.

Der Kopf des Av. ist hier zwischen der Krone und dem Schilde angebracht; auch sind im Rev. an der Verzierung unten zwei, im Av. nur ein Feston. Am Rande beiderseits ein Linien- und gekerbter Kreis. Gr. an 15. (Der Av. Tafel 68.)

30621.

Av. SOLO COELOQVE FRVVNTVR Unter Helm und Decken ein französisches Schild, darin eine Getreidegarbe, auf welcher oberhalb zwei gegen einander gekehrte kleine Vögel sitzen, ober ihnen ein fünfspitziger Stern; auf dem Helme drei Straussfedern. Rev. CVRIA (runde Ros.) MONETA—RVM, (Ros.) FRANCIÆ. In der Mitte unter einer grossen Krone die beiden Wappen wie Nr. 29453. Beiderseits ein gekerbter, im Rev. noch ein Linienkreis. Gr. über 13.

30622.

Av. Zwei fantastische Gestalten halten auf einer Verzierung ein gekröntes rundliches, blaugestricheltes Schild, darin zwei Querbalken und sechs Muscheln (3. 2. 1.). Rev. Von rechts: NOS ARAM IUSTITIÆ PARAMUS Eine nach rechts gewandte sitzende, weibliche Gestalt (die Justitia), in der vorgestreckten Rechten eine Wage, in der Linken das Schwert geschultert haltend. Am Boden ein mit Lilien bestickter Teppich. Im Abschnitte klein PROCVREVRS | DE LA COVR Gekerbte Ränder. Gr. 14.

30623.

Av. Unter einer Krone zwei ovale Wappenschilder, darin rechts ein Vogel nach rechts gewandt, mit emporgehobenen Flügeln, links in der obern Hälfte eine Blume, die untere geschacht. Oberhalb eine längliche Verzierung, von welcher zwei die Wappen umschliessende Ordensketten herabhängen. Unten an den Schilden gleichfalls eine Verzierung. Rev. Von rechts: QUID NON DIRUERE EFFICAX In der Mitte ein geflügelter Donnerkeil, von welchem Blitze nach oben hinauffahren. Im Abschnitte klein EXTRAORDINAIRE | DES GUERRES | 1741 Am Rande starke unförmliche Stricheln. Gr. an 14.

30624.

Av. Unter dem Kardinalshute ein französisches Schild, ober welchem eine Krone mit sieben Perlen, aus welcher ein Patriarchenkreuz hervorragt. Im Schilde ein dreitheiliger Sparren, ober welchem in den Schildenden je ein und unterhalb ein drittes Kreuz mit gespaltenen Kreuzenden. An der Schildseite ragt je ein Quastenbund von dem Hute herab. Rev. Unter einer mit neun Perlen besetzten Krone der Namenszug 𝔛, einfach und verkehrt in einandergestellt. Gek. Rand. Gr. 10.

30625.

Av. Unter einer Krone, von welcher rechts und links ein Band herabhängt ein verzogener Namenszug; anscheinend *A* und *L* gerade und verkehrt gestellt und in einander verschlungen. Rev. Von rechts HEVREVX. QVI. LA. TROVVE. Innerhalb eines feinen Linienkreises die Fortuna auf einer geflügelten Kugel stehend. Sie hält ein langes flatterndes Gewand mit beiden Händen. Im Abschnitte 1686 An den Rändern Stricheln, welche acht Seiten (ein Achteck) bilden. Rund. Gr. an 13. (Der Av. Tafel 68.)

30626.

Av. Ein Monogramm *D* gerade und verkehrt gestellt und *M* (?); und unten von den Buchstaben herabhängend zwei Festons. Rev. Ein am Grasboden stehender nach rechts gewandter Vogel. (Eine Krähe?) Ohne Umschrift; am Rande ein Linien- und aussen beiderseits noch ein gekerbter Kreis. Gr. über 13.

30627.

Av. Unter Helm und Decken in einer verzierten Kartouche ein ovales rundes Schild, in deren oberem blaugestrichelten Felde zwei Lilien, und dem untern goldenen zwei Delphine. Auf dem die Felder quertheilenden Striche ist eine in beide Felder hineinreichende Krone. Auf dem Helme oben der Pelikan mit seinen Jungen. Rev. Unter einer Blumenkrone ein undeutliches Monogramm. (Siehe Tafel 68.) Die Ränder mit Stricheln eingefasst. Achteckig. Höhe 13.

30628.

Av. Unter einer Krone ein auf einer Verzierung ruhendes Schild, worin im blaugestrichelten Felde an achtzehn gestielte Kleeblätter und in der Mitte ein kleines Viereck. (Buch?) Als Schildhalter sind Löwen, deren jener rechts von der Verzierung nach abwärts geht, jener links dagegen auf dem Schilde. Im Rev. unter einer Krone ein Monogramm *G L* und *E* (?), Tafel 68 abgebildet. Unten ein kleiner Kopf. Ein Achteck, dessen Seiten mit Stricheln eingefasst sind. Höhe über 15.

c. Französische Städte.

Amiens. 30629.

Av. HENRICVS · IIII. FRANC—ORVM. ET NAVARÆ REX. (Ros.) Unter einer grossen Krone die neben einander gestellten Wappen von Frankreich und Navarra, umgeben von den Ordensketten des hl. Michael und hl. Geistes. Unten zwischen den Schilden ein gekr. H Rev. VIMINE . IVNGOR LILIIS . TENACI + Innerhalb eines Kranzes von acht Lilienkelchen, welche je zwei am untern Ende zusammengebunden sind, ein französisches Schild mit dem Stadtwappen; im (rothen) Felde ein Lotus-Baum mit verschlungenen Zweigen; im (blauen) Obertheile drei (goldene) grössere Lilien zwischen kleinen Lilien. Gek. Rand. Gr. an 13. Messing.

30630—32.

Av. ·LOYS . XIII . ROY . DE — FRAN . ET . NAVAR · Unter einer grossen Krone die Wappen von Frankreich und Navarra neben einander, umgeben von den Ordensketten wie vorher. Unten zwischen den Wappen ein gekröntes L zwischen liegenden Kronen. Rev. VIMINE . IVNGOR . LILIIS . TENACI (vierbl. Ros.) In einem gleichen Kranze wie vorher ein französisches Schild mit dem Stadtwappen, der Lotus-Baum und drei Lilien. Messing. Gr. über 12.

Ein zweiter Stempel mit LVDOVICVS. XIII. FRAN—CORVM. ET. NAVAR. REX (Runde Ros.) Gl. Gr.

Av. Von rechts: .LVD . XIIII . D. G. — FR. ET. NAV. REX Der Kopf mit einer Lockenperücke linkshin. Rev. Von rechts: HOSTEL. DE. LA. MONNOIE. DAMIENS (Ros.) Zwischen oben und unten zusammengebundenen Oehlzweigen das Wappen wie vorher, im Abschnitte 1680 Gek. Rand. Gelbes Kupfer. Gr. 13.

30633.

Av. Von rechts: COMPAGNIE — DES — NOTAIRES D'AMIENS Auf einem von der Königskrone herabhängenden Wappenmantel ein mit den Ordensketten vom hl. Michael und hl. Geiste umgebenes, blau schraffirtes, ovales Wappen mit den Lilien. Rev. Von rechts: LEGES — ET MORES· Eine nach linkshin gewandte sitzende Frau im faltigen Gewande hält in der ausgestreckten Linken eine gleiche Wage und im rechten Arme einen mit einer Schlange umwundenen Stab, der oben in einen Spiegel endet. Sie stützt den rechten Arm auf eine Tafel, an welcher LOIS | CIVILES und darunter rechts I | II | III, links IV | V | VI; am Fusse der Tafel klein E. GATTEAUX

Im Abschnitte 1816 Gekerbter Rand und randirt. Gr. an 14. (Die letzten vier in der Samml. des Hrn. Dr. Freudenthal.)

Angers. 30634—37.

Av. MR GOHIN. ESCVIER. MAIRE. DE. LA. VILLE. DANGERS * Ein quadrirtes französisches Schild mit Helm und Decken, im ersten und vierten Felde ein Kleeblattkreuz, im zweiten und dritten ein Doppeladler. Rev. Von rechts: . DIVISAM. IVNXIMVS. VRBEM. In einem gewundenen Kreise die Ansicht der von einem Flusse durchschnittenen und durch zwei Brücken verbundenen Stadt. Im Abschnitte . 1655. Strichelrand. Gr. an 13. (Samml. des Hrn. Dr. Freudenthal.)

Av. IEAN. ESLYE. ESC^{ER} MAIRE. DE. LA. VILLE. DANGERS (Ros.) In einem französischen Schilde mit Helm und Decken ein schwebendes Kreuz und in den Winkeln je eine Samenrose. Der Rev. wie zuletzt mit •1661• Gek. Rand. Gl. Gr.

Av. Von rechts: CHA. POISSON. ESC^{R} SEIG^{R} DE. NEVFVILLE. MAIRE. Im kartouchirten französischen Schilde das Stadtwappen; im rothen (hier blauen) Felde ein silberner, aufgerichteter, rechtsgewandter Schlüssel, im blauen (hier rothen) Haupte zwei goldene Lilien. Rev. Von rechts: (Ros.) RIDET (Ros.) MARIS (Ros.) IRAS (Ros.) Unter Helm und Decken ein französisches Schild im blauen Felde, über Wellen ein gekrönter Delphin rechtshin. Im Abschnitte •1677• Gek. Rand. Gr. über 12. (Samml. des Hrn. Dr. Freudenthal.)

Av. Von rechts: RENE LEZINEAV MAIRE DE LA VILLE D'ANGERS Ein quadrirtes französisches Schild mit Helm und Decken; im ersten und vierten Felde ein Mohrenkopf mit Binde rechtshin; im zweiten und dritten drei wellenförmige Binden. Im Abschnitte • 1681 • Rev. VIAS VRBICAS SVBVRBANAS ET PONTES VRBIS REFECIT. Im unten offenen Perlenkreise auf einem getäfelten Fussboden eine aufgerichtete Säule, hinter deren Mitte Schlägel und Eisen kreuzweis durch ein Oval gesteckt, von welchem zwei flatternde Bänder hängen. Gekerbter Rand. Gr. 13.

30638—39.

Av. F. POULLAIN. DE. LA. FORESTRIE. ESCUYER. MAIRE. D'AN GERS. Im kartouchirten französischen Schilde mit Helm und Decken ein Andreaskreuz im schwarzen Felde. Rev. Von rechts: URBIS. ORNAMENTO. ET. DELI CIIS. CIVIUM. Im Kreise eine Allee von Bäumen mit einem offenen Thore im Vordergrunde. Im Abschnitte PRÆFECTURA. II^{A} | M. D. CC. VII. Gekerbter Rand. Gl. Gr. (Samml. des Hrn. Dr. Freudenthal.)

Av. Von rechts: MICHEL. FALLOUX. S^{R} DU. LIS. ESC^{R} MAIRE. DAN GERS •1715• (klein). Unter einer Freiherrenkrone ein kartouchirtes, unten mit Guirlanden verziertes Schild; im goldenen Felde ein rother Sparren, darüber drei Sterne, darunter eine Rose. Rev. Von rechts: NON. SIBI. SED. POPULO. Auf einem viereckigen Gestelle ein von Bienen an den Seiten umschwärmter, runder Bienenkorb, auf dessen Spitze die Bienenkönigin sitzt. Im Abschnitte ANNO. PACIS. G. | .1714. Stark gekerbter Rand. Gr. über 13.

30640—42.

Av. RENÈ ROBERT ESC^{R} S^{CR} DES MARCHAIS MAIRE D'ANGERS• (Ros.) Unter Helm und Decken ein kartouchirtes, quergetheiltes, ovales Schild; im obern blauen Felde ein aufgerichteter Löwe rechtshin, im untern silbernen drei Röschen (2. 1.). Auf dem Helme drei Straussfedern. Rev. Von rechts: UNUS HOMO NOBIS RESTITUIT REM. Die Ansicht der Domkirche mit Häusern. Im Abschnitte: PRÆ FECT. II^{A} | 1720. Gek. Rand. Gl. Gr.

Av. Wie zuletzt. Rev. Von rechts: FORMÆ TE REDDO PRIORI. Im Kreise über einem Boden der durch den Erdball halb verdunkelte Mond; oben rechts die strahlende Sonne mit Gesicht. Im Abschnitte PRÆFECT. IVA | 1724. Stark gekerbter Rand. Gl. Gr. (Beide in der Samml. des Hrn. Dr. Freudenthal.)

Av. Wie zuletzt. Rev. Am Boden ein zerrissenes Vogelnetz, über welchem ein rechtsfliegender Adler; im Hintergrunde Gebirge. Obere Umschrift ESTO IAM LIBERA; im Abschnitte PRÆFECT. VIIA | 1729. Desgl. Gl. Gr.

30643—44.

Av. Von rechts: FRANÇOIS BOUCAULT ECUYER MAIRE D'ANGERS Eine Kartouche, worin ein beinahe rundes, rothtingirtes Schild, auf welchem ein Helm mit Helmzier. Im Felde ein aufrecht nach rechts schreitender Löwe, welcher in den Vorderpranken eine Lilie hält. Unter ihm ein Halbmond. Rev. Auf einem Boden eine gleichgestellte Waage, neben welcher oberhalb rechts NUNQUAM links DEFLECTO im Abschnitte PRÆFECT. IIA | 1733. Gr. über 13.

Av. MARIN JALLET DE LA VEROULLIERE ECUYER MAIRE DE LA VILLE D'ANGERS * Zwei auf einer Verzierung stehende Löwen halten ein mit der Freiherrenkrone bedecktes ovales Schild, darin auf einem Boden ein nach rechts schreitender Hahn, über dessen Rücken oben ein fünfspitziger Stern zwischen Strahlen. Rev. Von rechts: AD MUNIA QUÆQUE USQUE VIGIL Auf dem Rasen ein nach rechts schreitender Hahn; und im Abschnitte 1743. Gl. Gr. Beide gekerbte Ränder.

30645—46.

Av. JACQ. FR. GOURREAU ECER SGR DE L'EPINAY MAIRE 1758. Unter der Freiherrenkrone in einer zierlichen Kartouche, welche an den Seiten mit Palmzweigen besteckt und an den beiden oberen Enden mit je einer Rosette besetzt ist, ein ovales goldtingirtes Schild mit einem Doppeladler. Rev. Zwischen unten überlegten Lorbeerzweigen in einer, an den beiden obern Enden mit einer Rosette, unten mit einer Muschel verzierten Kartouche das Stadtwappen wie Nr. 30636 mit richtigen Tinkturen. Unten am Rande im Halbbogen: ASSIDUIS CONSILIIS Gekerbter Rand und im Rev. ein innerer Linienrand. Gl. Gr.

Av. Von rechts: JACQUES BOULLAY DUMARTRAY ECUYER MAIRE 1781. Unter der Freiherrenkrone in einer mit einer Laubguirlande umhängten hautartigen Kartouche ein blaues französisches Schild mit einer goldenen Binde, darüber drei Rosetten, darunter ein Sichelmond. Rev. In einer gleichen, oben muschelförmig ausgebogenen Kartouche das Stadtwappen wie vorher. Obere Umschrift: MUNICIPALE PRÆMIUM; im Abschnitte MAIRE | D'ANGERS Desgleichen. Gr. 14. (Beide in der Samml. des Hrn. Dr. Freudenthal.)

30647—49.

In Fontenay S. 185 und 188 erscheint von drei Jetonen, welche hieher gehörig je eine Seite abgebildet, und zwar von einem älteren Jetone: ✠ DE. ANGIERS ·ANTIQVE. CLEF. DE. FRANCE In einem Linienkreise ein glattes oben fünfspitziges Schild, darin oberhalb die zwei Lilien, unten der Schlüssel mit dem Barte nach oben. Gr. an 13.

b. In einer verzierten Kartouche, neben welcher zur Seite zwei Lorbeerzweige, das Schild darin oberhalb im blautingirten Felde zwei Lilien, unterhalb im rothen der Schlüssel. Unten am Rande nach aussen ASSIDUIS CONSILIIS Gr. an 13.

c. Das Wappen wie zuletzt, auf einer Verzierung stehend; am obern Rande eine Muschel; zur Seite Festons, welche in ein eingerolltes Band enden. Ueberschrift: MUNICIPALE PRÆMIUM Unten im Abschnitte: MAIRIE | D'ANGERS Gr. 14. Nach dem Texte soll der vorletzte Jeton auf der Rückseite das Brustbild Ludwig XIV., der letzte Ludwig XV. und die Umschrift PRO SVFFRAGIIS RESTITVTIS haben.

Fontenay führt bei Angers noch drei zweifelhafte Jetone ohne das Stadtwappen an. (Johann Gaillard in dem Kataloge Paris 1854 noch weitere „Jetons des maires d'Angers“

von den Jahren 1581, 1594, 1671, 1685, 1689, 1690. 1711, 1737, 1755, 1763, 1773, 1777, 1785 und 1789 an, welche mir sämmtlich unbekannt.)

30650—52.

Anzin (Dpt. du Nord) Kohlenbergwerk. (Nach Wellenh.)

Av. Gegen die Mitte innerhalb eines Kreises von starken Perlen MÍNES | DAN ZIN Im Rev. die kursiven Buchstaben *T M C. D. W.* An den Rändern gekerbte Kreise. Etwas oval. Gr. über 16.

Ein kleiner Stempel, bei welchem die Buchstaben des Averses bis an den Perlenrand reichen, hat Gr. über 13.

Av. Unter Schlägel und Eisen kursiv *M D,* dazwischen eine vierblättrige Rosette | 1820 Rev. Ein gehäuftes Gefäss mit Kohlen (?), darunter 30 | · 8 · In der Null ein Perlenoval. An den Rändern beiderseits je zwei unten überlegte Lorbeerzweige, an welchen unten ein Vierblatt. Die Ränder ausgespitzt. Gr. 14.

Arras. 30653.

Marken der Kathedralkirche, entnommen der Revue numism. Belge. II.

Bleimarke. Av. Oben · m : CCCC zur Seite links und oberhalb Punkte; unter zwei Querstreifen XXXVII (1437), darunter ein Querstreif und ein Andreaskreuz, in dessen Winkeln je ein Punkt. Rev. In der Mitte ein achtspitziger Stern in einem anscheinend mit Schuppen bedeckten Felde, welche Schuppen in geraden Reihen von oben herab an einander gereiht sind. (Nr. 7. Taf. I. S. 10.)

Die übrigen dort angeführten Bleimarken ohne Umschriften und Jahrzahlen werden wegen ihrer Unbedeutenheit und der Undeutlichkeit der dargestellten Gegenstände übergangen.

30654.

Kupfermarken Tafel Nr. II. Nr. I. Av. ECCLESIE * ATRGBATEN ‡ ✠ In der Mitte innerhalb eines Linienkreises C.P und ober P ein Strich (Capitulum.) Rev. In der Mitte eines Linienkreises die Zahl I und rechts hievon ein fünfspitziger Stern. Oben ausser dem Rande die rechtsgewandte Ratte von Arras, zur Seite ein doppelter Kranz von tulpenähnlichen Blumen. Am Rande beiderseits ein Linienkreis.

30655—57.

Mit den Werthzahlen II. Nr. 4. Av. Aehnlich dem vorigen, nur statt der Sternchen sind kleine Andreaskreuzchen in der Umschrift. Rev. Im Linienkreise die Werthzahl I · I Ausserhalb desselben oben und unten eine Ratte, und an den Seiten je eine gestielte Blume. Zwei weitere Stempeln in den Rev. verschieden haben in der Aversumschrift nach SIE ein Andreaskreuzchen und nach TEN bloss das Kreuzchen. Ein Stempel hat zwischen II einen fünfspitzigen Stern oben zwischen der Ziffer und der statt des Sternes eine fünfblättrige Blume oberhalb und einen Punkt zwischen der Zahl II Beide am Rande oben und unten die Ratte und je eine gestielte Blume. (Nro. 2. und 3.)

30658—63.

Mit den Werthzahlen III. Av. Umschrift wie vorher. In derselben nach C eine runde, fünfblättrige, durchstochene Ros. Eine gleiche Ros. und ✠ nach N In der Mitte wie vorher. Rev. In einem Perlenkreise die Werthzahl und ausser dem Kreise den Rand einnehmend drei Ratten hinter einander. Gr. 9. (Nr. 5.)

Ein Stempel hat die Ros. bloss nach C, nach N aber ✠; ferner im Rev. einen fünfspitzigen, durchstochenen Stern ober der Werthzahl. (Nr. 6.)

Ein Stempel mit gleicher Ros. nach C und N und dem vorstehenden Rev. ist in der Chiffre des Av. dadurch kenntlich, dass der Anfangsbuchstabe hier kleiner als bei den übrigen Stempeln und C, nicht C (Nr. 9.)

Ein vierter hat nach C ein, und nach N zwei kleinere Andreaskreuzchen und ein fünfter je eine fünftheilige nicht durchstochene Ros. Beide haben im Rev. den fünfspitzigen, durchstochenen Stern. (Nr. 7. und 8.)

Ein sechster hat im Av. durchbrochene fünfblättrige Ros. und im Rev. einen durchbrochenen, fünfspitzigen Stern. (Nr. 9.)

30664—67.

Mit den Werthzahlen IIII. Av. Umschrift: ECCLESIE (Ros.) ATREBATEN (Ros.) ✠ Innerhalb eines gekerbten Kreises die vorigen drei Buchstaben in einander gestellt ohne den Strich oberhalb. Rev. Innerhalb zweier gekerbten Kreise die Ratten wie vorher; jedoch hier vier Ratten hinter einander. In der Mitte die Werthzahl II·II und oberhalb derselben ein fünfspitziger Stern. (Nro. 10.) Gr. an 11.

Bei einem Stempel mit gleichem Rev. ist der Querstrich ober den drei Buchstaben in der Mitte des Averses. Von der Umschrift nur ECCLESIE... TREBATEN... ✠ sichtbar. (Nr. 11.)

Ein dritter Stempel mit ECCLESIE (Ros.) ATREBTENSIS ✠ hat den Strich ober den drei Buchstaben in der Mitte des Av. und eine fünfblättrige Ros. ober der Werthzahl II • II (Nr. 12.)

30668—69.

Av. BEATE· MARIE· ATTREBATENSIS ✠ In der Mitte im gekerbten Kreise CAP, darunter ein gekerbter, einen Abschnitt im Kreise bildender Querstrich und ein glatter Querstrich ober CA Rev. MARCELLVS· MANDATI· PAVPERVM ✠ In einem gekerbten Kreise ein Kreuz, dessen Endschenkeln in Lilien enden. Am Münzrande gleichfalls ein gekerbter Kreis. (Nr. 13.)

Ein zweiter Stempel hat im Av. neben CAP fünfblättrige Rosette und einen nicht gekerbten Querstrich unterhalb; ferner im Rev. statt einfachen, doppelte Punkte in der Umschrift. Auch ist dieser Stempel viel grösser (an 13), als der erstere (Gr. an 10.). (Ebendort. Nr. 14.)

Arras, Rechenpfennig. 30670—71.

Av. Von rechts: GETZ. POR. LA. CHAMB. ESCHEVINALE :· Innerhalb eines Linienkreises in einem unbehelmten von aussen verzierten Schilde, ober welchem AR—RAS das Stadtwappen; darin ein aufrechter Löwe nach rechts, auf welchem ein Schildchen mit acht Lilien, ober welchen ein Turnierkragen. Rev. Von rechts: EN. ESPO—IR. IATENS. In der Mitte am Boden ein römischer Krieger nach links; in der Linken die Lanze und am rechten Arm den Schild haltend; zu seiner Seite je ein geflügelter Drache (den Herzog von Anjou und den Prinzen von Oranien vorstellend); im Abschnitte 158Z Gekerbter Rand. Gr. 15. (V. Loon I. S. 312.)

Ein zweiter Stempel ohne das Wort ARRAS, sonst in Allem mit dem vorigen gleich. Gr. 13. (Wellenheim 1247.)

Autun. 30672—73.

Mereaux der Kathedrale „Saint Ladre.“ Dieselben, von welchen in Fontenay S. 349, 351 nur zwei Stempel abgebildet, sind sämmtlich ohne Umschriften.

Av. Christus nach links gewandt, wie er aus dem Grabe aufzustehen sich anschickt; das Grab länglich viereckig. Im Rev. ein französisches Schild, worin im (rothen) Felde ein silbernes Ankerkreuz. Ober dem Schilde ein Weinblatt; an den Rändern beiderseits ein Linien- und ein Perlenkreis, an welchem im Rev. an den Seiten je eine gestielte Blume. Gr. 8.

Av. Aehnlich dem vorigen, nur ist im Felde ein V und nach links ein Zweig, ferner an dem Grabe 1587 Im Rev. ein französisches Schild, in dessen Mitte SVL (nach Font. S(anct.) L(azarus) V(deniers). An den Seiten je eine gestielte Blume; am obern Rande ein Blatt und zwei Zweige. Die Ränder wie zuvor. Gr. an 11.

Auxerre. 30674—76.

Av. E. PIRETOVY. R^R (Receveur) DES. TAILLES. DAVXERRE (Ros.) Unter Helm und Decken im französischen Schilde ein Pelikan im Neste, welcher seine Jungen füttert. Rev. Von rechts: NE CALCVLVS ERRET Im gewundenen Halbkreise auf einem getäfelten Boden ein Tisch mit einer Decke, darauf rechts ein offenes Buch, links eine Hand, welche Geld zählt; oben ein offenes Auge. Im Abschnitte • 1659 • Gekerbter Rand. Gr. an 13.

Av. Von rechts: LEX EST QUODCUMQ. NOTAMVS Ein achteckiger Rahmen mit Fussgestell, innerhalb desselben ein um eine Axe sich bewegender Würfel, links am Gestelle klein D. V. (Du Vivier). Im Abschnitte CON^ERS DU ROY NOT^RES | D'AUXERRE & | 1748 • Rev. Von rechts: CHAMBRE DES NOTAIRES Im Kreise JETON | DE | PRÉSENCE Unter der Abschnittsleiste MAIRIE Stark gekerbter Rand. Gr. an 15. (Samml. des Hrn. Dr. Freudenthal.)

In Fontenay S. 314 erscheint die eine Seite folgenden Jetons beschrieben: IEAN• BAVDESSON. CON^ER DV. ROY. MAIRE D'AVXERRE. Unter Helm und Decken ein längliches Schild in einer Kartouche, darin im obern Theil (blauliugirt) drei fünfblättrige Blumen; im untern goldlingirten ein Baum auf Grasboden. Gekerbter Rand. Gr. an 15.

Auxonne. 30677.

Av. POVR. LA. VILLE. DAVXONNE ✠ Im Perlenkreise ein gespaltenes französisches Schild mit dem Stadtwappen; in der rechten quergetheilten Hälfte das Neu- und Altburgunder Wappen, in der linken (blauen) ein (silbernes) halbes Andreaskreuz. Oben 1621 Rev. DORS. A. IVRAIN. CO. D. R. (Conseiller du Roi) MAIEVR ✠ Im Perlenkreise zwischen zwei oben und unten überlegten Lorbeerzweigen eine Korngarbe. Oben und unten auf den Zweigen ein Doppelringel. Messing. Gr. über 13. (Samml. des Hrn. Dr. Freudenthal.)

30678—81.

Fontenay S. 355 und 356 hat je eine Seite dreier Jetone abgebildet, ohne der Rückseiten zu erwähnen. Die Umschrift des ersten Rechenpfenniges lautet: POVR. LES. ESTATS. DV. COMTE. DAVXONNE • In der Mitte das unbehelmte Stadtwappen, darin in der rechten Hälfte das Neu- und Alt-Burgundische Wappen (die Lilie und unterhalb die Querstreife), und in der Linken ein (silb.) halbes Ankerkreuz im blauen Felde. Um das Schild an den vier Seiten je ein oben spitzig auslaufender Bogen mit einer Lilie im Innern; auch von aussen ist je in einem Winkel dieser Bögen eine derlei Lilie. Gekerbter Rand. Gr. an 13.

Der zweite Rechenpfennig hat dieselbe Vorstellung und unterscheidet sich nur durch die Umschrift: POVR. LA VILLE ❀ DAVXONNE ❀ Gl. Gr.

Der Dritte hat die Umschrift: GET. POVR. LA. VILLE. D'AVXONNE (Ros.) 1613 ✠ Innerhalb eines Linienkreises oben zwei französische Schilde neben einander, worin rechts die französischen Lilien, und links das Wappen von Navarra; unter diesen ein drittes Schild, zu dessen Seite zwei Lorbeerzweige, in welchen ein dreitheiliges, gestieltes Kleeblatt zwischen drei Flügeln; muthmasslich das Wappen des Bürgermeisters, welches Wappen mit jenem der Familie Laverne übereinstimmt. Gek. Rand. Gr. 13.

Av. VT HOMO DIREXIT ❀ Innerhalb eines Linienrandes das Stadtwappen wie vorbeschrieben. Rev. VT SIMIA. DILEXIT ❀ In einem Linienkreise ein Affe in sitzender Stellung nach rechts gewandt und vor ihm in der Mitte: 1617 Gekerbte

Kreise. Gr. 12. (Fontenay S. 357 schreibt diesen Jeton dem Claude von La Ramisse, Bürgermeister von Auxonne zu.)

Avallon. 30682.

Av. Von rechts: SOCIETATIS VINCULUM HARMONIA (durchstoch. vierblättr. Ros.) Auf gekreuzten Lorbeerzweigen liegt eine Leier in Strahlen, welche oben mit einem Kopfe verziert ist und von welcher unten eine Blumenguirlande hängt. Rev. In einem Kranze von Lorbeerzweigen SOCIÉTÉ | MÉLOPHILE | D'AVALLON | 1787. Gekerbter Rand und randirt. Gl. Gr. (Ebendort.)

Avignon. 30683—85.

Mereau. Av. : CAPITVLV : ECCLESIE : AVENION Die Mutter Gottes im Kniestück mit dem Jesuskinde am Arme nach vorn über einem wachsenden Monde; beide mit Heiligenschein um den Kopf. Rev. : SALVE : SANCTA : CRVX : Innerhalb eines Linienkreises ein grosses Kreuz. Gr. 12. (Fontenay S. 190.)

Daselbst kommt auch eine Seite eines Mereau abgebildet vor, Umschrift von oben CAPIT: ECCLESIE : AVINION. In einem französischen Schilde ein aus Quadern gebauter runder Thurm. Gr. an 11.

Kapitelmünze von Messing. Av. CAPI: ECCLESIE: AVINI· Thurm mit vier Stockwerken. Rev. SALVE: SANCTA: CRVX. Kreuz. Wellenh. 1251. (Duby II 259.) Gr. 9.

Bar. 30686—91.

Av. IECT. DE. LA. CHAMBRE. DES. COMPTES. DE. BAR ✠ Im gewundenen Kreise ein gekröntes, französisches Schild mit dem Stadtwappen; im blauen Felde zwei goldene, auswärts gekrümmte Barben, welche von vier goldenen, unten zugespitzten Wiederkreuzchen begleitet sind. (Das Feld ist hier mit Wiederkreuzchen bestreut.) Rev. PLVS (Ros.) PENSER (Ros.) QVE (Ros.) DIRE (Patriarchenkreuz.) Im gewundenen Kreise drei gestielte Stiefmütterchen (Pensée), (2. 1.) Messing. Gr. 13.

Av. Aehnlich mit IECT. DE. LA. CHAMBRE. DE. VILLE. DE. BAR (Ros.) und neben dem Stadtwappen, welches hier richtig gezeichnet, getheilt 16—44 Gek. Rand. Messing. Gl. Gr. (Beide in der Samml. des Hrn. Dr. Freudenthal.)

Ein Stempel wie der letzte nur BAR ✠ und 16—50 (Fontenay S. 134.)

Av. Wie vorher. Rev. DE LINTEND ^{CE} DE. M^{R}. COLBERT. DE. S^{T} POE^{S} CONS^{R}. DESTAT ✠ Im gewundenen Kreise ein mit der Freiherrenkrone bedecktes französisches Schild, darin eine (blaue) aufgerichtete Schlange rechtshin (im goldenen Felde, in Form der mail. Schlange). Zur Seite 16—58 Gekerbter Rand. Gr. über 13.

Wie Nr. 30687 mit einer Ros. nach DIRE und mit 16—82 Gl. Gr.

Ebenso mit 17—00 und mit IETS. statt IECT. (In Gaillard's Cat. Jetons de la chambre de ville de Bar. en 1680 et 1690.)

Bayeux. 30692.

Av. MONETA : CAPITVLI ·:✠·:✠ Innerhalb eines Perlenkreises ein Doppeladler mit ausgebreiteten Flügeln. Rev. B (nach aussen) AIOCENSIS nach innen ✠ :· ✠ :· ✠ Innerhalb eines Perlenkreises die Zahl I gegen oben und unten zu breiter und in der Mitte ein kleiner Querstrich. Gr. 10. (Fontenay S. 190. Siehe auch Nr. 3425. I. dieses Werkes.)

Bayonne. 30693.

Av. Von rechts: Ros. DISTRICT DE ,BAYONNE Ros. In der Mitte in einem Eichenkranze LA LOI | ET | LE ROI Am Rande ein Perlen- und Linienkreis. Rev. An der Seite links und rechts eine halbkreisförmige Linieneinfassung, Klammern ähnlich, zwischen welchen acht Lilien 2 | 6. und darunter ein Dreimaster mit der französischen Flagge im Meere. Der Rand glatt. (Hennin Tafel 28 Nr. 293.) Gr. 13.

Beaune. 30694—95.

Av. ❀ DOMINE ❀ CO—NSERVA ❀ NOS ❀ Die Mutter Gottes mit dem Kinde am linken Arme und unten am Rande ein Theil der Erdkugel sichtbar. Rev. Am Rande vier bandförmige, durch Verzierungen rund abgetheilte Stellen, worin ❀ AQVA — RVM ❀ — ❀ VIVEN — TIVM ❀ Oben ein in Tücher gehüllter Kopf. In der Mitte ein aus Quadern erbauter Brunnen, auf welchem ein Wassereimer auf einer Seite; neben dem Brunnen: 15—73 und oberhalb je ein burgund. Zeichen (ein Feuereisen und ein Andreaskreuz.) Gr. über 13.

Av. AQVARVM ✱ VIVENTIVM ✱ PETRVS ✱ 1588 ✱ ✤ In der Mitte ein Perlenkreis, in welchem an den vier Seiten je eine fünfblättrige Ros. und in der Mitte ein runder Brunnen aus Quadern, neben welchen die vorigen zwei Zeichen. Rev. MV LIER ✱ AMICTA ✱ SOLE ✱ ET ✱ LVNA ✱ SVBEA · Innerhalb eines Perlenkreises, in welchem drei fünfblättrige Ros., die Mutter Gottes mit dem Kinde am rechten Arme auf einem halbmondähnlichen Gegenstande sitzend. Gl. Gr. (Beide Fontenay S. 250.)

30696—700.

Av. MAGISTRATVS· ET· COMMVNITAS· BELNEN, eine kleine Lilie. Innerhalb eines Perlenkreises (das Stadtwappen) die hl. Jungfrau mit Schein nach rechts im (rothen) Kleide und (blauen) Mantel, in der Rechten das Christuskind mit dem Scheine um den Kopf, welches in der Rechten eine Weinranke mit einer Traube hält. Rev. PRO REGE ET PRO GREGE dann eine Lilie, nach welcher, so wie nach diesen fünf Worten je eine fünfblättrige Ros. zwischen Doppelpunkten. In der Mitte innerhalb eines Perlenkreises im französischen Schilde drei Lilien. Gekerbter Rand. Gr. an 14. (Ebendort S. 359.)

Av. SANCTA· MARIA· PATRONA· BELN, eine kleine Lilie. Innerhalb eines Linienkreises die Jungfrau wie vorher, doch hat hier die Weinrebe zwei Trauben. Rev. Von rechts: LVDOVIC· LOPPIN · MAIOR· BELN· In einem von oben herabgetheilten Linienkreise rechts ein Baum mit Früchten, dessen Wurzeln sichtbar und links ein halbes Ankerkreuz (von Gold) im (blauen) Felde. Im Abschnitte unter einem Striche 1635 Gek. Rand. Gr. an 13. (Fontenay S. 360.)

Av. M^{E} EDME . FERRY . AVOCAT . MAIRE . DE . BEAVNE ❀ Innerhalb eines Perlenkreises die Jungfrau wie vorher. Rev. PRO . REGE . ET — PRO . GRE GE 1651 Innerhalb eines Linienkreises unter einer grossen Krone die mit zwei Ordensketten umhängten Wappenschilde von Frankreich und Navarra, unter welchen ein kleines L zwischen Zweigchen. Gek. Kr. Gr. 13.

Av. Aehnlich, nur DE ohne Punkt. Rev. AMORE . CIVIVM . INVITIS . CON FIRMOR . 1651 ✤ In einem Linienkreise eine Kartouche, in welcher ein ovales, unbehelmtes Schild mit drei Aehren, auf welchen ein Sichelmond und zur Seite zwei Sterne. Gl. Rand. Gr. über 12. (Beide ebendort.)

Av. Von rechts: STEPH . DE . LAMARE . — MAIOR . BELNENSIS . Ein französisches Schild mit Helm, ober welchem ein Hundskopf sichtbar und mit Helmdecken, worin ein Sparren und drei Muscheln (Siehe Nr. 30708), unten 1654 unter einem Querstriche. Gek. Rand. Gr. 13. (Fontenay S. 361, woselbst die Rückseite nicht beschrieben.)

30701—703.

Av. Von rechts: MAGISTRATVS . ET — COMMVNITAS . BELNEN . Die hl. Jungfrau mit dem Kinde am rechten Arme nach vorn gewandt. Rev. Von rechts: EX· NIHILO . NIHIL . FIT . Unter Helm und Decken ein französisches Schild, darin rechts ein Pflanzenschaft mit Blättern und traubenähnlichen Früchten auf einem Sichelmonde; links eine dreizüngige Flamme (?); unter der Abschnittsleiste 1658 Gek. Rand. Gr. 13. (In jenem Jahre war Phil. Parigot Bürgermeister.)

Ein zweiter Rev. hat von rechts: MAIOR. SVCCISA. RESVRGIT. Ein französisches Schild mit Helm und Decken und einer Lilie statt des Helmes. Im Felde oben eine Sonne und im untern Felde ein Weinstock mit mehreren Ranken auf einem Pfahle. Im Abschnitte 1660 Gl. Rand. Gl. Gr. (Beide in Fontenay S. 361.)

Av. MAGISTRAT. ET COMMVNIT. BELN. Lilie. Innerhalb eines Linienkreises die hl. Jungfrau wie vorher (die Weinranke zwei Trauben). Rev. IOANNES BERARDIER. MAIOR. BELNENSIS ❀ Ein Schild zwischen Helmdecken und ein Menschenkopf statt des Helmes. In einem Felde ein Querbalken von rechts, auf welchem ein Sichelmond und zwei Sterne; im zweiten ein Ankerkreuz, im dritten ein Bogen ohne Pfeile und im vierten ein Dolch ober einem Sichelmonde. Gr. über 12. (Joh. Ber. war 1669 und 1680 Bürgermeister.)

Beaune. 30704—6.

Av. LORENCHET. C. D. R. (Conseiller du roi) MAIRE. DE. BEAVNE. 1670 ✠ Im Kreise die nach rechtshin stehende Maria mit dem Jesuskinde auf dem rechten Arme, welches in der Rechten zwei Weintrauben mit Blättern hält, beide mit Schein um den Kopf. Rev. VBI. OCVLVS · IBI. AMOR ✠ Zwischen zusammengebundenen Lorbeerzweigen ein französisches Schild mit dem Familienwappen. Im (blauen) Felde eine (goldene) Binde; oben zwei (silberne) durchstochene sechsstrahlige Sterne, unten eine (silberne) rechtslaufende Katze mit vollem Gesichte. Gekerbter Rand. Messing. Gr. an 13.

Av. Von rechts: PET. TIXIER. REGI—A. — CONS. MAIOR. BELNÆ 1673 Die linkshin stehende Maria mit dem Kinde auf dem linken Arme, welches eine Weintraube mit Blättern in der Linken hält. Unter der Abschnittsleiste am Münzrande klein HERARD Rev. VNI. DISCORDIA. CONCORS. VOCE. DEVM (kleiner Schnörkel.) Unter Helm und Decken ein französisches Schild mit dem Familienwappen; (im blauen Felde) ein (goldenes) Kreuz, in dessen Winkeln im ersten und vierten Felde ein (silberner) fünfstrahliger Stern und im zweiten und dritten je ein (silbernes) Kleeblatt abwechselnd. Gekerbter Rand. Gr. 13. (Beide in der Sammlung des Herrn Dr. Freudenthal.)

Ein gleicher Stempel erscheint in Fontenay S. 363 mit 1675 angeführt.

Beaune. 30707—10.

Av. Von rechts: STEPHANVS. DE. LA. MARE. MAIOR. BELNENSIS Das behelmte Wappen ähnlich Nr. 30708. Im Abschnitte unter einer Leiste · 1676 · Rev. QVARTO. REPETIT · VT. AVVS. HONORES Lilie. In einem Linienkreise die heil. Jungfrau nach rechts wie vorher (die Rebe zwei Trauben.) Gekerbter Rand. Gr. über 12.

Av. Von rechts: · J · B · DELAMARE · EQUES · MAIOR · BELNENSIS. Auf einem Grasboden stehen zwei Jagdhunde mit Halsbändern und halten ein mit Helm und Decken geschmücktes französisches Schild, darin ein goldener, von drei silbernen Jakobsmuscheln begleiteter Sparren (im rothen Felde). Auf dem Helme ein Windhundskopf mit Halsband rechtshin; unten am Rande · 1677. Rev. Von rechts: PATER. MORIENDO. PATREM. ME. GENVIT. PATRIÆ. Die Jungfrau wie vorher. Gekerbter Rand. Gl. Gr.

Av. P. GILLET. MAIRE ET LIEUT. GEN. DE LA VILLE DE BEAVNE. ✱ In einem Linienkreise die Mutter Gottes nach vorn gewandt, mit dem Kinde am rechten Arme wie vorher; rechts zur Seite D. V. (Du Vivier.) Rev. Von rechts: VIGILANT ET TUTA QUIES. In einer Kartouche ein beinahe rundes Schild, auf welchem Helm und Helmdecken. Im Schilde, im obern (goldtingirten) Felde zwei Sterne, im untern (blau gestrichelten) Felde ein (goldener) Sparren, unter welchem ein Halbmond. Unter der Abschnittsleiste 1719. Gekerbter Rand. Gr. über 14.

In Fontenay S. 328 ist die eine Seite eines achteckigen Jetons abgebildet. Umschrift von rechts: J. FR. MAUFOUX MAIRE DE BEAUNE, ELU. In einer gekrönten Kartouche, an welcher ausserhalb Festons herabhängen ein längliches Schild, darin ein blaugestrichelter Sparren im silbernen Felde, ober welchem zwei Sterne und unterhalb ein Baum. Höhe über 15.

Mereaux. 30711—34.

Av. Auf einem mit zwei Kreuzstäben verzierten Chorstule alter Façon die heil. Jungfrau mit Schein um den Kopf sitzend und links auf dem Schosse das Kind Jesus haltend; zur Seite C—B (Capitulum Belnense). Im Rev. die Werthzahl XIIII An den Rändern ein Linien- und aussen ein Perlenkreis. Gr. an 11. (Abgebildet Fontenay S. 364.)

Av. Aehnlich; im Rev. VI An den Rändern hier ein Linien- und starker Strichelkreis auswärts. Gr. über 9. (In meiner Samml.)

Auch mit den Werthzahlen I, II, III, IIII, V, VII, VIII, IX—XIII, XV—XIX, XX—XXIII und XXV Gr. 16 und darüber. (Samml. des Hrn. Dr. Freudenthal.)

Nach Fontenay S. 365 wurden die Stempeln dieser Mereaux in Beaune aufgefunden und reichen die Werthzahlen auf denselben bis XX.

Belley. 30735.

Av. ECCLESIA. BELICENSIS. Innerhalb eines gewundenen Kreises eine Hand mit vorgestreckten drei ersten Fingern. Rev. S. IOANNES · BAPTISTA. In einem gleichen Kreise das Lamm nach links, neben demselben die Fahne. Gekerbter Rand. Gr. über 13. (Dicker Mereau abgebildet Fontenay S. 390, von welchem auch ein kleinerer Stempel existirt.) (Siehe Nr. 3426—28 dieses Werkes.)

Bergues St. Winoc. 30736.

Av. Von rechts: VRBS. ET. TERRITORIVM. BERGENSE. S. W. (Sancti Winoci.) Auf einer Abschnittsleiste ein zierliches gespaltenes Schild, rechts ein aufgerichteter Löwe rechtshin, links ein Querbalken nebst einem, mit einem gleichen Löwen belegten ledigen Vierung. Rev. PLVS (Ros.) PENSER (Ros.) QVE (Ros.) DIRE (Ros.) Im gewundenen Kreise drei gestielte Stiefmütterchen (2. 1.) Gekerbter Rand. Gr. über 13. (Sammlung des Hrn. Dr. Freudenthal.)

Besançon. 30737.

Bleymereau des Chapitre de Saint-Ferréol. Umschrift in unregelmässigen Buchstaben: S. FERREOLS. S. FERRATIVS. EVLS. BVRGVNDIE Innerhalb eines Linienkreises zwei Heilige neben einander, von denen jener links seinen Kopf in der Hand hält. Im Rev. am Rande ein breiter, gegitterter Kreis, an dessen innerer Seite ein Linienkreis, innerhalb dessen, bis an diesen Rand reichend, ein breites mit Linien eingefasstes Kreuz, dessen innere Fläche gleichfalls gegittert. In den vier Winkeln des Kreuzes je eine Rosette aus sieben Punkten. Gr. 15. (Abgebildet Fontenay S. 387.)

Es sollen nach Fontenay noch mehrere Mereaux von Besanson existiren, welche im Allgemeinen die Vorstellung wie jene im nachbeschriebenen Av. haben sollen; nämlich einen Vogel, welcher auf einem viel längern, schlangenähnlichen Gegenstande mit eingebogenen, Vogelköpfen ähnlichen Enden sitzt, im Texte philactère (Amulett) bezeichnet. Zur Seite dessen eine Hand (des hl. Stephan), und noch weiter links eine zweigähnliche Verzierung. Im Rev. die Werthzahl I zwischen palmzweigähnlichen Verzierungen. Am Rande ein Linienkreis. Gr. 11.

Weitere Jetone als im I. Bande S. 147 beschrieben, werden im Nachhange erscheinen.

Blois. 30738—39.

Av. HENRICVS. IIII. FRANC—ORVM. ET. NAVARÆ. REX. Die Wappen wie Nr. 30029, aber unten zwischen denselben ein kleines, gekröntes und mit zwei Lorbeerzweigen besteckles H Rev. Von rechts: POVR. LA. MAISON. COMMVNE. DE. BLOYS Zwischen zwei unten zusammengebundenen Lorbeerzweigen ein französisches Schild mit dem Stadtwappen ohne Farbentinktur; auf einem goldenen Felde auf schwarzem Boden ein schwarzes, aufgerichtetes Stachelschwein und ein schwarzer aufgerichteter Wolf halten zwischen sich ein blaues Schildchen mit einer goldenen Lilie in die Höhe. Perlenrand. Messing. Gr. 13. Selten. (Sammlung des Hrn. Dr. Freudenthal.)

Gaillard Nr. 475 erwähnt eines Jetons mit der gleichen Umschr., nur Bloys ·1630·

Bordeaux. 30740—42.

Jeton v. Jahre 1768. Av. COURTIERS ROYAUX DE BORDEAUX. Ein Segelschiff und unten die Jahrzahl. Rev. LUD. XV. REX — CHRISTIANISS. Brustbild von der rechten Seite. Gr. 13. (Wellenh. 1287 als Silberjeton.)

Desgleichen ohne Jahr. Av. Von rechts: MUNIFICENTIA — URBIS BURDIG. Gekr. Wappen. Rev. wie vorher. Nr. 1288.

Der letzte Avers ist in Fontenay S. 191 mit nachstehendem Wappen abgebildet: im obern Drittheil des Schildes drei Reihen Lilien 4, 5, 6, im untern ein Löwe in der Luft nach rechts ober einem fünfgiebeligen Gebäude, dem Stadthaus, welches von Wasser umflossen. Dieses Wappen, in einem ovalen Schilde, welches in einer oben gekrönten, zur Seite mit Palmzweigen besteckten Kartouche.

Ebendort S. 192 ist auch eine Seite eines zweiseitigen (?) Jetons abgebildet, welcher in der Mitte einen Sichelmond mit den Spitzen nach aufwärts und die Ueberschrift CRESCAM ET. LUCEBO. hat. Im Abschnitte unter einem Querstriche BURD. ACAD | NUMISMA Gek. Rand. Gr.

Bourbon Lancy. 30743.

Av. Von rechts: ANT^{VS} PH^{PVS} DE CHALLEMOVX. I^{VS} VICECO' MAIOR. BORBONI' Im Kreise unter der Freiherrenkrone ein kartouchirtes, ovales Schild mit drei (goldenen) Korngarben (2. 1.) im blauen Felde. Schildhalter sind zwei auf einem Abschnitte stehende römische Krieger mit Hellebarde. Rev. Von rechts: CERTA DU CUNT SIDERA. Ein nach links segelnder Dreimaster; ober welchem zwei Sterne in den Wolken. Unter der Abschnittsleiste am Rande 1707 Gek. Rand. Gr. über 14. (Samml. des Hrn. Dr. Freudenthal.)

Bourg. 30744.

Av· CAPITVLV' — BVRCI Der hl. Petrus mit den Schlüsseln in der Rechten und dem Buche in der Linken innerhalb eines Linienkreises, denselben oben überragend. Im Abschnitte unter einer Leiste 1648 Im Rev. die Mutter Gottes mit dem Kinde in der Rechten auf einem Sichelmonde innerhalb eines Linienkreises, von welchem nach aussen Flammen in Zungenform ausgehen. Gr. 12. Blei. (Mereau. Fontenay S. 391.)

Bourges. 30745—46.

Av. Die Wappen von Frankreich und Navarra wie Nr. 30738 mit einer Ros. nach der Umschrift und das kleine H ohne Lorbeerzweige. Rev. Von rechts: SVMMA — IMPERII· APVD· BI—TVRIGES· Auf einem Boden stehen ein Pilger und eine Pilgerin mit Stab und Tasche und halten ein französisches Schild mit dem Stadtwappen ohne Tinkturen; im blauen Felde drei silberne Schafe (2. 1.) rechtshin mit schwarzen Hörnern, rothen Halsbändern und goldenen Glöckchen. Ueber dem Schilde ein Lorbeerkranz; im Abschnitte ·1608· Gek. Rand. Messing. Gr. 13.

Av. Die Wappen und Umschrift wie Nr. 30631 mit einem Punkte statt der Ros. Rev. Von rechts: ·SVMMA· IMPERII· APVD· BITVRIGES Wie vorher, aber das Schild im untern Theile mit einer (rothen) gezähnten Einfassung und im (blauen) Haupte oberhalb drei (goldene) Lilien. Unter dem Boden ·1635· Gek. Rand. Gr. an 13. Kommt auch in Messing vor.

Mereaux. 30747—49.

Av. ECCLESIA · PA—TRIARCALIIS Der heil. Stephan mit Schein um den Kopf mit den Händen ein Kirchengebäude haltend. Zur Seite an der innern Umschrift ein Linien- und ein Perlenkreis. Rev. SANCTI ✠ STEPHANI ✠ BITVRIS ⁝ + Innerhalb gleicher Kreise X·X zwischen zwei Lilien. Gr. an 11. (Nach dem Texte TRIAR CHALIS)

Av. Das Brustbild des hl. Stephan nach vorn gewandt, zwischen zwei Lilien, unter demselben ⁘ V B ⁘ (urbs Bituris), ein zweiter Stempel mit Heiligenschein um den Kopf, zur Seite je zwei, jedoch kleinere Lilien und unterhalb BII zwischen zwei Lilien. Muthmasslich zu beiden ein Rev. abgebildet, worin die Werthzahl II · II mit Knoten in der Mitte der Schenkel. Am Rande eine bogige Einfassung mit den Spitzen nach innen, an welchen oben ober und unter der Werthzahl kleine Blümchen. Gr. an 12. (Alte Fontenay S. 193.)

Av. PALACII, ein Blümchen mit vier gestielten Blättern, BITVRIS, eine Ros. aus einem Doppelblatt. ✠ In der Mitte innerhalb eines Linienkreises zwischen einer bogigen Einfassung die Werthzahl VI Rev. CAPPELLA : STL SALVATORIS ✠ In einer bogigen Einfassung drei Lilien. Am Rande ein Perlenkreis. Gr. an 11. (Ebendort 194.)

Caen. 30750.

In Bretf. Nr. 40625 wird eines Kupferjetons vom Jahre 1615 mit dem Wappen des Hrn. von Rosevignan und einem Eber, dann der Umschrift Non ferit nisi etc. ohne nähere Beschreibung erwähnt.

Cambrai. 30751—52.

Hieher gehören ausser den im ersten Bande S. 153 beschriebenen noch die bei Font. S. 196 abgebildeten zwei Mereau:

Av. ✱ ✠ ✱ MONETA ✱ CAPITVLI Innerhalb eines Perlenkreises ein nach vorn gewandtes Brustbild mit einer mitraähnlichen Kopfbedeckung. Rev. ✠ AVE MARIA GRATIA PLENA In der Mitte ein Kreuz mit je drei Punkten in jedem Winkel; um dasselbe innerhalb zweier Kreise aus Perlen CA—ME—RA—CV Gek. Rand. Gr. an 11.

Av. MONETA CAPITVLI ✠ Innerhalb eines Linienkreises ein Brustbild nach vorn gewandt. Rev. Ein bis an den Rand reichendes Kreuz, zwischen welchem innerhalb zweier Linienkreise die Umschrift CAM—ERA—CEN—SIS In den Winkeln des Kreuzes je drei Punkte und im vierten oben links ein kleiner Adler mit ausgebreiteten Flügeln. Gr. an 9.

Chalons. 30753.

Av. SOCIÉTÉ | D'AGRICULTURE | COMMERCE | SCIENCES ET ARTS | DU DEPARTEMENT | DE LA MARNE | ETABLIE | AN VI. Rev. Zwischen zwei unten gebundenen Lorbeerzweigen UTILITÉ | eine kleine Biene | PUBLIQUE An den Rändern Kreise von ovalen Perlen. Gr. 13. (Hennin, Taf. 87, 865.)

Diese Ackerbaugesellschaft hat sich am 21. Sept. 1798 in Chal. konstituirt. Dieser Jeton diente als Legimat. Zeichen, später auch zu Preisen verwendet.

Chalon-sur-Saone. 30754.

Fontenay hat S. 365 einen bischöflichen Jeton, ohne Bezeichnung des Namens des Bischofes abgebildet. Derselbe hat im Av. die Umschrift von rechts: STIMVLANT.

VT. SEMPER. ADORES Unter einer Krone und einem Hute mit vielen Quasten ein vierfeldiges Wappen, darin im ersten und vierten Schilde drei Reihen Sterne je zu drei; im zweiten und dritten eine langgestielte Lilie zwischen vielen andern nicht gestielten; unter dem Schilde zwei gekreuzte Palmzweige, tiefer unter einer Querleiste • 1643. Rev. Von rechts: MENSVRAM. — NOMINIS. IMPLET Am Boden ein Geistlicher im Ornat, in der Rechten einen Palmzweig haltend, neben welchem oben ein Stern; zur Seite rechts SANCTVS links • VINCENTIVS Gekerbter Rand. Gr. 13.

Chartres. 30755—56.

Av. PRÆTOR. ET. ÆDILES. CARNOTENSES (Ros.) In einem kartouchirten runden Schilde das Stadtwappen; (im rothen Felde) drei (silberne) Kugeln (2. 1.) mit dem Wappen der Provinz, ein gestürztes L, von welchem zwei Schlingen hängen, mit einem Punkte oben, in der Mitte und unten, dann links neben dem t? eine Lilie (alles schwarz); im (blauen) Schildeshaupte drei goldene Lilien. Rev. Von rechts: GLORI OSA. DICTA. SVNT. DE• TE. CIVITAS. Die Ansicht der Stadt mit mehreren Thürmen, in der Mitte eine grosse Kathedrale, nach vorn Stadtmauern, mit Wasser umflossen. Im Abschnitte •1689• Gekerbter Rand. Gr. an 13.

Av. MRE JA. NICOLE. PRET LT GNAL. MAIRE. DE. CHARTRES. Ein behelmtes Wappen, darin ein aufgerichteter Sparren im blauen Felde mit drei Adlerköpfen. Im Abschnitte 1697 Rev. In einem Eichenkranze und zierlicher Einfassung ein rundes Schild, darin im rothen Felde drei Zirkeln mit chinesischem Charakter; im obern Theile drei Lilien im blauen Felde, vermuthlich das Stadtwappen. (So bei Appel IV. 666.)

Chatillon. 30757.

Av. Zwei geflügelte Engel halten eine gekrönte Kartouche mit dem ovalen Wappen, darin ein rother Querbalken mit drei goldenen Streifen von oben rechts nach links. Die Schildhalter stehen auf Wolken, auf welchen links klein DV Rev. Von rechts: VOS ME DUCTORE BEABIT. Im Hintergrunde eine Stadt, ober welcher rechts an der Seite die Sonne aufgeht. Im Vordergrunde Grasboden, auf welchem D V. Unter einer Leiste 1719. Gekerbter Rand. Im Av. noch ein Linienkreis. Gr. 14.

Clermont. 30758.

Umschrift im Av. und Rev. am Rande zwischen Linienkreisen von rechts: ✠ SAINT ✠ GENES Im Av. der Heilige im Ornate mit einer Mitra, mit zum Segen emporgehobener Rechten, und einem Patriarchalkreuz in der Linken. Im Rev. ein Kirchengebäude, unter welchem 1656 Gr. über 12. (Abgebildet Font. S. 198.)

Cluny. 30759.

Fontenay S. 366 hat einen Mereau abgebildet, den er hieher gehörig hält, da er in Cluny gefunden worden. Derselbe ist ohne Umschrift, sehr alter Form und hat auf einer Seite einen Schlüssel und ein unförmliches Schwert, mit der Spitze nach oben, unten in ein Ringel endend. Im Rev. ein Bischofsstab. Am Rande im Av. ein einfacher, im Rev. ein doppelter Perlenkreis. Gr. 11.

Dijon. Mereaux. 30760—62.

Av. NNGRGLLVS: ✱ ✱ ✱ ✱ ✱ : GAPGLLG Innerhalb eines Linienkreises eine Kapelle am Boden (la Sainte-Chapelle de Dijon) mit einem bis an den Münzrand reichenden Thürmchen. Rev. DVGVNN ✱ BVRGVNDIG: DIVIONG, und eine kleine Lilie. In der Mitte innerhalb eines Linien- und innern Sternenkreises die Werthzahl II und dazwischen vier Sterne über einander. Gr. 11. (Abgeb. Fontenay S. 346.)

Av. Von rechts: IVSTVS• VT• PALMA • FLORЕBIT und zwei kleine Lilien. Der König mit der Krone am Haupte in einem mit Lilien besetzten Mantel, in der

Rechten ein Schwert haltend. Im Abschnitte •1579• Rev. INSIGNIA • SACRI • SACELLI • REGII • DIVIONEN und eine kleine Lilie. In der Mitte ein französisches Schild, darin in der Mitte aufrecht ein Palmzweig und zur Seite rechts vier, links drei mir unbekannte Figuren, Epauletten ähnlich. Um das Schild zwei Lorbeerzweige, worin rechts eine Hand, links eine Vase angebracht. Gek. Rand. Gr. 12. (Ebendort S. 347.)

Fontenay hat S. 348 noch eine Seite eines (zweiseitigen?) Mereau abgebildet, worauf die Umschrift ✠ HIC ❁ EST ❁ DISCIPVLVS ❁ DILECTVS innerhalb eines Linienkreises der heil. Johann Evangelist in ganzer Gestalt nach vorn, in der Linken eine Schale, in welcher eine Schlange sichtbar. Zur Seite je eine Lilie. Gr. 12.

30763—65.

Jetons. a. Parlament de Dijon.

Av. Von rechts: LVDOVICVS. XIIII — D. G. FR. ET. NAV. REX Der König im Ornat mit Krone und einem mit Lilien bestreuten Mantel, nach vorn gewandt, mit Scepter und main de just. in den Händen. Im Abschnitte •1645• Rev. Von rechts: PER. ME. REGES. — REGNANT. Die Justitia mit dem Schwerte in der Rechten und der Wage in der Linken, nach vorn gewandt; unten am Rande auf einem Abschnitte nach aussen: PRO. PARLAMENTO | •DIVIONENSI• Gekerbter Rand. Gr. an 13. (Fontenay S. 331.)

Fontenay hat Seite 332, jedoch nur eine Seite folgenden Jetons abgebildet. Umschrift M^RE CLAVDE. FREMIOT. CHE^R COE^R DE^T^A PRE^NT AV. PARL^NT DE. DI^O^N• Unter Helm und Decken ein französisches Schild, worin am obern Rande pararell mit der Schildesleiste ein Abschnitt (roth); darunter im blauen Felde drei (gold.) Sterne und tiefer drei (silb.) Vögel, nach rechts gewandt. Ober dem Helme eine Präsidentenmütze, ober welcher ein Vogel. Gekerbter Rand. Gr. über 12.

Av. Eine weibliche Gestalt, muthmasslich die Justitia, sitzend nach rechts gewandt, in der vorgestreckten Rechten die Waage, in der Linken das Faszesbeil aufrecht auf einem Steine gestützt. Rechts von ihr am Rande ORBI links PRÆPONDERAT, und an dem letztern Worte nach innen ein gewundener Halbkreis. Oben am Rande eine Draperie; unten im Abschnitte • SENAT. DIVION. Rev. Von rechts: LVDOVICVS. MAGNVS. FR. ET NAVAR. REX. Innerhalb eines gewundenen Kreises ein römischer Krieger rechts neben einem Tische sitzend, nach links gewandt; auf dem Tische eine Krone, unten unter einer Leiste • 1673 • Perlenkreis. Gr. 15. (Abgebildet bei Font. S. 332 mit der Bemerkung, dass der Jeton nach Grösse und Typus von fremder Präge zu sein scheine.

30766.

Av. Von rechts: ELLE. RECOIT. POVR. DONNER Innerhalb eines unten unterbrochenen Perlenkreises rechts oben die Sonne, links Wolken ober einer hügeligen Landschaft, auf welcher mehrere Bäume. Im Abschnitte HVISSIERS. DV | PARLEM^T Rev. Von rechts: EXPERTVS. FIDELEM. IVPITER. Innerhalb eines Perlenkreises der Adler nach links gerichtet, zurückblickend, und in den Waffen den Donnerkeil. Im Abschnitte unter einem Striche • 1653 • Gekerbter Rand. Gr. 12½. (Font. S. 333.)

30767—70.

Jetone der Vicomtes-maieur's von 1509—1787.

Av. PRO : CAMERA : COMPOTORV̄ : VILLE. Innerhalb eines Linienkreises das unbehelmte Wappen, darin im obern Theile ein quergetheiltes Schild mit dem Neu- und Alt-Burgundischen Wappen, die untere Hälfte (nicht umgirt) roth. Rev. IPSI. PERIbVMT:TV:PERMANEBIS dahinter oben, sowie im Averse ein Strahlen(?)Büschel. In der Mitte innerhalb eines Linienkreises ein Stachelschwein nach rechts, und darunter C | •M• V• VIIII Gekerbter Rand. Gr. an 13. (Fontenay S. 342.)

Av. PRO ⁝ GEZTIBVS ⁝ COMPOTORVM 1526 (Lil.) Im gekerbten und feinen Linienkreise unter der Krone ein zierliches gothisches F zwischen zwei gekrönten Lilien. Rev. DOMIZI (Lil.) KOSTRI (Lil.) REGIS (Lil.) DIVIOZI ⁝ (Lil.) ⁝ In einem gekerbten Kreise der gekrönte Salamander in Flammen. Gr. an 13. Selten. (Samml. des Hrn. Dr. Freudenthal.)

Av. PRO + CAMERA + COMPOTR + VILLE + Innerhalb eines Perlenkreises das vorige Stadtwappen, neben dem Schilde einige Blätter hervorragend. Rev. SOLI DEO GLORIA 1540 und eine kleine Lilie. Dazwischen je ein dreitheiliges Kleeblatt. Unter einer Krone der Buchstabe F. (François I.) blumig verziert, zwischen zwei gekrönten Lilien. Am Rande Perlenkreise. Gr. 13. (Font. S. 342.)

Av. Aehnlich, nur der Schnitt etwas vollendeter. Rev. An einem Bande, dessen beide Enden oben eingerollt, .TVNC ❀ SATIABOR ❀ 1553. . In einem unbehelmten Schilde am Boden ein Schaf (Silber) nach rechts im blauen Felde und ober demselben ein Stern. Ober dem Schilde eine Verzierung zwischen Zweigen. Gekerbter Rand. Gr. 12. (Ebendort.)

Im J. 1540 war in der ersten Hälfte Jakob Moisson, in der zweiten Johann von Marlet, im J. 1553 Wilhelm Berbisey Bürgermeister.

30771.

Av. Innerhalb einer Kartouche ein ovales Schild mit dem Stadtwappen; neben der Kartouche B—M; das Ganze eingefasst von einem Perlenkreise zwischen Linienkreisen. Am Rande ein Kreis von 21 nach innen gekehrten Köpfen. (le maire et les vingt échevins.) Im Rev. ein an den Enden eingerolltes Band am Rande, welches den obern Theil freilässt, auf diesem Bande: NON. VNVS. SVFFICIT. ORBIS Von der linken Seite reicht eine Hand, die Erdkugel haltend gegen die Mitte der Münze; oben am Rande 15 59 und zur Seite je eine Lilie. Gegen rechts herab in der Fläche unter einer Krone eine Verzierung den Buchstaben F bildend. Gekerbter Rand. Grösse 14. (Benigne Martin 1557—60.) (Ebendort S. 343.)

30772.

Av. PRO REDD RATION, dahinter je eine Lilie zwischen zwei Punkten, VRB.*. Innerhalb eines Perlenkreises in einer Kartouche, neben welcher I—M das Stadtwappen in einem ovalen Schilde. Rev. PARTA ❀ LABORE ❀ QVIES ❀ . 1500 ❀ und eine kleine Lilie. Zwischen zwei Linienkreisen ein Perlenkreis; in der Mitte ein mehrfach ausgeschnittenes unten verziertes Schild mit zwei gestielten Blumen an den Seiten. In demselben im (blauen) Felde ein gold. Sparren, in welchem oben auf einer kleinen (schwarzen) Scheibe ein (gold.) Kreuzchen; ober dem Sparren zwei fünfblättr. Blumen, unten ein fünfspitziger Stern (von Gold). Gr. 13. (Irrig 1500 statt 1560. Jean Maillard.) (Ebendort S. 344.)

30773—74.

Av. DONVM + MAIORIS + MILLIERE . ❀ In einem Linienkreise das Stadtwappen in einem mehrfach ausgeschweiften Schilde. Rev. Am Rande ein Band mit PAX (Ros.) ET (Ros.) SANITAS (Ros.) 1571 Innerhalb einer Kartouche, ober welcher ein Kopf, ein ovales Schild, darin drei Stengel (2. 1.) der Hirschpflanze. Gek. Rand. Gr. 13. Wilhelm Millière. (Ebendort.)

Av. G. ROYHIER. VICOMTE. MAIEVR. DE DIION : ❀ : Innerhalb eines Linienkreises ein mehrfach ausgeschnittenes Schild, an dessen unterem Theile Lorbeerzweige. Im Schilde ein Andreaskreuz mit einem Sterne im obern Winkel. Rev. Von rechts: IVSTITIAE. COMES. MAGNANIMITAS. Das Stadtwappen im mehrfach ausgeschnittenen Schilde innerhalb eines Linienkreises, welcher unten von zwei überliegenden bis zur Schildeshälfte hinaufreichenden Lorbeerzweigen unterbrochen wird. Unten am Rande 1584 Gek. Rand. Gr. über 13. (Beide ebendort.) Wilhelm Royhier 1581—87.

30775—77.

Av. B. FREMIOT. C. DESTAT. PA. LA. C. V. MA. DE. DIION (Ros.) Unter einer grossen Krone das Stadtwappen im französischen Schilde, neben welchem zwei unten gekreuzte Lorbeerzweige. Rev. Von rechts: .SIC. VIRTVS. SVPER. ASTRA. VEHIT. und im Abschnitte unter einem Striche ·1597· Ein behelmtes Wappen mit der gewöhnlichen Verzierung, worin obenan ein Querstrich und im untern Felde drei Vögelrumpfe nach rechts (2. 1.) und ober jedem derselben ein Stern. Gek. Rand. Gr. 13. (Ebendort S: 345.)

Jeton. Jacquinot (Jehon Filz Viconte Mayeur). Gekr. Wappen von Dijon zwischen Lorbeerzweigen. Rev. + DIEV * SOIT * MA * GVIDE ·1600· Familienwappen. Gr. 12. (Wellenh. 13969.)

Av. ·I· PERROT. VICONTE. MAI. DE. DIION· Das gekr. Stadtwappen zwischen Lorbeerzweigen wie zuvor. Rev. ❀.TELLE ❀ EST ❀ MA ❀ FOE · ❀· 1606· Zwischen zwei oben und unten gebundenen Lorbeerzweigen ein glattes französisches Schild, worin im obern schmalen Felde ein Tournierkragen (?); im untern breiten zwei Felsen neben einander. Gek. Rand. Gr. 13. (Tafel 68.)

30778—79.

Av. I. DE. FRASANS. ADVO. AV. PAR. (lement) D. B. (ourgogne) CO. AV. GOV. D. M (Ros.) Unter der Königskrone zwischen unten zusammengebundenen Lorbeerzweigen ein quergetheiltes französisches Schild mit dem Stadtwappen. Rev. Von rechts: ·DORMIT· VNVS· VIGILIT· ALTER· Ein Zinnenthurm, neben welchem auf den Seiten je ein schlafender Hund; im Vordergrunde zwei gegen einander gestellte Gänse mit gehobenen Flügeln. Im Abschnitte ·1608· Gek. Rand. Mess. Gr. an 13.

In Breifeld's Kataloge Nr. 41. 254 wird eines Jetons vom Jahre 1609 mit dem Wappen und drei Figuren, dann der Aufschrift Galliarum securitas erwähnt.

30780—83.

Av. N. HVMBERT. C. D. ROY. M. D. (maitre des) CONT. V. (icomte) MA. (jeur) D. DIION Das gekr. Stadtwappen wie vorher. Rev. Von rechts: ·Ros.· MENS· OMNIBVS. VNA. EST. (Ros.) Zwischen oben und unten gebundenen Lorbeerzweigen ein französisches Schild mit zwei gegen einander gestellten, in einem Kopfe vereinigten Löwen. Im Abschnitte ·1611· Gek. Rand. Messing. Gr. an 13. (Samml. des Hrn. Dr. Freudenthal.)

Av. I· BOSSVET. C. (onseiller) EN. PAR. VIC. MAIEVR. DE. DIION ❀ Das gekrönte Stadtwappen zwischen Zweigen wie vorher. Rev. REBVS. INEST. VELVT. ORBIS. 1614. Unter Helm und Decken im französischen Schilde und (blauen) Felde drei (goldene) Räder (2. 1.). Gek. Rand. Messing. Gl. Gr.

Av. ESME. IOLY. CON. M^{E} (maitre) D. COMPTES. VICONTE.·MAIEVR. D. DIION (Ros.) Das Stadtwappen wie vorher. Rev. SICVT. LILIVM. INTER. SPINAS. 1615. Unter Helm und Decken ein französisches Schild, darin auf Grasboden ein Lilienschaft mit drei Blumen. Desgl. Gl. Gr. Messing. (Samml. des Hrn. Dr. Freudenthal.)

Im Breifeld's Kataloge Nr. 41255 wird auch eines Jetons des Jacq. Venot vom Jahre 1619 mit dem Wappen und der Umschrift „Illustrat nec peredit" ohne nähere Beschreibung erwähnt.

30784—86.

Av. I. TISSERAND. C. D. R. (Conseiller du Roi) LIEVT. (enant) EN. LA CHANC. (ellerie) VIC. M. DE. DIION (Ros.) Das Wappen wie vorher. Rev. QVÆ. PONDERA. SVSTINET. ÆQVAT. 1623. Unter Helm und Decken im französischen Schilde ein Sparren, unter welchem eine Jakobsmuschel. Gek. Rand. Gr. an 13. Mess.

Av. Ebenso. Rev. QVI. SVA. METITVR. PONDERA. FERRE. POTEST. 1624. Im Kreise das vorstehende Wappen. Desgl. Gl. Gr.

Av. E. HVMBERT. C. D. ROY. CON. G. D. T. (Conseiller Général du Trésor) EN. B. (ourgogne) V. MA. D. DIION (Kreuzros.) Wappen wie vorher. Rev. Von rechts: SATIS. EST. PROSTRASSE. LEONI Unter Helm und Decken das Schild mit dem Löwen wie Nr. 30780 und unten zwischen denselben ein fünfspitziger Stern. Unter dem Schilde am Rande •1627• Messing. Gr. über 12. (Alle drei in der Samml. des Hrn. Dr. Freudenthal.)

30787—89.

Av. P. TERRION. CON. ET. PR. (ocureur) DV. ROY. V. MAIEVR. DE. DIION. Das vorige Wappen. Rev. ARBITRIO. REGIS. PATRVM. PLEBISQVE. 1630. Unter Helm und Decken ein quergetheiltes französisches Schild; oben zwischen zwei Sternen ein aufgerichteter Löwe rechtshin mit einem Andreaskreuze in den Vorderpranken; unten ein Sparren, unter welchem ein Schaft mit drei Blumen. Auf dem Helme ein Löwenkopf rechtshin. Gek. Rand. Messing. Gr. an 13.

Av. I. MOREAV. ADV. (ocat) AV. PARL. (ement) VIC. MAIEVR. DE. LA. V. (ille) DE. DIION. Das vorige Stadtwappen. Rev. Von rechts: .TVRBANT. SED. — EXTOLLVNT. Im Kreise ein rechtssegelnder Dreimaster im Meere, gegen welchen zwei Köpfe blasen; in demselben sitzt ein Mann und schaut nach einer oben links strahlenden Rundung mit den französischen Lilien. Von dem Hauptmaste weht eine Flagge mit der Innschrift: HOC. SIDERE. TVTVS. Im Abschnitte ·1637· Gek. Rand. Gr. über 12. Messing. (Beide in der Samml. des Hrn. Dr. Freudenthal.)

Wellenheims Nr. 14329 erwähnt eines Jetons mit ADV. AV. PARL. COM. AV. MAG. DE. LA. u. s. w. und im Rev. QUID. TIMES. AVTHORE. BONO. Ein schreitender Krieger; im Abschnitte 1636 Gr. 13.

30790—92.

Av. IACQ. DE. FRASANS. ESC. C. D. ROY. VIC. MAIEVR. D. DIION Das gekrönte Stadtwappen. Rev. PROBAT. ACTA. PRIORA. TER. REPETITVS. HONOS. 1638 Im behelmten französischen Schilde ein Hirsch nach rechts, und auf dem Helme ein Hirschkopf rechtshin. Gekerbter Rand. Gr. an 13. Messing.

Av. • IAC. DE. FRASANS. VRB. DIVION. VIC. MAIOR. SEPTIES Wie vorher. Rev. Von rechts: ETIAM. IN. SEPTIMO. NON — LICVIT. QVIESCERE Im französischen behelmten Schilde das letzte Reverswappen und unter dem Schilde am Rande • 1639. Gl. Rand. Gl. Gr. Messing.

Av. RENE. PERRET. CON^{ER} D. ROY. AV. PARLMENT. (sic!) V. MA. DE. DIION Im behelmten französischen Schilde eine Binde, über welcher zwei fünfstrahlige Sterne, und darunter ein sechshügeliger Berg. Auf dem Helme ein gleicher Stern. Rev. Von rechts: NÁTVS. SENATVI — RENATVS. VRBI Das Stadtwappen wie vorher, unter der Abschnittsleiste am Rande • 1640. Gekerbter Rand. Gl. Gr. Messing. (Beide in der Sammlung des Hrn. Dr. Freudenthal.)

30793—95.

Av. • IA • SOIROT. VICOMTE. MAIEVR. DE. DIION. Das Stadtwappen wie früher zwischen Zweigen. Rev. Von rechts: • NVLLI. PRODESSE. RECVSAT. Im französischen behelmten Schilde eine strahlende Sonne ober drei Kornähren, von denen die mittlere etwas tiefer gestellt ist. Auf dem nach rechts gestelltem Helme drei kleine Straussfedern. Am Rande unter einer Abschnittsleiste • 1645. Gekerbter Rand. Gr. 13. Kupfer.

Av. Ebenso. Rev. Von rechts: • INFRA • IDEM • SVPRAQVE. MANET Dasselbe Wappen, an welchem unten C—M und die Jahrzahl • 1646 • Desgl. Gr. an 13.

Av. CHA • EMA • DE • MONGEY. C. (onseiller) EN. PARL. VIC. MAIEVR DE. DIION. Das Wappen zwischen den Zweigen und unter den Stielen klein 1649

Rev. (Ros.) NVLLA (Ros.) PERIT (Ros.) VITÆ (Ros.) PARS (Ros.) Im behelmten französischen Schilde ein (gold.) rechter Schrägbalken (im blauen Felde). Auf dem Helme ein Vogelkopf rechtshin. Gekerbter Rand. Messing. Gl. Gr.

30796—99.

Av. MARC. ANT. MILLOTET. CON. DEST.(at) ADV. GEN. V. M. D. DIION (punkt. Ros.) Das Stadtwappen wie früher. Rev. ∘SCOPVLVS∘ PYRATARVM∘1651∘ (Schnörkel). Im Kreise ein auf einem Felsen im Meere stehender Gewappneter hält in der erhobenen Rechten das Schwert, in der Linken vor sich ein Schild, darin ein behelmtes span. Schild mit einem Andreaskreuze, über welchem ein Kreuzchen. Zu beiden Seiten des Felsens ein theilweise sichtbares Schiff mit Mannschaft; im Vordergrunde zwei ertrinkende Personen. Strichelrand. Gelbes Kupfer. Gr. 13.

Av. wie vorher mit ADV. G. VIC. MAIEVR. D. DIION. Rev. Von rechts: • LIBERTATEMQVE (Ros.) TVERI (Ros.) AVSVS (Ros.) In einem behelmten französischen Schilde ein Andreaskreuz, über welchem ein kleines Krückenkreuz. Auf dem Helme ein wachsender Schwan rechtshin; unter der Abschnittsleiste am Rande • 1654. Gekerbter Rand. Gr. über 12. (Beide in der Samml. des Hrn. Dr. Freudenthal.)

Av. FR. MALETESTE. ADV. EN PARL. VIC. MAIEVR. DE. DIION Das gekr. Stadtwappen zwischen Zweigen. Rev. VICIT ❀ AMOR ❀ PATRIÆ ❀ 1652 ❀ Im behelmten Wappen in der Mitte ein breiter Querbalken, im obern Felde eine Lilie, im untern ein Sichelmond. Gekerbter Rand. Gr. 13.

Jeton des • IA. SOIROT. wie Nr. 30793, aber die Reversumschrift von rechts: QVÆRVNT (Ros.) POST (Ros.) NVBILA Ros. wie zuletzt SOLEM und im Abschnitte • 1654 • Gek. Rand. Grösse 13.

30800—1.

Av. IEAN. SIREDEY. CON. DV. ROY. VIC. MAIEVR. DE. DIION Wie vorher. Rev. ACRI. POTIOR. PRVDENTIA. DEXTRA. 1656 Im behelmten französ. Schilde im obern schmalen Felde drei fünfblättrige Ros., im untern breiten ein nach rechts schreitendes Einhorn; dessen Kopf sich oben auf dem nach rechts gestellten Helme wiederholt. Gekerbter Rand. Gr. an 13.

Av. P. (ierre) COMEAV. CON. DV. ROY. LIEVT. GNAL. CRIM. (incl.) V. M. D. DIION. Wie vorher. Rev. Von rechts: • SICVT. AQVA—Ros. EFFVSVS. SVM. Im gleichen Schilde ein (goldener) Querbalken, darüber zwei, unterhalb ein goldener Komet mit kleinem silbernem Schweife im blauen Felde. Auf dem Helme derselbe Komet. Im Abschnitte • 1658 • Gekerbter Rand. Gr. über 12.

30802—5.

Av. H. DE. LA. CROIX. C. DV. ROY. TR PR DES. CS DE. LA. CR VIC MAI. D. DIION. Wie vorher. Rev. Von rechts: ✱ STRAVIT ✱ STRATISQVE ✱ PE PERCIT ✱ Im gleichen Schilde ein leeres Mittelschild, ferner im ersten und vierten Felde ein Maltheserkreuzchen, im zweiten und dritten ein gekrönter aufgerichteter Löwe; auf dem Helme drei Pflanzen. Unter der Abschnittsleiste 1660 Gestricheiter Rand. Gr. an 13.

Av. H. DE. LA. CROIX. CR D. R. TR DE. L. C. VIC. MAI. DE. DIION. Wie vorher. Rev. wie vorher vom J. 1661. mit der Umschrift • IMPROBOS. REPROBAT. PROBOS. CRVX. PROBAT. Strichelrand. Gr. 12. (Letztere in der Sammlung des Hrn. Dr. Freudenthal.)

Av. IACQ. DE. FRASANS. ESCVYER. VIC. MAIEVR. DE. DIION. VIII Wie vorher. Rev. Von rechts. IVVENISQVE. SENEXQVE. TVETVR. Das behelmte Wappen mit dem Hirschen wie Nr. 30790 und unten zur Seite 16—62 Strichelrand. Gr. an 13.

Av. P. GVILLAVME. ADV. EN. PARL. VIC. MAIEVR. DE. DIION Wie vorher. Rev. Von rechts: TVTAM. TE. LITTORE. SISTAM. 1663. Im behelmten Schilde ein (goldenes) schwebendes Krückenkreuz zwischen zwei (goldenen) überlegten Palmzweigen (im blauen Felde). Gek. Rand. Gl. Gr.

30806—7.

Av. BENIG. BOVLIER. CON. DV. ROY. VIC. MAI. DE. DIION Wie vorher. Rev. Von rechts: QVID. PATRIÆ. NON. AVDET. AMOR. Im Kreise der auf einem Grasboden stehende Amor von vorn mit einem Köcher an der Seite hält in der Rechten das Modell einer Festung und stützt die Linke auf ein kartouchirtes spanisches Schild mit Helm und Decken, darin ein Querbalken, über demselben zwei, unter demselben eine Kugel; auf dem Helme zwei auswärts gestellte Vogelsköpfe. Rechts am Boden der Bogen; im Abschnitte am Rande ·1665· Desgl. Gl. Gr.

Av. Wie vorher mit einem Punkte vor und nach der Umschrift. Rev. Von rechts: (Durschstoch. Ros.) AMOR (Desgl.) MEVS (Ros.) PONDVS (Ros.) MEVM (Ros.) Im Kreise eine Hand von oben links aus den Wolken hält eine Wage, in deren rechten herabschlagenden Schale ein Herz, in der linken Gewichte. Im Abschnitte ·1666· Desgl. Gl. Gr. (Die letzten drei in der Samml. des Hrn. Dr. Freudenthal.)

30808—10.

Av. IEAN. IOLY CR· DV ROY MRE· DES COMT. VIC. MAI. DE DIION Wie vorher. Rev. Von rechts: AVXIT. VIRTVTE. DECOREM Zwei auf einem Boden stehende Greife halten ein behelmtes französisches Schild, worin ein nach rechts schreitender Leopard; auf dem Helme ein wachsender Leopard nach rechts. Im Abschnitte am Rande ·1667· Gek. Rand. Gr. 13.

Av. Von rechts: B. P. BAVDINOT. SGR DE. SELORRE. CR A. V. PARL. Zwei auf einem Boden stehende Windhunde halten ein behelmtes Wappen, darin drei (goldene) Querbalken und ober denselben drei Sichelmonde nach oben. Auf dem Helme ein Wirdhundskopf nach rechtshin. Rev. Von rechts: VICOMTE. MAIEVR. DE—LA ·VILLE. DE. DIION Im gekrönten Wappen das vorige Wappen zwischen Zweigen. Im Abschnitte ·1675· Gek. Rand. Gr. an 14.

Av. P. MONIN. ADV. A. LA. COVR. VIC. MAI. DE. DIION + Im Perlenkreise ein französisches Schild mit Helm und Decken; im mit Hermelin bestreuten Felde ein goldener mit einem rechtsschreitenden Leoparden besetzter Querbalken. Rev. Von rechts: ·MAIORVM. QVO. ME. VESTIGIA. DVCVNT. In einem mit zwei linksspringenden Pferden bespannten Triumphwagen sitzt ein römischer Krieger; unten das Stadtwappen auf zwei gekreuzten Liktorenbündeln und darunter am Rande 1678 Gekerbter Rand. Gr. über 13.

30811—12.

Jeton von B. P. BAVDINOT wie Nro. 30809, jedoch im Av. unten im Abschnitte ·1680· Rev. Von rechts: VIC. MAIEVR POVR LA 2E FOIS DE DIION In einem unten durchbrochenen Linienkreise eine knieende, nach rechts gewandte weibliche Gestalt, mit der Linken sich auf das am Boden ruhende Stadtwappen stützend und die Rechte einem vor ihr stehenden römischen Krieger reichend, welcher in der vorgestreckten Linken einen Kranz über ihr Haupt hält. Im Abschnitte .SERVAT..ET. | .OR NAT. Gek. Rand. Gr. über 13.

Av. Von rechts: IEAN. IOLY. CR DV. ROY ME (maitre) DES. COMT. VIC. MAI. DE. DIION Zwei auf einem Grasboden stehende Leoparden halten ein quadrirtes Schild mit Helm und Decken; darin im ersten und vierten quergetheilten Felde, im obern schmälern (goldenen) Theile ein schwarzes abgerundetes Kreuzchen, im untern (blauen) eine (silberne) ausgerissene Lilie; im zweiten und dritten (blauen) Felde ein (goldener) nach rechts schreitender Leopard (mit rothen Waffen). Auf dem Helme ein

Leopardenkopf von vorn; unten am Rande ·1681· Rev. Von rechts: .STAT. SEPTEM. FVLTA. COLOMNIS. Eine weibliche Gestalt nach vorn gewandt, im rechten Arme ein Füllhorn, den linken auf ein hohes, ovales, am Boden ruhendes Schild mit dem Stadtwappen gestützt. Unter der Abschnittsleiste ·DIVIO· Gek. Rand. Gr. über 14.

30813—15.

Av. MER DE. BADIER. ER (Ecuyer) CR D. R. LIENT CRIEL AV. BAIGE E. VICTE MAEVR DE. DIION. Zwei auf einem Boden stehende Greife halten ein französisches behelmtes Schild, darin ein von drei Sternen begleiteter Sparren. Rev. Von rechts: AMOR. OMNIBVS. VNVS. Das Stadtwappen wie vorher; unter der Abschnittsleiste am Rande ·1685· Gek. Rand. Gr. an 14.

Av. und Rev. wie zuletzt, nur mit ·1686· und der Rev. Umschrift AMORE. MAIORES. FIDELITATE. MAXIMI. Desgl. Gr. 14.

Jeton von Iean Joly wie Nr. 30812, aber von links mit IEAN. IOLY. ESCVYER. CR Das vorige Wappen, nur statt Helm und Decken eine Freiherrenkrone, über welcher der Leopardenkopf. Rev. Von rechts: .NON. NOVIT. SENECTVTEM. Im gewundenen Kreise ein ausgebreiteter rechtssehender Adler, auf dessen Brust ein französisches Schild mit dem Stadtwappen. Unter der Abschnittsleiste ·1689· Desgl. Gr. 14. (Alle dre in der Samml. des Hrn. Dr. Freudenthal.)

30816—17.

Av. FR. BAVDOT. CONR DV. ROY. MRE D. COMP. VIC. MAIEVR. DE DIION. Innerhalb eines Linienkreises das behelmte Wappen im französischem Schilde, worin ein Anker und ein Querbalken, auf welchem drei Sterne angebracht, in der Mitte über denselben quergelegt. Rev. Von rechts: TVTO ❀ TE ❀ LITTORE ❀ SISTAM ❀ ·1691· Innerhalb eines Linienkreises rechts ein Linienschiff, nur zum Theile sichtbar, das Stadtwappen am Hintertheile; links am Ufer ein Leucht- (?) Thurm. Gek. Rand. Gr. über 14.

Av. Von rechts: PHRT IANNON. CONR AV. PARLT DE. BOVRGNE VIC. MAI. DE DIION. Zwei auf einem Grasboden stehende Windhunde mit Halsbändern halten ein französisches Schild mit Helm und Decken, darin im rothgestrichelten Felde drei fünfblättrige Blumen (2. 1.). Auf dem Helme ein Windhundskopf rechtshin. Rev. Von rechts: ·DVPLEX. ME. PVRPVRA. VESTIT· Auf einem Grasboden ein viereckiger Kübel mit Handhaben und kleinen Rädern, in welchem ein Lorbeerbaum mit Blumen, an welchem unterhalb ein Weinstock mit Trauben rankt. Auf dem Kasten das Stadtwappen im französischen Schilde; unten im Abschnitte ✱1693✱ Gek. Rand. Gr. über 13.

30818—19.

Av. Von rechts: FR. BAVDOT. CONSR DV ROY. MRE D. COMPTES· Das Wappen wie Nr. 30816, aber blau und der Querbalken rothtingirt; unter der Abschnittsleiste ·1694· Rev. VICONTE. MAIEVR. DE. DIION. POVR. LA. SECONDE. FOIS. Im Kreise das gekr. Stadtwappen zwischen Zweigen, aber die untere Hälfte rothtingirt. Gek. Rand. Gl. Gr.

Av. MARC. ANT. MILLOTET CON. DEST. ADV. G. VIC. MAIEVR. DE. DIION. Das gekrönte Stadtwappen zwischen zwei Lorbeerzweigen. Rev. NON EGO. PERFIDVM·DIXI·SACRAMENTVM. 1694. (?) In einem französischen Schilde unter Helm und Decken ein Andreaskreuz, in dessen oberem Winkel ein kleines Krückenkreuz. Auf dem Helme ein wachsender Vogel mit ausgebreiteten Flügeln nach rechts. Gek. Rand. Gr. 13. Messing.

In Gaillard's Kataloge S. 18 werden auch Jetone der maires de Dijon aus den Jahren 1605, 1617, 1629, 1635, 1643, 1655 und 1657 ohne nähere Beschreibung angeführt, welche mir fremd sind.

30820—21.

Av. Doppelte Umschrift von links; von aussen: FR. BAVDOT. M[RE] DES. COM PTE. VICOMTE. MAIEVR. DE. DIION.; von innen: AET. SVÆ. 63. ET. ITERATI. MAGISTR. SVI. ANNO. 7°. Das von Palmzweigen eingefasste runde Stadtwappen wie vorher ohne Helm und Decken. Rev. NEC. DEBILIOR. IN. DVPLICI. CLIMACTE RICO. 1701. Das Familienwappen wie Nro. 30816 im kartouchirten, runden, behelmten Schilde. Gek. Rand. Gr. an 14.

Av. IVL. CLOPIN. ESC[R] CONS[ER] AV PARL. VIC. MAIEVR DE DIION. Im Linienkreise zwischen unten über einandergelegten Palmzweigen das Stadtwappen im kartouchirten, gekrönten, runden Schilde. Rev. Von rechts: NON FLORE — SED FRVCTV Zwei auf einer Doppelleiste stehende geflügelte Löwen halten ein ovales, kartouchirtes Schild mit Helm und Decken, darin im obern, blautingirten Felde zwei fünfspitzige Sterne, im untern goldtingirten ein Baum. Unten am Rande • 1705 • Gek. Rand. Gr. über 14.

30823—25.

Av. M[IRE] (Messire) ANT. FR. FERRAND. M[RE] (Maître) DES. REQ. (uêtes) INTEND. I. EN. BOVRG. 2. EN. BRETAGNE. Im Kreise zwei auf einem Abschnitte stehende Einhörner halten unter einer Marquiskrone ein kartouchirtes, rundes Schild; im blauen Felde drei Schwerter (2. 1.), die beiden oberen abwärts; das untere aufwärts gelegt und über das Ganze ist ein goldener Querbalken gezogen. Rev. Von rechts: LA. VILLE — DE. DIION. Das Stadtwappen zuletzt; unter der Abschnittsleiste am Rande •1705• Gek. Rand. Gl. Gr. (Samml. des Hrn. Dr. Freudenthal.)

Av. NICOLAS. LABOTTE. TR[ER] DE. FRANCE. VICONTE. MAIEVR. DE. DIION. Innerhalb eines Linienkreises ein kartouchirtes, ovales, behelmtes Schild, darin im rothgestrichelten Felde ein Zinnenthurm, aus welchem Flammen schlagen; zur Seite je ein fünfspitziger Stern. Als Schildhalter zwei Windhunde auf einer kleinen Leiste, auf dem Helme eine fünfperlige Krone. Rev. Von rechts: NON EST SINE LVMINE ROBVR• Innerhalb eines Linienkreises das gekrönte Stadtwappen zwischen Lorbeerzweigen; und im Abschnitte unter einer Doppelleiste •1713• Gek. Rand. Gr. über 14.

Ein zweiter Stempel hat im Rev. COMITIA. — BURGVNDLÆ. Das gekrönte vierfeldige mit dem Wappenmantel umhängte Schild mit dem bekannten Wappen. (App. IV. 1. 823.)

30826—27.

Av. Von rechts: LA VILLE — DE DIJON• Zwischen Lorbeerzweigen das gekrönte Stadtwappen in einem gekr. kartouchirten ovalen Schilde. Die beiden oberen Felder sind hier ebenfalls tingirt. Im Abschnitte klein MR BAVDINET VIC. MAI. | 1716• Rev. Von rechts: HIS ASTRIS CITO FLORET ET ODORAT. Zwei auf kleinen Hügeln stehende Einhörner halten unter der Grafenkrone ein kartouchirtes ovales Schild; darin im blautingirten Felde ein goldener Sparren, darüber zwei fünfspitzige Sterne und unterhalb eine sechsblättrige Ros. Unten am Rande 1716• An den Rändern ein Kreis von starken unförmlichen Stricheln. Gr. an 15.

Av. Von rechts: ET[NE] BAUDINET EC.(uyer) C[R] P[R] DU ROY AU BUR. D. FIN. VIC. MA. DE DIJON (Ros.) Das Stadtwappen wie vorher. Rev. Von rechts: CUNCTA SUB FAUSTO SYDERE FLORENT. Das Familienwappen wie vorher, aber die Schildhalter auf einer Verzierung stehend. Unten 1719. Gek. Rand. Gr. über 14. (Samml. des Hrn. Dr. Freudenthal.)

30828—30.

Av. Von rechts: VILLE DE DIJON. Das gekrönte Stadtwappen im französischen glatten Schilde, umgeben von zwei Lorbeerzweigen. Im Abschnitte unter einer Leiste M. BAUDINET VICOMTE | MAIEUR Rev. Von rechts: QUO FORTIUS INSTANT

FIRMIUS ASSURGO. In einem unten unterbrochenen Linienkreise ein Eichen- (?) Baum, gegen welchen rechts und links oben Köpfe blasen. Im Abschnitte 1722. Gek. Rand. Gr. über 14.

Av. Das Stadtwappen in französ. Schilde wie Nr. 30826 mit der Ueberschrift VILLE DE DIJON. Unter der Abschnittsleiste wie zuletzt. Rev. Von rechts NUNQUAM SUB MOLE FATISCIT. Am Boden eine Palme und im Hintergrunde weit zwei kleine Pyramiden, links zwei Berge. Im Abschnitte 1725. Gek. Rand. Gr. über 14.

Av. Ebenso Rev. wie Nr. 30827 mit 1727. mit der Umschrift CUM VIRTUTE DIU STABIT HONOS. Gek. Rand. Gl. Gr. (Samml. des Hrn. Dr. Freudenthal.)

30831—37.

Av. PHILIB. BAUDOT CONER ME DES COMPTES VIC. MAJ. DE DIJON 1730 Ros. Das Stadtwappen wie Nr. 30826. Rev. Zwei auf einer Verzierung stehende Windhunde halten ein mit der Grafenkrone bedecktes, oben und unten verziertes ovales Schild mit dem Familienwappen, dem Anker wie Nr. 30816. Umschrift von rechts: HAC STABO QUA STETIT ANTE PATER. Gek. Rand. Gr. über 14.

Av. JEAN PRE (Pierre) BURTEUR CONER AU PARLEMT VIC. MAY. DE DIJON 1733 Das gekrönte Stadtwappen im ovalen, unten von zwei Lorbeerzweigen umgebenen Schilde, ohne Kartouche. Rev. Unter der Freiherrenkrone ein kartouchirtes ovales Schild mit einem goldtingirten Sparren im blauen Felde; ober welchem zwei, unten ein aufwärts gestellter Pfeil. Als Schildhalter sind zwei auf einer Verzierung stehende Neger mit einem Schurz um die Lenden bekleidet, welche in den Händen nach aussen einen Bogen und auf dem Rücken den Köcher mit Pfeilen haben. Ueberschrift: REGIT PATRIUS AMOR. Ränder von groben zugespitzten Stricheln. Gl. Gr.

Av. Ebenso mit 1736 Rev. Aehnlich, nur sitzen die Neger, den Bogen in den Händen, auf einer muschelförmig blautingirten Verzierung; jener rechts hält die Krone vorn mit der Linken, jener links stützt den rechten Arm auf das Schild. Unter demselben klein D. V (Du Vivier) Ueberschrift: VULNUS FERT ET OPEM. Starker Strichelrand Gr. 14. (Nach Gaillard's Cat. auch ein Jeton v. 1735.)

Ebenso mit 1739 und der Rev.-Ueberschrift: VULNERE AMICO CORDA PETUNT. Desgl. Gl. Gr.

Ebenso mit 1742. und der Rev.-Ueberschrift: CERTÆ CONTINGERE METAM; und ist hier die Stellung der Schildhalter verwechselt, da hier jener links mit der Rechten die Krone hält und jener rechts den linken Arm auf das Schild stützt. D. V hier mehr links. Gek. Rand. Gr. 14.

Ebenso vom Jahre 1745. (Samml. der Hrn. Dr. Freudenthal.)

Aehnlich mit 1748. und D. V unten klein am Rande der Verzierung. Gr. 14.

30838—39.

Av. CLAUDE MARLOT AVT (Avocat) DOYEN DES SRS DE M. LE P. G. (Procureur Général) AU PLT (Parlament) VIC. MAY. DE DIJON. Zwei Blumenkelche. Das Stadtwappen im ovalen gekrönten Schilde mit Farben, um dasselbe zwei unten überlegte Lorbeerzweige, zwischen welchen und dem Schilde 1751. Rev. Unter der Freiherrenkrone ein mehrfach ausgeschnittenes, goldtingirtes Schild mit einem rothen Sparren, auf welchem ein Vogel nach rechts gewandt; neben der Spitze zwei und unten eine durchstochene fünfblättrige Ros. Schildhalter sind zwei, auf einer arabeskenartigen Verzierung sitzende Windhunde mit Halsbändern; zwischen den Hinterfüssen jenes rechts klein Vᗡ (D verkehrt.) Ueberschrift RECTE ET SEDULO. Gek. Rand. Gr. über 14. (Samml. des Hrn. Dr. Freudenthal.)

Av. Ebenso nur 1754. und die Rev. Aufschrift QUALIS AB INCEPTO. Desgl. Gleiche Grösse.

30840—42.

Av. N. CL. ROUSSELOT CON^ER^ M^E^ DES COMPTES VIC. MAY. DE DIJON 1765. Das Stadtwappen im ovalen, glatten Schilde mit Farben; zur Seite zwei Lorbeerzweige. Rev. Zwei auf einer Verzierung stehende Löwen halten ein mit der Freiherrenkrone bedecktes, ovales, zweimal quergetheiltes Schild; in dessen oberem blauem Felde eine strahlende Sonne mit Gesicht; im mittleren goldenen eine Blume und zwei Blätter an einem Stiele, im unteren blauen ein nach rechts schreitendes Schaf auf einem Boden. Ueberschrift OMNIBUS IDEM Am Rande ein feiner Linien- und ein gek. Rand. Gr. 14.

Ebenso mit 1766, anscheinlich der vorstehende Stempel, und nur die Ziffer 5 in 6 geändert Gl. Gr.

Desgl. mit ·1769· und nur im Rev. Linienrand. (Samml. des Hrn. Dr. Freudenthal.)

30843—45.

Av. GUILLAUME RAVIOT ECUYER VICOMTE MAYEUR DE DIJON. Innerhalb eines Linienkreises eine gekr. Kartouche, hinter welcher an beiden Seiten Palmzweige wie Schilfblätter hervorragen, in derselben im ovalen Schilde das Stadtwappen mit Farbenzeichnung. Um das Schild ein Kranz von Tulpen. Rev. Unter einer Marquiskrone eine Kartouche mit dem ovalen blau gestrich. Wappen, darin ein Jagdhund nach rechts; als Schildhalter sind zwei Windhunde, welche auf einer Ausbiegung der Kartouche stehen. Ueberschrift REGI ET PATRIÆ FIDELIS, unten 1772 Gekr. Rand. Gr. an 14.

Av. ähnlich, nur zieht sich hier statt der Palmzweige ein Feston von dreiblättrigen Blumenkelchen durch die Kartouche, welcher unten die Umschrift bei ECUYER — VIC theilt. Am Rande ein feiner Linienkreis. Rev. Aehnlich dem letzten, nur das Schild länglich, an den Seiten gerade, unten spitzig. Das Ganze auf einer doppelten Abschnittsleiste, unter welcher 1778 Gek. Rand. Gr. 14.

Wie der letzte auch mit 1781 Die Ränder mit unförmlichen Stricheln eingefasst. Gr. 14.

30846.

Av. Von rechts: LOUIS MOUSSIER ECUYER-VICOMTE MAYEUR DE DIJON. In einer Kartouche das gekrönte Stadtwappen; im unteren Felde ohne Farbenzeichnung. Rev. Von rechts: HÆC MEA MAGNA FIDES Unter der Marquiskrone ein französ. Schild, ober und unter welchem eine Verzierung mit an derselben angebrachten Festons, das Wappen, ein goldtingirter Sparren im blauen Felde mit drei gestielten Kleeblättern in den Winkeln; an den Seiten des Schildes je ein Löwenkopf und die Vorderfüsse sichtbar. Unten 1787 Gek. Rand. Gr. 14. (Font. S. 346.)

30847—48.

Av. PASCITVR. VT. PASCAT. 1584 und eine vierblättrige Ros. In der Mitte zwischen zwei oben und unten gebundenen Lorbeerzweigen ein französisches Schild, darin ein nach rechts schreitendes vierfüssiges Thier mit breiten kurzen Füssen auf einem Grasboden. Rev. VRBIS. STEMMATA. DIVÆ und eine vierblättrige Ros. In der Mitte zwischen gleichen Zweigen im französischen Schilde das Stadtwappen. An den Rändern gekerbte Kreise. Gr. 13.

Av. SUB. VMBRA. ALARVM. TVARVM. PROTEGE. ME. DOMINE. (Ros.) In der Mitte ein unbehelmtes, französisches Schild, auf welchem oben eine Verzierung, von welcher an den Seiten des Schildes Festons herabhängen. Im Schilde eine fünfblättrige Doppelrose, an welcher nach oben und den Seiten zusammen drei Flügel. Rev. Von rechts: PRO—VIDENCIA. IVSTICIA. ET. PACE. VBER—TAS. Am Boden die drei nach rechts schreitenden weiblichen Gestalten, welche einen Palmzweig, jene in der Mitte ein Schwert und jene rechts ein Füllhorn tragend, sich die Hände reichen. Im Abschnitte in einem französischen Schilde das Stadtwappen, an dessen Seite zwei kleine Zweigchen. Gestrichelte Ränder. Gr. 13.

Beide von Messing mit mir unbekannten Wappen. (Sammlung des Hrn. Schlumperger.)

Douai. 30849—51.

Av. ✠ VICARIATVS Zwischen Perlenkreisen. In der Mitte ein Krückenkreuz, in dessen vier Winkeln je eine Lilie. Rev. AMATI DVACENSIS ✠ Innerhalb eines Perlenkreises die Zahl IIII an einander, mit nach den Seiten auslaufenden Ecken. Oben und an jeder Seite je eine Lilie, unterhalb drei Sterne. Der Rand gekerbt. Gr. an 11.

Einseitig, brakteatenförmig. Von rechts: SANCT9 ⁂ AMATVS, ein fünfspitziger durchstochener Stern und dann ein grosses P, welches über den innern Linienkreis hineinreicht; innerhalb dessen nach dem Texte gross der Buchstabe D (nach der Abbildung einem an einander gestellten 10 nicht unähnlich. In der innern Fläche dieses Buchstabens ein gleicher Stern, und neben dem Buchstaben eine kleine Lilie. Am Rande ein Perlenkreis. Gl. Gr. (Beide Fontenay S. 199.)'

Av. Von rechts: ✠ SANCTE. AMATE ✱ ORA. P. NOBIS Der Heilige im Brustbild nach vorn mit aufgesetzter Mitra. Rev. Von rechts. DISTRIB.(utio) ORDINA.(ria) CANO(nicorum) 1569 Innerhalb eines Linienkreises ein glattes französisches Schild, in der Mitte quergetheilt, darin oben zwei, unten eine Lilie sichtbar. Gl. Gr. (Ebendort S. 90.)

Diese Mereaux gehören den Coll. Cap. v. Saint Amé an, und sollen deren mehrere existiren; ferner noch Mereaux von Capitel Skt. Peter mit zwei in Andreaskreuzform gelegten Schlüsseln und einem Kreuze im Rev., in dessen Winkeln die Buchstaben C. P. S. P. dann Blei mereaux mit vier Schlüsseln und im Rev. verschiedene Schriftzeichen mit der Umschrift SANCTE PETRE, ORA PRO NOBIS (Font. S. 200.)

30852—55.

Av. Von rechts: ▭ ECOS. (Loge Ecossaise) DE LA PARFAITE UNION O(rient) DE DOUAI ∗ Drei über einander gelegte Dreiecke, in deren Mitte die strahlende Sonne. Unten 5802 (1802) Rev. Eine auf einem Sessel linkshin sitzende Frau mit vollem Gesichte stützt die Rechte auf die Faszes und hält in der Linken vor sich einen Kranz und den Merkursstab; am Boden liegen Zirkel und Stab, dann Winkelmass und Schlägel gekreuzt. Umschrift zur Linken CONSOCIARE AMAT Gekerbter Rand. Gr. 13. (Freimaurer-Jeton.)

Av. Ein grosses D, darunter 1839 Rev. PHIL. darunter kleiner le | Bon. Zinn. Gr. 10. (Auf die Abhaltung des ersten histor. Festes.)

Av. Von rechts: SECONDE FÊTE HISTORIQUE. In der Mitte zwei durch ein Band verbundene P, zu beiden Seiten das burgund. Feuereisen mit den Kieseln. Unten auf einem Bande 1840 Rev. Ein rothes französ. Schild mit einem dasselbe am obern rechten Ende überschreitenden schrägrechten Pfeile, von welchem Blutstropfen fallen; über dem Schilde D (d) Auswärts gestellte Umschrift: SOCIÉTÉ DE BIENFAISANCE Zinn. Gr. an 13.

Av. Innerhalb einer erhabenen sechsbogigen Einfassung ein quadr. span. Schild mit dem flandr. Löwen im Mittelschilde, im ersten und vierten dem Neuburgund., im zweiten und dritten dem gespalt. Altburg. und Brabanter Wappen. Um das Schild die Umschrift von oben phs—dux—bur—gon—et—brab Rev. Ein grosses D zwischen 18—42, oben auf dem Bande S.(ocieté) de B.(ienfaisance) Untere auswärts gestellte Umschrift III FÊTE HISTORIQUE Gekerbter Rand. Gl. Gr. (Alle vier in der Samml. des Hrn. Dr. Freudenthal.)

Evreux. Mereaux. 30856—58.

Av. Die Jungfrau Maria mit dem Kinde im linken Arme, zwischen zwei Lilien; unten ein Buchstabe ähnlich · X · und ein Zeichen für Denier? 𝔡 Am Rande eine bogige Einfassung mit je einer Lilie an den innern vier Bogenenden. Rev. CHAP unten EVR dazwischen · 3. Γ· Am Rande hier ein Linien- und beiderseits noch aussen ein gek. Kreis. Gr. über 9.

Einseitig. CHAP | · Z · ℒ | EVR Am Rande ein Linien- und gek. Kreis. Gr. an 10. (Beide Fontenay S. 201.)

Fontenay hat S. 200 noch einen mereau abgebildet, welcher dem Collegialkapitel wohl nicht angehören dürfte; derselbe hat beiderseits einen von innen kleineren, von aussen grösseren Perlenkreis am Rande und im Av. zwei gekreuzte kleine Zweige mit je fünf Blättern und einem Distelblatt und im Rev. ein Kreuz, welches durch den liegenden Buchstaben ꝏ durchgesteckt ist. Gr. 10.

Grenobel. 30859.

Av. Von rechts: PATRIÆ—ET—MUSIS Auf hügeligem Boden zwischen einem Lorbeer- und Palmzweige ein Altar mit dem ewigen Feuer, links eine Urne, aus welcher Wasser fliesst. Im Abschnitte AD ISERAM Rev. In einem Kranze von Eichenblättern LYCEÉ | DE | GRENOBLE | AN IV | und eine Verzierung. Am Rande ein Kranz von Strichen. Gr. über 13. (Hennin Tafel 74 Nr. 745.)

Havre. 30860—61.

Av. Zwischen zwei mit J und B bezeichneten Säulen ein auf Stufen erhöhter Altar mit einem geöffneten Buche; oben rechts ein Sichelmond, links eine Sonne und über diesen am Rande ein Dreieck in Strahlen. Am rechten Säulen-Postamente Zirkel und Winkelmass über einander gelegt; am linken eine Setzwage. Im Abschnitte ▭ ∴ DES H H H | O ∴ (rient) DU HAVRE. | 5813.; unter der Abschnittsleiste klein rechts DES. links F. Rev. Im zusammengebundenem Eichen- und Lorbeerzweige HARMONIA | HONOR | HUMANITAS | REGUNT. Gr. an 14. Im Ringe geprägter Freimaurerjeton.

Av. wie vorher ohne DES.—F., das Dreieck mit der rückwärts gestellten Inschrift יהוה in einem bis zum Altare hinab reichenden Strahlenkranze; an dem Altare die Inschrift PRO | DEO | ET | PATRIA Rev. Von rechts: HARMONIA HONOR HUMA NITAS REGUNT. Ein geöffneter Zirkel und ein Winkelmass durch einander gelegt, in deren Mitte ein flammender Stern mit G; das Ganze umgeben von unten zusammengebundenen Lorbeerreisern. Gl. Gr. Desgleichen. (Beide in der Samml des Hrn. Dr. Freudenthal.)

Jerstadt. 30862.

Av. ANDREAS VISCHER drei Rauten und eine fünfblättrige Rosette zwischen gewundenen Kreisen. In der Mitte IER„ | STEDT. und ober- dann unterhalb eine arabeskenartige Verzierung. Rev. EIN | VOLL TAG | SPANN | DIENST. Oben und unten eine gleiche Verzierung. Am Rande ein gek. Kreis. Gr. 15.

Issondun. 30863—64.

Mereaux. Av. Oben am Rande: MONETA unten SANTI, dazwischen am Rande je eine gestielte Blume. Innerhalb eines Linienkreises links ein Baum, neben welchem ein Mann mit Schein um den Kopf, welcher ein nach rechts schreitendes Schwein bei den Ohren hält. Rev. Am Rande oben CIRICI, unten ΞXOLDVNI dazwischen die Zweige wie im Av. Im Linienkreuze XV darüber und unterhalb gleiche Zweige mit Blumen. Gr. an 12. (Fontenay S. 202.)

Ebendort ist auch bloss eine Seite nachstehend. Mereau abgebildet: Rechts: SANCTI, links MONETA (Ros.) Links der Baum bis in die Mitte überhängend; neben demselben der Mann ohne Schein wie er das Schwein hält; vor ihm ein gekrönter Regent nach links. (Nach dem Texte Karl der Grosse im Begriffe das Thier zu tödten.)

Langres. 30865.

Mereau. Av. Oben am Rande: Sanctus, unten Mammes, dazwischen rechts und links ein Menschenkopf, von welchem Verzierungen nach beiden Seiten auslaufen. Innerhalb eines Linienkreises der Heilige gekrönt, in ganzer Gestalt nach vorn, in der Rechten einen Scepter haltend. Neben ihm ein Löwe am Boden sitzend. Rev. Oben am Rande CAPITULUM unten LINGONEN und dazwischen je ein Kopf und die Verzierung wie im Av. In der Mitte innerhalb eines Linienkreises ein Kreuz. Gek. Rand. Gr. 17. (Fontenay S. 202.) Hieher gehören auch Nr. 3568—69. I. Band.

Limoges. 30866—67.

Fontenay S. 207 führt einen Mereau mit GENLO · EP · LEM · ✝ und dem Brustbilde mit Mitra, dann mit SANCTVS STEPHANVS. und dem Kirchengebäude als von Silber an, und dürften die weiter abgebildeten Mereau, da bei denselben dieser Beisatz fehlt, von unedlem Metalle sein; als S. 208: ein Bischof im Ornat nach vorn, mit dem Bischofsstabe links und im Rev. der Erzengel Michael mit dem Drachen (etwas verschwommen.) Im Av. ein Reichsapfel und ein S eingestempelt. Am Rande eine Linie und ein Perlenkreis. Gr. 10.

S. 209. Av. Das Brustbild des Heiligen mit einem Perlenkreise um den Kopf und links eine Lanzenspitze, zur S—T In der untern Schildhälfte LEO.O.V und darunter drei Reihen Punkte. Im Rev. in einem von Perlen gebildeten Schilde fünf Lilien (3. 2.) und unten ✶, ober dem Schilde ein Bischofsstab zwischen zwei kleinen Lilien; rechts: ✶ und links drei gleiche Sterne und eine fünfblättrige Ros. An den Rändern beiderseitig Perlenkreise. Gr. über 10.

30868—71.

Av. S ⁝ STEPE ⁝ ORA ⁝ PRO ⁝ NOBIS ⁝ H ✶ (Nach dem Texte H Name des Bischofs Hugues de Magnac ✝ 1412.) Innerhalb eines Perlenkreises das Brustbild des Heiligen mit Perlenschein um den Kopf und langem Barte zwischen zwei Lilien. Rev. In einem einfachen französischen Schilde die vorigen fünf Lilien (das Wappen des Kapitels von St. Stefan); oberhalb der Bischofsstab und zur Seite zweigartige Verzierungen. Am Rande ein Linien- und Perlenkreis. Gr. über 10.

Av. Aehnlich, nur um den Kopf der Schein nicht aus Perlen, sondern aus einem Linienkreise formirt. Rev. Ein gekerbtes Schild, in dessen oberer Hälfte ein geschachtes Feld (roth und gold), in der untern mit Perlen abgetheilt, ein nach rechts gewandter ruhender Hirsch, im blauen Felde (das Wappen der Familie Barton de Mont-Bas). Neben dem Schilde je eine Rose, ober und unter welcher je ein Kreuzchen, oberhalb drei Kreuzchen, unten zwei Palmzweige. Gl. Gr. (Beide S. 209.)

Av. SCVTVM ECCLESIÆ LEMOVICEN Im französischen Schilde, über welches der Bischofsstab hervorragt, fünf Lilien. Rev. Das vorige Wappen mit Lorbeerzweigen zur Seite und einem Kreuze auf der obern Leiste; unterhalb in einer Einfassung 1559 Gek. Rand. Gr. 12.

Av. Aehnlich, nur LEMOVICEN und das Schild nicht gerade, sondern eingeschnitten, so wie auch jenes im Rev. Rev. Das vorige Wappen mit dem Kreuze oberhalb ohne die Zweige. Statt des Hirsches eine Hirschkuh am Boden ruhend. Zur Seite des Schildes 15—82. Am Rande Perlenkreise. Gr. an 12. (Beide Ebendort S. 210.)

L'Orient. 30872.

Av. Umschrift von rechts: VILLE DE, links L'ORIENT. In einer zierlichen Kartouche, hinter welcher zwei unten überlegte Palmzweige, das quergetheilte Stadtwappen; im oberen blauen Felde sieben gold. Kugeln (3. 4.), im untern rothen ein linkssegelnder Dreimaster, hinter welchem eine strahlende Sonne, nebst einer mit Hermelin besetzten ledigen Verzierung. Ueber dem Schilde ein wachsender Mann mit Füllhorn, welcher in eine Muschel bläst. Rev. Unter einem Eichenkranze AU BRAVE | PICARD | SOLDAT CITOYEN | LE JUILLET | MDCCLXXXIX Linienrand, um welchen ein äusserer verzierter Rand. Achteckig. Gr. an 17. (Auf die Rettung von Schiffbrüchigen durch Richard.)

Lyon. a Prévosts. 30873—74.

Av. DE • LA • PREVOSTE•DES•MARCHANDS•DE•MONR DE•LIERGVES ✻ Unter Helm und Decken ein französisches Schild, mit einer (schwarzen) Flussbinde, darunter ein Querbalken (im gold. Felde). Rev. Von oben rechts CHAPPVIS•BLAVF•CHAVSSE DALICHOVS • ESCH • (evius) Vier ins Quadrat gestellte französ. Schilde mit Helm und Decken. Im oberen rechten (blauen) ein (schwarzer) Sparren, darüber zwei (goldene) Rosen, darunter ein (gold.) aufgerichteter Löwe, rechtshin [Chappuis]; im linken (blauen) ein (silb.) rechtslaufender Hund, und im (rothen) Haupte drei (gold.) Sterne [Blauf], im unteren rechten (blauen) ein (silberner) Querbalken, darüber zwei, darunter ein (silberner) Sichelmond [Dalichoux]; im linken (gold.) ein (silb.) Maulbeerbaum und im (rothen) Haupte drei (gold.) Sterne [Chausse] Gek. Rand. Gr. 14.

Av. HVGVES • DE • POMEY • PREVOST • DES • MARC•DE•LYON 1661• Unter Helm und Decken ein französ. Schild, (im silb. Felde) ein (grüner) Apfelbaum [Pommier], neben dessen Stamme auf jeder Seite ein (rother) fünfstrahliger Stern. Auf dem Helme drei Straussfedern. Rev. Von oben rechts IAC•MICHEL•BAR FERRVS • DOM•D•P•S•PIERRE•ROM•THOME•ESC• (hevins) Vier ins Kreuz gestellte französ. Schilde mit Helm und Decken. Im obern (rothen) ein (silb.) Sparren mit einer Stütze und drei (gold.) Sterne im (blauen) Haupte [Michel], im untern (blauen) zwei (silb.) Säulen [Pierre]; im rechten (blauen) ein (goldener) rechtsgewandter Hirschkopf [Thomé], im linken (silbernen) auf einem (goldenen) Berge ein (silb.) mit Lorbeer und Palmzweigen besteckter Zinnenthurm, über welchem ein (gold.) Kreuzchen [Ferrus]. Gek. Rand. Mess. Gr. 15. (Samml. des Hrn. Dr. Freudenthal.) Ein Variant bei mir hat nach 1661 ein Herzchen und die Umschrift: HV u. s. w.

30875.

Av. Ein französ. Schild mit Helm und Decken, worin zwei über einander gelegte Lorbeerzweige, und zur Seite und unten je eine Kugel sichtbar sind. Die obere Schildeshälfte ist abgewetzt. Auf dem Helme ein wachsender Löwe nach rechts. Als Schildhalter zwei Löwen auf hügeligem Grasboden. Rev. Innerhalb einer Kartouche, welche oben in eine Muschel endet, das Stadtwappen, quer getheilt, darin im obern schmälern (blauen) Felde drei (gold.) Lilien und im untern (rothen) ein (silb.) aufrecht nach rechts schreitender Löwe. Aus der unten mit Blumenfestons behängten Kartouche ragen an den Seiten Lorbeerzweige hervor. Im Absch. unter einer Leiste •1678• Gek. Rand. Gr. 14. Messing.

30876—79.

Av. DE • LA • PREVOSTE • DES • MARCHANDS • DE • MONSIEVR•DVLIEV (Ros.) Zwei auf einer Verzierung stehende Löwen halten ein kartouchirtes ovales Schild mit Helm und Decken; ein gold. Querbalken (im schwarzen Felde), darüber ein (goldener) rechtsgehender Löwe, darunter drei (gold.) gestielte Samenrosen mit je zwei Blättern; die mittleren tiefer gestellt. Auf dem Helme ein wachsender Löwe rechtshin. Rev. Von der Seite rechts MRS (Messieurs) AVMAISTRE•DE LA FONT•DARESTE•CHOISITY•ESCHEVIN• Vier ins Quadrat gestellte, kartouchirte ovale Schilde mit Helm und Decken. Im oberen rechten (rothen) drei (gold.) Rauten (2. 1.) [Aumaistre], im linken (blauen) ein (silb.) aufgerichteter Löwe rechtshin nebst einem goldenen Haupte [de Lafond]; im untern rechten (blauen) ein gold. Sparren, darunter ein (gold.) aus Flammen aufsteigender Phönix und oben rechts eine (gold.) strahlende Sonne [Dareste]; im linken (rothen) ein goldener Sparren, darüber zwei (gold.) Sichelmonde nach oben, darunter eine (silberne) Cypresse und im (blauen) Haupte drei (silb.) Sterne [Choisily]. Ganz unten klein 1692 Gek. Rand. Gr. 14. (Samml. des Hrn. Dr. Freudenthal.)

Av. Ebenso. Rev. Die Königin sitzend nach links mit dem Scepter in der Linken, welche auf der Lehne ruht, vor ihr ein Löwe am Boden ruhend, neben welchem, beide gegen die Königin gewandt eine Frau mit einem Füllhorn in der Rechten. Ueberschrift FIDES • OBSEQVENS zwischen fünfblättrigen Ros. Unten im Abschnitt •1692• Gek. Rand. Gr. an 14.

Av. Ebenso. Rev. MATHIEV•AVMAISTRE•ESR (Escuyer) B• (aron) DE•S T MARCEL • ESCHEVIN•DE•LA•VILLE DE LYON ✱ Im ovalen Wappen unter Helm und Decken die drei (gold.) Rauten im (rothen) Felde. Auf dem Helme drei Straussfedern. Das Schild in einer Kartouche, aus welcher unten Palmzweige hervorragen. Gek. Rand. Gl. Gl.

Av. Ebenso. Rev. BARTHELEMY•DARESTE•ESCHEVIN•DE•LA•VILLE•DE• LYON (Ros.) Unter Helm und Decken ein an den Seiten mit Palmzweigen bestecktes, kartouchirtes, ovales Schild mit dem Familienwappen von Dareste wie vorher. Auf dem Helme drei Straussfedern. Gl. Gr. (Samml. des Hrn. Dr. Freudenthal.)

30880—81.

Av. LOVIS. DVGAZ—DE. LA. SECONDE. PREVOSTE DES. MARCHANDS. DE. MRI Zwei Löwen halten ein behelmtes Wappen. Rev. MRS DASTERO. PERRIN. AVBERT. ET RICHER. ESCHEVIN. D. LYON. Vier behelmte Wappenschilde in's Kreuz gestellt. Unten 1699. (App. IV. 2011.)

Av. MRE BT CACHET. D. MONTESAN. CH.(evalier) COM.(te) D. G.(arnerans) AN. I. P.(resident) AV. P.(arlament) D. DOM.(bes) P.(révost) D. MAR. Unter der Freiherrenkrone ein reich verziertes ovales Schild mit drei (goldenen) Pfählen, welche oben mit einer (schwarzen) Raute besetzt sind (im rothen Felde). Zu beiden Seiten des Wappens ein, auf den Verzierungen sitzender, nach aussen gestellter und zurückblickender Löwe; unter dem Wappen ein Löwenkopf, von welchem Guirlanden hängen und neben diesen klein 17—05 Rev. MS DVFOVRNEL. GAYOT. HVBERT. ET. DE LAFONT. ECHEVIN. DE LYON (Ros.) Vier in's Quadrat gestellte kartouchirte ovale Schildchen mit Helm und Decken. Das obere rechte ist quergetheilt und hat oben drei aufrechte Schrägbalken [Dufournel]; im linken (goldenen) ein (blauer) rechter mit drei (goldenen) Sternen besetzter Schrägbalken; daneben rechts und links ein (grünes) Kleeblatt [Gayot]; im untern rechten (blauen) ein (goldener) Sparren, daneben je eine (goldene) Rose, darunter ein (silberner) Sichelmond [Hubert]; im Linken das Wappen von de Lafond wie früher. Ganz unten klein 1705 Gekerbter Rand. Gl. Gr. (Samml. des Hrn. Dr. Freudenthal.)

30882—83.

Av. MRE LS RAVAT. SEIG. DES. MAZES MT BT ET. AVTRE P. GER DV . ROY. P. D. MND. Unter der Freiherrenkrone ein oben und unten verziertes Schild mit einem (gold.) gewellten Sparren begleitet von drei (gold.) abwärts gelegten Eicheln (im blauen Felde). Schildhalter sind zwei auf einer Verzierung stehende Schwäne. Unten klein und getheilt . 17—09. Rev. MRS GVILLET. ESTIVAL • YON. ET. POSVEL. ESCHE VIN. D. LYON (Ros.) Vier Schildchen wie vorher. Im obern rechten (rothen) ein (silb.) Sparren, unter welchem ein (goldener) aufgerichteter Löwe rechtshin nebst einem gold. Schildeshaupte [Guillet]; im linken (rothen) zwei (silb.) gekreuzte Zweige nebst einem (silb.) mit drei Hermelinschwänzchen besetzten Haupte [Estival]; im untern rechten (blauen) ein (silb.) Berg besetzt mit drei gestielten Stiefmütterchen [Yon], im linken (von Roth und Silber) quergetheilten oben ein (gold.) rechtschreitender Löwe, unten ein (rother) Sparren [Pusuel]. Ganz unten 1709 Gekerbter Rand. Gr. 11.

Av. Ebenso. Rev. Auf einem Abschnitte eine zierliche, oben und unten mit einem Kopfe verzierte ovale Kartouche mit dem Stadtwappen; ein (silberner) aufgerichteter Löwe rechtshin (im rothen Felde) nebst einem (blauen) mit drei (goldenen) Lilien besetzten Schildeshaupte. Schildhalter sind ein Flussgott und eine Nymphe, welche unter dem Arme eine Urne halten, aus welcher Wasser fliesst. Von dem Abschnitte hängt nach unten eine Blumenguirlande. Gekerbter Rand. Gr. über 14. (Samml. des Hrn. Dr. Freudenthal.)

30884—85.

Av. DE · LA · SECONDE · PREVOSTE · DES · MARCHANDS · DE. MR LO VIS. RAVAT. Das gekrönte Wappen wie vorher, nur unten . 1711. Rev. MESSIEVRS. BASSET. PRESLE. FISCHER. ET. ANISSON. ESN D. LYON. Die vier behelmten kartouchirten Wappenschilde wie vorher und unten 1711 Im Schilde oben rechts ein auf beiden Seiten gezinnter (goldener) Querbalken, ober welchem ein (silb.) Turnierkragen mit drei Lätzen (im blauen) Felde [Basset]. Links im (blauen) Felde ein (goldener) Sparren begleitet von drei (silbernen) Tauben [Presle]. Rechts unten das Wappen Fischer, eine Seejungfer von vorn mit (goldener) Krone und (silb.) Doppelschwanze, dessen Enden sie mit den Händen emporhält; links jenes von Anisson; im (silb.) Felde ein (schwarzer) Flug, im (blauen) Haupte ein (goldenes) Kreuzchen zwischen zwei (gold.) Jakobsmuscheln. Gestrichelte Ränder. Gl. Gr.

Av. DE. LA. TROISIEME. PREVOSTE. DES. MARCHANDS. DE. MR LOUIS. RAVAT. Das Wappen wie zuletzt, von der Krone hängen flatternde Bänder und unter dem Schilde zwischen der Verzierung ist ein kleiner bärtiger Kopf, unter welchem klein · 1713. Rev. MESSIEVRS. BOVRG. FERRARY. TROLLIER. BORNE. ESN (Eschevin) D. LYON. Die vier Schilde wie bisher; darin oben rechts: (von Gold und Roth) schräg geviertet mit vier Kugeln, von abwechselnden Farben [Bourg], links: (blau), ein (gold.) aufgerichteter Löwe rechtshin [Ferrary]; im untern rechts ein (rother) aufgerichteter Löwe rechtshin im (silb.) Felde, über welchem ein (gold.) Querbalken gezogen [Trollier], im linken (von Blau und Roth) quergetheilten oben zwei (silb.) Kreuzchen, unten eine (goldene) strahlende Sonne [Borne]. Ganz unten klein · 1713. Gek. Rand. Gr. 14. (Samml. des Hrn. Dr. Freudenthal.)

Im Kataloge Marelich Nr. 1053 erscheint ein Kupferjeton von Marie Louis Ravat 1715. Beiderseits Wappen.

30886—87.

Av. Von oben: D. LA QVATRIEME. PREVOSTE. DES. MARCHAND. DE MR LE PRESIDENT. CHOLIER. Zwei auf einem Abschnitte stehende Löwen halten unter der Freiherrenkrone ein kartouchirtes ovales Schild mit drei schwarzen rechten Schrägbalken im (gold.) Felde und im (blauen) Haupte ein (gold.) rechtsgehender Löwe. Unter dem Abschnitte eine Verzierung von Arabesken, in deren Mitte ein bärtiger Kopf, und unter diesem klein 1723 Rev. Auf einem mit Schilf bewachsenen Boden sitzen ein Flussgott und eine Nymphe, welche das muschelförmig verzierte, ovale Stadtwappen wie vorher, hier aber mit Farbenzeichnungen zwischen sich in die Höhe halten; beide stützen sich auf eine Urne, aus welcher Wasser fliesst. Gekerbter Rand. Gr. 14. (Samml. des Hrn. Dr. Freudenthal.)

Av. DE LA · PREVOSTE · DES · MARCHANDS. DE MR LE PRESIDENT. DVGAS. Unter der Freiherrenkrone in einer Kartouche das Wappen im ovalen Schilde ein (goldenes) wellenförmig gezogenes Andreaskreuz mit je einer goldenen Kugel in der Ecke (im blauen Felde). Als Schildhalter sind zwei auf Leisten stehende Löwen, und unterhalb an dem Ende der Verzierung unter dem Schilde 17—23 Rev. MESSIEVRS. AGNIEL. GVSSET · DEFETAN. GAVLTIER · D. LYON (Ros.) Die vier Wappen in gleicher Art wie vorher. Im ersten rechts oben im obern (blauen) Felde drei (silb.) Sterne, über welchen die (goldene) Sonne; im untern (goldenen) ein (blaues) Lamm nach rechts [Agniel]. Links im obern (goldenen) Felde drei (schwarze) Wiederkreuzchen; im untern (blauen) ein (silb.) Adler. Unterhalb rechts ein Querbalken, schräg von rechts herab nach links, unterhalb drei Blattrosetten, oberhalb ein Löwe nach rechts [De Feton]. Im Schilde links oben ein (schwarzer) Doppeladler, unterhalb ein (silb.) Sparren, mit einer (silb.) Rose unterhalb. Zwischen den untern Schilden klein 1725 Gekerbter Rand. Gl. Gr.

30888—89.

Av. DE. LA. SECONDE • PREVOSTE. DES (ES in einander gestellt) MAR CHANDS. DE. MR. LE PRESIDENT. DUGAS • Das Wappen wie vorher, nur 17—27 Rev. MESSIEVRS. TERRASSE. MAINDESTRE. NOYEL • IONQVET D. LN (Lyon)· Vier Schildchen wie vorher. Im obern rechten (blauen) ein (silb.) rechter Schrägbalken mit einem (goldenen) aufsteigenden Löwen; und im (rothen) Haupte drei (goldene) Sterne [Terasse]; im linken (goldenen) eine aus dem linken Schildesrande hervorgehende rechte Hand, welche eine gestielte Rose hält, und im (blauen) Haupte drei (silberne) Sterne [Maindestre]; im untern rechten (blauen) ein mit drei (rothen) Sternen besetzter (silb.) rechter Schrägbalken nebst einem (gold.) Schildeshaupte [Noyel]; im linken (blauen) ein (gold.) Schlüsselkreuz und im (gold.) Haupte ein (rothes) Kreuzchen zwischen zwei (blauen) Sternen [Jonquet]. Ganz unten klein 1727 Gekerbter Rand. Gr. 14.

Av. wie vorher v. J. 17—29 mit D • LA TROISIEME. PREVOSTE. DS; von der Krone zwei nach oben flatternde Bänder. Rev. MESSIEVRS • TERRASSON. REG NAVD. GVICHARD • QVIN. SON. D. L.(yon) Vier Schildchen wie vorher. Im obern rechten (blauen) ein (silb.) Sparren, unter welchem eine (goldene) strahlende Sonne [Terrasson]; im linken (blauen) ein auf einem (silb.) sechsfachen Hügel stehender (silb.) Hahn rechtshin [Regnaud]; im untern rechten (rothen) ein (gold.) Zinnenthurm und im (blauen) Haupte drei (silb.) Sichelmonde [Guichard]; das linke ist mit Hermelinschwänzchen bestreut [Quinson]. Ganz unten klein 1729 Gek. Rand. Gr. über 14.

30890—91.

Av. DE. LA. 2E PREVTE D. MARCH. D. MR C. PERRICHON. CHEVR D. LORD. D. ROY. Zwei auf einem zierlichen Postamente stehende Löwen halten unter der Freiherrenkrone ein quadrirtes ovales Schild mit einer von Silber und Roth gestückten Einfassung; das erste und vierte von Gold tingirt, im zweiten und dritten vier Reihen silberner über einander stehender und rother über einander gestürzter Eisenhütlein. Das Schild ist mit einer Ordenskette umgeben, von welcher nach unten ein Ordensstern hängt. Unter dem Schilde zwischen den Postamenten klein und getheilt 17—33 Rev. MRS. PAULINY. MOREL. DENIS. BIROUSTE. ECHEVINS. DE. LYON (Ros.) Vier Schildchen wie vorher. Das obere rechts ist quadrirt, und hat im ersten und vierten (blauen) Felde einen auf einem (gold.) Dreihügel stehenden (silb.) Schwan rechtshin mit einem (gold.) Ringe im Schnabel [Pauliny]; im linken (blauen) über einem (silb.) Sichelmonde ein (silb.) Stengel mit drei Nachtschattenblumen (französ. Morelle) und der obern je ein (silb.) Stern; im untern rechten (blauen) oben mit goldenen Sternen, unten mit silb. Kugeln bestreuten ein (silberner) rechter Schrägbalken besetzt mit drei (rothen) Krebsen [Denis]; im linken (blauen) ein (gold.) Sparren begleitet von drei (silb.) Tauben [Birouste]. Ganz unten klein 1733 Gekerbter Rand. Gl. Gr.

Av. Wie zuletzt mit 17—35 und DE • LA • 3E PREVTE Im Rev. das Stadtwappen wie Nr. 30883. Gekerbter Rand. Gr. an 15.

30892—93.

Av. 4E PREVOTE. D. MARCH. D. M. PERRICHON. CHEV. CONS. DETAT ORD(inaire) dann eine durchstochene fünfblättrige Rosette. Das vorige Wappen oben mit kleinen Palmzweigen besteckt und unter demselben getheilt 17—37 Rev. MRS BRAC. FLACHAT. IOUVENCEL. SOUBRY. ECHEVINS • DE • LYON (gl. Rosette.) Die vier Schildchen wie zuvor. Im obern rechten (blauen) drei (silberne) rechte

Schrägbalken [Brac]; im linken (blauen) ein (gold.) aufgerichteter Löwe rechtshin mit einem (silb.) Pfeile in den Vorderpranken [Flachat]; im untern rechten (gold.) ein mit zwei (grünen) Palmzweigen besteckter (rother) aufwärts gekehrter Sichelmond, und im (blauen) Haupte eine goldene strahlende Sonne zwischen zwei (silb.) Sternen [Jouvencel]; im linken (von Blau und Gold) quergetheilten oben ein (silb.) rechtsgehender Löwe, unten ein (silb.) Sporäpfelbaum (französ. Sorbier) mit Früchten [Soubry]. Ganz unten klein 1737 Gekerbter Rand. Gl. Gr. (Samml. des Hrn. Dr. Freudenthal.)

Maretich Kat. Nr. 1054 erwähnt eines Kupferjetons von Chev. Perichon. 1739 mit Wappen beiderseits.

Av. DE. LA. PREVOTE. DE. MRE IAC. ANBAL CLARET. DE. LA. TOUR RETTE. PDT LIT CEL (President Lieutenant criminel) dann eine fünfblättrige Rosette. Unter der Freiherrenkrone ein ovales verziertes (silb.) Schild, darin ein (blauer) mit einer (gold.) strahlenden Sonne besetzter rechter Schrägbalken. Schildhalter sind zwei auf einem Abschnitte stehende Adler; unter dem Abschnitte ein Kopf zwischen Verzierungen und neben demselben innerhalb einer Ausbiegung klein 17—41 Rev. MRS CHAPPE. MAYOEUVRE. ROUSSET. D. ST ELOY. DUTREUL. D. LYON • Die vier Schildchen wie vorher, darin im obern rechten (blauen) eine (silb.) abgekürzte, mit drei rechtsgewandten Mohrenköpfen besetzte Spitze [Chappe]; im linken (blauen) ein (silb.) Sparren, darüber zwei (gold.) Rosen, darunter ein (gold.) aufgerichteter Löwe rechtshin [Mayeuvre]; das untere rechts ist quadrirt, und hat im ersten und vierten einen ausgebreiteten Adler, im zweiten und dritten ein Kreuz [Rousset de St. Eloy]; im linken (blauen) ein (silb.) Sparren, darunter ein (gold.) Adler mit seinen Jungen und oben rechts eine (goldene) strahlende Sonne [Dutreul]. Ganz unten klein 1741 Gekerbter Rand. Gr. 14. (Mitgetheilt von Hrn. Dr. Freudenthal.)

a) Ein Stempel hat statt des ersten und zweiten DE im Av. bloss D. und im Rev.: MAYEUVRE . ROUSSET . D . ST ELOY . DUTREUL . ECH . D . LYON ✶

30894—95.

Av. DE . LA . PREVOTE . DE . MRE HUGUES . RIVERIEULX . DEVARAX ✶ Unter der Freiherrenkrone ein längliches, herzförmiges Schild, darin im (blauen) Felde ein (silberner) aufwärts gekehrter Sichelmond über (silbernen) Wellen. Ueber dem Schilde ein kleiner Kopf. Schildhalter sind zwei auf einer Verzierung stehende Adler, unter deren einem emporgehobenen Fusse die Jahreszahl 17—45 Rev. MRS JILLET . MON LONG . MASSARA . PANNIER . ECHEVINS . D . LYON ✶ Die vier Schildchen wie bisher, darin oben rechts zwei Palmzweige, — in jenem links: im (silb.) Felde ein (blauer) mit silb. Sternen besetzter Sparren, ober welchem zwei und unten eine gestielte Rose [Monlong] unterhalb rechts, von oben herab gespalten rechts ein Streitkolben (?) und links ein einfacher Adler, — im Schilde links im (blauen) Felde ein (gold.) Sparren, oben zwei silberne Sterne, unten eine goldene Rose. Gek. Rand. Gr. über 14.

Av. Aehnlich dem letzten mit DE . LA . 2E PREVOTE. und DE . VARAX, ferner sind hier Lorbeerzweige an den beiden oberen Enden des ovalen Schildes, ober und unter welchem ein kleiner Kopf; die Adler auf einem Abschnitte und 17—49 Von dem Abschnitte hängt nach unten eine Blumenguirlande. Rev. MRS DELACHAPELLE . . . . ON . RICHERI . FLACHAT . EC. (hevins) D . LYON ✶ Die vier Schildchen wie bisher. Im oberen rechten (blauen) ein (gold.) Sparren, darunter ein (gold.) rechtsschreitendes Lamm, oben zwei, unten ein (silb.) Stern [La Chapelle]. Im linken ein Querbalken, darüber zwei Rosetten, darunter eine zweiblättrige Distel; im untern rechten (von Gold und Roth) quergetheilten, oben ein (schwarzer) ausgebreiteter Adler, unten ein aus dem linken Schildesrande hervorgehender (silb.) Arm mit Schwert [Richeri], im linken das Wappen Flachat wie Nr. 30892. Ganz unten klein 1749 Gek. Rand. Gl. Gr. (Samml. des Hrn. Dr. Freudenthal.)

30896—99.

Av. DE LA PREVOTE . DE MR LE PRESIDENT . PIERRE DUGAS ✱ Das Wappen wie Nr. 30887 auf beiden Seiten oben und unten mit Reisern besteckt; unter dem Abschnitte innerhalb der Verzierung klein und getheilt 17—51 Der Revers wie Nr. 30883 das Stadtwappen. Gek. Rand. Gr. über 14.

Av. DE LA PREVOTE D . MR JEAN B. FLACHAT . ECU . (yer) SEIG . DE ST BONNET ✱ Unter der Freiherrenkrone ein ovales, auf beiden Seiten oben und unten mit Reisern bestecktes Schild mit dem Familien-Wappen wie Nr. 30892; über und unter dem Schilde der kleine Kopf. Schildhalter sind zwei auf einem Abschnitte stehende Adler; unter demselben klein und getheilt 17—53 Im Rev. das Stadtwappen wie Nr. 30883. Desgleichen. Gl. Gr.

Av. 5E PREVTE D. MRE J. B. FLACHAT ECUR CHR D. LORD . DU ROY SCR DST BONNET ✱ Unter der Freiherrenkrone ein ovales, blau tingirtes Schild mit dem Löwen wie vorher; um das Schild eine Ordenskette, von welcher nach unten ein grosses Ordenskreuz herabhängt; neben welchem sehr klein 17—61 Die Adler neben dem Schilde sitzen hier auf Wolken. Rev. Das Stadtwappen wie vorher, jedoch hier mit Farbenzeichnung, in einer muschelförmigen oben mit einem Lorbeerzweige besteckten Kartouche. Rechts an dieselbe ein Flussgott gelehnt mit einer Urne auf dem rechten Knie, aus welcher Wasser fliesst. Links am Boden eine Wassernymphe, welche sich auf eine gleiche Urne stützt. Im Abschnitte zwei kleine über einander gelegte Palmzweige. Gek. Rand. Gr. 14.

Av. Aehnlich, nur 6E PPEVTE und SER dann 17—63 Rev. Aehnlich dem letzten, nur ober der Kartouche nach rechts zu Schilfblätter. Gl. Gr.

b) Echevins. 30900—2.

Av. CLAVDE. DEMADIERES. PREMIER. ESCHEVIN . DE . LYON. Runde Ros. Innerhalb eines Linienkreises unter Helm und Decken ein französisches Schild, darin ein Querbalken, und ober diesem drei unbekannte Gegenstände, Spitzen ähnlich (französ. piles), von Gold im (blauen) Felde, und unterhalb drei (gold.) Pfennige im (rothen) Felde. Im Rev. ein Dreimaster nach links mit vollen Segeln im Meere und mit der Ueberschrift LVENTI . SINE . RECTORE. Gek. Rand. Messing. Gr. über 15. (1664.)

Av. Wie der Rev. von Nr. 30.876 (Mathieu Aumaistre.) Rev. MATHIEV . DE LA FONT . ESCHEVIN . DE . LA. VILLE. DE. LYON (Ros.) In einem gleichen Schilde das Familien-Wappen der de Lafond wie Nr. 30.876. Gek. Rand. Gr. an 14. [1692].

Av. G.(abriel) DE GLATIGNY . AVOCAT . DV . ROY . ET . PR (Premier) ECHEVIN . DE . LYON. Unter Helm und Decken ein kartouchirtes ovales Schild, ein (rother) von drei (rothen) Rosen begleiteter Sparren (im goldenen Felde), nebst einem rothen Schildeshaupte. Unter dem Schilde ein bärtiger Kopf zwischen einer Guirlande. Rev. Von rechts: MAGNVS . BELLO — PACE . MAXIMVS. Auf einem rechtsspringenden Pferde ein Mann im Lorbeerkranze, Brustharnisch und fliegendem Mantel mit dem Feldherrenstabe in der Rechten. Im Abschnitte: INVICT . PRINC . | COSS . LVGD . | ·1697· Desgl. Gr. über 14. (Beide in der Samml. des Hrn. Dr. Freudenthal.)

30903—6.

Av. NOBLE . IAE BOVRG . ESCHEVIN . D . LA . VILLE . D . LYON (Durchstochene Ros.) In einem gleichen Schilde das Familienwappen von Bourg wie im Rev. von Nr. 30885. Unten in der Kartouche ein kleiner Kopf und auf dem Helme drei Straussfedern. Im Rev. das Stadtwappen wie Nr. 30883. Gleicher Rand und im Rev. nach innen ein feiner Linienkreis. Gl. Gr. Um 1713.

Av. MR CHS D . COVRBEVILLE . ECHEVIN . D . L . VILLE . D . LYON (starker Punkt.) Das Schild wie zuletzt, darin eine abwärts gelegte Cirbelnuss. Schildhalter sind zwei auf einer Verzierung stehende Löwen. Der Rev. wie zuletzt, das Stadtwappen. Gek. Rand. Gr. 14.

Av. N.(oble) BARTHELEMY . TERRASSON . ECHEVIN . D . LYON. Das Schild wie zuletzt mit dem Familienwappen von Terrasson, wie im Rev. bei Nr. 30889; auf beiden Seiten des Schildes eine kleine von der Kartouche hängende Guirlande. Im Rev. das Stadtwappen wie vorher. Desgl. Gr. über 14.

Av. NOBLE . PIERRE . TROLLIER . ESCHEVIN . DE . L . V . D LYON * Das Schild wie bisher mit dem Familienwappen der von Ravat wie im Rev. von Nr. 30882. Im Rev. das Stadtwappen wie Nr. 30883. Gek. Kreise und im Rev. ein Linienkreis. Gr. über 13. [1713].

30907—9.

Av. MR IACQVES . LAVREAV . ECHEVIN . D. LAVILLE . D. LYON. In einer Kartouche das behelmte ovale Wappenschild, darin im (blauen) Felde eine (silb.) wellenförmige Binde, ober welcher zwei, unten ein goldbesamter Granatapfel. Rev. Das Wappen der Stadt wie Nr. 30883. Gek. Rand. Gr. 14. (1715.)

Kupfer-Jeton vom Jahre 1710. Av. MESSIEURS JANNON PERRIN . FIRLIER CASTIGLION. Ihre vier Wappen. Rev. Das Wappen von Lyon. Gr. 14. Wellenh. Nr. 1579.

Av. MESSIEVRS . BOVRG . ESTIENNE . MICHON . MICHELECN D. LYON (Ros.) Die vier Wappen wie bisher in dem Rev., und zwar in dem obern rechts, von Gold und Roth schräg geviertheilt, vier Kugeln von abwechselnden Farben [Bourg] — in jenem links im (blauen) Felde ein (silb.) Ankerkreuz mit je einer (silb.) Kugel in den Winkeln; in jenem unten rechts, vierfeldig, im ersten und vierten quergetheilt, im unteren Theile ein wegen der Kleinheit undeutlicher Gegenstand. Im Schildeshaupte zwei Ros. Im zweiten und dritten Felde ein Andreaskreuz aus Punkten mit Kugeln in den vier Winkeln, und im Schildeshaupte ein kleiner Delphin (?) — im Schilde links im blauen Felde ein (gold.) Sparren begleitet von drei (silb.) Sichelmonden, im (rothen) Haupte drei gold. Sterne. Unten zwischen den Schilden 1721 [Michel]. Im Rev. das Stadtwappen wie Nr. 30883 mit einem Kopfe oben und einem unten in der Kartouche. Gek. Ränder; im Rev. auch ein feiner Linienkreis. Gr. über 14.

30910.

Av. MESSIEVRS . GOY . ROLLAND . DVSOLEIL . REVERONY . D . LYON (Ros.) Die vier Schildchen wie im Rev. Nr. 30881. Im oberen rechten (blauen) ein (gold.) Sparren, begleitet von drei (silbernen) Dreihügeln, und im (silb.) Haupte ein (schwarzer) mit drei (silbern.) Sternen besetzter Bär rechtshin [Goy.] Im linken (blauen) ein (gold.) an einem (silb.) Berge aufsteigender Löwe [Rolland]; im untern rechten (blauen) ein (silb.) Querbalken, darüber drei (silb.) Sichelmonde, darunter eine (gold.) strahlende Sonne [Dusoleil]; im linken (rothen) ein silberner geschlängelter Wurm (franz. Ver) und im blauen Haupte eine (gold.) strahlende Sonne [Reverony]. Ganz unten klein 1723 Rev. wie Nr. 30886. Gek. Rand. Gl. Gr. (Samml. des Hrn. Dr. Freudenthal.)

30911—14.

Av. NE PIERRE . IONQVET . ECHEVIN . DE . LAVILLE . D . LYON. Unter Helm und Decken eine Kartouche, auf welcher rechts und links je ein Knabenkopf, zur Seite Festons und unten zwei kleine Palmzweige. In der Kartouche ein rundliches Schild, darin im (blauen) Felde zwei (gold.) Schlüsseln gekreuzt; im (gold.) Haupte ein (rothes) Kreuzchen zwischen zwei (blauen) Sternen. Im Rev. in der Kartouche das Stadtwappen und die Schildhalter wie Nr. 30883 (1727). Gekerbte Ränder und im Rev. noch ein Linienkreis. Gr. über 14.

Av. NOB . MATH . GIRARD . THESR D . FR . ECHEVIN . D . LYON. (Ros.) Unter Helm und Decken die Kartouche, von welcher an jeder Seite ein Feston herabhängt; statt der zwei Köpfe seitwärts hier unten nur ein Kopf. Im gleichen Schilde wie vorher, im (gold.) Felde ein (blauer) Sparren, ober welchem zwei (rothe) gegen einander gestellte Löwen, unten ein (rothes) Kleeblatt. Der Rev. wie zuletzt. Die Ränder ebenso. Gl. Gr. (1734.)

Av. NOBLE . DADID . OLLIVIER . ECHEVIN . D . LYON * Av. wie zuletzt, nur im Schilde ein (grüner) Olivenbaum im (gold.) Felde. Rev. Ebenso. Gl. Ränder und gl. Gr. (1735.)

Av. NOBLE . AYME . BERTIN. AVO. EN . PT ECHEVIN . D . LYON (Runde Ros.) Dieselbe Vorstellung; im (blauen) Felde zwei (silb.) gekreuzte Schwerter, unter welchen eine (gold.) mit einem (rothen) Bande gebundene Garbe. Der Rev. Ebenso. Desgl. Gl. Gr. (1754.)

30915—17.

Av. MRS DESCHAMPS . RAVACHOL . DUMAREST . RIGOD . ECH . D . LYON (R.) Vier gleiche Schildchen. Im obern rechten (blauen) ein (rother) Phönix aus Flammen, und oben rechts eine (goldene) strahlende Sonne [Deschamps]; im linken (von Blau und Roth) quergetheilten oben eine (silb.) Rübe (Franz. Rave), unten ein goldener Kohlkopf (Franz. Choux) [Ravachol]; im untern rechten (blauen) ein (silb.) schwimmender Schwan rechtshin, und im (silb.) Haupte drei Hermelinschwänzchen [Dumarest]; im linken (rothen) ein (silb.) rechter Schrägbalken, auf welchem ein mit einem (silb.) Dolche durchbohrtes (rothes) brennendes Herz liegt, dann im silbernen Haupte drei goldene Sterne [Rigod]. Ganz unten 1747 Rev. Das Stadtwappen wie Nr. 30883. Gek. Rand. Gr. 14.

Av. Von rechts: NOBLE MATHIEU RAST ECHEVIN DE LYON Auf einem Postamente unter der Freiherrenkrone ein kartouchirtes ovales Schild mit drei silb. Rosen (2. 1.) im rothen Felde; von der Krone hängen Guirlanden. Zu beiden Seiten des Schildes ein nach aussen sitzender, zurückblickender Löwe; unten am Rande klein 1776. Der Rev. wie Nr. 30899. Gr. über 13.

Av. Von rechts: NOBLE . PHILIPE . CHOIGNARD. AVOCAT . ECHEVIN . DE. LYON. (Statt der Punkte kleine Rosetten.) Unter der Freiherrenkrone in einer mit Blumenguirlanden verzierten Kartouche ein französisches Schild; im blauen Felde ein goldener wellenförmig gezogener Sparren, begleitet von drei (silb.) Windhundsköpfen rechtshin mit (rothen) Halsbändern. Unten am Rande zwischen der Umschrift 1783 Gekerbter Rand. Gr. über 14.

c) Verschiedene. 30918—19.

Av. Das Wappen des Marschalls Franz Neufoille, Herzog von Velleroy, Gouverneurs der Provinz († 1730). Unter der Herzogskrone auf einem Wappenmantel ein auf gekreuzten Marschallsstäben liegendes, mit den Ordensketten vom heil. Michael und heil. Geiste umgebenes, ovales Schild, darin ein (gold.) Sparren, begleitet von drei (golden.) Ankerkreuzen (im blauen Felde). Schildhalter sind zwei auf einem Abschnitte stehende Pferde. Im Rev. das Wappen von Lyon wie Nr. 30883. Gekerbter Rand, und im Av. nach innen ein feiner Linienkreis. Gr. über 14.

Av. Das Wappen des Erzbischofs Guérin de Tencin (1740—1758). Auf einem Abschnitte ein mit der Herzogskrone bedecktes, kartouchirtes, quergetheiltes, ovales Schild; im obern (rothen) Felde drei (silb.) Kugeln, im untern (goldenen) ein entwurzelter Baum. Hinter der Krone ragt ein Patriarchenkreuz hinauf, über welchem ein Kardinalshut mit, bis zum Fusse des Schildes herabhängenden Quasten. Der Rev. wie zuletzt, der Rand wie Nr. 30883. Gl. Gr. (Beide in der Samml. des Hrn. Dr. Freudenthal.)

30920—21.

Av. Von rechts: LA CHAMBRE DU COMMERCE DE LYON Im Halbkreise ein kartouchirtes ovales Schild mit dem Löwen im rothen Felde innerhalb einer breiten mit Lilien bestreuten Einfassung. Unter dem Schilde reichen sich ein Flussgott und eine Nymphe in ruhender Stellung die Hand, während sie in der andern je eine Urne halten, aus welcher Wasser fliesst. Rev. Innerhalb eines gekerbten Halbkreises eine Landschaft, in welcher vorn ein Gärtner, welcher zu einer Baumreihe einen weitern Baum einsetzt; er hält den beschnittenen Baum in der Linken, und ein Messer in der Rechten. Am Boden rechts Gärtnerwerkzeuge. Ueberschrift oben am Rande SERIT QUÆ COLLIGAT ALTER. Im Abschnitte X. VIRI LUGDUNENSES | COMMERCIIS REGUNDIS | M • DCCVIII. Gekerbter Rand. Gr. 15. Messing.

Av. Ebenso. Rev. Von rechts: FELICIS PIGNORA CURÆ • Im Halbkreise ein abwärts gelegtes Füllhorn, aus welchem Früchte und Münzen auf den Boden fallen. Im Abschnitte klein: X. VIRI LUGDUNENSES | COMMERCIIS REGUNDIS | M. MCCXV. Gekerbter Rand. Gr. an 15. (Samml. des Hrn. Dr. Freudenthal.)

30922—24.

Av. Obere Umschrift: HIPPO—CRATES Das bärtige Brustbild rechtshin ohne Gewand; am Halsabschnitte klein CHAVANNE Rev. Von rechts: STUDIO—ET ARTE Auf einem Boden ein Baum, um dessen Stamm eine Schlange gewunden. Im Abschnitte klein: SOC. MED. LUGD. | 1789 Linienrand und nach innen ein Rand von kleinen ʒ förmigen Figuren. Gl. Gr.

Av. Ein bärtiger Kopf nach rechts, mit Gewand auf der Achsel und CHAVANNEF im Schulterabschnitte. Unterhalb HIPPOCRATES Ueberschrift: STUDIO ET ARTE Rev. Zwischen einem Lorbeer- und einem Eichenzweige SOCIETÉ | DE | MEDECINE | DE LYON | 1789 Gestrichelter Rand im Rev. Gr. 13. (Hennin Taf. 11. Nr. 83.)

Av. Von rechts: SOCIETÉ DE SANTÉ DE LYON Ueber dem auf einem Grasboden liegenden Aeskulapstabe steht ein Hahn rechtshin; rechts und links ein Baum. Rev. In einem starken Kranze von Eichenlaub mit Eicheln: PRIX | D'ÉMULATION Perlen- und äusserer Linienrand. Glockenmetall. Gr. 17.

30925—29.

Achteckig. Av. Von rechts: FOURRIER DE LA GARDE NATIONALE DE LYON. In der Mitte eine Lanze auf welcher eine Kappe. In der Mitte erscheint um diese Lanze ein Eichenkranz und unter demselben an jeder Seite je eine Lilie. Im Rev. In der Mitte 1790 oben zwei, unten eine Lilie. Im Av. nach innen, ein feiner Linien- und ausserhalb ein Perlenkreis. Im Rev. zwei Linienkreise. Höhe und Breite 16. Taf. 21. Nr. 190.

Av. BON | POUR | 100 | CHASSIS. Im Rev. Das Fasces-Beil. Gr. 15. Ein zweiter Stempel mit DIX | CHASSIS. und darunter eine Verzierung. Gr. an 13. Beide Stempel haben am Rande einen Kranz von dreiblättrigen Blümchen. Taf. 39. Nr. 401—402.

Diese Jetons wurden im Jahre 1792 zu Lyon für die Schmelzarbeiter bei der Münze, Behufs der Controlle der geleisteten Arbeit und deren Bezahlung angefertigt.

Ein Achteck. Av. Nach rechts: REPUBLIQUE links FRANÇAISE Innen FORCE, links UNION Das Fasces-Beil mit der Freiheitskappe, an der untern Hälfte zur Seite zwei unten übereinander gelegte Eichenzweige. Rev. In einem Lorbeerkranze GARDE | NATIONALE | DE | LYON An den Seiten eine Einfassung von zugespitzten Stricheln. Höhe und Breite 16. Taf. 48. Nr. 508.

Av. Von rechts: LEGE DUCE COMITE JUSTITIA Rechts steht eine Frau mit einem offenen Buche in der Rechten, worauf die Inschrift LA | LOI, und stützt die Linke auf die Schulter einer zweiten, welche rechts ein Schwert, links eine Wage hält. Im Abschnitte AN VIII Rev. Im Blätterkranze ARRETÉ | DU 13 | FRIM^RE | AN IX Obere Umschrift: AVOUES DE LYON Perlenrand zwischen Linienkreisen. Metall. Gr. über 15. (1800.)

Maintenon. 30930.

Av. S. NICOLAE—ORA · PNO Innerhalb eines Kreises aus Perlen und kleinen Bögen der Heilige in ganzer Gestalt nach vorn mit Mitra und dem Bischofsstabe links. Die Rechte zum Segen emporgehoben, rechts im Hintergrunde betende Menschen. Rev. Zwei glatte Schilde, darin rechts drei Eidechsen (2. 1.) gestellt, mit einem Sichelmonde gegen oben; in jenem links eine Eidechse gegen rechts, nach links ein Schildeinschnitt, welcher eine in der Mitte nach unten gezeichnete Eidechse deckt, oberhalb zwei Sterne. Ober den zwei Schilden: • ❀ • ❀ • unterhalb zwischen denselben mehrere Punkte. Oben am Rande FONDAT^RS : DE. unten CEANS. Am Rande Strichelkreise. Gr. über 10. (Mereau aus dem Ende des 16. Jahrhunderts. Das Wappen jenes der Cotereau, welche 1521 die Kapitelk. St. Nikolaus gestiftet. (Fontenay S. 212.)

Le Mans (Maine). 30931—32.

Mereau aus gleicher Zeit. Av. Ein Heiliger in ganzer Gestalt, mit Schein um die Mitra, nach vorn gestellt, in der Linken den Bischofsstab, die Rechte zum Segen emporgehoben; am Rande ein Linienkreis und unregelmässige Perlen Im Rev. drei Schlüssel nach oben (1. 2.) und zehn Lilien (1. 3. 3.), gestellt. Gr. 11.

Av. Ein Geistlicher einen Linienkreis oben und unten bedeckend mit einem Palmzweige (?) — nach dem Texte mit einer Feder — in der Rechten und einem Buche in der Linken. (Der Zahlmeister.) Im Rev. ein Linien-Doppelkreis, worin IHS mit einem Kreuze an H nach oben und |XX| darunter. Gr. über 8. Bleimereau. (Beide Fontenay S. 206.)

Jetone. 30933.

Av. : SIMON : TESTV : RECEVEVR : DV : MAYNE ✠ Innerhalb eines Perlen- und Linienkreises ein unbehelmtes mehrfach ausgespitztes Schild, worin im (goldenen) Felde drei Löwen (schwarz), zwei nach rechts, der mittlere nach links schreitend; an dem Schilde zur Seite je S und T (der Name) in einander gestellt. Im Rev. CLERC : DES : OFFICES : DE : LOSTEL : DV : ROI : ✠ Innerhalb gleicher Kreise das französische Wappen (drei Lilien) in einem gekrönten neunspitzigen Schilde, neben welchem rechts F und links der Salamander. Gekerbter Rand. Gr. 13. (Font. S. 205.) Erscheint hier bereits unter Nr 30590.

Av. PIE BOVLIN. ECR TR GAL DV. M -DOR. DES. ORDRES. DV. ROY 1628. Im behelmten blau (gestrichelten) Schilde ein goldener Sparren, unter welchem eine gestielte Lilie und oberhalb drei Samenrosen neben einander; von den Helmdecken herab unter das Schild hängend eine Kette mit dem Ordenskreuze. Rev. ET MARIE· DE—LOVVENCOVRT. S EP. zwischen zwei unten überlegten Palmzweigen ein unbehelmtes französ. Schild, darin im goldenen Felde drei Thier(Hunds?)köpfe nach rechts (2. 1.). Gekerbter Rand. Gr. 13. (Ebendort S. 206.)

30934.

Mantes, Stadt an der Seine, nordwestlich von Paris. Entnommen aus „Recherches sur des monnaies ecl. de la ville de Mantes v. J. N. Loir, Paris 1859."

Mereau. Auf der Tafel I ist ein Mereau als aus dem 14. Jahrhundert herstammend abgebildet, welcher als muthmasslich hieher gehörig angeführt wird. Auf einer Seite eine Lilie, neben welcher je ein Eichenzweig. Rev. Die Zahl II und darüber .⌒., zur Seite je eine Lilie; unten zwei Eichenzweige und eine Eichel. Grösse über 10.

Jetone. 30935—38.

Av. Von rechts: A. SE. IPSA. QVERCVM. RETINET. REX. LILIVM. ADAV XIT. Innerhalb eines mehrfach eingebogenen Schildes das Stadtwappen, in der rechten Hälfte eine halbe Lilie, und in der Linken eine Hälfte eines Eichenbaumes. Rev. Von rechts: SIC. JVNCTA · QVERCV. LILIA. MANTA. GERIT und eine Kreuzrosette. In der Mitte ein am Boden liegender Hund nach links zu mit emporgehobenem Kopfe. Im Abschnitte FIDELIS COMES | . 1576. (Ebendort Taf. III. Fig. 1.) Gr. über 13.

Av. Von rechts: STELLA. DV—CE. SECVRE Im Felde ein Schild, in dessen oberem Felde ein nach rechts laufender Windhund, mit einem Sterne oberhalb; im untern Felde ein Hirschgeweih, und darüber gleichfalls ein Sternchen. Ober dem Schilde ein Menschenkopf und zur Seite zwei unten über einander gelegte Zweige; unten ein Stern. Der Rev. ähnlich dem letzten, nur 1579. (Ebendort Fig. 2.) Gl. Gr.

Av. Aehnlich dem ersten. Rev. ähnlich, nur COMES. | ·1585. (Ebend. Fig. 3.)

Av. Aehnlich dem zweiten, nur fehlt der Stern ober dem Hunde, und unten ist ein Punkt statt des Sternes. Rev. Der Pegasus, das geflügelte Pferd nach linkshin galopirend, darüber Ueberschrift: · AB · EQVIS. VICTORIA. Im Abschnitte ·1585· (Fig. 4.) Gr. 13. (Der Hund ist als Sinnbild der Treue gewählt.)

30939—41.

Av. Umschrift von rechts: MANTA. DEI. QVERCVM. PRÆFERT. ET. LILIA REGIS (Sterurs.) (Diese Umschrift ohne Jahrzahl nach der Abbildung. In der Beschreibung S. 32 ist nach REGIS, 1593. angesetzt, welche Jahreszahl auf der Abbildung fehlt.) In der Mitte das Wappen im Schilde wie Nr. 30935, nur unten in der Spitze noch der Buchstabe M (antes). Rev. Umschrift: AMBORVM. CVLTRIX. AMBORVM. NVMINE. TVTA. In einem gekrönten länglichen Schilde rechts das franz. Wappen (drei Lilien) und links das Wappen von Navarra. Zur Seite des Schildes zwei unten über einander gelegte Lorbeerzweige. (Taf. IV. Fig. 1.) Gr. 13. (Um 1590.)

Av. Aehnlich dem letzten, nur REGIS. 1593, und in dem Wappenschilde fehlt der Buchstabe M, dagegen sind neben dem Schilde die Buchstaben I—B Der Rev. wie zuvor. (Ebendort Fig. 2.) Gr. 13. (Nach der Abbildung ist hinter der Jahrzahl 1593 noch ein aussen gestelltes M, dessen im Kontexte der Beschreibung nicht erwähnt ist. Die Bedeutung der Buchstaben I—B scheint nicht sichergestellt zu sein, und wird die Leseart Instructions de Beaunes, auch Institut de Béthune angeführt.)

Av. Wie zuletzt. Rev. HENRICVS. IIII. D. G. FRANCOR. ET. NAVAR. REX. Im gekrönten Schilde wie vorher das französische Navarrische Wappen, jedoch ohne die Zweige am Wappen. (Fig. 3.) Gl. Gr.

30942—43.

Av. Von rechts: MANTA · DEI. QVERCVM im Kontexte, (QVECVM auf der Abbildung) PR—ÆFERT (auf der Abbildung), PRAEFERT. (im Kontexte) ET. LILIA· REGIS. Das Schild ähnlich wie Nr. 30935, nur in der Spitze nach unten zu ein M Unten eine Leiste und 1597 Rev. Umschrift wie Nr. 30939. In der Mitte unter einer grossen Krone zwei Schilde neben einander, darin rechts jenes von Frankreich und links jenes von Navarra und in der Mitte zwischen beiden der gekrönte Buchstabe H (klein). Um die Schilde zwei Ordensketten. (Taf. IV. Fig. 4.)

Av. Wie zuletzt, der Rev. gleichfalls wie der letzte, nur die Umschrift HEN RICVS. IIII. FRANC—ORVM. ET. NAVARR. REX (Fig. 5.) Gl. Gr.

30944.

Av. Aehnlich Nr. 30942 (mit gleicher Differenz in QVECVM), jedoch unten 1605 Rev. Von rechts: PETIT. ARDVA. VIRTVS. (Auf der Abbildung ohne Punkte.) In der Mitte das behelmte Wappen des Gouverneurs Sully, darin im ersten Felde ein aufrechter Löwe nach rechts, im zweiten Lilien über das ganze Feld, im dritten sieben Pfennige; im vierten vier silberne Querstreifen nach links herab. Im Mittelschilde eine Querbinde. Im Abschnitte 1605 Gr. 13. (Fig. 6.)

Jetone aus der Zeit Ludwig XIV.

Av. Von rechts: LE. MAIRE. DE. FLICOVRT. ADAT DV. ROI. DE. LA. MAIRIE. DE. MET. Im Felde eine verzierte Kartouche, darin in einem Ovale das Stadtwappen, rechts die halbe Lilie, links der halbe Eichenbaum. An der obern Spitze der Kartouche M. Rev. Von rechts: VIRTVTIS. ET CONSILII. PREMIVM. In der Mitte ein von zwei Wilden, welche in den Händen nach aussen je eine gesenkte Keule tragen, gehaltenes gekröntes Schild, in welchem ein Querbalken, als das Wappen von Bethune. Im Abschnitte 1688 Gr. 13. (Taf. V. 1.)

Av. Aehnlich dem vorigen. Rev. Von rechts: FONTIS. RESTAVRATI. In der Mitte die Darstellung dieses von dem Bürgermeister Flicourt restaurirten Springbrunnens, welcher mehrere Absätze enthält. Im Abschnitte 1689. Gl. Gr. (Ebendort Nr. 2.)

30947—50.

Maubeuge. Kapitel St. Aldegund.

Av. SANCTA, ein Blatt, ALDEGONDIS, Blatt, VIRGO. Die heil. Aldegund stehend mit dem Krummstabe in der Rechten. Im Felde ein Stern. Rev. Eine kleine Lilie, ORA, ein Blatt, PRO, Blatt, NOBIS, Blatt, DEVM, Blatt. AME. Ein Blumenkreuz. Geprägt vor 1542. Bleymereau, beschrieben im Renier Chalon. Suppl. Nr. XXIII. Ein variantirter Stempel in Kupfer. Nr. XXIV.

Ein Stempel in Blei mit SANCT.... und im Rev. SIT. NOMEN..... Nr. XXV.

Av. BEATA × ALDEGVNDIS × VIRGO. Im Felde: • S • — AL (Sancta Aldegundis.) Die heil. Aldegund stehend, mit dem Krummstabe in der Rechten und einem Buche in der Linken. Eine Taube hält einen Schleier über ihr Haupt. Rev. ORA—PRO—NOBIS—DEVM Ein die Umschrift durchschneidendes Kreuz mit einem Sterne in der Mitte. (Ebendort I, 192.)

Ein Stempel hat unter • S •—AL die Jahreszahl 15—62 (Nr. 193.)

Meaux. 30951—53.

Mereau. Av. : AVE : MARIA : GRATIA PLEN• Innerhalb eines oben und unten unterbrochenen Linienkreises die Jungfrau Maria mit dem Kinde am rechten Arme. Rev. ✠ S: STEPHANVS • MELDENSIS: Zwischen je zwei Linien, von welchen die innere gestrichelt AVE, ober und unter diesen Streifen je • ❀ • Gekerbter Rand. Gr. über 9. (Fontenay S. 213).

Daselbst ist S. 214 auch eine Seite eines (einseitigen?) Mereau abgebildet, welcher die Umschrift S. STEPhanus MElDen hat. In einem Perlenkreise ein Reichsapfel zwischen Zweigen. Gr. 10. (Es sollen noch weitere Mereaux in verschiedenen Stempeln existiren, welche sämmtlich ein grosses M im Felde führen.)

Av. In einer mit einer Freiherrenkrone bedeckten Kartouche das quergetheilte ovale Stadtwappen, oben mit Lilien bestreut, unten der Aeskulapstab. Rev. PRO AN NONA | LARGITER EFFUSA | IN | TEMPORE DURO., darunter zwei gekr. Korngarben. Erhabener Rand. Gr. 20. Ovaler Jeton, welcher 1789 zu Ehren des zu Fossemartin wohnhaften Pächters Nikolas Tronchon geprägt worden. (Samml. des Herrn Dr. Freudenthal.)

Metz. 30954—55.

Mereaux, muthmasslich hieher gehörig. Av. Zwischen S—E (Saint Etienne) der Heilige mit Schein um den Kopf, am Grasboden knieend, nach rechts gewandt, die Rechte vorhaltend, und in der Linken eine Krone; vor ihm am Boden ragt aus der Erde ein Palmzweig hervor. Rev. Im Felde die Ziffer 3 (gross) und unten klein 1637 Am Rande ein Linien- und gekerbter Kreis. Gr. 13.

Ebenso, nur mit der Ziffer 4 Gl. Gr.

Maitres-Échevins. 30956—59.

Av. IA . (cques) PRALL . (on) CON . D . R . M . (aitre) ESCH . (evin) DE . METZ (Ros.) Zwischen überlegten Lorbeerzweigen ein französisches Schild; ein (silb.) rechter Schrägbalken, besetzt mit einer (schwarzen) Muschel zwischen zwei (rothen) Rosen (im rothen Felde.) Rev. Von rechts: VINCIT QVI — PATITVR . 1594 Ein Mann von der Rechten zerbricht eine Säule, im Felde Flammen. Gek. Rand. Gr. 13. (Abgebildet in C. Robert Recherches, Tab. I. Nr. 5.)

Av. ABR . FABERT M^RE ESCHEVN (sic) DE METZ 1611. (Ros.) Im Kreise ein kartouchirtes ovales Schild mit dem von Silber und Schwarz längsgetheilten Stadtwappen. Rev. Von rechts: TE RADIANTE LVCEBO. (Ros.) Im Kreise auf einem Grasboden rechts ein runder Spiegel mit Fussgestell, oben links die strahlende Sonne. Perlenrand. Gr. 12. (Tab. II. 1.)

Av. Von rechts: ABR . FABERT. M^RE ESCHEVIN . DE . METZ Im Kreise ein französisches Schild mit dem Familienwappen ohne Tinkturen; im blauen Felde mit einer Einfassung von goldenen Wolken, der nackte Herkules von vorn mit goldener Löwenhaut und Keule, rechts und links vier goldene Granaten über einander. Im Abschnitte •1624• Rev. wie zuletzt. Perlenrand. Gl. Gr. (Taf. II. 2.)

Av. Wie der vorletzte mit Punkten und ESCHEVIN, vom J. 1638 Rev. A.LA. VERTV . RIEN--NEST . INACESSIBLE (Ros.) Im Kreise unter Helm und Decken das Schild wie vorher umgeben mit der Ordenskette vom hl. Michael. Desgl. Gl. Gr. (Nr. 3.)

30960—63.

Av. Von rechts: I. (can) BAPT^E DE VILLER M^RE ESCHEVIN DE METZ (Ros.) Im Kreise das Stadwappen wie vorher. Rev. Von rechts: IVSTITIA . ET . MARTE. Im Kreise ein mit der Ordenskette vom heil. Michael umgebenes, quadrirtes, französisches Schild; im ersten und vierten (rothen) Felde eine (silb.) Binde, darüber zwei (silb.) Sterne [Villers]; im zweiten und dritten (blauen) ein (goldener) rechter Schrägbalken, besetzt mit einem (schwarzen) Thurme zwischen zwei (schwarzen) Muscheln [Mondelange]. Im Abschnitte neben dem herabhängenden Orden getheilt 16—26 Gr. über 11. (Tab. I. 12.)

Ebenso von 1622 und 1628 (S. 38.)

Av. I · (saac) BAGVE. MAISTRE. ESCHEVIN . DE METZ . (Ros.) Im Kreise das Stadtwappen im französ. Schilde mit Helm und Decken, über welchem eine wachsende Jungfrau von vorn mit Lilien in der gehobenen Rechten. Rev. MANCVPIO. ET. NEXV · 1630. (Ros.) Im Perlenkreise ein verziertes französ. Schild mit drei zusammengelegten Ringen, und im Schildeshaupte ein Kleekreuz zwischen zwei Kreuzchen. Perlenrand. Gl. Gr. (Tab. II. Nr. 7.)

30964—65.

Av. Von rechts: SVA SE FRONDE TVENTVR Im Kreise zwischen überlegten Palmzweigen das Wappen, ein mit drei (goldenen) Kleeblättern besetzter (blauer) Querbalken, darüber zwei, darunter eine (grüne) Heuschrecke rechtshin im (silbernen) französ. Schilde, auf welchem die Freiherrenkrone; unten am Rande 1663 Rev. In einer unten mit Blumen verzierten Kartouche das herzförmige Stadtwappen. Perlenrand. Gr. 10. (Ebendort Tab. III. Nr. 5.)

Av. Von rechts: ORBE. RVENTE. CADENT Im Kreise unter der Freiherrenkrone im (rothen) französ. Schilde drei (silb.) Zinnenthürme schräg rechts über einander. Rev. Das kartouchirte ovale Stadtwappen. Perlenrand. Gr. 11. (Jean Jacques de Gournay 1665—67.) Robert Tab. III. Nr. 4.

30966—68.

Av. Von oben B · (ernard) DE GIVRY. Mre ESCHEVIN. DE. METZ. Im Kreise innerhalb einer mehrfach gebogenen Einfassung ein französ. Schild mit dem

Stadtwappen. Zu beiden Seiten getheilt 16—69 Rev. ROSTRO. TVA. ET. VNGVE. TVEBOR (Ros.) Im Kreise zwischen überlegten Palmzweigen ein mit der Freiherrenkrone bedecktes französisches Schild, darin ein (schwarzer) Doppeladler im (gold.) Felde. Gekerbter Rand. Gr. 12. (Tab. IV. Nr. 1.)

Av. Wie zuletzt mit DE METZ ✱, das Schild ist kartouchirt und unter demselben die Jahrzahl 1672 Rev. Das vorstehende Wappen ohne den Kreis mit der untern Umschrift META. MIHI METÆ. Desgl. Gl. Gr. (Nr. 3.)

Av. Von rechts: • B • DE GIVRY. MR ESCHEVIN. DE. METZ. Das Stadtwappen wie vorher, innerhalb einer schildförmigen Kartouche. Unter der Abschnittsleiste • 1677 • Rev. Von rechts: (Ros.) VNDIQVE (drei Ros.) SOLEM (Ros.) Zwei auf einem Boden stehende Löwen halten das vorbeschriebene Familienwappen. Desgl. Gr. über 11. (Tab. IV. Nr. 6.)

30969—70.

Av. T. DE. BERARD. MR ESCHEVIN. DE. METZ. 1678 (Ros.) In einer oben mit einer kleinen Lilie verzierten Kartouche das ovale (von Silber und Schwarz längsgetheilte) Stadtwappen. Rev. SOLE. FAVENTE. RESVRGVNT Unter einer bis an den Rand gestellten Freiherrenkrone mit neun Perlen, im (silbernen) französischen Schilde ein mit drei (goldenen) Kleeblättern besetzter (blauer) Querbalken; darüber zwei, darunter eine (grüne) Heuschrecke rechtshin. Gek. Rand. Gelbes Kupfer. Gr. an 12.

Desgleichen von 1680 mit der Reversumschrift FOELICIA. TEMPORA SIGNANT (Beide in der Sammlung des Hrn. Dr. Freudenthal.)

30971—73.

Av. H. (enry) POVTET. M[E] ESCHEVIN. DE. METZ. 1683 (Ros.) Das ovale Stadtwappen in einer Kartouche, über welcher ein kleiner Kopf. Rev. Von der Seite links STAT ❀ VIGILAT ❀ ET ❀ LVCET Unter Helm und Decken ein französisches Schild; darin im (blauen) Felde ein (silberner) sechshügeliger Berg, an welchem rechts und links ein (silbernes) Eichhörnchen aufsteigt; oben zwei (goldene) Sterne. Auf dem Helme ein Stern. Gekerbter Rand. Gr. 11.

Av. Wie zuletzt vom J. 1684. und die Kartouche an den Seiten und unten mit Guirlanden verziert. Rev. PATRIAM. HÆC. SIDERA. FIRMANT Das Familienwappen wie vorher im kartouchirten, ovalen Schilde. Desgleichen. Gr. über 11. (Robert Tab. IV. Nr. 10.)

Av. LOVIS. F. (rançois) IEOFFROY. M. ESCHEVIN. DE. METZ Die Ansicht der Stadt mit Mauern eingefasst, darüber zwischen zwei, unten durch eine Schnur gebundenen Füllhörnern mit Früchten das ovale Stadtwappen, über welchem eine mit zwei kleinen Zweigen besteckte Lilie. Rev. CVSTODIT. NOCTE — DIEQVE. 1690 In einem an den Seiten mit Füllhörnern, unten mit Guirlanden verzierten Ovale, oben ein rother Querbalken, darüber zwei (silb.) Sterne im goldenen Felde, unten ein (silb.) Hahn rechtshin auf schwarzem Boden, welcher in der oberen rechten Kralle ein Stück Eis trägt. Ueber dem Schilde ein geschlossener Helm mit sechs Federn, ober welchen ein Sternchen. Desgl. Gr. an 13.

30974-75.

Av. PIERRE DE RISSAN. M. ESCHEVIN DE METZ 1696 In einer Kartouche das bisherige Stadtwappen, und unterhalb die Ansicht der Stadt. Im Rev. das von Löwen gehaltene Familienwappen in einer gekrönten Kartouche, darin im roth gestrichelten Felde ein aufrechter gekrönter (gold.) Löwe nach rechts; im blau gestrichelten Haupte drei (silb.) Lanzenspitzen. Ueberschrift: VIRIBVS ET ARMIS Gek. Rand. Gr. 13. Messing.

Av. PIERRE. DE. RISSAN. CHLR. M. ESCHEVIN. DE. METZ. 1703. Innerhalb eines Linienkreises die Stadt auf einem Hügel ausgebreitet und oberhalb das Stadtwappen in einer Kartouche. Rev. ähnlich dem letzten, nur die Ueberschrift: SECVRITAS. PVBLICA. Gek. Rand. Gr. 13.

30976—77.

Av. CAS. ANT. L. (e) F. (èvre) METZ DE CAUMARTIN Auf einem Grasboden ein zierliches, gehenkeltes, offenes Gefäss, gegen welches von oben ein Vogel herabfliegt; rechts an dasselbe gelehnt ein ovales, an den Seiten mit Palmzweigen verziertes Schild mit fünf silb. Querbalken im blauen Felde [Caumartin]. Im Abschnitte 1754 Rev. Von rechts: PATRIÆ SPES ALTERA SURGIT Von der Rechten die Minerva im Helm; in der ausgestreckten Linken einen kleinen Zweig haltend, lehnt sich mit der Rechten auf ein Schild, worin unter einem Fürstenhute zwei ovale Wappenschilde. In jenem rechts, vierfeldig, im ersten und vierten (blauen) Felde ein aufrechtes, rothes Eichhörnchen nach rechts [Foucquet]; im zweiten und dritten (goldenen) drei (schwarze) Sparren über einander [Levis]; in dem Schilde links im silb. Felde ein rother Querbalken, ober welchem ein (rother) Turnirkragen mit drei Lätzen [Bethune]. Links eine nackte Figur, welche in der ausgestreckten Rechten eine kleine Lilie und in der Linken das ovale Schild mit dem Stadtwappen hält. Zwischen beiden am Boden ein, auf einem Kissen liegendes Wickelkind. Im Abschnitte zwischen Palmzweigen ein blaues, ovales Schild mit einem aufgerichteten (gold.) Löwen rechtshin, welcher eine (gold.) Palme trägt. Das Wappen des Maître Echevin Mamiel de Marieulles (1745—58), zur Seite PRÆF-ECTO Gek. Rand. Gr. 14. Auf die Taufe des Kindes des Hr. v. Caumartin geprägt.

Ein Variant: mit PREF—ECTO S. 58 im Abschnitte des Reverses.

30978—83.

Verschiedene. Av. HENRICVS. IIII. FRAN—CORVM. ET. NAVA. REX. Die Wappen wie Nr. 30629, aber zwischen denselben unten, unter der Krone, zwei kleine, zusammengestellte, auf beiden Seiten mit einem Lorbeerzweige besteckte H Rev. Von rechts: CIVITAS. METENSIS. NB. Im Kranze von Lorbeerzweigen das Stadtwappen im französischen Schilde. Unter der Abschnittsleiste am Rande .1608. Perlenrand. Gelbes Kupfer. Gr. über 12. (Robert Tab. VI. Nr. 1.)

Desgl. vom Jahre •1610• im Av. FRANC—ORVM. ET. NAVAR. REX. (Ros.) und im Rev. METHENSIS. (Taf. VI. 2.)

Av. Von rechts: LVD. XIIII. D. G. FR. ET. NAV. REX. Der König in Rüstung mit dem Feldherrenstabe in der Rechten, auf einem rechtsschreitenden Pferde. Rev. IECT. DE. LA. COVR. DE—PARLEMENT. DE. METZ Das gekrönte mit den beiden Ordensketten umgebene französische Wappen. Gek. Rand. Gr. über 12. (Nr. 6.)

Av. Von rechts: LVD. XIIII. D. G—FR. ET. NAV. REX Das jugendliche Brustbild linkshin mit langem Haare im Harnisch und Mantel. Der Rev. wie zuletzt. Desgl. Gl. Gr. (Taf. VI. Fig. 7).

Av. Unter Helm und Decken im französischen Schilde ein von drei Kastellen begleiteter Sparren. (Das Wappen des General-Advok. Nikolas de Corberon.) Oben 1641 Der Rev. wie der vorletzte. Gr. an 13. (Nr. 5.)

Av. NICOLAS (Ros.) AVBVRTIN ADVOCAT (Ros.) Im Kreise unter Helm und Decken ein französisches Schild; (im blauen Felde) ein (silberner) Sparren; oben drei (goldene) Sterne; unten eine (goldene) entwurzelte Pflanze zwischen zwei Ringelblumen. Rev. ESCHEVIN THRESORIER DE METZ (Ros.) Im Kreise das kartouchirte, oben und unten ausgespitzte Stadtwappen, unter welchem getheilt 16—52 Perlenrand. Gr. an 12. (Tab. III. Fig. 3.)

Montbard. 30984.

In Fontenay S. 319 erscheint eine Seite nachstehenden Jetons beschrieben: zwei Wilde mit gesenkten Keulen als Schildhalter auf einer länglichen viereckigen, auf einer

Verzierung ruhenden Platte, sie halten ein oben und unten verziertes ovales Schild, worin im blauen Felde ein silberner Sichelmond mit den Spitzen nach oben, im gold. Schildeshaupte zwei fünfspitzige Sterne, ober dem Schilde eine Krone mit neun Perlen. Gekerbter Rand. Gr. über 14.

Soll von Heinrich Sylvester von Forêt, königl. Rath und Bürgermeister der Stadt Montbard auf Lebenszeit, herrühren.

Montcenis. 30985.

Einseitige Marke. Zwei L kursiv, einfach und verkehrt gestellt und in einander verzogen; oben eine Lilie, und unten W, der Name des Vorstehers der Hammerwerke. Umschrift rechts: ✱ MINE DE MONT-CENIS Am Rande ein Perlenkreis. Gr. 15. (Abgebildet Font. S. 67.)

Montfaucon. 30986.

Mereau. ✠ AV . MONTAFALCONA · Innerhalb eines gekerbten Kreises ein Kreuz, dessen vier Enden in Lilienform enden. Rev. Zwischen gekerbten Kreisen AVA . GRATIA . PLANA In der Mitte den Kreis oben unterbrechend die Mutter Gottes mit dem Kinde am linken Arme; beide mit breitem Heiligenschein. Gr. 9. (Ebendort S. 214.)

Nancy. 30987–88.

Av. IECT · DE · LA · CHAMBRE · DE · VILLE · DE · NANCY, ein Doppelkreuz. Innerhalb eines Linienkreises die Ansicht der Stadt mit mehreren Thürmen, nach vorn mit hohen Stadtmauern umschlossen, vor welchen ein Weingarten (?). Rev. NON . INVLTVS. PREMOR . 1616. Innerhalb eines Linienkreises in einer Kartouche das oben mit einer Krone bedeckte Schild, worin im obern Theile das vollständige Lothringische Wappen, im untern eine Distel mit zwei Blättern, als das Stadtwappen. Gekerbter Rand. Gr. 13.

In Gaillard's Katalog wird eines Jetons „de la chambre de ville de N.“ v. J. 1643 erwähnt.

Av. DE. LINTENDCE. DE. MR LE. IAY. ME (maitre) DES . REQS (Requêtes) In einem oben durch eine Freiherrenkrone unterbrochenen gewundenen Kreise ein französisches Schild, darin im (blauen) Felde ein (goldener) ausgebreiteter Adler, welcher nach der im rechten obern Winkel strahlenden (goldenen) Sonne hinaufschaut, in den drei andern Winkeln je ein gleicher, kleinerer Adler. Rev. Von rechts: GECT. DE. LA. CHAMBE — DE. VILLE. DE. NANCY In einem oben mit einem geflügelten Engelskopfe bedeckten quergetheilten Ovale das Stadtwappen wie vorher. An den Seiten des Schildes je eine henkelartige, oben in einen Schlangenkopf endende Verzierung; unter demselben eine Bandverzierung, in deren Mitte eine Lilie. Oben am Rande zwischen den Umschriften klein 16–55 Gekerbter Rand. Gr. 13. Gelbes Kupfer. (Samml. des Hrn. Dr. Freudenthal.)

30989–91.

Av. Von rechts: CAROLVS · D · G DVX . LOTH · MARCH · D · G · B · G Der Herzog zu Pferde am Grasboden nach rechts reitend, mit dem Feldherrenstabe in der Rechten. Der Rev. ähnlich dem letzten und oben neben dem Engelskopfe 16–63 Gek. Rand. Gr. 13.

Av. Von rechts: CARO · IIII · D · G · LOTH · M. C. B. G. DVX Das Brustbild linkshin mit langen herabwallenden Locken, und im Brustharnisch. Der Rev. wie zuletzt. Gekerbter Rand. Gr. 13. Desgleichen.

Av. CAROLVS · IIII · D · G · DVX · LOTH · MAR · C · B · G Das nach links gewandte Brustbild wie vorher. Rev. Aehnlich, nur die Umschrift nicht unterbrochen, mit CHAMBRE und die Jahreszahl unten statt oben, I—6—6—9 an der Kartouche. Gekerbter Rand. Gr. 13.

30992—95.

Av. Die Ansicht der Stadt mit Mauern eingefasst, in derselben viele Thürme, im Vordergrunde einige niedrige Gebäude, zwischen welchen und der Stadt ein Fluss. Oben am Rande GECT. DE. LA. CHAMB • DE, unterhalb VILLE • DE • NANCY Rev. Das Stadtwappen in der Kartouche wie vor, nur fehlt unten die Jahreszahl. Umschrift von rechts: NON. INVLTVS - PREMOR, ein Doppel(Patriarchen)kreuz. Gek. Rand. Gr. 13.

Ein zweiter von Messing hat NON (Patriarchenkreuz) INVLTVS—PREMOR (Patr.) 1641 Gl. Gr. (Sammlung des Hrn. Dr. Freudenthal.)

Ein dritter von Kupfer hat im Av. DE: und CHAMB: dann eine andere Zeichnung des Vordergrundes. Der Rev. wie zuletzt, mit 1674 Am Rande ein starker Strichelkreis und Gr. 14. Nach Gaillard auch ein jeton de la chambre de ville de Nancy, vom J. 1708.

30996—99.

Av. Von rechts: IETTON. DE. LA. CHAMBRE. DE. VILLE. DE. NANCY Im feinen Perlenkreise die Ansicht der befestigten Stadt. Unten am Rande ein kleiner einfacher Adler. Rev. Ein kartouchirtes Oval mit einer innern feinen Linieneinfassung, welche oben mit einer Muschel und seitwärts mit Palmzweigen geschmückt ist; dasselbe enthält das vorbeschriebene Stadtwappen. Umschrift von rechts: ❀ NON. INVL TVS. PREMOR ❀; unten am Rande klein • 1723 • Gekerbter Rand. Gr. 13.

Ein Stempel, ähnlich dem letztern, im Rev. jedoch mit kleinerer Schrift ohne Rosetten und Punkte und ohne Jahrzahl; das Oval oben blattförmig verziert, und statt der Palmzweige sind unten in der Kartouche zwei feine Lorbeerzweige durchgesteckt. Gekerbter Rand. Gr. über 13.

Ein weiterer Stempel ohne Punkte zwischen der etwas kleineren Umschrift des Av. und neben dem Adler getheilt • 17—29 • Gekerbter Rand. Gr. 13. (Beide in der Samml. des Hrn. Dr. Freudenthal.)

Av. Aehnlich ohne Punkte in der Aversumschrift, und neben dem Adler .17—33. Der Rev. wie der vorletzte ohne Jahrzahl. Gekerbter Rand. Gr. über 13.

31000—1.

Av. Von rechts: FRANC. STEP. PR. A. LOT. LEOP. I. ET. ELIS. C. AVREL. F. II. • Das Kindlein, Brustbild nach rechts mit blossem Halse, unter welchem S. V Rev. Am Boden zwei in einander verwachsene Lorbeer(?)Bäume mit der Ueberschrift: .SPES. ALTERA. GENTIS. Im Abschnitte NANC. PRIM. INGR. | .VRB. OCT. | .1714. Gek. Rand. Gr. 12.

Av. Kupferjeton (von St. Urb.) vom Jahre 1714, ihm zu Ehren von der Stadt Nancy geprägt. Das Brustbild von der rechten Seite. Rev. SI FORTE — ASSEQVAR. Drei der Sonne zufliegende Adler. Gr. 12. (Wellenh. 1562.)

Nantes. 31002—5.

Messingjeton vom Jahre 1605. Av. CALCVLI • NOBILISS • AEDILIVM • CIVIT • NANNETEN. Ein Segelschiff, um welches herum der gord. Knoten. Rev. OCVLI. OMNIVM. IN. TE. SPERANT. DOMINE Gekröntes Wappen zwischen zwei Lorbeerzweigen. Gr. 12. (Wellenh. 1658.)

Desgleichen von 1609. Gr. 12. (Nr. 1659.)

Av. CALCVLI. NOBILLISS. ÆDILIVM. CIVIT. NANNETEN Zwischen zwei zusammengebundenen Lorbeerzweigen ein gekröntes quadrirtes Schild, darin im ersten und vierten Felde die französischen Lilien, im zweiten und dritten mit Hermelin bestreut [Bretagne]. Rev. Von rechts: · OCVLI. OMNIVM. IN. TE. SPERANT. DOMINE. Im Linienkreise ein nach rechts segelnder Dreimaster im Meere, oben ein kleiner mit Hermelin bestreuter Abschnitt. Unten am Rande unter einer Abschnittsleiste ·1628· Gek. Rand. Messing. Gr. an 13. (Sammlung des Hrn. Dr. Freudenthal.)

Kupferjeton. Av. DU. TEMPS. DE. M. BIDE. ALOVE. ET. MAIRE DE NANTES. Gekröntes Wappen mit dem gord. Knoten; im Abschnitte 1653 Rev. FORTIS DOMINABITVR ASTRIS. Behelmtes Wappen. Gr. 12. (Wellenh. 1660.)

31006.

Av. SIT. NOMEN. DOMINI. BENEDICTVM (Ros.) Unter der Freiherrenkrone ein französisches Schild mit dem Stadtwappen, ein goldener linkssegelnder Dreimaster, dessen silb. Segel mit Hermelinschwänzchen bestreut sind, im rothen Felde (hier ohne Tinkturen), das Schildeshaupt mit Hermelinschwänzchen bestreut. Um die Krone und das Wappen eine an den Seiten in Liebesknoten verschlungene Schnur, welche unter dem Schilde in Quasten endet. Rev. Unter Helm und Decken ein mit der Ordenskette vom heil. Michael umhängtes französ. Schild, darin drei Sporenräder (2. 1.). Unten herum die Umschrift: · MAIOR. VRBIS—NANETENSIS. 1659 Strichelrand. Gl. Gr. (Samml. des Hrn. Dr. Freudenthal.)

31007—9.

Av. CIVITATIS. NANNETENSIS. INSIGNIA (Ros.) Das Wappen wie vorher. Rev. BENE. GESTI. MVNVS · HONORIS 16 (Ros.) 61 Unter Helm und Decken ein französisches Schild mit einem Andreaskreuze, auf dessen Mitte ein fünfspitziger Stern. Gekerbter Rand. Gr. über 12.

Av. Dieselbe Umschrift nur von rechts, die Ros. unten zwischen Quasten. Rev. Von rechts: INTER. ASPERA. MITIS In einem feinen Linienkreise zwischen unten über einander gelegten Palmzweigen ein mit der Freiherrenkrone bedecktes französ. Schild, darin drei Hirschköpfe (2. 1.) und im Schildeshaupte ein an den Seiten ausgespitztes Kreuz bis an den Schildrand reichend. Unten 1663 Gestrichelte Ränder. Gr. über 13.

Av. DE. LA. MAIRERIE. DE. MR FRANCOIS. LORIDO. S^{R} DV. MESNIL (Ros.) Das Wappen wie bisher, die Schnur von der Krone herabhängend. Rev. Von rechts: · SOLI · GALLO (Ros.) OPTEMPERAT. Unter Helm und Decken ein französ. Schild mit einem (gold.) aufgerichteten doppelschwänzigen Löwen (im blauen Felde). Auf dem Helme drei Straussfedern; unter der Abschnittsleiste ·1667· Gek. Rand. Gl. Gr.

31010—11.

Av. IACQVES. CHARETE. SENECHAL. ET. MAIRE. DE NANTE (E wie F) (Ros.) Ein mit der Freiherrenkrone bedecktes französ. Schild, an dessen Seite zwei unten gekreuzte Palmzweige. In demselben ein nach rechts schreitender aufrechter Löwe, und unter ihm drei Vögel, der mittlere etwas tiefer, nach rechts. Rev. wie Nr. 31004 mit 1668 ohne Punkte vor und nach der Umschrift, und mit einem Perlenstatt Linienkreise. Gek. Rand. Gr. über 12.

Av. GRATIEN. LIBAVLT. ESCVIER. SEIG^{R} DE. LA. TEMPLERIE (Ros.) Unter Helm und Decken ein über Wellen gestelltes französ. Schild mit sechs Lilien (3. 2. 1.) und im Schildeshaupte drei Lanzenspitzen; auf dem Helme ein Eberskopf rechtshin; als Schildhalter zwei Seejungfern mit Handspiegeln. Rev. Von rechts: CAP^{NE} EN. CHEF. DE. LA. FOSSE. ET. MAIRE. DE. NANTES Im Perlenkreise die Vorstellung wie Nr. 31004, aber der Dreimaster links segelnd. Unten am Rande zwischen der Umschrift nach aussen .1671. Gekerbter Rand. Gr. an 13.

31012—13.

Av. IAN. REGNIER · CONC^{R}. DV. ROY. AVDIT^{EUR}. DES. COM^{PTES}. MAI^{RE}. DE. NAN^{TES} ✱ Unter der Freiherrenkrone im französischen Schilde zwei gekreuzte

Krückenstäbe, auf beiden Seiten ein Ring, oben ein fünfspitziger Stern, unten ein liegender Sichelmond. Rev. Von rechts: HONORAT. NON. ONERAT. 1674. Im Linienkreise die Vorstellung wie im letzten Reverse. Im Averse ein gekröntes I, im Rev. eine kleine Krone eingeschlagen. Gekerbter Rand. Gr. 13.

Av. LOVIS CHARETE CONER DV ROY. ET. SENESCHAL. DES VILLE & CONTE DE NANTE MAIRE Innerhalb eines Linienkreises das Wappen wie Nr. 31010 im französ. Schilde zwischen zwei unten überlegten Palmzweigen. Rev. Von rechts: ·QVID · MIHI · PATRIÆ · INSERVISSE. SATIVS. Innerhalb eines unten unterbrochenen Linienkreises ein Dreimaster nach links, und ober ihm fünf Hermelinschwänzchen. Im Abschnitte unter einer Leiste · 1675 · Gekerbter Rand. Gr. an 13.

31014—15.

Av. Von rechts: IAC. FREMON. CONER DV. ROY. ET. MAIRE. DE NAN TES ✱ Im Kreise unter Helm und Decken ein auf einem Doppeladler liegendes französisches Schild, darin ein Herz über einem liegenden Sichelmonde und im Schildeshaupte drei Sterne. Rev. Von rechts: ·DIGNVS. MAIORE. CARINA. Im Kreise ein französisches Schild mit dem Stadtwappen; aber das Schiff nur mit zwei Masten. Unter der Abschnittsleiste am Rande ·1680· Gek. Rand. Gr. an 13.

Av. DE. LA. MAIRIE. DE. MR DV. MESNARD. PAVILLON ✱ Das Stadtwappen wie Nr. 31009. Rev. Von rechts: · CORQVE. MANVSQVE. STVDENT. SV PERIS. Unter Helm und Decken ein französ. Schild; darin im rothen Felde eine aus dem rechten Schildrande hervorgehende Hand mit Bogen, unten ein Herz mit darauf gestellten Kreuzchen über einem liegenden Sichelmonde; im blauen Schildeshaupte zwei Sterne; auf dem Helme drei Straussfedern; unter der Abschnittsleiste am Rande 1682 Gr. über 12. (Beide in der Samml. des Hrn. Dr. Freudenthal.)

31016.

Av. DE. LA. MAIRIE. DE. MR DE. LISLE. ADVOCAT. DV. ROY (Ros.) Das Stadtwappen, worin der Dreimaster nach rechts im französischen Schilde, ober welchem die Freiherrenkrone mit der von den Enden derselben herabhängenden Schnur. Rev. Von rechts: .HOC.·SE. TEGVNT. AGGERE. CIVES. Unter Helm und Decken ein französisches Schild, darin zehn längliche Vierecke (4. 3. 2. 1. gestellt). Am Rande unter einer Leiste die Jahrzahl ·1687· Gek. Rand. Gr. 13.

31017.

Av. DE LA MAIRIE DE MRE MELLIER GENAL DES FINANCES CHEVER DE L'ORDRE DE ST LAZARE ✱ Das Stadtwappen wie Nr. 31009 in einem kartouchirten Schilde und der Dreimaster rechtssegelnd. Rev. Unter der Markgrafenkrone ein mit der Ordenskette vom heil. Lazarus umgebenes ovales Schild, im blauen, mit vierzehn Kugeln bestreuten Felde ein Querbalken. Hinter dem Schilde ragen die Spitzen des Ordenssternes hervor. Obere Umschrift: NOSTRO FLOREBIT AMORE.; unten am Rande, neben dem von der Kette hängenden Sterne getheilt 17—27. Strichelrand. Gr. über 13. (Samml. des Hrn. Dr. Freudenthal.)

31018.

Av. DE LA MAIRIE DE MR BELLABRE PRT (Prevot) ET SENL (Senechal) DU PRL DE NANTES (Kreuzrosette) Wie Nr. 31017. Die Kartouche an den Seiten mit Palmzweigen besteckt und unten eine muschelförmige Verzierung. Rev. Unter der Freiherrenkrone ein muschelförm. Schild mit einem Palmbaume im goldenen Felde. Schildhalter sind zwei auf einer Verzierung sitzende Indianer mit Federschmuck am Kopfe und mit Keulen; jener rechts lehnt sich mit dem Arme auf das Schild, jener links hält mit der ausgestreckten Rechten die Krone. Links in der Verzierung klein

D V (Du Vivier) Ueberschrift: PROTEGIT ET PASCIT. Unter der Abschnittsleiste 1752 · Starker Strichelrand. Gr. über 13.

31019.

Av. Von rechts: PORTUS PATET NON—VADA TIMENDA Unter einer an den Rand gestellten Mauerkrone in einer mit der Schnur umgebenen hautartigen Kartouche ein länglich ovales Schild mit dem Stadtwappen; der Dreimaster rechts segelnd. Unten am Rande zwischen den Quasten nach innen 1786 Rev. Auf einem Abschnitte zwischen zwei liegenden Einhörnern ein mit der Marquiskrone bedecktes kartouchirtes nach oben ausgebogenes französ. Schild; im goldenen Felde ein Baum, vor welchem ein ruhender zurückblickender Hirsch von der Linken; und im blauen Haupte ein Stern zwischen zwei Jakobsmuscheln. Unter dem Abschnitte ein grosser Blumenkelch. Gek. Rand. Gl. Gr.

31020.

Av. Von rechts: IN TE SPERANT—OCULI OMNIUM. Das ovale Stadtwappen in einer Kartouche, darin der Dreimaster nach rechts, oberhalb eine fünfzinnige Mauerkrone, von welcher die in Knoten gelegte, das Schild umschliessende Schnur herabhängt. Im Rev. Herkules am Meeresufer, auf der Löwenhaut sitzend, nach links gewandt, wie er ein Stangenbüschel an seinem linken Knie brechen will; rechts neben ihm die Keule und eine Säule; am Meere in der Ferne Schiffe. Umschrift von oben rechts: VINCIT CONCORDIA FRATRUM Gekerbter Rand. Gr. an 14.

Nevers. 31021—23.

Mereaux. Av. × M × anniuers......eccle × niuernen und eine zweigähnliche Verzierung zwischen gekerbten Kreisen. In der Mitte ein Todtenkopf innerhalb eines Kranzes von Flämmchen; nach dem Texte Thränen, zwischen welchen rechts und links je ein kleiner Knochen. Rev. sancte × cirice × ora × pro × nobis × und eine gleiche Zweigverzierung, wie im Av. Diese Umschrift zwischen gekerbten Rändern. In der Mitte von rechts aus einem Walde kommend der heil. Cyrus auf einem Eber reitend; ihm gegenüber von links kommend eine gekr. Gestalt (Karl der Grosse), welche mit einer Lanze auf den Eber losschreitet; nach links ragt ein Pferdekopf aus dem Kreise hervor. Gr. 12. (Abgebildet Font. S. 417.)

Av. SANCTE CIRIC...... (e ora pr.) In einem Perlenkreise der Eberkopf nach rechts gestellt, mit einem Punkte ober und unter demselben. Rev. Von rechts: SANRCTA IVDITA ORA PR zwischen Linienkreisen. In der Mitte I zwischen sechsspitzigen Sternen. Gr. über 10. Von grobem Stempelschnitt.

Av. MOETA CVRIE ECLENIV Nach aussen doppelte, nach innen ein Linienkreis, in welchem die Werthzahl III im Rev. der Heilige von links auf dem Eber, nur zur Hälfte sichtbar; gegen ihn läuft die gekrönte Gestalt eine grosse Lanzenspitze vorhaltend. Zwischen beiden nach rückwärts drei Bäume mit abgehauenen Aesten; am Rande ein Linienkreis. Gr. über 10. (Beide Font. S. 418 abgebildet.)

31024.

Jetone. Av. ✠ : PRO : CAMERA : COMVNITAT VRBI : NIVERN : Innerhalb eines feinen Linienkreises zwischen vier Halbbögen ein unten zugespitztes glattes Schild, darin im (blauen) Felde ein aufrechter (gold.) Löwe nach rechts, um welchen im Felde längliche (goldene) Vierecke (billetes) zerstreut sind. In der obern und den Seiteneinbiegungen der Halbkreise je ein gestieltes Blatt. Rev. ADORAMVS. ET. XPE : ET. BENEDIXIMVS ✠ Innerhalb eines Linienkreises ein breites, von innen goldlingirtes Kreuz, dessen Enden in gespaltene Blumenblätter enden, zwischen welchen an den vier Seiten die Buchstaben O—M—R—D (O mater Dei) Gegen die Kreuzenden zu reicht von dem Linienrande hinein je ein gestieltes Blatt. Gek. Rand. Gr. 13. (Fontenay S. 406.)

31025—26.

Av. ✠ CIVITAS ∘ NIVERNENSIS ∘ 1568 In einem Linienkreise der Löwe und die Vierecke im Felde ohne Schild. Rev. ✠ VNITAS ∘ AVSPICATA ∘ 1568 In einem Linienkreise eine Hand aus Wolken, von oben links, welche sieben Pfeile hält, mit den Spitzen nach rechts gestellt. Am Rande ein Linienkreis. Gr. über 13. (Fontenay S. 406.)

Av. ✠ ·CIVITAS . NIVERNENSIS. Zwischen zwei unten gebundenen Lorbeerzweigen das vorige Stadtwappen, in einem unbehelmten französischen Schilde. Rev. ✠ AVSPICATA . SVB . REGE . VNITAS In einem Linienkreise abermal eine Hand mit sieben Pfeilen, jedoch hier von oben aus Wolken, und unterhalb am Kreise hier ein Grasboden, auf welchem fünf Blümchen. Gek. Rand. Gr. 13. (Ebendort. S. 407.)

31027—28.

Av. CAR . GONZ . D . NIVERNENSIS . ET . RETH. Ein gekröntes, quadrirtes, französisches Schild mit den Wappen von Mantua, Alençon (die französischen Lilien innerhalb einer rothen, mit acht goldenen Pfennigen besetzten Einfassung) Neuburgund und Mark-Cleve. Zu beiden Seiten des Schildes ein Lorbeerzweig; über der Krone am Rande klein FI (Haspel) DES. Rev. Von rechts: .CIVITAS. NIVERNENSIS. Zwischen oben überlegten Lorbeerzweigen ein französisches Schild mit dem vorigen Stadtwappen ohne Tinkturen. Unter der Abschnittsleiste am Rande NB (Nicolas Briot) in einander gestellt, und daneben getheilt ·16—08· Perlenrand. Messing. Gr. über 13.

Achteckig. Av. CIGILLVM VRBIS ❁ NIVERNENSIS 1694 ❁ Innerhalb einer Kartouche das vorige Stadtwappen in einem ovalen Schilde. Rev. Ohne Umschrift. In einem ovalen mit der Herzogskrone bedeckten und einem Wappenmantel umhängten ovalen Schilde im ersten und vierten blauen Felde ein rother Querbalken, in welchem drei Sterne und hinter demselben ein Faszesbeil. Im zweiten und dritten blauen je zwei Fische, Delphine. Die Ränder mit Doppellinien eingefasst. Höhe 15. (Font. S. 407.)

Nuits. 31029.

Av. FELIX . SONOIS . MAIRE . DE . NVITZ . ELV . DE . BOVRGOGNE · Unter Helm und Decken ein kartouchirtes ovales Schild, in welchem im rothgestrich. Felde eine Gans nach rechts im Wasser. Auf dem Helme drei Straussfedern. Rev. Von rechts: ·DISSOLVET . ET . ISTAM. Innerhalb eines Kreises über blitzenden Wolken die strahlende Sonne mit Gesicht. Unter der Abschnittsleiste .1701. Perlenrand. Gr. über 14.

Orleans. 31030—32.

Av. DE . MANV . INIMICORVM . LI—BERATI . SERVAMVS . ILLI (Ros.) Das gekrönte französische Wappen umgeben mit der Ordenskette vom heil. Michael. Rev. POVR . LA . CHAMBRE . DES . CHAVSSEES . DORLEANS : (Kreuzros.) Zwischen oben und unten überlegten Lorbeerzweigen ein französisches Schild mit dem Stadtwappen ohne Tinkturen; im rothen Felde drei goldene Epheublätter (2. 1·) und zwischen denselben ein senkrechter Stab, auf dessen Mitte ein Ringel liegt, das blaue Schildeshaupt mit drei goldenen Lilien besetzt. Ueber dem Schilde 1586 Gek. Rand. Messing. Gr. 13.

Av. Von rechts: .POVR . LA . MAISON . DE . VILLE . DORLEANS. Auf Grasboden steht von vorn eine nach links blickende Frau im leichten Gewande, hält in der gehobenen Rechten zwei Weintrauben und drei Kornähren und mit der Linken an einer Schleife ein französisches Schild mit dem Stadtwappen wie vorher, aber ohne den Stab. Rechts im Hintergrunde sechs kleine Thürme; unter dem Boden am Rande klein ·AVRE LIA· Rev. Von rechts: ·A· DOMINO· FACTVM· EST· ISTVD· Christus am Kreuze, daneben in betender Stellung rechts ein Mann (Karl VII.), links eine Frau mit langem Lockenhaare (die Jungfrau von Orleans), beide in Rüstung und vor dem Manne am Boden eine Krone. Unten am Rande •1608• Gek. Rand. Messing. Gr. an 13.

Av. •L • XIIII • ROY . DE . FR^{CE} — ET . DE . NAVARE . Die Wappen wie Nr. — —. Rev. POVR . LES . CHAVSSEE . DE — LA . VILLE . DORLEANS • 1647 (Ros.) Unter der Königskrone ein mit den Ordensketten des Av. umgebenes, gespaltenes, französisches Schild, rechts die französischen Lilien, darüber ein Turnierkragen mit drei Lätzen, links das Stadtwappen wie Nr. 31030. Desgl. Desgl. Gl. Gr.

31033—36.

Av. Von rechts: •EX . LIBERTATE . COMERCII . VBERTAS• Die Ansicht der Stadt, vor welcher ein Fluss mit einer Brücke, in welchem zwei Boote und ein Landungsplatz mit zwei Personen. Oben zwei gekreuzte Füllhörner mit Früchten; im Abschnitte •AVRELIA•. Rev. Von rechts: POVR . LA . COMM .(une) D .(es) MARCH. (ands) FREQ . (entants) LA . R . (ue) D . LOYRE Rechts im Schilfe ein ruhender Flussgott stützt den rechten Arm auf eine Urne, aus welcher Wasser fliesst, vor ihr Merkur mit seiner Mütze hält die Rechte ausgestreckt und in der Linken den Kaduceus. Oben Wolken; im Abschnitte •LIGERIS . | . 1653 . Gek. Rand. Messing. Gr. 13. (Vorstehende vier Stempel in der Samml. des Hrn. Dr. Freudenthal.)

Ein ähnlicher Stempel hat im Av. nach VBERTAS. noch R. Gl. Gr.

Ein dritter im Av. gleichfalls mit R. hat einen in der Zeichnung verschiedenen Revers, auf welchem die Jahrzahl fehlt. Gl. Rand. Gl. Gr. Messing.

Av. Von rechts: .LOVIS . LE . GRAND . — . ROY . DE . FRANCE. Das nach links gewandte Brustbild mit langer Lockenperücke und spitzem blossem Halse. Der Rev. wie der letzte •LIGERIS• im Abschnitte ohne Jahrzahl. Gekerbter Rand. Gr. 13. Kupfer.

Paris. 31037—43.

Mereaux. *a)* La Sainte Chapelle.

Av. Ein unten zugespitztes Schild mit Perlenleisten, darin die drei Lilien. Oben und auf den Seiten eine Rosette zwischen Blättern. Rev. Zwischen Querleisten • IIII • Oben . N . (nova) unten . F (undatio). Die Punkte rautenförmig. Perlenrand. Gelbes Kupfer. Gr. über 10. (Vor dem J. 1448.)

Av. CAPELLA (gestielte Blume) REGVALIS (desgl.) ✠ Im gekerbten und feinen Linienkreise ein hohes Kreuz, auf welchem die Dornenkrone hängt. Rev. PALA CII: (Ros.) : PARISIENSIS ✠ In gleichen Kreisen unter einer kleinen Krone ∴XII∴, darunter eine Rosette. Gelbes Kupfer. Gr. an 11. (Vom J. 1448.)

Av. CAPELLA : (Ros.) : REGALIS : (Ros.) : ✠ In einem Perlen- und feinen Linienkreise das Kreuz wie zuletzt, neben welchem getheilt X—II Rev. PALACII (Ros.) PARISIENSIS : ✠ In gleichen Kreisen unter einer kleinen Krone X·II, darunter eine durchstochene Rosette. Gelb. Kupfer. Gr. 11. (Um 1530.)

Av. CAPELLA (Ros.) REGALIS 8 (Rosette, dann ein Krückenkreuz.) Die Vorstellung wie im letzten Averse, aber nur rechts neben dem Kreuze X Rev. wie zuletzt, aber im Felde unter einer kleinen Krone X zwischen vier Blättchen, darunter eine Rosette. Desgl. Gr. über 11. Desgl.

Av. Unter einer Krone die Werthzahl XII zwischen Lilien und unten eine durchstochene Rosette. Der Rev. wie der Avers. Gr. 9.

Desgleichen nur mit der Werthzahl V·II zwischen durchstochenen Rosetten, darunter eine Lilie. Der Rev. wie der Av. Gr. 10. (Um 1570) Diese sechs in der Samml. des Hrn. Dr. Freudenthal.

Av. CAPELLA, (Ros.) REGALIS (Ros.) In der Mitte das Kreuz mit dem Kranze und den zwei Nägeln. Zur Seite V—I und tiefer 15—70 Rev. PALACII . PARISIEN

SIS (Ros.) Die drei Rosetten fünfblättrig. Unter einer Krone die Werthzahl VI und tiefer eine Lilie. Gekerbter Rand. Gr. 11. (Abgeb. Font. S. 217.)

31044.

b) La grande Confrairie (La Madeleine.)

Av. Auf einem Grasboden steht von vorn die gekrönte Jungfrau mit dem Kinde auf dem rechten Arme, welches an einem Bande das Lilienschild hält, sie hält in der gehobenen Linken das Stadtwappen. Rev. POR LA . GRA . CÕFRARIE . DE . PARIS (Ros.) Im Linienkreise zwischen Querleisten (Ros.) VII (Ros.) Gek. Rand. Gelbes Kupfer. Gr. über 10.

31045—50.

c) Kirche St. Etienne-des-Grès.

Av. D . L . CONFRAIRIE . NOSTRE : DAME : Im Linienkreise ỦI (VI) darunter klein 1559 Rev. SITVEE . A . ST ESTIENNE . DE . GRECZ : Sonst wie im Av. Gelbes Kupfer. Gr. über 11.

Av. Wie vorstehend mit NRE . DAME . (Kleekreuzchen): Im Kreise I . I, darunter klein 1559 Rev. A . ST ESTIENNE . DE . GRECZ ;• (Kleekr.) Sonst wie im Av. Desgl. Gr. an 10. (Die letzten drei in der Samml. des Hrn. Dr. Freudenthal.)

In Fontenay Seite 92 erscheint ein Variant hievon abgebildet, welcher in der Umschrift NRE . DAME : ⊛ . D u. s. w. und im Rev. GRECZ : ⊛ . A . u. s. w. — in der Mitte im Av. und Rev. jedoch in einem Linienkreise bloss die Werthzahl II ober 1559 hat.

Av. ✱ S ✱ | ✱ E . D . G ✱ dann über und unter D ein Punkt | . 1629 . Rev. Gross XII, oben und unten ein gleicher Stern. Gekerbter Rand und im Av. nach innen ein Linienkreis. Gr. über 11.

Av. S zwischen gleichen Sternen | . E . D . G . | 1629 Rev. VI oben, unten und zu beiden Seiten ein gleicher Stern. Gekerbter Rand. Gr. an 10.

Desgleichen mit I . I und . 1629 . dann beiderseits nach innen ein Linienkreis. Gr. an 9. (Diese drei in der Samml. des Hrn. Dr. Freudenthal.)

d) Kirche St. Eustach. 31051—55.

In Font. S. 219, 21, und 121 erscheinen nachstehende Mereaux abgebildet:

a) Ein Jagdhorn mit einer Schnur in Form einer Schlinge ꓤ oberhalb; zur Seite S—E darunter die Werthzahl IIII Im Rev. am Rande links ein stillstehender Hirsch nach rechts gewandt; vor ihm nach links gewandt ein knieender Mann mit vorgehaltenen Händen. Am Rande rechts ein Baum, oberhalb Wolken. Gr. 11.

b) Av. Der heil. Eustach in ganzer Gestalt mit den Füssen im Wasser, wie er die beiden Hände emporhält, neben ihm oberhalb S—E und unten je ein Thier (der Löwe und der Wolf), wie sie je eines seiner Kinder mit dem Rachen packen. Rev. In der Mitte zwischen zwei Querstrichen X, oberhalb derselben das Jagdhorn, unterhalb M (malines?) Am Rande ein Linienrand. Gr. 9.

c) Auf einem zweiten Rev. mit der Werthzahl XII fehlt der Buchstabe M Gl. Gr.

d) Av. Das Jagdhorn wie vorher, zur Seite ST—E Rev. Zwischen zwei Doppelleisten MESSES . DE | Querstrich | . L'EVVRE Ober und unter den Leisten je ein nach rechts laufender Hirsch. Gek. Rand. Gr. 11.

e) Achteckig. Av. Der Vordertheil eines Hirschen, welcher von rechts am Rande aus dem Gesträuche hervortritt; am Kopfe desselben ein kleines Kreuz. Vor ihm im Grasboden ein knieender Mann, welcher ein zur Hälfte aus dem linken Rande hervortretendes Pferd am Zügel hält. Rev. Ueberschrift: COMMOVET ET LAUDAT In der Mitte ein Waldhorn, durch welches an einer Schleife befestigt, zwei Palmzweige durchgesteckt sind. Im Abschnitte klein: J. J. POUPART CURÉ | 1786 An den Rändern ein gewundener und ein Linienkreis. Höhe 15.

e) Kirche St. Gervais. 31056—58.

Av. Zwischen doppelten Querleisten: (Ros.) S (Ros.) | GER | VAIS | Rev. Zwischen gleichen Leisten XII, daneben links ein kleines D (eniers) Gekerbter Rand und nach innen ein feiner Linienkreis. Gr. an 10.

Bei einem zweiten Stempel mit entfernter von einander stehenden Buchstaben ist unter der Leiste am Rande 1650 Auch fehlen die Linienkreise an den Rändern. Gl. Gr. Beide Messing.

Fontenay S. 222 hat die Reversseite eines II. Denier Parisis abgebildet, auf welchem zwischen den Doppelleisten . II : D . und unter D ein P Punktirter Rand. Gr. 9.

f) Kirche St. Jacques. 31059—60.

Av. Drei Jakobsmuscheln (2. 1.), oben, in der Mitte und auf beiden Seiten unten ein fünfspitziger Stern. Rev. Zwischen doppelten Querleisten eine Jakobsmuschel zwischen † — D (ein Denier). Hinter der Muschel ein bis an den Rand gestellter Pilgerstab, neben welchem oben und unten Schnörkelverzierungen. Gek. Rand. Gelbes Kupfer. Gr. an 10.

Av. Zwei Jakobsmuscheln, dazwischen eine kleine Lilie; oben und unten I (liegend.) Der Rev. wie der Av. ohne die Lilie. Desgl. Desgl. Gr. über 9. (Samml. des Hrn. Dr. Freudenthal.)

31061—65.

Av. Der Heilige von vorn in Pilgertracht mit Schein um den Hut, hält in der Rechten den Stab, in der Linken ein Buch, vor ihm hängt die Betteltasche. Oben neben ihm getheilt S . — . I . (Sanct. Jacobus), unten zu beiden Seiten eine Jakobsmuschel. Rev. Zwei gekreuzte Pilgerstäbe zwischen zwei Jakobsmuscheln, oben 1625, unten die Tasche. Gekerbter Rand. Gl. Gr. (Ebçndorf.)

Die Buchstaben SI in einander gestellt, und zwei Zweige gekreuzt durchgesteckt. Am Rande unter einer Doppelleiste 1640 Gekerbter Rand. Einseitig (?). Abgebildet Fontenay S. 223. Gr. 9.

Av. Auf einer Leiste die verschlungene Chiffre SI, hinter welcher zwei gekreuzte Lorbeerzweige; im Abschnitte am Rande 1643 Der Rev. wie zuletzt ohne Jahreszahl. Desgl. Gl. Gr.

Av. Der heilige von vorn in Pilgertracht hält in der Rechten einen Napf; in der gehobenen Linken den Stab, von welchem ein Fläschchen und eine Tasche herabhängen; am Boden rechts und links ein kleiner Weinstock. Rev. Von rechts: . CHANOYNES . Im Linienkreise wie Nr. 31061, aber oben statt der Jahrzahl noch eine Muschel. Unter der Abschnittsleiste am Rande . 1647. Gekerbter Rand. Gr. an 13. (Beide in der Samml. des Hrn. Dr. Freudenthal.)

Bei einem (Fontenay S. 223 abgebildeten) Stempel fehlen die Punkte bei C—S und der Jahrzahl, auch ist hier statt der vierten Muschel des vorstehenden Reverses ein Klingenbeutel (aumônière.) Gr. 13.

31066—67.

g) Kirche St. Martin des Champs.

Av. DE . CAMPELLIS . 1588 (Ros.) Im Linienkreise der auf einem Boden von vorn stehende hl. Martin im Bischofsornate mit Schein hält in der Linken den Krummstab und die Rechte segnend in die Höhe; links im Hintergrunde eine kleine Kirche. Rev. DISTRIBVTIO (Ros.) PRO (Ros.) BENEFICIATIS (Ros.) Im Linienkreise zwischen doppelten Querleisten II zwischen drei Rosetten, über und unter einer jeden ein Punkt. Oben und unten eine Ros. zwischen Punkten. Gek. Rand. Messing. Gr. an 12.

Av. . DE . CAMPELLIS ·:· 1588· Innerhalb eines Linienkreises der hl. Martin als Ritter zu Pferd nach rechts reitend, wie er mit dem Schwerte dem zur Rechten schreitenden Manne ein Stück seines Mantels abschneidet. Rev. : DISTRIBVTIO . PRO . BE

NEFICIATIS und eine vierblättrige Kreuzros. In der Mitte wie vorher. An den Rändern beiderseits je ein Perlenkreis. (Abgebildet Fontenay S. 70 und fehlt auf dieser Abbildung jene Ros. und Punkte, welche im Rev. unter der untern Querleiste im erstern Stempel vorhanden.) Gr. 12.

h) Kirche Sct. Merri. 31068.

Av. S. MEDERIC — . ABBAS. Der Heilige im langen den Kopf mit bedeckenden Gewande in ganzer Gestalt, in der Rechten ein Buch, links den Krummstab haltend. Rev. SIMBOL | PRÆSE | PARR. S. | MEDERICI. | PARISS. | 1579 Linienkreis am Rande. Gr. 14. (Abgebildet Fontenay S. 225.)

i) Kirche Sct. Nicolas. 31069—70.

Av. Zwischen zwei Querleisten SANCTE | NICOLÆ | . ❀ 1635 ❀. Ober- und unterhalb dieser Leisten eine Verzierung, an welcher je vier Sterne. Rev. HVMANÆ. VITÆ. CONDITIO ❀ Innerhalb eines Linienkreises ein Schiff im bewegten Meere; neben dem Maste, auf welchem ein Stern, oben rechts ein Halbmond. Oben ober einem Querstriche drei Lilien. Gek. Rand. Gr. 10.

Av. ✠ | FABRIQUE | DE LA | PAROISSE | SAINT | NICOLAS | DES | CHAMPS Rev. Der heil. Nicolaus in ganzer Gestalt mit der Bischofsmütze und dem Krummstabe in der Linken, wie er die Rechte über drei Kinder hält, welche links von ihm neben einander in einem Gefässe stehend, von ihm getauft werden. Im Abschnitte S N und nach links kleiner A^v F Am Rande ein Perlenkreis. Gr. 15. (Abgeb. Fontenay S. 111.)

31071.

k) Sct. Opportune. (Bruderschaft?)

Av. ·✠· | . IE. SVIS | A. LOEVVRE | . SAINCTE | OPPORTVNE | ❀ 1621 ❀ | ✠ Rev. Unter einer grossen Krone eine Lilie. Die Ränder gekerbt. (Abgebildet Fontenay S. 93.)

l) Kirche Sct. Severin. 31072.

Av. ✠. POVR. LA. CONCEPTION. NRE. DAME. PREMIERE. In der Mitte innerhalb eines Perlenkreises zwischen zwei Leisten eine Ros. aus sechs Punkten und V. D: (fünf Den.) Unter der tiefern Leiste 1565 zwischen zwei Rosen. Rev. ✠· FONDEE. A. PARIS EN. LEGLISE. S^T SEVERIN. Innerhalb eines Perlenkreises zwischen zwei aus Quadern gebauten Thürmen ein Thor, in dessen Durchfahrt zwei Gestalten in langen Gewändern; ober den Thürmen zwei Sternchen, zur Seite je zwei gestielte Blumen und unter dem Ganzen ein Grasboden. Am Rande Perlenkreise. Gr. über 14. (Ebendort.)

m) Unbestimmte. 31073—78.

Av. In der Mitte zwischen Strichen MANVEL | ·*· 1634 ·*· Ober und unter den Strichen je eine Verzierung, bestehend aus zwei Theilen, ähnlich je einem S und in der Mitte derselben eine fächerartige Rundung, mit Strichen hieran. (In Fontenay sind auf der Abbildung keine Punkte neben den zwei Rosetten.) Rev. Aehnlich dem Av., nur zwischen den Strichen * VI * DE * und an der Verzierung ober- und unterhalb je fünf gleiche Rosetten. Am Rande je ein Perlenkreis und im Rev. noch ein Linienkreis. Gr. 10. Messing.

Av. Wie zuletzt. Rev. Aehnlich dem letzten, nur zwischen den zwei Strichen: QTRE, ober Q schon oberhalb des Querstriches ist — Gr. an 10. Kupfer.

Ein dritter im Rev. TROIS und eine kleine Sternros. vor T Beide gleiche Ränder wie zuerst. Gr. 10.

Nach Mittheilung des Hrn. Dr. Freudenthal noch mit CINQ und mit . DEVX. in Kupfer, dann mit III DE(niers) und (Ros.) VN (Ros.) S (Ros.) Un sous. In Mess. Gl. Gr.

31079—80.

Av. Ein bis an den Rand gestellter flammender Stern. Rev. . IE. SVIS. | .A. NOEL . | RICHOV | (Ros.) 1634 (Ros.) Oben und unten eine Ros. zwischen Schnörkeln. Gek. Rand. Messing. Gr. über 9. (Samml. des Hrn. Dr. Freudenthal.)

Av. Zwischen Doppelstrichen I und an der Seite je ein geflügelter Kopf und nach aussen eine fünfblättrige Ros. | PARISIEN | . 1635 . zwischen gl. Ros. Im Rev. zwischen gleichen Strichen ⟶ | CAPLVM Ober und unter den Querstrichen im Av. und und Rev. je eine Verzierung, wie sie auf Nr. 31073 vorkommt, an welcher im Av. je ein Stern, im Rev. je drei Sternchen. Die Ränder beiderseits gekerbt. Gr. 11.

Prévôts. 31081.

Av. DE. LA . PREVOSTE . DE . MRE FR. MYRON, 1606 zwischen fünfblättr. Ros. Zwischen zwei oben und unten gebundenen Lorbeerzweigen das Stadtwappen im glatten französischen Schilde, worin das Stadtwappen ohne Tinkturen; im rothen Felde ein goldener, nach links segelnder Dreimaster; das blaue Schildeshaupt mit goldenen Lilien bestreut. Rev. . MARMOREAM . RELINQVET . Oben die strahlende Sonne, in deren Mittelpunkte die französischen drei Lilien in einem doppelten Perlenkreise; unterhalb ein Halbkreis von Wolken, meist rund dargestellt, mit je drei Lilien auf denselben. Unterhalb eine Stadt, deren Mitte ein Fluss nach vorn fliessend durchfliesst. Unten eine Leiste ober . LVTETIA . | . 1606 . Gek. Rand. Gr. 13. (François Miron Seign. de Tremblai 1604—6.)

31082—84.

Av. DE . LA . PREVOSTE . DE . MRE IACQVES . SANGVIN . 1607 . Das Stadtwappen wie vorher zwischen den Zweigen. Rev. Von rechts: . MIRATVR. NATV RA . DVOS . Am Grasboden ein Adler rechts gewandt, wie er die Flügel entfaltet; vor ihm ein junger Adler gegen ihn nach links gestellt. Im Abschnitte •1607• Gek. Rand. Gr. 13. Messing.

Av. Aehnlich, nur DE . LA . 2 . PREVOSTE . D. ME IACQVES . SANGVIN. 1609 . Rev. Von rechts: ILLO . RADIANTE . SVPERBIT . Ein Schloss mit einem kleinen Thurme in der Mitte; oberhalb eine Sonne mit Gesicht, unten im Abschnitte . 1609 . Gek. Rand. Gr. 13. Messing.

Av. DE . LA . SECONDE . PREVOSTE . D . MESSRE H. DE . MESME und eine fünfblättr. Ros. Dieselbe Vorstellung. Rev. . GAVDET . NATVRA . DIVERSIS• Am Grasboden drei grosse und zwischen ihnen zwei kleine Bäume; auf den grossen, deren mittlerer die andern überragt, je ein Vogel auf der Spitze; im Abschnitte .1617. Gek. Rand. Gr. 13. Messing. Henry de Mesmes, prevot 1617—18.

31085.

Av. DE . LA . PREVOSTE . D . M. ANTHOINE . BOVCHET • und innere Umschrift von rechts: •VELA • DAMVS • LÆTI• Das Wappenschild wie vorher, doch reichen die Lorbeerzweige unter dem Schilde hier nur bis an die innere Umschrift hinauf. Rev. Von rechts: •QVO . NON • IVSTIOR• ALTER• Innerhalb eines Linienhalbkreises der König mit Scepter und maines de just. am Throne sitzend, dessen Draperie mit Lilien bedeckt ist. Im Abschnitte unter einer Leiste •1618• Gekerbter Rand. Gr. 13. Messing.

31086—87.

Av. Von aussen: DE . LA . PREVOSTE • DE . MRE DE . MESMES . LIEVT• CIVIL (Ros.) Innen: IONIVM• ÆGÆVMQVE• SECO (Ros.) Ein französisches Schild mit dem vorigen Stadtwappen. Rev. Von rechts: •REGALIBVS . IBO . PER . ALTVM. AVSPICIIS• Im Kreise innerhalb einer von Augen gebildeten Rundung eine grosse

Königskrone. Unter der Abschnittsleiste am Rande •1619• Gek. Rand. Messing. Gr. 13. Henri de Mesmes, prevôt 1618—22.

Av. DE. LA. SECONDE. PREVOSTE. D. MESSRE H. DE. MESME (Ros.) Das Stadtwappen zwischen oben und unten zusammengebundenen Lorbeerzweigen. Rev. Zwei auf Grasboden stehende Löwen halten ein mit Helm und Decken geziertes, quadrirtes, französisches Schild mit dem Familienwappen; im ersten und vierten (goldenen) Felde ein (schwarzer) fünfspitziger Stern über einer (blauen) Wellenbinde [Lassuis]; im zweiten und dritten goldenen zwei (rothe) Löwen (mit blauer Zunge und Waffen) rechtshin über einander [Bigorre]. Desgl. Messing. Gl. Gr. (Beide in der Samml. des Hrn. Dr. Freudenthal.)

31088—89.

Av. D. L. PREVOSTE. D. MRE N. DE. BAILLEVL. C. DEST. LIEVT. CIVIL • Das Wappen wie bisher im französischen, von einem Lorbeerzweige umschlossenen Schilde. Rev. Von rechts: . SVI. SEQVITVR. CÆSARIS. ASTRVM. Innerhalb eines Linienkreises oben ein flammender Stern; zur Seite des Kreises Wolken, unterhalb eine Landschaft, in deren Vordergrunde ein blühendes Gewächs mit vier länglichen Blättern und einer breiten asterähnlichen Blume. Im Abschnitte • 1623 • Gek. Rand. Gr. an 13. Messing.

Av. DE. LA. 3. PTE (Prévôté) DE. MRE N. DE. BAILLEVL. PRESIDT AV. PARLEMT Kreuzrosette. Unter Helm und Decken ein französisches, quadrirtes Schild, darin im ersten und vierten Felde innerhalb einer Einfassung fünf Hermelinschwänzchen (2. 1. 2.), im zweiten und dritten ein Querbalken. Rev. Von rechts: . AQVILONE. SECVNDO. Im Kreise ein rechtssegelnder Dreimaster im Meere, gegen welchen oben links ein Kopf aus Wolken bläst; im linken Hintergrunde ein Berg. Im Abschnitte am Rande: •1628• Gek. Rand. Messing. Gl. Gr. Nicolas de Bailleul, Baron de Chateaugoutier, Prev. 1622—28. (Samml. des Hrn. Dr. Freudenthal.)

31090—93.

Av. DE. LA. PREVOSTE. DE. MRE CHRISTOPHE. SANGVIN. 1629. Das Stadtwappen wie vorher im französischen, glatten, von Lorbeerzweigen umschlossenen Schilde. Rev. Von rechts: . SAXIS. IN. PROCVRRENTIBVS. HESIT. Innerhalb eines Linienkreises ein Hafen mit einem Leuchtthurme links und einer Kai-Mauer und zwei Forts rechts. Im Hafen ein Schiff mit vollen Segeln nach rechts und mit drei Lilien auf den Mastbäumen. Im Abschnitte: . RVP. DOMITA. | . 1629. Gezähnter Rand. Gr. an 13. Messing. Christophe Sanguin, Seigneur de Liori, prev. 1628—32.

Av. Ebenso, nur SANGVIN, eine fünfblättrige Rosette, und . 1630. Rev. Von rechts: TENET ET VIDET — INFRA FVLMINA Ein König im Ornate nach vorn gewandt; in der Rechten den Donnerkeil; in der Linken einen Stengel mit drei Lilien haltend; er steht über Wolken, aus welchen Blitze, Hagel und Regen herabfallen. Gek. Rand. Gr. 13. Messing.

Ein Variant hat SANGVIN. 1630. (Samml. des Hrn. Dr. Freudenthal.)

Ein weiterer Stempel mit D. LA. 2. PREVOSTE. DE. MRE und der kleinen Jahrzahl . 1631. Rev. Von rechts: . TRITA. RESVRGIT. LÆTIOR. Auf einem Grasboden drei Kornähren und drei Blumen; daneben rechts eine aufgerichtete Walze mit Schnüren an den Enden; im linken Hintergrunde Gebirge und oben Wolken. Im Abschnitte am Rande . 1631. Gek. Rand. Messing. Gr. an 13. (Ebendort.).

31094—96.

Av. DE. LA. PREVOSTE. DE. MRE M. MOREAV. LIEVTNT CIVIL, (Ros.) Unter Helm und Decken ein quadrirtes, französisches Schild, darin im ersten und vierten Felde drei Mohrenköpfe mit Binden rechtshin (2. 1.), im zweiten und dritten drei Querbalken. Rev. Von rechts: QVO. NVLLA. PRIORVM, Ros. Im Kreise ein Dreimaster nach rechts im Meere. Unter der Abschnittsleiste am Rande . 1633. Gek. Rand. Messing. Gl. Gr. (Ebendort.) Michel Moreau Prev. 1632—37.

Av. Ebenso mit MRE OVDART. LE. FERON. PRT (Président), dann eine Ros. Unter Helm und Decken ein französisches Schild, darin (im rothen Felde) ein (goldenes) Andreaskreuz, zu beiden Seiten ein (goldener) ausgebreiteter, rechtssehender Adler, oben und unten ein (goldenes) Spornrad. Rev. Von rechts: * ÆQVO — MODERAMINE * Ein nach rechts segelnder Dreimaster; im Abschnitte am Rande ·1638· Desgl. Gl. Gr. Messing. Oudart le Feron, Seigneur d'Orville, Prev. 1637—41.

Desgl. vom Jahre ·1641·, im Av. PRT dann ein Punkt; im Rev. die Umschrift: TVTA. DIOSCVRIS. (Beide in der Samml. des Hrn. Dr. Freudenthal.)

31097—99.

Av. ·DE. LA. PREVOSTE. DE. MRE MACE. LE. BOVLANGER. PRT. Starker Punkt. Unter Helm und Decken ein französisches Schild mit einem Querbalken, darüber drei Sterne, darunter drei Stachelrosen (2. 1.) Auf dem Helme drei Straussfedern. Rev. CRESCIT SECVRA TRIVMPHIS· Ein französisches Schild mit dem Stadtwappen; der Dreimaster rechtshin. Ueber dem Schilde ·1642· Desgl. Gl. Gr. Mess.

Desgl. vom Jahre 1643, im Av. DE. L. A. und MRE, dann ohne den starken Punkt; im Rev. MICAT · INTER · OMNES (Ros.) Gr. über 12. Macé le Boulanger, Seign. de Maflé, Prev. 1641—44. (Beide ebendort.)

Av. DE. LA. PREVOSTE. DE. MRE HIEROSME. FERON. PRT. Das Familienwappen wie Nr. 31095. Rev. DEVS. PVPPI. CONSEDIT. IN. ALTA (Ros.) Das Stadtwappen wie Nr. 31097 und darüber 1647 Gek. Rand. Gr. an 13. Messing. Jérome le Feron, Seign. d'Orville, Prev. 1646—50. (Beide ebendort.)

31100—2.

Av. Ebenso mit MRE ANTHOINE. LE. FEBVRE. CONER DESTAT· Unter Helm und Decken ein französisches Schild, darin (im blauen Felde) ein (goldener) Sparren, oben ein Zinnenthurm zwischen zwei (goldenen) Sternen, unten eine (goldene) Ringelblume mit zwei Blättern. Auf dem Helme drei Straussfedern. Rev. Von rechts: (Ros.) SIDERE (Ros.) LÆTA (Ros.) SVO (Ros.) Das Stadtwappen wie Nr. 31097 und im Abschnitte ·1651· Gek. Rand. Gl. Gr. Messing. Antholne le Févre, Prev. 1650—54.

Av. Aehnlich dem letzten, jedoch am Schlusse nur ANTOINE · LEFEBVRE,, dahinter eine fünfblättr. Ros. Auf dem Helme keine Federn. Rev. Von rechts: MOTOS. NOVIT. COMPONERE. FLVCTS Das Stadtwappen wie vorher im glatten Schilde, ohne den Lorbeerkranz. Das Schiff nach rechts. Im Abschnitte unter einer Leiste ·1652· Gek. Rand. Gr. 13. Messing.

Av. Wie zuletzt, mit DE. LA. 2E PREV... und LE. FEBVRE (Ros.), dann mit den Straussfedern. Rev. wie der letzte mit: (Ros.) LÆSA. SED. SALVA (Ros.) und ·1653· Gek. Rand. Gl. Gr. Messing. (Samml. des Hrn. Dr. Freudenthal.)

31103—4.

Av. DE. LA. 2. PREVOSTE. DE. MRE ALEXANDRE. DE. SEVE (Ros.) Unter Helm und Decken innerhalb einer (von Gold und Schwarz) gestückten Einfassung ein (von gleichen Farben) sechsmal quergetheiltes französisches Schild. Rev. Von rechts: ·SOSPITE · CVRSV· Das Stadtwappen wie Nr. 31097; im Abschnitte ·1658· Gek. Rand. Gr. an 13. Messing. Alex. de Séve, Seign. de Chatignonville, Prev. 1654—62.

Av. Ebenso, nur 4E statt 2. Das Stadtwappen im glatten Schilde ohne die Zweige und oberhalb ·1662· Rev. Von rechts: .QVIS. MAGNO. MELIVS. SVCCEDET· ACHILLI. Innerhalb eines Linienkreises im Meere ein grosser gekr. Delphin nach vorn schwimmend. Im Abschnitte unter einer Leiste eine doppelte Verzierung, ähnlich einem liegenden S Gek. Rand. Gr. 13. Messing.

31105—7.

Av. Mr VOYSIN. Me DES. REQtes PREVOST. DES. MARCHANDS. Unter Helm und Decken ein von zwei Löwen gehaltenes französisches Schild mit einem liegenden Sichelmonde, ober welchem zwei und unterhalb ein fünfspitziger Stern. Auf dem Helme ein Löwenkopf rechtshin mit ausgeschlagener Zunge. Rev. STELLA. RE GENS. PORTVSQVE. NOVVS. MEA. GAVDIA 1663· Das Stadtwappen im glatten Schilde ohne Zweige. Gekerbter Rand. Gr. 13. Daniel Voysin, Seign. de Cerisay Prev. 1662—68.

Av. Ebenso. Rev. Von rechts: ·NOVO. PELAGVS. SOL. FOEDERE. FIR MAT Das Stadtwappen wie vorher, oberhalb 1664, unten am Rande eine Verzierung. Die Ränder gezähnt. Gr. 13. Messing.

Av. Aehnlich, nur Mr DES. REQtes. PREVOS. DES. MARDS. 3. ELON. (Election). Rev. Von rechts: .TVTA. ET. SINE. SORDE. Das Stadtwappen wie vorher, unter der Abschnittsleiste ·1667· Gek. Rand. Messing. Gr. an 13. (Samml. des Hrn. Dr. Freudenthal.)

31108—11.

Av. DE. LA. PREVOSTE. DE. MR. LE. PRESID. LE. PELETIER. Unter Helm und Decken ein französisches Schild, darin im (blauen) Felde ein (silber.) Kreuz, auf dessen Mitte ein (rother) Sparren zwischen zwei (schwarzen) Spornenrädern und auf dem Unterschenkel eine rothe (goldbesamte) Rose. Auf dem Helme drei sehr kleine Federn. Rev. ·❀· QVÆ. NON. MARIA.❀. Das Wappen wie zuletzt und im Abschnitte unter einer Leiste ·1670· Gezähnte Ränder beiderseits. Gr. über 12. Messing.

Av. Aehnlich, nur DE. LA. 2. Im Rev. Von rechts: ·OBSTRICTIS. ALIIS. PRÆTER. IAPYGA. Das vorige Stadtwappen. Im Abschnitte am Rande .1671. Strichelrand. Gr. über 12. Messing.

Av. Desgl. von 1672. mit der Rev.-Umschrift: .TERRAQ. EXPECTOR. AB· OMNI. (Samml. des Hrn. Dr. Freudenthal.)

Av. ebenso, nur DE. LA. 3E PREV. DE. MRE CLAVDE. LE. PELETIER. Das Stadtwappen wie vorher im glatten Schilde ohne den Kranz. Rev. TRVNCVM u. s. w. wie Nr. 29743, im Abschnitte 1673 Am Rande Kreise von ovalen Perlen. Gr. 13. (V. Loon III. S. 73.)

31112—13.

Av. DE. LA. 4E PREV. DE. MRE CLAVDE. LE. PELETIER ❀ Das Stadtwappen wie Nro. 31095. Rev. Von rechts: VNVS. TERGEMINVM Im Linienkreise Herkules von der Rechten erschlägt mit der Keule den dreiköpfigen Geryones, der sich mit einem Türkensäbel vertheidigt; im Abschnitte am Rande .1675. Gekerbter Rand. Gr. über 12. Messing.

Av. wie der letzte mit einer gestielten Blume statt der Ros. Rev. Von rechts: RAMIS. FRONDESCET. OLIVÆ Im Kreise eine aufgerichtete Keule, am Boden rechts ein Baumstamm, links eine Kirche. Im Abschnitte 1676 Gek. Rand. Gl. Gr. Messing. (Samml. des Hrn. Dr. Freudenthal.) [Claude le Pelletier, Prev. 1668—76.]

31114—15.

Av. DE. LA. 2. PREVOSTE. DE. MRE AVGVSTE. ROBERT. DE. POME REV und eine sechsblättrige Ros. Das Stadtwappen wie zuletzt. Rev. Von rechts: .SO LIS. OPVS. Eine Landschaft innerhalb eines Linienkreises, in welcher nach vorn eine dreieckige Pyramide und am Himmel ein Regenbogen. Im Abschnitte ·1679· Die Ränder gezähnt. Gr. an 13. (V. Loon III. S. 263.) Auguste Robert de Pomereu, Prev. 1676—84.

Av. 4. PREVOSTE. DE. MER DE. POMEREV. CONER DESTAT. ORDRE ✱ (Ordinaire) Zwei auf einem Boden stehende Greife halten unter Helm und Decken ein französisches Schild mit einem (silbernen) von drei (goldenen) abwärts gelegten

Aepfeln (im blauen Felde). Auf dem Helme ein offener Flug, unter dem Boden 1683 Rev. Von rechts: ET. AB. VNO. FLORE. QVID. AMBO Im unten offenen Kreise auf einem Boden ein Schaft mit drei Lilien. Gek. Rand. Messing. Gr. 13. [Aug. Robert de Pomereu, prev. 1676—84.]

31116—17.

Av. DE LA PREVOSTE. DE MR. LE. PRESIDENT DE. FOVRCY und eine kleine Lilie. Auf einer Leiste, unter welcher I·6·8·5 zwei Windhunde als Schildhalter eines mit der Freiherrenkrone bedeckten, französischen Schildes, darin ein einfacher Adler mit ausgebreiteten Flügeln und im Schildeshaupte drei Kugeln neben einander. Im Rev. am obern Rande ein bandartiger Ausschnitt, worauf VNVS. QVI. CVNCTA. SERENAT Oben eine Sonne mit strahlendem Gesichte; unten am Meere ein Dreimaster nach rechts. Zur Seite rechts und links je eine Wolke, aus welch' letzterer starker Regen herabfällt. Gek. Rand. Gr. über 13.

Av. Von rechts: IN. FACIE EIVS. EXHILARI... Ein Schlossgebäude mit einem Thurme in der Mitte und einer Treppe vor dem Eingange in der Mitte. Zur Seite rechts und links vor dem Gebäude viele Menschen bis in den Vordergrund reichend, die Mitte freigelassen; oberhalb rechts die strahlende Sonne, links eine Wolke. Im Abschnitte sehr klein DE. LA. 2. PREV. DE. MR | DE. FOVRCY. | 1688 Rev. Von rechts: LVDOVICVS. — .MAGNVS. REX. Das Brustbild mit langem herabwallendem Lockenhaare und blossem Halse; unter welchem klein R Gek. Rand. Gr. 13. Mess.

31118—19.

Av. DE. LA. 4E PREVOSTE. DE. MR DE. FOVRCY. Innerhalb eines Linienkreises zwei Windhunde auf Grasboden, welche das im vorletzten Averse beschriebene Wappen halten. Rev. Eine Hügelkette, auf welche aus einer oberhalb befindlichen Wolke fünf Blitze fallen. Ueberschrift: TERROR, fünfblättr. Ros. VBIQVE, (Ros.) 1691. und daran nach innen ein Linienkreis. Strichelkreise. Gr. an 13. Messing. [Henry de Fourcy 1684—92.]

Av. DE. LA. 4E PREV. DE. MRE CLAVDE. BOSC Im glatten französischen Schilde das Stadtwappen mit dem Dreimaster nach links. Im Abschnitte unter einer Leiste LA VILLE DE PARIS | .1700. | Rev. Die Statue Ludwig XIV. zu Pferde nach links gewandt. Unter dem Piedestalle ganz klein T. B. F. Gek. Rand. Gr. über 13. [Claude Bosc Seign. d'Jorg 1692—1700.]

31120—23.

Av. DE. LA. I. PREV. DE. MRE CHARLES. BOUCHER. DORSAI. Unter der Marquiskrone ein kartouchirtes, ovales Schild mit einem aufgerichteten Löwen rechtshin im rothen, mit Kreuzchen bestreuten Felde; als Schildhalter zwei Vögel mit Menschenköpfen. Rev. In einem Linienkreise ein Schiff alter Bauart mit einem Maste nach links segelnd, an welchem sich Wellen bis zur Bordhöhe brechen. Von oben rechts bläst Sturm aus einer Wolke. Ueberschrift: AMICA. FVLGENT. SYDERA. Im Abschnitte LA. VILLE. DE. PARIS | 1701 | R Gek. Rand. Gr. über 13. [C. B. Seign. d'Orsay, Prev. 1700—8.]

Av. Aehnlich, nur LA. 2. und nach DORSAI eine kleine Sternrosette. Rev. Von rechts: .SERVAT. AMOREM. Innerhalb eines unten von einer Querleiste unterbrochenen Linienkreises auf Grasboden rechts oben eine Sonne mit langen Strahlen, welche eine Sonnenblume an der Seite stehend, bescheint. Im Abschnitte desgl. mit PARIS. | .1703. Gek. Rand. Gl. Gr.

Av. Wie der letzte, nur ·3· statt 2 und im Rev. von rechts: LÆTOR. DVM. RESPICIS. Die Sonne wie vorher, nur hier zwischen Wolken, ober einer Landschaft, auf welcher links Weinstöcke. Im Abschnitte ebenso, nur ·1705· Gek. Rand. Gl. Gr.

Av. mit 4· statt mit 3· Rev. Auf einem Boden ein Eichenbaum. Umschrift rechts CARA, links IOUI. Im Abschnitte wie bisher mit 1707. Gek. Rand. Gl. Gr. Mess. (Samml. des Hrn. Dr. Freudenthal.)

31124.

Av. ✠ DE. LA. PREVOTE. DE MRE IEROME BIGNON. CONER DETAT Eine mit der Freiherrenkrone bedeckte Kartouche, auf welcher zwei Palmzweige gekreuzt und in der Mitte ein herzförmiges Schild, worin auf einem Grasboden ein Kreuz, um welches sich eine Weinrebe mit Trauben schlängelt. In den vier Winkeln des Schildes je ein Flämmchen. Rev. Eine Landschaft, mit Bäumen rechts im Vordergrunde und Felsen im Hintergrunde. Oberhalb die Sonne mit Strahlen, welche sich in einem gegen links angelehnten Spiegel abspiegeln und in die Erde reflektiren. Im Abschnitte unter einer Doppelleiste LA. VILLE. DE. PARIS | 1709. Oben auf einem Bande: ARDET AB UNO. Gekerbter Rand. Gr. über 13. Messing.

31125—26.

Av. DE LA II. PRTE DE MRE FELIX AUBERY MQUIS DE VASTAN MTRE DES REQ. 1742. ✱ Unter der Herzogskrone ein muschelförmiges Schild mit fünf rothen Querbalken im goldenen Felde. Schildhalter sind zwei auf einer Verzierung sitzende Wildemänner, der rechte mit geschulterter, der linke mit gesenkter Keule. Unten neben dem Schilde klein DV (Du Vivier). Rev. In einer muschelförmigen Kartouche, welche an den Seiten mit einem Lorbeer- und Palmzweige besteckt und unten mit Blumen und Aehren verziert ist, das Stadtwappen mit Tinkturen und einem linkssegelnden Dreimaster, an dessen Hintertheile eine Flagge mit einer Lilie. Unten rechts innerhalb der Verzierung klein D. V. Ganz unten VILLE DE PARIS Stark gekerbter Rand und im Rev. nach innen ein feiner Linienkreis. Gr. an 15. (Samml. des Hrn. Dr. Freudenthal.)

Av. Von rechts: II· PREVE DE MRE J· B· FR· DE LA MICHODIERE Auf einer viereckigen Tafel zwei Windspiele, welche eine mit Festons verzierte, gekrönte Kartouche halten, darin ein ovales Schild, in welchem im blauen Felde ein gold. Querbalken, in welchem ein Hund nach rechts laufend. Im Abschnitte MDCCLXXVI Rev. Eine Kartouche, auf welcher oben eine muschelförmige Verzierung und zur Seite zwei unten überlegte Palmzweige. In der Kartouche das mit Festons eingefasste Stadtwappen mit Farben wie vorher. Ueberschrift: VILLE DE PARIS Gekerbter Rand. Gr. über 14. Messing.

b) Echevins. 31127—28.

Av. IEH. D. LOYNES. CONS. ET. ESCHEVIN. D. LA. V.(ille) DE. PARIS (Kreuzros.) Ein reich verziertes, quergetheiltes französisches Schild; in der obern Hälfte eine Binde, besetzt mit zwei Spitzen, deren breite Seite nach aussen gestellt, darüber zwei gestürzte, darunter zwei Sparren neben einander; in der untern sieben Kugeln (4. 3.) Rev. Von rechts: FLVCTVAT. NEC. MERGITVR Ein nach links segelnder Dreimaster und oben ein kleiner mit Lilien bestreuter Abschnitt. Im Abschn. ·LVTETIA· Gek. Rand. Messing. Gr. über 13. (1618).

Av. CL·(aude) GALLAND· C· D· R· (Conseiller du Roi) AVDITEVR· D· COMPTES· PER (Premier) ESCHEVIN· Unter Helm und Decken ein französisches Schild mit einem goldenen Sparren, begleitet von drei (goldenen) Rosen und oben ein (silberner) Sichelmond (im blauen Felde). Auf dem Helme drei Straussfedern. Rev. Von rechts: ·TANTVS AMOR PATRIÆ· In einem gewundenen Kreise ein Herz in der Mitte von Flammen; im Abschnitte ·1640· Gek. Rand. Gr. 13. (Beide in der Samml. des Hrn. Dr. Freudenthal.)

31129.

Av. SEB.(astien) CRAMOISY. DIR.(ecteur) DE. LIMPR.(imerie) ROYALE. PER ESCHEVIN ✱ Unter Helm und Decken ein französisches Schild mit einem Anker und im Schildeshaupte drei Sterne. Auf dem Helme drei Straussfedern. Rev. Von rechts: HÆC (Ros.) PONDERA (Ros.) IVSTI. In einem gewundenen Kreise eine Hand von der linken Seite aus Wolken, welche ein Rechteck, ein Lineal mit Lilien an den Enden und ein Senkblei hält; die obere Hälfte der Fläche ist mit Sternen bestreut. Unter der Abschnittsleiste am Rande •1643• Gek. Rand. Gr. an 13.

31130—33.

Av. DE. LECHEVINAGE. DE. MRE N. (icolas) PHELIPPES. ME DHOSTEL. DV. R (oy) ✱ Unter Helm und Decken ein quadrirtes französisches Schild; im ersten und vierten ein Sparren, zu beiden Seiten und unten Dolch und Pistole gekreuzt; das Haupt mit drei Sternen besetzt, im zweiten und dritten ein ausgezähntes Kreuz. Rev. DVXIT. HONOR. POPVLVS. DEDIT. ANNVIT. AVLA (Ros.) Das Stadtwappen wie Nr. 31097, darüber •1652• Gek. Rand. Messing. Gl. Gr.

Av. DE. LESCHEVINAGE. DE. MRE A. (ndré) LE. VIEVLX. CONER DE. VILLE• Im französischen Schilde mit Helm und Decken ein Querbalken, darüber ein aufgerichteter Sichelmond zwischen zwei Sternen, darunter ein Vogel rechtshin mit gehobenen Flügeln. Rev. Von rechts: .SERVANDO. DEA. FACTA. DEO. Im Kreise ein nach rechts segelnder Dreimaster, darüber ein kleines, längliches, mit Lilien bestreutes Quadrat. Im Abschnitte am Rande 1654 Gekerbter Rand. Gl. Gr. Messing. (Beide in der Samml. des Hrn. Dr. Freudenthal.)

Av. Ebenso, nur MRE VINCENT. HERON. CER D. VILLE (Ros.) Ein französisches Schild mit Helm und Decken, im (blauen) Felde ein (gold.) von drei (rothen) Granatäpfeln mit zwei (gold.) Blättern begleiteten Sparren, über dessen Spitze ein aufgerichteter Sichelmond. Rev. Von rechts: NEC. TE. QVÆSIERIS. EXTRA. Das Stadtwappen wie Nr. 31097; unter der Abschnittsleiste •1656• Gek. Rand. Mess. Gr. 13.

Av. DE. LESCHEVINAGE. DE. MR N. (icolas) PICQVES. CER DE. VIL LE (Ros.) In einem gleichen Schilde eine Flussbinde, darüber zwei, darunter eine aufwärts gestellte Biene. Rev. wie vorher vom J. •1670• mit der Umschrift: •(Ros.)• QVÆ. NON. MARIA• (Ros.) Gek. Rand. Gr. über 12. (Beide ebendort.)

31134—35.

Av. MR HENRY. DE. SANTEVL. PREMIER. ESCHEVIN• Im gleichen Schilde ein lockiger Kopf von vorn im blauen Felde. Rev. wie vorher vom J. 1671 mit der Umschrift .HVIC. CENTVM. DEBES. OCVLOS• Gek. Rand. Messing. Gr. an 13.

Av. MICHAEL. GAMARE. ÆDILIS. ANNIS. 1682. 1683, (Ros.) Im gleichen Schilde ein Sparren, darüber zwei Korngarben, darunter ein rechtsschwimmender Vogel. Rev. Von rechts: •HÆC. PHARMACA. COMPLENT. Im Kreise auf einem Grasboden ein Schaft mit Blättern und Blüthen, vor demselben am Boden zwei mit den Schwänzen verschlungene Schlangen. Im Abschnitte am Rande klein •1683• Gr. über 12. (Beide ebendort.)

31136—38.

General-Einnehmer der Armenkassa.

Av. C. MAILLET. R. (eceveur) GNAL. DES. PAVVRES. DE. PARIS• In einem muschelförmig kartouchirten französischen Schilde zwei Leuchter, zwischen denen oben ein Stern, unten ein gestieltes Kleeblatt. Rev. •(Ros.) VRBIS• ET• FORI — PAVPERVM. TVTELA (Ros.)• Unter der Königskrone ein mit der Ordenskette vom heil. Michael umgebenes ovales Schild, darin ein Einmaster rechtshin im Wasser, neben der Spitze des Mastes, auf welcher ein Kreuz, links ein rechtsgewandter Sichelmond, im Schildeshaupte drei Lilien. Gek. Rand. Gr. an 13. (Samml. des Hrn. Freudenthal.)

Av. G. PERICHON• R. GNAL. DES. PAVVRES. DE. PARIS (Ros.) Zwischen einem oben und unten zusammengebundenen Palm- und Lorbeerzweige ein französisches Schild, darin IHS mit einem hohen Kreuze auf der Bindungsleiste des H und unten ein mit drei Nägeln bestecktes Herz. Rev. wie vorher. Gek. Rand. Gl. Gr.

Av. P. DE. LA. COVRT. CB ESCH. ET. RR GL. D. PAVVRES. D. PARIS ❀ In der Mitte zwischen unten überlegten zwei Lorbeerzweigen das Wappen im französischen Schilde ohne Helm, darin ein Sparren, ober welchem in den Ecken oben je ein Stern und unterhalb ein Sichelmond. Der Rev. ähnlich dem vorigen, nur oben eine vierblättrige Roselle zwischen ..TELA—VR.. Gekerbter Rand. Gr. 13. (Fontenay S. 116.)

31139—41.

Av. L. POCQVELIN. RECEVR GENERAL. DES. PAVVRES (Ros.)• Unter Helm und Decken im französischen Schilde sieben Bäume neben einander auf einem Boden. Rev. VRBIS. ET. FORI. PAVPERVM. TVTELA (Ros.) Zwischen oben und unten zusammengebundenen Lorbeerzweigen das Wappen wie vorher, mit einem Dreimaster und neben der Spitze des Hauptmastes rechts ein Stern, links ein aufwärts gerichteter Sichelmond und das Haupt mit Lilien bestreut. Gek. Rand. Gl. Gr.

Av. I. CHVPPIN. ESCH. R. GNAL. D. PAVVRES. D. PARIS • Unter Helm und Decken ein französisches Schild, worin ein Sparren, unter welchem ein Baum und oberhalb ein fünfspitziger Stern zwischen zwei Sichelmonden; neben dem Schilde 16—40 Der Rev. wie zuletzt, nur TVTELA und eine sechsblättrige Ros. Gek. Rand. Gr. über 12. (Taf. 68.)

Av. C. SIMONET. R. GENERAL. DES. PAVVRE. DE. PARIS. 1642. In einem gleichen Schilde ein gezähntes Andreaskreuz, oben und unten ein aufgerichteter Löwe rechtshin; zu beiden Seiten eine kegelförmige Figur. Auf dem Helme drei Straussfedern. Rev. wie zuletzt. Gek. Rand. Gl. Gr.

31142—44.

Av. P. HELYOT. R. GENERAL. DES. PAVVRES. DE. PARIS. 1644. In einem gleichen behelmten Schilde rechts auf einem Boden eine Sonnenblume mit zwei Blättern, gegen welche ein Vogel von der Linken fliegt; oben drei strahlende Sonnen. Auf dem Helme drei Straussfedern. Der Rev. wie Nr. 31139. Gek. Rand. Gr. über 12.

Av. N.(icolas) DE. FAVEROLLES. RE. GNAL· DES. PAVVRES (Ros.) In oben und unten zusammengebundenen Lorbeerzweigen ein französisches Schild; im (blauen) Felde ein (goldener) auf einem (gold.) Sichelmonde stehender Zweig mit drei Bohnenhülsen und vier Blättern, oben zu beiden Seiten ein (goldener) Stern. Rev. wie zuletzt. Gek. Rand. Gr an 13. [1660] (Samml. des Hrn. Dr. Freudenthal.)

Av. ✠ LOVIS. BELLAVOINE. RECEPVEVR. GENERAL. DES. PAVVRES Innerhalb einer oben muschelförmig, an den beiden unteren Enden mit Blumensträussen verzierten Kartouche die kursive Chiffre *LB* rechts und links gestellt und verschlungen. Unten an der Kartouche klein 16—62 Rev. Wie bisher mit TVTELA ✠, die zwei Lorbeerzweige mit Blättchen. Gek. Rand. Gr. an 13.

31145—46.

Av. R. BALLARD. ANCIEN. IVGE. CONSVL. ET. R. G. DES. PAVVRES· Unter Helm und Decken im französischen Schilde ein feinpunktirter Querbalken, in welchem ein Flügel, ober dem Balken zwei, unterhalb eine Kugel. Rev. mit TVTELA. 1664 ❀ und fehlt von hieran der Stern und Halbmond neben dem Maste. An den Rändern Kreise von starken Stricheln. Gr. 14.

Av. MR I. LEVIEVLX. A.(mien) ESCHEVIN: CONSVL. ET. RR GL D. PAV.RES. Das behelmte Wappen wie Nr. 31131. Der Rev. wie zuletzt. Gek. Rand. Gr. über 13.

31147—49.

Av. ✠ L. GELLAIN. M. ET. GARDE. DE. LA. MERCERIE. R. G. DES. PAVVRES. 1666 Unter Helm und Decken ein französisches Schild, in welchem ein Sparren, an dessen drei Enden je drei Kugeln. Unten im Schilde ein fünfspitziger Stern, oben am Ende rechts ein gekrönter, gekrümmter Delphin, links eine Fächermuschel. Im Rev. wie zuletzt mit TVTELA ✠ Gek. Rand. Gr. 13.

Av. B. CHAVVIN. R. G. D. PAVVRES ADMINISTR D. LHOS. (pital) D. LA. TRIN. (ité), dann kleiner 1668. Unter Helm und Decken im französischen Schilde drei kelchartige Gefässe mit runden Deckeln neben einander, darüber eine strahlende Sonne mit Gesicht. Der Rev. wie Nr. 31144 ohne Stern und Halbmond. Gek. Rand. Gr. 13.

Av. • MRE AC. (hille) DE. HARLAY. CHR C. (omte) DE. BEAVMONT. PRR (Procureur) GNL DV. ROY. Ein von zwei Adlern gehaltenes, mit der Grafenkrone bedecktes Schild, darin zwei (schwarze) Pfähle im (silb.) Felde. Ueber der Krone ein gekrönter Helm mit Decken, auf welchem ein Einhornkopf rechtshin. Rev. Von rechts: • VRBIS. ET. FORI. PAVPERVM. TVTELA. In oben und unten überlegten Lorbeerzweigen das Stadtwappen wie Nr. 31097, ohne Mond und Stern; unter der Abschnittsleiste am Rande klein • 1672 • Gek. Rand. Gr. über 13.

c) Verschiedene Jetone. 31150—51.

Av. CHRS. VINCIT. CHRS. REGNAT. CHRS. IMPE (Ros.) In der Mitte ein kleines Ankerkreuz, um welches vier Blumenkelche mit je einer Lilie an den Enden ins Kreuz gestellt und in jedem Winkel ein Anker. Rev. QVI. IMPERAVIT. VENTIS. ET. MARI. 1556 (Ros.) Ein nach rechts segelnder Einmaster von alter Form, darüber ein mit Lilien bestreuter Abschnitt, das Stadtwappen. Messing. Gr. über 13. (Samml. des Hrn. Dr. Freudenthal.)

Av. DVM. CLAVVM. RECTVM. TENEAM Oben ein Stern in einem Halbkreise von Wolken, darunter ein Mann vor einem Tische sitzend, nach rechts gewandt, welcher in der Linken ein am Boden ruhendes Ruder hält. Im Abschnitte . N • H. P. | . 1588. Rev. Von rechts: . REMIGIO. FLVCTVS. SVPERANS. Über einem Striche Lilien und unterhalb ein Dreimaster im Meere. Im Abschnitte LVTETIA. Gek. Rand. Gr. 13. Messing.

31152—54.

Av. Von rechts: HÆC. CAPIT. VNITOS. NAVIS. PELLITQ. REBELLES (Kreuzros.) Das Stadtwappen wie im ersten. Rev. Von rechts: (Ros.) SERVATI (Ros.) GRATIA, (Ros.), CIVIS (Ros.) Im Eichenkranze: (Ros.) 1588, (Ros.) Unten am Rande zwischen den Enden der Schleife eine Ros. Gek. Rand. Messing. Gl. Gr.

Av. PERRVMPE. PROCELLAS. dann klein . 1608. Das vorige Stadtwappen. Rev. Von rechts: IMPERIIS. SECVRA. MEIS. Ein gekrönter Mann im Mantel rechtshin hält in der ausgestreckten Rechten ein Lilienscepter und stützt die Linke auf das Schwert. Im Abschnitte am Rande . 1608. Desgl. Desgl. Gr. an 13.

Av. LES. OVVRIERS. ET. MONNOYERS. DE. LA. MONNOYE. D. PA RIS (Ros.) In oben und unten zusammengebundenen Lorbeerzweigen ein durch ein Kreuz quadrirtes französisches Schild, darin im ersten Felde ein Spitzhammer, im zweiten und dritten drei Pfennige (2. 1.); im vierten ein Schlägel und im Schildeshaupte drei Lilien. Rev. VTRAMQVE. LILIA. SERVANT (Ros.) Auf einem Boden ein Schaft mit drei Lilien und an demselben links und rechts eine auswärts gestellte Hand, aus welcher Münzen fallen. Gr. über 12. [Um 1630.] (Alle drei in der Samml. des Hrn. Dr. Freudenthal.)

31155—56.

Av. QVO • LVMINA • VIBRAT (Ros.) Ein französisches Schild mit dem Wappen der Marchands Merciers; (im grünen Felde) drei (silberne) Einmaster linkshin (2. 1.) und über denselben eine strahlende Sonne. Rev. Von rechts: SALVTIS. SPEM. CONFIRMABIT Im gewundenen Halbkreise unter einem Baldachin ein auf dem Throne sitzender König von vorn im Ornate mit dem Liliensceptер in der Rechten und Main de Justice in der Linken. Im Abschnitte am Rande .1645. Desgl. Messing. Grösse 13.

Av. Von rechts: (Ros.) IEAN, (Ros.) GRAND. CERF (Ros.) 1643, (Ros.) Unter einer Lilie mit Helmdecken ein französisches Schild mit einem aufgerichteten Hirsche rechtshin, welcher in den Vorderfüssen einen Pfennig hält; im Schildeshaupte ein Hammer zwischen zwei Lilien. Rev. DV. SERMENT. DE. FRANCE. MONOYER. DE. PARIS. Unter der Königskrone ein französisches Schild mit dem Wappen wie im Averse des Nr. 31154; seitlich getheilt 17—49 Gekerbter Rand. Gr. an 13. (Beide ebendort.)

31157—59.

Av. S^VS CAROLVS. MAGNVS. MAGN^M NVNCIOR^M PATRON^S Innerhalb eines feinen Linienkreises der König im Ornat mit dem Schwert in der Rechten und dem Reichsapfel in der Linken, auf Grasboden in ganzer Gestalt nach vorn gewandt. Rev. ✿ HÆC ✿ NVNCIA ✿ VERI ✿ Innerhalb eines Linienkreises im glatten französischen Schilde oben aus Wolken eine Hand ein Buch haltend; unter demselben drei Lilien. Im Abschnitte 1654 Gek. Rand. Gr. 13.

Av. Von oben: S^VS. CAROLVS. u. s. w. Der König, hier jedoch bloss mit dem Oberleibe nach links, zurückblickend und Schwert und Reichsapfel haltend. Rev. ähnlich dem letzten, nur vier Punkte statt den Ros. in der Umschrift und unten •1677• Gek. Rand. Gr. 13.

Av. Von rechts: SANCTVS. CAROLVS. MAGNVS. Der König nach vorn gewandt mit starkem Barte, gepanzert, Schwert und den Reichsapfel haltend. An der Umschrift innen fehlt der Lilienkreis. Unten nach aussen •MDCXCIX• Rev. Dieselbe Umschrift zwischen Punkten und in der Mitte innerhalb eines Linienkreises das vorige Wappen in einem ovalen, in eine verzierte Kartouche gestellten Schilde. Am Rande im Abschnitte: MAGNI. NVNCII. | IVR. VNIVERS. | PARISI. Gestrichelter Rand. Gr. an 14.

31160.

Av. ✠ CARD. CHISIVS. NEP. (os) ALEX. VII. P. LEGATVS. A. LATERE. IN. FR. Im Perlenkreise das nach rechts gewandte Brustbild im Dreiviertelprofil des Kardinals mit dem Kardinalshute und von demselben herabhängender Quaste. Rev. ✠ CARD. CHISII. LEG. A. LATERE. LVTETIAM. FŒLIX. INGRESSVS Innerhalb eines gewundenen Kreises der Einzug des Kardinals nach linkshin. Er zu Pferde unter einem Baldachin, vor und nach sich Reiter; unterhalb zwischen zwei Leisten •9• AVG• 1664• Die Ränder gestrichelt. Gr. 13.

31161—62.

Av. LA. COM^TE DES. PROCVREVRS. DV. CHLET. DE. PARIS, runde Ros. Innerhalb eines Linienkreises ein Gebäude, neben dessen in der Mitte angebrachtem Thore am Gebäude vorspringend zwei runde Thürme mit spitzem Dache. Rev. Von rechts: HÆC. PARAT. ILLE. REGIT. Ein Scepter, an welchem oben eine Lilie und Main de Just. in Form eines Andreaskreuzes mit Schleifen gebunden. Im Abschnitte 1664 Gek. Rand. Gr. 13.

Av. L. BAVS... CON^ER DV. ROY. PREST DE. LELEC^ON D. PARIS Unter Helm und Decken im französischen Schilde ein Sparren begleitet von drei abwärts gelegten Eicheln mit je zwei Blättern. Rev. Von rechts: .SVNT. ET. HIC. ORACV LA.. VM. Auf einem Boden eine Eiche mit Eicheln; im Abschnitte .1669. Gek. Rand. Gr. an 13. (Samml. des Hrn. Dr. Freudenthal.)

31163—64.

Av. CONFRAIRIE. DES. MARCHANS. DE. VIN (Kreuzros.) Innerhalb eines Perlenkreises der heil. Nikolaus von vorn in halber Figur im Bischofsornate mit dem Krummstabe in der Linken; er hält die Rechte segnend über ein Gefäss, in welchem drei Kinder. Rev. MIL. CIX. CENT. SOIXANTE. ET. HVICT (Kr.) Im Perlenkreise ein rechtssegelnder Dreimaster und oben am Kreise ein Zweig mit vier herabhängenden Weintrauben. Strichelrand. Gr. über 11.

Av. ähnlich mit VIN. 1691 (runde Ros.) und unter der Figur klein RR Rev. MIL. SIX. CENS. QVATRE. VINGT. VNZE (Ros.) Innerhalb eines gleichen Kreises eine ähnliche Vorstellung, nur hier sieben Weintrauben und die Weinrebe in der Mitte bedeckend eine von oben herabfliegende Taube; und unten in den Wellen die Buchstaben C-D-B Gestrichelte Ränder. Gr. an 13.

31165.

Av. Von rechts: IVRÉ. ROVLEVR. DE. VIN Im Halbkreise rechts ein Dreimaster im Flusse, oben links in Wolken der hl. Nikolaus im Bischofsornate mit Krummstab in der Linken, hält die Rechte segnend in die Höhe. Im Vordergrunde ein Mann von der Linken, ein Fass rollend, auf beiden Seiten zwei liegende Fässer. Rev. Von rechts: CHAGEVR. (sic!) DE. VIN. Im Halbkreise die strahlende Sonne über einem Flusse; im Vordergrunde ein Mann von der Rechten, rollt ein Fass auf einem zweirädrigen Karren, dessen Schaft von einem zweiten gehalten wird. Im Abschnitte am Rande klein •1691• Gek. Rand. Gl. Gr.

31166—67.

Av. Von rechts: ÆQVATIS. IBVNT. ROSTRIS• In einem kartouchirten französischen Schilde mit abgestumpften oberen Enden sieben Dreimaster (2. 2. 1. 2.) rechtshin im Wasser, zwischen den beiden oberen hängt eine Weintraube herab. Unter der Abschnittsleiste LES. GARDES. | MARCHANDS. | DE. VIN. Rev. Von rechts: REGVM. MENSIS. ARISQVE. DEORVM. Eine Opferschale auf einem Altare, welcher vorn mit Trauben und Weinlaub, an den oberen Enden mit geflügelten Köpfen, an den unteren mit Blumen verziert ist. Im Abschnitte eine Schnörkelverzierung. Gek. Rand. Gr. über 13.

Av. Von rechts: ÆQUATIS IBUNT ROSTRIS. In einem kartouchirten, oben mit einer Muschel verzierten ovalen Schilde das Wappen wie vorher. Unten am Rande innerhalb einer Lineneinfassung bogig: LES GARDES | MARCHANDS DE VINS. Rev. Von rechts: REGUM MENSIS ARISQUE DEORUM. Die Vorstellung wie bei dem erstern Stempel, aber der Altar hier mit einem geflügelten Kopfe über einem Blumenfeston verziert. Im Abschnitte ein kleiner Kranz, durch welchen zwei Weinreben mit Trauben nach rechts und links gezogen. Der Rand gekerbt. Gl. Gr. Messing. Stark.

31168—69.

Av. LUDOVICUS. MAGNUS. REX. Brustbild. Rev. FERACIOR. OMNIBUS. ARVIS. Ein segelndes Schiff. Im Abschnitte LA VILLE. DE. PARIS. 1694.

Av. Ebenso. Rev. PRAESENTIA. NUMINA. SENSIT. Die Stadt Paris auf ihr Wappenschild gestützt. Im Abschnitte ebenso mit 1695. (Nr. 255 und 256 im Katalog des Bar. Karl Rolas 1863.)

31170—71.

Av. Von rechts: LES. SIX. CORPS. DES. MARCHANDS. Der Kopf Ludwig XIV. mit Lorbeerkranz im langen herabwallenden Lockenhaare und glattem, unten abgerundetem Halse, unter welchem ein kleines R Rev. Von rechts: VINCIT. CON CORDIA• FRATRVM• Innerhalb eines unten unterbrochenen Linienkreises, von welchem oben Strahlen einfallen, Herkules auf der Löwenhaut sitzend, wie er ein Bündel

Stäbe an seinem linken Knie zu brechen versucht, am Boden die Keule; zur Seite rechts links in der Ferne zwei Säulen; im Abschnitte 1698 Gek. Rand. Gr. an 15.

Av. Von rechts: PREMIER CORPS DES MARCHANDS DE PARIS. Innerhalb eines fein gewundenen Kreises ein grosser Dreimaster mit vollen Segeln nach links im hochgehenden Meere. Rev. Von rechts: INDVIT ET DITAT zwischen vier sechsblättr. Ros. In einem unten mit einer Doppelleiste unterbrochenem gek. Kreise das Fell des goldenen Vliesses, an einer Schleife, welche oben an dem Kreise hängt. Um das Fell innerhalb des Kreises Lilien. Im Abschnitte .1698. Gek. Rand. Gr. 14.

31172—73.

Av. Von rechts: TE. TOTO. ORBE. SEQVEMVR. Innerhalb eines unten durch eine Querleiste unterbrochenen Kreises oben die strahlende Sonne, unter welcher drei Dreimaster (2. 1.) nach links im Meere. Im Abschnitte LES. MARCHANDS. | MER CIERS. | 1704. Rev. Rechts: AVSPICE — links NON. ALIO· Ein König in ganzer Gestalt im Ornate mit Heiligenschein um den gekr. Kopf; in der Rechten den Scepter mit Mains de Justice und links einen Liliensceptер. Im Abschnitte zwei überlegte Palmzweige. Gek. Kreise. Gr. über 14.

Av. Von rechts: UT COETERAS — DIRIGAT Ein nach links segelnder Dreimaster, darüber am Rande ein Auge [Wappen der Marchands Drapiers, Silber in Blau]. Im Abschnitte LE PREMIER CORPS | DES MARCHANDS | DE PARIS Rev. Von rechts: VELLERA TVTA FOVET. Im Halbkreise ein von der Linken unter einem Baume sitzender Schäfer mit seinem Stabe, neben welchem rechts weidende Schafe, links ein ruhender Hund. Im Abschnitte MARC. ANTOINE. DE VVAILLI. | 1706 Gek. Rand. Gr. an 14. (Samml. des Hrn. Dr. Freudenthal.)

31174—76.

Av. Die Reiterstatue Ludwig XIV. von der Rechten. Oben rechts: TVETVR, links ET ORNAT. Unter dem Piedestahl klein IPL Rev. Die Ansicht der Stadt Paris, in der Mitte die Seine mit mehreren Kähnen und im Hintergrunde der Pont-Neuf mit der Ueberschrift: LA VILLE. DE. PARIS. Im Abschnitte eine Verzierung aus Blumenguirlanden Gek. Rand. Gr. über 11.

Ein zweiter Stempel hat Gr. über 12.

Ein dritter hat im Av. die Umschrift LVDOVICVS. MAGNVS. REX. von rechts und fehlen unter der Statue die kleinen drei Buchstaben. Im Rev. fehlt der Punkt nach PARIS und fehlen unten die Blumenguirlanden unter der Querleiste, welche hier nach unten gegen den Rand bogenförmig ausgebogen ist. Gek. Rand. Gr. über 13.

31177—80.

Av. Von rechts: LUDOVICUS· — MAGNUS. REX. Der Kopf mit langem herabwallendem Haare und Lorbeerkranz, dann glattem, abgerundetem Halse, unter welchem R Der Rev. wie Nr. 31174 mit LAVILLE. DE PARIS Gekerbter Rand. Gr. über 13.

Av. Aehnlich ohne die Punkte nach den S und unten H. R. F. Rev. Aehnlich mit einem feinen Punkte nach DE Gl. Rand. Gl. Gr.

Av. Aehnlich mit ...CUS. — MAGNUS und im Abschnitte TB in einander gestellt. Der Rev. wie Nr. 31176. Gl. Rand. Gl. Gr.

Av. Von rechts: LUD. XV. D. G. FR ET NAV. REX. Dessen jugendliches Brustbild mit Lorbeerkranz nach links, mit leichtem Gewande am Halse, unter welchem klein L B. Der Rev. wie zuletzt. Gek. Rand. Gr. an 14.

31181.

Av. Von rechts: INSACRA. INQVE. CORONAS. Innerhalb eines unten durch eine Leiste unterbrochenen Linienkreises in einer mehrfach verzierten Kartouche ein nach aussen mit Spitzen versehenes Kreuz im rothen Felde, in dessen hiedurch gebildetem, erstem und viertem Felde ein Pokal, im zweiten und dritten eine Krone. Im Abschnitte AVRIFICES. | PARISIENSES. | .1700. Im Rev. LUDOVICUS — MAGNUS REX. Das nach links gewandte Brustbild ohne Kranz mit langem, herabwallendem Haare und blossem Halse; unter welchem H. R. F. Gek. Rand. Gr. über 13.

31182—83.

Av. Von rechts: SECURI. HOC. SOSPITE. CIVES Innerhalb eines unten unterbrochenen Linienkreises eine Landschaft mit kleinen Hügeln, ober welcher oben eine Bienenkönigin, welcher mehrere Bienen nach obenzu nachfliegen. Im Abschnitte LA. VILLE. DE. PARIS. | .1702. | Rev. Von rechts: LUDOVICUS — MAGNUS REX. Das Brustbild nach links mit langem, herabwallendem Haare, ohne Kranz, mit glattem, spitzem Halse, unter welchem L M. F. Gek. Rand. Gr. über 13.

Av. NOVUM EMICAT — ORSA LABOREM In einem unten unterbrochenen Linienkreise eine Landschaft, in welcher an einem Flusse an der linken Seite ein Kai gebaut wird; oberhalb der Landschaft auf Wolken nach rechts eine menschliche Gestalt in einem von zwei Pferden nach rechts gezogenen Wagen, welche in der rechten Hand eine Fackel und in der Linken ein faltiges Gewand hält, aus welchem Blumen herabfallen. Im Abschnitte LA VILLE DE PARIS | 1703. Die Zahl 3 scheint später in 8 umgeändert. Gek. Rand. Gr. über 13.

31184—85.

Av. Aehnlich, nur am unten abgerundeten Halse TB in einander gestellt. Rev. Von rechts: DESIDERIIS. ICTA. FIDELIBUS. Innerhalb eines unten durch eine Doppelleiste unterbrochenen Linienkreises oben rechts die strahlende Sonne mit Gesicht, links Wolken; unten eine Meerlandschaft, ober welcher ein gegen die Sonne auffliegender Adler zwischen drei kleineren. Im Abschnitte LA. VILLE. DE. PARIS. | .1704. Gek. Rand. Gr. an 14.

Av. Aehnlich dem letzten. Rev. Von rechts: INTER FIDISSIMA CUNCTAS. Innerhalb eines gleichen Kreises eine Landschaft, in deren Vordergrunde ein Vogel am Grasboden, hinter demselben ein Baumstamm und im Hintergrunde Felsen. Im Abschnitte ebenso mit PARIS | 1706. Gek. Rand. Gl. Gr.

31186—87.

Av. Ein Mann von vorn in Hoftracht reicht mit der Rechten Geld einer neben ihm stehenden leicht bekleideten Frau, zu deren Füssen zwei andere Frauen und zwei nackte Kinder; zur Linken ein knieender Mann, welcher aus einem vor ihm stehenden Geldsacke dem Erstern Geld zureicht. Obere Umschrift: DISPERSIT DEDIT PAUPE RIBUS.; im Abschnitte HON. PUB. Rev. LES | COMMISSAIRES | DES | PAUVRES | DE ST | SULPICE | 1713 (klein) Gl Rand. Gl. Gr.

Av. N. DE. RAVOT DOMBREVAL ME DES REQTES LANT GL (Lieutenant Général) DE POLICE DE PARIS. 1725 (Ros.) Zwei auf einer Verzierung stehende Windhunde halten unter der Marquiskrone ein kartouchirtes ovales Schild; darin im blauen Felde ein silberner mit einer Raute besetzter Pfahl zwischen zwei Sternen. Unter dem Schilde in der Verzierung eine Muschel. Rev. Von rechts: VIGILAT UT QUIESCANT. Auf einem Grasboden ein auf einem Beine stehender Kranich rechtshin hält einen Stein in der linken Kralle; rechts ein Baumast mit einem Zweige, links neun schlafende Kraniche. Im Abschnitte .1713. Gl. Rand. Gr. an 15. (Samml. des Hrn. Dr. Freudenthal.)

31188—89.

Av. In einer oben mit einer Muschel verzierten Kartouche das ovale Stadtwappen, der Dreimaster linkshin. Rev. Von der Seite rechts: OFFICIERS. PORTEVRS. DE. CHARBON. Im Felde PORT | PAYÉ | 1·7·3·2 Strichelrand. Gr. über 11.

Av. wie vorher mit einem Löwenkopfe statt einer Muschel und der Dreimaster rechtshin. Rev. OFFICIERS PORTEURS DE CHARBON (Ros.) Im Felde BRAISE | (Ros.) PORT (Ros.) | PAYÉ | 1760 Strichelrand. Gr. an 12.

31190.

Av. Von rechts: L.·. (Loge) DES AMIS INCORRUPTIBLES A L'O.·. (orient) DE PARIS ✱ Auf einem Hügel ein aus Flammen aufsteigender Phönix; oben rechts eine strahlende Sonne, links der Vollmond zwischen Wolken. Unter der Abschnittsleiste 16E J.·. (Jour) DU 8E M.·. (Mois) | 5785 Rev. In einer Rundung von Liebesknoten die kursive Blumenchiffre AI sehr gross. Gr. an 13. Im Ringe geprägter Freimaurer-Jeton. (Die letzten drei in der Samml. des Hrn. Dr. Freudenthal.)

31191.

Av. J. SILV. BAILLY MEMBRE DES 3. ACAD. FRANC. B. (elles) LETT. ET DES SC. (iences) IR MAIRE 1789 Unter der Freiherrenkrone eine palmartig verzierte Kartouche mit einem quergetheilten Wappen; im obern blauen Felde ein fünfstrahliger Stern, im rothen untern drei aufwärts gelegte Bienen (2. 1.). Unten in der Kartouche ein Eichen- und Lorbeerzweig durchgesteckt. Rev. In einer zierlichen, an den Seiten mit einer Guirlande behängten Kartouche das Stadtwappen (das Schiff linkshin im rothen, die Lilien im blauen Felde). Links unter dem Wappen innerhalb der Kartouche klein: DV (Du Vivier.) Unten am Rande bogig: VILLE DE PARIS Gewund. Rand und im Ringe geprägt. Achteckig. Gr. 16.

31192.

Av. Von rechts: DU DOYENNÉ DE — M. CHÉNON 1789 Unter der Freiherrenkrone innerhalb einer zierlichen Kartouche ein oben ausgebogenes französisches Schild mit einem blauen Sparren, darüber zwei, darunter ein Fichtenbaum. Die Kartouche ist an den beiden obern Enden mit einer Rose verziert und unten sind ein Lorbeer- und Palmzweig durchgesteckt. Rev. Die Ansicht der Stadt mit dem pont-neuf und Kähnen im Flusse. Obere Umschrift: HIS OCULIS LUSTRATA REFULGET; im Abschnitte COMMISSAIRES DU | CHATELET | 1749. Strichelrand. Gr. 15. (Samml. des Hrn. Dr. Freudenthal.)

31193—94.

Av. Zwischen zwei Halbkreisen mit laubförmigen Enden das Stadtwappen, der Dreimaster rechtshin. Rev. Von rechts: (Ros.) DISTRICT DE BAYONNE (Ros.) Im Eichenkranze: LA LOI | ET | LE ROI Linienrand und im Rev. nach innen ein gewundener Kreis. Gr. 13. [1791] (Ebendort.)

Av. Ein behelmter weiblicher Kopf rechtshin mit Andeutung von Gewand, darunter klein Dupré. Obere Umschrift: MENTE MANU QUE. ✱ Rev. In unten überlegten Oehlzweigen SOCIETÉ | DES INVENTS | ET | DECOUVTES | dann kleiner 7 JANVIER 1791 | Leiste Gekerbter Rand und im Av. nach innen ein Linienkreis. Randirt. Gr. über 12.

31195—96.

Av. Von rechts: LYCEE DES — ARTS. ✱ Der nackte (Lyceische) Apollo linkshin auf einem Postamente hält den rechten Arm über dem Kopfe (als Zeichen der Ruhe), in der Linken den Bogen und stützt den linken Arm auf einen Stamm mit zwei kleinen Lorbeerzweigen, um welchen eine Schlange gewunden. Unter der Abschnittsleiste am Rande 1792. Im Kranze von einem Oehl- und Eichenzweige AUX | ARTS. Der Rand wie vorher. Randirt. Gr. 14.

Av. Die Ansicht der Stadt mit der Ueberschrift: VIVE LA VILLE DE PARIS; im Abschnitte L'AN 7 DE LA | LIBERTE Rev. Eine mit Guirlanden geschmückte Urne mit der Ueberschrift: AMOR PATRIAE; unter der Abschnittsleiste am Rande IETTON Messing. Gr. über 12.

31197.

Av. In einem Siebeneck von rechts: L.·. DE LA TRINITÉ. O :· DE PARIS. Im Sternenkreise ein flammender fünfstrahliger Stern, in dessen Mitte G; unter dem Kreise ANNO | 5802. Rev. In einem Siebenecke von rechts: CONSTITUÉE — LE 25. 7BRE 5783 Auf einem Abschnitte zwischen zwei mit J und B bezeichneten Säulen ein auf Stufen erhöhter Altar, auf welchem ein Schlägel liegt und an demselben vorn Zirkel und Winkelmass über einander gelegt; auf den Stufen liegt ein Akazienzweig. Oben TRINUS | UNUS, darüber das strahlende Auge Gottes, neben welchem, etwas tiefergestellt rechts der Vollmond in Wolken, links die strahlende Sonne. Im Abschnitte REPR.(ise) DES TRAVUX | LE 25 JL. 5799 Strichelrand. Gr. 13. Freimaurerjeton.

31198—99.

Av. Von rechts: MAXIMIL. JOS. — ROI DE BAVIERE. Dessen Brustbild linkshin mit Zopf und Ordensband in Hoftracht, darunter am Rande klein: TIOLIER F· Rev. S · A · R· (Son Altesse Royale) LOUIS CH. AUGUSTE | PRINCE DE BAVIERE | VISITE LA MONNAIE | DE PARIS. | 3 MARS 1806. Der Rand sehr vertieft. BA LANCIER À VIROLE ADOPTÉ EN 1803 + Perlenrand und im Ringe geprägt. Gl. Gr.

Av. Von rechts: FRED. AUG. — ROI DE SAXE. Unter der Krone mit flatternden Bändern ein in Palmzweige gestelltes ovales Schild mit dem sächsischen Wappen. Rev. S. M. (Sa Majesté) | LE ROI DE SAXE | VISITE LA MONNAIE | IMPERIALE DE PARIS | LE 7 DECEMBRE | 1809. Desgl. Desgl. Gl. Gr.

31200—1.

Av. Zwei auf einem Abschnitte stehende gekrönte Löwen halten das bairische Wappen unter einer Krone mit fliegenden Bändern; hinter dem linken Löwen am Rande klein und aufwärts Tiolier Ueberschrift: MAXIMILIEN JOSEPH; im Abschnitte eine Blattverzierung. Rev. L. L. M. M. (Leur Majestés) | LE ROI ET LA REINE | DE BA VIERE | VISITENT LA MONNAIE | IMPERIALE DE PARIS | LE 5 FEVRIER | 1810. Randschrift und Rand wie der vorletzte. Gl. Gr.

Av. Von rechts: AU PACIFICATEUR DE L'EUROPE. Im Felde der zierliche Buchstabe A mit darunter gestelltem I Unten PARIS·, darunter am Rande klein Tiolier Rev. Von rechts: GALLIA REDDITA EUROPAE. Auf einer grossen erhabenen Kugel drei Lilien (2. 1.). Unten am Rande kleiner APRILE 1814. Perlenrand und im Ringe geprägt. Randirung von je vier ovalen Perlen. Gr. über 17.

31202—4.

Av. Von rechts: FREDERIC GUILLAUME III. ROI DE PRUSSE. Im Felde ANGE | DE | PAIX. | Leiste | PARIS. darunter klein Tiolier. Der Rev. und der Rand wie vorher ohne Randirung. Gl. Gr.

Ebenso. Gr. über 12, ohne Punkte nach X und S im Av.

Av. Von rechts: CHARLES FERDINAND – CAROLINE FERDINANDE Unter der Krone zwischen einem zusammengebundenen Lorbeer und Lilienzweige die neben einander gestellten ovalen Wappen von Frankreich und Neapel. Unten am Rande klein n. Tiolier Rev. LL. AA. RR. | MGR (Monsigneur) LE DUC | DE BERRY | MME LA DUCHESSE | DE BERRY dann kleiner VISITENT LA MONNAIE | DE PARIS | LE 18 NOV. 1817 Vertiefte Randschrift DOMINE (Ringel) SALVUM (Ringel) FAC (Ringel) REGEM (Ringel) ✠ Perlenrand und im Ringe geprägt. Gr. über 17.

31205.

Av. Von rechts: L.·. DES RIGIDES OBSERVATEURS F^DÉE (Fondée) EN 5818, dahinter entgegengesetzt .O.·. (Orient) DE PARIS Auf einem erhabenen Boden zwischen zwei mit J und B bezeichnten, an den obern Enden flammenden Säulen ein kleiner Tempel, über welchem das strahlende Auge Gottes. Rev. Von rechts: ILS NE BATTRONT QUE POUR LA GLOIRE DE L'ORDRE.·. In einem Schlangenringe drei mit den Griffen über einander gelegte und durch eine Schleife verbundene Schlägel. Gekerbter Rand und randirt. Gr. an 13. Freimaurerjeton.

31206—8.

Anhang. Dekane der medicin. Fakultät.

Av. Von rechts: M. GVY PATIN — DOIEN. 1652. Ueber einer Leiste der Kopf linkshin; im Abschnitte klein FELIX QVI | POTVIT Rev. Von rechts: ∗ VRBI ∗ ET ∗ ORBI ∗ SALVS ∗ Auf einem Grasboden drei Störche rechtshin hinter einander mit einem Zweige im Schnabel, oben die strahlende Sonne mit Gesicht zwischen Wolken (das Wappen der Fakultät.) Im Abschnitte •FACVL. MEDIC. | PARIS. 1652 Gek. Rand. Gr. 13.

Av. Von rechts: IOAN. ARM. DE. — MAVVILLAIN. DOYEN Im oben und unten offenen, gewundenen Kreise der Kopf linkshin mit Ober- und Unterbart im Lockenhaare. Unten am Rande •1668• dann sehr klein DV. FOVR. Rev. Am Boden liegt ein halbnackter Mann, welchem ein römischer Krieger von der Linken die Augen mit einem glühenden Eisen ausbrennt. Umschrift von oben rechts: VERO LVMINE CŒCAT Strichelrand. Gr. über 13.

Av. Von rechts: M. BERTINO. DIEVXIVOYE. DECANO Das Brustbild linkshin mit langem Haare im Mantelkleide, dahinter vor der Umschrift ein kleines R; unten rechts am Rande klein 1684 Rev. Von rechts: DIVITIIS ANIMOSA SVIS. Im Kreise ein fliegender Adler rechtshin mit einem Vogel im Schnabel und einem zweiten in der linken Kralle sieht nach der oben links strahlenden Sonne zurück. Im Abschnitte klein: FACVL. MEDIC. PARIS — ·⁝· EXAMEN. Gek. Rand. Gr. 13.

31209—10.

Av. Von rechts: SCHOLÆ TUTELA PRÆSENS. Das Brustbild rechtshin mit Lockenperücke im Mantelkleide. Rev. Von rechts: M. FR. VERNAGE. PARIS. FAC. MED. PARIS. DECANO In einem kartouchirten Ovale die Sonne und die drei Störche, der mittlere etwas tiefer gestellt. Unten auf einem Bande im Halbbogen: PRÆSED. ORD. M. GVID. CRESC. | FAGON. ARCHIAT. COM. VLT. MAI •1703• Gekerbter Rand. Gr. 13.

Av. Von rechts: H. T. BARON. F. M. P. DECANUS 1731•32• Das Brustbild linkshin mit Lockenperücke im Mantelkleide; unter der Schulter am Rande klein und kursiv ICR (Joseph Carl Roëttiers). Rev. Ein auf einem Steine sitzender, nach rechts gewandter, bärtiger Mann mit der Mütze im faltigen Gewande hält in der Linken ein Buch, auf welches er mit der Rechten hinzeigt. Vor ihm ein Hahn und der gegen ein Buch gelehnte Aeskulapsstab, links zu seinen Füssen liegt ein ovales Schild mit dem Fakultätswappen wie Nr. 31209. Zur Seite links hinter dem Steine die verschlungene Chiffre wie im Av. Ueberschrift: DIRIGIT UT PROSIT; im Abschnitte klein: PHARMACOPŒA | PARISIENSIS. | 1732 Strichelrand. Gr. an 14.

31211—14.

Av. Von rechts: M • L. RENEAUME BLÆS. (lensis) — F. M. P. DECANUS Das Brustbild rechtshin mit Lockenperücke im Mantelkleide, darunter am Rande klein und bogig: DU VIVIER • F. Rev. Von rechts: URBI ET ORBI SALUS Die Vorstellung wie Nr. 31206 ohne Grasboden und der mittlere Storch tiefer gestellt. Unten auf einem Bande bogig FACUL · MEDIC · PARIS. | 1734. 1735. 1736. Gek. Rand. Gr. über 13.

Av. Von rechts: J. B. CHOMEL—PARIS. F. M. P. DECANUS Das Brustbild wie vorher, linkshin, darunter am Rande klein: DV. VIVIER Rev. Umschrift wie zuletzt, und die Vorstellung wie Nr. 31206. Unter dem Boden in einer Einfassung FA CUL. MEDIC. PARIS. | 1738. 1739. 1740. Desgleichen. Gl. Gr.

Av. Von rechts: HY. THEOD. — BARON DECANUS Das Brustbild wie Nro. 31206 unter der Schulter am Rande klein: D. V. Rev. In einer muschelförmigen mit Guirlanden verzierten Kartouche oben die strahlende Sonne mit Gesicht, unten die Störche, der rechte zurückblickend und der mittlere tiefer stehend. Obere Umschrift wie Nro. 31211; unten auf einem bogigen Bande FACULT. MEDIC. PARIS. 1751. Desgleichen. Gl. Gr. Ebenso von 1754.

31215—16.

Av. Von rechts: J. B. L. CHOMEL PARIS. — F. M. P. DECANUS Das Brustbild wie zuletzt, aber rechtshin, und unten J. D. V. Im Rev. die Vorstellung wie Nr. 31210 mit der Ueberschrift: URBI ET ORBI SALUS Im Abschnitte FACULT. MEDIC. PARIS. | 1754 · 1755 · | 1756. Strichelrand und nach innen ein feiner Linienkreis. Gl. Gr.

Av. Von rechts: J. B. BOYER REG. ST — MICH. ORD. EQ. F. M. P. DEC. — 1756 Das Brustbild wie Nr. 31213 mit einem Ordenskreuze vor der Brust, und unten J. DU. VIV. Rev. Unter der Freiherrenkrone in einer zierlichen Kartouche ein ovales, mit der Ordenskette vom heil. Michael eingefasstes Schild, im blauen Felde ein nach rechts schreitender Ochs, darüber ein Stern. Auf beiden Seiten ein unten in der Kartouche durchgesteckter Lorbeerzweig. Im Abschnitte ITERUM DECAN. | 1758. Gekerbter Rand und im Rev. nach innen ein feiner Linienkreis. Messing. Gl. Gr.

31217—18.

Av. Von rechts: JOAN. GAB. DESESSARTZ I INC. FAC. MED. P. DEC. Das Brustbild wie Nr. 31215 darunter B. DUVIV. Rev. SECTIO | SYMPHYS. OSS. PUB. | LUCINA NOVA | Leiste | INVENIT PROPOSUIT | FECIT FELICITER | R. SI GAULT D. M. P. | JUVIT | ALPH. LEROY | D. M. P. Gekerbter Rand und im Rev. nach innen ein feiner Linienkreis. Messing. Gr. an 14.

Av. Von rechts: L. P. F. R. THIEULLIER F. M. P. DECANUS Das Brustbild wie vorher, aber unten ROETTIERS FILIUS Rev. Auf einem Boden unter der Freiherrenkrone ein kartouchirtes ovales Schild mit fünf goldenen Kleeblättern (3. 2.) im rothen Felde. Schildhalter sind zwei wilde Männer mit Keulen, der linke in knieender Stellung. Im Abschnitte zwei gekreuzte Scepter auf einem Kissen und über denselben ein mit fünf Sternen besetzter Reif; zur Seite klein und getheilt 1768—1769 Der Rand wie bei dem vorletzten. Messing. Gr. über 13.

31219—20.

Av. Von rechts: THOM. LEVACHER DE LA FEUTRIE EBROIC. S. FAC. P. DEC. Das Brustbild wie Nr. 31213 mit B. DU VIVIER Rev. Auf einem Abschnitte zwischen zwei Störchen ein zierliches, an den Seiten mit Guirlanden behängtes Schild, welches durch eine goldene mit einer Schlange umwundene Binde quergetheilt ist; im oberem blauen Felde eine strahlende Sonne, im unteren grünen eine nach rechts schreitende Kuh. Ueber dem Schilde ein breitkrämpiger Hut mit Eichenkranz; im Abschnitte 1779. 1780 Linien- und gekerbter Rand. Gl. Gr.

Av. Von rechts: ST. POURPOUR DUPETIT PARIS. FAC. MED. PAR. DEC. Das Brustbild wie vorher und unter dem Schulterabschnitte DUVIV. Rev. Von rechts: PRO REGE REGNO ET—UNIVERSIT. PARIS. Die Hygiaia rechtshin mit Schale und Schlange, vor ihr ein brennender Altar, hinter ihren Füssen klein DV Im Abschnitte PROCES. FUND. | 1782 Strichelrand. Messing. Gr. 13.

31221—22.

Av. Von rechts: EDM. CL. BOURRU PARIS. FAC. MEDIC. PAR. DECAN Das Brustbild rechtshin mit Perücke in Hoftracht, darunter am Rande klein DUVIV. Rev. Von rechts ebenso mit PARIS. SAL. FAC. PAR. DECAN∘1787. 88. Im unten offenen Kreise LECTIONES | PUBLIC. GALL. IDIOM | DE ANATOM. ET CHIRUR. | IN SCHOLIS MED. PAR. | INSTITUTÆ | EX LIBERALITATE | CL. M. A. PETIT | MDCCLXXXVII Gekerbter Rand. Gl. Gr.

Av. Von rechts: JOS. IGN. GUILLOTIN SANTO (nlensis) MED. PAR. ACAD PRÆSES Brustbild linkshin im leichten Gewande; im Schulterabschnitte ein kleines D. Unten am Rande 1807—08. Rev. Unter einem Medusenkopfe SANCITIS | A SUPER. IMP. INT. | ADMINISTRO | CONFIRMATISQUE | ACAD. MED. PAR. | ANNO 1804 FUND | LEGIBUS. | Leiste | dann klein J. I. GUILLOTIN PR. | 1807. Gekerbter Rand. Gl. Gr. (Die letztern siebenzehn in der Samml. des Hrn. Dr. Freudenthal.)

Piegue, Mines de. 31223.

Av. Von rechts: LOUIS XVI ROY - DES FRANCOIS. Das nach rechts gewandte Brustbild mit gesticktem Kleide, Ordensstern und Bande, darunter klein F. B. (?) Rev. Im Vordergrunde ein Bach mit einem Stege über denselben, an dem Ufer mehrere Gebäude. Im Hintergrunde ein Berg mit einem in demselben befindlichen Stollen, von welchem bis zum Bach ein Fahrweg führt. Ueberschrift: MINES DE PIEGUE CUR BAN ET ARZILLIER Gezähnter Rand. Gr. 15. (Hennin, Taf. 27. Nr. 292.)

Die Mines von Piegue liegen im Dep. Basses Alpes bei Sisteron, jene von Curban in demselben Depart. und jene von Arzelliers im Depart. d. Hautes Alpes bei Gap. Blei.

Poissy. 31224.

Av. LES : MERRAVLX : DE : LEGLISE : ✠ Innerhalb eines Linienkreises die Mutter Gottes mit halbem Leibe mit dem Kinde am rechten Arme, beide mit Schein um den Kopf. Rev. DE. NOSTRE. DAME · DE · POISSI ✠ Innerhalb eines Linienkreises eine kleine Krone, unter welcher die Werthzahl IIII, mit gespaltenen Enden in den Ziffern und einem kleinen Querstriche in der Mitte. Gr. an 11. (Font. S. 228.)

Pont-de-Vaux. 31225

Av. Von rechts: CHAP · DV. PONT. DE. VAVLX. 1670 Innerhalb eines Linienkreises die Mutter Gottes, jedoch hier in ganzer Gestalt mit dem Kinde am rechten Arme. Rev. Von rechts: PHILIPPE DE CORREVOD Innerhalb eines Linienkreises im gekrönten (blauen) Schilde ein (gold.) Sparren (das Wappen des Kard. Gorrevod, welcher im J. 1515 die Kathedrale gegründet). Von der Krone hängt an beiden Seiten an dem Schilde ein Band herab, welches unten bis an den Münzrand reicht. An den Rändern je ein Linienkreis. Gr. 12. Bleimereau. (Ebendort S. 391.)

Pontoise. 31226—28.

Av. S. MELONI (Ringel) DE. PONTISARA Ros. ✠ In einem Perlen- und feinen Linienkreise VIII, oben und unten eine vierblättrige Ros. zwischen Ringeln. Der Rev. ähnlich dem Av. nur S. MELONI DE. PONTISARA ✠ Perlenrand. Gelbes Kupfer. Gr. über 11.

Desgleichen mit der Werthzahl IIII, die Umschriften wie im vorstehenden Reverse, aber Ringel statt Punkten. Gr. an 12. (Beide in der Sammlung des Herrn Dr. Freudenthal.)

Av. Der Heilige stehend von vorn im Bischofsornate mit Schein um den Kopf, hält den Krummstab in der Linken und die Rechte segnend in die Höhe; unten neben ihm getheilt ST — M (Auf der Abbildung in Fontenay S. 228 erscheint ober ST ein kleines CT und ober M ein kleines IHS Rev. · ST M · | ∴ A ∴ | · PONTH. | OISE : · | · 1586. Gekerbter Rand. Gr. an 10.

Reims. 31229—31.

Mereaux der Kathedrale. Av. Der stehende St. Paul von vorn im Gewande mit Schein um den Kopf; er hält in der Rechten ein mit der Spitze nach unten gekehrtes grosses Schwert, und in der Linken ein Buch; an dem Kopfe zur Seite je eine Lilie, und tiefer S — P; nach unten ein Sichelmond und links ein gekröntes R Rev. Innerhalb eines grossen Sichelmondes ein gekr. R, unter welchem ein Punkt; zur Seite S — P, und unterhalb rechts und links je eine Lilie; nach unten eine Querleiste, unter welcher · 1618 · Am Rande ein feiner Linien- und aussen ein Strichelkreis. Gr. über 10.

Ein ähnlicher Stempel, jedoch mit der Jahrzahl · 1649 · und von gl. Gr. abgebildet S. 229 in Fontenay. (Dieser letztere auch bei Appel. IV. 2850 jedoch mit R. dann S.—P.

31232—33.

A. Von rechts: PATRON DE MRS LES ARQVEBVZIERS DE REIMS. Der auf einem Grasboden stehende heilige Anton im Mönchsgewande nach vorn, hält in der Rechten einen Stab und ein Glöckchen; in der Linken vor der Brust ein Buch; links neben ihm ein Schwein. Im Abschnitte ST. ANTOINE. darunter klein TB in einander gestellt (Thomas Bernard). Rev. Von rechts: PRO REGE ET PATRIA. P. C. R. (Populus civitas Remensis). Eine Trophäe von Kriegeswaffen; unter der Abschnittsleiste am Rande 1707 · Gekerbter Rand. Gr. 13.

Av. Von rechts: CAROLUS A LOTH. FUNDAVIT ANNO 1547. Bärtiges Brustbild rechtshin mit Mütze im Ordenskleide; unter der Schulter am Rande klein DUVIV . FIL. Rev. In einer mit Festons verzierten Kartouche im blauen Felde · drei Lilien (2. 1.), über denen eine, von oberem Schildrande aus Wolken ausgehende Hand ein Buch hält; über das Ganze ist ein rother mit drei gestümelten Adlern besetzter Balken [roth tingirt] von oben rechts, nach links herab gezogen. Ueberschrift: UNIVERSITAS REMENSIS; unter der Abschnittsleiste getheilt 17—56 Starker Strichelrand, und im Rev. nach innen ein Linienkreis. Gr. an 14.

Rhetel. 31234.

In Font. S. 230 ist ein Mereau abgebildet, und Rhetel zugewiesen, welcher beiderseits ohne Umschriften je ein, oben zwei-, unten einspitziges Wappen enthält, in welchem einerseits ein Rechen [rétel,] anderseits in dem von oben herab getheilten Schilde, rechts ein Querbalken von oben links nach rechts herab, worin TLT, [Wappen der Champagne] im Felde links dagegen die (linke) Hälfte des Wappens v. Navarra. An den Schildern beiderseits je ein Halbkreis von Perlen; ober dem Schilde im Av. eine Lilie zwischen je drei Punkten, im Rev. zwei aus Perlen gebildete Linien. Am Rande Linienkreise. Gr. an 10.

Riom. 31235.

Av. MR DE COMBE. ESR LT GENERAL. PREVOST. DE. LA. MONNOYE Zwei auf einem Grasboden sitzende zurückblickende Einhörner halten unter der Freiherrenkrone ein französisches Schild mit einem offenen Fluge und im Schildeshaupte drei Sterne. Ueber der Krone ein Einhornskopf linkshin. Rev. Von rechts: DVCALIS. . ARVERNORVM. CIVITAS. Ein mit der Herzogskrone bedecktes französisches Schild, in welchem dreizehn Lilien innerhalb einer ausgekerbten Einfassung. Zur Seite des Schildes je ein Lorbeerzweig und ausserhalb derselben rechts liegend HI, links OM; unter der Abschnittsleiste am Rande 1693. Gr. 13. (In der Samml. des Hrn. Dr. Freudenthal.)

Rodez. 31236.

Av. Von rechts: S. FRANCISCVS. DESTAING. EPS. RVTHENENSIS. Ein Bischof in ganzer Gestalt mit Mitra, die Rechte zum Segen emporgehoben, in der Linken den Stab, um den Kopf einen Schein und oberhalb Wolken; unterhalb eine punktirte Linie. Rev. Von rechts: * SIC * ME * MEA * FACTA * DECORANT * Unter dem Kardinalhute mit herabhängenden Quasten eine mit der Mitra und dem Bischofsstabe besteckte Krone mit acht Perlen ober einem französischen Schilde, in dessen unterer Hälfte das französische Wappen, drei Lilien, die obere Hälfte leer (Gold). Im Abschnitte 1653. Gekerbter Rand. Gr. 13. (Font. S. 231.)

Romans. 31237.

Av. † ROMANENSIS: ECCLESIE: Innerhalb eines punktirten Kreises ein in der Mitte offenes Kreuz mit einem Punkte in dem offenen Raume, die vier Spitzen in je drei blattförmige Spitzen endend; in deren Winkeln die Jahreszahl I—5—4—7. Rev. SANCTVS BARNARDVS Der Heilige innerhalb eines oben und unten unterbrochenen Perlenkreises, in ganzer Gestalt, die Rechte gesenkt, in der erhobenen Linken einen Kreuzstab; um den Kopf den Schein. An den Rändern Linienkreise. Gr. 10. (Font. S. 232.)

Rouen. 31238.

Mereaux des Domkapitels. Av. Oben das gekrönte Brustbild der Jungfrau von vorn mit dem Kinde auf dem linken Arme, beide mit Schein um die Köpfe, und auf beiden Seiten des Brustbildes ein kleines R; unten die Werthzahl VI Rev. Oben 1563, unter derselben die Werthzahl wie im Averse zwischen zwei kleinen R Beide Seiten innerhalb einer Einfassung von kleinen Bögen mit Kleeblättern an den Spitzen. Gekerbter Rand. Gelbes Kupfer. Gr. an 10.

31239—42.

Av. Wie vorher vom Jahre 1595 mit der Werthzahl V (V), welche im Av. bis an den Rand gestellt ist. Gekerbter Rand, an welchem dieselbe Einfassung und im Rev. nach innen ein Linienkreis. Desgl. Gr. über 9.

Desgleichen mit VI und auch im Av. ein Linienkreis. Gr. 9.

Desgleichen mit XII Am Rande bloss die Einfassung von Ringeln und Kleeblättern. Gr. über 9.

Desgleichen mit XII, welche jedoch innerhalb der Einfassung, auch fehlt im Av. der Linienrand. Gr. über 9.

31243—45.

Av. Wie der letzte mit IX (IX) und ohne die beiden R im Rev. Gekerbter Rand. Gr. 9.

Desgleichen mit XI (XI) Gr. über 9. Ein Variant mit grösserer Jahrzahl hat im Rev. oben links neben der Werthzahl ein kleines R

31246—48.

Av. wie Nr. 31243, mit VS und durch letzteren Buchstaben ein feiner Querstrich (5 Sous) dann im Rev. unter der Werthzahl ein kleines R Gek. Rand. Gr. über 9. Ebenso mit XS (10 Sous) und ohne das kleine R im Rev.

Av. und Rev. gleich. Die Jungfrau mit dem Kinde ohne R—R, unter ihr XII Ohne Jahr. An den Rändern die Einfassung wie Nr. 31238. Gr. 9.

31249—54.

Wie Nr. 31243 vom Jahre 1629 mit III S (ous) Desgleichen. Gr. 10.

Ebenso vom Jahre 1632 mit VI Desgleichen. Gr. über 10.

Ebenso mit XI (Sämmtlich mitgetheilt von Hrn. Dr. Freudenthal.)

Ebenso mit XII S Gr. 10. und XX S

Av. Die Jungfrau mit dem Kinde zwischen R—H und darunter gross VS Rev. 1632 | VS Am Rande beiderseits die Einfassung mit den Kleeblättern. Gekerbter Kreis. Messing. Gr. 10.

Jetone. 31255—58.

Av. FACTVS. OBEDIENS. AD. MORTEM. (Löwenkopf.) In einem kartonchirten ovalem Schilde das Stadtwappen, ein (silb.) rechtsschreitendes Lamm mit der Siegesfahne (im rothen Felde). Rev. Von oben: PLACVIT • DEVM • OBEDIENTIA. Abraham im Begriffe seinen Sohn zu opfern, oben rechts der Engel in Wolken. Gekerbter Rand. Messing. Gr. über 13. [16. Jahrhundert.]

Av. Von rechts: CONSTRICTA HOC DISCORDIA VINCLO (Kreuzrosette.) In einem breiten, unten durch eine Schnalle geschlossenen Bande H M in einander gestellt, [Heinrich, Margaretha]. Rev. Von rechts: VOBIS ANNVNCIO PACEM (Ros.) Auf einer Leiste das rechtsschreitende Lamm mit der Siegesfahne, unter der Leiste 1572 Messing. Grösse 11.

Av. CIVITAS. ROTHOMAGENSIS. 1584 und eine vierblättrige Kreuzrosette. Zwischen einem unten über einander gelegten Palm- und Lorbeerzweige in einem Ovale das Stadtwappen wie Nr. 31255, jedoch hier mit den drei Lilien im Schildeshaupte. Rev. Von rechts: eine Blattrosette CONCORDIA MI—LITVM Zwei Krieger in röm. Tracht sich die rechte Hand reichend, auf welcher die geflügelte Viktoria steht, ober den Kopf jedes derselben einen Kranz haltend. Zwischen ihnen am Boden eine blühende Lilie. Gekerbter Rand.

Ein zweiter Rev. hat von rechts eine gleiche Ros. und EX. VIGILANTIA • VBERTAS In der Mitte ein Füllhorn, mit der Spitze auf einer Leiste ruhend; oben am Rande ein Hahn nach links gewandt, und auf der Mitte des Füllhornes ein zweiter Hahn nach rechts gegen den ersteren gewandt. Im Abschnitte 1584 Gekerbte Ränder. Gr. 13. (Beide Fontenay S. 233 abgebildet.)

31259.

Av. wie Nr. 30738, nur NAVAR. REX. und unten zwischen den Wappen das H doppelt. Rev. (Ros.) CIVITAS. ROTH—OMAGENSIS (zwei Ros.) Zwischen zwei oben und unten überlegten Lorbeerzweigen ein oben und an den Seiten henkelförmig verziertes französisches Schild mit dem Stadtwappen wie Nr. 31255, aber das Lamm mit Strahlenschein um den Kopf und oben die Lilien wie vorher. Unter der Abschnittsleiste am Rande NB zwischen 16—08 Gekerbter Rand. Messing. Gr. 13.

31260—61.

Av. CIVITAS. ROTHOMAGENSIS. Zwischen oben und unten zusammengebundenen Lorbeerzweigen das Stadtwappen wie zuletzt, im ovalen Schilde. Rev. Von rechts: . ONVS—ARTE LEVATVR • Auf einem Grasboden rechts ein kleines Mauerwerk, links ein Krahn, von welchem ein viereckiger Stein hängt. Im Abschnitte am Rande • 1638 • Gekerbter Rand. Gl. Gr.

Av. CIVITAS. ROTHOMAGENSIS (Ros.) Im kartonchirten französischen Schilde das Stadtwappen wie vorher; über der Kartouche ein Dreiblatt. Rev. Von rechts: • NOSTER • VBIQVE. LABOR. Im Meere ein nach links segelnder Dreimaster, vor dessen Hauptmaste ein Mann in Königstracht mit einem Scepter in der ausgestreckten Rechten. Im Abschnitte am Rande • 1665 • Desgleichen. Gr. an 14.

31262—63.

Av. SEQVNTVR. AGNVM. QVOQVMQVE. IERIT In der Mitte eine Kartouche, in welcher oben in einem Einschnitte ein mit Strahlen umgebener Kopf. In der Mitte zwei ovale Schilde, in deren jenem rechts das vor. Wappen, und oberhalb im (blauen) Schildeshaupte drei (gold.) Lilien neben einander. In dem dem Schilde links zwei Löwen ober einander nach rechts schreitend (das Wappen der Normandie). Unter diesen Schilden ist ein Band, auf welchem klein: CONSILIO. ET. AUXILIO Rev. Von rechts: VIGINTI. QVATVOR. SENIORES. CORAM. AGNO Innerhalb eines Linien-Halbkreises, an welchem oben ein Baldachin, ein Altar, auf welchem das Lamm (rechtsgewandt,) ruht. Vor dem Altare ein getäfelter Fussboden, auf welchem, und zu den Seiten des Altars die Aeltesten gegen den Altar zu gewandt, knien. Im Abschnitte • 1684 • Beiderseits ein Rand von unförml. Strichen. Gr. an 14.

Av. Von rechts: ORBI QVIETEM — SÆCVLO PACEM SVO Der Kopf Ludwig XIV. linkshin mit Lockenperücke, darunter am Rande 1699 Rev. Von rechts: VETVS. ET. NOVA. CIVITAS. ROTHOMAGENSIS. In einer zierlichen Kartouche zwei neben einander gestellte ovale Schilde, im rechten ein aufgerichteter Löwe linkshin mit ausgeschlagener Zunge, im linken das Stadtwappen wie Nr. 31259, unter denselben ein bis zur Mitte hinaufreichendes Band mit der Innschrift nach innen, rechts REGN. (ante) L. (udovico) STO (Sancto); dann links REGN. (ante) L. (udovico) MNO (Magno.) Oben auf einem aufgerollten Bande EX • BELLO. PAX Gekerbter Rand. Gr. 14.

31264—65.

Av. Von rechts: LUDOVICUS—MAGNUS REX. Der Kopf wie vorher, mit Lockenperücke und glattem spitzen Halse; darunter klein TB (Thomas Bernard) in einander gestellt. Rev. Von rechts: AMICO FOEDERE IUNGAT. Zwei weibliche Gestalten gegen einander gekehrt, und sich bei der rechten Hand haltend. Jene links hält in der vorgestreckten Linken einen Zweig, jene rechts in der emporgehaltenen Linken eine Waage. Zwischen beiden am Boden das Lamm, nach links schreitend; oben am Rande eine kleine strahlende Sonne. Im Abschnitte LA • REUNION. DES. | M^DS DE. ROUEN. | 1706 Gekerbter Rand. Gr. über 14. (In m. Samml.)

Av. Wie zuletzt. Rev. SECVRITAS — VRBIS. Eine Frau rechtshin im Helm und Brustharnisch hält in der ausgestreckten Rechten einen Speer und stützt die Linke auf ein ovales Schild mit dem Wappen des Herzogs von Montmorency; im gold. Felde ein rothes Kreuz mit vier (blauen) gestümmelten Adlern (2. 2.) in jedem Winkel, und auf der Mitte des Kreuzes ein (silbernes) Schildchen, mit einem (rothen) aufgerichteten Löwen rechtshin mit (gold.) Krone. Rechts neben der Frau am Boden das zurückblickende Lamm mit der Siegesfahne von der Rechten. Im Abschnitte XII LEGIONES. | ROTHOMAGENSES. | • 1709 • Desgl Gr. an 15. (Samml. des Hrn. Dr. Freudenthal.)

31266.

Av. Von rechts: LUD • XV. REX CHRISTIANISSIMUS Das jugendliche Brustbild linkshin mit langem Lockenhaare im Brustharnisch. Rev. Von rechts: FORENSIB. ORATORIB. IN SENAT NORMANN In unten zusammengebundenen Lorbeerzweigen OB | INSTITUT. | FORENS. | ACADEM. Unter der Abschnittsleiste ROTOM | MDCCXXIII (bog.) Desgl. Gr. über 14.

31267.

Av. SOCIÉTÉ | DU | COMMERCE | DE ROUEN | 8 FRIMAIRE | AN V. Rev. Von rechts: CVNCTA. SERENA. FACIT. Im Meere in einem von zwei Pferden gegen rechts zu gezogenen alt-röm. Wagen eine Frauensperson mit der rechten Hand vor sich zeigend. Gr. 13. (Hennin Tafel 75 Nro. 754.)

31268—69.

Av. Von rechts: LOGE DE LA PARFAITE ÉGALITÉ O .·. an einander gestellt DE ROUEN ✱ Innerhalb eines oberhalb gestellten offenen Zirkels und unterhalb eines nach oben geöffneten mit Oehlzweigen durchflochtenen Winkelmasses innerhalb zweier Dreiecke der Buchstabe G Rev. Auf einem viereckigen Postamente ein offenes Buch, und zur Seite zwei Todtengerippe, davon jenes rechts mit einem Hirtenstabe in der Rechten, das Richtblei, einen Hirten vorstellend, jenes links eine Krone am Kopfe und einen Scepter in der Rechten einen Regenten vorstellend. Das Ganze auf einem geschachten und gewürfelten Boden. Oben ein Dreieck zwischen Strahlen; an den Seiten je eine Säule, auf welcher rechts J und unten am Sockel der geöffnete Zirkel; links der Buchstabe B und unten das Winkelmass. An den Rändern Linienkreise. Gr. 15. (Ebendort. Tafel 70. Nr. 698.)

Av. Von rechts: S .·. CHAP (itre) .·. DE LA P .·. (Parfaite) ÉGALITÉ—A LA VALLÉ E DE ROUEN ✶ In der Mitte der Pelikan, wie er seine Jungen füttert, hinter demselben ragt ein Kreuz, auf welchem Blätter und in der Mitte eine Rose, neben diesem Kreuze ragt ein Säbel und ein Schwert gekreuzt hervor. Oben ein Dreieck in Strahlen, rechts im Felde neben dem Kreuze ein Gewicht (?) (Pile) auf dem Tische, darunter ein Thurm. Links ein offenes Buch, und darunter ein einarmiger Armleuchter. Der Rev. wie zuvor. Am Rande Linienkreise. Gl. Gr. (Nr. 699.)

Saint-Claude. 31270.

Merean. In der Mitte des Av. Saint und der Rev. Claude Um jedes dieser zwei Worte ist eine mehrfach verschlungene Schnur gezogen, welche oberhalb des Wortes die Form eines dreitheiligen Kleeblattes annimmt und an deren zwei Enden unterhalb des Wortes je eine kleine Pfeife mit an derselben befestigter Quaste. Gekerbter Rand. Gr. 10. (Fontenay S. 235.)

Saint-Omer. 31271.

Av. Von rechts: GVILLELMVS COM9 WCXXVII Auf einer Erdscholle ein Mann linkshin in voller Rüstung mit Schwert und Schild; unten eine fünfblättrige Rosette. Rev. Von rechts: 3E FETE HISTORIQUE DE ST OMER. Im rothen französischen Schilde ein Patriarchenkreuz; zu den Seiten getheilt 18—46 Unten am Rande ein fünfspitziger Stern. Zinn. Gr. 10. (Samml. des Hrn. Dr. Freudenthal.)

Saint-Quentin. 31272.

Av. ✠ CAPVT • SCI • QVITINI • Innerhalb eines Kreises aus starken Perlen der mit Schein umgebene Kopf dieses Heiligen mit blossem Halse. Im Rev. in der Mitte ein und herum vier Ringeln. Am Rande je ein Linienkreis. Gr. 10. (Fontenay S. 236.)

Salins. 31273—74.

Av. DCCTS: POVR: LA: POVRTER · ✠ (muthmasslich statt pour les portiers.) Diese Umschrift zwischen Linienkreisen. In der Mitte nach oben das Feuereisen und die Flämmchen an den Seiten gegen die Mitte zu; unten zwei Zweige, Hirschgeweihen ähnlich. Rev. DE: LA: SAVNERIE: DE: SALINS ✠ zwischen gleichen Kreisen. In der Mitte ein Kreuz, an dessen Enden, welche in Blätterform enden, je ein Punkt und zwischen den Schenkeln je ein Kleeblatt. Gr. über 12.

Av. .PHS. D. G. HISPA. REX. DVX. ET. COM. BVR. ❀ Innerhalb eines Linienkreises das nach rechts gewandte Brustbild mit Vollbart, im Kleide und mit einer Halskrause. Rev. GECTZ. POVR. LA. SAVLNERIE. DE. SALINS Unter einer grossen Krone im glatten französischen Schilde das vierfeldige, kast., leon., arragon., unterhalb das alt- und neuburgund. Wappen; in dem obern Mittelschilde das Wappen von Portugall, in dem untern der Löwe wie auf Nr. 3457. Neben dem Schilde 15—88 Gr. 14. (Beide Fontenay S. 388.)

Savigny. 31275.

Einseitiger Mereau. ✠ SIGNVM ·:· — SAVIGN ✠ zwischen zwei Perlenkreisen. In der Mitte reicht von links eine Hand in die Mitte hinein, welche einen unten bis an den Rand reichenden Bischofsstab hält. Links hievon eine Ros. aus Punkten. Gr. 12. (Ebendort S. 237.)

Sedan. 31276.

Av. Unter einer runden Blattrosette: · MEREAV | DE zwischen gleichen Ros. | · SEDAN · | · 1639 · Im Rev. das Wappen der Familie La Tour, ohne Schild, sondern bloss ein Kastellthurm mit drei Zinnen, aus welchen eine Lilie hervorragt. Gek. Rand. Gr. R. (Fontenay S. 97.)

Semur. 31277.

Av. ✠ zwischen fünfblättr. Ros. SEMVRVS, eine gl. Ros. ALEXIENSIVM In der Mitte innerhalb eines Perlenkreises, an welchem zur Seite rechts und links nach innen gestielte dreitheilige Blätter, ein thurmähnlicher Bau mit drei Zinnen oberhalb, auf welchem in einem Schilde das Stadtwappen, drei Streife von oben rechts nach links herab. Neben dem Thurme 15—55 Rev. M zwischen gestielten Kleeblättern, BORGEOIS Kleebl. MAYEVR Kleebl. und eine fünfblättr. Ros. In der Mitte innerhalb eines Linienkreises ein unbehelmtes, an den Seiten zweigartig verziertes, französisches Schild mit dem Wappen desselben, die fünfblättrige Ros. in der Mitte, dann je ein fünfspitziger Stern in den obern und ein dritter in der untern Spitze. Am Rande im Rev. ein Perlen-Im Av. ein gekerbter Kreis. Gr. 13. (Fontenay S. 370.)

Sens. 31278.

Av. Von rechts: (Kreuzros.) NVLLA. EXPVGNABILIS. ARTE. In einem Kranze von Tulpen, in welchem vier Kreuzros. symetrisch vertheilt sind, ein mehrfach eingebogenes Schild mit dem Stadtwappen, im (blauen) mit (goldenen) Lilien bestreuten Felde ein (silberner) Zinnenthurm (mit schwarzen Mauerstrichen). Unter der Abschnittsleiste VRBS. ANTIQVA. | . SENON. Rev. Von links: SIC. NOSTRA. VIRET. FIDVCIA. CONCORS. 1579 (Kr.) Zwei sich fassende Hände aus Wolken halten zwei gekreuzte Lorbeerzweige und drei abwärts gelegte Pfeile. Gek. Rand. Gr. 13. (Samml. des Hrn. Dr. Freudenthal.)

Tournon. 31279.

Av. :S: IVLIA — NVS In der Mitte ein Perlenkreis, welchen überragend dieser Heilige mit Schein um den Kopf, in der Rechten ein grosses unten bis an den Rand reichendes Schwert haltend. Rev. :✠: DE: TVR: NO: NE· Im gleichen Kreise ein französisches Schild, worin oben zwei, unten ein Kreuzchen. Am Rande je ein Linienkreis. Gr. 11. (Fontenay S. 238.)

Tournus. 31280—82.

Einseitig. Blei-Mereau. S. VALERIANE — ORA. PRO. NOBIS Der Heilige in ganzer Gestalt, in der Rechten einen Palmzweig. Am Rande ein Perlenkreis. Ist mit einer Lilie kontremarkirt. Gr. 10. (Fontenay S. 368.)

Einseitig. · PHILIBERTI. TRENOCHIENSIS. In der Mitte nach unten eine kleine Lilie, rechts hievon ein Bischofsstab und links ein unbekannter Gegenstand. Gr. an 10. (S. 369.)

Av. S. PHILIBERTE (Im Texte BETE) ORA PRONOBIS Der Heilige mit Schein um den Kopf in ganzer Gestalt, zur Rechten der Bischofsstab, links im Felde ein Schwert. Rev. S. MARIA—ORA · PRO · NOBIS In der Mitte die heil. Maria in ganzer Gestalt mit einer Krone am Kopfe und dem Kinde am linken Arme. Beiderseits am Rande ein Perlenkreis. Im Rev. mit einer Lilie kontremarkirt. Gr. 12.

Tours. 31283.

Av. F. (rançois) FILZ. D. FRAN. DVC. D. BRAB. DAN. (jou) CONTE. D. FLANDRES Unter dem Herzogshute ein quadrirtes französisches Schild, darin die französischen Lilien im ersten und vierten Felde; das zweite quadrirte mit dem Wappen von Brabant, Geldern, Flandern und Namur, das dritte ebenfalls quadrirt mit dem Wappen von Seeland, Friesland, Utrecht und Holland, dann im Schildesfusse das Wappen von Mecheln. Rev. In oben und unten mit Schleifen zusammengebundenen Lorbeerzweigen ein französisches Schild mit dem Stadtwappen; (im schwarzen Felde) drei (silberne) Kastelle (2. 1.) und im (blauen) Schildeshaupte drei (gold.) Lilien. Gekerbter Rand. Messing. Gr. 13. [Zwischen 1581—84] (In der Samml. des Hrn. Dr. Freudenthal.)

31284—86.

Av. Von rechts: PIERRE . COHEV . MAIRE . D . TOVRS In der Mitte das von aussen mit Verzierungen umgebene und behelmte französische Schild, darin ein Sparren zwischen drei (2. 1.) Halbmonden mit den Spitzen nach aufwärts. Im Schildeshaupte drei Kreuze neben einander. Im Abschnitte unten •1585• Der Rev. wie zuletzt. Messing. Gr. 13.

Av. I . FORGET . S^{R} D . L . TORTINIERE . M^{E} D . TOVRS . 1599. Unter Helm und Decken ein quergetheiltes französisches Schild, oben ein rechtsgehender Löwe, unten ein von drei Jakobsmuscheln begleiteter Sparren. Rev. SPEI (Ros.) GALL (Ros.) FIDVCIA . (Ros.) Das Stadtwappen wie vorher, aber Palm- statt der Lorbeerzweige. Gek. Rand. Messing. Gr. an 13.

Av. I. HOVDRY . S^{R} DES . ROVLETZ . MAIRE . D . TOVRS . 1606. Unter Helm und Decken ein französisches Schild mit drei gestielten Kleeblättern (2. 1.) Der Rev. wie vorher mit Palmzweigen jedoch mit einer Kreuzrosette zwischen Punkten nach FIDVCIA. Desgl. Messing. Gl. Gr. (Beide in der Samml. Hrn. Dr. Freudenthal.)

31287—89.

Av. I. ROGIER . L . PARTIC . S^{R} D . BOVCHHLLON . M . D . TOVRS. 1609. 1610 . (Ros.) Unter Helm und Decken ein französisches Schild mit drei Samenrosen (2. 1.) und in der Mitte ein aufwärts gerichteter Sichelmond· Rev. SPEI ✱ GALL ✱ FIDVCIA . † . Das Wappen zwischen zwei Palmzweigen. Gekerbter Rand. Gr. 13. (Tafel 68.)

Av. R · (éné) SAIN . C . (onseiller) D . ROY · TR . (ésorier) G . (énéral) D. FR . (ance) MAIRE . D . TOVRS . 1614 . In einem gleichen Schilde eine (silb.) mit einem Mohrenkopfe besetzte Binde, darüber zwei, darunter eine (gold.) Muschel (im blauen Felde) der Rev. wie Nr. 31286. Desgl. Desgl. Gr. 13.

Av. NI . IOVBERT . S^{R} DESCRIMILLERES· M^{RE} DE . TOVRS . 1617 . 18 (Ros.) In einem gleichen Schilde ein, in seinem Neste stehender Storch von der Rechten, darüber Æ Rev. LILIA . PER . TVRRES . STABVNT . PER . MOENIA . TVR^{S} (Ros.) Im Kreise wie Nr. 31285 aber die Palmzweige nicht gebunden. Gek. Rand. Messing. Gr. an 13. (Beide in der Samml. des Hrn. Dr. Freudenthal.)

31290—92.

Av. I. RICHAR . FLEVRY . S . (eigneur) D . VILLE TRVN . C . (onseiller) D . ROY . T^{RE} G . (Tresorier General) D . FR . M . D . TOVR^{S} (Ros.) Im gleichen quadrirten Schilde im ersten und vierten Felde ein Eberkopf rechtshin, nebst einem ausgezähnten Schildeshaupte, im zweiten und dritten eine Korngarbe. Unter dem Schilde bogig 1622 . 1623 Rev. FRVSTRA . SINE . NVMINE . TVRRES Ros. Zwischen zwei oben und unten gebundenen Palmzweigen das Wappen wie bisher. Gek. Rand. Gr. 13. Messing.

Av. C. DVMOVLIN . ESC . S^{R} DE LASOVCHE . M^{ER} (sic!) D . TOVRS . (Ros.) In einem gleichen, längs getheilten Schilde rechts eine halbe Windmühle, links ein aufgerichteter Löwe rechtshin. Unter dem Schilde 1624 Rev. PERPETVA . FIDE LITATIS . CVSTOS (Ros.) Das Wappen zwischen Palmzweigen wie vorher. Desgl. Gr. 13. (Samml. des Hrn. Dr. Freudenthal.)

Av. N. IOVBERT. SR DES. TOVSCHES. C. D. R. (Conseiller du Roi) ET. TR. G. D. FIN. (ances) AV. B. (ureau) D. TOVRS (Kreuzrosette) Das Wappen wie vorher Nr. 31289 ohne ✠ Rev. TVRRES. IN. BELLO. REGI. FIDIF FIMA. (sic) TVRRIS. 1627. Rev. Ebenso. Desgl. Desgl. Gl. Gr. Ebendort.

31293—95.

Av. C. COTEREAV. PRESIDENT. DE. TOVRS. MAIRE. 1628. 29. Im Perlenkreise unter Helm und Decken ein französisches Schild mit drei (grünen) aufwärts gelegten Eidechsen, die mittlere etwas tiefer gestellt, (im silbernen Felde) darüber ein Tournierkragen mit drei Lätzen. Rev. wie Nr. 31285 mit FIDVCIA (Ros.) dann eine Rosette zwischen Schnörkeln. Desgl. Desgl. Gr. über 12.

Av. E. PALLV. C. (onseiller) ET. ADAT (Advocat) DV. ROY. AV. PREAL MAIRE. DE. TOVRS 1630. Im gleichen Schilde auf einem Grasboden ein Lorbeerbaum, neben dessen Stamme je ein Hermelinschwänzchen. Rev. SPEI (Blattros.) GALL FIDVCIA und eine Ros. ähnlich einem Ordenskreuze zwischen Punkten. Unten eine gleiche Blattrosette. Gek. Rand. Messing. Gr. an 13.

Av. F. MORIN. CONER DV. ROY. AV. PREAL MAIRE. DE TOVRS In einem gleichen Schilde ein Sparren, begleitet von drei rechtsgewandten Mohrenköpfen mit Stirnbinden. Auf dem Helme ein gleicher Mohrenkopf, unten neben dem Schilde getheilt 16—31. Rev. wie zuletzt. Gek. Rand. Gr. 13.

31296—98.

Av. R. CHAVVET. TREER GENAL DE. FRANCE. MAIRE. DE. TOVRS. Im gleichen Schilde ein goldenes Andreaskreuz und in jedem Winkel eine fünfblättrige Rosette. Rev. SPEI. GALL. — FIDVCIA. und die Kreuzrosette wie zuletzt. Der Rev. wie zuletzt, nur die Palmzweige ohne Schleifen, und unten zwischen den Stielen am Rande .1636. 37. Gekerbter Rand. Messing. Gr. an 13.

Av. P. LE. BLANC. EER SR DE. LA. PREANT L. (ieutenant) CRIEL (Criminel) MAIRE. DE. TOVRS. In einem gleichen quergetheilten Schilde ein aufgerichteter Löwe rechtshin, mit vollem Gesichte und im rechten Oberwinkel ein Stern. Auf dem Helme ein Löwenkopf von vorn. Der Rev. wie zuletzt mit SPEI. GALL *— * FIDVCIA und das Kreuz ohne Punkte, dann unten. 1638. Gek. Rand. Messing. Gl. Gr.

Av. N · LEROVX · SIEVR DE ROCHEFVRET. MAIRE. DE. TOVRS. 1639· In einem Schilde wie Nr. 31287 ein von drei Ringen begleiteter Sparren. Der Rev. wie Nr. 31287 ohne Punkte, Sterne und die Jahreszahl.

31299—302.

Av. IACQ. BOVET. ESCR SR DE. LA. NOVE. MAIRE. 1646 (Ros.) Im gleichen Schilde ein von drei Stachelrosen begleiteter Sparren. Der Rev. wie Nr. 31285 ohne die Schleifen. Gekerbter Rand. Gr. über 12.

Av. ISAC. TOVLEE SR D · L. GARIE CR D · R. PRT A · PRAL M. D. TOVRS · 1653 ✱ In einem gleichen Schilde ein von drei Flämmchen begleiteter Sparren und im Schildeshaupte ein aufgerichteter Sichelmond zwischen zwei Sternen. Der Rev. wie zuletzt. Gekerbter Rand. Gr. an 13.

Av. Von rechts: CHARLES. MATHE. LIEVTEGENAL. EN. TOVR(aine) MAIRE DELAVIL. DE TOVRS. In einem gleichen Ringe zwei sich fassende Hände halten drei gestielte Lilien. Rev. Von rechts: (Ros.) FIDVCIA (Ros.) SPEI · GALL (Ros.) Das Stadtwappen wie vorher, die Palmzweige ohne Schleifen, unter der Abschnittsleiste am Rande · 1664 · Gekerbter Rand. Gr. über 12.

In Fontenay S. 68 ist ein Mereau Tours zugewiesen, welcher für Arbeiter bei öffentlichen Bauten bestimmt gewesen sein soll; auf demselben ist einerseits ein Thierkopf sammt Hals nach rechts gewandt zwischen vier Lilien, andererseits M·✿C, oberhalb drei kleine Zeichen wie 9, an deren jenen rechts ein nach links gehender Streifen, unter MC zwei kleine Kastellthürme und dazwischen ✱ An den Rändern beiderseits je ein Perlenkreis. Gr. an 8.

Trévoux. 31303.

Mereau. Av. SANCTVS. SIMPHORIANVS. F. V ✠ Der Heilige innerhalb eines Linienkreises zu Pferde mit einer Fahne nach rechts reitend. Rev. CAPITVLVM. TREVOLCII · 1555 ✠ Innerhalb eines Linienkreises ein französ. unbehelmtes Schild, darin ein grosses T und neben demselben je ein kleiner Schlüssel. Gr. über 10. (Font. S. 392.)

Valence. 31304—6.

Mereaux. Av. S : APOLLINARIS : EPS : VALENCIE : ✠ : Im gekerbten und feinen Linienkreise der auf einem Boden von vorn stehende Heilige im Bischofsornate mit Schein hält in der Linken den Krummstab und die Rechte segnend in die Höhe. Rev. : INSIGNIA : ECCLE : VALENCIE In einem oben unterbrochenen gekerbten Kreise ein eingebogenes Schild mit einem Kreuze (das Stadtwappen). Ueber dem Schilde am Rande eine Schleife, deren Enden an den Seiten des Schildes hervortreten. Gek. Rand. Gelbes Kupfer. Gr. 13. (Samml. des Hrn. Dr. Freudenthal.)

Av. SANCTVS : FELIX : PRESBITR : Innerhalb eines Perlenkreises denselben oben überragend der Heilige in ganzer Gestalt, mit einem doppelten Scheine um den Kopf, im langen Gewande, in der Linken einen Stab haltend. Rev. INSIGNIA : ECCLE : VALENCIE Innerhalb eines Perlenkreises denselben oben bedeckend ein unbehelmtes Schild, darin ein an die Ränder reichendes breites Kreuz, als das Stadtwappen. Ober dem Schilde eine dreitheilige lilienähnliche Verzierung; zur Seite des Schildes ragen Bänder hervor. An den Rändern Perlenkreise. Gr. 10. (Fontenay S. 240.)

Av. S. FORTVNATVS : DYACCOS—: Innerhalb eines Linienkreises denselben oben überragend, der Heilige in ganzer Gestalt mit langem Gewande, doppeltem Scheine um den Kopf und einem Bischofsstabe in der Linken. Rev. IN. SACRA : ECCLE : VALENCIE dahinter zwei Blätter einer Lilie. In der Mitte eines Linienkreises das Wappen mit dem Kreuze wie zuvor. Gr. an 10. (Ebendort S. 240.)

Verdun. 31307.

Av. Von rechts: NOSTRE DAME DE VERDVN Ein Kirchengebäude mit je zwei Thürmen an den Enden, auf dem Dache sitzt die Mutter Gottes mit dem Kinde am rechten Arme. Rev. Rechts: SAINCT — IOSEPH Der Heilige am Boden in ganzer Gestalt, mit Schein um den Kopf; in der Rechten einen Zweig, in der Linken das Kind Jesus. Am Rande je ein Linienkreis. Gr. über 10. (Fontenay S. 242.)

Versailles. 31308—10.

Av. Von rechts: LIBERTE ET—CONSTITUTION Zwischen einem Lorbeer- und Eichenzweige unter einer Mauerkrone das kartouchirte, quergetheilte Stadtwappen; im obern silbernen Felde ein wachsender gekrönter Doppeladler, zwischen dessen Köpfen ein Dolch steckt; im untern blauen die französischen Lilien. Im Abschnitte: FEDE RATION | DE VERSAILLES | CE 11. JUILLET. 1790 Rev. LA NATION | LA LOI | ET | LE ROY Strichelrand. Gr. an 16.

Av. Von rechts: PACIFICATEUR—DE LA VENDÉE Das Standbild von vorn im Mantel, daneben rechts ein Oehl-, links ein Lorbeerzweig; neben dem Boden klein und im Bogen getheilt: LEMAIRE INV—PETIT F Unten am Rande 1836 Rev. AU | GÉNÉRAL | HOCHE, | VERSAILLES | SA VILLE | NATALE. Im Ringe geprägt. Grösse 11.

Av. L ∴ ECOSS ∴ DES MILITAIRES RÉUNIS, dahinter entgegengesetzt: • OR ∴ DE VERSAILLES • In einem ovalen, blautingirten, militärischen Schilde ein offener Zirkel mit einem darübergelegten Winkelmasse. Hinter dem Schilde beiderseits zwei Fahnen und über demselben ein Helm mit drei Straussfedern. Rev. UNO AVULSO NON DEFICIT ALTER, dahinter entgegengesetzt: VIRTUTI ET GLORIÆ In unten zusammengebundenen Myrtenzweigen drei über einander gelegte Dreiecke, in deren Mitte ein Auge im Strahlenkranze. Starker Strichelrand und randirt. Gr. über 13. Freimaurerjeton. (Alle drei in der Samml. des Hrn. Dr. Freudenthal.)

Vienne. 31311.

Av. LIB. ECCLIE. SCTI. PETRI (Ros.) VIENNE † In einem Linienkreise dieser Heilige sitzend, mit Schein um den Kopf, in der Rechten ein Doppelkreuz, in der Linken die zwei Schlüssel haltend. Rev. IN. HOC — SIGNO — VINCES † Dazwischen je eine zweigähnliche Verzierung. Innerhalb eines Linienkreises ein geschlungenes Kreuz mit ovalen Schenkeln. Durch dieses Kreuz ist ein Viereck, an dessen Enden je eine Kugel angebracht, durchgesteckt. Gekerbter Rand. Gr. über 10. (Fontenay S. 243.)

Villefranche. 31312—14.

Av. NOSTRE. DAME. DES. MARES ✠ Innerhalb eines breiten Linienkreises die Mutter Gottes mit einer Krone am Kopfe und dem Kinde am rechten Arme, letzteres mit einem Scheine um den Kopf. Rev. POVR. LA. SOVSIETE. DE. VILLE. FRAN CHE. Innerhalb eines gleichen Linienkreises ein Kreuz mit Lilien an dessen Enden, in dessen Schenkeln 1—6—0—4 Am Rande ein Lilienkreis. Gr. an 13. (Fontenay S. 244.)

Av. GVILLAVME ⊛ HASTE. 1604 ✠ Innerhalb eines Linienkreises I/ X und oberhalb dessen eine Verzierung ähnlich verschlungenen Bändern. (Abgebildet Fontenay S. 244.) Im Rev. die Mutter Gottes mit der Umschrift: TIERCE A VILLEFRANCHE. Gr. über 10.

Av. VERA. AVIARD. ESLVT. DE. BEOLIOS ✠ In einem Linienkreise ein französisches Schild, an dessen Aussenseite zweigartige Verzierungen. Im Schilde 16 ✱ 04, dann darüber zwei und unterhalb ein gestieltes Kleeblatt. Rev. MAITRE. IEHAN. PAIAN. † Innerhalb eines Linienkreises ein unbehelmtes Schild mit zweigähnlichen Verzierungen, darin drei Querbalken. Gl. Gr.

Muthmasslich PAIAN irrig statt GAIAN, da der erstere Name unter der Geistlichkeit nicht vorkommt.

31315—17.

Av. ME IEHA. VEYRON. POVR. SESSTE ✠ Innerhalb eines französischen Schildes, ober welchem eine zweigähnliche Verzierung, und zur Seite zwei unten von einer Kugel ausgehende Zweige, — ein .J, der Anfangsbuchstabe von Jehan, dann ein Fisch mit dem Kopfe nach aufwärts, véron genannt; dazwischen an beides angeschlossen ein ovaler Gegenstand mit einer fünfblättrigen Rosette ober und unterhalb. Rev. PIERRE .ET. ANTHE. GVERREIN ✠ In der Mitte innerhalb eines Linienkreises ein französisches Schild mit ähnlichen Verzierungen wie im Av. Dasselbe ist durch ein Kreuz in vier Felder getheilt, darin im ersten und vierten Felde je eine fünfblättrige Rosette im zweiten und dritten vier Querstreifen von oben rechts nach links herab. An den Rändern ein Linienkreis. Gl. Gr. Ant. Guerrein war Schöppe im Jahre 1512, Peter G. im Jahre 1521.

COMPLIE. A. VILLEFRANCHE ✠ Innerhalb eines Linienkreises C, daneben links ein kleines Horn und links von diesem noch ein Schlüssel mit dem Barte abwärts. Gr. 10. (Abgebildet so wie die vorstehenden Font. S. 244.) Bei einem zweiten Stempel soll sich der Buchstabe P (gross) befinden, was die Bestimmung für die „Primes“ statt „Complies“ andeutet. Beide Stempel sollen im Rev. die Jungfrau, Notre-Dame-des-Mares haben. (Die letzten vier ebendort.)

31318—20.

Nachträge. Abbeville. Capitel St. Wulfram.

Av. Ein Patriarchenkreuz, neben welchem getheilt S—W; unter dem Fusse des Kreuzes am Rande zwei kleine Halbbögen. Rev. III und ein kleiner Querstrich auf der Mitte der Ziffer. Oben und unten eine Blattverzierung. Linienrand. Gelbes Kupfer. Gr. über 9.

Av. Ebenso. Rev. M͡AT (inae) darunter am Rande eine Blattverzierung. Gekerbter Rand und nach innen ein Linienkreis. Gr. an 11.

Av. Ebenso. Rev. Ein aufgerichteter Krummstab, daneben links SN und unten am Rande neben demselben getheilt 15—80 Blei. Gr. an 10. (Sämmtlich in der Sammlung des Hrn. Dr. Freudenthal.)

Bordeaux. 31321—22.

Av. | SOCIETAS | SCIENTIARUM | ET ARTIUM | BURDIGALENSIS. | AN VI. Unten zwei übereinander gelegte Lorbeerzweige. Rev. Ein runder Bienenstock mit umfliegenden Bienen, auf einer Unterlage rechts ein Rosenstrauch, links Gebüsch und nach vorn eine Tulpe mit drei Blüthen. Ueberschrift: UTILE DULCI. An den Rändern ovale Perlen zwischen feinen Linienstrichen. Gr. 14.

Av. Diese Aufschrift mehr aus einander gestellt, AN VI und darunter ein kleiner Querstrich statt der zwei Zweige. Im Rev. ein runder Bienenstock, hier ohne Dach und ohne Unterlage rechts eine Blume mit Blüthen, links ein hölzernes einfaches Geländer und hinter demselben ein sich über den Bienenstock neigender Baum. Gl. Gr. (Hennin, Taf. 87 Nr. 863—64.) (Diese Jetone galten den Mitgliedern dieser am 21. September 1798 gestifteten Gesellschaft als Legitimationszeichen bei den Sitzungen.)

31323—25.

Bourges. *a)* Cathedrale St. Etienne.

Av. Das Brustbild des Heiligen von vorn im Scheine, daneben je eine Lilie und über jeder zwei Blättchen unter einander; unter dem Brustbilde BIT (Biturris) zwischen Lilien. Rev. X·X·X· (XXX) oben und unten drei Lilien neben einander. Gek. Rand. Gelbes Kupfer. Gr. an 11.

b) Kirche St. Pierre-le-Marché.

Av. Ein Krummstab und Schlüssel gekreuzt; in den vier Winkeln je ein fünfspitziger Stern. Oben S und auf den Seiten getheilt P—M Rev. X · II umgeben von vier Stachelrosen. Linienrand. Gelbes Kupfer. Gr. 10.

Ebenso mit I (St.) I und ohne Sterne im Av. Gr. an 11. (Beide ebendort.)

Cluny. 31326.

Av. Rechts ein aufgerichteter Schlüssel mit rechts gestelltem Barte, links ein aufgerichtetes Schwert. Rev. ·S· | ·IIII· D (eniers.) | · P̶ · Linienrand. Blei. Gr. an 9.

St. Peter und St. Paul waren die ersten Schutzpatrone des Klosters.

Laon. 31327.

Av. In einer doppelten vierbogigen Einfassung Ꝟ | ααα (ecclesia) | ∴ LAVD ∴ (unensis), oben und unten eine Lilie. In den äussern Winkeln der Bögen je drei Kugeln. Rev. In gleicher Einfassung II · II zwischen fünfblättrigen Rosetten; oben und unten vier zusammengestellte Ringel. An den Bogenspitzen Lilien und in den äussern Winkeln Kleeblätter. Gek. Rand. Gelbes Kupfer. Gr. über 10.

31328.

Litry, Depart. de Calvados, Kohlenbergwerk.

Av. MINE | DE | LITRY Rev. Ein Spaten und eine Spitzhaue in Form eines Andreaskreuzes über einander gelegt. Oberhalb die Ziffer 12 Am Rande beiderseits ein

Kreis von starken unförmlichen Stricheln. Gr. über 11. (Es sollen noch Marken mit andern Zahlen existiren.)

Lyon. 31329.

Av. Auf einem mit Hermelin gefütterten Wappenmantel ein mit der Herzogskrone bedecktes kartouchirtes ovales Schild, darin drei (goldene) Kastelle, 2. 1. (im rothen Felde). Ueber der Krone ragt ein Kreuzstab hervor, darüber am Rande ein Kardinalshut, dessen Quasten, an den Seiten bis zum Schildesfusse herabhängen. [Das Wappen des Erzbischofs Charles François de Chateau neuf-de Rochebonne 1731—1740.]

31330—33.

Meaux. *a)* Kathedrale St. Etienne.

Av. Das gekrönte Brustbild des heil. Stephan linkshin mit stark nach hinten zurückgebogenem Kopfe; vor dem Gesichte und im Nacken eine Anzahl kleiner Steine. Neben dem Halse getheilt Ꮗ—Œ (verkehrt gestellt, ecclesia Meldensis.) Rev. Unter einer Krone ein an den beiden obern und untern Enden mit gestielten Dreiblättern besteckles m (Meldae), auf beiden Seiten eine, und über der Krone vier Rosetten. Gekerbter Rand. Gelbes Kupfer. Gr. 11.

Av. SCI (Sancti) Rev. STŒ | PH'I (Stephani) Perlenrand. Desgl. Gr. 10.

Av. In einem oben unterbrochenen Perlenkreise die gekrönte Jungfrau von vorn mit dem Kinde auf dem linken Arme, beide mit Heiligenschein. Im Felde rechts eine gestielte Blume und um den Kreis eine Randverzierung von Rosetten und Blättern. Rev. : S : STŒPHANVS. MŒLDŒNSIS Im Perlenkreise zwischen doppelten Querleisten gross AVЄ; über und unter der Leiste eine Rosette. Gelbes Kupfer. Gr. über 10.

Av. · AVE · MARIA · GRATIA · PLENA · DO Im oben unterbrochenen Perlenkreise das gekrönte Brustbild der Jungfrau von vorn mit dem Kinde auf dem rechten Arme, beide mit Schein. Rev. : S : STEPHANVS : MELDENSIS : ✠ Im Perlen- und feinen Linienkreise AVE zwischen doppelten Querleisten, über denselben eine Rosette zwischen Ringeln und unten klein I5 (Ros.) 62

b) Capitel von Brie. 31334.

Av. Unter einer Krone eine grosse Lilie zwischen Œ—B (Capitulum Brigense), neben der Krone Sterne und unten zwei gestielte Blumen. Rev. Unter der Krone ein grosses m (Meldae) daneben je eine kleine Lilie über einem Blatte. Neben der Krone Sterne und unten ein dritter zwischen Blättern. Gekerbter und innerer Linienrand. Achteckig. Gr. über 10. (Sämmtlich mitgetheilt von Hrn. Dr. Freudenthal.)

31335—37.

Mir unbekannte Mereaux.

Av. PRO ✱ : ❀ : ✱ : VIVIS : ✱ : ❀ : ✱ : ✠ : ❀ In einem Perlenkreise III zwischen zwei Rauten, darunter ✱ M ✱ Rev. ORATŒ ✱ — ✱ DŒVM ⁑ In der Mitte einen Linienkreis überragend ein Heiliger in ganzer Gestalt mit einem Scheine um den Kopf; in der Rechten einen Palmzweig, in der Linken ein Buch haltend. Gr. au 11.

Av. PRO ❀ DŒFVNTIS ❀ ✠ In einem Linienkreise zwischen zwei Querstreifen ✱ A ✱ Der Rev. ähnlich dem letzten nur ✱ ORATŒ ⁑ Gl. Gr.

Av. MONETA. ANNIVERSARIORVM dann eine Ros. zwischen Doppelpunkten und ein gestieltes Kleeblatt. In der Mitte innerhalb eines Linienkreises eine Krone mit Lilien und darunter A, zwischen dessen Schenkeln kleiner ein V Neben diesen Buchstaben zur Seite je eine Lilie. Rev. REQVIESCANT. IN PACE und zwei Blattrosen zwischen drei Doppelpunkten, und ✠ Innerhalb eines Linienkreises und einem Kranze kleiner Halbkreise die Werthzahl XII Am Rande Linienkreise. Gr. 12. (Diese drei Font. S. 73 ohne Angabe der Kirche.)

31338—39.

Av. In der Mitte OBIT zwischen zwei Verzierungen, deren jede aus zwei Theilen bestehend, pararell mit der Schrift angebracht, in der Mitte ein Ausläufer gegen den Rand zu, neben welchem, und zwar an dem obern 1—5 und an dem untern 8—5 Rev. Aehnlich dem Av. nur das Wort SOLENEL und statt der vier Ziffern vier Rosetten. Gekerbter Rand. Gr. 10.

Av. POVR. LA. FONDATION. DE ❀ ✠ In der Mitte 1557 | II D | T und links hievon ♇ Rev. ME IEHAN. — BARIOT ❀ In der Mitte eine Gestalt in langem Gewande mit einem Buche in der Rechten und einem Bischofsstabe in der Linken; zur Seite S—O Gekerbte Ränder. Gr. 10. (Beide Fontenay S. 74.)

f. Verschiedene und uneingereihte Jetone.

31340—42.

Av. ✠ ᗰOVRTOVR. SVI. ROVᗰESD Innerhalb eines gekerbten Kreises das Lamm nach rechts mit der Kreuzfahne an der rechten Seite. Um den Kopf ein geperlter Halbkreis. Rev. ✠ PTRT MOVRS. SVI DORES. ᗰTR ✠ Innerhalb eines punktirten Kreises ein Lilienkreuz, umschlossen von vier, an der inneren Seite punktirten Halbbögen, an den inneren Vereinigungspunkten je ein Blatt, und ausserhalb in den Einbiegungen je ein Dreiblatt. Das nach aussen punktirte Kreuz hat in der Mitte eine viertheilige Blattrosette. Die Ränder gekerbt. Gr. 12. (Font. S. 105.)

Av. IESVIDELAITON ᗰERIAVACTE ✠ Innerhalb eines Linienkreises eine sechsbogige Einfassung, an welcher von aussen in den Einbiegungen Punkte. Im Innen das Lamm mit der Fahne nach links schreitend. Rev. ✠: DE 8 (Doppelringel) LATOR: SVI: ROVᗰES Innerhalb eines Linienkreises eine vierbogige Einfassung, in welcher ein Kreuz mit Lilien an den Enden. An den inneren Spitzen der Bögen je eine Lilie und von aussen in den Einbiegungen je ein Kleeblatt. An den Rändern Linienkreise. Grösse 12.

Av. IERESPASVRAIAGREILDOR ✠ Innerhalb eines Perlenkreises ein Lamm aber hier nach rechts; und zur rechten Seite desselben hier die Fahne. Rev. IERE SVIPAS 8 (Doppelringel) DARGERT 8 (Doppelringel) ✠ Innerhalb eines Perlenkreises denselben unterbrechend, vier doppelte Halbbögen, an deren Verbindungsstellen Punkte. In der Mitte ein Kreuz mit Lilien an den Enden der Schenkel. Gl. Randkreise. Gr. über 11.

31343—44.

Av. CE SORTLES. GETOERS . DELA ✠ In der Mitte ein, mit einer Krone mit Lilien gekrönter Kopf nach vorn mit blossem Halse innerhalb einer Einfassnng aus drei Halbbögen, welche mit drei Spitzen abwechseln. Von aussen an den Spitzen je zwei ∘ Rev. Zwischen gestrichelten Kreisen: IESVIFAVSET HAVVESHA ✠ (et de mauvaise nature) In der Mitte zwischen vier Halbbögen ein Kreuz mit Lilien an den Endpunkten. Gl. Gr. (Alle drei Font. S. 38.)

Av. ✠ BETE SVI: ROVMC: CAVVAGED und eine kleine Lilie. In der Mitte in einem punktirten Kreise ein nach links gewandter Hirsch ohne Boden. Rev. ✠ CROIS: DEPARDEIX: SVI: (S verkehrt) NOVM Innerhalb einer vierbogigen Einfassung das Kreuz wie Nr. 31341 mit den Blättern ausserhalb; nur sind hier die Kreuzschenkel an den Seiten punktirt und ist in der Mitte des Kreuzes eine vierblättrige Rosette. Gek. Rand. Gr. 11. (Ebendort S. 39.)

31345—47.

Av. AVE MARISTELLA DEIMATE' I Innerhalb eines gekerbten Kreises ihs oberhalb ein Stiel, an welchem drei runde Blätter (Kleeblatt) oder runde Blümchen, unterhalb zwei derlei Stiele. Im Rev. dieselbe Umschrift, nur nach MAT eine Kreuzrosette. Die Buchstaben M beiderseits wie zwei in einander gestellte N. In der Mitte innerhalb eines gekerbten Kreises ein Lilienkreuz, dessen Mitte geöffnet. Von dem Kreise reichen gegen die Mitte zwischen je zwei Lilien je ein gestieltes Kleeblatt (?) hinein. Die Ränder gekerbt. Gr. 12. Messing.

Av. MIVIEL, (Blattrosette) POLET (Blattrosette) LAFET° und eine Kreisrosette In der Mitte zwischen 13 kleinen Halbbögen, an deren inneren Enden je ein Punkt, eine Lilie, aus welcher zwei Stiele mit fünfblättrigen Blumen hervorragen, oberhalb eine derlei fünfblättrige Blume ohne Stiel. Rev. ATOVRNAI—EST—FET ✣ Dazwischen je ein Zweig mit fünf Blättern und einer gestielten fünfblättrigen Blume. In der Mitte ein Kreuz, dessen Schenkel in vielgetheilte Blätter enden; die Mitte ist offen und darin eine fünfblättrige Rosette. Von aussen in den vier Winkeln je ein gestieltes Kleeblatt. Die Umschrift beiderseits zwischen an den Enden zugespitzten Strichelu. Gr. 13. (Fontenay S. 46.)

In Fontenay S. 103 erscheint eine Seite folgenden Jetons abgebildet:

IOIE + DESIR + ALAMOVREV ‡ S† ✣ Innerhalb eines Perlenkreises ein aus Punkten formirtes, oben zwei-, unten einspitziges Schild, worin die drei Lilien und in der Mitte ein Punkt. Neben dem Schilde je eine Lilie und M. zwischen Punkten, an der obern Leiste eine kleine Krone zwischen Punkten. Gr. 13.

31348—49.

Av. AV : GETER : SAVRAI : SE : LE ✣ In einem gekerbten Kreise ein oben zwei-, unten einspitziges Schild, darin sieben Lilien; an den Seiten ausserhalb je eine Blüthe zwischen zwei Blättern. Im Rev. CON—TE—EST—VRAI Ein Kreuz, auf welchem in der Mitte eine Rosette; an den Enden je drei gestielte Blätter. In zwei Winkeln ausserhalb je eine Lilie, und in den andern ein Schlüssel mit doppeltem zweiseitigem Barte. Gr. 11. (Font. S. 126.)

Av. Ein oben zwei- unten einspitziges Schild, dessen rechte Hälfte am Schildrande mit einem schwarz tingirten Bande eingefasst ist; im Felde gleicher Farbe zwei Querbalken von oben links nach rechts herab; in der linken Schildhälfte sieben Lilien. Im Rev. ein aus je drei Stäben formirtes Kreuz, dessen Spitzen in Blättern enden. In der Mitte desselben eine Rosette; in den vier Winkeln je eine Lilie. Um das Ganze eine doppelte Einfassung von vier Bögen, zwischen welchen je eine Spitze nach aussen gestellt. Die Umschrift beiderseits undeutlich. Im Av. ober dem Schilde OMA, rechts TERSR ? links ES... Im Rev. zwischen den Bögen AVO—TIO—BOE—OTE ? Gekerbter Rand. Gr. 11. Messing.

31350—51.

Av. SIT ∗ NOME ∗ DNI ∗ BENEDICTVM ∗ ✣ Innerhalb eines Perlenkreises ein Schlüssel mit nach rechts gestelltem Barte in einer Einfassung von kleinen Halbbögen, an deren Enden nach innen je drei Punkte. Rev. TOVS ∗ DIS ∗ EN ∗ BIEN, ein Zweigchen mit Blüthen ✣ In einem Perlenkreise in der rechten Hälfte zwölf Lilien, links, dreigetheilt das Kreuz von Jerusalem, in der Mitte ein Tournierkragen, ober welchem drei Lilien unter einander und links abermals drei Lilien ober einander (das Wappen von Anjou). Gr. 12.

Fontenay S. 186 schreibt diesen Jeton der Marie von Anjou zu, vermält 1416 an Karl VII. und muthmasslich, dass der Schlüssel jener von Angers sei.

Av. ERVEEM ⁝ TVAM ⁝ ADORAMVS ⁝ DOMINE ⁝; eine Krone. In der Mitte in einem gekerbten Kreise ein Doppelkreuz, neben welchem zwei Buchstaben alter Form, einem b auch r ähnlich. Rev. POVR ⁝ DES ⁝ COMPTES ⁝ DANGIERS ⁝ (Krone.) In einem gekerbten und Linienkreise acht Lilien. Gr. an 13. (Font. S. 187. muthmasslich, dass dieser Jeton von Joh. Bernard, gewesenem Bürgermeister von Angers, herrühre.)

31352.

Av. VIVE, (Ros.) BOVRGONGNE, (Ros.) VIVE (Ros.) ✠ In einem punktirten Kreise oben ein Feuereisen, darunter Flämmchen und nach links ein brennender Zweig (?). Rev. VIVE, (Ros.) AMANT (Ros.) VIVE, (Ros.) AMOVR, (Ros.) VIVE ✠ Im punktirten Kreise ein Kreuz mit Lilien an den Enden der vier Schenkel. Zwischen denselben je eine Krone und eine kleine Lilie. Am Rande ein Perlenkreis. Gr. an 13. (Fontenay S. 105.)

31353—54.

Av. Eine Krone SE (Ros.) GECTES, dahinter so wie nach SEVREMENT ein Blumenzweig. In der Mitte innerhalb eines punktirten Kreises zwei C mit einer Schnur zusammengebunden, welche eine Schleife bildend unten in zwei Quasten endet. Im Rev. ein gleicher Rand, nur die Worte LE - COMTE — TROVVERES In der Mitte im gleichen Kreise ein Kreuz, dessen Schenkel in Blätter enden; in der offengestellten Mitte des Kreuzes ein fünfspitziger Stern. Der Rand gekerbt. Gr. 13. [Dieser Vermälungsjeton, Fontenay S. 104, wird Karl dem Furchtsamen und Katharina von Frankreich (verlobt 1439) zugeschrieben.]

Av. ⁝ IELAI ⁝ und rechts: × EMPRIS ⁝ und oben am Rande zwei Feuereisen. In der Mitte C m mit einem Faden zusammengebunden, welcher unten in zwei Quasten endet. Am Rande unter denselben eine Rosette zwischen mehreren Kreuzchen. Rev. Umschrift wie im Av. zwischen Perlenkreisen: GECTORS × DE × LACHAMBRE × DES × FINANCE (Ros.) Innerhalb einer Einfassung von kleinen Halbbögen, an deren inneren Spitzen Lilien im französischen Schilde das vierfeldige Wappen mit einem Mittelschilde von Burgund und Flandern. (Fontenay S. 104. Die Buchstaben C m werden mit Charles und Margaretha, verehel. 1467, interpretirt.)

31355—58.

Av. Zwischen gekerbten Kreisen: COVTES ⁝ POVR ⁝ LE ⁝ ROY ⁝ ✠ ⁝ In der Mitte ein gezäumtes Pferd nach rechts und ober demselben eine Lilie. Rev. Ein Rechen, neben dessen Stiele je eine Lilie. Gr. 10. (Fontenay S. 129.)

Av. GECTOERS ⁝ DE ⁝ LA ⁝ CHAMBRE (Ros.) ✠ Innerhalb eines Perlenkreises das durch Querstriche in Andreasform abgetheilte Feld, in welchem oben und unten je die französischen Lilien und in den Feldern zur Seite je ein Delphin. Rev. DES ⁝ COMPTES ⁝ DALPHINAL ✠ Innerhalb eines Perlenkreises ein Kreuz, dessen Schenkel in je drei Blätter enden. Die Mitte des Kreuzes offen und in derselben eine Blattrosette. Gr. 13. (Fontenay S. 129.)

In Fontenay S. 129, 130 erscheinen auch Abbildungen je einer Seite nachstehender Jetone:

a) DES : QTES : LA : ROINNE : ✠ : In einem Kreise ein oben zwei-, unten einspitziges Schild zwischen sechs Halbbögen, darin rechts zwei ganz und drei theilweise sichtbare Lilien und links vier Querstreife. Nach dem Texte ist auf der andern Seite die Umschrift: CE SONT LES GETOIRS Gr. 11.

b) IETES ⁝ BIEN ⁝ SEVRES ⁝ WENT ✠ In einem Perlenkreise ein gleiches Schild wie vorher, jedoch aus Punkten und um dasselbe eine Einfassung von sechs Halbbögen mit Punkten an den äussern Einbügen. Im Schilde rechts Lilien und Sternchen, links vier Querstreife. Gr. an 12.

31359—60.

Av. CESONT, (Kleebl.) LES, (Kleebl.) GETOVERS und ✠ zwischen dreitheiligen Kleeblättern. Innerhalb eines Linienkreises zwischen vier Halbbögen ein Kreuz mit Lilien an den Enden der Schenkel und dreitheiligen Blättern zwischen den Winkeln derselben. Rev. • DE • LESQVIERIE • ✠ • Innerhalb sechs gleicher Halbbögen ein glattes, oben drei-, unten einspitziges Schild, darin rechts vier Lilien und links die Hälfte des Wappens von Navarra. Die Halbbögen sind mehrmal gestrichelt. Gr. 11. (Fontenay S. 131.)

Av. ΑΝΑSONT ✱ DΑS ✱ ΘΑΤOVIΑRS ✱ DΑLΑ ✠ Im Kreise das burgund.-flamml. Wappen ohne Schild, im ersten und dritten Felde je drei Lilien, im zweiten und dritten rechts vier Querstreife, links ein aufrechter Löwe nach rechts, welcher auch im Mittelschilde. Rev. LΑΑΝΑΝΒRΑ ✱ DΑS ✱ ΑΟΝΤΑS ✱ DΑDΗΟ ✠ In der Mitte in einem Linienkreise oben ein Feuereisen, darunter ein runder Gegenstand und nach rechts zu ein Zweig; zur Seite links abgenützt. Gr. an 13. (Fontenay S. 334.)

31361—63.

Av. IΕΗΑΝ, (Punkt. Ros.) DALΕΒRΕΤ, (Gl. Ros.) COΝΤΕ Ros. DΕ : ΝΕVΕRS, Krone. In der Mitte ein glattes Schild, darin im ersten und dritten Felde die französischen Lilien, das zweite und dritte (rothe) Feld ist leer und hat am Schildrande eine (silberne) Einfassung von kleinen Halbbögen. Rev. ΕΤ ❀ DΕRΕΤΕL, (Ros.) SΕIGΝΕVR, (Ros.) DORVAL (Ros.) ✠ In einem Linienkreise ein Krückenkreuz in einer Einfassung von vier Halbbögen, welche mit je einer Spitze abwechseln und vierfach gestrichelt sind. Gr. 13. (S. 394.)

Av. ΙΑΤΤΟΙRS ⁙ DV ⁙ BVRΑV ⁙ DΑ ΜΟSΙΘΝΑVR ⁙ LΑ ⁙ DVΑ (Ros.) In einem Perlen- und Linienkreise das vierfeldige Wappen und Mittelschild wie Nr. 31360. Rev. ΤΑS ⁙ ΤRΑVVΑ ⁙ LΑ ⁙ ΑΟΤΑ ⁙ QVI ⁙ ΝΑΜΙΑ ⁙ SΑΝ ⁙ ΑΟΤΑ (Ros.) In der Mitte innerhalb eines Perlen- und Linienkreises oben der Feuerstein und unterhalb und zur Seite starke Funken und Flammen, dann gegen links ein brennender Zweig. Gr. 13. (Fontenay S. 249.)

Av. ΘΑΤΤΟΙRS ⁙ DΑS ⁙ FΙΝΑΝΑΑS ⁙ DV ⁙ DVΑ und ein kleines Feuereisen. In der Mitte in einem punktirten Kreise drei kranzförmig in einander gestellte Feuereisen, an welchen auswärts Α — Α — Α zwischen Funken und Flämmchen. Rev. ΙΑ ⁙ LΑΙ ⁙ ΑΜΡRΙΝS ⁙ ΑVΤRΑ ⁙ ΝΑRΑΙ ⁙ (Ros.) In der Mitte in einem punktirten Kreise der Orden des goldenen Vliesses in Kreisform und durch denselben zwei starke Knotenstöcke kreuzweise durchgesteckt. Gl. Gr. (Ebendort.)

31364—65.

Av. PROGENTIBVS — COMPOTORVM Innerhalb eines Perlenkreises die drei Lilien im französischen mit dem Orden des hl. Michael umgebenen gekrönten Schilde. Rev. DNI. NOSTRI. REGIS. DIVIONI. 1543. und eine kleine Krone. Innerhalb eines punktirten Kreises unter einer grossen Krone ein ruhendes Thier (Salamander.) Gr. über 13.

Av. PRO. GENTIBVS. COMPVTORVM 1566 ✠ In der Mitte ein gerade und ein verkehrt gestelltes D in einander verschlungen. Um dieses Monogramm in Kreuzform je eine gekrönte Lilie und in den hiedurch gebildeten vier Winkeln je ein kleiner Halbmond. Rev. DOMINI. NOSTRI — REGIS. DIVIONI Das gekrönte Wappen wie im vorstehenden Averse. Gl. Gr. (Beide Fontenay S. 335.)

31366—67.

Av. Von rechts: A. DOMINO. FACTVM. EST. ISTVD. 1558. ✠· Innerhalb eines Linienkreises, an welchem kleine Halbkreise mit Kleeblättern an den Spitzen nach innen, ein aufrecht gestellter Palmzweig, um welchen im Felde runde Gegenstände; nach dem Texte Fontenay S. 98. cailloux (Kieselsteine). Rev. Auf einem den Rand der obern Hälfte einnehmenden Bande von rechts: + VIDEO + CELOS + APERTOS (Ros.) Der hl. Stephan am Boden knieend, rechts gewandt, mit gefalteten Händen und dem Scheine um den Kopf, wie er gegen den Himmel sieht. Ober ihm die Darstellung des offenen Himmels, ein durch Halbbögen von dem Bandrande abgegränzter leerer Raum, von welchem kleine Strahlen gegen die Mitte herabfallen. Gr. 13.

Av. PRO. GENTIBVS. COMPVTORVM. BVRGVN Unter einer grossen Krone ein ovales mit Perlen besetztes Schild, in einer Kartouche, in welchem die drei Lilien. Rev. ·PIETATE. ET. — . IVSTITIA· Zwei gewundene und in einander verschlungene Säulen, oher welchen eine Krone, neben welcher je vier Punkte, unten nach aussen 1569 Neben den Säulen, an deren Sockel rechts die Gesetztafeln und links die Zahl XII je ein Lorbeerzweig. Gekerbte Ränder. Gr. an 14. (Fontenay S. 336.)

31368—69.

Av. SANCTVS ❀ MAVRICIVS ❀ MAR ✠ zwischen zwei Perlenkreisen. Im Felde das nach rechts gewandte gekrönte Brustbild mit Gewand zwischen 15—59 Rev. LIBRA ∘ PSBITERORV ∘ VIENNE ✠ zwischen gleichen Kreisen. In der Mitte ein Kreuz mit in drei Halbbögen endenden Spitzen. In den Kreuzwinkeln je eine Kugel. Grösse 13.

Av. (Ros.) SANCTVS ∘O∘ — MAVRICIVS. M. In einem Linienkreise, denselben oben überragend, dieser Heilige nach rechts gewandt; in der emporgehobenen Rechten eine auf den Boden gestützte Lanze haltend. Vor ihm am Boden ein kleines Schild mit dem Kreuze von Languedoc und höher am Rande 1559 Rev. LIBRA ❀ CANONICO RVM ❀ VIENNE ✠ In einem punktirten Kreise das Sct. Mauritiuskreuz wie vorher und in den Winkeln je ein Ringel. An den Rändern Linienkreise. Gr. 14. (Beide Fontenay S. 77.)

31370—71.

Av. FRAN . D · ALEN — FI · FR. R. 1570 (Ros.) Das mit einer oben offenen Krone bedeckte französ. Schild mit der Ordenskette wie vorher. Rev. FOVET ET DISCVTIT (Ros.) Oher dem Meere, in welchem zwei kleine Schiffe sichtbar die strahlende Sonne mit Gesicht, an den Seiten kranzförmig von Wolken umgeben. Gekerbte Ränder. Gr. 13. (Ebendort S. 152.)

Av. Von rechts: REVERSVS. VICTOR. IN. PACE. IVD. In einer hügeligen Gegend der König in ganzer Gestalt mit der Krone am Kopfe und in einem mit Lilien bestickten Mantel; in der ausgestreckten Rechten einen Liliensceptер und in der Linken einen Palmzweig haltend. Im Abschnitte 1598 Rev. Von rechts: PAX SACRA — TVE TVR. Eine menschliche Gestalt mit Schein um den Kopf und ausgebreiteten Händen, in welchen sie einen Palmzweig hält, schützt mit dem Mantel eine auf dem Boden stehende kleine Kirche mit einem Thürmchen in der Mitte, und fünf Säulen auf der Seite. Im Abschnitte ECCL. RATION Gek. Rand. Gr. 13. (Ebendort S. 112.)

31372—73.

Av. Von rechts: HAC. BELLVM. PACEMQVE. GERO Eine Landschaft, in deren Hintergrunde Berge und eine Ortschaft. In der Mitte eine am Boden ruhende, aufrechte Lanze, an deren Ende zwei Olivenzweige befestigt. Am Himmel nach links Wolken. Im Abschnitte: · 1604 · (Im Texte 1605.) Rev. Von rechts: QVO IVSSA. IOVIS Am Boden in einer Landschaft zwei mit den Mündungen nach rechts und links gerichtete Kanonen und Munition; oberhalb der Adler Jupiter's in der Luft mit dem Donnerkeile. Im Abschnitte zwei übereinander gelegte Olivenzweige. Gekerbter Rand. Gr. über 13. (Ebendort S. 172.)

Av. Von rechts: · TVTA · MIHI · NVMINIS · ARA · Vor einem viereckigen Altare, auf welchem ein niedriges Krucifix, der König, wie er die Rechte an das Krucifix hält und die Linke wie zum Schwure emporhält. Im Abschnitte 1606. Rev. Von rechts: HÆC. TIBI. CERTA · DOMVS · Eine erwachsene Person nach rechts schreitend, welche in der Rechten ein Gefäss haltend, mit der Linken ein Kind, den Dauphin, führt; vor ihnen ein Berg mit einer Kirche, zu welcher ein geschlängelter Weg hinauf führt. Gekerbter Rand. Gr. über 13. (Ebendort S. 156.)

31374—75.

Av. SVPREMVM. FRANCLÆ SIGILIVM (vierblättrige Ros.) Innerhalb eines Linienkreises zwanzig ganz und mehrere nur theilweise sichtbare Lilien. Rev. Von rechts: DAT LEGES. ATQVE. TVETVR Aus Wolken von oben eine Hand, welche eine viereckige mit Lilien bemalte Chatulle an deren Handhabe in der Mitte derselben hält; darunter klein •p• Im Abschnitte .1612. Gek. Rand. Gr. über 13. (Ebend. S. 167.)

Av. Von rechts: ONVSTOS. — SVBLEVAT. Auf einem Boden ein nackter Mann mit flatterndem Tuche schreitet rechtshin, unter einer Last gebeugt, welche von einem Engel oben rechts aus den Wolken gehalten wird. Rev. Von rechts: FŒLICES. MEOS—ESSE • IVBEO. Eine auf einem Sessel linkshin sitzende Frau mit vollem Gesichte im mit Lilien bestreuten Gewande hält in der ausgestreckten Linken eine gleiche Wage. Unter dem Boden am Rande klein 1647 Gekerbter Rand. Gr. an 13. (Samml. des Hrn. Dr. Freudenthal.

31376—79.

Av. CAMERA • RATIONVM. REGIARVM • BVRGVNDIÆ ✠ In einem Linienkreise ein tempelartiger Bau [nach dem Texte in Fontenay die Eintrittshalle der Rechnungskammer zu Dijon]. Im Rev. von rechts: .AVRO. TVTATVR. ET. ARMIS. Innerhalb eines Linienkreises die behelmte Minerva links gewandt, in der Linken einen Lorbeer- dann Palmzweig und ein Schwert haltend, an dessen Spitze das Fell des goldenen Vliesses. Vor ihr ein Tisch bedeckt mit einem mit Lilien bestickten Tuche, auf dem Tische eine Krone. Im Abschnitte 1648 Gek. Rand. Gr. 14.

Av. • ARIS • INNIXA • QVIESCENT. (Blattros.) In einem gewundenen Kreise auf einem vorn mit einem Kreuze verzierten Altare Scepter und Main de Justice gekreuzt und auf denselben die Königskrone. Rev. In einem Lilienkranze: CLERVS | GALLICA- | -NVS | 1650 Gek. Rand. Gr. 13. (Samml. des Hrn. Dr. Freudenthal.)

Av. MENUS PLAI—SIRS DU ROI Gekr. Lilienschild. Rev. MINOR EST QVÆ FVLMINA GESTAT. Ein Adler, Jupiter, entführt den Ganymedes. Unterhalb eine Landschaft und im Abschnitte M. DC. LIV. (Ren. 10838.)

Av. Eine sitzende weibliche Gestalt, in der einen Hand einen Palmzweig, in der andern ein am Boden angestelltes Schild haltend; zu den Füssen drei kleine Kronen. Ueberschrift: VRBS NESCIA VINCI Im Abschnitte M. DC. LVI. Rev. AD VENVM QUE PARATVS. Ein Tartar zu Pferde verfolgt von Reitern. Im Abschnitte 1656 (Ren. 10842.)

31380—81.

Av. Von rechts: AD VE....MQVE PARATVS. Ein Ritter zu Pferde nach rechts reitend, die Rechte vorgestreckt. Hinter ihm an der Seite rechts und links gegen die rechte Seite zu galopirende Reiterei. Im Abschnitte • 1656 • Rev. Von rechts: (Ros.) VRBS. NESCIA. VINCI (Ros.) Eine sitzende weibliche nach vorn gewandte Person, in der Rechten einen Palmzweig, in der Linken ein Schild haltend. Am Boden vor sich drei gekrönte P neben einander. Im Abschnitte .1656. Gek. Rand. Gr. 13. (Sammlung des Hrn. Schlumperger.)

Av. Von rechts: .EX. FLAMINE. VIRES. Im gewundenen Halbkreise ein nach rechts segelnder Dreimaster im Meere, gegen welchen ein Kopf links oben aus den Wolken bläst. Rev. Von rechts: .MENS. OMNIBVS. VNA. In einem gleichen Kreise ein von Bienen umschwärmter runder Bienenkorb. Unter der Abschnittsleiste .1656. Gek. Rand. Gr. 13.

31382—83.

Av. SIC FVLGET. INTER LILIA. 1657. In der Mitte eine fünfblättrige Ros., um welche an den vier Seiten je eine Lilie und eine gleiche Ros. abwechselnd. Rev. MON. OYE. FACIT. TOVT In einem gestrichelten Kreise eine Gans nach rechts gewandt. Gek. Rand. Gr. 11. (Fontenay S. 55.)

Av. FIDE. QVA. SVMPTA. — REPENDO In der Mitte sitzend nach rechts gewandt eine weibliche Gestalt, welche in der vorgestreckten Rechten einen Geldbeutel, in der Linken ein Füllhorn aufrecht hält. Im Abschnitte .FID. PVBLI. Rev. Von rechts: MELIORA. REFVNDIT Innerhalb eines Halbkreises nach oben rechts eine Wolke, aus welcher an der Seite rechts Hagel auf eine Stadt herabfällt. In der Mitte ein Regenbogen von oben herab und links die strahlende Sonne mit Gesicht. Im Abschnitte 1657 Gek. Rand. Gr. an 13.

31384.

Av. MAISTRES. DES. REQVESTES. ORDINAIRES ✠ Beiderseits in der Mitte ein Wappen im unbehelmten Schilde, um welches andere acht Wappen kreisförmig herumgestellt sind. Ober jedem Schilde der Name und zwar ober dem Mittelschilde FOVLLE; in demselben drei Querstreife von oben herab und ein Querbalken, zwischen welchen oberhalb und unten je vier Hermelinschänzchen. In dem Schilde oberhalb das Feld geschacht, oben LE. NAIN. — im Schilde links hievon, ober welchem LE. CLERC. ein Sparren und drei fünfblättrige Ros., — im vierten, (GARIBAL.) ein Hahn auf einem Hügel unter drei Sternen; im fünften (AMELOT.) die Sonne ober drei Herzen; im sechsten mit FORCOAL. ein Doppeladler, im siebenten mit DE. FORTIAS. ein Kastellthurm auf einem Felsen, im achten mit DALBERTAS, im ersten und vierten Felde je drei Querstreifen, im zweiten ein Thurm, im dritten ein Kreuz und im Mittelschilde ein vierfüssiges Thier nach rechts, im neunten mit BERTIER. ein nach rechts springender Stier. Im Rev. DE. L'HOSTEL. DV. ROY. DV. QVARTIER. DE. OCTOBRE. 1657. Im Mittelschilde mit PONCET eine Garbe, auf welcher zwei Vögel und darüber ein fünfspitziger Stern; ober diesem Schilde ein vierfeldiges Wappen, ober welchem LE. FEBVRE. In den Feldern je ein Sparren, neben dessen Spitze je ein undeutlicher runder Gegenstand und unterhalb im ersten und vierten Felde je eine Rose, im zweiten und dritten ein vierfüssiges Thier. Im dritten Schilde mit DE. FIEVX. ein Sparren mit drei gestielten Kleeblättern. Im vierten mit ROVILLE drei flache Hände (2. 1.) und im Schildeshaupte ❀❀❀, im fünften mit GIRARD, im ersten und vierten Felde ein Querbalken, in welchem ein Löwe (?) nach rechts, im zweiten und dritten drei Vögel nach rechts (2. 1.). Im sechsten mit POTET. ein Querbalken, ober welchem zwei und unten eine Pflanze mit drei gestielten Blumen. Im siebenten mit HOTMAN. vier Spitzen von der rechten Seite bis gegen die Linke zu reichend. Im achten mit LE. REBOVRS. sieben Rauten (3. 3. 1.), im neunten mit MOLE ein Sparren im ersten und dritten Felde, mit zwei Sternen ober- und einem Halbmonde unterhalb; im zweiten und dritten Felde je ein aufrechter Löwe. Gekerbte Ränder. Gr. 14. Messing.

31385—86.

Av. Von rechts: .VNVS. NON. SVFFICIT. ORBIS Unter einer Krone am Boden rechts: der Himmels- und links der Erdglobus. Im Abschnitte .1646. Rev. Von rechts: .NEC. PLVRIBVS. IMPAR. Innerhalb eines gewundenen Kreises die Erdkugel, ober welcher die Sonne mit langen Strahlen. Im Abschnitte .1658. Gekerbter Rand. Gr. 13.

Av. Von rechts: .VLTIMVS. IMMINET. ICTVS In einem gewundenen Halbkreise ein Löwe am Boden ruhend, nach rechts gewandt, ober demselben ragt von oben links eine Hand mit einem Beile aus den Wolken hervor. Im Abschnitte .1659. Rev. RERVM. PARS. ALTERA. ADEMPTA. Innerhalb eines gewundenen Kreises im Meere vorn ein Segelschiff zur Seite links; im Hintergrunde rechts ein Thurm. Im Abschnitte .1659. Gek. Rand. Gr. an 13.

31387—89.

Av. Von rechts: .SVSTENTANT. IVNCTA. CORONAM. Auf einem Grasboden ein aufgerichtetes Schwert, auf dessen Spitze die Königskrone und über dasselbe ein Krummstab main de just. ins Kreuz gelegt und durch eine Schleife verbunden. Rev. Von rechts: .PACEM. ET. CONVBIA. FIRMANT. Drei sich fassende Hände aus Wolken, über der obern drei Sterne neben einander. Unter der Abschnittsleiste am Rande •1660• Desgl. Gl. Gr.

Av. Von rechts: • SERVIENS. VNI. NVLLVM. NON. SERVAT. Herkules linkshin mit der Löwenhaut stützt die Rechte auf seine Keule. Im Abschnitte eine Schnörkelverzierung. Rev. ÆTERNO. FŒDERE. IVNGAM. In einem gekerbten Kreise eine Insel mit einer Schiffbrücke auf beiden Seiten. Im Abschnitte • 1660.

Av. Von rechts: IN. MENSVRA – ET. PONDERE Eine sitzende weibliche Gestalt, in der Rechten einen Stab, in der Linken eine Waage haltend; sie setzt den Fuss auf eine am Boden liegende weibliche Person, welche in der emporgehobenen Linken eine Maske hält; vor ihr sind noch zwei Fässer am Boden. Im Abschnitte • 1660 • Rev. Von rechts: MERCES. ET. CAVSA. LABORVM In der Mitte zwei oben und unten gebundene Oehlbaumzweige ober dem Grasboden. Im Abschnitte • 1660 • Gek. Rand. Gr. an 13.

31390–92.

Av. Von rechts: COMPESCVIT. IGNIBVS. IGNES. In einem Linienhalbkreise oben von rechts ein Engel ober Wolken, welcher gegen am Boden liegende Trophäen als über einander gelegte zwei Geschützröhre, Fahnen, Lanzen u. d. gl. eine brennende Fackel hält. Rev. .IN. FŒDERA. VENI. In einem gleichen Kreise ober dem Grasboden ein breiter Regenbogen. Im Abschnitte beiderseits .1661. Gek. Rand. Gr. an 13.

Av. Scepter und Main de Just. gekreuzt, auf welchen ein Band liegt mit der Inschrift VNICO VNIVERSVS; oben die strahlende Sonne mit Gesicht, unten die Weltkugel. Umschrift rechts: MAGNO, links CONSILIO Rev. Auf einem Grasboden vor einem halb geöffneten Zelte steht Amor linkshin mit Pfeil, Bogen und Köcher. Obere Umschrift SVA. CASTRA. VICISSIM.; unten am Rande • 1661 • Gek. Rand. Gr. über 12.

Av. Von rechts: SVSTINET–LABENTEM Zwischen überlegten Palmzweigen das gekrönte Lilienschild, über den zwei oberen M, neben der untern getheilt L—F Ueber der Krone am Rande klein 16—61 Rev. Von rechts: ARGO. AVSPICE. VICTOR Auf einem linkshin galopirenden Pferde ein röm. Krieger, welcher in der Rechten das Schwert hinter sich hält; am Boden Kriegswaffen, daneben am Rande rechts F links FA Unter der Abschnittsleiste klein CAROL. VII Gl. Rand. Gr. an 13. (Beide in der Samml. des Hrn. Dr. Freudenthal.)

31393–95.

Av. Von rechts: CAROLVS. MAGNVS. IMP. ET. FRANCORVM. REX In einem gewundenen Kreise, denselben oben unterbrechend am Boden dessen Gestalt nach vorn gewandt, mit der Krone am Kopfe und mit dem Königsmantel, mit dem Schwerte in der Rechten und dem Reichsapfel in der Linken. Im Abschnitte .1663. Rev. Von rechts: .HIS. SINE. QVID. IVVAT. ENSIS. In einem gewundenen Kreise aus Wolken zwei Hände; jene rechts gewappnet mit einem Schwerte, jene links Geld auf einen gedeckten Tisch zählend. Im Abschnitte THES[RS] PAYEVRS. DE. LA. | GENDARMERIE | .1663. Gekerbte Ränder. Gr. über 12.

Av. Von rechts: ICTV. FVLMINEO. POTENTIOR Innerhalb eines Linienkreises im Meere ein Thurm, auf welchen aus einer Wolke Hagel herabfällt. Nach rechts im Hintergrunde am Ufer eine Stadt sichtbar. Unten am Rande auf einem Bande: DVN KERQVE Rev. Auf einer Leiste die sitzende Justitia mit dem Schwerte in der emporgehobenen Rechten und der Waage in der gesenkten Linken. Vor ihr Gestalten mit dem Oberleibe eines Menschen und dem Unterleibe eines Vogels nach rechts fliehend. Im Abschnitte .1663. Gestrichelte Ränder. Gr. 13. (V. Loon II. S. 490.)

Av. Von rechts: ❀ INFVSA, ❀ REFVNDIT ❀ In einem Linienhalbkreise ein Springbrunnen, dessen einzelne Strahlen unten das Bassin überlaufen, und in das Wasser ausserhalb desselben fliessen. Im Abschnitte • PART. CASVEL. | .1663. Rev. Von rechts: DE. PARVIS. GRANDIS. ACERVVS. In einem gleichen Kreise ein

Wasser, aus welchem vorn und an den Seiten einzelne Schilfpflanzen mit Aehren hervorragen. In der Mitte steigt ein abgerundeter Felsen (?) aus dem Meere hervor. Im Aeschnitte • 1663. Gek. Rand. Gr. 13.

31396—98.

Av. Von rechts: (Ros.) ÆTERNVM MEDITANS DECVS (Ros.) Im Kreise ein Gebäude mit einem Kuppelthurme in der Mitte. Im Abschnitte klein ÆDIF. REG • | • 1664. Rev. Von rechts: • FACIENTES. IVVAT. Auf einem quadrirten Boden ein Altar, in dessen Vordertheile in einer Rundung ein Kreuz mit Lilien an den Enden und Verzierungen in den Winkeln. Auf dem Altare stehen zwei kleine Korngarben. Im Abschnitte klein • PARTIES. | . CASVELLES. | .1664. Gek. Kreis. Gr. über 12.

Av. Von rechts: SÆCLIS. DOCTRINA. FVTVRIS. Eine sitzende nach links gewandte Frau, welche auf dem linken Fusse eine Gesetzrolle hält. Im Hintergrunde ein Haus und Bäume. Im Abschnitte .SVPREMA • PEPET. | • VNDARVM • CVRIA | .1665. Rev. NEC. MORSVS. HORRESCE. FVTVROS Herkules nach rechts gewandt, wie er mit der Keule gegen ein am Boden liegendes vierköpfiges Ungethüm ausholt. Gek. Rand. Gr. an 13.

Av. Von rechts: REGIT • VNICVS • OMNES. Ein geflügelter Engel mit einem Bogen in der Linken auf einem Adler mit erhobenen Flügeln sitzend, welchen er mittelst zweier in der emporgehobenen Rechten haltender Zügel lenkt. Im Abschnitte 1665 Rev. • VT • DITET. SPOLIAT Innerhalb eines feinen Linien-Halbkreises links eine weibliche Gestalt gegen einen vor ihr stehenden geflügelten Amor, neben welchem eine Säule, — gewendet. Strichelrand beiderseits. Gr. 13.

31399—401.

Av. AVSPICE. — NON. ALIO. Gekrönte Figur linkshin mit einem Strahlenkreis um das Haupt und einem Ordenskreuze vor der Brust in einem mit Lilien bestreuten Mantel hält in der Rechten die Main de Justice, in der Linken das Scepter. Im Abschnitte ein kleines R (oëtiers) Rev. TE. TOTO. ORBE. SEQVEMVR. 1682. Im Linienkreise in einer schildförmigen Kartouche drei linkssegelnde Dreimaster (2. 1.) und oben ein Kopf in Strahlen. Gek. Rand. Gr. 13.

Av. Von rechts: .LEX. EST. QVODCVMQ. NOTAMVS. In der Mitte eine (globusähnliche) Sonnenuhr. Im Abschnitte CONERS DV. ROY. ET | NOTAIRES. | .1683. Rev. Oben am Rande auf einem Bande von rechts: VNVS. QVI. CVNCTA. SERENAT Ein Dreimaster im Meere nach rechts, oben ein Gesicht zwischen Strahlen, zu dessen Seite rechts und links eine Wolke; von jener links fallen starke Regentropfen ins Meer. Gek. Rand. Gr. über 13

Av. VICTVM. PRÆBENT. ET. VESTITVM. Innerhalb eines Linienkreises an der rechten Seite ein Schäfer mit einem hohen Stabe in der Rechten, mit der Linken auf vor ihm links im Grase weidende Schafe deutend. Im Abschnitte 1698 Rev. VT. CÆTERAS. DIRIGAT Innerhalb eines Linienkreises ein Schiff im bewegten Meere nach links mit vollen Segeln fahrend. Ober der mittleren Mastspitze ein Auge. Gestrichelter Rand. Gr. über 13.

31402.

Av. In der Mitte der Münze eine kreisförmige Umschrift sehr klein: LES. M. DES. REQ. ORD. DE. L'HOTEL. DU. ROY. Im Innern dessen ein ovales Wappen, mit einem Streifen von oben herab in der Mitte, neben welchem je ein aufrechter Löwe gegen die Mitte zu. Ober dem Schilde MONET DE LA SALLE. I. Um die vorige Schrift sind bis an den Rand reichend zehn ovale Schildchen angebracht, ober deren jedem je der betreffende Familienname. Hievon sind in dem Wappen oben mit DAR GOUGES. 2 — welches durch Linien in vier Felder getheilt, drei fünfblättrige Blumen. — Im dritten mit RAGARUE. 3 eine breite Querbinde; im vierten mit DER

NOTHON 4 drei sechsblättrige Blumen (2. 1.), Sterne (?), im fünften mit MEAU POU 5 ein Stachelschwein nach rechts, im sechsten mit LE. F. DORMESSON 6 drei Lilienstengel (?) 2. 1. gestellt, im siebenten mit BOUCHU. 7 ein Sparren, ober welchem zwei Halbmonde und unterhalb ein Löwe, im achten mit LECAMUS. 8 der Pelikan und im Schildeshaupte eine Lilie; im neunten mit LE VAYER · 9 ein breites Kreuz, in welchem fünf Kugeln, im zehnten mit PONCHEP. 10 ein Sparren, ober welchem zwei und unten eine Muschel; im eilften mit GUIET. 11 zwei Sparren an einander, unter welchen ein Sichelmond. Im Rev. ist in der Mitte die kreisförmige Umschrift: DU. QUARTIER. DE. JUILLET. 1701. Innerhalb derselben ist ein ovales Schild, jedoch leer und ohne die vorige Ueberschrift. Am Rande ebenfalls 10 Schilde und zwar unten mit ROUILLE. 12 im Felde mit einem Sparren, ober welchem zwei gestielte Blumen und unterhalb ein Sichelmond, im zweiten nach rechts mit TUR GOT. 13 drei Querstriche mit drei andern gekreuzt und in den hiedurch gebildeten Vierecken je ein Hermelinschwänzchen; im dritten mit TURMENIES 14 oben ein Sternchen und unten drei Flämmchen, im vierten mit L. D'HERRIGNY. 15 ein aufrechter Löwe nach rechts und im Schildeshaupte drei fünfspitzige Sterne. Im fünften mit LE GENDRE 16 ein Querbalken, ober welchem zwei und unterhalb ein Kopf mit langen Haaren; im sechsten (oben) mit DE BRAGELOGNE 17 ein Querbalken, worin eine Rose, mit zwei sechsspitzigen Sternen ober- und einem unterhalb desselben; im siebenten mit LE BRET. 18 ein Andreaskreuz mit einem leeren Mittelschilde und je einem Vogel nach rechts in den Kreuzwinkeln, im achten mit LE PELETIER 19 ein Ankerkreuz mit fünf fünfblättrigen Rosetten auf demselben; im neunten mit LE BLANC. 20 ein gekrönter einköpfiger Adler, und im zehnten MONTMOR. 21 ein Sparren, ober welchem zwei und unten ein Weberschiffchen. Die Ränder gekerbt. Gr. an 16. (Fontenay S. 144.)

31403—4.

Av. AU | PAPILLON | DE CLOITRE | AU zwischen zwei Bienen | PALAIS ✱ | 1720. und eine kleine Vase. Rev. Ein Schmetterling und unten I O. Ein Achteck, eingefasst mit Linienstrichen und auswärts gekerbt. Höhe an 15.

Av. HAZOT | AU | SAUMON. | 1722 | und eine fünfblättrige Rosette zwischen Punkten. Rev. HOC PACES. u. s. w. wie Nr. 29512. Gekerbter Rand. Gr. über 13.

31405—7.

Av. SOLVM. DEVM. ADORABIS. ET. ILLI. Das gekrönte Wappen die drei Lilien in einer ovalen Kartouche. Rev. SOLI. DEO. HONOR. ET. GLORIA. 1553 und eine kleine Krone. Vier Delphine und vier Lilien in Kreuzform zusammengestellt; in der offenen Mitte des ganzen ✠ Gr. über 13.

Ein zweiter Rev. hat: INITIVM. SAPIEN—TIE TIMOR. DNI Der gekrönte Namenszug H neben welchem je die Mall. Schlange zur Seite und unten zwei Delphine. Tiefer am Rande in einer Verzierung 1554 Gl. Gr.

Ein dritter: NON. NOBIS. DNE. SED. NOMINI. TVO. DA. GLORIAM Ein Panzerrock und durch denselben der Dreizack gesteckt, mit auf demselben aufgesteckter Krone. Hinter dem Panzerhemde zwei Beile kreuzweise gelegt, dann zwei Lorbeerzweige; an deren Seite je ein Helm, unterhalb ein Bogen und ein Köcher. Gl. Gr. (Alle Fontenay S. 149.)

31408.

Av. FRANCIA DVCTA—EST. PRVDENTIA (Ros.) Ein gekröntes F zwischen zwei Lorbeerzweigen und zwei unterhalb in einander verschlungene Schlangen. Rev. Rechts: FELICITAS—PVBLICA. Auf einem Sockel eine weibliche nach rechts gewandte Figur, in der rechten Hand den Merkursstab, in der Linken einen Zweig haltend; zur Seite je ein gekröntes F und darunter zum Theil undeutliche Gegenstände, nach dem Texte attributs du commerce. Gek. Rand. Gr. 12. (Ebendort S. 151.)

31409.

Av. GASTON. F. VNI. D. ROY—VSV. DE. L. SOV. D. DOM ✠ Unter einer oben offenen Krone das Wappen von Dombes (drei Lilien und oberhalb der Tournierkragen) das französische Schild umhängt mit den zwei Ordensketten. Rev. Von rechts: PRINCIPI MIN[o]. LICET QVOD • OIA. Ein Ritter in Panzerkleidung, nach links gewandt, in der Linken ein Schwert und eine Wage haltend; vor ihm am Boden knieend, die Köpfe sich überragend, an dreizehn Personen in bittender Stellung. Im Abschnitte 1636 Gr. über 13. (Fontenay S. 389.)

31410.

Av. LVD. HENR. D. GONDRIN ARCH. SENON. GALL. Ꞓ. GERM. PRIMAS (Ros.) Unter dem Kardinalshute, von welchem an dem Schilde je ein Quastenbund herabhängt, ein Patriarchenkreuz, welches aus einer fünfspitzigen Krone hervorgeht; unter der Krone ein von oben herab in zwei Theile gespaltenes Schild, dessen rechte wie linke Hälfte je vierfeldig mit einem Mittelschilde. Rechts im ersten und vierten Felde ein Thurm, ober welchem drei kleine Köpfe nach rechts; im zweiten und dritten Felde drei wellenförmige Bandstreifen. Im Mittelschilde ein Löwe nach rechts zwischen Kugeln. In der Hälfte rechts im ersten Felde ein aufrechter Löwe nach rechts; im zweiten Felde vier Querstreifen von oben; im dritten ein gehänkeltes Gefäss; im vierten drei Spitzen von oben herab. Im Mittelschilde eine Glocke. Im Rev. rechts: CVSTODIT—ET. ARCET Am Boden ein grosser Kastellthurm, auf welchem oben drei kleinere Thürmchen mit Zinnen. Vor dem Thore ein nach rechts gewandter, am Boden ruhender Löwe; oben am Rande die strahlende Sonne zwischen Wolken. Im Abschnitte • 1657 • Am Rande starke Strichelkreise. Gr. 13.

31411.

Av. Von rechts: CVI • PATER • ÆTERNAS • POST SÆCVLA. TRADAT • HA BENAS Das Brustbild des Dauphin nach links wie Nr. 29914. Rev. QVIQVE • RE GAS • ORBEM • CVM • SENIORE • SENEX Ein gekrümmter Delphin mit einer Krone am Kopfe innerhalb eines unten unterbrochenen gewundenen Kreises. Unten im Abschnitte • 1662 • Gekerbte Ränder. Gr. 13.

31412.

Av. Von rechts: AN. MA. LVD. PRIN. SVPRE. DOMB. Das nach links gewandte Brustbild derselben mit langen herabwallenden Locken. Rev. Von rechts: PO TIORA ❁ RECONDIT und unten zwei kleine Olivenzweige. In der Mitte innerhalb eines punktirten Kreises ein gestielter Granatapfel mit einem belaubten Zweige; darunter im Abschnitte 1674 Die Ränder gekerbt. Gr. 13.

31413—14.

Av. Von rechts: MAR. THER. DG.—FR. ET. NAV. REG. deren Brustbild nach links mit herabwallenden Locken, Gewande, und einem Perlenhalsbande. Rev. Von rechts: NITET. QVIA • COELO • PATET • In einem Kreise das Meer, in welchem eine sich öffnende Muschel mit einer grossen Perle, auf welche von oben ein Büschel Sonnenstrahlen einfallen. Im Abschnitte • 1676 • Gekerbter Rand. Gr. an 13.

Av. Von rechts: MARIA ADELAIS—DUCISSA BVRGOND. Der Kopf nach rechts mit Gewande an dem Halse, unter welchem H • R • F • Rev. Von rechts: RED DIT ET—AVGET Am Boden rechts ein Spiegel, welcher einen von der Sonne (mit Gesicht und Strahlen) oben nach links einfallenden Strahl reflektirt. Im Abschnitte • 1701 • Am Rande Kreise aus unförmlichen Stricheln. Gr. an 14. (Beide Fontenay Seite 60.)

31415.

Av. Von rechts: MARIA JOSEPHA DELPHINA Deren nach rechts gewandtes Brustbild mit glattem Halse. Rev. Von rechts: MANET IMMOTA PROCELLIS Im Meere ein Felsen, ober welchem und zur Seite Wolken. Im Abschnitte MAISON DE MADAME | LA DAVPHINE | 1733 Gek. Rand. Gr. 13. (Ebendort S. 132.)

31416–17.

Av. Von rechts: PREMIER CORPS DES MARCHANDS DE PARIS In einem punktirten Kreise ein Dreimaster mit vollen Segeln nach links; ober demselben ein Auge. Im Rev. von rechts nach links: NON. SIBI. – SED. NOBIS. Innerhalb eines Linien-Halbkreises eine sitzende mehr nach rechts gewandte Person, welche von einem Lammfelle die Wolle abschneidet. Im Abschnitte 1700 Gekerbter Rand. Gr. 14. (Ebendort S. 181.)

Av. Von rechts: LEO ANIMALIB. NOTÆ. NOSTRÆ HOMINIB[S] LEG. IMPON. Auf dem Boden, an welchem links I. D. V. ein Löwe nach rechts. Im Abschnitte klein: CONSSEILLERS DU ROY | NOT[RES] A BORDEAUX | · 1756 · Am Rande ein Kreis von starken Stricheln. Die Rückseite glatt; dick. Gr. 15.

31418.

Av. Von rechts: POVR. FAIRE. CHAPEAVS. IOLIS. CVILIIES. ROSES. ET. BOVTONS ✠ Innerhalb eines Linienkreises ein Mann, welcher die Rechte, in der er einen Kranz hält, auf ein am Boden ruhendes vierfeldiges nach unten in eine Spitze auslaufendes Schild auflegt; mit der Linken berührt er einen links von ihm stehenden blühenden Strauch. Im Rev. A IOVLOVSE S. C. F. A. I. V. P ✱ In der Mitte eine siebenblättrige Rosette, von welcher je drei langgestielte Blumenstängel mit Blättern (zwölf) in Kreuzform gestellt, auslaufen. In den Winkeln die Zahl I darüber MON, dann GAV | 3, im dritten GVI | 7 und im vierten ER | 5 Der Rand gekerbt. Gr. über 13. Messing.

31419–21.

Av. Von rechts: ETABLISSEMENT DU TERRAIN. In der Mitte ✱ | CUCHET | ET | COMP[IE] Unten ein kleiner Eichenzweig mit zwei Eicheln. Rev. Von rechts: EAU CLARIFIEE ET DEPUREE. In der Mitte DIX | VOIES | ⟨⟩ | 1807. Gekerbter Rand. Gr. 13.

Av. Von rechts: ETABLISSEMENT CREE EN 1807. In der Mitte ✱ CLOITRE | NOTRE DAME, darunter zwei kleine Gefässe mit Handhaben. Rev. Von rechts: EAU CLARIFIEE ET DEPUREE In der Mitte UNE | VOIE. | ⟨⟩ | 1809. Gekerbter Rand. Gr. an 11.

Av. Umschrift wie zuletzt. In der Mitte innerhalb eines Kranzes aus Blättern 10 | VOIES. Rev. Dieselbe Umschrift. In der Mitte DIX | VOIES | ⟨⟩ | 1811. Gek. Rand. Gr. 13.

31422.

Av. POVR IHIΞN : ÕES BRVYERES ծ ✠ Innerhalb eines punktirten Kreises und eines Kreises aus Halbbögen im französischen Schilde ein Sparren, neben welchem zwei und unten ein Vogelkopf. Rev. ЬON : COMPTE : REIGLE : ĻE : MONDE ✠ Innerhalb eines punktirten Kreises in einer Einfassung von drei, mit Punkten besetzten Halbbögen ein Reichsapfel, über welchem ein kurzer Querstrich, zur Seite und oberhalb je eine Geldrolle. Ausserhalb der Einfassung je ein dreitheiliges Kleeblatt. An den Rändern Linienkreise. Gr. an 15. (Fontenay S. 367.)

31423.

Av. IEHAN. BELHOMME RECEPVE[R] DANIOV ✠ In einem Linienkreise im glatten französischen Schilde ein Sparren, ober welchem zwei, und unterhalb ein nach rechts gewandter Kopf, vor welchem oberhalb je ein kleiner Palmzweig, welcher bei dem untern Kopfe rückwärts angebracht. Rev. MAGNA • OPERA : DOMINI In einem oben mit der Krone bedeckten Linienkreise ein gekröntes F, vor welchem Buchstaben der Salamander angebracht ist. Gekerbte Kreise. Gr. über 13. (Ebendort S. 188.)

31424.

Av. NOBILITAS ✶ VNICA ✶ VIRTVS ·:· ✶ Innerhalb eines Linienkreises ein mehrfach eingeschnittenes Schild, an welches rechts und links je ein kleiner Zweig angesteckt ist. Im Felde ein Sparren, ober welchem zwei gleiche Sterne, und unterhalb ein Thier nach rechts. Rev. SPECVLVM ✶ VITÆ ·:· ✶ In einem gewundenen Kreise ein Todtenkopf und unterhalb zwei in Kreuzform gelegte Gebeine. Der Rand gekerbt. Gr. 13. (Ebendort S. 55.)

31425—26.

Av. POVR. LES. OFFICIES. DV. ROY und ein Zweig mit vier Blättern. Innerhalb eines Perlenkreises eine gekrönte Lilie umhängt mit einer Ordenskette. Rev. DE LA FORAINE. EN. BOVRG. ET. ADIA ✠ In einem Perlenkreise ein Kreuz mit breiten kurzen Schenkeln, an deren Ende je eine Krone. Gr. 12. (Font. S. 340.)

Av. CONNETABLIE MARECHAUSSEE DE FRANÇE Unter einer Königskrone zwei kreuzweis gestellte ℒ und darin zwei gekreuzte Marschallstäbe. Rev. Von rechts: NON SINE NUMINE Ein geharnischter Arm von der linken Seite aus Wolken, welcher ein Schwert, an dessen Spitze zwei Zweige gebunden, vor sich hält. Gr. 13. (Ebendort S. 168.)

31427.

Av. VIVE. FRANCE. ET. SON. ALIENCE, ein Zweigchen, ✠ In einem punktirten Kreise neun ganze Lilien, deren jede ober einem kleinen Sichelmonde, dann mehrere weitere am Rande nur theilweise sichtbare. Rev. EN. SE FAISENT LE TEMPS VIENDRA In einem gleichen Kreise ein Handlungszeichen, neben welchem und unten je eine Pfeilspitze. Dasselbe besteht im Obertheile aus dem Zeichen 4, woraus nach links ein Kreuz abzweigt, und unterhalb aus einem, einem Feuereisen ähnlichen Gegenstande. Grösse über 12. (Ebendort S. 148.)

31428—31.

Av. SOCIETATIS. BENE. VNITÆ ✠ In einem Linienkreise ein runder von Bienen umschwärmter Bienenkopf auf einem viereckigen Gestelle. Rev. Von rechts: STAT. MVTVIS. VIRIBVS Sieben erwachsene Personen halten mit emporgehobenen Händen eine grosse Kugel. Gek. Rand. Gr. 13.

Av. Drei kursive ℒ ober einander und drei gleiche ℒ jedoch verkehrt gestellt, in einander verschlungen; aus den Buchstaben ragen blätterähnliche kurze Abzweigungen hervor. Ober- und unterhalb eine lilienähnliche Verzierung. Am Rande ein Linien- und Perlenkreis. Rev. HOC PACES. u. s. w. Minerva wie Nr. 29512 Gek. Kreis. Gr. an 14.

Av. Die Siegesgöttin nach links .LATE. CVNCTA u. s. w. wie Nr. 29505. Rev. AEQUORA. LUSTRANDO sonst wie Nr. 29535. Der Neptun im Muschelwagen nach rechts. Gekerbte Ränder. Gr. 13.

Av. HÆC. PER. TE u. s. w. wie Nr. 29938. Die Lilie unter regnenden Wolken. Rev. (Ros.) OPPORTVNVS (Ros.) ADEST (Ros.) Innerhalb eines Kreuzes ober einer Landschaft Wolken an demselben, an welchen ein Schild angebracht. Im Abschnitte eine Verzierung ähnlich zwei liegenden S Gek. Rand. Gr. 13.

31432—34.

Av. Von rechts: PLVSTOST. MOVRIR. QVE DE. CHANGER. Innerhalb eines Linienkreises am Boden zwei Tauben sich schnäbelnd. Im Abschnitte im Av. und Rev.

eine ähnliche Verzierung wie im letzten Reverse. Rev. Von rechts: LVNION FAICT. LEVRS. FELICITEE. Auf einem viereckigen Altare zwei Herzen, aus denen Flammen aufsteigen; links hievon ein geflügelter Engel mit ausgebreiteten Händen. Gek. Rand. Grösse 13.

Av. · IEMOUUHE POUR VOUS DOUCHER. In einem Kreise rechts auf einem Felsen ein Herz, aus welchem eine grossen Rauch erzeugende Flamme hervorkommt; in dem Herzen sitzt ein Pfeil, welchen ein in einer herzförmigen Einfassung nach links stehender Amor abgeschossen hat. Rev. · VNE SEUL PLESSE. In einem Kreise rechts ein Amor gegen eine links angebrachte viereckige Scheibe, in deren Mitte ein Herz angebracht ist, gewandt; in dem Herzen stecken ein, — in der Tafel fünf Pfeile. Gek. Rand. Gr. über 12.

Av. IEVOVS SVIVRAI · PAR · TOVT (Ros.) In einer Landschaft nach rechts ein Baum, ober welchem ein geflügeltes Herz und im Hintergrunde ein Gebäude; zur Seite von links kommend ein das Herz verfolgender Amor. Rev. Von rechts: HEV REVSE CONQVISTE (Ros.) Am Boden ein nach links gewandter Amor, in der Rechten ein Herz vorhaltend, in der Linken den von Boden ruhenden Bogen haltend. Gek. Rand. Gr. 12.

31435—37.

Av. CE. QVI. LES. PERCE. LES. VNIT und zwei Rosetten. Innerhalb eines gek. Kreises zwei von einem Pfeile durchbohrte Herzen, ober welchen Flammen. Rev. Auf einem Bande am Rande von rechts: (Ros.) IE. CHERIS. MES. FERS (Ros.) In einem gleichen Kreise ein geflügelter Engel gegen links gewandt auf einer Bank sitzend. Der Fussboden getäfelt. Die Ränder gekerbt. Gr. 12.

Av. Von rechts: MARCHE · AMOYLA · VIOLETTE An der Seite rechts ein Eckhaus zum Theil sichtbar, an welchem die Zeichen eines Gasthauses angebracht; an demselben ein Mann, vor welchem ein stärkerer, welcher mit der Rechten ihm etwas andeutet, mit der Linken eine Hellebarde am Boden hält; hinter diesem letztern anscheinend ein Knabe mit einer Trommel. Rev. Von rechts: O. THOMA. REVEILLE. TOY Eine Landschaft, in welcher im Hintergrunde nach links ein Städtchen. Rechts liegt unter einem Baume ein Mann, welchen eine weibliche Gestalt emporzieht. Gek. Rand. Gr. 12.

Av. Von rechts: IE. SVIS. LAPAIX. FILLE. DE. LAVICTOIRE In einem gewundenen Kreise zwischen Trophäen am Boden stehend eine weibliche Gestalt, in der emporhaltenden Hand einen Lorbeerzweig. Im Abschnitte klein: · ROVEN. Rev. IE · PRENS. NAISSANCE. AV. MILIEV. DE. LA · GLOIRE ❀ Im gewundenen Kreise ein Wald, in welchem ein die andern überragender Lorbeerbaum in den Vordergrund gestellt ist. Gestrichelte Ränder. Gr. 13.

31438—40.

Av. LIURE | DE VIANDE | CUITE Rev. TRAVEAUX + DES + MINNES. (Numism. Zeit. 1850 S. 104.)

Av. ✠ LUD · XV. D. G ✠ FR. ET. NAV. RE. B und D. in einander gestellt. Im Felde je zwei L unter einer Krone, eines gerade, das andere verkehrt gestellt, das erste Paar unter ✠, das zweite unter D · G, das dritte unter ET. NAV. Diese Buchstaben sind paarweise unten mit den Schenkeln der Buchstaben an einander gestellt und bilden hiedurch ein Dreieck, in welchem ein Thier nach rechts. (Die Kuh von Pau?) Im Rev. In einer Kartouche: PRODUIT | DES MINES | DE | FRANCE. Unter der Kartouche 17--24 Gek. Rand. Gr. 14.

Av. Von rechts: LES INTERESSES AUX FONDERIES DE MAROMME 1790 In der Mitte ein Monogramm aus in einander gestellten Buchstaben, vielleicht kursiv F, G, T & J Rev. Von rechts: FONDERIE DE MAROMME In der Mitte auf einem viereckigen Raume eine Maschinerie, an deren vier Enden je eine Säule; unterhalb nach aussen PRES | ROUEN Gr. über 13.

31441—42.

Av. Von rechts: ADM^{ON} GEN^{LE} DES SERVICES D'OMNIBVS ✱ In der Mitte COMP^{IE} | LYONNAISE | Eine Ros. an welcher je drei Blätter. Rev. Der Merkursstab, um welchen ein Lorbeer- und Palmzweig, mit einer grossen Schleife zusammengebunden herausragen. Ueberschrift: BON POUR UNE PLACE Der Rand kreisförmig erhaben. Gl. Gr. Messing.

Av. Von rechts: ÆTERNUM DIGNA COLI Am Boden links die behelmte Minerva, die Linke auf den am Boden ruhenden Schild mit dem Medusenkopfe haltend. Mit der vorgestreckten Rechten zeigt sie auf eine Tafel, auf welcher von zwei auf einer Bank sitzenden Engeln jener links etwas zeichnet. Rechts von der Bank D. V. Im Abschnitte klein: FABRIQUE DES ETOFFES DE | BOYE OR ET ARGENT | 1745. Rev. Eine vielfach ausgeschnittene zum Theil blattförmig verzierte Kartouche, in welche rechts ein Palm-, links ein Lorbeerzweig gesteckt ist; an derselben links D. V. In derselben das Wappen von Lyon, oben drei Lilien im blaugestrichelten Felde, unterhalb der Löwe im rothgestr. Felde. Am Rande ein feiner Linienkreis und auswärts so wie im Av. ein Kreis von starken Strichen. Gr. 14.

31443—44.

Av. Von rechts: INCERIUM, (Ros.) QUO, (Ros.) FATA, (Ros.) FERRENT und eine gleiche aber grössere (fünfblättrige) Rosette. Diese Umschrift zwischen Linienkreisen. In der Mitte ein Schiff alter Form im Meere, mit einem kurzen Maste ohne Segel und ohne Bemannung. Rev. HÔTEL | DE | SOISONS | darunter + zwischen zwei Lilien und tiefer noch eine dritte. Am Rande ein doppelter Linienkreis. Grösse über 13. Rund.

Dieser Stempel erscheint auch auf einem Sechsecke; und sind ausserhalb des Randkreises des ersten Stempel in den sechs Ecken unten ein Punkt, und in den andern fünf vierblättrigen Kreuzrosetten, welche letzt. Ros. auch in den sechs Ecken des Rev. erscheinen. Diese Marke erscheint mit einem eingestempelten S kontramarkirt. Höhe der Spitzen 16.

31445.

Av. Auf einem Gestelle zwei Löwen als Schildhalter, welche ein ovales Schild halten, worin im goldlingirten Felde drei Schwerter mit den Spitzen abwärts; ober dem Ganzen eine fünfspitzige Krone und die Ueberschrift auf einem Bande: PRO FIDE PRO REGE PRO ME Im Rev. unter derselben Krone ein Monogramm, muthmasslich aus den verzogenen Cursiv-Buchstaben JP CS gerade und verkehrt gestellt. Ein Achteck, dessen Seiten von innen mit einer Lilie, und nach aussen mit Strichen eingefasst sind. Höhe über 14.

Königreich Preussen.

Provinz Brandenburg.

Münzmeister. Hanns Mülrath. 31446.

Av. · HANS · — · MILRA. Im oben und unten offenen gekerbten Kreise ein unten bis an den Rand gestelltes, quergetheiltes deutsches Schild, darin oben ein Mühlenrad, unten eine aufgerichtete Zainhacke. Ueber dem Schilde auf einem an den Seiten mit Helmdecken gezierten Brustharnische ein Adlerflug. Rev. Von der Seite links S.—IORG. EIN.—RID · (der) — G (ottes) Im mehrfach unterbrochenen gekerbten Kreise der heil. Georg in Rüstung auf einem rechtshin galoppirenden Pferde, unter welchem der Drache liegt. Gek. Rand. Gr. über 10.

Kurfürst Joachim von Brandenburg nahm den M. M. Mülrath 1538 für Berlin an (S. Berl. Blätter für Münzkunde 1865 S. 298.)

31447.

Conrad Schrec, (1572 † 1580.)

Av. CONRAD ✱ ....REC · — MVNCZMEISTER ✱ Unter Helm und Decken ein quergetheiltes Schild, in dessen oberer Hälfte eine Heuschrecke nach rechts, im untern ein (auch auf M. desselben vorkommendes) Zeichen, nämlich ein Quadrat, von oben links nach unten rechts schräg quergetheilt, mit einem Kreuze auf der obern Leiste; auf dem Helme die Heuschrecke. Rev. Unter einem Punkte · A · H · G · | D · W · G · D · E · S | E · S · G · A · D · A · D | D · A · I · G · N · S · V | W · S · D · E · L · H . | 15—78 dazwischen ein undeutliches Zeichen. Gek. Rand. Gr. 12.

Konrad Schreck war von 1572 bis zu seinem am 8. Sept. 1580 erfolgten (geheiligen und unvorhergesehenen Tode MM. des Kurfürsten Johann Georg von Brandenburg.

31448—49.

Av. CONRAD : SCHREC. — MVNCZMEISTER * Unter Helm und Decken das vorige Wappen. Rev. GE. STVMPFEL. — GEN. WARADIN Unter einem gekrönten Helme und Decken im deutschen Schilde ein aufgerichteter Löwe nach rechts. Ueber der Krone zwischen einem Adlerfluge ein wachsender Löwe rechtshin. Gek. Rand. Gr. 11. (Mitgetheilt von Hrn. Dr. Freudenthal, in Reinh. Nr. 6252 (Götz 7806) ungenau beschrieben.)

Av. CONRAD, (kleine Raute) SCHREC — MVNCZMEISTER ✱ Das Wappen wie bisher. Rev. Am Rande rechts, so wie links je drei G durch Kreuzchen getrennt. Innerhalb eines Kreises der nach links reitende Ritter Sct. Georg, wie er den Drachen unter ihm mit der Lanze ersticht; unter dem Drachen 1576 (Numism. Zeit. 1841 S. 148.)

31450.

Av. Aehnlich mit CONRAD · SCHREC · wie vorher. Rev. L. W. D. M. | E. L. V. E. W. M. | H. A. D. E. A. V. W. | D. M. D. M. H. V. W. | V. L. M. F. G. S. Darunter das vorherbeschriebene Zeichen zwischen 15—78 (Numism. Zeit. 1865 S. 94.) H. G. Heyse liest diese Aufschrift: Ich weiss, dass mein Erlöser lebt, und er wird mich hernach aus der Erde auferwecken; und werde darnach mit dieser meiner Haut umgeben werden und in meinem Fleische Gott sehen. (Bibelstelle.)

31451.

Av. Der Heiland unbekleidet, und rechts schreitend hält in der Rechten einen Palmzweig und das auf der Schulter ruhende Kreuz, in der Linken den Kelch. Umschrift: MIR · IST · GEG—EBEN · ALLE · GWALT Sternchen. Rev. Unter einem Punkte . A. H. G. | D. W. G. D. E. S | E. S. G. A. D. A. D | D. A. I. G. N. S. V | W. S. D. E. L. H. | 15—78 und das vorige Zeichen. (Numism. Zeit. 1846 S. 84.) (H. Heyse liest: Ach, Herr Gott, du wollest geben die ewige Seligkeit. Es stehet geschrieben aber, dass alle die, die an Jesum glauben, nicht sollen verloren werden, sondern das ewige Leben haben.)

31452.

Av. CONRAD : SCHREC. — MVNCZMEISTER * Ein mit Helm und Decken verziertes quergetheiltes Schild mit der Heuschrecke im obern und dem Quadrate im untern Felde; auf dem Helme wieder die Heuschrecke. Rev. LEONHAR : STOER — CAMMERMEISTE Das behelmte Wappen, worin im von oben herab getheilten Schilde in jeder Hälfte ein gekrümmter Stör. Auf dem Helme die Figur eines Mannes, welcher in jeder Hand einen Stör hält. Gr. 10. (Samml. des Hrn. Heyse.)

31453—54.

Michael Aschenbrenner, Rent- dann Münzmeister 1588—1595.

Av. MICHAEL · ASCHE — BRENNER. D. Z. B. R. Das behelmte Wappen, darin im deutschen Schilde drei Rosetten; über dem Helme drei Rosenstengeln, daneben · I · 5 · — · 8 · 8 · Rev. Im behelmten Schilde das Wappen, darin ein gekrümmter Fisch. Auf dem Helme zwei Adlerflügeln, auf denen der Fisch sich widerholt; neben dem Helmschmucke · P · — · W. | · V · — · Z · neben dem Schilde die Jahrzahl · 8—8 ·

Av. Wie vorher mit · I · 5 — · 8 · 8 · Rev. Von der Umschrift: IN PON—DERE. ET. MENSVRA. dann im Felde SALVS. Innerhalb eines Schlangenringes das Siegel Salamons, ein Sechseck, daneben die Jahrzahl 8—9; über dem Ringe eine Kugel, auf der eine Fahne. (Beide mitgetheilt von Hrn. Vossberg.)

Michael Aschenbrenner wurde auf dem Probationstage zu Frankfurt an der Oder im J. 1595 vom obersächsischen Kreise als Münzmeister in Pflicht genommen. (Num. Zeit. 1851 S. 29.)

31455.

Av. TEMPVS (Ros.) FERT (Ros.) ET (Ros.) AVFERT (Ros.) ROSAS (Ros.) Die Rosette fünfblättrig. In einem unbehelmten deutschen Schilde ein Monogramm, dessen Basis M, woran B und zwar links gerade, rechts verkehrt angestellt ist. Die innern Striche sind so verlängert, dass sie zwei A bilden, in welche ein C hineingestellt; ober dem Ganzen zwei und unterhalb eine fünfblättrige Blume, mit Staubfäden zwischen den Blättern. Neben dem Schilde . 9. — . 1. Rev. IN NVMIRO. PO — NDERE. ET. MEN — Innere Umschrift: SVRA. und rechts . SALVS. Ein Zirkel mit bogenförmigen Schenkeln (Laster), dessen Mittelpunkt eine fünfblättrige Rosette bildet, von welcher ein Stiel bis an den obern Münzrand hinaufreicht; auf demselben eine viereckige Tafel, auf welcher in einem Ovale 111 Von der Ros. des Zirkels hängt anscheinend ein Gewicht (ähnlich einem Zuckerhute) herab, unter welchem zwei ein Sechseck bildende Dreiecke, welchen ein Punkt. Neben der obern Spitze des Sechseckes je ein Ringel mit einem Punkte darin. An SVRA und SALVS innerhalb je eine vier blättrige Rosette zwischen Punkten. Gekerbter Rand. Gr. 12. (Tafel 69.)

In der Num. Z. 1852 S. 170, woselbst NVMERO wird dieser Jeton gleichfalls dem M. Aschenbrenner zugewiesen.

31456—59.

Johann Wernigk, Rentmeister, und Johann Fritze, Kammermeister.

Av. IOHAN. WERNIGK. CHVRF. BRAN. RENTM. In einem Kreise von je einer länglichen, zwischen je zwei runden Perlen im deutschen mit Helm und Decken gezierten Schilde ein von einem Pfeile durchbohrtes Herz, aus welchem am obern Theile drei gestielte Kleeblätter hervorragen. Aus dem Helme ragen zwei Arme, welche die Hände sich reichend, in denselben ein gestieltes Kleeblatt halten. Rev. IOHAN. FRITZE. CHVRF. B. CAMERM. Innerhalb eines gleichen Kreises ein ähnliches Wappenschild, worin drei Einhörner mit dem Vorderleibe nach rechts (2. 1.). Auf dem Helme ein Adlerflug zwischen welchem eine wachsende Jungfrau, welche in beiden Händen und auf dem Kopfe eine Blume trägt. Gr. 12. (Sammlung des Hrn. Dr. Freudenthal.)

Av. Aehnlich, nur statt BRAN blos B. und A statt R Auf meinem Exemplar halten die Hände nach seitwärts je ein am Ende abgerundetes Messer, und nach oben die gestielten Kleeblätter. Gekerbter Rand. Gr. über 11. (Tafel 69.)

Ein dritter Stempel ebenso mit · IOHAN · und das M von RENTM zwischen den Kleeblättern. (Sammlung des Hrn. Dr. Freudenthal.)

Ein vierter Stempel mit IOHAN. und B. R. M. in der Aversumschrift, stark gekerbten Rande und Gr. an 12.

Nach H. G. Heyse (Num. Z. 1852 S. 30) dürften die letztern Jetone mit B aus einer Zeit herstammen, wo eine Verwechslung mit Baiern und Braunschweig noch nicht möglich war, und wahrscheinlich trat das BRAN erst dann an seine Stelle, nachdem Baiern die Kurwürde erlangte. Demnach dürften der erste Jeton nach 1623, die spätern noch vor 1623 erschlossen sein.

31460—62.

Leonhard Stoer, Kammermeister.

Av. • L-EONHART • STOER • — • CAMMERMEISTE-R • Ein von oben herab getheiltes beheimtes Wappenschild, worin in jeder Hälfte ein nach auswärts gekehrter Stöhr. Ober dem Helme ein Mann in alter Tracht, in jeder Hand einen Stöhr emporhaltend. Rev. Oben • I-A-COB • PIETERICH. — • RENTMEISTER .·. Beheimtes quergetheiltes Schild, worin oben zwei, unten eine Raute; als Helmzier zwei auswärts gekehrte Federstutze mit dazwischen gesetzter Raute und daneben .8. — .5. Gr. 12.

Reinhardt N. 6229 hat LEONHART STOER — CAMMERMEISTER und dann I-A-COB • PITTRICH • RENTMEISTER. 8 5 und dürfte diese Differenz von einem undeutlichen Exemplar herrühren.

Av. LEONHART STOER. CAMMERMEISTER .·. Das Wappen wie vorher. Rev. VON GOT BESCHERT BLEIBET VNERWERET Ein geharnischter Reiter im Galop mit emporgehaltenem Schwerte von der linken Seite. (Reinh. 6230.)

Av. Wie der erste. Rev. In einem Linienkreise ein deutsches unbeheimtes Schild, in welchem ein grosses *L*, auf dessen obern Theile ein S (muthm. Leonh. Stoer). Am Rande in grossen Buchstaben NICHTS OHNE VRSACH ✿ Gekerbter Rand. Gr. über 11.

Ein Variant des letztern mit LEONHAR : STOER — CAMMERMEIST. und + NICHTS : OHNE : VRSACH (Mitgetheilt von Hrn. Vossberg.)

Städte. Berlin. 31463—64.

Armenzeichen vom J. 1550 von Zinn. Im Schilde das Stadtwappen, über dem Schilde 15 B 50, oben mit einem Gegenstempel mit der Jahrzahl 1554 kontrasignirt.

Armenzeichen in Thalergrösse. Av. Innerhalb eines Perlenzirkels der schreitende Bär mit Halsband. Umschrift: GEBET ◦ DEN • ARMEN ◦ ZV • BERLIN ◦ 1587 ◦

31465.

Raitpfennig der Berliner Münze von 1551.

Av. Brustbild des Kurfürsten Joachim II mit dem Kurhute. Rev. Eine Rechentafel in neun Felder getheilt, deren Zahlen wagerecht, senkrecht oder schräg gezählt jedesmal die Zahl 15 ergeben. Ueber der Tafel « 15—51 «, neben den drei andern Seiten aber « ARET « | « MET « | « IKA « (Diese drei mitgetheilt von Hrn. Vossberg in Berlin.)

31466.

Raitpfennig vom J. 1637. Av. • DER • STADT • BERLIN • IHR • WAPEN Der Berliner springende Bär mit dem Halsbande; dahinter links die Domkirche, rechts das kurfürstliche Schloss. Rev. • DHVE • RECHT • FVRCH • (te) GOT ◦ SCHE • (ue) NIEMA ◦ (nd) | Eine über einer Tischplatte hängende Wage, darunter 16—37 zwischen Schnörkeln. (Mitgetheilt von Hrn. Vossberg.)

31467—68.

Brückenmarcken: Sechseckig. Innerhalb eines Perlenkreises die kursiven Buchstaben 𝔎 und 𝔑 (Kunovski und Roch) Eigenthümer der Rochus-Brücke. Innerhalb eines Perlenkreises ZOLL | MARKE Höhe über 8.

Av. In einem Perlenkreise oben bogig CAVALIER | BRÜCKE | BERLIN (Bog.) Rev. Wie vorher. Gr. an 9.

31469.

Eintrittsmarke für die Besucher der Börse. Av. Innerhalb eines Epheukranzes BERLINER | BOERSEN | HALLE Rev. Ein längliches Viereck von rechts nach links, an den Seiten eingeschnitten; auf dieser Tafel vertieft Nr. 536, oder eine andere Zahl; dann oher derselben ein geflügelter Merkurshut, und links hievon der geflügelte Merkursstab. Am erhabenen Rande ein Linienkreis und an demselben klein G. LOOS DIR C. VOIGT F. Gr. 17.

31470.

Av. BERLINER | PFERDE | EISENBAHN- | GESELL- | SCHAFT | E. BESC KOW Rev. GÜLTIG | FÜR | EINE | FAHRT | INNERHALB | CHARLOTTENBVRG (Mitgetheilt vom Hrn. Vossberg.)

31471.

Av. Von rechts: GUT FÜR FÜNF SILBER GROSCHEN (durchst. Ros.) Im Linienkreise GEBR: | GROPIUS | Kreuzchen zwischen Schnörkeln. Rev. WEIHNACHTS AUSSTELLUNG (gl. Ros.) Im Linienkreise IM | DIORAMA | Kreuzchen wie im Av. Im Ringe geprägt. Gr. über 17. (In mehr. Sammlungen zu Berlin.)

31472.

Av. Auf einer Leiste der gekrönte preussische rechtssehende Adler mit gehobenen Schwingen. Rev. FÜR | MÜNZ-BEAMTE | UND | EINWOHNER | DER | MÜNZ-GEBÄUDE Im Ringe geprägt. Gelbes Kupfer. Gr. 17.

31473—76.

Berliner Marken. a. Eiserne, für Nachtwächter, bis gegen 1830 im Gebrauche.

Av. Koenigliches | Policei | Praesidium | Rev. | Nachtwacht | Revier No 73

b. Silberne Legitimationszeichen für Bezirksvorsteher.

Av. Der mit der Mauerkrone gezierte Berliner Wappenschild. Rev. Innerhalb eines Eichenkranzes: Bezirks | Vorsteher |

c. Bronzene Legitimationszeichen für Lohnfuhr-Controlleure.

Av. Der gekrönte königl. Namenszug *F W* III Umschrift: GENERAL POST AMT Rev. FÜR | LOHNFUHR | CONTROLLEURE | ein Posthorn.

d. Marke der königl. Eisengiesserei.

Av. Der auf einem Kanonenrohre stehende gekrönte königliche Adler. Rev. | 28 | K : P : E : G | Berlin (Diese vier mitgetheilt vom Hrn. Vossberg.)

31477—79.

Marken von Privatpersonen.

Av. Von rechts: F. W. ASSMANN & SÖHNE IN LÜDENSCHEID * Im Felde KNOPF (innerhalb einer Schnörkelverzierung) | & | METALLWAREN | FABRICK (desgl.) Rev. LAGER IN BERLIN BEI dahinter nach aussen * FRIEDRICHSGRACHT * Im Felde G · B · Pfefferkorn | № 59 Im Ringe geprägt. Messing. Grösse an 12.

Einseitig. R. BELLAIR & Co dahinter nach aussen * BERLIN FRIEDR. STR. 182 * Innere Umschrift von rechts: * KOENIGL. HOF-LIEFERANTEN * Im Felde: FABRIK | VON | WAFFEN & | CHIFFRE- | KNÖPFEN | KNOPF- | STEMPEL (bog.) Perlenrand. Messing. Gr. an 12.

Av. JULES LE CLERC (bog.) LONDON | UND | № 11 SCHLOSSPLATZ | BERLIN Rev. FABRICK | ÄCHT ENGLISCHER | METALL | SCHREIBFEDERN | UND | HALTER, darunter klein SOMMERVILLE. F. BIRM. Achteckig. Gelbes Kupfer. Gr. über 10×13. (Alle drei mitgetheilt vom Hrn. Dr. Freudenthal.)

31480—81.

Av. Oben bogig: ✱ RUDOLPH HERTZOG, ✱ In der Mitte: BERLIN, unten nach aussen 15. BREITE—STR. 15, (Ros.) Rev. Bogig DEUTSCHE ENGLISCHE | & FRANZÖSISCHE, (bog.) in der Mitte: MANUFACTE, unten GROS & DETAIL (bog.) | FESTE PREISE PRIX FIXE, zehneckig. Höhe 12. Messing. (Samml. des Hrn. Trinks.)

Av. Oben bogig KÖNIGSST. REITBAHN. Ein Reiter von rechts setzt über einen Zaun. Rev. Oben: ABONNEMENTS MARKE Im Felde eine Krone, darunter BEI | KIESE, unten herum SOPHIEN STR. № 16 Zehneckig. Gl. Höhe. Messing. (Mitgetheilt vom Hrn. Schlikeysen.)

31482—84.

Marke des Haarschneiders G. Lohse.

Av. G. LOHSÉ | BERLIN. LÆGERSTR. 46 darunter innerhalb eines Perlenkreises ABONNEMENT | POUR LA COUPE DES | CHEVEUX | darunter AMI DE LA TÊTE | ARTISTE POUR LA | COUPE DE•CHE- | VEUX Rev. Innerhalb eines Perlenkreises: | DÉPÔT | DE VERITABLES | PARFUMERIES | DE PARIS Umschrift: DÉPÔT | DE BAUME DUPUYTREN BARON DE PARIS Messing.

Av. (Ros.) RICHARD KLEIDERMACHER IN BERLIN (Ros.) U. D. LINDEN 54 (Ros.) In der Mitte ein Anker. Rev. (Ros.) RICHARD, (Ros.) MARCHAND-TAILLEUR (Ros.) U. D. LINDEN 54 Ros. In der Mitte ein Merkurstab. Messing.

Av. Umschrift: ELISABETH KRONPRINZESS. V. PREUSSEN, darunter H. PFEUFFER Fc. Innerhalb eines Kreises das Brustbild der Kronprinzessin Elisabeth. Am Rande des Kreises: GOLDENE—MEDAILLE Umschrift in fünf Reihen; oben: (Ros.) PERUSILBER WAAREN FABRIK Unterhalb: B. F. SALING | HOFLIEFERANT Sr. MAJ. D. KÖNIGS | BERLIN | MONBIJOUPLATZ 3 | Rev. ROH METALLE-MESSINGBLECHE-TOMBAC BLECHE In der Mitte: PERUSILBER BLECHE | FABRIK | darunter ein liegendes S, durch welches ein Pfeil mit der Spitze nach rechts | ZEICHEN | SALING'S | PERUSILBER FABRIK | BERLIN | HÜTTENWERK TASDORF (Vorstehende Marken mitgetheilt vom Hrn. Vossberg.)

31485—88.

Av. (Ros.) FABRIQUE DE JOUETS D'ENFANTS Ein geharnischter Ritter zu Pferde. Rev. Umschrift: KINDER-SPIEL-WAAREN-FABRIK + BERLIN + In der Mitte G. SÖHLKE. | MARKGRAFENST. | Nr. 58. Zinn.

Av. ERNST STIEMCKE Ein Ancker; unten STECHBAHN 3 | BERLIN. Rev. LAGER | VON | GESCHAEFTSBÜCHER | PAPIER V. SCHREIBMATERIAL | GALANTERIE UND | LEDERWAAREN. | ✱ Messing.

Av. A zwischen Ros. | TOEPFER | (Gasthofsbesitzer) Zwei verbundene Eichenzweige. Rev. SPEISE | MARKE Eine Rosette. Kupfer.

Av. Das königl. Wappen. Rev. C. WESTPHAL | HOF | KLEIDERMACHER | (Ros.) SR MAIESTÄT (Ros.) | DES KÖNIGS | ✱ | IN BERLIN | V. D. LINDEN

31489—90.

Stadt Frankfurt an der Oder.

Brückenmarke von Messing, länglich. Das Schild mit dem Stadtwappen, einem Hasen; über dem Schilde ein Ring. (Kömmt auch rund von überzinntem Eisenbleche vor.)

Ein varianter Stempel ohne den Ring über dem Schilde. (Mitgeth. v. Hrn. Vossberg.)

31491.

Provinz Pommern.

Stralsund. Einseitig. Oben bogig C. F. STADEMANN SOHN | darunter CRYSTALL | PORZELLAN & | CHINA-SILBER Unten bogig nach aussen STRALSUND Am Rande ein Linienkreis. Gr. an 12. (Sammlung des Hrn. Trinks.)

Erzbisthum Magdeburg.

Münzmeister 1580, 1585. 31492—93.

Av. DANIEL. STVMPELT. F. MAG. MVNTZMEI. Daniel in der Löwengrube betend; aus den Wolken ein Engel. Rev. EIN. | MENSCH. | KAN. DAS. AND | ERDHRIGEN. | GOTT. ABER | KAN. NIEMA | ND. LIGEN. | 1584. (Numism. Zeit. 1841, S. 144.) Soll jedoch dort STVMPFELT heissen.

Av. Von rechts: DANIEL. STVMPFELT. F. MAG. MVNTZMEI Im unten offenen gewundenen Kreise Daniel in betender Stellung in der Löwengrube, oben ein schwebender Engel. Rev. EIN | · MENSCH · | KAN · DAS · AN | DER · DHRIGEN | GOTT · ABER | KAN · NIEMAND | LIEGEN ·:· | I · 5 : 8 · 3 · Gr. an 12. (Samml. des Hrn. Dr. Freudenthal.)

31494.

Jonas Weidemeier zu Halle (1613—1617).

Av. : IONAS. WEIDE · — . MEIER . M. M. HALL. Innerhalb eines oben und unten unterbrochenen Zirkels ein mit Helm und Decken geschmücktes deutsches Schild mit einem Mohrenkopfe von der linken Seite. Auf dem gekrönten Helme ein wachsender Löwe mit einem Zweige in den Pranken, daneben zwei Sterne. Rev. : POST. NVBI —LA . PHOEBVS. In einem unterbrochenen Zirkel steht die nackte Fortuna mit dem rechten Fusse auf einer Kugel und hält mit beiden Händen ein vom Winde geschwelltes Segel über sich. Gr. 12. (Das Zeichen dieses Münzmeisters (der Mohrenkopf), findet sich auf den Münzen des Administr. des Erzstiftes Magdeburg, Christian Wilhelm, Markgrafen von Brandenburg aus den Jahren 1613—1617.) (Mitgeth. vom Hrn. Gust. Heyse.)

Stadt Magdeburg. 31495—96.

Conrad Hunt, Münzmeister.

Av. CVNRAT · HVNT. — · MVNTZMEIS. In einem oben und unten unterbrochenen gewundenen Zirkel ein französisches Schild mit Helm und Helmdecke, darin ein sitzender Hund rechts gewandt, mit einem Halsbande; den Kopf, die Brust und den Rücken mit je einem Zainhaken besteckt. Auf dem Helme ein gleicher Hund ohne diese Zainhaken. Rev. Oben ALLEI : — GOTT. — · D—I · — · EHRE In einem dreimal unterbrochenen Zirkel ein an den Spitzen verziertes französisches Schild mit dem vierfeldigen Wappen der Stadt Magdeburg. (Im ersten und vierten Felde die Jungfrau mit dem Kranze in der Rechten zwischen zwei Thürmen über einem Thore, im zweiten und dritten eine Rose.) Am Rande gekerbte Kreise. Gr. 12.

Av. CVNRAT · HV — MVNTMEI · Das behelmte Wappen wie Nr. 31495. Rev. SEI · NIT—EIGENV—TZIG · In einem oben und unten unterbrochenen punktirten Kreise das Stadtwappen; die Jungfrau ober dem Stadtthore in einem unten abgerundeten Schilde. (Abgeb. N. Z. 1846, Taf. I.)

31497—98.

Av. ✱ RECHT · THVN ✱ IST KEIN SVNTH In einem Perlenzirkel das behelmte Wappen wie vorher, nur ist hier das Schild, das bis an den untern Rand reicht, schräg gelegt, so dass dessen oberes rechtes Eck bis an den innern Kreisrand reicht. Rev. ✱ SEI · NICHT · EIGEN NVCZIG ✱ In einem Perlenzirkel das unbehelmte Stadtwappen mit der Jungfrau, ganz oben am Rande 1577 (Reinh. 6089.)

Av. ✱ RECHT · THVN ✱ — IST · KEIN · SVNDE Das Wappen mit dem liegenden Schilde. Rev. SEI NICHT. EIGEN NVCZIG ✱ dahinter über dem Wappen ein Band mit der etwas undeutlichen Jahrzahl, anscheinend 1617. (Num. Z. 1841, S. 143. Auf der Abbildung Taf. I. Jahrg. 1846, jedoch 1577.)

31499—500.

Av. CVNRAT ∘ HVNT ∘ — ∘ MVNTZMEISTE In einem gewundenen Kreise das behelmte Wappen mit dem Hunde, welcher sich oben am Helme wiederholt. Rev. SEI — NICHT · EIG —.ENNVTZIG — · 8 · 6 · ∘ In einem von den Schildesenden oben bedeckten Kreise und einem unten runden Schilde das unbehelmte Stadtwappen vierfeldig, mit der Jungfrau im ersten und vierten, dann der Rose im zweiten und dritten Felde. Gek. Rand. Gr. 13.

Av. In einem oben und an den Seiten verzierten quadrirten spanischen Schilde das Magdeburger Stadtwappen (im ersten und vierten Felde die Jungfrau zwischen den Thürmen und im zweiten und dritten die Rose). Umschrift: SEI — NICHT. EIG—EN NVTZIG · 8 · 6 : Im Reverse: MENSCH. | BEDENCK. D | AS. LEBEN: DEIN. | GROSSE. FREVD. | ODER. EWIGE. | PEIN. WIRDT. | DEIN. LETZTER. LOHN. SEIN. | 1586. Gr. 13. (Mitgetheilt vom Hrn. Heyse.)

31501.

Av. CVNRAT · HVNT. —. MVNTZMEIS. Im oben und unten unterbrochenen gewundenen Kreise im behelmten Schilde der sitzende, nach rechts gewandte Hund mit den drei Zainhaken, auf den Kopf, die Brust und den Rücken gesteckt. Auf dem Helme ist der Hund abermal, jedoch ohne den Zainhaken: Rev. RECHT | WERT. LANG | WARVM zwischen gestielten Blumen | MAN. PRAVC | TS. SELDEN | I · 5 · 8 · 7 zwischen gestielten Kleeblättern. Unten drei gestielte fünfblättrige Blumen. Am Rande gekerbte Kreise. Gr. 12.

31502—4.

Av. Wie vorher. Rev. SEI. NICHT. EI—GENNVTZIG, dahinter ein Kreuz aus Zainhaken und 1627. In einem Kreise ein Doppeladler, zwischen beiden Köpfen ein langgestieltes Kreuz mit einer dreispitzigen Krone auf dem Ende desselben. Nach unten endet der Adler in ein Kreuz und eine halbkreisförmige zangenähnliche Gestalt, in welcher eine Lilie.

Av. SEI. ✱ NICHT. EI—GENNVT, ✱ ZIG, (Lilie). In einem Zirkel ein oben und an den Seiten verziertes quadrirtes spanisches Schild mit dem vierfeldigen Magdeburger Stadtwappen. Oben und unten wird die Umschrift von undeutlichen Verzierungen unterbrochen. Rev. Oben ein Nesselblatt zwischen zwei Kleeblättern; darunter RECHT, (liegende Doppellilie,) | WERT. LANG | ❀ WARVM ❀ | MAN. PRAVC—TS. SEL DEN | ·16 · Z8 · (Beide abgeb. Num. Z. 1846, Taf. I.)

Ein Stempel mit gleichem Rev. hat in der Aversumschrift SEI, ein dreitheiliges nicht gestieltes Dreiblatt, · NICHT, (Kleebl.) EI—GENNVT, (Kleebl.) ZIG (Lilie) auch sind zwei Kleeblätter ober dem Schilde und ein Blatt unten nach EI am Rande, während in dem erstern Stempel zwei Punkte ober dem Wappen. Gek. Rand. Gr. an 12.

31505—6.

Av. Ein gezäumtes nach rechts ausschreitendes Pferd, dessen Zügel in eine Masche nach links zu in der Luft schwebend endet. Zwischen den Vorderfüssen ist am Boden ein kleiner Hund, neben welchem links H (Hunt). Zwischen den Hinterfüssen M. (Münz-M.) Im Abschnitte MDXCIII Rev. BRAV | CHMICH. R | ECHT. ONAR: | GELIST GOT. | WEIST. WOL. W | ER. DER RECH: | NER · IST. | · H · M · (Hunt Münz-M.) Auf den Rändern beiderseits je ein gewundener Rand. Gr. über 12. Tafel 69.

Ein Stempel mit gleichem Av. hat aber im Rev. BRAV | CHMICH | RECHT. ON | AR GELIST. GO | T WEIS. WER. D | ER RECHNER | IST Gr. 12.

31507—9.

Ein Jeton mit dem letzten Reverse hat nachstehenden Avers: Von rechts: FO—R—TITV Auf Grasboden nach rechts schreitend ein aufrechter Löwe, welcher in den vorhaltenden Pranken eine Säule trägt. Im Abschnitte CHVH zwischen kleinen Doppellilien, zwischen welchen und diesen vier Buchstaben, dann zwischen der Umschrift je eine klammerartige Verzierung. Unter CHVH ist abermal eine kleine Doppellilie zwischen fünfblättrigen Rosetten. An den Rändern gleichfalls gewundene Kreise. Gr. 12.

Av. Wie der letzte, dagegen im Reverse: BRAV | CH MICH RE | CHT ON AR GE | LIST GOT WEI | ST WOLWER | DER RECHNE | RIST Durch die Mitte dieser Aufschrift in Folge eines Stempelrisses ein Strich von oben herab. Gl. Gr.

Av. Ein behelmtes ovales Schild mit Decken, darin ein Männchen mit einer spitzigen Mütze, von welcher zwei Bänder nach links flattern, jedoch nur im Oberleibe und ohne Arme. Dieses Männchen erscheint auch auf dem Helme und zu dessen Seite + CH —VH + Im Rev. BRAV | CH. MICH. RE | CHT ONARGE | LIST GOT WEI | ST WOL WER | DER RECHN | ER IST Gleiche gewundene Kreise an den Rändern. Grösse 12.

Es ist zweifellos, dass vorstehende fünf Jetone einen gemeinschaftlichen Ursprung haben, es sprechen hiefür nicht bloss die gemeinsamen Darstellungen, sondern auch der Typus, der gemeinschaftliche Stempelschnitt, oder die Gleichheit der Schriftpunzen. Es ist mir jedoch nicht gelungen, zu eruiren, ob der N. 31505 vorkommende M.-M. Hunt mit Konrad Hunt identisch sei, ferner ob die Buchstaben CHVH auch einen M.-M. Hunt bezeichnen (Christof Valentin oder Von Hunt?), was nach dem letztvorkommenden Wappen, neben welchem diese Chiffre vorkommt, wenigstens sehr unwahrscheinlich erscheint.

Grafschaft Mansfeld.

31510—11.

Münzmeister in Eisleben. Hans Neumann.

Av. HANS ✱ NEVMANN ✱ M ✱ I ✱ E ✱ Die Umschrift beiderseits zwischen gekerbten Kreisen. In einem unbehelmten deutschen Schilde, an dessen Einbuge zur Seite je ein fünfspitziger gleicher Stern, rechts zwei über einander gestellte Zainhaken und links ein Sichelmond mit einem nach links gewandten Gesichte. Rev. RECHEN ✱ PFENNIG ✱ HAS ✱ I ✱ In einem gleichen Schilde, an welchem jedoch hier keine Sterne, ein Jagdhorn an einem Bande hängend und eine Rosette dazwischen. Gr. 10 und darüber.

Av. Wie der vorstehende Rev. Rev. In einem verzierten und gehenkelten Quadrate: GOT | GEBE | GLICK | (Reinh. 6168.)

31512—13.

Martin Kune oder Koburger.

Av. • RE • PF • D : MVN • — I • EISLEBM • Ein auf einem Sessel sitzender nach rechts gewandter Präger, welcher mit dem Hammer Münzen schlägt. Rev. Ein unten abgerundetes vierfeldiges Schild, darin im ersten Felde drei Zainhaken, im zweiten drei Prägstöcke (2. 1.), im dritten drei in Dreieckform gestellte Zangen und im vierten drei Hämmer. An dem Schilde oben eine Krone zwischen M — K und zur Seite 6—0, und je eine Rosette ober und unter jeder Ziffer. Gekerbte Ränder. Gr. über 10. (Samml. des Hrn. Dr. Freudenthal.)

Ein Stempel mit ungetheilter Umschrift hat im Av. EISLEB • Gl. Ränder. Gr. 10. (Nach der Mittheilung des Hrn. G. Heyse, dem wir so viele Forschungsresultate verdanken, ist die Bedeutung der Buchstaben M—K dermal noch nicht sicher gestellt.)

31514—17.

Av. • MEI • GELT • IST — R • D • I • N • AL • Der Präger wie vorher. Rev. Ebenso. Gr. 10. (Nach der Num. Zeit. 1840 mit R . D . I . B . AL. Etwa: richtig, denn ich bin alt, und ersterer: richtig; denke ich nicht allein.)

Av. Wie der letzte. Rev: (Ros.) WI (Ros.) DV (Ros.)—WILT Die halbe Figur eines geharnischten Kriegers linkshin mit geöffnetem Visier, hält in der Rechten eine Streitaxt vor sich. Gekerbter Rand. Gr. 10. (Samml. des Hrn. Dr. Freudenthal.)

Ein Variant mitgetheilt vom Hrn. Heyse hat: WI—DV.—WILT. Gr. 10.

31518—20.

Av. Wie der Rev. Nr. 31512 mit 6—0 Rev. In einem Quadrate mit abgestumpften Ecken GOT. | . GEBE . zwischen gleichen Ros. | GLICK An dem Quadrate zur Seite je eine lilienartige Verzierung, oberhalb ein mit Perlen besetzter Ring und unten je eine fünfblättrige Rosette. Am Rande gekerbte Kreise. Gr. 10.

Ein Variant hat im Rev. innerhalb einer mehrfach ausgebogenen und ausgespitzten Tafel GOT zwischen fünfblättrigen Ros. | GEBE zwischen gleichen Ros. | GLICK Gl. Gr. (Samml. des Hrn. Dr. Freudenthal.)

Av. Wie vorher mit 6—0 Der Rev. ebenso, das Wappen, nur die Hämmer im dritten, und die Zangen im vierten Felde, und mit 6—3 zwischen gleichen Rosetten. Gl. Ränder. Gr. 10.

31521—22.

Av. FRVN · IN · DER · NO · D · GE · Z4. V. E. L (fünfblättrige Ros.) (Noth, der gehen 24 auf ein Loth.) In einem oben unterbrochenen gekerbten Kreise ein Brustbild linkshin mit Schnurrbart und im Helme. Rev. W. S. A. G. V—N. S. SG— *48. V. E. Q. Eine gleiche Wage, in deren rechten Wagschale das Brustbild eines Mannes. Zwischen den Strängen 156Z | MK Gr. 11.

Ebenso von 157Z mit . N . S . S .— G. und über MK ein Punkt statt des kleinen Querstriches. (Beide in der Sammlung des Hrn. Dr. Freudenthal). Nach Hrn. Heyse dürfte diese Aufschrift lauten: Wenn sie aus Gefahr und Noth sind, so gehen 48 auf ein Quint, oder wenn's Schicksal aber Glück und Nahrung sendt, so gehen u. s. w.

31523—25.

Av. VERBVM. DO.—MONET * INE. In einem gekrönten, mit der Ordenskette des goldenen Vliesses umhängten Schilde, zwischen zwei gekreuzten Hämmern, eine Zange aufrecht gestellt. Die Krone ist mit drei Zainhaken besteckt. Rev. GV. F:IN. D. — NOT. G. — . 48. — V. IQ. In der Mitte eine gleiche Wage, worin rechts das vorige Brustbild. Zwischen den Strängen 1567 | MK und darüber ein Punkt. Am Rande gekerbte Kreise. Gr. 12.

Av. Von oben rechts: WAS. HILFT. LIC. V. B. W. I—N. S. W * (und Brille, wann ich nicht sehen will.) In einem gewundenen Kreise eine Eule rechtshin mit einer Brille in der Rechten, und einem Zainhacken in der linken Kralle. Vor ihr ein den Kreis unterbrechender Leuchter mit brennendem Lichte. Rev. FRVN. IN. D. NOT. GE. Z4. AVF. EI. LOT * Im gewundenen Kreise die Wage wie vorher, nur zwischen den Strängen ein Zainhacken auf gekreuzten Hämmern und zwischen den Schalen MK Gr. über 12.

Av. VERBVM * DO * — MONET * INE * Das gekrönte Schild wie Nr. 31523. Rev. GV. F:IN. D. NOT. G. — . 48. VIQ Die Wage wie vorher mit dem Brustbilde in der rechten Schale.

31526—27.

Berthold Meinhardt (um die J. 1582—1594).

Av. TRAVR NICHT. GOTHILFET (Ros.) In der Mitte WVN | DER | LI · CH | (Leiste) B, (eine Doppellilie), M Rev. WEMSCHAT MEIN VNGLVCKE (Ros.) In der Mitte VIL | EICHT | MOCHT | SICHS | WEN' Die Umschriften zwischen gekerbten Kreisen. Gr. an 11.

Av. Von oben: WEN. DAS. GLVC. ZV·DIR·THVT. WENDEN ✱ In der Mitte: SOHAS | TV. FREIN' | ANALLEN | · ENDEN · | dann zwischen Querstrichen

W. S. M. V und unten • B • M • Rev. WEN • ABER • DAS • GLVC • VORSWINDT ✱ 1583 ✱ In der Mitte DERS | ELBEN. | SIC. NICHT | EINER • FIN | V. M. S. W zwischen Querstrichen und | ✱ B • M ✱ Die Umschrift gleichfalls zwischen gekerbten Kreisen. Gr. 13.

a. Ein Variant im Rev. hat eine Rosette vor V und nach W der fünften Zeile und das D in DAS bei ersterem Stempel an dem obern, bei letzterem Stempel am Ende des untern Querstriches. Gl. Gr. (Samml. des Hrn. Dr. Ritter von Pavlovsky.)

Unbestimmte. 31528—29.

Av. Wie Nr. 31523. Rev. LI (Ros.) O (Ros.) P (Ros.) — W, (Ros.) I, (Ros.) NI, (Ros.) — S (Ros.) WIL (Ros.) — W (Ros.) H (Ros.) M (Ros.) Die Rosetten fünfblättrig durchstochen. In der Mitte nach links eine Eule, mit einer Brille in der Rechten und einem Thiere in der linken Kralle; vor ihr ein kleiner gekrönter Doppeladler und nach rechts eine Kerze auf einem Leuchter. Gekerbte Ränder. Gr. 12.

Av. Ebenso. Rev. FRYNT. IN. DER. NOT. — GE — 4Z In einem mehrfach unterbrochenen gekerbten Kreise eine Wage wie vorher; zwischen den Strängen die Fortsetzung der Umschrift: • AVF. E | IN • L | OT. und ein kleiner Doppeladler unter einer grossen Krone. Gr. 11. (Sammlung des Hrn. Dr. Freudenthal.)

31530—31.

Av. Drei Punkte, INSIG • MO. V. D. M. I. E. (Insignia monetae, Verbum Domini u. s. w.) In der Mitte einen gekerbten Kreis oben unterbrechend eine grosse Krone, unter welcher zwei Hämmer kreuzweise gelegt, und dazwischen ein aufrechter Zainhaken. Rev. EIN • K. KEVZ • B • ICH • VIL • V • H • MIG • In der Mitte in einem gek. Kreise eine Eule mit gehobenen Flügeln. An den Rändern ein Linienkreis. Gr. über 9. (Tafel 69.)

Av. EIN. KLEIN. KEVZLEIN. BIN. ICH: Die Eule wie vorher. Rev. VIL. VOGEL. HASSEN. MICH. Die Krone wie vorher, jedoch hier drei Zainhaken statt der Hämmer. (Mitgetheilt vom Hrn. Heyse.)

31532.

Städte. Magdeburg.

Av. Ein Anker, unter welchem im Halbbogen IN (Rautenpunkt) MAGDEBURG Ueberschrift: F. FALKENBURG und unten nach aussen kleiner: TISCHLERBRÜCKE zu beiden Seiten zwischen den Umschriften eine punktirte Rosette zwischen Sternen. Rev. Von rechts: UNIVERSAL • MAGAZIN FERTIGER HERREN (punktirte Ros.) Im Felde TUCH - SCHNITT (bog.) | GARDEROBEN | & | MODE-WAAREN (bogig) Perlenrand und im Ringe geprägt. Gelbes Kupfer. Gr. an 12. (Sammlung des Hrn. Dr. Freudenthal.)

Provinz Posen.

Posen. 31533.

Av. LAUR'S HÔTEL | de Rome | in | Posen | N$^{\underline{o}}$ I | WILHELMSPLATZ | Rev. ✱ • ✱ LAUR'S HÔTEL ✱ • ✱ | RZYMSKI | W | POZNANIU | Eine Weinrebe am Stocke | WILHELMOWSKI PLAC. N. I (Mitgetheilt vom Hrn. Vossberg.)

Provinz Schlesien.

31534—35.

Münzmeister. Av. Umschrift: LVCER : PEDIB : MEIS : VERB : TVVM ✱ IER ✱ REIN ✱ ✱ RA. PF ✱ (Raitpfennig). Innerhalb eines Tulpenkranzes ein mit Helm und Decken verziertes deutsches Schild, worin ein Herz im goldenen Felde, in der Mitte des Herzens eine Rose; auf dem Helme gleichfalls das Herz mit der Rose. Rev.

PRVDENTER ET SINCERE ✱ IOHANS ✱ SPANER ✱ ✱ RAT ✱ Innerhalb eines Tulpenkranzes ein äusserlich verziertes und von vier Kreuzchen umgebenes ovales Schild, worin eine Schlange mit einem Kreuze im Rachen.

Av. Ebenso. Rev. ✱ SVSCITA. DONA. DEI. IN. TE. 2. TIM. I..... Innerhalb eines Tulpenkranzes ein ähnliches Schild, worin ein nach rechts schreitender Greif. Auf dem Helme zwischen zwei Büffelhörnern ein wachsender Greif von der Linken. Neben dem Helme getheilt V · D. — V. S. Gr. beider 12. (Samml. des Hrn. G. Heyse.)

Jeremias Rein dürfte M.-Meister der Fürsten von Liegnitz und Brieg gewesen sein und sein Zeichen, ein Herz, kömmt auf Münzen Ludwig IV. vom J. 1662 vor. Johann Spaner war fürstl. Brieg'scher und Wohlau'scher Rath und starb 1656 zu Brieg. Die Buchstaben V · D. -- V · S. dürften: Von David von Schweinitz bedeuten, welcher um die Mitte des siebzehnten Jahrhunderts Rath der genannten Fürsten war. Das Wappen, der Greif ist zwar nicht jenes der von Schweinitz, sondern der von Jerin und es scheint, dass es wie in Chursachsen auch im Fürstenthum Liegnitz und Brieg üblich gewesen, dass die Kammerräthe und Münzmeister bei gewissen Gelegenheiten (vielleicht bei der jährl. Rechnungslegung) gemeinschaftlich Jetons ausgehen liessen.

31536.

Av. ∗ WOLF ∗ VON ∗ EGEN ∗ RO ∗ KV ∗ MA ∗ RAT ∗ VNDKV Bärtiges Brustbild. Rev. ZALMEISTER ∗ { ∗ IN ∗ SLESIEN N ∗ Das Wappen, darin ien Löwe ein Schwert schwingend. (Dieser mir vom Hrn. Vossberg mitgetheilte Jeton, muthmasslich aus dem sechszehnten Jahrhunderte, dürfte hieher gehören.)

Breslau. 31537—41.

Im Verzeichnisse der Doubl. des kgl. Münzkab. zu Berlin (Berlin 1863) wird folgender Münzzeichen in Kupfer erwähnt, deren eigentlicher Zweck noch unbekannt ist:

Av. B. Im Rev. 1 | SIL. Ein zweiter Rev. mit 6 | PF., ein dritter mit 3 | PF· dann mit 1 | PF. und ein fünfter in Messing mit 1 Sgl. | 1806.

31542—44.

Meffersdorf. Av. KZM (Kirche zu M.) Rev. VG | · 1800 (Von Gersdorf). An den Rändern Strichelkreise. Gr. 7.

Schwerta. Wie vorstehend, nur KZS

Volkersdorf. Ebenso mit KZV Messingmarken der Kirche in diesen Orten, welche Herr von Gersdorf prägen liess. In der num. Zeit. 1848, S. 181 erscheinen zwischen diesen drei Buchstaben je ein Punkt.

Provinz Westphalen.

Mitgetheilt vom Hrn. Würst, kgl. Hauptmann a. D. in Bonn.

31545.

Königreich Westphalen. Hieron. Napoleon (1807—1813).

Av. PRINCE — JÉROME Kopf von der linken Seite. Rev. In einem unten gebundenen Lorbeerkranze NÉ | A AJACCIO | EN 1784 | ROI DE WESTPHALIE | DE 1807 A 1813 | MORT À VILLÉGENIS | LE 24 JUIN | 1860 Im Ringe geprägt und mit Oehr zum Tragen. Weiss gesott. Messing. Gr. 11.

Städte Alen. 31546.

In Niesert N. CXVII erscheint folgende einseitige Marke: In einem ausgeschweiften Schilde ein aufrecht gestellter Aal. Umschrift: AHLEN. S. M. Unten I—P

Altena. 31547.

Av. FABRIK VON STÆHLERNEN NÆHNADELN IN ALTENA Ein Baumstumpf, auf welchem ein mit Blättern versehener Zweig gepfropft ist. Rev. Oben AK

BEITSAMKEIT darunter zwischen zwei unten gebundenen Eichenzweigen LOHNT UND—EHRT Bronze, im Ringe geprägt. Gr. 13.

Bochum. 31548.

Av. Ein Wappenschild mit breitem gestricheltem Rande, darin ein grosses Buch (das Stadtwappen). Darüber SCHUTZENVEREIN ZU BOCHUM Im Reverse ein unten gebundener breiter Eichenkranz. Am Rande beiderseits ein Linienkreis. Weisses Metall. Geöhrt. Gr. 15.

Brakel. 31549.

Av. STADT | BRAKEL. | S. V. (vertieft eingeschlagen). Rev. Drei senkrechte Striche neben einander, von welchen der mittlere länger, und ein dieselben durchschneidender Querstrich. (Das Zeichen des Schützenvereins.) Zur Seite 18—32 Kupferklippe. Grösse 16.

Dortmund. 31550—51.

Av. Eine unförmlich gestaltete Burg oder ein Stadtthor mit einem Thurme. Rev. IUNG- | GESELLEN | SCHÜTZEN | VEREIN | ZU | DORTMUND | 1835 Beiderseits ein dreifacher Linienkreis, im Ringe geprägt. Messing mit Oehr. Gr. 14.

Av. GESELLSCHAFT SOMMERVERGNÜGEN Zwischen zwei Bäumen eine Vogelstange, vor welcher von rechts ein nach dem Vogel schiessender Schütze. Unten am Rande DORTMUND Rev. Zwischen einem unten überlegten Lorbeer- und Eichenzweige unter der Königskrone ein französisches Schild von sechs Feldern, darin im Schildeshaupte ein Eisenbahnzug; in den Feldern, im ersten, schwarz, Schlägel und Zange gekreuzt; im zweiten, Gold, ein Kainrad; im dritten, blau, ein Zirkel mit einer Kugel; im vierten, grün, ein Sattel; im fünften, Silber, ein Hobel, und im sechsten, Purpur, Pallete und Pinsel. Oben vertieft eingeschlagen 18—53 Beiderseits Perlenrand. Gr. 15.

Essen. 31552.

Av. Innerhalb eines unten gebundenen Eichenkranzes zwei Wappenschilde, worin rechts ein Doppeladler unter einer schwebenden Krone, links ein aufrecht gestelltes Schwert. Im Rev. ein zwölfspitziger grosser Stern, in dessen Innern die Aufschrift SCHÜTZENVEREIN (bogig) | ZU | ESSEN Am Rande beiderseits ein Linienkreis. Messing, im Ringe geprägt und geöhrt. Gr. 16.

Geseke. 31553.

Einseitig. Das Wappenschild mit dem Köllnerkreuze, ober dem Schilde XII und zur Seite desselben 1—6 | 6—0 Am Rande Spuren eines Linienkreises. Gr. 14. (Einseitige, vor mehreren Jahren in Geseke gefundene Bleimarke, dermal in der Samml. des Hrn. Reistorff in Neus.)

Hagen. 31554.

Av. Das Ordenskreuz des eisernen Kreuzes, auf welchem die Inschrift: Oben: MIT | GOTT, in der Mitte: FÜR KÖNIG UND unterhalb VATER | LAND Ober dem Kreuze 3. FEBRUAR 1813 Rev. In der Mitte ✱ | NICHT ROSS | NICHT REISIGE | SICHERN DIE STEILE | HÖH! WO FÜRSTEN | STEHN | ✱ Umschrift: ZUR FEIER DES 3. FEBRUAR 1803 und unten ✱ IM KREISE HAGEN ✱ Beiderseits punktirter Rand. Geöhrelt. Zinn. Gr. 14.

Hamm. 31555.

Einseitige Kupfermarke mit eingeschl. Buchstaben. Umschrift unten beginnend: DOMINICUS · SALEMBIER · In der Mitte GLA, | ZEMAE, | KER. | TOT | HAMME Gr. über 12.

Harkorten. 31556.

Einseitige Marke: ·IOH : CASP : HARKORTS PRIVAT In der Mitte MAGA | : ZIN Grösse 13.

Limburg an der Lenne. 31557.

Av. I. A. MENGES IN LIMBURG In der Mitte ein Hopfenstrauss. Rev. GUT FUR EIN GLAS BIER Am Rande, welcher fein gekerbt, beiderseits ein Linienkreis. Grösse 10.

Lüdenscheid. 31558—59.

Av. Ein Anker und ein Merkursstab kreuzweise gelegt. Oben am Rande: ✱ KNOPF & MILITAIR ✱, unten EFFEKTEN FABRICK Im Rev. VON | FRIEDR. | WILH. | ASSMANN & SÖHNE | IN | ✱ LÜDENSCHEID (Bog.) An den Rändern gewundene Kreise. Gr. 12. Messing.

Av. (Ros.) FRIEDR · WILH · ASSMANN & SÖHNE In der Mitte ein Anker, darunter bogig IN LÜDENSCHEID Rev. KNOPF & METALL—WAAREN In der Mitte ein Merkursstab und unten bogig FABRIKANTEN, darunter drei punktirte Rosetten. Beiderseits ausserhalb ein Perlenkreis. Gr. über 11. Messing.

Unna. 31560—61.

Av. Das Stadtwappen, ein Stadtthor mit Mauerthürmen, rechts und links je eine geschachtete Fahne. Umschrift unten: STARK (Ros.) DURCH (Ros.) EINTRACHT Rev. Innerhalb eines unten gebundenen Lorbeer- und Eichenzweiges: SCHÜTZEN | BA TAILLON | ZU | UNNA Beiderseits ein punktirter Kreis am Rande. Messing. Gr. 15.

Ein zweiter Stempel mit STARCK DURCH EINTRACHT. hat im Av. das Stadtthor grösser, keine Mauer und die Fahnen am Rande gefranzt, im Rev. ferner die Schrift und Zweige grob geschnitten. Beiderseits ein Linienkreis am Rande. Messing und geöhrt. Gl. Gr.

Die Rheinprovinz.

Mitgetheilt vom Hrn. Würst, kgl. Hauptmann a. D. in Bonn.

31562.

Av. GOTT SEGNETE DIE VEREINIGTEN HEERE Die Viktoria mit Schwert und Lorbeerkranz. Rev. DURCH | DEN | ÜBERGANG | ÜBER DEN | RHEIN | VOM 1 JAN. AN | ein Querstrich | 1814 Beiderseits punktirte Kreise am Rande. Geöhrt. Grösse 7.

Cleve. Herzoge. 31563—64.

Av. ✠ PhILIP'. DE. ELEVES. PhS'. DE ∘ ELEVES ⁝ Innerhalb eines gleichen Kreises das vierfeldige Wappen von Cleve und Mark mit dem burgundischen Mittelschilde; zur Seite je eine Blume. Rev. ❀ A ∘ IAMAIS ∘ A ∘ IAMAIS ∘ A ∘ IA MAIS Innerhalb eines Strichelkreises eine weibliche stehende Figur, vor welcher sich eine zweite bückt. Im Felde sind noch fünf Blumen vertheilt. Beiderseits Strichelrand.

Av. ❀ A : IAMAIS ❀ A : IAMAIS ❀ A : IAMAIS (Statt: je zwei kleine Kleeblätter.) In einem Strichelkreise den ganzen Raum einnehmend das Wappen von Cleve und Mark mit dem vorigen Mittelschilde. Rev. ❀ IETTOIRS ❀ POVRS ❀ LE ❀ BVREAV ❀ 1497 Innerhalb eines Strichelkreises ein Blumenstrauss, mit einem Bande umschlungen, worauf A zwischen Kleeblättern, IA—MAIS Beiderseits ein Strichelrand. (Jetons: Philipp von Cleve † 1527. Revue numism. belge 1864, S. 230.)

Jülich. Herzoge. 31565.

Rev. Von rechts: CHRISTVS (Lilie) SPES (Lilie) VNA (Lilie) SALVTIS. Das Wappen von Jülich, (Löwe und acht Pfeile, dann Löwe nach rechts), Cleve ein

Löwe nach rechts), Berg (ein geschachter Balken), Mark und Ravensberg, (drei Sparren), unten • 1574 Rev. Von rechts: GVILLELM · D · G · IVL · CLI · Z · MO · DVX · Das Brustbild im Harnisch von rechts mit Halskrause im Panzer und Gewand. Beiderseits Strichelrand. Gr. an 14. (Wilh. 1539—92.) (V. Loon I, S. 183.)

Meurs. 31566.

Av. (Ros.) MAVR. PR. AVR. CO. NASS. CATZ. MOERS. MAR. VER. ET. VLISS In einem Linienkreise ein nach vorn gewandtes Brustbild im Harnisch, mit einem Schwerte in der Rechten. Rev. Oben: (Ros.) IE. MAINTI EN DRAI: unten 12. AV GVSTI · 1601. ɔc. In einem Linienkreise ein gekröntes Wappen. Beiderseits gestrichelte Ränder. Gr. 13. (Jeton in V. Loon I, 559 auf die Besitznahme durch den Prinzen Moritz.)

Sayn-Wittgenstein. 31567.

Ludwig Adolf Peter, Fürst von Sayn-Wittgenstein. Av. NICOLAUS. KAIS: VON. RUSSLAND. Brustbild in Uniform von rechts; unten L Rev. GENERAL GRAF V: WITTGENSTEIN Der General mit Federhut zu Pferde, nach rechts sprengend, in der Rechten den Degen. Im Abschnitte IETTON Beiderseits Strichelrand. Gr. 12.

Cöln, Kurfürsten. 31568—70.

Valentin, 1567—77. Av. Das quadrirte behelmte Wappen, in einer ovalen, mit Laubwerk verzierten Einfassung. Das Ganze mit einem Blätterkranze umgeben. Rev. In einem rundverzierten Schilde ✱ | · MODO: | ET. NVN, ein gestieltes Kleeblatt und ein Punkt. | (Kleebl.) QVAM. Unten 1570 Kupfer. Gr. 9. (Von Merle S. 261, Nr. 10.)

Av. Das fünffeldige Wappen mit dem Isenburg'schen Mittelschilde, Helm und Decken. Im Rev. in einem zierlichen Schilde: .NVN | QVAM VT | MODO und unten die Jahrzahl 1575. Kupfer. Gr. 13. (V. Merle S. 265, Nr. 20.)

Av. In einem an den Seiten eingebogenen Schilde das fünffeldige Wappen des Erzstiftes mit dem Isenburger Mittelschildchen. Zur Seite 15 — 77 Rev. In einer vielfach verzierten Kartouche in einem Kreise: NVN | QVAM · V | T .·. MODO Beiderseits gestrichelter Rand. Kupfer. Gr. über 13.

Ernst, 1583—612. 31571—72.

Av. · IVSTITIA · ET. PAX. OSCVLATA. SVNT Eine weibliche Figur (der Friede) mit einer Taube und einem Oehlzweige, und eine zweite mit dem Schwerte (die Gerechtigkeit) umarmen sich; vor ihnen ein Storch, oben ein Genius mit einem Kranze. Im Rev. eine Weltkugel, oben das Auge Gottes und das Wort OMNIA, rechts die Sonne, links der Mond. Kupfer. Gr. 14.

Av. Umschrift zwischen zwei gewundenen Kreisen: (Ros.) PRESVLIs · ERNE STI. LAVDEs · POST · FATA · MANETE Ein ovales an den Seiten verziertes Schild mit dem bairischen Wappen, ober welchem der Kurhut, zu den Seiten oben je zwei kreuzweis gelegte Knochen, gegen die Mitte zu und unten je ein Todtenkopf. Rev. Umschrift zwischen Linienkreisen: (Ros.) BAVARIÆ × DVCIs × MORS Auf der Erde über zwei Knochen ein Todtenkopf, zu beiden Seiten zwei Blumenstengel und über dem Kopfe die Sanduhr. In Kupfer und in Blei. Gr. 13.

31573—74.

Joseph Clemens (1688—1723).

Av. VENI × DATOR × MVNERVM × Auf einem Kissen liegt eine Infel mit Kreuz und Bischofstab, darüber in Strahlen die Taube des heil. Geistes. Rev. Innerhalb eines unten gebundenen Lorbeerkranzes die Aufschrift: CONSE CRATIO | CLEMEN

TIS | ARCHIEPISCOPI | COLONIENSIS Beiderseits gestrichelter Rand. Gr 13.

Av. IOS.CLEM · ARCH.COL · S · R · I · ARCHICAM · ET ELECT. DVX BAU · Sein nach links gewandtes Brustbild, unter dessen Armabschnitt H · B · Ein sitzender nach rechts gewandter Löwe mit der Ueberschrift SUBDITIS CLEMENS. Im Abschnitte 1714. Am Rande beiderseits gestrichelte Kreise. Gr. 14.

Clemens August (1836—45). 31575.

Kleine einseitige Bleimünze. Der Erzbischof im Brustbilde nach Vorne. Umschrift nach aussen: CLEMENS AUGUST. E. B. V. C Gr. über 4.

31576—77.

Prüm und Stabelot, gefürstete Abtei.

Christoph von Manderscheid (1549—76).

Av. CHRIS · CO · A · MAND · D · G · AB · STAB · ET PRUIM · 1569. Das Wappen. Rev. GODT · HELF · MICH. Der heilige Christoph in der Mitte einer Landschaft.

Av. CHRIS. C. A. MAND. D. G. AB. STAB. ET PR. Das Wappen. Rev. ADIU · ME · DEUS. Eine knieende Person. (Kupfer-Jetons in Renesse-Breidbach's Cataloge N. 22351, 58.)

Städte. Aachen. 31578—79.

In dem Jahresberichte der Gesellschaft für nützliche Forschungen zu Trier für 1859 und 60, S. 72, wird eine einseitige Blechmarke aufgeführt, worin umschlossen von einem Kranze oben 1597, unten P B, zur Seite das Wappen von Aachen, der Adler erscheint.

Av. In einem dicken gewundenen Kreise der Kaiser Carl der Grosse stehend mit Scepter und Kugel. Rev. Das Wappen mit dem Aachner Adler, mit einem Kurhute auf dem Schilde, neben welchem 1—7 | 3—9 Messing. Marke. Gr. 10. (Sammlung des Herrn Reistorff in Neuss.)

31580—81.

Av. In einem breiten Kranze von Blumen und Früchten zwei neben einander gestellte achteckige Schilde, worin rechts der preussische Adler, in jenem links der belgische Löwe. Ueber den Schilden zwei aus den Wolken hervorragende, in einander greifende Hände; unter dem Schilde ein fünfspitziger Stern. Rev. Auf einer Leiste eine nach links fahrende Lokomotive. Umschrift oben: INAUGURATION DU CHEMIN DE FER DE VERVIERS A AIX — LA — CHAPELLE Unter der Leiste 15 OCTO BRE | 1843 Ganz unten der Name des Medailleurs: HART F. Im Ringe geprägt. Messing. Grösse 13.

Av. Ein grosses Gebäude mit flachem Dache, auf einer breiten Leiste stehend; ober demselben bogig: NUELLENS HOTEL Im Abschnitte DEM | ELISENBRUNNEN | GEGENÜBER | AACHEN Auf der Leiste links der Name des Medailleurs HART · F. Rev. In einem gewundenen dicken Kreise: ❀ | HOTEL | NUELLENS | ❀ Umschrift unten beginnend: ❀ VIS — A — VIS DE LA FONTAINE — ELISE A AIX — LA — CHAPELLE. Im Ringe geprägt. Gr. 13. Messing.

Altenberg bei Cöln. 31582.

Av. KOTTHAUS KLOUBERT & BOCKHACKER, dann eine rautenförmige Ros. In einem Linienkreise ein Anker. Rev. In einem Linienkreise die Fabriksgebäude mit rauchenden Schornsteinen, darunter IN | ALTENBERG oben am Rande · STREICH WOLL-SPINNEREI. Unten · BEI COELN. zwischen Rauten. An den Rändern gestrichene Kreise. Gelbes Metall. Gr. 12.

Barmen. 31583.

Zinnernes Brodzeichen vom Jahre 1846. Berliner Aukt.-Cat. 1863, N. 1794.

Einseitige Umschrift FUER NOTHLEIDENDE MITBUERGER In der Mitte ein Schild mit dem Stadtwappen; unterhalb 1846:47 | + BARMEN + | (Mitgetheilt vom Hr. Vossberg.)

Bonn. 31584—85.

Av. Zwei in einander gelegte Hände, ober welchen: EINTRACHT MACHT (bogig) und unten STARK Rev. Umschrift von rechts: BRÜDERLICHER HOSPITAL BAUVEREIN In der Mitte eine aufrechtgestellte Leier mit fünf Saiten, und zur Seite 18—46 Im Ringe geprägt und geöhrelt. Zinn. Gr. 15.

Av. BONNER NARREN-PARLAMENT Auf einem Kissen, unter welchem 1863 sitzt ein Chinese mit unterschlagenen Beinen; in beiden Händen seinen grossen Schnurbart haltend; der Revers glatt. Der Rand gekerbt. Weisses Metall. Geöhrt. Gr. 17.

31586—88.

Einseitige Biermarken: *a)* A D. | 1 | Bier Gr. 11. (A Daniels.) Kupfer.

b) Vertieft eingeschlagen LINDEN | & | DANIELS Gr. 10. Messing.

c) Vertieft eingeschlagen F. D. (Ferd. Dahlhausen) Gr. 9. Messing.

Coblenz. 31589.

Av. Das Wappen, ein Kreuz mit daraufliegender Krone, in einem runden Kreise *Dubois* eingeschlagen. Im Rev. eingravirt DUBOIS. Gr. 14. Messing.

Cöln. 31590.

Av. Fünfblättrige Ros. GAVDE, (R.) FELIX (R.) AGRIPPINA, (R.) und ein Ankerkreuz. In einem doppelt geränderten Kreise das Wappen von Cöln, in einem unten abgerundeten Schilde. Das untere Feld schwarz tingirt; an den vier Seiten je ein Ringel auswärts. Rev. Fünfblättrige Ros. SANCTA, (Ros.) — (Ros.) COLONIA (Ros.) In einem oben und unten unterbrochenen gekerbten Kreise ein Helm, auf welchem die Pfauen-Federn, in welchen die drei Kronen des Wappens stehen; ringsum an der einen Seite des Kreises abwechselnd Kreuzchen und Ringe. Beiderseits Strichelrand. Gr. 13. (In meiner Samml.)

31591—93.

Av. PETRVS DECLAPIS. I. DOCTOR · ETAT'. A. LVI. Ein nach links gewandtes Brustbild in einem Mantel. Rev. (Ros.) NOSSE TE IPSVM. CON FLABAT A° 1536. Ein behelmtes Wappenschild, darin ein Balken, über demselben zwei, unterhalb ein Löwenkopf. Auf dem Helme ein sitzender Löwe. Kupfer. (Von Merle S. 591, Nr. 1.)

Av. Ein grosser Zirkel, zwischen dessen Schenkeln ein Bandmesser, unten eine Fassleiter. Oben neben dem Zirkel 16—77 Im glatten Reverse der Name *Peter* | *Gros* eingravirt. Am Rande ein Linienkreis. Einseitiges Zeichen der Fassbinderzunft. Gr. 12.

Ein zweiter Stempel mit glattem Rev. hat im Av. innerhalb eines Linienkreises einen grossen Zirkel, zwischen den Schenkeln einen Todtenkopf, und darunter das Bandmesser; auswärts 16—82 Beiderseits ein punktirter Rand. Gr. über 12. (Am Rev. kommen Namen eingravirt vor.)

Hieher gehört auch das (hier unter Nr. 13991 beschriebene) Fassbinderzeichen vom Jahre 1713.

31594.

Einseitige ovale Bleimarke. Umschrift 1760 DEN 16 IAN CONCORDIA RES PARVÆ. CRESCUNT. Inschrift auf einer gekrönten Kartouche ACADEMIA | MUSI

CES | COLONIEN | SIS Linienkreis am Rande. Höhe 14. (Samml. des Museums Wallraf Richard in Cöln.)

31595—97.

Av. Innerhalb eines Linienkreises der unvollendete Thurm eines Domes mit einem Krahne zum Aufwinden des Bausteines. Ueberschrift DOMBAU-VEREIN, unten ZU COELN. Rev. IV. SEPT. | MDCCCXLII.

Ein zweiter Stempel mit 4. SEPTBR. 1842. Beide von Eisen, geöhrelt. Gr. 14.

Av. Die Abbildung des Domes in seiner Vollendung. Unten im Abschnitte SO WIRD ER | VOLLENDET Rev. Ein grosser achtspitziger Stern. In dessen Mittelschilde: FREUND- | SCHAFT- | LICHER | DOMBAU- | VEREIN | * Unten zwischen den Spitzen des Sternes GEST: — DEN9 —JANUAR — 1845. Gr. 15. Im Ringe geprägt. Geöhrelt. Zinn.

31598—600.

Av. Die heil. Maria stehend über Wolken mit neun Sternen um das Haupt. Ueberschrift: MISSIONS—VEREIN, unten: COELN 1845 Rev. Der heil. Franz Xav. Vor ihm zwei Indianer, hinter ihm ein Palmbaum. Ueberschrift H. FRANCISCUS XAVERIUS, unten BITT FÜR UNS Im Ringe geprägt und geöhrelt. Gr. 15. Zinn.

Av. Ein Anker und ein Kreuz und darauf ein flammendes Herz; darüber EINTRACHT u. AUSDAUER Rev. Ein hoher Kelch, daneben das Evangelienbuch und ein Weihrauchfass. Ueberschrift KNABEN-SEM: VEREIN unten GESTIFTET D. 1. MÄRZ 1846 Ebenso. Gl. Gr.

Av. Die heil. Ursula mit Palm und Pfeil, stehend; im Hintergrunde die Stadt Cöln. Ueberschrift: HEIL: URSULA BITT' FÜR UNS. Im Rev. eine Palme und ein Pfeil ins Kreuz gelegt und darüber eine Krone. Ueberschrift ST URSULA-BÜRGER-VEREIN, unten 1846 Das Ganze von einem Rosenkranze mit den fünf Wunden Christi umschlossen. Ebenso. Gl. Gr.

31601.

Av. Zwei Wappenschilde neben einander, darin rechts das Stadtwappen von Cöln, links das Wappen der deutschen Maler (drei weisse Schildchen im blauen Felde), oberhalb eine Arabeskenverzierung und unten auf einem gewundenem Bande Cöln Rev. Von rechts: * 6TE ALLGEM · DEUTSCHE KÜNSTLERVERSAMMLUNG In der Mitte IN | KÖLN | 14 — 16 Aug. | 1861. Beiderseits Linienkreise. Im Ringe geprägt. Gr. 9. (Samml. des Herrn de Claer in Bonn.)

31602—4.

Av. BEMBERG WENDELSTADT ✶ In der Mitte in einem Perlenkreise CÖLN Rev. MANUFACTUR (bogig) | UND | MODE (zwischen fünfblättrigen Rosetten.) | HANDLUNG (bogig.)

Av. Oben P. LOEVENICH COIFFEUR | Unten RUE HAUTE № 139 A COLOGNE In der Mitte innerhalb eines punktirten Kreises JETON | D'ABONNEMENT Rev. In einem punktirten Kreise: DÉPOT | DE LA VÉRITABLE | GRAISSE D'OURS, darunter ein nach links laufender Bär. Oben am Rande HOCHSTRASSE № 139. unten CÖLN und zur Seite je eine Ros. zwischen Blumenkelchen. Beide achteckige Messingmarken. Gr. 11.

Einseitige Messing-Marke * CÖLNISCHE BAUMWOLLSPINNEREI U WEBEREI In der Mitte die Werthzahl 1 (gross). Punktirter Rand. Gr. 8.

31605—6.

Av. Oben: GASTHOF IM NIEHLERHOF (bog.) In der Mitte BEI | M · KELLER | BREITEN- | STRASSE 80, unten ✶ IN CÖLN ✶ Rev. Oben: HÔTEL DE NIEHL (bog.) In der Mitte CHEZ | M • KELLER | RUE LARGE | N 80 Unten ✱ À CO LOGNE ✱ Auf beiden Seiten ein punktirter Kreis. Messing. Gr. an 12.

Av. GASTHOF | ZUM ENGLISCHEN HOFE | VON | HERM JOS THIBUS | CASINOSTRASSE № 1 | IN | CÖLN Rev. Eine Ros. zwischen Strichen | HÔTEL D'ANGLETERRE | CAFÉ | RESTAURATION | & | TABLE D'HÔTE | —∘— | ENGLISH HÔTEL | COLOGNE Perlenränder, im Ringe geprägt und randirt. Gr. 15. Messing.

Einseitige Biermarke von Messing. Ein Fass mit Krahnen, und oben zwei Hopfenblumen nebeneinander und zwei Schaufeln eingeschlagen. Auf dem Fasse die Buchstaben P. J. B. Gr. 13.

31607.

Crevenbroich (Reg. Bez. Düsseldorf.)

Av. Eine Kreuzrosette zwischen Blättern | D. UHLHORN | IN | dann bogig am Rande CREVENBROICH Rev. DER | DOPPEL: | PISTOLEN | À, dann bogig am Rande VIROLE-BRISÉE Ueberschrift PROBEVERSUCH zwischen Kreuzrosetten. Erhabene Randschrift. NEC ASPERA TERRENT 1848 Perlenrand und im Ringe geprägt Gr. über 12. (Samml. des Herrn Dr. Freudenthal.)

Deutz. 31608.

Av. Eine von einer Mauer umgebene Kirche mit drei spitzigen Thürmen (das Stadtwappen). Unter dem Thore der Mauer klein CBREMME (Name des Graveurs.) Rev. ST SEBASTIANUS (bog.) | SCHÜTZEN | GESELLSCHAFT | ZU | DEUTZ (bogig). Neben dem letzten Namen rechts und links je ein Eichenzweig. Im Ringe geprägt. und geöhrelt.

Düsseldorf. 31609—12.

Einseitige Thorsperrzeichen von Eisenblech. Die Buchstaben C und T (Carl Theodor) wie auf den 1/2 und 1/4 Stübern, darunter : 1 zwischen Kreuzrosetten | STU BER | SPERR Gr. 13.

Av. ST SEBASTIANUS. SCHÜTZEN-VEREIN und unten • ZU DÜSSEL DORF ✱ Auf einem Linienkreise liegt ein grosses Schild mit dem Stadtwappen, ein gekerbter doppelschwänziger aufrechter Löwe nach links, vor sich einen Schiffsanker, im punktirten Felde. Zwischen dem Linien- und einem gewundenen Kreise über dem Schilde 1860 und zu jeder Seite vier Punkte. Rev. Zwei in einen Kranz gelegte Aehren, und unter den Stielen ein B Innerhalb derselben zwei übereinander gelegte Büchsen auf einem Hirschfänger, darunter ein Adler und eine Scheibe mit Ringen. Punktirter Rand. Gr. 13. Zinn.

Bei einem varianten Stempel ist im Av. der Aehrenkranz feiner und das B unter der Scheibe; im Rev. ist das Wappenschild nicht punktirt; neben dem Wappen sind rechts und links fünf Punkte und oben . . 1860 . . Statt des gewundenen ist ein fein punktirter Kreis und hinter dem Namen statt des Sternes ein Punkt. Gl. Gr. Zinn.

Hiefür dürfte nachstehende Marke gehören:

Av. Ueber einer dicken Leiste ragt ein halber doppelschwänziger Löwe nach rechts gewandt hervor, welcher den Anker vor sich hält. (Das Stadtwappen.) Im Rev. Die verschlungenen Buchstaben E und F kursiv und darunter V oder W und L (kursiv) Der Rand beiderseits stark gestrichelt. Kupfer. Gr. über 9.

Ehrenbreitstein. 31613—14.

Av. FRIEDR. WILH. SOVERAINER FÜRST ZU NASSAU. Dessen Kopf nach links gewandt und am Halse L. Rev. HULDIGUNG | DER | MÜNZSTÄTTE | EHRENBREITSTEIN | 1808.

Av. FRIED. AUGUST SOUVERAINER HERZOG ZU NASSAU Der Kopf nach links, und am Halse gleichfalls L. Rev. Wie vorher, nur unter 1808 ein Punkt.

Diese Kupferjetons in Appel. III. №. 2314 und 2317.

Elberfeld. 31615—16.

Av. • ELBERFELDERUNTERSTUTZUNGS • • VEREIN In der Mitte in einem punktirten Kreise 1 | BROD Rev. In einem punktirten Kreise 1846 | 1847 Oben THEURUNG zwischen runden Rosetten; unten ARBEITSLOSIGKEIT An den Rändern punktirte Kreise. Sehr seltene Bleimarke. Gr. über 13.

Av. Ein Bierseidel mit Deckel, darüber GUT FÜR EINEN, unten BIER zwischen je einer Verzierung. Rev. Oben BIERBRAUEREI, in der Mitte VON | FR • WM — * NEUHOFF * | * und unten bogig ELBERFELD Im Ringe geprägt. Gr. 10. Messing.

31617.

Eschweiler (Reg. Bez. Aachen).

Av. Von rechts: ESHWEILER • BERGWERKS • VEREIN (Ros.) Im Felde Hammer und Schlägel gekreuzt. Rev. Im Felde die Ziffer 1 (gross). Ueberschrift GUT FÜR EIN BROD; unten 1855, daneben rechts und links Hammer und Schlägel gekreuzt. Perlenrand randirt. Messing. Gr. an 14. (Mitgetheilt vom Herrn Dr. Freudenthal.)

Eupen. 31618.

Einseitige Marke von Kupfer, auf welcher P. W. | KIRFEL | EUPEN (bogig) eingeschlagen. Gr. 10.

Gladbach. 31619.

Einseitiges ovales Brodzeichen von Messing. Oben: EIN BROD | PFERDMENGES | & | SCHMÖLDER auf gegittertem Grunde. Breite 20, Höhe 12.

Grevenbroich. 31620—22.

Av. Ein nach links sehender bärtiger Kopf mit Lorbeerkranz und im Halsabschnitte P • MAIER. Umschrift: HADRIANVS—AVGVSTVS Unten 1839 Rev. ✱ | D. UHLHORN | 1839. Am Rande ein Kreis von einzelnen dicken Punkten. Von rohem Schnitte. Gr. 11. Kupfer.

Av. Drei Sterne | D • UHLHORN | COINING — | PRESSES MAKER | GREVENBROICH | NEAR COLOGNE | ON THE RHENE (bog.) Rev. SECOND | EXHIBITION | OF THE | INDUSTRY | OF ALL | NATIONS | 1862 LONDON (bogig.) Beiderseits ein punktirter Randkreis. Gr. 10. Kupfer.

Ein zweiter Stempel mit gleichem Rev. hat im Av. drei Sterne | D. UHLHORN | COINING— | PRESS MAKER | GREVENBROICH | RHENISH— | PRUSSIA Gl. Gr. Kupfer. (Beide Jetons wurden in London während der Austellung auf der vom Herrn Uhlhorn ausgestellten Münzpräge-Maschine geprägt.)

Hückeswagen. 31623.

Av. Zwischen zwei Linienkreisen ✱ GIEB DU DEM ARMEN HEUT DEIN BROD In der Mitte HÜCKES— | —WAGNER | WOHLTHÄTIG | —KEITS | VEREIN Rev. Zwischen zwei Linienkreisen ✱ DER ARME KAN DIR'S MORGEN GEBEN In der Mitte BROD | ZEICHEN Gr. 12.

Sct. Johann-Saarbrück. 31624.

Av. Von rechts: ✱ Wer sein Stiefel nit trinken kan Ist für wahr kein teutscher Man In der Mitte ein Reiterstiefel mit angeschnalltem Stachelsporn. Rev. Von rechts ✱ JACOB BRUCH IN ST. JOHANN = SAARBRÜCK In der Mitte 1 | GLAS | BIER | ✱ An den Rändern beiderseits ein Perlenkreis. Gr. 11. Messing.

Linz am Rhein. 31625.

Av. Oben bogig: ST. SEBASTIANUS SCHÜTZEN — In der Mitte * * * | GESELLSCHAFT | ZU und unten bogig * LINZ AM RHEIN * Rev. Oben bogig: ZUR ERINNERUNG, in der Mitte AN DAS | 300 JÄHRIGE | * * * Unten bogig: JUBELFEST 1857 Am Rande beiderseits ein Linienkreis. Im Ringe geprägt. Geöhrelt. Grösse 15.

Mülheim. 31626.

Einseitige Marke von Zinkblech. Ein nach rechts fahrendes Dampfschiff, darunter MULHEIM | NACH | COELN Controlmarke für das Dampfboot zwischen diesen Orten. Grösse 16.

Neuss. 31627.

Einseitige alte Blei-Marke.

In einem dicken gewundenen Kreise steht der hl. Quirinus (der Schutzpatron der Stadt), in der Rechten eine Fahne mit den neun Kugeln (Wappen von Neuss), die Linke auf ein Wappenschild mit neun Kugeln gestützt, über diesem Schilde noch eine Fahne mit den neun Kugeln, rechts unter der Fahne ein kleiner Wagen mit dem Cölner Kreuze. Zwischen den Beinen ein kleines Wappen mit dem Reichsadler, darüber eine Krone. Im Felde acht Sterne vertheilt. Gr. 13. Sehr selten.

31628—32.

Av. Herzog Alexander Farnese auf dem Triumpfwagen mit vier Pferden und der Umschrift NOVESIO • (Lilie) • EXPVGNATO • und unter dem Wagen 1586 Rev: • F. HIS • IAM • REDVCTIS • RELIQV: SEQVET: D • Beiderseits Strichelrand. Grösse 13. Kupfer.

Av. Der Herzog wie vorher und oberhalb ein Engel mit einer Posaune. Umschrift: NOVESIO • eine vierblättrige Ros. EXPVGNATO Rev. TREME AVRIS • BATAVA + 15 (Ros.) 86 Ein kleiner Spanier fasst einen grossen und dicken Holländer bei den Ohren. Gr. 14. (Von Merle pag. 288, N. 21.)

Bei V. Loon I. p. 371 ist im Av. im Abschnitte noch 1586 und NOVESIO (Lilie) EXPVGNATO + im Rev. ferner TREME • AVRIS • BATAVA + 15 (Lilie) 86 +

Av. Aehnlich, der Herzog auf dem Triumpfwagen und oben ein schwebender Engel. Umschrift EXPVGNATO × NOVESIO und ein lilienähnliches Zeichen zwischen Punkten. Rev. × HIC × NON × DECIDET × In der Mitte Bellerophon auf dem Pegasus, unten 15 (Lilie) 87 Gr. 13.

Bei V. Loon. I. 372. Das vor. Zeichen im Av. zwischen Kreuzchen statt Punkten und im Rev. × HIC • NON × DECIDET ×

Rheinberg. 31633—37.

Av. HOSTIS. DIRA • MINITANS • BERGA • PELLITVR • 1601 • In einem Linienkreise der Plan der Festung Rev. (Ros.) IRATO • NVMINE • NIL • IVVANT • VNDIQ • COLLECTÆ. VIRES In einem Linienkreise Prinz Moritz auf einer Anhöhe stehend, neben ihm ein Trompeter und ein Tambour, vor ihm seine Armee. (Bizot P. 103 und V. Loon 1, S. 558.)

Av. (Ros.) HANC • CAPIMVS • VIRTVTE • DEI • Die Belagerung der Festung Rheinberg. Rev. (Ros.) DEFENDIMVS • ISTAM • CIϽIϽCI Die Belagerung von Ostende, unten S • C Gr. 14.

Av. Aehnlich, ein in der Zeichnung verschiedener Stempel. Rev. (Ros.) • IN • ADVESIS • VIRTVS • CIϽIϽCIII Gr. 13.

Ein zweiter Rev. des letztern Av. hat einen Grundriss der Festung, auf welchem der Name: Oost | ende Umschrift (Ros.) × XPYΣEA • XAΛKEIΩN Gr. 13. (Von Merle S. 294, Nr. 35—37.)

Av. PATRIÆ · QVATVOR · EX · ME · VRBES · DEDI · 1604 In einem Linienkreise die sechs Stadtpläne mit den Namen (Rhein) BERCK—AERDE—SLVIS—ISENDICK—GRAEF und CASANT Rev. Von rechts: ✱ PLVS · TRIENNIO · OB SESSA · HOSTI · RVDERA In einem Linienkreise ein Festungsplan mit der Ueberschrift OSTENDE Beiderseits gekerbter Kreis am Rande. Gr. 14.

Rheydt. 31638.

Av. Oben Warenhandlung in der Mitte von und ein nicht mehr ersichtlicher Name | unten Rheydt. Im Rev. ein neun Fenster breites, theils zwei theils drei Stockwerke hohes Gebäude ohne Umschrift. Gr. über 15. Zinn.

Ronsdorf. 31639.

Av. Von rechts: FEST DES RONSDORFER—SCHÜTZENVEREINS In einem Linienkreise ein Hirschkopf rechtshin, darunter bogig 2. AUG. 1847 Rev. Von rechts: GESTIFTET VON CARL THEODOR. Im Kreise auf einer Leiste ein gekrönter aufgerichteter Löwe rechtshin; er hält in der linken Vorderpranke ein Pfeilbündel; unten den Kreis unterbrechend 2 Aug und ganz unten am Rande 1747. Linienrand. Grösse über 10.

Trier. 31640—41.

In den Jahresberichten der Trierer Gesellschaft für nützliche Forschungen erscheint im Jahre 1856, S. 77 angeführt eine Biermarke des ehemaligen städtischen Bierhauses von Blech mit dem Bildnisse des hl. Peter und mit ST gestempelt, ferner Jahrgang 1857, S. 89.

Viereckige kupferne Biermarke für das Bräuhaus in der Brodgasse und den Bierkeller in der Diedrichsgasse, auf welcher das Bild des hl. Peter auf Wolken ruhend, in der linken Hand den Schlüssel haltend, eingeschlagen ist. Rechts zur Seite ein Stern und oben · C · · E · · C.

Wesel. 31642.

Av. GOTT SEGNETE DIE VEREINIGTEN HEERE Die Viktoria mit Kranz und Schwert. Rev. WESEL | BEFREIT | UND | ÜBERGEBEN | AN DEN | PRIN ZEN | VON | HESSEN | HOMBURG | D · 10 MAI | 1814 Beiderseits am Rande ein punktirter Kreis. Geöhrt. Gr. 7.

Das Königreich Hannover.

31643—46.

Münzmeister zu Goslar:

Andreas Kune (1570—1599.)

Av. ANDREAS ⁎ KVNE ⁎ F ⁎ — ⁎ B ⁎ MVNTZMEIST ⁎ Unter Helm und Decken ein an den Seiten verziertes deutsches Schild, darin ein senkrechter Zainhacken, über welchen zwei Meisel kreuzweis gelegt, von denen jener links oben in eine Spitze umgebogen ist. Auf dem Helme steht ein Bergmann rechtshin, welcher die Rechte auf einen Zainhacken stützt und mit der Linken hinter sich eine brennende Fackel in die Höhe hält; zu seiner Seite 8—4 (1584). Rev. RECTE ⁎ DIVISA ⁎ — ⁎ TOLLVNT ⁎ ERROR ⁎ Im oben und unten unterbrochenen Perlenkreise eine links schreitende zurückblickende Frau im leichten Gewande hält in der Rechten anscheinend eine Feder und in der gehobenen Linken an einem Ringe eine Tafel oder ein Buch. Gr. über 11. (Heyse Beiträge zur Kenntniss des Harzes, S. 99, Nr. 1. und Dr. Freudenthal.)

Ein Stempel hat im Rev. in der Umschrift das A von DIVIS—A zwischen den Füssen der Person. (Heyse Nr. 2.)

Nach Mittheilung des Hrn. H. Walte befindet sich im königl. Kabinette zu Hannover ein Stempel wie der erstere mit der Jahreszahl 7—6 unter dem Wappen.

Av. ANDREAS · KVNE. — · F. B. MVNTZMEI^ST. und die Jahrzal 8—8 sonst wie vorher. Im Rev. wie vorher mit DIVISA (Kleeblatt) — (Kleeblatt) TOL... Beide Seiten im oben und unten unterbrochenen Linienkreise. Gr. über 10. (Heyse S. 99, Nr. 3.)

31647—52.

Av. ANDREAS · KVN^E — F. B. MVNTZ · M · Das behelmte Wappen wie vorher und auf dem Helme ein Bergmann, mit einer beilförmigen Hacke in der Rechten und einem runden Gegenstande in der Linken; im Rev. R—ECTE. DIV—IS—TOLL · ERROR Die Frauensperson zwischen 9—7 mit der Feder, einem säbelförmig gebogenen Gegenstande, und der Tafel in der Linken, worauf · I | I · Beide Seiten in einem unterbrochenen Linienkreise. Am Rande eine kranzförmige Einfassung. Gr. 10. (In m. Samml.)

Av. AИDR. KVИ—F B MVИTZM, Das behelmte Wappen und der Rev. wie Nr. 31646. Ohne Jahrzahl. Perlenrand im Av. und der Rev. im Blätterkranze. Grösse über 10.

Av. Wie der erste, nur ANDRES. KVNE—F. B. MVNTZME ·, ohne den innern Kreis und ohne Jahrzahl. Rev. wie der erste. (Heyse S. 100, Nr. 6.)

Av. ANDRES. KVNE—F. B. B. (sic!) MVNTZME und unter dem Wappen am Rande 9—7 Der Rev. wie der erste mit ERR × Perlenrand. Gr. über 11.

Av. Wie zuletzt. Rev. Zwischen zwei Kreisen FRVN. IN. DER. NO. D. GE. Z4. V. E. L Ros. (Noth der gehen 24 auf ein Loth.) Im oben unterbrochenen gekerbten Kreise ein behelmtes Brustbild linkshin. Perlenrand. Gl. Gr. (H. Heyse S. 100, Nr. 7 und H. Dr. Freudenthal.)

Nach Mittheilung des Hrn. H. Walte ein Stempel wie der letzte, nur mit der Jahrzahl 7—7 unter dem Wappen. (Im königl. Kabinette zu Hannover.)

31653—54.

Heinrich Depsern, (1599(?) — † 1612.)

Av. Von rechts: HENRICH. DEPSERN. F. B. MI. ME. In einem unten unterbrochenen Kreise ein mit Helm und Helmdecken geschmücktes ovales Schild, in welchem zwischen zwei Sternen ein von Schlägel und Eisen und einem senkrechten Zainhacken durchstochenes Herz. Auf dem Helme ebenfalls Schlägel und Eisen nebst Zainhacken. Rev. EIN, (Ros.) RECHENNS, (Ros.) PFENNI. 1600. In einem oben und unten unterbrochenen Kreise ein nach rechts schreitender Heiliger mit Schein um den Kopf, in der Rechten einen Palmzweig und ein auf der Schulter ruhendes Kreuz, in der Linken einen Kelch haltend. Im Hintergrunde eine Stadt. Gr. über 11. (Heyse S. 100, Nr. 8.)

Aehnlich von 1601, jedoch die Umschrift von rechts, und im Rev. PFENNI (Ros.) 1601 Im Av. und Rev. ein gekerbter, im Rev. nach innen noch ein feiner Linienkreis. Gekerbter Rand. Gr. über 11. (Nr. 9.)

31655—59.

Av. HENRICH · — DEPSER. M. M. Das Wappen wie vorher. Rev. EHR · S (ei) · GOT. IN. D. HEG. (Höhe) UN. FR. (leden) AU. ERD. (en) — U. Der letzte Buchstabe zwischen den Füssen des Heiligen, neben welchem 16—01 Gl. Gr.

Av. Ebenso. Rev. EIN · RECHENS · PFENNIG 1601 · Der Heilige wie Nro. 31653. Gl. Gr.

Aehnlich vom Jahre 16—02, aber mit Rosetten statt der Punkte in der Umschrift des Reverses.

Av. Ebenso. Rev. EHR · SEI · GOTT · IN · DER · HEG · FR · A · ER · Der Heilige wie vorher nach rechts zwischen 16—04 (Heyse Nr. 10—13.)

Ein Stempel mit dem letzten Rev. hat den Av. von Nr. 31653, die Umschrift von rechts beginnend. Gr. 11.

31660—62.

Av. HENRICH • — DEPSER • M • M In einem mehrfach unterbrochenen gekerbten Kreise das vorige Wappen im kartouchirten Schilde. Rev. Von rechts: EHR. S. GOT. IN. D. HEG. UN. FR. AU. ERD. — U (zwischen den Füssen). In gleichem Kreise die Figur wie vorher, und zur Seite 16—05 Gr. 11. (Samml. des Hrn. Dr. Freudenthal.)

Av. HEINRICH • DEPSERN. F. B. MI. ME. Das Wappen wie vorher, unter welchem am Rande nach innen klein und getheilt 16—08 Rev. EIN. RECHENNS—PFENN 1608. Der Heilige hier nicht schreitend, sondern mit gebeugten Knien stehend, sonst wie vorher. Gr. 12. (Heyse S. 100, Nr. 14.)

31661. a. Ein Variant hat bloss F. B. M. und RECHENS. —. PFEN 1608. (Heyse Nr. 15.)

Av. HENRICH • DEP—SER. RECHENP. Das Wappen wie früher. Rev. EHR • S. GOT. IN. D. HEG. VN. FR. AV. ERD. — V. und neben dem Heiligen die bogig gestellte Jahrzahl 16—08. (Heyse Nr. 16.)

31663—67.

Av. Wie Nr. 31653. Rev. EHR. SEI. GOTT. IN. DER. HEG. FR. AU. E. Die Darstellung des Heiligen wie bei demselben Nr., aber hinter seinen Füssen statt der Stadt ein Baumstumpf, aus welchem ein Eichenzweig wächst und rechts neben ihm 1609. Gr. 11.

Ein Stempel mit gleichem Rev. hat den Av. von Nr. 31662. Gr. über 11.

Av. Wie Nr. 31653, aber im Rev. die Umschrift EIN (Ros.) RECHENNS, (Ros.) PFENNING (Ros.) Ohne Jahrzahl. Gr. 11.

Av. Wie Nr. 31655. Rev. wie Nr. 31663, aber der Hintergrund leer, auch ohne Jahrzahl. Gl. Gr.

Av. HEINRICH. — DEPSERN • Das Wappen wie früher, das Schild jedoch mehrfach gebogen und neben der Helmzier klein M—M Rev. Von rechts: EIN RECHENNS • — • PFENNIG Der nach rechts schreitende Heilige, ferner im Hintergrunde rechts ein Gebäude mit zwei Thürmen, links ein Kirchthurm, und zwischen den Füssen Gesträuch. Perlenrand. Gr. über 10. (Heyse S. 101, Nr. 21, und Hr. Dr. Freudenthal.)

31668—71.

Av. HEINRICH ❀ — (runde Ros.) DEPSERN In einem oben und unten unterbrochenen Linienkreise das Wappen wie vorher. Rev. Von rechts: EIN. RECHENNS ⁘ PF—ENNIG. Der Heilige ohne den Umkreis wie vorher auf Grasboden; zur Seite im Hintergrunde ein Gebäude mit zwei Thürmen und links ein Haus. Perlenrand beiderseits. Gr. 11.

Av. Wie Nr. 31653. Rev. Wie Nr. 31663, nur AU • ER. Unter den Füssen des nach rechts schreitenden Heiligen ein starker Baum mit Blättern. Ohne Jahrzahl. Gr. 15. (Heyse S. 101. Nr. 23.)

Av. Wie der Rev. von Nr. 31646 von Küne. Rev. Von rechts: • EIN • RECHENS (runde Ros.) — IFENNI (sic) Der Heilige wie vorher, im Kreise aber statt der Stadt links und rechts, so wie zwischen den Füssen Gras und Strauchwerk. Beide Seiten im Blätterkranze. Gr. über 10.

Av. Wie der Rev. von Nr. 31643. Rev. EIN RECHEN Kleeblatt, (Ros.) PFENNI. Der nach rechts schreitende Heilige wie vorher, zwischen seinen Füssen aber Strauchwerk. (Heyse Nr. 24.)

31672—74.

Hermann Schlanbusch (1619—1625.)

Av. ✱ HERMN ✱ • — • ✱ SLANBUSC: Innerhalb eines gekerbten und innern Linienkreises ein behelmtes Wappenschild, worin im deutschen Schilde am Grasboden ein Schlehedstrauch, durch dessen Aeste ein Zainhacken durchgesteckt ist. Am Helme zwischen Büffelhörnern abermal der Zainhacken gerade gestellt. Rev. (Runde Ros.) TRU : NI : GOT — HIL • WUN (Runde Ros.) Zwischen gleichen oben und unten unterbrochenen Kreisen auf einem Hügel, auf welchem rechts drei, und links eine gestielte Blume, eine Kugel, auf welcher eine weibliche Gestalt mit flatterndem Gewande, (das Glück vorstellend, und zur Seite 16—19 Gekerbte Kreise am Rande. Gr. 11.

Av. Ebenso. Rev. TRUR • NI : GOT : HIL • WUN : 1619 + Innerhalb gleicher Kreise ein Bäumchen auf Grasboden und dahinter zwei in Form eines Andreaskreuzes gestellte Zainhacken. Am Boden links ein grösseres, rechts ein kleineres Gewächs, an den Rändern gekerbte Kreise. Gl. Gr.

Bei einem dritten Stempel ist der Av. und Rev. ähnlich dem ersten mit WUN ⁑ 1619 • und im Rev. an der innern Seite des Linienkreises kleine Spitzen mit Kleeblättern an den Enden. Gr. an 11.

31675—77.

Av. (Runde Ros.) HERMEN • SLANBVSC 6ZZ In einem Perlenkreise das Wappen wie vorher, und neben dem Schilde an der Seite je ein Punkt. Rev. Eine runde Ros. zwischen zwei Punkten | GOTTES GNADE : HV | LFFE : VND • | RAET : SEI : AL | ZEIT : BEI : M | IR. FRVE : V | ND : SPAT An den Rändern beiderseits ein Linienkreis. Gr. an 12.

Av. HERMEN, runde Ros. SLANBVSC • 1625 In einem gewundenen Kreise das behelmte Wappen in einem kartouchirten Schilde wie vorher. Rev. TRVR • NICH • GOT • HIL • WVNER und eine sechsblättrige Rosette. In einem gleichen Kreise ein Baum mit überlegten zwei Zainhacken auf einem Boden mit hohem Grase. An den Rändern Linienkreise. Gr. 11. (Tafel 69.)

Av. HARMEN, (Ros.) SCHLANBUSCH. In einem oben und unten unterbrochenen Perlen- und innern Linienkreise das vorige Wappen in einem ovalen Schilde, neben welchem 16 — 37 Rev. TRUR. NICHT. GOTT. HILFT. WUNDERLIC (Ros.) In einem Kreise: • W • S : M : V • („Wem schadet mein Unglück“) | G | V • M • S : W • („Vielleicht mag's sich wenden.“) Ober und unter dieser Aufschrift eine Rosette. Perlenrand. Gr. 12. (Heyse S. 102, Nr. 28. und Sammlung des Herrn Dr. Freudenthal, woselbst USC im Av. ohne Punkt.)

Münzmeister zu Zellerfeld. 31678—80.

Heinrich Oeckeler (1601— † 1619.)

Av. • HENRICH. OECKELER. F. B. MI. Z. Z. In einem unten unterbrochenen Kreise ein ovales, mit Helm und Decken verziertes Wappenschild, in welchem ein von einem Pfeile und einem Zainhacken durchstochenes gekröntes Herz, neben welchem zwei Sterne. Auf dem Helme dasselbe Wappen (das Herz) und neben demselben 16—03 Rev. ABRAH • — DEO • — • CRE • Abraham von der rechten Seite mit hochgeschwungenem, breitem türkischem Säbel, wie er den vor ihm knieenden Sohn opfern will; hinter ihm nach rechts zu liegt der Widder ober dem Sohne von links der geflügelte Engel, wie er den Säbel zurückhält. Das Ganze in einem gewundenen Rande Gr. über 11.

Nach Herrn Dr. Freudenthal ein Stempel mit HENRICH ohne Punkte, dann ABRAH — • DEO — CRE • Gl. Gr.

Aehnlich, nur mit • HENRICH • dann M • Z • Z • ferner 16—05, im Rev. ein mehrfach unterbrochener gewundener Kreis, dann ABRAH • — DEO • — • CRE • Am Rande ein gekerbter Kreis. Gl. Gr. (Herr Heyse und Dr. Freudenthal Samml.)

31681—84.

Av. Von rechts: • HENRICH • OECKELER • F • B • M • Z • Z • In einem gewundenen oben und unten unterbrochenen Kreise das behelmte Wappen in einem kartonch. Schilde. Neben dem Helme 16—11 Der Rev. wie zuletzt. Gekerbte Kreise am Rande. Gr. über 11.

Av. HEINRICH OE—CKELER · F · B · M · In einem gewundenen oben und unten unterbrochenen Kreise das Wappen wie vorher. Neben dem Herzen ober dem Helme zur Seite 16—16. Rev. · ABRAH · DEO ✱—✱ CRE Im gewundenen mehrfach durchbrochenen Kreise Abraham wie vorher, die Hand auf den Kopf seines vor ihm knienden Sohnes legend. Am Rande beiderseits je ein gekerbter Kreis. Gr. an 12.

Av. HEINRICH OECKELER · F · B · M · M · Z · Z · (Ros.) Das vorige Wappen im spanischen Schilde ohne Jahrzahl. Rev. ABRAHAM · DEO · CREDIDIT 1617 (Ros.) In einem Kreise die vorige Darstellung, aber kleiner gehalten. (Heyse S. 102, Nr. 33.)

Av. Von rechts: HEINRICH, (fünfblättrige Ros.) OECKELER, (Ros.) F (Ros.) B (Ros.) MVNTZMEISTER, (Ros.) Im Linienkreise das Wappen wie bisher. Rev. Von rechts: ABRAHAM · DEO · CRE—DIDIT Eine Vorstellung der bisherigen ähnlich, der Engel hier jedoch aus den Wolken hervorragend. Die Umschriften hier viel feiner als bisher. Ohne Jahrzahl. An den Rändern Linienkreise. Gr. 11.

31685—87.

Av. HENRICH—OECKELER (Von links). Das Wappen im Kreise wie vorher. Bei dem auf dem Helme widerholten Wappen stehen die Sterne über der Krone. Rev. wie Nr. 31678 mit ABRAH— · DEO—CRE · Gewundener Rand. Ohne Jahrzahl. Grösse über 11.

Av. Von links: · HEINRICH (Kleebl.) · — · OECKELER (Kl.) In einem oben und unten unterbrochenen Kreise das behelmte Schild mit dem vorigen Wappen, die Sterne im Wappen, wie auf dem Helme und neben dem Herzen im Schilde je ein Kleeblatt. Rev. Umschrift von rechts: EIN RECHENN—S— (Kleebl.) PFENNIG Innerhalb eines oben und unten unterbrochenen Kreises steht eine nackte weibliche Figur mit rückwärts wehendem Schleier; mit der Rechten zwischen der Umschrift ein brennendes Herz haltend und die Linke auf einen grossen mit der Spitze nach unten gekehrten Pfeil stützend. Gekerbter Rand. Gr. an 11. Ohne Jahrzahl. (Heyse S. 103, Nr. 36 und Samml. des Herrn Dr. Freudenthal.)

Av. Wie Nr. 31081 mit 16—11 Rev. Von rechts: · F · BRV · STALME · — V · BERGKHAV · (Stallmeister und Berghauptmann.) In einem oben und unten unterbrochenen gegliederten Kreise ein behelmtes ovales kartouch. Schild, darin auf Grasboden ein von einem Pfeile durchschossener Vogel (Wappen des Berghauptmanns von Löhneisen) nach links gewandt, welcher auch ober dem Helme bis in die Umschrift reichend angebracht ist. An den Rändern beiderseits gekerbte Kreise. Gr. 11.

31688—91.

Hans Laffers, M.-M. (1619—1625.)

Av. HANS · LAFFERS— F · B · MVNTZMEI und eine Ros. In einem unten unterbrochenen Kreise ein mit Helm und Decken verziertes spanisches Schild, worin im obern Felde ein wachsender Löwe, im untern eine doppelte Lilie. Auf dem Helme zwischen zwei ausgebreiteten Flügeln ein Stern. Rev. Die Wörter FORTVNA und VIREA in Form eines Kreuzes gestellt, an den Enden dessen vier Engelsköpfe zwischen Wolken und in seinen Winkeln vier Becher, deren Fuss nach dem Umfange gerichtet ist. Unter diesen Bechern die getheilte Jahrzahl I—6—2—0 Gr. 11. (Heyse S. 103, Nr. 38.)

Nach Mittheilung des Herrn Dr. Freudenthal mit: F: B: MVNTZM: Z · Z (Ros.) Gleiche Grösse.

Ein Stempel ohne den Stern zwischen dem Adlerfluge im Av. hat im Rev. Umschrift POST · NVBILA · PHOEBVS · 1622 · Innerhalb eines Kreises Daniel in der Löwengrube betend. (Heyse Nr. 39.)

Av. HANS · LAFFERS — F · B · MVNTZMEI und eine kleine fünfblättrige Ros. In einem Linienkreise das vorige Wappen, mit Verzierungen an dem Schilde und einem Adlerfluge ober dem Helme. Rev. POST · NUBILA · PHOEBUS. 1623 und eine runde Blattrosette. Die vorige Darstellung. An den Rändern Linienkreise. Gr. an 11.

31692—94.

Henning Schlüter (1625 † 1672.)

Av. • HENNING, runde Blattrosette SCHLV • — • TER, (Ros.) F · B · M · M · Z · Z (Ros.) Innerhalb eines Kreises aus Ringeln und eines Linienkreises ein von aussen verziertes, spanisches Schild unter Helm und Decken, worin im Felde rechts drei Querbalken und links ein aufrecht gestellter Schlüssel. Auf dem Helme zwischen einem Adlerfluge drei Schlüssel, wovon zwei gekreuzt, der dritte senkrecht gestellt. Rev. CONSIDERA · NOVISS · ET · IN · ÆTERNVM · NON · PECCABIS · Beiderseits sehr kleine Schrift. In einem Kreise ein Todtenkopf, durch welchen sich Schlangen winden, und auf demselben eine oben den Kreis bedeckende Sanduhr, neben derselben rechts eine Haue und links ein Spaten. Gr. über 11.

Av. HENNING · SCHLV — TER · F · B · L · M · M Z · Z Das behelmte Wappen innerhalb eines stark gekerbten Kreises, nur hier der Bart des Schlüssels im Schilde nach links statt nach rechts wie vorher gewandt; (der aufrechte Schlüssel oben dagegen nach rechts). An den Helmdecken links am Rande fünf Ringel. Rev. CONSIDERA · NOVISSIMA · ET · NON · PECCABIS Innerhalb eines stark gekerbten Kreises die Vorstellung wie im vorigen Av. An den Rändern gleiche Kreise. Gr. über 12.

Av. HENNING · SCHLVTER · F · B · L · M · M · Z · Z · Im oben und unten unterbrochenen Perlenkreise das Wappen im kartouchirten ovalen Schilde; der Schlüssel im Wappen und der senkrecht gestellte oben mit nach links gewandtem Barte. Rev. CONSIDERA · NOVISSĀ · ET · N̄ · PECCABIS (Ros.) Im oben unterbrochenen Perlen- und innern feinen Linienkreise der Todtenkopf, aber auf gekreuzten Gebeinen und von vorn statt links gewandt wie auf allen anderen Jetons. Die Punkte sind rautenförmig. Gr. 12. Die Schrift ist bedeutend grösser als auf den andern Jetons und stimmt dieser Jeton im Stempelschnitte genau mit dem des H. Schlanbusch vom Jahre 1637 überein.

31695—99.

Av. HENNING SCH—LUTER · F · B · L · M · Z · Z Das behelmte Wappen wie vorher. Rev. CONSIDERA · NOVISSIMA · ET · NON · PECCABIS Der Todtenkopf wie vorher. (App. Nr. 3416, vielleicht irrig mit PECCABIS.) Zwei Varianten, deren einer Linienkreise an den inneren Umschriften und grössere Schrift; der zweite stark gekerbte Kreise wie am Rande und kleinere Schrift. Beide Gr. über 12.

Av. Ebenso nur SCHL—UTER, und im Rev. keine Punkte in der Umschrift; im Innern Linien-, auswärts gekerbte Kreise. Gl. Gr.

Bei Heyse S. 104, Nr. 48 ein Variant mit Z · Z · im Av. und Punkten in der Reversumschrift.

Ein weiterer mit · SCHL—UTER · F. B. L. M. Z. Z: und · NOVISSI · ET · NON · PECCAB · (Ebendort Nr. 47.)

31700—3.

Av. · HENNING SCHLU—TER · F · B · L · M · M · Z · (fehlt das zweite Z). Das Wappenschild hier nicht mehr glatt, sondern mit Verzierungen, welche unten bis an den Rand reichen. Die drei Querbalken rechts hier punktirt, und die senkrecht stehenden Schlüsseln mit nach links gewandtem Barte. Im Rev. mit NOVISSIMA · ET · NON PECCABIS und im Innern ein Linien- und ein gekerbter Kreis. Gr. 12.

Heyse Nr. 42 erwähnt eines Stempels mit HENNING : SCHLUTER · F · B · V · L · M · M · Z mit einem Z.

Av. Aehnlich mit · SCHLU—TER . F . B . L . M . M . Z . Z: und dem verzierten Wappenschilde zwischen einem gekerbten und zwei feinen Linienkreisen. Der obere senkrechte Schlüssel mit dem Barte nach rechts. Rev. CONSIDERA • NOVISS • ET • IN • ÆTERNVM . NON . PECCABIS . Der Kopf wie vorher. Gr. 12.

Av. Aehnlich dem letzten mit L . M M : Z • Z: Der Schlüsselbart oben und unten nach links. An dem gekerbten Kreise im Innern noch ein Linienkreis. Rev. CONSI DERA • NOVISSI: ET • NON • PECCAB. und ein Perlen- und innen ein Linienkreis an dieser Umschrift, sonst wie vorher. Die Schrift des Rev. viel grösser als jene des Av. Gr. an 12.

31704—10.

Av. HENNING . SCHLU—TER . F: B: L: M: M . Z . Z . In einem Kreise von starken länglichen Perlen das glatte Wappen mit oben nach rechts, unten nach links gewandtem senkrechtem Schlüssel. Rev. mit NOVISSIMA . ET . NON . PECCABIS, (fünfblättrige Ros.) Der Todtenkopf in einem gleichen Kreise. Gr. 12.

Weitere Varianten im Av. mit • HENNING . und M : M: Z . Z : Im Av. und Rev. ein gekerbter und innerer Linienkreis.

Ein dritter ohne die Linienkreise hat . HENNING . SCHLU . — . TER : F . B. L . M : M : Z : Z : (Beide mitg. von Hr. Dr. Freudenthal.)

Ein vierter mit HENNING SCLU—TER . F. B . L . M . M . Z . Z . Der Rev. wie Nr. 31704. (Heyse Nr. 45.)

Ein fünfter mit SCHLU—TER . hat BECCABIS.

Weitere zwei Stempel: HENNING SCHLU : — TER : F: B : L : M : M : Z : Z und die Rev.-Umschrift wie vorher Nr. 31704 und eine Ros. am Schlusse, dann ebenso, nur M : Z : Z : im Averse und am Schlusse derselben Rev. Umschrift einen Punkt. (Samml. des Hr. Walte in Hannover.)

31711—13.

Av. • HENNING . SCHLÜ—TER . F . B . L . M . M : Z . Z : und . CONSIDERA • NOVISSIMA . ET . NON . PECCABIS mit Strichel und inneren Linienkreisen an dieser Umschriften. Sonst wie vorher. Gr. 12.

Av. . HENNING . SCHLÜ -- TER . F . B . L . M . M . Z . Z Im Linienkreise das verzierte Wappenschild, in welchem wie vorher der Schlüssel mit dem Barte nach links, sowie jener ober dem Helme. Rev. Umschrift wie Nr. 31702. Der Kopf im Linienkreise wie vorher. Gr. 12.

Av. HENNING • SCHLÜTER • F . B . L . M . M . Z . &. Die senkrecht stehenden Schlüssel mit dem Barte nach links. •Rev. wie zuletzt. (Heyse Nr. 43, S. 104.)

31714—16.

Julius Philipp Eisendrath. M.-M. (1672, † 1676.)

Av. Von rechts: IULIUS PHILIP EISENDRATH . F : B : L . M : Sehr feine kaum sichtbare Punkte. Im behelmten glatten spanischen Schilde eine scheibenförmige mit sieben Löchern versehene Figur. (Ein Drathzieheisen.) Auf dem Helme die halbe Figur einer Person, welche in der Rechten einen Drahtring hält. Rev. Von rechts: VIO LIS VRTICA PROPINQVA • 1672 • In einem Linienkreise nach rechts eine Blume (Veilchen ?) und links eine Brennessel; dahinter rechts ein Gebäude und links ein Hochofen, (?) aus welchem Flammen heraufschlagen. An den Rändern beiderseits Linienkreise. Gr. an 12.

Bei Heyse S. 104, Nr. 50 mit F . B . L . M . (Vielleicht ein undeutliches Exempl.)

Av. Aehnlich mit L . M . und im Rev. • VIOLIS dann 1674 ✱ Gleiche Ränder. Grösse über 12.

31717—21.

Rudolph Bornemann (1676—1711.)

Av. Von rechts: RUDOLPHUS BORNEMANN : F : B : L : M : M : Z : Z In einem mit Helm und Decken bedeckten Schilde ein Mann, welcher an einem her eine Rolle laufenden Seile einen Eimer aus dem mit einem Dache versehenen Brunnen zieht neben dem Dache je ein Stern; ober dem Helme zwischen zwei Büffelhörnern ein gleicher, sechsspitziger Stern. Rev. Vorn ein offenes Grab, dahinter auf dem Rasen drei übereinander gelegte Knochen, und rückwärts Getreideähren, deren eine Hälfte gegen die Seite zu nach rechts und die andere nach links zu gebogen ist. Oben am Rande auf einem Bande: SPES ALTERA VITA Am Rande Strichelkreise. Gr. über 13.

Ein zweiter Stempel hat in der Umschrift: • • MANN F : B : L • M : M : Z : Z : ferner das Schild zur Seite wohl eingeschnitten, aber nach unten nicht ausgebogen, sondern glatt abgerundet; ferner im Av. statt je 0, sonach 20, nur acht höhere und drei kleinere Aehren, aus welchen Körner auf den Boden herabfallen; ferner sind hier im Av. und Rev. statt den drei E je ℰ Gl. Gr. Beide Messing.

Bei Heyse S. 104, Nr. 52 erscheint der erstere Stempel BORNEMANN. F. B. L. M. M. Z. Z. in zwei Varianten durch die Zeichnung des Schildes verschieden.

Av. Von rechts: RUDOLPHUS BORNEMANN: C : U : F : (Chur und Fürstlich) B : L : M : M : Z : Z Das Wappen in mehrfach ausgebogenem Schilde, der Brunnen ist kleiner und die Sterne stehen über dem Dache. Der Rev. wie der erste Nr. 31717. Gekerbter Rand. Gr. 13. Messing.

Ein Variant hat im Wappen kleine, sechsblättrige Ros. statt der Sterne. (Beide in der Sammlung des Herrn Dr. Freudenthal.)

31722—25.

Heinrich Horst (1711—1719.)

Av. Von rechts: HEINRICH HORST. C. U. F. B. L. (Chur und fürstlich Braunsch. Lün) M. M. Z. Z. Ein ovales mit Helm und Decken bedecktes Schild, worin auf Grasboden drei gestielte Kleeblätter, zwischen je fünf Grasblättern; am Helme dieselben Kleeblätter zwischen je zwei (strichförmigen) Grasblättern. Rev. A TERRA LOCVM A SOLE VITAM 'Im Felde unten die drei Kleeblätter im Grase, und dahinter ein rundes Blumenbeet mit drei Blumen; zur Seite je zwei viereckige Blumenbeete. Im Hintergrunde ein Gartenpavillon in der Mitte einer mit Statuen und Blumentöpfen verzierten Einfassungsmauer. Am Himmel Wolken. Gek. Rand. Gr. über 13.

Av. H • HORST. KÖN. GR. (os) BR. (itan.) Æ. C. U. F. BR. LVN. MVNTZ. MEISTER • Innerhalb einer, mit einer grossen Krone bedeckten Kartouche, welche zur Seite mit Perlen besetzt und unten mit Festons behangen ist, ein rundlich ovales rothtingirtes Schild, worin aus dem Grase die drei Kleeblätter hervorragen. Im Rev. oben die strahlende Sonne, welche einen mehrästigen Baum bescheint. Am Stamme unten im Grasboden rechts ein und links zwei Kleeblätter wie im Averse. Ueberschrift: CVRAT MAIVS ET MINVS Am Rande theils Strichel, theils ein gekerbter Kreis. Gr. an 14.

Heyse S. 105 erwähnt zweier Varianten mit einem ovalen und mit einem kreisrunden Schilde.

Ein weiterer Stempel KON. ohne Punkte, dann LUN • MUNTZ • ferner umschliesst hier das Wappenschild, welches früher von einem Linienovale eingefasst war, ein aus Stricheln gebildeter Kreis. Der Rev. ähnlich dem letzten. Gl. Gr.

31726—29.

Julius Georg Töpfer (Hüttenraiter) und Johann Albrecht Brauns, (Münzwardein) standen der Münze vom Quartal Crucis 1719 bis Quartal reminisc. 1722 vor, und tragen die Münzen aus dieser Zeit den Buchstaben C (ommission.)

Av. I. G. TÖPFFER. K. G. BR. A. C. U. F. BR. LUN. MUNTZ. COMMISSAR. Z. Z (Ros.) • In einem ovalen, mit Helm und Decken bedeckten Schilde eine Vase mit Henkeln zur Seite, in welcher drei gestielte, fünfblättrige Blumen. Ober dem Helme sind dieselben Blumen zwischen Büffelhörnern. Neben dem Schilde 17—20 • (Bogig)

Rev. I · A · BRAUNS · K · GR · BR · A · C · U · F · BR · LUN · MUNTZ · COMMISSAR · Z · Z (Ros.) Unter einem Helme, auf welchem ein Hirschgeweih, und unter Helmdecken ein gleiches Schild, in welchem ein aus einem Nadelholzwalde hervorspringender nach rechts laufender bloss mit dem Vorderleibe sichtbarer Hirsch. Gekerbter Rand beiderseits. Gr. über 13.

Ebenso mit 17—21 (bogig.) Gl. Gr.

Aehnlich mit 17—22, (bog.) das Schild im Averse jedoch aus Stricheln, statt wie früher aus einem Linienovale gebildet. Gl. Gr.

Aehnlich mit 17—22 (bog.), jedoch im Av. K. GR. statt K. G. dann mit MUNZT. und ein Linienkreis statt des Strichelkreises am Schilde im Averse. Gl. Gr.

31730—36.

Ernst Peter Hecht (seit 1693 und noch 1714, kursächs. M.-M. in Leipzig, Communion-Münzmeister von 1723—1731).

Av. ERNST PETER HECHT COM: (munion) M · M · Z · Z (sechsblättr. Ros.) In einer unbehelmten Kartouche ein ovales Schild, darin drei Hechte, einer gerade, und zwei derselben in Form eines Andreaskreuzes gelegt (einem sechsspitzigen Stern nicht unähnlich.) Unter der Kartouche 17—24 Im Rev. Von rechts: EUGE! PETRA HÆC MIHI CHRISTUS Ein kahler Felsen in Dreieckform mit einem Kreuze auf der Spitze desselben. Im Abschnitte IMMOBILIS Am Rande gekerbte Kreise. Gr. 13.

Av. Ebenso. Rev. Aehnlich, nur EST statt HÆC, ferner die Buchstaben alle gleich hoch und CHRISTUS. mit einem Punkte. Gr. 13

Av. Aehnlich dem ersten, nur hier 17 und 24 je innerhalb eines Festons, welcher von der Kartouche herabhängt. Rev. wie der letzte. Gl. Gr.

Ein Stempel mit gleichem Averse aber dem erstern Reverse. (Heyse S. 106, Nr. 62.)

Av. und Rev. wie der erste Stempel von den J. 17—28, 17—29 und 17—30 Gleiche Grösse.

31737—42.

Joh. Albrecht Brauns. (M. M. 1731—1739.)

Av. IOHANN ALBRECKT BRAUNS COM: M . M . Z . Z ✱ Das Wappen ähnlich Nr. 31726, nur hier der Hirsch ganz sichtbar, unterhalb 17—31. Rev. Von rechts: FIDEM SERVABO GENUSQUE. Gegen die linke Seite ein Baum, dessen Spitze abgeschnitten, mit zwei Aesten an der rechten Seite. Auf dem untern Zweige sitzt ein grosser Vogel, von welchem ein kleiner nach rechts zu wegfliegt. Im Hintergrunde Bäume in der Landschaft. Gek. Rand. Gr. 13.

Aehnlich mit 17—32. und im Rev. ohne Punkt nach E Gl. Gr.

Av. Aehnlich dem vorigen, nur ALBRECHT und der Hirsch nur mit dem Vorderleibe sichtbar, unterhalb des Schildes bogig 17—34 Rev. Von rechts: COELI BENE DICTIO DITAT. Im Felde oben zwei Wolken mit von denselben herabgehenden, sich kreuzenden Streifen, Regen vorstellend, welcher auf ein mit Stricheln eingefasstes Blumenbeet fällt, in welchem in der Mitte eine dreiblüthige Lilie steht, und zur Rechten zwei, links drei, zum Theile tulpenähnliche Blumen. Gek. Rand. Gr. 13.

Ebenso mit 17—35, 17—38, (bogig.) Gl. Gr.

Auch mit 17—37 und COM. (Hrn. Heyse und Walte.)

31743—63.

Johann Benjamin Hecht (1739—62.)

Av. I. B. HECHT. K. GR. BR. A. C. V. F. BR. LVN. MVNTZ. MEISTER. Z. Z ✱ Das behelmte Wappen mit den drei Hechten, wie Nr. 31730 im deutschen Schilde; auf dem gekrönten Helme ein Männchen bloss im Oberleibe, in der Rechten einen Palmzweig haltend, neben dem Schilde unterhalb 17—39 (Die Jahrzahl sowie die folgenden bis 1761 bogig.) Rev. Eine allegorische Vorstellung. Eine weibliche Figur von der linken Seite mit einem Füllhorne in der Linken schreitet in der Ebene gegen ein mit Nadelholz bewachsenes Gebirge, ober welchem die strahlende Sonne; sie wird von einer aus Wolken hervorragenden Hand, welche einen Faden hält, welchen diese Frauensgestalt mit der Rechten ergriffen geleitet. Hinter ihr in der Ebene stehendes Getraide und nach vorn Bäume. Aus dem Füllhorne fallen Geldstücke hinter ihr auf die Erde herab. Unter ihr ein leerer Abschnitt. Ueberschrift: DEO · DVCE. An den Rändern ein Kreis von starken Strichein. Gr. 13.

Ein varirender Stempel hat keinen Punkt nach der Jahrzahl. (Samml. des Herrn Walle in Hanover.)

Ebenso mit 17—41, 17—42 · und nach Heyse S. 106 auch von 1740. Gl. Gr.

Av. Ebenso, nur ist hier das Feld im Wappen rothtingirt; und 17—43 Gl. Gr.

Ebenso auch 17—45, 49, 17—50. 17—51. 17—54. 17—55. und 17—56 ohne Punkt.

Nach Hr. Heyse S. 106 auch die Jahrgänge 1744, 1746, 1752, 1753. Gl. Gr.

Av. Ebenso mit rothtingirtem Wappen, nur mit K . GR. B statt BR im Av. sonst wie vorher von den Jahren 17—47 und 1749 Gl. Gr.

Av. Ebenso mit GR. BR. jedoch die Jahrzahl hier getheilt: 1—7—5—9 und 1—7—6—1 Gr. an 13.

31764—68.

Joh. Anton Pfeffer, (Com. M.-M. 1763—1773.)

Av. I. A. PFEFFER. K. GR. BR. A. C. V. F. BR. LVN. MVNTZ. MEISTER. Z. Z und eine fünfblättrige Ros. In einem mit Helm und Decken verzierten deutschen Schilde am Erdboden eine Pfefferstaude. Auf dem Helme ein Adlerflug, und unter dem Schilde 1—7—6—5 Rev. Von rechts: INDICANT ALTISSIMVM PROFVN DA. Innerhalb eines unten unterbrochenen Linienkreises ein ausgehöhlter Berg, in welchem zwei Bergleute arbeiten; der eine schwingt mit beiden emporgehobenen Händen einen Hammer. Im Hintergrunde rechts ein Grubenhaus, links eine Landschaft, in welcher Nadelholzbäume. Gek. Rand. Gr. über 12.

Av. Von rechts: I. A. PFEFFER. COM. M. M. Z. Z. 1766. Das behelmte Wappen wie zuvor. Der Rev. wie zuletzt. Gleiche Ränder und gl. Grösse.

Ebenso mit 1768. und nach Gustav Heyse S. 107 auch mit 1765.

Ein varianter Stempel von 1766 hat im Rev. am Schlusse der Umschrift keinen Punkt. (Samml. des Hr. Walte.)

31769—72.

Ludwig Christian Ruperti (1773—1778.)

Av. Von rechts: L. C. RVPERTI. COM. M. M. Z. Z. 1775. In einer oben fächerartig verzierten Kartouche das Wappen, ein in der Mitte, von oben rechts nach links herabgehender wellenförmiger Streifen, ober welchem sowie unterhalb eine fünfblättrige Rosette in dem farbenlosen Felde, in welches mehrfache Verzierungen von der Kartouche hineinragen. Rev. Von rechts: RESPONDENT—INTIMA QVANTO Oben nach links eine Hand aus den Wolken, welche eine gleich stehende Wage hält; gegen rechts, zwischen den Buchstaben NT und dieser Hand, fällt vom Rande ein Büschel Strahlen herein; unterhalb am Boden ist ein Schmelz- oder Probierofen, aus welchem Rauch, nach rechts ziehend, hervorsteigt. Gek. Ränder. Gr. 12.

Ebenso mit 1776. Gl. Gr.

Av. Die gleiche Umschrift mit 1778. Das Wappen ist hier jedoch in einem ovalen Schilde, an welchem auswärts mehrfache Verzierungen, oben und unten ein Blumenkelch, angebracht sind.

Ebenso mit 1779. welche Jahrzahl nach dem folgenden Jetone als ein Stempelfehler erscheint. Bei beiden der Rev. wie zuletzt, und Gr. an 12.

31773.

Av. Von rechts: L. C. RUPERTI — COMM. M. M. Z. Z. und unten im Abschnitt GESTORBEN | 1778 In der Mitte das vorige Wappen in einem unbehelmten Schilde, welches der Form nach einer aufgerollten Pergamentrolle ähnlich ist; auf dem oben mit einem Tuche bedeckten Schilde sitzt auf dem Balken einer Wage eine Nachteule: unten neben dem Schilde rechts ein urnenförmiges Gefäss, und links ein Füllhorn voll von Münzen. Der Rev. wie zuvor. Gr. an 12.

31774—76.

Christoph Engelhard Seidenstüker, (Com.-M.-M. 1780—1785.)

Av. GLUCKAUF DEM HARZ. GLUCK AUF UNSALLEN und eine fünfblättrige Rosette. Ein ovales, gekröntes, unten eingerolltes Schild, von oben herab in zwei Hälften getheilt, deren jene links Silber, die Rechte mit Eichenzweigen bedeckt; unter dem Schilde C. E. S. mit sehr feinen Punkten. Rev. Eine sitzende weibliche nach links gewandte Gestalt (die Hoffnung), auf einem Felsen sitzend, auf welchen sie sich mit der Rechten anlehnt, mit der Linken hält sie einen am Boden ruhenden Anker. Vor ihr nach links ein offener Schacht mit einem über demselben befindlichen Haspel, und im Hintergrunde ein bewaldetes Gebirge, ober welchem die Sonne aufgeht. Ueberschrift SPES NON CONFUNDIT. Gek. Rand. Gr. an 12.

Av. Aehnlich mit einem Punkte nach ALLEN, dann einem breiten Kranze aus einer dreifachen Reihe von Blättern längs des Schildes bis zur Krone. Der Rev. wie zuletzt, ohne Punkt nach DIT Gl. Gr.

Av. GLVCK AVF DEM HARZ. GLVCK AVF VNS ALLEN. und eine fünfblättrige Ros. Das vorige Wappen in einem einfachen, gekrönten, französischen Schilde, unter welchem C. E. S. Im Rev. die vorige Ueberschrift, (ohne Punkt nach DIT) von welcher von den Buchstaben NF ausgehend ein Strahlenbüschel auf einen Baum herabfällt, welcher am Grasboden steht. Unten ein leerer Abschnitt. Gr. an 12.

31777.

Münzstätte zu Andreasberg.

Heinrich Depsern (1593—1603.)

Av. HEINRICH (Ros.) — (Ros.) DEPSERN In einem gekerbten Kreise das behelmte Wappen wie Nr. 31653. Rev. Von rechts: : EIN (Ros.) RECHENS (Ros.) PFENNING (Ros.) Innerhalb eines unten unterbrochenen Kreises ein nach rechts aufwärts schreitender unbekleideter Mann, die Rechte auf einen Todtenkopf haltend, welcher auf eine Sanduhr gestützt ist. Hinter ihm am linken Fusse aufsteigend ein wenig belaubter Baum und am Kreise nach links Vasen, auf welchem im Hintergrunde ein Baum. Ein Theil des Wasens reicht unterhalb bis an den Münzrand und ist zur Seite desselben die Jahrzahl 9—3 Die runden kleinen Ros. sind Punkten ähnlich. Gr. an 11.

31778—79.

Münzstätte zu Osterode.

Caspar Hase.

Av. ALEIN, (Kleekreuz) GOT, (Kleekreuz) DIE, (Kleekreuz) ERE, (Kleekreuz) EWIGK und ein Kleeblatt zwischen Schnörkeln. In der Mitte in einem von einem Blätterkranze eingefassten Linienkreise der Hase; unter ihm am Boden C Rev. DVRCH. IHESVM · CHRISTVM · V · HER (Kleeblatt.) Innerhalb eines gewundenen und innern Linienkreises der rechts springende, zurückblickende Hase. Hinter ihm ein Baum, und auf dem Grasboden C Ohne Jahrzahl. Am Rande beiderseits ein Laubkranz. Gr. 11. (Heyse S. 108, Nr. 104 und Sammlung des Herrn Dr. Freudenthal.)

Av. Aehnlich dem letzten mit ALEIN (Kleeblatt) GOT, (Kl.) DIE, (Kl.) EHR, (Kl.) EWIGK (Verzierung.) Rev. DVRCH · IESVM · CRIS · VNSRE · HEI (Kleeblatt.) Innerhalb eines Kreises der springende Hase von der rechten Seite, unter ihm auf dem mit Gebüsch bewachsenen Boden ein C, und über seinem Rücken bogig 1542. (Heyse Nr. 105.)

31780—83.

Münzstätte zu Clausthal.

Henning Schreiber (M.-M. 1622—1640.)

Av. • HENNING • SCHREIBER • F. B. L. M. M. In einem unten unterbrochenen Kreise ein verzierter, mit Helm und Decken bedeckter Schild, worin eine junge Eiche mit Wurzeln, zwei Blättern und zwei Eicheln; auf dem Helme zwei sich kreuzende Zainhaken. Rev. • EIN RECHENS PFENNI • 1630. In einem oben offenen gekerbten Kreise ein nach rechts schreitender unbekleideter Heilige mit Perlenhalsband, auf der rechten Schulter ein Kreuz, in der linken Hand einen Kelch tragend. Rechts neben ihm Schlägel und Eisen, links ein grosses C (Clausthal.) Gr. an 13. (Entnommen Heyse. S. 108, Nr. 106.)

Av. Von rechts: • HENNING u. s. w. M. M wie vorher. Das vorige behelmte Wappenschild, darin aus einem querliegenden Baumaste wachsend ein dünner aufrechter Zweig, auf welchem rechts und links wechselnd je ein gestieltes Eichenblatt und eine Eichel; am Schilde unten ein dreitheiliges Kleeblatt, ober dem Helme die zwei Zainhaken. Rev. • EIN • RECHENS • PFENNI 1633 Der Heilige wie vorher, mit doppeltem Scheine um den Kopf, die Linke mit dem Kelche nach links zu ausgestreckt. Am Rande beiderseits ein gek. Kreis. Gl. Gr.

Av. Ebenso. Rev. Ebenso, jedoch bloss PFENN. 1633 Neben dem Querbalken des Kreuzes links bei beiden Stempeln ein Punkt. Gl. Gr. (Beide in meiner Sammlung.) (Tafel 69.)

Auch vom Jahre 1634. wie der vorletzte Stempel hier. (Samml. des Herrn Dr. Freudenthal.)

31784—87.

Lippold Wefer (1640—1674.)

Av. LIPPOLD WEFER • F. B. L. M. M. Z. C • ❀ In der Mitte innerhalb eines Linienkreises, welcher an der Seite mit Ringeln besetzt ist, ein behelmtes unten abgerundetes glattes Schild, worin auf dem Boden eine Pflanze (Tulpe?) mit zwei Blättern und drei Blumenstengeln, ober dem Helme zwei überlegte Zainhaken. Rev. PROBOR IGNE CAMINI • 1648 ❀ Innerhalb eines Linienkreises am Boden nach rechts ein Ofen, aus dessen gegen die linke Seite zu gerichtete Oeffnung Flammen und Rauch strömen. Links aus Wolken zwei Hände, welche auf einer Stange einen Tiegel (?) in den Ofen hineinstellen, oder in das Feuer hinein halten. • An den Rändern beiderseits gekerbte Ränder. Gr. 12.

Im königl. Kabinette zu Hannover ein ähnlicher Stempel vom Jahre 1645, nach Heyse S. 109 auch vom Jahre 1646.

Av. Aehnlich, nur C ohne Punkt, und fehlt hier an dem Ringelkreise der frühere Linienkreis an der innern Seite. Der Rev. wie zuletzt, nur 1650. und eine fünfblättrige Ros. Gr. an 12.

31788—91.

Av. LIPPOLDT WEFER • F. B. L. M. M. Z. C (Ros.) Innerhalb eines unten unterbrochenen Kreises von Ringeln das Wappen, darin auf einem Hügel eine gestielte Tulpe, über welche zwei gleiche, jede mit einem Blatte, kreuzweis gelegt sind. Im Rev. 1652 (Ros.) sonst wie vorher. Perlenrand. Gr. an 12.

Ein Variant mit 1652 (Ros.) hat LIPPOLD und innerhalb eines Perlenkreises das Wappen, darin ein Stengel mit drei Tulpen und zwei Blättern im verzierten, ovalen, unten zugespitzten Schilde. Gr. 12. (Beide Samml. des Herrn Dr. Freudenthal.)

Av. LIPPOLD u. s. w. Z • C. (Ros.) In einem gekerbten Kreise das behelmte ovale, von aussen verzierte, unten spitzige Schild, worin ein Stengel mit zwei lanzetförmigen Blättern, und einem Blüthenstengel mit drei fünfblättrigen Blumen. Auf dem Helme die Zainhaken. Der Rev. wie vorher mit 1654. ❀ Gek. Rand. Gr. 12.

Ein Variant des letztern hat im spanischen Schilde drei Maiblumen statt der Tulpen und im Rev. PROBOR · IGNE · CAMINI (Ros.) ANNO (Ros.) 1654 (Ros.) Numismat. Zeit. 1846, S. 128, Nr. 18.)

31792–94.

Av. LIPPOLD WEFER ❀ F (Ros.) B (Ros.) L (Ros.) M, (Ros.) M, (Ros.) Z, (Ros.) C. (Ros.) In einem gekerbten oben und unten unterbrochenen Kreise das behelmte glatte Schild unten in eine den Kreis theilende Spitze endend. Im Schilde am Boden ein Maiglöckchen mit zwei Blättern und drei Blüthenstängeln, ober dem Helm die zwei Zainhaken. Rev. PROBOR IGNE CAMINI · ANNO · 1658 · (Gl. Ros.) In einem gekerbten Kreise die vorige Darstellung. Gr. 12.

Av. Aehnlich, nur C, (Ros.) und im Reverse CAMINI, (Ros.) ANNO (Ros.) 1660 (Ros.) Gr. an 12.

Ein Variant des letzteren hat den Kreis nur unten unterbrochen. (Samml. des Herrn Dr. Freudenthal.)

31795–98.

Av. LIPPOLD (Ros.) WEFER (Ros.) u. s. w. wie zuletzt. In einem gekerbten, oben und unten unterbrochenen Kreise das Wappen, im deutschen Schilde ein Maiglöckchen am Boden mit zwei Blättern und drei Blüthenstengeln, deren jener links drei, jene zwei rechts je zwei Glöckchen haben. Ober dem Helme zwei gekreuzte Zainhaken, welche bis in den Kreis hineinragen. Der Revers wie der vorletzte mit CA MINI (Ros.) ANNO, (Ros.) 1666 (Ros.) Auch sind hier zwischen den Flammen auch Funken angedeutet. Gr. 12.

Ein weiterer Stempel mit diesem Jahrgange hat LIPPOLD · WEFER · F. B. L. M. M. Z. C (Ros.) und im Rev. PROBOR · IGNE · CAMINI (Ros.) ANNO (Ros.) 1666 (Ros.) (Numismat. Zeit. 1846, S. 128.)

Bei den letztern vier Stempeln sind die Buchstaben der Umschriften kleiner als vorher.

Av. LIPPOLD · WEFER · F. B. L. M. M. Z. C. und eine achtblättrige Ros. In der Mitte das behelmte Wappen, ober welchem die Zainhacken, jedoch fehlt hier der bei sämmtlichen früheren Stempeln gewesene innere Kreis. Rev. PROBOR IGNE CAMINI · A$\bar{o}$. 1669. und eine achtblättrige Ros. In der Mitte des Linienkreises der Ofen mit den Flammen und Funken wie vorher. Gekerbte Ränder. Gr. 12. (Tafel 69.)

Nach Mittheilung des Herrn Walte ist ein ähnlicher Stempel mit 1670 im königlichen Kabinette zu Hannover.

Heinrich Bonhorst. 31799–801.

Av. HENRICH BONHORST . F. O. B. LUN. M. M. Z. CLAUSTHAL und eine fünfblättrige Rosette. In der Mitte eine unbehelmte an den Seiten von aussen mit einem Greifskopfe und mit Perlen besetzte Kartouche, in welcher in einem Ovale aus Blumenkelchen oder Blättern das Wappen, ein auf drei Mauerzinnen nach links schreitender Greif, einen der Vorderfüsse nach vorn ausgestreckt. Die Quadern der Mauer sind durch Striche bezeichnet. Rev. Umschrift von oben rechts herab zu beginnend; nach aussen gestellt: OMNIA PONDERE NUMERO & MENSURA + Oben am Rande, an der Seite rechts und links je ein Haufe Wolken, und aus jenen links eine Hand hervorragend, welche eine Wage mit gleichgestellten Schalen hält; in jener rechts ein Zirkel, in der andern ein Massstab. Die Umschriften zwischen feinen gekerbten Kreisen; an den Rändern jedoch ein breiter gewundener Kreis. Gr. 13. Messing.

Av. Aehnlich dem vorigen, nur ET statt & und ohne das Kreuzchen und ohne den Rand. Grösse 12.

Ein Variant mit dem Rande. Gr. über 12. Messing. (Heyse S. 110, Nr. 122 und Sammlung des Herrn Dr. Freudenthal. Nach Heyse sind diese Jetons zwischen 1674 und 1694 geprägt.)

31802—6.

Av. Zwischen zwei Linienkreisen: HENRICH BONHORST · CURF: BR. L. M. D. (Münzdirektor) Z. C. und eine sechsblättrige Rosette. In der Mitte ein gekröntes spanisches Schild mit einer breiten Randeinfassung in demselben. Der Greif auf der Mauer wie vorher, auf welcher jedoch hier vier Zinnen, er schreitet auf den drei ersten von links gegen die rechte Seite. Rev. wie Nr. 31799 mit einem Linienkreise an der innern Umschrift, an deren Ende das Kreuzchen fehlt und gekerbten Kreisen beiderseits am Rande. Gr. an 13.

Ein Variant hat ein französisches Schild und im Rev. ET statt & (Heyse S. 110, Nr. 125 und Sammlung des Herrn Dr. Freudenthal.)

Ein dritter im Av. BR: LUN: und das spanische Schild ohne den vorigen breiten Rand. Im Rev. jedoch & statt ET. Gr. 13. (Samml. des Herrn Dr. Freudenthal.)

Av. Aehnlich Nr. 31802, nur HENRICH. und eine fünfblättrige Ros., dann fehlt am Rande, woselbst beiderseits ein Kreis von langen Stricheln, der frühere Linienkreis. Zwei im Rev. verschiedene Stempel unterschieden durch ET und & MENSURA Gr. 13.

Ein Variant hat nach CH und ST im Av. Ringeln. (Samml. des Hr. Dr. Freudenthal.)

31807—8.

Av. HENRICUS BONHORST C. F. B. L. M. D. Z. C. (Stern.) In einer zierlichen Kartouche ein ovaler Perlenkranz mit dem zuerst beschriebenen Wappen, aber der Greif nach links schreitend. Der Rev. wie bisher, nur mit ET und ohne dem Kreuzchen nach .. RA (Heyse Nr. 126.)

Ein Variant mit HENRICUS. und C. (fünfblättrige Ros.) dann statt des Perlenkranzes einen Kranz von kleinen Herzen, der Greif wieder rechts schreitend und beiderseits ein gewundener Kreis an der Umschrift. Stark gekerbter Rand. Gr. über 12. (Heyse Nr. 127 und Sammlung des Herrn Dr. Freudenthal. App. Nr. 246 mit HENRICVS · BONHORST. C. F. B u. s. w. wie ersterer Stempel.)

31809—12.

Av. Von rechts am obern Rande: RESPONDENT INTIMA QVANTO Eine Mauer, auf welcher oben eine Wage auf einem Gestelle; die nach vorn gewandte Seite der Mauer hat die Ziegeln durch reihenweise, quergetheilte Striche bezeichnet. In den Wagschalen sind und zwar: rechts Münzen, links ein Gewicht. Neben der Wage rechts eine ganz kleine Probierwage in einem Gehäuse und links ein Probier-(?) Ofen, aus welchem Rauch emporsteigt. Rev. Ebenso oberhalb: QVIESCAM ET QVIESCERE FACIAM Eine hügelige Landschaft mit drei Bergen im Hintergrunde; und oben eine Taube mit dem Oehlzweige in dem Schnabel, dann am Firmamente vier Wolken. Mehrfache Abweichungen in der Zeichnung. Hievon jedoch zwei Hauptstempel, bei deren einem der Oehlzweig bis an die Umschrift und das Wort QVI reicht, und unterhalb in der Landschaft einzelne Bäume und selbst deren Stamm, insbesondere gegen rechts zu sechs Bäume sichtbar sind.

Bei dem zweiten Stempel ist die Taube kleiner, und der Zweig tiefer unter der Umschrift; in der Landschaft erscheinen die Berge im Hintergrunde bewaldet, ohne dass einzelne Bäume so sichtlich wären wie bei ersterem Stempel. Beide Stempel mit stark gestrichelten Rändern. Gr. an 13 und 13.

Av. Aehnlich, nur QVANTO. mit Punkt. Rev. Aehnlich, jedoch verschieden von beiden frühern. Der Oehlzweig, der hier längliche statt der frühern runden Blättern hat, reicht zwischen ET Q, ferner sind hier fünf statt vier Wolken; in der Landschaft rechts vier, links fünf Bäume, ohne dass der Stamm derselben sichtbar. Gr. an 13.

Av. Aehnlich mit QUANTO und der Rev. ähnlich dem vorletzten. Gr. an 13.

31813—14.

Av. PONDERE VIRTUTIS LIBRANDA NEGOTIA CUNCTA ✱ Von oben links aus einer Wolke eine Hand, welche eine Wage mit leeren gleichstehenden Schalen hält. Rev. Am obern Rande von rechts: IN MULTIS FERTILIS Am Boden im Vordergrunde eine theils an, theils zwischen die Umschrift reichende Tanne; an welcher zwei sich kreuzende Füllhörner angebracht sind, aus welchen Geld herausfällt. Zur Seite rechts ein zeltförmiger Göpel, und das Feldgestänge einer Kunst, im Hintergrunde ferner ein theilweise bewaldetes Gebirge. Rechts zwei Bergleute an einem Haspel arbeitend, hinter denselben nach rechts ein Gebäude mit zwei rauchenden Schornsteinen und im Hintergrunde gleichfalls bewaldete Hügel. Die Ränder beiderseits stark gestrichelt. Hievon verschiedene Stempel, welche zumeist an der Zahl der Geldstücke, welche bald grösser, bald kleiner, dann deren Zahl z. B. im linken Füllhorne neun, zwölf, vierzehn Stück ganz oder theilweise nur sichtbar, — dann in der Zeichnung der Landschaft sich unterscheiden. Gr. 13 und an 13.

Ein Stempel hat MVLTIS Gr. 13.

31815.

Ein Stempel hat im Av. eine runde Ros. statt des Sternes und im Rev. einen Punkt nach FERTILIS. Im Füllhorne links nur acht Geldstücke; in jenen rechts keine Geldstücke, sondern vier- bis fünfeckige Gegenstände; vielleicht Erze vorstellend. Grösse 13.

Nach der Ansicht Heyse's S. 111 ist der erstere Jeton vom J. 1683 und der letztere vom J. 1689.

31816—18.

Heinrich Christian Bonhorst.

Av. H. C. BONHORST. C. F. B. L. MUNTZ. DIRECT: Unter einer grossen Krone eine Kartouche, an welcher unten ein Kopf, behängt mit einer Guirlande von dreitheiligen Blättern. In derselben innerhalb eines Linienovals der Greif wie Nr. 31802 auf der vierzinnigen Mauer im rothgestrichelten Felde. Rev. Wie Nr. 31800 mit ET MENSURA Starker Strichelrand. Gr. 13.

(Reinh. Nr. 6127, welcher MUNTZDIRECT. liest, hatte vielleicht ein undeutliches Exemplar.)

Ein Stempel hat keine Farbe im Felde und einen Punkt nach MENSURA (Heyse S. 111, Nr. 130.)

Joh. Wilh. Schlemm. 31819—21.

Av. Von rechts: OMNIA CUM PONDERE NUMERO ET MENSURA Eine nach rechts schreitende rückblickende Frau mit einem Helm am Kopfe und faltigem Gewande; sie hält in der Rechten ein Füllhorn, aus welchem Münzen auf denen das nach rechts springende Ross geprägt, herausfallen. In der vorgestreckten Linken hält sie eine gleichstehende Wage. Im Abschnitte I · W · S Rev. Oben am Rande FORTUNA VARIABILIS Die Fortuna auf einem Rade sitzend, welches auf einer Leiste ruht, sie ist links gewandt, fast unbekleidet und hält mit der Rechten ein vom Winde geschwelltes Segel empor. Ihr Haar flattert im Winde nach links. Unten auf der Leiste rechts neben dem Rade ein Spiel Karten, in welchem Treff Ass und der Treff Zweier erkenntlich; links zwei Würfel. Am Rande ein starker Strichelkreis. Gr. 13.

Av. wie der letzte, nur & statt ET Rev. Ein in der Zeichnung verschiedener Stempel, die Kartenblätter undeutlich. Gl. Gr.

Av. Aehnlich, nur CVM PONDERE NVMERO ET MENSVRA, dann sind die Geldstücke hier glatt ohne sichtliches Gepräge. Rev. Aehnlich, nur FORTVNA Auf dem Kartenspiel oben die Karte Coeur fünf. Gl. Gr.

31822.

Av. Von rechts: OMNIA CVM PONDERE NVMERO ET MENSVRA. Die Frauensgestalt, jedoch hier unbehelmt, die Wage hier in der ausgestreckten Rechten und das Füllhorn in der Linken; jedoch dasselbe nicht gegen den Boden, sondern hier mit der Oeffnung nach oben gerade gehalten. Aus demselben fallen glatte Geldstücke auf den Boden herab. Im Abschnitte I · W · S. Im Rev. die Ueberschrift von rechts: FORTVNA VARIABILIS · Am Boden die Fortuna, hier im Gewande nach vorn auf einem nicht sichtbaren Gegenstande sitzend, sie lehnt die rechte Hand auf das rechts neben ihr befindliche Glücksrad, und hält in der Linken ein grosses Füllhorn gerad empor, aus welchem mehrere glatte Münzen herausfallen. Der Abschnitt leer. Die Ränder gekerbt. Gr. 13.

31823—25.

Av. Von rechts: OMNIA CUM PONDERE NUMERO & MENSURA Eine nach vorn gewandte, nach rechts blickende Frauensperson im faltigen Gewande und blossem Kopfe, hält in der Rechten ein zur Erde gesenktes Füllhorn, aus welchem Geldstücke fallen, ferner eine Setzwage (in Dreieckform) und einen Massstab; in der vorgestreckten Linken aber eine gleichstehende Wage. Im Rev. I · W · S Rev. Rechts: FORTUNA links VARIABILIS In der Mitte auf einer unten am Rande angebrachten Kugel mit dem linken Fusse stehend, und den rechten zurückhaltend eine weibliche unbekleidete Frauensperson nach rechts gewandt, mit der erhobenen Linken ein Segel haltend, welches vom Winde geschwellt, nach rechts weht, wohin auch ihr Kopfhaar vom Winde geblasen wird. Das Meer glatt, am Horizonte rechts ein ferner Berg und links ein Schiff. Gekerbter Rand. Gr. 12.

Ein zweiter Stempel dadurch verschieden, dass die Frau bloss das Füllhorn hält, während die frühern weiteren Gegenstände in der Hand hier fehlen. Gl. Gr.

Ein dritter Stempel wie der letztere, nur sieht die Frau im Av. nicht nach rechts, sondern nach vorn; ein wenig nach links. Gl. Gr.

31826—27.

Av. Aehnlich Nr. 31823 mit ET statt & Die Frauensperson schreitet hier nach rechs, und hält in der vorgestreckten Rechten die Wage, in der Linken das Füllhorn, aus welchem Geldstücke auf die Erde fallen. Im Abschnitte S Der Rev. ähnlich dem vorigen, die Kugel im Meere vom Rande entfernter, die Frauensperson hier nach links gewandt, und mit dem rechten Fusse auf jener Kugel stehend. Das Meer mehr wellenförmig bewegt dargestellt, und im Hintergrunde hinter dem Schiffe auch ein Berg. Gek. Rand. Gr. an 13.

Av. Von rechts in kleinen Buchstaben OMNIA wie Nr. 31822 mit RA ohne Punkt. Eine nach rechts gewandte Frau hält mit der Rechten eine Wage, worin in der rechten Schale ein Zirkel; mit der linken Hand hält sie die andere Schale, neben ihr am Boden liegt ein grosses Füllhorn, aus dessen Oeffnung gegen rechts Geldstücke herausfallen. Im Abschnitte I · W · S · Rev. Aehnlich dem frühern. Rechts: FOR TVNA, links VARIABILIS Die Frauensgestalt wie vorher nach rechts, auf dem rechten Fusse und zwar hier auf einer geflügelten Kugel stehend, welche nicht im Meere, sondern in einer Landschaft angebracht ist, welche rechts ein Bach durchschneidet, und in welcher links das zeltartige Gebäude und eine Einschränkung. Im Hintergrunde sind beiderseits bewaldete Hügel, und auf jenen rechts eine Windmühle. Gestrichelte Ränder. Gr. an 13. (Nach Heyse S. 113, Nr. 136 ist im Reversabschnitte ein sehr kleines H (welches auf meinem Exemplar nicht erkenntlich); der Name des Graveurs, Mart. Konr. Hannibal, welcher bis 1758, Christian Ernst Ludwig Hagen, welcher seit 1776 unter Schlemm fungirte.)

Av. Von rechts: OMNIA CUM PONDERE NUMERO & MENSURA Eine weibliche Gestalt im faltigen Gewande, nach vorn gewandt; in der gehobenen Rechten ein Senkblei, und in der Linken eine Wage zu demselben haltend, von welcher nur die eine Schale sichtbar ist. Rechts neben ihr ist ein mit einer Draperie behängter niedriger, weder zum Knie reichender Sockel, und neben diesem ein auf der Erde liegendes Füllhorn, aus welchem Geldstücke hervorrollen. Im Reverse am obern Rande: CONSILIO. & FORTUNA. Darunter auf einem Brette oder einer Tafel, an welcher in der Mitte und an den Enden befestigt, Draperien herabhängen, ein Spiel- oder Damenbrett, dann hievon rechts ein Federball, links zwei Becher, Würfel und Karten, dann Spieljetone, welche beiderseits zerstreut herumliegen. Im Abschnitte I · W · S · Gr. 12.

b. Ein Stempel im Av. nur in der Zeichnung verschieden, im Rev. ohne Punkt nach NA dann I · W · S unten am Rande bogig, und in der Mitte der zwei Festons je ein Blumensträusschen. Das Quadrat in der Mitte ist hier durch seine Querstreife als Damenbrett erkennlich, während bei dem erstern Stempel Rechenpfennige auf demselben liegen. Der Rand gekerbt. Gl. Gr.

c. Ein dritter, der Av. wie zuerst; im Rev. ET FORTUNA, dann unten I · W · S · (bogig) und statt der Stoffdraperie ein Blumenfeston. Gl. Gr.

d. Av. wie zuerst, nur Punkt nach MENSURA im Rev. ET FORTUNA. Das Damenbrett, und unter dem Brette Stoffdraperie; am Rande unten I · W · S · Gr. 12.

e. Av. Ohne Punkt nach SURA, dagegen hat hier der Sockel keine Draperie, sondern ist so wie das Füllhorn mit einem beide umschliessenden Rosenkranze belegt. Der Rev. wie zuletzt. Gl. Gr.

f. Die Umschrift wie zuletzt, nur ist die Frauensperson hier mehr nach links gewandt, sie hält die Wage in der Rechten, das Senkblei in der Linken, und befinden sich der Sockel, Altar und das Füllhorn hier statt rechts links von ihr. Im Rev. CON SILIO ET FORTUNA Das Damenbrett und die frühern Gegenstände, doch sind hier an dem Brette statt Draperie oder Festons in der Mitte ein Blatt, und zur Seite je drei blattähnliche Verzierungen. Unter I · W · S gerade gestellt. Gek. Rand. Gr. 12.

31834—35.

Münzmeister der Stadt Lüneburg.

Jonas Georgens 1612—1645 und 1649.

Av. IONAS GEORGENS. MUNTZ MEISTER 1628 (sehr klein) und ein nach rechts galoppirender Geharnischter mit über dem Kopfe geschwungenem Schwerte. In einem Kreise das links gewandte Brustbild nach links in alter Tracht. Rev. IN | GOT TES | GNEDIGEN | WILLEN · THU | ICH MEIN LEIB | UND SELEN | BEFELEN | Eine Verzierung zwischen Punkten. Gek. Rand. Gr. an 13. (Tafel 70.)

Av. Ebenso. Rev. IN GOTT: GNE: WIL: — THU. ICH. M: L: U: S: B: Im oben und unten unterbrochenen Kreise ein mit Helm und Decken geziertes, unten ausgespitztes deutsches Schild, darin der den Jonas verschlingende Wallfisch. Auf dem Helme der geharnischte Reiter wie zuvor. Stark gekerbter Rand. Gl. Gr. (Sammlung des Hrn. Dr. Freudenthal.)

31836—37.

Jetone einiger Bergbeamten des Harzes.

Georg Engelhard Löhneyss, Berghauptmann 1596—1619.

Av. GEORG · ENGELH · LOHNEI · Innerhalb eines unten durchbrochenen Kreises das Brustbild von der rechten Seite in alter Tracht, mit Spitz und Knebelbart. Rev. F. BRV. STALME. (ister) — V. BERGKHAV. (ptmann.) In einem oben und unten unterbrochenen Kreise ein mit Helm und Decken gezierter ovaler Schild, worin ein von einem Pfeile durchschossener Vogel, welcher auch auf dem Helme erscheint. (Entnommen aus Heyse S. 144, Nr. 139.)

Av. Aehnlich, jedoch bloss LOHNE, die Umschriften beginnen beiderseits von rechts. Die innern Kreise bestehen beiderseits aus Punkten, welche mit Stricheln abwechseln. Im Rev. · F Der Vogelrumpf ist nach links gewandt, und am Rande beiderseits ein Kreis. Gr. an 11.

31838.

Otto Brendeken, († 1635) Oberverwalter der Bergwerke am Harz &.

Av. Von rechts: Eine gestielte Blume OTTO BRENDEKEN. F. B O V (Braunschw. Oberverwalter). In einem gekerbten Zirkel denselben unten überragend das Brustbild mit Knebelbart und zurückgekämmten Haaren, nach rechts gewandt, in alter Tracht mit gesticktem Halskragen. Rev. RECTE · FACI · NEMIN · TIMEAS und eine runde Rosette. In einem oben und unten unterbrochenen Zirkel das behelmte Wappen in einer Kartouche. Im Felde am Boden ein aufrechter Stamm, an welchem rechts und links je ein Eichenblatt und eine Eichel. Auf dem Helme bis zum Rande reichend eine gestielte Eichel aufrecht zwischen zwei Büffelhörnern. Neben dem Schilde bogig nach aussen 16—23. An den Rändern beiderseits je ein Linienkreis. Gr. 11.

31839.

Av. Von rechts: OTTO. BRENDEKEN. F. B. O. V Das vorige Brustbild nach rechts gewandt. Rev. RECTE. FACI. NEMIN. TIMEAS Das behelmte Wappen, zu dessen Seite I — 6 | Z — 4. Beiderseits Perlenkreise innerhalb der Umschrift. Grösse an 12. (Mitgetheilt vom Hrn. Riess in Wien.)

31840—42.

Av. Von rechts: OTTO · BRENDEKEN · F: B: O: V: Das Brustbild ähnlich dem vorigen, jedoch hier mit einer Reihe Knöpfen vorn am Wamse und nach links gewandt. Rev. RECTE FACIENDO, (sechsblättrige R. — R.) NEMINEM TIMEAS Das behelmte vorige Wappen in einem von aussen verzierten unten spitzigen Schilde, welches bis an den Rand hinabreicht. Im Innern eine Lineneinfassung am Schilde; und oben neben den Büffelhörnern 16—Z5 Bei diesem Stempel fehlt der innere Kreis an der Umschrift. An den Rändern gleiche Kreise. Gr. an 11.

Heyse S. 215, Nr. 142 hat F. B. O. V.

Reinh. Nr. 6120 hat OTTO, dann F. B. O. V und fehlt (vielleicht aus Versehen) die Jahrzahl.

31843—45.

Av. Von links: OTTO : BRENDEKEN: F. B. O. V. ANNO ✱ 1630 ✱ In einem aus Ringeln formirten, und inneren Linienkreise das Brustbild wie vorher, links gewandt. Rev. RECTE. FACIENDO · — · NEMINEM · TIMEAS: In einem gekerbten Kreise das vorige Wappen in einer den Kreis unten bedeckenden Kartouche; jedoch sind hier zwei langgestielte Eichenblätter, welche oben über die Büffelhörner bis zur Umschrift reichen; zur Seite derselben 16 — 30 An den Rändern beiderseits ein gekerbter Kreis. Gr. an 11.

Reinhardt Nr. 6121 hat muthmasslich wegen der häufig unvollständigen Exemplare OTTO BRENDEKEN und ANNO 1630 Stern.

Av. Aehnlich mit OTTO : BRENDEKEN : F · B : O . V . ANNO 1630 und bei Jahrzahl zwischen fünfblättrigen Ros. Rev. · RECTE · FACIENDO, fünfbl. Ros. und ein Punkt — ein Punkt, dieselbe Ros. NEMINEM · TIMEAS. Das Wappen, der Stamm hier auf Grasboden; oben neben den Büffelhörnern, aus welchen eine gerade gestellte, gestielte Eichel, neben welcher oben zwei Punkte, dann zwei gestielte Eicheln, letztere über die Hörner seitwärts hervorragen, — die Jahrzahl 16 — 33 An der Umschrift hier ein Linienkreis, an welchem innerhalb Ringeln zur Hälfte nur sichtbar angebracht sind. An den Rändern ein gekerbter Kreis. Gr. über 10.

Bei den drei letzten Stempeln sind die Umschriften viel kleiner als bei dem ersten Stempel.

31846—48.

Gregorius von Wehnde, Zehntner zu Zellerfeld.

Av. GREGORIUS. VON. WEHNDE. F. B. V. L. Z. Z. Z. (Zehntner zu Zellerfeld.) Innerhalb eines oben durchbrochenen Perlenkreises ein mit Helm und Helmdecken geziertes dreifeldiges ovales Wappen, worin in jedem der drei Felder eine Lilie. Auf dem Helme zwei Büffelhörner mit Wiederholung der drei Lilien. Rev. RECTE INSERUIEN — DO CONSUMOR (Kreuzchen.) Innerhalb eines oben und unten unterbrochenen Kreises ein brennendes Licht auf einem Leuchter; zu beiden Seiten die eingefassten Inschriften INUIDIA und CALUMNIA, neben dem Lichte die Jahrzahl 16—37.

Av. Ebenso. Rev. ALIIS. INSERUIENDO. — CONSUMOR. AO. 1638. Innerhalb eines Perlenkreises ein brennendes Licht auf einem Leuchter, zu beiden Seiten reiche Verzierungen. (Heyse S. 116, Nr. 145, 146.)

Nach Mittheilung des Hrn. Walte befindet sich im kgl. Kabinette zu Hannover ein Stempel wie der erstere mit 16—39.

31849.

Av. · VIRESCIT VULNERE VIRTUS · AO · 1644 In einem oben und unten unterbrochenen gekerbten Kreise, an welchem nach innen ein feiner Linienkreis, eine mit Helm und Decken bedeckte Kartouche, worin im ovalen Felde das vorige Wappen. Ober dem Helme eine Lilie zwischen den zwei Büffelhörnern, an welchen oben je eine gestielte Lilie nach aussen hängend. Rev. RECTE. INSERVIEN — DO . CONSUMOR 1644 Innerhalb zweier gleicher oben und unten unterbrochener Kreise eine brennende Kerze in einem Leuchter, welcher auf breitem Gestelle ruht. Zur Seite der Kerze rechts: INVIDIA · links · CALUMNIA An der Kerze oben neben der Flamme scheinen je ein Kreuzchen oder ein Punkt zu sein. An den Rändern ein gekerbter Kreis. Grösse über 11.

31850—52.

Christof Wichmann, Zehntner zu Zellerfeld.

Av. Von rechts: CHRISTOPH WICHMAN. F:B:L:Z:Z:Z: Ein behelmtes glattes Schild, worin ein Mann im Hute und alter Tracht nach vorn gewandt. Auf dem Helme ist zwischen zwei Büffelhörnern ein mit der Spitze nach oben gestelltes Schwert. Rev. Von rechts: CHRISTI VVLNERA BEANT In der Mitte Christus am Kreuze, an dessen Fusse am Boden ein Todtenkopf. Bloss am Rande je ein gekerbter Kreis. Gr. 12. (Tafel 69.)

Bei einem Stempel hält dieser Mann in der Rechten, welche bei vorstehendem Stempel gegen rechts hinab ausgestreckt, ein Schwert, welches hier ober dem Helme aber fehlt.

Ein Stempel wie der erstere hat wieder neben dem Schilde 16—73. (Beide Heyse S. 117.).

31853.

Peter Hartzing, † 1680, Hof- und Bergrath zu Clausthal.

Av. PETRUS HARTZING IAP: (?) AU (lae) & R: (ei) M (etallicae) C (onsiliarius) & D: (ecimator) C: (lausthaliae) 1675 (Stern.) Innerhalb eines aus einem Lorbeer- und Dornzweige gebildeten Kranzes ein ovales Schild, darin ein mit den Spitzen aufwärts gekehrter Halbmond, darunter von Silber und Blau sechsfach wellenförmig quergetheilt (wie im Wappen von Seeland.). Rev. Nach aussen: PATRIA HOMINIS UBI SOL & SOLUM. Der von der Sonne bestrahlte Erdball. (Heyse S. 117.)

Stadt Hardegsen. 31854—55.

Av. CONRAD PIGGEN AMBTMAN (punkt. Ros.) Im Perlenkreise unter Helm und Decken im spanischen Schilde eine gestielte, punktirte Blume zwischen zwei gestielten Eicheln. Auf dem Helme zwei Büffelhörner, zwischen denen eine gestielte Blume. Rev. INFOELIX CVI NON INVIDETVR (Gl. Ros.) Im Perlenkreise unter einem Schnörkel EIN | RECHEN | PENNI | 16Z0 Perlenrand. Gr. 13.

Av. DIRICUS. BECKMAN. 6Z3 · In einer breiten verzierten Rundung ein aus einem Flusse (Bache, Beck) hervorwachsender Mann von vorn, welcher die Arme in die Seite stemmt. Der Rev. wie vorstehend. Desgl. Gl. Gr. (Beide in der Samml. des Hrn. Dr. Freudenthal.)

31856—60.

Hr. Heyse führt S. 117 nachfolgende Bergrechnungsmarken an:

Av. Ein mit Festons geschmückter Altar, auf welchem eine Kugel ruht. Oben bogig COMITE NON DUCE. Unter dem Altare S (Schlemm.) Rev. Eine Wage, an einem Bande hängend, durch welches noch ein Winkelmass und ein Zollstab gesteckt sind; darüber bogenförmig: INTER UTRUMQUE TENE. Unten H (Hagen). Christof Ernst Ludwig Hagen war von 1780—1789 Eisenschneider in Clausthal, gleichzeitig mit dem M.-M. Schlemm.

Av. Ebenso, nur im Av. mit dem Buchstaben C (Commission) und im Rev. mit D (Dannenberg.) (Aus der Vacanzzeit. 1800—1802, Nr. 153.)

Av. Ebenso, nur mit einer kleinern Kugel, grössern Festons, im Av. M (Michaelis) und im Rev. D (Dannenberg.) (Nr. 154.)

Av. Wie zuletzt mit M. unter dem Altare. Rev. Unter einer Rosette · GLVCK | AVF; darunter ein Lorbeer- und Palmzweig über einander gelegt und unter deren Stielen D. (Nr. 155.)

Av. Ebenso, aber im Rev. unter einer grössern Rosette GLÜCK | AUF und ohne Buchstaben unter den Stielen der Zweige. (Nr. 156.)

31861—63.

Av. Auf einem Fussboden ein einfacher Altar, auf welchem ein Anker steht. Rev. GLVCK | AUF Darunter zwei kleine über einander gelegte Zweige. Gr. über 9.

Av. In einem Epheukranze Schlägel und Eisen und ein von deren Stielkreuze herabhängendes Grubenlicht. Rev. In einem Epheukranze: GLÜCK | AUF · Hievon existirt auch ein durch etwas grössere Schrift und ein breiteres Laub kenntlicher Stempelvariant.

Av. Auf Grasboden von der linken Seite eine lauernde Katze mit der Ueberschrift: BEHARRLICHKEIT · UND · Rev. Auf einem Rade nach vorn gewendet eine Eule. Umschrift: KLUGHEIT · FESSELN · DAS · GLÜCK. (Nr. 157—159.)

Städte. Hannover. 31864—65.

Av. Von rechts: GEORG V v. G. G. KOENIG v. HANNOVER Der Kopf des Königs von der linken Seite. Rev. Innerhalb zweier unten gebundener Zweige von Blättern und Aehren: L. V. F. D. L. B. (bogig) | 1836 | 4 IUNI | 1861 | HANNOVER (bogig). (Landwirthschaftlicher Verein für die Lande Braunschweig.) Glatter Rand und ein feiner Linienkreis beiderseits. Grösse über 9.

Av. Zwischen zwei Perlenkreisen von unten rechts: STADT HANNOVER DEN SIEGERN v. WATERLOO dahinter nach aussen 18 JUNI 1815 Im Perlenkreise eine Mauer mit zwei Thürmen, zwischen denen auf den Zinnen ein rechtsschreitender Löwe im geöffneten Thore unter dem Fallgitter ein dreitheiliges Kleeblatt. Rev. Zwischen zwei unten mit einer Schleife gebundenen Lorbeerzweigen: ZUR | 50' JÄHRIGEN | JUBELFEIER | AM 18 JUNI | 1865 Perlenrand und im Ringe geprägt. Gr. 14. (Beide in der Sammlung des Hrn. Walte. Letzterer Jeton wurde bei der Feier 1865 an die Veteranen vertheilt.)

Theatermarken. 31866—69.

Av. Von rechts: GEORG V V G G KŒNIG V HANNOVER Der Kopf des Königs nach rechts. Eingestempelt: K · H · Th · (Kgl. Hof-Theater). Rev. KÖNIGL · | HOF | THEATER · | — Beiderseits Linienkreise am Rande. Gr. an 16. Blei.

Av. Innerhalb zweier unten gebundener Eichenzweige KÖNIGL · | HOF · | THEATER Der Rev. ebenso. Am Rande Linienkreise. Gr. über 15. Messing und versilbert.

Av. In der Mitte eine Königskrone. Ueberschrift: KÖNIGLICHES HOF · THEATER und unten nach aussen IN HANNOVER. (bog.) Rev. KÖNIGLICHES | HOF· THEATER (grösser) | IN | HANNOVER. (Desgl.) Beiderseits ein Linienkreis am Rande. Gr. 13. Ebenso.

Av. Innerhalb zweier unten gebundener Eichenzweige eine Königskrone. Linienkreis am Rande. Rev. Zwischen gleichen Eichenzweigen: KÖNIGL. | HOF·THEATER Gr. an 12. Ebenso. (Alle in der Sammlung des Herrn Walte. Aushilfsmarken für Geld auf der Bühne.)

31870—73.

Av. In einem Perlenzirkel eine von Strahlen umgebene Krone. Rev. In einem Perlenzirkel DEM | VERDIENSTE | SEINE | KRONEN Gr. 7. In Blei und Zinn. Jeton der polytechnischen Schule, um daselbst das Prägen zu zeigen.

Av. Zwischen unten überlegten Eichenzweigen im blaugestrichenen Felde drei leere französische Schilde. (Das Wappen der Maler-Gilde.) Rev. SOMMERFEST (bog.) | DES | HANNOV. | KÜNSTLER- | VEREINS | — | JUNI 1860 (boglg.) Im Ringe geprägt. Gr. an 12. Zinn.

Ebenso mit den Jahreszahlen 1861 und 1863. Gl. Gr. (Sämmtlich in der Sammlung des Hrn. Walte.)

31874—75.

Av. Das Stadtwappen (ein dreitheiliges dreispitziges Kleeblatt mit einem Punkte in der Mitte). Rev. In der Mitte 2½, darüber oben SCHIESSMARKE Am Rande beiderseits Linienränder. Gr. an 13. Messing.

Ebenso mit der Werthzahl 1 Gr. an 10. Diese Marken waren im Jahre 1865 bei dem Freischiessen im Gebrauche.

31876—79.

Av. FURST: BR: V: LUN: FACTOREI zwischen Perlenkreisen. In der Mitte das verzierte Wappen (Helm und darüber das Pferd). Rev. ✱ I ✱ | CENTNER · | GLETTE · | · P · S. Gekerbter Rand.

Av. Ebenso. Rev. ✱ ½ ✱ | CENTNER | GLETTE | · P. S. Beide Gr. über 13. Im königlichen Kabinette zu Hannover. Sehr selten. (Mitgeiheilt von Herrn Walte.)

Av. HDD und im Rev: I Blei. Gr. 16.

Ebenso mit der Werthzahl ½ Tagelohnzeichen des Asphaltfabrikanten D. H. Henning. (Sämmtliche mitgetheilt vom Herrn Walte.)

31880—88.

Hotelmarken: In der Mitte die Werthzahl 30 und oben am Rande bogig J. HART MANN Im Rev. dieselbe Zahl des Averses 30 Gr. an 16. Messing.

Ebenso mit der Werthzahl 10 beiderseits. Gr. 13. (Sammlung des Herrn Dr. Freudenthal.)

Ebenso mit den Werthzahlen 8, 5, 4, (Messing), 2 (Kupfer). Gr. über 11.

Ebenso mit 1½ und 1 dann $^1/_2$ Gr. über 11 und an 8. Messing.

Marken im Bier-Tunnel des Grand Hôtel. (Mitg. von Hr. Walte.)

31889—93.

Av. und Rev. gleich. Zwei unten zusammengebundene Eichenzweige; in der Mitte ein Loch. Gr. über 15. Messing. Werth 30 Groschen.

Av. KASTEN Rev. 8 Messing. Ebenso mit 1 Beide in Messing, letztere auch in Kupfer, und Gr. über 11.

Av. und Rev. gleich. Oben am Rande bogig: GEORGSHALLE In der Mitte ½ und darunter A Ein zweiter gleicher Stempel mit B Gr. 9. Beide Messing.

Sämmtlich Marken der Georgshalle. (Samml. des Hrn. Walte.)

31894—97.

Av. Oben bogig STÖBE In der Mitte 4 und im Rev. dieselbe Zahl.

Ebenso mit den Werthzahlen 2 und 1 Alle Gr. über 11.

Ebenso, nur mit ½ Gr. über 7. Alle von Messing.

Marken der Walhalla. Ebendort.

31898—906.

Av. Oben bogig C. RÖPKE. darunter 30 und im Rev. 30 Gr. 13. Messing.

Ebenso mit der Zahl 20 ohne dem Punkte nach E Gr. 14. Kupfer.

Ebenso mit den Werthzahlen 10, 5 und 2½ Gr. über 11. Messing.

Ebenso mit 1 (Gr. 9.) und mit ½ Gr. über 7. Messing.

Av. CARL | RÖPKE im Rev. ½ Gr. über 11. Messing.

Av. und Rev. gleich. Oben bogig TIVOLI, darunter 1 ggl | · * · Perlenränder beiderseits. Gr. 13. Messing. Sämmtlich Marken des Tivoli. (Mitg. vom Hrn. Walte.)

31907—12.

Av. Oben bogig: H. RUDOLPH darunter 30 und im Rev. 30 Gr. über 15.

Ebenso mit den Werthzahlen 10, Gr. 13.

Ebenso mit 5 dann 2½ Beide Gr. über 11.

Ebenso mit 1 Gr. über 9 dann mit ½ Gr. über 7. Alle von Messing.

Marken des Gesellschaftshauses.

Die Werthe bezeichnen in der Regel „Groschen," nur die Marken mit 2, 4 und 8 sind ältere und bezeichneten „gute Groschen"; dieselben gelten jetzt 2½, 5 und 10 „Groschen."

31913—15.

Av. Ueberschrift: VICTORIA, darunter 5 Rev. In der Mitte die Zahl 5 Grösse über 11.

Ebenso mit der Ziffer 1 statt 5. Gr. an 9.

Av. In der Mitte VICTORIA, im Rev. ½ Gr. 7. Messing-Marken des Hotels Victoria. (Samml. des Hrn. Walte.)

31916—17.

Einseitige Hohlmarke von Zink: in einem Perlenzirkel: * | GEORG | EGES TORFF | SPEISE · | ANSTALT | und ein Punkt zwischen zwei Blumenkelchen. Gr. über 14.

Unbekannte einseitige Blechmarke mit einem eingestempelten Pferde, über welchem ein Kleeblatt. Gr. über 18. (Beide in der Samml. des Hrn. Walte.)

Goslar. 31918—21.

Zeichen der Stadt Goslar, entnommen der „Beschreibung der Münzen von Goslar vom H. Ph. Cappe."

Der Hr. Verfasser bemerkt, dass er keine Nachricht erhalten konnte, zu welchem Zwecke die nachfolgenden Zeichen, welche offenbar als Anweisung für die verschiedenen Bedürfnisse der Bevölkerung und sonstiger Arbeiter bestimmt waren, — geprägt worden sind.

Einseitig. Der Adler mit ausgebreiteten Flügeln, den Kopf nach links gewendet; neben demselben eine 4, rechts und links ein S, dann unten am Rande noch ein halbes S eingestempelt. Auch ist dieses Stück mit einem kleinen Stempel, einen Adler vorstellend, kontremarkirt. Am Rande ein Linienkreis. Bei einem zweiten Exemplar fehlt aber unten das halbe S, wogegen das Stück mit dem kleinen Stempel zweimal gegengezeichnet ist. Gr. 12. (Nr. 647—48.)

Bei einem weitern Stücke mit dem halben S gezeichnet, erscheint dieses S neben der Ziffer 4 eingeschlagen. Auf einer ähnlichen Marke mit einem etwas kleineren Adler ist rechts die Zahl 4, unter dem Adler SS, daneben ein halbes S und der kleine Stempel zweimal eingeschlagen. Gl. Gr. (Nr. 649, 650.)

31922—28.

Achteckiges Zeichen. Innerhalb eines Perlenkreises ein kleiner Stempel, einen Adler vorstellend, und über diesem Stempel ein horizontaler Strich. (Nr. 651.)

Achteckige Marke. Der schwebende Adler, unter demselben ein groses B. Zur Seite rechts ist die Ziffer 4 eingeschlagen, und ist dieses Exemplar zweimal mit den kleinen Stempel kontrasignirt. Unten befindet sich ein horizontaler Strich. (Nr. 652.)

Einseitiges Zeichen. Ein rechts sehender Adler mit ausgebreiteten Flügeln.

Ein halber Adler wie vorher.

Ein Adler links sehend, und unter demselben XIIII.

Ebenso wie vorstehend mit II. (Nr. 653—656.)

Einseitig. Ein Adler einköpfig und rechtsgewandt mit ausgebreiteten Flügeln, unter demselben ein S und zu den Seiten R—8 und ein halbes S eingeschlagen. Gr. 12. (Nr. 657, Taf. IX, Nr. 129.)

31929—32.

Einseitig. Ein Adler linksgewandt, hier jedoch die Flügel nur aus je vier Federn und der Schweif aus fünf Spitzen bestehend, ferner ist hier der Adler glatt, während bei jenen Nrn. 647—650 derselbe Kleestengel auf der Brust hat (wie bei dem Tiroler Adler). Zur Seite rechts 4 und unterhalb vier Zeichen, einem S ähnlich. Am Rande ein Linienkreis. Gr. an 12. (Nr. 658, Taf. IX, Nr. 131.)

Bei einem in der Zeichnung des Adlers ähnlichen Stempel ist das Kleeblatt an dem äussersten obern Ende des Flügels angebracht, während es bei den ersten Stempeln tiefer, gegen die Mitte des Flügels zu angebracht erscheint. Bei diesem Stempel ist links die Ziffer 8 und auf der untern rechten Seite sind die vier Zeichen eingeschlagen. Am Rande ein Linienkreis. (Nr. 659, Taf IX, Nr. 126.)

In dem obern Theile eines gothischen g, welches auf den Seiten mit dem Kreise am Rande mit Strichen verbunden ist, — der Goslaer Adler rechtsgewandt. Gr. an 9.

Bei einem kleinern ovalen Stempel ist das g sehr unförmlich und mehr einer Einfassung ähnlich; der Untertheil des Buchstaben besteht lediglich aus einem Querstriche. Höhe über 7. (Nr. 660, 661.)

31933—37.

Viereckige Marke mit stumpfen Ecken. Das gothische g innerhalb eines gekerbten und eines Linienkreises anscheinend, da auf den vier Seiten vier Striche, auf einem Kreuze liegen. Links im untern Winkel ein W und darüber ein mit einem Gegenstempel eingeschlagener Adler. Höhe über 9. (Nr. 662, Taf. IX, Nr. 135.)

Bei einem zweiten fehlt das W, und statt des Gegenstempels ist hier ein fünfstrahliger Stern, und ist auf der Mitte ein Kügelchen befindlich. (Nr. 663.)

Ein links gewendeter Adlerkopf, unten ein Kreuz und zwei dergleichen über einander zur linken Seite. (Nr. 664.)

Im Felde ein ꝺ, vor demselben zwei Keime. (Nr. 665.)

Desgleichen ein ꝭ mit einem Andreaskreuz vor demselben. (Nr. 666.)

31937—41.

Die vorstehenden Zeichen sind sämmtlich einseitig, von gelbem, die hier nachfolgenden aber von weissem Bleche.

Einseitig. Der nach rechts hinsehende Adler mit ausgebreiteten Flügeln, auf der Brust den Buchstaben G, unter demselben B Z4 G und darunter SS Grösse an 13. (Nr. 667, Taf. IX. Nr. 132.)

Ebenso, nur mit einem S, ein zweiter nur ein halbes S (Nr. 668—669.)

-Ein Stempel rechts ein S, links die Zahl 8. (Nr. 670.)

Ein weiterer mit S—S und einem halben S neben 8. (Nr. 671.)

31942—43.

Einseitig. Die rechte Hälfte einer Marke, deren rechts runde und links gerade Seite mit einer Linie eingefasst sind. In der obern Hälfte ein einfacher, nach rechts sehender Adler mit vier Federn im Flügel und unterhalb W (Nr. 672. Abgebildet Taf. IX. Nr. 133.)

Ein Gegenstempel, die linke Seite einer Marke, mit gleicher Einfassung, hat den Adler linksgewandt und unterhalb S Beide Gr. an 12. (Ebendort. Nr. 673.)

31944—46.

Achteckige Marke. Der Adler rechts sehend, ohne dem G auf der Brust, unter demselben H und S in einander gestellt, und zur Seite nach links ein R. An den Seiten ebenfalls eine Linienfassung. Höhe 11. (Nr. 674, Tafel Nr. IX. 136.)

Ein Stempel hat statt des R ein V.

Ein weiterer hat unter dem Adler drei S und am Rande noch ein halbes S Gl. Höhe. (Nr. 675, 676.)

31947—49.

Einseitig. Innerhalb eines Linien- und Strichelkreises I zwischen Rosetten SCHEFFEL | GERSTEN | SCH—RAT (Schrot,) darunter der in das letzte Wort hineinreichende Adler; neben welchem zur Seite je eine Rosette. Gr. 11. Nr. 678.

Aehnlich mit I | HALB | SCHEFFEL u. s. w. in fünf Zeilen. Nr. 679.

Einseitig. Der Goslar'sche Adler, darunter I; erhabener Rand. Messing. Gr. 9. Im königlichen Kabinette zu Hannover.

31950.

Av. Auf einem mit Gras bewachsenen Boden eine Scheibe mit einem eingestempelten Vogel. Oben zu jeder Seite eine Rosette, darunter SPIEL | ZEICHEN und noch tiefer zwei Würfel. Rev. * | * DER * | EHRLICHEN | SCHUTZEN | 16ZV 44 | GOSLAR | * Beiderseits gekerbter Rand. Gr. über 12. Ebendort. (Mitg. vom Hrn. Walte).

Hameln. 31951—59.

Viereckige einseitig längliche Marken von Weissblech; worauf das Mühleisen als das Stadtwappen und zur Seite links die Bezeichnung des Werthes, als: · $\frac{1}{4}$ · | HW — Ebenso mit · I · | HW (Himten Weitzen), dann · II · | MS ein weiter · VI · | MS (Malter Schrot), ferner · $\frac{1}{2}$ · | HS, und · $\frac{1}{4}$ · | HS, (Himten Schrot) und mit · V · | HR, · III · | HR und · II · | HR (Himten Roggen).

Diese Marken (Höhe an 7 und Br. 10) befinden sich nach Mittheilung des Herrn Walte im königl. Kabinette zu Hannover und werden hier, wiewohl sie keine Marken von Privaten, angeführt, da sie mir unbekannt gewesen.

Hardegsen. 31960.

Av. Innerhalb eines unten überlegten Lorbeer- und Oehlzweiges drei durch einen Querbalken verbundene Pfähle, von denen der mittlere etwas tiefer hinabragt. Rev. Unter einem quergelegten Lorbeerzweige SCHUTZEN | VEREIN | 1837 Blei. Gr. über 12.

Jerstedt. 31961—62.

Bereits in diesem Bande S. 270, Nr. 30862 ist eine Marke beschrieben und der französischen Stadt Jerstedt in Lothringen zugewiesen. Diese Wellenheim entnommene Zuweisung ist nach Mittheilung Herrn Heyse's unrichtig und gehören die dort beschriebenen Marken, sowie die zwei nachbeschriebenen dem Dorfe Jerstedt bei Goslar zu.

Av. Wie Nr. 30862. Rev. Aehnlich nur mit EIN | VOLLTAG | HANDT | DIENST Gr. an 16. (Samml. des Hrn. Heyse.)

Av. Ebenso. Rev. Aehnlich, nur mit HALBTAG | SPANN | DIENST (Sammlung des Herrn Dr. Freudenthal.)

Osnabrück. 31963.

Av. Innerhalb eines Linienkreises ein Bierseidel, darunter WALHALLA, ganz unten das Osnabrücker Rad; glatter Rand. Rev. Innerhalb eines Lorbeer- und Eichenzweiges, welche oben und unten zusammengebunden sind, NETTSCHEIDE | D. 1. MAI 1847; darüber ein Stern. Glatter Rand und Linienkreis. Gr. 13. Zinn. Im königl. Kabinete zu Hannover. (Schiessmarke. Mitgetheilt. vom Herrn Walte.)

Wiedelahe. Dorf. 31964—65.

Av. In einem Perlenzirkel eine gehenkelte Bierkanne. Rev. In einem Perlenzirkel die Zahl 1 (gross) Gr. an 12.

Ebenso mit der Werthzahl ½ Gl. Gr. Biermarken des Gutspächters Kerl.

Kurfürstenthum Hessen-Cassel.

31966.

Hessen-Cassel. Landgraf Karl 1670—1730.

Av. CAROLVS LANDG : — HASS: PR: H. Das Brustbild von rechts mit Allongeperücke, Harnisch und Spitzenhalstuch. Rev. Der gekrönte, gestreifte, hessische Löwe mit doppeltem Schweife von links, ein Schwert in der rechten, und den Merkurstab in der linken Pranke haltend; zur Seite M—C, unten H. PF: Umschrift: TVETVR— ET AVGET Gr. 13.

Nach Hofmeisters Beschreibung hess. M. I. S. 446 bedeutet CM den Namen des Medailleurs Martin Capej, welcher 1679 für die Münze zu Cassel arbeitete. Messingjeton.

Hanau Lichtenberg. 31967—68.

Johann Reinhard 1599—1626.

Av. BRAVCH. MICH. RECHT. OHN. ALLEN. LIST; (vierblättr. Ros.) Innere Umschrift: : DV · WEIST · DAS GOTT · DER · RECHER · IST. In einem feinen Linienkreise das vierfeldige Wappen des Grafen Johann Reinhard. Rev. DER (zwischen kleinen Ros.) | VERLOREN | SCHVLD . RECH | NEN. THVT. (fünfblättr. Ros.) | DER · HAT · SEL | TEN · GVTEN | (kl. Ros.) MVTH (kl. Ros.) | 1601 Beschrieben in Nr. 2 unter Nr 1104 der allgemeinen numism. Blätter des Hrn. Leop. Hamburger, Frankfurt 1865 als bisher unedirter Reitpfennig der genannten Grafen, welcher im J. 1863 auf Schloss Lamberg bei Pirmasenz aufgefunden wurde.

im Contexte irrig ALLER·LIST (Ros.)

Ein zweites in der Sammlung des Hrn. Jacob befindliches Exemplar hat im Rev. WER statt DER und ist in der Jahrzahl 1601 die zweite Ziffer 1 anscheinend in 2 verändert. An den Rändern beiderseits sind gekerbte Kreise. Nach der mir vom Hrn. Jacob mitgetheilten Beschreibung des Wappens befindet sich im ersten Felde ein aufrechter nach links schreitender (rother) Löwe im goldenen Felde; (Grafsch. Zweibrücken) im zweiten (silb.) Felde ein (schwarzer) Löwe mit rother Schildeinfassung (Herrschaft Lichtenberg); im dritten Felde ein (rothes) Schildchen in (gold.) Schildeinfassung (Herrschaft Bitsch); im vierten Felde zwei (silb.) Querbalken im (rothen) Felde (Herrschaft Ochsenheim), im Mittelschilde im goldenen Felde drei (rothe) Sparren (Grafschaft Hanau.)

Grafen von Ysenburg. 31969.

Av. Innerhalb eines aus zwei unten gebundenen Lorbeerzweigen gebildeten Kranzes die in einander gestellten Buchstaben *AG* Rev. Auf dem Erdboden stehend eine nach rechts gekehrte Schnepfe auf einem Hügel. Gr. 9. (Saml. des Herrn Siebert in Cassel.)

(Adolf II. Graf zu Ysenburg-Wächtersbach, succed. seinem Bruder 1821 + 1859. Die Grafschaft wurde im Jahre 1806 mediatisirt.)

31970—72.

Av. Zwischen zwei unten gebundenen, oben sich nicht berührenden Lorbeerzweigen die an einander gestellten Buchstaben ECZY Rev. Auf einem Boden eine nach rechts gekehrte Schnepfe. Gekerbte Ränder beiderseits. Gr. an 9.

Av. Aehnlich dem vorigen, nur reichen das Endblatt eines jeden Zweiges oben je an einander und ist *J.* statt *Y.* (kursiv), ferner ist im Rev. vor und nach dem Vogel am Ende des Bodens je eine Schilfpflanze. Gl. Ränder Gr. 9.

Av. Aehnlich, die Zweige oben von einander getrennt, und ECFY in dem letzten Buchstaben unten in der Abrundung ein kleines Z. Rev. Die Schnepfe am Boden nach rechts, ohne die Schilfpflanzen. An den Rändern hier beiderseits ein Perlenkreis. Im Ringe geprägt. Gr. an 9.

Die vorbeschriebenen, unter dem Namen Schnepfenpfennige bekannten Gepräge sollen von den seit jeher als leidenschaftliche Jäger bekannten Grafen nach einem alten Gebrauche dazu benützt worden sein, um dieselben nach Treibjagden, bevor die Treiber entlassen wurden, unter dieselben auszuwerfen. Diese auch in Silber existirenden Marken sind in den zwanziger Jahren, jene mit F (Fürst) in den vierziger Jahren zu Frankfurt am Main geprägt, da Graf Ernst Kasimir III. erst im Jahre 1840 in den Fürstenstand erhoben wurde.

31973.

Hier wird folgende im Gepräge den vorigen gleiche Marke angeführt.

Av. Innerhalb zweier unten gebundener und einen Kranz bildenden Lorbeerzweige die in einandergestellten Buchstaben *LS* (kursiv.) Rev. Die Schnepfe wie vorher, jedoch nach rechts gekehrt, vor und hinter sich am Bodem je Schilfblätter. Gr. 9.

Diese Marke dürfte dem Fürsten Ludwig von Solms-lich und Hohen-Solms (seit 1724) zuzuweisen sein.

Städte. Cassel. 31974.

Einseitige Thormarke, viereckig mit abgestumpften Ecken. Auf einer Seite der Namenszug *WL* kursiv, und in einander gestellt, eingeschlagen, auf der andern die Aufschrift HOLLANDISCH (ober A ein kleines e) | THOR, unten die Zahl 114 Höhe und Breite an 19.

31975—78.

Biermarken. Av. Die Ziffer 1, gross und schraffirt; zur Seite C—F (Conrad Fischer). Im Reverse ein Deckelglas mit Henkel. Blei. Gr. 10.

Ebenso mit ½ Blei. Gr. 8.

Av. Oben bogig: A. KROPF'S unten ebenso: BIERBRAUEREI und in der Mitte: CASSEL Rev. 1 | SCHOPPEN | BIER· Messing. Gr. 10.

Av. (kursiv) W. Schade Rev. Ein Deckelglas. Gusseisen. Gr. 10.

31979—81.

Av. Oben bogig: M · SCHAUB'S und unten bogig RESTAURATION. In der Mitte CASSEL Rev. 1 | SCHOPPEN | BIER. Gr. 10. Messing.

Einseitig. Aufschrift: SCHAUBS | RESTAURATION. Gr. an 12. Messing.

Av. In der Mitte: F · L · SCHAUMBURG, oben bogig: RESTAURATION, unten bogig zwischen Rosetten CASSEL Rev. 1 | GLAS | BIER Gr. 10. Messing.

31982—84.

Av. Die Ziffer 1, gross schraffirt, und daneben J.—Sp. (Joh. Spindler.) Ein Deckelglas mit Henkel. Gr. 10. Blei.

Ebenso mit der Werthzahl ½ statt 1 Gr. 8. Blei.

Av. (Rosette) | ED : WENTZELL | CASSEL. | (Rosette) Rev. Ein geöffnetes Deckelglas mit Henkel, darüber bogig EIN SCHOPPEN und unten bogig BIER. Messing. Gr. 11.

31985—90.

Av. Die Ziffer 1, oben bogig ✱ B·MEYER ✱ und unten zwei Zweige. Rev. Die Ziffer 1 gross. Blei. Gr. 12.

Auch mit den Zahlen 2, 3, 4, 5 und 6 Marken des Weinwirthes Bernhard Meyer. Die Ziffern beziehen sich auf die Nummern der verschiedenen Kellner. (Sämmtlich mitgetheilt vom Hrn. Siebert.)

Fulda. 31991—92.

Av. Ein Bierglas mit Deckel und Henkel. Umschrift LEIPZIGER HOF Rev. 1 | GLAS BIER | VJG (Hilp, früherer Besitzer des genannten Gasthofes.) Gr. 7. Messing.

Av. Ein Bierglas mit Henkel, und darüber bogig: J. WISSNER. und unten bogig: FULDA Rev. EIN | GLAS | BIER Gusseisen. Gr. 9. (Mitgetheilt von Hrn. Siebert.)

Hersfeld. 31993.

Einseitige alte etwas verprägte Kupfer-Klippe mit stumpfen Ecken. Ein von links schreitender Löwe hält in den Vorderpranken das Hersfelder Patriarchenkreuz. Von der Umschrift lesbar: .... L · HERFELDER TUCHMHER ZUN... (fürstlich Hersfelder Tuchmacher-Zunft. Gr. 15. (In der Sammlung des Hrn. J. Hahlo in Cassel.)

Marburg. 31994.

Av. In einem aus Gerstenähren und Hopfenranken gebildeten Kranze: J · QUENTIN | IN | MARBURG. Rev. Auf einem flachen Untergestelle ein Deckelglas mit Henkel. Umschrift GUT FUR EIN SEIDEL BIER Stern. Messing. Gr. über 10.

Schmalkalden. 31995—32999.

Av. G · EYBEL, darüber ROSENAU · (bog.), unten SCHMALKALDEN (bog.) Rev. I | GLAS | BIER. (Messing).

Av. ULLRICHS | FELSENKEL | LER ZU | SCHMAL | KALDEN Rev. In einem rechtwinklichen Dreiecke (der rechte Winkel nach oben gekehrt) $\frac{1}{1\,2\,3}$, über dem Dreiecke 1 u. S. Unten EIN SEIDEL | BIER. Blei. Gr. über 8.

Av. AUF | ULLRICHS | KELLER ZU | SCHMALKAL | DEN. Der Rev. ähnlich dem vorigen. Kupfer und Blei. Ein 128tel eines bairischen Eimers = 1 Seidel.

Av. Ein nach rechts schreitender Wolf. Rev. EIN | GLAS | BIER Gusseisen. Marke vom Jos. Wolf'schen Felsenkeller.

Av. Ein Bierglas mit Henkel und Deckel, darunter ein Palm- und Lorbeerzweig gekreuzt. Umschrift LUTHERS KELLER Gusseisen.

Giessen. 32000.

Av. In der Mitte 1858, darüber CAFÉ BALTUS, unter der Jahreszahl bogig GIESSEN Ober und unterhalb des Ganzen eine Arabeske. Rev. In einem oben offenen und unten mit einer Doppelschleife versehenen Lorbeerkranze: EIN | SCHOPPEN | BIER (Composition. Hofmeister Suppl. Nr. 5696.)

Das Herzogthum Nassau.

32001.

Av.: HENNING : HANSES : M : ME. In einem mit Helm und Helmdecken verzierten deutschen Schilde ein Kreuz mit dahinterliegenden, sich kreuzenden Zainhacken, in deren Winkeln vier Sterne. Auf dem Helme zwischen einem ausgebreiteten Fluge ein Stern. Rev. Unter einem Sterne, der zwischen zwei kleineren Sternen und Punkten steht: GOTTES | GNADE : HU | LFFE : UND : | RAET : SEI : AL | ZEIT : BEI : M IR·FRUE : U | — ND : SPAET. (Das letzte ND zusammengezogen.)

Dieser Henning Hans wurde auf dem im J. 1594 zu Worms gehaltenen Münzprobationstage des oberrheinischen Kreises als Nassau-Saarbrückischer Münzmeister präsentirt. (Entnommen Numism. Zeitg. 1852, S. 30.)

32002.

Av. EROEFNUNG | DER | LAHNSCHIFFAHRT | BIS | WEILBURG | DEN 18. OCT. | 1810. Rev. UNTER | DER REGIERUNG | FRIEDRICH. I. | HERZOGS ZU NASSAU | UND | FRIEDR·WILHELM | FÜRSTEN | ZU NASSAU. Kupfer-Jeton im Ringe geprägt. Gr. 12.

Wiesbaden. 32003.

Av. CASP · RAU oben bogig am Rande zwischen runden Rosetten. | ✱ | KLEIDER MACHER | IN | WIESBADEN bogig am Rande zwischen gleichen Ros. Rev. wie der Av. nur MARCHAND | ✱ TAILLEUR ✱ statt des Sternes und KLEIDERM. Perlenrand und im Ringe geprägt. Mess. Gr. an 12. (Samml. des Hrn. Dr. Freudenthal.)

Stadt Frankfurt.

32004—5.

Zu den bereits im I. Bande S. 579 angeführten Stadtmarken füge ich noch weitere zwei als Nachtrag bei, welche in Dr. Rüppels „Archiv für Frankfurter Geschichte und Kunst" vom J. 1858 beschrieben sind.

Einseitiges Marktzeichen der Hockerinnen von Blei. Der Frankfurter Adler in einem Linienovale, neben welchem zur Seite je eine gestielte Blume; oberhalb HOCKEN unten 1769 nach aussen. Geöhrt. Gr. an 20.

Einseitige Marke von gelbem und weissem Messing; in deren oberm Theile ein Stempel mit dem Adler und der Umschrift: FREIE STADT — FRANKFVRT Unter diesem Stempel vertieft ein grosses B (au) A (mi) Gr. an 15. (Mitgeth. von Hrn. L. Hamburger in Frankfurt.)

32006—9.

Av. Von rechts in kleiner Schrift: SCHRIFTGIESSEREI V · BENJAMIN KREBS und von Innen IN FRANKFVRT A/M. In der Mitte B (verkehrt) und K an einander gestellt. Im Rev. 6 Gr. 12. Diese Marken kommen auch mit den Werthzahlen 3, 1 und ½ vor.

32010—11.

Av. Oben am Rande bogig: GARTENWIRTHSCHAFT | VON (klein) | GEORG | SOMMER | ZV (klein) | FRANKFURT (bog.) Rev. Von rechts: GUT FÜR EIN GLAS BIER In der Mitte innerhalb eines Linien-Kreises ein hohes Bierglas. Die Ränder gekerbt. Gr. an 11.

Av. Oben bogig: EDUARD FAY | GASTWIRTH | ZUR (kleiner) | HARMONIE IN (kleiner) | FRANKFURT A/M. Rev. 18 kr. | WOVON | 12 KREUZER | WIEDER AN | ZAHLUNG | ANGENOMMEN | WERDEN. Gekerbte Ränder. Gr. 15.

32012.

Av. Oben bogig: FRANKFURTER, unten bogig nach aussen OMNIBUS In der Mitte ein Omnibus nach rechts. Im Rev. oben FAHR- In der Mitte 4, und unten MARKE Gr. 12.

32013.

Av. Von rechts: DEUTSCHLAND — ÜBER ALLES Die belorbeerte Büste der Germania nach rechts gewandt, und unten klein *Lauer*. Rev. GOTT SEGNE | DEUTSCH LAND. Gr. 10.

32014—15.

Av. Ein Gewehrstutzen und ein Hirschfänger kreuzweis gelegt, und in der obern Hälfte ein Zettel dazwischen, auf welchem vertieft in goth. Schrift *d. Vaterland z. Ehr u. Wehr.* Rev. DEN | MUTHIGEN | GEHÖRT DIE | WELT. Gr. 10.

Av. Drei Schützen, von welchen der mittlere eine nach rechts wehende Fahne hält; sie reichen sich die Hände gegen die Mitte zu, jener links hat die linke Hand emporgehoben. Rev. WIR | WOLLEN SEIN | EIN EINZIG | VOLK VON | BRÜDERN Gr. 10.

32016—17.

Av. Innerhalb eines Kranzes aus Blumen: DIE | ALTE | GESELL | SCHAFT | 1706 Rev. Eine aus palmartigen Verzierungen gebildete Kartouche, in welcher Blumenbouquette. In derselben unter zwei kreuzweis gelegten Pfeifen auf einer Platte eine Kaffeeschale in der obern blaugestrichelten, in der untern durch einen Querstrich abgetheilten Hälfte jedoch die Jahrzahl 1777, ober welcher zwei von der Platte herabhängende Blumenfestons, unterhalb: DANTES Von Messing. Gr. über 11. Messing. (Mitgeth. von Hrn. Hamburger.)

Ein grösserer Stempel mit GESELL- im Av. hat im Rev. nicht das Wort DANTES und die Ränder mit starken Stricheln eingefasst. Gr. an 13. Kupfer.

32018.

Av. Eine Stadt, durch welche ein Fluss fliesst, über welchen im Hintergrunde eine Brücke führt. In die grössere Stadt-Hälfte rechts fliegen von der linken Seite herüber kommende Bomben. Im Abschnitte: IETTON Im Rev. D · 2 DEC · | 1792 | WURDE DIE STADT | DURCH DEN MUTH | DER K · PREUSS · U · | HESS TRUPPEN | DEN FRANZOSEN | WIDER | ENTRISSEN und unten eine Querleiste. An den Rändern beiderseits ein Lin.-Kr. Gr. über 12 (Hennin Taf. 37, Nr. 378.) Schöner Messingjetton.

32019—20

Av. Am obern Rande bogig: TROSCHKENANSTALT und unten nach aussen am Rande FRANKFURT · A · M. In der Mitte 1840 Im Rev. zwischen zwei unten gebundenen Lorbeerzweigen 18 | KREUZER An den Rändern Perlenkreise. Gr. an 12.

Ein zweiter Stempel mit der Werthzahl 12 (Beide mitgeth. von Hrn. L. Hamburger.)

32021 – 23.

Av. SCHUSS- | MARKE Im Rev. zwischen zwei unten gebundenen Eichenzweigen die Jahrzahl 1862. Gr. 10.

Av. Oben am Rande bogig: FRANKFURT Darunter die Stadt mit der Darstellung der Mainbrücke im Vordergrunde. Rev. ERSTES | DEUTSCHES | SCHÜTZENFEST | JULI 1862 Gr. 10.

Av. Von rechts: ERNST HERZOG – ZU COBURG Dessen nach rechts gewandtes Brustbild mit blossem spitzigen Halse. Im Rev. DAS ERSTE | DEUTSCHE | SCHÜTZENFEST | IM JULI 1862 | IN FRFT A/M. Gr. 10.

32024.

Av. Oben am Rande: KAISER CARNEVAL I Innerhalb eines Kreises am Throne eine sitzende Figur, eine Schellenkappe am Kopfe, und ein Champagnerglas, dann einen Scepter in den Händen. Unten nach aussen FRANKFURT A/M. Rev. I | NÄRRISCHE | KAISER | KRÖNUNG | 1862 An den Rändern Kreise aus feinen Perlen. Gr. 10.

32025 – 27.

Die sogenannten Judenpfennige.

Av. Ein oben in zwei, unten in drei Spitzen auslaufendes glattes Schild mit geraden Zwischenlinien, worin zwei übereinander gelegte Stäbe. Ober dem Schilde drei Ringel Rev. I | THELER | 1703

Av. In einem französischen Schilde, welches zwei Lorbeerzweige bis zum obern Rande umschliessen, zwei über einander gelegte Stäbe mit Kugeln an den Enden (Stöcke). Ober dem Schilde drei Punkte. Rev. I | THELER | 1807 Gl. Ränder.

Av. Ein glattes, nach oben und unten spitzig auslaufendes Schild, neben welchem zwei gleiche Zweige und oberhalb zwei Punkte. Im Schilde auf einer Querleiste eine Hand, nach hinauf gestellt, mit einem sechsblättrigen Zweigchen. Rev. I | ATRIBUO | 1809 Alle drei gekerbte Ränder und Gr. 9.

32028—31.

Av. Ein oben vier- unten einspitziges von oben herab getheiltes Schild, dessen rechte Hälfte grün gestrichelt; in der Rechten ein schmaler mit dem Kopfe nach auswärts gestellter Fisch; neben dem Schilde zur Seite je ein Lorbeerzweig und oben A ✠ S Rev. $\frac{1}{4}$ | HALBAG | 1818 Gekerbter Rand. Gr. an 9.

Av. Zwischen zwei unten überlegten Lorbeerzweigen ein oben drei-, unten einspitziges Schild, dessen rechte Hälfte Silber, die linke schräg von oben links nach rechts herab gestrichelt. Rev. Zwischen gleichen Zweigen × I × | • 1810 • | und zwei kurze Querstriche. Am Rande je ein Perlenkreis. Gl. Gr.

Av. Aehnlich, nur ober dem Schilde zwei kurze Querstriche. Im Rev. fehlen die Zweige, und steht + 1 ÷ | PFENNIG. | 1819 | × Gekerbter Rand. Gl. Gr.

Av. Auf einer Leiste ein aufrechter, nach rechts schreitender eingeschwänzter Löwe. Der Rev. wie zuletzt. Gek. Rand. Gl. Gr.

32032 – 33.

Av. Ein auf einer Leiste sitzender, nach rechts gewandter Greif mit erhobenen Flügeln. Rev. I zwischen durchstochenen fünfblättrigen Rosetten, | HELLER | 1819 und unten eine gleiche Rosette. Der Rand beiderseits gezähnt. Gr. an 9.

Av. Von einem Linien- und punktirten Kreise acht Strahlenbüschel ausgehend, welche einen Stern bilden. Im Rev. I zwischen länglichen Kreuzchen, † | PFENNIG. | 1819 | † Gl. Rand. Gr. an 9.

32034—37.

Av. Ein Kranz aus Eichenlaub mit Eicheln, der die Mitte und den Rand der Münze frei lässt. Rev. ✱ I ✱ | HELLER | 1820 | ✱ Gekerbter Rand. Gr. 9. Ein Variant ohne die Sterne im Reverse. (Reinhard Nr. 6335.)

Av. Der Löwe wie vorher Nr. 32031. Rev. I zwischen fünfblättrigen durchstochenen Rosetten, | HELLER | 1821 | und eine gleiche Rosette. Gekerbter Rand. Gr. 9.

Av. Ein nach rechts gewandter Hahn auf einer Leiste. Rev. 1 | PFENNING. | 1822. Gr. 9. (Reinhardt S. 155 und 345 schreibt über diese Suite; dass diese, fingirte Wappen und Werthe bezeichnenden Pfennige in Frankfurt am Main von Falschmünzern erzeugt worden seien, welche sich durch die Fabrikation beträchtlicher Summen derselben zu bereichern suchten. Unterm 10. April 1823 wurde in der Reichs-Postamt-Zeitung eine Verordnung des Magistrats gegen diesen Unfug erlassen und wurden ganze Fässer dieser falschen Münzen konfiszirt.)

Nachtrag zur Provinz Sachsen.

32038.

Wittenberg. Jetton. Av. CVNRAT · RVHEL · — BVRGERMEISTER Ein mit Helmdecken geziertes deutsches Schild, darin ein aufrecht nach rechts schreitender Löwe mit doppeltem Schweife, in der vordern rechten Pranke einen Sichelmond haltend. Aus dem Helme ragt der Obertheil des Löwen, jedoch nur die obere Hälfte hervor; zur Seite 4—7 Rev. MATTHES · VRBAN—VONN · GERAVV. Die Punkte beiderseits sind durchstochen. In einem gleichen behelmten Schilde ein quergetheiltes Feld, in dessen oberer Hälfte ein nach rechts gewandter Vogel mit gehobenen Flügeln, in der untern drei Querstreifen von oben rechts nach links herab. Unten neben dem Wappen die Jahrzahl 7—4 Am Rande beiderseits ein gewundener Kreis. Gr. über 11. Messing. (Nach einer Mittheilung des Hrn. Heyse in der num. Zeit. 1857, S. 83 dürfte dieser Jeton dem Conrad Rühel angehören, welcher in Nauen in der Wetterau geboren, 1559 in Wittenberg zum Rathsherrn, im J. 1574 aber zum Bürgermeister daselbst erwählt wurde. Die Jahrzahl 4—7 dürfte auf einem Stempelfehler statt 7—4 beruhen. Wer Math. Urban war, ist unbekannt.)

32039—40.

Gräflich Stollberg'sche Münzmeister.

Av. JULIANUS · EBERHARD · VOLCKMAR · CLAUS · HOCHGRÆFF · STOLB · M · MEIST. Innerhalb eines feinen Linienkreises ein am Boden nach rechts schreitender Hirsch, hinter welchem eine gekrönte, oben zwischen das Geweihe reichende Säule. Auf dem Postamente der Säule S Rev. OMNIA PONDERE NUMERO ET MENSURA An dieser Umschrift nach innen ein feiner Linienkreis. Oben der Münzrand von der Umschrift frei, und am Aufange und Ende derselben ein Haufen Wolken, aus welchen links eine Hand, welche eine gleich stehende Wage hält, worin rechts ein Zirkel, links ein Metallbarren. Die Ränder stark gestrichelt. Gr. 13.

Av. Auf der obern Randhälfte von rechts: I · E · V · CLAVS—G · ST · M · M. Innerhalb eines feinen Linienkreises ein deutsches Schild mit Helm und Decken, worin am Boden ein nach rechts galoppirendes Pferd, hinter welchem ein Tannenbaum. Auf dem Helme ein bis an den Rand reichender Adlerflug. Rev. IVSTOS EXPENDIT VICTORIA CENSVS: und zwei Rosetten. Innerhalb eines Linienkreises am Boden zwei nach rechts galoppirende Pferde, und vor ihnen die Säule. Anscheinend ein Wettrennen vorstellend. Die Ränder gestrichelt. Gr. 11. Nach Reinhardt kömmt der M. M. Claus von 1750—65 vor. (Anm. bei Nr. 6264.)

Königreich Bayern.

Jetone und Marken bair. Familien.

32041.

Arco Joh. Graf von, Heerführer unter dem Churfürst Max. Emmanuel, zum Feldmarschall ernannt 1702, gestorben 1715.

Av. LE · MARESCHAL · COMTE · D'ARCO · ET · DV · ST EMPIRE. Unter einer fünftheiligen Krone die Buchstaben JBA kursiv, die erstere doppelt, nach rechts und nach links verkehrt gestellt, und in einander verzogen. Im Rev. unter einer gleichen Krone ein Doppeladler, auf der Brust das mit einer fünfspitzigen Krone bedeckte Wappenschild, worin drei Bögen für Pfeile. Um dasselbe hängt ein Ordenskreuz. Hinter dem Adler ragen zwei in Kreuzform gelegte Marschallsstäbe hervor. Unten am Rande nach aussen 17—08 An den Rändern beiderseits Strichelkreise. Gr. 16. (Entnommen: Medaillen auf ausgezeichnete und berühmte Bayern von J. P. Beierlein. Vierte Lieferung.)

32042.

Arco-Bailey, Maximilian Graf von, erblicher baierischer Reichsrath.

Av. In einem unten spitzigen unbehelmten, an den Seiten eingebogenen Schilde die drei Bögen wie vorher, in einem goldpunktirten Felde. Ober dem Schilde eingestempelt 1860 Im Rev. in einer achtspitzigen, sternförmigen Einfassung die Werthzahl $\frac{1}{4}$ Der Rand erhaben. Gr. über 11. Diese Messingmarke liess der Graf für sein Gut St. Martin in Oberösterreich prägen, wo sie an die Arbeiter im Werthe eines $\frac{1}{4}$ österreichischen Guldens ausgegeben wurde.

Dietz von Weidenberg.* 32043—48.

Av. DIE + DIETZEN + VO-N + WEIDENBERG Innerhalb eines oben und unten unterbrochenen Linienkreises das behelmte Wappen in einem schief gestellten, nach rechts geneigten, unten abgerundeten Schilde, darin (im silbernen Felde) ein aufrechter, nach rechts schreitender (gold.) Greif, ober dem Helme ein bis an den Rand reichender Adlerflug. Rev. + (?) DIE + VON + FRA—NCKENREVT·—· Innerhalb eines gleichen Kreises umhängt von einem Wappenmantel ein gleich schiefes gekröntes Schild, worin zwei über einander gelegte Löwentatzen (?), welche auch aus dem Helme hervorragen. Am Rande beiderseits ein feiner Perlenkreis. Gr. 11.

Av. Derselbe. Rev. DIE GROSEN VO·N NVRNBERG Das behelmte Wappen, darin ein Kreuz auf einem dreitheiligen Hügel; über das Kreuz reicht ein vielästiger Baum mit herzförmigen Blättern hervor. Auf dem Helme zwei Büffelhörner, an welchen nach aussen gleiche Blätter angebracht sind. Gl. Gr.

Av. Aehnlich. Rev. DIE · HÖLTZHAV-SER : VON : HORN. Das behelmte Wappen im Linienkreise, und in demselben der Buchstabe H, durch welchen in der Mitte ein Strich von oben bis an den untern Schildrand durchgeht. Dieselbe Vorstellung befindet sich auch auf dem oberhalb des Helmes befindlichen Adlerfluge. Gl. Gr.

Av. Aehnlich. Rev. DIE × LVTZEN × —V—O—N × KEMBNATH In einem Linienkreise ein behelmtes schräg gestelltes Schild, worin ein Baumast mit einem gestielten herzförmigen Blatte an jeder Seite. Aus dem Helme ragt derselbe Baumast hervor. Gl. Gr.

Av. Aehnlich. Rev. Etwas matt. DIE · SAMMET + V—.... WEISAW (?) Im behelmten Wappen ein breiter Querbalken von links nach rechts herab, worin drei Eberzähne (?). Auf dem Helme ein halber Löwe nach rechts gewandt. Gl. Gr.

Nachstehender Jeton aus älterer Zeit dürfte der Familie der Dietz von Weidenberg angehören.

Av. Das behelmte Wappen mit einem geflügelten Greife im kartouchirten Schilde, auf dem Helme die Büffelhörner und zur Seite 15—88 Rev. Ein Quadrat, in dessen vier Seiten je eine Verzierung (Feuereisen?) zwischen Punkten. In der Mitte: •SPE• | FAVOR | ET zwischen Rosetten | FATO (Diese letzten fünf Stempel Sammlung des Hrn. Riess in Wien.)

32049—50.

Dürkheim-Montmartin Friedrich Wilhelm Alfred Graf von, k. bair. Kämmerer und Obersthofmeister.

Av. Unter einer Krone mit neun Perlen ein glattes, rundes Schild, darin im ersten und vierten Felde zwei Pfeilbögen (?), das zweite und dritte Feld in der obern Hälfte geschacht, in der untern je drei (rothe) Streifen quer gelegt. Im Rev. Schlägel und Eisen kreuzweis gelegt, zur Seite Gr.—H. (Gräfliches Hammerwerk.) Darunter die Werthzahl 6. Gr. über 11.

Av. Unter einer gleichen Krone Schlägel und Eisen statt des Wappens. Im Rev. gleichfalls Schlägel und Eisen, und darunter 1 Gr. über 9. An den beiderseitigen erhabenen Rändern je ein Linienkreis.

Messing-Marken für das gräfliche Hammerwerk Halblech im Landgericht Schengau Gravirt 1852 von Birnböck in München.

Thoman Dyrnitzel. 32051.

Av. • THOMAN • | DYRNIZEL | ZVM • HENHART • | VND • DER • AZEL | BVRG • ANNO. | •M • D • C • X • I• Ober und unter dieser Schrift eine arabeskenartige Verzierung. Im vierfeldigen behelmten Schilde im ersten Felde ein nach links, im vierten Felde ein nach rechts aufrecht schreitender Löwe, im zweiten und dritten Felde ein Männchen mit dem Oberleib, in der Linken ein Schwert, die Rechte in die Seite gestemmt, auf dem Kopfe eine hohe dreispitzige Kopfbedeckung. Auf dem Helme oben zwei Büffelhörner, zwischen welchen ein, einem Salzfasse ähnlicher Gegenstand. An den Rändern je ein Linien- und auswärts ein Kreis von länglichen Perlen. Gr. 12.

Thomas Dyrnitzel war von 1594 bis 1624 oftmals Bürgermeister in Straubing und besass das an Straubing anliegende Herrenhaus „die Azlburg", wozu er 1604 die Hofmark Henhardt zugekauft hat. Er wurde am 2. Januar 1606 von Kaiser Rudolf II. in Prag in den Adelstand erhoben. Die Dyrnitzel änderten später den Namen in Dürnitz ab, und wurden in den Freiherrnstand erhoben.

Mathias Ebner. 32052.

Av. MATHES • EBNER — • ANNA • VOLCKAM Innerhalb eines breiten, oben und unten unterbrochenen Linienkreises ein oben drei-, unten einspitziges Schild, unter einem mit einem Wappenmantel umhängten Helme. Im Schilde rechts je fünf nach rechts und ebenso nach links gerichtete, sonach zusammen zehn Spitzen (Blau und Gold abwechselnd). Links im obern Felde ein halbes (rothes) Rad, mit unter sich gekehrten Schienen; im untern (blauen) Felde eine (silberne) Lilie als das Wappen der Familie Volkammer. Auf dem Helme ein blauer und goldener Wulst, ober welchem zwei Büffelhörner, rechts blau, links Gold, an welchen auswärts je fünf (silberne) Straussfedern. Im Rev. eine längliche, nach oben und unten kürzere Tafel, welche an den Seiten zumeist oben und unten mit Verzierungen umgeben ist. Auf dieser Tafel die Aufschrift VERGIS • DAS | ZEITLICH • BE | DTE DAS • EW und unter EW in der Ecke IG Am Rande Linienkreise. Gr. an 13.

32053.

Fugger Marcus, Freiherr von.

Av. In einem deutschen, oben und an den Seiten eingerollten Schilde das vierfeldige Wappen, darin im ersten und vierten je die zwei Lilien, im zweiten eine menschliche Gestalt mit Bischofsmütze in der Hand und im dritten drei Jagdhörner. Ober dem Schilde MF zwischen drei vierblättrigen Rosetten. Neben dem Schilde 15—94 Rev. In einem gleichen Schilde das erste und vierte Feld geviertheilt, Silber und schwarz. (2. 3.) Im zweiten und dritten Felde ein goldener Hirsch auf einem dreifachen (grünen) Hügel. Im blauen Mittelschilde zwei Streitkolben kreuzweis gelegt. An den Rändern beiderseits je ein Kreis von Blumenkelchen. M. Fr. von Fugger war herzoglicher baierischer Rath und Pfleger zu Landsberg, gest. 1614. Kupferjeton. (Beierlein Heft. 3. T. I. Nr. 15.) Gr. 13.

Lukas Geitzkofler. 32054—56.

Av. Von rechts: · LVCAS · GEITZ KOFLER · IC · FATO : CONNVBIA · FIVNT In einem Linienkreise das Geitzkofler'sche Wappen wie Nr. 28541 Rev. Von rechts: ·: CATHARINA · HERMANIN · A · GVETENBERG · innerhalb eines Linienkreises im behelmten Schilde das Wappen; in dessen rechter Hälfte ein Querbalken, auf welchem ein fünfspitziger Stern, und in der Linken ein Sichelmond mit den Spitzen und dem Gesichte nach rechts. Auf den Adlerflügeln, welche aus dem Helme hervorragen, widerhohlt sich dieses Wappen; aus dem Helme ragt in der Mitte eine Säule empor, auf welcher oben ein menschliches Gesicht. An den Rändern gekerbte Kreise. Gr. über 11. In Welleuheim Nr. 13728 wohl irrig GUETERBERG.

Die Geitzkofler kamen auch in Augsburg vor, und unter ihnen Lucas G., welcher sich 1596 I. (uris) C. (onsultus) nennt. Seine Frau stammt aus dem Geschlechte der Hörmann von Gutenberg (bei Kaufbeuern) her, so wie Georg und Lukas Hörmann.

Av. Aehnlich mit: LVCAS GEITZKOFLER · I · C · — FATO CONBIA FIVNT. Das behelmte Wappen, ähnlich dem vorigen. Rev. CATARINA HERMANIN A—GVE TENBERG · SOLA VIRT Ein verziertes und mit einem geflügelten Pfauenwedel bestecktes Schild mit dem vorigen Wappen; nur neben den Flügeln 15—90. (Num. Z. 1851, S. 78.)

Abraham Gundlach. 32057.

Av. ✱ ABRAHAM ✱ GVNDLACH. In einem oben unterbrochenen Kreise ein behelmtes Wappen, darin im (goldenen) Felde auf einem dreifachen (silbernen) Hügel ein (blau bekleideter), nach vorn gewandter alter Mann mit knapp anliegender Kleidung und spitzer (Albaneser) Mütze, welcher in den Händen je eine mit der Wurzel ausgerissene dreiblättrige (grüne) Pflanze, Gundelkraut genannt, hält, welche Vorstellung sich über dem Helme widerhohlt. Rev. HERR | GOT DEIN | WILLE GE· | SCHE· | HE Gekerbter Rand. Gr. 11.

Dieser Jeton ist in Reinhardt Nr. 6265 wohl unrichtig beschrieben, woselbst HERR | GOTT DU | WILLT | SCHE | ... KD in der numismatischen Zeitung 1843, S. 108, dagegen ABRAHAM ✱ GVNDLACH und im Rev. HER | GOT und so weiter; HE mit Punkt. Welleuheim Nr. 31825 hat GOTT (Eine Nürnberger Familie.)

32058.

Hallberg Theodor, Freiherr von.

Av. und Rev. gleich: FREYHERR VON | HALLBERG. Am Rande ein Linienkreis. Gr. 11.

Theodor Freiherr von Hallberg zu Broich auf Hörrmannsdorf, kgl. bairischer pensionirter Generallieutenant, auch bekannt unter dem Namen Eremit von Gauting starb am 17. April 1862 auf seinem Gute Hörmannsdorf bei A. Landshut. Runde Kupfermünze, welcher sich der Freiherr als Visitkarte bediente. (Entnommen Beierlein IV. S. 9.)

32059.

Veit Holzschuher in Nürnberg, gest. 1582.

Av. Das behelmte vierfeldige Wappen, ober dem Helmkopfe ein wachsendes Männchen, von vorn mit spitzigem Hute, ohne Arme, zwischen 15—79 Tiefer: + VEIT—

HO » Im ersten und vierten Felde des Schildes ein alterthümlicher Holzschuh, im zweiten und dritten ein bärtiger Kopf nach rechts mit einer im Nacken herabhängenden Kopfbinde. Rev. Von rechts: SEINE — VIER — + GEMA — HEL + Deren vier ins Kreuz gestellte Wappen. Darin oben ein Löwe nach rechts, welcher in der obern Pranke einen Kessel hält. Zur Seite 4—2, darunter ein Schild zwischen 6—2, darin der Vordertheil eines gekrönten Löwen nach links. Im dritten Schilde (links) zwischen 6—4 ein aufgerichteter Leopard nach rechts, im vierten zwischen 7—3 eine gekrönte Meerjungfer, welche mit den Händen die nach oben gekrümmten Schwanzes Ende hält. Der Rand gestrichelt. Gr. 14. (Sammlung des Hrn. Dr. Freudenthal und Hrn. Riess.)

Georg Hormann. 32060.

Av. GEORG : HORMAN · FERD : RO : REG : A · CONSIL + In einem Kreise aus spitzigen Punkten das unbehelmte Wappen, in dessen rechter Hälfte ein Querbalken, auf welchem ein fünfspitziger Stern, und in der Linken ein Sichelmond mit nach rechts gekehrten Spitzen. Ober dem Schilde: MDXXXVII Im Rev. · MORTE · | ÆQVAMVR, darunter die Tiara zwischen zwei Kronen und unterhalb ein Pflug ähnlich Nr. 28575. Hinter der Krone rechts ragt ein Schwert, hinter der Tiara das päbstliche Kreuz und hinter der Krone links ein kreuzförmiger Scepter hervor; doch fehlen hier die Bergwerkszeichen: Schlägel und Eisen, welche sich auf dem Rev. Nr. 28575 wie ich aus später erlangtem deutlicherem Exemplar ersehe, links ober dem Pfluge befinden. Gekerbte Ränder Gr. an 13. G. H. soll kais. Rath zu Kaufbeuern gewesen sein.

Ludwig Horman. 32061.

Av. LVDWIG (Sternros.) HORMAN (Sternros.) I · 5 · 8 · 6 · In einem punktirten Kreise das vorige unbehelmte Wappen, an den Seiten eingebogen, ober und unterhalb mit einer blattähnlichen Verzierung eingefasst. Ober dem Schilde bis an den Münzrand reichend ein leuchterförmiger Gegenstand. Der Rev. wie vorher; und sind wie dort hinter der Krone rechts ein Schwert, hinter der Tiara das päbstliche Kreuz und hinter der Krone links ein einfaches Kreuz durchgesteckt. Gr. 12.

Ernst Imhof. 32062—63.

Einseitig. In einem gekerbten Kreise in einem oben dreispitzigen, unten abgerundeten Schilde das unbehelmte Wappen im (rothen) Felde, ein nach rechts gekehrter (goldener) Seelöwe (mit blauer Zunge) mit zwei Füssen; auf deren einem er steht, den andern zum Streite gerichtet. Der goldene geschuppte Schwanz ist aufwärts bis über den Kopf des Löwen zurückgeschlagen. Ober dem Schilde EIH (Ernst im Hof.) Gr. 7.

Av. Unter einem Tournierhelme, auf einem von demselben herabhängenden Wappenmantel zwei dreieckige Schilde; im rechten eine aufgerichtete Gemse linkshin, im linken der Imhofsche Meerlöwe mit einem über das Haupt gekrümmten Schwanze und gehobenem rechten Fusse. Auf dem Helme eine wachsende Gemse linkshin. Im Rev. ein Doppeladler. Gekerbter Rand und nach Innen ein feiner Linienkreis. Gr. 9. (Sammlung des Hrn. Dr. Freudenthal.)

Karl Köckh. 32064.

Av. Ein behelmtes Schild mit Helmzier, darin im ersten und vierten Felde ein geharnischter Mann im Oberleibe, welcher in der Rechten einen blossen Degen hält, und die Linke in die Seite stützt; das zweite und dritte Feld enthält zwei Sparren über einander. Ueber dem gekrönten Helme ragt wieder der geharnischte Mann empor, neben welchem 15—50 Rev. SICH · VM · DICH · TROI · IST · MISLICH und eine gestielte Blume. Innerhalb eines dreifachen Linienkreises ein nach Rechts schreitender Hund sich nach links umsehend mit einem Knochen im Maule. An den Rändern gekerbte Kreise.

J. B. Kolbeck. 32065.

Av. Von rechts: I · B · KOLBECK IN MUNCHEN. Das nach links gewandte Brustbild des Churfürsten mit lang herabfallendem Lockenhaare, im Panzer mit überworfenem Mantel und zwei Ordenskreuzen. Unten eine Verzierung 8 mit zur Seite darangesteckten zwei Blumenkelchen. Im Rev. die gekrönte Mutter Gottes mit dem Kinde im linken Arme und dem Scepter im Rechten, auf Wolken sitzend und von Strahlen umgeben. Unten am Rande auswärts 1837. Ueberschrift rechts PATRONA, links BA VARIAE. Die Ränder gestrichelt. Gr. an 13. Messing.

Leyden Freiherr von. 32066.

Einseitig Messing-Biermarke: Unter einer fünftheiligen Krone das vierfeldige Wappenschild, darin im ersten Felde ein Löwe nach links, mit den Vorderpranken einen Pfeil haltend; im zweiten ein Kreuz, im dritten drei Sterne (?) 2. 1. im blauen Felde; im vierten ein Vogel nach rechts auf einem Flügel. Neben dem Schilde 1—M. Linien- und gekerbter Kreis am Rande. (Beierlein Heft V.) Gr. 11.

Valentin Maler. 32067.

Av. Von rechts: DOMINE—TVO | IVSSV. Ober einer Leiste ein nach rechts gewandtes Brustbild mit sehr langem, auf die Brust herabreichendem Barte; unter der Leiste EFFIGI · VALENT · | MALER. Derselbe hält die Rechte an einem Sockel, auf welchem eine kleine Statue ohne Arme, und in der Linken einen Zirkel. Im Rev. O HERR RETE MICH – V. MEINEN – FEIDEN (Ros.) Das behelmte Wappen mit Decken; das Schild ist durch eine sternförmige, dreispitzige Figur in drei Felder getheilt, in welchen je ein Schildchen (das Wappen der Mahler). Am Helme ein nach rechts schreitender Storch. An den Rändern gekerbte Kreise. Gr. 13.

Johann Nützel. 32068—69.

Einseitig. Innerhalb eines breiten leeren Randes ein gekerbter Zirkel, darin ein herzförmiges Schild mit dem Familienwappen, drei silberne in Form eines umgekehrten Dreieckes zusammenstellende Lilien im (rothen) Felde. Ueber dem Schilde H (Lilie) N Hanns Nützel starb 1620 als vorderster Losunger und Schultheiss der Reichsveste zu Nürnberg. (Mitgetheilt vom Hrn. Dr. Freudenthal).

Av. Im Zirkel ein französisches Schild mit den vorigen Lilien; dasselbe ist oben mit einer Schnur, deren Quasten an den Seiten herabhängen, an einem Haken aufgehängt; unter demselben zwei seitwärts gelegte dünne Stäbe mit Kreuzchen an den Enden. Rev. Innerhalb eines Kreises ein geschlossener Helm, von welchem auf beiden Seiten eine Draperie nach oben hin ausgeht; auf demselben liegt ein Kissen mit vier Zipfeln, auf welchem eine Lilie steckt. Beide Seiten umzieht ein breiter Lilienkranz. Schön geprägt. Desgleichen. (Siehe numismatische N.-Zeitung. 1851 S. 141).

Philipp Römer. 32070.

Av. · PHILIP · ROEMER · — · PATRICIVS · NORIN In einem oben und unten unterbrochenen Kreise das vierfeldige mit Helm und Decken bedeckte Schild, darin im ersten und vierten Felde ein Vogelkopf (Indian) nach rechts, im zweiten und dritten drei schräge Streifen von oben rechts herab. Ober dem Helme bis an den Rand reichend der aus einem sechsfedrigen Fluge hervorragende Vogelkopf. Auf dem Fluge sind die Streifen des Wappen widerholt. Rev. · LEONORA · HERM—ANIN · A · GVETENBE Innerhalb eines gleichen Kreises das behelmte Wappen wie Nr. 32060 (Taf. 70.) Auf dem Helme ein Adlerflug, auf welchem sich das Wappen widerholt. Gestrichelte Ränder. Gr. über 11. Tafel 70.

32071.

Taufkirchen Max Johann Graf von.

Eine Platte (M. M. 15), auf welcher ein Stempel (M. M. 10) eingeprägt. Derselbe enthält innerhalb eines Perlenkreises unter einer spitzigen Perlenkrone ein deutsches, oben verziertes Schild, worin im ersten und vierten Felde ein Kastell (?), im zweiten und dritten rothgestrichelten Felde drei fünfblättrige Rosetten, ober einander; in der Mitte ein undeutliches Schild. Von der Verzierung hängt ein Sct. Michael Ordensband sammt Kreuz herab. Unter diesem Stempel ist ein zweiter, die Zahl 2 eingeprägt. (Beierlein, V. Lieferung, Nr. 58).

32072.

Törring Ignaz Josef Felix Graf zu Jettenbach.

Av. Unter einer Krone mit fünf lilienförmigen Verzierungen, von welcher an der Seiten je ein Band herabhängt, die in einander verschlungenen Buchstaben (kursiv) JJFGVTZJ Im Reverse unter einer gleichen Krone ein ovales und zur Seite verziertes Schild; unter welchem Kriegsgeräthe; auf denselben oben an je ein Kanonenrohr an der Seite, auf welchem je ein Pfau mit einem Fusse steht, und mit dem andern das Schild hält. Dasselbe hat im ersten und vierten Felde drei (2. 1.) rothe, fünfblättrige Rosen im silbernen Felde wegen Torring; im zweiten und dritten goldenen Felde drei schwarze Wecken wegen Seefeld und im rothen Mittelschilde eine Zange wegen der alten Herrschaft Mödling. Am Rande je ein starker Strichelkreis. Gr. an 13.

Thomas Unterholzer. 32073.

Av. THOMAS · VNTERHOLCZER · MARIA · HORLIN ° ✠ Innerhalb eines gewundenen Kreises ein unbehelmtes unten abgerundetes Schild, darin im ersten und vierten Felde das quergetheilte Unterholzersche Wappen, darin oberhalb ein sechsspitziger Stern, und unterhalb drei Schrägbalken; im zweiten und dritten Felde das Hörlsche Wappen ein Widerkopf zwischen zwei von unten aus der Mitte gegen die obern Ecken schräg aufsteigenden Spitzen. Ober dem Schilde 1—5 zwischen drei runden Rosetten und zur Seite 6—0 Der Rand gekerbt. Gr. 13.

Wrede Karl Philipp Fürst von. 32074.

Av. FELDMARSCHALL – FÜRST V · WREDE ✱ Dessen Brustbild linkshin in Marschallsuniform. Unten: JETTON. Rev. DEM SIEGER — SEINEN LOHN. Eine Frau (Bavaria) legt einen Lorbeerkranz auf einen mit Trophäen gezierten Altar, welcher mit dem gekrönten Buchstaben W bezeichnet ist. An dem Sockel ruht ein Löwe. Im Abschnitte 1814 | L. (Lauer) Jeton. (Beierlein, II. Lieferung Nr. 221).

Unbestimmte Marke. 32075—79.

Av. Unter einer oben fünftheiligen Krone ein unten abgerundetes Schild, an dessen Seite zwei unten über einander gelegte Palmzweige hinaufragen. Im Schilde rechts aus einem Hügel drei Baumstämme mit abgeschnittenen Aesten, links drei Querstreife von links nach rechts herab, auf deren mittlerem ein sechsspitziger Stern angebracht ist; zwischen dem obern und mittleren, dann mittleren und untern Querstreifen ist je eine Kugel. Unter dem Wappen ein Querstreifen, und darunter die Jahrzahl 16—94, zwischen welcher in doppelter Höhe die Werthzahl. Aehnlich dem Av. nur ist ein anderes einfeldiges Wappen, in welchem ein wellenförmig gebogener Streifen von oben rechts nach links herab, welcher das Feld in zwei Theile theilt, in welchen je ein sechsspitziger Stern. Unter dem Wappen die Leiste, dann die Werth- und Jahrzahl wie im Averse. Mit den Werthzahlen 2, 3, 4, 5 und 6 An den Rändern je ein Linienkreis. Gr. über 10.

Diese Marken wurden mir als Marken der Grafen Tannenberg zugeschickt und sollen aus Baiern stammen, ohne dass ich etwas Näheres hierüber anführen kann.

Städte und Ortschaften.

Augsburg. 32080—84.

Av. SCHOEPPLER & — HARTMANN. Im Felde eine Einfassung, worin BIER. Einseitige Messingmarke der Cattunfabrik Schöppler und Hartmann in Augsburg.

Es soll auch eine ähnliche Marke mit BROD · gehen.

Av. MECH · anische BAUMWOLL-SPINN · erei U · WEB · erei — AUGSBURG · WIRTHSCHAFTS-ZEICHEN. Im Felde III. Einseitige Messingmarke der Aktienspinnerei.

Av. MECHAN · BAUMWOLLSPINNEREI VON, im Felde: JOH · FRIEDR | CHUR U · SÖHNE | IN unten: AUGSBURG · Rev. WIRTHSCHAFTSZEICHEN. Im Felde 3. Messingmarke.

Ebenso kleiner mit 1 im Felde.

32085—7.

Av. WIRTHSCHAFTS ZEICHEN, im Felde 3, unten: J · A · BECK & Co | AUGSBURG. (Messingfabrik.) Einseitige Messingmarke.

Ebenso kleiner mit 1· im Felde.

Av. Die Ansicht eines Schiessplatzes mit einer Scheibe zwischen zwei Zielerhäuschen. Im Abschn. D · F · (Drentwett Fecit.) Rev. In einem Eichenkranze: DEM | VERDIENSTE und unten ein Schildchen mit dem Augsburger Stadtwappen. Jeton in Zinn und Kupfer, ausgegeben bei dem Festschiessen während des Lagers zu Augsburg. (Sämmtlich mitgetheilt vom Hrn. J. P. Beierlein. Num. Zeitung 1851, S. 85.)

32088.

Av. Von rechts: DEM SCHVL FLEISSE Auf einer Leiste ein runder Bienenstock, aus welchem Bienen nach rechts zu hinausfliegen. Unten ein kleiner Tannenzapfen zwischen zwei sechsspitzigen Sternen. Rev. Von rechts: DEM WOHLVERHALTEN Ein Dreieck (Richtbrett) mit herabhängendem Blei und einer fünfblättr. Rosette. Am Rande beiderseits ein stark gekerbter Kreis. Gr. an 11. Kupfermarke.

32089.

Cronach, Stadt in Oberfranken.

Av. ✠ EXITUIT NOBILE CRONACUM FORTITER HIS TRIBUS Stadtwappen zwischen zwei geschundenen Männern als Schildhalter. Rev. In vier Zeilen: 200 JAEH RIGES JUBILAEUM 1832. Kleiner in Kupfer und Silber wegen Befreiung der Stadt von den schwedischen Belagerungen. (Num. Zeitung 1851, S. 86.)

32090.

Dachau, Markt in Oberbaiern.

Av. MARKT DACHAU. Das Wappen des Marktes, drei ovale kleeblattförmig gestellte Schildchen, darin oben ein Sporn im rothen, rechts ein Löwe im silbernen und links eine Schlange wieder im rothen Felde. Rev. Acht Zeilen: BEY EINWEIHUNG DES NEUEN SCHULGEBAEUDES AM NAMENSFESTE I. M · DER KÖNIGIN THERESE 1832. Jeton in Kupfer und Silber. (Ebendort S. 86.)

32091.

Gern. Dorf und Schloss des Freiherrn. v. Closen in Niederbaiern.

Av. SÆNGERFEST | IN | GERN | DEN 13 AUGUST | 1850 Im Rev. eine Leier mit acht Saiten ohne Umschrift. Am erhabenen Rande ein Linienkreis. Gr. an 10.

32092—95.

Hallberg, Dorf bei Freising.

Av. DEM KOENIG LUDWIG DIE KOLONIE HALLBERG 1828. Rev. GOTT ERHALTE DEN KOENIG UND BAYERN. Kupferjeton. (Num. Zeit. 1851, S. 87.)

Hirschau, Weiler bei München mit einer grossen von Jos. von Maffei im J. 1839 gegründeten Maschinenfabrik. (Ebendort.)

Av. FABRIK | WIRTHSCHAFT | HIRSCHAU. Im Rev. im Felde 6. Messingmarke.

Ebenso kleiner mit 3, und noch kleiner mit 1. (Ebendort.)

32096—98.

Hohen-Peissenberg (in Oberbaiern).

Av. Die Ziffer 6 gross, und zur Seite klein H • — P • (Hohen Peissenberg.) Im Rev. M und darunter klein Schlägel und Eisen. Am erhabenen Rande ein Linienkreis. Gr. 10.

Ebenso mit der Werthzahl 3 und mit der Werthzahl 1 Gr. an 9 und an 8.

Der Obersteiger Mallinger bei dem Steinkohlenbergwerke Hoh. Peissenberg liess im J. 1857 diese Marken als Zahlungszeichen zu 6, 3, 1, Kreuzer in seiner Knappenschenke anfertigen.

München. 32099.

Av. O GIEB MIR BROD MICH HUNGERT. Eine knieende Frau mit nackten Kindern empfängt eine Gabe von einer vor ihr stehenden andern Frau. Im Abschnitte: I • M • A • D • F. Rev. VERZAGET NICHT — GOTT LEBET NOCH Eine Wage von einer Hand gehalten, dazwischen 1 MASS BIER | 7½ Kr. Bei den Wagschalen: 1 ℔ 8 L — 16 KR. unten ein Anker zwischen Getraidegarben. Im Abschnitte: 1816 u: 1817 | I • D. Seltener Münchner Theuerungsjeton in Kupfer von dem Hofgraveur Daiser. (Num. Zeitung 1851, S. 95.)

32100—1.

Av. DER | KÜNSTLER | MASKENZUG | MÜNCHEN | 1840 Im Rev. eine Larve oben mit einem Lorbeerkranze bekränzt, durch das rechte Auge ein Malerpinsel gesteckt, an den vier Seiten je eine fünfblättrige Ros. Kupferklippe, deren Ränder mit gestrichelten Linienkreisen eingefasst. Höhe 12.

Av. Dieselbe Aufschrift in fünf Zeilen. Im Rev. Ein unten abgerundetes blaugestricheltes Schild mit den drei silbernen Schildchen, als das Malerwappen. Am Rande 25 kleine sechsspitzige Sterne. Gr. an 7.

32102.

Av. In fünf Zeilen IHREM FERNER'N WOHLWOLLEN EMPFIEHLT SICH. Rev. In einem Kranze von Weinreben AUGUST | SCHIMON. Neujahr.-Empfehlungsmarke des Weinwirthes Schimon in München, um 1840 in Zinn und Kupfer geprägt

32103—4.

Av. Sehr klein: ZUR | ERINNERUNG | AN DAS | TURNFEST | IN | MÜNCHEN | D • 25. AUGUST | 1844. Im Rev. Die baierschen Wecken von einem Eichenkranze eingeschlossen. Kupferjeton. Gr. 8.

Av. Dieselbe Umschrift. Rev. Ohne Schrift. Auf Grasboden drei Stufen und ein Sockel, auf welchem eine Säule mit der Büste Jahn's. Auf dem Sockel zur Seite der Säule je ein Büschel Fahnen. Am obern Rande 25 kleine fünfstrahlige Sterne.

32105—6.

Av. In einem Linienkreise im rothgestrichelten Felde ein breites weisses Kreuz (die englische Flagge). Auf dem Kreuze in der Mitte ist eine Zither, umgeben von vier in die Schenkel des Kreuzes gestellten Champagner Gläsern. Ueberschrift: TRINK UND SING Unten nach aussen 1826 zwischen fünfblättrigen Ros. Im Rev. ALT | ENGLAND'S | JUBILÆUM | 1846 Am erhabenen Rande ein Linienkreis. Gr. an 14. Starker Kupferjeton. (Nach Mittheilung des Hrn. Beierlein zur Feier des 20jährigen Bestehens der Privatgesellschaft „Altengland" im englischen Kaffeehause zu München.)

Av. (Rose) TRINK UND SING (Rose); unten: 1826. Eine Leier. Rev. (Rose) TRINK UND ISS (Rose) unten: 1851. Zwischen zwei Champagnergläsern eine Leier ohne Saiten, auf welcher eine Schlafmütze steckt. Kupferjeton derselben Gesellschaft „Altengland."

32107—8.

Av. ✱ GOTT ✱ — ZUM GRUSS. Ein Anker im rothen Felde. Einseitige Marke in vergoldetem Messing von dem Münchener Verein für die deutsche Flotte, zugleich Enthebungszeichen vom Hutabnehmen. (Juli 1848.)

Av. In der Mitte: MAYFEST | 1860 Rev. In der Mitte der Mönch mit einer Kapuze, den Kopf rechts gewandt, die Hände ausgebreitet und in der Rechten ein Buch. Am Rande zwei Linienkreise, zwischen welchen acht Halbbögen. Die Ränder erhaben. Gr. 10. (Künstlerfest und zugleich Ärntefeier 1860.)

32109.

Av. Auf einer gothischen Bogenverzierung mit Arabesken und einem Dreiecke das (blaulingirte) Schild mit den drei (silb.) Schildchen als das Malerwappen. Rev. Auf einem flatternden Bande von rechts: Masken — fest — der — Künstler und unten an den Enden nach aussen 18—59. In der Mitte im deutschen Schilde, im blaulingirten Felde der Münchener Mönch. Gr. 11. (Nach der num. Z. 1851, S. 100 ein sehr seltener Broncejeton, welcher nur in 60 Exemplaren ausgeprägt wurde, da der Stempel zersprängt.)

32110—11.

Av. VERFASSUNGS- | FEIER | 1864 Rev. Nach aussen rechts: B · S · Z. (Bürger-Sänger-Zunft) links MÜNCHEN In der Mitte eine Harfe mit einem Schwane am obern Ende und einem an dieselbe gehängten Kranze. Am Rande beiderseits ein erhabener Rand. Gr. 10. (Feier der bairischen Konstitution.)

Av. STIFTUNGS- | FEST | D · K · G · V · | 1864 Rev. Der Mönch wie vorher, zwischen zwei Linienkreisen und einem breiten erhabenen Rande. (Des kathol. Gesellen-Vereins.) Gr. 10. (Beide mitgetheilt von Hrn. Beierlein.)

32112—14.

Probemünzen des Traugott Ertel in München, auf den von ihm verfertigten Münzprägwerken in Kupfer und Neusilber geschlagen.

Av. Von rechts: FÜR DIE HERZOGL · S · MEINING · MÜNZE ZU SAALFELD ✱ Zwischen zwei, unten über einander gelegten Eichenzweigen mit Eicheln ein unten drei-, oben einspitziges Schild, rothtingirt, darin ein von oben links nach rechts herabgehender Querbalken, in welchem drei Sterne übereinander. Rev. Von rechts: PROBEMÜNZE EINES THALERPRÄGWERKS und eine rundliche Rosette. In der Mitte: VON | T · ERTEL | IN | MÜNCHEN | 1830 Am erhabenen Rande je ein Linienkreis. Thalergrösse. Num. Zeit. 1851, S. 95.

Ebenso in Guldengrösse. Gr. 15.

Ein Stempel, ähnlich dem ersten, hat jedoch das gleichgeformte Schild blau gestrichelt, und hierin zwei silberne Querbalken, darin im obern fünf, im untern vier Sterne, die Spitze unten in Silber mit einem Zeichen wie V Der Rev. ähnl. dem vorstehenden; unter 1830 eine runde Rosette zwischen je drei Blättern. Gr. 18. (Mitgeth. v. Hrn. Pistorius.)

32115—16.

Av. HILDBURGHAUSEN ET SAALFELD ✱; im Felde ein rothes Schildchen. Rev. Dieselbe Umschrift. Im Felde MÜNCHEN 1829. Sechsergrösse.

Av. HILDBURGHAUSEN ET SAALFELD. Ein Schild mit senkrechten rothen Wecken. Rev. HILDBURGHAUSEN ET SAALFELD. Im Felde MÜNCHEN 1829. Groschengr. Beide num. Zeit. 1851, S. 95.

32117—18.

Av. Oben bogig: T • ERTEL • | kleine Sternros. | PROBE- | MÜN- | ZE. Unten am Rande bogig nach aussen MÜNCHEN • 1833. Rev. Von rechts: Z • KÖN • MÜNZE I • GRIECHENL. und eine dreieckige Sternros. In der Mitte ein oben drei-, unten einspitziges blaues Schild, darin der Querbalken mit den drei Sternen wie vorher. Beiderseits ein gekerbter Rand. Gr. an 8.

Av. Oben PROBMÜNZE (bogig) | VON | T • ERTEL • | 1833 | MÜNCHEN. Rev. wie zuletzt ohne der kl. Sternrosette. Gr. an 8.

32119—20.

Av. PROBEMÜNZE (bogig) | VON | T • ERTEL • | 1833 • | MÜNCHEN. Rev. Von rechts: Z • KÖN • MÜNZE IN GRIECHENL. Ein glattes behelmtes Schild, dessen obere Enden gegen die Seiten zu in Spitzen auslaufen; darin im ersten und vierten schwarzen Felde ein aufrechter Löwe nach rechts, im zweiten und dritten silbernen ein Ordensstern. Unter dem Schilde an einem Bande ein Ordenskreuz. Auf dem Helme der Löwe nach rechts ein Ordenskreuz haltend. Die Ränder erhaben und gekerbt. Gr. 9.

Av. Von rechts. PROBE EINES PRÄGWERKES In der Mitte: T • ERTEL | IN | MÜNCHEN. Unten am Rande nach aussen 1833. Rev. Von rechts: ZUR KÖN • MÜNZE IN GRIECHENLAND. Das behelmte Wappen wie zuletzt, jedoch hier noch Helmdecken und abgestumpfte Schildenden. Unten das Ordenskreuz. Die Ränder wie vorher. Gr. 11.

32121.

Av. Von rechts: PROBE EINES PRÄGWERKES In der Mitte: VON | T • ER TEL | IN | MÜNCHEN. | 1833 | ✱ Rev. Von rechts: ZUR KÖN • MÜNZE IN GRIECHENLAND. Ein unbehelmtes Schild mit einem breiten Rande, sehr fein roth gestrichelt, darin ein Querbalken von oben links nach rechts herab. Am erhabenen Rande ein gekerbter Kreis beiderseits. Gr. 12.

32122—23.

Av. Von rechts: PROBE DES GULDENPRÄGWERKS In der Mitte: VON | T • ERTEL | IN | MÜNCHEN • | 1833. | ✱ Am Rande beiderseits gleiche Kreise. Rev. Von rechts: ZUR KÖNIGL. MÜNZE IN GRIECHENLAND. Ein oben drei-, unten einspitziges Schild, darin im blauen Felde ein Anker. Zur Seite unten zwei übereinandergelegte und gebundene Eichenzweige. Gr. 13.

Av. PROBE DES THALERPRÄGWERKS. Im Felde: T • ERTEL | IN | MÜN CHEN • | 1833. Rev. DENKMAL DER DREI—SSIGTAU—SEND BAIERN, im Felde zu den Seiten des Münchner Obeliskes: WELCHE—IM RUSS • | KRIEGE—DEN TOD | FAN—DEN. (In der Num. Zeitschr. 1851, S. 96.)

32124.

Av. In der obern Hälfte von rechts: HEAOTEP: ein kleiner Adler, EHI HCOI In der Mitte eine Krone; unten nach aussen 150 CEHP: zwischen fünfblättrigen Ros. Rev. OAOPK MHE Eine gleiche Ros. OATAEBIXP Unten nach aussen ✱ 1842 ✱ Innerhalb eines feinen Linienkreises zwei übereinander gelegte Füllhörner, aus deren nach unten gekehrter Oeffnung Blumen hervorragen. Unter denselben ein kleiner einköpfiger Adler. An den Rändern beiderseits je ein gewundener Kreis. Gr. an 14.

Nürnberg. 32125—27.

Jetone alter Münzmeister. Georg Schultes um 1550.

Av. IORG (gestieltes Kleeblatt) SCHVLTES (gestieltes Kleeblatt) ANA I551 (Krone.) Innerhalb eines Linienkreises ein unbehelmtes Schild, an dessen Seite oben und zur Seite je eine arabeskenförmige Verzierung; am untern Theile drei sechsspitzige

Sterne. Im ersten und vierten Felde je eine Lilie, im zweiten drei Sparren, im dritten vier Querstreife. Rev. IOSVGBTEA VIOSVGBTEAI und eine Krone. Innerhalb eines Linienkreises sieben Halbbögen, an deren Spitzen innerhalb je eine sechsblättrige Rosette, und ausserhalb je eine dreiblättrige Blume. Innerhalb dieser Kreise eine weibliche nach links sehende nackte Figur, welche in beiden Händen ein Tuch und in der Rechten einen Pokal hält. Am Rande je ein Linienkreis. Gr. 15.

Ein Stempel hat nach SCDVLTES eine sechsblättrige Rosette und ANA 1551 (Krone) und der Kreis ist durch die obere Verzierung geschlossen. Gr. 15. Linienrand. (Sammlung des Herrn Dr. Freudenthal.)

Av. wie zuletzt. Rev. BVRGER (gestieltes Kleeblatt) ZV (Z verkehrt) sechsblättrige Rosette, NORWBERG ✱ : (Krone). Im Kreise wie vorher. Linienrand. Gl Gr. (Ebendort.)

32128—31.

Av. IORG (Gestieltes Kleeblatt), SCDVLTES (drei gleiche, 2. 1.) ANNA 1551 (Krone). Im Kreise das Wappen wie vorher, aber die Verzierungen zwischen Punkten und unter dem Schilde beiderseits vier Punkte und nach aussen je ein Stern. Rev. IORG (gestieltes Kleeblatt) SCDVLTES (sechsblättrige Rosette) NORMD (D verkehrt) E 1553 (Krone). Im Perlenkreise wie vorher. Linienrand. Gr. über 15.

Av. IORG (Blatt) SCDVLTES (sechsblättrige Rosette) SPENGLER (Krone). Im Kreise das Wappen wie vorher, aber nur zwei statt drei Sparren und unter denselben 15 Punkte im Halbbogen. Rev. ZV (Gestieltes Blatt) NORMBGRGIGMA XI 1555 (Krone). Im Kreise wie vorher, aber die Ros. durchstochen. Linienrand. Gr. 15.

Ein abweichender Stempel des Letztern hat im Av. IGRG (durchstochene Ros.) V⁓SXV ✱ TNOFXS (Krone). Gr. an 15. (Diese drei in der Sammlung des Hrn. Dr. Freudenthal.)

Ein dritter IORG, ein gestieltes Blatt, SDVLTES (ohne C) Ros.? SPNGLER (ohne E) und noch ein I(?) Krone. Im Schilde im ersten und vierten Felde je eine Lilie, im zweiten drei Sparren, und im vierten sechs Querstreife. An den Seiten und oben je eine arabeskenförmige Verzierung, neben welcher oben je ein Punkt; an der untern Seite des Schildes je sechs Punkte. Der Rev. wie Nr. 32129. Am Rande Linienkreise. Gr. an 15.

32132—33.

Av. IORG (Gestieltes Kleeblatt) SCDVLTES (desgleichen) NO 1552 (Krone). Im Kreise ein Schiff von alter Form mit zwei Flaggen im Meere. Rev. Die Umschrift wie im Averse ohne NO Im Kreise ein doppelleistiges Rautenschild mit vier Lilien (1. 2. 1.), an den vier Seiten je ein Dreiblatt zwischen Punkten. Linienrand. Messing. Gr. 13.

Av. IORG ⁘ SGDVLDDS ⁘ IORG (Krone). Im Kreise der Löwe von Sct. Markus rechtshin mit Schein und Buch. Rev. IORG (punktirte Ros.) SCDVLTES ⁘ 1553 ⁘ (Krone). Im Kreise der Reichsapfel in doppelter breitbogiger Einfassung und in den äussern Winkeln Dreiblätter. Messing. Gr. an 13. (Beide in der Sammlung des Herrn Dr. Freudenthal.)

32134—35.

Av. IORG ✱ SCDVL · TE ...(?) NO (Ros.) Im Linienkreise um eine sechsblättrige Ros. drei Kronen und drei Lilien, je abwechselnd herum bestellt; ober jeder Krone drei Punkte. Rev. IORG, (gestieltes Blatt) SCDVILTES · 15 · 5 · 1 · (Krone). Im Linienkreise der Reichsapfel in einer dreibogigen Einfassung; an welcher von aussen in den Einbögen je ein Dreiblatt zwischen Punkten. Am Rande beiderseits ein Linienkreis. Gr. an 12. Messing.

Av. GEORG · SCHVLTES · IN · NVRBERC + Im Kreise drei Kronen und drei Lilien um die Rosette. Rev. GLVCK · KVMPT · VON · GOT · DEM · IER + Im Kreise der Reichsapfel im doppelten Dreipasse. Gekerbter Rand. Messing. Gr. 12. (Sammlung des Herrn Dr. Freudenthal.)

32136—39.

Hanns Schultes (um 1550—74.)

Av. HANS: SCHVLTFS: XBX (ähnlich K) FDNSTL und ein Dreiblatt. Innerhalb eines Linienkreises ein vierfeldiges Wappen, darin eine Krone, im zweiten Felde drei Sparren, ober welchen zwei, unten ein Ring, im dritten zwei Querbinden, in welchen Punkte, und im vierten eine Lilie. Oben und zur Seite je eine dreiblättrige Blume zwischen Ringeln.

Rev. HANS: SCHVLTES: NR C oder G verkehrt, FDBRF, (Krone.) In einem Linienkreise die Frauensgestalt ähnlich Nr. 32125, jedoch nur zwischen sechs Halbkreisen, deren je drei an einer Seite, welche die Gestalt oben und unten freilassen. An den Spitzen der Bögen innen dreiblättrige Blumen, ausserhalb in der Einbiegung je ein Punkt. Am Rande Linienkreise. Gr. an 15.

Av. HANS ▼ SCHVTLTFS ▼ X . . . BPDTA ▼ In einem Linienkreise ein ähnliches Wappen wie Nr. 32136, nur im dritten Felde blos drei Querstreifen, und an der untern Schildseite je fünf Kugeln. Rev. HANS - SCHVTFS - NORMAFR G (nach aussen gestellt) Pl und eine Krone. Die Darstellung wie im letzten Rev., nur ausserhalb der Bögen je ein gleiches Dreiblatt wie innerhalb, statt der Punkte. Am Rande je zwei Linienkreise. Gr. über 14.

Ein dritter Stempel wie Nr. 32136 hat im Av. HANS ▼ SCHVLTFS ▼ DKFOTDOF (Krone), im Rev. an den Spitzen und aussen dreiblättriger Linienrand. Gr an 16. (Sammlung des Herrn Dr. Freudenthal.)

32140.

Av. HANS 8 SCHVLTES 8 ZV 8 NORMP (Krone). Innerhalb eines Linienkreises von sechs Halbkreisen, an deren innern Enden Ringeln, und ausserhalb dreiblättrige Blumen, die nackte Frauensperson wie Nr. 32136. Rev. ZV ✱ NORMPFR ∘ ✱ ∘ FMCHTS (Krone). Innerhalb eines Linienkreises das Wappen wie Nr. 32137, zu dessen Seiten oben und zur Seite je eine arabeskenartige Verzierung; und unterhalb rechts sechs, links fünf Punkte. Am Rande je ein Linienkreis. Gr. an 15. (Tafel 70.)

32141—42.

Av. HANS (Dreiblatt) SCHVLTES (Dreiblatt) NORMPER (Krone). Im Kreise das vorige Wappen und unter demselben noch beiderseits vier Ringel. Rev. GEMACHT 8 ZV 8 NORMBERDISCH (Krone). Im Kreise eine nackte Frau von vorn hält in der gehobenen Rechten, so wie in der gesenkten Linken einen Stengel mit drei Blumen. Links an der innern Seite des Kreises vier kleine Halbbögen mit Rosetten an den Spitzen; rechts am Boden ein Blumentopf. Gr. an 15. (Sammlung des Herrn Dr. Freudenthal.)

Av. BMRF (zweimal) OXBRF (zweimal): ✠ Im Kreise das Wappen wie Nr. 32136, aber im zweiten Felde noch in den beiden obern Winkeln und unten ein Punkt, im dritten unter dem obern Querbalken vier, unter dem untern zwei Punkte neben einander. Der Rev. wie Nr. 32139. Gr. 14. (Ebendort.)

32143—47.

Av. HANS · SCHVLTFS · BDOFX : + Im Kreise der Löwe von Sct. Markus rechtshin mit Schein und Buch. Rev. HANS · SCHVLTFS · DXKFLOI. Im Kreise der Reichsapfel im doppelten Dreipass, neben dessen Spitzen je ein Punkt. Messing. Dick. Gr. über 12. Die Punkte in der Umschrift dreieckig.

Ein zweiter Stempel hat im Av. SANT · MARCVS · NORMPE + Im Rev. HANS · SCHVLTES · NACN. Gl. Gr.

Ein dritter SANTVS · MARCVS · ZV NOR + und HANS · SCHVLTES · DEN: (Dreiblatt). Gr. an 13.

Ein Variant dessen mit dem Reverse wie der erste Stempel Nr. 32143. Gr. 13.

Ein vierter hat SANTVS ·:· MARDVS (Dreiblatt) XA (Dreiblatt) + und der Rev. wie der zweite Nr. 32144. Gr. an 13. (Sämmtlich in der Sammlung des Herrn Dr. Freudenthal.)

32148—49.

Av. SANT : MARGVS : NORPED (Ros.) : + Im Perlenkreise wie Nr. 32143. Rev. HANS (Ros.) SCHVLTES (Ros.) NORNBE : (Ros.) Im gewundenen Kreise wie Nr. 32143, aber an den Spitzen nach aussen ein Punkt zwischen Kreuzchen. Im Averse ein Linien- und im Rev. ein gewundener Kreis. Messing. Dick. Gr. 13.

Ein Variant hat im Rev. NORN (Ros.) und den Dreipass wie Nr. 32143. (Beide ebendort.)

32150—52.

Av. HANS (Kreuzros.) SCHVLTES (Kr.) ZV (Kr.) NVRENBR (Blattroselle.) Im Kreise der Reichsapfel im doppelten Dreipasse. Rev. GLICK (Kr.) KVMPT (Kr.) VON (Kr.) GOT (Kr.) IST WAR (punktirte Ros.) Im Kreise die drei Kronen und Lilien um die Roselle. Perlenrand. Die Kreuzrosetten sind durchslochen. Messing. Gr. 12.

Ein Variant mit NVREN (Bl.)

Ein Variant wie dieser mit IS WAR (Sämmtlich ebendort.)

32153—54.

Av. HANS : SCHVLTES : NORNBER : (Durchslochene Blattros.) Im Kreise der Reichsapfel wie zuvor, und aussen neben den Spitzen Punkte. Rev. wie vorher Nr. 32150, aber eine gleiche Kreuzroselle nach WAR, so wie zu den Seiten der drei Kronen. Im Averse ein gekerbter, im Rev. ein gewundener Rand. Messing. Gr. 12.

Av. HANS (Durchslochene Ros.) SCHVLTES : NOR (desgleichen). Im gewundenen Kreise die Darstellung wie vorher mit Ringeln statt Punkten. Der Rev. wie vorher Nr. 32150 mit GLICK : KVMPT : VON : GO (Gleiche Blätter) und Punkte neben den Kronen. Linienrand und im Av. nach innen ein gewundener Kreis. Messing. Gr. über 12. (Beide in der Sammlung des Herrn Dr. Freudenthal.)

32155—56.

Av. HANS + SCHVLTES + ZV + NVRENBERG + innerhalb eines Linienkreises drei doppelte Halbbögen, mit Spitzen zwischen denselben nach aussen, neben welchen je zwei gleiche Kreuzrosetten. In der Mitte der Reichsapfel. Rev. GLICK + KVMPT + GOT + IST · WAR + innerhalb eines Linienkreises eine Rose, um welche je eine Lilie und Krone dreimal abwechselnd gestellt sind. Neben der Lilienspitze nach aussen je zwei gleiche Kreuzrosetten; welche wie im Av. sämmtlich durchlöchert. An den Rändern je ein gekerbter Rand. Gr. an 12. Messing.

Av. HANS SCHVLTES IN NVRENBERG ÷ Im Perlenkreise der Reichsapfel im Dreipasse wie Nr. 32150. Rev. GLVK · KVMPT · VON · GOT · DEM · HER + Im Perlenkreise der Dreipass wie Nr. 32150. Gekerbter Rand. Messing. Gr. 12. (Sammlung des Herrn Dr. Freudenthal.)

32157—59.

Av. HANS ✱ SCHVLTES ✱ NORNBE (Ros.) Im Linienkreise ein Kreuz, in dessen Schenkeln je ein Querstrich zwischen Punkten; in den Winkeln je ein Ringel und um das Ganze vier Kronen und vier Lilien abwechselnd herumgestellt. Rev. LIB : MICH : ALS : ICH : DIH. (Die beiden C verkehrt gestellt.) Im einem zierlich gekrönten Schilde drei Lilien.

Av. IO · HANS · SCHVLTES. Im Kreise drei Kronen und Lilien um eine Rose abwechselnd gestellt. Rev. HNS (Ros.) SCHVLTES · TO. Der Reichsapfel in einem zierlichen Schilde. (Beide in der Univers. Sammlung Rostock. Mitgetheilt vom Herrn Dr. Bartsch.)

Av. HANS * SCHVLTES * NORN Der Reichsapfel in einem Dreikompass. Rev. HANS : SCHVLTES : EA .... Die drei Lilien und Kronen wie vorher. (App. 3420.)

32160—63.

Av. HANS ▾ SCHVLTFS ▾ DSRBO (Lilie). Die Vorstellung wie Nr. 32150 Rev. HANS ▾ SCHVLTFS ▾ FORIF ▾ Die Darstellung wie Nr. 32150, der Reichsapfel und an den Kronen nach aussen je drei Punkte. Messing. Gr. über 11.

Ein Stempel hat HANS : SCHVLTES : NORMPE (Ros.) und ABISRBIABISRABI SRABSR (Ros.) und fehlen die drei Punkte.

Av. wie Nr. 32150 mit NVRENB (Blatt). Rev. Die Umschrift wie Nr. 32150 mit WA (Punktirte Ros.) Im Kreise ein behelmtes Brustbild linkshin im Harnisch und Mantel. Perlenrand. Messing. Gr. 10.

Av. wie Nr. 32153. Der Reichsapfel mit HANS : SCHVLTES : ZV : NVRNB : (Sternrosette.) Rev. Die Umschrift wie Nr. 32150 mit WAR (Kreuzros.) Im Kreise das Brustbild des Türken linkshin. Im Av. ein Perlen-, im Rev. ein gewundener Rand. Messing Gr. an 11. (Alle vier in der Sammlung des Hrn. Dr. Freudenthal.)

32164—66.

Av. DNS · SCDVLTGS · DOTP (Durchstochene fünfblättrige Ros.) Im Kreise ein Schiff von alter Form mit zwei Flaggen im Meere. Rev. DNS · SCDVLTGS · TGONP (gleiche Ros.) Im Kreise ein an den vier Seiten mit Schnörkeln verziertes, doppelleistiges Rautenschild, darin vier Lilien (1. 2. 1.) Messing. Gr. an 13.

Av. (Kreuzros.) GLICK (Kr.) IST (Kr.) WALCZET (Kr.) Im oben unterbrochenen Kreise ein einmastiges Schiff von alter Form rechtshin, neben dem Segel rechts Halbmond, links Sonne, beide mit Gesicht. Rev. HANS (Kr.) SCHVLTES (Kr.) ZV (Kr.) NVREN (Kr.) Der Rev. wie zuletzt mit Kreuzrosetten an den vier Seiten und zwischen den zwei Lilien ein Punkt. Gekerbter Rand. Messing. Gr. 12.

Av. HANS (Durchstochene Kreuzrosette.) SCHVLTES—ZV * NVRENBERG Ein Dreimaster von alter Form rechtshin im Meere. Rev. HANS (Durchstochene Sternros.) SCHVLTES (desgleichen) NORNBE : (desgleichen). Der Rev wie zuletzt mit je zwei Punkten an den vier Seiten. Im Av. ein Perlen- und im Rev. ein gewundener Rand. Gr. 12. (Alle drei mitgetheilt von Herrn Dr. Freudenthal.)

32167.

Av. HANS : SCHVLTES : NORMB (durchstochene Ros.) Im Kreise ein bärtiges Brustbild linkshin. Rev. DAS : SIN : RECHEPNI : NOR (gleiche Ros.) Im Kreise ein quadrirtes, oben zweimal eingebogenes Schild, worin im ersten und vierten Felde je eine Lilie, im zweiten und dritten je eine Krone, unter dem Schilde ein Halbkreis von Punkten. Linienrand. Messing. Gr. 13. (Sammlung des Herrn Dr. Freudenthal.)

32168.

Av. GOTES : BORT : PLEIBT : EBI. Die Darstellung wie Nr. 32167. Rev. HANS (Durchstochene Ros.) SCHVLTES (desgleichen) IN (desgleichen). NORMB (desgleichen). Im Perlenkreise ein quadrirtes deutsches Schild mit dem Wappen wie vorher, unter welchem der Halbkreis von Punkten; oben und in den Seiten-Einbiegungen ein Ringel. Messing. Gr. über 12. (Ebendort.)

32169—70.

Av. SANCTI—DOMI. Bärtiges oben und unten bis an den Rand gestelltes Brustbild linkshin mit einer Halskrause in alter Tracht. Rev. HANS (Durchstochene Ros.) SCHVLTES (desgleichen) IN (desgleichen) NEKNBEG (gleiche Ros.) Im Kreise ein

Kreuz mit Lilien an den Enden und Kronen in den Winkeln, an letzteren nach aussen je drei Punkte. Perlenrand im Av. Gr. 12.

Av. MEIN : — HOFNVNG • ZV : GOT (Durchstochener Stern). Ein bärtiges Brustbild linkshin im Lorbeerkranze und Brustharnisch, vor demselben ein aufgerichtetes kurzes Schwert. Rev. SUBDVC | ENDIS • BA | DIONIBVS • | HANS • SCH | VLTES • N; Oben und unten ein Schnörkel. Perlenrand. Messing. Gr. über 9. (Beide in der Sammlung des Herrn Dr. Freudenthal.)

32171—73.

Av. HANS • SCHVLTES : AWBDIAWI ▼ In einem Kreise von kurzen Strichelu ein nach unten zugespitztes, an den Seiten eingebogenes Schild, ober welchem ∘·∘ und an der Seite je ein grösserer Ring, ober und unter welchem je ein Punkt. In demselben im ersten und vierten Felde eine Krone, im zweiten und dritten je eine Lilie. Am Rande ein Strichelkreis. Rev. Zwischen Linienkreisen: WABCBW ABCOBW ABWABOA ✠ In der Mitte der bärtige Kopf nach links mit Harnisch, auf welchem drei Reihen Perlen ober einander. Gr. 13.

Av. HANS • SCHVLTES : DIFOTLS ✠ In der Mitte das vorige vierfeldige Wappen, ober welchem die dreiblättrige Rosette. Am Rande ein Linienkreis. Der Rev. wie zuletzt. Gr. 13.

Av. HANS : SCHVLTES : IN : NORNBERG : und eine durchlöcherte Blattros. In der Mitte ein vierfeldiges Wappen, darin im ersten und vierten Felde eine sechsblättrige durchstochene Ros., im zweiten und dritten eine Lilie; an dem Schilde oben ein Kreuzchen. zur Seite je ein und unten drei Punkte. Die Umschriften beiderseits zwischen Perlenkreisen. Rev. GOTES (Durchstochene fünfblättrige Ros.) BORT (durchstochene Ros.) PLEIBT (gleiche Ros.) EBIGLI (gleiche Ros.) Das bärtige Brustbild nach links wie vorher. Gr. über 12.

32174.

Av. In einem doppelten Linienquadrate ABCDE | GHIKL (F fehlt) | MNOPQ | RSTVX | YZ • H • S. An jeder der vier Seiten eine fünfblättrige durchstochene Ros. zwischen je zwei Punkten. Am Rande ein gewundener Kreis. Rev. Ein Mann in alter Tracht (Geldwechsler?) hinter einem Tische, auf welchem rechts ein Geldbeutel, link Rechenpfennige. Am Rande ober dem Manne je vier Halbbögen, an deren Spitzen nach innen je eine kleine Lilie, und an deren Ende eine gleiche Rosette. Unter dem Tische ragen die zwei Füsse, jedoch unförmlich, einem Rechtecke ähnlich, hervor. Von dem Tische hängen Fransen herab, ferner rechts und links von den Füssen je zwei Striche, welche sich auf zwei Querstriche stützen, welche unten in der Mitte einen Halbbogen, der bis an den Rand reicht, bilden. Gr. an 12.

32175—76.

Av. HANS (Durchstochene fünfblättrige Ros.) SCHVLTES (Gleiche Ros.) ɑ : KYPF • (gleiche Ros.) Innerhalb eines Perlenkreises ein unten abgerundetes von oben herab getheiltes Schild, in welchem rechts fünf und links fünf oder sechs Rechenpfennige; ober dem Schilde eine Arabeskenverzierung, zur Seite je eine dreiblättrige Rosette, ober und unter welcher je ein Punkt. Am Rande ein gewundener Kreis. Rev. Zwischen gewundenen zwei Kreisen: RECHENPFENING • ZVMBE. ✠ In der Mitte in einem Quadrate, an welchem ober- und unterhalb je das vorstehende Zeichen: 80 | 819 | 99 und links hievon hinter einem Striche 99. Gr. 11.

Ein zweiter Stempel mit gleichem Av. hat im Rev. HANS (gleiche Ros.) SCHVL TES (desgleichen) NORN (desgleichen). In einem gewundenen Kreise ein oben und unten mit Schnörkeln verziertes Quadrat, darin I | 329 | 44 und links 82 (die 7 wie verkehrte 2). Im Av. ein gewundener, im Rev. ein Perlenrand. Gr. an 11.

32177.

Av. HANS ✱ SCHVLTES ✱ ZV ✱ NVRENBERG ✱ Innerhalb eines Perlenrandes ein Kreuz aus vier C zusammengestellt, mit je einer Lilie an den Enden. In den vier

Winkeln je eine blattähnliche Verzierung. Rev. PIETAT + ET + — +IVSTITIA Vor P und nach A, dann unten zwischen den Kreuzchen je eine Kreuzrosette. In der Mitte ein mit einer grossen Krone bedecktes Schild, darin drei Lilien. Um das Schild eine Verzierung ähnlich einer Ordenskette. Am Rande je ein gekerbter Kreis. Gr. 13.

32178—80.

Av. · CAMERÆ COMPVT—OR · REGIORVM und eine liegende gestielte Lilie, dann ein Punkt. Unter einer grossen Krone die zwei Wappenschilder und Ordensketten wie Nr. 29433. Rev. Oben am Rande OPORTVNIVS und eine gestielte Blume. Im Felde Herkules nach vorn; in der ausgestreckten Rechten die Keule, in der Linken eine Krone. Hinter sich am Boden ruhend nach links eine Gestalt, mit dem Vordertheile Mensch, mit dem Hintertheile ein Pferd (Centaure), welche in der Rechten eine Keule hält, und sich auf ihn umsieht. Im Hintergrunde eine gebirgige Landschaft. Im punktirten Abschnitte H · S Am Rande Kreise von starken Stricheln. Gr. über 13.

Av. CAMERAE · COMPVTOR : RECIORV In einem Lorbeerzweige auf einer Leiste zwei Säulen, zwischen denen drei Lilien (1. 2.), die obere innerhalb einer Ordenskette und über dieser eine grosse Krone zwischen durchstochenen Rosetten. Rev. Umschrift zur Rechten: ET ELIZABET REGINAE Die Königin linkshin mit dem Caducäus in der Rechten in einem mit zwei Pferden bespannten Triumpfwagen; links ein Säulenthor. Im Abschnitte H · S zwischen runden Rosetten. Im Av. gewundener im Rev. gekerbter Rand. Messing. Gr. über 13. (Sammlung des Herrn Dr. Freudenthal.)

Av. HANS : SCHVLTES : GEMACH (Maltheserkreuz.) Im Kreise ein quadrirtes deutsches Schild, darin im ersten, vierten Felde eine Lilie, im zweiten und dritten eine Krone, über welcher drei Punkte. Oben ein Dreiblatt zwischen Ringeln. Rev. VENVSI : ANV — DOMNI : 157* Im oben und unten unterbrochenen Perlenkreise eine auf einer Halbkugel stehende nackte Frau, linkshin hält sie mit der Rechten das Schamtuch und in der vorgestreckten Linken einen Kelch. An der Kugel ein Kreuzchen zwischen Punkten. Linienrand. Weisses Metall. Gr. 13. (Samml. des Hrn. Dr. Freudenthal.)

32181.

Av. HANS : SCHVLTES : NOEDNM : ♥ Zwischen Linienkreisen ein Schiff alter Form, ober welchem · ɔ · und darüber ein Halbkreis, unter dem Schiffe am Rande vier kleine Halbbögen in welchen je ein Punkt. Rev AOBWOA BWBAWBO... WB♥ zwischen Linienkreisen. In der Mitte ein stehendes Viereck, darin vier Lilien (1. 2. 1.) An den vier Seiten je auswärts · ♥ · Gr. an 13. Messing.

32182.

Av. BVAB♥VBAVABVAVBAVBAVBV ✠ In einem Linienkreise zwei gegen einander gekehrte behaarte Gestalten, jede eine Stange haltend und die zweite Hand sich reichend; ausserhalb die Buchstaben H — S Rev. FKBTATBKFBTABKFBTABFT ✠ Innerhalb eines Linienkreises ein dreischenkliges Kreuz mit Lilien an den vier Enden. In den vier Winkeln je eine Krone. Am Rande je ein Linienkreis. Gr. 14.

32183—84.

Damian Krauwinckel (um 1570.)

Av. LERNS (Kreuzros.) PAS * 1566 * D : K und ein gestieltes Blatt. In der Mitte wie im Rev. ist ein Kreuz mit lilienförmigen Verzierungen an den Enden. In den Winkeln kleine sechsspitzige Sterne. Rev. LERNS. (Kreuzros.) PAS ✱ 15 · 66 : R Gestieltes Blatt Die Umschrift beiderseits zwischen starken länglichen Stricheln. Gr. über 12. Messing.

Av. DOMI — ANVS — KRAV — WINC Im Perlenkreise ein deutsches Schild, welches durch ein darauf liegendes, bis an den Rand gestelltes Fadenkreuz mit Lilien an den Enden in vier Felder getheilt ist; im ersten und vierten eine Lilie, im zweiten und dritten eine Krone. Oben und unten, dann auf beiden Seiten zwei Punkte.

Rev. VENVS ✱ AN — NO ✱ M · D · 72. In einem oben und unten durchbrochenen Perlen- und innern feinen Linienkreise die nackte Venus von vorn hält mit der Rechten das flatternde Schamtuch und in der Linken eine Kugel: sie steht auf einer unten am Rande befindlichen, mit einem Sternchen besetzten Halbkugel, Perlenrand. Messing. Gr. über 12. (Sammlung des Hrn. Dr. Freudenthal.)

32185—86.

Av. DAMIANVS · KRAVWINCKEL (Lilie.) In einem gewundenen Kreise ein bärtiges Brustbild linkshin mit Halskrause, vor und hinter welchem im Felde ein Sternchen. Rev. Im Kreise ABCD | EFGHI | ;KLMNO | PQRST | WXY und ꝰ. Gr. über 13. (Sammlung des Herrn Dr. Freudenthal.)

Av. Aehnlich, nur NVS ✱ Rev. In einem einfachen Vierecke, ober welchem ∗ D ∗ K ∗ — das Alphabet ABCDE | FGHIK | LMNOP | QRSTW | XYZDK An der Seite und unten je eine Verzierung zwischen gleichen Rosetten. Am Rande ein gewundener Kreis. Gr. 14.

32187—89.

Av. DOMIANVS ✱ KRAVWINCK (Lilie.) Im Linienkreise der Löwe von Sct. Markus rechtshin mit Schein, welcher letztere die Lilie in der Umschrift zum Theile verdeckt. Rev. IПCOdV (Lilie) IIRVŒE (Lilie) NŒCOdV (Lilie). Im Linienkreise der Reichsapfel im doppelten Dreipasse, neben dessen Spitzen nach aussen je ein Ringel. Linienrand. Messing und Dick. Gr. über 12. (Die D und R verkehrt, die P gestürzt.)

Av. DAMIANVS (Kleekreuz) KRAWIN... In einem gewundenen Kreise drei Kronen und drei Lilien um eine Rosette abwechselnd in die Winkeln gestellt. Rev. Von rechts: RECHEN (Kleekreuz) PFENNIGE (Kr.) In einem gleichen Kreise der Reichsapfel wie bei dem letzten Stempel ohne die Ringel. Gekerbter Rand. Messing. Gr. an 12.

Av. DAMIANVS + KRAVWINCKELL ✱ In der Mitte ein zierliches Schild, in dessen Feldern abwechselnd je eine Lilie und eine Krone. Rev. MEM.....ONIS. Das gekrönte von einer Ordenskette umschlossene französische Wappen. (App. 1588.)

Egidius Krauwinckel. 32190—91.

Av. VENVS (fünfblättrige Ros.) PFENING (desgleichen) EGIDIVS ✱ KR (grosse Lilie) Im Perlenkreise ein quadrirtes deutsches Schild, darin im ersten und vierten Felde je eine Lilie, im zweiten und dritten ein aufgerichteter Löwe linkshin. Zu beiden Seiten des Schildes ein Sternchen und über demselben eine Blattverzierung zwischen Sternchen. Rev. SPES (Kreuzros.) MEA (Kreuzros.) AT — DEO (Kr.) M · D · LXXI (Krone). Im unten unterbrochenen Perlen- und innern Linienkreise die Venus wie vorher Nr. 32184; sie steht auf einer unten am Rande befindlichen kleinen Kugel. Perlenrand. Gr. 15. (Sammlung des Herrn Dr. Freudenthal.)

Av. Der Mann in alter Tracht vor einem Tische, auf welchem rechts eine Rechentafel und links Rechenpfennige. Am Rande eine oben nur durch den Kopf unterbrochene Einfassung von kleinen Halbbögen, an deren Spitzen kleine Lilien und im Einbuge je ein Punkt. Von dem Tische gehen, ohne dass die Füsse des Mannes angedeutet wären, zwei breite bandförmige Streifen an den Rand herab, welche gegen die Seiten hinaus zu gebogen sind. Im Rev. ABC | DEFGHI | K bis Q | RSTVWXYZ | EGIDIVS · | · KRA. Am Rande je ein Perlenkreis. Gr. über 13. Messing. Stark.

32192—93.

Av. EGIDIVS · KRAVWINCKEL und eine Brille. In der Mitte je eine Krone und eine Lilie dreimal abwechselnd; in der Mitte eine Rose. Rev. RECHEN (ein Zierath) PFENING · NVREN und eine fünfblättrige Ros. In der Mitte ein doppelter Dreipass, und in der Mitte ein Reichsapfel; ausserhalb sechs Punkte. An der innern Schrift ein, am Rande zwei Perlenkreise. Gr. an 12.

Av. EGIDIVS, (Kreuzroselle), KRAVWINCKEL, zwei Ros. über einander und eine Kreuzros. Sonst wie im letzten Av. Rev. RECHEN · PFENING · NVRENBERG und eine fünfblättrige Ros. Der Rev. wie zuletzt; nur sind statt den sechs Punkten sechs kleine Sternchen. Gl. Kreise. Gr. 13. (Beide von Messing und Sammlung des Herrn Schlumperger.)

32194—95.

Av. EGIDI ✱ KRAVWINCKEL ✱ NVR (Ros.) In einem Perlenkreise die Kronen und Lilien wie vorher. Rev. RECHEN • PFENING • NVRENB (Ros.) In einem Perlenkreise der doppelte Dreipass wie vorher mit Sternchen statt der Ringel. Perlenrand. Messing. Gr. 10.

Av. EGIDI · KRAVWINCKELL (Kleckreuz.) Im Perlenkreise wie der vorbeschriebene Revers mit Punkten statt Sternen. Rev. Eine oben und unten bis an den Rand gestellte, geflügelte Frau von vorn im leichten Gewande, hält die Rechte auf die Brust und stützt die Linke auf einen Anker. Zur Seite rechts ein kleiner Hügel, auf welchem ein Kreuz steckt, links ein Herz in einem kleinen Kreise. Perlenrand. Messing. Gr. über 11. (Beide in der Sammlung des Herrn Dr. Freudenthal.)

32196—97.

Av. EGIDI · KRAVWINCKEL · N und eine Krone. Innerhalb eines Linienkreises ein mit einer Spitze nach oben gestelltes doppeltes Viereck, worin vier Lilien, (1. 2. 1). Ausserhalb an jeder Seite zwei Ringeln. Rev. Ein Schiff mit einem Maste und vollem Segel nach rechts. Am Rande rechts oben ein Sichelmond und drei Sterne; links verwischt, unterhalb SCHIF • PFEN . . . (?) lesbar. Gr. 13. Messing.

Av. (Ros.) EGIDIVS -- KRAVWIN (R.) ✱ Ein zierliches, quergetheiltes, doppelleistiges, deutsches Schild, im oberen Felde ein Reichsapfel, im untern gespaltenen rechts und links eine Lilie. Unten am Rande zwischen der Umschrift sechs Sternchen. Rev. WER · WEIS ✱ OBS · WAR · S dahinter entgegengesetzt nach aussen: · APLONIA. Ein weibliches Brustbild rechtshin ohne Gewand, daneben getheilt E—K Gekerbter Rand Messing. Gr. an 14. (Samml. des Herrn Dr. Freudenthal.)

32198—99.

Av. EGI — DII — KR — AVV Innerhalb eines Linienkreises ein an den Seiten beflügeltes unten einspitziges Schild; in welchem der Reichsapfel. Aus der Mitte desselben gehen nach unten seitwärts (beinahe ein Dreieck bildend) zwei Stäbe bis an den Rand, welche in ein Kreuz enden, unten am Rande zwischen beiden und zwei Punkten eine Kugel. Rev. SANCTS (Ros.) MARCVS (Ros.) EVANG (Ros.) Innerhalb eines Linienkreises die bekannte Vorstellung des geflügelten Löwen mit Schein aufrecht nach rechts schreitend. Gr. an 13. Messing.

Av. HODIE • M · C · — R (Michi cras) · TIBI · A ✱ Zwischen zwei Leuchtern ein bis an den Rand gestelltes Stundenglas, über welchem ein Todtenkopf zwischen Sternen, und darüber eine grosse Krone zwischen Sternen. Rev. Ein an den Seiten henkelartig verziertes Doppelquadrat, welches in neun Feldern die Zahlen 672 | 159 | 83 ♣ enthält. Ueber dem Quadrate eine Lilie zwischen · E — K · unten eine gleiche gestürzte zwischen Sternen und zu den Seiten der Henkel ebenfalls Sterne. Gekerbter Rand. Gr. 11. Messing. (Sammlung des Herrn Dr. Freudenthal.)

32200—201.

Av. Am Rande 1. 2. 3. 4. 5. 6. 7. 8. 9. 10. 11. 12. In der Mitte innerhalb eines Linienkreises ein nach rechts gewandtes Brustbild mit Vollbart, einem Turban, Halskrause und Gewand, zu dessen Seite E — K Rev. Ein behelmtes Wappen mit Helmdecken; darin in der rechten Schildhälfte ein aufrechter Löwe nach rechts; in der linken Hälfte, oberhalb ein Querstreifen von oben links nach rechts herab, und zur

Seite je ein Stern. In der untern Hälfte ein sechsspitziger durchstochener Stern. Auf dem Helme ein Adlerflug, zwischen welchem eine Schneiderscheere, ober welcher eine Sonne. Am Rande ein Kreis. Gr. 13.

Av. (Kreuzros.) SANCTA (Kr. und gord. Knoten) ELSBETA (Kr.) Eine linkshin gewandte Frau im leichten Gewande hält in der Rechten eine gehenkelte Vase und mit der Linken vor sich ein oben und unten zugespitztes, gespaltenes Schild, rechts sechsmal quergetheilt, links ein aufgerichteter Leopard rechtshin. Im Abschnitte eine Verzierung zwischen • E — K. Rev. (Kr.) RECHEN (Kr.) — (Kr.) PFENING (Kr.) Im oben und unten unterbrochenen Kreise ein gekröntes Schild mit Decken, darin der Leopard wie im Av. Ueber der Krone zwei Büffelhörner, zwischen denen eine Lilie und darüber am Rande zwei Kreuzrosetten. Neben den Hörnern getheilt E — K (Die Ros. sind sämmtlich durchstochen). Perlenrand. Messing. Gr. 14. (Letzte Sammlung des Herrn Dr. Freudenthal.)

32202.

Av. Zwei schief gestellte, mit den innern Spitzen an einander reichende unten abgerundete Schilde, in denen rechts ein Krückenkreuz, links ein längliches durch Querstriche in sechs Felder getheiltes Viereck unten mit einem Stiele (Handhabe), welche in einen Ring endet. Zwischen den Schilden eine fünfblättrige Ros., unter welcher E K. Ober den Schilden statt eines Helmes ein Mohrenkopf nach rechts, neben welchem ein Wappenmantel. Ober dem Kopfe ein wachsendes Einhorn nach rechts; oben bis an den Rand reichend, welches einen an Stelle der Umschrift befindlichen Kranz aus Lilien oder Syringakelchen unterbricht. Dieser Kranz wird von drei Ros., deren eine je rechts und links an der Seite, und eine unten, in vier Theile getheilt. Rev. Innerhalb eines Linienkreises, ein nach vorn gewandter Mann mit herabwallendem langem Lockenhaare, und faltenreichen bis zur Erde herabreichendem Gewande. Er hält in der Rechten am Stiele, das im Wappen des Av. befindliche hier auf der Schulter ruhende Quadrat; in der Linken anscheinend ein Buch. An der innern Seite des Kreises eine Verzierung, bestehend rechts aus sechs, an der linken Seite aus neun Dreiecken, an welchen nach innen ein dreitheiliges Kleeblatt. Am Rande ein gleicher Kranz aus Kelchen, welcher hier durch vier oben, unten und an den Seiten angebrachte ringförmige Gegenstände in vier Theile abgetheilt wird. Am äussern Rande ein gekerbter Kreis. Gr. 13.

Kilian Koch. 32203—5.

Av. Von rechts: Eine fünfblättrige Ros. HOC (Ros.) ME NATVRA DOTA (A viel kleiner) VIT Auf grasigem Boden ein geflügelter Hirsch, mit einem Schilde auf der Brust, in welchem das Zeichen Kilians, 4 und der Strich dieser Ziffer verlängert, und unten in drei Theile sich spaltend. Im Abschnitte klein CHILIA — KOCH | 15 — 87 und dazwischen das Zeichen wie im Schilde. Rev. Von rechts: MATER · PACIS · CONCORDIA · M Am Boden stehend eine behelmte Gestalt, nach links gewandt, welche in der Hand ein grosses, mit der Spitze am Boden ruhendes Füllhorn mit Blumen und Früchten hält. Am Boden rechts ein Brustharnisch und neben demselben eine Fahne und eine brennende Pechpfanne. Im Abschnitte klein · N. Am Rande beiderseits ein Strichelkreis. Gr. 13. Messing.

Av. CHILIANVS · COQVVS und eine fünfblättrige Roselle. NORIBERGENSIS und eine gleiche Ros. 87 In einem Linienovale zwei Löwen ober einander nach links schreitend, in den Vorderpranken einen Lorbeerzweig haltend. Rev. In der Mitte FIRMABO, rechts die strahlende Sonne und links ein Flügelpaar, von oben herab und von unten hinauf eine Darstellung, wellenförmig einen Fluss oder Flammen vorstellend. Am Rande gekerbte Kreise. Gr. an 13. Tafel 70.

— Av. Von rechts: PER SAXA — PER · IGNES. Auf grasigem Boden ein behelmter Reiter nach rechtszu gallopirend. Im Abschnitte CHILIA -- KOCH, klein, | 15 — 88 und dazwischen das Zeichen wie vorstehend. Rev. SOLATVR CONSCIENTIA ET FINIS. Auf dem Grasboden ein aufrecht nach rechts schreitender gekrönter Löwe. Im Abschnitte · 15 · N · 8 · 8. Am Rande je ein gekerbter Kreis. Gr. an 13.

32206—7.

Av. Von rechts: ✠GALLIA ✱ — ✱ FORTIT Auf dem Erdboden zwei behelmte Krieger, welche jeder in der nach innen vorgestreckten Hand einen Lilienstengel halten, auf welchem oben in einem rundlichen Schildchen die französischen drei Lilien. Am Boden unten rechts ein Hahn, links ein Wolf gegen einander gekehrt, oben neben dem Schilde die ehemaligen Zeichen des Quecksilbers und des Eisens, im Abschnitte ·C· — K· und dazwischen das frühere Zeichen. (4) Rev. ANDRE · HACGREFFIER ·DE · LA·COVRT· DES MONOIES. In der Mitte ein von aussen verziertes unbehelmtes Schild, darin drei Vögel, (2. 1) nach links gewandt. Gekerbte Kreise am Rande. Gr. an 13. Messing.

Av. Von rechts: SPES ALTERA VITAE Am Erdboden zwölf Getreideähren, und unten zwei über einander gelegte Knochen. Im Abschnitte: · C · K. Rev. Von rechts: CONCEDAT. LAVREA · LINGVAE Rechts ein behelmter Krieger nach links gewandt, und vor ihm ein Mann mit einem Turban bedeckt, und zur Seite ein Schwert, nach rechts gekehrt; zwischen beiden ein Harnisch am Boden. Am Rande beiderseits je ein Strichelkreis. Gr. 13.

32208—9.

Av. Von rechts: AVT · CÆSAR — AVT · NIHIL · Ein behelmter, nach rechts gewandter Krieger in römischer Tracht, in der vorgehaltenen Rechten ein Gefäss, worin Flammen, in der Linken eine Lanze; hinter sich am Boden ein Helm, eine Pfeilspitze und ein Säbelgriff. Im Abschnitte klein CHILIAN KOCH Rev. MANET · VLTIMA · COELO In der Mitte ein Palm- und ein Lorbeerzweig zwischen drei Kronen (1. 2.) und sechs Lilien (2. 2. 2.) An den Rändern gleiche Kreise. Gr. 13. Messing.

Av. Von rechts: · EX · BELLO — PAX · EX · PACE · VBERTAS In der Mitte eine nach rechts schreitende Frauensgestalt, in der vorgestreckten Rechten ein mit Lorbeern umschlungenes Schwert, in der Linken ein Füllhorn haltend; vor sich am Boden einen Panzer, aus welchem die Spitze eines Pfeiles und einer Hellebarde hervorragen, hinter sich links ein Schild, ober welchem eine Fahne und eine Pechfackel. Im Abschnitte · CHILIA KOCH Rev. HIS FLORENTIBVS FLOREBIT ET REGNV (V klein) M Unter einer Krone ein Schild mit den französischen drei Lilien, um welches eine kranzförmige Verzierung. Gleiche Ränder. Gr. an 13. Messing.

32210—11.

Av. Von rechts: AB (Ros.) EQVIS (Ros.) VICTORIA Der nach rechts gallopirende Pegasus mit dem Schildchen auf der Brust wie vorher. Im Abschnitte CHILIAN KOCH. Rev. Von rechts: SIC · IVNCTA · QVERCV · LILIA · MANTA GERIT. Im Abschnitte FIDELIS COMES. Ein Widder liegt vor einem jungen Bäumchen. Gr. über 12. Kupfer und Messing. (Sammlung des Herrn Dr. Freudenthal.)

Av. Von rechts: COELVM (Ros.) NON (Ros.) SOLVM (Ros.) In einem feinen Linienkreise Sonne und Mond an der Seite zwischen Strahlen, dazwischen oberhalb der Sternenhimmel; unten oberhalb einer Leiste Flammen. Im Abschnitte C—K und dazwischen das Zeichen. Rev. Von rechts: · FAMAM · EXTENDERE · PACTIS. Die Mitte undeutlich, oben Wolken mit aus denselben fallenden Strahlen, zur Seite ein Lilienscepter unter einer Krone. Im Abschnitte unter dem Boden klein NON · OTIO Am Rande gekerbte Kreise. Gr. 13.

32212—13.

Av. Von rechts: SEV · PACEM · SEV · — BELLA · GERAS. Die Minerva mit Lanze und Schild behelmt, am Boden die Eule. Im Abschnitte klein C · K. Rev. SIG — NVM — AMORIS Zwei Hände, jede aus Wolken am Rande hervorragend, halten sich und ein Füllhorn mit Blumen und Früchten in der Mitte. Gestrichelte Ränder. Gr. 13.

Av. Von rechts: (Ros.) IN RECEPTATORES · SICARIORV: Der in einen Hirsch verwandelte Aktäon, nach rechts gewandt, von welcher Seite ihn ein Hund anfällt. Links ober dem Abschnitte ein halber Hund sichtbar. Im Abschnitte · K — K · und dazwischen das frühere Zeichen. Rev. rechts: IN (Ros.) — OCCASIONEM Im Meere auf einem liegenden Rade stehend, nach rechts gewandt eine Frauensperson mit vom Winde nach rechts zu gewehtem Haare, in der vorgestreckten Rechten ein Messer, in der Linken ein um den Körper flatterndes Schamtuch haltend. Die Ränder gestrichelt. Gr. an 13. Messing.

32214—16.

Av. Von rechts: AMINIMIS (Ros.) — QVOQVE (Ros.) TIMENDVM Am Grasboden ein nach rechts gewandter Vogel mit ausgebreiteten Flügeln, den Kopf gegen einen von oben herabfliegenden Hirschkäfer gerichtet. Im Abschnitte · K · K. Im Rev. Von rechts: (Ros.) IN (Ros.) — (Ros.) ASTROLOGOS Oben nach rechts die Sonne, wie sie eine aus der Luft in das Meer herabfallende menschliche Gestalt mit Flügeln bescheint. (Der herabstürzende Ikaros.) Der Rand beiderseits gekerbt. Gr. 12.

Av. Von rechts: AVT VINCI · VOS AV T MORI. Auf dem Grasboden ein nach links sprengender römischer Krieger, in der Linken einen Schild emporhaltend. Im Abschnitte K K, dazwischen eine Rosette aus sieben Punkten und aussen je eine kleine durchstochene Kreuzrosette. Rev. PIETATE ET IVSTITIA In der Mitte die drei Lilien in einem mit einer grossen Krone bedeckten Schilde, um welches ein Perlenkreis. Neben der Krone zwei Blattrosetten. Gekerbte Ränder. Gr. 13.

Av. Aehnlich mit MORI (fünfblättrige Ros.) und im Abschnitte K K zwischen drei gleichen Ros. Rev. CAMERAE COMPVTOR REGIORVM (R.) In unten überlegten Lorbeerzweigen auf einer Leiste zwei gekrönte Säulen, zwischen denen unter einer grossen Krone die französischen Lilien in einem von der Ordenskette vom heilige Michael eingefassten Ovale. Perlenrand. Gr. über 12. (Letzte Samml. des Hrn. Dr. Freudenthal.)

32217—18.

Av. RECHENN (Wachsender Adler) PFENNIGE (desgleichen) K (Kleekreuz) K (wachsender Adler). In einer Kettenrundung ein Tambour und Pfeifer linkshin in alter Tracht; im Hintergrunde rechts ein Knabe, links ein Mädchen, zu deren Füssen je eine Schelle liegt. Oben rechts eine Zinnpfeife. Rev. Im Perlenkreise innerhalb einer oben mit einer Lilie verzierten Cartouche der Reichsapfel im Kettenovale, um das Ganze eine breite Randverzierung. Perlenrand. Messing. Gr. an 13. (Sammlung des Herrn Dr. Freudenthal.)

Av. SOBDVCENDIS · (mit O) RATIONIBVS Eine weibliche Figur nach rechts, die Rechte vorhaltend und ein Aehrenbündel in der Linken; zur Seite K—K Im Abschnitte K (Ros.) K zwischen gestielten Blättern. Rev. FRAN · D · ALEN · ET · FR · R dann K · K zwischen zwei Ros. In der Mitte das mit einer grossen Krone bedeckte und mit einem Ordensbande ohne Kreuz umhängte Wappenschild mit den drei Lilien. Die Ränder gestrichelt. Gr. 13. (Sammlung des Herrn Schlumperger.)

32219—21.

Av. KILIANVS (Kreuzrosette) KOCH (Kr.) NVRENBERG (Blattrosette). In einem gewundenen Kreise die drei Kronen und drei Lilien um eine Rose. Rev. RE CHEN (Kleekreuz) PFENNIGE (desgleichen). Im gewundenen Kreise der Reichsapfel in einem doppelten Dreipasse. Messing. Gr. 10.

Av. Wie vorher mit Punkten zwischen der Umschrift und nach derselben ein Doppelpunkt zwischen Rosetten. Rev. VERBVM · DOMI · MANET · IN · AETER (Ros.) Sonst wie zuletzt. Strichelrand. Messing. Gr. an 11.

Ein zweiter Stempel hat im Av. Ringel statt Punkten, und nach der Umschrift fünf ins Kreuz gestellte Ringel, dann eine vierblättrige Ros. Im Rev. DOMI: (Alle drei in der Sammlung des Herrn Dr. Freudenthal.)

Hans Krauwinckel. 32222—23.

Av. HANNS · KRAVWINCKEL · IN · NVR und eine Rosette aus sieben Punkten Im Kreise ein behelmtes Brustbild nach links mit Gewande am Halse. Rev. GOTES REICH · BLIBT · EWICK · (Zwei zusammengehängte Kreuzchen). In einem Kreise in einer Einfassung von drei Halbbögen und drei Spitzen ein Reichsapfel. (Dreikompass). Gekerbter Rand. Messing. Gr. an 9. (Sammlung des Herrn Dr. Freudenthal.)

Ein zweiter Stempel mit IN NV und eine Rosette aus sechs runden Blättern oder Punkten. Der Rev. wie vorher mit der Umschrift: GOTT · ALLEIN · DIE · EERE · SEI und eine gleiche Rosette. Gestrichelte Ränder. Gr. 10.

32224—27.

Av. HANNSKRAVWINCKEL · IN · NVRENB und eine gleiche Rosette. Innerhalb eines gekerbten Kreises eine fünfblättrige Ros., um welche herum drei Kronen und drei Lilien abwechselnd gestellt. Rev. GLVCK · BESCHERT · IST · VN · GEWERT und eine gleiche Rosette. In einem gekerbten Kreise der Dreikompass. Die Ränder gestrichelt. Gr. 12.

Av. HANNS · KRAVWINGKEL · IN · NVRENB (Ros.) Die vorige Vorstellung. Rev. DAS · WORT · GOTTES BLEIBT · EWICK (Ros.) Der Dreikompass. App. 1590.

Av. und Rev. wie der erste, nur NVRENBE Die Ränder gekerbt. Gr. 12. Messing.

Av. Wie der erste ohne Punkte mit NVREN Die vorige Ros. Rev. DAS WORT GOTES BLEIBT EWICK AM und eine gleiche Ros. Der Dreikompass im Perlenkreise. Gekerbter Rand. Kupfer. Gr. 12. (Der letzte Stempel in der Sammlung des Herrn Dr. Freudenthal.)

32228—31.

Av. HANNS · KRAVWINCKEL · NVRENB und eine punktirte Ros. Die Vorstellung wie vorher Nr. 32224. Rev. DAS WORT GOTES BLEIBT EWICK (Dreitheiliges Blatt.) Der Dreikompass wie früher. Messing. Gr. 11.

Av. ähnlich ohne Punkte NVRNBE: (Ros.) Rev. VERBVM DOMINI MANET IN ETER (Ros.) Gekerbter Rand. Desgleichen. Gl. Gr.

Ein Variant im Averse hat Punkte in der Umschrift des Averses und NVRENBE (Ros.) ferner im Rev. ETERN (Ros.)

Ein vierter ohne Punkte in der Aversumschrift hat NVRNB: Im Perlenkreise der Dreipass. Rev. DAS WORT GOTES BLEIBT EWICK (Ros.) Im Perlenkreise die Linien und Kronen. Gekerbter Rand. Messing. Gr. an 12. (Alle vier ebendort.)

32232—36.

Av. HANNS · KRAVWINCKEL · IN · NV (Ros. aus sieben Punkten) zwischen gekerbten Kreisen. In der Mitte die Rose, um welche drei Lilien und drei Kronen. Rev. GOTT · ALLEIN · DIE · EERE · SEI ✠ zwischen gleichen Kreisen. In der Mitte der Dreipass. Gr. über 10.

Ein Variant-Stempel mit NVR (Letztere in der Sammlung des Herrn Dr. Freudenthal.) Beide Messing.

Av. Wie zuletzt Nr. 32232. Rev. GOTES · REICH · BLIBT · EWICK und die gleiche Ros. wie bisher. In einem Perlenkreise der Dreipass. Gekerbte Ränder. Gr. über 10.

Ein Variant mit NVR Gr. 10.

Ein dritter Stempel ohne Punkte in den Umschriften hat nach NVR eine, nach EWICK zwei fünfblättrige Rosetten. Gr. über 10. (Die beiden letztern in der Sammlung des Herrn Dr. Freudenthal.)

32237—40.

Av. Wie Nr. 32232. Rev. GOTES · SEGEN · MACHT · REICH (Ros.) Der Dreipass. Die Umschriften beiderseits zwischen gekerbten Kreisen. Gr. über 10. Messing.

Ein Stempel hat REICH Gekerbter Rand. Messing. Gl. Gr.

Desgleichen mit NVR und REICH und dahinter die punktirte Ros. Gr. 10.

Ein vierter mit REICH · und die Ros.

32241—44.

Av. HANNS · KRAVWINCKEL · IN · NV (Ros.) wie vorher. Rev. GOTTES GABEN · SOL MAN LOB + Gekerbter Rand. Messing. Gr. 10.

Ein Variant hat GOTTES · und LOB (punktirte Ros.) Gr. über 10.

Av. Wie vorher mit NVR (punktirte Ros.) Rev. HEVT · RODT · MORGEN · TODTT (punktirte Ros.) Gekerbter Rand. Messing. Gr. 10.

Ein Variant hat TODTT + und die gleiche Rosette. (Alle vier in der Sammlung des Herrn Dr. Freudenthal.)

32245—47.

Av. HANS (Kreuzrosette) KRAVWINCKEL (Kr.) GOTESS (Ros.) In einem Linienkreise die drei Lilien und Kronen wie vorher, und auf beiden Seiten der Erstern je eine Kreuzrosette. Rev. RECHEN (Kr.) PFENING (Kr.) NVRENBERG (R.) Im Linienkreise der Dreipass und neben den Spitzen nach aussen je eine Kreuzrosette. Perlenrand. Messing. Gr. an 12. Die Kreuzrosetten sind durchstochen.

Ein Variant mit NVRENBER (Ros.) Gr. über 11.

Ein zweiter mit GOTES (Kreuzrosette) und NVRENBER (Kr.) Gr. an 10. (Alle drei ebendort.)

32248.

Av. HANNS · KRAVWINCKEL · BIN ICH BEKONT: und zwei fünfblättrige Ros. In einem gekerbten Kreise ein unten abgerundetes Schild, an welchem oberhalb und zur Seite je eine Verzierung. Das Schild ist in vier Felder getheilt, in welchen in der rechten, so wie in der linken Hälfte je fünf Rechenpfennige, rechts 2, 2, 1, und links 2, 1, 2, gestellt. Rev. IN FRANCKREICH VND AVCH IN NIDERLONT und eine fünfblättrige Ros. In der Mitte innerhalb eines gleichen Kreises ein längliches Viereck, in welchem rechts 66 und links, hievon durch einen Strich getrennt 66 | 618 | 08 Ober dem Vierecke eine Krone, unterhalb eine Lilie zwischen je zwei fünfblättrigen Ros. An der Seite je ein dreitheiliges Kleeblatt. Die Buchstaben der Umschriften klein aber feiner als bisher geschnitten. Die Ränder gekerbt. Gr. 11. Kupfer.

32249—50.

Av. HANNS . KR — AV — WINCKEL IN · NVR Der Rechenmeister in alter Tracht, mit weiten Aermeln im Oberleibe vor einem Tische, welcher mit einer kettenähnlichen Verzierung eingefasst ist, und auf welchem neun Rechenpfennige und ein Rechenbrett. Unter dem Tische sind keine Füsse sichtbar, sondern zwei schiefstehende Füsse des Tisches, zwischen welchen ein gestieltes Kleeblatt. Rev. FLEISIGE · RE CHNVNG · MACHT · RICHTIKEIT und eine sechsblättrige Ros. In einem gekerbten Kreise das Alphabet ABCD | EFGHIK | LMNOPQ | RSTVW | XYZ Diese fünf Zeilen sind durch vier Querstriche abgetheilt. Am Rande gekerbte Kreise. Gr. über 13. Bei Appel Nr. 1591 im Av. WINGKEL und sind die C bei vorliegendem Exemplar dem G etwas ähnlich; ferner im Rev. nach G und T Doppelpunkte statt einfachen Punkten.

Ein Stempel mit + HANNS · IN · NVR hat im Rev. MACHT · RICHTIKEIT und die punktirte Roselle. Gekerbter Rand. Gr. 13. Messing. (Sammlung des Herrn Dr. Freudenthal.)

32251—52.

Av. HANS (Durchstochene Kreuzroselle) KRAVWINCKEL (Kreuzros.) NVREN BER und eine Blattrosette. In der Mitte ein Kreis von feinen Punkten, an welchem nach innen zu vierundzwanzig dreieck - förmige Spitzen. In der Mitte eine Verzierung, innerhalb welcher ein Reichsapfel. Rev. S (Durchstochene Kreuzros.) MARCVS (gleiche Ros.) EVANGELLIST (gleiche Ros.) GOTT und * zwischen zwei gleichen Rosellen. Innerhalb eines feinen Linienkreises der geflügelte Markuslöwe nach rechts mit einem Scheine um den Kopf. Die Ränder stark gestrichelt und gekerbt. Gr. über 13. Kupfer. Kömmt auch in Messing von doppelter Stärke vor. (Tafel 70.)

Ein Variant wie der letzte hat nach GOTT zwei Kreuzrosellen über einander, und dann den Stern zwischen Kreuzrosetten. Gr. über 13. (Sammlung des Herrn Dr. Freudenthal.)

32253.

Av. HANS (Durchstochene Ros.) KRAVWINCKEL (Gleiche Ros.) RECHEN (gl. Ros.) PFENI + In einem punktirten Kreise ein Lilienkreuz, in dessen Winkeln je eine durchstochene Ros. und zwei Kronen und zwei Blätter. Rev. PIETAT (durchstochene Ros.) ET (gleiche Ros.) — (Ros.) IVSTITIA Unter einer grossen Krone die drei Lilien in einem unten abgerundeten Schilde, neben welchen zur Seite je zwei Kreuzrosellen und ausserhalb derselben eine Ordenskette aus Verzierungen zusammengestellt, an welchen unten ein Blumenkelch. Gleiche zwei Kelche stecken an der Krone. Die Ränder stark gekerbt. Gr. über 13. Kupfer. Kömmt auch in Messing vor.

32254—56.

Av. HANS (Durchstochene Ros.) KRAVWI — NCKEL (gleiche Ros.) SCHIF ✠ Ein rundliches Schiff im Meere in Nussschalenform mit Erhöhungen an beiden Enden, und Mastbäumen auf denselben und in der Mitte. Der Rev. wie vorher, nur PIETATE Gr. 18. Kupfer. Die Ränder stark gestrichelt. Kömmt auch in Messing vor.

Av. HANS (Kreuzros.) KRAVWINCKEL (Ros.) GOTES (Ros.) Im Linienkreise ein an den vier Seiten lilienförmig verziertes, doppeltes Rautenschild mit vier Lilien (1. 2. 1.) und zwischen den beiden mittleren ein Punkt. Rev. SCHIF (Kr.) PFENING (Kr.) NVRENBERG (Ros.) Im Linienkreise ein Einmaster von alter Form rechts hin, auf beiden Seiten des Segels ein kleiner Stern. Gekerbter Rand. Messing. Gr. 12. (Die Kreuzrosetten durchstochen.) (Letzterer in der Sammlung des Herrn Dr. Freudenthal.)

Av. HANNS — KRAVWINCK. Eine Trophäe von Waffen, auf deren Mitte ein Schild unter einem Helme. Rev. Von rechts: HANIBALVS — CAPITANVS CARTHA: Ueber einer Leiste ein römischer Krieger mit einer Lanze in der Linken auf einem linksschreitenden Pferde. Gekerbter Rand. Messing. Gr. 13. (Ebendort.)

32257.

Av. Von rechts: CÆLVMQ³ REPLEBVNT · SPLENDORE ORBEM Unten nach aussen H · KROAW: zwischen runden fünfblättrigen Rosetten. Innerhalb eines punktirten Kreises auf Wolkengruppen knieend zwei Figuren (Apollo und Diana), deren jene rechts Strahlen um den Kopf hat, welche Pfeile in die unter ihnen befindliche Landschaft abzuschiessen bereit sind. Rev. Eine gleiche fünfblättrige Ros. DALPHIN REGNI · ERANCICI. In der Mitte die Darstellung des Delphins im langen Kleide mit einer Schärpe. In der Rechten hält er eine Lanze und die Linke hält er auf einen

Helm, welcher sich links auf einem Tischchen befindet. Am Rande starke Strichelkreise. Gr. über 13. Kupfer.

32258.

Av. Von rechts: PIRAMVS — ET THISBE und eine fünfblättrige Ros. Eine unter einem Baume am Boden liegende Gestalt, gegen welche von der linken Seite eine weibliche Gestalt zuschreitet. Im Abschnitte: HANNS KRAV Rev. Von rechts: AVT CAESAR — AVT NIHIL und eine fünfblättrige Ros. Ein römischer behelmter Krieger mit einer Lanze in der Linken und einem Gefässe, woraus Flammen hervorschlagen in der Rechten. Unten am Boden rechts vor ihm ein Helm, ein Schwert und ein Pfeil. Im Abschnitte H. K. Am Rande beiderseits ein Perlenkreis. Gr. 13.

32259.

Av. Von rechts: NIHIL IN EXPLORATO und eine rundblättrige Ros. Am Erdboden ein Einhorn nach links gewandt mit gesenktem Kopfe. Im Abschnitte HANS KRAV: Rev. Von rechts: NEC IGNI NEC FERRO CEDO (runde Ros.) Ein römischer behelmter Krieger, in der vorgehaltenen Linken eine Lanze, auf welcher oben Bänder. Nach rückwärts ein flatterndes dünnes Gewand. Im Abschnitte ·H·K. An den Rändern je ein Perlenkreis. Gr. 13.

32260.

Av. Von rechts: AB EQVIS VICTORIA und eine runde fünfblättrige Ros. Das nach links gallopirende geflügelte Ross am Erdboden mit einem Schildchen vorn auf der Brust, in welchem ein länglicher Gegenstand. Im Abschnitte H·KRAVWI: Rev. Von rechts: FRANGIT — ET — ATOLLIT Eine behelmte weibliche Gestalt (die Minerva) mit einer Lanze in der Rechten und einer Leine, an welcher ein Löwe, in der gesenkten Linken den Schild, und an der Leine ein Eber. Im Rev. ein Perlen- und im Av. ein gekerbter Kreis. Gr. 13.

32261.

Av. Von rechts: REGIS SACRA — FŒDERA MAGNI Zwei Säulen, auf welchen eine grosse Krone ruht. Dieselben sind und zwar jene rechts mit einem Palm-, jene links mit einem Lorbeerzweige umwunden, und umschlingt beide Säulen ein Band, welches in der Mitte in eine Schleife gebunden. Die Säulen ruhen auf einem Sockel, auf welchem: H·KRAWI Rev. Von rechts: HENR·IIII R·CHRI — MARIA·AVGVSTA und eine fünfblättrige Ros. Die Brustbilder beider an einander nach rechts in alter Tracht. An den Rändern ein starker Strichelrand. Gr. über 13. Kupfer und Messing.

32262.

Av. Ein behelmter Reiter auf einem nach links gallopirenden Rosse, geflügelt, und mit einem Schilde an der rechten Schulter. Ueberschrift PERSEVS und eine fünfblättrige Ros. Unter dem Grasboden im Abschnitte: H·KRAV: Rev. rechts: GALLIA, links FORTIT und eine gleiche Ros. In der Mitte zwei behelmte römische Krieger, welche in den Händen nach aussen je eine Lanze und mit den innern einen Liliensiengel mit drei Blüthen halten. Zu den Füssen rechts ein Hahn und bei jenem links ein Windspiel. Im Abschnitte unter einem Striche H·K· An den Rändern beiderseits je ein Perlenkreis. Gr. 13.

32263–64.

Av. Von rechts: PIETATE—ET—IVS—TITIA Auf einem Striche zwei runde Postamente neben einander, auf welchen zwei sich in einander schlingende Säulen, und auf denselben eine Krone. Zur Seite je eine weibliche unbekleidete Figur, deren jene rechts in der Rechten ein brennendes Herz, jene links in der Linken ein Flammenschwert hält. Die innern Hände legen sie an die Säulen. Unten im Abschnitte in einer

Linieneinfassung H • KRAV: und ausserhalb derselben eine fünfblättrige Rosette. Rev. Von rechts: VENERANDA MINERVA und eine gleiche Ros. Minerva sitzend, nach links gewandt, in der vorgestreckten Rechten einen Lorbeerzweig, die Linke auf das Medusenschild gestützt; vor sich unten die Eule, zur Seite unten eine Lanze. Am Rande im Av. ein gekerbter, im Rev. ein Perlenkreis. Gr. 13. Kupf. und Mess.

Av. Von rechts: PIETATE—ET—IVSTITIA Auf einer Doppelleiste zwei oben gekrönte Säulen, zwischen welchen eine grosse Krone und unter derselben drei Lilien in einem ovalen Wappen; unten zwischen Querleisten H • KRAV • An die Buchstaben H und V reicht die Spitze eines mit der Oeffnung hinauf zu gestellten Füllhorns, aus welchem ein Lorbeerzweig an der Säule auswärts hinaufragt. Rev. Oben am Rande: VOLCANVS Dieser Gott vor einem Amboss sitzend, rechts gewandt und hämmernd. Vor ihm ein Mann nach links gewandt, vor einer Büste oder einer Rüstung. Rechts hinter ihm eine Lanze und ein Schild. Im Abschnitt H • K • Gekerbter Rand. Gr. 13.

32265—66.

Av. Rechts APPOLLO links DIANA; diese Götter neben einander, Apollo mit Strahlen um den Kopf und eine Harfe in der Linken, Diana eine Lanze in der Rechten, und den Bogen links am Boden. Hinter ihr ein Windspiel. Im Abschnitt H • K • Im Rev. Zwei Figuren, Meleager reicht der Atalanta den Eberkopf, Meleager hat in der Rechten ein gesenktes Schwert, Atalanta in der Linken einen Bogen; zwischen beiden am Boden der Eber ohne Kopf. Oben am Rande: MELIAGER und eine fünfblättrige Rosette. An den Rändern beiderseits ein Perlenkreis. Gr. über 13.

Av. Ebenso Rev. VIR MON FR—EX SC XV In der Mitte eine weibliche nach links gekehrte Figur, in der Rechten eine Waage vorhaltend, in der Linken ein sie überragendes Füllhorn schulternd. Im Av. ein Perlen- im Rev. ein gekerbter Kreis. Gr. 13.

32267—69.

Av. Rechts CEPHALVS, fünfblättrige Ros. links PROCRIS, fünfblättrige Ros. Eine Frauensgestalt mit einer Lanze im rechten Arme schreitet gegen eine geflügelte männliche Gestalt, beide halten in der vorgestreckten Hand eine Leine, an welcher ein Hund. Im Abschnitte H • K • Rev. Von rechts: FRANGIT—ET—ATOLLIT Minerva mit der Lanze in der Rechten hält an einer Leine den Löwen und in der Linken den Medusenschild. Am Rande beiderseits ein Perlenkreis. Grösse über 13.

Av. Der in eine Cypresse verwandelte Kyparissos, rechts am Boden der mit einem Spere getödtete Hirsch. Oben am Rande: CIPARISSVS und eine runde Ros. Im Abschnitt H • K • Im Rev. oben VOLCANVS Die Vorstellung wie Nr. 32264. Im Abschnitte H • K • An den Rändern je ein Perlenkreis. Gr. 13. Kupfer und Messing.

Av. Die Fama, eine weibliche Gestalt mit ausgebreiteten Flügeln hält in den ausgebreiteten Händen je eine Tuba, dieselbe an den Mund haltend, zur Seite im Felde rechts ein Sichelmond umgeben von Sternen, zur Seite links die strahlende Sonne, oben am Rande FAMA Rev. Von rechts: FORTVNA—VARIABILIS und eine fünfblättrige Ros. Ein unbekleideter Mann nach links gewandt, auf einem Rade sitzend, hält in der Linken eine Sense und eine Leine, an welcher ein Faun (?) (ein menschlicher Oberleib mit Flügeln und Bocksfüssen) angebunden. An der Leine ein Schloss. An dem Worte VARIABILIS innerhalb eine Wolkenreihe. Im Av. ein gekerbter Rand und im Rev. ein Perlenkreis. Gr. an 13.

32270—72.

Av. Von Rechts: HERCVLES—ET—PALLAS Rechts Herkules mit umhängter Löwenhaut und der gesenkten Keule in der Rechten und links die Pallas, mit der Rechten einen Lorbeerkranz ober den Kopf des Herkules haltend. Links eine Säule, an welcher Schild, Lanze u. s. w. angelehnt. Im Abschnitt H • K. Rev. Von rechts: AETERNA—CONCORDIA Ein gekröntes H, darunter zwei Lorbeerzweige aus einem Merkursstabe herausragend, und an der Seite je eine Schlange, aufgerichtet und bis an die Krone reichend. Im Av. ein Perlen- und im Rev. ein gekerbter Kreis. Gr. 13.

Av. Ebenso. Rev. NEPTVNVS Rosette. Neptun mit dem Dreizack auf einem Delphine stehend. Im Hintergrunde ein Schiff. Reinh. 6183.

Av. Von rechts: IVPITER ET GANYMEDES und eine fünfblättrige Ros. Der Adler mit Ganymed in der Luft schwebend. Auf dem Grasboden rechts ein Lorbeerbaum. Im Abschnitte H · K · Rev. Von rechts: VENERANDA MINERVA Ros. u. s. w. Die Vorstellung wie Nr. 32263. Am Rande beiderseits ein Perlenkreis. Gr. 13.

32273--74.

Av. Von rechts: MARTIVS ET VENVS und eine fünfblättrige Ros. Mars rechts, links Venus an einander gelehnt; rechts am Boden eine Rüstung und ein Säbel, links am Rande eine Säule, ähnlich einem Geschützrohr. Venus hält die Linke auf dem Kopf eines neben ihr stehenden kleinen Amors. Im Abschnitte H · K · Im Rev. Pygmalion auf einem Sockel sitzend, nach rechts gewandt, wie er eine vor ihm stehende Statue mit dem Meissel vollendet. Rechts hängt vom Rande ein Richtblei herab, über welches ein Lineal quergelegt ist. Im Abschnitte H · K · Oben am Rande: PYGMALION und eine fünfblättrige Ros. Am Rande beiderseits ein Perlenkreis. Gl. Gr.

Av. Europa auf dem Stiere sitzend, welcher sie durch das Meer nach links zu entführt. Oben am Rande: EVROPA RAVIAE und eine fünfblättrige Ros. Im Abschnitte H · K · Rev. Von Rechts: PALLAS IVNO VENVS Diese drei Göttinen, von welcher an jener rechts, zu ihrer linken Seite ein kleiner Amor, an jener links ein Pfau, und an jener in der Mitte ein Schild und eine Lanze. An den Rändern Perlenkreise. Gr. 13.

32275.

Av. INSINGNI: Ros. — CIVIT · BABIL. Unter einer oben offenen Krone ein dreifach eingeschnittenes Schild, darin 3 (2. 1.) Kronen, oben offen mit einem Elefanten nach rechts je auf der Krone. Neben dem Schilde je eine Ros. (❀) Rev. Ein vierfüssiges nach links schreitendes Thier mit sieben Köpfen, auf welchem eine weibliche Gestalt zur Seite gewendet sitzt. Links am Rande gegen das Thier gewendet zwei männliche Personen, mit langem Gewande. Oben am Rande: MERITRIX BA: Im Abschnitte: APOCALIPS: | CAP: XVII. | H · K. Gekerbte Ränder. Gr. 13.

32276—77.

Av. Von rechts: FRIDE MIT DIR MEIN BRVDER und eine fünfblättrige Ros. Zwei behelmte Krieger sich einander gegenüberstehend; jener links hat seine Hände auf die Schultern des Andern gelegt, welcher mit seiner rechten Hand ein Schwert gegen den Unterleib des Ersteren richtet. Zur Seite derselben unterhalb IOAB -- AMA:| SA · (links) | II · B · — S · XXI Im Abschnitte: · H · K · Rev. SIT DOMIN9 (9 verkehrt) INTER ME ET TEVS QVE IN SEMP: In der Mitte zwei männliche Figuren gegeneinander gekehrt, deren jene rechts die Rechte auf eine am Boden ruhende Harfe stützt, jene links, behelmt, hält in der Linken einen grossen Bogen. Zwischen beiden DAVID | IONAT · | HAN · Ober DAVID bei dem Säbelgriff ein Doppelpunkt: An den Rändern je ein Perlenkreis. Gr. 13.

Ein Variant ohne Punkt nach JONAT hat einen breiten leeren Rand zwischen INTER und ME (Letzterer in der Sammlung des Herrn Dr. Freudenthal.)

32278—79.

Av. Der gekrönte Mordochai im Mantel mit Scepter in der Rechten auf einem nach rechts schreitenden Pferde sitzend, welches Haman im Brustharnische und blossen Kopfe am Zügel führt. Oben am Rande: HAMAN MARDOHE9 Im Abschnitte: ESTHER · VI · | Darunter zwei gekreuzte Lorbeerzweige | H · K · Rev. Die perspektivische Ansicht einer im Hintergrunde durch ein Thor geschlossenen mit viereckigen Platten gepflasterten Strasse. Im Vordergrunde hängt Haman an einem bis an den Münzrand reichenden Galgen. Im Abschnitte DAS HAVS | HAMAN (Das V trägt Spuren, dass früher an dessen Stelle ein M gezeichnet war.) Gekerbter Rand. Gr. 13.

Av. Von rechts: AMANS—FAVENS—O Zwischen einem röm. Krieger (rechts) und der Gerechtigkeit links mit Schwert und Waage steht eine Frau, welche ihre Hände auf die Schultern derselben legt; zu ihren Füssen ein, mit einem Lorbeerreise bestecktes offenes Buch, links eine Gesetztafel. Im Abschnitte • H • K • Rev. PIETATE ET — JVSTITIA und eine runde Roselle. Das gekrönte französische Wappen wie Nr. 32253 und die Kelche ebenso; zwischen den obern zwei Lilien ein Doppelpunkt. Am Rande gekerbte Kreise. Grösse über 13.

32280—82.

Av. Von rechts: CONCEDAT LAVREA LINVAE und eine runde Roselle. Zwei Figuren gegen einander gewandt, nicht ganz deutlich; jene links gepanzert; an der Seite rechts ein kleiner, zwischen denselben ein grösserer Lorbeerzweig aus dem Grasboden; unten ohne einen Querstrich • H • K. Der Rev. wie zuletzt. Am Rande gekerbte Kreise. Gr. 13.

Av. Oben am Rande ❀ OPPORTVNIVS ❀ Darunter in einer steinigen Landschaft Herkules mit ausgebreiteten Händen: in der Rechten eine Keule, in der Linken eine Krone haltend. Hinter ihm ein Centaure nach links mit einer Keule. Im Abschnitte H • K Rev. CAMERÆ • COMP — VTOR • REGIORVM Unter einer grossen Krone die französischen Lilien und das Wappen von Navarra in je einem Schilde, und darunter ein kleines gekröntes H, an welchem kleine Zweigchen. Um das Ganze zwei Ordensketten mit einem Kreuze. Am Rande gestrichelte Kreise. Gr. an 14.

Ein Variant mit gleichem Rev. hat vor OPP keine Roselle und nach VS blos einen Punkt. Statt der Landschaft hier nur eine Leiste, ober welcher die vorige Darstellung, und unterhalb H • K. An den Rändern je ein gestrichelter Kreis. Gr. über 13.

32283—85.

Av. Überschrift ❀ CAROLVSV • ROM: IMP: SEM • A • Der Kaiser mit unbedecktem Haupte zu Pferde nach links. Im Abschnitte H (Ros.) K Rev. Von rechts: VENI VI — DI DEVS — VICIT ❀ Unter einer Krone der Doppeladler mit dem gekrönten österreichischen burgundischen Schilde auf der Brust zwischen zwei gekrönten Säulen, an welchen auf einem Bande PLVS — VLTA Das Ganze auf einer dünnen Leiste. An den Rändern je ein Kreis von unförmlichen Stricheln. Gr. über 13.

Av. Von rechts: AVT CAESAR — AVT NIHIL ❀ Sonst wie Nr. 32208 nur der Helm, und die Pfeilspitze dann der Säbel rechts zur Seite und im Abschnitte H • K • Der Rev. wie ebendort; nach COELO zwei fünfblättrige Rosetten. Gr. 13.

Av. Oben am Rande: ELISABE TA REG: ANG: Die Königin zu Pferde nach links und vor ihr zur Seite rechts ein römischer Krieger mit Schild. Im Abschnitte H • K • Rev. POSVI DEVM ADIVTOREM Ein vierfeldiges Schild unter einer grossen Krone, darin im ersten und vierten Felde je drei Doppellilien, im zweiten und dritten je drei Leoparden nach rechts. Am Rande gekerbte Kreise. Gr. über 13.

32286—89.

Av. GALLIA — FORTIT wie der Rev. Nr. 32262 Rev. Aehnlich dem Rev. Nr. 32209 nur ETREGN und zwei runde Ros. Im Av. ein Perlen- im Rev. ein Strichelkreis. Grösse 13.

Av. Von rechts: HONOS ALIT—ARTES und eine fünfblättrige Rosette. Rechts Apollo mit der Leyer auf einem Sockel sitzend, und vor ihm eine weibliche Gestalt mit einem Füllhorne in der Linken, welche ihn mit der Rechten bekränzt. Im Abschnitte H • K • Rev. SEV BELLA GERAS—SEV PACEM Eine behelmte Gestalt, in der Rechten eine Lanze, in der linken einen Schild haltend. Rechts am Boden die Eule. Am Rande unförmliche Punkte. Gr. 13.

Av. Von rechts: HONOS—ET—VIRTVS Ros. Eine behelmte Gestalt mit einer Lanze und einer Säule in der Linken. Links von ihr eine unbekleidete Frau mit einem Füllhorn rechts und einer Lanze in der Linken; auf einem Delphine stehend. Im Abschnitte H · K · Rev. Von rechts: LEX REGIT—ARMA TVENVR Ros. An der Seite links Wolken, aus welchen eine Hand mit einem Schwerte, auf zwei Gesetztafeln gelehnt, hervorragt. Am Rande Perlenkreise. Gr. 13.

32289—90.

Av. Von rechts: TVRCKI· — CHS — KEISER Der Kaiser im Turban nach rechts reitend. Im Abschnitte H · K · Rev. INSIGNIIS CIVIT CONSTANT Unter einer Krone ein vierfeldiges Wappen, darin im ersten und vierten quergetheilten Felde oben zwei Kronen neben einander, unten drei Querstreife von oben herab, im zweiten und dritten je eine Krone. Gekerbter Rand. Gr. 13.

Av. ARBEIT VND TVGENT MACHT DICH EDEL Runde Ros. Innerhalb eines gekerbten Kreises ein Wappen unter Helm und Helmdecken, darin eine Pflanze mit einer fünfblättrigen Blume. Diese Pflanze erscheint auch oben am Helme. Unten neben dem Schilde H — K Rev. Von rechts: FAMAM EXTENDE — FACTOET Ein Reiter mit Helm und Rüstung nach rechts: unten im Abschnitte VIR · TV: Gekerbter Rand. Beiderseits Gr. 13. Kupfer und Messing.

32291—92.

Av. Rechts NVRM — BERG In der Mitte drei von Verzierungen umgebene Wappen (1 · 2), darin im obersten herzförmigen Schilde der Doppeladler; im untern Schilde rechts: Die Harpye, und links das gewöhnliche zweifeldige Wappen. (Wie bei Nr. 6931.) Ober dem ersten Schilde ein Adler mit ausgebreiteten Flügeln und Scepter und Schwert und oberhalb einige hebräische Buchstaben innerhalb eines Strahlenkreises. Von der Mitte zwischen drei Schilden gehen rechts ein Palm- und links ein Lorbeerzweig aus. Unten am Rande HK Rev. Im Vordergrunde eine Landschaft, in welcher Felder und ein Fluss und im Hintergrunde die Ansicht von Nürnberg. Oben am Rande Merkur in der Luft schwebend und einen Kranz über der Stadt haltend. Am Rande ein gekerbter Rand. Gr. 13.

Av. Oben am Rande rechts: NVRN — links BERG und dazwischen Merkur nach rechts gewandt oben in der Luft schwebend, unterhalb die vielthürmige mit Mauern und Bastionen eingefasste Stadt; in der untern Hälfte zwei Lorbeer- und zwei Palmzweige gekreuzt; und unten H — K Rev. Ein Schiff alter Form am bewegten Meere nach rechts. Ueberschrift von rechts: FLVCTVAT (Ros.) NEC (Ros.) MERGITVR Der Rand beiderseits gestrichelt. Gr. 13.

Mit Jahreszahlen. 32293—94.

Av. FORTVNA VARIABILIS. Saturn auf einem Rade sitzend, mit einer Sense vor ihm ein geflügelter Satyr; unten HK Rev. PLATANVS Ros. Neptun mit dem Stabe, den Cerberus an der Kette haltend; zur Seite HK. unten 1580 (Reinh. 6178.)

Dieser Stempel dürfte mit folgendem identisch sein.

Av. Von rechts: FORTVNA — VARIABILIS und eine fünfblättrige Ros. Rechts der Saturn auf dem Rade, auf welches er sich mit der Rechten stützt. In der Linken hält er die Sense und an einem Stricke einen gegen ihn gewandten geflügelten Satyr, welcher die Hände auf seinen Rücken gebunden hat. In der Mitte des Strickes in der Luft ein Vorhängschloss. Im Abschnitte H · K · Rev. Oben PLVTANVS und eine gleiche Ros. Das V ist aus einem A übergravirt. In der Mitte der Gott der Unterwelt, mit der Rechten den dreiköpfigen Cerberus an seiner Rechten haltend, in der Linken eine vom Boden bis an den Rand reichende Lanze; der Wind weht nach links in ein bogenförmig geschwelltes Gewand. Links am Boden HK Im Abschnitte die Jahrzahl 1589 Die Ziffer 9 ist nicht geschlossen und der Obertheil jenem der Ziffer 2 ähnlich. An den Rändern je ein Kreis von unförmlichen Perlen. Gr. 13.

32295—97.

Av. Von rechts: AMANS — FAVENSO Die drei Figuren wie Nr. 32279. Der Buchstabe O ist in der untern Hälfte durch den Kopf der linksstehenden Figur bedeckt. Im Abschnitte H K zwischen runden Rosetten. Rev. Von rechts: PIETATE ET — IV STITIA (Runde Ros.) Im Felde zwei Säulen, zwischen welchen nach oben ein gekröntes H, in welches zwei über die Säulen reichende Lorbeerzweige gesteckt sind. Ausser den Säulen je eine und dazwischen die dritte Lilie, von welcher je ein Lorbeerzweig ausgeht. Im Abschnitte: • MDLXXX • | • VIII • Statt der Punkte je ein dreitheiliges Kleeblatt. Am Rande je ein Kreis von unförmlichen Punkten. Grösse an 13. Messing.

Av. Aehnlich dem letzten mit IVSTITA (sic!) fünfblättrige Rosette und im Abschnitte • MDLXXX • | VIIII • Im Rev. AMANS — FAVENS — O Die drei Figuren wie Nr. 32279; im Abschnitte • H • K • Desgleichen. Gl. Gr. (Sehr schöner Stempel.) (Sammlung des Hrn. Dr. Freudenthal.)

Av. Von rechts: PER SAXA PER IGNES (Ros.) Ueber einem Grasboden ein römischer Krieger mit fliegender Feldbinde auf einem nach links springenden Pferde. Im Abschnitte • 1589 • Rev. Von rechts: (Ros.) PIETATE — ET — IVSTITIA (Ros.) Wie Nr. 32308 nur die Krone tiefer gestellt, und über derselben zwei Lilien neben einander. Gekerbter Rand. Messing. Gr. 13. (Ebendort.)

32298—99.

Av. Rechts: HANNS — links KRAVWIN: In der Mitte eine oben an einer Schleife angehängte Trophae mit einem Schilde und oberhalb mit einem Turban besteckt; zur Seite je ein Fähnchen mit einem langen Bande an jenem links; unten ist ein Schuh angehängt. Rev. Ein Diener rechts mit einem starken Wamms gegen ein geharnischtes nach rechts gewandtes Pferd gewandt, welches er am Zaume hält. Der Reiter hält in der Linken ein Schwert (?) empor. Ueberschrift: ALEXANDER MANG: Im Abschnitte unter dem Erdboden 1601 Am Rande je ein gekerbter Kreis. Gr. über 13.

Av. RECH: PFENNIG — HANSEN KRAVWIN In der Mitte eine ähnliche Trophae ohne den Turban jedoch, in der Mitte eine Panzerrüstung. Rev. Von rechts CARNEL: SCIPIO AFRICANVS C • (ivis) R • (omanus). Ein behelmter Reiter nach rechts galoppirend. Im Abschnitte 1601 Gekerbte Ränder. Gr. 13. Kupfer und Messing.

32300—301.

Av. Von rechts: RECHPFENNIG HANSEN KRAVWINCK • Nach rechts zu ein Baumstamm, an welchen Merkur mit der linken Hand sich anlehnt. In der Rechten hält er einen Stab; vor ihm nach rechts gewandt sitzt Pan am Boden und bläst die Rohrflöte. Im Abschnitte H • K • Rev. Von rechts LVCRETIA LVX ROMANA und eine Rosette. An den Umschriften beiderseits ein feiner unregelmässiger Kreis. Im Felde innerhalb einer Landschaft nach rechts zu Lukretia, die Rechte zur Seite ausgestreckt, und mit der Linken sich den Dolch in die Brust stossend. Gegen links zu ein Springbrunnen und im Hintergrunde ein nach links laufendes Pferd (?) Im Vordergrunde ein am Boden ruhender Mann, die Rechte auf das erhobene Knie stützend. Unten am Rande 1601 . Am Rande gekerbte Kreise. Gr. an 14. Messing.

Av. Von oben rechts: LVCRETIA LVX ROMANA • H • K • 1601 • In der Mitte auf getäfeltem Boden stehend Lukretia wie vorher; rechts ein Kasten, links ein Gloriorett, nur theilweise sichtbar. Rev. Oben am Rande IVDITH Unterhalb Judith, mit einem fliegenden Schleier, in der Rechten ein grosses Schwert haltend, und mit der Linken den Kopf, in einen Sack haltend, welchen ihr eine vor ihr stehende weibliche Gestalt hinhält. Im Abschnitte H • K • Am Rande gekerbte Kreise. Gr. über 13

32302—4.

Av. Rechts: MARCVS — CVRTIVS. Ein Krieger in altrömischer Kleidung mit in der Rechten gezücktem Schwerte auf einem Pferde nach links zu über Flammen galoppirend. Im Abschnitte 1 · 601 · Rev. In kleinerer Schrift von rechts: POPILIVS ROMAN : LE — GAT : VIRGA — REG · ANTI : CIRC : Popilius in orientalischer Tracht zieht mit einem Stabe einen Kreis um den an der linken Seite stehenden Antiochus. Unter dem Boden H · K · Am Rande gekerbte Kreise. Gr. über 13.

AV. Von rechts: REMVS ET REMVLVS. Ein Mann von links übergiebt einer auf ihn zueilenden Frau von rechts zwei auf den Armen haltende Kinder; neben ihm ein nach rechts springender Hund. Unterhalb 1 · 60 · 1 · | H · K · . Im Rev. von rechts: REMVS ET ROMVLVS. Die Wölfin zwei neben ihr liegende Kinder säugend. Im Abschnitte H · K · An den Rändern je ein gekerbter Kreis. Grösse 13. Kupfer und Messing.

Av. Von rechts SAMVEL ET DAVID. Samuel nach rechts gewandt, wie er dem vor ihm auf einem Polster knieenden David eine oben in Spitzen auslaufende Krone aufsetzt. Im Abschnitte H · K · Rev. Von rechts: REMVS ET ROMVLVS · Zwei behelmte Krieger mit Schwert und Schild einander bekämpfend, und einer bereits am Boden liegend. Im Abschnittte 1 · 60 1 · Am Rande gekerbte Kreise. Gr. 13.

32305—6.

Av. ✱ IVST — A 8 VLT — IO 8 8 Ein Adler mit ausgebreiteten Flügeln auf einem Baumzweige sitzend, nach rechts gewandt, und im Schnabel einen Krebs haltend. Im Abschnitte H · KRAVWI Rev. Von rechts: Eine fünfblättrige Rosette, ALIVS · PECC : — ALIO (Ros.) PLECTIT : Ein Mann in altrömischer Kleidung, Steine in den Händen. Die Rechte emporgehoben, wie er einen links neben ihm stehenden Hund (?) steinigen will. Im Abschnitte 1603 Am Rande Kreise aus unförmlichen Ringeln. Gr. über 13.

Av. Von rechts: HENRIC : IIII — LA (sic!) — ROI Œ (DE zusammengehängt,) — FRAN Der König von rechts zu Pferde ohne Helm; im Abschnitte H (Kleekreuz) K Rev. Von rechts: A FRANSVA (Kleekr.) — A DAFIN (Kl.) A NAVARA (Kl.) 1604 (Kl.) Die gegen einander gelehnten Wappen von Frankreich und Navarra, zwischen denen zwei, unten durch einen Kranz gesteckte Lorbeerreiser; über den Wappen ein gekrümmter Delphin, welchem ein Arm von oben rechts aus Wolken eine Krone aufsetzt. Desgleichen. Gl. Gr. (Sammlung des Hrn. Dr. Freudenthal.)

32307—8.

Av. ❀ EIN ❀ | GROSS GEMV | TE VND LEIB | ES · STERCK · ZV | HAL TEN. ALLEI | NE IST · GOTTES | WERCK ❀ ❀ | FORTITVDO | 1 · 606 · | HK · Auswärts ein gekerbter, und am Rande ein Kreis von unregelmässigen Perlen. Rev. Oben am Rande FOR — TITVDO zwischen zwei gleichen Rosetten. In der Mitte eine behelmte Gestalt, in der Rechten einen Säulenende (?) und die Linke auf einen Säulensockel haltend. Hinter ihr rechts am Boden ein Löwe haltend. Am Rande gleiche zwei Kreise wie im Averse. Gr. an 14.

Av. Von Rechts: PIETATE ET — IVSTITA ❀ Auf einem Sockel, auf welchem die Buchstaben HK — stehen zwei gekr. Säulen, und dazwischen unter einer grössern Krone ein herzförmiges Schild, worin ein Punkt und die drei Lilien; an den Säulen je ein Füllhorn, aus welchem ein Lorbeerzweig an den Säulen hinaufragt. Rev. Von rechts: PER SAXA PER IGNES ❀ Ein Reiter in altrömischer Kriegerkleidung nach links. Im Abschnitte · 1606 · Am Rande je ein gekerbter Kreis. Gr. 13.

32309—10.

Av. Von rechts klein. HENRI · IIII ROY · DE FRANCE ET NAVARE. Der König in Rüstung nach links reitend, in der Rechten, die er nach rückwärts hält, das gezogene Schwert. Unter dem Pferde Kriegstrophaen aller Art. Im Abschnitte H, (Kreuzros.) K Rev. OMNIS VICTORIA A DNO (Kreuzros.) Oben am Rande ein Kranz zwischen Wolken, von welchem ein Lorbeer- und Palmzweig herabhängen, dann Strahlen auslaufen. Im Felde rechts das Wappen von Frankreich, links von Navarra, zwischen beiden eine Krone, durch welche ein Schwert durchgesteckt und zwei Lorbeerzweige; neben dem Griffe 1609 Gl. Kreise. Gr. 13. Kupfer und Messing.

Ein Stempel wie der letzte von Kupfer, mit der verkehrten Jahrzahl 70—61 (1607) (Samml. des Hrn. Dr. Freudenthal.)

32311—12.

Av. Von rechts: HENRI : IIII · ROY DE FRANCE ET NAVARRE Der König zu Pferde wie vorher, auf der Schabracke des Pferdes das gekrönte Wappen von Frankreich. Im Abschnitte H K und dazwischen eine fünfblättrige Ros. Rev. Von rechts: FRANCE — DAVLFHIN ET NAVARE, ❀ ANNO 1609 ❀ Die zwei Wappen und der Delphin wie Nr. 32306. An den Rändern gestrichelte Kreise. Gr. 13.

Av. Von rechts: (Ros.) LVDO · XIII · DG FR · ET · NA · REX · CHRISTIAN · Das gekrönte jugendliche Brustbild linkshin mit einer Halskrause im Harnisch und Mantel mit dem heil. Geistorden auf der Brust. Hinter der Schulter am Rande klein IK Rev. Von rechts: FRANC DATA MVNERA COELI XVII OCT Die Ansicht der Stadt, über welcher eine Hand aus Wolken ein Oehlfläschchen hält. Im Abschnitte RHE | MIS · Ros. und ein Punkt | 1610 Gekerbter Rand. Messing. Gr. über 13. (Sammlung des Hrn. Dr. Freudenthal.)

32313.

Egidius und Hanns Krauwinkel.

Av. In einem viertheiligen Lilienkranze ein zierliches Schild mit einem hohen Kreuze und über dem Schilde ein wachsender Engel, welcher die Hände auf dasselbe stützt. Seitlich links abwärts · MIT · GE und rechts aufwärts DVLT · In der Mitte ein spanisches Schildchen mit einem Todtenkopfe über Gebeinen und neben demselben in Kreuzform vier bis an den Rand gestellte Säulen mit Lilien an den Enden. In den Winkeln des Kreuzes sind vier gleiche Schildchen mit gehenkelter Vase, einem Skorpion, Greifenkopf und einer Schlinge. Neben den Lilien getheilt von oben E—K, H—K, Z—N und R—B (Egidius Krauw. Hanns Krauw. zu NüRenBerg. Perlenrand. Messing. Gr. über 13. (Samml. des Hrn. Dr. Freudenthal.)

32314.

Hanns Laufer (um 1607—1645.)

Av. HANS · LAVFER · — · RECHEN · PFEN · M · Unter einer grossen Krone die Wappen von Frankreich und Navarra umhängt von zwei Ordensketten, von denen ein Kreuz bis an den Rand hinabhängt; an den Schilden unmittelbar klein · HL · Rev. Von rechts: HENRICVS IV FRANCORVM ET NAVARA REX und eine fünfblättrige Rosette. Das nach links gewandte bärtige Brustbild mit Gewand; am Kopfe ein Lorbeerkranz mit langer Schleife. Am Rande Strichelkreise. Gr. an 13 und 13.

32315—17.

Av. HANS · LAVFER (Kreuzros.) — RECHEN · PFEN · Auf einem länglich viereckigen Postamente liegt ein gegittertes Oval, auf welchem unter einer grossen Krone zwei unten durch eine grosse Schleife verbundene Säulen stehen; um die rechte ist ein Lorbeer- um die linke ein Palmzweig gewunden. Rev. Von rechts: HEIN . IIII · D · G · CHR — IST · MARIA · AVGVS Die beiden bis an den untern Rand gestellten Brustbilder, der König im Harnische mit Feldbinde und einem Ordenskreuze, die Königin mit Kopfputz und Halskrause. Gekerbter Rand. Messing. Grösse an 13. (Sammlung des Hrn. Dr. Freudenthal.)

Av. Aehnlich dem erstern Nr. 32315 nur sind statt den Punkten vor H und R, dann nach R kleine Kreuzrosetten. Rev. Von rechts: LVDOVICVS • XIII • D • G • FRAN • ET • NA • R • Das jugendliche Brustbild nach rechts mit Lorbeerkranz, Gewand und Ordenskreuz. Gekerbter Rand. Gr. über 12. Messing und Kupfer.

Ein zweiter Stempel (in der Samml. des Hrn. Dr. Freudenthal) hat HANS • LAVFER : R — ECHEN • PFENI. und unter dem Wappen • H • L •

32318.

Av. HANNS (Kreuzros.) LAVFER (Kreuzros.) RECHA • PFENING : M • und eine sechsblättrige Ros. In der Mitte ein unten abgerundetes Schild mit Verzierungen oberhalb und zur Seite; dasselbe ist durch vier Striche viergetheilt und sind in der Hälfte rechts fünf, und links gleichfalls fünf Rechenpfennige. Rev. GOTT (Kreuzros.) ALLEIN (Kr.) DIE (Kr.) EHR (Kr.) DEN (Kr.) IHN und eine sechsblättrige Ros. Die Umschriften beiderseits zwischen gekerbten Kreisen. In der Mitte ein längliches Viereck, an welchem oberhalb eine kleine Krone, und unterhalb eine Lilie, beide zwischen fünfblättrigen Rosetten; an der Seite je eine blattähnliche Verzierung. Im Schilde in der rechten Hälfte 66, in der Linken 60 | 618 | 08 Gr. 12.

32319—21.

Av. Von rechts: • HANS (Kreuzros.) LAVFER • — • VNICO VNIVERSV. In der Mitte eine Kugel, um welche kranzförmig 13 Lilien; zur Seite ein unten übereinander gelegter Lorbeer- und Palmzweig, und nach oben eine bis an den Rand reichende Krone. Unten am Rande ein Blümchen zwischen zwei Blättern. Rev. Von rechts: LVDO • XIII (Kreuzros.) DG — FR. ET NA. REX CHR Der König gekrönt mit dem Scepter in der Rechten, zu Pferde nach links reitend. An den Rändern ein doppelter gekerbter Kreis. Gr. über 13.

Av. Unter einer grossen Krone, neben welcher je ein Myrthenzweig, zwei Herzen je eines gegen den Münzrand zu; und mit Bändern verbunden, auf deren obersten CA RITAS | dem zweiten * SPES * dem dritten * FIDES * darunter * L * und eine lilienähnliche Blume; daneben links * A * auf dem dritten: • HANS • LAVFER • Unten am Rande ein Blumenzweig mit je einer gestielten Blume nach rechts, so wie nach links zwischen H—L Rev. Von rechts: LVDO • XIII D : G FR • ET • NA • ANNA AVSTR • HISPAN • Ihre Brustbilder gekrönt, nach links gekehrt, im Gewande mit grosser Halskrause. Am Rande je ein gekerbter Rand. Gr. 13. Kupfer und Messing.

Ein abweichender Stempel hat auf dem Bande NVNQVAM MAR (RC zusammen) ESCENT und unten H • L (L wie E ohne dem obern Strich.) Dann im Rev. D : G :, NA; und HISPANI Kupfer und Messing. Gr. 13. (Letzterer mitgetheilt von Hrn. Dr. Freudenthal.)

32322—24.

Av. Von rechts: • HANS • LAFER • IN NVRNB. R • Ansicht einer Stadt, über welcher eine Hand von oben aus den Wolken das Oehlfläschchen hält. Im Abschnitte • RENMES • ¦ • HL • Rev. Von rechts: LVDO. XIIII. D. G FRAN. ET. NAVA REX. C. Gekröntes bis an den untern Rand reichendes Brustbild linkshin mit Halskrause und zwei Ordensketten. Gekerbter Rand. Kupfer und Messing. Gr. 13. (Sammlung des Hrn. Dr. Freudenthal.)

Av. • H • LAVFER. IN • NVRMBERG zwischen gek. Kreisen. In der Mitte ein gekröntes Doppelschild, in welchem die drei Lilien (2. 1.) An den obern zwei Schildenden je ein gestieltes Blatt. Rev. • FLVCTVAT • NEC • MERGITVR. Ein Schiff. alter Form nussschalenförmig mit erhabenen beiden Enden, an welchen, so wie in der Mitte je ein Mastbaum mit einem Kleeblättchen an der Spitze, unter welcher tiefer eine Krone. Der Rand gekerbt. Gr. 12. Messing.

Ein Stempel bei Hrn. Dr. Freudenthal hat · FLVCTVAT . MER. NEC. GITVR. Strichelrand. Messing. Gl. Gr.

32325—27.

Av. Von rechts: (Kleekreuz) VVLTV . QVO . GOELVM (Kleekreuz) Im Linienkreise das belorbeerte Brustbild Heinrichs IV. rechtshin im Brustharnisch und Mantel; im Abschnitte · H · LAVF · Rev. HENRICVS IIII FRANCORAM ET NAVARÆ. REX. Die Wappen wie Nr. 32314 aber unten zwischen denselben ein gekr. H auf übereinandergelegten Lorbeerzweigen. Strichelrand. Messing. Gr. über 13. (Samml. des Hrn. Dr. Freudenthal.)

Av. Aehnlich, nur vor VV eine runde Blattrosette und im Abschnitte H. LAVFER. Rev. Von rechts: VENI — VI — DI — DEVS — VICIT und eine gleiche runde Rosette. In der Mitte auf einem Querstriche der gekrönte Doppeladler mit dem österr.-burgundischen Brustschilde zwischen zwei gekrönten Säulen, auf welchen unten je ein Band mit der Aufschrift, rechts PLVS (?) VLTE (?) Am Rande beiderseits je ein stark gestrichelter Kreis. Gr. 13.

Av. Von rechts: .HENI. IIII. D. G. ERANCOR. ET. NAVAR. RE Der König zu Pferd nach rechts reitend. Im Abschnitte unter dem Grasboden H · LAVFR Rev. Von rechts FŒDERA MAGNI REGIO SACRA Unter einer grossen breiten Krone zwei Säulen auf einem Postamente, mit einem Bande gebunden, welches zwischen beiden eine Schleife bildet. An der Säule rechts ein Palm- und links ein Lorbeerzweig hinaufgeflochten. Gr. 13.

32328—30.

Av. Perseus auf dem linkshin fliegenden Pegasus. Oben bogig PERSEVS zwischen Kleekreuzen; im Abschnitte · H · LAV · Rev. GALLIA (rechts) — FORTIT und eine fünfblättrige Rosette. Zwei Krieger in röm. Tracht halten in den Händen nach der Mitte zu einen Zweig, an dessen Ende oben drei Lilien; und in den Händen nach aussen je eine Lanze. Am Boden neben dem Krieger rechts ein Hahn, links ein Hund. Strichelrand. Gr. 13. (Samml. des Hrn. Dr. Freudenthal.)

Av. Wie der vorstehende Rev. Unten im Abschnitte HL Rev. HIS FLOREN TIBVS FLOREBIT RE—GN dann zwei fünfblättrige Rosetten. In der Mitte im gekrönten Schilde drei Lilien; und zur Seite zwei unten übereinander gelegte Lorbeerzweige. Der Rand beiderseits stark gekerbt. Gr. 13.

Av. Von rechts: Kreuzros. PRO—PAGO · IMPERI Kreuzros. Auf einer Leiste rechts ein fortgehender Mann mit einem Stabe in der Rechten, welcher der gegen ihn gewandten Minerva (?), einer Frauensgestalt mit Helm und Schilde die Hand reicht. Im Abschnitte H LA Rev. Von rechts · · HENR · IV · R · — C · MARIA · N. Deren nach rechts gewandte Brustbilde; der König im Harnisch und Mantel. Am Rande je ein Strichelkreis. Gr. 13.

32331—32.

Av. Von rechts: ARBEIT VND TVGENT MACHT EDEL DasChristuskind (?) mit einem Linienkreise (Scheine) um den Kopf; die Rechte nach Rechts zu ausgebreitet und in der Linken einen grossen Reichsapfel haltend. Zur Seite H — L Der Boden klein quadrirt. Rev. Von rechts: DEN · KVMPT · DER · DODT GIBT · DEN · LON Eine Knochengestalt, die Rechte nach rechts ausgestreckt und in der Linken einen Pfeil haltend, welcher durch den Brustkorb durchgesteckt, die Pfeilspitze gegen rechts gewandt hat. Diese Gestalt steht auf einem Kirchhofe zwischen Gräbern, zu den Füssen liegen Spaten und Schaufel; am Rande links ist eine Kirche. Der Rand gekerbt. Gr 13.

Av. OMNES MORIVNTVR, (Ros.) IN · ADAM Adam und Eva neben einem Baume, auf welchem die Schlange. Neben Eva, welche den Apfel vom Baume bricht, links ein kleiner Satan. Unter dem Erdboden klein · H L · Rev. SANATISVM —

CVIVSLIVORE • Christus am Kreuze, neben welchem zwei Gestalten in langen Kleidern. Im Abschn. IN CIRISTOOM | NESVIVFICA | BVNTVR Stark gekerbte Ränder. Gr. 13.

32333—34.

Av. Von rechts: HENRI IIII RO: DE FRAN ET NAVARE Der König zu Pferd nach links zu gallopirend; unter dem Pferde ein Schild, eine Hellebarde und sonstige Waffen. Im Abschnitte H L und dazwischen eine fünfblättrige Roselle. Rev. OMNIS VICTORIA A DNO In der Mitte ein Schwert, durch eine Krone durchgesteckt zwischen zwei Lorbeerzweigen. An der Spitze des Degens ist oben eine kleine Sonne zwischen Strahlen dann einem kleinen Palm- und Lorbeerzweige. In der untern Hälfte ist rechts ein Wappenschild mit den drei Lilien, und links das Wappen von Navarra, neben dem Griffe 16—10 Die Ränder gekerbt. Gr. 13.

Av. HANNS • LAVFER • IN • NVRNBERG • 1612 und eine sechsblättrige Ros. Innerhalb eines Linienkreises eine durchstochene Blattrosette und um dieselbe drei Lilien und drei Kronen abwechselnd herumgestellt. Rev. DAS • WORT • GOTTES • BLEIBT • EWICH ⁘ und eine Roselle aus sieben Punkten. Im Linienkreise ein doppelter Dreipass, darin der Reichsapfel. Am Rande je ein Strichelkreis Gr. 12. Mess. Bei einem ähnlichen Stempel in Kupfer scheint die Zahl 1612 in 1616 umgeändert zu sein. Gleiche Grösse.

32335—36.

Av. Von rechts: + NOOE + GET + IN + KASTTEN + H + L + 1614 Innerhalb eines feinen Linienkreises Noë am Rande rechts knieend; vor ihm die Arche, um welche Thiere verschiedener Gattungen gruppirt; oben am Rande Gott in den Wolken. Rev. NOOE + D + V + SEM + HAM + IAPHET + H • L • Innerhalb eines Linienkreises eine undeutliche Vorstellung, anscheinend eine Figur links, und vor ihr zwei Gestalten nach rechts; hinter welchen anscheinend ein Garten. Am Rande je ein gekerbter Kreis. Grösse 13.

Av. Aehnlich Nr. 32327 mit HENRI • und REX • dann im Abschnitt H (Ros.) L im Rev. FOEDERA und an dem Postamente die Jahreszahl 1614 Gr. 13. (Samml. des Hrn. Dr. Freudenthal.)

32337—38.

Av. HENRI • IIII • RO • DE • FRAN • ET • NAVA. Der König zu Pferde wie Nr. 32333, aber im Abschnitte H • L zwischen liegenden Lilien. Rev. von rechts: FRANCE — DAVLPH IN •¦ET • NAVRE • ANNO • 1614 • Die gegen einander gelehnten Wappen von Frankreich und Navarra, zwischen denen zwei unten durch einen Kranz gesteckte Lorbeerzweige; über dem Wappen ein gekrümmter Delphin, welchem ein Arm von oben rechts aus den Wolken eine Krone aufsetzt. Gekerbter Rand. Gl. Grösse. (Samml. des Hrn. Dr. Freudenthal.)

Av. HANNS • LAVFER IN NVRNBERG 1616 und eine Ros. (?) Im Linienkreise ein Doppeldreikompass und darin ein Reichsapfel. Rev. GOTT • ALLEIN • DIE • EHR • H • I • C • H und eine Ros. aus sieben Punkten. In einem fein gekerbten Kreise eine Blattrosette, um welche drei Lilien und drei Kronen abwechselnd gestellt sind. Am Rande gekerbte Kreise. Gr. 12. Messing.

32339—43.

Wolf Laufer um 1618—1660.

Av. WOLF • LAVFER • RECHPFENGMACIER und eine fünfblättrige Ros. In einem gewundenen Kreise der Dreipass mit dem Reichsapfel. Rev. GOTTES • SE GEN • MACHT • REICH und eine fünfblättrige Rosette. In einem gewundenen Kreise eine fünfblättrige Ros., um welche drei Lilien und drei Kronen abwechselnd. Am Rande beiderseits je ein stark gekerbter Kreis. Gr. 12. Messing.

Av. WOVLF LAVFER IN NVRBER (Ros.) Im Perlenkreise der Dreipass wie zuletzt. Rev. GOT (Kreuzrosette) ALEIN (Kr.) DI (Kr.) EHRE (Kr.) SEI (Kr.) Im

Perlenkreise der Reichsapfel wie vorher. Gekerbter Rand. Gr. 10. Messing. (Mitgetheilt von Herrn Dr. Freudenthal.)

Av. WVLF (Kreuzroselle.) LAVFER (Kr.) IN • NVRMBE (Kr.) Wie zuletzt. Rev. WER (Kr.) GOT (Kr.) VER (Kr.) TRAVT (Kr.) HAT Wie zuletzt. (Die Rosetten sind durchstochen.) Gekerbter Rand. Gr. über 10. Messing. (Die beiden letzten Sammlung des Herrn Dr. Freudenthal.)

Ein vierter Stempel wie der letzte hat WVLF • LAVFER • IN • NVMRMBER und AN GOTES SEGEN • IS ALS GE + Gekerbter Rand. Messing. Gr. über 10.

Ein fünfter mit WOLF LAVFER IN NVRNBERG RECH • und GOTTES SE GEN MACHT REICH (punktirte Ros.) Strichelrand. Mes. Gr. an 10. Beide ebendort.

32344—47.

Av. Von rechts: WOLFF • LAVFER • RECHENPFENIG: (punktirte Ros.) Im Perlenkreise wie Nro. 32339. Die Umschrift wie ebendort mit Punkten und REICH + Im Perlenkreise ein Kreuz mit Lilien an den Enden und gekrönte Herzen in den Winkeln. Strichelrand zwischen Linienkreisen. Messing. Gr. 10.

Av. wie Nr. 32339 mit einem Linienkreise. Rev. Von rechts: GOTTES • SEGEN • MACHT • REICH• (Punktirte Ros.) In einem Linienkreise ein jugendliches Brustbild linkshin mit Lockenhaar. Gekerbter Rand. Gr. über 9. Beide ebendort.

Av. WOLF LAVFER • IN NVRNBERG • Im gekerbten Kreise ein geharnischtes Brustbild rechtshin mit geflügeltem Helme. Rev. GOTTES REICH BLEIBT EWIG * Im gekerbten Kreise die Vorstellung wie im Av. von Nr. 32339 Strichelrand Mes. Gr. 8.

Ein zweiter mit Perlenkreisen hat WOLF • LAVFER • IN • NVRNBERG • REC: (fünfblättrige Ros.) und ANFANG • BEDENKS • ENDT (zwei gleiche Ros.) Gr. 10. (Beide Sammlung des Herrn Dr. Freudenthal.)

32348.

Av. WOLF LAUFFER RECH: PFENNIGMACH • IN NURNB: Im Innern innerhalb eines punktirten Kreises ein Delphin nach rechts im Meere schwimmend mit der Umschrift von rechts J'AIME • ET SUIS AIMÉ Rev. Von rechts GALLICUS DEL PHINUS In der Mitte das Brustbild en face, mit Lorbeern im Haare, umschlagener Halskrause und einem an einem Bande hängenden Ordenskreuze. Am Rande je ein Strichel- und von aussen ein Linienkreis. Gr. über 13. Kupfer und Messing.

32349—50.

Av. WOLF • LAVFER • — RECHPF • MA • IN • N • B • Unter einer grossen, mit Lilien gezierten Krone das französische Wappen mit den drei Lilien; zu dessen Seite eine breite Ordenskette mit einem bis an den Rand herabhängenden Kreuze. Rev. Von rechts LVD • XIIII • D : G • — FR • ET • NAV • REX • Unten eine kleine fünfblättrige Ros. zwischen Punkten. Das nach links gewandte jugendliche Brustbild im Lorbeerkranz, Brustharnisch und Mantel mit einem Ordenskreuze auf der Brust. Am Rande je ein starker Strichelrand. Gr. 13.

Ein Stempel in der Sammlung des Herrn Dr. Freudenthal hat • * WOLF • LAV FER • RECHPF : MACH : IN • N : B * • und im Rev. von rechts LVD : XIIII • DG : — FR : ET • NAV : REX Das Brustbild wie vorher, mit dem Kreuze des heil. Geist-Ordens auf der Brust. Strichelrand. Gr. über 13. Kupfer und Messing.

32351—52.

Av. WOLF • LAUFER • RECH — PFENIGMACHER • I • NV : Die gekrönten Wappen von Frankreich und Navarra und darunter ein kleines L gekrönt umhängt mit den 2 Ordensketten. Rev. Von rechts: • LUDOUIC: XIII • D : G : FRANC : ET • NA : REx. Das belorberte Brustbild nach links mit Knebelbart, Halskrause mit Mantel und Ordenskreuz. Unterhalb eine sechsblättrige Roselle zwischen Schnörkeln. Am Rande ein Strichel- und Linienrand. Gr. über 13.

Av. (Punkt. Ros.) WOLF · LAVFER · — RECHENPFEN · M Die zwei Wappen mit den Ketten und unter denselben ein kleines L Rev. Von rechts: LVDOVIC:XIIII · — D: G: FRA: ET NA: Dessen belorbeertes Brustbild linkshin mit Halskrause im Harnisch und Mantel. Gekerbter Rand. Gr. an 14. (Samml. des Hrn. Dr. Freudenthal.)

32353—54.

Av. WOLF LAVFER RECHEN PFENING · M. In der Mitte ein Schwert mit einer Krone an der Spitze, und zur Seite schief gestellt, rechts das Wappen von Frankreich, links von Navarra; und ober denselben je ein Lorbeerzweig an der Krone. Oben am Rande ein Blätterkranz, durch welchen ein Lorbeer- und ein Palmzweig durchgesteckt, und zur Seite je ein kleiner Delphin. Rev. Von rechts: Ros. LVDOVICVS XIII D · G · FRAN · ET NA. Der König zu Pferd auf einem hochaufsteigenden Rosse; in der Linken einen Marschallsstab. Gekerbter- und aussen Linienrand. Gr. über 13.

Av. Von rechts: ICH HAB DIE ANGENEME KVNST · DIE MACHT GE RECHTIK : V: GVNST und innere Umschrift: rechts: WOLFF LAVFFER · — RECHPFENGMACHER Ein Mann in alt-spanischer Tracht, mit den Füssen in einer Waage stehend, mit einem breiten aufgestülpten Hute, hält in den ausgestreckten Händen rechts einen Becher und am Arme eine an einer Kette hängende Uhr; in der Linken einen Leuchter und am Arme einen an einer Schnur hängenden Beutel. Rev. Eine Hand aus den Wolken eine Waage haltend, deren linke Schaale tiefer geht. Rechts hievon ein unbekleideter Mann, in der Rechten einen Zirkel, links ein Winkelmaass und ein Senkblei haltend; rechts ein Mann in alter Tracht in der Linken ein Buch und in der Rechten anscheinend an einer Leine einen vor ihm stehenden Hund haltend. In der Waagschale rechts ein Mann umstrahlt, mit einem Crucifix in der Hand; in der tiefer stehenden links ein runder Gegenstand, anscheinend ein Kopf; unter denselben GELT | MACHT | SCHELCK An den Rändern je ein Kreis von starken Stricheln und aussen ein Linienkreis. Gr. über 13.

32355—58.

Av. Von rechts: AMINIMIS QVOQ — TIMENDVM Am Erdboden ein nach links gewandter Adler mit ausgebreiteten Flügeln, gegen dessen Kopf von oben herab ein Hirschkäfer fliegt. Im Abschnitte WOLF · LAVFER | RECH · PFE Rev. Rechts IN — oben nach links ASTROLOGOS Oben am Rande die Sonne; und in der Mitte der in das Meer herabfallende Ikaros wie Nr. 32214. Am Rande je ein Strichel- und ausserhalb ein Linienkreis. Gr. über 13. Kupfer und Messing.

Av. Rechts FESTINA, links LENTE Am Grasboden eine Schildkröte nach links schreitend, auf deren Rücken ein kleiner Mastbaum mit einem daran befindlichen geschwellten Segel. Im Abschnitte: WOLF · LAVFER | RECH : PE: Am Rande gleiche Kreise wie zuletzt. Rev. Von rechts: ASSIDVITATE — ET — TOLERANTIA Ein nach rechts schreitender, bloss mit einem Lendenschurze bekleideter Mann, welcher auf der rechten Schulter einen mit den Füssen nach aufwärts gelegten Stier trägt. (Mita von Krotiu.)

Ein Stempel hat im Av. WOLF LAVFER | RECH · PEN· Gl. Gr. Ein dritter in der Sammlung des Herrn Dr. Freudenthal hat WOLF LAVFER | RECH · PFE. Gr. über 13.

32359—61.

Av. Von rechts WOLF · LA — VFER · IN · NURNBERG In der Mitte Lukretia, wie sie sich in das Schwert stürzt; und der am Boden liegende Mann, wie Nr. 32300 Rev. Rechts: QVID SVAVIS — links AMORE Unter einem Baume sitzend ein Mann Guitarre spielend und links eine zum Theil unbekleidete Frau, zu ihren Füssen Blumen, am Rande je ein Strichel- und Linienkreis. Gr. über 13.

Av. WOLF · LAVFER · IN NVRNBERG · RECHENPFEN · M · und eine sechsblättrige Rosette. Innerhalb eines gewundenen Kreises oben am Rande ein Zeichen zwischen Strahlen (ähnlich zwei aneinander gestellten f) und dem entgegengesetzt unten am Rande Flammen; am Rande rechts die Sonne und links ein Sichelmond zwischen Strahlen. In der Mitte ein Zeichen |) zwischen Sternen. Rev. Von rechts: FAMAM · EXTENDERE · FACTIS Eine Hand aus den Wolken hält einen Donnerkeil, woran Blitze. Am Boden ein Thier, Krokodill (?) nach links, wo ein Lilienscepter, an welchen eine Krone aufgesteckt. Im Abschnitte · NONOTIO · Am Rande je ein Strichelkreis. Gr. über 13.

Av. Die Ansicht einer Stadt, darüber PARIS in einem oben mit einem Engelskopfe, unten mit einer Lilie verzierten Ovale. Im Abschnitte WOLF LAVFER | RECH PFEN Rev. Von rechts: HENRICVS · D : G · IIII · FRANCORAM · ET · NAV · Das nach rechts gewandte Brustbild ohne Kranz mit einem mittelst einer fünfblättrigen Ros. zusammengehaltenen Mantel. Gekerbte Kreise am Rande. Gr. 13. (Sammlung des Herrn Dr. Freudenthal.)

32362—63.

Av. Von rechts: AVT CAESAR — AVT NIHIL Der Krieger in römischer Tracht mit der Pechpfanne und der Lanze; vor ihm am Boden der Helm, Säbel und Lanze; im Abschnitte WOLF LAVF : Rev. Von rechts: MATER — PACIS · CONCORDIA Eine weibliche behelmte Figur, in der Rechten einen Palmenzweig, in der Linken vor sich ein Füllhorn; zur Seite rechts eine Rüstung, eine Fahne und brennende Pechfackel. Im Abschnitte · W · LAV · Am Rande je ein stark gekerbter Kreis. Gr. 13.

Av. Von rechts: EX PACE, links UBERTAS Eine weibliche Figur nach rechts, welche mit der Rechten eine Fackel auf vor ihr liegende, Waffen hält, hat in der Linken ein Füllhorn mit Blumen und Früchten. Im Abschnitte WOLF LAVF: Rev. A DEL PHINO INCOLUMITAS und eine fünfblättrige runde Ros. In der Mitte ein Delphin nach links schwimmend und zur Seite links aus den Wolken eine Hand, eine Krone ober denselben haltend. Gekerbter und Linienrand. Gr. 13.

32364—65.

Av. WVLF · LAVFER · — · IN NVRM BERG Unter einer grossen Krone die Wappen von Frankreich und Navarra; zur Seite zwei Ordensketten, von welchen ein Kreuz bis an den Rand herabhängt; zwischen den Schilden unterhalb ein kleines WL Rev. Von rechts: LVDOVICVS XIIII D G FRAN ET NA Das belorbeerte jugendliche Brustbild nach rechts mit Halskrause, einem Ordenskreuze auf der Brust und im Mantel. Am Rande beiderseits ein Strichelkreis. Gr. an 14.

Av. Durchstochene Kreuzrosette WVLF (Ros.) LAVFER: (Kr.-Ros.) : — : (Kr.-Ros.) IN (Kr.-Ros.) NVRMBERG · RE (Kr.-Ros.) Die Wappen von Frankreich und Navarra unter einer grossen Krone mit zwei Ordensketten umgeben, von welchen ein Kreuz bis an den Münzrand hinabhängt. Unter den Schilden ist statt WL ein I zwischen kleinen Zweigen. Rev. Von rechts: · HENRICVS · D:G · IIII · FRANCORAM · ET · NAV · Der König nach rechts im Brustbilde mit Vollbart ohne Lorbeerkranz. Auf der Achsel hält eine fünfblättr. Ros. den Mantel geheftet. Am Rande je ein gekerbter Kreis. Gr. 13.

32366—67.

Av. WVLF ❀ LAFER ❀ IN ❀ NVRMBERG ❀ R ❀ In einem Perlenkreise ABCD | EFGHIK | LMNOP | QRSTV | WXYZ Rev. Rechts, gross RECHEN — links MEISTER Ein bärtiger Mann mit Wams in alter Tracht vor dem Zahltisch, hinter welchem unten zwischen abgerundeten Tischfüssen die Füsse desselben hervorsehen. Zur Seite je eine Rosette (❀) Am Rande je ein Strichelkreis. Gr. 13.

Av. Von rechts: LUD: XIIII. D: G: — FR: ET. NAV: REX Dessen Brustbild mit Lorbeerkranz nach links mit langem herabwallenden Lockenhaare und Gewande. Unten am Rande nach aussen klein .W: LAV—FFER Rev. Von rechts: MARIE. THERESE. D: G: FR: ET. NAV: REG. Deren Brustbild nach links mit herabwallenden Locken und am Kopfe nach rückwärts eine Krone. Unten nach aussen klein RECHENP: Am Rande je ein Kreis von unförmlichen Stricheln. Gr. über 13.

32368—69.

Av. Von rechts: • ARTE • MEA • BIS • IVSTVS • Eine sitzende nach rechts gewandte Frau hält in der vorgestreckten Rechten eine Waage und im linken Arme ein Füllhorn. Im Abschnitte RECHENPF : | • W • L • Rev. Von rechts: • LVD • XIIII • D • G • — • FR • ET • NAV • REX • Das bis an den untern Rand gestellte Brustbild linkshin im Harnisch mit Lockenhaare und gesticktem Halstuche. Strichelrand. Gr. an 12.

Av. Unter einer grossen Krone, an welcher ein Lorbeer und Palmzweig, zwei Herzen gegen die Seiten zu gestellt, welche durch drei parallel laufende Bänder verbunden sind; auf dem obersten CARITAS, dem mittleren • SPES • und dem unteren • FIDES Darunter • L • eine Lilie, • A • ferner auf einem Bande unterhalb RECHEN • PFEN • darunter klein • W—L • und dazwischen zwei gestielte Blumen. Rev. Von rechts. LVDO XIIII, (Kreuzros.) — DG . ET NA . ANNA . AV Deren gekrönte Brustbilder nach links mit grossen Halskrausen; der König im Panzer, Mantel und Ordenskreuz. Am Rande je ein Strichelrand. Gr. über 13.

32370—71.

Av. Von rechts: FRANC . DATA . MVNERA . COELI XVII Unten im Abschnitte RHEMIS. WL Der untere Strich des L verschwindet hier in dem Strichelkreise des Randes; scheinbar also WI | • 16 • 15 • Darüber in der Mitte die Vorstellung der Stadt, und oben an der Umschrift aus den Wolken eine Hand mit dem Oehlfläschchen (?) Rev. Von rechts: LVDO + XIII + DG + FR + ET + NA + REX + CHRISTANAS Der gekrönte Kopf nach links mit Halskrause und im Gewand. Gekerbter Rand. Gr. an 14

Av. Aehnlich dem vorletzten; die Krone ober den zwei Herzen, neben welchen auswärts, und zwar rechts; 16 | W und links 16 | L unten am Bande jedoch hier NV—NQVAM. MAECES—CEN; unten beginnend ein Lilienstengel, welcher mit der Blüthe zwischen L — A hinaufreicht; und zwei Knospen oder Blätterstengel. Rev. Von rechts: LVDO . XIII . D . G . FR . ET . NA . ANNA . AVSTR . HISPAN Die Brustbilder derselben nach links, gekrönt, in alter Tracht. Die Ränder gekerbt. Gr. an 14.

32372—73.

Av. Die Wölfin mit den zwei Säuglingen. Ueberschrift von rechts: WVLF • LAVFR IN • NVRMBERG Im Abschnitt • REMVS • ET. Rev. Von rechts; (Eine durchstochene Kreuzros.) REMVS • (Kr.-Ros.) ET • (Kr.-Ros.) ROMVLVS Ein Mann mit den zwei Kindern am Arme nach rechts gewandt und vor ihm eine Frauensperson ihm die Hände entgegenreichend; neben dem Manne unten ein nach vorwärts springendes Thier, ein Hund (?) Im Abschnitte 1619 zwischen gleichen Kreuzrosetten. Am Rande je ein gekerbter Kreis. Gr. an 14. Kupfer und Messing.

Av. Nach rechts am Boden ein ruhender oder schlafender Mann. (Jakob.) In der Mitte eine aufrechte Leiter, auf welcher oben bereits ein Engel steht, und auf welche unten ein Engel zu steigen im Begriffe ist; oberhalb zwischen Strahlen anscheinend der Name Jehovas in hebräischen Buchstaben. Ueberschrift WVLF • LAVFER IN NVRMBE Rev. Von rechts • ICH • LAS • DICH NICHT • DV SEGENST MI Zwei sich haltende Gestalten, eine mit grossen Flügeln, einen Engel vorstellend. Im Abschnitt eine Pflanze mit drei Blümchen. Am Rande je ein Strichelkreis. Gr. an 14.

Die sämmtlichen Jetone des W. Laufer sind nicht vollkommen rund, sondern mehr oder weniger unregelmässig.

32374—75

Mathaeus Laufer (um 1618—1625.)

Av. MATHEVS • LAVFER • RECHEN (Blattros.) In einem Perlenkreise der Reichsapfel im doppelten Dreipasse. Rev. GOTES — SEGEN . MACHT . REIG (Bl.) In einem Perlenkreise die drei Lilien und Kronen und eine Rosette. Gekerbter Rand. Messing. Gr. 12. (Sammlung des Herrn Dr. Freudenthal.)

Av. MATHEVS LAVFER · IN · NVRNBERG · REC · ✿ Innerhalb eines gekerbten Kreises ein unten abgerundetes, oben und an den Seiten mit Verzierungen besetztes Schild, mit Strichen in vier Theile getheilt, in dessen Hälfte rechts wie links je fünf Rechenpfennige. Rev. DER NEIDT · THVTT IM SELBST LEIDT und eine sechsblättrige Ros. Innerhalb eines gewundenen Kreises ein längliches Viereck in dessen rechter Hälfte 66 Links 66 | 618 | 08 Zur Seite je eine Sternrosette, oberhalb eine Krone und unterhalb eine Lilie zwischen zwei gleichen Rosetten. Am Rande je ein Strichel- und äusserer Linienkreis. Gr. an 11. Messing.

32376—78.

Av. MATHEVS · LAVF — ER · IN · NORIM · Zwischen Lorbeerzweigen ein gekröntes spanisches Schild mit den französischen Lilien, darunter am Rande zwei sich fassende Hände. Rev. Von rechts: LVDO · XIII · D · F · E · N · ANNA · A HIS PANI Die gekrönten Brustbilder linkshin, der König mit Ordenskreuz im Harnisch und Mantel, die Königin mit Halskrause im gestickten Kleide. Gekerbter Rand. Gr. an 13. (Samml. des Hrn. Dr. Freudenthal.)

Av. MATHEVS · LAVF — ER · IN · NORIMBE Unter einer grossen Krone die Wappen von Frankreich und Navarra umgeben von zwei Ordensketten, an welchen unten ein bis an den Rand reichendes Kreuz. Unter den Schilden statt des üblichen Buchstabens eine zweigähnliche Verzierung. Rev. Von rechts: + LVDO : XIII : D : G. F : E : N : R · Des Königs Brustbild en face, ohne Kranz mit einer grossen Halskrause Panzer und Schürze. Am Rande je ein Kreis von unförmlichen Stricheln. Gr. 13.

Av. FRIDE MIT DIR MEIN BRVDER dann die zwei Krieger wie Nr. 32276 Zur Seite derselben: IOAB — AMASA | · II · B · S · — XXI · Unten statt früher · H · K · ist hier am Rande ein Band mit ✱ MATTHEVS · LAVFFER · klein, und nach aussen gestellt. Der Rev. ähnlich jedoch: SIT DOMINVS INTER ME ET TEVS QVE IN SEMPER ✿ Dieselben zwei Figuren, und IONAT ohne Punkt. Gr. 13.

32379—81.

Av. FOEDERA MA - GN. REGIS · SA Die Säulen wie Nr. 32315, aber um die rechte ein Palm- und um die Linke ein Lorbeerzweig gewunden, und an dem Postamente M . LAVF Rev. Von rechts: LVDOVIC · XIII · D · G · FRAN · ET · NA · R · Das bis an den untern Rand gestellte Brustbild von vorn im Mantel mit Ober- und Unterbart, Halskrause und zwei Ordenskreuzen. Gekerbter Rand. Messing. Gr. über 12.

Av. Von rechts: AMBITIOS — A — SVPERBIA (Ros.) Eine Frau rechtshin in alter Tracht hält einen Handspiegel vor das Gesicht; rechts ein Pfau, links eine Pflanze mit vier Blüthen. Im Abschnitte (Runde Ros.) M · L (Ros.) Rev. IN · GENIVM · VIRES · SVPERATIS (Ros.) Ein Mann von der Linken hält eine Schnur über dem in einem Sacke steckenden Kopfe eines vor ihm stehenden Löwen. Unter der Abschnittsleiste M · LAVF Gekerbter Rand. Messing. Gr. 13.

Av. Von rechts: AVT CAESAR — AVT NIHIL (Ros.) Ein römischer Krieger rechtshin mit einer Lanze in der Linken und einer Schale, in welcher Flammen in der Rechten; vor ihm am Boden Helm, Schild, Schwert und Wurfspiess. Im Abschnitte MAT : LAV : Rev. Von rechts: MATER · — PA — CIS · CONCORDIA · Eine behelmte Frau linkshin mit einem Palmzweige im rechten Arme und einem Füllhorne in der vorgestreckten Linken; vor ihr ein kleiner Strauch, hinter ihr ein Brustharnisch, besteckt mit einer Fahne und brennenden Pechpfanne. Im Abschnitte · M . LAV . Strichelrand. Gr. 13. (Alle drei Sammlung des Herrn Dr. Freudenthal.)

32382—83.

Av. OMNIS VICDORIA A DNO In der Mitte ein Degen durch eine Krone durchgesteckt, zur Seite zwei Lorbeerzweige; dann rechts das Wappen von Frankreich, links jenes von Navarra; oben zwischen Wolken ein kleiner Kranz, durch welchen ein

Palm- und Lorbeerzweig durchgesteckt, zwischen herabfallenden Strahlen. Neben dem Degengriffe M—L Rev. Von rechts: · LVDOVIC9 X — III. — D. G. FRAN. ET. NA Der König nach rechts zu galloppirend, in der Rechten einen Liliensceptor mit fliegender Feldbinde und vom Pferde lang herabhängender Schabracke. Am Rande ein Strichelkreis, an welchem im Av. auswärts noch ein Linienkreis und im Rev. ein solcher auch nach innen. Kupfer und Messing. Gr. 13.

Av. OMNIS · VICTORIA · A · DNO · M · LAVFER Die Wappen von Frankreich und Navarra an das Schwert gelehnt, wie öfter beschrieben; und neben dem Griffe · IN · — · N · (Nürnberg) Rev. Von rechts: LVDO. XIII. GALLIAE. ET. NAVAR · REX. 1618 Der König in Rüstung mit blossem Kopfe, in der Rechten den Feldherrnstaab haltend, auf einem nach rechts schreitenden Pferde. Gekerbter Rand. Weisses Metall. Gr. über 12.

32384—85.

Av. + MATHEVS · LAVFER · IN · NVRMBERG (Liegendes Dreiblatt.) In einem gekerbten Kreise der Reichsapfel in einem doppelten Dreipasse. Rev. SOLI · DEO · GLORIA · 1619 (drei Kreuzchen) In einem gewundenen Kreise der Reichsapfel in einem doppelten Dreipasse. Gekerbter Rand. Messing. Gr. über 10. (Beide in der Sammlung des Herrn Dr. Freudenthal.)

Av. OMNES MORIVNTVR ✱ IN. ADAM 1675 Adam und Eva, zwischen ihnen der Baum, auf welchem die Schlange. Unter dem Erdboden M. LAVF · Rev. Von rechts CVIVS LIVORE — SANATISVM Christus am Kreuze zwischen zwei weiblichen Gestalten. Im Abschnitte IN CHRISTO OM | NES VIVIFICA | BVNTVR (Aehnlich Nr. 32332) Am Rande beiderseits ein gekerbter Kreis. Gr. über 13.

32386—89.

Conrad Laufer. (Um 1660.)

Av. CONRAD · LAVFER · RECH : PFENING · MA : Unter einer grossen Krone in einem unten spitzigen Schilde die drei Lilien, zwischen welchen ein Punkt. Rev. Von rechts: LVD : XIIII · D · G : FR : ET · NAV : REX · Das jugendliche Brustbild mit Lorbeerkranz nach links im Brustharnisch und Mantel mit Ordenskreuz auf der Brust. Gekerbter und äusserer Linienrand. Kupfer und Messing. Gr. über 13.

Av. · CONRAD · LAVFFERS · RECHEN · PFENING · Das Wappen wie vorher aber doppelleistig. Rev. Von rechts: LOVIS · XIV · ROY · — DE · FR · ET · DE · NAV Geharnischtes Brustbild linkshin mit Lockenperücke und gesticktem Halstuche Gleiche Ränder und Gr.

Av. Wie der letzte mit CONRAD LAUFFERS · RECHEN PFENING · Die Umschrift wie auf dem ersteren Stempel mit LUD : und DG : Das belorbeerte Brustbild linkshin mit Lockenperücke im Brustharnisch und Mantel. Gleiche Ränder. Messing. Gr. über 12.

Av. CONR : LAUFFERS · RECH : PFENING Das gekrönte Wappen mit den Lilien. Das Schild doppelleistig. Der Rev. wie zuletzt mit ungetheilter Umschrift und mit DG · Desgleichen. Gr. 10. (Die letztern drei in der Samml. des Hrn. Dr. Freudenthal.)

32390.

Av. ✿ CONRADT · LAVFER — · RECHE PFENNM : ✱ Unter einer grossen Krone die Wappen von Frankreich und Navarra nebeneinander gestellt und darunter ein L zwischen drei Kronen, an welchen zur Seite je ein Kreuzchen. Um das Ganze zwei Kränze von Verzierungen, Ordensketten vorstellend, und unterhalb daran ein Kranz. Rev. Von rechts: LVDOVIC · XIII · D : G · FR · ET · NAVAR · REX Dessen Brustbild nach links mit Lorbeerkranz, Ober- und Knebelbart, einem breiten gestickten Halskragen, Panzer und Ordenskreuze. Am Rande ein Strichel und äusserer Linienkreis. Gr. 13.

32391—92.

Av. COVNTERS · CONRAD · LAVFFERS · RECHE · PFENING (Punkt. Ros.) Die gekrönten vier Wappen von England, Schottland, Irland und Frankreich um eine

Sonne ins Kreuz gestellt, und in den Winkeln je zwei C rechts und links gestellt und verschlungen. Rev. Von rechts: CAROLVS · II — DEI · GRATIA Das Brustbild linkshin im Lorbeerkranz, Brustharnisch und Mantel. Gleiche Ränder. Gr. 10.

Av. COUNTERS · CONR : LAUFFERS · RECH : PFENING Ein gekröntes quadrirtes französisches Schild mit den Wappen von England, Schottland, Frankreich und Irland. Rev. Von rechts: CAROLVS . II . D . G . MAG . BR . FRA . ET . HIB . REX . Dessen belorbeertes Brustbild linkshin mit Lockenperücke im faltigen Mantel. Gleiche Ränder. Gr. über 13. (Beide in der Sammlung des Herrn Dr. Freudenthal.)

32393.

Av. PHIL . IIII . D . G . HISP . ET . INDIARVM . REX · Das Brustbild linkshin in spanischer Tracht mit dem Vliessorden auf der Brust. Rev. CVM . SOLE . — ET . ASTRIS · Auf einem Boden der gekrönte Erdball mit der österreichischen Binde; rechts ein Baum. Oben rechts die Sonne, links der Halbmond, beide mit Gesicht. Im Abschnitte RECHE . PFEN : | . C . L · Gekerbter Rand. Messing. Gr. 13. (Ebendort.)

32394.

Cornelius Laufer (um 1660—76.)

Av. CORNELI9 . LAVFFERS . RECHEN . PFENING Unter der Lilienkrone ein doppelleistiges Schild mit den drei Lilien. Rev. Von rechts: LVD . XIIII . D . G . — FR . ET . NAV . REX Das Brustbild mit langem herabwallenden lockigen Haare, Halsbinde und Panzer. (Eine Nachbildung der französischen Jetone.) Am Rande je ein Kreis von unförmlichen Stricheln und ausserhalb je ein Linienkreis. Gr. 13.

32395—400.

Av. · CORNELIVS . LAVFFERS . RECH : PFENING · Gekröntes doppelleistiges französisches Schild mit den drei Lilien. Rev. Von rechts: LVD : XIIII . DG : FRA : — ET NAVA : REX · Das Brustbild linkshin mit Lorbeerkranz und Lockenperücke im faltigen Mantel. Gestrichelter und äusserer Linienrand. Strichelrand. Messing. Gr. über 13.

Ein zweiter Stempel mit CORNELI9 und DG : — FR . ET · Messing. Gr. 12.

Av. CORNELIVS . LAVFFERS . RECH . PFENNING Das gekrönte Wappen wie vorher. Rev. Von rechts: LOVIS . XIV . ROY . — DE . FR . ET . DE . NAV · Das geharnischte Brustbild linkshin mit einer Lockenperücke und gesticktem Halstuche. Gleiche Ränder. Gr. über 13.

Ein Variant von Messing mit PFENING Gr. 13.

Av. CORNELIVS . LAVFFERS . RECHN . PFEN Das Wappen wie vorher. Rev. Von rechts: LVD . XIIII . DG — FR . ET NAV . REX · Das Brustbild linkshin mit einer Lockenperücke im Brustharnisch und Mantel. Gleiche Ränder. Messing. Gr. über 11.

Av. Aehnlich dem letzten nur mit CORN · und RECH · Der Rev. wie zuletzt. Strichelrand. Messing. Gr. über 9. (Diese sechs in der Samml. des Hrn. Dr. Freudenthal.)

32401—2.

Av. COUNTERS . CORNE : LAVF : RECHPFEN : Gekröntes quadrirtes französisches Schild mit dem Wappen von England, Schottland, Frankreich und Irland. Rev. Von rechts: CAR . II . D . G . MA . BR . FR . ET . HIB . REX · Das belorbeerte Brustbild linkshin mit Lockenperücke im faltigen Mantel. Gekerbter Rand. Messing. Gr. über 10.

Av. Aehnlich dem letzten mit · COUNTERS . COR : LAVF : RECH . PF : und · CAR : dann MA : Gr. über 8. (Beide ebendort.)

32403—4.

Av. Von rechts: PHIL : IIII . D . G . HISP : ET . INDIAR : REX · In einem unten offenen Kreise das Brustbild linkshin in spanischer Tracht mit dem Vliessorden auf der Brust. Rev. Von rechts: TVTÆ PAX VBERTATIS ORIGO · Im Kreise ein Vogel auf seinem Neste im Wasser; im Hintergrunde Gebirge und oben die strahlende Sonne.

im Abschnitte · RECHEN PFEN : | COR . LAVF : Gekerbter Rand. Gr. 13. (Sammlung des Herrn Dr. Freudenthal.)

Av. Von rechts: · ORNAT . ET . IRRIGAT · In einem unten durch einen Querstrich unterbrochenen Linienkreise ein Springbrunnen mit einem schaalenförmigen Aufsatze. Zur Seite Blumenbeete und im Hintergrunde Cypressen. Unten 16 . ÆDIF . REG : 76 | COR : LAVFFE Rev. Von rechts: LVD . XIIII . D . G . — FR . ET . NAV . REX Das Brustbild nach links mit herabwallendem langen Haare, mit Halsschleife und Panzer. Am Rande spitzige Perlen und auswärts je ein Linienkreis. Gr. über 13.

32405—6.

Unbestimmt. Av. Von rechts: EX PACE — VBERTAS Eine weibliche Gestalt nach rechts gewandt, welche in einen vor ihr am Boden liegenden Haufen Waffen eine brennende Fackel hält; in der Linken hält sie ein Füllhorn. Im Abschnitte RE CHEPF | C L Rev. A DELPHINO INCOLVMITAS ❀ In der Mitte ein Delphin im Wasser nach links; links oberhalb an den Buchstaben DEL nach innen Wolken, aus welchen eine Hand eine Krone, ober den Delphin hält. Am Rande Strichel- und auswärts Linienkreise. Gr. über 13.

Av. Von rechts: INTER SPINAS ETIAM LILIA FLORET In der Mitte ein Blüthenstengel mit einer Lilie am obern Ende; zur Seite ein Gebüsch aus bedornten kahlen Zweigen; am Boden zur Seite hievon je eine Schlange, rechts ein Frosch, links eine Eidechse, in der Mitte ein Skorpion. Im Abschnitte unter einem Querstriche: RECHEPFE ⁝ | C : L : Rev. Von rechts: GALLICUS DELPHINUS Das Brustbild mit Lorbeerkranze nach vorn, mit Gewand, einer grossen Halskrause, und einem Ordensbande, an welchen ein Kreuz. Die Ränder wie zuletzt. Gr. 13.

32407—9.

Lazar Gottlieb Laufer. (um 1670—700.)

Av. LAZA : GOTTL : LAVFFERS · RECH · PFENING. Unter einer grossen Krone die französischen drei Lilien in einem doppelleistigen Schilde mit einem breiten Rande. Rev. Von rechts: LVDOVICVS · — MAGNVS · REX. Das Brustbild nach links mit Lorbeerkranz und Gewand. (Getreu nachgebildet den französischen Jetonen wie Nr. 29614). Am Rande je ein Kreis von starken Stricheln und auswärts ein Linienkreis. Messing. Gr. 14.

Av. Ebenso. Rev. Von rechts: LOVIS · XIV · ROY · — DE · FR · ET · DE · NAV Das Brustbild ähnlich Nr. 29836 ohne Lorbeerkranz mit Halsschleife und im Panzer. An den Rändern je ein Strichel- und aussen ein Linienkreis. Gr. an 14.

Ein Variant des letztern in der Sammlung des Hrn. Dr. Freudenthal hat ИAV und unter dem etwas kürzeren, gestickten Halstuche ist das Ordensband sichtbar.

32410—12.

Av. wie zuvor, nur . LAZA : dann RECH : PF : Rev. Von rechts: LUD : XIIII. D · G : — FR : ET · NAV : REX. Das Brustbild mit Lorbeerkranz und lang herabwallenden Locken im Gewande, nach links gekehrt. Am Rande je ein Strichel- und Linienkreis Gr. 12.

Av. Wie zuletzt. Rev. LOVIS . XIV · ROY · — DE · FR · ET · DE · NAV. Das Brustbild mit Lorbeerkranz und lang herabwallendem Haare im Gewande. Am Rande ein Strichel- und Linienkreis. Gr. 12.

Av. Ebenso. Rev. Von rechts: LOVIS · LE · GRA : — ROY · DE FRANCE. Das belorbeerte Brustbild linkshin mit einer Lockenperücke und blossem Halse im Brustharnisch. Strichelrand. Gr. 12. (Letzterer in der Sammlung des Hrn. Dr. Freudenthal.)

32413.

Av. LAZA : GOTTL : LAVFFERS · RECH · PF: Das gekrönte Wappen mit den drei Lilien. Rev. Von rechts: LVDOVICVS — MAGNVS · REX. Das Brustbild nach links mit Lorbeerkranz und mit Gewand. An den Rändern ein Strichel- und ausserhalb ein Linienkreis. Gr. an 11.

32414—16.

Av. HECH · PF · COVNTER · LAZ · GOTTL · LAVFR. Gekröntes quadrirtes Schild mit einem aufgerichteten Löwen rechtshin in dem Mittelschilde; im ersten und vierten das quadrirte englische und französische, im zweiten das schottische, im dritten das irländische Wappen. Um das Schild ein breites Band mit der Inschrift von rechts: HONI · SOIT · QVI — MAL · Y · PENSE · Rev. Von rechts: GVLI ELMVS · ET · MARIA · REX · ET · REGINA. Die beiden Brustbilder linkshin im leichten Gewande. Der König mit Lorbeerkranz. Strichelrand. Messing. Gr. 9.

Av. Von rechts: WILH · III. D. G. ANG. — SCO. FR. ET. HI. REX. Belorbeertes Brustbild linkshin mit Lockenperücke im faltigen Mantel; unter der Schulter am Rande klein LGL · RECHENPF. Rev. Von rechts: MARIA · D. G. ANG · SC · — FR. ET · HI · REGINA. Deren Brustbild linkshin mit einem Perlenhalsbande im leichten Gewande. Desgleichen Gr. 13.

Ein zweiter Stempel ohne die Schrift unter der Schulter im Av. hat im Rev. ANG · — SO · (sic!) FR · E. HI. und unter der Schulter am Rande klein LGL. R ₰. (Pfennig) Desgleichen. Gr. über 10.

32417.

Av. wie Nr. 32414, und unter der Schulter am Rande klein LGL. R (₰.) Rev. Das vollständige Grossbrittanische Wappen mit den Schildhaltern und neben der Helmzierde rechts W, links R, je unter einer Krone. Unten auf einem rechts mit drei Rosen, links drei Disteln besteckten Bande die Inschrift: DI · EV · E · M: DROIT. Desgleichen desgleichen. Gr. an 12. (Die letzten vier in der Samml. des Hr. Dr. Freudenthal.)

Aeltere Jetons von Nürnberger Fabrik.

Nach den darauf befindlichen Darstellungen und dem Typus dürften nachstehende Jetons hieher gehören.

32418—19.

Av. ЄΠBOVB: (zweimal wiederholt) ЄΠBOVB (Krone.) Im Kreise ein quadrirtes französisches Schild, darin im ersten Felde drei Lilien (2. 1.), im zweiten und dritten zwei Querbalken, im vierten ein aufgerichteter Löwe rechtshin, dann im Mittelschilde derselbe Löwe. Ueber dem Schilde eine fünfblättrige Ros. zwischen Ringeln und auf den Seiten rechts D, Œ verkehrt, links V mit je einem Ringel ober und unterhalb. Rev. ΠBŒMB: ΠBŒMBI: ΠBŒMBI: ΠBŒMB (Kr.) Im Kreise eine nackte Frau von vorn hält mit der Rechten, auf welcher ein Vogel sitzt, das flatternde Schamtuch und in der Linken abwärts eine funkensprühende Granate (zufolge van Mieris ein Gefäss zum Wassersprengen.) Unten rechts ein gespaltenes Rautenschildchen mit Kreuz und Querbalken. Gr. 15. (In der Sammlung des Hrn. Dr. Freudenthal.)

Av. Derselbe. Rev. BOŒBOŒ: BO . . . BOŒB: BOŒBOŒ: BOŒBOŒΠ (Krone.) Die Frau wie vorher, nur fehlt der Vogel auf der Schulter, statt dessen zwei gestielte sechsblätterige Blumen von der Achsel aufwärts; ferner fehlt das Schildchen unterhalb. Am Rande im Rev. ein Linienkreis. Gr. 16. Bei den B im Rev. fehlt der mittlere Bindestrich.)

32420—22.

Av. VŒΠOBI (Lilie) VŒΠOIBI (Lilie) VŒΠOB (Lilie) VŒΠOIB Lilie.) Im Kreise das vorige Wappen und über demselben eine kleine Krone zwischen Ringeln; auf den Seiten je ein Ringel. Rev. VΠOBŒΠI VΠOBŒΠ: (zweimal) VΠOBŒΠ (Krone.) Im Linienkreise die Frauensgestalt mit dem Vogel wie zuerst, jedoch ohne das Schildchen. Gr. an 16.

Av. VBԌDOIB: (zweimal wiederholt) VBԌDOB (Krone). Der Av. wie vorher, aber oben ein bärtiger Kopf von vorn zwischen Sternen; auf den Seiten eine punktirte Roselte mit je einem Ringel ober- und unterhalb. Der Rev. wie zuletzt. Gr. 16.

Av. Die Umschrift wie zuletzt. Im Kreise ein an den Seiten eingebogenes oben zweimal ausgespitztes deutsches Schild mit dem vorigen Wappen, über welchem zwei und auf den Seiten je eine fünfblätterige Ros. Der Rev. wie der erstere, Nr. 32420. Gr. 15. (Alle drei in der Sammlung des Hrn. Dr. Freudenthal.)

32423—24.

Av. BODԌVI: BO .... VI° .... V: BODԌVI: Im Linienkreise das Wappen wie Nr. 32418, nur der Löwe im Mittelschilde sehr unförmlich; ober dem Schilde eine Krone zwischen Ringeln, zur Seite rechts O und links ein verkehrtes B, ober und unter welchen zwei Buchstaben gleichfalls je ein Ringel. Rev. Die Umschrift nicht ganz deutlich D (wie Π) ԌD (oder ein B mit weggelassenem Mittelstriche) MBԌ: DԌ'IDMԌ: DԌ .. DMԌ: D .... DMI Krone. Im Kreise die Frauensgestalt mit dem Vogel wie Nr. 32419 ohne das Schildchen. Gr. an 16.

Av. VDԌDI: VDԌDO: VDԌDO: VDԌIA (Krone). Das Wappen wie vorher im nicht ausgebogenen Schilde, ober welchem ein Ringel, und zur Seite 3—6 Rev. Die Schrift undentlich, anscheinend: BOԌBOԌ, viermal sich wiederholend. Gr. über 15.

23425.

Av. (Ros.) DBOVPBAM (Ros.) DOVPBAM (Ros.) DOPVBAM (Krone). In einem Perlenkreise ein quadrirtes spanisches Schild, darin im ersten Felde drei rothtingirte Querbalken, im zweiten drei Lilien (2, 1); im dritten drei rechte Schrägstreifen, im vierten der vorige Löwe, über und unter demselben noch ein Punkt; und ein gleicher Löwe ohne den Punkten im Mittelschilde. Ueber dem Schilde ∴ Feuerstahl ∴ Rev. IVԌOHOԌ (Ros.) VISX — VԌDSԌ (Ros.) DIORԌ: (Krone.) In einem gekerbten Kreise die Frauensgestalt wie Nr. 32420 ohne das Schildchen, welche in der Rechten eine gestielte Wasserlilie zwischen zwei gestielten Blumen trägt; unten rechts drei fünftheilige Ros. Zwischen der Umschrift unten eine Lilie zwischen Ros. Die Ros. in den Umschriften sind fünfblätterig und im Av. durchstochen. Gekerbter Rand. Gr. an 14.

Ein zweiter Stempel hat im Av. BAMVBO (Ros.) BPAMVBO (Ros.) ԌBPAMVBO (Ros. und Krone), dann den Feuerstahl zwischen je einem Ringel mit einem Punkte in der Mitte. Gleiche Gr.

Ein dritter Av. VԌBAMԌD (Ros.) ԌBԌMDV (Ros.) BԌAMDVԌ (Krone) und der Stahl zwischen funkensprühenden Kieseln. Gr. 14.

Ein vierter DOZVDRVԌ (Ros.) DԌVOZԌV (Ros.) DVOTԌRVI (Krone), dann der Stahl über den drei Kieseln, an welchen nach aussen Funken. Gr. 13. Die beiden letzteren haben die Querbalken nicht tingirt. (Diese vier Sammlung des Herrn Dr. Freudenthal.)

32429—31.

Av. RVODVԌRON: RԌDVOBԌRԌVORԌVO (Krone.) Das vorige Wappen, ober welchem der Stahl über drei Kieseln, an welchen nach aussen Punkte. Rev. RVԌODVԌ: BVԌR (Ros. zwischen je einem Punkte und nach aussen einem Blatte) ԌVDԌR: DORVԌ (Lilienkrone.) Im Perlenkreise die Frau wie vorher, und hält in der Rechten einen Schaft mit drei Blumen, und in der Linken über der Granate noch einen Federfächer. Perlenrand. Gr. über 13.

Ein zweiter im Av. BVԌSDTOB: ԌVԌDSBV: DԌT (Lilie) DDԌV. (Krone) Im Rev. BVԌD (Ros.) VDԌVԌB (Ros.) BVԌVS (Ros.) BVOIԌB (Krone), dann rechts statt der drei Rosetten noch ein Federfächer. Gr. 13.

Av. VԌLTԌD: MԌVODDԌ: VOMԌDDԌVMO: (Krone.) In einem Perlenkreise das vorstehende Wappen. Rev. BVԌSVROVԌRVO (Ros.) RSVԌROD: VԌSR (Krone.)

im gekerbten Kreise die Frau wie zuletzt, hält auf der Rechten einen Vogel, neben welchem rechts eine sechsblätterige Ros., dann tiefer unten drei gleiche und eine grössere fünfblätterige. Gekerbter Rand. Gr. an 14.

32432.

Av. BЄVO..: BЄVOИVЄBS: BЄVSOBЄSV: ✠ In einem gek. Rande das Wappen wie Nr. 32425, und über dem Schilde der Feuerstahl zwischen je drei Funken. Rev. VЄBOИDЄ: BVOИ · (sechsblättrige Ros.) BVOИЄVOBИЄV (Krone) Die Frau ähnlich den vorigen, an ihrer rechten Seite vier sechsblättrige Blumen, hievon drei langgestielt, und der Vogel. (Die Hand ist nicht sichtbar.) In der gesenkten Rechten, die Granate mit zwölf Funken, daran ein Fächer (?) oder eine (distelähnliche) Blume (?) welcher Gegenstand sich auch am rechten Fusse zur Seite rechts, jedoch gestielt findet. Am Rande im Av. ein doppelter, im Rev. ein einfacher Linienkreis. Gr. 14.

32433.

Av. ЄЄЄVЄ (viermal wiederholt), dann eine Krone ⁘ Im Perlenkreise ein quadrirtes französisches Schild mit einem aufgerichteten Löwen linkshin; darin im ersten und vierten Felde zwei Querbalken, im zweiten die drei Lilien, und im dritten ein gleicher Löwe. Ueber dem Schilde und auf beiden Seiten ein Feuerstahl zwischen punktirten Rosetten; unter dem Schilde beiderseits ∘°∘ Rev. ЄЄЄVЄЄЄЄЄЄ VЄЄЄЄV ЄЄЄЄ VЄЄЄЄVЄЄ (Krone). In einem gekerbten Kreise die Frau, sie hält in der Rechten, auf welcher der Vogel, fünf abwärts gelegte, lang gestielte, punktirte Rosetten; in der Linken hält sie die Granate, an welcher statt der Funken vier gestielte gleiche Rosetten. Die Є gleichen verkehrten B Gekerbter Rand. Gr. 15. (Sammlung des Herrn Dr. Freudenthal.)

32434.

Av. BDOИBWPBDOИBWPBDOИBWPBDOИ (Krone) In einem punktirten Kreise ein unten rundes Schild, darin im ersten Felde fünf schmale Querstreifen, im zweiten drei Lilien, im dritten ein aufrechter Löwe nach links, welcher sich auch im Mittelschilde befindet und im vierten drei dünne Querstreifen. Ober dem Schilde an jeder obern Ecke je ein, und dazwischen fünf Ringeln; darüber der Feuerstahl zwischen je fünf Funken. Rev. BDOWBИBDOWBP — ИBWBDOBBDB und die Krone. In einem Kreise von Punkten die Frauensgestalt wie bisher, jedoch hier verändert. Von dem Kopfe weht nach rechts ein Schleier. In der gesenkten Rechten hält sie ein Gefäss; (?) in der Linken einen dreiblättrigen Klee mit drei gestielten Blättern und Wurzeln. Zur Seite links zwei Kugeln (Granaten), an welchen zwei gestielte Kleeblätter. Unter den Füssen eine Rosette zwischen Ringeln. Die Ränder gekerbt. Gr. 15.

32435.

Av. ЄИOЄИO: (zweimal wiederholt,) ЄИOЄИO (Krone) Im Kreise das Wappen wie Nr. 32418, zu den Seiten desselben eine Rosette mit je einem Ringel ober- und unterhalb; über dem Wappen 1534 Rev. ИЄИOИ ·:· ИЄИOИЄ ·:· ИЄИOИЄ ·:· ИЄ ИOИЄИ (Krone.) Im Kreise die Frau wie Nr. 32420. Gl. Gr. (Sammlung des Herrn Dr. Freudenthal.)

32436—37.

Av. DER : HAT : SELDEN : EIN : GVDEN : MI (Ros.) Im Perlenkreise ein quadrirtes deutsches Schild, darin im ersten und vierten Felde je eine Lilie, im zweiten zwei Sparren, im dritten drei Querbalken; auf den Seiten und über dem Schilde eine Schnörkelverzierung, die obere zwischen vierblättrigen Ros. Rev. MEMGBVOИ MEGBVOИ MEGBV (Krone). Im Perlenkreise in einer achtbogigen Einfassung eine unbekleidete Frauensgestalt linksbin, hält mit der Rechten vor sich das über den linken Arm geschlagene Schamtuch und in der Linken einen Pockal. An den innern Bogenspitzen Lilien, und aussen in den Einbiegungen dreiblättrige Rosetten. Perlenrand. Gr. 15. Ebendort.

Av. DER : HAT : SELDEN : EIN : GVDEN : MVT (grosse fünfblättrige Ros.) Im gekerbten Kreise das vorstehende Wappen mit vier statt zwei Sparren, ober demselben 1540 zwischen punktirten Ros., auf den Seiten eine Schnörkelverzierung mit je einer runden Rosette ober- und unterhalb. Rev. WER · VERLORNE : SCHVLD : RECH : DVT (6l. Ros.) Im gekerbten Kreise in einer Einfassung von vierzehn kleinen Halbbögen die Frau wie vorbeschrieben, an den innern Spitzen der Bögen sind Lilien. Statt der Punkte in den Umschriften kleine durchstochene Sternrosetten. Gekerbter Rand. Grösse 15.

32438—40.

Av. DOCVR + COOSCV (Krone.) OCSCODBSODVCO (Kr.) Im Kreise das Wappen wie Nr. 32436, nur Sternchen neben dem obern Schenkel. Rev. DKQCON UODAKBVNOCQCODNKVBK (Kr.) In einem gewundenen Kreise die Frau von vorn hält mit der Rechten das Schamtuch, in der Linken die Handgranate ohne Funken; unten neben ihr 15—67 Im Rev. ein gewundener Rand. Dünn. Gr. über 14.

Ein zweiter mit dem von Ringeln eingefassten Wappen wie vorher, über welchem eine Krone zwischen Ringeln, hat im Av. die Umschrift ICDH (B verkehrt) QVCO VIVCVGC . . VCCNVI (Dreiblatt.) Grösse an 14. (Beide in der Sammlung des Herrn Dr. Freudenthal.)

Ein Dritter hat DOCVBS + COODSCV (Das V zur Hälfte von der Krone daran bedeckt.) u. s. w. wie der erste Stempel. Das Wappen ebenso; oberhalb die Ziffer 6 gerad und verkehrt, liegend zwischen je einem Sternchen. Zur Seite je dieselben Ziffern ober einander gestellt, und durch den das Schild in der Mitte theilenden Strich, welcher bis an den Kreis verlängert, getrennt. Im Rev. DKCUONAODAK u. s. w. wie auf dem ersten Stempel. In der Mitte dieselbe Vorstellung. Gr. 14.

32441—42.

Av. GCHVUOV ✠ GIL (?) verprägt) H (B verkehrt.) VCOVII ✠ HVUV ✠ Innerhalb eines Linienkreises ein oben drei, unten einspitziges Schild, worin im Mittelschilde der aufrechte Löwe nach rechts; im ersten Felde drei schmale Querstreife, im zweiten eine Lilie und rechts hievon zwei Ringel, im dritten der Löwe wie vorher; im vierten zwei Querstreife und darunter drei Ringel (2, 1.) Ober dem Schilde eine Krone und zur Seite je zwei Ringel. Neben dem Schilde rechts sechs und links fünf Ringel. Rev. DKCUONA ODAKBVNOUCCODNKVBK (Krone). Im gewundenen Kreise die Frauensgestalt wie zuletzt mit 15—67. Gr. 14.

Av. Von oben nach rechts zu beginnend: CL (L nach aussen gestellt.) UO VGVC . . . UOCO ✠ VGVCCTUOV ✠ Ein ähnliches Wappen wie zuletzt, nur im zweiten die Lilie ohne den Ringeln und im vierten drei Querstreifen ohne Ringeln. Ober dem Schilde in Folge einer Verprägung OI und anscheinend U; zur Seite rechts acht und links gleichfalls acht Ringeln. Im Rev. die letzte Umschrift nur . . . . . . CC OCODKVB (Krone); sonst wie zuletzt. Gr. 15.

32443.

Av. IIVGqG (L verkehrt), ein Zeichen, wie ein Giraffenkopf mit Hals, : U·Ɔ· OV, dasselbe Zeichen, O L · VGH (R verkehrt), dasselbe Zeichen G . . ƆOV, (dasselbe Zeichen). Im Linienkreise ein gleiches Schild wie vorher, ober welchem eine Krone zwischen Ringeln. Im Mittelschilde der Löwe wie vorher, im ersten Felde zwei, im vierten drei Querstriche, im zweiten ein aufrechtes nach rechts springendes Thier mit dem Oberleibe; im vierten der Löwe. Neben dem Schilde rechts neun, links acht Punkte. Rev. DKVOUOACOKUOKCUOBCODDK Im Linienkreise wie vorher; doch fehlt hier die

Jahrzahl und an der Granale sind hier drei Kleeblätter. Am Rande je ein Linienkreis. Grösse 13.

32444—46.

Av. RACODNHVG : RIRAVOVNMVAKC (Krone) Im Perlenkreise ein an den Seiten eingebogenes, oben eingeschnittenes, quadrirtes deutsches Schild, darin im ersten vier Querbalken, im zweiten und dritten eine Lilie, im vierten drei Querbalken. Oben ein Schnörkel zwischen Sternchen, in den Seiten-Einbiegungen gestielte dreitheilige Blätter, dann tiefer je vier Sterne übereinander. Rev. VENVS • PFEN—ING • MDLXX + Im Kreise die auf einer, unten am Rande befindlichen mit einem Sterne besetzten Halbkugel stehende unbekleidete Frau von vorn, wie zuletzt, ohne Jahrzahl im Rev. ein gewundener Rand. Gr. über 13.

Av. HASN (Lilie) HASN (L.) COHA (L.) CASN (L.) Im Linienkreise ein quadrirtes deutsches Schild, darin im ersten und vierten je eine Lilie, im zweiten und dritten je eine Krone. Rev. VENVS • AN — NO • M • D • 7Z In einem gekerbten und innern feinen Linienkreise die vorige Darstellung. Gekerbter Rand. Mess. Gr. über 12.

Av. HNBOSMRAH (Lilie) . . NV . O . CRA Im Kreise ein von Ringeln eingefasstes quadrirtes französisches Schild mit dem Löwen rechtshin im Mittelschilde, im ersten Felde ferner drei Querstreifen, im zweiten ferner eine Lilie, im dritten ein Querstreifen über vier Ringeln (3.) im vierten der Löwe über einem Ringel. Ueber dem Schilde o V o Rev. WENVS • PFENI • ANNO • 57Z Im Perlenkreise wie vorher ohne den Stern. Gekerbter Rand. Gelbes Kupfer. Gl. Gr. Roher Stempelschnitt. (Alle drei in der Sammlung des Herrn Dr. Freudenthal.)

32447—48.

Av. RM (achtmal wiederholt,) RAM Im Perlenkreise ein quadrirtes französisches Schild, dessen erstes und viertes Feld geweckt, im zweiten drei Sterne (2. 1.) im dritten fünf Blumenkelche (3. 2.) Oben und auf den Seiten in Rev. AT (zehnmal wiederholt) Im Perlenkreise im doppelten Dreipasse der Reichsapfel, neben dem Kreuze Sterne. Perlenrand. Messing. Gr. an 12.

Av. In einem Perlenkreise das Pfälzisch-bairische Wappen. Statt der Umschrift S • (zehnmal wiederholt.) S (Lilie) Rev. IV (Zehnmal wiederholt) I + Im Perlenkreise eine Bischofsmütze. Perlenrand. Messing. Gr. 11. Beide ebendort.

32449—51.

Av. BOPALDOIBAOBLBAO LDO In einem gekerbten Kreise ein doppelter Dreipass, in welchem ein unten abgerundetes Schild mit den Wecken; ausserhalb oben und zur Seite je ein Ringel. Rev. DAVIA ⁝ IVIA. . . . AAB ⁝ AVIIA ⁝ In einem gekerbten Kreise, der doppelte Dreipass, in welchem ein Reichsapfel. Am Rande ein gekerbter Kreis. Gr. 10. Messing.

Av. WBVL (L nach aussen verkehrt gestellt) TOMRVL (wie vorher) OTWRVL (Ebenso) OTL (Ebenso.) Das Wappen wie vorher, geweckt, ohne die drei Ringel. Rev. AL (wie vorher,) DROVMDL (Ebenso) AOVWL (Ebenso,) AODW Im gekerbten Kreise ein sitzender Affe; rechts gewandt, welcher mit den Vorderfüssen einen Ring und mit dem linken Vorder- und Hinterfusse ein Ordenskreuz hält, welches auch hinter seinem Rücken im Felde. Am Rande beiderseits ein gekerbter Kreis. Mess. Gr. an 11.

Av. TVDARVDATI ✠ VDATVIIDA In einem gekerbten Kreise zwei Schilde neben einander, ober welchen eine lilienförmige Blume. Im Schilde rechts in der obern Hälfte ein Blumenkelch zwischen zwei Streifen, in der untern eine fünfblättrige Blume; das Schild links geweckt; unter den Schilden G Rev. TRTDRDAVTDRT ✠ VATI . . . D In der Mitte wie im Av. nur im Schilde rechts oberhalb zwei Lilien, unter zwei Kleeblätter ober einem Ringel, im Schilde links oberhalb ein Löwe nach rechts und unterhalb dieselbe Blume, welche ober den Schilden. Am Rande gekerbte Kreise. Grösse 11. Messing.

32452—53.

Av. BLVORG BAVORG BLVOG BAROVL (Krone). Im Perlenkreise in einem doppelten Vierpasse ein quergetheiltes spanisches Schild, in der obern gespaltenen Hälfte rechts geweckt, links G, in der untern eine Krone. Rev. LOBGVI ⁝ LOGRV ⁝ BGLOVI ⁝ ROLGV ⁝ (Kr.) Im Linien- und Perlenkreise ein Lilienkreuz, in den Winkeln gekrönte Lilien über kleinen Ringeln. Perlenrand. Gelbes Kupfer. Gr. an 14.

Av. BRGRBRG : DBRGRBRG : BRGRB : In einem oben durch die Krone unterbrochenen Perlenkreise ein spanisches Schild mit den französischen Lilien; zu den Seiten eine Rosette mit je einem Blatte ober und unterhalb. Rev. RGBOV : (zweimal wiederholt) HGBOV (Krone) Im Kreise der Reichsapfel im doppelten Dreipasse, neben dessen äussern Spitzen Ringel. Messing. Grösse 14. (Beide in der Sammlung des Herrn Dr. Freudenthal.)

32454—55.

Av. GOO (fünfmal wiederholt) OGOOGII Im Perlenkreise ein Schiff von alter Form mit zwei Flaggen, an der Spitze des Mastbaums ein liegendes G Rev. LGOO (fünfmal wiederholt) Im Perlenkreise der Dreipass wie Nr. 32447. Perlenrand. Grösse an 12. Messing.

Av. WOB, WBO dreimal, WOB WBOW Dieselbe Vorstellung, nur ein gerades G Rev. WBRWI : BRBWBI : WBRWBIWBI Sonst wie vorher ohne Sterne. Desgleichen. Grösse an 11. Beide ebendort.

32456—57.

Av. GRGRGR — ⁘ GRGOR Im oben und unten unterbrochenen gekerbten Kreise die Florentiner Lilie. Rev. DDOOODRRRDDRRROOORRRR Im gekerbten Kreise im Dreipasse der Reichsapfel, neben welchem beiderseits zwei ⁘ zwischen drei Punkten. Gekerbter Rand. Messing Gr. 11. Ebendort.

Av. +ST (fünfmal) und ✠TS (zweimal) ✠ Die T sind A ähnlich, jedoch bildet der untere Theil ein Ganzes und sind die Striche ungetrennt. Ein Heiliger mit Schein, anscheinend die Mutter Gottes, wie auf den Venetianer-Münzen. Rev. AT (eilfmal) Bei dem Buchstaben A sind die beiden Schenkel unten verbunden, und enden in eine Spitze, die T sind wie im Averse. In der Mitte innerhalb eines gekerbten Kreises ein Reichsapfel zwischen ✱ Am Rande je ein breiter gekerbter Kreis. Gr. über 12. Messing.

32458—59.

Av. VBTTRATVATTRVTBVART Im zur Seite rechts unterbrochenen Perlenkreise der Löwe von Sct. Markus rechtshin mit dem Buche und mit Schein um den Kopf. Rev. BORGVORDGOR ⁝ BOBGVORVV ⁝ Im Perlenkreise der Reichsapfel im doppelten Dreipasse. Perlenrand. Gr. an 12. Messing.

Desgleichen BSVRVG BVOBDVGWSVRDB: + und der Kreis nicht unterbrochen; im Rev. BVRVB: (Dreiblatt) zweimal wiederholt. Gr. über 12. (Beide in der Sammlung des Herrn Dr. Freudenthal.)

32460—62.

Av. BOLGRVO ...... ROLGV : WORVGLO ✠ (Die L sind einem U nicht unähnlich, da der Strich rechts in gleiche Höhe mit jenem links hinaufreicht.) Der Markus-Löwe mit Schein innerhalb eines gekerbten Kreises nach rechts schreitend. Rev. BORGVR und eine fünfblättrige Rosette. (Diess sich dreimal wiederholend.) Innerhalb eines gekerbten Kreises ein Reichsapfel in einem doppelten Dreipasse. An den Rändern je ein Linien- und im Rev. nach innen noch ein gekerbter Kreis. Gr. 12.

Av. RGV ⁝ RG..... ⁝ R.... RABVOI (Der Buchstabe R ist von mir supponirt, da der dargestellte Buchstabe ein imaginärer ist, zum Theil einem verkehrten G mit gleichen Spitzen nach links wie nach rechts ähnlich, zum Theil einem L alter Form, dessen Schenkel links mit jenem rechts in gleicher Höhe. In einem oben durch den doppelten Schein unterbrochenen Kreise der Markuslöwe nach rechts mit dem Buche. Im Rev. N oder L wie vorher ABV: (dreimal) NABI (Krone) in einem Linienkreise der Reichsapfel in einem doppelten Dreipasse. Am Rande je ein Linienkreis. Grösse an 13. Messing.

Av. BVANONVAI:NO... VAT:NOBO und eine Krone. Der Löwe in einem gekerbten Kreise mit dem Buche nach rechts, hier jedoch ohne den Schein um den Kopf. Rev. BVAVOBVNAONABVOT...... und ein Ordenskreuz. In einem gekerbten Kreise in der Mitte ein sechsspitziger Stern, von welchem drei Stäbe mit lilienähnlichen Verzierungen an den Enden ausgehen, welche das Feld in drei Theile theilen. Zwischen diesen drei Stäben und Sceptern je eine grosse Krone. Am Rande je ein gekerbter und äusserer Linienkreis. Gr. über 11.

32463—69.

Av. ODNVB (Ros.) DVODNVB (Ros.) ODNVB (Ros.) In einem Perlenkreise die drei Kronen und Lilien um die Roselte. Rev. DAAO.. (Ros.) AAOPN (Ros.) DBVNOP (Ros.) Der Reichsapfel im doppelten Dreipasse innerhalb eines Perlenkreises. Die Roselten sind fünfblättrig und durchstochen. Gr. 10. Messing.

Weitere Stempeln:

a) NBONAONNAV..ONAVVL (Lilie) und BAODAONNAAONDAONNA: Gl. Gr.

b) NABA (dreimal wiederholt) und aussen an den Kronen je drei Ringel; Rev. NAB:NABV:NABV:NABV (Krone) Der Reichsapfel im doppelten Dreipasse, neben dessen äusseren Spitzen Ringel. Gr. 11.

c) Ein weiterer hat im Av. VBONAB: (dreimal wiederholt,) im Rev. VNOB: (zweimal wiederholt), VNOB (Krone) und Ringel neben den Spitzen.

d) ABNADO (wiederholt.) BNADB (dreieckiger Punkt) und im Rev. mit AINO (zweimal wiederholt) NINOA (Gleiche Punkte.) Gl. Gr.

e) Desgleichen ohne Umschriften, statt welcher dreieckige Punkte; die Kronen mit je drei Ringeln Gr. an 10.

f) Ein varianter Stempel wie der letzte jedoch ohne die Ringel. (Sämmtlich in der Sammlung des Herrn Dr. Freudenthal.)

32470—71.

Av. N (ähnlich II) AAVA A (verkehrt) A A (verkehrt) VAAAAVAAA (verkehrt) VA Innerhalb eines gekerbten Kreises eine fünfblättrige Roselte an welche drei Lilien und drei Kronen abwechselnd gelehnt sind; an den Kronen nach aussen je drei Ringel. Rev. D, dann vier Punkte über einander AVNOAANVAANOAVNAANAV und eine punktirte Ros. Innerhalb eines Linienkreises der Reichsapfel im doppelten Dreipasse; an jeder der drei äussern Spitzen je zwei fünfblättrige Roselten. Am Rande ein Linienkreis. Gr. über 11. Messing.

Av. AAVAA, eine Brille, darin ein I, (beides sich zweimal wiederholend.) 8AAAA und die vorige Brille. In der Mitte die Vorstellung wie vorher. Rev. VAAL NAVAANANVAANANVA und eine Krone. Der Reichsapfel wie vorher. An den Spitzen des Dreipasses je eine Verzierung ähnlich einer Pfeilspitze. Im Av. ein gekerbter, im Rev. ein Linienkreis. Gr. über 11. Messing.

32472—73.

Av. OVN (wie II) AVIA:O..NAVB:OVNAVB: Im Linienkreise die Vorstellung wie früher. Rev. NOVB ⁚ NOVB ⁚ NOVB...OVI (Krone) Im Linienkreise der Reichsapfel, und sind die drei Spitzen des Dreipasses hier je zwischen Ringeln. Am Rande Linienkreise. Gr. 11. Messing.

Av. IAVOA...:IAVOI...:VOAII und eine vierblättrige Roselte. Die Darstellung wie vorher. Rev. OALOOA:OALOOO:OADOAI und eine Krone. Die vorige

Darstellung, an dem Dreipasse je zwei zum Theil ringelförmige Punkte. Am Rande je ein Linienkreis. Gr. über 11. Messing.

32474—75.

Av. DA ... DAM ... IDAMDIAM Die Darstellung wie vorher nur fehlen die Ringel an den Kronen. Rev. IDA · ROIDMO DAWOIDAWID · Der Dreipass wie vorher. die Spitzen hier zwischen Punkten. Am Rande je ein Linienkreis Gr. 11. Messing.

Av. DORVG ⁝ DVORGVR ⁝ VGRUOR ⁝ zwischen gekerbten Kreisen. Die vorige Darstellung ohne Ringeln an den Kronen. Rev. DORVGVOR ⁝ DGVLO ⁝ RRGVR ⁝ Der Reichsapfel im doppelten Dreipasse wie früher ohne den Punkten an den Spitzen, Am Rande, wie innerhalb an der Umschrift ein gekerbter Kreis. Gr. über 10. Messing.

32476.

Av. GLICK : KVMPT : VON : GO (fünfblättrige durchstochene Rosette.) Innerhalb eines Linienkreises die vorige Darstellung, die Rosette an welcher die Kronen und die Lilien. Rev. In einem Linienkreise der Reichsapfel im doppelten Dreipasse, aussen neben den Spitzen Ringel. Statt der Umschrift ein oben und unten durch eine gleiche Rosette geschlossener Blätterkranz. Gewundener Rand. Messing. Gr. an 11. (Sammlung des Herrn Dr. Freudenthal.)

32477—79.

Av. In einem Vierecke: ABCG (D verkehrt) E | FGHIKL | MNOPQ | RSTVX | YZ : NO (ribergum) Ausserhalb an jeder Seite je ein Dreiblatt zwischen Ringeln. Rev. Ein länglicher Tisch, auf welchem rechts ein Geldbeutel, in der Mitte Rechenpfennige und links eine halb geöffnete Zahltafel. Hinter dem Tische ein Mann in alter Tracht nach vorn, den Kopf jedoch nach links gewandt, am Kopfe eine Mütze, das Wamms mit sehr weiten Bausch-Aermeln; unter dem Tische ragen die sehr dünn gezeichneten Füsse hervor; die Doppelfüsse des Tisches sind unten mit einem Querstriche verbunden, welcher unten nach aussen ausgebogen ist. Ober dem Kopfe ein grösserer, und daran nach rechts und links ein kleinerer Halbbogen, an welchen rechts sowie links je drei sechsblättrige Rosetten und drei Ringel. Am Rande je ein Linienkreis. Grösse an 13.

Av. In einem Quadrate ABCDE | FD (G verkehrt,) HIK | LMNOP | QRSTV | · XYZH · (Hans.) Zur Seite die Dreiblätter zwischen je zwei Punkten wie vorher Der Rev. wie zuletzt. Am Rande gleiche Kreise. Gr. 13.

Av. In einem Vierecke: ABCDE | FGHIK | LMNOP | QR (S fehlt) TVX | · YZ : H · An dem Vierecke von aussen je ein Dreiblatt, neben welchem an jeder Seite ein Ringel und ein Punkt. Der Rev. Ebenso. Gl. Kr. Gr. 13.

32480—82.

Av. Unter drei Punkten: ·ABCD · | ·EFG (G verkehrt) HIK · | · LMNOPQ · | RSTVYX · | · Z · HAN · Darunter eine Verzierung wie M zwischen Punkten. Rev. Aehnlich dem letzten, und zu beiden Seiten des Kopfes vier durch Halbbögen verbundene Ringel unter einander. Im Av. ein einfacher Linienrand. Gr. über 12.

Ein Stempel: · ABCDF · | D (G verkehrt) HKIKL · | · MNOPQR · | · STVXY · | Z · HAN · Dann oben und unten eine Schnörkelverzierung. Gr. 12. (Beide in der Sammlung des Herrn Dr. Freudenthal.)

Ein dritter ABCDE | FGHIK | LMNOP | QRSTV | XYZH Aussen an den vier Seiten ein Kreuzchen zwischen je einem Ringel und nach aussen einem durchstochenem Punkte. Rev. wie vorher, aber auf beiden Seiten vier punktirte Rosetten unter einander. Linienrand. Gr. an 13. Messing. (Alle drei in der Sammlung des Hr. Dr. Freudenthal.)

32483—87.

Av. Unter vier Punkten: · ABCG · | · FFD (G verkehrt) HIK | · LMNOP · | · QRSTV · | · XYZ · Rev. Der Mann (Rechenmeister) wie vorher, hinter dem Tische zu beiden Seiten des Kopfes vier durch Halbbögen verbundene Ringel unter einander. Doppelter Linienrand. Messing. Gr. an 13.

Ein Variant hat unter drei Punkten: •.ABCD • | • FFG (G verkehrt,) HI • | • KLMNO • | • PQRST • | • VXY • Grösse 13. (Beide in der Sammlung des Herrn Dr. Freudenthal.)

Av. •ABCD • | • EFGHI • |KLMNOP • | • QRSTV • | YXZ • (Die Punkte scheinen abgewetzte Ringe zu sein). Im Rev. der Rechenmeister; von dessen Kopf nach rechts und links bis zum Tischende vier kleine Halbkreise, an deren Enden je ein Ringel. Am Rande je ein Linienkreis. Gr. 13. Messing.

Ein weiterer Stempel: • ABCD • | • EFG (G verkehrt,) HI • | • KLMNOP • | • QRSTV • | • YXZ. Sonst wie zuletzt. Gr. 13. Messing.

Ein fünfter Stempel bei App. Nr. 1592.

Av. Zwischen einer Rosettenverzierung sitzt ein altdeutsch gekleideter Mann und zählt am Rechentisch, auf welchem ein Buch und ein Schwamm liegt. Rev. Zwischen einer Verzierung in einer Tafel in fünf Zeilen ABCDE | FGHIK | LMNPO | QRSTV | XYZH | Rechenpfennig.

32488.

Av. Das Alphabet wie bei dem nachfolgenden in einem Quadrate, darin ABCDE| Bei dem A fehlt der Mittelstrich, und sind die Seitentheile unten mit einem Striche verbunden, | FG (G verkehrt) HIK • | LMNO • | PQRS • | TVXYZ An den vier Seiten des Quadrates je eine Schnörkelverzierung zwischen Ringeln. Der Rev. wie vorher, zu beiden Seiten des Kopfes vier durch Halbbögen verbundene Ringel unter einander. Doppelter Linienrand. Messing. Gr. 13. (Sammlung des Herrn Dr. Freudenthal.)

32489.

Av. In einem Quadrate das Alphabet: A bis F | G—M | N—S | TVWXYZ Ober und unterhalb des Quadrats eine schnörkelförmige Verzierung zwischen 6 bis 7 Punkten; an der Seite am Vierecke ein Ringel, ober welchen und unterhalb je ein Punkt. Rev. Der Rechenmeister wie vorher, und sind unter dem Tische, an welchem zwei gebogene Füsse bis an den Rand reichen, hier keine Füsse sichtbar. Auf dem Tische hier rechts eine Zahltafel mit mehreren Querstrichen und links Rechenpfennige. Am Rande bis unter den Tisch reichend kleine (zusammen 20) Halbbögen, an deren innern Spitzen je ein Kleeblatt, ferner in der Biegung nach Innen und nach Aussen je ein Punkt. Am Rande beiderseits ein Perlen- im Av. noch ein feiner Linienkreis. Gr. an 13.

32490—91.

Av. Das vorige Alphabet, nur sind die vier Zeilen durch drei Querstriche abgetheilt. Oben am Rande und unten je eine Verzierung wie zwei überlegte Palmzweige, an welchen nach aussen zu oben eine Blatt- und unten eine durchstochene Kreuzrosette; an der Seite je eine lilienähnliche Verzierung, ober und unter welcher jene eine gleiche Kreuzrosette. Der Rev. ähnlich dem letzten, nur ragen hier unter dem Tische die Füsse des Mannes zwischen den breiten Füssen des Tisches hervor, und sind hier, wie auf keinem andern Stempel proportionirt. Am Rande eine ähnliche Einfassung von Halbbögen, an deren Spitzen Kleeblätter; doch sind hier die Punkte an der innern Seite, und fehlen ausserhalb. Am Rande je ein Kreis von perlenähnlichen Strichein. Grösse an 13. Messing.

Av. Das Alphabet zwischen Querleisten wie zuletzt. Auf den Seiten des Quadrates eine Lilie zwischen Blättchen, oben und unten eine Blattverzierung, darüber eine durchstochene Blatt-, und darunter eine gleiche Kreuzrosette. Rev. Der Rechenmeister wie vorher; am Rande die Halbbögen nach innen gestellt, und in den Einbiegungen Punkte; unter dem Tische ist eine grosse durchstochene Blatt-Rosette. Linien- und innerer gekerbter Rand. Messing. Gr. 13. (Letzterer Stempel in der Samml. des Hrn. Dr. Freudenthal.)

32492.

Av. In einem Doppelquadrate ABCDE | FGHIK | LMNOP | QRTSV | WXYZ: An den vier Seiten ausserhalb je eine schnörkelartige Verzierung zwischen Punkten. Rev. Der Rechenmeister wie zuletzt hinter dem Tische, auf welchem links ein Geldbeutel zwischen Rechenpfennigen. Der Tisch hat zwei quergestrichelte Füsse, welche abgerundet nach aussen zu gewandt sind. Zwischen denselben die Füsse des Mannes angedeutet, und unter denselben am Rande zwei Halbbögen ober einander. Oberhalb von dem Kopfe bis zum Tische am Rande je fünf Halbbögen, jedoch mit den Spitzen nach aussen, an welchen Kleeblättchen, jedoch keine Punkte. Am Rande je ein gekerbter Kreis. Gr. über 13.

32493.

Av. Aehnlich dem letzten, nur CDE | dann QRSTV und WXYZ Ober- und unterhalb dem Quadrate eine zweigähnliche Verzierung, an deren innern Seite eine Kreuzrosette, nach aussen ein längliches Ringel, zur Seite des Viereckes je eine lilienähnliche Gestalt, ober- und unter welcher eine Kreuzrosette. Rev. Der Rechenmeister wie zuletzt, jedoch fehlt am Tische der Geldbeutel; unter den Füssen ist statt der Doppelbögen ein quadrirtes Viereck. Am Rande die Halbkreise wie vorher, und zwar an jeder Seite sieben wie vorher, doch ist nach Aussen in den Halbkreisen je ein Punkt. Am Rande je ein punktirter Kreis. Gr. 13.

32494.

Av. In einem Doppelquadrate: ABCDE | FGHIK | LMNOP | QRSTV | : XYZZ An jeder Seite ein dreitheiliges Blatt mit einem Punkte in der Mitte, dann je einem Ringe zur Seite. Am Rande ein gewundener Kreis. Im Rev. der Rechenpfennigmeister wie vorher; der Tisch ist mit Stricheln eingefasst; und sind auch die Füsse des Tisches gestrichelt, dazwischen die Füsse des Mannes und vor ihnen der getäfelte Boden wie ein viergetheiltes Feld. An dem Fusse des Tisches je eine sechsblättrige Rosette ausserhalb. Neben dem Kopfe getheilt rechts 5, links 6 Halbbögen mit den Spitzen nach aussen, an welchen Kleeblätter, welche hier viel grösser als bei den früheren Stempeln. Am Rande ein gekerbter Kreis. Gr. an 13. Messing.

32495.

Av. In einem von Schnörkelverzierungen eingefassten gekerbten Kreise das Alphabet und zwar ABCD | EFGHIK | LMNOPQ | RSTVW | XYZ und die Zeilen durch Striche getrennt. Rev. Ein bärtiger Mann wie vorher hinter einem Tische mit einem Kettenrande, auf welchem die Tafel und Münzen wie bisher. Um das Ganze eine durch den Kopf unterbrochene Einfassung von kleineren Halbbögen mit auswärts gestellten Spitzen (rechts 8, links 7), an welchen Kleeblätter mit dazwischen gestellten durchstochenen Kreuzrosetten. Die Füsse des Tisches, welche hier nicht gebogen, sind schief, oben näher, unten weiter von einander gestellt. Die Füsse des Mannes sind hier gar nicht sichtbar, statt denselben ragt eine Spitze, wie sie oberhalb am Rande angebracht hervor, neben welcher drei durchstochene Kreuzrosetten. Strichelrand. Gr. 13. Gelbes Kupfer und Messing.

32496.

Av. In einem Linienkreise das Alphabet wie zuletzt zwischen vier Stricheln. Am Rande ein Kranz von kurzgestielten (18) dreitheiligen Blättern, in deren Mitte ein Punkt und zwischen denselben an der innern Seite kleine Kreuzrosetten. Im Rev. der Rechenpfennigmeister nach vorn gewandt in alter Tracht mit langem Seitenhaare und Halskrause. Der Tisch, auf der Vorderseite mit Stoffen behängt, kurze rundliche zwei Füsse, welche durch zwei Querstangen verbunden. Die Füsse des Mannes sind nicht sichtbar. An den Seiten zwischen zwei Linienhalbkreisen je ein Wein- und ein Epheublatt abwechselnd nach innen gestellt, an der Spitze kleiner feingezeichneter Halbbogen. Im Av. am Rande gleichfalls ein Linienkreis. Gr. über 13. Ein etwas ovaler Stempel.

32497.

Av. Unter zwei Punkten | · ABCD · | · EFGHIK · | · LMNOPQ · | · RSTVYX · | · Z : HAN · | und fünf Punkte. (Wahrscheinlich von Hans Schultes.) Rev. Der Rechenmeister in alter Tracht hinter dem Tische nach links sehend. Auf der Tischplatte in der Mitte Rechenpfennige, rechts ein Geldsack, links ein offenes Buch. An dem Vorderrande des Tisches sind Streife angebracht, (Fransen vorstellend?) Unter dem Tische ragen die Füsse des Mannes hervor, zur Seite sind je die zwei Füsse des Tisches, gerade gestellt, und unten durch eine Querlinie verbunden, welche in der Mitte nach aussen ausbiegt. Zur Seite des Mannes oberhalb rechts vier, links fünf sechsblättrige Rosetten, welche mit bogigen Strichen verbunden. Am Rande je ein Linienkreis. Gr. an 13.

32498.

Av. In einem von Schnörkelverzierungen eingefassten gekerbten Kreise auf Perlenleisten: · ABC · | DEFGHI | KLMNOP | QRSTV | WXYZ Rev. Innerhalb eines Randes von vierblättrigen Rosetten in mehrfach unterbrochenem Perlenkreise der Mann wie vorher hinter dem mit gleichen Rosetten eingefassten Tische, auf welchem in der Mitte die mit Pfennigen belegte Zahltafel, neben welcher vorn auf beiden Seiten ein Geldkästchen, hinten rechts eine Brille, links ein kleines Buch. Gekerbter Rand. Messing. Gl. Gr. (Samml. des Hrn. Dr. Freudenthal.)

32499—501.

Av. Innerhalb eines Perlenzirkels, welcher von aussen mit zwölf nach aussen gekehrten M ähnlichen Zierathen, zwischen welchen eine kleine kreuzähnliche Figur steht, besetzt ist, sind ABCD | E u. s. w. bis K | L — P | QRSTW | VXYZ Rev. RECHE — MEISTE Ein' bärtiger Mann mit Pelzmütze in alter Tracht sitzt an einem Tische und zählt oder rechnet mit Geld; auf jeder Seite der Tafel eine Chatulle, und unten neben dem Tische zwei Rosetten. (Reinhardt Nr. 6034).

Ein Stempel hat im Av. statt des Perlenkreises einzeln stehende Punkte, um welche 18 Zierathen; im Rev. MEISTER und die Rosetten punktirt. Gekerbter Rand. Messing. Gr. 13. (Sammlung des Hrn. Dr. Freudenthal.)

Mein Stempel hat das Alphabet wie zuletzt, jedoch ohne einen Kreis oder Punkte herum. Am Rande 17 oder 18 Verzierungen, ähnlich Handhaben, zwischen welchen je ein gestielter Blumenkelch, dieselben stehen nach aussengestellt, je einem M nicht unähnlich. Rev. Von rechts: · RECHE — MEISTER Der bärtige Mann wie zuvor; unter dem Tische sehen zwischen den rundgebogenen Tischfüssen die Füsse desselben hervor; zur Seite je eine Ros. aus sieben Punkten, und unten nach vorn getäfelter Boden. Der Rand gekerbt. Messing. Gr. über 12.

32502.

Av. ABCD | EFGHI | KLMNO | PQRSTV | WXYZ | 1553 Rev. Der Rechenmeister wie vorher, jedoch ohne Bart nach links gewandt, in einem Wamse mit sehr weiten Aermeln; unter dem Tische, dessen zwei Füsse sichtbar; und zur Seite derselben je zwei Füsse des Tisches wie H dargestellt; an dem Rande zur Seite oben je drei Sterne. An dem Tische an der vordern Seite Fransen, auf der Tischplatte nach rechts ein Geldsack; in der Mitte Rechenpfennige in Ringelform, links ein Buch (?). Der Mann steht hier hinter dem Tische und hat seine rechte Hand bis in die Mitte des Tisches gelegt. Am Rande je ein Linienkreis. Gr. über 12. Messing.

32502—5.

Av. Wie zuletzt. Rev. Der Rechenmeister wie zuvor, jedoch hier innerhalb eines den Tisch bezeichnenden Viereckes, dessen vorderer durch einen bis an den Rand reichender Strich mit abwärts gerichteten Spitzen besetzt ist. An der Seite je zwei Ringeln, oben am Rande rechts drei Ringel nebeneinander, links drei Ringel (2. 1.) Neben dem Manne innerhalb des Viereckes je eine Vorstellung, ähnlich einem Vogel nach rechts, und rechts noch ein Ringel. Unterhalb sind des Mannes Füsse zwischen den Tischfüssen sichtbar; letztere sind hier wie M gezeichnet, und haben zur Seite nach aussen zwei Ringel; unten am Rande sind drei Ringel, der mittlere unter einem Halbbogen. Am Rande Linienkreis. Gr. über 12. Gelbes Metall.

Av. Ebenso. Der Rev. ähnlich dem letzteren, nur sind im Felde links zwischen dem Manne, dem Tische und dem Rande acht Ringel; vor dem Manne innerhalb des den Tisch bezeichnenden Quadrates sechs Ringel, und zu jeder Seite eine Krone. Ober dem mittleren Ringel unten ist statt des Halbbogens bloss ein Strich. Gleiche Ränder. Gl. Gr. Desgleichen.

Ein dritter Stempel mit dem Rechenmeister und dem Tische hat oben rechts vier, links fünf Sterne, unter den Füssen eine punktirte Rosette, und auf dem Tische rechts einen Beutel, links eine halbgeöffnete Zahlentafel. Gr. an 13. (Letzterer in der Sammlung des Herrn Dr. Freudenthal.)

32506—9.

Av. Wie vorher. Rev. Der Rechenmeister innerhalb des Quadrates, welches abermals an der Vorderseite die Spitzen hat, zur Seite oberhalb rechts anscheinend sechs, links fünf Ringel; auf dem Tische rechts B und zwei Ringel, die Seite links abgewetzt, die Füsse des Tisches schief nach rechts geneigt, zur Seite je zwei und unten anscheinend drei Ringel. Gl. Ränder. Gl. Gr. und gelbes Metall.

Weitere Stempel:

a) Oben beiderseits vier Ringel unter einander, unten seitlich rechts ein, links zwei Ringel übereinander, unter den Füssen vier Ringel neben einander. Auf dem Tische rechts und links ein B. Gr. 12.

b) Ein Variant hat oben rechts fünf, links acht Ringel; die B sind verkehrt. (B) Gr. 12. (Die beiden letztern in der Sammlung des Herrn Dr. Freudenthal.)

c) Apell Nr. 1594 erwähnt eines Stempels mit B—B ohne nähere Beschreibung.

32510.

Av. Aehnlich dem letzten, die Buchstaben etwas neuerer Form, die Jahrzahl muthmasslich 1553. Der Rev. ähnlich den letzten, nur ist der Rechenmeister hinter dem Tische, auf welchem in der Mitte Rechenpfennige; rechts ein Geldbeutel (?) links eine Zahltafel; am Rande Halbbögen an deren innern Spitzen je ein kleines Ringel; unten sind die Füsse des Tisches mit einem Querstriche verbunden, welcher unter den Füssen des Mannes in einen Halbkreis ausgebogen ist. Am Rande Linienkreise. Gr. über 12. Gelbes Metall.

32511.

Av. Aehnlich nur G und | 1581 Rev. Der Rechenmeister ähnlich dem Letzteren, innerhalb des Tisches, welcher hier nur durch die Striche zur Seite angedeutet. Der vordere Strich reicht bis an den Rand, und ist mit sieben Spitzen besetzt; neben dem Striche seitwärts und nach oben am Rande fünf und vier Ringel. Unterhalb die Füsse des Mannes zwischen den Füssen des Tisches und zur Seite je ein Ringel. Am Rande gekerbte Kreise. Gr. 13. Gelbes Metall.

32512—14.

Av. EINNEMEN · V · A'SGEBN · GERAIT (sechsblättrige Ros.) Innerhalb eines Linienkreises eine von aussen verzierte Tafel, worin I | 178 (80) ZZ | und feine Schrägstriche durch die ersten vier und zwei letzten Zahlen. Rev. GIBT · SELTEN · VOLLI GEN · BESCHAIT · In einem Linienkreise ein von aussen verziertes spanisches Schild von oben herab getheilt, mit fünf Querstrichen, worin rechts acht, links zehn Rechenpfennige. Die Ränder gekerbt. Gr. über 10.

Av. BRAVCH · MICH · RECHT · OHN · ARGELIST In einem Linienkreise das verzierte Schild wie vorher, worin rechts sieben und links acht Rechenpfennige. Rev. DV · WEIST · DAS · GOT · DER · RECHNER · IST · In einem gewundenen Kreise die Zahltafel wie zuvor, nur 22. Am Rande je ein breiter Linienkreis. Gr. über 12.

Av. LIB : MIOH : ALS : IOH : DIOH : ✠ In einem Perlenkreise ein einfacher nach links gewandter Adler, nachgebildet dem Tyr. Adler. Rev. DER : HTA : SEL: TEN : OVTEN : MV▼ In einem Linienkreise ein oben und unten mit Schnörkeln verziertes, an den Seiten mit einem Dreiecke besetztes Schild, worin 80 | 891 (99 | 99 Durch die untern zwei 9 sind feine Striche gezogen. Am Rande je ein Linienkreis. Grösse an 12.

32515—17.

Av. GOTES : BORT : PLEIBT : EBI · (Dreieckige Ros.) Im Kreise das bärtige Brustbild linkshin wie früher. Rev. OAПBOVHBOПOHB ⁘ (fünfblättrige Ros.) Im Kreise ein Lilienkreuz mit Lilien in den Winkeln. Messing. Gr. über 12. (Der Av. wie bei Hans Schultes.) (Sammlung des Herrn Dr. Freudenthal.)

Av. GOTES (Ros.) BORT (Ros.) PLEIBT (Ros.) EBIGLI (Ros.) Die Rosetten fünfblättrig durchstochen. Innerhalb eines Perlenkreises der nach links gewandte bärtige Kopf mit mehreren Reihen von Perlen am Gewande. Im Rev. · VERBV ✱ | DO MINVM | MANAET IN | AETERNV · | ·M : HANS Oben und unten je eine Schnörkelverzierung zwischen Punkten. Am Rande ein Linien- und Perlenkreis. Gr. 12.

Av. Von der theilweise verwischten Umschrift nur UDD . . . . ODU (nach aussen gestellt) DODD I572 (2 ist nach aussen gestellt.) und eine Blattrosette lesbar. In einem Linienkreise das bärtige Brustbild wie vor. Im Rev. das Alphabet wie Nr. 32497· Gr. über. 12. (Wahrscheinlich von Hans Schultes.)

32518—19.

Av. Ein bis an den Rand gestelltes bärtiges Brustbild linkshin im Wamms wie vorher. Umschrift links SAKCTI, rechts DOMI · Rev. BHꝰMD HBMDSPMGBHMD: (Blattros.) Im einem Perlenkreise ein Lilienkreuz mit Lilien in den Winkeln. Gekerbter Rand. Messing. Gr. an 13. (Der. Av. ist identisch mit dem bei Haus Schultes angeführten.) In der Sammlung des Herrn Dr. Freudenthal.

Av. Das bärtige Brustbild wie vorher nach links innerhalb eines Linienkreises, an welchem nach aussen ein Kranz von Blumenkelchen, in welchen unten ein mit einem Striche verbundener Doppelpunkt. Der Rev. wie zuletzt. Das Kreuz ist aus drei parallel laufenden Strichen formirt. Am Rande im Av. ein Linien- im Rev. ein gekerbter Kreis. Gr. an 13.

32520—23.

Av. IABPVI 8 IVPBAPVIBAT Innerhalb eines oberhalb bedeckten Linienkreises unter einer grossen Krone, neben welcher oben Ringeln, das französische Wappen, die drei Lilien, im spanischen Schilde. Neben dem Schilde, ist aus vier Verzierungen, wie sie im Rev. 32516 vorkommen eine Ordenskette gebildet. Rev. D (!) OTTS: BORCT : BLEIBT : FB (ebigli) und eine sechsblättrige Ros. Innerhalb eines Linienkreises ein Kreuz aus je drei Strichen formirt, in dessen Mitte ein Punkt; an den Enden je eine Lilie, und in den Kreuzwinkeln je eine Krone, an welcher nach aussen je drei Punkte. Am Rande beiderseits je ein Linienkreis. Gr. an 14.

Av. LIB : MEDH : ALS : IOH : DIH : Die vorige Darstellung ohne den Ringeln an der Krone. Rev. GOTES, zwischen durchlochenen Blattrosetten, BORT ✣ PLIBT ✱ EBICF In einem Perlenkreise ein Kreuz, aus parallelen drei Strichen formirt; an dessen Ende je eine Lilie. In den Winkeln je eine Lilie und eine Krone abwechselnd. Am Rande je ein gekerbter Kreis. Gr. 14.

Av. Wie zuletzt mit DI · Rev. DAS : SIN : RAIPFIG : MVLBS : (Sechsblättrige Ros.) Im Kreise ein Lilienkreuz, in dessen Winkeln je eine Krone und Lilie abwechseln. Gekerbter Rand. Messing. Gr. über 12.

Ein Variant des letztern Stempels hat im Rev. DAS : SIN : RECH : PNGIN : G · M : (Dreieckige Ros.) Gr. 13. (Die beiden letztern in der Samml. des Hr. Dr. Freudenthal.)

32524.

Av. IARPVI ꝯ IVPBAPVIBAT Innerhalb eines Linienkreises das gekrönte französische Wappen im spanischen Schilde, um welches die Verzierungen wie Nr. 32520. Im Rev. ein Quadrat, darin VERBVM | DOMINI | MANET | IN ⁘ (wie 8) AET | ER NVM An den vier Seiten je eine Schnörkelverzierung zwischen Ringeln. Gr. 13.

32525—29.

Av. INSIGNIA CIVITATIS ROM Unter einer oben offenen Krone im spanischen Schilde ein Querbalken, von oben links nach rechts herab, mit Doppelleisten eingefasst; in demselben SPQR An dem Schilde zur Seite je ein Lorbeerzweig. Rev. Von rechts: CCAESAR DIVI AVGVSTVS IMPE Ein nach rechts gewandter Kopf, mit einer Krone, aus einem Reife und aufrechtstehenden Spitzen bestehend. Am Halse ein Gewand. Die Ränder gekerbt. Gr. 13.

Av. IN SIGNIA — REGIS ANGLI : Ein behelmtes Wappenschild, darin drei Leoparden nach rechts. Ober der Krone ein aufrechter Löwe nach rechts mit einem Schwerte in den Vorderpranken. Rev. Die Königin mit einem Schwerte in der Rechten und einem Scepter in der Linken auf einem Thronsessel, ober welchem ein Baldachin. Zur Seite je auf einem Sockel eine Vase mit einer Blume. Im Abschnitte: REGI. ANG · Gleiche Ränder. Gr. 13.

Av. Aehnlich nur REGIS BOEMI : Im Wappen hier der böhm. Löwe aufrecht nach rechts, und ober dem Helme ein Adlerflug. Im Rev. der König im Krönungsornate mit Mantel, mit Scepter und Reichsapfel, am Kopfe die Krone. Oben ein Baldachin, neben welchem als Ueberschrift PEX — BOHE · In dem Erdboden steckt zur Seite je ein Lorbeerzweig; an der Seite je ein Füllhorn, darin Blumen und Früchte überragend drei Aehren. Gl. Ränder. Gl. Gr.

Av. Aehnlich mit INSIGNI : ROM : — REGIS GERMI : Im Wappen ein Adler mit ausgebreiteten Flügeln mit nach rechts gewandtem Kopfe, um welchen ein Schein; ober dem Helme ein grosser Reichsapfel. Im Rev. der gekrönte König, unter einem Baldachine wie vorher, im Ornate auf dem Throne sitzend; in der Rechten den Scepter, in der Linken den Reichsapfel; zur Seite je eine weibliche Figur; rechts die Gerechtigkeit mit der Waage und dem Schwerte, links der Friede mit einem Lorbeer- und Palmzweige. Im Abschnitte REX GER : Gl. Ränder und gl. Gr.

Av. IN SIGNIA — REGIS HISPA : Im Schilde ein aufrechter Löwe nach rechts und ober dem Helme der aufrechte Löwe nach vorn mit dem Vorderleibe, eine Krone am Kopfe. Auf einer Leiste unter einem Baldachin der gekrönte König gepanzert mit Scepter und Reichsapfel in den Händen; an der Seite ein grosses Schwert in der Scheide. Zur Seite rechts ein unbekleideter Mann, eine Keule auf der rechten Schulter haltend, links ein Krieger in altrömischer Tracht; mit einem türkischen Säbel in der Rechten und Schilde an der Linken. Im Abschnitte REX · HISP : Gleiche Ränder Gl. Gr. Messing.

32530.

Av. Von rechts: FORTVNA (fünfblättrige Ros.) — (Gl. Ros.) VARIABILIS· Der auf einem Rade sitzende, nach rechts gewandte Saturn hält in der Rechten die Sense und ein Seil, mit welchem einem vor ihm knienden Satyr die Hände auf dem Rücken gebunden sind; an dem Seile hängt ein Vorhängschloss. Im Abschnitte zwei gekreuzte Palmzweige. Rev. Von rechts: (Gl. Ros.) STVDEAT (R.) — (R.) VIRTVTI (Ros.) Auf einem unten am Rande befindlichen herzförmigen Schilde mit den französischen Lilien steht linkshin eine Frau und hält in der ausgestreckten Rechten eine Krone; in der Linken eine Lilie. Auf beiden Seiten von dem Schilde ausgehend je ein Füllhorn, bis zum halben Leibe hinaufreichend, in welchem Blumen und Früchte. Am Rande je ein Strichelkreis. Gr. über 13. Messing.

32531—32.

✓ Av. Von rechts: · NEC · IGNI · NEC· FERRO · CEDO · Ein Krieger in römischer Tracht, nach links gewandt, in der Linken eine am Boden ruhende Lanze haltend, an deren Spitze Bänder flattern. Nach rückwärts weht eine vom Winde getriebene Schärpe; am Boden zur Seite je ein kleiner Strauch. Rev. Von rechts: (fünfblättrige Ros.) NIHIL (R.) IN (R.) EXPLORATO (R.) Innerhalb eines unten vom Erdboden bedeckten Kreises ein nach links schreitendes weidendes Einhorn. Gestrichelte Kreise am Rande. Gr. 13.

Av. In einem mehrfach unterbrochenen Perlenkreise ein Einmaster von alter Form rechtshin; in welchem ein Mann rechtshin mit einem Stabe in der Rechten; auf dem Vordertheile steht ein gleicher mit einer Lanze; auf dem Hintertheile ein gekrönter Mann linkshin. Umschrift unterhalb RECHEN (Kleekreuz) PFEN Rev. Im Perlenkreise ein kartouchirtes Perlenoval mit dem Reichsapfel, von welchem nach den vier Seiten ein gestielter Blumenkelch ausgeht. Am Rande ein Kranz von Blumenkelchen. Perlenrand. Messing. Gr. an 13. Der Rev. ähnlich dem Nr. 32217 beschriebenen. (Letzterer Sammlung des Herrn Dr. Freudenthal.)

32533—35.

Av. Von rechts: VESPASIANVS ROM : IMP : AVG : Der belorbeerte Kopf linkshin mit Andeutung von Gewand. Rev. Von rechts: IVDÆA — CAPTA Unter einem Palmbaume eine sitzende nach links gewandte Frau, hinter welcher ein bärtiger Mann im leichten Gewande steht; rechts am Boden Schild und Schwert mit einem Helme auf der Spitze. Im Abschnitt SC Gekerbter Rand. Gr. 13.

Av. Im Perlenkreise ein Brustbild linkshin mit geflügeltem Helme. Rev. Innerhalb eines Perlenkreises der Reichsapfel im doppelten Dreipasse, an dessen innerer Seite kleine Spitzbögen. Im Av. ein Rand von Doppellilien, im Rev. von fünfblättrigen Rosetten. Perlenrand. Gr. an 10. Messing.

Ein zweiter hat im Av. einen Rand von durchlöcherten vierblättrigen Rosetten mit dazwischen gestellten rosettenförmigen Punkten. (Alle drei in der Sammlung des Herrn Dr. Freudenthal.)

32536—38.

Av. Von rechts: CAROLVS V · — ROM : IMP : SEM : A · Der Kaiser zu Pferde nach rechts auf einer Leiste wie Nr. 32283. Rev. VENI VI—DI—DEVS Der gekrönte Adler zwischen den Säulen wie ebendort. Auf den Säulen: PLVS und VLTR Gekerbter Rand. Grösse über 13.

Av. HENRICVS · IV · FRANC — ORVM · ET NAVAR · REX · Unter einer grossen Krone die Wappen von Frankreich und Navarra umgeben mit zwei Ordensketten, an welchen unten ein Kreuz. Unter den Schilden ein H, daran je ein Zweig zur Seite. Rev. Von rechts: VVLTV QVO COELVM Innerhalb eines Linienkreises das bärtige

Brustbild nach rechts, wie der Av. von Nr. 32325; unter der Querleiste statt des Namens zwei übereinander gelegte Lorbeerzweige. Am Rande je ein Perlenkreis. Gr. 13.

Av. Von rechts: HENR IIII R · CHRIS — MARIA · AVGVS · Die Brustbilder beider nach rechts; er ohne Lorbeerkranz, in Rüstung und mit einem Ordenskreuze auf der Brust. Rev. Von rechts: REGIS SACRA — FŒDERA MAG Die gekrönten zwei Säulen, wie Nr. 32261, nur fehlt auf dem Piedestal der Name H · KRAWI Am Rande je ein starker Strichelkreis. Gr. 13.

32539—41.

Av. Von rechts: ICH HAB DIE ANGNEME KVNST, DIE MACHT GE RECHTI, ferner innere Umschrift von rechts: KEIT VND GVNST — ESAIAS · V · X · CA: Der Mann wie Nr. 32354; woselbst in der innern Umschrift der Name Wolff Lavffer. Der Revers ähnlich Nr. 32354 nur fehlt dort und ist hier im Abschnitte PSA · X · XLI · Am Rande gestrichelte Kreise. Gr. 13.

Av. Von rechts: HENRICVS IIII GALLIA ET NAVA : REX Der König nach links zu gallopirend, mit dem Schwerte in der Rechten, ähnlich Nr. 32309, nur geht hier die Umschrift bis unter den Querstrich, während bei der zitirten Nummer die Umschrift weder bis zu dem Querstriche, sondern nur bis zu den Trophaeen reicht. Rev. OMNIS u. s. w. wie Nr. 32309, nur hier die Jahrzahl 15—93 Nach DNO eine fünfblättrige Ros. Die Ränder beiderseits gekerbt. Gr. 13.

Ein ähnlicher Stempel mit GALLIÆ ET NAVAR · REX · Der Reiter wie vorher. Rev. wie zuletzt, nur 15—96 und nach DNO eine durchstochene Kreuzrosette. Im Av. am Rande ein gekerbter, im Rev. ein Strichelkreis. Gl. Gr.

32542.

Av. Von rechts: HENRIC IIII — LÆ ROI Œ FRAN Der König wie vorher, nach links zu reitend, mit gezogenem Schwerte. Unter den Trophaeen eine Leiste, und darunter G S zwischen Sternrosetten. Rev. Von rechts: A FRANSVA, Kreuzrosette, A DAFIN, (Ros.) A NAVARA (Ros.) 1605 (Ros.) Aehnlich Nr. 32306, die beiden Wappen, ober welchen der Delphin zwischen zwei Zweigen. Von oben, zwischen A—A reicht aus Wolken ein Strich bis zu der, auf dem Kopfe des Delphin ruhenden Krone. Am Rande je ein Kreis von länglichen Perlen. Gr. über 13. Die Buchstaben G. S. dürften nicht Georg Schultes bedeuten, oder dieser Jeton wenigstens nicht von demselben geprägt sein, da G. Schultes um 1550 gelebt hat, und im Jahre 1605 bereits verstorben gewesen dürfte.

32543—44.

Av. Von rechts: PAX ET FOEL TEMP und eine fünfblättrige Ros. Der Merkursstaab zwischen zwei Füllhörnern, unter welchen zwei sich haltende Hände. Im Abschnitte unter einer Leiste MD LXX | XIX · Rev. Von rechts: PALLAS IVNO VENVS Diese drei Göttinnen; jedoch der Abschnitt leer, wie Nr. 32274 Im Av. ein Strichel- und im Rev. ein Perlenkreis. Gr. über 13.

Av. Von rechts: ET ELISABET REGINAE (Ros.) In der Mitte die Königin mit dem Cadeceus in der Linken, in einem mit zwei Pferden bespannten Triumphwagen, nach links in ein Thor mit je einer Säule zur Seite fahrend; hinter dem Wagen steht ein römischer Krieger, mit beiden Händen einen Kranz ober dem Kopfe der Königin haltend. Im Abschnitte 1571 und Kleeblättchen. Rev. Von rechts: PATET FALLATIA TANDEM und eine fünfblättrige Rosette. Ein bärtiger nach links gewandter Mann mit einer Phrygischen Mütze (Archimedes) giesst aus einer Kanne in der rechten Hand Wasser in eine, auf einem viereckigen Steine stehende Schale, über welche er mit der vorgestreckten Linken eine an Schnüren befestigte Zackenkrone hält. Am Boden unter ihm ein Schwamm. Im Abschnitte 1587 Am Rande je ein Perlenkreis. Gr. 13. Dünner Jeton. Der Rev. ist dem unter Nr. 29417 unter Carl IX beschriebenen Jetone nachgebildet.

Nachtrag.

32545—47.

Av. KILIANVS ✱ KOCH ✱ NORIB ✱ In einem gewundenen Kreise ein bärtiger Kopf nach rechts. Rev. 1504 | VERBVM | DOMINI MA | NET IN AETE | RNVMETC | ETERA Am Rande je ein grosser Strichelkreis. Gr. an 9. Messing.

Av. ABCD | E bis I | K bis O | L—T | WXYS | 1553 innerhalb eines Linienkreises. Rev. In einem gewundenen Kreise ein Kopf von links zwischen zwei Sternrosetten. DAMIANVS (Ros.) KRAVWINCKEL und eine Lilie. (Sammlung des Herrn Riess.)

Av. OMNIA ⁑ SI ⁑ PERDAS ⁑ FAMAM ⁑ SERVARE ⁑ MEMETO und ein Kreuz. Innerhalb eines feinen Linienkreises ein nach links gewandter Mann mit vorgebeugtem Oberleibe und zurückhaltendem linken Fusse, welcher in der vorgestreckten Rechten ein Kreuz und in der Linken ein Monogramm hält. Die Buchstaben IK an einander gestellt, an den Enden oben und unten gespalten; muthmasslich Hans Krauwinckel bedeutend. Rev. DVLCE + SATIS + HVMOR + LENIT + PRECORDIA + RETHOR und ein zierliches Kreuz. In einem gekerbten Kreise die Frauensgestalt, ähnlich jener Nr. 32418, in der Rechten drei langgestielte Blumen, in der gesenkten Linken die Granate haltend; das Ende des um die Hüften geschlagenen Schamtuches hängt von der Rechten, an derselben überschlagen herab, von dem Kopfe weht ein Schleier weit nach links; zur Seite rechts und links im Felde je eine Pflanze mit zwei Blumenstengeln, an welchen je eine fünfblättrige Blüthe. Am Rande je ein gekerbter Kreis. Gr. über 13. Ein ausnahmsweise schön und fein geschnittener Stempel.

32548—49.

Av. Ein Loch. COVNTERS · JOH : HEINR : METZGER · RECHPF · Im gekrönten vierfeldigen Wappen das englische (?) Wappen, in welchem im ersten Schilde blos die drei Leoparden nach rechts und im vierten die irländische Harfe sichtbar. Rev. Von rechts: WILHELM · D (ein Loch) — ANG · SCO · FR · III · REX Das Brustbild nach links mit langem herabwallenden Lockenhaare, Halsschleifen und im Panzer. Am Rande ein gekerbter und Linienrand. Gr. über 13. Messing.

Av. · M · STEPHANVS (durchstochene Kreuzros.) ENGILBRVNNER Im Kreise ein zierlicher Springbrunnen. Rev. Eine oben und unten bis an den Rand gestellte geflügelte Frau von vorn im leichten Gewande hält die Rechte vor die Brust und stützt die Linke auf einen Anker. Perlenrand. Messing. Gr. an 12. (Letzterer in der Sammlung des Herrn Dr. Freudenthal.)

32550—51.

Av. IOHANN WEIDIN — GERS · RECHN · PF · Unter einer grossen Lilienkrone die drei Lilien in einem Linienkreise; zur Seite zwei unten übereinander gelegte Palmzweige. Rev. Von rechts: LOVIS · XIV · ROY — · DEFR · ET · DE · NAV Dessen Brustbild nach links mit langem lockigen Haare im Panzer und langen Halsschleifen. Im Av. ein Strichel- und Linien-, im Rev. ein Rand von ovalen Perlen- und gleichfalls ein Linienkreis. Gr. 14. Messing.

Av. IOHANN · WEIDI — NGERS · RECH · PF · Die vorige Darstellung. Rev. Von rechts: LOV · XIV · ROY · — D · FR · ET D · NAV · Dessen Brustbild mit lang herabwallendem Haare nach links und um die Achsel geworfenem Mantel. Am Rande je ein Strichel- und ein Linienkreis. Gr. 11. Messing.

Jetone neuerer Zeit. 32552—56.

Av. Von rechts: LUD · XVI D · G — FR · N · REX Das nach rechts gewandte Brustbild mit im Nacken gebundenem Haare, im Staatskleide mit dem Ordensbande und einem grossen Sterne auf der Brust. Rev. Eine Reiterstatue nach rechts auf einem

Piedestal, welches von einer Mauereinfassung umgeben. OPTIMO, links PRINCIPI Im Abschnitte 1790 Gr. 11. Hennin. Nr. 177.

Ebenso mit 1792 Ebendort Nr. 383.

Av. Aehnlich nur DG • FR • — ET NAV • REX Rev. Aehnlich, nur die Statue in der Zeichnung verschieden und statt 1790 steht IETTON • Gl. Gr. Nr. 179.

Av. LOUIS XVI ROI — DES FRANSAIS und unter dem Kopfe klein IETTON Der Kopf wie vorher, jedoch hier blos der Kopf mit glattem unten spitzigem Halse. Rev. Aehnlich dem letztern, nur in der Zeichnung verschieden. Gl. Gr. Nr. 178.

Av. Von Rechts: LVD • XVI • D • G • FR • — ET NAV • REX • Der Kopf wie zuletzt, mit glattem Halse, unter welchem hier REICH Rev. Aehnlich den vorigen, nur die Statue nach links gewandt, und im Abschnitte MDCCXLIIII Gr. 11. Nro. 181—182.

32557.

Av. LUD XVI D • G — FR ET NAV REX Dessen Brustbild jedoch statt wie bei den vorhergehenden hier nach links, mit langherabwallendem, nicht gebundenem Haare, und faltigem Gewande auf den Achseln. Rev. Wie bisher, die Statue hier nach links gestellt auf gestricheltem Boden und im Abschnitte ICREICH (Joh. Christian Reich in Nürnberg) Gr. 11. (Hennin Nr. 180.)

32558—60.

Av. Von rechts: LUD • XVI D • G • FR • ET NAV • REX Der nach links gewandte Kopf mit herabwallendem Haare und blossem Halse. Im Rev. eine Vase, Urne, auf einer Doppelleiste, hievon rechts AMOR links PATRIAE am Rande. Im Abschnitte JETON Gekerbter Rand. Gr. $9^1/_2$. Hennin Taf. 25. Nr. 231—232.

Av. Von rechts: LUD • XVI • D • G • — FR • NA • REX Das nach rechts gewandte Brustbild mit im Nacken gebundenem langen Haare, einem Ordensbande, und einem grossen Ordenskreuze auf der Brust. Rev. Der König zwischen Säulen unter einem rückgeschlagenen Vorhange sitzend nach links gewandt; in der vorgestreckten Linken einen Staab, die Rechte auf ein ovales Schild mit den drei Lilien gestützt; auf ihn zu fliegt von links ein Genius in den Händen eine Krone haltend. Oben am Rande DIG NISSIMO Gr. 12. Im Abschnitte IETTON Gr. 12.

Ein zweiter Rev. hat den König auf einem Thronsessel unter einem Baldachin, in der vorgestreckten Linken einen Scepter haltend, die Rechte auf die Sessellehne gestützt; der Genius hier näher gestellt, hält die Krone ober das Haupt des Königs. Die Säulen sind hier mehr im Hintergrunde, gekrönt, zwei nach rechts und eine links, sonst wie zuletzt, nur fehlt das Wappenschild. Grösse 12. (Beide ebendort. Tafel 25. Nr. 233—234.)

32561—64.

Av. Aehnlich dem Letztern, nur D • G • FR • — ET NAV • REX • Der Rev. wie zuletzt. Gr. 12.

Ein zweiter Rev. hat eine ähnliche Vorstellung, nur ist die Zeichnung des Ganzen statt nach links hier nach rechts gewendet gehalten, der Genius sonach statt von links hier von rechts fliegend, ferner im Hintergrunde auf jeder Seite je zwei Säulen. Dieselbe Ueberschrift und im Abschnitt IETTON Gr. 12. Hennin. Nr. 235. 238.

Av. Aehnlich dem Letztern mit LUD und REX dann unter dem Brustbilde R (Reich) Der Rev. wie Nr. 32.560. Gr. 12. Nr. 236. Ebendort.

Av. Von rechts: LUD • XVI • D • G • FR • — ET • NAV • REX • Das Brustbild mit dem Ordensbande und Sterne, wie bisher, jedoch hier das Staatskleid nicht wie bei den letzten zwei Reversen gestickt, sondern glatt, und unterhalb nach aussen REICH. Rev. Aehnlich dem letztern, nur fehlen hier die rechts am Rande befindlichen Säulen. Gr. über 12. Nr. Nr. 237.

Av. Von rechts: LUD • XVI • D • G • FR • — ET • NAV • REX • Das Brustbild nach rechts, mit im Nacken gebundenem Haare, dem Ordensbande und Kreuze. Rev. In der Mitte im Wasser ein Delphin, auf welchem eine nackte Figur mit ausgebreiteten Händen. Ueberschrift: FELICITAS PVBLICAS Gr. über 11.

Av. Aehnlich nur D • G • — F • E • N • REX • und bei dem Brustbild das Ordensband hier auf der Achsel links statt früher rechts. Rev. Aehnlich, nur ist unter dem Wasser durch eine Leiste ein Abschnitt gebildet, worin • L • S • L • und ferner als Ueberschrift VICITAS • BVLI • ICAS • Gr. 9. Hennin. Taf. 25. Nr. 239—240.

Av. Von rechts: LUD XVI D G •.• — FR • ET NAV REX • Das Brustbild nach links mit im Nacken gebundenem Haare und blossem Halse. Rev. Von rechts: FUNDAMENT • QUIET NOSTR • Eine Kirche oder Kapelle mit drei Thürmchen, unter welcher ECCLAN Gr. $9^1/_2$. Nr. 241. Ebendort.

32568—72.

Av. Aehnlich Nr. 32565. Ein doppeltes Bassin, aus dessen oberem Theile ein Wasserstrahl emporsteigt. Ueberschrift: OMNIBVS — NONSIBI Der Boden des Ganzen unten doppelt eingefasst und nach unten zu ausgebogen. Gr. 11. Nr. 242. Ebendort.

Av. Aehnlich dem Letzten nur LVD • und in dem Achselausschnitte des Brustbildes das Wort REICH Rev. Aehnlich dem letztern; nur ist die Einfassung unten einfach, und am Rande nach aussen IETTON Gr. 11. Nr. 244. Desgleichen.

Av. Von rechts: LUD . XVI . D . G . — FR . ET . NAV . REX • Das Brustbild mit im Nacken gebundenem Haare und blossem Halse. Rev. Aehnlich nur IETTON bogig gestellt. Gr. 11. Nr. 243. Desgleichen.

Av. Aehnlich Nr. 32559. Rev. Aehnlich Nr. 32552, nur mit der Jahrzahl 1791 Gl. Gr. Nr. 246. Desgleichen.

Av. Aehnlich Nr. 32564, nur unter dem Brustbilde noch ein kleines Kreuzchen. Rev. Nach Vorn ein Palmbaum links; im Hintergrunde ein Schiff am Meere und die aufgehende Sonne. Ueberschrift: ELEVE ET ECLAIRE Im Abschnitte IETON Gr. 11. Nr. 247. Desgleichen.

32573—74.

Av. Von rechts: LUD XVI D G — FRET NA REX • Das Brustbild nach links im Zopf und mit einem Ordensbande. Rev. Das von einem Löwen und einem Einhorne gehaltene englische Wappen, worunter auf einem Bande DIEV ET MONDRO Darunter nach aussen RE (I C R) PF Strichelrand beiderseits. Gr. 10. Nr. 248. Desgleichen.

Av. LUD XVI DGFR — ET NAV REX Das Brustbild nach rechts mit einem Lorbeerkranze und Andeutung von Gewand. Rev. Unter einer Krone zwei kursive L übereinander gelegt, und dazwischen drei Lilien. Umschrift: JOH CHRISTI : REICH • : RECH PFEN • Gekerbter Rand. Gr. 10. Taf. 26. Nr. 263.

Die Taf. 26 Nr. 249 bis 281 weiter erscheinenden meist Rechenpfennig benannten Spielmünzen und Dantes wurden dem Plane dieses Werkes folgend, da sie so wie die spätern Nr. 379—86, 88, 89, sehr unvollkommene Erzeugnisse der Präge sind, hier übergangen.

32575—77.

Av. Von rechts: LUD • XVI REX GALLIAE DEFUNCTUS Der nach rechts gewandte Kopf mit im Nacken gebundenem Haare und blossem Halse. Unten IETTON Rev. Von rechts: AMAT AUREA — CONDERE SÆCLA In der Mitte, unterhalb von Wolken umgeben, eine weibliche Figur, die Gerechtigkeit, in der rechten Hand die Waage, in der Linken das Füllhorn. Im Abschnitte LAUER Gekerbter Rand. Gr. $12^1/_2$. Hennin. Taf. 46. Nr. 476.

Av. Aehnlich, jedoch am Kopfe einen Cypressenkranz und statt IETTON ist R. Rev. Am Boden eine mit Blumenfestons gezierte Urne, ober welcher AMOR PATRIAE im Abschnitte IETTON Gleicher Rand. Gr. an 13. Nr. 477. Ebendort.

Av. Von rechts. LUD · XVI · REX GALL · DEFUNCTUS Der Kopf mit herabwallendem Haare nach rechts und glattem Halse. Rev. Aehnlich Nr. 32552 nur ist statt der Jahrzahl im Abschnitte R · Gl. Rand. Gr. an 12. Nr. 478. Ebendort.

32578—80.

Av. Wie zuletzt. Rev. Eine mit Festons verzierte Urne, auf welcher LOUIS | XVI Am Boden liegen rechts ein Scepter, links eine gestürzte Krone. Ueberschrift: SOL REGNI ABIIT Im Abschnitte D · 21 JAN · 1793 Der Rand stark gekerbt. Gr. 13. Hennin. Nr. 479.

Av. Wie Nr. 32575. Rev. Aehnlich dem letztern, nur DEN . 21 . IAN | 1793 · Gr. 12. Nr. 480.

Av. Aehnlich Nr. 32575, mit dem Cypressenkranze am Kopfe, und der Raum unter dem blossen Halse leer. Rev. Wie Nr. 32578. Gr. 11. Nr. 483. Ebendort.

32581—84.

Av. Von rechts: LUD : XVI REX GALL : DEFUNCTUS Der Kopf nach rechts mit herabwallendem langem Haare auf den blossen Hals. Rev. wie Nr. 32578 mit IAN und liegt hier die Krone rechts, der Scepter links von der Urne; die Urne steht hier auf einer schmalen Leiste, während der Boden bei Nr. 32578 breit, durch zwei Striche begränzt ist. Gekerbter Rand. Gr. 11.

Av. Ebenso. Rev. Aehnlich nur steht die Vase auf einem länglichen Vierecke, unter welchem rechts der Scepter, links die Krone. Im Abschnitte IETTON Von der Vase hängen an den Seiten zwei Eichenzweige herab. Gezähnter Rand. Grösse 11. Hennin Nr. 481—482.

Av. LUD . XVI . D . G . FR . ET NAV . REX · Das nach rechts gewandte Brustbild mit im Nacken gebundenem Haare und blossem Halse. Rev. Wie Nr. 32578, nur hier im Abschnitte JETTON Gr. über 9. Ein zweiter Stempel gleich dem letzteren, nur fehlt das Wort IETTON Beide stark gekerbte Ränder. Gl. Gr. Nr. 484—85. Ebendort.

32585—88.

Av. Von rechts: LOUIS XVI ROI DES FRANCOIS · Der Kopf wie zuletzt. Auf einem Piedestal eine grosse Urne, auf welcher Festongs und ein Kranz. Im Hintergrunde Gebüsche. Am Boden liegen rechts ein Scepter und links eine Krone. Im Abschnitte IETTON Gekerbter Rand. Gr. über 11.

Av. Aehnlich nur FRANSAIS und unten nach aussen IETTON Rev. Aehnlich Nr. 32578, jedoch die Vase auf einer einfachen Querleiste, über welcher der Scepter auf der rechten Seite hinaufragt. Im Abschnitte DEN 21 IAN | 1793 Gl. Gr.

Av. Aehnlich mit DE FRANC · und der Kopf statt nach rechts hier nach links gekehrt. Rev. Wie zuletzt, nur D · 21 JAN · | Ein Variant des Letztern hat die Krone am Boden rechts und den Scepter links. Gl. Gr. Alle vier gekerbte Ränder. (Hennin. Nr. 486—489.)

32589—90.

Av. Eine Stadt im Hintergrunde; nach vorn ein Fluss. Ueberschrift. VIVE LA VILLE DE PARIS Im Abschnitte L'AN 7 DE LA LIBERTE Rev. Auf einer breiten Leiste eine mit Blumenfestons verzierte Vase. Ueberschrift: AMOR PATRIAE Im Abschnitte IETTON Gekerbter Rand. Gr. 12½. Hennin. Taf. 68. Nr. 688.

Av. Eine Stadt, in deren Mitte ein Fluss und eine Brücke über denselben. Am Flusse mehrere Kähne. Gleiche Ueberschrift. Im Abschnitte REICH Im Rev. Minerva sitzend nach rechts gewandt, in der vorgestreckten Rechten einen Lorbeerzweig haltend, die Linke auf ein Schild, worauf die Fasces, lehnend. Rückwärts ragen zwei Fahnen, unter dem Schilde ein Geschützrohr, Trommel und drei Kugeln hervor. Ueberschrift FRUIT DE LA VALEUR · Im Abschnitte IETTON Beiderseits gekerbte Ränder. Gr. 13. Hennin. Taf. 76. Nr. 761.

32591.

Av. Von rechts: BUONAPARTE OBER GENERAL DER FRANKEN ARMEE IN ITALIEN Das nach links gewandte Brustbild mit Zopf und gesticktem Rocke. Unterhalb IETTON Rev. Von rechts: IN UDINE ANGEFANGEN · IN CAMPO FOR MIDO GESCHLOSSEN In der Mitte eine Pyramide in Form eines hohen Dreieckes, auf welcher oben ein Schild, Fahnen und Waffen, und darunter DEN | 16 | OCTOB | 1797 Hinter der Pyramide nach rechts und links gewandt je ein Trompeter blasend, und auf der Trompete je ein Wappen-Tuch, worauf das Wort FRI | DE Unter dem viereckigem Boden LAUER · Gek. Rand. Gr. $15^1/_2$. Taf. 82. Nr. 819.

32592—93.

Av. Von rechts: CARL LUD · ERZHERZ · V · OESTERR · BUONAPARTE OB · GENER · D · FRANKEN Die Brustbilder beider, der Erzherzog mit einem grossen Ordensbande rechts, einander gegenüber gestellt, unterhalb derselben IETTON Rev. Wie zuletzt. Gl. Gr. Nr. 820.

Av. Von rechts: CARL ERZH : V : OESTER : U : BUONAPARTE GEN : D : FRAN : Die Brustbilder beider gegen einander. Unter denselben CAMPO FORMIDO | D : 17 OCTO : 1797 Rev. Aehnlich Nr. 30101 nur statt 1796 ist unterhalb IETTON | 1797 Gezähnter Rand. Gr. 15. Nr. 821.

Suwarow. 32594—96.

Av. Von rechts: G · SUWAROW — AMOR ITALIAE Ein nach links gewandter Krieger im Brustbilde in römischer Tracht, einem lorbeerumkränzten Helm auf dem Kopfe. Rev. Von rechts: GALLORUM — TERROR Ein nach links gewandter Krieger in römischer Tracht holt mit einem Säbel in der emporgehobenen Rechten auf einen nach rechts schreitenden, sich umsehenden Löwen aus. Im Abschnitte IETTON An den Rändern Linienkreise. Gr. 15.

Ein zweiter Rev. mit gleicher Aufschrift hat einen gegen rechts zu sprengenden Ritter, welcher einen vor ihm fliehenden Löwen erstechen will. Im Abschnitte IETTON | 1799 · Gl. Rand. Hennin. Taf. 92. Nr. 904—905.

Av. Von rechts: ALEX WASSILIWITSCH COMTE DE SOUWOROFF Das nach rechts gewandte Brustbild des Generalen in Uniform und am Schulterabschnitte klein IETTON Rev. Von rechts: ZUM DENKMAL SEINER SIEGE IN ITALIEN Nach rechts Fahnen und Trophäen, links die Siegesgöttin wie sie eine Fahnenstange mit einem Kranze bekränzt. In der linken Hand hält sie einen zweiten Kranz. Im Abschnitte 1799 Gr. $13^1/_2$.

32597—604.

Av. Oben am Rande: NÜRNBERG, darunter die Ansicht der Stadt und im Abschnitte IETTON · Rev. Innerhalb eines Eichenkranzes SPIEL | MARKEN, und unten IL ·

Weitere Reverse: FLOREAT COMMERCIUM · Merkur auf einem Waarenballen sitzend. Im Abschnitte: LAUER. und ein dritter FLOREAT COMMERCIUM · Merkur laufend mit Stab und Brief. Im Abschnitte LAUER.

Av. FLOREAT COMMERCIUM · Merkur auf dem Waarenballen sitzend. Im Abschnitte LAUER (Wie der vorletzte Revers.) Rev. In einem Oehlkranze SPIEL | MARKEN ·

Av. Die Ansicht der Stadt, und darüber NÜRNBERG, Im Abschnitte L. LAU ER F. Rev. EISENBAHN. Ein Bahnzug und im Abschnitte: IETTON.

Av. DAMPFWAGEN, Eine Lokomotive mit einem Personenwagen; im Abschnitte LAUER · Rev. In einem Eichenkranze SPIEL | MARQUE.

Av. EISENBAHN · Ein Bahnzug. Im Abschnitte I · LAUER F · Der Rev. wie Nr. 32597. Nürnberger Spielmarken in Messing und Neusilber. Sämmtlich numismatische Zeitung 1851 S. 102.

Av. Ansicht der Stadt; darüber: NÜRNBERG · Rev. Im Lorbeerkranze: JETON Gr. 11. (Mitgetheilt von Herrn Beierlein.)

32605—6.

Av. Die Ansicht einer Stadt mit vielen Kirchen, oberhalb in Wolken der Heiland, dessen Kopf von Strahlen umgeben, zwischen zwei geflügelten Engeln, ober ihm ein Palm- und Myrthenzweig. Umschrift von rechts: PROSPERATVM · EST · OPVS · IN · MANIBVS EIVS; an dieser Umschrift zur Seite je ein Schild mit dem Wappen von Nürnberg, und zwar in jenem rechts jenes mit dem Adler. Unten im Abschnitte NO RENBERG Rev. Zwischen vier kranzförmig gelegten, und durch sechsblättrige Rosetten getrennten Lorbeerzweigen: IMMO | RTEM · ALT | ERIVS · TVSP | EM · TIBI · PO | NEREI · NO | LI · GS im Av. ein gekerbter, im Rev. ein Kreis aus unförmlichen Perlen. Gr. 13.

Av. Wie vorher mit EIVS · und ohne die zwei Wappenschilder. Rev. Ein Schiff alter Form nach rechts segelnd, mit einem vom Winde geschwellten Segel und sechs Rudern. Am Meere, welches nach unten von einem Halbkreise eingefasst, Wellen. Oben am Rande SVPER AVXILIVM Am Rande beiderseits stark gekerbte Kreise. Gr. an 13.

32607.

Av. Von rechts: S · GEORGIVS · EQVITVM · PATRONVS · Der Ritter nach links gallopirend, wie er den am Boden liegenden Drachen mit der Lanze ersticht; im Hintergrunde nach links eine menschliche Figur auf einem steilen Felsen. Im Abschnitte N zwischen je einer kleinen Verzierung und je einem Punkte. Rev. Auf der obern Randhälfte: IM TEMPESTATE SECVRITAS · Ein Schiff mit einem Segel nach rechts, auf welchem nach den Strahlen am Kopfe kenntlich, sich nebst andern Personen auch der Heiland befindet. Gegen das Schiff in Nussschaalenform schlagen die Meereswellen an, und ist links der aus einer Wolke blasende Wind sichtbar. Im Hintergrunde links ein Felsen. An den Rändern ein starker Strichelkreis. Gr. 11.

32608.

Av. Von rechts: DIE THEURUNG IM LAND · MACHT IOSEPH BEKANT Innerhalb eines nach unten unterbrochenen Linienkreises zehn am Boden knieende Männer mit Vollbärten gegen den vor ihnen stehenden Josef gewandt, welcher beide Hände ausbreitet. Der Boden getäfelt, und im Hintergrunde drei Säulen, eine Wölbung haltend im Abschnitte IOH: CH: REICH. und kleiner FEC|DANTES. | 1772 Rev. Aufschrift: 1771 | HAT GEKOST · | 1 · ℔ : BROD · 12 · KREU · | 1 · ℔ : RIN : FLEISC · 8 · KR · | 1 METZ FEI MEHL · 5 · GU | 1 SIMRA : KORN · 80 · GUL · | WAIZ 82 GERSTE · 96 · GU | 1772 · D · 1 · JUL · IN SAXEN | 1 SCHEFL · WAIZ · 28 · TH | KORN · 22 · GERST · 20 · T | U: KEIN · NAHRUNG | GROSE NOTH | Ein Querstrich. Der Rand gekerbt. Gr. an 14. Weiss-gelbes Metall.

33609.

Av. Von rechts: O GIEB MIR BROD MICH HUNGERT · Eine auf einem Felsen sitzende Mutter mit einem Säugling am Schoosse, den sie mit der rechten Hand hält. Vor ihr nach rechts gewandt, ein Knabe mit erhobener rechten Hand. Am Erdboden kursiv Stettner (Medailleur in Nürnberg.) Im Abschnitt JETTON Rev. Von rechts VERZAGET NICHT — GOTT LEBET NOCH Aus den Wolken oben am Rande reicht eine gleichstehende Waage herab, in deren rechter Schaale ein Gewicht, und darunter

1 𝔊 3 L, in der Linken ein Brod, und darunter 12 KR Am Erdboden ein Getreidebund, an welchem ein Anker liegt. Unter dem Waagbalken 1 MAAS BIER | $8^1/_2$ Kr: Unten im Abschnitte: 1816 U 1817 | L Beiderseits ein starker Strichelkreis. Grösse an 16. Messingjeton.

32610.

Av. GROSZ IST DIE NOTH DOCH GROESSER GOTTES GÜTE · Eine jammernde Familie auf einem missrathenen Getreidefelde. Im Abschnitte 1816 und 1817 darunter L (Lauer in Nürnberg) Rev. HERR GOTT — DICH LOBEN WIER · In der Mitte einer Landschaft mit einem Dorfe, Getreidefeldern und aufgehender Sonne steht eine weibliche Figur mit einem Füllhorn und Blumenkranz. Im Abschnitte IETTON · In Messing und Neusilber. (Num. Zeitung. 851 S. 101.)

32611—12.

Av. In neun Zeilen: ZUR ERINNERUNG AN DIE XVI VERSAMMLUNG DEUTSCHER FORST U. LAND WIRTHE AM 28 AUGUST 1853 ZU Rev. NÜRN BERG · Ansicht der Stadt. Im Abschnitte: JETON Fast Guldengrösse. (Mitgetheilt von Herrn Beierlein.)

Av. George | Renner | und unten am Rande bogig nach aussen NÜRN BERG Rev. Von rechts: GUT FÜR EIN GLAS BIER Innerhalb eines unten unterbrochenen Kreises ein nach rechts schreitender Storch. Die Ränder beiderseits gekerbt. Gr. über 9. Gelbes Metall. (Mitgetheilt von Hr. Hamburger.)

32613—14.

Av. C | Müller | Eine Verzierung · | und unten am Rande nach aussen bogig EINEN SCHOPPEN BIER Rev. Oben am Rande bogig: PARTHIE: darunter ein Billiard und unten am Rande eine Verzierung. Am Rande Linienkreise. Gelbes Metall. Grösse 10.

Av. Schaller (bogig) | ZUM | RAPPEN (bog.) Rev. GUT | FÜR EINEN | SCHOPPEN | BIER · Linienkreise am Rande. Gr. an 10. (Beide mitgetheilt von Herrn Hamburger als nach Nürnberg gehörig.)

Pappenheim. 32615.

Av. F. A. | Schwartz | und unten auswärts und bogig: PAPPENHEIM Rev. Von rechts: GUT FÜR EINE MAAS BIER Unten nach aussen * 1857 * Innerhalb eines Linienkreises ein Mann (im Kniestück) mit faltigem Gewande, in der Rechten einen Bierschoppen und links am Tische eine Krone haltend. (König Gambrinus.) Die Ränder gekerbt. Gr. 10. Gelbes Metall. (Mitgetheilt von Herrn Hamburger.)

Regensburg. 32616.

Av. Die bekannten über einander gelegten Schlüssel, oberhalb R unterhalb ein Pfeil mit der Spitze nach aufwärts und zur Seite 17—92 Rev. Innerhalb eines Kranzes aus Blättern und Blüthen: STAHL | SCHÜTZEN | GESELL- | SCHAFT Ausserhalb des Kranzes an den vier Seiten je eine Kugel, deren jene oben Gold, unten Silber, jene rechts blau, die andere links rothtingirt. Kupferklippe mit einem gestrichelten Rande zwischen Linien eingefasst. Höhe und Breite über 17.

32617—19.

Rosenheim, Markt in Oberbaiern.

Av. CHURB. | ROSKNH. | MESSING: | WEKRICHI | ET | 1717 (Churbair. Rosenheimer Messingwerk errichtet.) Rev. SCHUZ — U. FLOR. Ein aufgerichteter Löwe von der linken Seite hält einen kartouchirten Schild mit dem Rosenheimer Wappen, worin eine Rose im rothen Felde. Im Abschnitte die Jahrzahl 1775 Am Rande gestrichelte Kreise. Gr. an 9. Messing.

Ein anderer, mit einem andern Aversstempel, hat den Löwen von der rechten Seite und das Wappen kleiner. (Dieser in der Numismat. Zeitung 1851, Seite 102.)

Av. ROSENHEIM. RECHENPF Unter einer Krone zwei L (kursiv,) gerade und verkehrt über einander gelegt, und dazwischen in der Mitte ein Punkt. Rev. Von rechts: LVD. XV. — DG. FRE. NRE: Dessen Brustbild nach links mit einem Lorbeerkranz in den Haaren und Gewand um die Schultern. An dem Rande ein Kreis von starken Stricheln und auswärts ein Linienkreis. Gr. über 9. Messing.

Rottmannshöhe. 32620.

Av. KÜNSTLER- | FEST | AUF DER | ROTTMANNS— | HŒHE | 1858 Rev. In einem deutschen unbehelmten, blaulingirten Schilde das Malerwappen, drei silberne Schildchen 2, 1, gestellt. Ober dem Schilde ein kleines Ringel. Am Rande beiderseits Linienkreise. Gr. über 9. (Mitgetheilt von Hrn. Beierlein.)

Schweinfurt. 32621.

Av. Von rechts: SCHWEINFURTER LIEDERKRANZ. Ein Elephant, auf welchem ein kleiner Hannswurst sitzt, nach rechts schreitend; unten am Rande nach aussen 3 MÆRZ 1840 Rev. Von rechts: ZUR ERRINNERUNG AUSGEGEBEN IM Eine Narrenkappe mit einer Feder zur Seite links; darunter 5ten | CARNEVAL | 1841 Am Rande ein starker Strichel- und aussen ein Linienkreis. Gr. an 10. Messing.

32622—23.

Seefeld, gräflich Törring'sches Schloss mit einer Bierbräuerei in Oberbaiern.

Av. Das gekrönte, von der Ordenskette des goldenen Vliesses umgebene Törring'sche Wappen, wie im Rev. von Nr. 32072. Zur Seite: P—S (Praeuhaus Seefeld.) Rev. Ein aufgestelltes Fass zwischen zwei Gerstenähren, oberhalb die Ziffer 1 zwischen zwei durch Punkte getrennten Klammern, zur Seite 17—31 Am Rande ein Linien- und aussen ein starker Strichelkreis. Gr. über 12.

Av. Ebenso. Rev. ähnlich, nur mit der Werthzahl $\frac{1}{2}$ zwischen Klammern. Gleiche Ränder. Gr. über 10.

Speyer. 32624—25.

Av. Chr. Sick (bog.) | SPEYER Rev. Von rechts: GUT FÜR EINEN SCHOPPEN BIER Am Boden ein nach rechts schreitender Storch innerhalb eines Linienkreises, an welchem unten nach aussen zwei kleine Zweigchen. Die Ränder gezähnt. Gr. 10. Gelbes Metall.

Av. ZUM | LANDAUER | THOR | IN | SPEYER | — | Rev. GUT | FÜR EINEN | SCHOPPEN | BIER Am Rande je ein Perlen- und auswärts ein Linienkreis. Grösse 10. (Beide mitgetheilt von Hrn. Hamburger.)

Uffenheim. 32626.

Av. Dav. | Roth | unten am Rande: UFFENHEIM. Rev. Innerhalb zweier unten übereinander gelegter Eichenzweige: BIER | MARKE | ½ M. Am Rande je ein Linienkreis. Gr. 9. Desgleichen.

Velden. 32627—28.

Av. Oben BIER-BRAUEREI (bog.) | VON | JOS-EDER | IN | VELDEN (bog.) Rev. In einer Einfassung von drei an einander gestellten Halbbögen 1 | MAAS Am Rande je ein Linienkreis. Gr. 12.

Ein zweiter mit ½ statt 1. Gr. an 10. Kupferne Bräuhaus-Marken. (Mitgetheilt von Hrn. Beierlein.)

32629.

Wallenburg (Landgut und Schloss mit Bräuhaus bei Miesbach in Oberbaiern)

Einseitig. ½ M | *B. W.* | —— | *N. H.* (Bräuhaus Wallenburg. Nikolaus Huber.) Gr. über 10. (Letzterer war bis 1820 Besitzer von Wallenburg.)

Weissenhorn. 32630.

Av. Von rechts: GESELLSCHAFTLICHER VEREIN Unten nach aussen WEIS SENHORN. In der Mitte in einem span. glatten Schilde, rothtingirt drei silberne Hifthörner übereinander. Rev. Am obern Rande: NEUNTES VEREINS·IAHR. In der Mitte zwölf strahlenförmig gestellte und in der Mitte gebundene Degen. Unten nach aussen: MDCCCXXIX· Am Rande je ein starker Strichelkreis. Gr. an 11.

Wöhrd. 32631—32.

Av. Von rechts: WIRTHSCHAFTS—ZEICHEN, unten nach aussen WÖHRD zwischen runden Blattrosetten. In der Mitte innerhalb eines gekerbten Kreises G. W. Rev. Von rechts: NUERNB. KAMM-GARN-SPINNEREI, Ros. In der Mitte innerhalb eines gleichen Kreises 3 | KREUZER | 1852 Am Rande je ein gekerbter Kreis. Gr. an 9.

Av. Ebenso. Rev. Ebenso, nur mit der Werthzahl 1. Gr. über 7. Beide von Messing. (Mitgetheilt von Hrn. Hamburger.)

Wöhrd ist ein Städtchen im bair. Kreise Unterfranken am Main.

32633—35.

Wörth, Schloss und Gut mit Bräuhaus unterhalb Landshut an der Isar.

Av. In einem Eichenkranze der Buchstabe I I und dazwischen ein hammerähnliches Zeichen, den Namen des Gutsbesitzers von Heffels bedeutend. Rev. Die Buchstaben BW (Bräuhaus Wörth.)

Ein zweiter Stempel hat auf der Rückseite die Zahl 8

Ein dritter grösserer die Zahl 15 statt BW. Kupfer-Marken. (Numismat. Zeitung 1851, Seite 103.)

Zweibrücken. 32636.

Av. Innerhalb eines, an den Seiten neben den Buchstaben Z und N ausgebogenen Kreises: ZWEIBRÜCKEN Im Rev. 1863 Im Av. ein einfacher, im Rev. ein doppelter Linienkreis. Gr. an 10. (Schützenfest.) (Mitgetheilt von Herrn Beierlein.)

Nachträge. Furth. 32637—38.

Av. 71 · KLEIN BROD 72 GROS NOTH: HOFNUNG FREI (1 wie 1,) SICH IN GOTT (Ros.) Im Felde eine Waage, deren Schale nach links tiefergeht, und auf einer länglichen Tafel ruht, auf welcher der Name I: C. REICH. In der rechten höherstehenden Wagschale ein Brod, darauf 12 KR (?), in jener links ein Gewicht, auf welchem 1 | PF An dem linken Waagbalken ein Vogel nach rechts gewandt, welcher an einem Faden einen auf der Tafel ruhenden Anker hält. Im Abschnitte FURTH. D. 1 · F. | 1772. Rev. FORTUNA IN DER WELT. BRINGT. NAHRUNG BROD UNGELD dann eine Kugel, an welcher zur Seite je ein Flügel. Im Felde FORTUNA IN | DER KAM̄ER. | dann eine Kugel mit Flügeln an der Seite wie vorher oben am Rande, nur an fünfmal grösser, darunter BRINGT GROSE | NOT · UIAM̄ER | ein Querstrich und DANTES Am Rande ein Strichelrand. Weisses Metall. Gr. an 13.

32639—40.

Av. LIEB DIE BRÜDER GOTT GIBTS WIEDER In einem Kirchengebäude steht rechts ein Mann in geistlicher Tracht vor einigen Getreidesäcken, worauf RE und

KOR stehet und segnet viele vor ihm stehende Menschen. Aus seinem Munde gehen die Worte: GOTT SEGNE EVCH Im Abschnitte DANTES | 1772 Im Rev. ANO: 1771 | HAT GEKOST | 1 Pfd. BROD 18 pf. SAX | 1 Pfd. RINDFLEISCH 17 pf. 1 Pfd. SCHW: FLE: 2½ gr. KAI | 1 SCHEF: KORN: 10: RTHL | DER WAIZ. 11 UND 12 RTH. | 1 METZ FEIN MEHL 5 fl. 1 SIMERA GERSTE: 96 fl. | 1 KANE BUTER 10. GRO: | BIER. 18 pf. 1 EI | 6 pf. | U: ALE HANDLUNG | LIEGT DARNIEDER | FURTH Gr. an 14. Messing.

Av. Wie Nr. 32637. Rev. Ein üppig stehendes Getreidefeld, darüber ein Regenbogen, in dessen Wölbung ein Finger, welcher auf die darunter befindliche Schrift zeigt: ICH WILL | EUER GOTT | SEIN ZU SEGNEN | unter dem Kornfelde U. IHR MEIN: VOLCK | Strich | DANTES Gr. 12. (Beide Reinhard Nr. 6195 und 6198.)

Kempten. 32641—42.

Av. Oberhalb am Rande bogig J. G. UNSÖLD In der Mitte ein Kreuz ✠ Unterhalb nach aussen * KEMPTEN * Rev. Oben am Rande GUT FÜR, in der Mitte I, unten nach aussen GLAS BIER Am Rande je ein gekerbter Kreis. Gr. über 9. Gelbes Metall.

Av. Oben am Rande: SCHWARZ (bog.) | ZU DEN | SIEBEN (bog.) | HANSEN Am Rande je ein kleiner Stern. Die Ränder gekerbt. Der Rev. wie der letzte. Gl. Gr. Gelbes Metall.

Kissingen. 32643.

Av. MOLKEN ANSTALT Im Felde DER GEBRÜDER BOLZANO IN KIS SINGEN | Rev. In fünf Zeilen: FÜR 3. KREUZER GÜLTIG FÜR ½ GLAS MOL KEN. Marke um 1852. (Mitgetheilt von Hrn. Beierlein.)

München. 32644—46.

Av. Herrn=Club umgeben von einer zierlichen Einfassung. Rev. Drei Spielkartenblätter in einer Bogeneinfassung. Messing-Marke in Guldengrösse des Herrenklubs in München. (Erschien 1850.)

Av. INDUSTRIE-AUSSTELLUNGS | GEBÆUDE Ansicht des Glaspalastes Im Abschnitte IN MÜNCHEN | 1854. Rev. In einem Lorbeer- und Eichenkranze: SPIEL- | PFENNIG Gr. über 10.

Av. Die Ansicht einer Stadt, darüber: MÜNCHEN Rev. In einem Lorbeerkranze: JETON · Jeton in Neugold, 1854 erschienen. (Sämmtlich mitgetheilt von Herrn Beierlein.)

Würzburg. 32647.

Av. JULIUS SPITAL. WEIN ZEICHEN (Ros.) In der Mitte ein spanisches unbehelmtes Schild, darin im blautingirten Felde ein schräg gelegter Balken von oben rechts nach links herab, darin drei Ringeln. (Das Wappen des Stifters Bischofs Julius Echter von Mespelbrun.) Im Rev. 6 | KREUZER Am Rande je ein Linienkreis. Grösse 10.

Das Königreich Würtemberg.

32648—49.

Einseitig. F. L. R. E. T. G. Z. W. 1715. In der Mitte innerhalb eines Linienkreises ein Reichsapfel, und unter demselben eine links aus dem Kreise hervorragende Hand einen Staab haltend. Auf der Rückseite ist ein kleines W eingestempelt. Am Rande ein gewundener, und auswärts ein feiner Linienkreis. (Ferd. Ludwig, Reichs-Erb-Truchsess, Graf zu Waldburg. (Wolfegg † 1735). Gr. 11. Rund.

Die Grafen führten den Reichsapfel wegen des Truchsess-Amtes.

In der Sammlung des Herrn Riess in Wien befindet sich ein Exemplar, dessen unterer Theil etwa ein Drittel des Ganzen abgeschnitten ist, und scheint sonach diese Marke einen geringern Werth zu repräsentiren.

Bartenstein, Stadt an der Elke. 32650.

Av. Oben am Rande: GRUNDAUM — (bogig) | WIRTH (bog.) | SCHMEISSER | IN (klein) | BARTENSTEIN Rev. Ein Mann in Rittertracht mit umgehängtem Mantel in der emporgehobenen Rechten einen Pokal haltend. Rechts an der Seite eine Hopfenpflanze an der Stange emporrankend. Die Ränder gezähnt. Gr. 10. Messing.

Langenburg, Stadt an der Jaxt. 32651.

Av. LOUIS (bog.) | MÜLLER | IN | LANGENBURG. (Bog.) Im Rev. das Lamm mit der Fahne ober einer Doppelleiste nach rechts schreitend. Die Ränder erhaben und punktirt. Gr. an 10. Messing.

Ludwigsburg. 32652.

Av. Von rechts: GUT FÜR EINEN SCHOPPEN BIER Unten nach aussen † 1855 † In der Mitte: Carl | Körner | IN | LUDWIGSBURG (Bog.) innerhalb eines gekerbten Kreises. Der Rev. wie der erste. Gr. über 10.

Ratzenried im Donaukreise. 32653.

Av. Von rechts: BRAUEREI ZU RATZENRIED Ein Fass mit sechs Reifen beschlagen auf den Boden aufgestellt; unten nach aussen 1854 Rev. Von rechts: GUT FÜR EIN BIERFÄSSCHEN ✱ In der Mitte à 2 fl. Am Rande je ein Linienkreis. Gr. an 12.

Ulm. 32654.

Av. Innerhalb eines Linienkreises das Stadtwappen, im obern Felde schwarz gestrichelt unter einer Mauerkrone. Ueberschrift oben am Rande: CONSUMVEREIN, unten nach aussen ULM zwischen je einer Ros. Rev. Innerhalb eines Linienkreises die Werthzahl 6 Oben am Rande: MARKE, unten nach aussen KREUZER, dazwischen je eine Rosette. Am Rande je ein Linienkreis. Gr. 10. Messing.

Das Königreich Sachsen.

Alte Jetone.

Melchior Albhardt. 32655.

Av. Von rechts: • MELCHIOR • ALBHARDT • CHURF: S • RENTMEISTER • Innerhalb eines gekerbten, unten unterbrochenen Kreises das Wappenschild mit Helm und Decken, darin eine Doppellilie, an welcher an der obern Spitze zur Seite ein sechsspitziger durchstochener Stern. Ein gleicher Stern auf dem Helme, und zur Seite desselben ragen zwei Stengel mit je drei Blumen empor. Rev. Unter einer fünfblättrigen Rosette NULLUS | SOCORS CELE• | BRIS UIR EST | SED LABORES | GE | NEROSITATEM | PARIVNT Unten eine gleiche Rosette zwischen einer Zweigverzierung. Gr. 12.

Melchior Albhardt aus Zwickau wurde nach Beendigung seiner Studien in Wittenberg zuerst Schösser in Dobriluk, dann chursächs. Rentmeister zu Dresden 1636, endlich Kammerrath 1658 und starb 1661. (Heyse, Num. Zeitung 1846, Seite 134.)

32656—60.

Andreas Alnpeck, Münzmeister zu Freyberg. (1546—56.)

Av. VOR ALLEN DINGEN LIBE · GOT In einem punktirten Kreise ein Wappen mit Helm und Decken, darin das Alnpeckische Wappen, ein (goldener) Adlerkopf mit Hals von der linken Seite mit vorgeworfener Zunge im (schwarzen) Felde; dieser Kopf befindet sich auch ober dem Helme, und überragt den Perlenkreis. Rev. NICHTES · GEWISERS · D · D · DOT In einem gleichen Kreise das Wappen im behelmten Schilde mit Decken, darin in der obern Hälfte ein halber Adler mit ausgebreiteten Flügeln, und in der untern drei Rauten (2. 1.) Ober dem Helme der halbe Adler rechtsgewandt mit ausgebreiteten Flügeln bis an den Münzrand hinaufreichend; zur Seite 15—46 Am Rande je ein gekerbter Kreis. Gr. 12.

Ein Variant im Rev. mit NICHTES. GEWISSERS. DDDT (sic.) Mitgetheilt von Hrn. Paul Gersdorf, Assistenten bei dem Univers.-Münzkabinette in Leipzig.

Ein dritter mit je einem Punkte vor jedem Worte. Rev. Ebenso, nur mit GE WISERS. D. DOT Gl. Kr. Gr. 12.

Appel Nr. 3700 weiset einen Stempel mit dem letzten Averse und dem erstbeschriebenen Rev. der bair. Familie Tamdorf oder Tandorf zu.

Ein fünfter hat den Av. wie der erste; und im Rev. NICHTES GEWIS—SERS DAN DER TOR Das Wappen des Rev. mit Helm und Decken wie bei dem erstern Stempel ohne Jahrzahl. (Reinhardt Nr. 6204.)

32661.

Av. Wie Nr. 32656 anscheinend mit Punkten vor jedem Worte. Rev. NICHTES GEWIS—SERS. DAN. DER TOD In der Mitte das Wappen wie Nr. 32656 in einem mit Helm und Decken bedecktem Schilde. Dieser Rev. unterscheidet sich von dem zitirten dadurch, dass der Kreis an der Umschrift um das Wappen hier fehlt, und dass die Umschrift eine viel kleinere als früher. Am Rande je ein gekerbter Kreis. Gr. 12.

32662—63.

Av. VOR · ALLEN · DIN—GEN · LIEBE · GOT Das Alnpeck'sche Wappen wie vorher. Rev. NICHTS GWIS—ER · DAN · DER · TOD Das vorige Wappen jedoch hier ohne Jahrzahl. Bei diesem Stempel fehlen beiderseits die innern Kreise. Gr. an 11.

Ein zweiter im Rev. NICHTES GEWIS—SERS DAN DER TOD (Reinhardt Nr. 6203.)

32664—65.

Av. Anscheinend wie Nro. 32656. Rev. NICHTES GEWISSERS D DOT In einem gekerbten Kreise ein Wappen mit Helm und Decken, worin so wie ober dem Helme ein aufrecht nach rechts schreitendes vierfüssiges Thier mit einer starken Ruthe (Ein Wolf oder Fuchs.) Die Buchstaben des Reverses sind hier so gross wie im Av. Am Rande gleiche Kreise. Gr. 12.

Av. SVNDERN DER SICH BEKERET HAT Das Alnpeck'sche Wappen mit der darin vertheilten Jahrzahl I · 5 · 5 · 5 · Rev. GOT WIL NICHT · DER SVNDER TODT. Das Wappen ohne Helm wie vorher. (Beschrieben Reinhardt 6205.)

Andreas Alnpeck, Bürgermeister in Freiberg wurde im angehenden Jahre 1546 zum Münzmeister daselbst verordnet. Er war der letzte Freiberg'sche M.-M. und wurde die Münze im J. 1556 nach Dresden verlegt. Er starb 1563 im 74. Jahre. (Num. Zeitung 1846 S. 133.)

Sigismund Berbisdorff. **32666.**

Av. SIGISMVND VON BERBIST. C : S : CAMR · In einem gewundenen Kreise das behelmte Wappen mit Decken, darin in einem von oben herabgetheilten (roth und schwarzen) Schilde zwei Hände, welche eine Krone, an welcher oben ein Stern angebracht, emporhalten. Diese Vorstellung befindet sich auch zwischen einem ober dem Helme befindlichen Adlerfluge. Rev. • WOLF VON RABIEL • CHVRF : S : CAMR—R. In einem gewundenen Kreise das behelmte Wappen mit Decken, worin ein nach links schreitendes (rothes) Pferd mit goldenem Zaume, im (silb.) Felde. Auf dem Helme zwei (von Gold und Schwarz getheilte) Büffelhörner. An der untern Seite des Schildes 1 — 5 | 6 — 1 Am Rande je ein gleicher Kreis. Statt den Punkten in den Umschriften sind kleine Ringelchen. Gr. über 11.

Sig. von Berbisdorff, Kammer- und Bergrath 1607 starb 1616 zu Zeitz. Wolf von Rabiel, Kammer- und Bergrath 1614—21.

Hans Biner. 32667—70.

Av. • HANS • BINER • C • S • — MVNTZMEISTER • Das behelmte Wappen wie vorher, das untere Feld tingirt. Rev. • HILF • LIBER • GOT • — • HIE • VNT • DORTH • Das vorige Revers-Wappen. Der Ritter hier in der Linken noch den Pusikan. In den Umschriften Ringel statt Punkten, und an der Umschrift nach Innen keine Linienkreise. Am Rande je ein gewundener Kreis. Gr. an 12. (Der Stempelschnitt hier feiner als früher.)

Weitere drei Stempel:

a) Mit HILF • LIBER • GOT • ALLZEIT HIE • VND • DORT im Reverse. (Reinhardt 6209.)

b) Im Av. HANS BINER • C • S • MVNTZMEISTER und im Rev. HILF • (Reinhardt 6207.)

c) Ein Variant des letztern Stempels hat im Rev. das H in HILF einem N ähnlich. (Reinhardt 6208.)

32671—73.

Av. . HANNS • BINER • — • MVNCZMEISTER • In einem behelmten deutschen Schilde mit Helmdecken das Wappen, in der Mitte quergetheilt, darin im obern Felde ein nach rechts schreitender Löwe, im untern Felde ein Sparren, in welchem drei Bienen. Auf dem Helme ein Adlerflug, zwischen welchem ein wachsender Löwe in den erhobenen Pranken je eine Biene haltend. Rev. HILF • LIBER • GOT — HIE • VND • DORT Ein gleiches behelmtes Schild, darin ein bärtiger Krieger in Rüstung im Kniestück, in der Linken ein Schwert geschultert. Ober dem Helme ein Adlerflug. Am Rande je ein gekerbter Kreis. Gr. an 12.

Varianten dieses Stempels dürften sein:

a) HANNS. BINER — MVNCZMEISTER und im Rev. mit GOT. (Reinh. 6210.)

b) HANNS. BINNER (mit 2 N) — MVNCZMEISTER • und HILF LIBER GOT — HIE • VND • DORT • (App. 237.)

32674—75.

Av. Von rechts: HANS • BIENER • C • S • MVNTZMEIST Ein ovales unbehelmtes Schild innerhalb einer Cartouche, darin im obern Felde ein nach rechts schreitender Löwe, im untern ein Sparren im ciselirten Felde, darin in der Spitze eine, und tiefer zwei Bienen. Rev. HILF • LIBER • GOT • ALLEZEIT • HI • VNT • DORT + Innerhalb eines feinen Linienkreises in einer Cartouche ein ovales Schild, darin ein geharnischter Ritter im Kniestück, im rechten Arme das Schwert, und in der Linken einen Pusikan an den Schenkel gestemmt haltend. Am Rande im Av. ein gekerbter, im Rev. ein gewundener Kreis. Im Rev. sind kleine Ringel statt den Punkten. Grösse an 12.

Bei Reinhardt vielleicht irrig HANS und MVNTZMEIST • ferner im Rev. Punkte und nicht Ringel.

Mit Jahreszahlen. 32676—78.

Av. HANNS • BINER — MVNCZMEISTER Das behelmte Wappen wie vorher, aber ober dem Löwen die Jahrzahl 1561 Rev. HILF. LIBER. GOT. — HIE. VND. DORT Das behelmte Wappen wie vorher.

Ein Stempel mit gleichem Averse hat im Rev. zwischen der Helmdecke und den beiden Flügeln die Ziffer 5, ganz oben aber einen Stern.

Av. Aehnlich nur HANS und mit einem Punkte nach R hat ganz oben die Jahrzahl 1573 und den erstern Rev. (Reinhardt 6211—13.)

32679—80.

Av. HANNS. BINER. — MVNTZMEISTER. Das vorige Wappen und zur Seite 7—4 Der Rev. wie vorher, (Nr. 32676.) nur ∘ HILF ∘ LIBER ∘ GOT ∘ — ∘ HIE VNT ∘ DORT ∘ (Samml. des Hr. Dr. Fikentscher.)

Av. HANS. BINER. C. S. — MVNTZMEISTER Das behelmte Wappen. Rev. HILF. LIBER GOTT. — HIE VNDE. DORTH Das Wappen wie vorher, und zur Seite 6—6 (Reinhardt Nr. 6215.)

Hans Biener (Biner) war M.-M. in Dresden vom J. 1556—1604.

32681—83.

H. Biner und Hanns Harrer gemeinschaftlich.

Av. • HANNS • BINER • — MVNCZMEISTER Das behelmte Wappen wie vorher. Rev. HANNS ✱ HARRER. — CAMMERMEISTER Das behelmte Wappen mit Helmdecken, darin ein stehender nach rechts gewandter Kranich mit emporgehobenem rechten Fusse. Ober dem Helme dieselbe Vorstellung, und zur Seite des Vogels • 1 • 5 • — • 6 • 1 • Am Rande je ein gekerbter Kreis. Gr. 12.

In Reinhardt mit HANNS BINER. — MVNCZMEISTER und HANNS • HARRER — CAMMERMEISTER • und neben dem Kranich 15—61.

Nach Götz Nr. 7776 ein Stempel, wo auch im Av. die Jahrzahl 1561.

32684—86.

Av. • HANNS • BINER • — • MVNCZMEISTER • Das behelmte Wappen wie vorher. Rev. HANNS • HARRER • — • CAMMERMEISTER Das Wappen mit dem Kranich wie vorher, und neben dem Kranich oben 15—68 Am Rande je ein gekerbter Kreis. Grösse 12.

Bei Reinhardt Nr. 6218 vielleicht irrig im Av. keine Abtheilung zwischen ER und MV ferner U statt V in MVNCZMEISTER

Nach Reinhardt auch ein Stempel bei Götz Nr. 7777, wo auch im Averse die Jahrzahl 1568.

32687—89.

Av. • HANS (Ros.?) BINER • — • MVNCZMEISTER • und im Rev. HANNS (Ros.) HARRER • — • CAMMERMEISTER • Die Wappen beiderseits wie vorher; im Averse oben am Rande 1573 klein, im Reverse neben dem Kranich 15—73 Am Rande je ein gekerbter Kreis. Gr. an 12.

Ein Stempel mit gleichem Rev. hat HANNS (Ros.) mit 2 N, BINER u. s. w. ohne Punkt nach TER im Rev. Gleiche Grösse.

Bei Reinhardt Nr. 6220 ist im Worte MUNCZ. wohl irrig U statt V.

32690—91.

Av. HANNS 8 BINER ∘ — MVNTZMEISTER ∘ Das behelmte Wappen wie vorher. (Aus diesem scharf geprägten und vollkommen erhaltenen Exemplar ist ersichtlich, dass nach der gleichen Kopfzeichnung und der Zeichnung der Prancken, das über dem Helme befindliche Thier der Löwe des Wappens sei. Rev. HANNS 8 HARRER ∘ — CAMMERMEISTER ∘ • Das vorige Wappen, neben dem Kraniche jedoch 7—4 Am Rande je ein gewundener Kreis. Gr. 11. (Bei Reinhardt 6221 wohl irrig im Av. keine Punkte in der Umschrift, und im Rev. eine Ros. nach HANNS ohne weitere Punkte beschrieben.)

Hanns Harrer Kammermeister 1550—1580 (Reinhardt.)

32692—93.

Hans Biner gemeinschaftlich mit Gregor Unwirth.

Av. ∘ HANS ∘ BINER ∘ C ∘ S ∘ — ∘ MVNTZMEISTER ∘ Das behelmte Wappen wie Nr. 32671 und oben am Rande 159Z Rev. ∘ GREGER ∘ VNWIRT · C · S · — · CAMMERMEISTER ∘ Ein behelmtes Wappen mit Helmdecken quergetheilt, ohne Farben, darin ein von oben rechts nach links herabgehender Querbalken; ober dem Helme zwei Klammern an einandergestellt)(darin je ein Oval und oberhalb zwei Achren; zur Seite 15—9Z Am Rande je ein gekerbter Kreis. Gr. an 12.

Bei Reinhardt sind vielleicht irrig in der Aversumschrift keine Ringel oder Punkte; und im Rev. nicht bei G, S und C (Nr. 6223.)

Gregor Unwirth, Kammermeister zu Annaberg 1564—1601. (Reinhardt.)

Sebald Dierleber. 32694—95.

Av. SEBALD · DIERLEB und ein kleines Kleeblatt, — ER : C · F · S · MVNƷ. MEIS (Kleebl.) Innerhalb eines oben unterbrochenen Linienkreises das behelmte Wappenschild, unten in eine Spitze auslaufend und an den vier Seiten von aussen verziert. In der obern Hälfte ein nach rechts schreitender Löwe, in der untern zwei Querstreife, und tiefer eine Rose. Neben dem Schilde 16—37 Ober dem Helme auf einem Wulste ein bis an den Münzrand reichender Adlerflug. Rev. GEORG REICHBRO—DT C.F.S.CAMERMEIST Innerhalb eines Linienkreises ein behelmtes Wappen mit Helmdecken, vierfeldig, darin im ersten und vierten Felde ein einfacher Adler, im zweiten und dritten Felde je fünf ein Kreuz bildende Kugeln. Ober dem Helme ein stehender nach rechts gewandter Vogel, Adler (?) der in der rechten Klaue drei Fackeln (?) hält. Neben dem innern Linienkreise innerhalb 16—27 Am Rande je ein gekerbter Kreis. Gr. 12.

Av. SEBALD DIERLE—BER · C · F · S · MVNƷMEI · und neben dem Schilde 16—35 Im Rev. GEORG . REICHBRO—DT · C · F · S · CAMERMEIST. Beiderseits die vorbeschriebenen Wappen. (Reinhardt 6249.)

Sebald Dierleber war Münzmeister zu Dresden vom Quartal Luciae 1635 bis Quartal Reminiscere 1640. (Mitgetheilt von Hrn. Heyse.)

32696.

Otto von Diska, gemeinschaftlich mit Hans von Wolfersdorf.

Av. OTTO ∘ VON ∘ DISKA ∘ — ∘ C · S ∘ CAMMERATH · Im behelmten deutschen Schilde ein (silb.) Schwan mit erhobenen Flügeln im blauen Felde, und über denselben ein von oben links nach rechts herab gelegter Querbalken. Ober dem Helme ein (blausilberner) Adlerflug und dazwischen ein Hütchen mit je einer nach der Seite hin sich schlängenden (rothen) Schnur, an deren Ende eine Quaste. Rev. · HANS VON · WOLFERS : — DORF · C · S · CAMMERATH ∘ Ein behelmtes deutsches Schild, darin im (gold.) Felde ein aufrecht nach rechts schreitender Wolf (in Naturfarbe). Ober der Helmkrone der Wolf jedoch sitzend, nach rechts gekehrt, mit drei Straussfedern am Kopfe, zwischen 15—9Z Der Rand gekerbt. Gr. an 12.

Nach Reinhardt war Otto von Dieskau Kammerrath 1586—1593 († 1596).

Valentin Eiche. 32697.

Av. VALENTINVS · EICHE · C · S · SCHM · M · Das behelmte Wappenschild, worin eine Eiche mit zwei Blättern an einem Zweige befindlich, zur Helmzier aber zwei kreuzweis gelegte Ohmhacken. Rev. GODT EHRE DEN EDL. REB. SA. 1610 (edlen Rebensaft.) Ein behelmtes Schild mit einer Weintraube, zur Helmzierde aber ein Weinglas. (Reinhardt 6241.)

Bei Appel 1004 mit VS EICHE. und 1610.

32698.

Christof Felgenhauer, seit 1606.

Av. CHRISTOF • FELGENH • C : S : GEH • R • V • L • CAM (geheimer Rent- und Land-Kammermeister.) Das behelmte Wappenschild, der Länge nach getheilt, rechts ein mit der Haue arbeitender, nach links gewandter Bergmann, links drei Radefelgen ober einander. Auf dem Helme ein Wulst, und darüber ein Baum. Innere Umschrift HVLF Rev. MICHAEL HARTMANN C S RENTMEIS: Zum Zeichen eine Pusikanspitze. Das behelmte Wappenschild quergetheilt, oben ein wachsender geharnischter Ritter, den in die Seite gestemmten Pusikan emporhaltend; derselbe erscheint auch als Helmzierde; oben 16—10 (Reinhardt 6238, aus Götz Nr. 7787. (Michael Hartmann nach Reinhardt Rentmeister.)

32699.

Av. • CHRISTOF FELGENH : C : S : GEH : R : V : L : CAERM Das behelmte Wappen, jedoch fehlt hier die innere Umschrift. Rev. DAVID LOTHER CHVRF : S : RENTHM. Statt den Punkten sind beiderseits Ringel. In einem gewundenen Kreise; ein behelmtes Wappen, darin an einem stärkern Aste drei Cypressennüsse an Stengeln. Von dem Helme ragen drei Cypressenbäume hervor. An der untern Seite des Schildes 1—5 | 6—1 (1615) Am Rande je ein gekerbter Kreis. Gr. über 11.

Ein Variant des Letztern hat im Rev. RENTHME ∘ und die Jahrzahl befindet sich oben und in gerader Linie zwischen der Helmzier 1—6—1—5 (Mitgetheilt von Hrn. Paul Gersdorf, Assistenten bei dem Univers.-Münzkabinette in Leipzig.)

David Lother war Land-Rentmeister 1614—1617 (nach Reinhardt.)

32700.

Georg Hübner, Rentkammer-Sekretär.

Av. GEORG HVBNER C : S : RENT • CA : SECRET Das behelmte Wappenschild, in welchem ein Reiter von der rechten Seite. Auf dem Helme drei Straussfedern. Oben 16—18 Rev. HEINRICH. V. REHNEN : C : S : MVNTZME : Das behelmte Wappenschild, in welchem ein Sparren mit darunter stehendem Schwane von der linken Seite, zur Helmzierde ebenfalls ein stehender Schwan von vorn mit ausgebreiteten Flügeln. Als Ueberschrift jedoch H. V. — L. — F. (Reinhardt 6236, aus Götz Nr. 7796.)

Ioh. Jacob. 32701.

Av. IOHAN : IACOB : C • — F • S • MVNTZMEYST. Behelmtes Wappenschild, quer getheilt, in der obern Hälfte ein wachsender Greif von der linken Seite eine Barte haltend, in der untern aber drei Jakobsmuscheln (2. 1.) Zur Helmzierde ebenfalls ein wachsender Greif mit der Barte. Rev. IOHAN : SAVTTER — C : F : S : CAMERMEIST Behelmtes Wappenschild von drei Feldern, welche durch zwei von der Mitte oben ausgehende bogige Striche gebildet werden; darin in den beiden obern ein wilder Schweinskopf, einander gegenüber gestellt, unten aber drei Lilien (1. 2.) Als Helmzierde eine Lilie. Am Rande beiderseits ein Strichelkreis. Gr. an 12. Tafel 70.

Johann Jacob war M.-M. vom 27. Juli 1624 bis zu seinem Tode den 24. Januar 1635. (Götz.)

Jacob Nebelthau. 32702—3.

Av. ,IACOBVS — NEBELTHAW In der Mitte neben einem deutschen unbehelmten Schilde zwei gegen einander gekehrte Männer in alter Tracht, eine Hand sich reichend, welche oben am Schildrande ruht; mit der andern Hand, (der rechts stehende Mann mit der Linken, und der links stehende, nach rechts gewandte mit der Rechten) einen scepterartigen Gegenstand haltend, an welchem mehrere Verzierungen und oben eine fünfblättrige Rosette. In dem von oben herab getheilten Schilde in der Mitte ein schief gestellter Querstrich, ähnlich 1, in dem Felde rechts ein von unten links hineinragendes Kreuz, in jenem links ein gleiches Kreuz von oben rechts hinein. Rev. : CHRISTOF • — • FRID BRAVN : In einem behelmten Schilde eine Pflugschaar oder ein Hackmesser und zur Seite je eine fünfblättrige Ros. und ein Stern (✱). Zur Seite je ein wilder Mann mit einer Keule als Schildhalter. Ober dem Helme dieselbe Pflugschaar. Im Averse ein punktirter, und im Rev. ein gekerbter Kreis am Rande. Gr. 13.

Av. IACOBVS — NEBELTHAW Das Wappen wie vorher und die zwei Männer in alter Tracht als Schildhalter. Im Reverse ein Quadrat, darin als Aufschrift G • L. M • D | H • M • E • L • | V . . . . . M • S • | H • D • T • V • W Ober dem Quadrate W • G • W; unten • I • M • Z Zur Seite je ein Halbmond mit den Spitzen nach innen, und darunter S—S Der Rand gekerbt. Gr. 13.

32704—6.

Av. Wie vorher. Rev. SCHWEIG • | VND : LEID : ES | KVMT DI : ZEIT | DAS : SCWEIGE | N : MACHT • LEI | DEN QVEIT | 1575 Am Rande je ein Perlenkreis. Gr. 13. (Bei Reinhardt Nr. 6088 wohl irrig THAV. im Averse und | DAS • SCHWEIGE | u. s. w.)

Av. Wie vorher mit einem Punkte nach W Rev. WAS • G—OT WIL • GE SCHICHT — ALZEIT • Ein deutsches Schild mit einer Eichel liegt über zwei Feuerzangen, welche bis in die Schrift reichen. Das Feld der Münze theilen über dem Wappen zwei kreuzweis gelegte Bergkübel, darneben 15—85, unter demselben zwei ins Andreaskreuz gelegte Zainhacken, neben welchen G—B und in dem untern Winkel M (Numismat. Zeitung 1836, S. 47.)

Av. Wie vorher. Rev. CHRISTOF — FRIDERAVN Das von wilden Männern als Schildhaltern gehaltene Wappen. (Bei Appel III. Nr. 2328 das Wappen nicht näher beschrieben.)

Ueber die Persönlichkeit des Jacob Nebelthau, und die Bedeutung der Buchstaben IE und ZEH ist mir nichts bekannt geworden. Nach einem mir von Hrn. Th. Reichenbach in Dresden zugekommenen alten Manuscripte war ein Hans Nebelthau in den Jahren 1553 und 1554 Zehnter in Schneeberg. Wird jedoch auf den Rev. mit Chr. Frideraun Rücksicht genommen, so scheint es, dass Jacob Nebelthau in Coburg angestellt war.

32707—9.

Hieher scheinen folgende Jetone zu gehören.

Av. SCHWEIG | VND • LEID • ES | KVMT • DI • ZEIT • | DAS • SCWEIGE | N • MACHT • LEI | DEN • QVEIT | 1567. Rev. INFŒ | LIX • FORTV | NA • CA RET • Æ | MVLIS • EXCI | TAT • INVIDI | AM • VIRTVS | : IE : ZEH Beiderseits ein Kreis aus Punkten oder Perlen. Gr. über 13.

Ein Stempel im Av. mit DAS • SCHWEIGE | u. s. w. (Numismat. Zeitung 1836. Seite 47.)

Av. Wie vorher, der Rev. wie Nr. 32704 mit 1575 unten. Rev. Aehnlich dem letztern mit gleichen Kreisen an den Rändern. Gr. an 13.

32710—11.

Av. SCHWEIG | VND LEID E | SKVMT DI ZEI | T DAS SCHWE | IGEN MACHT | LEIDEN Q | VEIT Rev. Aehnlich. INFŒ | LIX • FORTV | NA • CARET • Æ | MVLIS : EXCI | TAT • INVIDI | AM • VIRTVS | : IE : ZEH Gleiche Ränder Gleiche Grösse.

In Reinhardt Nr. 6089 wohl irrig UND. dann QUEIT, dann HE : ZCH :

32712—13.

Av. Aehnlich dem Rev. von Nr. 32705 mit • WAS • G — OT • WIL GESCHIT — : ALZIT Ober dem (unbehelmten) Schilde scheinen mir zwei Prägstöcke über einander kreuzweis gelegt, (bei Reinhardt Nr. 6096 Bergkübel bezeichnet.) Rev. RECHEN. —

Eine fünfblättrige Ros. PFENNING • 1579 Der Ritter Sct. Georg zu Pferd nach links reitend, wie er mit der Rechten den unter ihm liegenden Drachen ersticht. Das Pferd hat auf dem Kopfe, so wie der Reiter auf dem Hute eine grosse Straussfeder. Am Rande je ein gekerbter Kreis. Gr. 12.

Reinhardt Nr. 6096 beschreibt die Aversumschrift: WAS . G — OT WIL. GE SCHICHT — ALZEIT und spricht die Möglichkeit aus, dass die Buchstaben G — B | M Georg und Berthold Mainhardt bedeuten könnten, da sich unter den gräfl. Mansfeld'-schen Münzmeistern ein Berthold M. 1582—1594 und Georg M. 1595—1615 befanden und der Rev. mit 1579 (ein älterer früherer Stempel) hier noch benützt sein mochte. Diese Auslegung wird in der numismatischen Zeitung 1836 mit Recht bezweifelt, da nach chronologischer Folge B vor G stehen würde.

Weitere Jetone mit dem letzten Rev. und dem Ritter kommen noch bei dem Münzmeister Best zu Coburg vor.

Georg Pflug. 32714.

Av. GEORG PFLUGK DERÆLT . C : S : CAMR • R : In einem behelmten Schilde im ersten und vierten (rothen) Felde eine (silberne) schräg rechts liegende umgekehrte Pflugschaar, im zweiten und dritten silbernen Felde aber ein schräg rechts liegender, oben und unten abgeschnittener Lindenzweig natürlicher Farbe, welcher unten zur Rechten ein Blatt, zur Linken aber zwei Blätter hat. Auf dem gekrönten Helme sind zwei umgekehrte silberne Pflugschaare schräg auswärts umgekehrt, und jedes derselben ringsum mit sieben kleinen Straussfedern abgesteckt; neben dem Helmkleinode: 16 — 18. Rev. WOLF VON RABIEL C : SA : CAMR • RAT • Im behelmten (silbernen) Schilde ein schreitendes (rothes) Pferd von der rechten Seite mit einem (goldenen) Zaume geziert, zur Helmdecke zwei (von Gold und Schwarz übereck getheilte) Büffelhörner. Als Ueberschrift: HV — LF •

G. Pflug, Kammer- und Bergrath 1617 bis den 15. Februar 1621 mit Wolf von Rabiel, Kammer- und Bergrath 1614—1621. (Entnommen v. Reinhardt 6242.)

Hans Prager. 32715—16.

Av. HANS PRAGER CHVRF • S : ZENDNER In dem behelmten Wappen ein am Pfahle befindlicher Weinstock mit einer Traube schräg von oben rechts nach unten links gelegt. Oben in der Ecke nach links eine fünfblättrige Rosette. Auf dem Helme zwei gerade gestellte gleiche Weinstöcke, zwischen welchen oben die gleiche Rosette. Unterhalb an dem Schilde 1 — 5|6 — 1 (1615) Rev. HEINRICH VON REHNEN : C : S : MVNTZM. (Beiderseits feine Ringel statt Punkten.) Das behelmte Wappen, darin ein Sparren, unter welchem ein nach rechts gewandter Schwan. Auf dem Helme steht ebenfalls ein nach rechts gewandter Schwan, hier jedoch mit ausgebreiteten Flügeln. Am Rande je ein Linienkreis. Gr. an 12.

Bei Reinhardt Nr. 6237 sind vielleicht irrig U statt V.

Im Groschenkabinette, III. Th. S. 975 wird eines Stempels mit HANS PRAGER CHURF. S. ZENDNER. Wappen und dabei 16—15, dann anderseits HEINRICH VON REHNEN : C : S : MUNTZM, Wappen und dabei 16—18. erwähnt, welcher Stempel mir nicht vorliegt.

32717.

Av. HANNS . PRAGER . DER . IVNGER . ET ❀ Innerhalb eines gekerbten Kreises ein Zainhaken zwischen 15—79 Rev. Eine fünfblättr. Ros. WOLFF Gleiche. Ros. Eine gestielte Blume zwischen zwei Zweigen, eine 5blättr. Ros. PRAGER Gleiche Ros. Innerhalb eines gekerbten Kreises im behelmten Wappenschilde ein Zweig, an welchem ein gestieltes herzförmiges Blatt, und oben in der Ecke links ✱ Ober dem Helme gleiche zwei Zweige, und oben zwischen denselben ein gleicher Stern. Am Rande je ein gekerbter Kreis. Gr. über 10. In der Num. Zeit 1841 S. 144. erscheint von H. G. Heyse beschrieben ein var. Stempel mit DER . IVNGERE Rosette.

Wolf Prager. 32718.

Av. Wie der letzte Revers. Rev. ALLES . GOT . WALDES . 1579 . IAR und eine 5blättr. Ros. In der Mitte in einem gekerbten Kreise: . W . P . D | . ET . C . F | darunter ein Zweig mit zwei gestielten Blumen, welche den Blätterrosen im Av. und Rev. gleichen. Am Rande gleiche Kreise. Gr. an 11. Die Aufschrift muthmasslich Wolf Prager Decimarius et consul fecit. Wolf Prager war seit dem Jahre 1555 Zehentner in Freiberg, kam 1556 in den dortigen Rath und erlangte im Jahre 1567 die Bürgermeisterwürde. Er starb am 11. Juli 1579.

Hans Prager der jüngere war der Enkel Wolf Pragers, folgte seinem Vater Hans Prager dem Ältern im Jahre 1602 im Zehentneramte, wurde im Jahre 1604 Rathsherr und 1623 Bürgermeister, legte 1629 das Zehentneramt nieder und starb im Jänner 1638 (Heyse).

Martin Pusch. 32719—20.

Av. In der Mitte ein Rad, durch welches von oben herab ein Schwert durchgesteckt ist. Neben dem Rade M—P und gegen den Rand zu eine bogige Einfassung. Rev. In einem umgekrönten Schilde drei auf eine Anhöhe gestellte Buchbäume; um das Schild eine doppelte dreibogige Einfassung. (Sammlung des Hrn. Th. Reichenbach.) Nach Götz Nr. 4390 beschrieben.

Av. Das Rad mit dem Schwerte wie zuvor, innerhalb einer Einfassung von sechs Halbbögen, an welchen nach innen je eine fünfblättrige Rosette. Es fehlen hier die Buchstaben M—P. Rev. Ein unten abgerundetes unbehelmtes Schild zwischen doppelten, drei, von innen feinen, nach aussen breiten Halbkreisen; an deren Verbindungsstellen nach aussen je eine Lilie angebracht ist. Im Felde anscheinend rechts und links je ein Weissbuchen- oder Cypressenbaum, dazwischen in der Mitte eine Frucht (?) gestielt, rund, und nach oben in zwei Theile gespalten. Am Rande je ein gekerbter Kreis. Grösse 12.

Heinrich v. Rehnen. 32721—23.

Av. HEINRICH : V . REHNEN : C : S : MVNTZM. Innerhalb eines gewundenen Kreises das Schild mit Helm und Decken, darin ein mehrmal gestrichener Sparren, unter welchem ein Schwan nach links, welcher sich auch ober dem Helme, den Kreis unterbrechend befindet; neben demselben 16—18 Rev. QVI MALA FERT PLAC : CV : PRÆ : VI : E. In einem gleichen Kreise der Sparren wie vorher, doch fehlt hier der Schwan und als Helmzier hier statt desselben drei bis an den Münzrand reichende Straussfedern. Am Rande je ein gewundener Kreis. Gr. 11. Stärker als die früheren Jetone.

In Reinhardt sind unter Berufung auf Götz Nr. 7794. 5. unter Nr. 6234. 35. folgende zwei abweichende Stempel beschrieben.

a) Im Av. mit MVNTZME : und ohne die Jahrzahl. Im Rev. PRÆ : VIC : E:

b) Im Av. die Buchstaben H . V . L . F um die Helmzierde und oben die Jahrzahl 16—18, im Rev. PRÆ : VIC : ER

Derselbe war nach Götz vom Quartal Reminiscere 1605 an, bis zu seiner im ersten Quartale 1624 erfolgten Entlassung M. M. in Dresden.

32724--26.

Av. GEORG . RGICHBRO — DT . C . F . S : CAMRMEIST Ein behelmtes Schild mit Decken darin im ersten und vierten Felde ein Adler, einköpfig mit ausgebreiteten Flügeln, im zweiten und dritten je ein Kreuz aus fünf Kugeln formirt. Auf dem Helme ein Adler mit ausgebreiteten Flügeln, in dem rechten Fusse ein Büschel (drei) Fähnchen (?) nach Reinhardt Fackeln und drei Kugeln haltend. Zur Seite 16—27 Rev. TERRENA VIDE COELESTIA CREDE. und eine fünfblättrige Rosette. Rev.

Das | Weldtlich | Schaue | Auffs Himl· | sch Trau· | e und ein Zweigchen. Ober den zwei u je zwei Stricheln." Am Rande je ein gekerbter Kreis. Gr. an 12.

Nach Mittheilung des H. Paul Gersdorf hat dieser Stempel | isch, und ist das i vor sch

Ein zweiter Stempel hat weldtlich | Schaue | Auff himli | mit einem kleinen w und h, dann ist blos über dem ersten i in him ein Punkt, dann ohne das Ringel über u Mitgetheilt von Hr. Paul Gersdorf. Aehnl. Reinh. 6248 woselbst (vielleicht irrig) himel mit e

Ein dritter hat an Weldlich ein e an h angestellt, dann Auff Himl | isch Trau | e Desgl. Aehnlich Reinh. Nr. 6247, woselbst vielleicht irrig Weldelich

Math. Roth. 32727.

Av. SICVT . DOMINO . PLACVIT ITA FAC. Innerhalb eines Perlen- und innern Linienkreises ein unbehelmtes deutsches Schild, an welchem bei dem Einbuge rechts und links je ein Punkt. In der Mitte des Schildes zwei Querstriche, zwischen welchen in der Mitte ein Zweig, an welchem rechts und links je eine gestielte Eichel, am Rande oben, so wie unten sind im Felde je zwei Palmzweige. Rev. TVM.EST.MONETARI . IN . ANNEB . Innerhalb eines gekerbten und eines inneren feinen Linienkreises • 1548 • und darunter ein Monogramm, T und ein R daran gehängt. Von dem Linienkreise reichen nach innen Palmzweige hinein. Am Rande ein Kreis von unförmlichen Punkten. Gr. 12. Tafel 70.

32728—29.

Av. MATHE : ROT : M — ONETA : IN : A — NB In einem oben und unten unterbrochenen Perlenkreise das behelmte dreimal quergetheilte Wappenschild. In der ersten Reihe sind oben zwei Felder, darin das eine blaugestrichelt, das zweite Silber. In der zweiten Reihe ist nur ein Feld und darin ein Zweig mit zwei Eicheln, in der dritten Reihe das eine Feld Silber, das zweite blaugestrichelt. Zur Helmzierde ein wachsender Bergmann mit einem in die Quere haltenden Werkzeuge. Rev. Von Rechts : . V XOR : IPSIVS : A — 5Z . NNA : VLRICHS : (1552) Im gleichen Kreise ein behelmtes Wappenschild, in welchem ein Schmelzofen. Als Helmzierde ein wachsendes aufgerichtetes Pferd von der linken Seite. Gr. 12.

Bei Reinh. 6199 unter Bezug auf Götz Nr. 7802 ist ein Stempel mit IN A₀ im Av. und ANNA : VLRICHS — VXOR IPSIVS . A — 52 ferner im Av. im ersten und vierten Felde (statt blau) je ein Zweig. Es fehlt also das NB. Bei meinem Stempel ist ersichtlich, dass das Ringel nach A gestielt, nur jenes Instrument bilde, welches sich am Ende einer langen Stange befindet, welche der Bergmann hält.

Michael Roht. 32730.

Av. MICHAEL . ROHT . C . S . MVNTZM . ANB . Innerhalb eines gewundenen Kreises in einem behelmten Schilde mit Decken, das Wappen, durch welches ein breiter Querbalken, in welchem ein Ast mit zwei gestielten Eicheln, von einem, von oben herabgehenden Querstrich in zwei Hälften getheilt, worin im ersten und vierten Felde je ein Zweigchen, das zweite und dritte Feld jedoch leer. (Silber) Ober dem Helme ein Bergmann, welcher auf einem Stabe einen gestielten Ring gegen rechts zu hält. Rev. DAVID . SEIFFARDT . C . S . ZEHENT . 1622 und eine fünfblättrige Rosette. Innerhalb eines gewundenen Kreises ein ovales unbehelmtes, von Verzierungen umgebenes und oben mit einem Kopfe verziertes Schild, darin ein aufrechter Zweig, an dessen Seite je drei und in der Mitte eine gestielte Eichel, letztere nach hinauf gestellt. Am Rande je ein punktirter Kreis. Gr. 11. Tafel 70.

Michael Roht war zur Kipper und Wipperzeit M. M. zu Annaberg und starb 1628. (Reinhard.)

Konrad Ruhel. 32731.

Av. CVNRAT∘ RVHEL ∘ — ∘ BVRGERMEISTER Ein mit Helm und Decken geschmücktes deutsches Schild, worin ein rechtsschreitender, aufgerichteter, doppeltgeschwänzter Löwe, in der rechten Pranke einen Halbmond haltend, auf dem Helme der halbe Löwe den Mond haltend wie im Wappen, und zur Seite 4—7 Rev. MATTHES ⁑ VRBAN — VONN ⁑ GERAVV ∘ Im behelmten Schild mit Decken im oberen Felde ein nach rechts gewandter Vogel mit erhobenen Flügeln, und im unteren Felde drei schräge Querbalken von oben rechts nach links herab. Ober dem Helme ein Adlerflug, unten neben dem Schilde 7—4 Am Rande je ein gewundener Kreis. Gr. 11. Messing.

Nach Mittheilung des H. G. Heyse (Num. Z. 1857 S. 63) war Conrad Rühel, Buchhändler in Wittenberg, wurde 1559 zum Rathsherrn und 1574 zum Bürgermeister ernannt, starb jedoch schon 1575. Der Name im Rev. ist noch unbekannt. Dieser Jeton wird hier einbezogen, da er bei Preussen, wohin gehörig, übersehen wurde.

Georg Stumpfel. 32732—35.

Av. GEORG : STVMF : GE : WARADIN Innerhalb eines oben unterbrochenen Kreises ein behelmtes Wappen, darin im deutschen Schilde ein aufrechter nach rechts schreitender, eingeschwänzter Löwe. Ober dem Helme der halbe (wachsende) Löwe wie im Schilde zwischen zwei Adlerflügeln. Rev. Am Rande rechts, so wie links je G G G zwischen ungestielten dreitheiligen Kleeblättern. Im oben und unten unterbrochenen Linienkreise der Ritter Skt. Georg zu Pferde nach links, wie er den bis auf dem untern Rande ruhenden Drachen ersticht. Am Rande je ein Kreis von unförmlichen Punkten. Gr. über 11.

Reinh. N. 6253 beschreibt einen Stempel mit GE . STVPFELDT . GE . WARADIN. und Punkten bei den G, und führt noch an, dass der Name GE . STVPFELDT . ganz deutlich erscheine.

Ein weiterer Stempel hat GEORG : STVMPF : GE : WARADIN . Sonst wie der letztere. (Num. Zeit. 1836. S. 46.)

Ein vierter mit dem ersten Averse hat im Rev. RECHEN-PFENNING 1579 wie Nr. 32712. Eben dort.

G. Stumpfel soll Chursächsischer General-Wardein gewesen sein.

Schütz oder Schütze. 32736.

Av. EX ∘ HOC ∘ NVNC ∘ ET ∘ VSQ . . . IN ∘ SECV ∘ und eine gestielte Blume. In der Mitte innerhalb eines Perlen- und innern Linienkreises ein gespannter Bogen, auf welchem ein nach oben gerichteter Bolzen. Rev. SIT ∘ NOMEN ∘ DOMINI ∘ BENEDIC ∘ und eine gestielte Blume. Innerhalb zweier gleichen Kreise ein Zeichen [Zeichen] wie die Ziffer 4 verkehrt gestellt, mit einem Kreuze an dem Ende des Mittelstriches und zwei breiten Querstrichen über den untern Schenkel. Zur Seite dessen 15 — 38 Am Rande je ein gekerbter Kreis. Gr. 12.

In der Numism. Zeitung 1845 S. 143 mit VSQ . IN . SECVLA . und im Rev. BENEDICTVM . (Dieser Stempel ist mir nicht vorgekommen.)

Diesen Jeton hat ein Herr von Schütz in der Bergstadt Geyer, welcher auf dem Schmelzhofe als Oberzehentner angestellt war, prägen lassen. Ebendort.

32737—38.

Av. LVCAS . THAN - GEL . ANNO . 1575 . Ein behelmtes unten abgerundetes Schild, dann in der Mitte zwei Querstreifen, in einem geschachteten Felde. Ober der Krone ein Gewand mit zur Seite ausgebreiteten Aermeln, ober welchem ein Kopf oder

Kapuze gekrönt mit drei spitzen Blättern. Rev. ID . FACERE . | LAVS : EST : QV | OD . DECET NO|N . QVOD . LIC|ET Ober und unter dieser Aufschrift je eine zum Theil palmzweig-ähnliche Verzierung. Am Rande je ein gekerbter Kreis. Gr. über 12.

Av. Wie vorher. Rev. GOT . WENDES ALLES . ZVM . BESTEN : und zwei vierblättrige durchstochene Rosetten. In der Mitte zwei quer übereinander gelegte Stäbe, mit je einer Lilie am Ende. Ueber diese Stäbe sind oben und unten je ein Querstab gelegt, welche unten an einander gestellt ein V bilden. Zur Seite des Ganzen A und links B Am Rande je ein gekerbter Kreis. Gr. 12.

Caspar Truller. 32739.

Av. Von rechts: ∘ CASPAR ∘ TRVLLER C ∘ S ∘ RENTMEIS ∘ Ein geflügelter Engelskopf hält an einer Schleife eine vielfach ausgeschnittene, oben mit zwei Zweigen besteckte Kartouche, darin in einem Linienkreise ein kurzgeschnittener Ast quergelegt, und auf demselben ein gestieltes Kleeblatt aufrecht gestellt. Rev. GREGER ∘ VNWIRT C∘S∘—∘CAMMERMEISTER∘ Ein behelmtes quergetheiltes Schild, darin ein Querbalken von oben rechts nach links herab. Ober dem Helme)(und darin je ein Oval (Ein Auge?) und zur Seite 15—97. Am Rande je ein gewundener Kreis. Gr. an 12.

Caspar Truller (auch Tryller) war chursächsischer Schösser zu Sangerhausen, dann chursächsischer Rentmeister zu Dresden vom Jahre 1586—93, dann vom Jahre 1596—1603 Verwalter des Witthums der Churfürstin Sofie und endlich Oberaufseher der thüringischen Bergwerke. Er starb am 28. Feber 1625 (Heyse Num. Zeit. 1846 S. 133.)

Hans Weller. 32740.

Av. MENSCH BIS FROLICH DRINK V. IS. Das Wappen der Familie Weller von Molsdorf, zwei einander gegenüber gestellte weisse Schwanköpfe einen Ring haltend, im blauen Felde. Ober dem Helme dieselbe Vorstellung, und zur Seite 15 — 46. Rev. VND DAS LE3TE SCHTVND NIT VERGIS und ein Blumenkreuzchen. Eine Sanduhr mit dem Todtenkopfe. Reimh. 6254 mit Bezug auf Götz Nr. 7812. Hans Weller war M. M. zu Freiberg von 1541 † 45. Nach seinem Tode wurde das Münzwesen bis Quartal Luciae 1545 von seinen beiden Söhnen Hans und Paul versehen, worauf mit angehendem Jahre 1546 der Bürgermeister Andr. Alnbeck zum M. M. verordnet ward. Der vorliegende Jeton von 1546 mit dem Wellerischen Wappen scheint demnach von jenen Söhnen Hans und Paul am Schlusse ihrer Amtsführung geprägt worden zu sein.

Christoph Werner. 32741.

Av. CHRISTOF: W—ERNER ·I·H·S: (Iesus hominum Salvator) Ein behelmtes deutsches Schild mit Helm und Decken, darin gekreuzt Schlägel und Eisen, und darunter eine fünfblättrige Rosette. Ober dem Wappen oben ein Engel mit ausgebreiteten Flügeln nach vorn gewandt, mit von einander gelegten Händen. Im Rev. der Ritter Sct. Georg und der Drache wie in Nr. 32732 nur ohne Buchstaben am Rande. Am Rande beiderseits ein gekerbter Kreis. Gr. 12.

Chr. Werner ward im Jahre 1569 chursächsischer Bergmeister zu Annaberg, 1574 Bergvoigt über das ganze Meisnische Erzgebirge, und 1582 Oberbergmeister über denselben Bezirk. Er starb im Jahre 1595.

Severinus Gebel. 32742.

Av. SEVERINVS ∘ — GEBEL ⸽ DOCTOR ∘ Das behelmte deutsche Schild mit Decken, darin in einem quergetheilten Schilde ein Bergmann, in der Rechten einen Hammer, in der linken einen Halbmond mit einem Sterne darauf haltend. Ober dem Helme dieselbe Vorstellung, nur der Bergmann hier bloss mit dem Oberleibe. Rev. · IA COBVS MON-TANVS·DOCTOR Im behelmten Schilde mit Decken ein Kreuz auf zwei Spitzen wie M, welche den untern Raum des Feldes abgränzen, welcher ciselirt erscheint (einen Berg vorstellend?) Ober dem Helme ist das Kreuz wiederholt, und zur Seite 15—74 Am Rande je ein gewundener Kreis. Gr. 11. Messing. Vom schönen Schnitte.

Dieser Jeton, dessen Familien mir unbekannt, dürfte nach dem Stempelschnitte von demselben Stempelschneider wie jener Nr. 32730 verfertigt sein.

Münzmeister und Münzbeamte.

Nach Götz (S. 935) ist die Reihe der M. M. folgende:

Annaberg. Albrecht von Schreibersdorf M. M. von 1507—1523, dann Gerhard Stein und Heinr. Steig, beide wohl nur Untermünzmeister. Melchior Irmisch seit 1523 † 1537. Wolf Hühnerkopf, 1537—43, † 1570. Nicolaus Streubel, 1543—45. Math. Roth seit 1545, welcher 1554 abgegangen sein mag, weil sein Münzzeichen, die Eichel nicht mehr vorkömmt. Er starb 1578.

Leopold Holzschuh war schon 1550 M. M. und blieb bis zu der im Jahre 1558 geschehenen Aufhebung dieser Münzstätte im Amte.

Dresden. Hans Biner 1556 bis Ende 1604. Heinrich von Rehnen, von Reminiscere 1605 an, bis zu seiner im ersten Quartal 1624 erfolgten Entlassung. Hans Jacob vom 27. Juli 1624 bis 24. Jänner 1635. Sebald Dirleber von Luciae 1635 bis in die Hälfte 1640. Const. Roth, von Luciae 1640 bis 6. Juni 1678. Christof Fischer seit Crucis 1678 bis 6. Juli 1686 (seinem Tode). Joh. Koch (1688—98). Joh. Lorenz Holland vom Quartal Crucis 1698, bis zu seinem im Quartale Trinitas 1716 erfolgten Absterben. Joh. Georg Schomburg, von 1716—34, † 1745 als General Münzwardein des Obersächs. Kreises. Friedr. Wilh. o Feral 1734—63. Ernst Dietr. Croll 1764—78, Joh. Ernst Croll 1779—1804.

Freiberg. Hans Arnold um 1482. Nicolaus Hausmann 1492—99. Joh. Hausmann dessen Sohn † 1541. Hans Weller, sonst Molsdorf † 1545, dann Andr. Alnpeck der letzte M. M. zu Freiberg.

In Bezug auf Bergbeamte füge ich noch nachstehende, einem mir von Hr. Th. Reichenbach in Dresden mitgetheilten Manuscripte entnommene Daten bei.

a. Münzmeister. Alnpeck Andry, M. M. im Freibergk, 1546, 47, 51—3.

Biener Hans. Am 29. September 1540 Bürger auf Sct. Annaberg kam im Jahre 1556 als M. M. nach Dresden; daselbst noch 1571. 75. 88. 600. Coburger Anton, Eisleben, 1574, 75. Funke Sebastian, Schneeberg, 1509, 19, 21, 22, 30, 47, 55, 56. Hausmann 1529 Münz- und Bürgermeister 1532, 4, 5—38. Holtzschuh Leopold, Sct. Annaberg, 1554, 65. Hunerkopf Wolf, Annaberg 1534, 42, 47. Roth. Mathej, S. Annaberg. 1547, 50, 51. Streubel Nickl, S. Annaberg, 1541, 3. Weller Hans, Freiberk, 1541, 43. Yrmisch, Irmisch Sct. Annaberg 1530. 31.

Oberbergmeister. Petzoldt Wolf, Annaberg 1594. Roling Markus, auch Rhollngk, Rullingk, Ruhlingk 1558 Oberbergmeister. Freiberg, 1558, Maerz 1561, Annaberg, 1564. Oberbergmeister mit 2000 fl. Werner Christoph, 1583, 4, 8, 89, auf Annaberg.

Berkmeister. Andrej Wenzl, Glashütte 1512, Beyer Lorenz, Giesshübel, 1531, Bogner Simon auch Bozner, Freiberk 1545—9. Cadner, Benedikt, Ehrenfriedersdorf, 1516. Feige Iacob, Ehrenfriedersdorf. Fischer Hans, Freiberk, 1501. Gottschalk Paul, Marienberg 1583. Hertlel Nickel, Güshübel 1501. Haug Leonhart, S. Annaberg 1531. Herkiott Stefan, S. Annaberg 1554. Koller Andr. Freiberk 1530, 1, 4, 38—40. Kollau Matt. Giesshofl 1503. Kundiger Heinr. Gisshübl 1543. Kreutzig Hans, zum Wolkenstein 1521. Lokoll Nicol, Lockel, Freiberg 1545, 46, 49. Löser Thom. 1503. Loser Thom. 1535 Ehrenfriedersdorf. Lorentz Tobias, Schneeberg 1612. Meschel Blasing, Aldenberg 1544. Michel Barth. S. Annaberg 1529. Meyner (?) Nickl, S. Annaberg 1514. Morgenstern Matz, Aldenberg. 1544. Müller Andr. Buchholz 1523. Müntzer Hieron. Freiberk 1547. Nestler Martin, Freiberk 1582. Raelingk Oswald St. Annaberg 1534—37. Renbel Jacob, Schneeberg 1583. Rhollngk, Rullingk, Ruhlingk in S. Annaberg 1543, 47, 50. Richter Caspar, Glashütte 1546. Rohir Jacob, Glashütte 1533. Rolscher (?) Stan. S. Annaberg, 1541. Rulingk Lorenz 1527. Salzberger Paul, Schneeberg 1524. Scherber Math.

Glashütte 1541. Schmidt Paul, Schneeberg 1521. Schumann Frz. Marienberg 1545. Seiffener Donat, Freiberk 1512, 13, 16. Seydel Phil., Glashütte 1520. Strunz Wolf, Gieshübl 1581, Glashütte 1582. Swerzel Simon, auf Gensing 1500. Topfer, Topper, Toppher Hieron., Freiberk 1522, 24. Wegener Ilgen, Buchholz 1546. Werzl, Wertzel Simon, Altenberg 1502.

Zehentner. Ainpeck Georg, Görg, zu Freyberk 1501, 2, 12, 15, 19, 21. Ainpeck Wenzl, Freiberk 1542, 43. Beyer Hans, Schneeberg 1523, 1528. Czabelstein Math. Schneeberg 1502. Elterlein Heinrich von, Annaberg 1515, 21, 24. Fuchs Martin, Schneeberg 1507. Haas ? Haug ? Friedrich, S. Annaberg 1509, 15, 16, 24. Höltzel Christof, S. Annaberg 1579. Loss Wolf, Freiberk, 1541. Meyner, Meyhner, Meytner Math. 1508, 9, 14, 15, 17, 20. Meyhner Thom. Schneeberg 1529, 30, 33, 34. Nebelthau Hans, Schneeberg 1553, 54. Osaun (?) Hans Sct. Annaberg 1509. Prager Hans, Freiberk 1613. Prager Wolf, Freiberk, 1542, 43, bis Walpurgis 1554. Im Jahre 1555, 56 bei der Cammer. Schmidt Paul, Schneeberg 1532—36. Schütz Gregor, Schütze, Sct. Annaberg, seit Trinitas 1533, 4, 7, 39, 47, Unwirdt Gregor Sct. Annaberg 1581. Unwirdt Hans, S. Annaberg, auch Umvirt, 1548, 49, 62, 71, 76. Zobel David, Schneeberg 1612.

32743.

Städte im Königreiche Sachsen.

Altenberg. Oben am Rande bogig Altenberg, darunter Schlägel und Eisen gekreuzt, und unten 1842 Im Rev. Spiel | Marke | und eine Querleiste. Gr. 11.

Chemnitz. 32744—45.

Oval. Av. Ueberschrift auf der Breitseite oben: LÖWEN-APOTHEKE (bogig) In der Mitte ein Löwe auf einer Doppelleiste nach rechts, mit der rechten Vorderpranke eine Kugel haltend, darunter nach aussen gestellt, V: E: BEYER (bog.) | IN CHEM NITZ. zwischen fünfblättrigen Rosetten. Rev. Von rechts: GÜLTIG IN MEINEN TRINKHALLEN. und eine fünfblättrige Rosette. In der Mitte 1 GLAS | KOHLEN SAURES | WASSER. Der Rand beiderseits erhaben. Höhe 9. Breite 11.

Eins. Oben H. LEUCKHART. | (bog.) Ein Herzogshut mit einem Reichsapfel und Perlen besetzt, | CHEMNITZ (bog.) Am Rande ein erhabener Kreis. Gleiche Form und Grösse. Messing.

Dresden. 32746.

Av. Das Stadtwappen in einem von oben herab getheilten Schilde, darin rechts ein aufrechter nach rechts schreitender Löwe, links drei Streifen von oben herab. Rev. 1597 | . D Zinn und Blei. Gr. über 7.

Das Wappen von Dresden ist jenem von Leipzig ähnlich, nur sind die drei (Landsberger) Balken im Dresdner Wappen schwarz, im Leipziger Wappen blau im gold. Felde.

32746—47.

Av. Am obern Rande bogig BRÜCKEN-MARKE, unten nach aussen DRESDEN und in der Mitte die Werthzahl 2 (zwei Neugroschen für zwei Pferde.) Im Rev. die Brücke, von welcher vier Bögen sichtbar sind. Am Rande Linienkreise. Gr. 12.

Auch mit der Werthzahl 1 und Gr. 9. (Ein Neugr.)

32748—50.

Av. S: B: D: | BLASEWITZ | und ein sechsspitziger Stern zwischen zwei kleinern fünfspitzigen. Am Rande Linienkreise. Gr. 10.

Ebenso nur mit LOSCHWITZ statt Blasewitz. Gl. Gr.

Marken in Zink und Messing zur Ueberfahrt über die Elbe mit der Dampf-Fähre der Sächs.-Böhm. Dampfschifffahrts-Gesellschaft. à ½ Neugr.

Ovale Marke mit D . G nach der Breite gestellt, auf der Mitte dieser Buchstaben je drei Punkte. Linienrand. Höhe 9. Breite 15. Marke derselben Gesellschaft zwischen den vorgenannten Dörfern, hohlgeschlagen von Messing. Dutzend-Marke à 2 Pf.

32751—53.

Eins. 𝔖 𝔐 | dann ein Querstrich | ALTSTADT | DRESDEN Suppenmarken von Messingblech, hohl geschlagen, für die Altstadt. Gr. 16.

Eins. Oben am Rande bogig NEUSTADT In der Mitte gross S . M . zwischen viereckigen länglichen Rosetten. Unten bogig nach aussen DRESDEN. Messing und von Weissblech. Gl. Gr.

Eins. Oben bogig: NEUST. | S. M: (gross) | ½ | DRESDEN nach aussen. Messingblech. .Gr. über 10.

32754—56.

Eins. Münze von Weissblech, hohl geschlagen, zum Eintritt in das Lokale der deutsch. kath. Gemeinde: XV | Febr | 1845 Gr. 11.

Av. Von rechts: ERSTES DEUTSCHES SÄNGER-BUNDES FEST Unterhalb nach aussen DRESDEN JULI 1865 zwischen Rosetten. In der Mitte zwei unten gebundene Eichenzweige, zwischen welchen fünf Striche und zwei Querstriche, worin zwischen dem ersten und zweiten Striche je ein Ringel, und links zwischen dem zweiten und dritten Striche ein Ringel mit einem Striche daran. (Musikalisch drei Takte, worin je eine ganze Note e, und eine halbe a. Im Rev. ein Doppeladler, ungekrönt mit Schein um die Köpfe, ungekrönt, auf der Brust eine Lyra, auf den ausgebreiteten Flügeln rechts das Sächsische, links das Dresdener Wappen. Oben am Rande: ✱ Der Rand erhaben. Gr. 11. Stark.

Ein zweiter kleinerer Stempel hat durch die fünf Striche nur einen Querstrich, und rechts hievon nur ein Ringel, zwischen dem ersten und zweiten Striche und links das Ringel mit dem Striche daran, und links zur Seite (zwei Takte, rechts die ganze Note e, links die halbe Note a.) Gr. 10. Marken zu 2½ und 1 Silbergroschen.

32757—58.

Oval. Oben am Rande: LOWEN - APOTHEKE zwischen rundlichen Rosetten. Unten nach aussen IN DRESDEN In der Mitte innerhalb eines gekerbten Kreises ein Löwe nach rechts. Im Rev. die Zahl 20 eingravirt. Oval, Höhe 9. Breite an 12.

Av. Sternros. | SALOMONIS | APOTHEKE | DRESDEN. | Sternros. Rev. Von rechts: SODA & SELTERS Sternros. In der Mitte S Messing. Gr. 11.

32759—61.

Av. Von rechts: HERRMANN KELLNER K · S · HOFFRISEUR Unter einer Krone und einem Wappenmantel das königliche sächsische Wappen, unten ein die Umschrift theilendes Ordenskreuz. Rev. ABONNEMENTS (bog.) | POUR LA | COIFFURE Am Rande je ein Perlenkreis. Messing. Gr. 11.

Einseitig. BAUMANN | Coiffeur | Dresden Messing. Gr. 10.

Av. In der Mitte: FERDINAND | EBERTS | WITTWE | IN | DRESDEN (bog.) Am Rande: WOHNUNG: HAUPT STRASSE N 10. PT. BUDE AUF D. NEU STÄDTER MARKTE (Ros.) Rev. In der Mitte: LAGER | ALLER SORTEN | STRUMPF WAAREN | HANDSCHUHE U. | STRICKGARNE Am Rande von links: IN SEI DE · HALBSEIDE · ZWIRN · WOLLE SOWIE BAUMWOLLE (Ros.) Gr. über 11.

32762—63.

Av. HARTUNG | & | KUNZE, oben und unten eine vierspitzige Rosette. Rev. Oben CONCERT (bog.) | eine Lyra | MARKE, nach aussen bogig. Zur Seite je eine gleiche Rosette. Am Rande Linienkreise. Gr. 12. H. und K. sind Musikdirektoren in Dresden.

Av. Bogig oben am Rande: LINKESCHES BAD | MASKENBALL, etwas bogig | D. 3. FEBR: | 1863 | DRESDEN. (Bog.) Rev. Eine Maske mit einer grossen Narrenkappe nach vorn gewandt, mit gebogenem Knie und emporgehobenen Händen. Gr. 10.

32764—66.

Av. Oben bogig: SOCIEÄTATSBRAUEREI | & RESTAURATION und unten im Abschnitte sehr klein: WALDSCHLÖSSCHEN Im Felde im Hintergrunde das Etablissement, und im Vordergrunde Promenirende. Rev. Grössere Buchstaben: EIN | KRÜ GEL | BIER | GUHRMÜLLER Am Rande je ein Perlenkreis. Gr. über 12. Messing.

Oval. Av. Oben an der Breitseite: TRINKHALLEN (bog.) | VON | C. BOGEN HARDT | IN | DRESDEN. zwischen Rosetten. Im Rev. Die Halle, ein Gebäude ohne Dach, ohne Umschrift. Am Rande Strichelkreise. Höhe 9. Breite 12.

Oval. Av. Felsner (Der Breite nach gestellt.) Rev. 1 (Der Höhe nach gestellt.) Messing-Marke für ein Töpfchen in Felsners Restauration.

Vorstehende Marken von Nr. 32746—54, dann 32758—66 mitgetheilt von Herrn Th. Reichenbach in Dresden.

Leipzig. 32767—68.

Einseit. Messing-Marken. Von rechts: . ZUR BEQUEM-LICHKEIT In der Mitte eine vielfach verzierte Kartouche, an welcher zur Seite unterhalb je ein Palmzweig. In der Mitte 1 Mb | darunter ein • Strich | und darunter ER Unten am Rande . 17—60. Am Rande ein Linienkreis. Gr. 14.

Eins. Am obern Rande von rechts: . ZUR BEQUEMLICHKEIT . 1760. Auf einem kleinen Holze ein aufgerolltes Papier, an dessen vier Seiten Palmzweige und links eine brennende Fackel angesteckt. Auf dem Papier $\frac{1}{2}$ Mb —| ER Am Rande ein Linienkreis. Gr. an 12.

32769—70.

Eins. Am Rande eine Einfassung, aus Verzierungen und einem Zweige bestehend und eine Kartouche bildend. In der Mitte $\frac{1}{4}$ Mb . | eine Leiste | ZUR BE QUEM | LICHKEIT | ER 1760. Am Rande ein gleicher Kreis. Gr. an 10.

Eins. Innerhalb einer gleichen ähnlichen Kartouche $\frac{1}{8}$ Mb | — | 17 ER 60 Am Rande ein Linienkreis. Gr. an 9.

Diese Messingmarken liess der Kaffeeschänker Enoch Richter während des siebenjährigen Krieges zur Ausgleichung verfertigen, da es an Scheidemünze fehlte.

Appel beschreibt unter Nr. 1863—5 drei Kupfermünzen mit dem Namen des Königs A. R. Oben 1760, unten 3 und im Rev. der unförmliche polnische Adler, darunter zwei Zweige. Eine zweite Marke mit 1757 und unten zwei, eine dritte von 1760 mit der Werthzahl 1. Diese Münzen gehören nicht hieher, und sind die bekannten Marken des A. Roll. Siehe Nr.

32771—73.

Av. Oben am Rande CONDITOREY (bog.) VON | W. FELSCHE | LEIPZIG (bogig). Rev. Oben am Rande TRINK-HALLE (bog.) | DES | CAFÉ FRANÇAIS | GLAS | MINERALWASSER (bog.) | 5 PFG. Die Ränder beiderseits gezähnt. Oval. Höhe 9. Breite 11. Messing.

Av. Oben am Rande: Hut-Fabrik | von | C. HAUGK | in | Leipzig. — Im Rev. Fabrik (bog.) | am | Rosenthal : Gewölbe | in | Kochshof Am Rande je ein Linienkreis. Grösse 15.

Av. Oben am Rande bogig: Langesche | daran eine arabeskenartige Verzierung | Brauerei | Ein leerer Raum und links Ngr. Im Rev. 1 | SEIDEL | und eine Verzierung. Gr. 9.

32774.

Av. Oben am breiten Rande klein: ZUM WEISSEN ADLER (bog.) | darunter in einer sechsspitzigen Einfassung, ober und unter welcher je eine viereckige Rosette HOFAPOTHEKE | unten zwischen zwei rundlichen Rosetten IN LEIPZIG bogig nach aussen. Oval. Höhe über 6. Br. 8. Kupfer.

Meissen. 32775.

Av. ERNST SCHUMANN (bog.) | IN | MEISSEN. (bog.) Im Rev. Oben EIN GLAS (bog). In der Mitte innerhalb einer Perleneinfassung im Oval ein Pokal, unten nach aussen SODAWASSER- (bog.) und an der Seite je eine runde Rosette. Höhe über 8. Br. 11. Messing.

Zittau. 32776.

Eins. Oben S D und dazwischen ein Strich ähnlich 1, darunter ein sehr grosses Z zwischen 17—57 Blei. Gr. 18.

Z, blau im goldenen Felde ist das Zittauer Stadtwappen. Zittau war eine befestigte Stadt und wurde im Jahre 1757 von dem österr. Heerführer Herzog Karl von Lothringen belagert; während die Stadt von den Preussen unter Oberst von Diericke besetzt war. Es dürfte dieses höchst seltene Stück eine Nothmünze aus jener Zeit sein und S . D . Stadtkommandant Diericke bedeuten. (Mitgetheilt von Hr. Theodor Reichenbach in Dresden.)

Die Sächsischen Herzogthümer.

Joh. Thun M. M. zu Gotha 1691—1722.

32777.

Av. JOHANN THUN. FURSTL. (TL in einander gestellt) SACHS. MUNZMEISTR. IN GOHTA und eine Lilie. Innerhalb eines gekerbten Kreises das behelmte ovale Wappenschild mit Helmdecken, in drei Theile getheilt, darin oben im Felde die strahlende Sonne, in dem unteren Felde rechts ein Weinstock und links zwei gestielte Blumen am Boden. Am Helme drei Straussfedern und zur Seite 16—91. Rev. Am oberen Münzrande von rechts: IN GLUCK ERHEB DICH NICHT Unterhalb und zwar nach aussen: ✱ IN UNGLUCK VERZAGE NICHT ✱ Innerhalb eines gleichen Kreises eine unbekleidete Frauengestalt mit dem Oberleibe ober Wolken, mit der Rechten ein Schaamtuch segelförmig ober sich haltend, welches vom Winde hinter sie nach links getrieben und mit der Linken festgehalten wird. Zur Seite rechts und links gleichfalls Wolken. Am Rande je ein Kreis von starken unförmlichen Stricheln. Gr. 12. Taf. 71.

32778—79.

Benedict Best oder Beschel, Münzmeister zu Coburg, 1578—1608.

Av. WAS . GOT . WIEL . GESCHICHT . ALZE—IT . In einem wenig verzierten spanischen Schilde ein grosses, auf dem Rücken liegendes C (Coburg), an dessen unterem Ende ein kleines liegendes B, auf welchem eine Eichel steckt. Ueber dem Schilde eine grosse Krone, durch welche zwei Zainhacken kreuzweis gesteckt, und zwischen denen oben die zwei letzten Buchstaben der Umschrift. Auf beiden Seiten des Schildes je zwei Prägstöcke, der obere (Ober) Theil länglich, zum Schlagen mit dem Hammer. Rev. RECHEN . — fünfblättrige Rosette. PFENNING . 1579 Der Ritter Skt. Georg auf einem linksspringenden Pferde ersticht den am Boden liegenden Lindwurm. Auf dem Hute, sowie dem Kopfe des Pferdes eine grosse Straussfeder. Im Av. ein Blätterkranz; am Rande, im Rev. ein gekerbter Rand. Gr. 12. Wie Nr. 32712. Reinh. 6090 unvollständig. (Ein mit einer Eichel bestecktes liegendes B ist das Zeichen dieses Münzmeisters. Siehe Num.-Zeitung 1849, S. 4 und 1850. S. 70.)

Av. . WAS . G—OT . WILL . GESCHIT — : AL'ZIT In einem zierlichen deutschen Schilde eine Eichel mit zwei Blättern; neben demselben beiderseits eine quergelegte, mit dem Griffe bis an den Rand gestellte Feuerzange und darüber getheilt 15—85 Ueber dem Schilde zwei gekreuzte Prägstöcke, welche hier jedoch ungetrennt, (bei dem letzten Stempel getrennt) sind. Unter demselben zwei gekreuzte Zainhaken, neben welchen getheilt G — B und unten zwischen denselben M (Georg Best, Münzmeister.) Rev. wie vorher. Gekerbter Rand. Gl. Gr. (Reinh. 6096 ungenau.)

Hieher dürften folgende zwei Jetone gehören:

32780—81.

Av. ICH. WEIS. DAS. GOTS. GNAD VND HVLD. WEITVBE und eine fünfblättrige durchstochene Rosette. An dieser noch eine innere Umschrift: RTRIFT. ALLMEIN. SVNDVND: SCHVLD: Innerhalb eines mehrfach ausgebogenen deutschen unbehelmten Schildes ein Andreaskreuz, an welches unten ein V gestellt ist. Neben dem Schilde A—B Der Rev. genau wie der letzte. Im Av. ein Blätterkranz und im Rev. ein gekerbter Kreis am Rande. Gr. 12.

Av. PACIS . FIRMAMENTVM : CONCORDIA . Im Felde eine grosse breite Krone, durch welche zwei Zainhacken in Form eines Andreaskreuzes gesteckt sind, zwischen denselben oben am Rande 1578 Unter der Krone ein mit einem zugespizten Wiederkreuze besecktes Herz, neben . G : — . P . Z . (An dem G links oben ein kleines o) Im Rev. der heil. Georg, ohne den Federn am Hute und am Pferdekopfe, und ohne Umschrift, ganz gleich jenem bei Jeton Werner. Nr. 32741. Gr. 12.

32782—85.

Städte: Altenburg.

Eins. Marken. Oben bogig: LESSIG (bog.) | darunter 4 | *gl.* (kursiv.) Gr. 13.

Ein zweiter (bog.) LESSIG. | 2 | Gl. Gr. 11.

Dann LESSIG (bog.) | 1 Gr. | Gr. an 10. und

LESSIG · (bog.) | 6 | Pf. Gr. an 8.

Marken der Gebrüder Lessig im Kaffee- und Weinhause Rathswaage zu Altenburg. (Mitgetheilt von Hr. Pistorius.)

32786.

Av. Am Erdboden ein fünffacher Adler mit erhobenen Flügeln, rechtssehend, hält an der linken Seite ein ovales Schild mit dem sächsischen Wappen. Ueberschrift: ✱ HOFAPOTHEKE ✱ Unten am Rande bogig, nach aussen: ALTENBURG Rev. Von rechts: KOHLEN · SAUERES ASSER ✱ WASSER In der Mitte innerhalb einer Einfassung von Halbkreisen, an welchen Blättchen: EIN | GLAS Die Ränder gekerbt. Gr. über 8.

Friedrichsthal. 32787—88.

Av. Von rechts: FRIEDRICHSTHAL in grossen Buchstaben und unten drei sechsspitzige Sterne. In der Mitte die Werthzahl XXIV Rev. Oben G (eorg) M (ylius) In der Mitte ein halbes Mühlrad mit der unteren Hälfte; auf dessen Durchschnitte in der oberen Hälfte des Feldes drei gestielte sechsblättrige Blumen. Unten am Rande nach aussen 1808 Am Rande je ein gekerbter Kreis. Gr. über 10.

Av. ✱ FRIEDRICHSTHAL ✱ In der Mitte II und darüber ein Stern. Der Rev. wie der letzte. (Num. Zeit. 1836. S. 151.)

Ilmenau. 32789—90.

Av. Schlägel und Eisen über einander gelegt, und zur Seite G—H und unten zwischen den Stielen 1839 Rev. 1 | Grosch. Gr. 11. (Mitgetheilt von Hr. Th. Reichenbach.)

Av. Ebenso Rev. 6 | Pfennige. Am Rande ein erhabener Linienkreis. Gr. 9. Messingmünze des Georg Höhne in Ilmenau, Stadt im Amte gleichen Namens. Sachsen-Weimar.

Limbach und Breitenbach. 32791—93.

Av. Von rechts: LIMB: &. BREITENBACH In der Mitte ein dreitheiliges Kleeblatt. Rev. VI | HOFCOM- | MISSARIVS | GREINER | 1788. Am Rande je ein gekerbter Kreis. Im Av. eine kleine Kontremarke mit einem ovalen Gegenstande. Gr. an 8.

Av. Von rechts: LIMB: &: BREITENRACH. (R statt B) Im Felde am Boden ein Gebäude, an welchem nach rechts vorspringend ein Zeichen eines Wirthshauses oder eines Handwerkers, links ein Baum. Rev. IIII zwischen Kreuzrosetten | HOF und so weiter wie zuletzt. Gekerbte Ränder. Gr. über 9. Im Av. ist gleichfalls ein runder Stempel scheinbar als Contre-Marke eingeschlagen.

Einseitig. Von rechts: LIMBACH & BREITENBACH. In der Mitte das Kleeblatt, darunter 3 | und eine fünfblättrige durchstochene Rosette. Gekerbter Rand. Gr. 8.

Limbach ist im Fürstenthum Sachsen-Meiningen. Gotthelf Greiner besass daselbst so wie in Gross-Breitenbach und im Kloster Veilsdorf eine Porzellanfabrik, und nahm sodann als Zeichen seiner Waare ein dreiblättriges Kleeblatt an. Er erhielt den Titel eines Hofkomissärs und starb 1797 im hohen Alter. (Reinhard S. 337 III.)

Rauenstein. 32794—95.

Av. Von rechts: FRIED. CHRIST. — GREINER U. SÖHNE, dazwischen unten nach aussen 1816. In der Mitte ein, oben zwei, unten einspitziges Schild, darin von oben nach rechts ein Querbalken nach unten links, und so das Feld theilend; in jeder Hälfte je ein sechsspitziger Stern. Ober dem Schild ein glatter Helm, ohne Helmdecken, auf demselben eine Lanzenspitze, mit nach links herabwehenden Bändern. Rev. PORCELAIN FABR: RAUENSTEIN. In der Mitte 12. Der Rand beiderseitig gekerbt. Gr. 10.

Av. Ebenso. Rev. Aehnlich mit der Werthzahl 3 Gl. Rand. Gr. au 9.

Rauenstein, ein Dorf mit einem alten Schlosse im Amte Schalkau (S. Meiningen) hat seit 1783 eine Porzellainfabrik.

Steinach-Ober. 32796.

Av. OBERSTEINACHER HAMMERWERK In der Mitte eines Linien-Kreises ein achtspitziger Stern, welcher im Kerne durch Linien, welche im Kerne zusammenlaufen, getrennt ist. Im Rev: EIN | MAAS | Bier. Gr.

Ein Dorf mit Eisenbergbau in S. Meiningen.

Weimar. 32797.

Av. Eine schwebende Krone, darunter ein Band, oben steht im Bogen: SOLI DEO GLORIA. Rev. GOTT | SICH | UND | DEM NAECHSTEN | GETREU | Leiste, darunter WEIM · U. EISEN.

Wermuth'sche Jetone. 32798—800.

Christian Wermuth war Hofmedailleur in Gotha und hatte das Recht eine eigene Presse halten zu dürfen. Er hat eine grosse Menge von Jetonen auf Medaillen verfertigt, und werden von den ersteren einige Stempel hier mitgetheilt.

Av. Unter einer linienförmigen Gestalt: NVLLA | SALVS | BELLO. | 1733. zwischen Kreuzrosetten, darunter C. W. Am Rande unleserlich . . . . ANCTIO. Rev. 2 zwischen runden Rosetten, | SCHAÜ | PFEN: | 1739. Gr. 6.

Av. Umschrift in sehr kleinen zum Theil undeutlichen Buchstaben: AGNATOICA.. In der Mitte unter einem Kreuzchen oder Reichsapfel: PACEM | EPOSCIMVS | OMNES | 1734. Rev. 2✱ | SCHAU. | PFEN. | 1738. Sehr klein. Gr. 6.

Av. Oben am Rande: GEHTS FLEISSIG. Auf einem Sessel mit hoher eckiger Lehne ein etwas nach rechts gewandtes Mädchen, welches aus Weidenruthen einen Korb flicht. Neben ihr rechts ein Bund Weidenruthen, links ein Handkorb und hinter demselben ein Baum. Aus dem Munde des Mädchens gehen die Worte: SOSO. Rev. 3 zwischen runden Rosetten | GUTE | SCHAU | PFEN: | 1737. Am Rande je ein Strichelkreis. Gr. 10.

32801—6.

Av. Von rechts: AVGVSTVS III und eine durchstochene fünfblättrige Rosette. In der Mitte der nach links gewandte Kopf mit einem Lorbeerkranze und mit glattem Halse. Rev. Umschrift PAX. PAX. DICENTES. ET TAMEN NVLLA PAX. IER. VI. 14. Im Felde ✱ 2 ✱ oben in der Umschrift, | SCHAV | PFENNIG | GRO SCHEN. | FIAT | IVSTITIA | AVT | PEREAT | MVNDVS|✱ Am Rande ein Kreis von starken unförmlichen Stricheln. Gr. 12.

Av. Ebenso Rev. SO SEH ICH VON HINTEN Eine zur Umschrift passende Vorstellung. Reinhardt 6261.

Av. FRIED. II. D. SAXOGETA. MAGDAL. AVG, C. N. PR. A. S. Zwei Brustbilder einander gegenüber. Unter dem Arme des rechtsstehenden männlichen C, des weiblichen W. Rev. 8 zwischen Rosetten | GUTE | SCHAU | PFENIG | 1738 Gr. 10. Reinhardt 6257.

Av. Obere Umschrift GIB DICH. ZUFRIEDEN: I: Auf einem Fussboden sitzt eine Frau links gewendet an einem Spinnrade spinnend. Unter dem Boden D. B. W T. | IN DER SPINN | STUBEN. Der Rev. wie zuletzt.

Av. Ein Mann von der rechten Seite in sitzender Stellung, auf natürlichem Wege Kugeln hervorbringend; im Munde hält er ein Rohr, womit er Dampf oder Blasen erzeugt, welche sich zu Kanonen formiren, deren verschiedene in der Luft herumfliegen. Darüber NÖTHIGST ZUM Im Abschnitte TURCKEN | KRIGE. Der Rev. ebenso. Gr. 10. Reinhardt 6258. 59.

Av. Ein Gegenstand wie ein runder Strohhut, auf dessen Rande: TOT CAPITA TOT SENSVS: IN HOC SPATIVM SVSPENSVS Aeussere Umschrift: MONETARVM CONSILIA TAM IMPOSSIBILIA (Ros.) Innere Umschrift PER WARRADINOS VA RIOS innen 17—38. Rev. SCHAU | u. s. w. wie Nr. 32,801 oben nur fehlt die auf meinem Exemplare befindliche Werthzahl 2. Gr. 10. Reinhardt 6262.

Das Grossherzogthum Baden.

Donaueschingen. 32807—10.

Av. Von rechts: DONAUESCHINGEN In der Mitte J. | Boldt und unten am Rande drei fünfspitzige Sterne. Rev. GUT | FÜR EINEN | SCHOPPEN | BIER Der Rand beiderseits gezähnt. Gr. an 10. Messing.

Av. Oben am Rande ✱ JOH. HEIZMANN ✱ und unterhalb nach aussen DONAU ÖSCHINGEN Innerhalb eines feinen Perlenkreises ein nach rechts schreitender Hirsch. Im Rev. FÜR | EINEN | SCHOPPEN | BIER Die Ränder gezähnt. Gr. an 10.

Av. J. HOFER oben am Rande gross. In der Mitte eine Königskrone, unten am Rande auswärts DONAUESCHINGEN Rev. Von rechts: FÜR EINEN SCHOPPEN BIER In der Mitte ein hohes Glas, an dessen oberen Rande Schaum sichtbar. Der Rand gezähnt. Gr. an 9.

Av. Am obern Rande DONAUESCHINGEN In der Mitte SCHÜTZEN Unten am Rande drei fünfspitzige Sterne. Der Rev. wie zuvor Nr. 32807. Gl. Ränder. Gr. 10.

32811—14.

Av. Oben am Rande SONNE zwischen Sternrosetten. Unterhalb nach aussen DONAUESCHINGEN. In der Mitte ein kelchförmiges Bierglas. Rev. 1 | SCHOPPEN | BIER. Am Rande je ein Linienkreis. Gr. 9. Zinn.

Av. Von rechts, gross: DONAUESCHINGEN ✱ In der Mitte 1860 In der Mitte: MUSEUM Die Ränder gezähnt. Gr. an 9.

Av. Ebenso nur 1861 Rev. Oben bogig gross: HEIZMANN In der Mitte ZUM (kleiner) | ✱ HIRSCH ✱ Gleiche Ränder. Gl. Gr. Beide Messing.

Dürrheim.

Av. SALINEWIRTH IN DÜRRHEIM BEI. In der Mitte HAINE: | MANN darunter ein Strich mit einer Ros. in der Mitte. Rev. GUT FÜR | 1 | SCHOPPEN | BIER. Am Rande ein punktirter Kreis. Gr. 10. Messing.

32815.

Eberfingen, Fürstenberg'sches Bergwerk.

Av. EBERFINGISCH (Ros.) BERG (Ros.) MVNTZ (Ros.) Im Felde: † XV † | CRVTZ | (fehlt E), ER zwischen zwei und ober einer Rosette, um welche je noch ein punktirter Kreis. Rev. Von rechts: FERRVM FERRO FODIO. Ein Bergmann mit einem spitzig abstehenden Schurzfelle nach rechts gewandt, wie er mit einer Haue einen links vor ihm befindlichen Felsen behaut. Am Rande je ein gewundener Kreis. Gr. über 14. Kupfer. Mitgetheilt von H. Th. Reichenbach.

Freiburg. 32816.

Av. Oben am Rande: BIERBRAUEREI (bog.) | Wilh | Herrmann | —•— | FREIBURG. (bog.) Rev. GUT | FÜR EINEN | SCHOPPEN | BIER. Die Ränder gekerbt Grösse 10.

32817.

Furtwangen, (Marktflecken im Amte Triberg, Oberrhein-Kreis.)

Av. Von rechts: GUT FUR 1 SCHOPPEN BIER .✱. Rev. Oben ZUM | ein nach rechts galloppirendes Pferd | IN | FURTWANGEN. Gekerbte Ränder. Gr. 10. Gelbes Metall. (Beide mitgetheilt von Hr. Hamburger.)

Heidelberg. 32818—19.

Av. Joseph | Dittenëy Unten nach aussen HEIDELBERG bogig, Rev. GUT FÜR | 1 | SCHOPPEN | BIER Der Rand beiderseits ausgezähnt. Gr. an 10.

Av. Am oberen Rande als Ueberschrift: FROHLICHER MANN: Unten nach aussen HEIDELBERG. An der Umschrift ein starker Linienkreis; der Raum innerhalb desselben jedoch leer. Rev. Von rechts: GUF FUR EINEN SCHOPPEN BIER. Ros. Innerhalb eines Kreises der gekrönte Gambrinus mit dem Oberleibe, in der erhobenen Rechten einen schäumenden Pokal haltend. Am Rande je zwei gekerbte Kreise. Gr. 11. (Letztere mitgetheilt von Hr. Hamburger.)

32820—21.

Av. Oben am Rande bogig CH.GULDEN, unten nach aussen HEIDELBERG und dazwischen an der Seite je eine Sternrosette. Innerhalb eines gekerbten Kreises ein Dreimaster nach rechts. Rev. 1 | SCHOPPEN | BIER. Gezähnter Rand. Gr. 10. Mes. Desgl.

Av. Oben am Rande C. H. HIRSCHEL zwischen kleinen Kreuzrosetten. Unterhalb nach aussen WEISSER SCHWAN In der Mitte innerhalb eines gekerbten Kreises EIN | SCHOPPEN | BIER Rev. Oben am Rande ✱ VOLKSHALLE ✱ Unterhalb nach aussen HEIDELBERG In der Mitte innerhalb eines gleichen Kreises ein nach links schwimmender Schwan. Im Hintergrunde begränzt Schilf das Wasser. Die Ränder gezähnt. Gr. an 10. Messing.

Av. Herm. | Kibelin | (die Punkte viereckig.) IN (klein) | HEIDELBERG (bog.) Rev. I | SCHOPPEN | BIER Die Ränder gezähnt. Gr. an 10. Messing.

Unter-Kürnach. 32822.

Av. W · MOSER | ZUM (klein) | ein Pferd nach rechts auf einer Leiste, und unten am Rande bogig nach aussen: U : KÜRNACH. Rev. GUT FÜR | I | SCHOPPEN | BIER Messing. Gr. über 9.

Lenzkirch (im Seekreise.) 32823—24.

Av. X. Koch | IN | LENZKIRCH (bogig). Rev. Der zweiköpfige Adler mit ausgebreiteten Flügeln, die Köpfe gekrönt, in der rechten Klaue Scepter und Schwert, in der Linken den Reichsapfel haltend. Auf der Brust ein Schild, in welchem sehr klein die Aufschrift: GUT FÜR | EINEN | SCHOPPEN | BIER Die Ränder gezähnt. Gr. an 10. Messing. (Mitgetheilt von Hrn. Hamburger.)

Av. Von rechts: GUT FÜR EINEN SCHOPPEN BIER In der Mitte innerhalb eines Linienkreises F. | Rogg | und darunter bogig LENZKIRCH Unten ausserhalb des Kreises zwei über einander gelegte Getreideähren. Der Rev. wie zuletzt. Die Ränder gezähnt. Gr. über 10. Messing.

Mannheim. 32825—27.

Av. Oben am Rande bogig. G. PH. BUNDSCHU | GROSSER | MAYERHOF | und unten am Rande MANNHEIM (bogig). Rev. Zwischen zwei unten übereinander gelegten und gebundenen Lorbeerzweigen: EIN | SCHOPPEN | BIER | LÖWENKEL LER Am Rande eine Perleneinfassung.

Av. Oben am Rande bogig G · A · DIFFENE | ZUM (klein) | WILDEN (klein) | MANNE. (Bog.) | MANNHEIM Rev. Zwischen gleichen Zweigen wie zuvor EIN | SCHOPPEN | BIER Gl. Ränder. Beide Gr. 11. Messing.

Av. Oben am Rande: FÜR EINEN SCHOPPEN BIER In der Mitte eines Kreises Lud. | Stark | 1851 Rev. Oben am Rande: ZUR ALTEN SONNE (zwischen Rosetten) und unten nach aussen MANNHEIM In der Mitte innerhalb eines Kreises das Sonnengesicht, mit von demselben auslaufenden Strahlen. Am Rande ein fein punktirter Kreis. Gr. 10. Alle drei von Messing. (Mitgetheilt von Hrn. Hamburger.)

Stauffen, im Oberrhein-Kreise. 32828.

Av. C. | Rieger. | STAUFEN. (Bogig.) Im Rev. die vorigen zwei Anfangsbuchstaben kursiv in einander gestellt und verzogen. Der Rand gezähnt. Grösse 10. (Mitgetheilt von Hrn. Hamburger.)

Tryberg. 32829.

Av. Von rechts: J · B · FORTWÄNGLER In der Mitte TRYBERG und unten am Rande ✱ Rev. Am Grasboden ein sitzender nach links gewandter Löwe. Die Ränder gezähnt. Gr. an 10.

Villingen. 32830.

Av. BEI | J. Hirt | in | VILLINGEN (bog.) Rev. GUT FÜR | I | SCHOP PEN | BIER Gr. 10.

Wolterdingen. 32831.

Av. BEI | TH · STRAUB | darunter ein Kreuz | WOLTERDINGEN (bogig.) Der Rev. wie zuletzt. Gr. über 9. Die letztern drei Messing.

Grossherzogthum Hessen.

Erbach, Provinz Starkenburg. 32832.

Av. Erbach | 1851 zwischen Lorbeerzweigen. Rev. Das mit Nadelholzbäumen umgebene Schloss. Die Ränder gezähut. Gr. 11.

Mainz. 32833.

Av. Oben am Rande bogig: CAFE NEUF | VON (sehr klein) | R. Saltus | IN (sehr klein) |MAINZ. (bog.) Rev. Zwischen zwei unten überlegten Lorbeerzweigen EIN|SCHOPPEN | BIER Die Ränder gezähnt. Gr. über 11. Beide Messing. (Mitgetheilt von Hrn. Bamburger.)

Grossherzogthum Mecklenburg.

(Mitgetheilt von Herrn Professor Bartsch in Rostock.)

Städte Lübz. 32834—35.

Av. | Lübz | 1815 • Rev. F Wolff • Bleimarke.

Av. LUBZ • | 1829 • Rev. Verwischt. Bleimarke.

Av. Ebenso Rev. C. J. | Martens Bleimarke. (Vielleicht dieselbe Marke wie zuletzt.) In der Univers. Samml. zu Rostock.

Malchow. 32836—39.

Av. G. Müller • und darunter zwei Lorbeerzweige. Rev. $\frac{1}{4}$ | Malchow | 1833 • Ebendort.

Av. J. Kobabe und darunter eine Zweigverzierung. Rev. Malchow |1840.

Av. A K • (Armenkassa (?), darunter eine Zweigverzierung. Rev. $\frac{1}{4}$ | Malchow | 1841. (Beide Numism. Zeit. 1845 S. 141.)

Av. MASCHINEN • | LOHNANSTALT | MALCHOW | — Oberhalb ein Stern. Rev. In einem Schilde zwei Thürme, zwischen denen ein Thor mit einem Fallgitter; über dem Thor ist ein Herz und zu beiden Seiten desselben über den Thürmen Punkte. Unter dem Thore zwei Reihen Punkte, von denen die obere vier, die untere fünf Punkte enthält. (In der Univ. Samml. zu Rostock.)

Parchim. 32840—43.

Av. PARCHIM | ✱ Rev. SAUL Am Rande beiderseits ein Linienkreis. Gr. 9.

Abweichende Stempel *a)* Mit einer Rose statt des Sternes im Averse.

b) Der Kreis im Rev. nicht glatt sondern gekerbt.

c) Ein Dritter beiderseits ohne die Kreise. Die letztern drei ebendort.

32844—46.

Av. SAŪl, anscheinend in einem Kranze. Rev. 96. zwischen vier Punkten | IT Abweichende Stempel mit einem grossen Punkte vor und einem kleinern nach IT Ein dritter hat um 96 sechs Punkte und IT Alle drei ebendort.

Röbel. 32847—50.

Av. $\frac{1}{4}$ | Röbel | 1836 Rev. Armen | Casse (kursiv) Bleimarke.

Ebenso vom Jahre 1839 und mit den vertieften Buchstaben A C kontrasignirt. (Beide numism. Zeit. 1845 S. 141.)

In der Univers. Sammlung Rostock auch von den Jahrgängen 1837 und 1840.

Rostock. 32851.

Viereckige Kupfermarke mit stumpfen Ecken, worauf B. St. | 16. Sch. Höhe und Breite über 12. (Soll eine Spielmarke ausgegeben vom Goldarbeiter Steinhorst aus dem Jahre 1846 sein.)

Unbestimmte Marken. 32852—53.

Bleimarke. Av. *Rung,* und ober-, dann unterhalb dessen ein halber Kranz. Rev. $\frac{1}{4}$ | 1815.

Bleimarke. Av. In der Mitte HOFMANN innerhalb eines länglichen Viereckes. Der Rev. verwischt. (Beide in der Univers. Samml. zu Rostock.)

Im Jahre 1794 fehlte es an kleiner Münze. Es erschienen sofort Blei-Zeichen mit dem Namen des Kaufmanns S. G. N. ferner $\frac{1}{4}$ löth. Platten von Zinn mit dem Petschafte des Kaufmanns Karnaz und endlich wurden alle diese Zeichen durch andere mit dem eingestempelten Namen des Zinngiessers Hoffmann verdrängt, welche noch im Jahre 1797 zirkulirten. Num. Zeit. 1846 S. 132.

Grossherzogthum Oldenburg.

(Mitgetheilt von Herrn Carl Th. Troebner in Oldenburg.)

Stadt Oldenburg. 32854—55.

Einseitig. MODE | MAGAZIN | FÜR HERREN | GARDEROBE | *Wilhelm Köhne* | *Oldenburg* Am Rande ein Linienkreis. Addressmarke in gelbem Metalle. Grösse 12.

Einseitig. 1 | W B Vertieft eingeschlagen (1 Groschen | Weinachts-Bazar.) Eintrittsmarke von Weissblech in die Weihnachtsausstellung der dortigen Handwerker und Gewerbtreibenden. Gr. 10.

32856.

Av. Oben bogig: CASINO | F · | FREIMANN | —— | OLDENBURG Bogig nach aussen. Am Rande ein Kreis von kleinen Halbkreisen mit nach innen gekehrten Spitzen, an welchen kleine Lilien. Rev. Innerhalb eines punktirten Kreises zwei in einander gestellte Dreiecke, (das Wirthshauszeichen) in deren Mitte ein becherförmiges von aussen punktirtes Glas. Am Rande durch die Dreieckspitzen sechsfach abgetheilte Umschrift von rechts GUT — IN — ZAHL — UNG und unten nach aussen DREI — GROTE Kupfer, im Ringe geprägt. Gr. 9.

Diese Marken zur Zahlung für ein Seidel Bier bestimmt, haben nur ein Jahr unter den Mitgliedern der Aktiengesellschaft kursirt, da der Wirth 1867—68 seine Zahlungen eingestellt hat.

32857—60.

Av. Oben bogig: CONSUM | OLDENBURG | unten nach aussen VEREIN (Bog.) Rev. In der Mitte innerhalb eines fein gewundenen Kreises die Ziffer 5 (gross.) Oben am Rande ✱ MARKE ✱ Unterhalb nach aussen 5 · GROSCHEN Am Rande beiderseits ein feiner Zackenkreis. Der äussere Rand ist mit feinen viereckigen Punkten besetzt. Grösse 10.

Ebenso mit der Werthzahl $2\frac{1}{2}$ statt 5 und Gr. 9.

Ebenso mit der Zahl 1 Gr. 8.

Ebenso mit $\frac{1}{2}$ Gr. über 7. (Mit einem Stempelriss im Averse.) Marken des Consumo-Vereins in gelbem Metall. Im Ringe geprägt.

32861—64.

Av. Oben am Rande bogig CONSUM VEREIN | OLDENBURG (Bog.) | BÄC KER | MARKE Der Rev. ähnlich dem letzten mit fünfspitzigen Sternen. Am Rande der Zackenkreis beiderseits wie vor; der Rand jedoch glatt. Gr. 10.

Ebenso mit der Werthzahl 2½ Gr. 9.

Ebenso mit 1 Gr. 8.

Desgleichen mit ½ Gr. 7. Diese Marken, im Ringe geprägt, und von weissem Metalle kamen erst im Februar 1868 in Gebrauch, und dienen zum Verkehre zwischen Brodlieferanten und den Mitgliedern des Consumovereins.

32865.

Av. Carl | Müller | IN (kl.) | OLDENBURG Unten bogig am Rande. Im Rev. ein Bierglas mit Deckel, mit dem Henkel an der linken Seite. Am Rande beiderseits ein punktirter Kreis. Gr. an 10.

32866.

Strohausen (In der Nähe von Rodenkirchens an der Weser.)

Einseitig. Zinkblechmarke: 4 · GROTE | PASSAGE & | BRÜCKENGELD | STRO HAUSEN | 1856 Am Rande ein Perlenkreis. Gr. 14. Brückengeldzeichen. Selten. (Sammlung des Hr. Troebner.)

Herzogthum Anhalt.

Nach Mittheilung des Herrn W. Beisser in Cöthen kommen daselbst eigene Jetone und Privat-Marken nicht vor.

Ein Böttcherzeichen (Gr. an 52) von Zinn, etwas oval, und gegen oben eingebogen aus Zinn hat innerhalb eines oben mit einer Krone bedeckten Blätterkranzes ein Fass mit Reifen, und ober demselben einen offenen Zirkel, rechts den Schlegel und links einen Triebel, unten die Jahrzahl 1822; ausserhalb des Kranzes sind die Anfangsbuchstaben mehrerer Meisternamen. Dieses Zeichen kann füglich nicht mehr zu den Erzeugnissen der Präge gerechnet werden. Dies gilt auch von jenen Zeichen aus schwarzem Bleche und kleineren ovalen und runden von weissem Blech, auf welchen ST | T, dann den kleinern M (aas) E (eins) und den ovalen N (Nösel,) ½ Maas E (eins) mit einer Matritze eingeschlagen sind. Diese Zeichen waren bei den städtischen drei Brauhäusern in Cöthen im Gebrauche. Ausserdem giebt es dort wie anderweitig eine grosse Anzahl von Zeichen, der verschiedenen Gewerbsleute, insbesondere Retourzeichen bei Reparaturen, welche dem Plane dieses Werkes folgend, da sie wenig Interesse bieten, übergangen wurden. Ferner gibt es in Cöthen auch einseitige Bierzeichen von Zinn mit dem Namen des Bräuherrn: Thiele (kursiv), worüber die Werthbezeichnung als: M (aas), N (Nösel) und St (Stübchen.)

Herzogthum Braunschweig.

32867—69.

Münzmeister zu Wolfenbüttel Heinrich Depsern 1585—93.

Av. ✱ HEINRICH ✱ — ✱ DEPSERN M M Im oben und unten unterbrochenen Linienkreise das Wappen wie Nr. 31653 im deutschen Schilde und neben der Helmzierde 8—6 (1586) Rev. EIN RECHEN—NS ✱ PFENNIG ✱ In einem oben und unten unterbrochenen, rechts durch die Palme geschlossenen, gekerbten Kreise der Heilige wie daselbst, aber mit gebeugten Knieen; im Hintergrunde rechts ein Thurm, links zwischen zwei gleichen ein Haus. Am Rande ein Blätterkranz. Gr. über 11.

Av. TRAVR · NICHT · GOTT · HILFET (fünfblättrige Rosette.) In einem Linienkreise die Fortsetzung der Umschrift: WVN | DERLI= | CH (gleiche Ros.) H D (Heinrich Depsern.) | Das mit Schlägel, Hammer und Zainhacke durchstochene Herz zwischen M — M (Münzmeister). Rev. WEM · SCHAT · MEIN · VNGLVCKE (Ros.) Im Linienkreise VIE· | LEICHT | MOCHT | SICHS W | ENDN Gr. 9.

Av. TRAVR NICHT (Ros.) GOT HILFET (Ros.) Im Linienkreise WVN | DER| LICH Das Herz wie zuvor zwischen H — D Rev. WEM SCHAT MEIN VNGLVCKE (Ros.) Im Linienkreise VIL | EICHT | MOCHT | SICHS | WEN Am Rande ein Blätterkranz. Gr. an 11.

Diese beiden Jetone stimmen mit den gleichzeitigen des M. M. Berthold Mainhardt Reinh. 6169 überein, und ist der letztere Stempel muthmasslich von demselben Graveur.

32870—72.

Unbekannte Braunschweiger Jetone.

Av. GOT · HA · GEFU · (ge.) DA · (ss) MI · (r's) GEN · (ügel) Im Kreise ein gekröntes doppelleistiges französisches Schild, darin eine aufgerichtete Zainhacke, über welche zwei andere ins Kreuz gelegt. Zu beiden Seiten eine fünfblättrige Rosette, über und unter welcher je zwei Punkte. Rev. EIN·RECHENS · PF—ENIG (gl. Ros.) Im Kreise ein quergetheiltes, doppelleistiges französisches Schild, oben ein rechts springendes Pferd, unten ein aufgerichteter Löwe rechts hin. Auf beiden Seiten als Fortsetzung des Theilungsstriches ein Kleekreuz, über und unter welchem, so wie über dem Schilde eine gleiche Rosette. Perlenrand. Gr. an 11.

Av. Ebenso Rev. EIN · RECHFN · PFENNIG (Ros.) In einem oben durch eine Krone unterbrochenen Perlenkreise ein quergetheiltes herzförmiges Schild, oben das Pferd wie zuletzt, unten ein ausgebreiteter Adler und neben beiden, so wie neben der Krone und dem Schilde je eine Rosette. Perlenrand. Gr. 11.

Av. L · R · G · R · S · R · S · K · D · F · R · AO · 16Z0 (Ros.) M · W · (Ros.) Im gewundenen Kreise ein kartouchirtes ovales Schild, darin ein abgeschnittener Eichenzweig mit drei Eicheln auf langen Stielen, an welchen je ein Blatt, und hinter dem untern Ende des Zweiges eine schräg links gelegte Zainhacke. Rev. In einem an den vier Seiten schnörkelartig verzierten Doppelquadrate (Ros.) I (Ros.) RE (Ros.) | CHEN| PEEN | NING Die Rosetten sind fünfblättrig und durchstochen. Im Av. ein Perlenrand, im Rev. ein Blätterkranz am Rande. Gr. 10. (Etwa Lebe Recht, Glaube Recht, Schaffe Recht So Kannst Du Fahren Recht.) Dieser Jeton muthmasslich hieher gehörig. (Alle drei mitgetheilt von Hr. Dr. Freudenthal.)

32873.

Av. Das gekrönte vierfeldige Wappen wie auf Nr. 31512 mit der Umschrift: ALLE ∘ — D ∘ (inge) K ∘ (ommen) V ∘ (on) G ∘ (ott.) Rev. Der Münzmeister wie ebendort, jedoch die Umschrift: RECH ∘ (chen) BEN ∘ (pfennig) D ∘ (es) MVN ∘ (zmeisters) T ∘ (zu) BRVNSWI ∘ (ch) (Numism. Zeit. 1836 S. 39.)

Städte. Blankenburg. 32874.

Kupferklippe. Av. Aufschrift: ✱ | AN | GOTTES | SEEGEN | IST ALLES | GE LEGEN · | ✱ ✱ ✱ | NICHT LANG' | ZU BUSS | BALD | AUSBEUTHE | MACHT BERG — | LUSTIGE BERG | LEUTE · | 1722 · | ✱ Das Ganze in einem Quadrate, ausserhalb dessen eine Einfassung von Lilienkelchen. Rev. Ein gleiches Viereck mit der Spitze nach oben; an der obern Seite rechts: D · VON BLANKENBURG und links AUFGEHENDE — An den untern zwei Seiten ein aufsteigendes Gebirge, auf welchem zur rechten Seite ein kursives C oder L | D | & links R | B | L (kursiv.) Im Abschnitte

1798 · | C · W · (Christian Wermuth.) Von aussen ist eine kleine Einfassung mit Spitzen an den Enden. Höhe über 17. (Sammlung des Hr. Trinks in Prag. Dieser Jeton dürfte hieher gehören.)

Stadt Braunschweig. 32875.

Av. URIN | ZEICHEN | 1697, darunter ein Kopf nach vorn, an welchem an der Seite je ein Blatt und neben diesem dann ober U und N oben je eine Kreuzrosette. Im Rev. am Grasboden ein unten breites, oben schmäleres Fass, mit einer kleinen Oeffnung oben. Zur Seite dessen rechts ein Viereck mit einem Punkte in der Mitte und links ein gleiches Viereck, welches statt des Punktes, an der obern Seite zwei Spitzen hat. An der innern Seite beiderseits drei Linienkreise und im Rev. noch ein gekerbter Kreis am Rande. Gr. über 13. (Dieses Zeichen wird nach Mittheilung des Herrn Walte in Hannover hier eingelegt.)

32876.

Av. Innerhalb eines starken Strichelrandes das braunschweiger Lüneb. Pferd, auf Grasboden nach rechts. Rev. BRAUNSCHW : SCHLACHT ACCISE❀ Innerhalb eines Linienkreises : Rindvieh (kurs.) Starker Strichelrand. Gr. üb. 16. Zinn. (Saml. des Hr. Walte.)

32877—78.

Av. Auf einem senkrecht stehenden Stocke eine Nachtmütze nebst Maske, quer dahinter ein Dolch; oberhalb am Rande sieben Sterne. Unten bogig nach aussen HAND AB! Rev. DEM | HOF—THEATER (bogig) | V—T · Dazwischen ein kleines Pferd nach rechts | IN | BR : | GESTOHLEN · (bog.) oberhalb des letzten Wortes zu beiden Seiten ein Stern. Am Rande ein gekerbter Kreis. Gr. 11. Messing. Theatermarke. (Im königlichen Kabinet zu Hannover.)

Av. In der Mitte auf einem Boden ein gegen rechts gallopirendes Pferd, neben welchem X — T · (haler.) und um das Ganze im Halbbogen HOF—THEATER Oben DEM und unter dem Boden IN | BR : (aunschweig) | dann kleiner am Rande: GE STOHLEN · zwischen sechsspitzigen Sternen. Rev. Eine Freiheitsmütze auf einer Stange, neben welcher rechts eine Maske mit Bändern, links ein Dolch, beide in schräger Richtung. Unten am Rande HAND AB! Darunter sehr klein C · P · und statt der Umschrift sieben Sternchen. Beiderseits ein Rand von zwei gewundenen Kreisen, zwischen welchen im Rev. noch ein Linienkreis. Gr. 13. Messingene Aushilfsmarke für Goldmünzen. (Mitgetheilt von Herrn Dr. Freudenthal.)

32879—80.

Av. Oben am Rande: RHEINISCHER HOF (bog.) In der Mitte grösser: EDU ARD | STRUBE | Unten nach aussen IN BRAUNSCHWEIG Rev. Die Ansicht des Hotels ein zweistöckiges Gebäude mit einem Vorbaue in der Mitte, welcher dreistöckig. Unter dem Gebäude ganz nahe daran und sehr klein HOTEL DU RHIN Unten am Rande sehr klein nach aussen: FRITZ · F · Am Rande Linienkreise. Im Ringe geprägt. Gr. über 13. (Mitgetheilt von Hr. Walte.)

Ein zweiter Stempel von Neusilber hat im Av. im Felde: STRUBE | & | RIEDEL Gr. über 13. (Mitgetheilt von Herrn Dr. Freudenthal.)

32881.

Av. Drei Spielkarten, und zwar von rechts Pik-Ass, Pik zwei und Treff-Ass' darüber oben am Rande bogig: ZUM GRÜNEN JÄGER, unten nach aussen VER GNÜGEN (bog.) Rev. Von rechts: RABINDJE! D · GR · WATERKETTEL In der Mitte am Boden ein Mann in gewöhnlicher bürgerlicher Kleidung ohne Kopfbedeckung nach links gewandt; die Hände in der Tasche. Der Wirth zum grünen Jäger bei Braunschweig (Busch vorstellend). Die Umschrift ist sein Zuruf an die Kellner, wenn er seine Spielgäste herannahen sieht. Am Rande je ein Linienkreis. Gr. über 11. Messing. Von diesen fein geschnittenen Spielmarken sind fünfzig Stück geprägt, wovon 48 in der Spielgesellschaft jenes Gasthauses im Gebrauche sind. Vom Jahre 1844. (Mitgetheilt von Hr. Dr. Freudenthal und Waite.) Kupfer und Messing.

Hedwigsburg. 32882—83.

Av. In einem behelmten französischen Schilde ein von einer Treppe durchbrochener Felsen, mit Gebüsch bewachsen und von Wolken umzogen. Auf dem Helm ein Palmbaum. Rev. 2 zwischen Ros. | QUARTIER | darunter ein Strich und unten bogenförmig: HEDWIGSBURG • (Ein bräuberechtigtes Rittergut bei Wolfenbüttel (Numism. Zeit. 1841 S. 107.) Gr. 9.

Desgleichen mit 4 statt 2. Gr. 11. (Samml. des Hr. Dr. Freudenthal.)

Helmstädt. 32884.

Av. Ein Gebäude mit zwei Zinnenthürmen und einer auf Säulen ruhenden Gallerie. Auf dem Fussboden der Name des Graveurs: C • HAESELER unten Cursaal. Rev. Ferdinands= | bad (Gesundbrunnen bei Helmstädt) darunter 1841 • Im Ringe geprägt. Gr. an 11. In Kupfer und Messing. Marken der Spielbank. (Mitgetheilt von Hr. Dr. Freudenthal.)

Salzthalum. 32885.

Av. Zwei Salz- oder Torfschaufeln ins Andreaskreuz gelegt. Oben am Rande: SALZWERK SALZTHALUM • Rev. 1 zwischen vierblättrigen Ros. | FUDER | TORF • An den Rändern je ein Kranz aus fünfspitzigen Sternen. Gr. über 9. Das Salzwerk Salzdalum schon im 13. Jahrhundert bekannt, liegt (nach Reinh. 6294) eine Stunde von Wolfenbüttel.

Schliestedt. 32886—87.

Av. Ein Dreieck aus drei Weberschiffchen Rev. 1 zwischen je einer Verzierung, einem Füllhorne nicht unähnlich, an welchem ein Feston | QU : BIER | und darunter ein verschlungener Zug, ähnlich einem Monogramme. Am Rande ein Kreis von starken breiten Stricheln. Gr. 11.

Av. Ebenso Rev. $\frac{1}{2}$ zwischen vierblättrigen Ros. | QU : BIER • Die Buchstaben Q und B hier grösser als die andern Buchstaben | darunter ein ähnlicher jedoch kleinerer verschlungener Zug. Gleiche Ränder. Gr. an 9. Kommen in Kupfer und Messing vor.

Fürstenthum Lippe.

32888.

Av. IOHANN ✱ OTTO • M • M J6♥Z1 ✱ Innerhalb eines Linienkreises ein behelmtes deutsches Schild, worin aus einem kleinen Herzen drei gestielte fünfblättrige Blumen hervorragen. Auf dem Helme zwei Büffelhörner, neben welchen I — O Rev. GOTT • ALLEIN • DIE • EHRE und das Herzchen. In der Mitte innerhalb eines gekerbten Kreises die Lippische Rose, sechs grössere, längere und auf denselben nach innen je ein, sonach sechs Herzchen um einen kleinen Linienkreis, innerhalb dessen eine kleine fünfblättrige Rosette. Am Rande je ein Linienkreis. Gr. 12.

32889.

In meiner Sammlung befindet sich folgendes Kupferstück, welches keine K. Münze sein dürfte. Av. Innerhalb eines gekerbten Kreises die Lippesche grosse Rose vielblättrig. Die Schrift zum Theil unleserlich LA.....M • ZV • ZWIVEL • ZV • O.....

Rev. DEN (Ros.) KVENRAD (Ros.) VESTEИИ (Ros.) Die Rosetten fünfblättrig und durchlochen. In der Mitte innerhalb eines Linienkreises ein S durch welches ein gerader Staab oder T durchgesteckt, zur Seite an der untern Seite zwei bogig gehaltene Gegenstände, welche palmzweigartig enden, und nach oben stärker sind. (Zwei Zwiebelgewächse ??) Am Rande je ein gekerbter Kreis. Gr. über 11.

Fürstenthum Schwarzburg.

32890.

Av. HENNING · MULLER · GRÄFL · SCHWARTZB · M · MEISTER und ein Strich | Innerhalb eines gekerbten Kreises ein behelmtes Wappen, darin auf dem Erdboden drei fünfblättrige gestielte Blumen; ober dem Helmkopfe zwei über einander gelegte Zainhacken, neben welchen 16—80 Rev. DIE · FORT · WEICHT · OFT · UND · WANCKET · FUR · UND · FUR Blattrosette. An dieser Umschrift innerhalb eine zweite: DARVMP · EHLERNE · KVNST · DIE · BLEIPET · STEDTS · BEY · DIER · Die Fortuna auf einer Kugel stehend und mit beiden Händen ein vom Winde geschwelltes Tuch, welches halbbogenförmig über ihr weht, haltend. An den Rändern je ein Kreis von starken unförmlichen Strichen. Gr. 13.

Städte. Rudolstadt. 32891—92.

Av. S · C · | ZU RUD · | (Ros.) Rev. II · | MAAS | BIER | und eine Kreuzrosette. Gr. an 9.

Ein zweiter Stempel mit I ohne Punkt. Gr. über 8.

Die Fürstenthümer Reuss.

32893.

Av. Oben am Rande bogig: HARMONIE, darunter zwei sich haltende Hände | darunter ZEULENRODA, unten eine aus zwei Paragraphen gebildete Verzierung. Im Rev. ein grosses zweistöckiges Gebäude mit einem Vorbaue in der Mitte, ohne Schrift. Die Ränder gekerbt. Im Ringe geprägt. Gr. über 11.

Die freien Städte.

Bremen. 32894—95.

Eins. BREMER MÄSSIGKEITS VEREIN und eine sechsblättrige Rosette, an welcher eine lilienförmige Verzierung. In der Mitte die Zahl 1 (gross) und in der Mitte dieser Zahl eine Rundung, darin ein Kreuz. Am Rande ein Perlen- und auswärts zwei Linienkreise. Kupfer. Gr. 14.

Av. ZWEITES | DEUTSCHES | BUNDES | SCHIESSEN | JULI 1865 | BREMEN Rev. Der doppelköpfige deutsche Reichsadler gekrönt mit ausgebreiteten Flügeln. Oben am Rande bogig COMITE MARKE Am Rande beiderseits ein Strichelkreis. Gr. an 11. (Mitgetheilt von Hr. Hamburger.)

32896—97.

Av. Ein Stadtplatz, und in der Mitte ein Gebäude alterthümlicher Bauart mit einem vorspringenden Thurme. Oberhalb C · A · CAESAR & C° Unten im Abschnitte BREMEN · Rev. Auf der obern Münzhälfte von rechts: WESTPHÆLISC HE SCHINKEN Unten am Rande nach aussen: JAMC NEC BE WESTFALIA Im Felde ein einfacher nach rechts sehender Adler mit einem Scepter rechts und einem Reichsapfel links in den Klauen. Die Ränder beiderseits gezähnt. Gr. über 13.

Av. SCHAPER'S (bog.) | HOTEL | ein kurzer Querstrich; unten nach aussen BREMEN Rev. GUT FÜR EIN .... BIER In der Mitte ein Biergefäss. Gezähnter Rand beiderseits. Gr. über 10. (Beide mitgetheilt von Hr. Hamburger.)

Hamburg. 32898—99.

Av. Oben am Rande: • SALAMON HEINE • Weitere Umschrift an der untern Seite nach aussen: MENSCHENLIEBE IST DIE KRONE ALLER TUGENDEN In der Mitte der nach rechts gewandte Kopf mit blossem Halse. Rev. In der Mitte bis an die Ränder reichend ein Gebäude mit vorspringendem Flügelbaue. Darüber oben am Rande: KRANKENHAUSDD ISRAEL GEMEINDE Ueber dem Gebäude im Abschnitt DERSEL FRAU BETTY HEINE | ZUM ANDENKEN ERBAUT | VON IHREM GAT TEN | HAMB • 1841 Die Schriften sehr klein. Im Halsabschnitte sehr kleine Buchstaben anscheinend: A & M. Im Ringe geprägt. Gelbes Metall. Grösse über 10.

In der numismatischen Zeitung 847 S. 88 ein Variant mit TUGEND • und unter dem Kopfe J D im Rev. D • D • und SEL: welche Punkte bei meinem Exemp. fehlen.

32900.

Av. Oben am Rande: KLEIN IM ENTSTEHEN, weitere Umschrift nach aussen, von rechts nach links an der untern Seite: ☐ S^{T} GEORG IN HAMBURG • CON STIT • SEP • 24 • 1743 • In der Mitte die Sonne, um welche ein Kreis, von welchem Strahlen und Flammen nach aussen auslaufen. Rev. Von rechts: WACHSE FERNER EMPOR VOM GROSSEN BAUMEISTER BESCHUTZT (Ros.) In der Mitte ein Fichten- oder Tannenbaum am Boden; darunter SEPTEMBR • 24 • | 1843 • Am Rande ein Linienkreis. Grösse 17.

32901—903.

Eins. Von rechts: BASSUNSCHE OMNIBUS- ACTIEN GESELLSCHAFT (Ros.) In der Mitte DIRECTION Die Rückseite leer und kreisförmig guillochirt. Gr. 13. Messing.

Av. Von rechts: PELZ-WAAREN UND MUTZEN HANDLUNG (Ros.) In der Mitte FUCHS & Co (bog.) | NEUERWALL 22 | HAMBURG (bog.) Gr. 15. Messing.

Av. Ein Lamm auf einem Grasboden. Ueberschrift: JOHAN HEINRICH HEKKER· Unterhalb bogig: IM SCHWARTZEN LAMM | WOLL-MANUFAC • | IN HAMBURG• Rev. FABRICK, | VON | WOLLNEN |U BAUM | WOLLNEN GARNEN, | UND ST RÜMPFEN• Darunter eine strahlenförmige Verzierung. Unten N° und dahinter die bezügliche Zahl vertieft eingeschlagen. Dickes Kupferstück mit gekerbten Rande. (Num Zeitschrift 1847 S.88.)

32904.

Av. Am obern Rande von rechts: PIERRE JOSEPH JONAS • In der Mitte unter einer Verzierung FAB^{E} DE | CHAPEAUX DE | PAILLE EN | TOUT GENRE| —•— |HAMBURG (bog.) Rev. Oben bogig: • MANUFACTURE • | DE | TRESSES | DE PAILLE | EN TOUT GENRE | DE BOIS BLANC | —•— Unten nach aussen bogig: D'ESPATRIE DE LAITOU ETC • Zehneckig. Höhe 12. Messing.

32905—907.

Av. Oben bogig: H • NOBELING | COIFFEUR | Unten nach aussen HAMBURG (bog.) Rev. Von rechts: ABONNENTS-MARKEN In der Mitte das Wappen von Hamburg, ein Kastell mit drei Thürmen. Unten ein fünfspitziger Stern. Im Ringe geprägt. Grösse 9.

Av. Oben bogig: A • KRÜSS (bog.) | OPTIKER & MECHANIKER (bog.) |Ein Auge| ADOLPHSBRÜCKE | 7. | HAMBURG (bog.) Rev. LAGER VON OPTISCHEN PHYSIKA LISCHEN | Querstrich | DAGUERROTYPISKEN • Zinn.

Av. Von rechts: J. VERNERET In der Mitte ein Oval und unterhalb eine Verzierung. Rev. In der Mitte ein Damenhut mit der Ueberschrift HAMBURG Unterhalb abermal eine Verzierung. Am Rande je ein Perlenkreis. Gr. 10.

Vorstehende sechs Marken mitgetheilt von Hr. Ch. Meyer in Hamburg.

Lübeck. 32908—10.

Av. Im gekerbten Rande der Lübecker Doppeladler. Rev. Innerhalb eines feinen Linienkreises der Buchstabe R, oberhalb 1563 • Gekerbter Rand. Beide Seiten mit einem kleinen Doppeladler kontrasignirt. Gr. an 12.

Av. Wie vorher ohne Contremarke. Rev. Der Buchstabe R und zu dessen Seite die Jahrzahl 16—47, gleichfalls ohne Contremarke. Gr. 11. (Beide Rothbrauerzeichen.)

Av. Wie der erste mit dem Contramarken-Stempel. Rev. Innerhalb eines feinen Linienkreises der Buchstabe W, oberhalb 1565. Gr. 11. (Weissbrauerzeichen.)

32911—12.

Av. ⊛ S (Signum) ▼DER • WANTMACKER • T • LVB ▼ In der Mitte der Doppeladler. Die Umschrift zwischen Kreisen. Rev. Die Umschrift wie im Av. In der Mitte das Stadtwappen im deutschen Schilde, dessen oberer Rand eine flach aufsteigende Spitze bildet. Dasselbe ist quer getheilt, oben roth schraffirt, unten quadrirt. Gr. an 11.

Av. Im gekerbten Rande das Stadtwappen im deutschen Schilde; oben glatt, unten fein rautenweise cancellirt. In einem gekerbten Rand 6, welches zur Seite 6 und in der Abrundung ß (Schilling) Ein Traven Deep d. i. Lohnzeichen für die Austiefungsarbeiten der Trave im Betrage von sechs Schillingen Tagelohn. Grösse 10. Beide Tafel 71.

32913—14.

Av. Ein stehendes Kreuz, zu dessen Seiten IN—RI Rev. ⌒ |ANNO | 1649| ⌒ Auf beiden Seiten ein gekerbter Rand und ein feiner Linienkreis. Gr. 10. (Beichtzeichen.)

Av. Ein Schlüssel, zu dessen Seiten S—P Rev. Ein Kelch zwischen der Jahrzahl 16—53, die Ränder glatt. Gr. 9. Beide Blei. (Beichtzeichen der Sct. Petrikirche.) Die letzten vier Zeichen sind sehr selten.

32915—17.

Einseitig. Ein Schlüssel, und zur rechten Seite dessen der Buchstabe B Strichelund ein feiner Linienrand. Achteckig. Höhe 10. Breite über 9. Gelbes Kupfer. Butterzeichen.

Einseitig. In einem Perlenrande der Doppeladler. Gr. an 9. Blei.

Einseitig. Ein Monogramm bestehend aus H und einem links daran gestellten K; auf dem Querstriche des H ein kleines o, ober und unter welchem ein Sternchen. Das Ganze im Perlenrand. Gr. an 9. Blei.

32918.

Av. Der Buchstabe K mit einem kleinen Querstriche oben am linken Schenkel. Rev. M und auf diesem Buchstaben gleichfalls ein Querstrich am Ende oben links. Zwischen den Schenkeln klein die Zahl 29. Am Rande beiderseits ein Perlenkreis. Gr. 8. Die vier letzten Marken, die in Lübeck früher in grösserer Zahl gefunden wurden und desshalb wohl hieher gehören, sind bisher unbekannter Bestimmung.

32919—20.

Einseitig. A • 1 eingeschlagen in Weissblech. Gr. 14.

Einseitig. AA Desgleichen. Achteckig, Höhe über 11. Breite über 19.

Vorstehende Lübecker Marken sämmtlich in der Sammlung des Herrn Walte in Hannover.

Deutsche uneingetheilte Jetone und Marken.

32921—22.

In Wellenheims Catalog werden zwei Jetone angeführt.

GREGORIUS • — ALTSTETTER • Behelmtes Wappen und darüber ein Adler. Rev. AGNES • GRUNI — NGERIN • UXOR • Behelmtes Wappen, darüber eine Figur aus halben Leib, in jeder Hand einen Lilienstaab. Gr. 10. (N. 13074)

Av. + FRIDERICVS + • — • ALTSTTER • I • C • Das Wappen mit Helm und Helmschmuck, darin im ersten und vierten Felde ein Adler nach rechts sehend, im zweiten und dritten ein Mann mit emporhaltendem Lilien-Scepter (?) in beiden Händen im blauen Felde. Rev. • AGNES • CAST—NERIN • VXOR • Behelmtes Wappen, darin ein Weinstock (?) auf einem dreigetheilten Hügel, im blau gestrichelten Felde. Im Av. am Helme der Adler nach rechts, im Rev. ein Adlerflug, auf welchem sich das Wappen wiederholt. Nach innen ein Linien-, nach aussen ein gekerbter Kreis. Gr. über 10. Wellenh. 13075 unvollständig beschrieben. (Samml. des Hr. Riess.)

32923—24.

Av. MICHAEL • FABER • Z : R : D : COM : PAL • Wappen mit Helmschmuck. Rev. Schrift in einem Kranze undeutlich. Gr. 10. Versilberter Jeton des Michael Faber von Rosenbusch. (Wellenheim 13629.)

Av. MORITZ HOFERLE • Behelmtes Schild, worin ein nach rechts schreitender gekrönter Greif mit Schwert. Rev. EIN RECHEN — PHENNI • Stehender geharnischter Krieger, zu dessen Füssen ein Schild mit dem Wappen, zur Seite S — M • Unbekannter Jeton. (Numism. Zeit. 1840. S. 124.)

32925—26.

Av. GEOG + — + KOLLER • V • H • 16—14 + Im behelmten Schilde ein aufrechter nach rechts schreitender Greif, welcher mit der rechten Vorderpranke eine gestielte Blume hält; vor sich rechts am Rande ein Felsen. Am Helme ein Adlerflug. Rev. CATHARINA • GRE—MBSIN • SEIN • EHE • Im behelmten Schilde ein Greif nach rechts schreitend, und ober dem Helme eine menschliche Gestalt im Kniestücke, welche in den beiden Händen je eine gestielte Blume hält. Der Rand gestrichelt. Gr. über 10. Tafel 71.

Av. HANNS • KRETZMAIER, und eine vierblättrige Ros. In einem unten abgerundeten Schilde ein mit der Spitze nach oben gekehrter Pfeil, mit einem in der Mitte nach rechts und links je flügelmässig abstehenden Streifen. Rev. Von rechts: ANGE FANGEN, (Blattros.) ANNO 1623 (Ros.) Innerhalb eines Linienkreises: 1 zwischen fünfblättrigen Ros. | SIMERI | KERN und eine Doppellilie. Am Rande ein Strichelkreis zwischen zwei Linienkreisen. Gr. 11. (Samml. des Hr. Riess in Wien.)

32927—28.

Av. HANS (Blattros.) MATHES (Ros.) GOTT (Ros.) ALLEIN (Ros.) In einer ovalen Kartouche ein Andreaskreuz über das ganze Feld, durch welches in der Mitte ein Querstrich, oben ein sechsspitziger Stern, zur Seite oben rechts und unten links ein Kreuz. Ausserhalb der Kartouche ein gekerbter Kreis. Rev. Zwei runde Blattrosetten zwischen drei Punkten, | ° WOLTA ° | • BRICHT • • • | • BELTAT (Ros.) DE : | • N (Ros.) RVKKEN • | MIT (Ros.) GVE.. AT | (Ros.) E|N (Ros.) MVT (zwei R.) | (R.) WE ... (zwei Ros.) | • I • 5 • 7 • 3 • Am Rande beiderseits ein gewundener Kreis zwischen Linienkreisen. Gr. 11.

Av. RAITPFENING • HERN • ANDRE • V • METNIZ • ZV • LIMBERG • In einem gekerbten Kreise in einer Kartouche ein undeutlicher Gegenstand, muthmasslich ein Sporn. Rev. FRAV • VERONICA • V • M • E • G • G • RAVIN • ZV • SCHERN

PERG · ∘∘ In einem gleichen Kreise ein kartonchirtes Schild ohne Helm, darin eine Krone, aus welcher ein nach rechts gewandter Drachenkopf hervorragt. Gr. 12. (Samml. des Hr. F. Vanderbank in Linz.)

32929.

Av. PAVLSN ✱ OSTERMAIR ✱ AF in einandergestellt, und R ✱ PHENING und eine fünfblättrige Ros. In einem gekerbten Kreise das Wappenschild ohne Helm, in welchem rechts eine gekrönte Meerjungfer und links eine gezinnte Mauer schräg von oben links nach rechts herab, und zur Seite je ein Stern. Oberhalb 1558 Rev. BE DECHTLICH ✱ VN · DA (Ros.) VERTREILICH (Ros.) Im gekerbten Kreise ein Turnierhelm mit Helmzier, und darüber ein Mann mit halben Leibe, in der rechten Hand einen Zweig. Am Rande gekerbte Kreise. (Saml. des Hr. Riess.)

32930.

Av. CASP · RÖMER · Z · P — VRK · V · GRIEN · 67 · Innerhalb eines oben und unten unterbrochenen Linienkreises das behelmte Wappen mit Decken, worin im quergetheilten Felde ein nach rechts aufrecht schreitendes Einhorn, welches sich ober dem Helme jedoch nur mit dem Obertheile wiederholt. Das untere Feld des Schildes ist cizelirt. Rev. AMELEY · RÖME · — G · LEYSSERIN · Innerhalb eines Linienkreises. Im behelmten deutschen Schilde zwei an einander gestellte Sichelmonde mit den Spitzen nach aussen. Ober dem Helme sechs Straussfedern, an welchen die zwei Monde abermal angebracht sind. Am Rande je ein gekerbter Kreis. Gr. an 12. Tafel 71.

32931.

Av. Innerhalb eines Quadrates ✱ RAITP | FENNIG | HANSCH | RISTOF | TOT · v S · Ausserhalb des Quadrates an jeder Seite eine sichelmondförmige Ausbiegung zwischen sehr kleinen Dreyecken, (Spitzen.) ✱ HCMSS ✱ | ein Todtenkopf zwischen · 16—14 · | ✱ HCTvS ✱ Oben und unten eine Verzierung bestehend aus einer fünfblättr. Rosette, an welcher eine Verzierung, einem Fragezeichen ähnlich. Am Rande je ein gekerbter Kreis. Gr. an 11.

32932.

Av. Von oben: W, ein Halbmond, OLFF, (rundliche Ros.) V (Ros.) W (Ros.) AVF—NAWIN (Ros.) SSL (Ros.) Im Wappen ein Halbmond mit den Spitzen nach oben, welcher auch ober dem gekrönten Helme. Rev. KATERINA (blätterförmige Ros.) VON (Ros.) MALTIZ (Ros.) In der Mitte das Wappen zwischen zwei Linienkreisen, ohne Helm, darin vier Querstreifen. Zur Seite 15—44 Gr. 12. (Samml. des Hr. Riess.)

32933.

Av. Der gekrönte Namens-Chiffre B. G. v. Unten stehet auf einem Bande IE TTON · Rev. Stehen auf einem zierlichen Fussgestelle zwei Greife und halten das gekrönte vierfeldige Wappen; im ersten und vierten goldenen Felde stehet ein Palmbaum, im zweiten und dritten weissen Felde steht ein Berg; im schwarzen Mittelschilde ist ein Kreuz. Auf der Krone sind drei gekrönte Helme, darauf auf einem eine Figur zwischen zwei Hörnern, auf dem mittleren drei Federn mit dem Kreuz wie im Mittelschilde, und dann auf dem letzten zwei ausgespreitzte Flügel. (Dieser Jeton bei Appel Nr. 1132 als Silberjeton angeführt, dürfte auch in Kupfer vorkommen. Appel weiset denselben dem Peter Nikolaus Baron Gartenberg kgl. poln. und chursächsischen Geheimrath zu, welcher im Jahre 1772 Administrator der Münze zu Warschau gewesen sein soll.)

32934.

Av. · RAITPF — ENNIGE · Wappen darin rechts ein aufrechtes Thier nach rechts. Links drei Querbalken H — 1 Am Helme ein Büffelhorn, darin eine Hand mit einem Säbel. Rev. · VINCE · IN · BONOMALVM · —· M · Im Wappen eine gewaffnete Hand mit einer gehobenen Streitaxt nach rechts. Zur Seite L — E Am Rande ein Linien- und aussen ein punktirter Kreis. Gr. 12. (Samml. des Hr. Riess.)

32935.

Av. ALSO × VERGET × DI.... DIESR · WELT und ein Blatt. Innerhalb eines gekerbten Kreises eine Sanduhr zwischen A — L darunter 15—55 und darunter ein Todtenkopf, neben welchem sich je eine Schlange emporhebt. Rev. GEDENK·GOT ZV + ALLER · STVNNDT · und ein Blatt. Innerhalb eines gekerbten Kreises ein Linienkreis, zwischen welchen Kreisen die Ziffern I · Z · 3 · 4 · 5 · 6 · 7 · 8 · 9 · 10 · II · IZ · angebracht sind. Der innere Kreis ist durch aus der Mitte strahlenförmig ausgehende Linien in Felder getheilt, worin je eine Rosette. An den Rändern je ein gekerbter Kreis. Gr. an 12.

32636.

Av. Zwei Hände oben am Rande halten ein an einer Schleife befestigtes langes schmales Schild, vierfeldig mit einem Mittelschilde, darin im ersten und vierten Schilde eine Spitze, Dreieck, bis an den Rand hinaufreichend, in welchem, so wie in dem Raume rechts und links von dem Dreiecke je ein ganzer Adlerflug. Im zweiten und dritten Felde je ein Querbalken, ober welchem drei, und unterhalb zwei kleine Vögel mit ausgebreiteten Flügeln nach vorn. Im Mittelschilde eine ähnliche Spitze wie im ersten Felde, und an der Seite je ein gegen dieselbe zu gerichteter aufrecht stehender Löwe. Neben dem Schilde zur Seite je ein zweites schmales nach den Enden schmal auslaufendes Schild, mit oben eingerolltem Ende, worin rechts drei Bögen, links drei Menschenköpfe über einander. Neben der Schleife 15—89, unten zwischen dem Schilde links und jenem in der Mitte parallel mit denselben von oben herab: ERNE dann zwischen dem Schilde rechts und dem Mittelschilde, von unten hinauf zu gestellt G: Z : O: Im Rev. NICHTS (Ros.) OHN GOTTES GENADEN (Ros.) Die Armillar-Sphäre wie auf den portugiesischen Münzen. Am Rande je ein Kreis von länglichen Perlen. Gr. über 13. (Sammlung des Hr. Dr. Ritter v. Pawlowsky in Wien.) Tafel 71.

32937.

Av. ✱ SINE ✱ DEO ✱ NIHIL ✱ POSSVMVS ✱ Innerhalb eines oben und unten unterbrochenen punktirten Kreises das vorbeschriebene Wappen mit drei Helmköpfen und Decken. Aus dem mittleren Helme ragt der nach vorn gewandte Löwe mit halbem Leibe hervor, auf den beiden andern je ein Adlerflug, auf welchen rechts das im ersten Felde, links das im zweiten Felde vorkommende Wappen wiederholt ist. Rev. Schrift: · ALL · ME | IN · THVEN · VN | D · FVRNEMEN · IS | T · VMBSONST · WAI| N · ICH · NIT · HAB · G|OTTES · GENAD · V | ND · GONST · Am Rande je ein Linienkreis. Gr. über 13. Der Av. Tafel. 71.

32938—39.

Av. GLVC... HAT · NEID, (ein Blatt.) M, (ein kleines Kleeblatt,) R (Klbl.) 1555, (ein Blatt.) In der Mitte eines Perlenkreises eine grosse Nachteule, auf einem Zweige sitzend, auf welche fünf kleinere Vögel von allen Seiten zufliegen. Rev. ICH · BEHALT · MEIN · GESTALT + Innerhalb eines gleichen Kreises ein am Boden sizzender, nach rechts gewandter Affe, welcher in einen Spiegel sieht, den er sich vorhält. Um ihn acht auf ihn zufliegende Mücken oder Fliegen. Am Rande je ein gekerbter Kreis. Gr. über 11.

Av. DVO 8 DV 8 MIR 8 RECHNVN 8 REC 8 und eine Lilie. Innerhalb eines gewundenen Kreises ein behelmter Kopf mit Vollbart nach links, zu dessen Seite H — T Rev. Von rechts: SO 8 BISTV 8 MIR 8 AIN 8 GVT 8 KNE und eine Lilie. Innerhalb eines gewundenen Kreises eine Einfassung von kleinen neun Halbbögen, an welchen je an der Spitze nach innen eine Lilie angebracht ist. In der Mitte dessen ein nach rechts gewandter Vogel. (Papagei?) An den Rändern gleichfalls ein gewundener Kreis. Gr. über 11.

32940—41.

Av. Ein unten abgerundeter Schild ohne Helm, an den vier Seiten verziert. Im Schilde gehen von der Ecke oben rechts nach unten links drei pararelle Streifen, und sind in den hiedurch gebildeten zwei Feldern je drei Kronen, (1. 2.) mit den Spitzen gegen die Aussenseite des Schildes zu gekehrt. Rev. (Nicht vollkommen erhalten) BRA...| CH · MICH · R | ECHT · ONARG | ELISTG OTWE | ISTWOLWERD | ER RECHNE |RIS... Am Rande je ein gekerbter Kreis. Gr. an 13.

Av. SICH · DICH · WOL · FVR · P · V · F · 3 : A ✱ In einem Linienkreise ein unten abgerundetes an den Seiten eingebogenes unbehelmtes Schild von oben herab- und die Hälfte rechts abermals quergetheilt; die obere Hälfte cizelirt, in der untern drei (2. 1.) fünfspitzige Sterne: In der Hälfte links anscheinend ein nach oben spitziger Felsen. Im Rev. zwei Helmköpfe gegen einander gestellt, ober welchen rechts ein Bund Pfauenfedern und links ein Adler mit ausgebreiteten Flügeln. Zwischen beiden oberhalb am Rande je ein Perlen- und im Rev. noch ein Linienkreis. Gr. an 12.

32942—43.

Av. OB · ICH · MVST · — · LEIDEN · NOT · In einem punktirten Kreise im behelmten bis an den Rand hinabreichenden Schilde, in der obern Hälfte: ✱ ✱, in der untern ein Sichelmond mit Gesicht, die Spitzen nach oben gerichtet. Rev. DOCH · HALF · MIR · DER · LIBE·GOT und ein kleiner Sichelmond. Am Helme der Adlerflug und darauf dasselbe Wappen Rev. In einem Strichelkreise: I547 | · POST · | · NVBILA | · PHEBVS Am Rande je ein gekerbter Kreis. Grösse über 12. (Bereits Nr. 28860, aufgenommen, aber hier genauer beschrieben.)

Av. A--V—G Zur Seite ein Zweig mit Ranken geschlängelt. GEDVL · VBER —VINT · AL · DING Im Wappen ein Sparren mit der Spitze aufwärts und auf demselben anscheinend drei Rosen. Dieser Sparren erscheint auch ober dem Wappen zwischen Büffelhörnern, neben welchen J—5 Rev. M · V ·G · G ·S · ICH · — · — TRAV · GOT · ALZIT und kleine Ringel überall. Im Felde ein schräger Balken von oben rechts im punktirten Felde. Oberhalb zwei Adlerflügel, auf welchen sich dieser Balken wiederhohlt, zur Seite 7 — 7 Die Schrift zwischen gestrichelten Kreisen. Gr. 11. (Sammlung des Hr. Riess.)

32944.

Av. Kleine Schrift: EST · DATA, CHRISTE, TIBI -- MENS MEA PISC AQVÆ Innerhalb eines gewundenen Kreises im behelmten Schilde ein Flügel oberhalb, mit nach oben zu aufgerichteten Federn, unterhalb ein schmaler Fisch im Wasser. Ober dem Helme der Fisch zwischen zwei Adlerflügen. Rev. ARX · MVNIA · MIHI · CHRIST· ETALTA · PE Innerhalb eines Linienkreises das behelmte Wappen, (nicht ganz deutlich) anscheinend viergetheilt, darin im ersten Felde ein einfacher Adler mit ausgebreiteten Flügeln, und unterhalb zwei schräge Streifen von links nach rechts herab; im zweiten Felde drei Säulen; im dritten im Felsen (?) an der linken Seite und im vierten eine durch Querstreifen angedeutete Mauer mit einer oben runden Oeffnung in derselben. Ober dem Helme ein Vogel, (Schwan ?) mit ausgebreiteten Flügeln. Am Rande Linienkreise. Gr. über 10.

32945—48.

Av. Aehnlich dem vorigen Rev. Von rechts: FLVCTV · NE — · M — ERGITV · Ein Schiff alter Form im Wasser mit einem Maste in der Mitte und je einem Maste an den hohen Schiffsenden. Am Rande ein Kreis von unförmlichen Stricheln. Gr. 11.

Weitere Stempel beim Hr. Dr. Freudenthal.

a) mit FLVCT — NE — MERGITV Gr. 10.

b) FLVCTV · — NEC · — MERGITVR. Gr. über 10.

Ein vierter bei Reinhardt. 6050 mit FLVCTVAT NEC MERGITVR

32949.

Av. MENSCHEN · KOMPT·FIR·GERICH..R · Innerhalb eines gekerbten Kreises ein unregelmäsaiges kartouchförmiges Schild, neben welchem 7—6 (?) in demselben ein Hirsch über hohes Gras und drei ovale Gegenstände (Steine ?) nach rechts schreitend. Im Rev. anscheinend die Himmelfahrt Christi vorgestellt. Der Heiland in sitzender Stellung mit ausgebreiteten Händen, um den Kopf Strahlen, links ein Schwert und rechts die drei Nägel mit den Spitzen an den Kopf reichend; zur Seite je ein kleiner Engel mit einer Posaune, unter ihm über den ganzen Münzrand ein Regenbogen. Unten drei menschliche Gestalten, sehr klein mit halben Leibe, welche die Hände emporhalten. Am Rande je ein Kreis von zugespitzten Stricheln. Gr. an 11. Nicht ganz rund.

32950—52.

Av. Ein Engel mit ausgebreiteten Flügeln hält zwei unbehelmte glatte deutsche Schilde, neben einander gestellt, so dass nur sein Oberleib sichtbar. In dem Schilde rechts, welches quergetheilt, rechts blau tingirt, ist in der Mitte ein Ring, mit einer Hälfte in jedem Felde. Im Schilde links ein nach rechts gewandter Vogel mit ausgebreiteten Federn, auf einem dreifachen Hügel stehend. Vom untern Rande ragen drei abgerundete unten schmälere Blätter in das Feld hinein. Drei Reverse:

a) GEDVLT · IBER · WIND · ALE · DING · und ein Krückenkreuz. Die Punkte oval. Innerhalb eines gewundenen Kreises auf gegitterten Boden ein Lamm nach rechts mit einem Kreuze, an dessen drei Enden je ein Ringel. Am Rande ein Linienkreis Gr. über 10.

b) DIE · VNTREV · IST · VN · VER · GESN ·... Zwischen zwei Kreisen ein durch fünf Linien geformtes Fünfeck, worin in der Mitte ein runder undeutlicher Gegenstand und in jedem Ecke ein Flämmchen. Ausserhalb sind in den Winkeln je ein Kreuzchen oder dreitheilige Kleeblätter. Am Rande je ein gekerbter Kreis. Gr. 10.

c) Ein gegen die Seiten zu verlängertes Viereck, an welchem an der obern Seite ein Ringel und an allen vier Seiten palmzweigartige Verzierungen. Innerhalb VERTRAV |SCHAV | WEM Am Rande ein gewundener im Av. ein Linienkreis. Gr. an 11.

32953—54.

Av. CZWW, (Z verkehrt) eine vierblättr. durchstochene Rosette. GRVNBERGNER (Die alten G sehen hier mehr O ähnlich. Innerhalb eines gekerbten Kreises vier aneinander gestellte gekerbte Halbbögen, zwischen welchen ein nach rechts gewandter Hahnenkopf. Am Rande ein gleicher Kreis. Der Rev. ist wie der Avers. Gr. über 11. Tafel 71.

Av. AVFRIGTIGKEIT : V : KLVG : H : IST : D : SPIL : R : L : K (Rosette). Auf einem Grasboden rechts eine aufgerichtete, um einen Baumstamm gewundene Schlange; ihr gegenüber ein auf einem Zweige sitzender Vogel. Rev. Von rechts: WER IN DV GENT · SEET · WIRT IN EREN ERND (Ros.) Auf einem Grasboden ein fast nackter Knabe linkshin mit einem Füllhorne im linken Arme, streut mit der Rechten Getreide hinter sich. Kettenrand. Gr. an 10. (Reinhard. 6037.)

32955—56.

Av. · BEI GOT · | · IST KEIN . | .. NGVM | MVGLICH · Oben eine kleinere unten eine grössere Kreuzrosette. Rev. Unter einer Blattrosette: · GOTT · |IST · GROS· |VON · RAHT | VND · M...C | TIG · VON · | TAHT · | Unten eine Kreuzrosette. Am Rande je ein Kreis von kurzen starken Stricheln. Gr. 12.

Av. BRAV | CH u. s. w. wie der Av. von Nr. 31508. Rev. Eine geflügelte weibliche Gestalt mit ausgebreiteten Flügeln nach vorn gewandt, in Posaunen blasend, welche sie mit den ausgestreckten Händen hält. Links in der untern Hälfte FA — rechts MA Im Felde einzelne Sterne. An den Rändern je ein gewundener Kreis. Gr. 12.

32957—58.

Av. DER | ANFANG UN· | SERS LEBENS|BERUHT AUF UN· | VERSTAND, |DER FORTGANG WIRD | VERGEBENS UND | UNNÜTZ AN· | GEWANDT Rev. DAS | MITTEL BEGET | QUÄLEN, DAS | ENDE MÜH UND | NOTH; | DIE RECHNUNG KAN | NICHT FEHLEN; DAS | Facit IST DER | TOD · Gekerbter Rand. Gr. über 10.

Av. DER DAS OHR GEPFLANTZET HAT, SOLTE DER NICHT HÖREN? Ueber einem mit kleinen Bäumen besetzten Boden ein Ohr; im Abschnitt RED ALLES MIT | BEDACHT, Rev. DER DAS AUGE GEMACHT HAT, SOLTE DER NICHT SEHEN? PS: 94:9· Ueber einer Landschaft ein offenes Auge; im Abschnitte GOTT HAT AUFF | ALLES ACHT · Desgleichen. Gleiche Grösse.

32959—61.

Av. DER | STERN DROHT | BOESE SACHEN TRAVNVR! GOTT VVIRDS VVOL ! MACHEN· Rev. Ein Comet mit Schweif am Sternenhimmel. Im Abschnitte A° 1680 · 16 DEC | 1681 · IAN · (Reinhardt 6104.)

Av. DIE SONNE DER GERECHTIGKEIT ERLEUCHTE MICH und eine fünfblättrige Rosette. Das Sonnengesicht mit von demselben ausgehenden Flammen und Strichen, Strahlen vorstellend. Rev. DAS ICH DAS IRDISCHE GEBRAUCHE SE LIGLICH und eine gleiche Ros. In einem Kreise von welchem Strahlen auslaufen, der Sichelmond in Gesichtsform an der linken Seite. Am Rande im Av. ein Linien- im Rev. ein gewundener Kreis. Gr. 11.

Ein Variant, ein halb so starker Stempel hat im Rev. grössere Schrift, nach welcher ein Stern statt Rosette. Gr. 11. (Letzterer Sammlung des Hr. Dr. Freudenthal.)

32962—63.

Av. DIE ✱ WET | ✱IS ✱ DVRCH ✱ | MOISEN ✱ GEG | EVEN ✱ DIE ✱ ERL| OSING ✱ DVRCH | DIE ✱ GEBORTE | VND ✱ LIDEN | CHRISTI ✱ Oben und unten zwei Sterne. Rev. ✱ WER ✱ IN ✱ | GOTH ✱ VERTR | OVT ✱ DER ✱ WE| RDT ✱ NIET ✱ TO | SCHANDEN | WERDEN ✱ Oben ein Wiederkreuzchen zwischen Rosen, unten zwei Rosen. Die Sterne fünfspitzig und durchstochen. Beiderseits am Rande ein Blätterkranz. Gr. über 13.

Av. Von rechts: FÜRCHTE GOTT UND HALTE SEINE GEBOTHE Auf einem mit einem Teppiche belegten Tische die Gesetztafeln, über welche ein hohes Kreuz quergelegt ist. Im Abschnitte klein: PR · SAL · 13 ' 12 · Im oben überlegten, unten mit einer Schleife gebundenen Palm- und Eichenzweige: SEINE | GEBOTE | SIND | NICHT | SCHWER | Leiste | Darunter klein 1 SOH · 5, 3 Linienrand und im Ringe geprägt. Gr. 12.

32964—68.

Av. GERECHTIKEIT · IST · EHRE WEHRT · und eine fünfblättrige Rosette. Eine hohe dreieckige Pyramide, auf Kugeln ober einem Sockel stehend, mit einer Krone auf der Spitze derselben. Zur Rechten ragt aus den Wolken eine Hand mit einem senkrecht gehaltenen Schwerte, und links gleichfalls aus Wolken eine Hand mit einer gleichstehenden Wage. Neben der Pyramide C · (dann I in das C gestellt.) — H · Rev. UNGERECHTIKEIT NIMMER STÆT Oben zwischen der Umschrift Wolken, aus welchen drei Blitze, gegen einen runden Tisch mit einer breiten Fuss- oder Gestell-Basis herabfahren; rechts hievon ein geflügeltes Schwert und links eine geflügelte Wage, an welcher die Schale rechts fehlt, gleichfalls ober dem Tische, auf dessen Platte rechts ein Strich, links ein runder Gegenstand und in der Mitte ein geschlängelter Zug. Die Ränder beiderseits gekerbt. Gr. an 12.

Av. Aehnlich nur TIGKEIT · IST · EHREN · WEHRT · und ohne C — H. (Die Schrift kleiner wie bisher.) Der Rev. wie der erste. Gl. Gr.

Av. Aehnlich nur GERECHTIGKEIT IST EHRE WEHRT (Ros.) Dieselbe Vorstellung. Der Rev. ähnlich dem letzten mit VNGER... ferner hat jeder der drei Blitzstrahlen eine Pfeilspitze am Ende, während bei dem erstern die Spitze nur an dem mittleren Strahle; ferner sind die vorigen zwei Buchstaben auch unten neben dem Tischgestelle. Gr. 11.

Ein vierter Stempel mit GERECHTIKEIT IST EHRE WEHRT · (Ros.) Ohne den Buchstaben bei der Pyramide. Der Rev. wie der erste. Gl. Gr.

Ein fünfter, durch seine unregelmässige Schrift von den andern differirend: ✱ GERECHTIGKEIT · IST · EHRENWEHRT · Dieselbe Vorstellung. Rev. VNGE RECHTIKEIT NIMMER STEHT · Dieselbe Vorstellung. Am Rande ein Kreis von unregelmässigen Punkten und auswärts zwei Linienkreise. Gr. 12. Dieser Stempel ist stärker als die frühern. (Bei Reinhardt ist irrig S · —H im Av. neben der Pyramide.)

32969—70.

Av. GE· | WOHNHEIT HAT | SEHR GROSSE | KRAFFT Rev. VIEL | GU TES UND | VIEL | BÖS'SSIE | SCHAFFT · Gekerbter Rand. Gr. 10.

Av. GEWOHNHEIT HAT HIER GUTE KRAFFT, (Blätterkreuz). Ein Mann von der Rechten gräbt den Boden mit einem Spaten. Links im Hintergrunde drei Bäume. Rev. HIER ABER SIE VIEL BÖSES SCHAFFT · (Bl.) An einem mit einem Teppiche bedeckten Tische, auf welchem Karten und Geldstücke liegen, sitzen zwei Männer in Hüten einander gegenüber. Jener links hält in der gehobenen Rechten einen Pokal, in der Linken ein Kartenblatt. Gekerbter Rand. Gr. an 11. (Beide in der Sammlung des Herrn Dr. Freudenthal.)

32971—73.

Av. Ein am Tische sitzender, nach rechts gewandter Mann in moderner Tracht hält die Rechte am Kopfe und in der Linken Kartenblätter. Rev. GIEB DU | DAS HUHN | ICH GEB | DEN WEIN Im Ringe geprägt. Gr. über 8. Ebendort.

Av. GOT · IST · GROS · VON · RATH · VND · TAHT · In einem Perlenzirkel und einer schildförmigen Kartouche ein Scepter. Rev. DHVE · RECHT · FVRCH · GOT SCHE—NIEMA · Eine rechtsschlagende Wage auf einem grünen Boden aufstehend. Im Abschnitte: S 16 S (verkehrt) 37 und die Ziffer 8 grösser als die andern Reinhardt 6102. Messing.

Av. GOT · WOL · SICN · VNSER · ERBARME (Ros.) In einem gekerbten Kreise ein Brustbild linkshin mit der Kaiserkrone im Harnisch (Kaiser Ferd. I) Vor und hinter dem Kopfe ist ein kleiner Sichelmond eingeschlagen. Rev. HAB·ERBARMEN — VBER DIE · ARMEN (Ros.) Im gleichen Kreise ein Mann in alter Tracht sitzt von der Rechten an einem Tische, auf welchem eine Zahltafel und Geldstücke liegen; links steht ein zweiter, welcher die Hand nach dem Gelde ausstreckt. Unter dem Tische am Boden ein kleines, vierfüssiges Thier. Gr. über 11.

32974—75.

Av. In einem Halbkreise auf Grasboden ein nackter Mann von der Linken in ruhender Stellung stützt den linken Arm auf einen Schädel, hinter welchem ein kleiner Strauch; rechts ein Stundenglas, darüber strahlende Wolken. Im Abschnitte · HEVT · MIR MOR|GEN · DIR · Am Rande ein Blätterkranz. Rev. Innerhalb eines Strichelrandes: DESS (zwischen fünfblättrigen Rosetten) | MENSCHEN · | LEBEN · IST · MV | SE LIG · VND · GE | RING · NOC · TRACH | T · MAN · NVR · NACH | ZEITLICHE · | · DING · Gr. 11. (Die beiden letzten in der Sammlung des Herrn Dr. Freudenthal.)

Av. Von rechts: HIER NICHT AUFS PAPIER · Eine Hand von der Rechten schreibt mit der Feder auf ein am Boden liegendes Herz „Jm“ Rev. Von rechts: SO

BLEIBT ES UNVERGESSEN • Eine Hand von der Linken aus Wolken hält eine Tafel mit der Inschrift: PRO | MEMO | RIA Linienrand. Gr. an 13. Ebendort.

32976—77.

Av. HILF • DV • HEILIG • DREIFALTIGKEIT und die Taube (als Zeichen des heil. Geistes) zwischen gestielten Kleeblättern. Innerhalb eines Linienkreises Gott Vater und Gott Sohn in Wolken neben einander sitzend mit Schein um die Köpfe, von denen Gott Vater die Hand über den Reichsapfel hält. Rev. RECHT • CRISTLICH • ZV • GLAVBEN • ALZEIT und eine runde Rosette. Innerhalb eines feinen Linienkreises am Grasboden eine sitzende weibliche Gestalt mit einem Kelche in der Rechten und einem Kreuze in der Linken. Neben sich eine gestielte Blume. Die Punkte beiderseits sind fein durchlöchert. Der Rand gekerbt. Gr. an 12.

Av. HOFNUNG • KOM • GLUCK • ERFREUE • Ueber einer geflügelten Kugel ein Anker. Rev. Auf einem Boden ein geflügelter, fast nackter Knabe von der Rechten, zeigt mit der Linken nach einem oben links befindlichen Sonnenzeiger. Obere Umschrift ICH WARTE DRAUF Linienrand. Gr. 6.

32978—79.

Av. Eine Eule rechtshin mit vorwärts gewandtem Kopfe hält in der gehobenen rechten Klaue drei Kartenblätter, zwei andere liegen am Boden. Rev. Unter einer fünfblättrigen Rosette: IE ÆH | GER SCHALK | IE BESSER | GLVCK | Liegender Blumenstengel. Gekerbter Rand und im Av. nach innen ein feiner Linienkreis. Gr. 10.

Av. Von rechts: IVSTVS—DEANOVS Daniel in der Löwengrube; oben über einem Regenbogen ein schwebender Engel, welcher einen bärtigen Mann hinabwirft, der in der Rechten einen Geldbeutel, in der Linken einen Becher hält. Rev. Von rechts; • ET TRA • — • DETVR • Zwei Löwen zerreissen einen am Boden liegenden Mann; rechts Daniel von einem Löwen umarmt, links ein aufgerichteter Löwe. Oben der auf einem Regenbogen sitzende Heiland zwischen zwei bärtigen Brustbildern; das gekrönte rechte deutet mit der Hand nach unten. Strichelrand. Gr. an 13. (Beide in der Samml. des Herrn Dr. Freudenthal.)

32980—83.

Av. KEHR | MICH UM, SO | KANSTU SEHEN, | WAS HINKUNF • | TIG WIRD GE | SCHEHEN • Rev. DA VVIRD SICH | ALLER ERST | DIE NOTH AN | HEBEN • | *Matth.* 24 | V • 8 • Am Rande je ein gewundener Rand. Gr. 11.

Av. Ein Blumenschaft. Rev. LEBE | LÄNGER Gekerbter Rand und randirt. Gr. 9. (Sammlung des Herrn Dr. Freudenthal.)

Av. LIEBE | (Rose) MICH (Rose) | WIE ICH | DICH Rev. (Ros.) | VER | (Ros.) GISS Ros. | MEIN | NICHT Reinhardt. 6061.

Av. Ein weibliches Brustbild rechtshin mit Andeutung von Gewand, darüber am Rande MARIANE Rev. DER ENGEL | VON FRÜHLINGS | RUHE Oben und unten eine Blattverzierung. Im Averse Linien- im Rev. Perlenrand. Gr. 10. (Sammlung des Herrn Dr. Freudenthal.)

32984—86.

Av. MEIN HERTZE SPRICHT Ein brennendes Herz. Rev. VERGIS MEIN NICHT Ein Vergissmeinnicht. Reinhardt 6062.

Av. In einem doppelleistigen Quadrate mit umgebogenen Enden ein Doppeladler. Aussen an den vier Seiten lilienförmige Verzierungen. Rev. Im ersten gleichen Quadrate mit abgestumpften Enden: O • HERR • GIB • | FRID • VND • EI | NIKEIT . DEM • | ROMISCHEN • | REICH • ZV • AL | LER ZEIT • Gewundener Rand. Gr. an 12.

Av. O . WE . WI . IST . MIR . ALSO . HEIS: Im gekerbten Kreise eine am Boden sitzende Frau linkshin hält in der Rechten eine Harcke, in der gehobenen

Linken einen Becher (?) Rev. DAS . ICH . MICH . V . ENGSTEN . PESKIS : Im gekerbten Kreise dieselbe Frau rechtshin in einer zur Umschrift passenden Stellung. Hinter ihr die aufgerichtete Harcke; rechts und links eine Garbe. Gr. 12. Statt der Punkte sind Kleeblätter. (Beide Sammlung des Herrn Dr. Freudenthal.)

32987—88.

Av. Auf einem Sockel an der rechten Münzseite steht eine geflügelte Gestalt mit einem Hute am Kopfe, nach vorn gewandt, die Hand auf eine grosse, die Mitte und linke Seite einnehmende, bogig geränderte Kartouche haltend, in der letztern die Aufschrift: : R. | : TRAU | : SCHAU | : WEM . | H Neben der Gestalt rechts und ober der Kartouche eine gestielte Blume. Rev. Ein Schiff alter Form, mit der Ueberschrift SOLI—DEO Rechts nach oben ein Kopf blasend, (den Sturm vorstellend), und links ein auf das Schiff aufliegender Vogel. Die Ränder gekerbt. Gr. über 10.

Av. RECHNVG 8 CUTVN 8 LEICHT 8 IST und eine fünfblättrige Ros. Innerhalb eines stärkern und inneren feinern Linienkreises eine Einfassung von Halbbögen mit Ringeln an den nach innen gekehrten Spitzen. In der Mitte ein Kopf mit langem Barte und einem Turbane auf dem Kopfe. Rev. DEM ∘ DER ∘ GETREW ∘ IST ∘ VERV ∘ EST und eine fünfblättrige Ros. Zwischen gleichen zwei Linienkreisen drei gestielte Blumenkelche oder Blätter in einer dreibogigen Einfassung, die Stiele in der Mitte zusammengelegt, und die Blätter auswärts nach drei Seiten hin gestellt. An den Halbkreisen in der Biegung von aussen je ein Blatt, und an der innern Spitze je eine fünfblättrige Rosette. An den Rändern ein Linienkreis. Gr. über 12.

32989—90.

Av. · VRTEILE · | · VND RICHTE · | NAC und in dem C ein kleines H GERECH : | TIGKEIT · THVE · | NICHT · ZV · VIEL · | AVS HASS · VND · | NEIT · DEVTE | RONOMI · AM · | XVII zwischen gestielten Dreiblättern. Die Punkte klein und durchstochen; bis auf jenen bei MI · Rev. Eine nach links zu schreitende Gestalt, in der Rechten ein Schwert, und in der emporgehobenen Linken eine Wage haltend; vom Kopfe flattert das Haar nach links und auf den Schultern trägt sie einen weiten zurückgeschlagenen Mantel. Am Rande ein Halbbogen nach oben ausgeschnitten, von welchem am obern Münzrande Draperien herabhängen; zur Seite rechts im Hintergrunde eine Kirche mit zwei Thürmen, links auf einer Platte zwei Gewichte. Am Boden Gras und Blumen. Die Ränder gekerbt. Gr. an 12.

Bei Reinhardt 6071 fehlen im Av. da muthmasslich ein unvollkommenes Exemplar vorlag, die Punkte.

32991—94.

Av. wie Nr. 32978. Zwischen oben und unten überlegten Lorbeerzweigen mit Früchten VERSEHN | IST VERSPIELT Kettenrand und gleiche Randirung. Gr. an 12.

Ein zweiter schwächerer Stempel hat Strichelrand und keine Randirung. Gr. an 10.

Ein zweiter Rev. hat VERSPIELT · Oben eine fünfblättrige Rosette, unten eine gleiche zwischen Schnörkelverzierungen. Der Rand von starken Stricheln, an welchen nach innen ein Linienkreis. Gr. an 10.

Ein Var. mit einer grösseren Eule ist von doppelter Stärke. Gr. 10. (Alle vier Sammlung des Hr. Dr. Freudenthal.)

32995—97.

Av. Ein Doppeladler mit Schein um die Köpfe. Rev. (fünfblättrige Ros.) VIDI Desgl. | DEVS (Desgl.) CV (Desgl.) | QVE (Ros.) FECI | ET (Ros.) ER (R.) VA (Ros.) | BONA (Ros.) Gekerbter Rand und nach innen ein feiner Linienkreis. Gr. an 9. Reinhardt 6340 ungenau.

Av. WAGEN | GEWINNT : | WAGEN | VERLIERT : Rev. DOCH VERSEHN IST AUCH VERSPIELT (sechsbl. Ros.) Im Felde eine grosse Brille. Gekerbter Rand. Gr. über 10.

Av. Von rechts: WEN DV NICHT TREV WILT SEIN SO (fünfbl. Ros.) Der geflügelte Amor rechtshin in sitzender Stellung sieht sich nach einem unter ihm am Boden liegenden Herzen um; er trägt den Köcher am Rücken, und hält in der vorgestreckten Rechten den Bogen. Rev. UMSONST zwischen gleichen Rosetten, dahinter entgegengesetzt und ein kleiner auf einem Bande: AVCH ZVM ZEITVER TREIB im Linienkreise auf Grasboden ein Hahn rechtshin auf einer Henne. Perlenrand und im Rev. nach innen ein feiner Linienkreis. Gr. 9. (Samml. des Hr. Dr. Freudenthal.)

32998—33001.

Av. WER | LEBT IN SEI- | NEM VATERLAND | OHN REICHTHUM UND | OHN DARBEN, IN EI- | NEM FEINEN MIT- | TELSTAND VON SEI- | NEN EI GNEN | GARBEN, Rev. WER | NIEMAND | DIENT, HAT NICHT | VIEL KNECHT, | LEBT | AUCH DABEI FROM | UND GERECHT IN SEY- | NEN EHREN SCHRAN- | CKEN, DER HAT | IA GOTT ZU | DANCKEN • Perlenrand. Gr. 10. Bei Reinhardt 6077 erschienen V statt U, muthmasslich irrig angeführt.

Av. ✱ ✱ | • WILDV • | SPILLEN | SO : SPILL | RECHT zwischen Weinblättern, | und darunter vier gestielte Palmzweigartige Blätter. Rev. ODER • M | AN • WI RTZ (Z?) NICT • LAS | SEN SEIN : | SCHLEC | HT Am Rande ein gekerbter Kreis. Grösse 10.

Ein Variant in der Sammlung des Hr. Dr. Freudenthal hat im Av. keine Sterne und (Kleeblatt) WILDV | (Kleebl.) SPILLEN | • SO • SPILL • | •RECHT (Schnörkel-) | Zweigverzierung. Gr. über 10.

Av. wie Nr. 32978. Rev. Unter einer Brille ZVSEHN IST | DAS BESTE | IM SPIEL Gekerbter Rand und im Av. noch ein Linienkreis. Gr. 10.

33002—3.

Av. HEINRICH : SERE : NAVWE + (statt der Punkte sind durchstochene fünfblättrige Rosetten.) In einem gekerbten Kreise ein Monogramm, unbekannter Bedeutung, und darunter ein altes F Rev. VND • BECZAL • WAL ✱ • ANO • 85 (Die Ziffer 8 oben offen, also 4—1485) • + Innerhalb eines gleichen Kreises ein anderes gleichfalls undeutliches Zeichen. Am Rande je ein gekerbter Kreis. (Sammlung des Herrn Dr. Freudenthal.)

Ein zweiter Stempel in meiner Samml. (Tafel 71) ohne Jahrzahl hat im Rev. VNDE : BECZAILLE : WAIL ✱ Statt den Punkten gleiche durchstochene Rosetten. Grösse 11.

33004—5.

Av. Wie der Rev. von Nr. 32973 (Hab Erbarmen u. s. w.) In einem unten gebundenen Laubkranze + J534 + | + MANVS + | SEDVLORVM | OPES PARIVNT (N und T zusammengehängt) | PIGRORV VE | ROESVRIV | NT zwischen den flatternden Quästen der Schleife. Unter der Inschrift feine Leisten. Messing. Gr. 12.

Av. ANGNVS : (Sic!) DEI : QVI : TOL : PEC : MV : Im oben unterbrochenen Perlenkreise der oben bis an den Rand gestellte heil. Johannes von vorn mit dem Lamme auf dem linken Arme. Zur Seite 15—06 Rev. Unter einer Blattverzierung die Inschrift auf Querleisten: : ES : IST : | EIN : STIMM • | EINES : PREDI | GERS : IN : DER : | WVSTE : BER | EIT : (et) D : (en) W (eg) | D • (em) H • (errn) Sämmtliche Punkte rautenförmig. Starker Jetton. Gr. 14.

Der Rev. ist aus Jesaias Cap. 40. V. 3)

33006—9.

Av. Eine halbnackte Frau, welche die rechte Hand auf eine nicht bis zum Oberleibe reichende abgebrochene Säule reicht. Zu ihren Füssen hinter sich ein Löwe oder

Hund nach links gewandt. Am Rande rechts Berge gegen die Mitte zu auslaufend; links in der Ferne in der Landschaft ein kirchenähnliches Gebäude. Im Rev. EIN zwischen Sternrosetten | GROS . GEMV : | TE . VND . LEIB : | ES . STERCK . ZV . | HAL TEN . ALLEI . | NE . IST . GOT : | TES . WERCK . FORTITVDO | •15 : 80 • Am Rande ein gewundener Kreis. Gr. an 12.

Av. Eine von vorn stehende Frau im flatternden Gewande hält die Hände vor der Brust gefaltet; links am Boden eine Giesskanne und rechts im Hintergrunde Gebäude. Rev. ✱ WAS ✱ | GOT . VORHEI | SET . HOF . ICH | GEWIS . VORZEV | GET . ER . DEN | GLEICH . EINE | KLEINE . FRIST | ✱ ✱ SPES ✱ ✱ | ✱ 80 ✱ (1580) Gr. 11. (Sammlung des Herrn Dr. Freudenthal.)

Bei Reinhardt ein ähnlicher Stempel beschrieben (Nr. 6093) mit: WAS | GOTT VOR | HEISET HOF | ICH GEWIS VOR | ZEVGET ER DEN | GLEICH . EINE | KLEINE FRIST | 1580 ✥

Ein dritter wie der letzte Stempel, aber noch die Worte: BETR | EVGT ER DOCH | NICHT Reinhardt 6094.

33010—13.

Av. Eine weibliche Person steht nach vorn gewandt mit über die Brust gelegten Händen in einer mit Bäumen besetzten Landschaft. Rev. + MIT + GEDVLT WIL | ICH VBERWIN | DEN WAS NEIT | HART VBER MICH | FEINDSELICH | DVT ERFIND | EN 1580 Reinhardt 6092.

Av. Eine Frau von vorn im flatternden Gewande hält ein Kind am rechten Arme; vor ihr ein nackter, auf einem Steckenpferde reitende Knabe reicht dem Kinde einen Apfel. Rev. ✱ WAS ✱ | ICH . MITT . | WOLTHAT . IE : | GEN . IDERMAN . | IN . LIBE . VND . | FREVNTSCHAFT | ERZEIGEN . KA | CHARITAS : | ✱ 80 ✱ Die Punkte durchstochen. Gr. über 11.

Av. Wie der letzte. Rev. • WAS † | ICH • IN • WOL | TAHT • IEGEN • | IDER MAN • MIT | LIB • VND FREVNT | SCHAFT • BEWEI | SEN • KANN • | + 15 + 80 + Im Av. am Rande ein durch vier Rosetten geschlossener Kranz von zweitheiligen Blättern und nach innen ein feiner Linienkreis; im Rev. ein gewundener Rand. Gr. an 11.

Av. DER • FE | DER • ZV • E | HEREN • TH | ET • MAN • M • | ICH • GIES | SEN • 82 (1582) Rev. ✱ H • L • M • | GAB + MI | CH • BEVOR | ZVM • KRAN | ZE • SCHIE | SEN • Gr. an 12.

33014—15.

Av. Eine Frau führt ein Kind vor sich her. Rev. WAS | ICH MIT WOL | THAT • IEGEN IE | DERMAN IN LIE | BE VND FREVND | SCHAFT • VEST | GETHAN | CHARITAS | I • 6 • 0 • I Reinhardt 6098.

Av. Eine weibliche Figür nach vorn gewandt, mit fliegendem Haare und Gewande in der ausgestreckten Rechten den Kelch und in der Linken ein Kreuz haltend. Rev. Schrift: • SEIT • A . . | . . . Z • NIT • NVCH | . . . . . N • BET • T • VNT | WACH . . . . . CRIS | TVS • VNSSELBER • | GELER . . • VND | BEFOHLEN • | HAT FIDES | • 16 • 0 • 1 • Gewundener Kreis beiderseits am Rande. Gr. an 12.

33016—17.

Av. Eine Sanduhr zwischen zwei brennenden Altären, neben welchen nach aussen getheilt 16—17 Im Abschnitte auf einem Grasboden ein Schädel auf gekreuzten Gebeinen. Das Ganze innerhalb eines gewundenen und inneren Linienrandes. Rev. Von rechts: FLVCTVAT • — N—EC • — MERGITVR • Ein Dreimaster von alter Form rechtshin im Meere. Gr. an 12. (Samml. des Hr. Dr. Freudenthal.)

Av. Eine Sanduhr zwischen zwei Altären, worauf Feuer lodert; im Abschnitte 1622 und ein Todtenkopf mit Knochen. Rev. DENCK | AN DEIN | • LAND MILD | •

OMMES HERTHE · | SO WIRT DES TO | DES BILD DIR | NIC · ERSCH | EIN Reinhardt 6099.

33018—19.

Av. An einem Tische, auf welchem eine brennende Kerze, sitzen in Lohnsesseln zwei Männer in alter Tracht einander gegenüber; jener rechts hält ein offenes Buch vor sich. Ueberschrift: PRÆVIGILES · NVMERIS · Rev. Von rechts: NVMERIS · QVIBVS · OMNIA · SVBSVNT · Unten rechts eine Festung, links ein Schiff im Meere; darüber ein Halbkreis von flammenden Wolken und über diesen die Zeichen des Thierkreises und ganz oben die alchemistischen Zeichen der Metalle. Im Abschnitte am Rande · 1624 · Gekerbter Rand. Gr. an 13. (Samml. des Hr. Dr. Freudenthal.)

Av. DIE STREITTENDE KIRCH (sechsblättrige Ros.) Im Perlenzirkel zwei gekreuzte Dornenzweige, der rechte mit einer, jener links mit zwei Rosen. Rev. DAS HERTZ ZV CHRISTO ·1684 · Im Perlenkreise über einem Grasboden ein geflügeltes Herz, oben Wolken. Gekerbter und innerer Linienrand. Messing. Gr. über 10. Ebendort.

33020—21.

Av. Ueberschrift: (Gestieltes Kleeblatt.) ET PRODESSE & DELECTAR · Eine Sonnenuhr und am Boden ICH NUTZE U · | ERGETZE · Rev. Unter einer fünfblättrigen Ros. BALD · ZEH- | LE · BALD WEHLE · | DEN · VNMVTH · | ZV STILLENVER ·| SVSSE · MIT · SCHER- | ZEN · DIE · SCHMER- | ZEN · V̄ · GRILLEN · | 1701 · Gr. an 12. (Samml. des Hr. Dr. Freudenthal.)

Av. Unter der gleichen Ueberschrift am Boden innerhalb eines kleinen runden Vasenplatzes eine aufrecht gestellte Stange, um welche im Kreise von links die Zahlen I—XII und zwischen diesen bis zu dem runden Vasenplatze in der Mitte zwölf viereckige Vasentheile. Ausserhalb der Zahlen ist der Vasenplatz in vier gleiche Theile getheilt und Verzierungen auf demselben S ähnlich angebracht. Im Abschnitte ICH NUTZE U · | ERGETZE Im Rev. Blattros. | ARDVA · | MOX · NVMERIS · | MOX TETRICADI | VIDE · LAETIS · | VTILE IVCVNDIS · | DVLCIS · ADDE Blattros. | GRAVE · | 1701 Beiderseits gekerbte Ränder. Gl. Gr.

33022—24.

Av. Eine Hand hält eine Blendlaterne, daran senkrecht gestellt: M · D · C · C · V · I · I · Rev. Umschrift: ICH SEH ES GERNE BESSER · Innschrift: ES IST | FR IEDE | VND IST | KEINER | DAS WEIST DV | VND NOCH | EINER 1706. Reinhardt 6107.

Av. WAS | HAT MAN NEUES? | WIRDS | BALD FRIEDE? | IST | MAN DES KRIEGES | NOCH NICHT | MÜDE? Rev. WER | UND WAS IST | DOCH SCHULD | DARAN? | DASS MAN DAZU | NICHT KOMMEN KAN? Eine Abschnittsleiste, und darunter 1717 · Strichelrand. Gr. 10. Reinh. 6108.

Av. ZUR | EHRE | GOTTES Oben und unten eine Roselle. Rev. ANNO | 1720 Oben und unten eine Ros. Gekerbter Rand. Blei. Gr. 12.

33025.

Av. Innerhalb eines strahlenden Doppelkreises ein auf einem Kissen ruhender Hund (Mops) von der Linken, unter dem Kissen ragen Anker und Dreizack hervor. Rev. Auf einem Boden zwei Säulen, zwischen denen oben zwei durch ein Band verbundene Herzen, unten die aufgehende Sonne; im Hintergrunde rechts und links eine Kirche. Oben bogig ASSEZ; im Abschnitte: L · C · D · M · F · A · N · (Loge centrale des Mopses Fondee a N.) Dann kleiner ce 10 Jan 1745 Linien- und äusserer Strichelrand. Gr. an 12.

Auf den von Clemens August, Churfürsten von Cölln gestifteten Mopsorden, welcher den Vergnügungen in gewählter Gesellschaft und dem Almosengeben gewidmet war.

33026—27.

Av. Von rechts: FREDK VON — SCHILLER dessen Brustbild nach links mit glattem Halse und lang herabwallendem Haare. Rev. Zwischen zwei unten überlegten Lorbeerzweigen. In der Mitte NATUS 1759 | — | OBIT 1805 Am Rande ein feiner Linienkreis. Gr. über 10. Gelbes Metall.

Av. Eine rechtshin sitzende Frau stüzt den linken Arm auf einen Anker und streckt die Rechte nach einem von einer Taube getragenen Oehlzweige aus; unter ihren Füssen am Boden Gewehr und Schwert. Obere Umschrift: DAS GEHOFFTE GLVCK; im Abschnitte klein 7 mahl 9 ist | 63 Rev. ALS | DER FRIEDE | IN 7 IAHR 1763 D 5 FEB | ZV HVBERTSBVRG | VNTERZEIGNET | WVRDE | fünfblättrige Ros. Die zwei obern Zeilen sind von zwei überlegten Oehlzweigen eingefasst, auf denen in der Mitte eine Kaiserkrone, und auf den Seiten etwas tiefer je eine Königskrone liegt. Doppelter Linienrand, Neusilber. Gr. über 11. (Samml. des Hr. Dr. Freudenthal.)

33028—30.

Av. Ein weibliches Brustbild linkshin mit der Freiheitskappe. Ueberschrift: DEUTSCHE EINIGKEIT Rev. Von rechts: FREIHEIT · GLEICHHEIT · BRUDER SINN · In der Mitte die Fasces mit der Freiheitsmütze; Zur Seite 18—48 Linienrand. Starker gegossener Jeton von Blei mit Kupferüberzug. Gr. 14.

Ein zweiter von Blei hat zu beiden Seiten des Brustbildes einen Dolch und die Fasces zwischen unten überlegten Lorboerzweigen. Gl. Gr.

Av. wie vorher Nr. 33028, neben dem Halse getheilt 18—48, vor dem Brustbilde ein Füllhorn, hinter demselben die Fasces und ganz unten ein fünfspitziger Stern. Rev. Die vorige Umschrift, nach welcher ein fünfspitziger Stern. Im Linien- und innern Perlenkreise: EIGEN· | THUM | IST | DIEB· | STAHL Perlenrand. Blei und gegossen. Gl. Gr. (Sämmtl. Samml. des Hr. Dr. Freudenthal.)

33031—32.

Av. Von rechts: IOHANN DEUTSCHER REICHSVERWES (S verkehrt,) ER Das Brustbild linkshin in Uniform mit Ordenskreuzen. Rev. Ein das Feld ausfüllender Doppeladler mit Schein um die Köpfe und der Binde im Brustschilde. Neben dem Schweife am Rande 18—48 Perlen- und äusserer Linienrand. Desgl. Gr. 13.

Av. Im Meer ein Linienschiff, vor welchem ein brennendes Boot; rechts im Vordergrunde eine Batterie. Rev. V · D · LINIENSCHIFFE CHR · (Istian) VIII · ECKE RNFÖRDE 5 · APR · 1849 (punktirte Ros.) In der Mitte eine kleine, erhabene Raute. Linienrand und im Ringe geprägt. Gr. 11.

33033—35.

Av. BALTASAR WORM · VND HANS IENITZ Zwei Wappen neben einander Rev. Unter einer Verzierung | OBER Stern | BACK (Ros.) HAUS (Ros.) | Verzierung. Reinhardt. Nr. 6304.

Av. Unter einer vierblättrigen Ros. | FLEISCH | MARKE | 3 K · Rev. Die Buchstaben *BJS* kursiv in einander gestellt. Gr. 10.

Ein lang ovales an den Enden abgerundetes Kupferstück, dessen Rand mit sehr kleinen, eng an einandergestellten sehr kleinen Lilien eingefasst ist. In der Mitte der Länge der Marke nach gestellt. II · PFEN: Av. und Rev. sind gleich.

33036—37.

Av. Der König Gambrinus, gekrönt mit umgeschlagenem Mantel, in der erhobenen Rechten einen Pokal emporhaltend. Ueberschrift GAMB — RI — NUS · Er stützt die Linke auf einen Tisch, auf welchem ein Reichsapfel liegt. An den Tisch ist ein hoher mit Hopfenranken umwundener Scepter gelehnt; rechts von ihm ein grosses

64

Fass, auf welchem drei Gerstenähren liegen. Im Rev. Ein Posthorn mit dem Mundstücke an der rechten und der Oeffnung an der linken Seite. Die Ränder gezähnt. Im Ringe geprägt. Gr. über 10.

Av. Oben am Rande bogig: CEREVISIAM BIBUNT | HOMINES (bog.) | —·— ANIMALIA (bog.) |CETERA FONTES Am Rande ein Linienkreis beiderseits. Im Rev. Das Monogramm einer Burschenschaft in kursiven Buchstaben, *TEAV*, und zur Seite links ein grosses Ausrufungszeichen. Unten am Rande nach aussen 19. 11. 62. Im Ringe geprägt. Gr. an 11.

Nachtrag.

33038—41.

Unbestimmte Zeichen.

Einseitig. Im Kranze von Blumenkelchen: WALDAV · 1 $\frac{1}{Z}$ · GR: (oschen) Grösse 10.

Einseitig. Im Perlenkreise: I · H · Z · | 1 · K · (reuzer?), darunter eingeschlagen IB Gleiche Grösse.

Ein zweiter mit I · K · Z · | 1 · K · Gr. 11.

Ein dritter K · Z · | 1 · K · darunter eingeschlagen CF Gr. 11. (Mitgetheilt von Hr. Dr. Freudenthal.)

33042.

Av. CHRISTOF · KRETSCHM—AR · V · SCHENKN · BERG Ein spanisches mit Helm und Decken geziertes quergetheiltes Wappen, worin oben ein wachsender Mann mit langer Mütze, welcher einen Becher trägt und drei rechte Schrägbalken sind. Auf dem Helme ist dieser Mann wiederhohlt. Rev. IVSTINA · GE · TI—CHTLIN · V · ZVZING—EN · Quadrirtes Wappen mit Schmuck und zwei Helmen. Im ersten und vierten Felde drei Sterne auf einem rechten Schrägbalken, im zweiten und dritten ein rechts gewendeter Sparren; auf dem Helme rechts ein Mann mit halbem Oberleibe mit spitzer Mütze, zur linken ein Adlerflug. Reinhardt 6271.

33043.

Av. GREFENTALISCHE · GESELSCHAFTER · und eine fünfblättrige durchstochene Ros. In der Mitte eines gekerbten Kreises ein kursives E auf ein hohes Kreuz gelegt. Rev. DRAVR · NICH · GOT · HILFT · WVNDERLIC · BM Innerhalb eines gekerbten Kreises eine mehrfach eingeschnittene Kartouche worin drei Doppellilien. (2. 1.) Am Rande gleichfalls gekerbte Kreise. Gr.

Dieser Jeton ist offenbar von dem M.-M. Bert. Mainhardt ausgegangen (Nr. 31526) doch ist es mir seither nicht gelungen über denselben sichere Auskünfte zu erlangen. Die Annahme in Reinhardt (Nr. 6170), woselbst NIC ·, das E dürfte den Grafen Ernst VI von der hinterortischen Linie bezeichnen, wird in der numism. Zeitschrift 1847 S. 96 bezweifelt, und dieser Buchstabe als Monogramm der Familie Endler aus Nürnberg gedeutet, welche in Thüringen als die vornehmsten Gewerke der ehemaligen Kupferwerke erscheinen.

Joh. Erich, Schild. 33044.

Av. IOHAN · ERICH · SCHILD · F · B · L · H · M · M · Z · HANN (fürst. Braunschw. Lün. Hannöver'scher M.-M. zu Hannover.) In einem mit Helm und Decken verzierten spanischen Schilde ein wilder Mann, in der rechten einen Baumstamm, in der Linken einen Schild haltend; über seiner linken Schulter ein Stern. Auf dem Helme zwischen zwei Adlerflügen, auf deren jedem ein kleiner viereckiger Schild liegt, die halbe Figur des Mannes mit dem Baumstamme. Rev. Unter der strahlenden Sonne auf einem Grasboden grössere und kleinere Blumen neben Brennesseln. Im Abschnitte vierzeilig: W. W. W. W. W. | GOTT WIL · ALSO | MEIN · ZIEL | 1678. (Mitgetheilt von Herrn G. Heyse in der num. Zeit. 1858 S. 38 und vermuthet Heyse mit Rücksicht auf den dargestellten Gegenstand, Blumen neben Unkraut, nachstehende Leseart *Wild wæchst, was wachsen will.* M.-M. Schild stand in Diensten des Herzogs Johann Friedr. zu Hannover.

33045—46.

Av. TIMENTIBVS : DEVM : NICHIL : DE EST · † Im Perlen- und inneren feinen Linienkreise ein oben zweimal eingebogenes deutsches Schild mit abgestumpften oberen Ecken; dasselbe ist quergetheilt und hat im obern Felde eine fünfblättrige Ros. das untere ist leer. Auf den Seiten getheilt B — D Rev. OLIM (fünfbl. Ros.) MEMI NISSE (Desgl.) IVVABIT: (Desgl.) : + In gleichen Kreisen ein gleiches Schild mit drei Mühleisen (2. 1.), auf den Seiten wie im Av. Die Punkte sind durchstochen. Perlenrand. Gelbes Kupfer. Gr. über 13. (Sammlung des Hr. Dr. Freudenthal.)

Av. Von rechts, am obern Rande: Eine fünfblättrige Ros. MORI QVAM FAL LERE MALO · Ueber einem viereckigen Altare, auf dessen Platte oben ein Todtenkopf, halten sich zwei zur Seite stehende Krieger in römischer Tracht die Hände. Jener, welcher an der rechten Altarseite steht, hebt die Linke wie zum Schwure empor. Am Sockel des Altares steht: AMICITIA Rev. EHE | MAN BRECH | TREW VND | GLAVB IN NOTT · | MAN SOLL EHE | WILLIG GEHN | IN TODT · | 1634 Am Rande je ein Kreis von kurzen breiten Stricheln. Gr. über 12.

33047.

Einseitige Kupfer-Marke. In einem mit den Spitzen nach oben und unten gestelltes Viereck, in welchem 1 | WG (Wassergefäss?) | BERGWE | BOLETEN darunter ein ovales kleines Schildchen, in welchem drei dreitheilige Kleeblätter mit den Stempeln nach innen aneinander gestellt. Innerhalb des Quadrates ist pararell ein sehr feiner Strich, und in der Mitte jeder der vier Seiten des Viereckes je eine Verzierung, ähnlich der breiten obern Hälfte eines gerade und eines verkehrt aneinander gestellten C An dem Schildchen mit dem Wappen oben und zur Seite je eine gleiche Verzierung. Am äussern Münzrande ein gewundener Kreis. Gr. über 11.

Nach dem Wappen dürfte diese Marke von der Familie der Carlowitz ausgegangen sein, welche auf Rothenhaus in Böhmen und Hermsdorf in Sachsen begütert waren.

Ende des fünften Bandes.

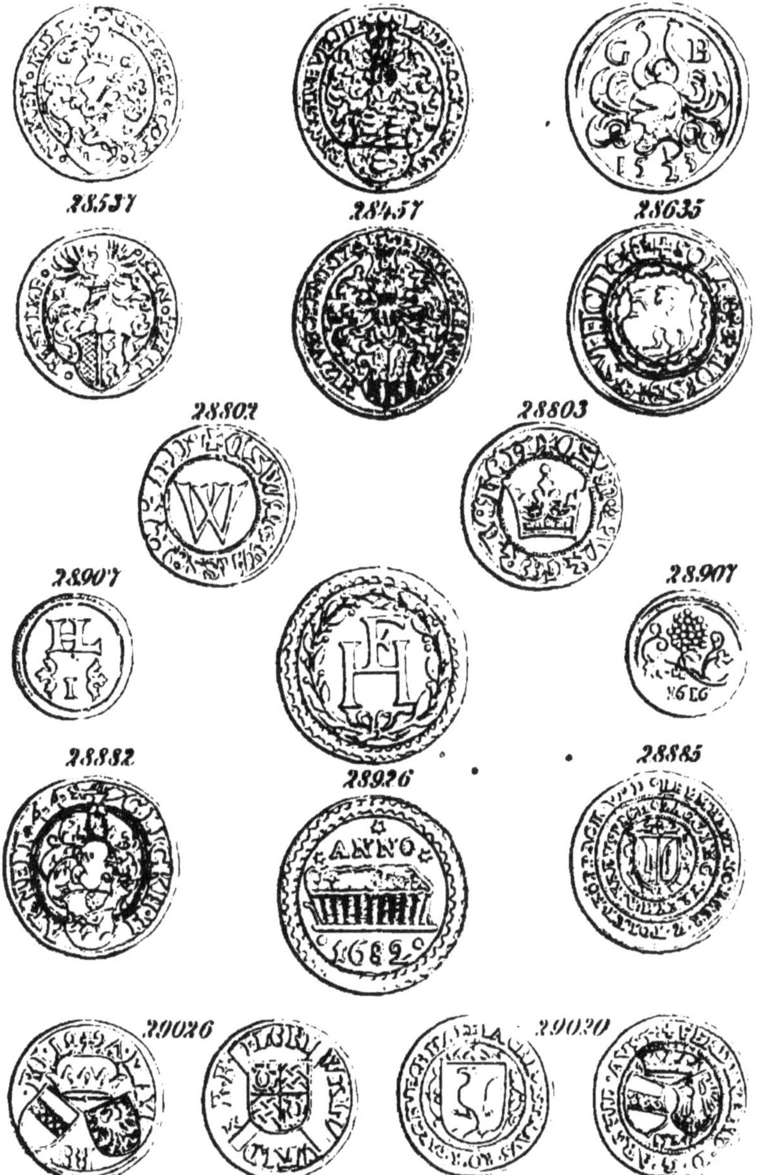
28537
28457
28635
28802
28803
28907
28.907
28882
28926
28885
29026
29020

Lith. & Druck v. [illegible], Prag

30620
30618
30619
30625
30777
30639
30626
30627
31140
31281
30628

31.457
31.455
31.503
31.676
31.530
31.676
31.797
31.782
31.850
Lith. u. Druck v F Liebisch. Prag. 1867

Lith. v. Pubiasch, Prag, 1868.

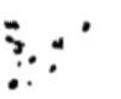

32911
32912
32930
32937
32930
32636
32953
32636
32925
32777
33003